Sixth Edition

인지심리학

Cognitive Psychology

Cognitive Psychology
Connecting Mind, Research, and Everyday Experience,
Sixth Edition

E. Bruce Goldstein
Ralph G. Hale

Original edition © 2026 Wadsworth, a part of Cengage Learning.
Cognitive Psychology: Connecting Mind, Research,and Everyday Experience, Sixth Edition,
by E. Bruce Goldstein, Ralph G. Hale
ISBN: 9798214143385

This edition is translated by license from Wadsworth, a part of Cengage Learning, for sale in Korea only.

ISBN-13: 978-89-6218-603-1

Cengage Learning Korea Ltd.
14F YTN Newsquare 76 Sangamsan-ro
Mapo-gu Seoul 03926 Korea

Cengage is a leading provider of customized learning solutions with employees residing in nearly 40 different countries and sales in more than 125 countries around the world. Find your local representative at: **www.cengage.com**

To learn more about Cengage Solutions, visit **www.cengageasia.com**

Printed in Korea
Print Number: 01 Print Year: 2026

Cognitive Psychology

Connecting Mind, Research, and Everyday Experience

Sixth Edition

인지심리학

마음, 연구, 일상경험 연결

E. Bruce Goldstein | Ralph G. Hale 지음

도경수 | 박태진 | 조양석 옮김

Australia • Brazil • Canada • Mexico • Singapore • United Kingdom • United States

옮긴이 소개

도경수

현) 성균관대학교 심리학과 명예교수
프린스턴대학교 심리학과 심리학 박사(인지심리학)
한국실험심리학회 편집장 및 한국인지과학회 편집장 역임

박태진

현) 전남대학교 심리학과 명예교수
서울대학교 심리학과 심리학 박사(인지심리학)
한국인지및생물심리학회, 대한뇌기능매핑학회 회장 역임

조양석

현) 고려대학교 심리학부 교수
퍼듀대학교 심리과학과 심리학 박사(인지심리학)
Psychonomic Society Fellow, 한국인지및생물심리학회 회장 역임

인지심리학 마음, 연구, 일상경험 연결 -제6판-

COGNITIVE PSYCHOLOGY Connecting Mind, Research, and Everyday Experience, Sixth Edition

제6판 1쇄 인쇄 | 2026년 2월 13일
제6판 1쇄 발행 | 2026년 2월 23일

지은이 | E. Bruce Goldstein, Ralph G. Hale
옮긴이 | 도경수, 박태진, 조양석
발행인 | 탄록민, 마이클조셉케이힐
발행처 | 센게이지러닝코리아㈜
등록번호 | 제313-2007-000074호(2007.3.19.)

이메일 | asia.infokorea@cengage.com
홈페이지 | www.cengage.co.kr

ISBN-13 | 978-89-6218-603-1

공급처 | 사회평론아카데미
주 소 | 서울시 마포구 월드컵북로6길 56
도서안내 및 주문 | TEL 02) 326-1182 FAX 02) 326-1626
홈페이지 | www.sapyoung.com

정 가 | 38,000원

옮긴이 머리말

인지심리학은 인간의 마음이 어떻게 작동하는지 그 원리를 밝혀내는 학문이다. 이 분야는 심리학의 핵심일 뿐만 아니라 인문사회과학과 자연과학 전반에서 기본 개념으로 널리 활용되고 있어 그 중요성이 날로 커지고 있다.

안타깝게도 많은 학생이 인지심리학을 '반드시 들어야 하지만 피하고 싶은 과목'으로 여긴다. 그 이유는 내용이 추상적이고 이론적이며, 외워야 할 것이 많다는 선입견 때문이다. 특히 인지 현상은 눈에 보이지 않아 일상생활과 동떨어진 것처럼 느껴지기 쉽다.

하지만 이 책의 저자인 E. 브루스 골드스타인(E. Bruce Goldstein)과 랠프 헤일(Ralph G. Hale)은 인지심리학이 결코 우리 삶과 유리된 학문이 아님을 강조한다. 저자들은 인지심리학의 원리가 우리의 지각, 기억, 사고와 같은 일상적 경험 뒤에서 어떻게 '막후 활동'을 벌이고 있는지 생생하게 보여 준다.

이번 6판은 기존의 강점을 유지하면서도 급변하는 시대상을 반영하여 대폭 업데이트되었다. 가상현실(VR)과 증강현실(AR), 머신러닝, 딥러닝, 그리고 코로나19 팬데믹이 인지에 미친 영향 등 현대 사회의 핵심 이슈들을 새롭게 다룬다. 또한 각 장의 시작 부분에 학습목표를 추가하여 학생들이 무엇을 배워야 할지 명확히 알 수 있도록 돕는다. 그리고 40개 이상의 **보여주기**와 **방법** 상자를 통해 학생들이 실험 과정을 직접 체험하고 과학적 연구 방법을 깊이 있게 이해할 수 있게 구성되었다.

역자들은 이번 판을 번역하면서 두 가지에 집중했다. 첫째는 용어의 통일성이고, 둘째는 우리말 어법에 맞는 쉬운 번역이다. 인지심리학의 추상적인 개념이 학생들에게 최대한 구체적이고 명확하게 전달될 수 있도록 번역어 선택에 신중을 기했다. 비록 완벽을 기하려 노력했으나 미흡한 점이 있을 수 있음을 양해 부탁드리며, 더 나은 번역어에 대한 독자 여러분의 귀중한 제언을 언제든 환영한다.

마지막으로 이 책이 출간될 수 있도록 도와 주신 모든 관계자분들께 깊이 감사드린다. 학생들이 인지심리학이라는 흥미로운 학문을 탐구하며 인간의 마음에 대해 비판적이고 깊이 있는 통찰력을 갖추는 데 이 책이 든든한 길잡이가 되기를 바란다.

역자 일동

교수자를 위한 머리말

이 교재는 초판이 출판된 2002년부터 이어진 작업의 결과물로, 단순히 인지심리학을 다루는 것에 그치지 않고 학생들이 보다 친근하게 접근하도록 하는 목표를 가지고 시작되었다. 많은 학생들은 인지심리학을 너무 추상적이고 이론적이며 일상생활과 동떨어진 것으로 여긴다. 이 교재는 인지심리학의 이야기를 구체적으로 전달하여 학생들의 실증적 연구, 인지심리학의 원리, 일상 경험 간의 연관성을 이해할 수 있도록 돕고자 한다.

이 목표를 달성하는 데 도움이 되는 많은 특징이 이 교재에 포함되어 있다. 각 장에는 **실제 사례**와 **신경심리학적 사례 연구**가 포함되어 있다. 학생들이 인지심리학 현상을 직접 체험할 수 있도록, 본문에는 40개 이상의 **보여주기**(쉽게 따라 할 수 있는 소규모 실험)가 포함되어 있다.

이 교재는 또한 단순히 실험 결과만 제시하는 것을 피하고자 했다. 가능한 한 **실험이 어떻게 설계되었고** 참가자들이 무엇을 했는지에 대한 상세한 설명을 통해 학생들이 결과가 어떻게 도출되었는지를 이해할 수 있도록 했다. 또한 이러한 설명 대부분은 자극 사진, 실험 설계 도표, 결과 그래프 등의 그림으로 보강되었다.

이 교재는 학생들이 인지심리학의 기본 원리를 흥미롭고 이해하기 쉽다고 느낄 수 있도록 여러 요소들을 결합했다. 궁극적인 목표는 학생들이 인지심리학 분야에 대해 흥미를 느끼도록 하는 것이다.

초판 이후 많은 부분이 수정되고 보강되었지만 그 목표는 변함이 없다. 이번 6판에도 학생과 교수 모두 좋아했던 특징이 그대로 유지되었다. 그뿐만 아니라 전체적으로 많은 부분이 최신화되고 현대적으로 다듬어졌다. 그 결과, 신선하고 접근하기 쉬운 최첨단의 인지심리학 교재가 탄생했다.

랠프 G. 헤일

유지된 특징

위에서 설명한 모든 특징은 학생과 교수로부터 좋은 평가를 받았으며, 따라서 이번 새로운 6판에서도 계속 유지된다. 본문과 용어 해설에 걸쳐 500개 이상의 **굵게 색깔로 표시된 용어**와 그 정의가 포함되어 있다. 또한 1,000개 이상의 신뢰할 수 있는 출처가 본문 전체에서 인용되었으며, 업데이트된 참고문헌 목록에 포함되어 있다. 이전 판에서 유지된 추가 교수 · 학습 요소로는 학생들이 학습 내용을 복습할 수 있도록 돕는 **자가 테스트** 부분과, 각 장 끝에 학습 내용을 넘어서는 질문으로 사고를 유도하는 **생각해 보기**가 있다. 2판에서부터 도입된 **방법**은 인지심리학자들이 마음을 연구하기 위해 고안한 독창적인 실험 방법들을 강조한다. 본문에 포함된 20개가 넘는 **방법**에서는 뇌 영상 촬영, 어휘판단 과제, 소리 내어 생각하기 녹취와 같은 방법들을 설명한다. 이는 방법의 중요성을 강조할 뿐만 아니라 이후 본문에서 다시 언급될 때 해당 설명으로 쉽게 돌아가게 해준다.

각 장을 요약하는 **이 장의 요약**은 장의 간략한 개요를 제공하지만, 장 전체를 대체하는 수준은 아니다.

6판의 새로운 점

- 이전 판들과 마찬가지로 이번 판에도 전반적으로 내용이 개정되었으며, 몇몇 장은 명확성과 학습 효과를 높이기 위해 다시 쓰거나 재구성했다. 인지심리학은 연구 중심의 학문 분야이므로 각 장의 연구 내용이 최신 연구 결과, 학문적 합의, 최신 주제를 반영하도록 개정되었다.
- 각 장의 시작 부분에 학습목표가 추가되었다. 이 학습목표는 학생들이 해당 장을 완료한 후 무엇을 할 수 있을지를 명확하고 실행 가능한 방식으로 제시한다. 이러한 학습목표는 학생들이 학습에 집중하고 장의 내용을 더 잘 이해하는 데 도움이 된다. 또한 학습목표는 교수와 평가의 지침 역할도 할 수 있다. **자가 테스트**와 **생각해 보기** 항목에는 관련 학습목표가 포함되어 학습 기대 수준을 더 명확히 보여준다.
- 이 교재의 주요 목표는 학생들에게 친근하게 다가가는 것이며, 이는 모든 학생들을 포용하는 것을 의미한다. 따라서 이 책은 전반적으로 내용의 포용성, 형평성, 다양성을 개선하고자 노력하였다. 개정판에는 전 세계 다양한 연구자들과 집단의 참여자들로부터 얻어진 연구 결과가 포함되어 있다. 또한 본문의 언어, 예시, 그림이 이전보다 더욱 다양하고 공평하며 포용적으로 바뀌었다.
- 지난 판 이후 COVID-19 팬데믹이 전 세계를 강타했다. 이번 판에서는 팬데믹이 인지심리학 주제와 학생들에게 미친 영향이 다루어진다.

아래는 이번 판에서 새로 추가되거나 고쳐 쓴 주제 중 일부를 나타낸 목록이다.

1장 인지심리학 소개

- 새로 추가: 처음으로 표지 그림이 도입 예시와 연결되어 교재 전체 흐름에 연속성을 제공한다!
- 새로 추가: '컴퓨터'라는 용어의 역사와 인간 컴퓨터에서 디지털 컴퓨터로의 전환
- 새로 추가: 인지와 마음을 연구하는 도구로서의 가상현실(VR)과 증강현실(AR)

2장 인지신경과학

- 새로 추가: 할머니 세포와 제니퍼 애니스턴 뉴런(Jennifer Aniston neuron)
- 새로 추가: 얼굴실인증을 가진 화가의 자화상 그리기 사례
- 새로 추가: 뇌파기록술(EEG),자기뇌파기록술(MEG),근적외선분광법(NIRS), 경두개 자기자극법(TMS), 확산텐서영상(DTI) 등 추가 영상 기술 논의
- 새로 추가: 디폴트 모드 네트워크(DMN) 존재를 뒷받침하는 증거

3장 지각

- 새로 고침: 감각과 지각
- 새로 고침: 컴퓨터 비전의 역사, 현대 컴퓨터 비전, 그리고 '지각하는 기계' 만들기
- 새로 추가: 인공지능과 지각과 관련된 기계 학습과 딥 러닝

- 새로 추가: 예술과 자연에서의 실제 사례

4장 주의

- 새로 추가: 내생적 주의와 외생적 주의
- 새로 고침: 스트룹 효과(Stroop effect)와 탐사 보여주기
- 새로 추가: 분리 주의, 과제 전환, 멀티태스킹
- 새로 추가: 멀티태스킹 보여주기
- 새로 추가: 인지적 '수행 마비'
- 새로 고침: 주의 산만 운전의 위험성
- 새로 추가: 생산성 착각
- 새로 추가: 팬데믹이 학업과 가상 기술 환경에서 주의에 끼친 영향
- 새로 고침: 변화맹 예시

5장 단기기억과 작업기억

- 새로 고침: 숫자 폭 및 글자 폭 보여주기
- 새로 고침: 조음 억제 보여주기
- 새로 고침: 작업기억 모형
- 새로 추가: 작업기억과 SAT 점수, 시험 불안 간의 연관성

6장 장기기억: 구조

- 새로 고침: H. M. 환자의 사례
- 새로 추가: 미래계획기억
- 새로 추가: 마음챙김
- 새로 추가: 조작적 조건형성

7장 장기기억: 약호화, 인출, 응고

- 새로 추가: 언어적 기억술, 시각적 기억술
- 새로 고침: 필기 및 기술 사용과 관련된 학생 습관 필기 습관과 기술 활용에 관한 학생 사례
- 새로 고침: 상태 의존 학습
- 새로 추가: 글자 그대로의 기억

8장 일상기억과 기억 오류

- 새로 고침: 모든 기억 관련 장에서 흐름을 명확히 조정
- 새로 추가: 오기억
- 새로 추가: 순행성 기억상실증과 역행성 기억상실증, 유아기 기억상실증
- 새로 추가: 치매
- 새로 고침: 정보처리 모형과 기억 결함과의 연관성
- 새로 고침: 고도로 우수한 자서전기억(HSAM, 과다기억증)

9장 개념 지식

- 새로 추가: 개념 지식의 실제 사례

10장 시각 심상

- 새로 추가: 상상력
- 새로 고침: 명제적 심상 대 묘사적 심상 논쟁
- 새로 고침: 시각 심상과 지각에 대한 신경학적 설명
- 새로 추가: 아판타시아 증후군
- 새로 추가: 심상을 중요하게 생각해야 하는 이유
  - -기억 향상을 위한 심상 이용
  - -운동 훈련

11장 언어

- 새로 추가: 의사소통과 언어의 차이
- 새로 고침: 동물 의사소통
- 새로 추가: 자모와 문자 언어, 수어, 점자
- 새로 추가: 심상 논쟁 다시 보기: 시각과 언어
- 새로 추가: 어휘 중의성 보여주기
- 새로 추가: 의미 포화
- 새로 추가: 이중언어 및 다중언어: 장단점
- 새로 추가: 언어의 비유창성

12장 문제해결과 창의성

- 새로 추가: 논리, 창의성, 정서
- 새로 추가: 해답이 포함된 가로세로 낱말 맞추기 풀이
- 새로 추가: 원 문제 보여주기
- 새로 추가: 양초 문제 보여주기
- 새로 추가: 두 끈 문제 보여주기
- 새로 고침: 경험 미학과 창의성
- 새로 추가: 유추적 사고를 이용한 발명품
- 새로 고침: 마음챙김과 마음 방황, 창의성

13장 판단, 결정, 추리

- 새로 고침: 가용성 어림법
- 새로 추가: 허구적 상관
- 새로 고침: 고정관념
- 새로 고침: 사람에 대한 기술 보여주기
- 새로 고침: 확증 편향

- **새로 추가:** 딥페이크
- **새로 추가:** 편향성 편향 또는 편향 맹점
- **새로 고침:** '여러분이라면 어떻게 하겠는가?' 보여주기
- **새로 고침:** 사고의 이중시스템 접근

학생들을 위한 머리말

이 책을 읽기 시작하는 시점에 여러분은 이미 다른 글이나 매체, 그리고 자신의 경험을 통해 마음이 어떻게 작동하는지에 대한 몇 가지 생각을 가지고 있을 것이다. 이 책에서는 통제된 과학적 연구의 결과를 통해 우리가 실제로 마음에 대해 알고 있는 것과 아직 알지 못하는 것을 배우게 된다. 예를 들어, '단기기억'이라는 체계가 짧은 시간 동안 정보를 유지할 수 있다고 생각한다면, 그 생각은 맞다. 기억에 관한 장을 읽으면서 이 체계가 어떻게 작동하는지, 그리고 기억 체계의 다른 부분들과 어떻게 상호작용하는지에 대해 더 배우게 될 것이다. 반면, 어떤 사람들이 아주 어린 아기였을 때의 일을 정확히 기억할 수 있다고 생각했다면, 이러한 보고는 부정확할 가능성이 높다는 것을 알게 될 것이다. 실제로, 매우 선명하고 또렷해 보이는 비교적 최근의 기억조차도 기억 체계의 기본적인 특성 때문에 완전히 정확하지 않을 수 있다는 점을 알게 되면 놀랄 수도 있다.

이 책에서 배우게 될 내용은 단순히 마음에 대한 기존 지식에 정확한 정보를 더하는 것을 넘어서 훨씬 더 깊은 것을 다룬다. 여러분은 우리가 의식적으로 인식하는 측면 이외에도 마음속에서 훨씬 많은 일이 일어나고 있다는 것을 배우게 될 것이다. 우리는 무언가를 보거나, 과거의 사건을 기억하거나, 문제해결 방법을 생각하는 것과 같은 경험을 의식적으로 인식하고 있다. 그러니 이러한 각각의 경험 바탕에는 아주 복잡하고 겉보기에는 자동으로 작동하는 수많은 과정들이 존재한다. 이 교재를 읽으면서 여러분은 지각, 기억, 사고와 같은 일상적 경험을 가능하게 하는 마음속의 '무대 뒤 활동'을 이해하고 그것의 소중함을 느낄 수 있을 것이다.

또한 이 책을 읽으면서 인지심리학 연구 결과와 일상생활 간에 실질적인 연관성이 매우 많다는 사실도 알게 될 것이다. 이러한 연관성의 예시들은 책 전반에 걸쳐 나타난다. 그중에서 특히 강조할 만한 것은, 인지심리학 연구가 여러분의 공부 방법을 향상시키는 데 어떻게 기여할 수 있는지에 관한 것이다. 이 내용은 7장의 221~224쪽에 자세히 나와 있지만, 강의 후반까지 기다리지 말고 지금 바로 읽어보는 것도 좋을 것이다. 그리고 이 책을 최대한 활용할 수 있도록 돕기 위해 아래 두 가지 원칙도 함께 생각해 보기를 권한다.

랠프 G. 헤일

1. 자신이 무엇을 알고 있는지 아는 것이 중요하다

교수들은 종종 학생들이 "강의를 듣고, 책도 여러 번 읽었는데 시험을 잘 못 봤어요."라고 한탄하는 말을 듣는다. 때때로 이 말은 "……그리고 시험을 다 보고 나올 때는 꽤 잘 본 줄 알았어요."로 이어진다. 만약 여러분이 이러한 경험을 했다면, 문제는 자신이 그 내용을 알고 있는지 아닌지에 대해 제대로 인식하지 못했기 때문일 수 있다. 자신이 안다고 생각하지만 실제로는 모르는 경우, 공부를 멈추거나 비효율적으로 계속 공부하게 되어 결국 그 내용을 제대로 이해하지 못하고 시험에서 정확히 기억해내지 못한다. 따라서 읽은 내용을 스스로 테스트해 보는 것이 중요하다. 각 장에 있는 **자가 테스트** 질문에 대한 답을 쓰거나 소리 내어 말해 보는 방법이 좋다.

2. 쉬움과 익숙함을 아는 것으로 착각하지 말라

학생들이 실제로는 내용을 잘 모르는데도 알고 있다고 생각하는 주된 이유 중 하나는 익숙함을 이해로 착각하기 때문이다. 그 과정은 이렇다. 먼저 책을 한 번 읽고, 읽으면서 중요한 부분에 형광펜으로 밑줄을 그을 수도 있다. 그리고 나중에 다시 책을 읽을 때는 밑줄 친 부분에 집중한다. 다시 읽으면 이전에 읽었던 내용이기 때문에 익숙하게 느껴지고, 이 익숙함 때문에 '알고 있다'라고 생각하게 된다. 문제는 이 익숙함이 내용을 실제로 아는 것과 반드시 같지 않으며, 시험에서 답을 떠올려야 할 때 아무런 도움이 되지 않을 수도 있다는 것이다. 실제로 익숙함은 선택형 문제에서 오류로 이어질 수 있다. 익숙하게 보이는 선택지를 고르면, 나중에 보니 그것은 읽었던 내용이긴 했지만 그 질문에 대한 가장 적절한 답은 아닐 수도 있기 때문이다.

다시 자가 테스트의 중요성으로 돌아가 보자. 인지심리학 연구에 따르면, 질문에 답을 해 보려고 **시도하는** 그 자체가 나중에 다시 답을 떠올릴 가능성을 높여준다. 연구 결과에 따르면, 내용을 단순히 반복해서 읽는 것보다 스스로 테스트해 보는 것이 더 효과적인 학습 방법이라는 사실도 알려져 있다. 자가 테스트가 효과적인 이유는, 정보를 **생성해내는** 활동이 단순히 내용을 **다시 보는** 것보다 기억에 더 잘 남게 하기 때문이다. 따라서 각 장을 다시 읽거나 밑줄 친 내용을 보기 전에 먼저 스스로를 테스트해보는 방법이 효과적일 수 있다.

어떤 공부 방법이 자신에게 가장 잘 맞는지 찾더라도, 효과적인 전략은 공부 후 휴식을 취하거나 다른 것을 공부하고 나서 다시 테스트해 보는 것이다. 연구에 따르면, 학습은 한 번에 몰아서 하는 것보다 시간을 두고 나눠서 할 때 기억이 더 잘 유지된다. 스스로 테스트하고, 맞았는지 확인하고, 시간을 두고 다시 테스트하는 과정을 여러 번 반복해 보라. 이러한 과정을 반복하는 것이 시험에서 실제로 답을 써야 할 때 단순히 익숙함(친숙함)보다 훨씬 더 효과적으로 내용을 기억하게 해준다.

나는 여러분이 이 교재를 명확하고 흥미롭게 느끼길 바라며, 읽는 동안 때로는 매료되거나 아마도 놀라게 되는 내용이 있기를 바란다. 또한 여러분의 인지심리학 입문이 단순히 '내용을 배우는 것'을 넘어서는 경험이 되길 바란다. 인지심리학은 인간의 마음이라는 가장 흥미로운 주제 중 하나를 다루기 때문에 끝없이 흥미로운 분야다. 따라서 강의를 마친 후에도 인지심리학자들이 마음에 대해 밝혀낸 것과 앞으로 밝혀내야 할 것에 대한 감사함을 느끼길 바란다. 또한 SNS나 영화 혹은 다른 어떤 매체에서 마음에 관한 정보를 접할 때 비판적 사고를 가진 정보 소비자가 되길 바란다. 인지심리학 연구는 인간으로서, 개개인으로서, 그리고 집단으로서의 우리를 설명해 준다. 여러분이 나만큼 이 학문을 즐겁게 배우길 바란다.

지은이에 대하여

E. 브루스 골드스타인(E. Bruce Goldstein)

E. 브루스 골드스타인은 피츠버그 대학교(University of Pittsburgh) 심리학과의 명예 부교수이자 애리조나 대학교(University of Arizona) 심리학과의 겸임 교수이다. 그는 피츠버그 대학교에서 강의와 교재 집필로 총장 우수 강의상을 수상했다. 터프츠 대학교(Tufts University)에서 화학공학 학사 학위를 받은 후, 공학이 아닌 심리학 대학원에 진학해야겠다는 깨달음을 얻고 브라운 대학교(Brown University)에서 시각 생리학(visual physiology)을 전공하여 심리학 박사 학위를 받았다. 그는 하버드 대학교(Harvard University) 생물학과에서 박사후 연구원으로 시각 연구를 이어갔고, 이후 피츠버그 대학교 교수진에 합류했다. 그는 피츠버그 대학교에서 망막과 대뇌피질 생리학, 시각적 주의, 이미지 지각에 관한 논문을 발표하며 연구를 계속했으며, 이후 강의(감각과 지각, 인지심리학, 예술심리학, 심리학 입문)와 교재 집필에 전념했다. 『감각과 지각(Sensation and Perception)』 10판(Cengage, 2017)의 저자이며, 『블랙웰 지각 핸드북(Blackwell Handbook of Perception)』(Blackwell, 2001)과 두 권으로 된 『세이지 지각 백과사전(Sage Encyclopedia of Perception)』(Sage, 2010)의 편저자이다. 2016년에는 11세 어린이를 대상으로 '소리란 무엇인가?'라는 주제로 쓴 에세이로 앨런 알다 과학소통센터(Alan Alda Center for Communicating Science)가 주관한 플레임 챌린지(The Flame Challenge) 대회에서 수상했다.

랠프 G. 헤일(Ralph G. Hale)

랠프 G. 헤일은 노스조지아 대학교(University of North Georgia) 심리과학과의 부교수이다. 그는 2018년 조지아 대학교(University of Georgia)에서 시지각(visual perception)을 전공하고 심리학 박사 학위(PhD)를 취득했다. 또한 2018년 조지아 대학교와, 2024년 대학 · 대학원 교육자 협회에서 두 차례 학제 간 대학 교육 자격증을 취득했다. 그는 학부 교육에 헌신하고 있으며, 인지심리학, 기억, 생물심리학, 시각예술 심리학, 연구방법론, 행동통계학, 심리학 졸업 세미나 등 다양한 심리학 과목을 가르친다. 그는 양질의 교육에 대한 헌신을 인정받아 2020년에는 종신교수 우수 강의상을, 2023년에는 앤 매튜스 퍼디 올해의 우수교사상(Ann Matthews Purdy Outstanding Teacher of the Year Award)을 수상했다. 또한 학문 연구에도 헌신하고 있으며, 특히 학부생이 연구에 참여하도록 지도하는 데 중점을 두고 있다. 그의 전문 분야는 시지각과 기억이며, 시각 미학, 시각 기억의 오류, 시각 착시에 관심이 있다. 또한 헤일 비전 연구실(Hale Vision Lab)의 책임 연구원으로서 학생들을 지도하여 학회 발표와 논문 출판으로 이어지는 프로젝트를 이끌고 있다. 그는 최근 색 확산 착시(color-spreading illusions), 사회적 시선(social gaze), 다양한 인지 효과와 관련된 논문을 발표했다. 2023년에는 학부 연구 지도에 대한 공로로 대학의 학부 연구 우수상(Excellence in Undergraduate Research Award)을 수상했다. 그는 학부생 멘토링을 자신의 학문 경력의 중심축으로 삼고 있으며, 다른 모든 활동은 여기에서 파생된다고 말한다. 저술 활동 역시 이러한 멘토링에 대한 헌신의 연장선으로, 양질의 교재와 자료가 교육적 성공의 필수 요소라고 믿고 있다.

감사의 글

이 책의 프로젝트에 착수하는 것은 나에게 도전적이면서도 매우 보람찬 여정이었다. 마치 미지의 세계로 곧장 머리부터 뛰어드는 느낌이었다. 성공적이고 많은 사랑을 받아온 교재의 6판 개정 작업을 주도한다는 것은 두려움과 짜릿함이 동시에 찾아오는 일이었다. 이 과정은 나에게 겸손함을 일깨워 주었고 변화의 계기가 되었다. 이 성과는 많은 훌륭한 분들의 변함없는 지지와 인내, 그리고 격려 없이는 불가능했을 것이다. 나에게 끊임없는 힘의 원천이 되어 준 가족들에게, 귀중한 통찰과 조언을 아끼지 않은 동료들에게, 그리고 보이지 않는 곳에서 헌신적으로 노력해 준 모든 분께 깊이 감사드린다. 많은 분들의 가르침, 높은 기대, 그리고 이 책을 끝까지 완성할 수 있다는 믿음이 큰 힘이 되었다. 이 놀라운 여정을 함께해 주셔서 감사드린다.

이 책의 완성에 결정적인 역할을 해주신 몇몇 분들께 깊은 감사의 마음을 전하고자 한다.

- Marta Healey-Gerth 포트폴리오 제품 부문 디렉터. Marta는 이 프로젝트 전반에 걸쳐 놀라운 리더십과 지원을 보여주었다. 시장과 고객의 요구에 완벽하게 부합하는 제품 전략을 이끌어 주었다. 프로젝트 팀들을 연결해 주고, 내가 수없이 던진 많은 질문에 늘 답해 주었다. 그녀의 조언은 매우 소중했고, 진심으로 깊이 감사드린다.
- Catherine Zusky 개발 편집자. Catherine은 이 프로젝트에 대한 기여는 정말 큰 도움이 되었고, 이 프로젝트의 개발 편집자로 함께할 수 있어 진심으로 감사드린다. 그녀는 모든 아이디어와 글을 하나하나 검토하고 피드백을 제공해 주었고, 나의 비현실적인 마감일을 맞추기 위해 밤낮없이 애써 주었다. 그녀의 헌신과 노력은 대단했으며, 이 책은 그녀 없이는 불가능했을 것이다. 이 성공을 위해 힘써 주신 모든 것에 대해 어떻게 감사를 표현해야 할지 모르겠다.
- Sangeetha Vijay 콘텐츠 프로젝트 매니저. Sangeetha는 언제나 질문에 답해 주고 팀을 체계적으로 관리해 주어서 정말 감사했다. 필요할 때마다 보내 준 지원 덕분에 우리는 계획대로 진행하며 추진력을 유지할 수 있었다. 그녀의 도움이 이 프로젝트의 원활한 진행에 필수적이었다.
- Monika Chaudhari MPS Limited사 콘텐츠 매니저. Monika는 팀이 일정을 맞추고 마감 기한을 지키며 모든 사람이 소통할 수 있도록 도와주었다. 수많은 질문에 답하고 필수적인 지원을 제공해 준 덕분에 팀워크를 유지하며 목표에 집중할 수 있었다.
- Paula Dohnal 학습 디자이너. 그녀는 Catherine Zusky와 내가 각 장의 다양한 개정 단계를 거치는 과정에서 교육 설계 이론에 대한 그녀의 전문 지식은 큰 도움이 되었다. 그녀의 조언 덕분에 내용이 최선의 방법으로 설계되고 개발될 수 있었고, 최종 결과물의 품질에도 큰 영향을 미쳤다. 그녀의 지원과 기여에 깊이 감사드린다.
- Sara Greenwood 디자이너. 그녀는 표지 디자인과 본문 디자인 모두에서 보여준 놀라운 작업에 진심으로 감사드린다. 나의 의견을 받아들여 현대적이고 아름다운 디자인으

로 완성해 주었고, 내 기대를 훨씬 뛰어넘었다. 그녀의 창의성과 세심함이 이 책을 시각적으로 생명력 있게 만들어 주었다.

- **Suzie Walker** 교정 편집자. 세세한 부분까지 꼼꼼히 살펴주고 텍스트가 깔끔하고 정확하도록 다듬어 주어서 감사드린다. 그녀의 노력이 이 책의 완성도를 크게 높였다.
- **Deanna Ettinger** 콘텐츠 수집 분석가. 보이지 않는 곳에서 보여준 그녀의 헌신적인 작업 덕분에 이 책의 기초가 되는 콘텐츠를 모으고 정리할 수 있었다. 그녀의 헌신과 효율성에 감사드린다.

언급된 모든 분들, 그리고 이 프로젝트에 기여해 준 모든 분들께 진심으로 감사드린다. 그들의 지원, 전문성, 헌신적인 노력이 이 책을 여기에 있게 했다.

랠프 G. 헤일

차례

CHAPTER 3 지각 • 65

CHAPTER 4 주의 • 103

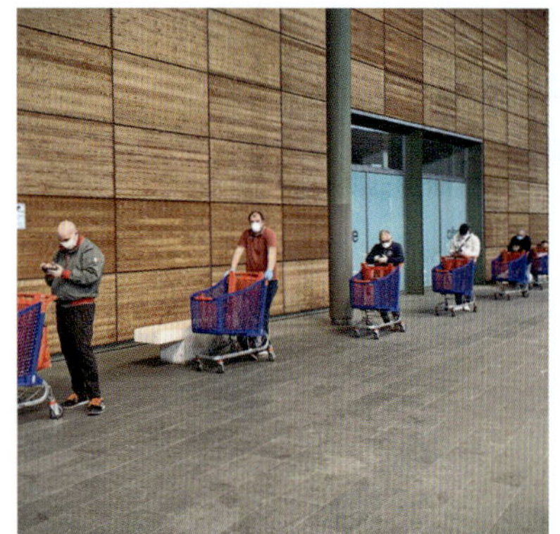

CHAPTER 10 시각 심상 • 331

CHAPTER 11 언어 • 359

인지심리학

Cognitive Psychology

qingqing/Shutterstock.com

여기에 실린 아름다운 연등은 우리가 이 책에서 기술할 여러 인지과정을 상징한다. 즉, 지각(색채와 형태를 보는 것), 주의(이 광경을 보고 있을 때 눈이 움직이는 방향), 기억(등이나 연꽃을 보는 것은 기억을 자극할 수 있다), 지식(여러분은 이 등은 물 위에 떠 있을 것이고, 우리는 등이 물에 반사된 것을 본다는 것을 안다), 그리고 문제해결(연등이라! 어떤 행사에서 이 멋진 광경을 볼 수 있을까?) 등을 보여준다. 이 책을 읽어 가면서 여러분은 마음이 어떻게 이러한 인지를 창조해 내는지에 관한 환상적인 이야기를 읽게 된다. 인지심리학의 역사를 기술하는 것으로 1장을 시작한다.

CHAPTER 1

인지심리학 소개

학습목표 이 장을 학습하고 나면 여러분은 다음을 할 수 있을 것이다.

1-1 인지심리학이 일상생활의 경험과 어떻게 관련이 있는지 설명할 수 있다.

1-2 마음과 인지에 관해 서술할 수 있다.

1-3 구조주의와 분석적 내성과 같은 마음 연구의 초기 접근들을 이해할 수 있다.

1-4 행동주의는 왜 마음에 회의적인지를 설명할 수 있다.

1-5 마음을 직접 관찰할 수 없는데도 어떻게 마음의 내부 작동을 연구할 수 있는지 설명할 수 있다.

1-6 인지 혁명의 역사와 관련성을 기술할 수 있다.

1-7 디지털 컴퓨터와 사람 마음의 연결성을 파악할 수 있다.

1-8 이 장의 마지막에 있는 개념들을 학습 기법을 향상시키는 데 적용할 수 있다.

사고가 발생한 지 16년이 지났다. 장기 요양시설에 누워 있는 샘은 그 사고 이후 계속 코마 상태이다. 샘을 관찰해 보면 자각의 징후도 없고 소통 능력도 없는 것처럼 보여서, 샘은 아무런 의식적 경험도 없다고 결론을 내리는 것이 타당해 보인다. 정말 그럴까? 샘이 움직이지도 않고 자극에도 반응하지 않는다는 것은 샘이 '마음'이 없다는 것을 의미하는 것인가? 공간을 멍하니 쳐다보는 것처럼 보이는 눈이 지각할 수 있고, 또 그 지각은 사고를 동반할 가능성은 없을까? 이것이 Lorina Naci와 동료들(2014, 2015)이 샘을 뇌 전체에서 일어나는 전기 활동의 증가와 감소를 측정하는 뇌 스캐너에 들여보낼 때 제기한 질문이다.

샘이 스캐너 안에 있는 동안 연구자들은 〈뱅, 너는 죽었어(Bang, You're dead)〉라는 앨프리드 히치콕의 TV 프로그램에서 발췌한 8분짜리 영상을 샘의 얼굴 앞에 놓인 스크린에 투사했다. 비디오 도입부에 5세 아동이 장난감 총을 가지고 놀고 있다. 그러다가 삼촌의 여행 가방에서 진짜 총과 탄약을 발견한다. 아이는 총에 총알 한 발을 장전하고 총알 한 발이 들어 있는 실린더(탄약실)를 돌린 다음, 장난감 권총집에 권총을 쑤셔 넣는다. 아이가 이 사람 저 사람에게 총을 겨누며 동네를 돌아다니면서 긴장이 고조된다. 아이가 누군가를 조준한다! 그리고 방아쇠를 당긴다! 총알이 발사 위치에 있지 않아서 다행히 총알이 발사되지는 않는다. 아이의 '장난'이 어느 순간엔 끔찍한 비극이 될 수도 있다는 것을 알기 때문에, 보는 사람들의 마음속에서는 '총알이 발사될까?', '누군가가 죽을까?'와 같은 생각이 요동친다. 마지막 장면은 다시 아이의 집이다. 아이가 장난감 권총이 아니라 진짜 권총을 겨눈다는 것을 알고, 아이의 아버지가 아이에게 뛰어든다. 총알이 발사된다! 거울이 깨지고 다행히 아무도 다치지 않는다! 아이의 아버지가 권총을 잡으며 관객들은 안도의 한숨을 내쉰다.

이 영상을 스캐너에 들어간 건강한 참가자에게 보여주면, 모든 참가자가 같은 시간에 뇌 활동이 증가하고 감소했는데, 영화에서 어떤 일이 일어나는지에 따라 뇌 활동이 변화했다. 아이가 총알을 장전하거나 다른 사람을 겨눌 때처럼 영화에서 긴장이 최고로 고조된 순간에 뇌 활동이 가장 강했다. 그러니까 관객의 뇌는 단지 화면에 비치는 영상에만 반응하는 것이 아니다. 관객의 뇌는 영상과 영화의 줄거리, 둘 다에 의해 작동된다. 그리고 이것이 가장 중요한 점인데, 줄거리를 이해하려면 '총알이 장전된 총은 위험하다.', '총은 사람을 죽일 수 있다.', '다섯 살짜리 아이는 자기가 우발적으로 사람을 죽일 수도 있다는 것을 모를 수도 있다.'와 같이 영화에 구체적으로 제시되지 않은 것들도 이해하는 것이 필요하다.

그럼, 샘의 뇌는 영화에 어떻게 반응했을까? 놀랍게도 샘의 뇌는 건강한 참가자의 뇌와 똑같이 반응하였다. 긴장이 지속되는 동안에는 뇌 활동이 증가했고, 당장 위험이 닥치지 않을 때는 뇌 활동이 감소했다. 이것은 샘이 영상을 보고 사운드트랙을 통해 들리는 소리를 들을 뿐만 아니라 영화 줄거리에도 반응한다는 것을 가리킨다! 그러니까 샘의 뇌 활동은 샘이 의식적으로 자각했다는 것이다. 즉, 샘도 '마음'이 있다는 것이다.

외관상으로는 전혀 그렇지 않은데 마음이 있는 것처럼 보이는 샘의 이야기는, 마음을 이해하는 대모험을 떠나려는 우리에게 아주 큰 메시지를 준다. 아마도 가장 중요한 메시지는 마음은 눈에 보이지 않고 숨어 있다는 것이다. 샘은 움직이지도 못하고 말도 못하기 때문에 아주 예외적인 경우지만, 여러분은 정상인의 '마음'도 많은 비밀을 갖고 있다는 것을 알게 될 것이다. 샘이 무엇을 경험하는지를 우리가 정확히 알지 못하는 것처럼, 우리는 다른 사람이 실제로 무엇을 경험하고 있는지 정확하게 알지 못한다. 비록 사람들이 자기가 생각하는 것과 관찰하는 것을 말할 수는 있지만 말이다.

여러분이 자기가 생각하는 것과 관찰하는 것을 자각할 수는 있지만, 마음속에서 일어나고 있는 것의 대부분에 대해서는 자각하지 못한다. 지금 읽고 있는 것을 이해하지만, 마음속에서는 글을 이해하는 것을 가능하게 하는, 많은 보이지 않는 과정들이 의식적인 자각 아래에서 작동하고 있다.

이 책을 공부해 나가면서, 여러분은 마음의 작동 방식에 관한 많은 비밀이 어떻게 연구를 통해 밝혀지는지 배우게 된다. 이것은 사소한 성취가 아니다. 왜냐하면 마음은 책을 읽고, 영화 줄거리를 이해하는 것을 가능하게 할 뿐만 아니라, 여러분이 누구이고 여러분이 무엇을 하는지에도 관여하고 있기 때문이다. 마음은 사고, 지각, 욕망, 정서, 기억, 언어, 신체활동을 만들어 낸다. 마음은 의사결정과 문제해결을 이끌어 낸다. 그리고 어쩌면 가장 감동적일 수 있는 것인데, 마음은 여러분의 의식을 창조한다. 그러니까 마음은 '내 몸 밖'에 무엇이 있는지, 몸속에서 어떤 일이 일어나고 있는지, 그리고 간단하게 말해 내가 된다는 것이 무엇인지를 알게 한다.

이 책에서는 마음이 무엇인지, 마음은 무엇을 하는지, 어떻게 마음이 그것을 하는지에 대해 서술한다. 이를 위한 첫걸음은 마음이 하는 일들을 탐색해 보는 것이다. 그러다 보면 여러분은 마음이 다양한 측면을 가지고 있다는 것, 즉 다양한 기능과 작동 방식이 있다는 것을 배우게 된다. 이 장에서는 다양한 측면을 가진 마음의 본질에 대해 논의하고, 이어서 인지심리학 분야의 역사를 잠깐 알아보도록 한다.

1.1 인지심리학: 마음을 연구하다

마음(mind)
세상에 대한 심적 표상을 창조하고 지각, 주의, 기억, 정서, 언어, 결정, 사고, 추리와 같은 심적 기능을 통제하는 시스템.

지금까지 **마음**(mind)이라는 용어를 정확하게 정의하지 않은 채 사용해 왔다는 것을 눈치챘을 것이다. 논의하는 동안 알게 되겠지만, 마음이라는 용어는 지능, 정서와 같은 심리학 개념처럼 여러 가지 방식으로 이해될 수 있다.

마음이란 무엇인가?

'마음이란 무엇인가?'라는 질문에 대해 접근하는 한 가지 방법은 일상 대화에서 '마음'이라는 용어가 어떻게 사용되는지 살펴보는 것이다.

1. '그들은 사고 당일에 무엇을 했는지 마음에 떠올릴 수 있었다.'(기억에 관여하는 마음)
2. '거기에 마음을 쏟는다면, 너는 그 수학 문제를 풀 수 있다고 나는 확신해.'(문제해결자로서의 마음)
3. '아직 마음을 정하지 못했어.' 또는 '이 문제에 대해 두 가지 마음이야.'(결정을 내리거나 가능성을 고려할 때 사용되는 마음)
4. '그들은 마음과 몸이 건강해.' 또는 '그들이 외계인과의 조우에 대해 말할 때, 마치 마음이 나가버린 것 같았어.'(건강한 마음은 정상적으로 작동하는 마음을 가리키고, 제대로 작동하지 않는 마음은 비정상적으로 작동하는 마음을 가리킨다)
5. '마음은 낭비해 버리기에는 아주 아까운 것이야.'(아주 조심스럽게 사용해야 하는 가치 있는 존재로의 마음)
6. '당신은 빛나는 마음을 가졌어.'(아주 똑똑하거나 창의적인 사람을 기술할 때 사용)
7. '나는 좀 더 마음을 챙겨야 해.'(현재와 자각에 집중한 심적 상태로서의 마음. **그림 1.1**)

wavebreakmedia/Shutterstock.com

그림 1.1 명상 활동 중에 책상 위에 앉아서 마음챙김을 수련하고 있는 학생들. 마음챙김이라는 개념은 마음을 포함하고 있는데, 이것은 우리가 '마음'이라는 단어를 논의하거나 사용하는 많은 방식 중 하나이다.

이 진술문들은 마음이 무엇인지에 대해 몇 가지 중요한 내용을 우리에게 알려준다. 기억, 문제해결, 결정에서 차지하는 마음의 역할을 강조하는 진술문 1, 2, 3은 **'마음은 지각, 주의, 기억, 정서, 언어, 결정, 사고, 추리와 같은 심적 기능을 창조하고 통제한다.'**라는 마음에 대한 정의와 관련되어 있다. 이 정의는 다양한 심적 능력에서 마음이 중심적인 역할을 한다는 것을 반영하는데, 이 능력들은 이 책의 목차에서 각 장의 제목에 잘 반영되어 있다.

마음의 또 다른 정의는 어떻게 마음이 작동하는지에 초점을 맞춘 것이다. 즉, **'마음은 우리가 세상 속에서 목표를 달성할 수 있도록 세상에 대한 표상을 창조하는 시스템이다.'**라는 정의이다. 이 정의는 기능과 생존에서 마음이 중요하다는 것을 반영하며, 마음이 어떻게 이 목표를 달성하는지에 대한 서술의 시작점도 제공한다. 표상을 창조한다는 생각은 우리가 이 책에서 반복해서 다루는 문제이다.

마음에 대한 이 두 가지 정의는 양립할 수 있다. 첫 번째 정의는 여러 유형의 **인지**(cognition), 즉 지각, 주의, 기억과 같이 마음이 창조하는 심리적 과정을 가리킨다. 두 번째 정의는 어떻게 마음이 작동하는지(마음은 표상을 창조한다)와 마음의 기능(마음이 우리가 행동하고 목표를 달성할 수 있게 해준다)에 대해 알려준다. 첫 번째 정의에서 다룬 여러 유형의 인지들 모두가 이 목표를 달성하는 데 중요한 역할을 한다는 것은 우연의 일치가 아니다.

인지(cognition)
지각, 주의, 기억, 언어, 문제해결, 추리, 결정에 참여하는 심적 과정.

진술문 4, 5, 6, 7은 정상적인 기능을 하는 데 마음이 중요한 역할을 한다는 것과 마음의 엄청난 능력을 강조한다. 알베르트 아인슈타인이나 레오나르도 다빈치처럼 특출한 사람들의 마음에 대해 고려할 수는 있지만, 이 책에서 중요한 생각은 모든 사람의 마음은 다 놀랄 만한 성취라는 점이다. 우리가 이러한 친숙한 활동을 할 수 있게 해 주는 마음의 속성을 생각해 보면, 사람을 알아보고, 대화를 하고, 다음 학기에 무슨 과목을 들을지 결정하는 것과 같은 아주 '일상적인' 일도 그 자체로 엄청난 일이다.

인지심리학(cognitive psychology)은 심적 과정을 연구하는 분야로, 마음의 특징과 속성을 밝혀내는 것과 어떻게 마음이 작동하는지를 포함한다. 우리가 이 장에서 다룰 목표는 인지심리학이 심리학 초창기에서부터 현재에 이르기까지 어떻게 진화해 왔는지를 기술하고, 인지심리학자들이 마음에 관한 과학적 연구에 어떻게 접근하는지 서술하는 것이다.

인지심리학(cognitive psychology)
지각, 주의, 기억, 언어, 문제해결, 추리, 결정에 참여하는 심적 과정을 과학적으로 연구하는 심리학의 분야. 간단하게 말해서 인지심리학은 마음과 심적 과정에 대한 과학적 연구를 다룬다.

1.2 마음 연구: 인지심리학 초기 연구

1800년대에는 많은 사람들이 여러 가지 이유를 들어 마음을 연구하는 것은 불가능하다고 믿었다. 어떤 사람들은 마음을 연구하는 것 자체가 가능하지 않다고 주장했다. 또 다른 사람들은 마음의 속성은 측정할 수 없다고 주장했다. 그럼에도 불구하고 몇몇 연구자들은 당시의 상식적인 생각을 받아들이지 않고 마음을 연구하기로 결심했다. 이러한 사람 중 하나가 네덜란드의 생리학자 Franciscus Donders였다. 그는 최초의 과학적 심리학 실험실이 설립되기 11년 전인 1868년에 지금이라면 인지심리학 실험이라 불릴 수 있는 첫 번째 실험을 수행하였다('인지심리학'이라는 용어는 1967년에 만들어졌다는 것을 기억하는 것도 중요하다. 그렇지만, 이제 우리가 기술할 초기 실험들은 현재 사용하는 정의로 볼 때 인지심리학 실험이라 불릴 자격이 충분하다).

반응시간(reaction time)
자극에 반응하는 데 걸리는 시간. 일반적으로 자극이 제시된 시점과 그 자극에 대한 반응 사이의 시간을 측정해서 알아낸다. 반응의 예는 버튼 누르기, 단어 말하기, 눈을 움직이기, 특정 뇌파의 출현이다.

단순 반응시간 (simple reaction time)
하나의 자극이 출현하거나 사라지는 것에 반응하는 것(반응하기 전에 여러 개의 자극 중에 선택하는 것의 반대). 선택 반응시간 참조.

선택 반응시간 (choice reaction time)
둘 이상의 자극에 대해 반응하는 데 걸리는 시간. Donders의 실험에서 참가자는 왼쪽 불이 들어오면 왼쪽 버튼을, 그리고 오른쪽 불이 들어오면 오른쪽 버튼을 눌러야 했다.

Donders의 개척자적 실험: 결정을 내리기까지 얼마나 시간이 걸리나? Donders는 사람이 결정을 내리는 데 얼마나 시간이 걸리는지를 밝혀내는 데 흥미를 느꼈다. 그는 자극이 제시되고 반응할 때까지의 시간을 의미하는 **반응시간**(reaction time)을 측정해서 이를 알아내었다. 그는 두 가지 반응시간을 사용했다. 그는 참가자들에게 불빛이 들어오면 최대한 빨리 버튼을 누르게 해서 **단순 반응시간**(simple reaction time)을 측정하였다(**그림** 1.2a). 또, 두 개의 불빛을 이용해서 참가자들에게 왼쪽 불이 들어오면 왼쪽 버튼을, 그리고 오른쪽 불이 들어오면 오른쪽 버튼을 누르게 해서 **선택 반응시간**(choice reaction time)을 측정하였다(**그림** 1.2b).

단순 반응시간 과제를 수행하는 동안 일어나는 단계들이 **그림** 1.3a에 제시되었다. 자극(불빛)을 제시하는 것은 심적 반응(빛 지각)을 일으키는데, 이것은 행동 반응(버튼 누르기)을 이끌어낸다. 반응시간(점선)은 자극 제시에서부터 행동 반응까지의 시간이다.

그러나 Donders가 흥미를 느낀 것은 결정을 내릴 때 걸리는 시간이었다는 점을 기억하라. 선택 반응시간 과제는 참가자들에게 왼쪽 불과 오른쪽 불 중 어느 불이 들어왔는지를 결정하고, 이어서 어떤 버튼을 눌러야 하는지를 결정하게 해서 결정 과정을 추가하였다. **그림** 1.3b에 있는 선택 반응시간 과제 그림에서는 심적 반응을 '왼쪽 불 지각하기'와 '어느 버튼을 누를지 결정하기'로 변경했다. Donders는 단순 조건과 선택 조건의 반응시간 차이는 정확한

(a) 불빛이 들어오면 J 누르기

(b) 왼쪽 불이면 J, 오른쪽 불이면 K 누르기

그림 1.2 Donders(1868) 실험의 현대판 형태: (a) 단순 반응시간 과제와 (b) 선택 반응시간 과제. 단순 반응시간 과제에서 참가자는 불빛이 들어오면 J를 누른다. 선택 반응시간 과제에서 참가자는 왼쪽 불이 들어오면 J를, 오른쪽 불이 들어오면 K를 누른다. Donders 실험의 목적은 선택 반응시간 과제에서 어느 키를 누를지 결정을 내릴 데 걸리는 시간이었다.

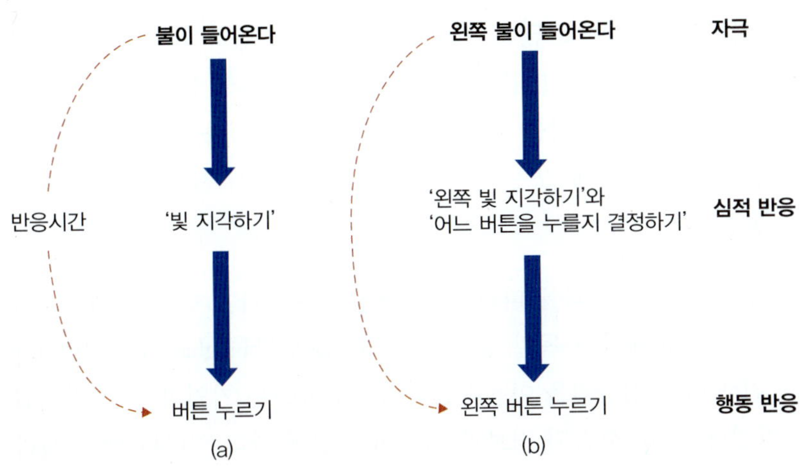

그림 1.3 Donders 실험에서 자극 제시와 행동 반응 간의 사건들의 연쇄: (a) 단순 반응시간 과제와 (b) 선택 반응시간 과제. 점선은 Donders가 불빛 제시와 참가자의 반응 사이의 시간을 가리키는 반응시간을 측정했다는 것을 알려준다.

버튼을 누르게 하는 결정을 내리는 데 걸리는 시간을 알려주는 것이라고 추리하였다. 선택 반응시간이 단순 반응시간보다 1/10초 길었다는 것에서 Donders는 결정을 내리는 데 1/10초가 걸린다고 결론지었다.

Donders의 실험은 첫 번째 인지심리학 실험이라는 점과, 마음을 연구하는 데에서 아주 중요한 점, 즉 심적 반응(이 예에서는 불빛을 지각하고 어느 버튼을 누를지 결정하는 것)은 직접 측정할 수 없고 행동을 통해 추론해야만 한다는 사실을 보여주었다. 이 주장이 왜 사실인지는 **그림** 1.3의 점선들을 주목해 보면 알 수 있다. 이 점선들은 Donders가 반응시간을 측정할 때 자극 제시와 참가자의 반응 간의 관계를 측정한 것이라는 점을 보여준다. 그러니까, 심적 과정을 직접 측정한 것이 아니라 특정 심적 과정이 얼마나 시간이 걸리는지를 반응시간에서 추정하였다. 심적 반응은 직접 측정할 수는 없고 관찰된 행동을 통해 추론해야만 한다는 사실은 Donders의 실험에서뿐만 아니라 인지심리학의 모든 실험에 적용되는 원리이다.

Wundt의 심리학 실험실: 구조주의와 분석적 내성 Donders가 반응시간 실험을 하고 11년 후인 1879년에 Wilhelm Wundt가 독일의 라이프치히 대학교에 최초로 과학적 심리학 실험실을 개설하였다. 1800년대 후반과 1900년대 초반 심리학을 지배했던 Wundt의 심리학은 **구조주의**(structuralism)라 불린다. 구조주의에 따르면, 우리의 전체 경험은 경험의 기본 요소들이 결합해서 나오는 것인데, 구조주의자들은 경험의 기본 요소를 감각이라 불렀다. 화학에서 원소 주기율표를 개발해서 원소가 결합해서 분자가 되는 것을 설명하듯이, Wundt는 경험을 창출하는 데 관여하는 모든 기본적인 감각을 포함하는 '마음의 주기율표'를 창조하려고 하였다.

구조주의(structuralism)
심리학의 접근법 중 하나로, 지각을 감각이라 불리는 작은 요소들이 더해진 것이라고 설명한다.

Wundt는 분석적 내성을 사용하면 경험의 요소들을 과학적으로 기술할 수 있다고 생각했다. **분석적 내성**(analytic introspection)은 잘 훈련된 참가자가 자극에 대한 자기의 경험과 사고 과정을 기술하는 기법을 가리킨다. 참가자가 자기의 경험을 기본 정신요소로 서술하는 것이 분석적 내성의 목표이기 때문에, 분석적 내성을 하려면 집중적인 훈련이 필요하다. 예를 들어, 한 실험에서 Wundt는 참가자에게 피아노로 연주한 다섯 음으로 된 코드를 들려주고 자기가 경험한 것을 기술하도록 하였다. 이 실험에서 그가 알아내고자 했던 것은 참가자가 이 코드를 구성하는 다섯 개의 음을 하나씩 구분해서 들을 수 있는지의 문제였다. 3장에서 우리가 지각을 다룰 때 보게 되겠지만, 구조주의는 성공적인 접근법이 아니어서 1900년대 초

분석적 내성 (analytic introspection)
심리학 초창기의 심리학자들이 사용하던 절차로, 잘 훈련된 참가자가 자극에 대한 자기의 경험과 사고 과정을 기술하는 기법.

기에 심리학에서 자리를 잃었다. 그럼에도 많은 심리학자들이 '실험심리학의 아버지'라고 생각하는 Wundt는 통제된 조건에서 행동과 마음을 연구하는 열정을 통해 심리학에 크게 기여했다. 그는 자기가 설립한 이 새로운 분야를 확장하는 데 일생을 바쳤다. 그는 심리학 박사들을 많이 배출하였는데, 이들은 미국에 있는 여러 대학교를 포함해서 전 세계에 걸쳐 많은 대학교에 심리학과를 설립했다.

Ebbinghaus의 기억 실험: 망각은 시간 경과에 따라 어떤 특징을 보이나? 한편 라이프치히에서 193km 떨어진 베를린 대학교에서는 독일 심리학자 Hermann Ebbinghaus(1885/1913)가 마음의 속성을 측정하기 위해 다른 접근법을 이용하였다. Ebbinghaus는 기억과 망각의 본질을 밝혀내는 데 관심을 가졌다. 특히 학습된 정보가 시간이 지남에 따라 얼마나 빨리 사라지는지에 관심을 가졌다. 그러나 Ebbinghaus는 Wundt의 분석적 내성법 대신 기억을 측정하는 양적인 방법을 사용하였다. 자신이 연구 참가자가 되어 DAX, QEH, LUH, ZIF와 같은 13개의 무의미 철자 목록을 똑같은 속도로 한 번에 하나씩 제시하는 절차를 반복했다. 그는 특정 단어의 의미가 기억에 영향을 주지 못하게 하려고 무의미 철자를 사용했다.

Ebbinghaus는 목록을 처음 학습하는 데 시간이 얼마나 걸리는지 측정했다(이 실험에서는 13개의 무의미 철자 목록을 하나도 틀리지 않고 순서대로 기억하면 학습한 것으로 정의했다_옮긴이 주). 그리고 정해진 시간(지연시간)을 기다린 다음, 그 목록을 재학습하는 데 시간이 얼마나 걸리는지 측정했다. 지연시간 동안 망각이 일어나기 때문에, 목록을 기억할 때 실수를 범했다. 그러나 처음 학습한 것에서 약간은 파지하고(retain) 있었기 때문에, 그 목록을 처음 학습할 때보다는 빨리 재학습할 수 있었다.

절약(saving)
처음 학습에서 남아있는 기억의 크기를 측정하려고 Ebbinghaus가 사용한 측정치. 큰 절약 점수는 기억이 많이 되었다는 것을 의미한다.

Ebbinghaus는 특정 지연시간이 지나면 얼마나 많은 부분을 망각하는지 알아보기 위해 절약(saving)이라는 측정치를 사용하였다. 절약은 아래와 같은 절차로 계산하였다. 절약 = 처음 학습할 때 걸린 시간 − 지연시간 후 재학습할 때 걸린 시간. 그러니까 처음 학습할 때 1,000초가 걸렸고, 지연시간 후에 재학습하는 데 400초가 걸렸다면 절약은 1,000 − 400 = 600초가 된다. 처음 학습과 세 가지 다른 지연시간에서 재학습하는 데 걸린 시간을 그린 **그림 1.4**를 보면, 지연시간이 길면 절약이 작다는 것을 볼 수 있다.

절약 곡선(savings curve)
절약 백분율을 처음 학습 후의 시간별로 그린 그림.

Ebbinghaus에 따르면, 절약의 감소가 망각의 측정치를 제공한다. 즉, 절약이 작다는 것은 더 많이 망각되었다는 것을 의미하는 것으로 해석되었다. 시간별로 절약 백분율을 그린 **그림 1.5**의 절약 곡선(savings curve)은, 기억은 처음 학습하고 2일 내에 급격하게 떨어지고 그 이후에는 완만하게 떨어진다는 것을 보여준다. 이 곡선은 기억을 수량화시킬 수 있다는 것을 보여주고, 또 마음의 속성을 기술하기 위해 절약 곡선과 같은 함수를 사용할 수 있다는 것을

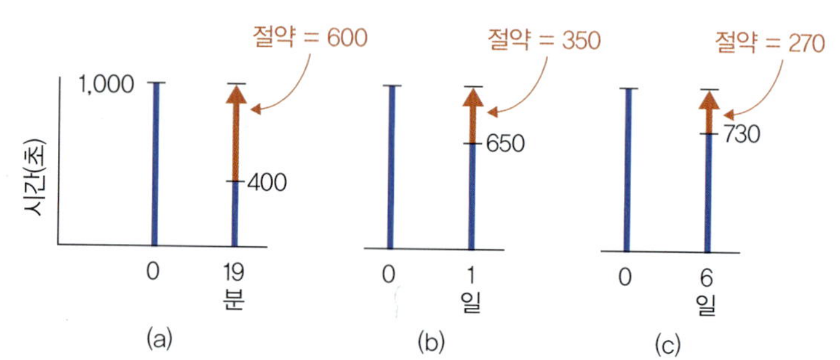

그림 1.4 Ebbinghaus 실험에서 절약 점수 계산하기. 이 실험에서 무의미 철자 목록을 처음 학습하는 데 1,000초가 걸렸다. 0 위의 막대가 이를 보여준다. 지연시간 (a) 19분, (b) 1일, (c) 6일에서 재학습하는 데 필요한 시간이 0의 오른쪽 막대에 적혀 있다. 붉은 선은 각 지연시간에서의 절약 점수를 알려준다. 지연시간이 길어지면 절약 점수가 줄어드는 것을 주목하라. 절약 점수가 줄어드는 것이 망각의 측정치를 제공한다.

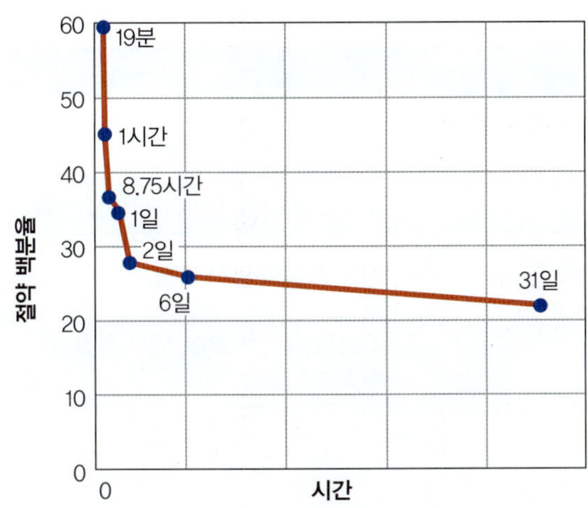

그림 1.5 Ebbinghaus의 절약 곡선. Ebbinghaus는 절약 백분율이 기억하는 양의 측정치라고 생각해서, 절약 백분율과 처음 학습과 검사 간의 시간을 그림으로 그렸다. 지연시간 증가에 따른 절약(기억)의 감소는 망각이 처음 2일 동안 급격하게 일어나고 그 이후에는 완만하게 일어난다는 것을 보여준다.

출처: Ebbinghaus, 1885/1913의 데이터를 바탕으로 제작함.

보여주었기 때문에 아주 중요하다. 이 경우에는 정보를 파지하는 능력이라는 속성을 기술한 셈이다. Ebbinghaus의 절약법은 Donders의 반응시간과 다른 방법이지만, 두 방법 모두 마음의 속성을 밝혀내기 위해 행동을 측정하였다는 것에 주목하라.

William James의 『심리학의 원리』 Wundt의 제자는 아니지만 초기 미국 심리학자 중 한 사람인 William James는 하버드 대학교에서 심리학 과목을 최초로 가르쳤고, 사람들의 마음에 관한 중요한 관찰들을 그의 저서 『심리학의 원리(Principles of Psychology)』(1890)에 서술하였다. 그의 관찰은 실험 결과에 기초한 것이 아니라, 자기의 마음의 작동에 대해 관찰한 것에 기초하였다. James의 관찰 중에서 가장 널리 알려진 것의 하나가 주의의 본질에 관한 다음의 정의이다.

> 수백만 가지가 …… 내 감각에 제공되지만 그중 상당수는 내 경험에까지 제대로 도달하지 못한다. 왜? 그것들은 내 관심 대상이 아니기 때문이다. 내가 경험하는 것은 바로 내가 주의를 기울이기로 마음먹은 것들이다. …… 누구나 주의가 무엇인지는 안다. 주의란, 동시다발적인 여러 가지 대상이나 사고의 흐름이 존재하는 가운데 그중 하나가 명확하고 생생한 형태로 내 마음을 차지하는 것이다. 초점화, 즉 의식의 집중이 주의의 본질이다. 이것은 특정한 대상을 효과적으로 처리하기 위해 다른 것들로부터 주의를 거두는 것을 함의한다.

하나의 대상에 주의를 기울이는 것은 다른 대상들로부터는 주의를 거두는 것을 포함한다는 관찰은 지금도 유효하며, 주의에 관한 많은 현대 연구의 주제가 되었다. James의 정확한 관찰도 인상적이지만, 그가 고려한 인지 주제의 다양함 또한 아주 인상적이다. 그는 사고, 의식, 주의, 기억, 지각, 상상, 추리 등을 다루었다.

Wundt의 최초의 심리학 실험실 설립, Donders와 Ebbinghaus의 정량적인 실험, 그리고 James의 예리한 관찰은 마음에 대한 연구에 희망적인 출발을 제공하였다(표 1.1). 그러나 얼마 지나지 않아, 심리학의 초점을 마음과 심적 과정에 대한 연구에서 빼앗아가 버린 20세기 초의 몇 가지 사건에 의해 마음에 대한 연구는 찬 서리를 맞게 되었다. 심리학이 심적 과정에 대한 연구를 거부하게 만든 중요한 요인 중의 하나는 Wundt의 분석적 내성법에 대한 부

표 1.1 인지심리학의 초기 개척자들

사람	절차	결과와 결론	기여
Donders(1868)	단순 반응시간 대 선택 반응시간	선택 반응시간이 1/10초 더 걸림, 따라서 결정하는 데 1/10초가 걸림	최초의 인지심리학 실험
Wundt(1879)	분석적 내성	신뢰할 수 있는 결과 없음	최초로 과학적 심리학 실험실 설립
Ebbinghaus(1885)	망각을 측정하기 위한 절약법	처음 학습 후 1, 2일 사이에 급격하게 망각이 일어남	심적 과정의 양적 측정
James(1890)	실험 안 함 자기 경험에 대한 관찰을 보고함	광범위한 경험에 대한 서술	최초의 심리학 교재, 일부 관찰은 아직도 타당함

정적인 반응이었다.

1.3 마음 연구를 포기하다

많은 초창기 심리학과에서는 Wundt 실험실의 전통을 따라 심적 과정을 연구하기 위해 분석적 내성을 이용해 연구를 수행했다. 그러나 마음에 대한 연구를 강조하던 경향은 심리학자 John Watson의 노력 때문에 변화하게 되었다.

Watson의 행동주의 창시

행동주의(behaviorism)
John B. Watson이 세운 심리학 접근법으로, 관찰이 가능한 행동만이 심리학에 타당한 자료를 제공한다고 진술했다. 이 생각은 의식이나 관찰할 수 없는 심적 과정은 연구할 가치가 없다고 심리학자들이 생각하게 이끌었다.

어떻게 John B. Watson이 행동주의(behaviorism)라 불리는 심리학 접근법을 개발하게 되었는지에 대한 이야기는 인지심리학 역사에서 아주 중요하다. 20세기 초에 시카고 대학교 대학원생이었던 Watson은 분석적 내성에 대해 실망하게 되었다. 그가 이 방법에 대해 문제점으로 느낀 것은 (1) 사람에 따라서 결과가 아주 다르다는 점과, (2) 보이지 않는 내적인 심적 과정의 용어로 해석되기 때문에 이 결과들이 검증하기 어렵다는 점이었다. 그래서 분석적 내성법의 결함으로 보이는 문제들을 해결하기 위해 Watson은 행동주의라 불리는 새로운 접근법을 제안하였다. Watson의 논문 중의 하나인 「행동주의자의 관점에서 본 심리학(Psychology As the Behaviorist Views It)」(1913)에서 행동주의의 목표를 설정하였다.

> 행동주의자가 보는 심리학은 완전히 객관적이고 실험적인 자연과학의 한 분야이다. 행동을 예측하고 통제하는 것이 심리학의 이론적 목표이다. 내성법은 심리학의 기본적 방법이 되지 못하며, 의식의 용어로 해석하는 내성을 통해 얻은 자료도 과학적 가치가 없다. …… 우리가 해야 할 일은 의식이 아니라 행동이 심리학 연구의 목표가 되는 심리학을 시작하는 것이다. [Watson, J. B. (1913). Psychology as the behaviorist views it. *Psychological Review*, 20, 158-177.]

이 인용문은 두 가지 중요한 점을 강조한다. 즉, (1) Watson은 연구 방법으로서의 내성법을 거부했고, (2) 의식(사고, 정서, 추리와 같은 관찰할 수 없는 과정들을 포함하는 의식)이 아니라, 관찰할 수 있는 행동이 심리학 연구의 주 대상이라고 강조했다.

다른 말로 표현하자면, Watson은 심리학을 Donders의 반응시간과 같은 행동 자료로 국한하려 하였고, 이러한 자료를 넘어서서 관찰할 수 없는 심리적 사건으로 결론을 내리려는 생각을 거부하였다. 그는 "심리학은 심적 상태를 관찰 목표로 삼는다는 생각에 더 이상 스스

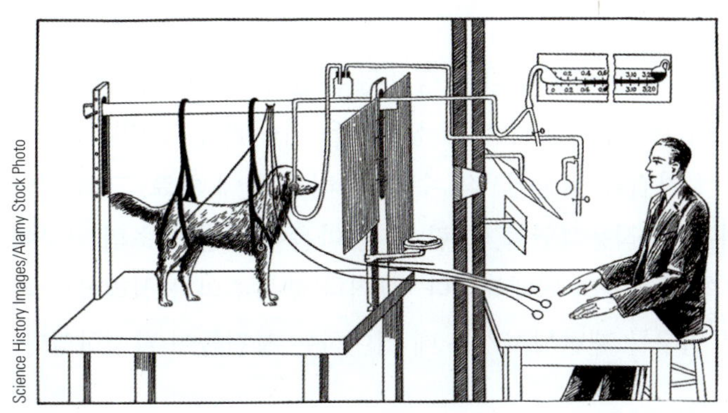
Science History Images/Alamy Stock Photo

그림 1.6 종소리와 먹이를 짝지어 제시한 Pavlov의 유명한 실험. 처음에는 고기를 보여주는 것이 개가 침을 분비하게 했으나, 종소리와 먹이의 연합을 몇 번 경험한 이후에는, 종소리도 침을 분비시켰다. 이것이 고전적 조건형성이라 불리게 되었으며, Watson의 작은 '어린 앨버트' 실험의 기초가 되었다.

로를 속일 필요가 없다."(p.163)라고 선언하면서 마음을 탐구 대상에서 제외했다. Watson의 목표는 심리학 연구 주제를 마음에서 직접 관찰 가능한 행동으로 대체하는 것이었다. 행동주의가 미국 심리학의 주된 세력이 되면서 심리학자들의 주의는 '행동이 마음에 대해 무엇을 알려 주는가?'에서 '주위에 있는 자극과 행동 간의 관계는 무엇인가?'로 옮겨갔다.

Watson의 실험 중에서 가장 유명한 실험은 '어린 앨버트' 실험인데, 이 실험에서 Watson과 Rosalie Rayner(1920)는 생후 9개월 된 사내아이 앨버트에게 원래는 앨버트가 좋아했던 쥐가 다가갈 때마다 시끄러운 소리를 들려주었다. 쥐가 다가갈 때마다 소리를 들려주는 것을 몇 번 하자, 앨버트는 쥐가 나타나면 최대한 잽싸게 쥐로부터 멀리 기어갔다.

Watson의 생각은 **고전적 조건형성**(classical conditioning)과 관련 있는데, 고전적 조건형성은 하나의 자극(앨버트에게 들려준 커다란 소음과 같은 자극)을 이전에는 중립적이었던 자극(쥐)과 짝을 지어 제시하면 중립적이었던 자극에 대한 반응이 어떻게 변화하는지를 다룬다. Watson은 자신의 실험에 대한 영감을 1890년대에 개를 대상으로 고전적 조건형성을 입증한 Ivan Pavlov의 연구에서 얻었다. 이 실험(**그림 1.6**)에서 Pavlov가 처음에는 중립적인 자극이었던 종소리를 개가 침을 흘리게 만드는 먹이와 짝지어 제시하는 것이, 개가 종소리에 대해 침을 흘리게 만들었다(Pavlov, 1927).

고전적 조건형성 (classical conditioning) 하나의 중립적인 자극을 반응을 방출하는 자극과 짝을 지어 제시하면 중립적이었던 자극이 반응을 유발하게 만드는 절차.

Watson은 고전적 조건형성을 이용해 마음에 대해 언급하지 않고도 행동을 분석할 수 있다고 주장하였다. Watson에게 앨버트의 머릿속에서나 Pavlov의 개의 머릿속에서 진행되는 것은 그것이 생리학적인 것이든 심적인 것이든 아무 상관이 없었다. 그에게는 하나의 자극을 다른 자극과 짝지어 제시하면 행동에 어떤 영향을 주는지만 중요했다.

Skinner의 조작적 조건형성

행동주의가 미국 심리학을 지배하던 중에, B. F. Skinner는 자극과 반응 간의 관계를 연구하는 또 다른 도구를 제공했는데, 이는 행동주의가 앞으로 수십 년 동안 심리학을 확실하게 지배하게 해 주었다. Skinner는 **조작적 조건형성**(operant conditioning)을 소개했다. 조작적 조건형성에서는 음식이나 사회적 승인과 같은 정적 강화물을 제공하면(혹은 충격이나 사회적 거부와 같은 부적 강화물을 제거하면) 어떻게 행동이 강해지는지에 초점을 두었다. 한 예로, Skinner는 쥐에게 막대 누르는 것을 먹이로 강화하면 쥐가 막대를 누르는 속도가 유지되거나 빨라지는 것을 보여주었다. Watson과 마찬가지로 Skinner도 마음속에서 무엇이 일어나는지에는 관심이 없었고, 어떻게 행동이 자극에 의해 통제되는지를 밝혀내는 데에만 집중

조작적 조건형성 (operant conditioning) 강화물을 제공해서 행동을 더 하게 만들거나 처벌을 주어서 행동을 덜 하게 만드는 학습 절차. 조작적 조건형성은 바람직한 결과를 이끄는 행동을 조형하는 데에도 사용될 수 있다.

하였다(Skinner, 1938).

자극-반응 관계를 연구하면 행동을 이해할 수 있다는 생각은 온전히 한 세대의 심리학자들에게 영향을 미쳤고, 1940년대부터 1960년대까지 미국 심리학을 지배했다. 심리학자들은 고전적 조건형성과 조작적 조건형성 기법을 교실에서의 수업, 심리적 장애 치료, 그리고 약물이 동물에 미치는 영향을 연구하는 데 적용하였다. **그림** 1.7은 마음에 대한 최초의 연구에서부터 행동주의가 일어날 때까지의 사건들의 연대표이다. 그러나 행동주의가 심리학을 지배하고 있는 동안에도 마음에 대한 연구를 재탄생시키는 데 기여하는 사건들이 발생하였다.

마음의 재출현을 위한 무대 준비

행동주의가 수십 년 동안 미국 심리학을 지배했지만, 모든 연구자가 동참한 것은 아니다. 1918년부터 1954년까지 UC 버클리 대학교 심리학 교수로 재직한 Edward Tolman은 자기의 관심사는 행동을 측정하는 것이기 때문에 자기를 행동주의자라고 생각했다. 하지만 실제로는 심적 과정을 추론하기 위해서 행동을 이용했기 때문에 그는 초기 인지심리학자 중 한 명이다.

그가 수행한 연구 중의 하나에서 Tolman(1938)은 **그림** 1.8과 같은 미로에 쥐를 두었다. 처음에 쥐는 미로의 골목들을 돌아다니며 미로를 탐색했다(**그림** 1.8a). 탐색 기간이 지난 다음, A에 쥐를 위치시키고, B에 먹이를 놓았더니, 쥐는 먹이를 얻기 위해 교차점에서 오른쪽으로 도는 것을 아주 빨리 학습했다. 오른쪽으로 돌면 먹이로 보상을 받기 때문에 이것은 행동주의자들이 예측하는 것과 일치하는 행동이다(**그림** 1.8b). 그러나 쥐가 냄새로 먹이가 놓인 위치를 판단할 수 없게 상황을 정리한 다음에 Tolman이 쥐를 C에 내려놓았더니 아주 재미있는 일이 벌어졌다. 쥐는 B에 있는 먹이를 얻으려고 왼쪽으로 도는 것이었다(**그림** 1.8c). Tolman은 쥐가 처음에 미로를 탐색하는 동안 마음속에 **인지도**(cognitive map)를 만들었기 때문에 이 행동을 하게 되었다고 설명하였다. 여기서 인지도란 미로의 공간적인 배열에 대해 쥐의 마음속에 형성된 개념을 의미한다(Tolman, 1948). 그러니까 이전에는 오른쪽으로 돌아야 보상을 받았음에도 불구하고, 쥐의 심적 지도는 이 지점에서는 왼쪽으로 돌아야 먹이를 얻는다고 알려준 것이다. Tolman이 '인지'라는 용어를 사용했고, 자극-반응 연결 외의 다른 것이 쥐의 마음속에서 일어났을 것이라고 생각했기 때문에 그는 당시의 주류인 행동주의의 국외자가 되었다.

인지도(cognitive map) 공간적인 배열에 대한 마음속의 개념.

다른 연구자들도 Tolman의 연구에 대해 알았지만, 대부분의 1940년대 미국 심리학자들에게 '인지'라는 용어를 사용하는 것은 받아들이기 어려운 일이었다. 왜냐하면 '인지'라는 용어를 사용하는 것은 사고라든가 머릿속의 지도와 같은 내적인 과정은 연구 주제로 수용할 수

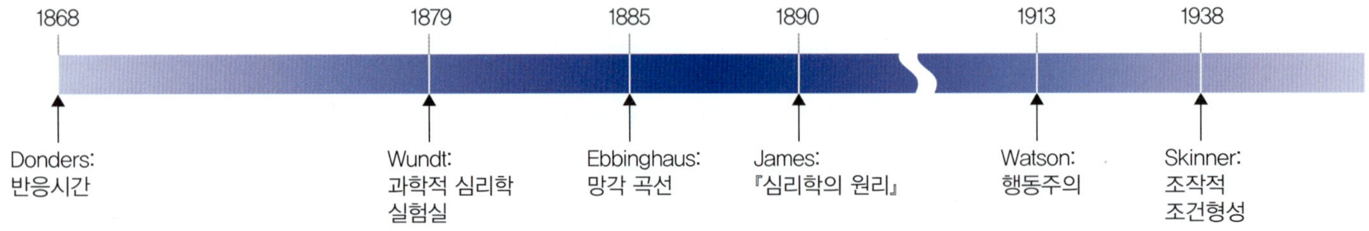

그림 1.7 1800년대 마음에 대한 초기 실험들과 1900년대 행동주의의 등장을 보여주는 연대표.

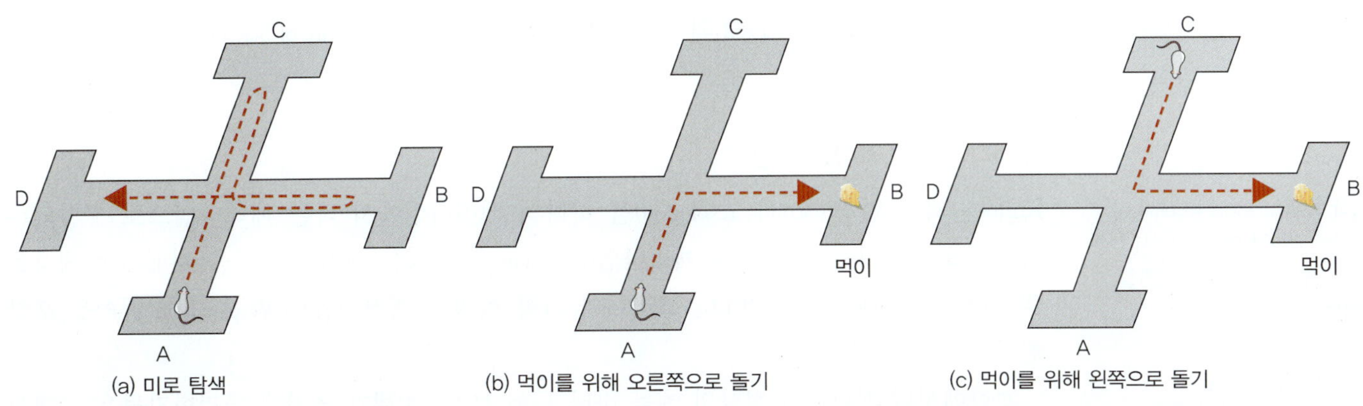

그림 1.8 Tolman이 사용한 미로. (a) 처음에 쥐는 미로를 탐색한다. (b) A에서 출발하면 B에 있는 먹이를 얻기 위해 오른쪽으로 돌기를 학습한다. (c) C에서 출발시키면 먹이를 얻기 위해 왼쪽으로 돈다. 이 실험에서는 먹이가 있는 곳을 알기 위해 냄새와 같은 단서를 쥐가 사용하지 못하도록 미리 조치를 취해야 한다.

없다는 행동주의의 생각을 위반하는 것이었기 때문이었다. Tolman이 인지도라는 개념을 소개한 지 10년쯤 지나서야 심리학에서 마음의 부활을 가능하게 해 준 사건들이 발생하였다.

역설적이게도, 마음에 대한 연구의 재출현에 기여한 사건 중 하나가 다른 누구도 아닌 행동주의자 B. F. Skinner(1957)의 『언어 행동(Verbal Behavior)』이라는 제목의 책 발간이다. 이 책에서 Skinner는 아동이 조작적 조건형성을 통해 언어를 습득한다고 주장하였다. 이에 따르면, 아동은 자기가 들은 말을 모방하고, 정확한 말이 보상을 받기 때문에 정확한 말을 반복한다. 그러나 1959년 MIT의 언어학자인 Noam Chomsky가 이에 대해 아주 신랄하게 비판하는 서평을 게재했다. 이 서평에서 그는 아동은 이전에 부모에게 보상을 받은 적이 없는 많은 문장들(예: 'I hate you, Mommy.')을 말하고, 정상적인 언어 발달 도중에 'the boy hitted the ball.'과 같은 잘못된 문법을 사용하는 단계를 거친다는 점을 지적했다. 문법적으로 잘못된 말이 한 번도 강화된 적이 없음에도 불구하고.

Chomsky는 언어 발달은 모방이나 강화에 의해 결정되는 것이 아니라, 여러 문화에서 보편적으로 작동하는 생득적인 생물학적 프로그램에 의해 결정된다고 보았다. 언어는 강화의 결과가 아니라 마음이 구성되는 방식의 산물이라는 Chomsky의 생각은, 언어와 복잡한 행동(예: 문제해결, 추리)도 조작적 조건형성에 의해 설명될 수 있다는 행동주의자들의 생각에 대해 심리학자들이 다시 생각하도록 했다. 그래서 복잡한 인지 행동을 이해하려면 관찰할 수 있는 행동을 측정하는 것뿐만 아니라, 이러한 행동이 마음의 작동 방식에 대해 무엇을 알려주는지를 함께 고려할 필요가 있다는 것을 심리학자들이 실감하기 시작했다.

1.4 마음 연구의 재탄생

1950년대에 **인지 혁명**(cognitive revolution)이 시작되었다. '인지 혁명'이란 행동주의자들의 자극-반응 관계에서 마음의 작동을 이해하는 것으로 심리학이 옮겨간 것을 가리킨다. Chomsky가 Skinner의 책을 비판하기 전에, 이미 행동에만 초점을 맞춘 연구에서 어떻게 마음이 작동하는지에 대한 연구로 선회하는 것을 알려주는 다른 사건들이 발생했다.

인지 혁명(cognitive revolution) 1950년대부터 행동주의 접근에서 마음의 용어로 행동을 설명하는 것으로 심리학이 옮겨간 것을 가리킨다. 인지 혁명의 결과 중의 하나는 마음을 연구하는 데 정보처리 접근이 도입된 것이다.

인지 혁명을 일으킨 사건들을 기술하기에 앞서 다음 질문에 대해 생각해 보자. 혁명이란 무엇인가? 구체적으로 '과학 혁명이란 무엇인가?'에 대해 생각해 보자. 이 질문에 대한 대답은 철학자 Thomas Kuhn(1962)의 책『과학 혁명의 구조(The Structure of Scientific Revolutions)』에서 찾을 수 있다.

패러다임과 패러다임 전환

과학 혁명(scientific revolution)
하나의 과학적 패러다임에서 다른 패러다임으로 사고가 전환할 때 발생한다.

패러다임(paradigm)
특정 분야의 사고를 안내하는 생각들의 체계.

패러다임 전환(paradigm shift)
하나의 패러다임에서 다른 패러다임으로 사고가 전환하는 것.

Kuhn은 **과학 혁명**(scientific revolution)을 하나의 패러다임에서 다른 패러다임으로 전환되는 것이라고 정의하였다. 여기서 **패러다임**(paradigm)은 특정한 시기에 과학을 지배하는 생각들의 체계를 말한다(Dyson, 2012). 그러니까 과학 혁명은 **패러다임 전환**(paradigm shift)을 포함한다.

과학에서의 패러다임 전환의 예를 하나 들어 보자. 20세기 초기에 물리학자들은 상대성 이론과 양자론을 소개하였다. 이 이론들이 소개되기 전에는, 아이작 뉴턴(1642–1727)이 창안한 고전 물리학이 어떻게 물체가 힘의 영향을 받는지(Newton의 운동 법칙)와 전기장의 성질(전자기를 설명하는 맥스웰의 법칙)과 같은 현상을 설명하는 데 많은 성과를 얻었다. 그러나 고전 물리학의 원리들은 원자 이하의 현상(아원자 현상)과 시간과 운동의 관계에 대해 제대로 설명하지 못했다. 예를 들어, 고전 물리학에서는 시간의 흐름은 절대 상수라고 보았다. 즉, 모든 사람에게 똑같다고 생각했다. 그러나 1905년 스위스 베른의 특허 사무소의 젊은 서기인 알베르트 아인슈타인이 상대성 이론 논문을 발표했는데, 이 논문에서 그는 공간과 시간의 측정은 관찰자 운동의 영향을 받는다고 제안하였다. 그러니까 광속에 가까워지면 시계는 느려진다. 그는 또 유명한 공식 $E = mc^2$(에너지는 질량 곱하기 광속의 제곱)에 표현된 것처럼 질량과 에너지는 동치라고 주장했다. 아인슈타인의 상대성 이론과 아원자 입자의 행동을 설명하는 양자론은 근대 물리학의 시작을 알려주었다. 이것은 혁명적인 전개다!

고전 물리학에서 근대 물리학으로의 패러다임 전환이 물질적인 세상을 보는 새로운 방법을 제공한 것처럼, 행동주의에서 인지적 접근으로의 패러다임 전환은 행동을 보는 새로운 관점을 제공했다. 행동주의가 지배하던 시대에 행동은 그 자체가 목적이었다. 보상과 처벌에 의해 행동이 어떻게 달라지는지를 다룬 실험들이 심리학의 주를 이루었다. 이러한 연구를 통해 가치 있는 발견도 얻어졌다. 지금도 사용되고 있는 '행동치료'라 불리는 심리적 치료법이 그런 성과 중의 하나이다. 그러나 행동주의 패러다임은 행동을 이끌어내는 마음의 역할에 대해서는 전혀 고려하지 않았다. 그래서 1950년대에 새로운 인지 패러다임이 출현하게 되었다. 물리학에서는 아인슈타인(1905)의 상대성 이론 논문 발간이 새로운 패러다임의 출발점이 되었지만, 인지 패러다임의 시작을 특정 논문의 발간과 연결하지는 못한다. 그 대신 심리학을 연구하고 심리학에 대해 생각하는 새로운 방법으로 완결된 일련의 사건들을 들 수 있다. 이러한 사건 중 하나가 마음의 작동에 대해 서술하는 새로운 방법을 시사해 주는 새로운 기술의 등장이다. 이 새로운 기술은 디지털 컴퓨터였다.

디지털 컴퓨터의 등장

우리는 '컴퓨터'라고 하면 기계를 연상하지만, 최초의 컴퓨터(계산원)는 사람이었다(Grier, 2005). 이름이 함의하듯이, 컴퓨터인 사람(계산원)은 복잡한 수학 문제를 '계산'했다. 15세기에서 19세기까지 계산원은 중요한 직업이었다. 계산원은 천문학과 항해술과 같은 분야에서 많이 작업했다. 19세기와 20세기에 계산원은 기계공학, 일기예보, 물리학, 우주 프로그

그림 1.9 초기 디지털 컴퓨터의 예. 1944년에 만들어진 Harvard Mark 1. IBM ASCC(Automatic Sequence Controlled Calculator)라고도 불린다. 초기 디지털 컴퓨터가 얼마나 큰지 알려면 사진에 보이는 세 사람의 크기를 보라.

램 등에서 기술적인 발전을 이루는 것을 도와주었다. 그런데 계산은 시간이 오래 걸리는 어려운 작업이어서 사람이 오류를 범하기 쉽다. 20세기 들어 기술이 발전하면서 계산원이라는 직업의 자동화가 시작되었다.

1940년대 후반에 개발된 최초의 컴퓨터는 **그림** 1.9에 제시된 것처럼 건물을 통째로 차지해야 할 만큼 아주 큰 기계였다. 하지만 1954년 IBM사가 일반 대중이 사용할 수 있는 컴퓨터를 개발했다. 이 컴퓨터도 오늘날의 랩톱, 태블릿, 스마트폰과 비교하면 어마어마하게 크지만, 어쨌든 대학교의 실험실에 도입되어서, 자료를 분석하는 용도와 마음에 대해 새로운 각도에서 생각하게 하는 방안을 시사해 주는 용도로 사용되었다. 이 중 두 번째 용도가 우리 목적에 잘 맞는다.

컴퓨터를 위한 흐름도 1950년대 심리학자들의 주의를 끈 컴퓨터의 특징은, **그림** 1.10a에 있는 것처럼 컴퓨터가 정보를 여러 단계에 걸쳐 처리한다는 점이었다. 이 그림을 보면, 정보는 처음에 '입력 처리기'에 수용된다. 그리고 그 정보는 '연산 단위'에 의해 처리되기 전에 일단 '기억 단위'에 저장된다. '연산 단위'에서는 컴퓨터의 출력물을 창조해 낸다. 다시 말해서, 디지털 컴퓨터는 정보를 수용하고, 저장한 다음, 마지막으로 정보를 사용한다는 것이다. 단계화된 처리 접근에서 영감을 얻어 심리학자들은 마음을 연구하는 방법으로 **정보처리 접근법**(information processing approach)을 제안하였다. 정보처리 접근법에서는 인지에 관여하는 심적 조작들의 연쇄를 추적한다. 정보처리 접근법에 따르면, 마음의 작동은 여러 단

정보처리 접근법(information processing approach)
1950년대에 개발되기 시작한 심리학 접근법으로, 이 접근법에서는 마음을 일련의 단계에 걸쳐 일어나는 정보처리로 기술한다.

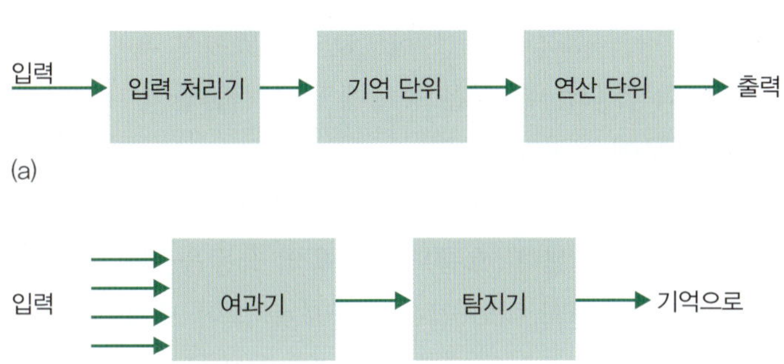

그림 1.10 (a) 초기 컴퓨터의 흐름도. (b) Broadbent의 주의에 대한 여과기 모형의 흐름도. 이 그림은 많은 메시지가 '여과기'에 들어오는데, 여과기는 탐색기에서 더 처리하기 위해 처리자가 주의를 기울이는 메시지를 선택하고, 이 메시지는 더 처리해서 단기기억으로 전이된다는 것을 보여준다. 우리는 이 그림을 4장에서 자세하게 논의한다.

계에 걸쳐 일어나는 것으로 기술될 수 있다. 컴퓨터가 정보를 수용하고, 저장하고, 사용하게 고안된 것처럼, 사람 마음도 유사하게 작동할 것이라고 본다. 인간 계산원을 대체하기 위해 디지털 컴퓨터가 고안되었다는 점을 기억하라. 그렇다면 초기 디지털 컴퓨터가 사람들이 계산을 하기 위해 사용한 인지 처리를 복사하려 했다는 것은 일리가 있다. 마음의 작동에 처리단계 접근을 이용해서 심리학자들은 새로운 질문을 제기하였고, 이 질문에 대한 대답을 새로운 틀로 서술하였다. 마음에 관한 새로운 사고방식의 영향을 받은 최초의 연구 중의 하나는, 동시에 많은 정보가 주어졌을 때 어떻게 사람들이 특정 정보에만 집중할 수 있는지에 대한 연구였다.

마음의 흐름도 1950년대부터 일부 연구자들이 사람의 마음이 어떻게 쏟아져 들어오는 정보를 처리하는지를 기술하는 데 흥미를 갖기 시작했다. 이들이 관심을 가졌던 질문 중의 하나는 우리가 무언가 하나에 주의를 기울이려면 다른 것들을 포기해야 한다는 William James의 관찰에서 출발하였다. 이 생각을 시발점으로 삼아, 영국의 심리학자 Colin Cherry(1953)는 참가자들에게 두 개의 메시지를, 하나는 왼쪽 귀에 다른 하나는 오른쪽 귀에 들려주었다. 그는 그중 하나의 메시지(주의 메시지)에 주의를 집중하고 다른 메시지(무시 메시지)는 무시하라고 요구했다. 예를 들어, 왼쪽 귀에 들리는 'As Leila drove down the road in her new car……'로 시작하는 메시지에만 주의를 집중하고, 동시에 오른쪽 귀에 들리는 'Cognitive psychology, which is the study of mental processes……'로 시작하는 메시지에는 주의를 기울이지 말라고 요구했다.

이 실험의 결과는 사람들이 하나의 메시지에 주의를 기울이면 주의를 기울이지 않은 메시지의 소리는 들을 수 있지만, 그 메시지의 내용에 대해서는 자각하지 못한다는 것을 보여준다. 이 실험의 결과는 4장 '주의'에서 자세히 다룰 것이다. 이 결과는 영국의 심리학자 Donald Broadbent(1958)가 최초로 마음의 흐름도를 제안하게 이끌었다(**그림 1.10b**). 이 흐름도는 사람들이 주위의 자극들 중 하나에 주의를 기울일 때 사람들의 마음속에서 어떤 일이 일어나는지를 보여준다. Cherry의 주의 실험에 이 흐름도를 대입하면, '입력'은 주의를 기울이는 메시지와 그렇지 않은 메시지 두 개의 소리이고, '여과기'는 주의를 기울인 메시지는 통과시키고 주의를 기울이지 않는 메시지는 차단한다. 그리고 '탐지기'는 여과기를 통과한 정보를 기록한다.

이 설명을 시끄러운 파티장에서 친구에게 이야기하고 있는 상황에 대입하면, 여과기는 여러분 친구의 대화는 통과시키고, 다른 대화와 소음은 차단한다. 그러니까, 다른 사람들이 있다는 것은 자각해도 다른 사람들이 무슨 이야기를 하는지와 같은 자세한 정보에 대해서는 자각하지 못한다. 한 정보에만 집중하고 다른 정보는 차단하는 능력은 **연회장 효과**(cocktail party effect)라고 불리는데, 소란스러운 연회장에서 사람들은 동시에 많은 사람들이 대화하더라도 한 사람의 말에만 집중할 수 있기 때문에 이렇게 불린다.

연회장 효과(cocktail party effect) 특히 동시에 많은 사람들이 대화하는 파티에서, 한 정보에만 집중하고 다른 정보들은 차단하는 능력.

Broadbent의 흐름도는 마음의 작동을 처리 단계의 연쇄라는 용어로 분석하는 방안을 제공했으며, 실험을 통해 검증할 수 있는 모형을 제안했다. 흐름도가 마음의 작동을 서술하는 표준 방법의 하나이기 때문에, 이 책을 읽어나가면서 이와 같은 흐름도를 많이 보게 될 것이다. 그러나 영국 심리학자 Cherry와 Broadbent만 마음을 연구하는 새로운 방안을 발견한 것은 아니다. 이들이 새로운 방안을 발견할 그 무렵에 미국에서는 연구자들이 컴퓨터에서 단서를 얻어서 마음을 정보처리자로 상정하는 두 개의 학술대회를 조직하였다.

인공지능 학술대회와 정보이론 학술대회

1950년대 초반, 다트머스 대학의 젊은 수학 교수인 John McCarthy는 '사람 마음의 작동을 흉내 내도록 컴퓨터를 프로그램할 수 있을까?'라는 생각을 하게 되었다. McCarthy는 이 질문을 제기하는 것에서 멈추지 않고, 컴퓨터가 사람들의 지능적인 행동을 수행하게 프로그램하는 방안에 대해 연구자들이 논의하는 학술대회를 1956년 여름에 다트머스에서 열기로 결정했다. 그 학술대회의 명칭인 **인공지능 하계 연구 프로젝트**(Summer Research Project on Artificial Intelligence)에서 **인공지능**(Artificial Intelligence: AI)이라는 용어가 처음으로 사용되었다. McCarthy는 인공지능 접근을 "사람들이 행한다면 지능적이라고 불릴 방식으로 기계가 행동하게 만드는 것"이라고 정의하였다(McCarthy et al., 1955).

인공지능
(Artificial Intelligence: AI)
사람의 지능과 연합된 과제를 수행하는 컴퓨터의 능력.

심리학자, 수학자, 컴퓨터과학자, 언어학자, 정보이론 전문가를 포함한 여러 분야의 연구자들이 학술대회에 참석했다. 많은 학자가 학술대회의 거의 모든 발표에 참석했고, 일부 학자는 일부에만 참석했지만, 참석자 중 가장 중요한 두 명이라고 볼 수 있는 카네기 공대의 Herb Simon과 Alan Newell은 발표에 거의 참석하지 못했다(Boden, 2006). 이 두 사람은 McCarthy가 꿈꾸었던 인공지능 기계를 만들어 내려고 피츠버그에서 연구하느라 다른 발표에 참석하지 못하였다. Simon과 Newell의 목표는 논리학 문제의 증명을 창조해 낼 수 있는 컴퓨터 프로그램을 개발하는 것이었는데, 그때까지는 이 문제가 사람만이 할 수 있는 문제로 여겨졌다.

Newell과 Simon은 이 학술대회에서 시연할 수 있게 시간에 맞추어 「논리 이론가(logic theorist)」라 부르는 컴퓨터 프로그램을 개발하는 데 성공했다. 「논리 이론가」 프로그램은 논리학 원리를 포함하는 수학 원리의 증명을 창조해 내었기 때문에, 이들이 학술대회에서 시연한 것은 혁명적인 성과이었다. 최신의 인공지능 프로그램과 비교하면 아주 초보적이지만, 이 프로그램은 단순하게 숫자를 처리하는 것을 넘어서서 문제를 해결하기 위해 사람들이 사용하는 것과 유사한 추리 과정을 사용했기 때문에 진정으로 '사고하는 기계'였다.

다트머스 학술대회가 막을 내리고, 곧이어 같은 해 9월에 **매사추세츠 공과대학 정보이론 심포지움**(Massachusetts Institute of Technology Symposium on Information Theory)이라는 또 하나의 기념비적인 학술대회가 개최되었다. 이 학술대회는 Newell과 Simon이 「논리 이론가」 프로그램을 공개 시연할 또 하나의 기회를 제공했을 뿐만 아니라, 참가자들이 하버드 대학교의 심리학자인 George Miller가 막 게재한 논문인 「마법의 수 7±2(The Magical Number Seven Plus or Minus Two)」(Miller, 1956)를 발표하는 것도 들을 수 있었다. 이 논문에서 Miller는 사람들이 정보를 처리하는 능력에는 한계가 있다는 생각을 제안하였다. 즉, 사람 마음이 정보를 처리하는 능력은 대략 일곱 항목(예: 전화번호 숫자의 개수) 정도로 제한되어 있다는 것이다.

우리가 정보를 받아들이고 기억하는 능력을 향상시킬 방안들이 있다. 예를 들어, 우리는 전화번호 일곱 자리에 지역 번호 세 자리를 더 해도 기억하는 데 큰 어려움을 느끼지 않는다. 특히 숫자들을 덩어리로 묶는 것을 도와주는 **청킹**(chunking)을 사용하면 그렇다(5장에서 청킹 개념을 포함해서 이에 대해 논의하게 된다). 그럼에도 불구하고, 정보를 수용하고 기억하는

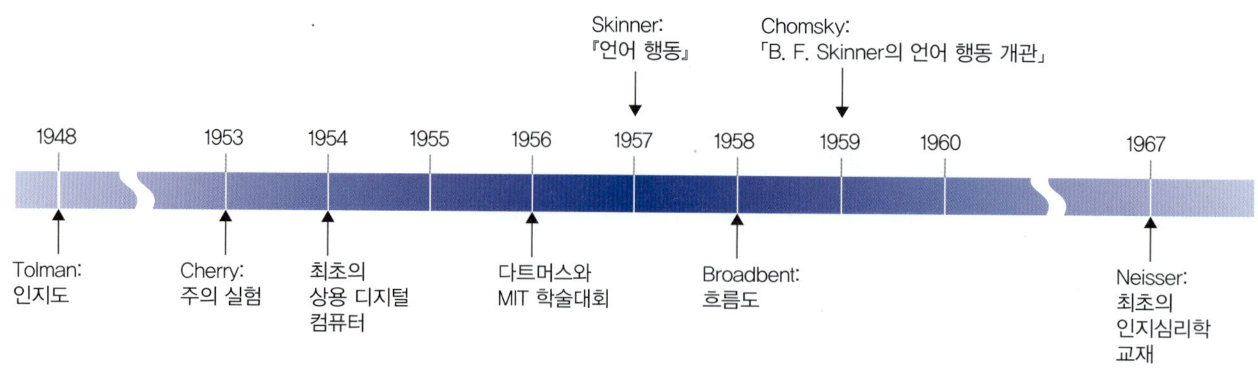

그림 1.11 행동주의 영향력의 쇠퇴(선 윗부분)와 인지심리학에서 정보처리 접근의 발달(선 아랫부분)을 이끈 사건들의 연대표.

능력에 한계가 있다는 Miller의 기본 원리는 아주 중요한 생각이었다. 그리고 이미 눈치챘을 수도 있지만, 이 생각은 거의 같은 시기에 제안된 Broadbent의 여과가 모형에서 주장하는 바와 유사하다.

인지 '혁명'은 시간이 좀 걸렸다

우리가 기술한 Cherry의 실험, Broadbent의 여과기 모형, 그리고 1956년에 열린 두 개의 학술대회는 심리학이 행동주의에서 마음에 대한 연구로 이동하기 시작했다는 것을 알려준다. 이 변화를 **인지 혁명**이라 부르지만, Skinner의 행동주의에서 혁명적인 인지적 접근으로 전환하는 데는 상당한 시간이 걸렸다. 1956년도의 학술대회에 참석했던 참석자들은 그들이 참석했던 학술대회가 마음에 관한 새로운 사고의 출생에서 아주 중요한 역사적인 사건으로 기록되고 과학사 학자들이 1956년을 '인지과학 원년'이라고 부르리라고는 생각하지도 못했다(Bechtel et al., 1998; Miller, 2003; Neisser, 1988). 사실, 이 학술대회가 열리고 상당한 시간이 지난 후에도 심리학사 책에서는 인지적 접근에 대해 전혀 다루지 않았으며(Misiak & Sexton, 1966), 인지심리학이라는 용어도 1967년에 Ulrich Neisser가 『인지심리학(Cognitive Psychology)』이라는 제목의 교재를 발간할 때 처음으로 사용되었다(Neisser, 1967). **그림 1.11**은 인지심리학이라는 분야가 정착할 때까지 일어난 주요 사건들의 연대표를 보여준다.

인지심리학이라는 용어를 처음 사용했고, 마음에 대한 연구에서 정보처리 접근을 강조한 Neisser의 교재는 어떤 면에서는 이 책의 원조라 할 수 있다. 종종 일어나는 일이지만, 후속 세대는 문제에 접근하는 새로운 방법을 제안하는데, 인지심리학도 예외가 아니다. 1956년의 학술대회와 1967년도의 교재 발간 이후 많은 실험이 수행되었고, 새 이론이 제안되었고, 새 기법이 개발되었다. 그 결과 인지심리학과 마음을 연구하는 정보처리 접근은 심리학의 주된 접근법이 되었다.

1.5 인지심리학의 진화

우리는 1950년대와 1960년대에 일어난 사건들을 인지 혁명이라고 서술하였다. 그러나 인지 혁명이 마음을 연구하는 것을 수용할 수 있게 만들긴 하였으나, 인지심리학이라는 분야는 그 이후에도 계속 진화해 왔다는 것을 이해하는 것도 중요하다. 1950년대와 1960년대에서부터 지금까지 인지심리학이 어떻게 진화했는지 알아보는 방법의 하나는 Neisser 책의 내용을 살펴보는 것이다.

Neisser 책의 내용

Neisser는 자기가 쓴 인지심리학 책의 목적은 "지금 진행되고 있는 최첨단 연구들에 대해 유용하고 동시대적인 평가를 제공하는 것"(p.9)이라고 말했다. 이 목적을 고려하면, Neisser 책의 목차를 살펴보는 것이 유용하다.

책의 대부분은 시각과 듣기에 관한 것이었다. 어떻게 정보가 시각에 의해 수용되고, 짧은 시간 동안 기억에 머무는지, 그리고 사람들이 단순한 패턴을 보기 위해서 어떻게 시각 정보를 탐색하고 사용하는지를 기술하는 것이었다. 대부분의 논의는 정보의 수용과 마음속에 정보를 짧은 시간 동안 유지하는 것에 관한 것이었다. 예를 들면, 사람들은 얼마나 오랫동안 숫자들의 나열과 같은 소리를 기억할 수 있는지와 같은 것이었다. 그러나 사고, 문제해결, 장기기억과 같은 '고등 정신 과정'은 책의 끝부분에 이르러서야 다루었다. Neisser가 이 내용들을 가볍게 다룬 이유는 이 책이 발간된 1967년에는 우리가 고등 정신 과정에 대해 아는 것이 없었기 때문이었다.

이 책에서는 생리학에 대해도 거의 다루지 않았다. Neisser는 "나는 인간의 행동과 의식이 뇌와 관련된 활동에 전적으로 의존한다는 것을 의심하지 않는다"(p.5)라고 말한다. 그렇지만 또 자신은 마음이 작동하는 방식에 관심이 있지 이 작동에 기저하는 생리 기제에는 관심이 없다고 강변하였다.

Neisser의 책에서는 다루지 않았던 이 두 문제, 즉 고등 정신 작용과 정신 과정에 대한 생리학적 연구가 오늘날 현대 인지심리학에서는 중심적인 주제가 되었다.

고등 정신 과정 연구

고등 정신 과정에 대한 연구에 크게 기여한 연구는 Neisser의 책이 발간된 다음 해에 소개된 Richard Atkinson과 Richard Shiffrin(1968)의 기억 모형이다. **그림** 1.12에 제시된 이 모형은 기억 시스템에서 정보의 흐름은 질적으로 아주 다른 세 개의 단계를 거쳐 처리된다는 것을 보여준다. **감각기억**[sensory memory. 어떤 연구자들은 '감각저장(sensory register)'이라고도 부른다._옮긴이 주]은 들어오는 정보를 몇 분의 1초 동안 유지한다. 이 정보 중 일부가 아주 빨리 **단기기억**(short-term memory)으로 넘어가는데, 단기기억은 용량이 제한되어 있고 정보를 몇 초 동안 유지한다(예: 여러분에게 막 자신을 소개한 사람의 이름). 곡선 화살표는 되뇌기를 의미하는데, 되뇌기는 좀 전에 만난 사람의 이름처럼 우리가 잊지 않으려고 무언가를 반복할 때 일어난다. 파란 화살표는 단기기억에 있는 정보 중 어떤 정보는 **장기기억**(long-term memory)으로 넘어간다는 것을 의미한다. 장기기억은 여러분이 지난 주말에 무엇을 했는지, 어느

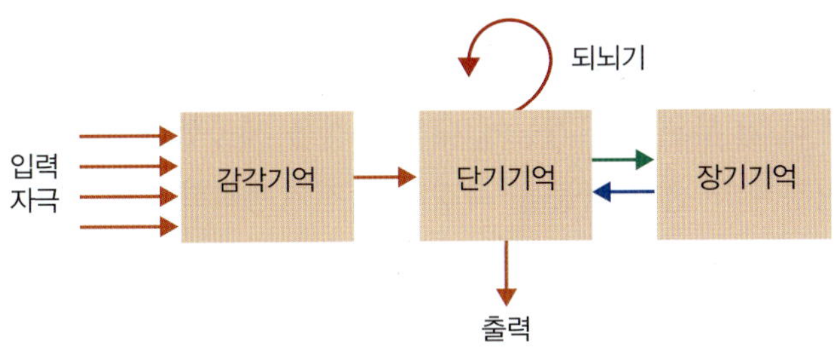

그림 1.12 Atkinson과 Shiffrin(1968)의 기억 모형.

출처: R. C. Atkinson & R. M. Shiffrin, Human memory: A proposed system and its control processes, in K. W. Spence & J. T. Spence, Eds., *The psychology of learning and motivation*, Vol. 2, pp. 89-195, New York: Academic Press, 1968을 바탕으로 제작함.

그림 1.13 Endel Tulving(1972)이 장기기억을 3요소로 나누었다.

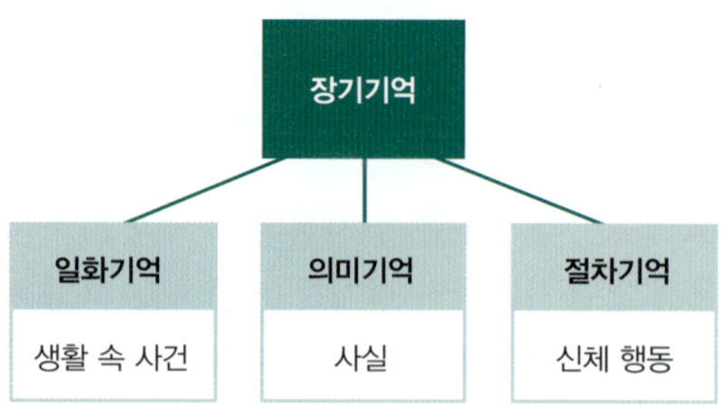

출처: Tulving, How many memory systems are there? *American Psychologist*, 40, 385-398, 1985를 바탕으로 제작함.

나라의 수도는 무엇인지와 같이 정보를 오랫동안 유지하는 기억을 말하는데 용량이 아주 크다. 초록 화살표는 장기기억에 있는 정보 중 어떤 정보는 단기기억으로 돌아가기도 한다는 것을 보여준다. 초록 화살표는 우리가 장기기억에 저장되어 있는 무언가를 회상할 때 일어나는 일을 표시하는데, 우리가 무언가를 회상한다는 것은 그 정보를 다시 단기기억으로 불러온다는 생각에 기초한다.

기억 과정의 요소를 구분해서, 이 모형은 각 부분을 독자적으로 연구하는 길을 열어 주었다. 연구자들이 각 상자 안에서 어떤 일이 일어나는지에 대해 보다 자세한 정보를 발견하면 그 상자를 더 작은 단위로 나눌 수 있는데, 그렇게 되면 더 깊이 연구할 수 있게 된다. 예를 들어, 유명한 기억 연구자인 Endel Tulving(1972, 1985)은 장기기억은 세 개의 하위 요소로 나누어진다고 주장했다(**그림 1.13**). **일화기억**(episodic memory)은 사건(예: 여러분이 지난 주말에 무엇을 했는지)에 대한 기억이다. TV 쇼의 일화들처럼, 이 기억들은 여러분 삶의 '일화'라고 생각할 수 있다. **의미기억**(semantic memory)은 사실(예: 캐나다의 수도)에 대한 기억이다. **절차기억**(procedural memory)은 신체 행동(예: 자전거 타기, 피아노 연주하기)에 대한 기억이다. 장기기억을 몇 가지 유형의 장기기억으로 나누면 모형에 세부 정보들이 추가되는데, 이 세부 정보들은 각 부분이 어떻게 작동하는지에 대한 연구의 기초를 제공한다. 이 책을 공부해 나가면, 여러분은 고등 정신 작용에 관한 연구가 기억을 넘어 다른 영역으로 확장된다는 것을 알게 될 것이다. 이 책을 공부하면서 여러분은 연구자들이 어떤 인지과정이 어떻게 작동하는지에 대해 자세한 정보를 얻기 위해 인지과정을 더 작은 하위 요소로 나누는 것을 보게 될 것이다.

인지에 대한 생리학적 연구

연구자들이 행동 실험을 수행해서 기억을 포함한 여러 인지 기능을 연구해 왔지만, 다른 연구들도 진행되었다. 우리가 2장에서 다룰 생리학적 연구는 1800년대 이래로 많은 진전을 보였는데, 마음을 창조하는 신경계의 '막 뒤에서의' 활동에 대해 중요한 통찰을 제공했다.

마음에 대한 초기 생리학 연구에서는 두 가지 기법이 주로 사용되었다.

신경심리학(neuropsychology) 뇌 손상이 행동에 미치는 효과를 연구하는 분야.

전기생리학(electrophysiology) 신경계의 전기 반응을 측정하기 위해 사용되는 기법.

1. **신경심리학**(neuropsychology): 끔찍한 부상 때문에 뇌가 손상된 환자들의 행동을 연구하는 신경심리학은 1800년대부터 뇌 부위들의 기능에 대해 통찰을 제공했다.
2. **전기생리학**(electrophysiology): 신경계의 전기 활동을 측정하는 전기생리학은 특정 뉴런의 활동을 관찰하고 측정할 수 있게 하였다. 대부분의 전기생리학 연구는 사람이 아닌 동물을 대상으로 수행되었다.

2장에서 보게 되겠지만, 신경심리학과 전기생리학은 마음의 생리학적 기초에 대해 중요한 통찰을 제공했다.

아마도 가장 중요한 생리학적 진보는 Neisser의 책이 나온 지 10년 후에 일어났는데, 최초의 **뇌 영상 기법**(brain imaging)이 발명된 것이다. 1976년에 소개된 **양전자방출단층촬영**(positron emission tomography: PET) 기법은 특정 인지 활동을 할 때 뇌의 어느 영역이 활성화되는지 관찰할 수 있게 해 주었다(Hoffman et al., 1976; Ter-Pogossian et al., 1975). 그런데 PET는 비용이 많이 들고, 혈류에 방사성 동위 물질 추적자를 주사한다는 단점이 있다. 그래서 PET는 **기능적 자기공명영상법**(functional magnetic resonance imaging: fMRI)이라 불리는 뇌 영상 기법으로 대체되었다. fMRI는 방사성 추적자를 사용하지 않고, 또 더 높은 공간 해상도가 가능한데, 이는 뇌 활동의 위치를 더 정확하게 찾아낼 수 있다는 것을 의미한다(Ogawa et al., 1990). fMRI는 PET보다 시간 해상도도 높다. 시간 해상도는 뇌 활동이 언제 일어나는지를 정확하게 찾아내는 능력을 말한다. **그림 1.14**는 fMRI 실험 결과를 보여준다.

뇌 영상 기법(brain imaging) 뇌의 활동을 알려주는 뇌 영상을 만들어 주는 기능적 자기공명영상법(fMRI)과 같은 기술. 인지심리학에서 활동은 특정 인지 과제에 대한 반응으로 측정된다.

fMRI의 등장은 '혁명'이라는 개념을 다시 소환한다. Thomas Kuhn의 패러다임 전환 이론에 따르면, 과학 혁명은 사람들이 특정 주제에 대해 생각하는 방식의 전환을 포함한다. 행동주의 패러다임에서 인지 패러다임으로 전환한 것이 그 예이다. 그러나 과학은 사람들이 연구를 수행하는 방식에서도 전환이 일어날 수 있다(Dyson, 2012; Galison, 1997). 새로운 기술의 발전에 의존하는 이 전환이 fMRI의 등장에서 일어났다. 학술지 『신경과학저널(Journal of Neuroscience)』은 1981년에 첫 호를 발간했지만, 1990년 fMRI가 개발될 때까지 fMRI에 관한 내용은 없었다. 신경 영상 연구만 게재하는 학술지 『신경 영상(Neuroimage)』은 1992년에 발간되었고(Toga, 1992), 학술지 『인간 뇌 매핑(Human Brain Mapping)』은 1993년에 발간되었다(Fox, 1993). 1990년대 초기부터 다양한 학술지에 실린 fMRI 논문 수는 꾸준히 증가하고 있는데, 2024년 기준 60,000여 편으로 추정된다.

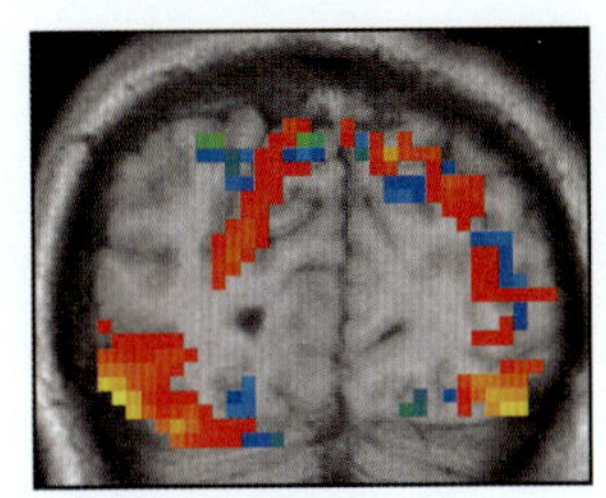

그림 1.14 fMRI를 이용해서 밝혀진 뇌 활동 기록. 빨강과 노랑은 활동 증가를 표시하는데, 이 영상은 얼굴 사진을 지각할 때의 뇌 영상이다. 파랑과 초록은 활동 감소를 표시한다. 이 절차에 대한 자세한 기술은 2장에서 다룬다.
출처: Ishai et al., 2000.

PET와 fMRI 모두 한계가 있고, 그래서 여러 다양한 뇌 영상 기법이 개발되었다. 그러나 1990년 fMRI의 도입에서 시작된 연구 추세가 인지심리학 내에서 하나의 혁명을 일으켰다는 점에는 의심의 여지가 없다. 이 혁명은, 2장에도 다루겠지만, 뇌가 어떻게 기능하는지에 대한 지식을 엄청나게 확장시키는 데 기여했다.

행동에 대한 새로운 조망

그렇다면 1967년 Neisser의 『인지심리학』 이후 인지심리학은 어떻게 진화했을까? 이미 서술한 대로, 현재의 인지심리학은 훨씬 더 정교한 마음의 흐름도를 사용하며, 고등 정신 작용에 관해 고려하고, 엄청난 양의 생리학 연구들을 포함하여 진행되고 있다.

우리가 1967년에는 거의 알지 못했던 고등 정신 작용과 생리학 연구를 많이 개발하는 것을 넘어서서, 연구자들은 실험실 밖에서도 연구를 수행하고 있다. 대부분의 초기 연구는 실험실 안에서 수행되었다. Donders의 반응시간 연구에서처럼 참가자들은 한자리에 앉아서 아주 잠깐 제시되는 자극을 쳐다보는 식의 실험에 참여했다. 그러나 마음을 충분히 이해하려면 사람들이 환경 속에서 이동하면서 주위 사물들과 상호작용할 때 무슨 일이 일어나는지를 반드시 연구해야 한다는 것이 분명해졌다. 그래서 현대 인지심리학은 '현실 세계' 장면에서의 인지에 관한 연구를 늘려가고 있다. 이러한 연구에서 중요한 진전은, 통제된 실험에서 현

그림 1.15 두 건축가가 혼합현실(VR과 AR) 헤드셋을 통해 도시에 대한 가상 표상을 보고 있다. 이 기술은 인지 연구에서 참가자들이 실제 상황에 그대로 일반화될 수 있는 경험을 하도록 활용될 수 있다.

실 세계를 모사하기 위해 가상현실(VR)과 증강현실(AR)을 사용하는 것이다. VR은 종종 완전히 눈을 덮는 헤드셋을 사용하는데, 이 헤드셋은 현실 세계의 시각 정보를 헤드셋 안에서 보이는 정보로 완전히 대체한다. 그러나 2024년 출시된 Apple사의 Vision Pro 헤드셋과 같은 기술은 가상정보가 시각 세상의 부분들을 '증강하는'(가리거나 대체하는) 혼합현실(가상현실과 증강현실을 합친 개념_옮긴이 주) 환경을 보여준다. **그림 1.15**는 두 명의 건축가가 실제 테이블, 테이블 주위의 방, 그리고 서로를 볼 수 있으면서 헤드셋을 통해 가상의 도시 설계를 관찰하고 있는 장면을 보여준다. 인지 연구자들은 VR과 AR 기술을 이용해서 참가자들에게 용의주도하게 변인들을 통제하면서도 실제와 유사한 장면을 경험하게 해 준다. 이로써 신뢰할 수 있고 현실 세계로 일반화할 수 있는 방식으로 인지를 연구할 수 있게 해 준다.

행동에 대한 새로운 조망은 사람이 자극을 수용하고 저장하기만 하는 '빈 서판' 같은 존재가 아니라는 것도 인정한다. 그 대신 인지에서 지식이 중요하다는 것을 강조한다. **그림 1.16**을 생각해 보자. 이 그림은 환경에 대한 지식이 어떻게 지각에 영향을 미치는지를 보여주려고 Stephen Palmer(1975)가 사용한 자극이다. Palmer는 먼저 그림 왼쪽에 있는 부엌 장면과 같은 맥락 장면을 보여준다. 이어서, 그림 오른쪽에 있는 목표 그림 중 하나를 아주 잠깐 화면에 투사한다. 참가자들에게 목표 그림에 있는 물체가 무엇인지 답하게 했더니, 부엌 장면에 있을 것 같은 물체인 빵 덩어리는 80% 정확하게 답했지만, 부엌 장면에 있을 것 같지 않은

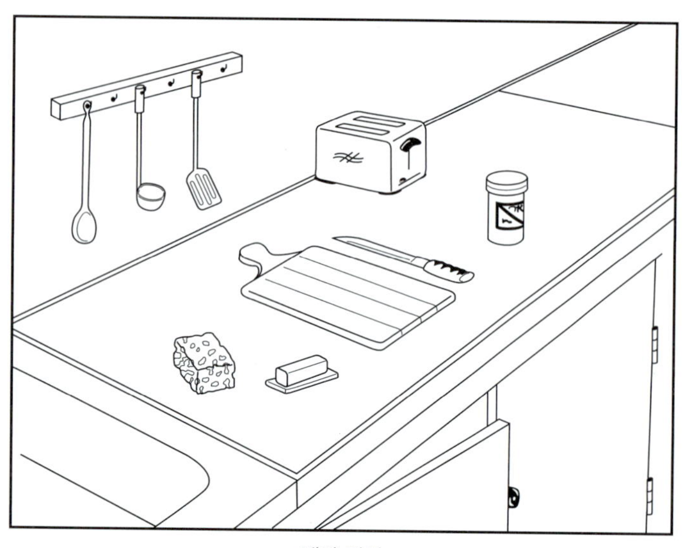

맥락 장면

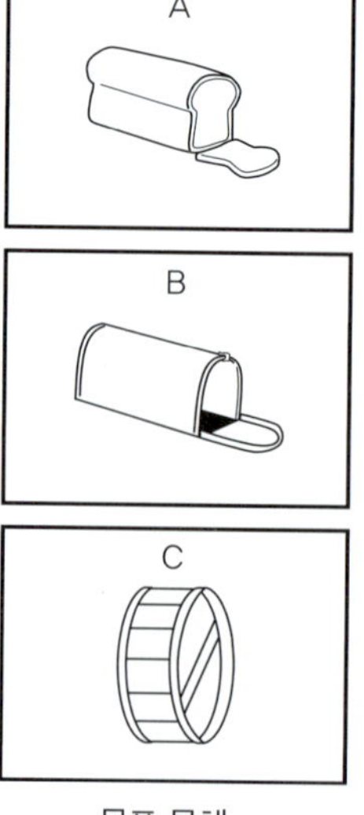

목표 물체

그림 1.16 Palmer(1975)의 실험에서 사용된 자극. 먼저 왼쪽의 장면이 제시되고, 이어서 오른쪽에 있는 세 개의 물체 중 하나가 잠깐 짧게 깜박인다. 이 실험의 참가자들은 빵을 훨씬 더 정확하게 알아보았다. 이 결과는 무엇이 부엌에서 흔히 발견되는지에 대한 지식이 수행에 영향을 미친다는 것을 알려준다.

출처: S. E. Palmer, The effects of contextual scenes on the identification of objects, *Memory and Cognition*, 3, 519-526, 1975.

물체인 우편통이나 드럼은 겨우 40%만 정확하게 답했다. 참가자들은 부엌에 있을 것 같은 물건들에 대한 지식을 이용해서 잠깐 투사된 빵 덩어리를 지각할 수 있었다. 물론 지식은 지각 실험에서 시연하는 흥미로운 효과로 끝나는 것이 아니다. 지식은 대부분의 인지 처리에서 중심적인 역할을 담당한다. 인지에서 지식이 얼마나 중요한지를 보여주는 증거들은 계속 추가될 터인데, 왜냐하면 이어지는 장들에 그 증거들이 있기 때문이다!

이 책을 공부해 나가면서 여러분은 다양한 조망과 접근법들을 보게 될 것이다. 어떻게 생리학 연구가 마음에 대한 이해에 새로운 차원을 더해 주는지, 실험실과 실제 환경 속에서 어떻게 인지심리학을 연구하는지, 그리고 사람들이 어떤 상황을 경험할 때 그들의 지식이 어떻게 중심적인 역할을 하는지에 대해 배우게 될 것이다.

이 책을 공부하는 법

고려사항

이제 여러분은 19세기에 연구자들이 어떻게 인지심리학 실험을 시작했는지, 20세기 중반에 어떻게 마음에 관한 연구가 억압받았는지, 1950년대에 어떻게 마음에 관한 연구가 멋지게 귀환했는지, 그리고 현대 심리학자들이 어떻게 마음에 관한 연구에 접근하는지에 대해 알게 되었다. 그러니까 1장의 목적 중 하나인 인지심리학 분야를 소개한다는 목표를 달성한 셈이다.

1장의 또 다른 목표는 이 책을 가장 효율적으로 공부하는 것을 도와주는 것이다. 인지심리학은 마음에 관한 연구이다. 그러다 보니 기억에 관해 발견한 것 중에는 이 책과 강의를 통해 얻는 정보들을 가장 효율적으로 이해할 수 있게, 여러분의 학습 기술이 향상되는 것을 도와줄 수 있는 내용도 있다. 인지심리학이 어떻게 학습에 적용될 수 있는지를 아는 한 가지 방법은 7장 214~220쪽을 한번 보는 것이다. 7장을 배울 때까지 기다리지 말고 지금 당장 훑어보기 바란다. 아직은 친숙하지 않은 용어들이 있겠지만, 이것은 미리 훑어보기를 통해 얻으려는 것을 감안할 때 중요한 문제가 아니다. 미리 훑어보기를 통해 효율적이고 효과적으로 학습하게 해 줄 수 있는 힌트를 얻으면 충분하다. 그 부분을 읽으면서 알아 두어야 할 두 개의 용어는 **약호화**와 **인출**이다. 약호화는 읽는 동안 일어나는 일들을 가리키고, 인출은 그 내용을 기억할 때 일어나는 일들을 가리킨다. 효과적인 학습의 비법은 나중에 인출을 용이하게 해 주는 방식으로 학습할 때 내용을 약호화하라는 것이다.

이 책을 공부하는 것을 도와줄 수도 있는 또 다른 힌트는 이 책의 구성을 이해하는 것이다. 책을 읽어나가다 보면 기본적인 생각이나 이론을 소개하고 그 주장을 지지해 주는 예나 실험을 서술하는 것을 보게 될 것이다. 이렇게 정보를 제공하면 특정 주제에 대한 논의를 일련의 작은 이야기들로 구성하게 된다. 각각의 작은 이야기들은 하나의 주장이나 현상에 관해 서술한 다음, 그 현상에 대한 시범과 지지 증거들을 소개해 준다. 종종 하나의 이야기와 다음 이야기를 연결하기도 한다. 주제를 몇 개의 작은 이야기들로 제공하는 이유는, 여러 개의 사실이 서로 연결되지 않고 낱개의 사실들로 제공될 때보다 이야기의 부분들로 제공될 때 기억하기가 쉽기 때문이다. 그러니까, 책을 읽을 때 기본 전제에 이어 그 전제를 지지하는 증거들로 짜인 이야기를 이해하는 것이 여러분의 주 임무라는 것을 명심해 주기 바란다.

교재에서 다루는 내용을 이러한 각도에서 생각해 보면 내용이 훨씬 의미가 있고 기억하기 쉬워질 것이다.

하나만 더 이야기하자. 특정 주제를 서로 연결되는 작은 이야기들로 서술하듯이, 인지심리학 분야도 전체적으로 서로 관련된 여러 주제로 구성되어 있다. 물론 각 주제가 교재의 다른 장에서 다루어지기는 하지만. 지각, 주의, 기억, 그리고 그 외 여러 인지 과정은 모두 같은 신경계를 통해 일어나고, 그래서 많은 속성을 공유한다. 여러 인지과정이 공유하는 원리는 인지에 대한 큰 이야기의 부분인데, 이 내용은 책을 읽어나가면서 전개될 것이다.

자가 테스트

1. 1장의 도입부에 서술한 샘의 이야기가 주는 메시지는 무엇인가?
2. 마음을 정의하는 두 가지 방법은 무엇인가?
3. 19세기에는 인지심리학이라는 분야가 없었는데도 왜 우리는 Donders와 Ebbinghaus가 인지심리학자라고 말할 수 있는가?
4. Donders의 실험과 실험의 기저에 깔린 논리에 대해 서술하라. Ebbinghaus의 기억 실험과 논리에 대해서도 서술하라. Donders와 Ebbinghaus의 실험은 어떤 점을 공유하는가?
5. 처음으로 과학적 심리학 실험실을 설립한 사람은 누구인가? 그의 실험실에서 사용한 분석적 내성법에 대해 서술하라.
6. William James는 마음을 연구하기 위해 어떤 방법을 사용했는가? 그 방법은 이전 방법들과 어떻게 다른가?
7. 행동주의의 등장에 대해 서술하라. 특히 Watson과 Skinner의 영향에 대해 서술하라. 행동주의는 마음에 대한 연구에 어떤 영향을 끼쳤는가?
8. Edward Tolman은 엄격한 행동주의와 어떻게 다른가?
9. Noam Chomsky는 Skinner의 책 『언어 행동』에 대해 무엇이라 말했으며, 이것은 행동주의에 어떤 영향을 미쳤는가?
10. Thomas Kuhn에 따르면 과학 혁명은 무엇인가? 인지 혁명은 20세기 초 물리학에 일어난 혁명과 어떻게 유사한가?
11. 인지 혁명을 이끈 사건들에 대해 서술하라. 디지털 컴퓨터와 정보처리 접근은 심리학이 마음에 대한 연구로 이동하는 데 어떤 역할을 했는가?
12. Neisser(1967)의 책에 따르면, 1967년 인지심리학은 어떤 상황이었는가?
13. 신경심리학, 전기생리학, 뇌 영상은 무엇인가?
14. 인지심리학이 발전해 나가면서 행동에 대해 어떤 새로운 조망이 출현했는가?
15. 이 책을 학습하는 능력을 향상시키는 두 가지 방안은 무엇인가?

이 장의 요약

1. 인지심리학은 마음에 대한 과학적 연구에 관심을 갖는 심리학의 한 분야이다.
2. 마음은 지각, 주의, 기억과 같은 심적 능력을 창조하고 통제하며, 세상에 대한 표상을 창조하는데, 이 표상은 우리가 기능할 수 있게 해 준다.
3. Donders(단순 반응시간과 선택 반응시간)와 Ebbinghaus(무의미 철자를 이용한 망각곡선)의 연구는 마음에 대한 초기 실험 연구의 예이다.
4. 마음의 작동을 직접 관찰할 수 없기 때문에, 행동이나 생리 반응과 같이 우리가 측정할 수 있는 것들로부터 마음의 작동을 추론해야만 한다. 이것이 인지심리학의 기본 원리 중의 하나이다.
5. 1879년 Wundt가 설립한 과학적 심리학의 첫 번째 실험실은 주로 마음에 대한 연구에 관심을 가졌다. 구조주의가 이 실험실의 주된 이론적 접근이었고, 분석적 내성이 자료를 수집할 때 사용된 주된 연구 방법 중 하나였다.
6. 미국의 William James는 자기 자신의 마음을 관찰한 것을 토대로『심리학의 원리』를 저술했다.
7. 1900년대 초 John Watson은 구조주의와 분석적 내성법에 대한 반발로 행동주의를 창시했다. 그의 연구 절차는 고전적 조건형성에 기초했다. 행동주의의 중심 주장은 관찰할 수 있는 행동을 측정해야 심리학이 제대로 연구될 수 있으며, 관찰할 수 없는 심적 과정은 심리학 연구의 타당한 주제가 될 수 없다는 것이다.
8. 1930년대와 1940년대에 시작한 B. F. Skinner의 조작적 조건형성 연구는 행동주의가 1950년대까지 심리학의 지배적인 세력이 될 수 있다는 것을 보장하였다.
9. Edward Tolman은 스스로 행동주의자라 했지만 행동주의의 주류에서 벗어난 인지과정을 연구하였다.
10. 인지 혁명은 과학자들이 심리학, 특히 마음에 대해 어떻게 생각하는지에 대한 패러다임 전환이다.
11. 1950년대에 인지 혁명이라 불리는 변화를 이끄는 일련의 사건이 발생하였다. 즉, 행동주의의 영향력이 쇠퇴하고 마음에 대한 연구가 다시 출현하는 변화가 일어났다. 이러한 변화를 이끈 사건으로는 (1) Skinner의 책『언어 행동』에 대한 Chomsky의 비판, (2) 디지털 컴퓨터의 등장과 컴퓨터처럼 사람의 마음이 정보를 단계적으로 처리한다는 생각, (3) Cherry의 주의 실험과 주의에 관여하는 처리를 묘사하기 위해 Broadbent가 흐름도를 도입한 것, (4) 다트머스와 매사추세츠 공과대학에서 열린 학제 간 학술대회를 들 수 있다.
12. 마음에 대한 연구를 받아들이게 한 심리학의 패러다임 전환 이후에도 Neisser(1967)의 책 목차에서 드러나듯이 마음에 대한 이해는 제한적이었다. Neisser의 책 발간 이후 인지심리학에서 일어난 주목할 만한 발전으로, (1) 더욱 정교해진 모형의 발전, (2) 인지의 생리학적 기초에 집중하는 연구, (3) 현실 세계에서의 인지에 대한 관심, (4) 인지에서 지식의 역할을 들 수 있다.
13. 이 교재에 있는 내용을 학습하는 것을 도와줄 수도 있는 두 가지 전략은 우리가 기억에 관한 연구에 대해 아는 것들에 기초해서 7장에 서술한 학습 힌트를 읽는 것과, 이 책은 기본적인 생각이나 원리에 이어 지지 증거를 서술해서 이야기처럼 구성했다는 것을 알아채는 것이다.

생각해 보기

1. 매체를 통해 보거나 들은 것들에 기초해서 인지심리학의 '인기 주제'는 무엇이라고 생각하는지 말해 보라.
   힌트: 다음과 같은 제목의 기사들을 찾아보라. '과학자들이 기억상실증 치료법을 발견하려고 경쟁하다(Scientists Race to Find Memory Loss Cure)', '피고는 무슨 일이 일어났는지 기억나지 않는다고 답변하다(Defendant Says He Cannot Remember What Happened)'.
2. 우리의 사고나 행동에 책임이 있는 **마음**이라는 것을 우리는 가지고 있다는 생각은 **마음**이라는 단어가 다양한 방식으로 사용되고 있다는 점에서 잘 드러난다. 일상 언어에서 **마음**이라는 단어가 사용되는 예들은 이 장의 앞부분에 인용되어 있다. **마음**이라는 단어가 다른 의미로 사용되는 예들을 얼마나 많이 생각해 낼 수 있는지 살펴보고, 각각의 예들이 인지심리학에서 배울 내용(이 책의 목차를 보면 알 수 있다)과 얼마나 관련이 있는지 판단하라.
3. 마음의 작동은 몇 단계를 거쳐 일어나는 것으로 기술될 수 있다는 생각은 정보처리 접근의 중심 원리인데, 이 생각은 1950년대에 시작한 인지 혁명의 결과 중의 하나이다. 1800년대에 수행된 Donders의 반응시간 실험은 정보처리 접근의 용어로 어떻게 개념화되는가?
4. Donders는 단순 반응시간 실험과 선택 반응시간 실험의 결과를 비교해서 선택의 기회가 주어졌을 때 어느 버튼을 누를지 결정하는 데 얼마의 시간이 걸리는지 추정하였다. 다른 종류의 결정에서는 어떨까? 좀 더 복잡한 결정을 내리는 데 걸리는 시간을 알 수 있는 실험을 설계해 보라. 그리고 그 실험을 **그림** 1.3의 그림과 연결해 보라.

THOM LEACH/SCIENCE PHOTO LIBRARY/Getty Images

인지를 완전히 이해하려면 우리는 뇌를 이해해야 한다. 이 장에서 배우게 되겠지만, 뇌는 단일 뉴런부터 다양한 뇌 영역을 연결하는 복잡한 네트워크에 이르기까지 여러 수준에서 연구되어왔다. 이 그림은 1장에서 언급된 기능적 자기공명영상(fMRI)과 같은 기술을 사용하여, 뇌의 여러 부위 간 상호 연결이 얼마나 복잡한지를 보여준다. 이러한 상호 연결은 뉴런이 만든 물리적 연결뿐만 아니라, 특정 시점에 뇌가 수행하고 있는 구체적인 기능들에 의해서도 결정된다. 따라서 뇌는 매우 복잡할 뿐 아니라 그 기능 역시 변화 가능하고 역동적이며, 이는 뇌가 생성하는 인지의 역동적인 성격과도 일치한다.

CHAPTER 2

인지신경과학

학습목표 이 장을 학습하고 나면 여러분은 다음을 할 수 있을 것이다.

2-1 인지신경과학이 무엇이며, 그 연구를 통해 무엇을 배울 수 있는지 설명할 수 있다.

2-2 신경계에서 정보가 한 장소에서 다른 장소로 어떻게 전달되는지 기술할 수 있다.

2-3 얼굴이나 장소와 같은 환경상 항목들이 뇌에서 어떻게 표상되는지 기술할 수 있다.

2-4 신경망이 무엇이며 인지에서 어떤 역할을 하는지 설명할 수 있다.

2-5 디폴트 모드 네트워크와 다른 신경망들과의 차이점을 기술할 수 있다.

1장에서 논의했듯이, 마음에 관한 연구는 1800년대 Donders와 Ebbinghaus의 초기 연구로 희망찬 출발을 하였으나 1900년대 초 Watson의 행동주의와 1930년대 Skinner의 조작적 조건형성으로 인해 한동안 정체되었다. 하지만 1950~1960년대에 '인지 혁명'이 일어남에 따라 다시 마음이 중심이 되었고, 연구자들은 정보처리 모델을 기반으로 실험을 수행했다.

이 인지 혁명과 동시에 단일 뉴런으로부터 신경충동을 기록하는 여러 연구들이 발표되었다(Mountcastle, 1957; Strumwasser, 1958; Nakahama et al., 1968). 인지와 신경 반응의 관계에 관한 연구는 1950년대보다 훨씬 이전부터 시작되었지만, 기술 발전으로 인해 인지 혁명 시기부터 생리학적 연구가 급격하게 증가하였다.

이 장에서는 **인지신경과학**(cognitive neuroscience), 즉 인지의 생리학적 기반을 연구하는 학문을 다룬다. 우선 마음의 생리학을 연구하는 이유인 '분석 수준(levels of analysis)' 개념부터 살펴본 후, 19세기와 20세기 초기 연구들을 돌이켜 보며 1950년대 이후 이루어진 놀라운 발견들의 토대를 살펴보겠다.

2.1 분석 수준

분석 수준(levels of analysis)이라는 개념은 하나의 주제를 다양한 방식으로 연구할 수 있다는 생각을 의미하며, 각 접근법은 우리의 이해에 고유한 차원을 더해 준다. 이것이 어떤 의미인지 이해하기 위해, 인지심리학 영역 밖에 있는 주제로서 컴퓨터의 작동 방식을 이해하려는 경우를 예를 들어 살펴보겠다(**그림 2.1**).

이 문제를 이해하는 첫걸음으로, 컴퓨터 매장을 방문해서 여러 컴퓨터를 직접 다루어 보는 것을 상상해 볼 수 있다. 이렇게 하면 컴퓨터를 사용하는 것이 얼마나 쉽거나 어려운지, 어떤 기능을 갖추고 있는지, 시작이나 프로그램 실행과 같은 기본 동작을 얼마나 빠르게 수행하는지, 그리고 무게는 어느 정도 되는지(특히 휴대할 노트북이라면 중요한 요소이다)를 알 수 있다. 이러한 기본적 요소들만 측정하더라도 우리가 테스트하는 특정 컴퓨터에 대해 이미 많은 것을 알 수 있게 된다. 하지만 더 깊이 알고자 한다면 또 다른 분석 수준을 고려할 수 있는데, 이 컴퓨터가 실제로 어떻게 작동하는가 하는 문제이다. 이 조사는 컴퓨터 성능을 결정하는 하드웨어(CPU, 저장 장치, RAM, 머더보드, 그래픽 카드)와 소프트웨어(운영 체제, 생산성 소프트웨어, 보안 소프트웨어)를 살펴보는 것을 포함한다. 예를 들어, 2024년 기준으로 표준 13인치 맥북 에어는 Apple M1 칩이 탑재된 8코어 CPU, 256GB SSD 저장 공간, 8GB RAM, macOS Sonoma 운영 체제를 탑재하고 있다.

그러나 우리는 컴퓨터의 기본적인 하드웨어가 어떻게 작동하는지를 이해하려는 또 다른 더 깊은 수준의 분석도 시도할 수 있다. 한 가지 접근법은 컴퓨터 칩 내부에서 무슨 일이 일어나는지를 조사하는 것이다. 이때 우리는 칩이 컴퓨터의 메모리로부터 지시를 받는다는 사실을 관찰할 수 있

그림 2.1 누군가 중앙처리장치(CPU)를 머더보드 소켓에 삽입하여 컴퓨터를 조립하고 있다. CPU는 컴퓨터의 뇌와 유사하고, 머더보드는 확장된 신경계와 유사하다.

Shahril KHMD/Shutterstock.com

인지신경과학(cognitive neuroscience) 인지의 신경 기반을 연구하는 분야.

분석 수준(levels of analysis) 어떤 주제를 한 체계 내의 상이한 여러 수준에서 연구함으로써 이해할 수 있다는 관점.

다. 칩은 이 정보를 해독하고 어떤 작업을 수행할지 결정하며, 여기에는 메모리에서 데이터를 '가져오는(fetching)' 작업도 포함된다. 필요한 정보를 얻은 후, 칩은 처음 받은 지시에 따라 특정 작업을 수행하고 그 결과를 다시 메모리에 기록한다. 그리고 이 과정은 반복된다. 이처럼 컴퓨터를 다음과 같은 다양한 분석 수준에서 고려하면 단순히 컴퓨터를 사용하는 것만으로는 얻을 수 없는 더 깊은 이해를 할 수 있다. (1) 컴퓨터를 직접 조작해 보는 것, (2) 컴퓨터의 구성 요소를 설명하는 것, (3) 주요 컴퓨터 부품이 실제로 어떻게 작동하는지를 이해하는 것.

이러한 분석 수준 개념을 인지에 적용해 보면, 행동을 측정하는 것은 컴퓨터의 성능을 측정하는 것과 비슷하고, 행동 이면의 생리적 과정을 측정하는 것은 컴퓨터의 하드웨어 및 소프트웨어 구성 요소를 살펴보는 것과 유사하다고 할 수 있다. 컴퓨터 내부에서 무슨 일이 일어나는지를 다양한 수준에서 조사할 수 있는 것처럼, 인지의 생리적 기초도 뇌 전체, 뇌 안의 구조, 그리고 그 구조 내에서 전기 신호를 생성하는 화학물질 수준에 이르기까지 여러 수준에서 연구할 수 있다.

예를 들어 생각해 보자. 길이라는 남자가 공원에서 마리엘라와 대화를 나누는 장면이 있다(**그림** 2.2a). 며칠 후 길이 다시 공원을 지나가다가, 그녀가 입고 있었던 옷과 그들이 나눴던 대화를 떠올리는 상황이다(**그림** 2.2b). 이는 경험을 하고 나중에 그 경험에 대한 기억이 발생하는 단순한 행동적 설명이다.

그러나 생리적 수준에서는 어떤 일이 벌어지고 있을까? 처음 길이 마리엘라와 대화를 나누는 경험에서는, 길의 눈과 귀에서 화학적 과정이 발생하여 뉴런에 전기 신호를 생성하게 된다(곧 설명할 예정이다). 이 신호는 개별적인 뇌 구조들을 활성화시키고, 이어서 다수의 뇌 구조들이 함께 활성화되면서 길은 마리엘라와 나누는 대화 및 그 상황을 인식하게 된다(**그림** 2.2a).

동시에, 길이 마리엘라와 대화하는 동안과 그 이후에도 여러 일이 벌어지고 있다. 이 대화 중에 생성된 전기 신호는, 길의 뇌 안에서 그의 경험이 저장되도록 하는 화학적 · 전기적 과정을 유발한다. 며칠 후 길이 다시 공원을 지나갈 때, 이전에 저장된 정보를 불러오는 또 다른 생리적 사건의 연쇄가 발생하고, 이를 통해 그는 마리엘라와 나눈 대화를 기억할 수 있게

그림 2.2 생리적 분석 수준. (a) 길이 마리엘라와 이야기를 나누면서 그녀와 주변을 지각한다. 길의 지각에 관여하는 생리적 과정을 화학적 반응부터 단일 뉴런, 뇌 구조, 그리고 뇌 구조의 집단에 이르기까지 여러 수준에서 기술할 수 있다. (b) 나중에 길은 마리엘라를 만난 것을 기억해 낸다. 기억에 관여하는 생리적 과정 또한 상이한 분석 수준에서 기술할 수 있다.

된다(**그림** 2.2b).

지금까지 많은 설명을 했지만 이 모든 것은 중요한 요점을 전달하기 위한 것이다. 즉, 어떤 현상이든지 완전히 이해하려면 여러 분석 수준에서 연구해야 한다는 점이다. 컴퓨터가 어떻게 작동하는지를 이해하는 것이든 사람들이 과거 경험을 어떻게 기억하는지를 이해하는 것이든 말이다. 이 교재에서는 인지에 관한 연구를 행동 수준과 생리적 수준 모두에서 설명할 것이다. 이제 우리는 신경계의 기본 구성 요소 중 하나인 뉴런에 대한 설명으로 생리학적 접근을 시작할 것이다.

2.2 뉴런: 기본 원리

어떻게 뇌는, 무게가 고작 약 1.36kg에 불과한 비교적 작은 구조임에도 불구하고 마음(mind)의 근거지가 될 수 있을까? 살아 있는 사람의 건강한 뇌를 관찰할 수 있다면 뇌는 별다를 것 없이 정적인 조직처럼 보일 것이다. 심장처럼 움직이는 부위도 없고 폐처럼 팽창하거나 수축하지도 않는다. 뇌는 단순히 정지된 고형물처럼 보인다. 그렇다면 어떻게 이것이 마음을 만들어낼 수 있을까? 뇌는 막대한 양의 활동을 생성하지만, 그 활동은 육안으로는 보이지 않는다. 뇌와 마음의 관계를 이해하고, 특히 우리가 인식하고 기억하고 생각하는 모든 것의 생리학적 기초를 이해하려면, 뇌 내부를 들여다보고 우리가 경험하고 알고 있는 것들에 대한 정보를 생성하고 전달하는 작은 단위인 **뉴런**(neuron, 신경세포)을 관찰해야 한다.

뉴런(neuron)
신경계에서 정보를 수용하고 전달하도록 전문화된 세포.

뉴런에 대한 초기 개념

신경 그물(nerve net)
연속적으로 연결된 신경섬유들의 네트워크(시냅스를 통해 신경섬유가 연결된 신경망과 대조되는 개념).

뉴런주의(neuron doctrine)
신경계에서 뉴런이라고 부르는 개개 세포들이 신호를 전달하고, 이들은 신경 그물 이론에서 제안된 바와는 달리 연속적이지 않고 서로 분리된 세포들이라는 개념.

세포체(cell body)
세포의 생명을 유지하는 기전을 포함하는 세포의 부분. 어떤 뉴런에서는 세포체 그리고 이와 연결된 수상돌기가 다른 뉴런으로부터 정보를 수용한다.

수상돌기(dendrite)
세포체로부터 갈라져 나온 구조로서 다른 뉴런으로부터 전기 신호를 수용한다.

신경섬유(nerve fiber)
세포체로부터 축삭 말단에 있는 시냅스 말단까지 신호를 전달하는 뉴런의 부분(축삭과 동일 개념으로 사용됨).

축삭(axon)
세포체로부터 축삭 말단에 있는 시냅스까지 신호를 전달하는 뉴런의 부분.

수년간 뇌 조직의 본질은 수수께끼였다. 육안으로 뇌의 내부를 들여다보아서는 뇌가 수십억 개의 작은 단위로 구성되어 있다는 것을 알 수 없다. 그러나 19세기 해부학자들이 뇌 조직에 특수 염색법을 적용하면서 뇌 안의 서로 다른 조직들 사이의 대비가 증가하였다. 이 염색된 조직을 현미경으로 보았을 때 네트워크가 관찰되었는데, 그들은 이를 **신경 그물**(nerve net)이라 불렀다(**그림** 2.3a). 이 신경 그물은 고속도로 시스템처럼 정지신호나 교통 신호등 없이 하나의 도로가 다른 도로에 중단 없이 직접 연결된 연속적인 네트워크로 간주되었다. 이와 같은 방식으로 시각화했을 때, 신경 그물은 네트워크를 통해 신호를 방해받지 않고 전달할 수 있는 복잡한 경로를 제공한다.

뇌의 미세구조를 연속적으로 상호 연결된 네트워크로 설명했던 한 가지 이유는, 그 당시 사용된 염색 기법과 현미경이 작은 세부 사항들을 구분할 수 없었기 때문이었다. 이러한 세부 사항이 없으면 신경 그물은 연속적인 구조로 보이게 된다. 하지만 1870년대에 이탈리아 해부학자 Camillo Golgi(1843–1926)는 얇게 자른 뇌 조직을 질산은(silver nitrate) 용액에 담그는 염색 기법을 개발했다. 이 기술은 **그림** 2.3b와 같은 이미지를 만들어냈는데, 전체 세포 중 1%도 안 되는 세포만 염색되어 다른 조직과 구별되게 되었다(만약 모든 세포가 염색되었다면 세포들이 너무 조밀하게 밀집해 있으므로 서로 구분하기 어려웠을 것이다). 또한 염색된 세포들은 전체 구조가 염색되어서 세포의 구조를 명확하게 볼 수 있었다.

비슷한 시기에 스페인의 생리학자 Ramon y Cajal(1852–1934)은 신경 그물의 본질을 탐구하기 위해 두 가지 기법을 사용하고 있었다. 첫째, 그는 Golgi가 개발한 염색법을 사용하여 얇은 뇌 조직 조각의 일부 세포만을 염색했다. 둘째, 그는 성체보다 세포 밀도가 낮은 신생 동물의 뇌 조직을 연구 대상으로 삼았다. 신생아의 뇌는 세포 밀도가 낮고 Golgi 염색법은 1% 미만의 뉴런만 염색하기 때문에, Cajal은 신경 그물이 연속적인 것이 아니라 개별 단위들이 서로 연결되어 있는 것임을 명확하게 관찰할 수 있었다(Kandel, 2006). Cajal의 이 발견, 즉 개별 단위인 뉴런이 뇌의 기본 구성단위라는 사실은 **뉴런주의**(neuron doctrine)의 핵심이었다. 뉴런주의에 따르면 개별 세포들이 신경계에서 신호를 전달하는데, 이 세포들은 신경 그물 이론에서 주장하는 것처럼 서로 연속된 구조는 아니다.

그림 2.4a는 뉴런의 기본 구조를 보여준다. **세포체**(cell body)는 뉴런의 대사 센터인데, 세포를 살아 있게 유지하는 기전을 포함한다. 세포체에서 뻗어나오는 **수상돌기**(dendrite)는 다른 뉴런으로부터의 신호를 받는 기능을 한다. **신경섬유**(nerve fiber)라고도 부르는 **축삭**(axon)은 일반적으로 세포체로부터 길게 뻗어 있으며, 다른 뉴런으로 신호를 전달한다. **그림** 2.4b

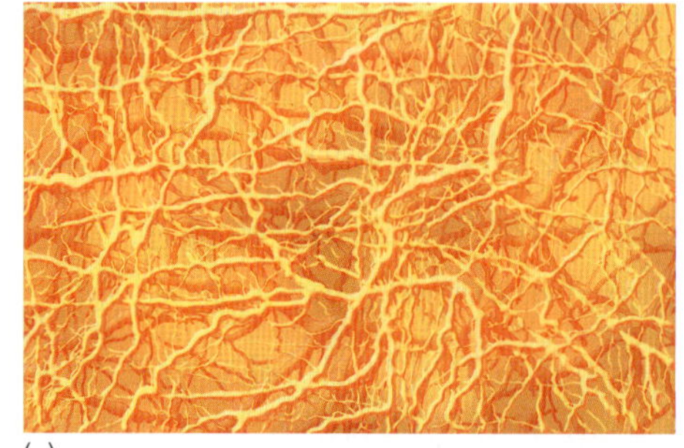
(a)

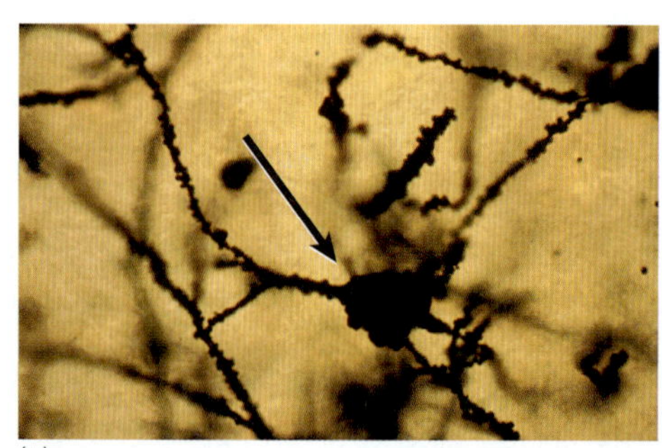
(b)

Clouds Hill Imaging Ltd./Corbis Documentary/Getty Images

그림 2.3 (a) 신경 그물 이론의 제안에 따르면, 신호는 신경 그물을 거쳐 모든 방향으로 전달될 수 있다. (b) Golgi 염료로 처치된 뇌의 일부가 몇 개 뉴런들의 형태를 보여준다. 화살표는 뉴런의 세포체를 가리키며, 가는 선들은 수상돌기 또는 축삭이다(그림 2.4 참조).

는 외부 환경으로부터 자극을 받는 수용기(receptor)를 가진 뉴런을 보여주는데, 여기서 자극은 압력 자극이다. 따라서 뉴런은 수신부와 송신부를 가지고 있는데, Cajal이 생각한 바에 따르면, 그 역할은 신호를 전달하는 것이다.

Cajal은 뉴런에 대해 다음과 같은 추가 결론을 내렸다.

1. 뉴런의 축삭 끝과 다른 뉴런의 수상돌기 또는 세포체 사이에는 작은 틈이 있는데, 이

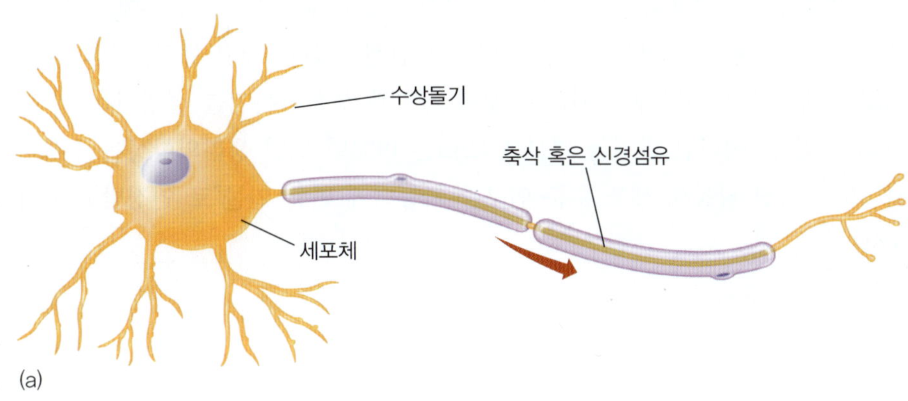

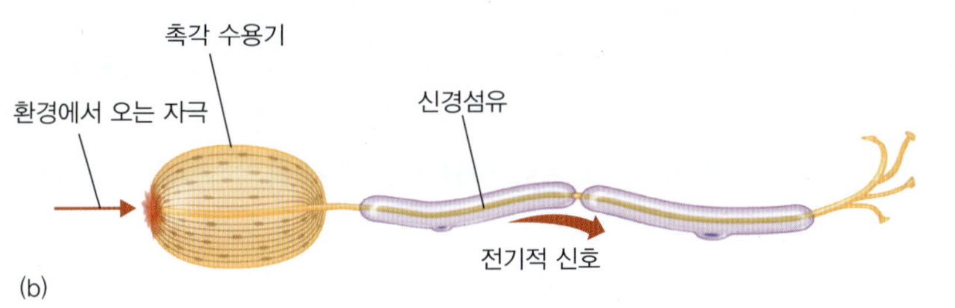

그림 2.4 (a) 피질에서 뉴런의 기본 성분. (b) 세포체 대신 전문화된 수용기를 가진 뉴런. 이 수용기는 피부에 대한 압력에 반응한다.

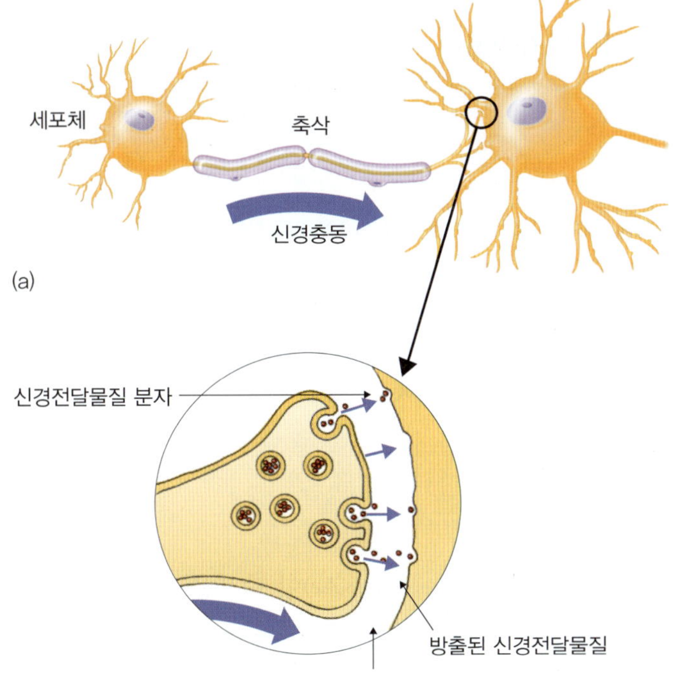

그림 2.5 (a) 다른 뉴런의 세포체에 연접한 뉴런. (b) 시냅스의 근접 촬영을 통해 드러난 한 뉴런의 말단과 건너편 뉴런의 세포체 사이의 공간, 그리고 방출되는 신경전달물질.

시냅스(synapse)
한 축삭의 말단과 다음 축삭의 세포체 또는 수상돌기 사이의 공간.

신경회로(neural circuit)
신경 처리를 담당하는 상호 연결된 뉴런들의 집단.

수용기(receptor)
빛, 기계적 자극, 화학적 자극과 같은 환경 자극에 반응하게끔 전문화된 신경 구조.

틈을 **시냅스**(synapse)라고 부른다(**그림** 2.5).

2. 뉴런은 다른 뉴런들과 무작위로 연결되지 않으며, 특정 뉴런들과만 연결을 형성한다. 이렇게 형성된 뉴런들 간의 연결이 **신경회로**(neural circuit)를 구성한다.
3. 뇌 속의 뉴런 외에도, 눈, 귀, 피부 등 외부 환경으로부터 정보를 수집하는 데 특화된 뉴런들도 있다. 이들을 **수용기**(receptor)라고 부르는데, 축삭을 가진다는 점에서는 뇌의 뉴런과 유사하지만, 환경으로부터 정보를 받게끔 전문화된 수용기를 지닌다(**그림** 2.4b).

Cajal은 개별 뉴런들이 상호작용하여 신경회로를 구성한다는 개념을 제안했는데, 이는 신경계가 어떻게 작동하는지를 이해하는 데 있어 획기적 진전이었다. 개별 뉴런, 시냅스, 신경회로라는 Cajal의 개념은 오늘날에도 뇌가 어떻게 인지를 생성하는지를 설명하는 데 핵심 원리로 사용되고 있다. 이러한 발견들 덕분에 Cajal은 1906년 노벨 생리의학상을 수상하였으며, 오늘날 그는 "정신 활동의 세포 수준 연구를 가능하게 만든 인물"로 인정받고 있다(Kandel, 2006, p.61).

뉴런을 따라 전달되는 신호

휴지전위(resting potential)
신경섬유가 휴지 상태일 때(다른 전기 신호가 없을 때) 신경섬유 안팎의 전하 차이.

마이크로전극(microelectrode)
단일 뉴런으로부터 전기 신호를 기록하는 데 사용되는 매우 가느다란 전선.

기록전극(recording electrode)
신경 기능을 연구할 때 단일 뉴런의 전기 신호를 포착할 수 있는 매우 가느다란 유리 또는 금속 탐침.

준거전극(reference electrode)
기록전극과 함께 사용되어 두 전극 간 전하 차이를 측정하는 데 사용되는 전극. 준거전극은 통상 전기 신호가 일정하게 유지되는 위치에 배치되므로 기록전극 말단 주변에서 발생하는 사건을 반영한다.

Cajal은 개별 뉴런의 구조 그리고 그 상호 연결 방식을 밝히는 데 성공했고, 이 뉴런들이 신호를 전달한다는 사실도 알고 있었다. 그러나 이러한 신호의 정확한 특성을 밝혀내기 위해서는, 뉴런이 만들어내는 극도로 미세한 전기 신호를 가시화할 수 있을 정도로 강력한 고성능 전자 증폭기의 개발을 기다려야 했다. 1920년대, Edgar Adrian은 단일 감각 뉴런으로부터 전기 신호를 기록하는 데 성공했으며, 이 공로로 1932년 노벨 생리의학상을 수상하였다(Adrian, 1928, 1932).

신경섬유(또는 축삭)가 휴지(resting) 상태에 있을 때, 두 전극의 끝 사이의 전위 차이는 약 -70mV로 기록된다(1mV는 1/1000V). 이 값은 뉴런에 신호가 없을 때는 변하지 않으며, 이를 **휴지전위**(resting potential)라고 부른다. 다시 말해, 뉴런 내부는 외부보다 70mV만큼 더 음전하를 띠는데, 뉴런이 쉬고 있는 동안 이 차이는 유지된다.

방법

뉴런의 신호 기록하기

Adrian은 단일 뉴런에서 전기 신호를 기록하기 위해 **마이크로전극**(microelectrode)을 사용했다. 마이크로전극은 전도성 소금 용액으로 채워진 유리관으로서, 전극 끝에서 전기 신호를 감지하고 이를 기록 장치로 전달할 수 있다. 오늘날 생리학자들은 유리 대신 금속 전극을 사용하지만 기본 원리는 동일하다.

그림 2.6은 단일 뉴런으로부터 신호를 기록하는 전형적인 실험 장치를 보여준다. **기록전극**(recording electrode)은 뉴런 내부 또는 매우 가까운 위치에 있으며, **준거전극**(reference electrode)은 신호에 영향을 받지 않게끔 다소 떨어진 곳에 위치한다. 두 전극 사이의 전위 차이는 컴퓨터로 전달되어 화면에 표시된다.

활동전위

신경충동(nerve impulse)
축삭(신경섬유)을 따라 전도되는 전기적 반응. 활동전위라고도 불린다.

그림 2.6b는 뉴런의 수용기가 자극을 받아 **신경충동**(nerve impulse)이 축삭을 따라 전달되는 모습을 보여준다. 자극이 기록전극을 지나갈 때, 축삭의 내부 전위는 외부에 비해 +40mV만큼 상승한다. 신경충동이 계속 진행되면서 축삭 내부 전위는 다시 음전하로 변하며(**그림**

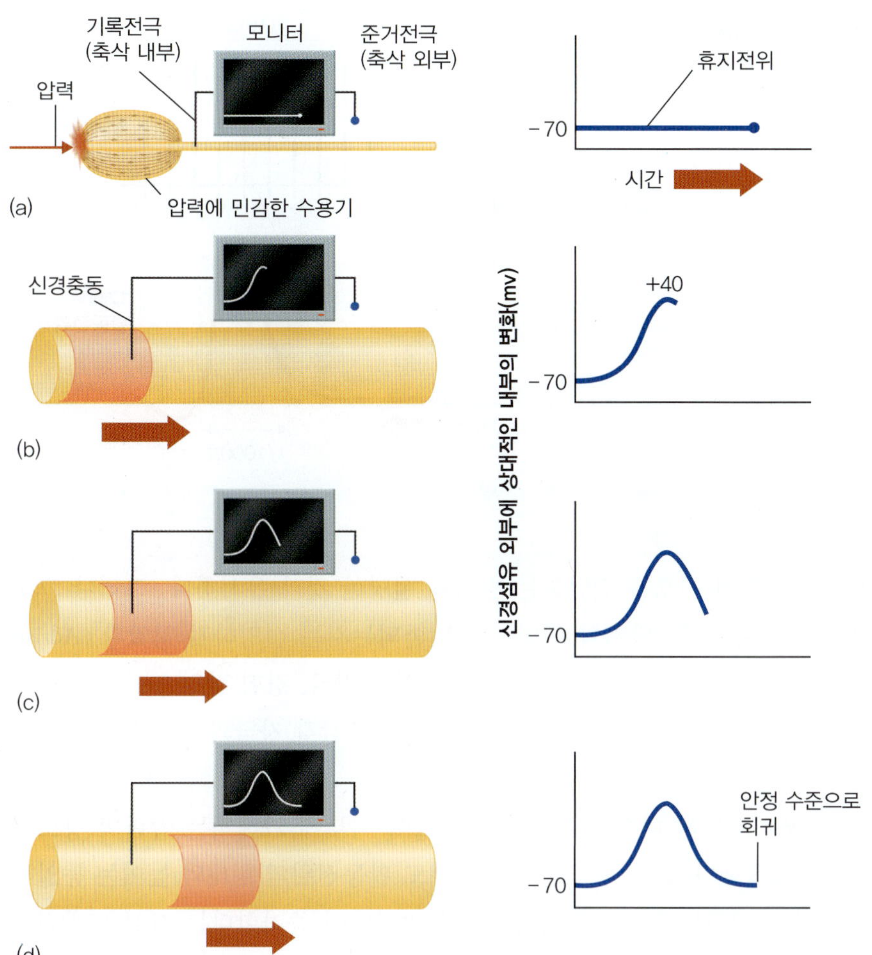

그림 2.6 활동전위가 축삭을 따라 이동할 때의 기록. (a) 신경이 휴식상태일 때 축삭의 내부와 외부 사이에 −70mV의 전하 차이가 존재하며 이를 '휴지전위'라고 부른다. 기록전극과 준거전극 사이의 전하 차이가 컴퓨터에 입력되고 컴퓨터 모니터에 나타난다. 이러한 전하 차이가 오른쪽에 나타나 있다. (b) 빨간색 띠로 표시된 신경충동이 전극을 통과할 때 전극에 인접한 신경섬유 내부 전하는 더 양전하를 띤다. (c) 신경충동이 전극을 지나 이동하면 신경섬유 내부는 더 음전하를 띤다. (d) 마침내 뉴런이 안정 상태로 되돌아간다.

2.6c), 결국 휴지전위로 돌아간다(**그림 2.6d**). 이와 같은 신경충동을 **활동전위**(action potential)라고 하며, 약 1ms(1/1000초. ms는 millisecond 혹은 밀리초) 동안 지속된다.

활동전위(action potential) 신경 정보의 전달 및 뉴런 간 의사소통을 담당하는 전기적 전위. 일반적으로 뉴런의 축삭을 따라 이동한다.

그림 2.7a는 시간 축을 압축하여 여러 개의 활동전위를 보여준다. 각 세로선은 하나의 활동전위를 나타내며, 일련의 선들은 여러 개의 활동전위가 전극을 지나가고 있음을 보여준다. **그림 2.7b**는 확대된 시간 척도상에서 활동전위 하나를 보여준다. 신경계에는 다른 전기 신호도 존재하지만, 이 장에서는 정보가 전달되는 주요 기전인 활동전위에 초점을 맞춘다.

Adrian은 단일 뉴런에서 활동전위를 기록하는 것 외에도 몇 가지 중요한 사실을 발견했다. 그는 각 활동전위는 축삭을 따라 이동하면서 그 높이와 형태가 변하지 않는다는 것을 알아냈다. 이 특성은 장거리 신호 전달에 이상적인데, 활동전위가 축삭의 한쪽 끝에서 시작되면 다른 쪽 끝에 도달할 때까지 신호의 크기가 그대로 유지된다.

한편 Adrian이 전기 신호를 기록하던 시기에 다른 연구자들은 이 신호가 축삭 끝의 시냅스에 도달하면 **신경전달물질**(neurotransmitter)이라 불리는 화학물질의 방출이 촉발된다는 사실을 발견했다. 이 신경전달물질 덕분에 축삭 끝과 다른 뉴런의 수상돌기 또는 세포체 사이의 틈을 넘어 신호가 전달될 수 있다(**그림 2.4b**).

신경전달물질(neurotransmitter) 유입되는 활동전위에 반응하여 시냅스에서 방출되는 화학물질.

이러한 뉴런과 신호의 특성에 대한 발견은 매우 중요했으며, 발견자들은 여러 차례 노벨상을 수상했다. 하지만 우리의 주된 관심은 신호가 어떻게 마음에 기여하는지에 있다. 지금

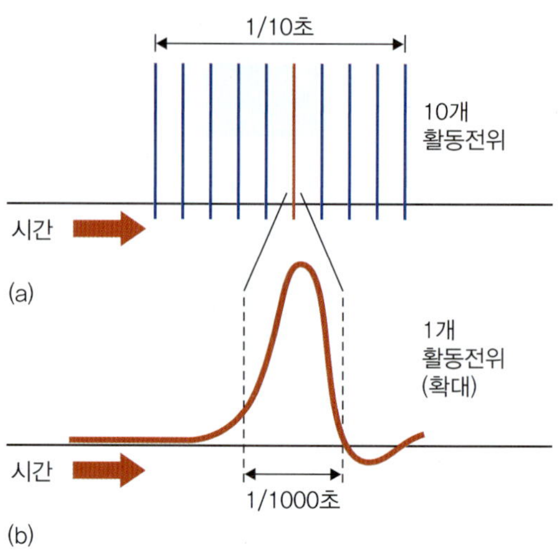

그림 2.7 (a) 시간 눈금 위에 표시된 일련의 활동전위로서, 각각의 활동전위가 가는 선으로 표시되어 있다. (b) 시간 눈금을 변화시킴으로써 활동전위 하나의 형태가 드러난다.

까지의 설명은 인터넷이 전기 신호를 전달하는 방식을 설명한 것과 유사하다. 그러나 그것이 어떻게 사람이 이해할 수 있는 단어와 이미지로 변환되는지는 설명하지 않았다. Adrian은 단순히 신호를 기술하는 것을 넘어서서 신경 신호와 환경 자극, 경험 간의 연관성을 밝히는 것이 중요하다고 생각하고, 여러 실험을 통해 신경 신호가 감각 자극과 어떻게 연결되는지를 탐구했다.

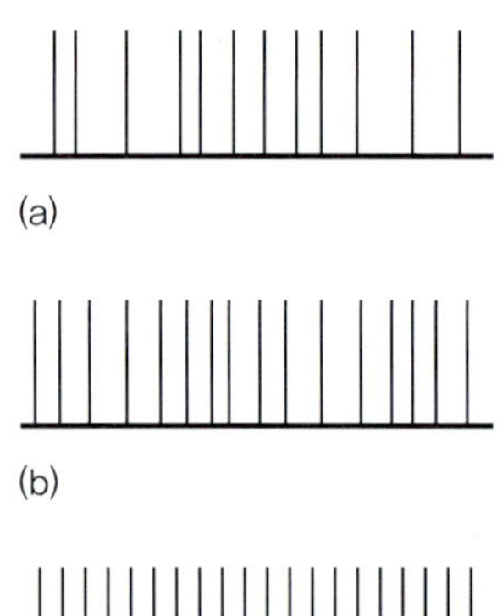

그림 2.8 피부에 가해진 세 수준의 압력 자극에 대한 반응으로서 축삭에서 기록된 활동전위. (a) 약함, (b) 중간, (c) 강함. 자극 강도가 증가할수록 신경 발화율이 증가한다.

Adrian은 피부의 수용기로부터 나오는 뉴런의 발화율이 피부에 가해지는 압력의 강도에 따라 어떻게 변하는지 측정했다. 그는 압력을 증가시켜도 활동전위의 형태와 높이는 동일하게 유지되지만, 시간당 발생하는 활동전위의 빈도, 즉 발화율이 증가한다는 사실을 발견했다(**그림** 2.8). 이 결과를 바탕으로 Adrian은 신경 발화와 경험 사이의 연결 고리를 제시했다. 그는 자신의 저서 『감각의 기초(The Basis of Sensation)』(1928)에서 다음과 같이 설명하였다. "신경충동이 서로 밀집되어 발생할수록 강한 감각을 유발하며, 자극 간 간격이 길수록 감각은 그만큼 약해진다."(p.7)

즉, 전기 신호는 자극의 강도를 **표상하는**데, 신호가 밀집해서 발생하면 더 강하게 느껴지고, 신호 간격이 멀면 더 약하게 느껴진다는 것이다. 이와 유사한 결과는 시각에서도 관찰되었다. 강한 빛을 제시하면 신경 발화율이 높아지고 빛은 밝게 인식된다. 반면 약한 빛은 낮은 발화율을 유발하며 빛은 어둡게 느껴진다. 따라서 뉴런의 발화율은 자극의 강도, 즉 경험의 크기(예: 피부 압력, 빛의 밝기)와 관련된다. 즉, 발화율은 자극의 **양**과 일치한다.

이제 자극의 양에 대해 이해했는데, 경험의 **질**은 뉴런의 발화에서 어떻게 표상될까? **감각에 있어서 질**이란 각 감각에 수반되는 서로 다른 경험을 의미하는데, 시각에서는 빛을 지각하고, 청각에서는 소리를, 후각에서는 냄새를 지각하는 것과 같은 것이다. 또한 **한 감각 안에서도** 질을 논할 수 있다. 예를 들어, 시각의 경우, 색깔, 움직임, 물체의 형태, 혹은 어떤 사람의 얼굴을 인식하는 것 등이 이에 해당한다.

활동전위가 어떻게 서로 다른 질을 결정하는지를 설명하는 한 가지 방법은, 각 질에 해당하는 활동전위가 서로 다르게 생겼을 것이라고 가정하는 것이다. 하지만 Adrian은 이러한 가능성을 배제했는데, 모든 활동전위가 기본적으로 동일한 높이와 형태를 가진다는 사실을 밝혔기 때문이다. 신경충동은 모두 기본적으로 동일한데, 예를 들어 빨간 소방차를 보는 경우나 지난주에 한 일을 기억하는 경우 모두에서 동일하다. 이 신경충동이 어떻게 서로 다른 질적 경험을 나타낼 수 있을까? 이 질문에 대한 간략한 대답은 다음과 같다. 자극의 질, 그리고 경험의 다양한 측면에 따라 서로 다른 뉴런 그리고 서로 다른 뇌 영역이 활성화된다는 것이다. 이 질문에 대한 긴 설명은 다음 절에서 시작되는데, 1장에서 소개한 표상 개념을 다시 다루며 본격적으로 설명할 것이다.

2.3 신경 발화에 의한 표상

1장에서 우리는 마음을 **우리가 세상 속에서 목표를 달성할 수 있도록 세상에 대한 표상을 창조하는 시스템**(5쪽)이라고 정의했다. 이 정의에서 핵심 단어는 **표상**(representation)인데, 왜냐하면 우리가 경험하는 모든 것은 그 경험을 **대변하거나** '표상하는' 어떤 것의 결과이기 때문이다. 이를 신경학적 관점에 따라 설명하면, **신경 표상의 원리**(principle of neural representation)란 우리가 경험하는 모든 것이 개인의 신경계에 존재하는 표상을 기반으로 한다는 것을 의미한다. 자극의 강도를 신경충동이 어떻게 표상하는지를 탐구한 Adrian의 선구적 연구는 신경 표상에 관한 연구의 시작을 알렸다.

신경 표상의 원리(principle of neural representation)
어떤 사람이 경험하는 모든 것은 그의 신경계 내의 표상에 근거한다.

신경 표상과 인지에 대한 이야기: 미리 보기

1960년대에 연구자들은 망막에서 대뇌피질로 처음 시각 신호가 도달하는 1차 시각 수용 영역에서 단일 뉴런의 활동을 기록하는 데 집중하기 시작했다(**그림** 2.9a). 이 실험들은 '무엇이 이 뉴런을 발화하게 만드는가?'라는 질문에 답하려 했다. 당시에는 빛과 어둠의 패턴을 화면에 띄워 자극을 쉽게 조절할 수 있었고 시각에 대한 선행 지식이 많았기 때문에 시각에 대한 연구가 중심이 되었다.

연구가 진행됨에 따라 연구자들은 1차 시각 영역을 넘어선 영역의 뉴런에서도 기록을 하게 되었고, 두 가지 중요한 사실을 발견했다. (1) 시각체계의 상위 수준에 위치한 많은 뉴런들은 기하학적 패턴이나 얼굴과 같은 복잡한 자극에 반응하고, (2) 특정 자극은 피질의 여러 영역에 걸쳐 분산된 신경 발화를 유발한다는 점이다(**그림** 2.9b). 즉, 시각은 단순히 1차 시각 영역만이 아니라 여러 뇌 영역에서 생성된다는 것이다. 후속 연구들은 시각을 넘어 다른 인지 영역에서도 유사한 결과를 밝혔다. 예를 들어, 기억은 단일한 '기억 영역'에서만 확인되

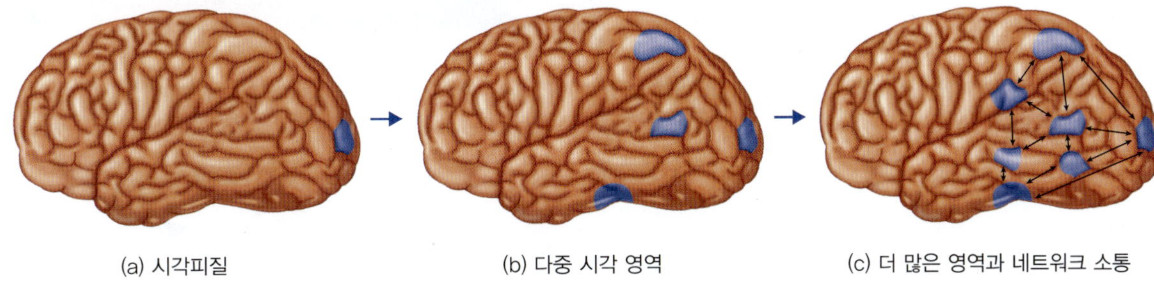

그림 2.9 (a) 신경 표상 및 인지에 관한 초기 연구는 시각피질에서 단일 뉴런을 기록하는 데 집중했다. (b) 이후 연구자들은 뇌의 다른 부위를 탐색했고, 시각 자극이 피질 여러 영역에 걸쳐 분산된 활동을 유발한다는 것을 발견했다. (c) 최근 연구는 이처럼 분산된 영역들이 신경망에 의해 어떻게 연결되어 있으며, 활동이 네트워크 내에서 어떻게 진행되는지에 집중한다. 그림에서 (a)의 1차 시각 영역을 제외한 나머지 영역 위치는 실제 뇌 위치가 아니라 설명을 위한 것이다.

는 것은 아닌데, 그 이유는 기억 생성 및 회상에 많은 영역이 관여하기 때문이다. 요약하면, 인지 생성에 커다란 뇌 영역이 관여한다는 것이 분명해졌다.

뇌의 신경 표상을 이해하려면 뇌 전반에 걸쳐 넓은 그물을 던져야 한다는 사실이 분명해지면서, 많은 연구자들이 서로 다른 뇌 영역들이 어떻게 연결되어 있는지를 살펴보기 시작했다. 상호 연결된 뇌 안의 여러 목적지로 전송되는 신경 신호라는 개념은, 오늘날 뇌를 '신경망(neural network)'이라는 용어로 설명할 수 있는 방대한 고속도로 체계로 인식하게 만들었다(**그림** 2.9c). 이제 세부 사항들을 다룰 것인데, 신경 속성 탐지기(neural feature detector)의 발견부터 시작할 것이다.

속성 탐지기

'신경충동이 어떻게 서로 다른 특질들을 나타낼 수 있는가?'라는 질문에 대한 한 가지 가능한 답은, 특정 자극 특질에만 반응하는 뉴런이 존재할 수도 있다는 것이다. 초기 연구는 이 이론에 대한 일부 증거를 발견했지만(Hartline, 1940; Kuffler, 1953), 특정 특질에 반응하는 뉴런의 개념은 David Hubel과 Thorsten Wiesel의 일련의 논문들에 의해 중심 무대로 떠오르게 되었고, 이는 그들에게 1981년 생리학/의학 부문 노벨상을 안겨 주었다. 세 번째 수상자는 미국의 신경심리학자인 Roger Wolcott Sperry였다.

속성 탐지기(feature detectors) 환경 자극을 구성하는 시각 자극의 특정 속성, 즉 방향이나 크기 또는 보다 복잡한 속성에 반응하는 뉴런들.

1960년대, Hubel과 Wiesel은 고양이에게 시각 자극을 제시하고, 어떤 자극이 특정 뉴런을 발화시키는지를 알아보는 일련의 실험을 시작했다(**그림** 2.10a). 그들은 시각피질 영역의 각 뉴런이 망막의 작은 영역에 제시된 특정 유형의 자극에 반응한다는 것을 발견했다. **그림** 2.10b는 시각피질 내외의 뉴런을 발화시킨 자극들 일부를 보여준다(Hubel, 1982; Hubel & Wiesel, 1959, 1961, 1965). 그들은 이러한 뉴런들을 **속성 탐지기**(feature detectors)라고 불렀는데,

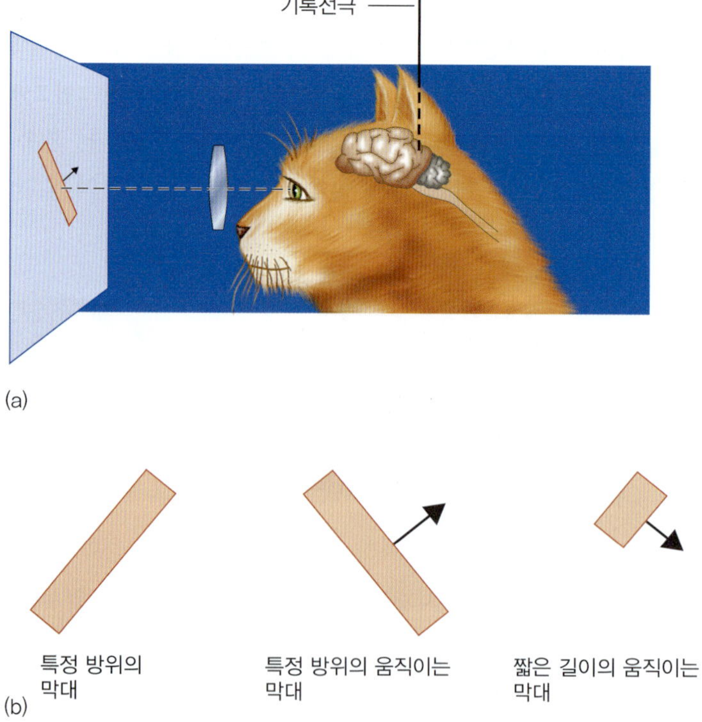

그림 2.10 (a) 스크린에 제시된 자극을 바라보는 마취된 고양이의 시각 체계로부터 전기적 신호를 기록하는 실험. 고양이의 눈앞에 있는 렌즈는 스크린의 상이 고양이의 망막에서 확실하게 초점화되게끔 한다. 기록전극은 보이지 않는다. (b) 고양이 시각피질에 있는 뉴런의 발화를 초래하는 몇 가지 자극 유형.

이 뉴런들은 자극의 방향, 움직임, 길이 같은 특정한 자극 속성에 반응했기 때문이다.

속성 탐지기가 지각(perception)과 연결된다는 개념은 여러 실험에 의해 지지되었다. 그중 하나는 **경험 기반 가소성**(experience-dependent plasticity)이라 불리는 현상을 포함하는 실험이었는데, 이는 경험이 뇌의 구조를 바꾼다는 것을 의미한다. 예를 들어, 새끼 고양이가 태어났을 때, 그들의 시각피질에는 방향이 있는 막대에 반응하는 속성 탐지기들이 존재한다(**그림** 2.10). 일반적으로 새끼 고양이의 시각피질은 수평, 기울어진, 수직 등 모든 방향에 반응하는 뉴런을 포함하며, 고양이로 자라날 때는 모든 방향에 반응하는 뉴런들을 갖게 된다.

경험 기반 가소성(experience-dependent plasticity) 유기체가 노출된 특정 유형의 자극에 가장 잘 반응하게끔 뉴런이 발달하도록 만드는 기전.

그렇다면 만약 새끼 고양이들을 수직선만 존재하는 환경에서 키운다면 어떻게 될까? Colin Blakemore와 Graham Cooper(1970)는 새끼 고양이들을 벽에 흑백의 수직 줄무늬만 존재하는 공간에서 키우며 이 질문에 답했다(**그림** 2.11a). 이 환경에서 자란 새끼 고양이들은 움직이는 수직 막대에는 앞발을 휘두르지만, 수평 물체에는 반응하지 않았다. 수평 자극에 대한 반응 부족의 원인은 고양이 뇌의 뉴런들을 기록하면서 명확해졌는데, 그 결과 시각피질이 수직 자극에 주로 반응하는 뉴런만 포함하고 있었고, 수평 자극에 반응하는 뉴런은 존재하지 않았다(**그림** 2.11b). 이와 유사하게, 수평 환경에서 자란 새끼 고양이들은 수평 자극에 주로 반응하는 뉴런만을 포함한 시각피질을 가지게 되었다(**그림** 2.11c). 즉, 고양이의 뇌는 자신이 노출된 환경에 가장 잘 반응하도록 형성된 것이다.

Blakemore와 Cooper의 실험은 경험 기반 가소성에 대한 초기 실증으로 중요하다. 우리의 뇌가 발달하는 환경은 뇌의 물리적 조직을 실제로 바꿀 수 있다. 이러한 발견은 신경 표상과 관련하여 중요한 메시지를 전달한다. 새끼 고양이의 시각피질에 수직에 민감한 뉴런만 있을 때 고양이는 수직선만을 **지각하며**, 수평 자극에 민감한 뉴런만 있을 때는 수평선만을 **지각한**다는 것이다. 이 결과는 지각이 자극의 특정 특질에 반응하는 뉴런들에 의해 결정된다는 개

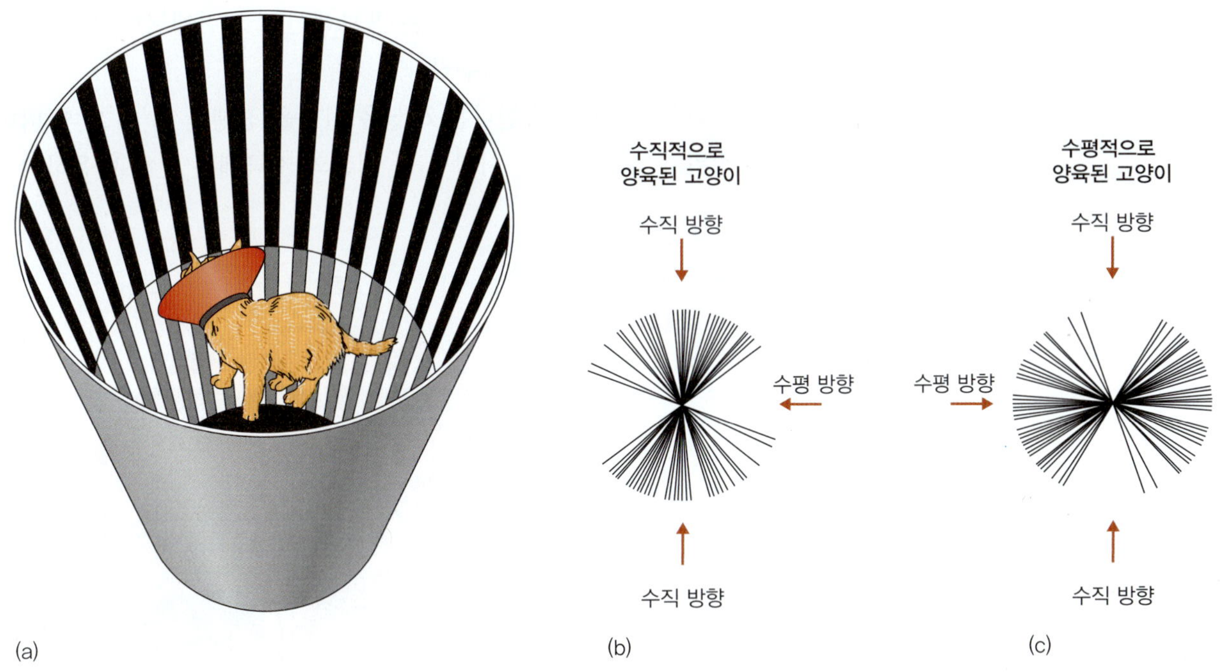

그림 2.11 (a) Blakemore와 Cooper(1970)의 선택적 사육 실험에 사용된 줄무늬 튜브. (b) 수직 줄무늬 환경에서 자란 고양이의 72개 세포에서 최대 발화를 일으키는 방향정위의 분포. (c) 수평 줄무늬 환경에서 자란 고양이의 52개 세포에서 최대 발화를 일으키는 방향정위의 분포.

념을 지지한다(이 경우 방향정위).

시각계의 뉴런들이 특정 자극 유형에 발화한다는 점을 이해한다면, 특정 대상이 어떻게 신경 활동을 유도하는지를 생각해 볼 수 있다. 예를 들어, 우리가 나무를 볼 때 수천 개의 뉴런이 발화하는데, 이 각각은 나무의 다양한 속성에 반응한다. 어떤 뉴런은 수직 방향의 줄기에 반응하고, 어떤 뉴런은 다양한 방향의 가지에 반응하며, 어떤 뉴런은 보다 복잡한 혼합 속성들에 반응한다. 나무가 많은 속성 탐지기들의 결합된 반응에 의해 표상된다는 개념은, 레고 블록을 조합하여 사물을 만드는 방식과 유사하다. 시각 정보처리는 시각피질에서 시작되며, 우리가 경험하는 시각은 시각피질에서 뇌의 다른 영역으로 전달되는 신호에 의존한다.

시각피질(visual cortex) 눈에서 전달된 신호를 수용하는 후두엽의 영역.

그림 2.12는 인간 뇌에서 시각피질(visual cortex)의 위치뿐만 아니라 시각에 관여하는 추가적 영역, 그리고 우리가 이후에 다룰 몇몇 다른 영역을 보여준다. 이 시각 영역은 피질의 약 30%를 구성하는 방대한 영역 네트워크의 일부이다(Felleman & Van Essen, 1991). 이들 중 일부는 시각피질로부터 직접 신호를 받는다. 다른 영역들은 상호 연결된 일련의 뉴런들로서 이 가운데 상당 부분은 시각피질로부터 멀리 떨어져 있다. Hubel과 Wiesel의 선구적인 연구 이후, 이러한 시각 경로의 '상위' 수준을 탐구하기 시작한 연구자들은 방향정위가 있는 선보다 더 복잡한 자극에 반응하는 뉴런들을 발견하였다.

복잡한 자극에 반응하는 뉴런

측두엽(temporal lobe) 언어, 기억, 청각, 시각 처리를 담당하는 기전을 포함하는 뇌 측면의 영역.

복잡한 자극은 뇌 속 뉴런의 발화로 어떻게 표상될까? 이 질문에 대한 하나의 답은 Charles Gross의 실험실에서 시작되었다. Gross는 원숭이의 측두엽(temporal lobe)에서 단일 뉴런의 활동을 기록하는 실험을 진행했는데(**그림** 2.12), 이 실험은 보통 3~4일 동안 지속되었기 때문에 연구자들에게 상당한 인내심을 요구했다. 이 실험은 1969년과 1972년에 발표된 고전적 논문들(Gross et al., 1969, 1972)에 보고되었는데, Gross의 연구팀은 마취된 원숭이에게 다양한 자극을 제시했다. **그림** 2.10a에 나오는 것과 같은 프로젝션 스크린에 선, 사각형, 원 등을 보여주었는데, 일부 자극은 밝고 일부는 어두웠다.

측두엽의 뉴런이 복잡한 자극에 반응한다는 사실은 실험을 진행한 지 며칠 후 밝혀졌다. 당시 한 뉴런은 방향정위가 있는 선, 원, 사각형 등 기존의 자극에는 전혀 반응하지 않았고

그림 2.12 이 장에서 참고할 인간 뇌의 여러 구조들. 화살표는 이 영역들의 위치를 가리키며, 각각의 영역은 피질의 일정 부위에 걸쳐 분포한다.

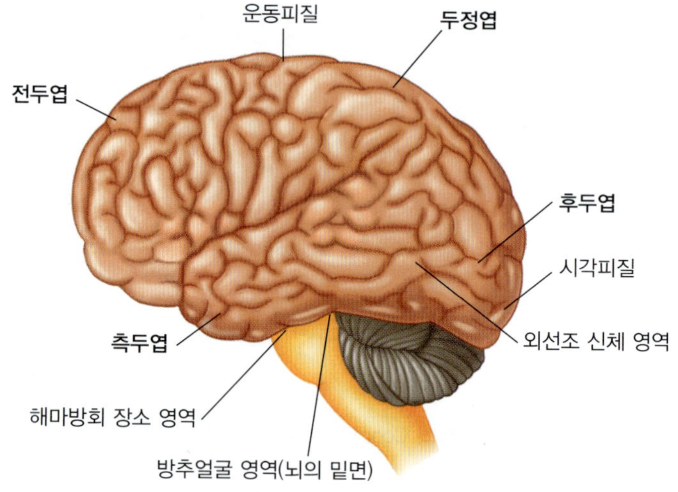

이러한 자극들은 아무런 효과가 없었다. 그런데 실험자 중 한 명이 방 안의 무언가를 가리키면서 손 그림자가 스크린에 드리워졌을 때, 뉴런의 발화율이 급격히 증가했다. 이 반응을 보고 실험자들은 무언가를 발견했다고 생각했고, 원숭이 손 형태의 오려낸 그림을 포함한 다양한 자극으로 뉴런을 시험하기 시작했다. 많은 실험 끝에 이 뉴런은 손가락이 위로 향한 손 형태의 자극에 가장 잘 반응한다는 사실을 밝혀냈다(Rocha-Miranda, 2011; Gross, 2002 참고)(**그림** 2.13의 가장 오른쪽 자극). 자극 종류를 확장한 후, 얼굴에 가장 잘 반응하는 뉴런도 발견되었다. 이후 연구자들은 이러한 결과를 확장하여 얼굴에는 반응하지만 다른 자극에는 반응하지 않는 뉴런의 다양한 사례를 제시했다(Perrett et al., 1982; Rolls, 1981)(**그림** 2.14).

지금까지 살펴본 결과를 잠시 정리해 보자. 우리는 시각피질의 뉴런이 방향정위가 있는 막대와 같은 단순한 자극에 반응하고, 측두엽의 뉴런은 복잡한 기하학적 자극에 반응하며, 측두엽의 또 다른 영역의 뉴런은 얼굴에 반응한다는 것을 살펴보았다. 이는 시각피질의 단순한 자극에 반응하는 뉴런들이 축삭을 시각 시스템의 상위 수준으로 보내고, 그곳에서 여러 뉴런의 신호가 결합하고 상호작용하여 기하학적 물체와 같은 복잡한 자극에 반응하는 뉴런이 형성되며, 이 뉴런이 다시 더 높은 영역으로 신호를 보내 얼굴과 같은 더욱 복잡한 자극에 반응하는 뉴런을 만들어낸다는 것을 의미한다. 이러한 뇌의 하위 영역에서 상위 영역으로의 진행을 **위계적 처리**(hierarchical processing)라고 부른다.

위계적 처리 (hierarchical processing) 하위 영역에서 상위 영역으로 점진적으로 진행되는 처리.

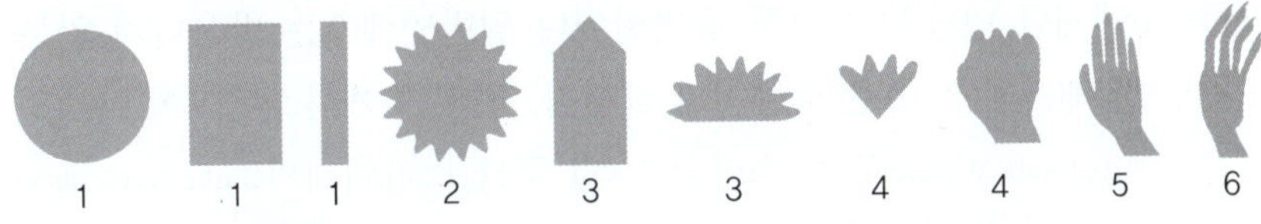

출처: Gross et al., 1972를 바탕으로 제작함.

그림 2.13 Gross와 동료들(1972)이 원숭이 대뇌 측두엽에 있는 뉴런들의 반응을 연구하기 위해 사용한 형태들의 일부. 형태들은 뉴런의 발화를 일으키는 능력 순서대로 배열되어 있다. 1은 전혀 없음, 2와 3은 약간, 6은 최대 반응이다.

Bruce Goldstein; Hans Kim/Shutterstock.com; mimagephotography/Shutterstock.com

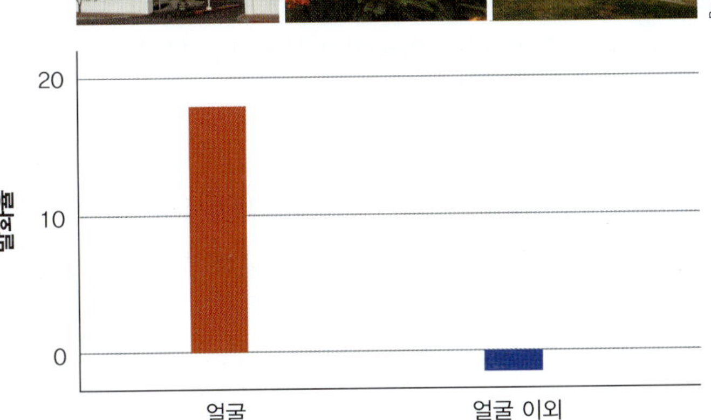

그림 2.14 얼굴 이외의 자극에 대해서는 반응하지 않고 얼굴 자극에 대해서만 반응하는 원숭이 측두엽에 있는 한 뉴런의 발화율(1초당 신경충동 수).

출처: E. T. Rolls & M. J. Tovee, 1995를 바탕으로 제작함.

위계적 처리가 뉴런 표상의 문제를 해결해 줄까? 시각 시스템의 상위 영역에 특정 물체에만 반응하는 뉴런이 존재하여, 그 물체는 해당 뉴런의 발화로 표상된다고 볼 수 있을까? 우리가 앞으로 살펴보겠지만 이는 사실이 아닐 가능성이 큰데, 왜냐하면 뉴런 표상은 아마도 많은 뉴런들이 함께 작동하는 네트워크를 통해 이루어지기 때문이다.

감각 부호화

감각 부호화의 문제(problem of sensory coding)
감각의 신경 표상을 파악하는 문제.

감각 부호(sensory code)
신경 발화가 환경 자극의 다양한 특성을 표상하는 방식.

특수성 부호화(specificity coding)
특정 자극은 오직 그 자극에만 반응하는 뉴런의 발화로 표상됨. 특정 얼굴에만 반응하는 뉴런을 예로 들 수 있다.

감각에 대한 뉴런 표상의 문제를 **감각 부호화의 문제**(problem of sensory coding)라고 부르는데, 여기서 **감각 부호**(sensory code)란 뉴런이 환경의 다양한 특성을 어떻게 표상하는지를 의미한다. 특정 물체에만 반응하는 특화된 뉴런의 발화로 그 물체가 표상된다는 개념을 **특수성 부호화**(specificity coding)라고 한다.

1970년대부터, 개별 세포가 극도로 특화되어 특정 인물(예: 여러분의 할머니)을 표상한다는 주장이 제기되었는데, 이는 종종 조롱의 대상이 되었다. 이 때문에 이러한 뉴런은 **할머니 세포**(grandmother cells)라는 이름을 얻었다(Barlow, 1972; Blakemore, 1973). 기억이 어떻게 저장되는지에 대한 논쟁은 수십 년간 이어졌다. 여러분 할머니에 대한 지식이 하나의 뉴런에 담겨 있을까, 아니면 수백만 개의 피질 뉴런에 걸쳐 분산되어 있을까? 2013년 『사이언티픽 아메리칸(Scientific American)』에서 Rodrigo Quiroga와 동료들은 어떤 세포가 특정 인물에 선택적으로 반응하는 것처럼 보인다고 보고했다. Quiroga와 동료들은 해마에서 미국 유명 배우인 제니퍼 애니스턴(Jennifer Aniston)에게만 반응하고 다른 유명인이나 일반인에게는 반응하지 않는 뉴런을 발견했다. 이 뉴런을 **제니퍼 애니스턴 뉴런**이라 불렀다. 하지만 애니스턴만이 아니었다. 연구팀은 오프라 윈프리(Oprah Winfrey)와 〈스타워즈〉의 루크 스카이워커(Luke Skywalker)에게 선택적으로 반응하는 뉴런도 발견했다. 그러나 문제가 있었다. 루크 스카이워커 뉴런은 〈스타워즈〉의 또다른 인물인 요다(Yoda)의 이미지에도 반응했다. 그렇다면 이것은 **스타워즈 뉴런**일까? Barwich(2019)는 할머니 세포나 제니퍼 애니스턴 세포 개념에 반대하며, 과학의 '실패'가 새로운 발견과 설명으로 이어진다는 점에서 중요하다고 주장했다. 그녀는 할머니 세포를 "거의 성공한 아이디어"라고 부르며, 이 개념이 20년간 과학적 탐구와 논의를 이끌었다고 평가했다. 1990년대에는 특수성 부호화 개념이 점차 인기를 잃었지만, 이러한 과학적 실패는 탐구와 이해에 필수적이다. 물론 이러한 뉴런들이 특정 개념에 선택적으로 반응하는 것은 사실이다. 하지만 이야기는 여기서 끝나지 않는다.

그림 2.15a는 특수성 부호화 개념을 보여준다. 세 얼굴에 대해 여러 뉴런이 반응하며, 뉴런 4는 제니퍼 애니스턴 얼굴에만, 뉴런 9는 오프라 윈프리 얼굴에만, 뉴런 6은 루크 스카이워커 얼굴에만 반응한다. 제니퍼 애니스턴 뉴런은 다른 얼굴이나 물체에는 반응하지 않는다(하지만 앞서 언급했듯이 루크 스카이워커 뉴런은 요다에도 반응한다).

특수성 부호화 개념은 직관적이지만, 실제로는 정확하지 않을 가능성이 크다. 얼굴에 반응하는 뉴런이 있긴 하지만, 대부분 여러 얼굴에 반응한다. 세상에는 너무 많은 얼굴, 물체, 색, 맛, 냄새, 소리가 존재하기 때문에 각 대상마다 전용 뉴런을 두는 것은 비현실적이다. 이에 대한 대안은 여러 뉴런이 함께 물체를 표상한다는 개념이다.

전집 부호화(population coding)
커다란 수의 뉴런들의 발화 패턴으로 특정 자극이 표상되는 방식.

전집 부호화(population coding)는 많은 뉴런의 발화 패턴으로 특정 물체를 표상하는 방식이다(**그림** 2.15b). 제니퍼 애니스턴, 오프라 윈프리, 루크 스카이워커의 얼굴은 각각 다른 발화 패턴으로 표상된다. 전집 부호화의 장점은 많은 뉴런이 다양한 패턴을 생성할 수 있어 수많은 자극을 표상할 수 있다는 점이다. 감각과 인지 기능에서 전집 부호화에 대한 강력한 증거가 있다. 하지만 어떤 기능들은 적은 수의 뉴런들만으로도 표상된다.

희박 부호화(sparse coding)는 소수의 뉴런 발화 패턴으로 특정 물체를 표상하는 방식이다(**그림** 2.15c). 제니퍼 애니스턴의 얼굴은 뉴런 2, 3, 4, 7의 발화 패턴으로, 오프라 윈프리는 뉴런 4, 6, 7로, 루크 스카이워커는 뉴런 1, 2, 4로 표상된다. 뉴런 하나가 여러 자극에 반응할 수 있다. 예를 들어 뉴런 4는 세 얼굴 모두에 반응하지만 오프라에게 가장 강하게 반응한다.

희박 부호화(sparse coding) 소수 뉴런 집단들의 발화 패턴에 근거한 신경 부호화.

다른 연구들은 시각체계의 물체, 청각체계의 음조, 후각체계의 냄새 표상이 희박 부호화처럼 소수 뉴런의 활동 패턴에 근거를 둘 수 있음을 밝혔다(Olshausen & Field, 2004; Mi, Lu, & Kong, 2020).

기억도 뉴런의 발화로 표상되지만 지각과는 차이가 있다. 지각은 자극이 실제로 존재할 때 실시간으로 발생하는 뉴런 발화와 관련된다. 반면 기억은 과거의 정보가 뇌의 여러 위치에 저장되어 있다가 뉴런 발화로 재현되는 것이다. 기억의 저장 형태에 대해서는 아직 잘 알려져 있지 않지만, 전집 부호화 및 희박 부호화의 기본 원리가 기억에도 적용될 가능성이 크다. 특정 기억은 특정한 정보 저장 패턴으로 표상되며, 우리가 그 기억을 떠올릴 때 특정한 뉴런 발화 패턴이 나타난다.

개별 뉴런과 뉴런 집단이 지각, 기억, 기타 인지 기능을 표상한다는 사실을 인식하는 것이 표상을 이해하는 첫걸음이다. 다음으로 우리는 다양한 뉴런 유형과 기능이 뇌 안에서 어떻게 조직되어 있는지를 살펴볼 것이다.

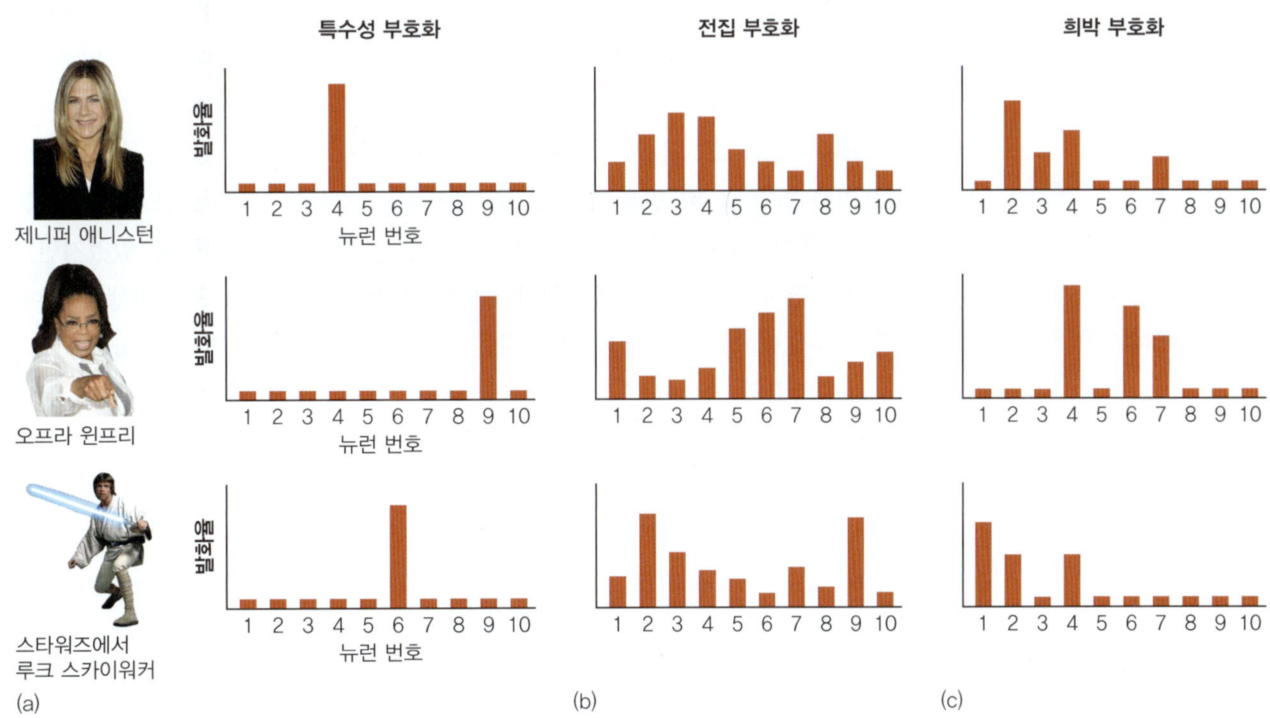

그림 2.15 세 가지 부호화 유형. (a) 특수성 부호화: 왼쪽의 얼굴들 각각에 대한 10개 뉴런들의 반응이 나와 있다. 얼굴마다 상이한 뉴런 한 개의 발화가 유발된다. (b) 전집 부호화: 얼굴의 정체성을 많은 수의 뉴런들의 발화 패턴으로 나타낸다. (c) 희박 부호화: 얼굴의 정체성을 적은 수의 뉴런들의 발화 패턴으로 나타낸다.

자가 테스트

1. 분석 수준이라는 아이디어를 설명하라.
2. 초기 뇌 연구자들은 뇌를 어떻게 신경 그물로 설명했는가? 개별 뉴런 개념은 신경 그물 개념과 어떻게 다른가?
3. Cajal이 뉴런주의를 제안하게 된 연구를 설명하라.
4. 뉴런의 구조를 설명하라. 시냅스와 신경회로를 설명하라.
5. 뉴런에서 활동전위는 어떻게 기록되는가? 이 신호는 어떤 형태이며, 활동전위와 자극 강도 사이의 관계는 무엇인가?
6. 다양한 지각이 뉴런에 의해 어떻게 표상되는지에 대한 질문의 답변은 어떠한가? 단일 뉴런 기록 연구와 감각 부호화 개념을 고려하라.
7. 기억에 대한 뉴런 표상은 지각 표상과 어떻게 다른가? 어떻게 유사한가?

2.4 국재화된 표상

뇌 조직의 기본 원리 중 하나가 **기능 국재화**(localization of function, 機能 局在化)인데, 이는 특정 기능이 뇌의 특정 영역에서 수행된다는 개념이다. 많은 인지 기능이 뇌를 덮고 있는 약 3mm 두께의 조직층인 **대뇌피질**(cerebral cortex)에 의해 수행되는데(Fischl & Dale, 2000), 대뇌피질은 온전한 뇌에서 보이는 주름진 외피이다(**그림 2.16**). 그 밖의 기능은 피질 아래에 위치한 **피질하 영역**(subcortical region)에서 수행된다. 기능 국재화에 대한 초기 증거는 **신경심리학**(neuropsychology), 즉 외상으로 인해 뇌가 손상된 사람들의 행동을 연구하는 학문에서 나왔다.

기능 국재화(localization of function)
특정 기능이 뇌의 특정 영역에 위치한다는 개념. 예를 들어, 운동 · 형태 · 언어의 지각에 내포된 정보, 그리고 기억의 다양한 양상을 처리하는 데 전문화된 영역들이 확인되었다.

대뇌피질(cerebral cortex)
3mm 두께의 뇌 외층으로서, 지각 · 언어 · 사고 · 문제해결과 같은 고등 정신 기능을 담당하는 기전을 포함한다.

피질하 영역(subcortical region)
대뇌피질 아래에 위치한 영역. 편도체와 해마를 예로 들 수 있다.

신경심리학(neuropsychology)
인간의 뇌 손상이 행동에 미치는 영향을 연구하는 학문.

신경심리학에 의해 밝혀진 국재화

1800년대 초반, 뇌 기능에 대한 일반적인 이론은 **피질 등잠재성**(cortical equipotentiality)이었다. 이는 뇌가 전문화된 영역 없이 하나의 통합된 전체로 작동한다는 개념이었다(Flourens, 1824; Pearce, 2009). 그러나 1861년 Paul Broca는 뇌졸중으로 인해 뇌 혈류가 차단된 환자들을 연구한 결과를 발표했다. 이 뇌졸중은 전두엽의 특정 영역을 손상시켰고, 이 영역은 이후 **브로카 영역**(Broca's area)으로 불리게 되었다(**그림 2.16**).

Broca의 유명한 환자 중 한 명은 'Tan'이라는 별명을 가졌는데, 그가 말할 수 있는 유일한 단어가 'tan'이었기 때문이다. 다른 전두엽 손상 환자들은 더 많은 말을 할 수 있었지만, 말이 느리고 힘들며 문장 구조가 뒤죽박죽이었다. 브로카 영역의 손상으로 인해 발생하는 이러한 느리고 힘들며 문법적으로 부정확한 말을 하는 문제는 **브로카 실어증**(Broca's aphasia)으로 진단된다. 특정 뇌 영역의 손상이 특정 행동 결함을 유발한다는 사실은 피질 등잠재성 이론에 대한 강력한 반박이었고, 기능 국재화 이론을 뒷받침하는 증거가 되었다.

Broca가 전두엽 환자에 대해 보고한 지 18년 후, Carl Wernicke(독일어 원어 발음은 '카를 베어니커')는 측두엽(temporal lobe)의 특정 영역에 손상을 입은 환자들을 기술했다. 이 영역은 이후 **베르니케 영역**(Wernicke's area)으로 불리게 되었다. Wernicke의 환자들은 유창하고 문법적으로 정확한 말을 했지만, 그 말은 흔히 의미가 없고 일관성이 없었다. 이를 **베르니케 실어증**(Wernicke's aphasia)이라고 한다. 이러한 환자들은 의미 없는 말을 할 뿐만 아니라 다른 사람의 말을 이해하지 못한다. 이들의 주요 문제는 단어와 의미를 연결하지 못하는 것이며, 베르니케 실어증의 특징은 일반적인 문법의 부재이다(Traxler, 2012).

피질 등잠재성(cortical equipotentiality)
1800년대 초기에 유행했던 개념으로서, 뇌가 전문화된 영역에 근거하여 작동하지 않고 분리될 수 없는 전체로서 작동한다고 주장한다.

브로카 영역(Broca's area)
전두엽에 위치하며 언어 생성과 관련된 영역. 이 영역의 손상은 브로카 실어증을 초래한다.

브로카 실어증(Broca's aphasia)
전두엽의 브로카 영역 손상과 관련된 상태로서, 말이 힘들고 문법적으로 부정확하며, 특정 유형의 문장을 이해하는 데 어려움을 보이는 것이 특징이다.

Broca와 Wernicke의 관찰은 언어의 서로 다른 측면(언어 생성과 언어 이해)이 뇌의 서로 다른

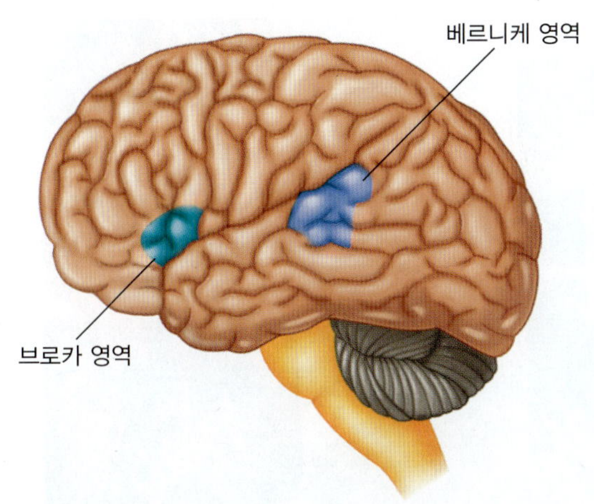

그림 2.16 전두엽의 브로카 영역과 측두엽의 베르니케 영역은 각각 언어의 생성과 이해에 전문화된 것으로 초기 연구에서 밝혀졌다.

영역에 의해 수행되며, 대부분의 사람에게 이러한 영역이 대체로 동일하다는 것을 보여주었다. 이후의 연구는 언어 기능이 뇌의 서로 다른 영역에 엄격히 분리되어 있다는 개념이 지나치게 단순화된 것임을 밝혀냈지만, Broca와 Wernicke의 19세기 관찰은 기능 국재화 이론을 확립하는 데 중요한 기반이 되었다.

20세기 초, 전쟁 중 군인들의 외상성 뇌 손상을 연구하면서 기능 국재화 이론을 뒷받침하는 추가 증거가 나왔다. 1904~1905년 러일 전쟁과 제1차 세계대전에서 일본군과 연합군 병사들을 대상으로 한 연구는 시각피질(visual cortex)이 위치한 **후두엽**(occipital lobe)이 손상되면 실명이 발생한다는 사실을 밝혔다. 또한 후두엽의 특정 부위가 손상되면 시야의 특정 위치를 볼 수 없게 된다는 점도 밝혔다(Glickstein & Whitteridge, 1987; Holmes & Lister, 1916; Lanska, 2009). 예를 들어, 후두엽의 좌측 부위가 손상되면 우-상측 시야에 실명이 발생하는 경우가 많았다.

앞서 언급했듯이, 뇌의 다른 영역들도 특정 기능과 관련되어 있다. 청각피질(auditory cortex)은 귀로부터 신호를 받아들이며, **측두엽** 상부에 위치해 청각을 담당한다. 체감각피질(somatosensory cortex)은 피부로부터 신호를 받아들이며 **두정엽**(parietal lobe)에 위치해 촉각, 압력, 온도, 통증 등의 지각을 담당한다. **전두엽**(frontal lobe)은 모든 감각으로부터 신호를 받아 감각의 통합과 사고 및 문제해결과 같은 고차원 인지 기능을 수행한다.

측두엽 오른쪽 아래 부위에 손상을 입은 환자에게 보고된 또 다른 시각 기능 손상이 **얼굴실인증**(prosopagnosia)인데, 이는 얼굴을 인식하지 못하는 증상이다. 일부 환자는 얼굴이 얼굴이라는 것은 알지만, 친구나 가족처럼 잘 아는 사람이라도 그 얼굴이 누구인지 알아보지 못한다. 어떤 경우에는 거울을 보고 자신의 얼굴을 보면서도 낯선 사람이 자신을 바라보고 있다고 느낀다(Burton et al., 1991; Hecaen & Angelergues, 1962; Parkin, 1996). 화가 척 클로스(Chuck Close)는 평생 얼굴실인증을 앓았음에도 불구하고 픽셀화된 초상화를 그려 유명해졌다(**그림 2.17**). 그는 2021년 사망 전 "나는 아무도 알아보지 못하고, 실제 공간에서 사람에 대한 기억이 전혀 없다. 하지만 사진으로 평면화하면 그 이미지를 기억할 수 있다."고 말했다.

신경심리학 연구 목표 중 하나는 특정 뇌 영역이 특정 인지기능을 수행하는지 확인하는 것이다. 얼굴실인증의 단일 사례만으로 측두엽 하측이 얼굴 인식 기능을 담당한다고 결론짓는 것은 위험하다. 현대 연구자들은 특정 뇌 영역의 기능을 판단할 때 신중함이 필요하

베르니케 영역(Wernicke's area)
측두엽에 위치하며 언어 이해와 관련된 영역. 이 영역의 손상은 베르니케 실어증을 초래한다.

베르니케 실어증 (Wernicke's aphasia)
베르니케 영역의 손상이 초래한 상태로서, 언어 이해에 어려움을 보이며, 유창하고 문법적으로는 정확하지만 의미적으로는 일관성이 없는 말을 하는 것이 특징이다.

후두엽(occipital lobe)
뇌의 후방에 위치하는 영역으로서, 유입되는 시각 정보의 분석에 주로 관여한다.

두정엽(parietal lobe)
뇌 상부에 위치한 영역으로서, 피부 자극에 기인하는 감각과 아울러 시각 정보의 일부 양상을 담당하는 기전을 포함한다.

전두엽(frontal lobe)
뇌 전방에 위치한 영역으로서, 언어 · 사고 · 기억과 같은 고등 기능 및 운동 기능을 제공한다.

얼굴실인증(prosopagnosia)
측두엽 손상이 초래한 상태로서, 얼굴을 인식하지 못하는 것이 특징임.

그림 2.17 예술가 척 클로스가 격자 형태의 채색된 정사각형 시리즈로 자화상을 그리는 모습. 클로스는 얼굴인식 장애인 얼굴실인증을 앓고 있어서 얼굴 지각이 불가능했다.

AP Images/Mark Lennihan

다는 점을 인식했다. 어떤 뇌 영역은 여러 기능을 수행할 수 있으며, 어떤 기능은 여러 뇌 영역의 협력을 필요로 한다. 특정 영역의 기능에 대해 더 확실한 결론을 내리기 위해서는 서로 다른 뇌 영역에 손상을 입은 여러 환자를 검사하여 **이중 해리**(double dissociation)를 입증해야 한다.

앞서 기술한 신경심리학 연구 결과는, 얼굴 인식이 측두엽의 한 영역에 의해 수행되며 이 기능은 다른 종류의 사물을 인식하는 데 관여하는 기전(측두엽의 또 다른 영역이 담당)과는 구별된다는 것을 보여준다. 신경심리학 연구는 또한 움직임 지각, 그리고 기억 · 사고 · 언어의 다양한 기능에 중요한 영역들을 확인하였으며, 이러한 내용은 본문 후반부에서 다룰 것이다.

그러나 한 가지 중요한 점은, 어떤 뇌 영역이 한 가지 과제(예: 얼굴 지각)는 수행하지만 다른 과제(예: 사물 인식)는 수행하지 못한다고 해서 그 영역이 오직 하나의 기능만 담당한다고 단정할 수는 없다는 것이다. 우리는 항상 뇌 영역이 다기능을 수행할 가능성을 고려해야 한다. 이를 설명하기 위해 다음과 같은 사고 실험을 생각해 보자. 만약 인간에 대해 전혀 모르는 외계 종족이 지구에 도착했다고 하자. 그들은 인간이 무엇이며 어떤 목적을 가진 존재인지 궁금해할 것이다. 가령, 외계인이 어떤 실험을 한다고 하자. 만약 외계인이 사람에게 물을 끼얹는다면, 사람은 비명을 지르거나 도망칠 가능성이 크다. 그러면 외계인은 '인간은 물 감지 장치다'라고 결론 내릴지도 모른다. 물론 인간은 머리에 물이 끼얹어지는 것을 감지할 수 있지만, 우리는 그 이상의 많은 일을 할 수 있다. 뇌 영역도 마찬가지이다.

어떤 뇌 영역이 얼굴을 인식할 수 있다면 다른 것들도 인식할 수 있을까? 실제로 우리는 방추회(fusiform gyrus, 때로는 '방추얼굴 영역'이라고 불린다)가 얼굴뿐 아니라 훨씬 더 많은 것을 인식할 수 있다는 사실을 알고 있다. 이곳은 시각 전문성을 담당하는 영역이다. 뇌 영역은 일반적으로 세 가지 방식 가운데 하나로 명명된다. 첫째, 해당 영역을 '발견한' 인물의 이름을 따르는 경우, 둘째, 제안된 기능을 반영하는 경우, 셋째, 뇌 내의 위치를 기반으로 하는 경우이다. 예를 들어, 브로카 영역과 베르니케 영역은 이를 '발견한' 연구자의 이름을 따서 명명된 것으로서, 이러한 명칭은 해당 영역의 기능이나 위치에 관한 정보를 제공하지 않는다. 반면, 방추얼굴 영역(fusiform face region)은 특정 영역의 제안된 기능을 나타낸다. 그러나 방추회는 방추얼굴 영역을 포함하면서도 제안된 기능을 명시하지 않고 보다 포괄적인 위치를 지칭한다. 후자와 같이 기능적 제안에 근거하기보다는 위치에 따라 명명하는 방식은 특정 영역의 기능을 지나치게 단순화하거나 잘못(또는 불완전하게) 제시하는 것을 방지할 수 있다는 점에서 보다 바람직할 수 있다.

방법

이중 해리 입증하기

이중 해리(double dissociation)란, 뇌의 한 영역이 손상되었을 때 A 기능은 사라지지만 B 기능은 유지되고, 반대로 다른 영역이 손상되었을 때 B 기능은 사라지지만 A 기능은 유지되는 경우를 말한다. 이중 해리를 입증하려면, 위 조건에 맞게 외상성 뇌 손상을 입은 두 사람을 찾아야 한다.

얼굴 인식(A 기능)과 사물 재인(B 기능)에서 이중 해리가 입증되었다. 즉, 외상성 뇌 손상으로 얼굴을 인식하지 못하지만(A 기능) 사물 인식에는 문제가 없는(B 기능) 환자들이 있으며, 또 다른 영역이 손상된 어떤 환자들은 사물을 인식하지 못하지만(B 기능) 얼굴 인식에는 문제가 없다(A 기능)(McNeal & Warrington, 1993; Moscovitch et al., 1997). 이중 해리를 밝히는 중요한 이유는, 이를 통해 A 기능과 B 기능이 서로 독립적으로 작동하는 다른 기전에 의해 수행된다는 결론을 내릴 수 있기 때문이다.

뉴런 기록을 통한 국재화 확인

기능 국재화를 입증하는 또 다른 도구는 단일 뉴런에서 기록하는 방법이다. 많은 연구(주로 동물 실험)가 단일 뉴런 기록을 이용해 기능 국재화를 입증했다. 예를 들어, Doris Tsao와 동료들(2006)은 원숭이 측두엽 하측의 작은 영역에서 뉴런의 97%가 얼굴 사진에는 반응하지만 다른 유형의 사물 사진에는 반응하지 않는다는 사실을 발견했다. 이 '얼굴 영역'은 흥미롭게도 인간에서 얼굴실인증과 관련된 영역 근처에 위치한다. 우리의 얼굴 지각이 뇌의 특정 영역과 관련되어 있다는 생각은, 다양한 인지를 수행할 때 인간 뇌의 어떤 영역이 활성화되는지를 확인할 수 있게 해주는 뇌 영상 기법(1장 21쪽 참조)을 이용한 연구에서도 뒷받침된다.

이중 해리(double dissociation) 한 사람의 경우 특정 A 기능은 유지되지만 B 기능은 손상되고, 다른 사람의 경우 반대로 A 기능이 손상되고 B 기능이 유지되는 단일 해리가 각각 나타나는 상황을 말한다(예: 사람 1은 A 기능 유지, B 기능 손상, 사람 2는 A 기능 손상, B 기능 유지의 경우).

뇌 영상을 통한 국재화 입증

1장에서 우리는 과학의 수행 방식을 변화시키는 기술적 진보를 '혁명'이라 부를 수 있다고 언급했다. 이러한 기준에서 본다면, 1976년 양전자 방출 단층촬영(PET)과 1990년 기능적 자기공명영상(fMRI)의 도입은 '영상 혁명'(imaging revolution)의 시작으로 볼 수 있다.

이 장과 이 교재에서는 주로 fMRI와 PET 영상 기술에 초점을 맞출 것이지만, 인지심리학에 가장 큰 영향을 끼쳤다고 할 수 있는 이 기술들 외에도 주목할 만한 뇌 영상 기술들이 있다.

1. **뇌파기록술**(electroencephalography: EEG): 1920년대 처음 인간에게 사용되었으며, 두피에 전극을 부착해 뇌 활동을 측정·기록한다. 이름을 풀어 보면, 'electro'는 뉴런의 전기 활동, 'encephalo'는 뇌 또는 머리, 'ography'는 '기록' 또는 '묘사'를 의미한다. EEG는 밀리초 단위(초당 최대 1,000회)로 기록할 수 있는 뛰어난 시간 해상도를 지닌다. 그러나 공간 해상도는 낮아서, 활동이 뇌의 정확히 어느 위치에서 발생했는지는 알기 어

뇌파기록술(electroencephalography: EEG) 두피에 전극을 부착하여 뉴런의 전기적 신호를 탐지하고 측정하는 비침습적 뇌 영상 기법으로서, 뇌의 전기적 활동을 기록하는 데 사용된다.

자기뇌파기록술 (magnetoencephalography: MEG)
뉴런의 전기 활동에 의해 발생하는 자기장을 측정하는 비침습적 뇌 영상 기술. 이러한 자기장은 뉴런 내 전류 흐름에 의해 생성된다.

근적외선분광법(near-infrared spectroscopy: NIRS)
근적외선을 이용하여 뇌의 혈중 산소포화도 및 혈류량 변화를 측정하는 비침습적 영상기법. 근전외선을 생성하고 반사된 근적외선을 탐지하여 산소화 및 탈산소화 헤모글로빈의 수준을 추정한다.

경두개 자기자극법(transcranial magnetic stimulation: TMS)
자기장을 이용해 뇌의 신경세포를 자극하는 비침습적 기법. TMS 장치는 특정 뇌 영역에 전류를 유도하는 자기 펄스를 발생시켜 국소적인 뇌 활동을 일시적으로 중단시킬 수 있다.

확산 텐서 영상 (diffusion tensor imaging: DTI)
자기공명영상(MRI)의 특수한 형태로서, 특히 뇌의 백질 신경로 조직에서 물 분자의 확산을 측정하는 기술이다. 이를 통해 백질 신경섬유 다발의 경로를 밝힘으로써 뇌의 구조적 연결성을 시각화하고 지도로 나타낼 수 있다.

렵다. 피질 전체의 대략적 위치는 파악할 수 있지만, 더 깊은 뇌 영역의 활동 측정은 힘들다.

2. **자기뇌파기록술**(magnetoencephalography: MEG): 1960년대 처음 사용되었으며, 뉴런 활동이 생성하는 자기장을 측정 기록한다. EEG 명칭 분석에 새롭게 추가된 'magneto'는 자기장을 의미한다. EEG처럼 시간 해상도가 매우 좋지만, MEG는 EEG보다 공간 해상도가 더 우수하다.
3. **근적외선분광법**(near-infrared spectroscopy: NIRS): 1970년대 처음 인간에게 사용되었으며, 근적외선 빛을 두피와 두개골을 통과시켜 뇌의 혈액 산소화 변화를 측정 기록한다. 다소 무섭게 들릴 수 있지만, 실제로는 매우 안전하다고 간주된다. 비침습적이므로 현재 아동 연구에 널리 사용되는 기술이다.
4. **경두개 자기자극법**(transcranial magnetic stimulation: TMS): 1980년대에 개발되었으며, 특정 뇌 영역 위에 자기 코일을 두어 전류를 유도하고, 일시적으로 해당 영역에 병변(lesion) 효과를 준다. 즉, 자기장이 해당 부위의 뇌 과정을 잠시 중단시킬 수 있다. NIRS와 마찬가지로 비침습적이며 안전하다고 간주된다.
5. **확산 텐서 영상**(diffusion tensor imaging: DTI): 1980년대와 1990년대에 개발되었으며, 물의 확산(diffusion)을 측정하여 뇌 백질 경로(white matter tracts)를 지도화한다. 이는 뇌 영역 간 연결 구조와 상호작용을 이해하는 데 필수적이다.

이 교재 전반에서 볼 수 있듯이, 뇌 스캐닝 기술, 특히 fMRI는 인지의 생리적 기초를 이해하는 데 중요한 역할을 해왔다. 이제 fMRI 연구가 뇌 기능의 국재화에 대해 알려주는 내용을 살펴보자. 먼저 fMRI의 기본 원리를 설명한다.

기능 국재화에 대한 근거를 제공한 많은 뇌 영상 실험들은, 사람들이 서로 다른 사물의 그림을 볼 때 어떤 뇌 영역이 활성화되는지를 확인하는 방식으로 이루어졌다.

그림 바라보기 우리는 이미 신경심리학 연구와 단일 뉴런 기록을 통해 얼굴 지각에 관여하는 영역을 확인한 바 있다. 연구자들은 뇌 스캐너 속에서 사람들이 얼굴 사진을 보도록

방법

뇌 영상

기능적 자기공명영상(functional magnetic resonance imaging: fMRI)은, 신경 활동이 증가하면 뇌가 더 많은 산소를 공급하고 이 산소가 혈액 속 헤모글로빈에 결합한다는 사실을 이용한다. 이렇게 산소가 많이 결합된 헤모글로빈은 자기적 특성이 더 강해져서, 뇌에 자기장을 가하면 자기장에 더 강하게 반응하며 fMRI 신호가 증가한다.

그림 2.18a에서처럼 fMRI 실험은 사람의 머리를 스캐너에 넣은 상태에서 진행된다. 참가자가 이미지를 지각하는 등의 인지 과제를 수행하는 동안 뇌 활동이 측정된다. 활동은 **복셀**(voxel) 단위로 기록되는데, 복셀은 한 변이 약 2~3mm인 작은 정육면체 형태의 뇌 영역이다. 복셀은 뇌 구조가 아니라, fMRI 스캐너가 만든 분석 단위다. 복셀은 디지털 사진이나 컴퓨터 화면의 작은 사각형 픽셀과 비슷하지만, 뇌는 3차원이므로 복셀은 작은 정육면체다. **그림 2.18b**는 fMRI 스캔 결과를 보여준다. 특정 색상은 인지 활동에 따른 뇌 활동의 증가나 감소를 나타내며, 색상에 따라 활성화 정도가 다르게 표시된다.

여기서 강조할 점은, 이러한 색상 영역이 스캔 중에 실시간으로 나타나는 것이 아니라는 것이다. 이 색상은, 과제를 수행하지 않을 때의 뇌 반응과 과제를 수행할 때의 활동 변화를 비교하는 절차를 통해 얻어진다. 이를 위해 복잡한 통계 분석을 사용하여 **과제 관련 fMRI**(task-related fMRI), 즉 과제에 국한되어 연결된 뇌 활동 변화를 계산한다. 각 복셀에 대한 분석 결과를 시각화한 것이 그림 2.18b와 같은 색상 활성화 패턴이다.

하여 얼굴 영역을 확인하기도 했다. 이 영역은 때때로 **방추얼굴 영역**(fusiform face area: FFA)이라고 불리며, **방추회**(fusiform gyrus)의 일부로서 측두엽 하측에 위치한다(Kanwisher et al., 1997). 이 뇌 영역이 손상되면 얼굴실인증이 초래될 수 있다(**그림** 2.11).

기능 국재화에 대한 추가 근거는, **그림** 2.19a와 같이 실내와 실외 장면을 나타내는 사진을 보았을 때 **해마방회 장소 영역**(parahippocampal place area: PPA)이 활성화된다는 fMRI 실험에서 나왔다(Aguirre et al., 1998; Epstein et al., 1999). 이 영역에서 중요한 것은 공간 배치에 관한 정보로 보이는데, 사람이 빈방 또는 가구가 완전히 배치된 방을 보았을 때 모두 높은 활성화가 나타나기 때문이다(Kanwisher, 2003). 또 다른 특수화된 영역인 **외선조 신체 영역**(extrastriate body area: EBA)은 얼굴이 아닌 몸 전체나 신체 일부 사진에 의해 활성화된다(Downing et al., 2001)(**그림** 2.19b).

영화 관람 일상에서 우리는 여러 물체가 있고 그중 일부가 움직이는 장면을 지각한다. 이에 따라 Alex Huth와 동료들(2012)은 실제 환경에서 접하는 것과 유사한 자극을 사용하여 fMRI 실험을 진행했다. 참가자들은 fMRI 스캐너 속에서 2시간 동안 영화 클립을 시청했다. Huth는 영화 속 장면을 분석하기 위해 1,700개 이상의 사물 · 행동 범주 목록을 만들고, 각 장면에 어떤 범주가 포함되어 있는지를 확인했다.

기능적 자기공명영상(functional magnetic resonance imaging: fMRI)
인지 활동에 따라 뇌 혈류가 어떻게 변화하는지를 측정하는 뇌 영상 기법.

복셀(voxel)
뇌 영상 실험 자료 분석에 사용되는, 뇌를 작은 정육면체 형태로 구분한 영역.

과제 관련 fMRI (task-related fMRI)
특정 인지 과제 수행에 반응하여 나타나는 fMRI 반응.

방추얼굴 영역 (fusiform face area: FFA)
얼굴 자극에 선택적으로 반응하는 뉴런들이 많이 존재하는 측두엽 영역.

방추회(fusiform gyrus)
양반구의 후두엽과 측두엽의 기저면에 걸쳐 존재하는 뇌 구조.

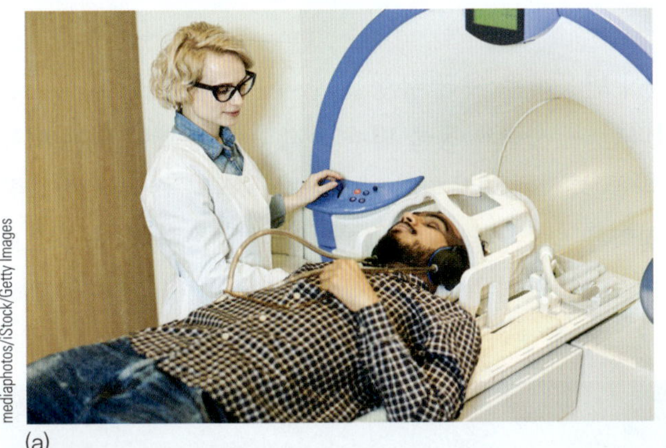
mediaphotos/iStock/Getty Images
(a)

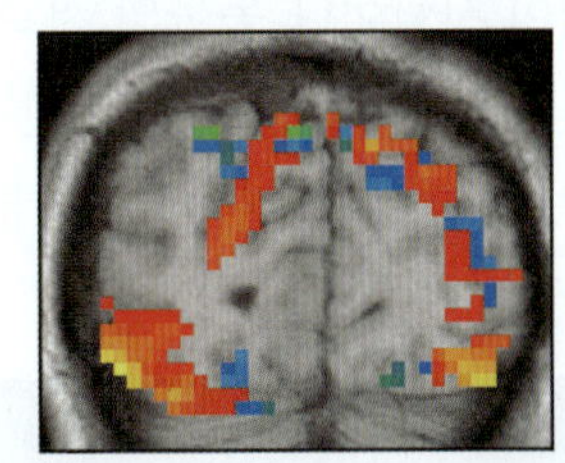
활성화 비율
−1 0 +1 +2
(b)

그림 2.18 (a) 뇌 스캐너 안에 있는 사람. (b) fMRI 기록. 색상은 뇌 활동이 증가하거나 감소하는 위치를 나타낸다. 빨간색과 노란색은 뇌 활동의 증가를, 파란색과 초록색은 뇌 활동의 감소를 나타낸다.

출처: Part b from Ishai et al., 2000.

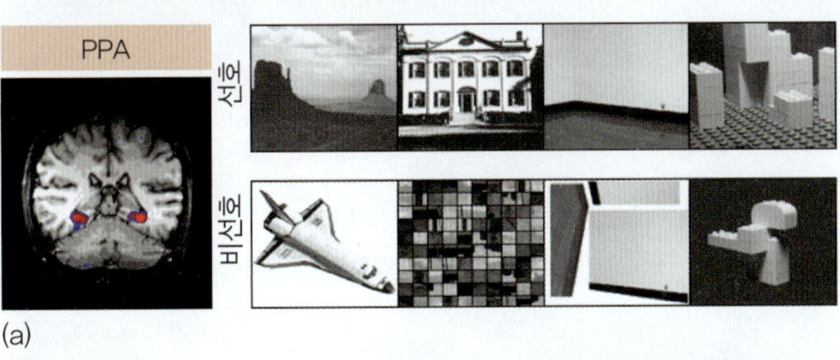

(a)

EBA
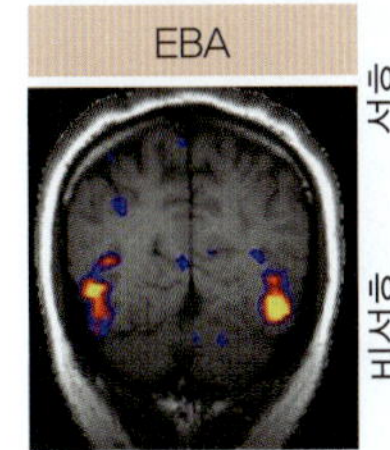

선호
비선호
(b)

그림 2.19 (a) 해마방회 장소 영역(PPA)은 장소에 의해서는 활성화되지만(상단) 다른 자극에 의해서는 활성화되지 않는다(하단). (b) 외선조 신체 영역(EBA)은 신체에 의해서는 활성화되지만(상단) 다른 자극에 의해서는 활성화되지 않는다(하단).

출처: Chalupa & Werner, 2003.

해마방회 장소 영역 (parahippocampal place area: PPA)
실내 및 실외 장면의 사진에 의해 선택적으로 활성화되는 뉴런들이 존재하는 측두엽 영역.

외선조 신체 영역 (extrastriate body area: EBA)
신체 및 신체 부위 사진에 의해서는 활성화되지만 얼굴이나 다른 물체에 의해서는 활성화되지 않는 측두피질 영역.

영화 장면	라벨	영화 장면	라벨
	butte.n desert.n sky.n cloud.n brush.n		city.n expressway.n skyscraper.n traffic.n sky.n
	woman.n talk.v gesticulate.v book.n		bison.n walk.v grass.n stream.n

그림 2.20 Huth와 동료들(2012)의 실험 참가자들이 본 영화의 네 장면. 오른쪽의 단어들은 장면 속에 나타난 범주들을 나타낸다(명사=n, 동사=v).

출처: Huth et al., 2012.

그림 2.20은 네 가지 장면과 그 장면에 해당하는 범주(라벨)를 보여준다. Huth는 각 복셀이 각 장면에 어떻게 반응하는지 분석하고, 복잡한 통계 절차를 사용하여 각 범주에 반응하는 복셀을 찾아냈다. 예를 들어, 어떤 복셀은 거리, 건물, 도로, 실내, 차량이 등장할 때 강하게 반응했다.

그림 2.21은 뇌 표면 전체에서 복셀이 반응하는 자극 유형을 보여준다. 유사한 사물 · 행동들은 뇌에서 서로 가까운 위치에 나타난다. 사람과 동물 범주가 각각 두 군데에 있는 이유는, 각 영역이 사람이나 동물의 서로 다른 특성에 반응하기 때문이다. 예를 들어, 뇌 아래쪽(실제로는 뇌의 밑면)에 위치한 '인간' 영역은 방추얼굴 영역(**그림** 2.12)에 해당하며 얼굴의 모든 측면에 반응한다. 반면, 더 윗부분의 '인간' 영역은 주로 표정에 대해서만 반응한다. '말하

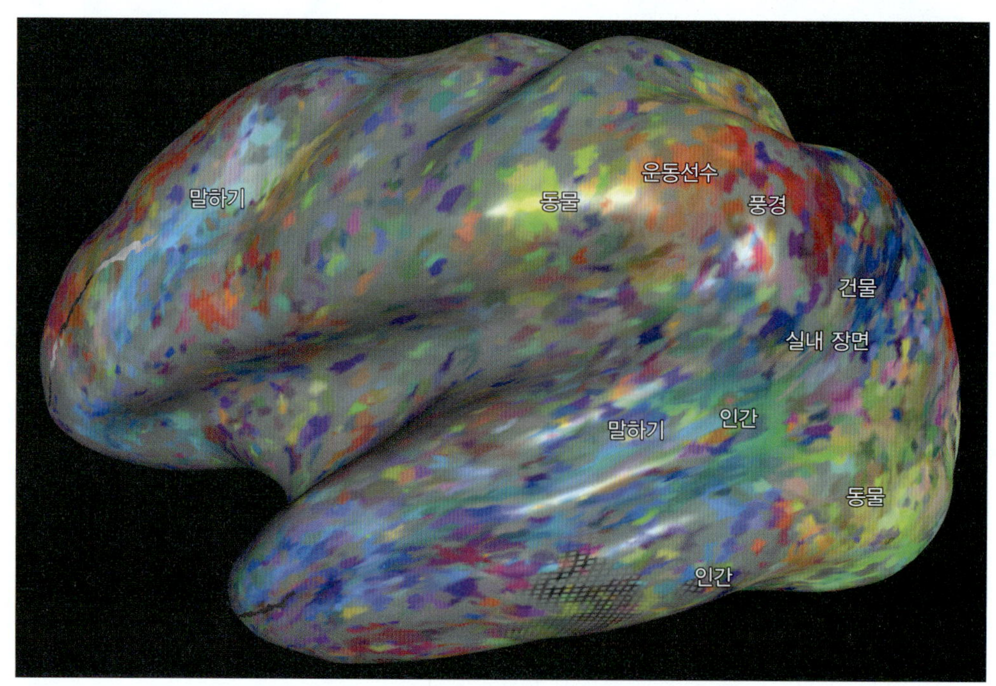

그림 2.21 Huth와 동료들(2012)의 실험 결과로서, 각 범주가 뇌의 어느 위치를 가장 강하게 활성화시키는지를 표시한다.

출처: Alex Huth 제공.

기' 영역은 브로카 영역과 베르니케 영역에 해당한다.

그림 2.21의 결과는 흥미로운 역설을 보여준다. 한편으로는 얼굴, 장소, 신체와 같은 특정 자극에 반응하는 특정 뇌 영역이 존재한다는 기존 연구를 확인해 주지만, 다른 한편으로는 이러한 범주들이 피질의 넓은 영역에 걸쳐 분포한다는 새로운 지도를 제시한다. 이제 살펴보겠지만, 기능 국재화에 대한 강력한 증거가 있더라도 인지의 생리적 기초를 이해하기 위해서는 뇌를 전체적으로 볼 필요가 있다.

2.5 분산 표상

그림 2.21의 Huth의 범주 지도를 보면, '인간'이 두 군데에 위치해 있다. 서로 다른 영역이 사람의 서로 다른 특성에 반응한다는 설명은 인지의 핵심 원리를 보여준다. 즉, 우리의 대부분의 의식 경험은 **다차원적**(multidimensional)이라는 것이다. 단순한 경험조차도 다양한 속성의 결합을 포함한다. 예를 들어, 누군가의 얼굴을 보는 상황을 생각해 보자.

다차원적(multidimensional) 인지의 다차원적 본질은, 단순한 경험조차도 여러 상이한 속성들의 결합으로 이루어진다는 사실을 의미한다.

얼굴 보기

얼굴을 볼 때, 우리는 얼굴의 다양한 측면에 대한 반응을 보이게 된다. 얼굴을 하나의 사물로 인식하는 것('저건 얼굴이야.') 외에도, 우리는 얼굴의 다음과 같은 추가적인 측면들에 대해서도 반응한다.

1. 정서적 측면: '그들이 웃고 있으니 아마 행복할 것이다.', '그 얼굴을 보니 기분이 좋아진다.'
2. 시선 방향: '저 사람이 나를 보고 있다.'
3. 얼굴 부위의 움직임: '입술 움직임을 보니 강사의 말을 더 잘 이해할 수 있다.'
4. 매력도 판단: '저 사람은 잘생겼다.'
5. 익숙함 여부: '저 사람을 어디선가 본 적이 있다.'

이처럼 얼굴에 대한 다차원적 반응은 피질 전반에 걸쳐 분산된 신경 반응으로 나타난다(**그림** 2.22).

얼굴을 보는 것이 뇌의 여러 영역을 활성화시키는 현상을 **분산 표상**(distributed representation)이라고 한다. 인지는 어떤 것을 보는 지각뿐 아니라, 기억하거나 생각하는 과정에서도 뇌의 여러 영역, 때로는 멀리 떨어진 영역을 동시에 활성화시킨다.

분산 표상 (distributed representation) 특정 인지가 뇌의 많은 영역을 동시에 활성화시킬 때 분산 표상이 발생한다.

기억하기

기억은 복잡하다. 예를 들어, 단기기억은 반복하지 않으면 10~15초 정도만 유지된다(누군가의 이름을 외우려고 반복하는 경우처럼). 반면, 장기기억은 훨씬 오래 지속되며, 몇 분 전, 지난주, 심지어 어린 시절의 일까지 포함한다. 5장에서 다루겠지만, 단기기억과 장기기억은 서로 다른 뇌 영역에서 처리된다는 증거가 있다(Curtis & D'Esposito, 2003; Harrison & Tong, 2009).

기억 유형은 다른 방식으로도 구분된다. **일화기억**(episodic memory)은 개인의 삶에서 일어난 사건에 대한 기억으로, 예를 들어 어제 자신이 무엇을 했는지를 기억하는 것이다. **의미**

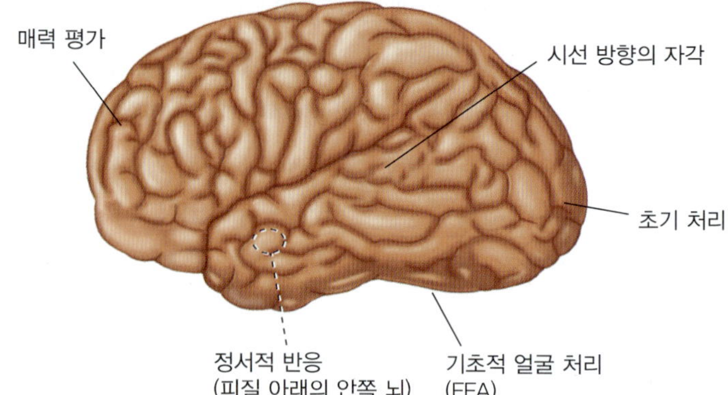

그림 2.22 얼굴의 여러 양상에 의해 활성화되는 뇌 영역.

출처: Ishai, 2008 수정 인용함; Calder et al., 2007 데이터를 바탕으로 제작함; Gobbini & Haxby, 2007; Grill-Spector et al., 2004; Haxby et al., 2000; Ishai et al., 2004.

기억(semantic memory)은 사실에 대한 기억으로, 예를 들어 캘리포니아주의 주도가 새크라멘토라는 것을 아는 것과 같다. **그림** 2.23은 뇌 스캔 실험 결과를 보여주는데, 이 실험에서는 일화기억과 의미기억을 떠올릴 때 뇌의 서로 다른 영역이 활성화된다는 사실이 밝혀졌다(Levine et al., 2004).

5장부터 7장에 걸쳐, 뇌의 일부 영역이 새로운 기억을 형성하고 오래된 기억을 불러오는 데 중요한 역할을 한다는 사실을 배우게 될 것이다. 그러나 기억을 떠올릴 때 뇌 전반의 다양한 영역이 활성화된다는 증거도 있다. 기억은 시각적인 것(자주 가는 장소를 머릿속에 그리는 것), 청각적인 것(좋아하는 노래를 떠올리는 것), 후각적인 것(익숙한 장소를 떠올리게 하는 냄새)일 수 있다. 기억은 종종 좋은 것과 나쁜 것을 모두 포함한 정서적 요소를 가지기도 한다(그리운 사람을 생각하는 경우). 기억 대부분은 이러한 요소 중 여러 가지가 결합된 것이며, 각각이 뇌의 다른 영역을 활성화한다. 따라서 기억은 뇌 전체에 걸친 신경 활동의 교향곡을 만들어낸다.

언어의 생성과 이해

Broca와 Wernicke를 소개할 때, 우리는 각각 말 생성과 말 이해에 관여하는 두 뇌 영역에 대한 설명이 기능 국재화 개념의 기폭제가 되었음을 다루었다. 그러나 그 이야기에 빠진 부

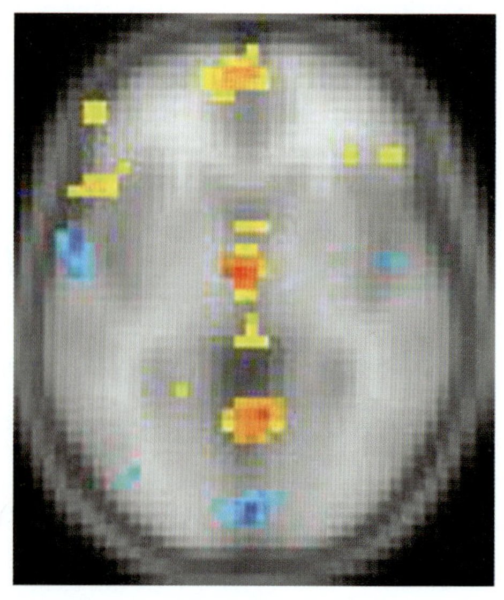

그림 2.23 일화기억(노란색)과 의미기억(파란색)에 의해 활성화되는 뇌 영역.

출처: Levine et al., 2004.

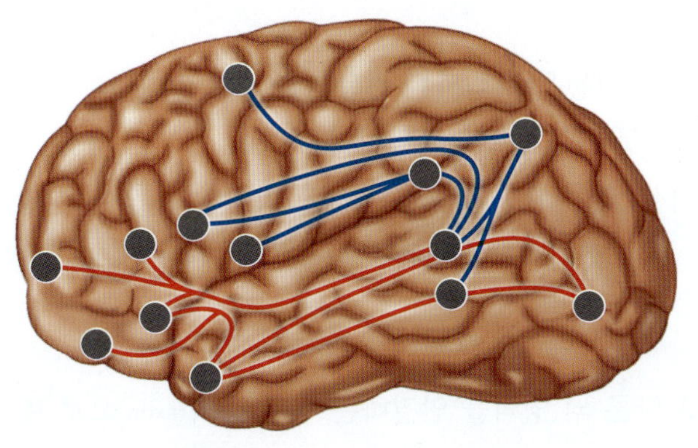

그림 2.24 언어 처리를 담당하는 것으로 보고된 경로. 이 그림은 수많은 연구 결과를 바탕으로 작성되었다. 각 경로는 특정 기능과 관련되지만 전체적인 그림은 다음과 같이 요약할 수 있다. 파란색으로 표시된 경로는 소리 처리, 말하기, 단어 발화에 관여하며, 빨간색으로 표시된 경로는 단어 이해에 관여하고, 두 경로 모두 문장 이해에 관여한다.

출처: Gierhan, 2013.

분이 있다. Wernicke는 말 이해를 담당하는 영역을 제안하는 것 외에도, 언어는 고립된 영역을 넘어서 이들 영역 사이의 연결과 다른 영역과의 연계까지 포함된다고 주장했다(Ross, 2010).

결국 Wernicke가 제안한 연결성은 국재화 이론에 밀려 거의 무시되었지만 20세기에 들어 그의 연결성에 대한 생각이 널리 알려졌고, 다른 연구자들은 언어의 생리학이 단지 두 개의 독립된 국소적 언어 영역 이상의 것임을 입증할 수 있었다(Geshwind, 1964; Ross, 2010).

현대 연구에 따르면, 브로카 영역과 베르니케 영역 외부의 손상도 말하기와 이해에 문제를 일으킬 수 있다(Ross, 2010). 또한 브로카 영역의 일부는 비언어적 기능과도 관련이 있으며(Federencko et al., 2012), 문장 문법 처리는 언어체계 전반에서 이루어진다는 증거도 있다(Blank et al., 2016). 이러한 발견은 언어 처리 방식이 훨씬 더 복잡하다는 것을 시사한다.

그림 2.24에 현대적인 언어 경로 도식이 제시되었다. 이 도식에서 언어체계는 두 가지 경로 세트로 구성된다. 하나(파란색)는 소리 처리, 말하기, 단어 발화에 관여하며, 다른 하나(붉은색)는 단어 이해에 관여한다. 두 경로 모두 문장 이해에도 관여한다(Gierhan, 2013). 이 도식은 여전히 '진행 중인 연구'의 결과를 나타내는 것으로서, 언어가 뇌에서 어떻게 표상되는지에 대해서는 아직 배워야 할 것이 많다. 그러나 언어 표상이 여러 영역에 분산되어 있다는 점만은 분명하다.

얼굴 인식, 기억, 언어의 예시에서 공통적으로 나타나는 점은, 이들이 모두 서로 떨어진 여러 뇌 영역을 활성화시키는 경험이라는 것이다. 그리고 이러한 영역 중 다수는 직접적인 신경 연결이나 여러 상호 연결된 구조물의 일부로서 연결되어 있다는 증거가 있다. 이것은 신경망을 통해 인지의 생리학을 이해하는 또 다른 접근으로 이어진다.

2.6 신경망

신경망(neural network)은 서로 연결되어 소통할 수 있는 뇌의 영역을 말한다(Bassett & Sporns, 2017). 신경망 개념은 분산 처리 개념의 논리적 확장이다. 특정 인지 유형에 여러 영역이 관여한다면, 그 영역이 서로 연결되어 있을 것이라고 생각하는 것은 자연스럽기 때문이다.

신경망(neural network)
서로 연결된 뉴런 또는 구조들로 구성된 집합.

연구자들이 신경망의 속성을 어떻게 발견하고 있는지 살펴보면서, 다음 네 가지 원칙을 소개하겠다.

1. 망(network)이라고 부르는 복잡한 구조적 경로가 존재하며, 이는 뇌의 정보 고속도로

역할을 한다.

2. 이러한 구조적 경로 안에는 서로 다른 기능을 수행하는 기능적 경로가 있다.
3. 이러한 망은 인지의 역동성을 반영하듯 역동적으로 작동한다.
4. 뇌에는 휴식상태(resting state)가 있어서, 인지 활동이 없을 때에도 항상 일부 영역은 활성 상태에 있다.

구조적 연결성

구조적 연결성
(structural connectivity)
신경 경로를 통해 상이한 뇌 영역 간에 형성된 물리적 연결.

경로가중 영상법
(track-weighted imaging: TWI)
신경섬유를 따라 물이 확산되는 양상을 탐지하여 뇌의 연결성을 파악하는 기법.

커넥톰(connectome)
뉴런과 그 연결로 이루어진 복잡한 신경망 구조를 상세하게 기술한 뇌의 지도.

구조적 연결성(structural connectivity)은 서로 다른 뇌 영역을 연결하는 신경 축삭(axon)으로 형성된 뇌의 '배선도(wiring diagram)'를 뜻한다. 초기 연구자들은 뇌 조직을 염색해 축삭을 돋보이게 함으로써 현미경으로 신경 경로를 관찰할 수 있도록 하는 고전적 신경해부학적 방법을 사용하여 이러한 연결을 확인했다.

최근에는 뇌 연결 구조를 더 광범위하게 지도화할 수 있는 기술이 등장했다. 예를 들어, **경로가중 영상법**(track-weighted imaging: TWI)은 신경섬유를 따라 물이 확산되는 정도를 감지하여 경로를 파악한다. **그림** 2.25는 이 기술로 확인된 신경 경로를 보여준다(Calamante, 2013). 이러한 기법으로 얻은 뇌 경로 사진은 **커넥톰**(connectome)이라는 용어를 만들어내는 데 기여했는데, 이는 "인간 뇌를 구성하는 요소와 연결망의 구조적 설명"(Sporns et al., 2005) 또는 간단히 말해 뇌 뉴런들의 '배선도'를 의미한다(Baronchelli et al., 2013).

배선도를 파악하는 것은 서로 다른 뇌 영역이 어떻게 소통하는지를 이해하는 데 중요한 단계이다. 흥미롭게도 사람마다 구조적 연결성 지도가 '지문'처럼 다르기 때문에, 뇌의 배선 구조가 곧 '나'를 만드는 요소라고 주장할 수도 있다(Finn et al., 2015; Seung, 2012; Yeh et al., 2016). 그러나 뇌의 구조적 네트워크가 어떻게 우리 자신을 형성하는지, 그리고 어떻게 인지를 만들어내는지를 완전히 이해하려면, 커넥톰 안의 뉴런 집단이 특정 인지유형과 관련된 **기능적 연결성**(functional connectivity)을 어떻게 형성하는지도 알아야 한다.

그림 2.25 커넥톰. 경로가중 영상법으로 확인된 인간 뇌 안의 신경 경로.

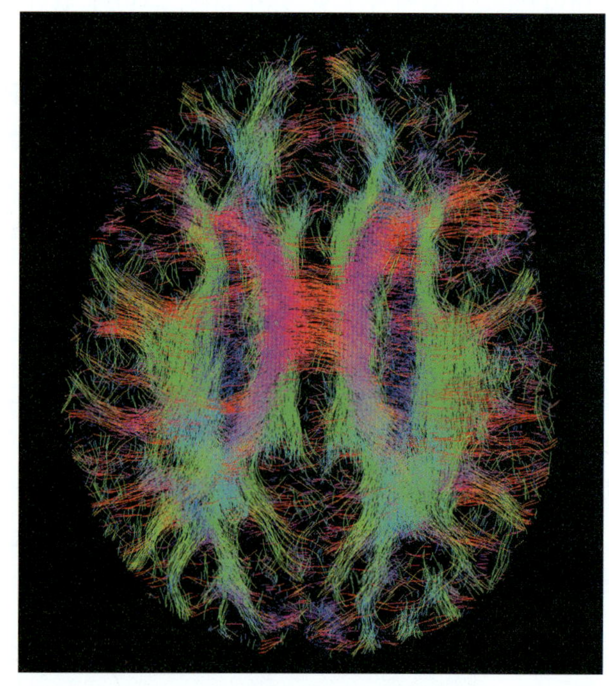

출처: Calamante et al., 2013.

기능적 연결성

대도시의 도로망을 떠올려 보자. 어떤 도로들은 도시 외곽의 교외로 차들을 이동시키고, 다른 도로들은 도심의 비즈니스 지구로 차들을 몰아넣는다. 어떤 사람들은 집으로 가기 위해 도로를 이용하고, 다른 사람들은 일터나 업무를 위해 이용한다. 이처럼 도시의 도로망이 서로 다른 목표를 위해 나뉘어 활용되듯 뇌의 신경망도 서로 다른 인지 또는 운동 과제를 수행하는 데 사용된다.

그렇다면 신경망의 어떤 부분이 서로 다른 기능에 관여하는지를 어떻게 알 수 있을까? 한 가지 방법은 **기능적 연결성**(functional connectivity)을 측정하는 것이다. 기능적 연결성이란 두 뇌 영역의 신경 활동이 얼마나 상관되어 있는지를 나타낸다(Harmelech & Malach, 2013; Pessoa, 2014). 두 뇌 영역의 반응이 강하게 상관되어 있다면 이들은 기능적으로 연결되어 있을 가능성이 높다.

이 상관관계를 파악하는 한 가지 방법이 **휴식상태 fMRI**(resting-state fMRI)인데, 휴식상태 fMRI는 사람이 휴식 중일 때(인지 과제를 수행하지 않을 때)의 뇌 반응을 측정한다. **휴식상태 기능적 연결성**(resting-state functional connectivity)을 측정하는 절차는 Bharat Biswal과 동료들(1995)에 의해 소개되었다.

기능적 연결성 (functional connectivity) 분리된 뇌 영역의 신경 활동이 얼마나 상호 관련되어 있는지를 나타내는 정도.

휴식상태 fMRI (resting-state fMRI) 아무런 인지 과제를 수행하지 않고 휴식 상태에 있을 때 측정되는 fMRI 반응.

휴식상태 기능적 연결성(resting-state functional connectivity) 분리된 뇌 영역들에서 구한 휴식상태 fMRI 신호 간 상관관계를 계산하여 기능적 연결성을 규명하는 방법.

시드 위치(seed location) 특정 인지 또는 운동 과제의 수행과 관련된 뇌 영역. 휴식상태 기능적 연결성 방법에서 준거 영역으로 사용된다.

방법

휴식상태 기능적 연결성

휴식상태 기능적 연결성은 다음과 같은 절차로 측정된다.

1. 과제 관련 fMRI 사용: 특정 과제를 수행하는 것과 관련된 뇌 위치를 과제 관련 fMRI(task-related fMRI)를 통해 규명한다. 예를 들어, 손가락 움직임은 **그림 2.26a**에 표시된 **운동** L 위치에서 fMRI 반응을 유발한다. 이 위치를 **시드 위치**(seed location)라고 부른다.
2. 시드 위치에서 **휴식상태 fMRI**를 측정한다. **그림 2.26b**에 제시된 시드 위치의 휴식상태 fMRI는 시간에 따라 반응이 어떻게 변하는지를 나타내므로 **시계열 반응**(time-series response)이라 한다.
3. 또 다른 위치에서 휴식상태 fMRI를 측정하는데, 이를 **검사 위치**(test location)라고 부른다. **그림 2.26c**에 제시된 **체감각** 검사 위치의 반응은 촉각 지각을 담당하는 뇌 영역에 해당한다.
4. 시드 위치 반응과 검사 위치 반응 간의 상관을 계산한다. 이 상관은 수평적 시간 축의 다수 지점에서 시드 반응과 검사 반응을 비교하는 복잡한 수학적 절차를 통해 산출된다. **그림 2.27a**는 **체감각** 검사 위치의 반응을 시드 반응과 중첩시켜 보여준다. 이 두 반응 간의 높은 일치성은 높은 상관을 산출하며, 이는 높은 기능적 연결성을 의미한다. 반대로, **그림 2.27b**는 시드 반응과 또 다른 검사 위치 반응을 제시하는데, 두 반응 간의 낮은 일치성은 낮은 상관을 산출하는데, 이는 낮거나 거의 없는 기능적 연결성을 의미한다.

그림 2.28은 시드 위치와 여러 검사 위치의 시계열 반응 및 시드-검사 간 상관관계를 보여준다. 검사 위치 가운데 **체감각 영역**과 **운동** R **영역**은 시드 반응과 높은 상관관계를 보이는데, 이는 기능적 연결성이 높음을 시사한다. 반면 다른 위치들은 상관관계가 낮아 네트워크에 속하지 않는 것으로 보인다.

휴식상태 fMRI 연결성은 기능적 연결성을 파악하는 주요 방법 중 하나가 되었다. **그림** 2.29(55쪽)는 이 절차를 이용해 다양한 기능에 대해 확인된 네트워크를 보여주고, **표** 2.1은 이러한 네트워크의 기능을 요약한 것이다.

기능적 연결성을 판단하는 다른 방법들도 있다. 예를 들어, 기능적 연결성은 휴식상태 fMRI뿐 아니라 과제 관련 fMRI(task-related fMRI)로도 측정할 수 있다. 두 방법 모두, 휴식

시계열 반응 (time-series response) fMRI 반응이 시간 경과에 따라 변화하는 양상.

검사 위치(test location) 휴식상태 기능적 연결성을 측정할 때, 검사 위치의 활동을 시드 위치의 활동과 비교하여 두 위치 간 기능적 연결성 정도를 파악한다.

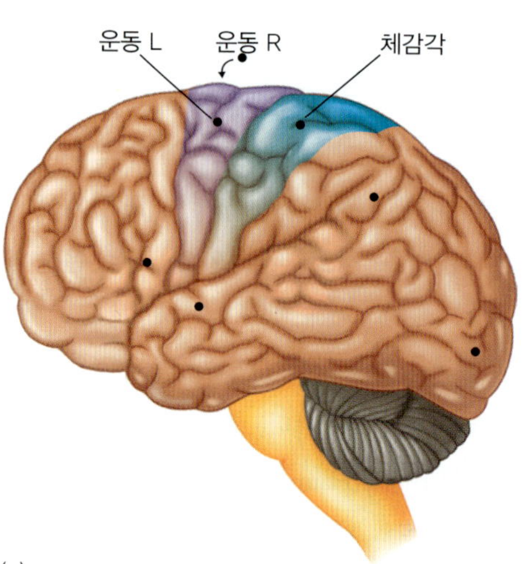

(a)

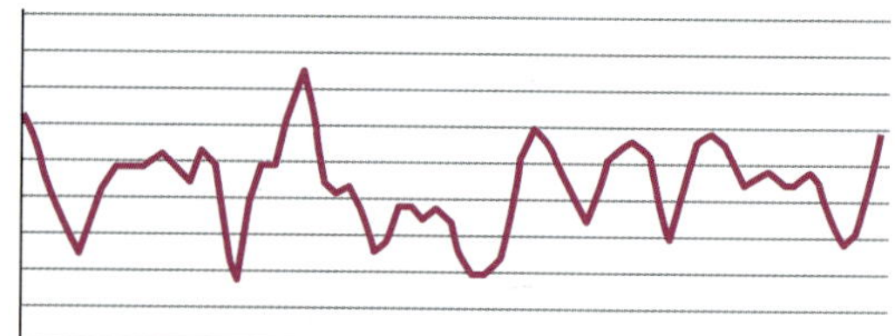
(b) 운동 L 시드 위치에서 반응

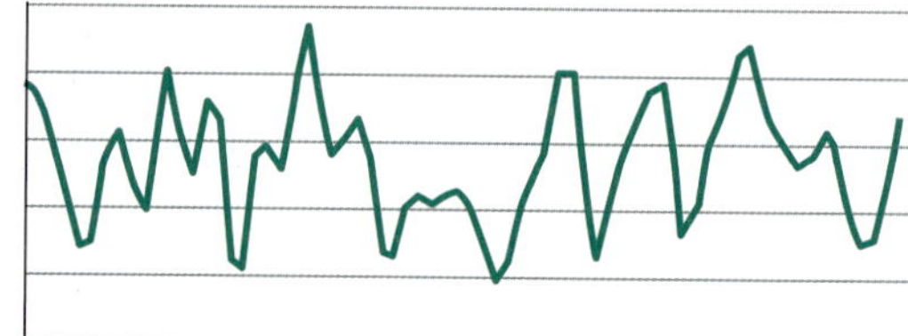
(c) 체감각 검사 위치에서 반응

그림 2.26 (a) 뇌 좌반구에서 좌반구 운동피질에 있는 시드 위치 **운동 L**과 여러 검사 위치가 점으로 표시되어 있다. 검사 위치 **운동 R**은 반대쪽인 우반구 운동피질에 있다. 검사 위치 **체감각**은 촉각 인지에 관여하는 체감각 피질에 있다. (b) **운동 L** 시드 위치에서 휴식 수준 fMRI 반응. (c) **체감각** 검사 위치에서 휴식 수준 fMRI 반응. (b)와 (c)의 반응은 4초 동안 측정된 것이다.

출처: Responses courtesy of Ying-Hui Chou.

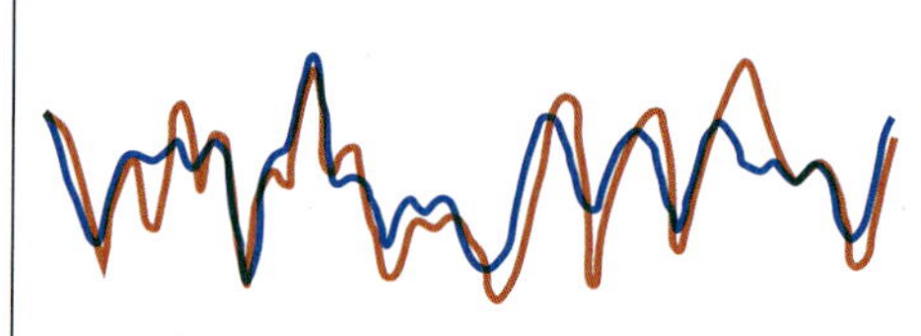
시드 반응(파란색)과 체감각 검사 위치에서 검사 반응(빨간색)
상관관계 = 0.86

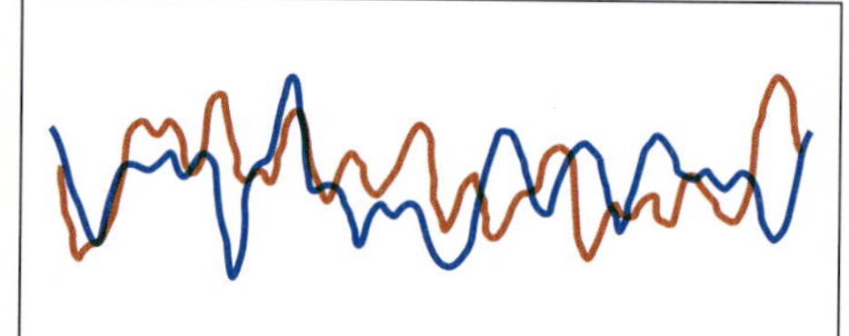
시드 반응(파란색)과 다른 검사 위치에서 검사 반응(빨간색)
상관관계 = 0.04

그림 2.27 시드 반응(파란색)과 검사 위치 반응(빨간색)을 중첩시킨다. (a) **체감각** 검사 위치의 반응은 시드 반응과 높은 상관관계(correlation = 0.86)를 보인다. (b) 다른 검사 위치의 반응은 시드 반응과 낮은 상관관계(correlation = 0.04)를 보인다. 상관계수는 0에서 1 사이이며, 0은 상관 없음을, 1은 높은 상관을 의미한다.

출처: Responses courtesy of Ying-Hui Chou.

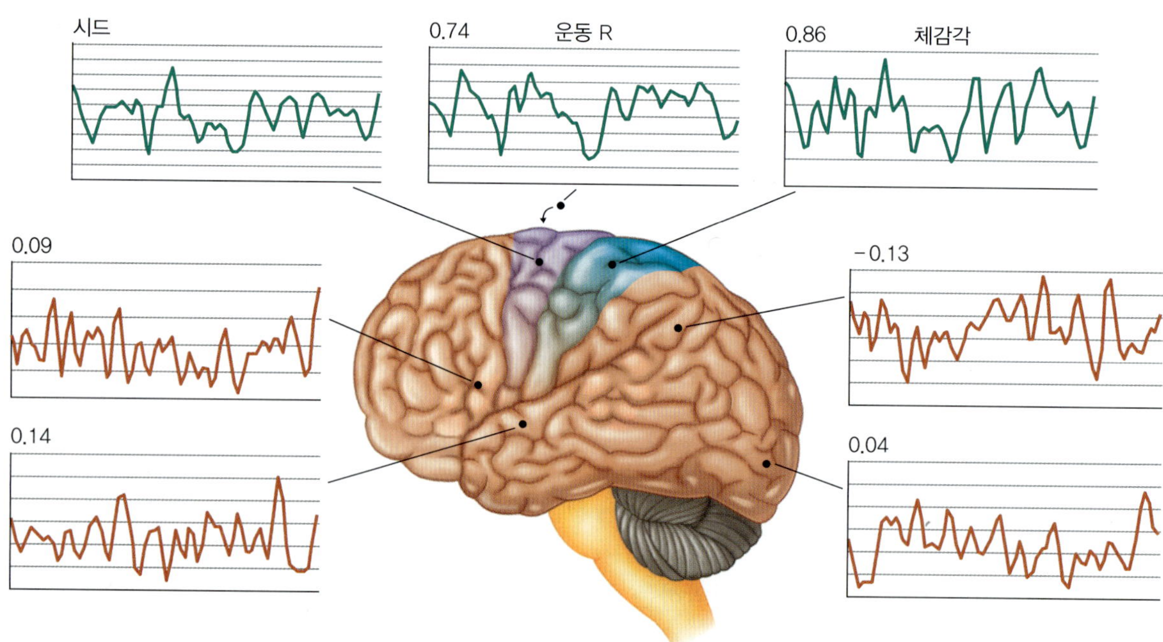

그림 2.28 **운동 L** 시드, **운동 R** 검사 위치와 체감각 검사 위치, 그리고 뇌의 다른 부위의 5개 검사 위치에서 측정한 휴식상태 fMRI 반응. 숫자는 시드 반응과 각 검사 위치 반응 간 상관관계를 나타낸다. **운동 R**과 **체감각** 반응이 강조된 이유는 이들이 높은 상관관계를 보임으로써 시드 위치와 높은 기능적 연결성을 나타내기 때문이다. 다른 위치들은 낮은 상관관계를 보임으로써 시드 위치와 기능적으로 연결되지 않음을 나타낸다.

출처: Responses courtesy of Ying-Hui Chou.

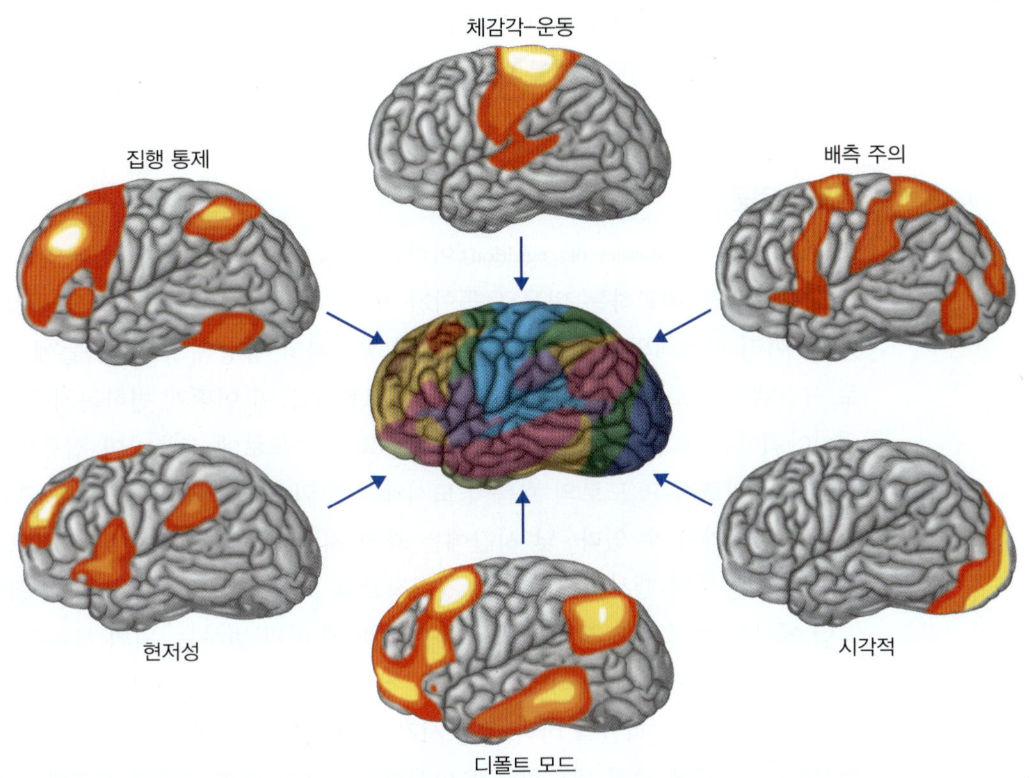

그림 2.29 휴식상태 fMRI 절차로 확인된 6개의 주요 뇌 네트워크. 이들 네트워크는 모두 활동이 과제 도중 증가하고 휴식할 때 감소하지만, 디폴트 모드 네트워크는 과제 도중 활동이 감소하고 과제가 없을 때 활동이 증가한다. 각 네트워크에 대한 간단한 설명은 표 2.1을 참고하라.

출처: Zabelina & Andrews-Hanna, 2016.

표 2.1 휴식상태 fMRI에 의해 밝혀진 6개의 일반적인 기능적 네트워크

네트워크	기능
시각적(visual)	시각, 시지각
체감각-운동(somato-motor)	운동과 촉각
배측 주의(dorsal attention)	시각적 자극과 공간적 위치에 대한 주의
집행 통제(executive control)	작업기억과 관련된 고차원 인지과제(5장 참고), 과제 수행 도중 주의를 조절하기
현저성(salience)	환경에서 생존 관련 사건에 주의를 기울이기
디폴트 모드(default mode)	마음 방황, 개인적 삶의 이야기 및 사회적 기능과 관련된 인지 활동, 내적 정서상태의 모니터링

출처: Barch, 2013; Bressler & Menon, 2010; Raichle, 2011; Zabelina & Andrews-Hanna, 2016. 다른 신경망들도 있으며, 청각, 기억, 언어와 관련된 신경망들도 포함된다는 점에 유의하라.

상태 fMRI에서 수행했던 것과 마찬가지로 시드와 검사 위치에서 과제 관련 fMRI 반응을 측정하고 두 반응 간 상관관계를 계산함으로써 기능적 연결성을 판단할 수 있다. 중요한 점은, 두 영역이 **기능적으로 연결**되었다고 해서 두 영역이 직접 신경 경로상 **연결**되어 있다는 뜻은 아니라는 것이다. 예를 들어, 두 영역이 동일한 제3의 영역으로부터 입력을 받아 반응이 유사해질 수 있다. 따라서 기능적 연결성과 구조적 연결성은 동일하지는 않지만 관련되어 있다. 일반적으로 구조적 연결성이 높은 영역은 기능적 연결성도 높게 나타나는 경향이 있다(Poldrack et al., 2015; van den Heuvel & Pol, 2010).

그림 2.29의 그림을 보면 뇌의 전반적인 구조 지도가 더 작은 기능 지도들로 나뉘어 있음

을 알 수 있는데, 인지에 따라 상이한 뉴런 집단이 활성화된다는 것이다. 인지 과정에서 실제로 무슨 일이 일어나는지를 이해하려면, 단순히 기능별 영역을 식별하는 것을 넘어 인지의 **역동성**(dynamics)까지 고려해야 한다.

인지의 역동성

'인지의 역동성(dynamics of cognition)'이라는 개념을 이해하기 위해, 뇌의 구조 지도와 대도시의 도로망을 비교하는 비유로 돌아가 보자. 헬리콥터에 올라 도시 위를 비행하면서 하루 중 여러 시간대의 교통 흐름 패턴을 관찰한다고 상상해 보라. 하늘에서 내려다보면, 도로 시스템이 서로 다른 기능을 수행할 때 교통 흐름이 어떻게 변하는지를 알 수 있다. 아침 러시아워에는 교외에서 도시로 향하는 주요 고속도로에 교통량이 집중된다. 저녁 러시아워에는 반대로 주요 도로의 흐름이 도시에서 교외로 향하게 되며, 이후 교외의 도로에서도 교통량이 증가할 수 있다. 낮 시간에는 쇼핑 지역 주변의 교통이 많아지고, 주말 미식축구 경기와 같은 특별 행사의 전후에는 경기장으로 오고 가는 도로에 차량이 몰린다.

이 예시의 핵심은, 도시의 교통 흐름이 상황에 따라 변하듯, 뇌의 기능적 네트워크 안팎에서의 활동 흐름도 상황에 따라 변한다는 것이다. 예를 들어, 사람이 탁자 위 커피잔을 볼 때를 생각해 보자. 커피잔을 바라보면, 시각 기능 네트워크가 활성화되어 잔의 다양한 속성을 인식한다. 동시에 주의 네트워크가 활성화되어 커피잔에 주의를 집중하게 되고, 이어 운동 네트워크가 활성화되어 손을 뻗어 잔을 잡고 들어 올려 마시게 된다. 이렇게 단순한 일상 행동조차도 여러 기능 네트워크 간의 빠른 전환과 정보 공유를 수반한다(van den Heuvel & Pol, 2010).

이러한 네트워크 간의 빠른 전환뿐 아니라, 연결성 변화는 더 느리게도 발생한다. 예를 들어, 기억이 낮 동안 축적되고 밤에 강화됨에 따라 기억 네트워크의 기능적 연결성은 아침과 저녁에 서로 달라진다(Shannon et al., 2013). 또 하루 동안 단식한 사람이 음식을 먹고 커피를 마셨을 때 일부 네트워크의 연결성이 강화되고 다른 네트워크의 연결성이 약화되는 변화도 보고되었다(Poldrack et al., 2015). 따라서 기능적 네트워크는 단순한 정적 다이어그램이 아니라 네트워크 내·외부에서 끊임없이 변화하는 활동으로 구성된다(Mattar et al., 2015).

이처럼 네트워크와 연결성에 대한 많은 개념들은 분산 표상의 개념에서 논리적으로 도출된다. 즉, 특정 기능이 뇌의 여러 영역에 걸쳐 나타난다면 그 영역들이 서로 소통할 수 있어야 한다는 것이다. 그런데 이러한 네트워크 작동 원리를 탐구하는 과정에서 매우 예상치 못한 발견이 하나 있었다. 바로 사람이 과제를 수행하지 않을 때 반응하는 네트워크인데, 이를 **디폴트 모드 네트워크**라고 부른다.

디폴트 모드 네트워크

디폴트 모드 네트워크
(default mode network: DMN)
특정 과제를 수행하지 않을 때 활성화되는 구조들의 네트워크.

디폴트 모드 네트워크(default mode network: DMN)는 특정 과제를 수행하지 않을 때 반응하는 구조들의 네트워크이다(**그림** 2.29 하단). 이 네트워크 발견의 배경은 Gordon Shulman과 동료들(1997)의 논문에서 시작되었다. 그들은 몇몇 초기 fMRI 연구에서 과제를 제시했을 때 뇌의 일부 영역 활동이 감소하고, 과제를 중단했을 때 해당 영역의 활동이 증가하는 현상을 관찰했다. 이는 일반적으로 뇌 활동이 과제를 제시할 때 증가하고 중단할 때 감소하는 패턴과는 반대였다.

이 관찰에 이어 Marcus Raichle과 동료들(2001)은, 과제 수행 중 활동이 감소하는 영역이 '디폴트 모드(default mode)'의 뇌 기능을 나타낸다고 제안했는데, 뇌가 주로 휴식상태(resting-state)에 있을 때 작동하는 모드라는 것이다.

보다 흥미로운 점은, 휴식상태 기능적 연결성(resting-state functional connectivity) 방법을 사용한 연구에서, 과제 수행 시 활동이 감소하는 전두엽과 두정엽 영역(**그림** 2.30a)이 휴식상태에서도 활동이 서로 상관관계를 보인다(**그림** 2.30b)는 사실이 밝혀졌다는 것이다(Greicius et al., 2003). 따라서 이 영역은 기능적 네트워크의 일부인데, **그림** 2.29에 디폴트 모드 네트워크(DMN)로 표시되어 있다.

DMN의 목적에 관해서는 많은 추측과 연구가 진행되었다. DMN이 활성화되면 사람들의 마음은 방황을 하게 된다(Killingsworth & Gilbert, 2010; Smallwood & Schooler, 2015). 예를 들어, 고속도로를 운전하며 집중하고 있다가도 어느 순간 오늘 이후의 일정이나 개인적인 고민으로 생각이 흘러간 경험을 한 적이 있을 것이다. 무슨 일이 일어났을까? 뇌가 운전 관련 과제 네트워크에서 DMN으로 전환한 것이다. 예상할 수 있듯이 운전이나 다른 과제를 수행 중일 때 마음 방황은 수행에 좋지 않은 영향을 미친다. 실제로 많은 연구에서 마음 방황이 집중을 요하는 과제 수행을 떨어뜨린다는 결과가 보고되었다(Lerner, 2015; Moneyham & Schooler, 2013; Smallwood, 2011; Zhou & Lei, 2018; Zhang et al., 2022). 최근에는 fMRI뿐만 아니라 병변 연구를 통해, DMN과 연관된 뇌 부위(내측 전전두피질과 해마 포함)가 손상되면 마음 방황이 발생하

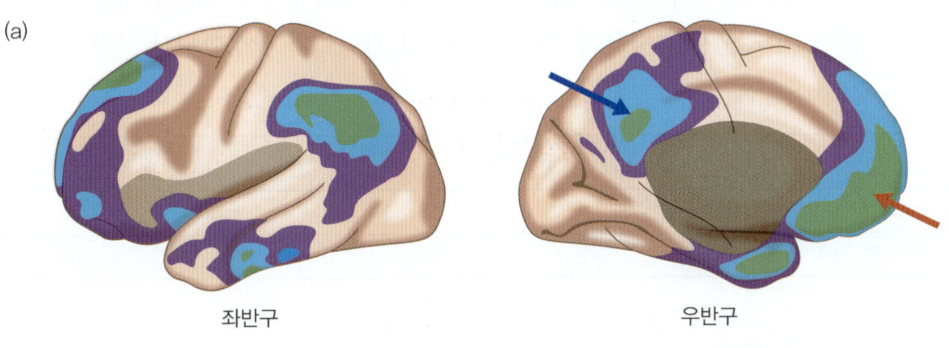

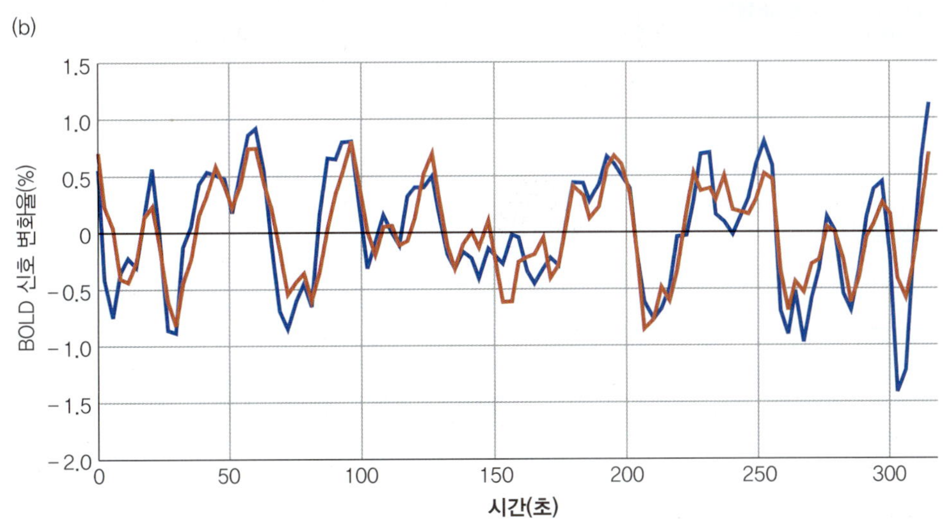

그림 2.30 (a) 과제 수행 도중 활동이 감소하는 뇌 영역. (b) 우반구의 두 지점에서 측정된 휴식상태 활동(위쪽 화살표로 표시). 휴식상태 활동이 상관관계를 보인다는 사실은 이 영역들이 기능적으로 연결되어 있음을 나타낸다. 이 모든 영역을 통틀어서 디폴트 모드 네트워크라고 한다.

출처: Raichle, 2015.

지 않는다는 사실도 확인되었다(Philippi et al., 2021).

하지만 DMN의 역할이 단순히 마음 방황을 유발하는 데만 있지는 않을 것이다. DMN은 뇌에서 가장 큰 네트워크 중 하나이며, 휴식을 취할 때 뇌 활동의 상당 부분을 차지한다. 다음 장들에서 우리는 DMN이 주의, 기억, 창의성 등 다양한 과정에 관여한다는 증거를 살펴보게 될 것이다.

고려사항

기술이 우리가 할 수 있는 질문을 결정한다

이번 장에서는 뇌 손상이 언어에 미치는 영향을 다룬 초기 신경심리학 연구부터, 단일 뉴런이 시각 자극에 반응하는 방식, 그리고 다차원적 인지가 상호 연결된 신경망의 역동적 활동에 의해 어떻게 표현되는지에 이르기까지 폭넓게 살펴보았다.

지금까지 살펴본 다양한 방법들을 고려해 보면, 연구자들이 제기한 질문들은 이용 가능한 기술에 따라 달라졌음을 알 수 있다. 예를 들어, **표상 질문**(representation question), 즉 '인지는 어떻게 신경 발화로 표상되는가?'(**그림** 2.31)를 생각해 보자. 이 질문에 답하기 위한 첫걸음은 1928년에 단일 뉴런을 기록하는 기술이 도입되면서 가능해졌다. 그러나 실제로 뇌에서 단일 뉴런의 활동을 기록할 수 있게 된 것은 더 발전된 전극과 증폭기가 개발된 1950년대 이후였다. 이 기술이 가능해지자 연구자들은 '뉴런이 빛의 섬광에 어떻게 반응하는가?'라는 질문에서 나아가 '뉴런이 복잡한 형태에 어떻게 반응하는가?'라는 질문을 던질 수 있게 되었다.

뉴런이 다양한 시각 자극에 어떻게 반응하는지를 밝히려는 탐구는 또 다른 효과를 낳았다. 연구자들이 시각피질을 넘어 측두피질과 같은 다른 뇌 영역에서도 뉴런을 기록하기 시작한 것이다. 이러한 시도는 시각 자극에 의해 뇌의 절반 가까이가 활성화된다는 사실을 밝

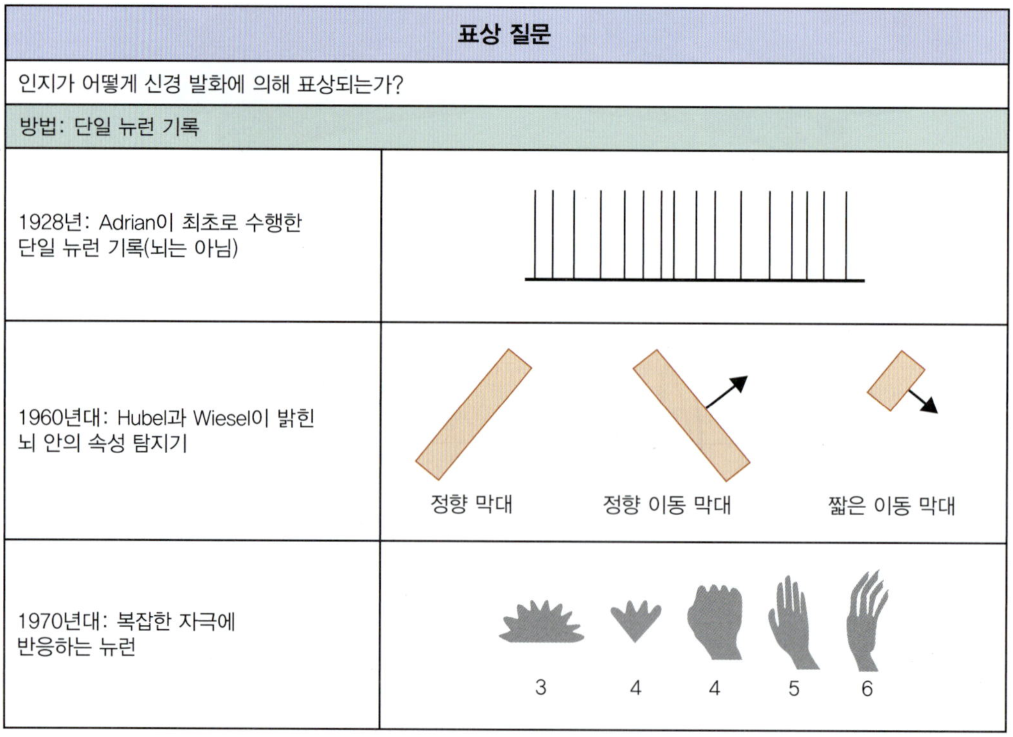

표상 질문	
인지가 어떻게 신경 발화에 의해 표상되는가?	
방법: 단일 뉴런 기록	
1928년: Adrian이 최초로 수행한 단일 뉴런 기록(뇌는 아님)	
1960년대: Hubel과 Wiesel이 밝힌 뇌 안의 속성 탐지기	정향 막대 / 정향 이동 막대 / 짧은 이동 막대
1970년대: 복잡한 자극에 반응하는 뉴런	3 4 4 5 6

그림 2.31 다양한 인지가 신경 발화에 의해 표상되는 방식을 연구하는 데 사용된 기술. 기술 발전에 힘입어 뇌에서 신호를 기록하고 매우 복잡한 자극에 대해 뉴런이 어떻게 반응하는지를 연구할 수 있었다.

혔다(Van Essen, 2004). 이후의 연구들은 청각, 통증, 기억, 언어와 같은 다양한 인지 기능 또한 뇌의 여러 영역을 활성화시킨다는 사실을 밝혔다.

자극이 뇌의 광범위한 영역을 활성화시킬 수 있다는 발견은 곧 **조직화 질문**(organization question)으로 이어졌다. 즉, '인지 과정은 뇌의 서로 다른 영역에 어떻게 국재화되는가?'(**그림 2.32**)라는 물음이다. 이 질문은 1800년대 인간 대상 연구에서 Paul Broca와 Carl Wernicke가 뇌 손상 환자를 연구하면서 시작되었고, 이후 1960~1970년대에는 동물을 대상으로 한 단일 뉴런 기록 연구를 통해 발전하였다. 이러한 방법을 통해 뇌 조직화에 대한 방대한 지식이 축적되었지만, 인간 뇌의 조직화 연구가 본격적으로 비약을 이룬 것은 뇌 영상 기술이 도입된 이후였다. 즉, 1976년 양전자 방출 단층촬영(PET), 1990년 기능적 자기공명영상(fMRI)이 도입되면서 인간의 뇌 활동 패턴을 지도화할 수 있게 된 것이다.

그러나 연구자들은 단순히 어떤 뇌 영역이 활성화되는지를 아는 데서 그치지 않았다. 정적인 지도를 넘어서 뇌 영역 간의 동적 소통을 탐구하고자 하였고, 여기서 **소통 질문**

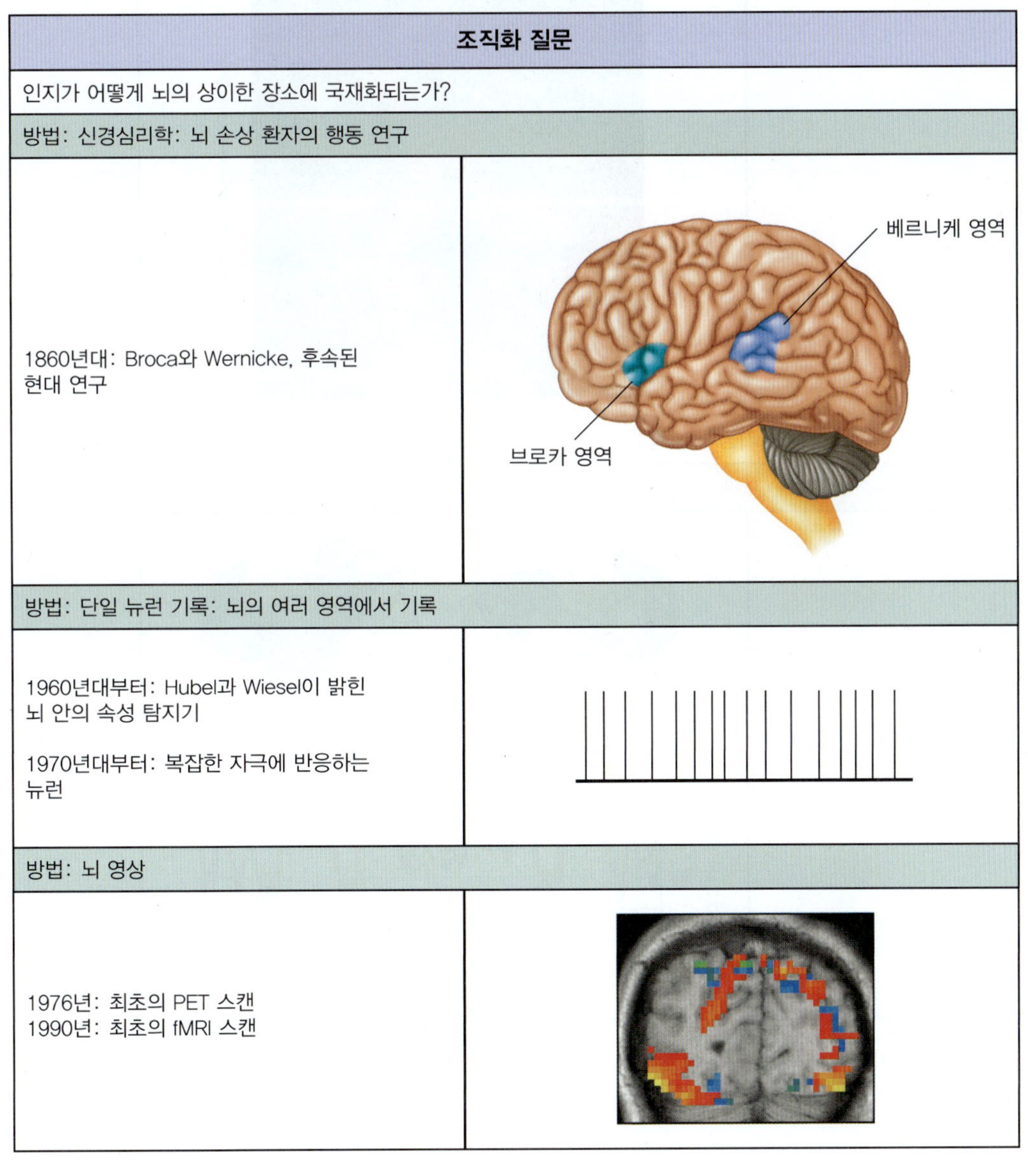

그림 2.32 인지가 뇌의 상이한 영역들에 어떻게 국재화되는지를 연구하는 데 사용된 기술. 세 가지 방법이 사용되었다. 신경심리학(1860년부터 현재까지), 단일 뉴런 기록(1960년대부터 현재까지), 뇌 영상(1976년 PET 시작, 1990년 fMRI 도입 후 급속 발전).

출처: Ishai et al., 2000.

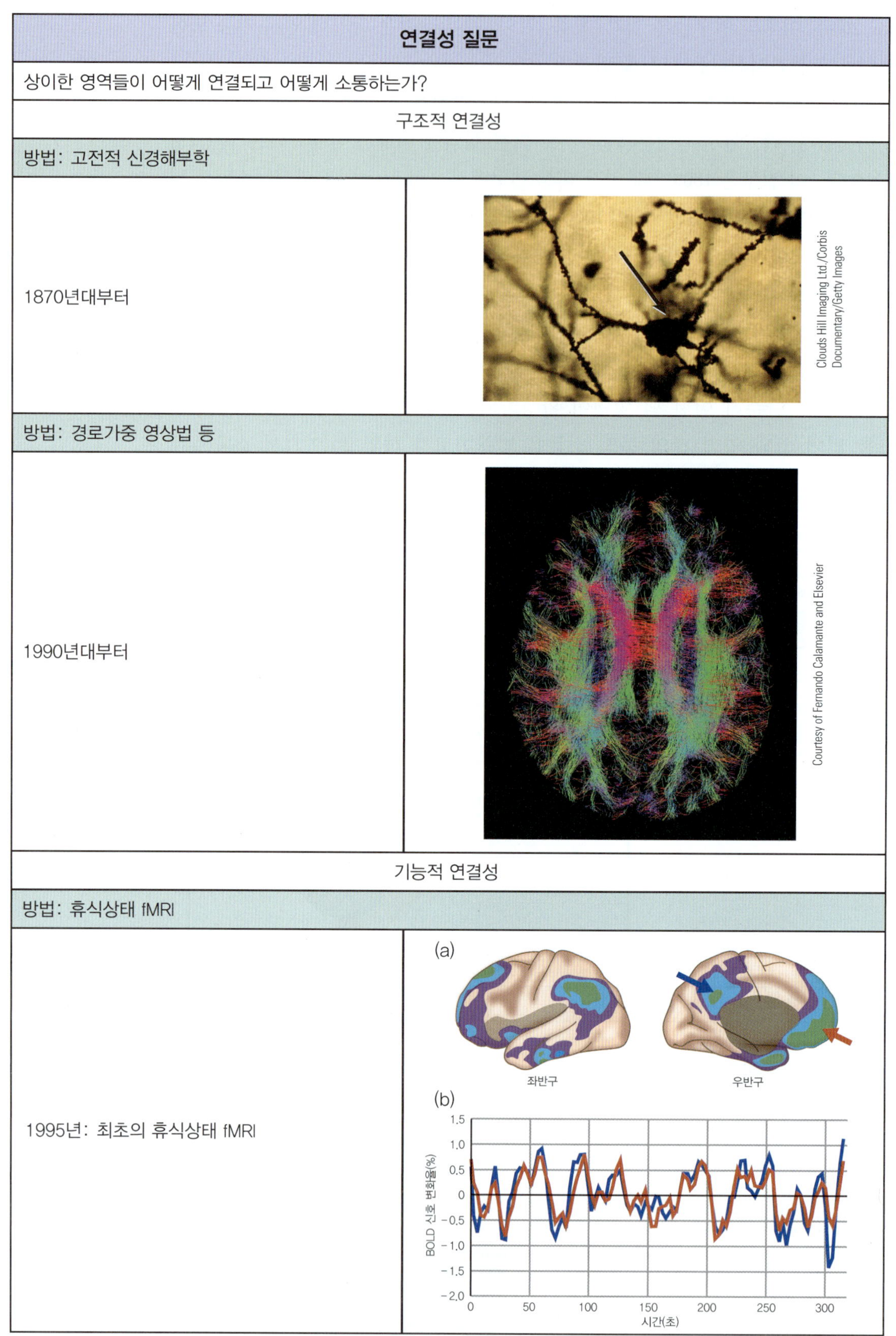

그림 2.33 뇌의 여러 영역들이 어떻게 연결되고 소통하는지 연구하는 데 사용된 기술. 구조적 연결성은 1800년대에 신경해부학적 기법을 사용하여, 그리고 1990년대에 뇌 영상법을 사용하여 연구되었다. 기능적 연결성 연구는 1995년 휴식상태 fMRI 기법의 도입 이후 본격화되었다.

출처: Raichle, 2015.

(communication question)이 제기되었다. 즉, '뇌의 상이한 영역들은 어떻게 연결되어 있으며, 어떻게 소통하는가?'(**그림** 2.33)라는 물음이다. 뉴런이 회로를 형성한다는 개념은 1800년대의 초기 해부학 실험으로 거슬러 올라가며, 이는 단일 뉴런 기록과 마찬가지로 동물을 대상으로 수행되었다. 그러나 뇌 영상 기술과 기타 새로운 기술의 도입으로 구조적 연결성(뇌의 '도로 지도')과 기능적 연결성(뇌의 '교통 패턴')을 규명하기 시작할 수 있게 되었다.

지금까지 살펴본 기술적 발전 사례들은, 기술이 단지 뇌의 기능에 대한 지식을 결정할 뿐만 아니라 연구 가능한 행동의 유형까지 결정했음을 보여준다. 초기 연구들은 빛의 섬광, 방향성이 있는 선, 기하학적 형태를 지각하는 능력과 같은 단순한 행동을 대상으로 했다. 이후 연구자들이 얼굴과 같은 더 복잡한 자극을 제시하기 시작했지만 여전히 짧게 제시되는 이미지가 대부분이었다. 반면 오늘날의 연구는 우리의 일상 경험을 더 잘 반영하는, 보다 자연스러운 '실세계' 자극을 사용한다. 더 나아가, 초기 연구가 주로 시각 자극에 집중되었던 것과 달리, 현재 연구는 과거 회상, 미래 상상, 문장 이해, 의사결정에 이르는 다양한 인지적 행동으로 확장되었다.

그러나 기술의 놀라움에만 지나치게 매몰되어서는 안 된다. 뉴런이 어떻게 작동하는지, 뇌 구조가 어디에 위치하는지, 뉴런이 네트워크에서 어떻게 소통하는지를 아는 것은 흥미롭지만, 심리학자들이 본질적으로 관심을 두는 것은 생리학 자체가 아니라 생리학적 기전과 경험, 사고, 행동 간의 관계를 규명하는 것이다.

따라서 이 책의 접근법은 행동 실험과 생리학적 실험을 모두 수행하는 것이 인지를 설명하는 최선의 방법이라는 생각에 기반한다. 이 교재를 읽어나가면서, 여러분은 행동 실험과 생리학적 실험의 결과가 결합되어 단독으로는 도달할 수 없는 풍부한 마음의 이해를 제공하는 수많은 사례를 접하게 될 것이다.

자가 테스트

1. 기능의 국재화란 무엇인가? 국재화가 신경심리학과 뉴런의 기록에 의해 어떻게 밝혀졌는지 기술하라. 이중 해리의 원리를 이해해야만 한다.
2. 기능적 자기공명영상의 배후에 있는 기초 원리를 기술하라.
3. 기능 국재화를 지지하는 뇌 영상 증거를 기술하라. 정지 사진을 바라보도록 한 실험과 동영상을 바라보도록 한 실험을 기술하라. 각 유형의 실험이 기능 국재화에 대해 무엇을 알려 주는가?
4. 분산 표상이 무엇인가? 경험의 다차원적 본질과 어떻게 관련되는가? 분산 처리는 뇌가 얼굴을 바라보는 것, 기억하는 것, 그리고 언어에 반응하는 방식에서 어떻게 설명되는가?
5. 신경망은 무엇인가?
6. 구조적 연결성은 무엇인가? 어떻게 측정하는가?
7. 기능적 연결성이란 무엇인가? 어떻게 측정하는가? 이 기술을 사용해 밝혀진 네트워크에는 어떤 것이 있는가?
8. 뇌 네트워크의 작동이 '역동적'이라는 것은 무슨 의미인가?
9. 디폴트 모드 네트워크란 무엇인가? 다른 네트워크와 어떻게 다른가?
10. 기술 발전 그리고 인지에 관한 생리학적 연구 간의 연결을 설명하라.

이 장의 요약

1. 인지신경과학은 인지의 생리학적 기초를 연구하는 학문이다. 마음을 연구할 때는 행동 수준과 생리학적 수준 모두에서 연구하는 분석 수준 접근을 사용한다.
2. Ramon y Cajal의 연구는 신경망 이론을 포기하고, 신경계에서 뉴런이라고 부르는 각 세포들이 신호를 전달한다는 뉴런 주의를 받아들이게 했다.
3. 마이크로전극을 사용하여 뉴런으로부터 신호를 기록할 수 있다. 최초로 단일 뉴런의 신호를 기록한 Edgar Adrian은 활동전위가 축삭을 따라 이동할 때 크기가 변하지 않으며, 자극 강도가 커질수록 신경 발화 빈도가 증가한다는 것을 발견했다.
4. 신경 표상 원리에 따르면, 사람이 경험하는 모든 것은 자극과 직접 접촉해서가 아니라 신경계 내 표상에 기반한다.
5. 뉴런에 의한 표상은 속성 탐지기, 복잡한 자극에 반응하는 뉴런, 그리고 특수성 부호화, 전집 부호화, 희박 부호화와 관련하여 설명할 수 있다.
6. 지각에서 기능 국재화는 각 감각에 대해 별도의 1차 수용 영역이 존재하는 점, 뇌 손상이 지각에 미치는 영향(예: 얼굴실인증), 단일 뉴런 기록, 뇌 영상 실험 결과 등을 통해 지지된다.
7. 뇌 영상은 뇌 내 혈류 변화를 측정하여 뇌 활성화를 측정한다. 기능적 자기공명영상(fMRI)은 인지 기능 중 뇌 활성화를 파악하는 데 널리 사용된다. 정지된 그림을 보고 반응하는 뇌 영역(얼굴, 장소, 신체 등)을 측정하는 실험과 영화 장면을 보며 다양한 자극이 뇌 영역을 어떻게 활성화시키는지 보여주는 뇌 지도를 만드는 실험이 있다.
8. 분산 처리 개념은 특정 기능이 뇌의 여러 영역에서 처리된다는 것이다. 여러 영역이 활성화되는 이유 중 하나는 경험이 다차원적이기 때문이다. 이 원리는 얼굴 보기, 기억, 언어 생성 및 이해 과정에서 잘 나타난다.
9. 신경망은 구조적으로 연결되어 있고 기능적으로도 관련된 뉴런이나 구조의 집합이다.
10. 구조적 연결성은 뇌의 신경 고속도로 체계를 정의한다. 경로 가중 영상 기법으로 측정된다.
11. 기능적 연결성은 서로 다른 뇌 영역 간의 신경 활동이 시간적으로 상관될 때 발생한다. 휴식상태 fMRI를 통해 측정하는 것이 일반적이지만, 과제 관련 fMRI로도 측정할 수 있다.
12. 휴식상태 fMRI를 이용해 시각, 청각, 주의, 집행 기능, 운동 등 다양한 기능적 네트워크가 확인되었다.
13. 네트워크를 완전히 이해하려면 네트워크 활동의 역동적 측면도 포함해야 한다.
14. 디폴트 모드 네트워크(DMN)는 과제를 수행할 때는 활동이 감소하지만, 뇌가 휴식상태일 때는 활동이 증가한다는 점에서 다른 네트워크와 다르다. DMN의 기능은 아직 연구 중이나 주의, 기억, 창의성 등 여러 인지 과정에서 중요한 역할을 한다고 제안되었다.
15. 인지의 생리학에 관한 연구 발전은 기술 발전에 의존해 왔다. 이는 표상 질문, 조직화 질문, 소통 질문이라는 세 가지 기본 질문과 기술의 연관성을 보면 알 수 있다.

생각해 보기

1. 어떤 인지심리학자들은 뇌를 마음의 컴퓨터라고 부른다. 뇌보다 컴퓨터가 더 능숙한 것은 무엇인가? 복잡성의 측면에서 뇌와 컴퓨터를 비교하라. 컴퓨터보다 뇌는 어떤 이점을 갖고 있는가?
2. 사람들은 흔히 환경을 직접 경험한다고 생각하는데, 특히 보기, 듣기, 표면의 결 느끼기와 같은 지각적 경험을 할 때 그러하다. 그러나 신경계의 작동 방식에 관한 지식에 따르면 그렇지 않다. 우리의 모든 경험이 간접적이라고 생리학자가 주장하는 근거는 무엇인가?
3. fMRI 스캐너 안에서 뇌 활동을 측정할 때 사람의 머리는 자성 물질에 의해 둘러싸여 있으며 완벽하게 정지 상태를 유지해야 한다. 게다가 기계가 작동할 때 매우 큰 소음이 난다. 뇌 스캐너의 이러한 특성이 뇌 스캐닝을 사용하여 연구할 수 있는 행동 유형에 어떤 제약을 가하는가?
4. 뇌를 사용하여 뇌의 작동 방식을 연구하기 때문에 뇌의 작동 방식에 대한 충분한 이해가 불가능하다는 주장이 있다. 여러분은 이러한 주장에 대해 어떻게 생각하는가?

Tonny de Lasson/Shutterstock.com

이 사진에서 무엇이 눈에 띄는가? 답은 뻔해 보인다. 개다! 우리는 거의 즉시, 혹은 무의식적으로 이 결론에 도달한다. 하지만 이러한 지각이 가능하기 위해서는 뇌가 많은 지각 능력을 발휘해야 한다. 나무 울타리는 이미지에서 보는 사람에게 가장 가까운 대상이지만 우리는 울타리에 거의 주의를 기울이지 않는다. 나무 울타리 사이에 보이는 네 개의 흰색 영역은 울타리 뒤에 있는 하나의 대상에 '속해 있는' 것으로 알고 있다. 흰색 대상의 일부가 울타리 뒤에 숨겨져 있지만 우리는 쉽게 개라고 단정한다. 여기에는 또 다른 지각 능력이 작용하고 있다. 울타리와 개의 머리에만 초점이 맞춰져 있고, 나머지 이미지는 흐릿하다. 그래도 문제없다! 개, 잔디, 멀리 있는 식물 등 흐릿한 정보에 대해 상황적 단서를 사용하여 최선의 추측을 할 수 있다. 이 장의 주제 중 하나는 지각은 일반적으로 쉬워 보이지만, 우리가 인지하지 못하는 사이에 복잡한 과정을 통해 이루어진다는 점이다.

CHAPTER 3

지각

학습목표 이 장을 학습하고 나면 여러분은 다음을 할 수 있을 것이다.

3-1 감각과 지각의 차이를 서술할 수 있다.

3-2 최근 인공지능과 컴퓨터 비전의 발전에도 불구하고 '지각하는 기계'를 만드는 것이 어려운 여러 가지 이유를 제시할 수 있다.

3-3 부드러운 연속성, 좋은 형태, 유사성을 포함한 지각적 구성의 원리를 설명할 수 있다.

3-4 사람들이 같은 자극을 서로 다르게 인식하는 이유를 설명한다.

3-5 상향 처리와 하향 처리의 차이를 설명할 수 있다.

3-6 주변 환경에 대한 지각자의 지식에 따라 지각이 어떻게 달라지는지를 설명할 수 있다.

3-7 뇌가 흔히 물리적 규칙성이라고 불리는, 환경에서 자주 나타나는 특성에 가장 잘 반응하는 이유를 설명할 수 있다.

3-8 시각 전문 뇌 영역으로서 방추얼굴 영역(fusiform face area: FFA)이 어떤 역할을 하는지를 논의할 수 있다.

3-9 지각과 행동 사이의 연관성, 그리고 그것이 복측('무엇') 및 배측('어디') 경로와의 관계를 설명할 수 있다.

캠퍼스에서 생활하는 대학 신입생인 엘레나는 자전거 타는 것을 좋아한다. 실제로 그녀는 비가 오나 눈이 오나 매일 자전거를 타고 등하교를 한다. 어느 이른 아침, 평소와 같이 페달을 밟고 달리는 도중 인도 위에 흐릿한 물건이 있는 것을 발견한다(**그림 3.1a**). 처음에는 심장이 빨리 뛰고 정신이 혼미해지는 것을 느끼며 당황하기 시작한다. 전깃줄이 내려앉은 것일까?(**그림 3.1b**) 위험해 보인다.

엘레나가 속도를 늦추며, 눈앞의 전깃줄에 시선을 고정한다. 자전거에서 내려 안전한 우회로를 찾는 순간, 그것이 전깃줄이 아니라는 것을 알아챈다. 어제 홈커밍 퍼레이드 때문에 도로가 통제되었던 것을 기억해낸 엘레나는 이제 그것이 길가에 돌돌 감겨 있는 밧줄이라는 것을 깨달았다(**그림 3.1c**). '어떻게 이렇게까지 잘못 알 수 있었을까?' 그녀는 혼자 생각하며 웃음을 터뜨리고, 이제는 어리석었다는 생각과 함께 조금은 안도감을 느낀다. 재앙을 피한 그녀는 다시 자전거에 올라타 강의실까지 남은 길을 달려간다.

그림 3.1 (a) 엘레나는 처음에 인도 앞쪽에서 흐릿하게 무언가를 본다. (b) 처음에는 그것이 쓰러진 전선이라고 생각한다. (c) 더 자세히 살펴본 후, 이것이 어제 홈커밍 퍼레이드에서 사용된 감겨 있는 밧줄일 뿐임을 알게 된다.

3.1 지각의 특성

감각(sensation)
우리의 감각 수용기와 신경계가 환경으로부터 자극 에너지를 받아들이고 이를 표현하는 과정. 이 과정에는 감각 기관(눈 등)에 의한 물리적 자극(빛 등)의 탐지와 자극을 신경 신호로 변환하는 과정이 포함된다.

지각(perception)
감각의 자극으로 인해 형성되는 의식적인 경험.

지각은 감각의 자극으로 인해 발생하는 주관적인 경험이라고 정의할 수 있다. 감각(sensation)과 지각(perception)이라는 용어는 종종 함께 사용되어 같은 의미로 들릴 수 있지만, 실제로는 감각 기관에서 정보를 받아들인(감각) 후 의식적 경험(지각)으로 전환하는 복잡한 과정을 설명한다. 이 장에서는 대부분 보는 것(시각)과 듣는 것(청각)에 관한 것이지만, 촉각(체성 감각), 맛(미각), 냄새 맡기(후각), 균형감각(전정 감각), 신체 자각(고유수용성 감각)을 포함하여 지각으로 이어지는 여러 다른 감각 시스템이 있다. 이러한 의식적인 경험이 어떻게 생성되는지 이해하기 위해, 자전거를 타는 엘레나의 이야기로 돌아가 보자.

지각의 몇 가지 기본 특성

엘레나의 경험은 지각에 관한 몇 가지 사항을 잘 보여준다. 전깃줄이라고 생각했던 밧줄이 변하는 것을 본 그녀의 경험은, 추가 정보에 따라 지각이 어떻게 변할 수 있는지(엘레나가 밧줄에 가까워질수록 더 잘 보였다), 그리고 지각이 추론이나 문제해결과 유사한 과정을 어떻게 포함할 수 있는지를 보여준다(엘레나는 부분적으로는 전날 밧줄을 본 기억을 바탕으로 그것이 무엇인지 알아냈다).

엘레나의 경험은 또한 지각에 도달하는 것이 정보처리 과정을 포함할 수 있음을 보여준다. 엘레나가 전깃줄이라고 생각했던 그것이 실제로 밧줄이라는 것을 깨닫는 데 시간이 걸렸으므로, 그녀의 지각을 '추론' 과정을 포함하는 것으로 설명할 수 있다. 대부분의 경우 지각은 너무나 빠르고 수월하게 일어나 자동적인 것으로 보인다. 그러나 이 장에서 논의할 것처럼 지각은 자동처리와는 거리가 멀다. 지각은 추론과 유사한 복잡하고 일반적으로 보이지 않는 과정을 포함하지만, 엘레나가 본 것이 전깃줄이 아니라 밧줄이라는 것을 깨달은 것보다는 훨씬 빠르게 일어난다.

마지막으로, 엘레나의 경험은 지각이 행동과 함께 어떻게 일어나는지 보여준다. 엘레나는 자전거를 타면서 동시에 지각을 하고 있다. 그녀는 순식간에 결정을 내려야 하며, 핸들을 돌리고 자전거 브레이크에 압력을 가해야 한다. 이러한 과정은 그녀가 이동하는 환경을 지각하고, 어느 방향으로 회전할지 결정하며, 물리적으로 핸들을 움직이고, 속도를 줄이고 싶을 때 핸드 브레이크를 직접 잡아서 누르는 것을 포함한다. 자전거를 타는 엘레나의 경험의 이러한 측면들은 일상적인 지각에서 일어나는 일이다. 우리는 보통 움직이고 있으며, 심지어 한자리에 앉아 TV, 영화, 또는 스포츠 경기를 시청할 때도 우리의 눈은 일어나는 일을 인지하기 위해 한 곳에서 다른 곳으로 주의를 옮기면서 끊임없이 움직인다. 또한 우리는 하루에 여러 번, 커피잔, 전화기, 또는 이 교재와 같은 물건을 잡고 들어올린다. 따라서 지각은 단순히 '보거나 듣는 것' 이상이다. 지각은 우리가 환경과 상호작용을 할 때 발생하는 행동을 조직하는 데 핵심적인 역할을 한다.

지각은 우리의 환경에 대한 이미지를 만들어내고 그 안에서 행동할 수 있도록 도와줄 뿐만 아니라, 보다 일반적인 인지 과정에서도 중요한 역할을 수행한다는 점을 인식하는 것이 중요하다. 지각은 기억의 형성, 지식의 습득, 문제해결, 의사소통, 지난주에 만난 누군가를 알아보는 것, 그리고 인지심리학 문제에 답을 하는 것까지 많은 활동에서 필수적이다. 이러한 여러 역할을 고려할 때, 지각이 이 교재에서 다룰 다른 모든 인지 기제의 입구 역할을 한다는 점이 명확해진다.

이 장의 목표는 지각을 담당하는 기제를 설명하는 것이다. 이를 시작하기 위해 엘레나가 자전거를 타고 수업에 가는 경험에서 장면을 지각할 때 일어나는 일로 넘어가 보겠다.

인간의 사물 및 장면 지각

이 도시 장면에서 멀리 보이는 스카이라인을 보자(**그림 3.2**). 리암은 아파트 창문에서 보이는 이 장면을 자주 본다. 그의 왼편에는 10개 정도의 건물이 보이며 그는 각각의 건물을 쉽게 구별할 수 있다. 정면을 바라보자 큰 건물과 그 앞에 작은 건물 하나가 보인다. 이 두 건물을 구분하는 것 역시 어렵지 않다. 리암의 모든 지각은 그에게 자연스럽게 다가오며 노력이 거의 필요하지 않다. 하지만 장면을 자세히 살펴보면, 이 장면에는 풀기 힘든 여러 개의 '퍼즐'이 있음이 분명해진다. 다음의 '보여주기'에는 그중 몇 가지를 보여준다.

보여주기

장면 속에 숨어 있는 지각 퍼즐

그림 3.2를 보고 다음의 문제에 답하라. 각 문제에 답해 보고 그 이유를 제시하라.

- 어두운 A 지점에는 무엇이 있는가?
- B와 C 지점에 해당하는 건물 표면의 방향은 다른가, 아니면 동일한가?
- B와 C 지점은 같은 건물인가, 다른 건물인가?
- D 지점의 건물이 A 지점의 건물과 이어져 있는가?

위의 문제에 대답하는 것은 쉬웠을 것이다. 하지만 '추론 과정'의 근거를 찾는 것은 왠지 모르게 어려웠을 것이다. 예를 들어, 어두운 A 지점이 그림자라는 것을 어떻게 알 수 있었을까? 어두운 영역이 밝은색 건물 앞에 있는 어두운색 건물이라고 생각할 수도 있을 것이다. 또 무엇을 근거로 D 건물의 일부가 A 건물에 가려져 있다고 판단하게 되었는가? 사실 보이

그림 3.2 이 그림에는 여러 건물들이 있고, 그중 일부는 다른 건물들과 다른 방향을 향하고 있으며, 또 일부 건물은 다른 건물을 부분적으로 가리고 있다는 사실을 쉽게 알 수 있다. 이러한 지각은 인간에게는 매우 자연스럽지만, 컴퓨터 비전 시스템에게는 훨씬 더 어려운 일이다. 건물에 적힌 글자들은 '보여주기'에서 언급된 구역을 가리킨다.

는 것이 D 건물의 전부이며 A 건물이 D 건물의 가장자리 바로 옆에 있을 수도 있다. 사실 이 장면 속의 모든 요소에 대해 위와 같은 질문을 던질 수 있다. 특정 형태의 패턴은 굉장히 다양한 사물들을 통해 만들어낼 수 있기 때문이다.

이 '보여주기'의 중요한 시사점 중 하나는 '보이는 것'이 무엇인지 판단할 때에는 단순히 광수용기로 구성된 눈의 뒷면, 즉 망막에 맺히는 명암 패턴보다는 그 이상의 것을 고려해야 한다는 것이다. 가장 성능 좋은 컴퓨터를 사용하더라도 인간에겐 너무 쉬운 지각 과정을 재현하는 것이 어렵다는 점을 상기해 보면 '그 이상의 것'을 고려하는 것이 지각하는 데 있어서 매우 중요하다는 점을 이해할 수 있다.

컴퓨터 비전 시스템의 사물 및 장면 지각

외부 환경을 지각할 수 있는 컴퓨터는 초기 공상과학 소설과 영화에서 오랫동안 꿈꿔온 존재였다. 1968년 영화 〈2001: 스페이스 오디세이〉에서는 HAL 9000이 주변 환경을 인식하고 정보를 처리하며 결정을 내릴 수 있는 고도로 발전된 컴퓨터 시스템으로 등장하였다. 1977년 영화 〈스타워즈〉에서는 드로이드 R2-D2와 C-3PO가 사막 행성 타투인에서 대화를 나누는 모습이 나온다(비록 C-3PO가 대부분의 말을 하고 R2-D2는 주로 삐삐 소리만 냈지만). 이 드로이드들은 주변 환경을 쉽게 탐색하는 것처럼 보였다. 1984년 영화 〈터미네이터〉에서는 아널드 슈워제네거가 지각 및 탐색 능력을 포함하여 인간보다 뛰어난 능력을 가진 사이보그 암살자를 연기했다. 이 외에도 2004년 영화인 〈아이, 로봇〉의 로봇, 2008년 영화인 〈월-E〉와 〈아이언맨〉의 인공지능 자비스, 2015년 영화인 〈어벤저스: 에이지 오브 울트론〉의 인공지능 울트론 등 수많은 예가 있다.

하지만 실제로 환경을 인식하고 사물과 장면을 인지하는 컴퓨터 비전 시스템을 설계하는 것은 이러한 영화에서 묘사되는 것보다 훨씬 복잡한 과제다. 컴퓨터 비전 연구는 디지털 컴퓨팅이 개발된 1950년대부터 시작되었다. 초기 노력은 모서리 감지 및 문자 인식과 같은 간단한 작업에 집중되었다. 1966년, 매사추세츠 공과대학교(MIT) 연구진은 컴퓨터에 카메라를 연결하고 컴퓨터가 인식한 내용을 설명하도록 프로그래밍하여 여름 동안 컴퓨터 비전 문제를 해결하고자 하였다(Papert, 1966). 그들은 어느 정도 진전을 이루었지만, 인간처럼 사물과 장면을 인식하는 컴퓨터는 여전히 공상과학 소설 속 이야기라는 것을 빠르게 깨달았다.

MIT 여름 프로젝트 이후, 과학자들은 컴퓨터 비전 분야에서 상당한 발전을 이루었다. 1980년대에는 사물 인식과 장면 이해를 위한 알고리즘 개발에 집중했다(Marr, 1982). 컴퓨터 비전 전문 학술지인 『컴퓨터 비전 국제저널(International Journal of Computer Vision)』이 1987년도에 창간되었고, 초기 논문들은 곡선 사물에서 선 그림의 해석(Malik, 1987)이나 움직임 영상을 기반으로 한 장면의 3차원 구조 파악(Bolles et al., 1987)과 같은 주제를 다루었다. 이러한 연구들은, 인간에게는 직관적으로 쉬운 지각 문제를 해결하기 위해 복잡한 수학 계산에 의존해야 했다.

이후 10년 동안 연구자들은 연구 범위를 넓혀 사물의 크기, 시점, 조명 조건과 관계없이 장면 속 사물을 인식하는 컴퓨터 기술을 개발했다(Lowe, 1999). 1990년대와 2000년대 초반에는 로봇 공학, 기계 학습, 딥 러닝 분야가 크게 발전했다. 과학자들은 주변 환경 속 사물을 탐색하고 조작할 수 있는 로봇과 프로그램을 개발했고, 공상과학 소설에서나 볼 법한 기술들이 현실화되기 시작했다.

TierneyMJ/Shutterstock.com

그림 3.3 카메라와 컴퓨터 비전 시스템을 통해 시각 환경을 인식하고 주행 경로를 스스로 결정하는 자율주행 차량.

기계 학습(machine learning)과 **딥 러닝**(deep learning)은 인간과 유사하게 모방하고 학습하며, 시간이 지남에 따라 점진적으로 향상될 수 있는 인공 지능(AI)의 한 형태이다. 기계 학습은 주어진 데이터를 학습하여 새로운 문제에 대한 결론을 도출하거나 예측을 할 수 있는 알고리즘을 사용한다. 즉, 과거 컴퓨터와 달리 완전한 지시 없이도 작업을 수행할 수 있다. 마찬가지로 딥 러닝은 이미지, 언어 등에서 복잡한 패턴을 인식하는 인간의 정보처리 능력을 모방하는 프로그래밍 기술이다. 예를 들어, 딥 러닝은 이미지를 이해하고 인간과 유사한 방식으로 설명할 수 있다. 지난 20년간 AI 혁명은 자율주행 차량인 로보택시와 테슬라의 오토파일럿 기능(**그림** 3.3), 의료 영상 분석(Mahmud, 2015), 감시용 드론(Unlu, 2019), 얼굴 인식(Harikrishnan et al., 2019), 증강 현실(Carmigniani et al., 2011) 등 다양한 분야에서 획기적인 발전을 가져왔다.

기계 학습(machine learning)
컴퓨터가 명시적인 지시 없이도 데이터를 학습하여 특정 작업을 수행하고 시간이 지남에 따라 성능을 개선하도록 하는 인공지능의 한 형태.

딥 러닝(deep learning)
많은 층으로 구성된 신경망(이로 인해 '딥'이라는 이름이 붙는다)을 통해 대규모 데이터셋의 복잡한 패턴을 모델링하는 인공지능의 한 형태. 딥 러닝 알고리즘은 이미지/음성 인식, 자연어 처리와 같은 고차원적인 데이터를 다루는 작업에서 특히 강력하다.

이러한 기술들은 아직 완벽하지는 않지만, 오늘날의 컴퓨터와 AI는 확실히 공상과학 소설 수준의 능력에 가까워지고 있다. 그럼에도 불구하고 컴퓨터는 여전히 인간이 저지를 가능성이 낮은 실수를 저지르기도 한다. 예를 들어, 컴퓨터 알고리즘은 **그림** 3.4와 유사한 장면

achinthamb/Shutterstock.com

그림 3.4 컴퓨터 비전 시스템이 '공항 활주로 위에 놓인 큰 비행기'로 인식한 것과 유사한 사진.

StoryTime Studio/Shutterstock.com

그림 3.5 컴퓨터 비전 시스템이 '야구 방망이를 들고 있는 어린 소년'으로 인식한 것과 유사한 사진.

그림 3.6 딥 뉴럴 네트워크(DNN) 모델을 활용한 컴퓨터 비전 사물 재인의 예. 이러한 모델들은 서로 유사한 사물이나 범주가 많음에도 불구하고 수십 가지 다양한 범주의 사물을 성공적으로 탐지하도록 훈련될 수 있다.

을 '공항 활주로 위에 놓인 큰 비행기'로 정확하게 식별하였지만, **그림** 3.5와 유사한 장면을 '야구 방망이를 들고 있는 어린 소년'으로 잘못 인식했다(Karpathy & Fei-Fei, 2015). 이는 컴퓨터는 태어나자마자 정보를 축적한 인간처럼 세상에 대한 방대한 정보를 축적하지 못하기 때문이다. 칫솔을 본 적이 없는 컴퓨터는 비슷한 모양의 다른 사물로 인식을 한다. 비행기 사진을 정확히 인식했더라도, 해당 사진이 에어쇼에서 전시된 비행기를 찍은 것이며 사람들이 승객이 아닌 에어쇼를 방문한 사람들이라는 사실까지는 파악하지 못한다.

마이크로소프트사는 컴퓨터 사물 재인 오류를 감지하고 분석하는 컴퓨터 비전 모델을 개발했다. **그림** 3.5에서 보여준 것처럼 컴퓨터가 정보 부족으로 오류를 일으킨다면, 더 많은 데이터를 제공하고 기존 데이터의 정확성을 검증하는 것이 논리적인 해결책이 될 것이다. **그림** 3.6에서 볼 수 있듯이, 이러한 접근 방식을 통해 컴퓨터의 사물 재인 능력이 크게 향상되었다. 이제 컴퓨터가 오랫동안 인간의 지각 능력을 따라잡기 어려웠던 이유를 살펴보겠다.

3.2 지각하는 기계를 설계하는 것이 왜 이렇게 어려울까?

지금부터는 '지각하는 기계'를 설계하는 것이 왜 어려운지 논의해 보고자 한다. 여기서 논의될 문제들은 컴퓨터에겐 버겁지만 인간에게는 매우 풀기 쉬운 문제라는 것을 기억해 두자.

수용기가 받아들이는 자극은 모호하다

이 책을 읽을 때 우리 망막에 투사되는 종이 한 장의 윤곽은 꽤나 모호하다. 다시 말해, 시각 시스템은 그것을 자동적으로 처리하지 않는다. 이 말은 매우 이상하게 들릴 수 있다. 왜냐하면 (1) 종이의 직사각형의 형태는 어떻게 봐도 명확할뿐더러, (2) 일단 우리가 종이의 모양과 눈으로부터의 거리를 알게 되면, 망막에 맺히는 이미지를 결정하는 것은 공간에서 모양이 어떻게 회전해 있고 배치되었는지에 따라 결정된다. 이는 **그림** 3.7에서처럼 종이의 모서리(빨간색 테두리)에서 눈으로 가상의 안내선을 그려 쉽게 계산할 수 있다.

그러나 지각은 망막에 투사된 사물의 상을 뇌가 해석하는 것을 필요로 한다. 사물의 상은 망막에서 시작되어 시각 체계로 전달되고, 그곳에서 그 상을 생성한 '저 바깥'의 사물이 무

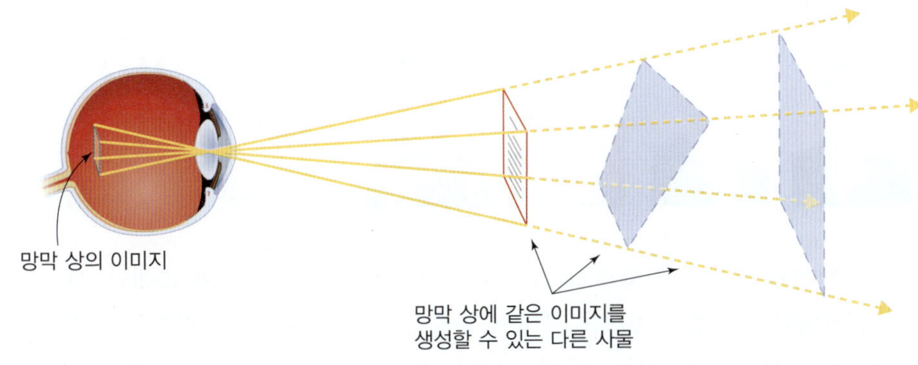

그림 3.7 책(빨간 물체)이 망막에 투사되는 방식은 책에서 눈으로 이어지는 안내선(실선)을 연장하면 확인할 수 있다. 역투사 문제의 원리는 눈에서 책 너머로 점선 안내선을 연장해 보면 이해할 수 있다. 이를 통해 책이 만들어내는 망막 상의 이미지가 예시로 제시된 기울어진 사다리꼴이나 큰 직사각형과 같이 무한한 가능성의 다른 물체들로도 생성된다는 것을 알 수 있다. 따라서 우리는 망막 상의 이미지가 본질적으로 모호하다고 말한다.

엇인지를 판단한다. 망막에 상을 투사한 사물이 무엇인지를 판단하는 과제를 **역투사 문제**(inverse projection problem)라고 한다. 왜냐하면 이 과제는 망막에 투사된 상에서 시작해서 그 상을 생성한 저 바깥의 사물로 이어지는 연장선을 잇는 과정을 포함하고 있기 때문이다. **그림** 3.7처럼 이 과정에서 직사각형 종이가 망막에 투사한 상이 기울어진 사다리꼴이나 더 큰 직사각형처럼, 서로 다른 거리에 위치한 사물들에 의해서도 동일하게 투사될 수 있음을 알 수 있다. 그러니 주변 환경에 존재하는 다양한 사물이 망막에 동일한 모양의 상을 투사할 수 있다는 점을 고려한다면, 우리는 망막에 맺힌 상이 왜 모호한지를 이해할 수 있다. 그럼에도 불구하고 인간은 대부분의 경우 컴퓨터가 수행하기에는 어려운 역투사 문제를 아주 손쉽게 수행할 수 있다.

역투사 문제 (inverse projection problem) 망막에 투사된 상을 근거로 그 상을 생성한 사물이 무엇인지를 판단하는 과제.

사물은 은폐되거나 흐리게 보일 수 있다

간혹 사물이 은폐되거나 흐리게 보일 수 있다. 이 교재를 더 읽기 전에 **그림** 3.8에서 연필과 안경을 찾아보자. (이 장의 처음에 나왔던 강아지 사진을 다시 보는 것도 좋다.) 찾는 데 시간이 조금 걸리겠지만 대부분의 인간은 책 밑에 있는 연필과 액자 옆 컴퓨터 뒤에서 튀어나온 안경테를 찾을 수 있을 것이다. 또한 인간이라면 다른 사물에 가려진 책, 가위, 종이를 각각 하나의 온전한 사물로 쉽게 지각할 수 있을 것이다.

복잡한 장면 속에서 부분적으로 가려진 사물을 찾아야 하는 문제는 일상적인 환경에서 자

Bruce Goldstein

그림 3.8 저자의 어질러진 책상 위 일부. 숨겨진 사물 중 연필(쉬움)과 안경(어려움)을 찾을 수 있는가?

그림 3.9 이 사람들은 누구일까? 101쪽에 정답이 나와 있다.

ANGELA WEISS/AFP/Getty Images; Dimitrios Kambouris/Getty Images Entertainment/Getty Images; Stephane Cardinale - Corbis/Corbis News/Getty Images; Jamie McCarthy/Getty Images Entertainment/Getty Images; Theo Wargo/WireImage/Getty Images; Jon Kopaloff/Getty Images Entertainment/Getty Images

주 발생한다. 하지만 사람은 사물의 일부가 가려져 있더라도 그것이 여전히 존재한다고 쉽게 이해하고, 환경에 대한 지식을 바탕으로 무엇이 있을 가능성이 있는지를 판단할 수 있다. 부분적으로 가려진 사물은 은폐되었다고 한다. **은폐**(occlusion)란 어떤 것이 시야에서 가려지는 과정을 의미한다. **그림** 3.8의 안경과 이 장의 처음에 나왔던 흰 강아지는 부분적으로 은폐되어 있다.

은폐(occlusion)
사물, 장면의 일부나 전체가 시야에서 가려지거나 차단되는 등 보이지 않게 되는 지각 현상.

우리는 또한 또렷하게 보이지 않는 사물도 인식할 수 있다. **그림** 3.9에 있는 흐릿한 얼굴들을 살펴보자. 몇 명이나 알아볼 수 있는지 확인한 다음, 95쪽에 있는 정답을 참고해 보자. 이미지의 질이 떨어짐에도 불구하고 인간은 대부분의 얼굴을 알아볼 수 있지만, 컴퓨터는 이 과제를 잘 수행하지 못한다(Sinha, 2002). 최근 몇 년간 컴퓨터 비전 기술이 크게 발전했음에도 불구하고, 컴퓨터는 여전히 흐릿한 사물을 인식하는 데 어려움을 겪는다. 인간은 흐릿한 이미지에 대한 훈련과 노출을 통해 점점 더 나아지는 반면, 컴퓨터는 그러한 훈련에 똑같이 반응하지 않는 것으로 보인다(Yoshihara, Fukiage, & Nishida, 2023).

사물은 다른 각도에서 다르게 보인다

지각하는 기계가 마주하는 또 하나의 문제는 사물이 종종 다양한 각도에서 보인다는 점이다. 이로 인해 **그림** 3.10처럼 사물의 이미지가 계속해서 변화한다. 사람이 사물을 다양한 시점에서도 동일하게 인식할 수 있는 능력을 **관점 불변**(viewpoint invariance)이라고 한다. 컴퓨터 비전 시스템은 이러한 관점 불변을 달성하기 위해, 사물의 서로 다른 시점에서 어떤 지점들이 일치하는지를 판단하는 복잡한 계산을 포함한 번거로운 과정을 거쳐야만 한다(Vedaldi, Ling, & Soatto, 2010).

관점 불변(viewpoint invariance)
한 사물을 다양한 시점에서 관찰해도 동일한 사물로 인식하는 능력.

장면에는 높은 수준의 정보가 담겨 있다

사물에서 장면으로 넘어가면 복잡성의 수준이 한층 더 높아진다. 장면에는 종종 여러 개의 사물이 존재할 뿐만 아니라 이 사물들이 장면에 대한 정보를 제공하고 있으며, 그 정보를

그림 3.10 각각의 다른 시점을 동일한 의자로 인식할 수 있는 능력은 관점 불변의 예시이다.

(a)

(b)

(c)

Bruce Goldstein

이해하려면 일정한 추론이 필요하다. 예를 들어, **그림** 3.5에 있는 비행기 사진을 생각해 보자. 이 비행기들이 에어쇼에 전시 중이라고 판단할 수 있는 근거는 무엇일까? 만약 이 비행기가 오래된 군용기로 보이고, 현재는 사용되지 않는 기종이라는 사실을 알고 있다면, 이 장소가 공항일 가능성은 낮다고 추론할 수 있을 것이다. 또한 사진 속 사람들은 잔디밭 위를 걷고 있고 짐을 들고 있지 않기 때문에, 탑승을 기다리는 승객이 아님을 알 수 있다. 이러한 단서들은 사람에게는 명확하고 거의 자동으로 인식되지만 컴퓨터에게는 매우 세세하게 프로그래밍되어야 하는 복잡한 작업이다.

지각하는 기계가 겪게 되는 어려움은 지각 과정이 사람들이 처음에 생각하는 것보다 훨씬 더 복잡하다는 점을 보여준다. 따라서 우리가 지각을 설명하는 데 있어 수행해야 할 과제는 이 과정을 설명하는 것이며, 특히 '인간 지각 기계'가 어떻게 작동하는지에 초점을 맞추는 것이다. 이를 위해 인간의 지각 체계가 사용하는 (1) 수용기를 자극하는 환경의 에너지와 (2) 상황에 영향을 미치는 관찰자의 지식과 기대 두 가지 유형의 정보를 먼저 알아보자.

3.3 인간의 지각을 위한 정보

지각은 환경의 정보라는 기반 위에 구축된다. 무언가를 바라보면 망막 위에 영상이 형성된다. 이 영상은 전기 신호를 만들어내고, 이 신호는 망막을 거쳐 뇌의 시각 수용 영역으로 전달된다. 이러한 눈에서 뇌로 이어지는 일련의 과정은 **상향 처리**(bottom-up processing)라고 불리며, 이는 환경 에너지가 수용기를 자극할 때 시스템의 '하위', 즉 시작점에서 출발하기 때문이다.

상향 처리 (bottom-up processing)
감각 수용기에 의해 받아들여진 정보로부터 시작되는 처리 방식으로, 데이터 기반 처리(data-based processing)라고도 부른다.

하지만 지각은 수용기의 활성화와 상향 처리로 제공되는 기반 정보 외에도 추가적인 정보를 포함한다. 지각에는 또한 개인의 환경에 대한 지식이나, 지각 상황에 대해 사람들이 갖는 기대와 같은 요소들이 관여한다. 예를 들어, 1장에서 설명한 실험을 떠올려 보자. 이 실험에서는 부엌 장면에서 빠르게 제시된 물체가 그 장면에 어울릴 때 사람들이 더 정확하게 물체를 식별한다는 결과가 나왔다(**그림** 1.13). 우리가 환경에 대해 가지고 있는 이러한 지식은 **하향 처리**(top-down processing)의 기초가 되며, 이는 지각 체계의 '상위', 즉 뇌에서 출발하는 처리 방식이다. 이러한 지식 덕분에 사람은 물체나 장면을 빠르게 인식할 수 있을 뿐만 아니라, 단순히 물체를 식별하는 것을 넘어 장면 속에 담긴 의미까지도 파악할 수 있게 된다. 이제 우리는 하향 처리의 추가적인 두 가지 예시, 즉 사물을 지각하는 과정과 문장에서 단어를 듣고 인식하는 과정을 살펴볼 것이다.

하향 처리 (top-down processing)
개인이 가지고 있는 지식이나 기대를 기반으로 이루어지는 처리 방식으로, 지식 기반 처리(knowledge-based processing)라고도 부른다.

사물 지각하기

그림 3.11에 제시된 하향 처리의 예는 '얼룩의 다중 속성 문제'라고 불린다. 왜냐하면, 모든 얼룩은 동일한 형태임에도 불구하고, 그것이 놓인 방향과 맥락에 따라 서로 다른 사물로 지각되기 때문이다(Oliva & Torralba, 2007). 예를 들어, **그림** 3.11b에서는 테이블 위의 사물로, **그림** 3.11c에서는 몸을 굽힌 사람의 신발로, **그림** 3.11d에서는 도로를 건너는 자동차와 사람으로 지각된다. 우리는 이러한 얼룩을 서로 다른 사물로 지각하는데, 이는 각기 다른 유형의 장면 안에서 어떤 사물이 있을 가능성이 큰지에 대한 우리의 지식 때문일 것이다. 이처럼 사람이 컴퓨터에 비해 가지는 우위는 일정 부분 추가적인 하향식 지식에서 비롯된다.

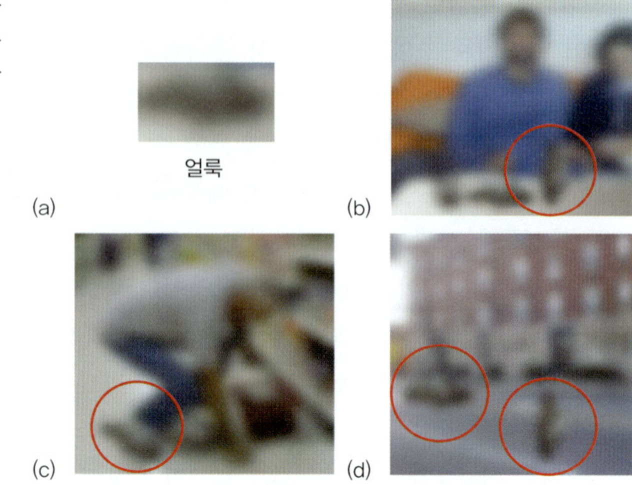

그림 3.11 '얼룩의 다중 속성 문제'. 서로 다른 맥락에서 우리가 무엇을 기대하는지에 따라 원 안의 '얼룩'을 어떻게 인식하는지가 달라진다.

출처: A. Oliva & A. Torralba, 2007에서 수정 인용함.

만약 컴퓨터도 유사한 하향 처리 정보를 무제한으로 활용할 수 있다면, 얼룩 문제도 인간만큼 성공적으로 해결할 수 있을 것이다.

문장에서 단어 듣기

하향 처리가 말소리 지각에 영향을 미치는 한 가지 예는 최근 집에서 영화를 보다가 직접 경험한 것이다. 나는 가끔 요리를 하면서 음악을 듣거나 영화를 틀어놓는 것을 좋아한다. 그날 저녁에는 내가 좋아하는 영화 중 하나인 〈아바타〉(2009)를 틀었다. 영화를 보는 동안 몇몇 장면에서 무슨 말이 오가는지 전혀 알 수 없다는 것을 깨달았다. 판도라의 원주민들은 '나비(Na'vi)'라는 언어를 사용하는데, 나는 이 언어를 전혀 알지 못한다. 그럴 때면 대사는 끊임없이 이어지는 하나의 소리 덩어리처럼 들렸다. 무슨 말을 하는지 알아내기 위해 자막을 봐야만 했다. 그런데 흥미롭게도, 이 영화를 여러 번 봤던 경험 덕분에 몇몇 단어나 대사를 알아차릴 수 있었다. 그 결과 실제로는 존재하지 않는 말의 경계를 지각하게 되었다. 이전의 기억이 내가 듣는 방식에 영향을 준 것이다(이와 동일한 현상은 우리가 능숙하지 않은 언어의 대화를 들을 때, 몇몇 단어나 문장을 이해할 수 있을 때에도 나타난다).

말소리 분절 (speech segmentation) 연결된 음성 신호 속에서 개별 단어를 구분하고 지각하는 과정.

대화 중에서 한 단어가 끝나고 다음 단어가 시작되는 시점을 구별할 수 있는 능력을 **말소리 분절**(speech segmentation)이라고 한다. 영어에만 익숙한 청자와 스페인어에 익숙한 청자가 동일한 소리 자극을 받아들이면서도 서로 다른 방식으로 지각한다는 사실은, 각 청자의 언어 경험(혹은 경험 없음)이 지각에 영향을 미치고 있음을 의미한다. 연속적인 음성 신호는 귀로 들어와 뇌의 언어 처리 영역으로 향하는 신호를 유발하는데, 이는 상향 처리에 해당한다. 만약 청자가 그 언어를 이해한다면, 언어에 대한 지식을 바탕으로 개별 단어들을 지각하게 되며, 이는 하향 처리의 결과이다.

전이 확률 (transitional probabilities) 한 음소가 단어 안에서 다른 음소를 뒤따를 확률.

말소리를 분절하는 데에는 단어의 의미를 아는 것이 도움이 되지만, 청자들은 이 외의 다른 정보들도 활용하여 분절을 이룬다. 우리는 언어를 배울 때 단어의 의미만을 배우는 것이 아니다. 우리는 자각하지 못하는 사이에 하나의 소리가 단어 안에서 다른 소리를 따라올 가능성인 **전이 확률**(transitional probabilities)도 함께 배우고 있다. 예를 들어, pretty baby라는 표현을 생각해 보자. 영어에서는 pre와 ty가 같은 단어 안에 있을 가능성은 높지만(**pre-tty**), ty와

ba가 같은 단어에 있을 가능성은 상대적으로 낮다(pretty baby).

모든 언어에는 서로 다른 소리들 사이에 고유한 전이 확률이 존재하며, 이러한 전이 확률과 언어의 다른 특징들을 학습하는 과정을 **통계적 학습**(statistical learning)이라고 한다. 연구에 따르면 생후 8개월밖에 되지 않은 영아들도 통계적 학습을 수행할 수 있는 것으로 나타났다.

통계적 학습(statistical learning) 전이 확률이나 언어의 다른 특성들을 학습하는 과정. 통계적 학습은 환경 안에 일반적으로 어떤 유형의 사물이 나타나는지를 학습하는 과정을 통해 시각 영역에서 발생할 수 있다.

Jennifer Saffran과 동료들(1996)은 어린 영아에게서 통계적 학습이 일어남을 보여주는 초기 실험을 수행했다. **그림** 3.12a는 이 실험의 설계를 보여준다. 학습 단계에서 영아들은 bidaku, padoti, golabu, tupiro와 같은 네 개의 무의미한 '단어'를 들었다. 이 단어들은 무작위 순서로 결합되어 2분간의 연속적인 소리 자극을 구성했다. 예를 들어, 다음과 같은 문자열이 생성될 수 있다. bidaku**padoti**golabu**tupiro**padoti**bidaku**……. 여기서는 단어를 구분하기 쉽게 하기 위해 두 단어마다 굵게 표시했지만, 실제로 영아가 이 문자열을 들을 때는 모든 단어가 동일한 억양으로 발음되었고, 각 단어의 시작과 끝을 알려주는 구분은 전혀 없었다.

단어 안에서 두 음절 사이의 전이 확률은 항상 1.0이었다. 예를 들어, bidaku라는 단어의 경우, /bi/가 제시되면 항상 /da/가 뒤따랐고, 마찬가지로 /da/가 제시되면 항상 /ku/가 뒤따랐다. 다시 말해, 이 세 소리는 항상 함께 나타났고 동일한 순서로 배열되어 bidaku라는 단어를 형성했다.

한 단어의 **끝**과 다음 단어의 **시작** 사이의 전이 확률은 단지 33%에 불과했다. 다시 말해, bidaku의 마지막 소리인 /ku/ 다음에 padoti의 첫소리인 /pa/가 올 확률은 33%, tupiro의 /tu/가 올 확률도 33%, golabu의 /go/가 올 확률도 33%였다.

만약 Saffran의 실험에 참여한 영아들이 전이 확률에 민감하다면, bidaku나 padoti와 같은 자극을 단어로 지각했을 것이다. 왜냐하면, 이들 단어의 세 음절은 100%의 전이 확률로 서로 연결되어 있기 때문이다. 반대로 tibida와 같은 자극은 단어로 지각되지 않았을 것이다. 이는 padoti의 끝부분과 bidaku의 시작 부분이 결합된 것으로, 그 사이의 전이 확률이 훨씬 낮기 때문이다.

영아들이 실제로 bidaku나 padoti와 같은 자극을 단어로 지각했는지를 확인하기 위해, 연구자들은 세 음절로 이루어진 자극 쌍을 제시하여 테스트를 진행했다. 이 중 일부 자극은 이

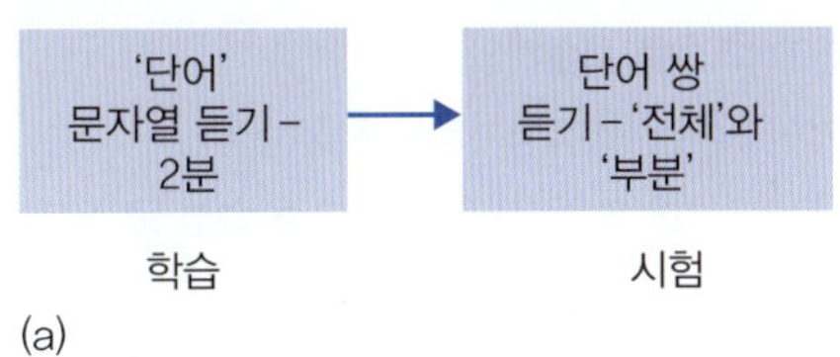

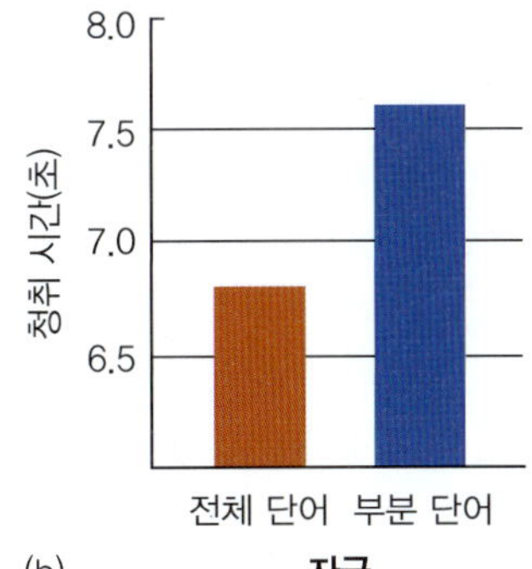

그림 3.12 (a) Saffran과 동료들(1996)이 설계한 실험으로, 영아들이 연속된 무의미 음절들을 듣고 어떤 소리들을 하나로 인식하는지를 시험했다. (b) 실험 결과, 영아들은 '부분 단어' 자극에 더 오래 주의를 기울였다.

전에 제시되었던 padoti와 같은 '전체 단어(whole-word)' 자극이었다. 반면 다른 자극들은 한 단어의 끝부분과 다른 단어의 시작 부분을 조합해 만든 것으로, 예를 들어 tibida와 같은 '부분 단어(part-word)' 자극이었다.

연구자들은 영아들이 전체 단어 자극보다 부분 단어 자극을 더 오래 들으려 할 것으로 예측했다. 이는 영아들이 반복되어 익숙해진 자극에는 흥미를 잃고 이전에 경험하지 않은 새로운 자극에는 더 많은 주의를 기울인다는 이전 연구 결과에 근거한 것이다. 따라서 만약 영아들이 2분간의 학습 세션 동안 반복적으로 들었던 전체 단어 자극을 실제 단어로 지각했다면 익숙한 자극에는 덜 집중하고 단어로 인식하지 못한 새로운 부분 단어 자극에는 더 많은 주의를 기울였을 것이다.

Saffran은 소리를 들을 때 영아들이 어느 정도의 시간 동안 주의를 기울이는지를 측정하기 위해 소리가 나오는 스피커 근처에 깜빡이는 불빛을 제시했다. 불빛이 영아의 주의를 끌면 소리가 재생되었고 영아가 불빛에서 시선을 돌릴 때까지 소리는 계속되었다. 즉, 영아는 불빛을 바라보는 시간에 따라 소리를 듣는 시간을 스스로 조절한 셈이다. **그림** 3.12b는 예측한 대로 영아들이 부분 단어 자극을 더 오래 들었다는 결과를 보여준다. 이러한 결과를 통해 우리는 음절 간의 전이 확률을 이용해 소리를 단어 단위로 분절하는 능력이 매우 이른 시기부터 시작된다는 결론을 내릴 수 있다.

얼룩에 대한 지각이 맥락에 따라 달라지는 사례와 말소리의 통계에 대한 지식이 연속적인 음성 흐름에서 단어를 만들어내는 능력에 영향을 미치는 사례는 우리가 상황에 적용하는 지식에 기반한 하향 처리가 지각에서 중요한 역할을 한다는 것을 보여준다.

우리는 지금까지 지각이 두 가지 유형의 정보에 의존한다는 것을 살펴보았다. 하나는 수용기를 자극하는 정보인 '상향 처리(bottom-up)'고, 다른 하나는 지식에 기반한 정보인 '하향 처리(top-down)'다. 지각 체계가 이 두 가지 정보를 어떻게 활용하는지에 대해서는 사람마다 다양한 방식으로 설명해 왔다. 이제 우리는 사물 지각에 대한 네 가지 주요 접근 방식을 살펴볼 것이다. 이 여정은 1800년대부터 시작되어 현대의 사물 지각 이론에 이르기까지 이어질 것이다.

자가 테스트

1. 엘레나의 자전거 사례는 지각에 대해 무엇을 보여주는가? 지각의 특성 중 최소 3가지를 나열하고 왜 지각이 단순히 사물을 식별하는 것 이상으로 중요한지에 대해 설명하라.
2. '지각 퍼즐'과 컴퓨터 비전 사례를 바탕으로 외부 세계에 무엇이 있는지를 결정하는 것이 왜 수용기 상의 명암 패턴 이상의 것을 필요로 하는지에 대해 예시를 들어 설명하라.
3. 1950년대부터 시작된 컴퓨터 비전 기술의 발달이 오늘날에 이르기까지 어떻게 변화했는지 그 과정을 서술하라.
4. 지각하는 기계를 만드는 것이 어려운 이유 4가지를 서술하라.
5. 상향 처리와 하향 처리는 무엇인가? 또한 (1) 얼룩의 다중 속성 문제, (2) 문장에서 개별 단어를 듣는 사례가 왜 지각이 단순한 상향 처리 이상임을 보여주는 사례임을 서술하라.
6. 생후 8개월 유아도 전이 확률에 대해 민감함을 보여준 영아 대상 통계적 학습 실험을 설명하라.

3.4 사물 지각의 이해

사람이 정보를 어떻게 활용하는지에 대한 초기 이론은 Hermann von Helmholtz(1866/1911)에 의해 제안되었다.

Helmholtz의 무의식적 추론 이론

Hermann von Helmholtz(1821-1894)는 열역학, 신경생리학, 시지각, 미학 등 다양한 분야에 중요한 기여를 한 물리학자다. 또한 그는 안검경(ophthalmoscope)을 발명했으며 이 기기는 오늘날에도 여전히 의사들이 눈 속 혈관을 검사하는 데 사용되고 있다.

Helmholtz의, 지각에 대한 기여 중 하나는, 망막에 맺히는 영상이 본질적으로 모호하다는 그의 인식에 기초한다. 앞서 살펴본 것처럼, 모호성이란 망막 위에 나타나는 특정한 자극 패턴이 실제 환경에서는 무한히 많은 가능한 사물들에 의해 생성될 수 있음을 의미한다(**그림** 3.7). 예를 들어, **그림 3.13a**와 같은 영상이 망막에 맺혔다면, 우리는 이 영상이 현실 세계에서 무엇을 나타내는 것인지 어떻게 가정할 수 있을까? 아마도 파란색 사각형이 빨간색 사각형 앞에 있는 것이라는, 그럴듯한 해석을 떠올릴 수 있을 것이다(**그림** 3.13b). 이러한 해석에 따르면 **그림 3.13a**에서 빨간 사각형은 파란 사각형 뒤에 부분적으로 가려져 있는 것이다. 그러나 실제 세계에는 이 외에도 수많은 가능한 해석이 존재한다. 예를 들어, **그림 3.13c**에서처럼 여섯 면을 가진 빨간 도형이 파란 사각형 뒤나 옆에 놓여 있을 수도 있고, **그림 3.13d**에서처럼 물결치는 가장자리를 가진 도형일 수도 있다. 이는 무한히 많은 가능성 중 단지 두 가지에 불과하다.

Helmholtz의 질문은, 지각 체계가 망막 상의 이미지가 어떻게 겹쳐진 직사각형으로 인해 만들어진 것이라고 '판단'하는가에 대한 것이다. 이에 대한 그의 대답은 있음직함 원리(likelihood principle)였다. 이 원리에 따르면, 우리는 자신이 받아들인 자극 패턴을 만들어냈을 **가능성이 가장 큰** 사물을 지각하게 된다. Helmholtz에 따르면, 이러한 '가장 그럴듯한 것'에 대한 판단은 무의식적 추론(unconscious inference)이라고 불리는 과정을 통해 이루어진다. 즉, 우리가 지각하는 것은 환경에 대해 무의식적으로 하는 가정이나 추론의 결과라는 것이다. 예를 들어, 우리는 과거에 비슷한 상황을 경험해 본 적이 있기 때문에 **그림 3.13a**에서 하나의 사각형이 다른 사각형을 가리고 있는 모습일 가능성이 크다고 **추론**하게 된다. 다시 말해, **그림 3.13**에 있는 (b), (c), (d)가 모두 가능한 해석이지만, 우리의 과거 경험은 (b)의 가능성이 (c)나 (d)보다 훨씬 높다고 말해주는 것이다.

있음직함 원리(likelihood principle) 우리가 받아들인 지각 패턴에 대해 가장 그 패턴을 유발했을 가능성이 높은 사물을 지각한다는 Helmholtz의 무의식적 추론 이론의 일부.

무의식적 추론(unconscious inference) 우리의 일부 지각은 환경에 대해 무의식적으로 내리는 가정에서 비롯된다는 Helmholtz의 이론.

Helmholtz가 묘사한 지각 과정은 문제해결 과정과 유사하다. 지각에서의 문제란, 특정한 자극 패턴이 어떤 사물에 의해 생성되었는지를 판단하는 것이며, 이 문제는 지각 체계가 관찰자의 환경에 대한 지식을 활용해 해당 사물이 무엇일 가능성이 있는지를 추론하는 과정을 통해 해결된다.

Helmholtz의 이론의 중요한 특징 중 하나는 망막에 나타난 자극 패턴을 만들어낸 가장 가

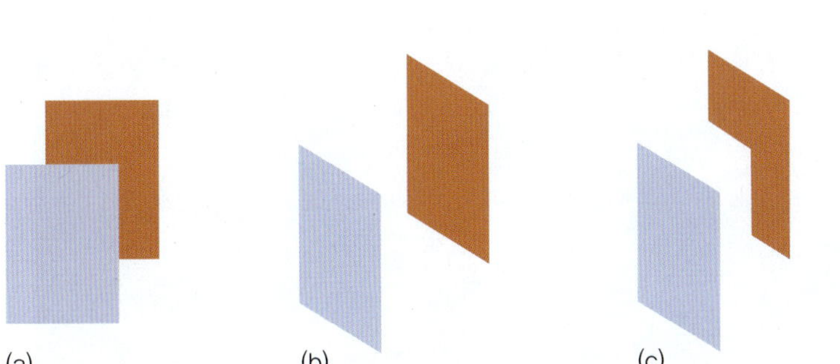

그림 3.13 (a)의 이미지는 보통 (b)와 같이 파란 직사각형이 빨간 직사각형 앞에 놓인 것으로 해석된다. 하지만 이 이미지는 (c)처럼 파란 직사각형에 적절하게 배치된 빨간 육각형일 수도 있고, (d)처럼 세 개는 정상적인 모서리를 가지고 한 개는 물결치는 모서리를 가진 빨간 도형 앞의 파란 직사각형일 수도 있다.

능성 큰 원인을 지각하는 이 과정이 매우 빠르고 무의식적으로 일어난다는 점이다. 있음직함 원리에 기반한 이러한 무의식적인 가정들은 실제로는 빠른 처리를 거쳐 이루어지는 것임에도 불구하고, 마치 지각이 '순간적으로' 이루어진 것처럼 느껴지게 만든다. 따라서 **그림** 3.2의 장면에 제시된 지각 퍼즐을 큰 어려움 없이 해결할 수 있었다 하더라도 Helmholtz에 따르면 이러한 능력은 우리가 의식하지 못하는 과정의 결과다(이와 관련된 아이디어의 보다 최신 버전은 Rock, 1983을 참고하라).

조직화의 게슈탈트 법칙

게슈탈트 심리학자(Gestalt psychologists)
지각 조직화 원리 등 지각을 규율하는 원리를 제안하고 문제해결의 지각적 접근법을 발전시킨 심리학자 집단.

이제 우리는 Helmholtz가 무의식적 추론 이론을 제안한 후 약 30년 뒤에 등장한 집단, 게슈탈트 심리학자들(Gestalt psychologists)이 제안한 지각 이론을 살펴볼 것이다. 게슈탈트 접근법의 목표 역시 Helmholtz와 마찬가지로 우리가 사물을 어떻게 지각하는지를 설명하는 것이었지만, 이들은 이 문제를 전혀 다른 방식으로 접근했다.

게슈탈트 접근은 부분적으로 Wilhelm Wundt의 구조주의에 대한 반작용으로 시작되었다(7쪽 참조). 1장에서 보았듯이, Wundt는 우리의 전체적인 경험이 '감각'이라는 기본 요소들을 결합함으로써 이해될 수 있다고 제안했다. 이러한 관점에 따르면, **그림** 3.14와 같은 복잡한 장면에 대한 우리의 지각은 이 그림에서 점들로 표현된 수많은 감각들을 더해 나감으로써 형성된 것이다.

게슈탈트 심리학자들은 지각이 감각들을 단순히 '더하는 것'에 의해 형성된다는 생각을 거부했다. 지각이 작은 감각들의 합으로 설명될 수 없다는 게슈탈트 이론의 출발점 중 하나는 심리학자 Max Wertheimer의 한 경험에서 비롯된 것으로 알려져 있다(Boring, 1942). 1911년에 Wertheimer는 기차로 독일 여행을 하고 있었는데 프랑크푸르트 역에 내려 잠시 다리를 풀던 중 장난감을 파는 노점상에게서 스트로보스코프를 구입했다. 스트로보스코프는 약간씩 다른 두 장면을 빠르게 번갈아 보여주면서 움직임의 착각을 만들어내는 기계 장치다. 그는 이 장치를 통해 보게 된 움직임의 착시 현상이 감각의 조합으로 경험이 만들어진다는 구조주의적 설명으로는 도저히 설명되지 않는다는 점에 의문을 갖게 되었다.

Bequest of Stephen C. Clark, 1960

그림 3.14 구조주의에 따르면, 여러 감각(점으로 표현됨)이 합쳐서 쇠라(Seurat)의 〈서커스 퍼레이드(Parade de Cirque)〉(1889)와 같은 복잡한 장면에 대한 우리의 지각을 형성한다. 이 작품은 점묘법으로 그려졌다.

그림 3.15는 스트로보스코프가 만들어내는 움직임 착시 현상의 원리를 도식화한 것이다. 이 현상은 실제로는 아무것도 움직이지 않지만 움직임이 지각되기 때문에 가현 운동(apparent movement)이라고 불린다. 가현 운동은 세 가지 자극 요소에 의해 생성된다. (1) 첫 번째 빛이 깜빡이며 켜졌다가 꺼지고(**그림 3.15a**), (2) 아주 짧은 시간 동안 어두운 공백이 이어지며(**그림 3.15b**), (3) 두 번째 빛이 깜빡이며 켜졌다가 꺼진다(**그림 3.15c**). 물리적으로는 두 개의 빛이 잠시 어두운 간격을 두고 번갈아 깜빡이는 것일 뿐이다. 그러나 우리는 그 어두운 간격을 보지 못하는데, 이는 우리의 지각 체계가 그 사이에 어떤 것을 보완해 넣기 때문이다. 즉, 지각 체계는 두 점 사이를 지나가는 빛의 움직임이라는 지각을 생성해낸다(**그림 3.15d**). 현대적인 가현 운동의 예로는, 움직이는 광고나 뉴스 헤드라인을 보여주는 전자 게시판이 있으며, **그림 3.16**에 나오는 디지털 주식 시세 표시기도 여기에 해당한다. 텔레비전이나 영화에서 나타나는 움직임 역시 가현 운동의 또 다른 예이다.

이와 같이 움직임에 대한 지각은 아주 강력하기 때문에 실제로는 정지된 불빛이 깜빡이거나(주식 시세 표시기의 경우) 정지된 이미지가 연속적으로 제시된다는 사실(영화의 경우)을 상상하기 힘들다.

Wertheimer는 가현 운동 현상으로부터 두 가지 중요한 결론을 이끌어냈다. 첫 번째 결론은 가현 운동은 감각만으로는 설명될 수 없다는 것이다. 왜냐하면, 깜빡이는 불빛 사이의 어두운 공간에는 실제로 아무것도 존재하지 않기 때문이다. 두 번째 결론은 게슈탈트 심리학의 기본 원리 중 하나로 '전체는 부분의 합과 다르다'는 것이다. 이 결론은 지각 체계가 정지된 이미지들로부터 움직임이라는 새로운 지각을 만들어낸다는 사실에 기초한다. 전체는 단순히 구성 요소들을 더한 것 이상의 특성을 지니며, 이 생각은 게슈탈트 심리학자들이 여러 요소들이 어떻게 하나의 더 큰 사물로 조직되는지를 설명하기 위한 지각 조직화 원리(principles of perceptual organization)로 이어졌다. 예를 들어, **그림 3.17**에서는 검은 영역 일부가 개의 형상으로 조직화되고, 나머지는 배경의 그림자로 지각된다. 이제 우리는 엘레나가 학교 수업에 가기 위해 자전거를 타던 장면으로 다시 돌아가며, 몇 가지 게슈탈트 원리를 살펴볼 것이다.

부드러운 연속성 부드러운 연속성 원리(principle of good continuation)는 다음과 같이 설명된

그림 3.16 뉴욕 타임스 스퀘어에 있는 디지털 주식 시세 전광판.

(a) 하나의 불빛이 깜빡임

(b) 암전

(c) 두 번째 불빛이 깜빡임

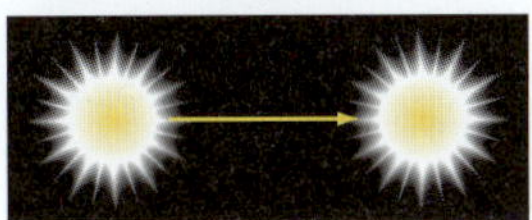
(d) 깜빡임 – 어둠 – 깜빡임

그림 3.15 가현 운동이 발생하는 조건. (a) 하나의 불빛이 깜빡이면, (b) 이어서 짧은 어둠의 순간이 지나가고, (c) 다른 위치에서 또 다른 불빛이 깜빡인다. (d) 그 결과, 왼쪽에서 오른쪽으로 불빛이 지나가는 것처럼 지각된다. 두 불빛 사이에는 실제로 존재하는 것은 짧은 어둠뿐이지만 그 사이에서 움직임이 지각된다.

가현 운동(apparent movement) 서로 다른 위치에 있는 자극들이 적절한 시간 간격을 두고 순차적으로 보일 때 하나의 물체가 움직이는 것처럼 지각되는 착시 현상.

지각 조직화 원리(principles of perceptual organization) 장면이나 화면 속 작은 요소들이 지각적으로 묶여 더 큰 단위로 형성되는 과정을 설명하기 위해 게슈탈트 심리학자들이 제안한 규칙. 이 책에서는 이러한 규칙들을 '어림법'으로 부른다.

부드러운 연속성 원리(principle of good continuation) 서로 연결했을 때 직선 혹은 부드럽게 휘어진 곡선으로 보이는 점들의 집합은 서로 같이 연결된 것으로 보이고, 연결된 선은 가장 자연스럽고 완만한 경로로 지각된다는 지각 조직화 원리.

그림 3.17 개로 지각 조직화되는 흑백의 형태들(101쪽의 그림 3.36에서 개의 윤곽을 볼 수 있다).

Cengage Learning, Inc., AnetaPics/Shutterstock.com; Scratchgravel Publishing Services

다. 어떤 점들이 서로 연결되어 직선이나 부드럽게 굽은 선을 이룰 수 있을 때, 우리는 그 점들을 하나의 전체로 인식하며 이 선들은 가능한 한 가장 매끄러운 경로를 따라 이어지는 것으로 지각된다. 또한 어떤 사물이 다른 사물에 의해 가려져 있을 때, 우리는 그것이 그 뒤로도 계속 이어지는 것으로 인식한다. 따라서 엘레나가 **그림 3.1c**에서 보이는 감긴 밧줄의 한쪽 끝을 잡고 당겼을 때, 그것이 하나의 연속된 밧줄임을 발견하더라도 전혀 놀라지 않았을 것이다(**그림 3.18**). 그 이유는 밧줄의 여러 부분이 서로 겹쳐져 있음에도 불구하고, 그녀는 그것을 여러 조각으로 된 밧줄로 지각하지 않고 하나의 연속된 형태로 지각했기 때문이다(신발 끈을 생각해 보자).

프레그난츠 법칙
(law of Prägnanz)
모든 자극 패턴은 가능한 한 단순한 형태로 지각된다고 설명하는 지각 조직화 원리. '좋은 형태 원리(law of good figure)' 혹은 '단순성의 원리(law of simplicity)'라고도 부른다.

좋은 형태 원리
(principle of good figure)
프레그난츠 법칙 참조.

단순성 원리
(principle of simplicity)
프레그난츠 법칙 참조.

좋은 형태(Prägnanz) Prägnanz는 독일어로 대략 '좋은 형태(good figure)'라는 의미를 가진다. **프레그난츠 법칙**(law of Prägnanz)은 **좋은 형태 원리**(principle of good figure) 또는 **단순성 원리**(principle of simplicity)라고도 불리며, 모든 자극 패턴은 그 결과 구조가 가능한 한 가장 단순하게 보이도록 지각된다고 설명한다. **그림 3.20**에 있는 익숙한 올림픽 상징(그리고 **그림 3.19a**에 있는 단순화된 버전)은 단순성의 원리가 작용하는 대표적인 예이다. 우리는 이 도형을 복잡한 형태의 모임으로 지각하지 않고, 다섯 개의 원으로 인식한다. 반면, **그림 3.19b**에 제시된 올림픽 상징의 '분해된' 형태를 보면, 복잡하고 불규칙한 도형들로도 해석될 수 있다(이때 부

(a)

(b)

Ralph Hale

그림 3.18 (a) 감겨 있는 밧줄. (b) 부드러운 연속성에 따라 우리는 이 밧줄을 여러 개의 분리된 조각이 아니라 하나의 줄로 지각한다.

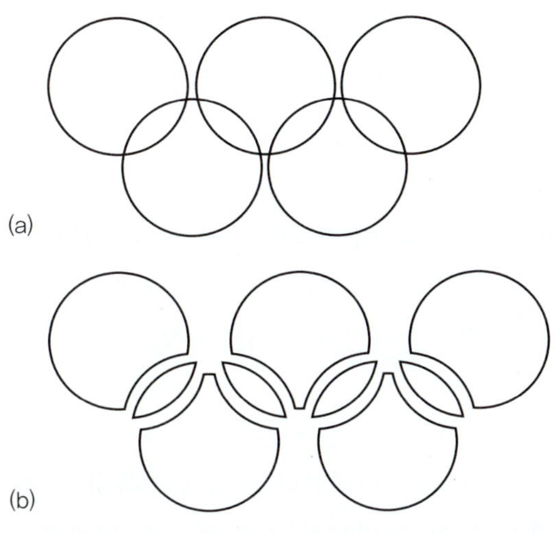

그림 3.19 올림픽의 상징인 오륜은 (a)와 같이 다섯 개의 원으로 지각되지, (b)처럼 9개의 서로 다른 형태로 지각되지 않는다.

드러운 연속성 법칙 역시 우리가 다섯 개의 원을 지각하는 데 기여한다는 점도 생각해 보자. 왜 그런지 이해할 수 있는가?).

유사성 대부분의 사람들은 **그림 3.21a**를 가로줄로 배열된 원들이나 세로줄로 배열된 원들, 혹은 그 둘 모두로 지각한다. 하지만 **그림 3.21b**처럼 일부 열의 색깔을 바꾸면, 대부분의 사람들은 이를 세로 열로 배열된 원들로 지각하게 된다. 이러한 지각은 **유사성 원리**(principle of similarity)를 보여주는 예이다. 즉, **서로 유사한 것들은 함께 묶여 있는 것으로 지각되는 경향이 있다.**

유사성 원리 (principle of similarity) 유사한 것들은 함께 묶여 있는 집단으로 지각된다고 설명하는 지각 조직화 원리.

이 밖에도 기존의 게슈탈트 심리학자들(Helson, 1933)이나 현대 심리학자들(Palmer, 1992; Palmer & Rock, 1994)이 제안한 여러 조직화 원리가 있다. 그러나 중요한 것은 게슈탈트 심리학자들이 지각이 단순히 망막에 맺힌 빛과 어둠의 패턴 이상이라는 것을 발견한 것이다. 그들의 관점에서, 지각은 시각 정보를 조직화하는 특정 원리에 의해 결정된다.

그림 3.20 스위스 로잔에 위치한 국제올림픽위원회 본부 건물(2022). 건물 앞에 있는 올림픽 오륜에 주목해 보자. 각각의 고리는 색상과 형태에서 부분적으로 가려지며 인접한 고리들과 연결되어 있다.

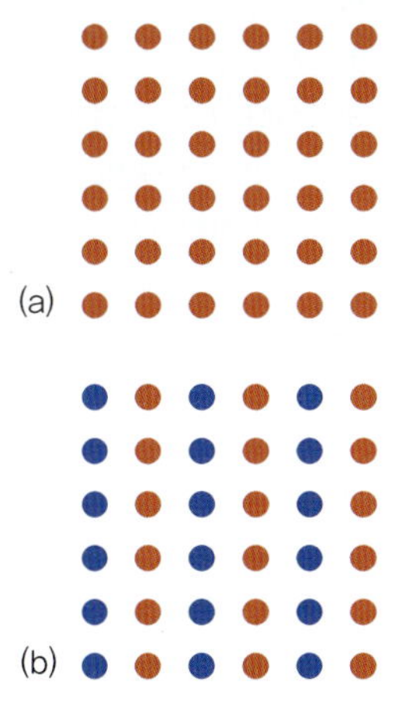

그림 3.21 (a) 이런 패턴의 점들은 수평적인 행이나 수직적인 열로 지각되거나 둘 다로 보인다. (b) 이 점 패턴은 수직의 열로 지각된다.

이러한 조직화 원리는 어디에서 비롯되는 것일까? Max Wertheimer는 1912년에 이 원리들을 '내재적 법칙'이라고 설명했는데, 이는 이러한 원리들이 지각 체계 속에 내재되어 있다는 것을 의미한다. 이러한 '내재성'에 대한 생각은, 지각에 있어 경험이 영향을 미칠 수는 있지만, 경험의 역할은 지각 원리에 비하면 부차적이라는 게슈탈트 심리학자들의 입장과 일치한다(Koffka, 1935 참고). 이러한 관점은, 환경에 대한 우리의 지식이 망막에 나타난 자극 패턴의 원인을 추론하게 해준다고 본 Helmholtz의 있음직함 원리와는 다르다. 또한, 현대의 물체 지각 이론들은 지각이 환경과의 경험을 핵심 요소로 본다는 점에서, 이들과도 구별된다.

환경의 규칙성 고려하기

현대의 지각 심리학자들은 환경 속에서 특정한 특성이 자주 나타난다는 점에 주목하며, 경험을 지각 과정에서 중요한 요소로 간주한다. 예를 들어, 파란색은 맑은 하늘과 연관되어 있고, 풍경은 종종 초록색이며, 수직선과 수평선은 흔히 건축물과 관련된다. 이러한 자주 나타나는 환경의 특성들은 **환경의 규칙성**(regularities in the environment)이라고 불린다. 환경의 규칙성은 **물리적 규칙성**(physical regularities)과 **의미적 규칙성**(semantic regularities) 두 가지 유형으로 나뉜다.

환경의 규칙성(regularities in the environment) 환경 속에서 반복적으로 발생하는 특징이나 속성.

물리적 규칙성(physical regularities) 환경에서 반복적으로 발생하는 물리적 특성.

경사 효과(oblique effect) 수평이나 수직 방향이 다른(기울어진) 방향에 비해 쉽게 지각되는 현상.

물리적 규칙성 **물리적 규칙성**(physical regularities)이란 환경 속에서 규칙적으로 나타나는 물리적 속성을 말한다. 예를 들어, 환경에는 비스듬한 방향에 비해 수직 방향과 수평 방향이 더 자주 등장한다. 이러한 경향은 인간이 만든 '건축된' 환경에서 두드러지게 나타나는데, 예를 들어 건물에는 수평선(**그림 3.22a**)과 수직선(**그림 3.22b**)이 많이 존재한다. 그뿐만 아니라 자연환경에서도 나무, 식물, 지형 등은 비스듬하기보다는 수직(**그림 3.22c**) 또는 수평(**그림 3.22d**)으로 배열되는 경우가 더 많다(Coppola et al., 1998). 따라서 사람들이 수직선과 수평선을 비스듬한 방향보다 더 쉽게 지각하는 것은 우연이 아니다. 이러한 현상을 **경사 효과**

Konstantin L/Shutterstock.com
(a)

I Wei Huang/Shutterstock.com
(b)

Dzmitrock/Shutterstock.com
(c)

Jane_MM/Shutterstock.com
(d)

그림 3.22 인간이 건축한 건물에서는 (a)와 같은 수평 방향이나 (b)의 수직 방향이 경사진 방향보다 더 흔하다. 자연 환경에서는 이러한 경향성이 덜 균일하고 더 변동이 크지만 마찬가지로 볼 수 있다. (c) 수직선과 (d) 수평선이 경사진 방향에 비해 얼마나 더 두드러지는지 주목해 보자.

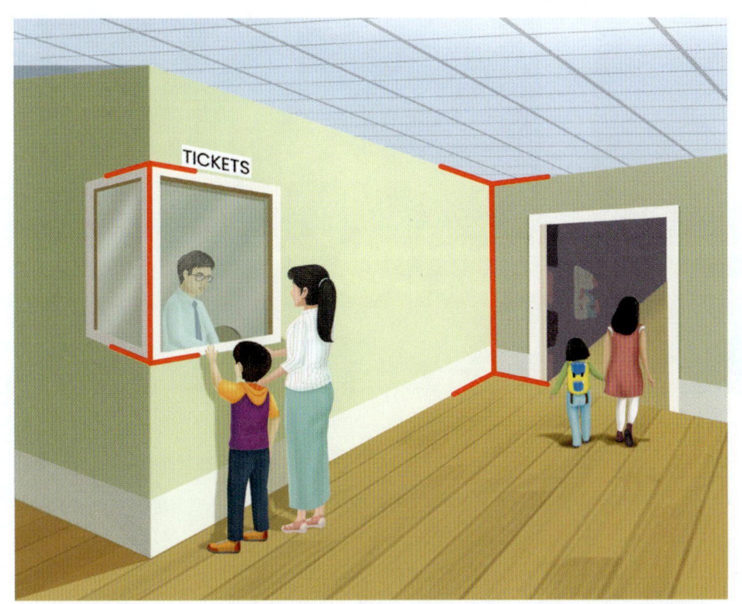

그림 3.23 그림에 있는 두 개의 빨간 수직선을 보자. 바깥으로 향한 화살표가 달린 오른쪽 수직선이 더 길어 보이지만 실제로 두 선의 길이는 같다. 뮐러-라이어 착시는 바깥쪽 화살표가 달린 수직선은 공간적으로 더 멀리(깊숙이 들어간 방의 모서리) 있는 것으로, 안쪽 화살표가 달린 수직선은 더 가까이(앞으로 튀어나온 방의 모서리) 있는 것으로 인식될 가능성이 높기 때문에 발생한다. 이러한 인식의 차이는 수직선 길이의 착시를 일으키며, 이는 우리의 시각 체계가 인공적인 환경에서 발달해 왔기 때문에 발생한다.

(oblique effect)라고 한다(Appelle, 1972; Campbell et al., 1966; Orban et al., 1984). 인간은 이러한 물리적 규칙성에 대한 지식을 선천적으로 타고나는 것이 아니라, 환경 속의 규칙적인 패턴을 관찰함으로써 획득하게 된다. **그림 3.23**에 제시된 뮐러-라이어 착시(Müller-Lyer illusion, 1889)와 같은 일부 착시 현상은 시각 체계가 발달하는 동안 건축된 환경에 노출된 사람들에게만 나타난다(Henrich et al., 2010). 이는 수직선과 수평선을 비스듬한 선보다 더 자주 보게 되는 것이 인간의 지각 발달에 영향을 준다는 사실을 뒷받침해 준다.

또 다른 물리적 규칙성은 **그림 3.24a**에 잘 나타나 있다. 이 그림은 사람들이 모래 위를 걸으면서 생긴 움푹 파인 자국을 보여준다. 그런데 이 그림을 거꾸로 뒤집은 **그림 3.24b**를 보면, 자국은 오히려 둥그스름하게 솟아오른 둔덕처럼 보이게 된다. 이러한 지각의 차이는 하향 조명 가설(light-from-above assumption)로 설명된다. 우리는 보통 빛이 위쪽에서 온다고 가정하는데, 이는 자연광(예: 태양)이나 대부분의 인공조명 등이 실제로 위쪽에 위치하기 때문이다(Kleffner & Ramachandran, 1992). **그림 3.24c**에서는 위쪽과 왼쪽에서 오는 빛이 움푹 파인 자국을 비출 때, 왼쪽에 그림자가 생기는 모습을 보여준다. 반면, **그림 3.24d**에서는 같은 방향의 빛이 돌출된 둔덕을 비추며 오른쪽에 그림자를 만든다. 우리는 이러한 명암 패턴을 해석할 때, 물체의 조명 방식뿐만 아니라 빛이 위에서 온다는 뇌의 가정을 함께 적용하여 형태를 지각하게 된다.

하향 조명 가설(light-from-above assumption) 빛이 위쪽에서 비친다는 가정. 이러한 어림법은 우리가 조명을 받는 삼차원의 물체를 지각하는 과정에 영향을 미친다.

인간이 컴퓨터로 제어되는 로봇보다 사물과 장면을 훨씬 더 잘 지각하고 인식할 수 있는 이유 중 하나는 인간의 지각 체계가 사물의 방향이나 빛의 방향 등 환경의 물리적 특성에 반응하도록 적응되어 있기 때문이다. 하지만 이러한 적응은 단순히 물리적 특성에 국한되지 않는다. 앞서 얼룩의 다중 속성을 살펴보았을 때도 확인했듯이(73쪽 참조), 우리는 특정한 유형의 장면에는 어떤 종류의 사물이 일반적으로 존재하는지를 학습해 왔기 때문에 지각 능력이 더 많이 향상된다.

의미적 규칙성 언어에서 의미는 단어나 문장의 내용을 뜻한다. 이와 같은 의미 개념은 장면을 지각할 때도 적용되며, 우리는 장면에서 일어나는 일에 의미를 부여하거나 그 의미를

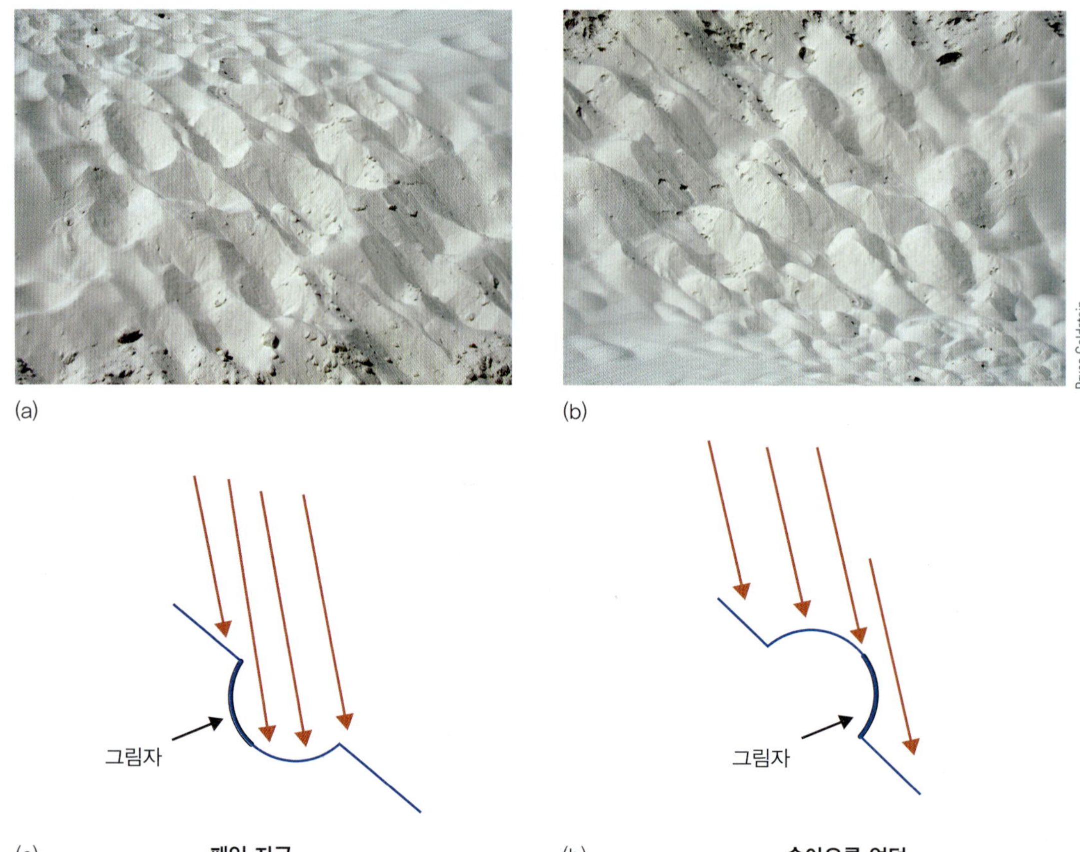

그림 3.24 (a) 사람이 모래 위를 걸어가며 생긴 안으로 패인 자국. (b) 그림을 거꾸로 뒤집으면 움푹 패인 자국은 마치 둥글게 솟아오른 것으로 보인다. (c) 왼쪽 위에서 내리쬐는 빛은 패인 자국을 비추며 왼쪽에 그림자를 만든다. (d) 같은 빛이 볼록한 부분을 비추면 오른쪽에 그림자가 생긴다.

이해하는 방식으로 지각을 수행한다. 예를 들어, 재료 준비나 요리, 그리고 식사가 일어나는 곳은 주로 주방일 것이며, 대기, 티켓 구매, 수하물 확인, 보안 검색 등은 공항에서 발생하는 활동이다. 이러한 **의미적 규칙성**(semantic regularities)은 각기 다른 유형의 장면에서 수행되는 기능과 관련된 특성을 말한다.

의미적 규칙성(semantic regularities) 다양한 종류의 장면에서 수행되는 행동과 관련된 특성. 예를 들어, 식재료 준비하기, 요리하기, 먹는 행위는 주방에서 일어날 가능성이 높을 것이다.

사람들이 의미적 규칙성에 대해 인식하고 있음을 판단하는 방법 중 하나는 다음과 같은 시연을 통해 특정 유형의 장면이나 사물을 상상하게 하는 것이다.

현대인 대부분은 교실이나 카페 내부를 상상하는 것이 크게 어렵지 않을 것이다. 이 능력과 관련해서 중요한 점은 우리가 상상하는 장면 속에 구체적인 세부 정보가 포함되어 있다는 것이다. 대부분의 사람들은 교실과 관련해서 책상, 강사가 사용할 컴퓨터가 있는 강단, 프로젝터, 교실 앞에 있는 칠판이 있는 공간으로 떠올린다. 카페에 대해서는 탁자와 의자, 주문을 바는 카운터, 카운터 뒤의 메뉴판, 커피를 내리는 기계, 어쩌면 계산대까지 떠올릴 것이다. 현미경이나 사자를 상상할 때는 어떨까? 많은 사람들은 하나의 사물만 떠올리는 것이 아니라 특정한 맥락 속의 사물을 떠올렸다고 보고한다. 예를 들어, 현미경은 실험실이나 연구실 안에 놓인 모습으로, 사자는 숲속이나 사바나, 아니면 동물원 안의 모습으로 상상할 수 있다. 이와 같은 시연의 핵심은 우리의 시각적 상상 안에 특정 유형의 장면에 대한 지식이 반영된다는 것이다. 이렇듯 특정한 장면에 일반적으로 포함되는 요소들에 대한 지식을 **장면 도식**(scene schema)이라고 부르는데, 장면 도식이 만들어내는 기대는 우리가 사물과 장면을 지각하는 데 중요한 역할을 한다. 예를 들어, Palmer(1975)의 실험(**그림 1.13**)에서는 사람들

장면 도식(scene schema) 특정 장면에 일반적으로 존재하는 사물들에 대한 지식. 이러한 지식은 주의를 장면의 다른 곳으로 유도할 수 있다. 예를 들어, 사무실에 대한 지식은 컴퓨터를 찾기 위해 책상 위를 보게끔 유도한다.

이 부엌 장면 속에서는 빵을 우편함보다 더 빠르게 인식했다. 이는 '부엌'에 대한 장면 도식이 작동한 결과다. 이와 연결지어 생각해 볼 때 **그림** 3.4의 장면에서 여러분이 가지고 있는 '공항'에 대한 장면 도식은 그 장면에서 어떤 일이 벌어지고 있는지에 대한 해석에 어떤 영향을 미칠 수 있을까?

사람들은 환경 속의 규칙성을 활용하여 지각을 돕지만 자신이 어떤 구체적인 정보를 활용하고 있는지는 대부분 인식하지 못한다. 이러한 지각의 특징은 우리가 언어를 사용할 때 나타나는 현상과 유사하다. 예를 들어, 우리는 언어 속에서 전이 확률을 의식하지 않지만 이를 활용하여 문장 속 단어를 지각한다. 마찬가지로 시각 장면에서의 규칙성에 대해 명시적으로 생각하지 않더라도, 우리는 그것들을 이용하여 장면과 그 안의 사물을 지각하는 데 도움을 받고 있다.

보여주기

장면 속에 숨어 있는 지각 퍼즐

눈을 감고 다음의 장면과 사물을 마음속으로 시각화하거나 떠올려 보자.

1. 교실 2. 카페 3. 현미경 4. 사자

베이지안 추론

우리가 앞서 설명한 (1) 해당 상황에서 가장 있을 법한 사물을 추론함으로써 망막에 맺힌 상의 모호함을 해결한다는 Helmholtz의 주장과, (2) 환경 속에 존재하는 규칙성이 모호함 해결을 위한 정보를 제공한다는 주장은, 사물 지각에 대해 마지막으로 설명할 접근법인 **베이지안 추론**의 시발점이 된 주장들이다(Geisler, 2008, 2011; Kersten et al., 2004; Yuille & Kersten, 2006).

베이지안 추론(Bayesian inference)은 Thomas Bayes(1701-1761)의 이름을 따서 지어졌다. 그는 어떠한 결과가 도출될 확률의 추정치는 두 가지 요소에 의해 결정된다고 주장하였다. 첫 번째 요소는 특정 결과가 도출될 확률에 대해 처음에 가지고 있던 실험자의 믿음인 **사전 확률**(prior probability, 혹은 prior)이다. 두 번째 요소는 현재 접근 가능한 증거가 결과와 일치하는 수준으로, 이를 **우도**(likelihood)라고 부른다.

베이지안 추론의 개념을 설명하기 위해, 우선 **그림** 3.25a를 살펴보자. 이 그림은 조이가 세 가지 건강 문제에 대해 갖고 있는 **사전 확률**을 보여준다. 조이와 그녀의 친구 디에고는 둘 다 천식을 앓고 있으며, 이들은 최근 COVID-19가 천식 환자에게 미치는 영향에 대해 걱정하고 있다. 또한, 국제 뉴스에서 다뤄졌던 희귀 질병인 에볼라의 발병 사례가 세계의 다른 나라에서 소폭 증가한 사실도 알고 있다. 조이는 COVID-19나 천식 발작은 비교적 자주 일어날 수 있다고 믿지만 에볼라에 걸릴 가능성은 매우 낮다고 생각한다. 이처럼 건강에 대한 여러 믿음을 갖고 있는 조이는 어느 날 디에고가 열이 난다는 사실을 듣게 된다. 최근 자신이 생각해온 것들을 바탕으로, 조이는 디에고가 몸이 아픈 원인으로 COVID-19, 천식 발작, 에볼라라는 세 가지 가능성을 떠올린다. 그녀는 각 원인이 어떤 증상과 연관되는지를 조

베이지안 추론(Bayesian inference)
어떤 결과의 확률에 대한 추정은 사전 확률(초기 믿음)과 우도(현재 이용 가능한 증거가 결과와 일치하는 정도)가 함께 작용해서 결정된다는 추론.

사전 확률(prior probability/prior)
특정 결과가 도출될 것이라는 처음에 가지고 있는 믿음.

우도(likelihood)
베이지안 추론에서 현재 이용 가능한 증거가 결과와 일치하는 정도.

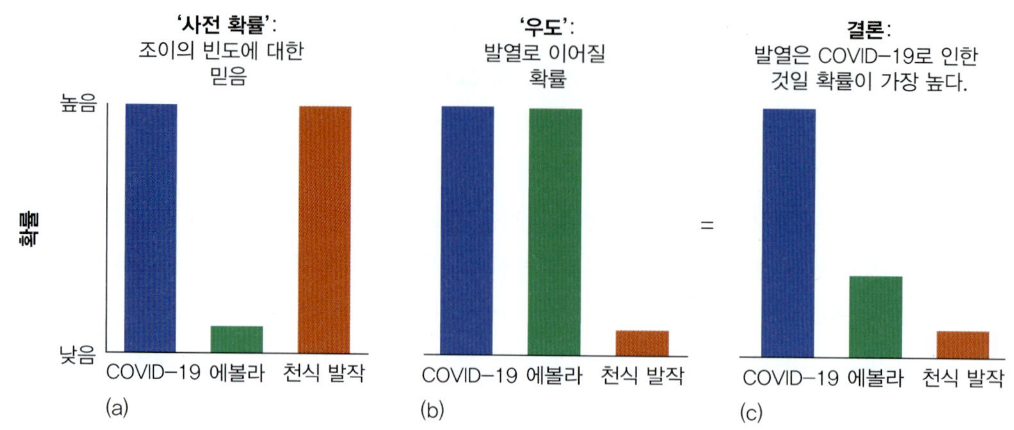

그림 3.25 막대그래프는 베이지안 추론의 원리를 설명하는 가상의 확률을 나타낸다. (a) 조이가 COVID-19, 에볼라, 천식 발작의 상대적 빈도에 대해 갖고 있는 믿음. 이는 그녀의 **사전 확률**이다. (b) 추가 데이터는 COVID-19와 에볼라가 발열과 관련되어 있지만 천식은 그렇지 않음을 보여준다. 이는 **우도**에 영향을 미친다. (c) 사전 확률과 우도를 함께 고려하면 디에고의 열은 아마 COVID-19로 인한 것이라는 결론이 도출된다.

사해본 결과, 열은 COVID-19와 에볼라에서는 흔히 나타나는 증상이지만, 천식 발작에서는 그렇지 않다는 사실을 알게 된다(**그림** 3.25b). 이 추가 정보는 **우도**에 해당하며, 조이의 **사전 지식**과 결합되어 디에고가 COVID-19일 가능성이 가장 크다는 결론에 도달하게 만든다(**그림** 3.25c)(Tenenbaum et al., 2011). 실제로 베이지안 추론은 사전 확률과 우도를 곱하여 어떤 결과가 나타날 확률을 계산하는 수학적 절차를 포함한다. 즉, 사람들은 먼저 사전 지식을 가지고 시작한 뒤, 새로운 증거를 활용해 그 사전 지식을 갱신하고 최종적인 결론에 이르게 된다(Körding & Wolpert, 2006).

이 아이디어를 물체 지각에 적용해 보자. **그림** 3.7에서 보았던 역투사 문제를 다시 떠올려 보면, 역투사 문제는 하나의 망막 이미지가 수많은 가능한 사물들과 관련될 수 있기 때문에 발생한다. 따라서 특정한 망막 이미지가 실제 세계에서 어떤 것에 의해 생성되었는지를 알아내는 것이 중요하다. 다행히 우리는 대부분의 지각 상황에서 과거 경험에 기반한 **사전 확률**을 갖고 있기 때문에 망막의 이미지에만 의존하지 않아도 된다.

우리가 가지고 있는 **사전 확률** 중 하나는 바로 종이책은 직사각형이라는 것이다. 따라서 책상 위의 책을 볼 때 우리는 처음으로 이 책이 직사각형일 것이라고 믿는다. 실제로 책이 직사각형일 **우도**는 책의 망막 이미지, 책까지의 거리, 책을 바라보는 각도에 대한 지각 등 추가적인 증거에 따라 제공된다. 만약 이러한 추가 증거들이 책이 직사각형이라는 사전 확률과 일치한다면, 우도가 높아지고 '직사각형'에 대한 지각은 강화된다. 시야각이나 거리를 바꾸어 보는 추가적인 확인을 통해 이 결론을 강화할 수도 있다. 단 이 확인 과정은 반드시 의식적인 것이 아니며 무의식적이고 빠르게 일어난다는 것을 유념해 두자. 책의 형태를 지각하는 것은 망막 이미지에서 출발하지만 사람이 가지고 있는 사전 확률을 통해 그 이미지를 만들어냈을 가능성의 수가 줄어들게 된다.

베이지안 추론은 우리가 받은 자극을 만들어낸 가장 그럴듯한 원인을 지각한다는 Helmholtz의 생각을 확률의 관점으로 다시 설명할 수 있다. 이러한 확률들을 명확히 정하는 것은 특히 지각이 복잡한 경우면 쉬운 일은 아니다. 그러나 베이지안 추론은 외부에 무엇이 있을지를 결정하는 구체적인 절차를 제공하기 때문에 연구자들은 이를 이용해 환경에 대한 지식을 적용할 수 있는 컴퓨터 비전 시스템을 개발해왔다. 이 시스템은 센서에 나타난 자극의 패턴을 더 정확하게 환경에 대한 결론으로 전환할 수 있다(촉각 지각에 베이지안 추론이 어떻게 적용되었는지에 대한 예시는 Goldreich & Tong, 2013을 참조하라).

네 접근법의 비교

지금까지 우리는 물체 지각에 대한 (1) Helmholtz의 무의식적 추론, (2) 게슈탈트의 지각 조직화 원리, (3) 환경의 규칙성, (4) 베이지안 추론이라는 네 가지 이론을 살펴보았다. 이 중 나머지 셋과 다른 하나가 있다면 무엇일까? 이 답을 생각해본 뒤* **그림** 3.26을 살펴보자.

Helmholtz의 접근법, 규칙성, 베이지안 추론은 모두 우리가 외부 세계에 대한 판단을 내리기 위해 과거 경험을 통해 수집된 환경에 대한 정보를 활용한다는 아이디어를 공유한다. 이 접근법들은 하향 처리가 중요한 부분이다.

반면 게슈탈트 심리학자들은 지각 조직화 원리가 선천적으로 내재되어 있다는 점을 강조한다. 이들은 경험이 지각에 영향을 줄 수 있다는 점은 인정하지만 내재된 원리가 경험을 압도할 수 있다고 보았다. 따라서 상향 처리가 지각에서 중요한 역할을 한다고 주장했다. 게슈탈트 심리학자 Max Wertheimer(1912)는 내재된 원리가 경험을 뛰어넘을 수 있다는 것을 예시를 통해 보여주었다. 대부분의 사람들은 **그림** 3.26a를 볼 때 W와 M을 본 경험에 기초한 글자로 인식한다. 그러나 **그림** 3.26b처럼 문자가 재배열되면 사람들은 두 개의 수직 기둥과 그 사이의 마름모꼴 형태로 지각하게 된다. 이 수직 기둥은 부드러운 연속성 원리에 따라 형성된 것으로 W와 M에 대해 가지고 있던 과거 경험을 넘어 지각에서 우위를 갖는다.

게슈탈트 심리학자들은 위의 예시와 같은 근거를 통해 지각에서 경험의 역할을 상대적으로 덜 강조했지만, 현대 심리학자들은 지각 조직화 원리가 실제로는 경험을 통해 형성된 것일 수 있다고 지적한다. 예를 들어, 부드러운 연속성 원리는 환경에 대한 경험이 형성한 것일 수 있다. 이 장의 앞부분에 나왔던 나무 울타리 너머 흰 강아지가 있던 장면을 생각해 보자. 우리는 오랜 시간 어떤 사물이 다른 사물에 의해 부분적으로 가려지는 장면을 본 경험을 통해 네 개의 털 부분이 같은 색을 띠고 있고(유사성의 원리), 서로 일직선으로 배열되어 있다면(부드러운 연속성 원리), 이들이 하나의 같은 사물에 속해 있으며 그 사물은 무언가로 가려져 있어도 이어져 있다는 것을 알 수 있다. 따라서 인간의 지각 체계가 작동하는 방식을 설명하는 게슈탈트 원리는 **부분적으로는 경험에 의해 형성된 것일 수 있다.** 다음 절에서는 특정 자극을 반복해서 경험하는 것이 실제로 신경세포의 반응 방식에 어떤 변화를 만들어내는지에 대한 생리학적 증거를 살펴볼 것이다.

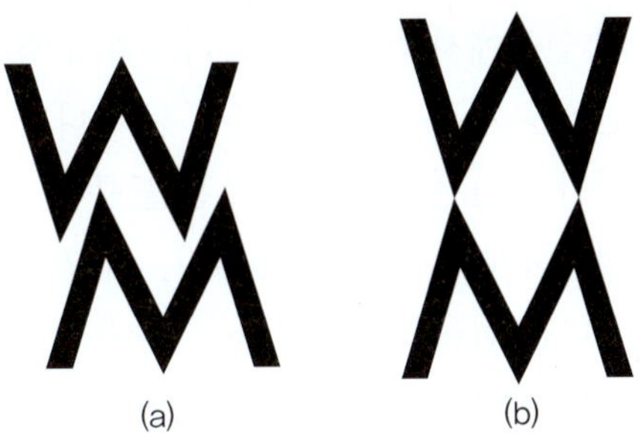

그림 3.26 (a) M 위에 놓인 W. (b) 이미지가 합쳐지면 새로운 패턴이 형성되고 의미 있는 글자는 가려지게 된다.

* 답: 게슈탈트 접근.

자가 테스트

1. Helmholtz의 무의식적 추론 이론에 대해 설명하라. 또한 있음직함 원리란 무엇인가?
2. 게슈탈트 지각 이론을 지각 조직화 원리에 중점을 두고 설명하라. 또한 게슈탈트 심리학자들이 이러한 원리들이 어디서 기원한다고 보았는지에 대해 서술하라.
3. 환경의 규칙성은 무엇이며, 이것이 지각에 어떻게 영향을 미치는가? 또한 물리적 규칙성과 의미적 규칙성을 구분하고, 장면 도식이 무엇인지 설명하라.
4. 베이지안 추론이 '발열' 사례와 역투사 문제를 각각 어떻게 설명할 수 있는가?
5. 게슈탈트 접근법은 다른 세 지각 이론과 어떤 점에서 차이가 있는가? 또한 현대 심리학자들이 경험과 지각 조직화 원리의 관계에 대해 어떻게 해석하는지 서술하라.

3.5 환경에 대한 신경세포와 정보

이제 우리는 경험이 신경세포의 반응 방식을 어떻게 형성하는지에 대한 논의를 이어나갈 것이다. 이 주제는 동물과 인간의 시각피질에 경사진 방향보다 수평이나 수직 방향 자극에 더 잘 반응하는 신경세포가 많다는 발견에서부터 출발한다.

수직과 수평에 반응하는 신경세포

앞서 환경 속의 물리적 규칙성에 대해 설명하면서 수평선과 수직선이 환경에서 흔하게 나타나는 특성이라는 점을 언급한 바 있다(**그림** 3.24). 또한 행동 실험을 통해 사람들은 흔하지 않은 경사진 방향보다 수평 및 수직 방향에 대해 더 민감하게 반응한다는 사실을 발견했다(**경사 효과**에 대해서는 82쪽 참조). 이로 보건대 원숭이와 흰족제비의 시각피질에서 단일 신경세포의 반응을 측정했을 때 수평선과 수직선에 가장 잘 반응하는 신경세포가 경사진 방향에 잘 반응하는 신경세포보다 많았다는 사실은 우연이 아니다(Coppola et al., 1998; DeValois et al., 1982). 뇌 스캔 실험에서도 이러한 경향은 인간에게서도 나타난다는 증거가 보고되었다(Nasr & Tootell, 2012; Li et al., 2003; Furmanski & Engel, 2000).

하지만 경사 효과는 약화될 수 있다. 앞서 조이가 디에고의 열이 에볼라나 천식 발작보다는 COVID-19일 가능성이 크다고 베이지안 추론을 통해 판단했던 것을 돌이켜보자. 베이지안 추론은 경사진 선의 방향을 더 정확하게 회상하는 데에 도움이 될 수 있다(Ye & Liu, 2020). 이 연구에서 참가자들은 다양하게 경사진 선의 각도를 정확하게 보고해야 했다. 이 중 한 집단에는 기준점으로 경사진 선 하나가 제시되었고 다른 집단에는 제시되지 않았다. 기준점이 있던 집단은 베이지안 추론을 통해 우도를 더 잘 추정할 수 있었고, 그 결과 선의 방향을 더 정확하게 보고할 수 있었다. 이 연구는 베이지안 추론의 틀을 통해 경사 효과를 약화할 수 있다는 점을 보여주었다.

자연선택 이론 (theory of natural selection) 어떤 특성이 생존과 번식 능력을 향상시킨다면 그 특성은 다음 세대로 전달된다고 설명하는 다윈의 이론.

왜 수평선과 수직선에 반응하는 신경세포가 더 많을까? 이는 **자연선택 이론**(theory of natural selection)을 통해 설명해 볼 수 있다. 이 이론에 의하면 어떤 특성이 동물의 생존과 번식 능력을 향상시키면 그 특성은 후대에 전달된다. 진화의 과정을 통해 시각 체계에 숲과 같은 환경에서 자주 접하게 되는 수평선과 수직선에 반응하는 신경세포를 가진 개체는 그렇지 않은 개체보다 더 높은 생존 가능성과 번식 확률을 가지게 되었을 것이다. 이 특성이 후대로 전달되는 진화 과정을 통해 시각 체계는 환경에 더 자주 등장하는 특성에 반응하는 신경세포를 더 많이 포함하게 형성되었을 가능성이 있다.

지각 기능이 진화의 영향을 받아 형성되었다는 점은 이견이 없지만 그에 못지 않게 학습이 **경험 기반 가소성** 과정을 통해 신경세포의 반응 특성을 형성했다는 증거도 존재한다. 이 과정은 2장(37쪽)에서 설명되었다.

경험 기반 가소성

2장에서 우리는 Blakemore와 Cooper(1970)의 실험을 보았다. 이들은 고양이를 수평 또는 수직 환경에서 키우면 고양이의 대뇌피질 신경세포가 수평 또는 수직 자극에 강하게 반응한다는 것을 보여주었다. 이처럼 경험에 의해 신경세포의 반응이 변화하는 현상을 **경험 기반 가소성**이라 부른다. 이는 경험이 신경계를 형성한다는 증거를 제공한다.

경험 기반 가소성은 fMRI(기능적 자기공명영상) 기법을 통해 인간에게도 나타난다는 것이 입증되었다('방법: 뇌 영상', 46쪽 참조). 이 연구는 측두엽에 얼굴을 포함한 시각적 전문성과 관련된 자극에 특히 민감하게 반응하는 신경세포가 밀집된 방추얼굴 영역(fusiform face area: FFA)이 존재한다는 것에서 출발한다(2장 47쪽 참조). Isabel Gauthier와 그 동료들(1999)은 이러한 신경세포들의 얼굴에 대한 반응이 경험 기반 가소성에 의해 형성된다는 것을 보여주었다. 이들은 FFA가 얼굴 자극뿐 아니라 그리블(Greeble)이라는 특수한 사물 자극(**그림** 3.27a)에 대해 보이는 활동 수준을 측정했다. 그리블은 컴퓨터로 생성된 일련의 자극으로 얼굴과 유사한 구조를 가지지만 세부 부위의 형태가 다르다. **그림** 3.27b의 왼쪽 막대그래프는 그리블을 처음 접하는 '초심자' 집단의 결과로 이들은 그리블보다 얼굴 자극이 FFA를 더 많이 활성화시킨다는 결과를 보였다.

Gauthier는 이후 실험 참가자들에게 4일간 그리블을 인식하는 훈련을 실시했다. 이 훈련 과정에서 참가자들은 개별 그리블에 각각의 이름을 붙이는 과정을 통해 그리블 '전문가'가 되었다. **그림** 3.27b의 오른쪽 막대그래프는 훈련 이후 FFA가 그리블에 대해서도 얼굴 자극만큼 강하게 반응한다는 것을 보여준다. 이는 FFA가 얼굴뿐 아니라 복잡한 형태의 다른 사물에도 반응하는 신경세포를 가지고 있음을 의미한다. 특정 대상에 잘 반응하는 신경세포는 특정 대상에 대한 경험을 통해 형성된다. 실제로 Gauthier는 자동차와 새에 친숙한 전문가들의 FFA 신경세포가 사람의 얼굴뿐 아니라 차나 새에도 강하게 반응한다는 사실을 발견했다

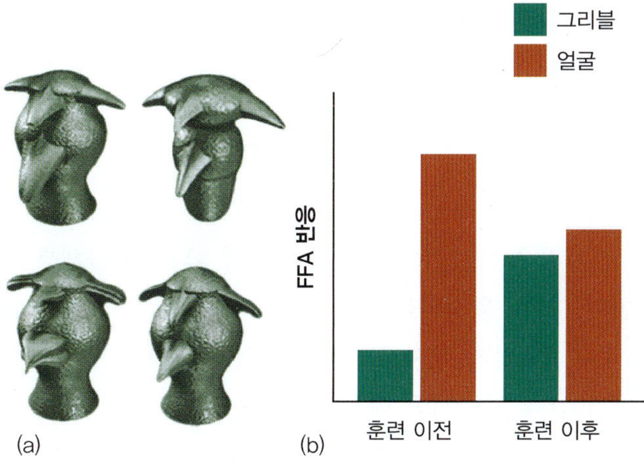

그림 3.27 (a) Gauthier가 사용한 그리블(Greeble) 자극. 참가자들은 개별 그리블에 이름을 붙이는 훈련을 수행했다. (b) 그리블 훈련 이후 얼굴과 그리블에 반응한 방추 얼굴 영역(FFA) 반응의 강도.

출처: I. Gauthier et al., 1999를 바탕으로 제작함.

(Gauthier et al., 2020). (FFA에서의 신경세포 활동과 시각적 전문성에서의 역할에 대한 추가 연구는 Scherf et al., 2011; Xu, 2005; Grill-Spector et al., 2004를 참조하라.) 수직 환경에서 자란 새끼 고양이가 수직 자극에 반응하는 신경세포가 많았던 것처럼 사람에게 그리블, 자동차, 새를 인식하게 훈련시키는 것은 FFA가 이러한 사물에 더 강하게 반응하게 만든다. 이와 같은 결과들은 FFA의 신경세포가 얼굴에 강하게 반응하는 이유가 우리가 평생 얼굴을 지각해온 경험이 있기 때문임을 의미한다.

새끼 고양이와 인간이 보여주는 경험 기반 가소성의 사례들은 뇌의 기능이 특정한 환경에서 가장 잘 작동하게끔 조율될 수 있음을 보여준다. 즉, 환경에 자주 등장하는 자극에 지속적으로 노출되면 신경세포가 그런 규칙적인 자극에 잘 반응할 수 있게 적응할 수 있다. 이러한 관점에서 보면 신경세포가 환경의 특징에 대한 지식을 반영한다고 말하는 것은 타당한 주장이다.

우리는 지각을 감각 수용기의 활성화에 대한 자동적인 반응으로 생각하던 시점에서 멀리 나아갔다. 이제 우리는 지각이 수용기에서 뇌로 흐르는 상향 정보와 환경에 대한 지식과 기대와 같은 요소가 포함되는 하향 정보 사이가 상호작용한 결과물임을 알고 있다.

지각에 대해 지금까지 설명한 내용을 바탕으로 '지각의 목적은 무엇인가?'라는 질문에 어떻게 대답할 수 있을까? 이에 대해 가능한 한 가지 대답은 지각의 목적이 사물을 보거나 단어를 이해하는 것처럼 외부 환경에서 벌어지는 일에 대한 인식을 형성하는 것이다. 그러나 이 대답은 충분하지 않다. 이는 장면 속에서 사물을 지각하고 대화 맥락 안에서 단어를 지각해야 하는 **이유**를 설명할 수 없기 때문이다.

이 질문에 대한 대답은, 지각의 중요한 목적이 우리가 환경과 상호작용하기 위한 것이기 때문이라고 볼 수 있다. 이 대답의 핵심은 **상호작용**으로, 상호작용에는 행동이 수반된다. 무언가를 집을 때, 캠퍼스를 걸어갈 때, 누군가와 이야기할 때 모두 우리는 행동을 한다. 이번 장의 마지막 부분에서 우리는 지각과 행동 사이의 관계를 살펴볼 것이다. 이후 생리학적 측면에서 이 관계를 다시 살펴볼 것이다.

3.6 지각과 행동: 행동의 측면

지금까지 우리가 알아본 지각에 대한 접근법은 '의자에 앉아 있는' 접근법이라고도 볼 수 있다. 우리가 설명한 대부분의 상황이 사람을 의자에 앉아 다양한 자극을 바라보며 발생한 것이기 때문이다. 당장 이 책을 읽고 있는 여러분도 의자에 앉아 단어를 읽고, 그림을 보고, 몇몇 '보여주기'는 따라해 보고 있을 것이다. 이제 우리는 움직임이 어떻게 지각을 돕고, 행동과 지각이 어떻게 상호작용하는지 알아보려 한다.

움직임은 지각을 촉진한다

움직임은 우리가 가만히 있는 경우에는 지각을 복잡하게 하지만 동시에 환경 속 물체를 더 정확히 지각하는 데 도움이 되기도 한다. 이는 움직임을 통해 한 시점에서는 드러나지 않는 물체의 다른 면을 볼 수 있기 때문이다. 한 가지 예시로 **그림** 3.28의 어질러진 거실을 보자. 한 시점에서 보면 이는 마치 기차역 안에 입체적인 라운지가 있는 것처럼 보인다. 이 장면에는 소파에 앉아있는 사람과 벽을 뚫고 나오는 차량이 보인다(**그림** 3.28a). 하지만 다른 각도에서 보면 첫인상이 틀렸다는 것이 확실해진다(**그림 3.28b**). 이는 단지 기차역의 바닥에 그려진 평면적인 그림일 뿐이며 정확한 각도에서 보지 않는 한 깊이에 대한 착시는 일어나지 않는다. 이처럼 여러 시점에서 물체를 관찰하는 것은 더 정확한 지각으로 이어지며 이는 특히 사례의 왜곡된 거실과 같이 일반적이지 않은 물체일수록 더 효과가 커진다.

지각과 행동의 상호작용

움직임은 물체에 대해 추가 정보를 주는 것 이상으로 지각을 도울 수 있다. 움직임은 더 나아가 자극을 지각하는 것과 자극과 상호작용하는 것을 조정한다는 점에서 매우 중요하다. 엘레나가 아침에 자전거를 힘들게 탄 이후 식당에서 아침을 먹는 동안 커피잔으로 손을 뻗는 행위를 생각해 보자(**그림 3.29**). 우선 그녀는 테이블 위의 꽃들과 다른 물건 사이에서 커피잔을 식별한다(**그림 3.29a**). 커피잔을 식별하면, 테이블 상의 위치를 통해 손을 뻗는다(**그림 3.29b**). 손을 뻗는 동안 꽃은 피하고 커피잔의 손잡이에 맞춰 손가락을 적당하게 위치시켜야 한다(**그림 3.29c**). 이후 커피잔이 차 있는 정도에 대한 지각을 바탕으로 커피잔을 적절한 힘으로 들어올린다. 이 간단한 행동은 커피잔의 위치, 손과 손가락의 상대적인 위치에 대한 지속적인 지각과 잔을 쥐고 커피를 쏟지 않으며 들어올리는 행동의 조율로 이루어져 있다(Goodale, 2010). 커피잔 하나를 위해 이 모든 과정이 필요한 것이다! 정말로 놀라운 점은 이 과정이 의식적인 노력이 없이 모두 자동적으로 이루어지는 것처럼 보인다는 것이다. 그러나 지각의 다른 요소들과 마찬가지로 이 쉽고 겉보기엔 단순한 과정은 기저에 숨은 복

(a)

(b)

Chris Jackson/Staff/Chris Jackson Collection/Getty Images

그림 3.28 영국 워털루역에서 Kurt Wenner(2007)가 제작한 3차원 거리 예술은 단순한 깊이 단서와 관점 불변 기법을 뛰어나게 활용한 작품이다. 이 사례에서는 시점과 원근감이 지각에 극적인 영향을 준다.

(a) 잔을 지각하기

(b) 잔으로 손을 뻗기

(c) 잔을 잡기

그림 3.29 커피잔을 집어 올리기. (a) 잔을 지각하고 인식하기. (b) 잔으로 손을 뻗기. (c) 잔을 쥐고 들어올리기. 이 행동은 책에 서술된 뇌의 서로 다른 두 경로로 조율되는 지각과 행동 사이의 조율을 통해 이루어진다.

잡한 메커니즘의 합작으로 이루어진다. 이제 우리는 이 메커니즘의 생리학적 기초에 대해 알아볼 것이다.

3.7 지각과 행동: 생리학의 측면

오래전부터 심리학자들은 물체를 지각하는 것과 지각과 관련된 행동 사이에 밀접한 연관이 있다는 점은 알고 있었다. 이 둘 사이의 구체적인 연관성은 1980년대부터 시작된 생리학적 연구를 통해 더 명확하게 밝혀졌다. 연구를 통해 뇌에는 두 가지 주요 정보처리 경로가 있다는 것을 알게 되었는데 하나는 물체를 지각하는 경로이고 나머지 하나는 물체의 위치를 파악하고 상호작용을 하기 위한 경로다. 이러한 생리학적 연구는 크게 두 가지 방법을 통해 진행된다. 첫 번째는 **뇌 절제술**로 동물의 뇌를 일부 제거한 뒤 그 변화를 보는 것이고, 두 번째는 **신경심리학**으로 뇌에 2장(42쪽 참조)에서 본 것과 같이 외상으로 인한 뇌 손상을 입은 사람들의 행동을 연구하는 것이다. 두 방법은 모두 손상된 뇌에 관한 연구가 어떻게 손상되지 않은 뇌의 기능에 대한 중요한 원리를 밝히는 데 기여하는지를 보여준다.

방법

뇌 절제술

뇌 절제술의 목적은 뇌의 특정 영역이 어떤 역할을 하는지를 밝히는 것이다. 이는 먼저 동물을 대상으로 한 행동 검사를 통해 동물의 지각 능력을 평가하는 것에서 시작한다. 지각과 관련된 대부분의 절제 실험에서는 원숭이를 대상으로 하는데, 이는 원숭이의 시각 체계가 인간과 유사하고 원숭이가 시력, 색채 인식, 깊이 지각, 사물 지각과 같은 지각 능력을 훈련을 통해 시연하는 것이 가능하기 때문이다.

동물의 지각 능력을 측정한 이후, 동물 뇌의 특정 부위를 절제(제거 또는 파괴)한다. 이는 보통 수술을 통해 진행하거나 해당 부위에 화학 물질을 주입해 파괴하는 방식으로 이루어진다. 이때 연구의 대상이 되는 특정 영역만 손상시키고 나머지 영역은 정상적으로 유지하는 것이 이상적이다. 절제 이후에는 원숭이의 지각 능력을 재측정하여 어떤 능력이 본래의 수준을 유지하는지, 어떤 능력이 손상되었는지를 확인한다. 이러한 뇌 절제술은 '병변화(lesioning)'라고도 부른다.

뇌 절제술(brain ablation)
동물의 뇌에서 특정 부위를 제거하는 실험 절차. 특정 부위의 제거가 동물의 행동에 미치는 영향을 평가함으로써 해당 부위의 역할을 추정한다.

물체 변별 과제(object discrimination problem)
물체의 모양을 기억해 두었다가 나중에 다른 물체와 같이 제시되었을 때 기억한 물체를 선택해야 하는 과제. 무엇 경로 연구에서 활용된다.

위치 변별 과제(landmark discrimination problem)
물체의 위치를 기억해 두었다가 나중에 그 위치를 다시 찾는 과제. 어디 경로 연구에서 주로 활용된다.

'무엇' 경로와 '어디' 경로

Leslie Ungerleider와 Mortimer Mishkin(1982)은 고전적인 실험에서 원숭이의 뇌를 일부 제거했을 때 그 원숭이가 물체를 식별하거나 물체의 위치를 파악하는 능력에 어떻게 변화가 생기는지를 연구했다. 이 실험은 뇌의 일부를 제거하는 **뇌 절제술**(brain ablation)이라는 방법을 통해 진행되었다.

Ungerleider와 Mishkin은 원숭이들에게 두 가지 과제를 수행하게 했다. 하나는 물체를 변별하는 과제이고, 다른 하나는 특정 지표를 이용해 위치를 변별하는 과제였다. **물체 변별 과제**(object discrimination problem)에서 원숭이들은 직육면체와 같은 물체 하나를 본 다음 **그림** 3.30a 처럼 목표 물체(직육면체)와 삼각기둥 같은 또 다른 물체가 제시된 선택 과제를 수행했다. 원숭이가 목표 물체를 옆으로 밀어내면 그 아래에 숨겨진 먹이를 보상으로 받을 수 있었다. **위치 변별 과제**(landmark discrimination problem)는 **그림** 3.30b와 같이 지표로 기능하는 원기둥의 위치에 따라 먹이의 위치를 알 수 있었다. 원숭이는 긴 원기둥에 더 가까운 구멍의 덮개를 열었을 때 보상을 받을 수 있었다.

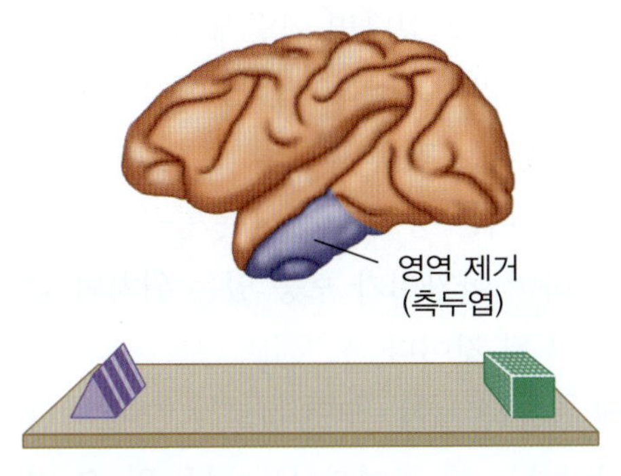

(a) 물체 변별 과제

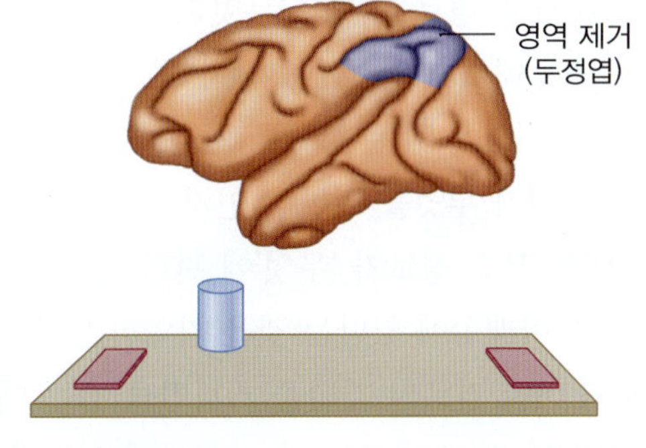

(b) 위치 변별 과제

그림 3.30 Ungerleider와 Mishkin이 사용한 두 변별 과제. (a) 물체 변별 과제. 올바른 모양을 골라야 한다. 측두엽(보라색으로 표시된 영역)을 병변화하면 이 과제가 어려워진다. (b) 위치 변별 과제. 원기둥에 더 가까운 먹이 구멍을 골라야 한다. 두정엽을 병변화하면 이 과제가 어려워진다.

출처: M. Mishkin et al., 1983에서 수정 인용함.

이후 뇌 절제술을 통해 일부 원숭이는 측두엽의 일부를 제거했다. 그 결과 측두엽이 손상된 원숭이들은 물체를 구분하는 과제를 수행하는 것이 어려워졌다. 이 결과는 측두엽으로 이어지는 신경 경로가 물체의 정체를 인식하는 데 중요한 역할을 한다는 것을 의미한다. 이를 기반으로 Ungerleider와 Mishkin은 선조 피질(striate cortex)에서 측두엽으로 이어지는 경로를 **'무엇' 경로**(what pathway)라고 이름 붙였다. **그림 3.31**에서 나타나듯 이 경로는 복측 경로(ventral pathway)라고도 불린다.

'무엇' 경로(what pathway) 후두엽에서 측두엽으로 이어지는 신경 경로로, 물체를 지각하고 인식하는 데 관여한다. 지각 경로에 해당한다.

그 밖에 다른 원숭이들은 두정엽이 제거되었고, 이들은 지표 변별 과제에서 어려움을 보였다. 이 결과는 두정엽으로 이어지는 신경 경로는 물체의 위치를 파악하는 데 중요한 역할을 한다는 것을 의미한다. 이에 따라 Ungerleider와 Mishkin은 선조 피질에서 두정엽으로 이어지는 경로를 **'어디' 경로**(where pathway)라고 명명했다. 이 경로는 **그림 3.31**과 같이 배측 경로(dorsal pathway)로도 알려져 있다.

'어디' 경로(where pathway) 후두엽에서 두정엽으로 이어지는 신경 경로로, 공간에서 물체의 위치를 파악할 때 관련된 신경 처리에 관여한다. 대체로 행동 경로에 해당한다.

배측과 복측은 각각의 경로가 뇌 안에서 물리적으로 위치한 방향을 의미한다. **배측**은 생물체의 등쪽 혹은 윗면을 의미하는데, 예를 들어 상어나 돌고래의 등지느러미는 물 밖으로 솟은 등에 위치한다. 이처럼 배측 경로는 뇌의 뒤쪽(후두엽)에서 머리의 꼭대기(두정엽)로 이어진다. 반면 **복측**은 뇌의 아랫부분이나 측면을 의미한다. 상어의 아가미가 몸의 옆에 있다는 것을 생각해 보자. 이 아가미는 상어가 숨을 쉬게 하는 통풍구(vent, 'ventral')와 같다. 복측 경로는 후두엽에서 출발해 뇌의 아래쪽과 측면, 즉 측두엽까지 이어진다. 2장에서 언급되었듯 인간의 뇌는 대체로 대칭적인 두 개의 반구로 이루어져 있으므로 각 반구에 복측과 배측 경로가 모두 존재한다는 것도 중요한 요소다.

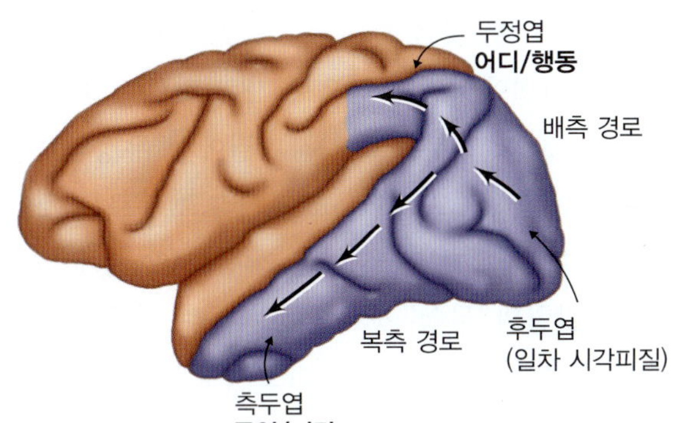

그림 3.31 원숭이의 대뇌피질. 후두엽에서 측두엽으로 이어지는 무엇 혹은 지각 경로와 후두엽에서 두정엽으로 이어지는 어디 혹은 행동 경로를 보여준다.

출처: M. Mishkin et al., 1983에서 수정 인용함.

복측 경로와 배측 경로를 각각 '무엇'과 '어디' 경로로 기억하고 싶다면 이렇게 해 보자. 우선 상어의 등지느러미가 **어디**에 있는지 생각해 보자. 등지느러미는 위에 있다. 이걸 기억하면 배측 경로가 **어디**에 있는 정보를 처리하며 뇌의 위에 있다는 점을 떠올릴 수 있다. 다음은 상어의 아가미가 **무엇**을 위한 것인지 생각해 보자. 아가미는 공기가 통하는 통풍구(vent)와도 같다. 이는 복측 경로가 '무엇'에 관한 정보를 처리하며 아가미가 보통 있는 위치와 같이 뇌의 측면과 아래쪽에 있다는 것을 기억하는 데 도움이 될 것이다.

무엇 경로와 **어디** 경로의 개념을 커피잔을 집는 예에 적용해 보자. **무엇** 경로는 잔에 대한 초기 지각 과정에, **어디** 경로는 잔이 어디에 있는지 파악하는 데 관여한다는 점을 알 수 있다. 잔을 집으려 한다면 이 정보들은 아주 중요하다. 다음 장에서는 지각과 행동을 연구하는 또 다른 생리학적 접근법인 뇌 손상을 입은 사람의 행동을 관찰하는 것을 통해 사람이 어떤 물체를 잡으려 할 때 뇌에서 무슨 일이 벌어지는지를 더 깊이 이해해 볼 것이다.

지각 경로와 행동 경로

David Milner와 Melvyn Goodale(1995)은 신경심리학적 접근, 즉 외상성 뇌 손상을 입은 사람들의 행동을 연구하는 방법을 통해, 하나는 측두엽, 다른 하나는 두정엽과 관련된 두 개의 정보처리 경로를 밝혀냈다. 이들은 집안의 가스 누출로 인한 일산화탄소 중독으로 측두엽에 손상을 입은 34세 여성인 D. F.에 대해 연구를 했다. 이 뇌 손상의 증상 중 하나는 D. F.가 손에 쥔 카드를 슬롯의 방향에 맞게 회전시키는 과제를 수행하는 과정에서 나타났다(**그림** 3.32a). 그녀는 **그림** 3.32b의 왼쪽 원에 표시된 것처럼 이 과제를 잘 수행하지 못했다. 원 안의 선들은 D. F.가 카드 방향을 회전시켰던 결과를 보여준다. 과제를 올바르게 수행했다면 모든 선이 수직으로 정렬되어 있어야 하지만 D. F.의 반응은 여기저기 산재해 있다. 오른쪽 원은 정상 대조군의 정확한 수행의 결과이다.

D. F.가 카드를 방향에 맞춰 회전시키는 것이 어려웠다는 점은 그녀가 카드를 슬롯에 직접 끼우는 것도 어려웠을 것이라고 생각하는 것을 타당하게 만든다. 왜냐하면 이 작업 역시 카드를 슬롯에 맞춰 회전시켜야 하기 때문이다. 그러나 D. F.에게 카드를 슬롯에 '우편함에 넣듯' 동작을 취하도록 요청한 결과(**그림** 3.33a), 그녀는 이를 성공적으로 수행할 수 있었다. 이 결과는 **그림** 3.33b에 표시되어 있다. D. F.는 카드를 회전시킬 수 없었지만 **일단 슬롯 쪽으로 카드를 움직이기 시작하면** 이를 슬롯에 맞게 회전시킬 수 있다. 즉, D. F.는 정적인 방향 맞추기 과제는 수행이 저조했지만 행동이 수반되는 과제에서는 수행이 우수했다(Murphy, Racicot, & Goodale, 1996). Milner와 Goodale은 이러한 D. F.의 행동이 방향을 판단하는 메커니즘과 시각과 행동을 조정하는 메커니즘이 서로 다르다는 것을 보여주는 증거로 해석했다.

이 결과들을 바탕으로, Milner와 Goodale은 시각피질에서 측두엽으로 가는 경로(D. F.의 사례에서 손상된 뇌 부분)를 **'지각' 경로**(perception pathway)라고 부르고 시각피질에서 두정엽으로 가는 경로(D. F.의 사례에서 손상되지 않은 부분)를 **'행동' 경로**(action pathway)라고 부르는 것을 제안했다(여기서 행동 경로는 사람이 어떻게 행동을 수행하는지를 조절하는 의미에서 '어떻게' 경로라고도 부른다). 지각 경로는 앞서 설명한 원숭이 실험의 '무엇' 경로에 해당하며 행동 경로는 '어디' 경로에 해당한다. 그래서 연구자들은 '무엇' 경로와 '어디' 경로라고 부르기도 하고, 또 다른 연구자들은 '지각'과 '행동' 경로라고 부르기도 한다. 용어가 무엇이든 이 연구들은 지

'지각' 경로(perception pathway) 후두엽에서 측두엽으로 이어지는 신경 경로로, 물체를 지각하고 인식하는 데 관여한다. 무엇 경로에 해당한다.

'행동' 경로(action pathway) 후두엽에서 두정엽으로 이어지는 신경 경로로, 행동을 수행하는 데 관련된 신경 처리에 관여한다. 어디 경로에 해당한다.

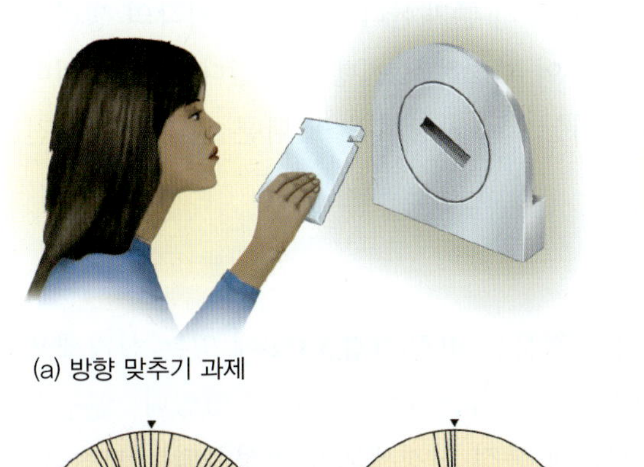

(a) 방향 맞추기 과제

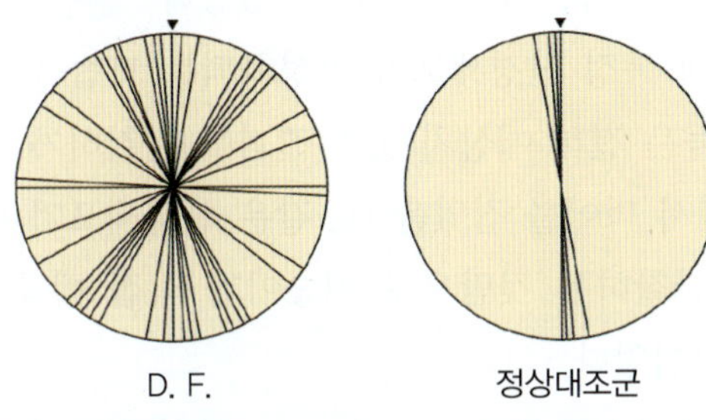

(b) 방향을 회전시킨 결과

그림 3.32 (a) D. F.의 방향 과제. 다양한 방향이 제시되었고 D. F.는 카드를 방향에 맞게 회전시키는 과제를 수행했다. (b) 방향 과제의 결과. 올바른 회전은 수직선으로 표현되었다.

출처: A. D. Milner & M. A. Goodale, 1995를 바탕으로 제작함.

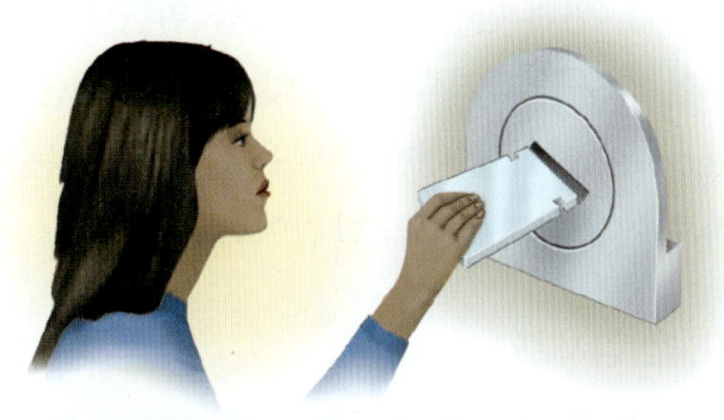

(a) 카드를 슬롯에 넣는 과제

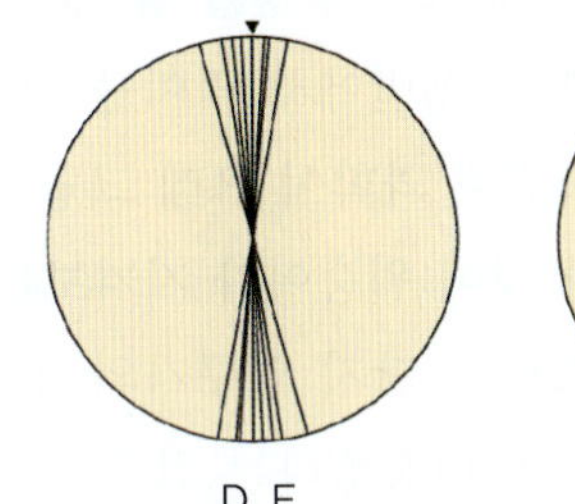

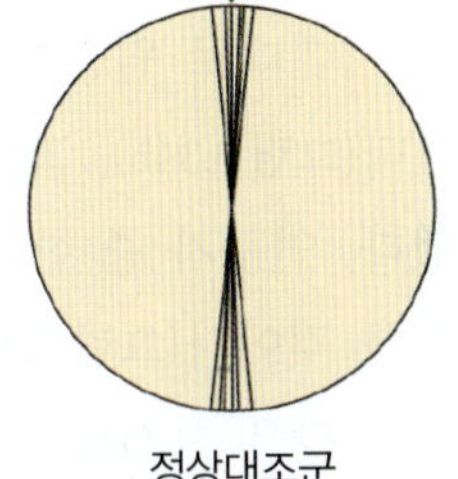

(b) 카드를 슬롯에 넣은 결과

그림 3.33 (a) D. F.의 '슬롯에 넣기' 과제. 다양한 방향이 제시되었고 D. F.는 카드를 '슬롯에 넣는' 과제를 수행했다. (b) 슬롯에 넣기 과제의 결과. 올바른 수행은 수직선으로 표현되었다.

출처: A. D. Milner & M. A. Goodale, 1995를 바탕으로 제작함.

각과 행동이 뇌의 두 분리된 경로에서 처리된다는 것을 의미한다.

지각과 행동이 두 분리된 메커니즘을 포함한다는 지식을 바탕으로 우리는 **그림** 3.30의 커피잔을 집는 과정을 다음과 같이 생리학적으로 설명할 수 있다.

1. 첫 번째 단계는 식탁 위 꽃병과 오렌지 주스 잔 사이에서 커피잔을 식별하는 것에서 출발한다('지각' 혹은 '무엇' 경로).
2. 커피잔을 인식하면 우리는 그 위치를 고려하여 잔을 향해 손을 뻗는다('행동' 혹은 '어디' 경로).
3. 손을 뻗는 동안 꽃병과 오렌지 주스 잔을 피하면서 손가락을 잔을 잡기 위해 위치시킨다('행동' 경로). 이때 잔의 손잡이에 대한 지각이 함께 사용된다('지각' 경로).
4. 잔이 얼마나 찼는지에 대한 지각('지각' 경로)을 바탕으로 무게를 추정하고 정확한 힘을 들여 잔을 집어 올린다('행동' 경로).

따라서 커피잔을 잡는 것처럼 일견 단순한 행동도 실제로는 지각과 행동을 만들어내고 활동을 조정하는 많은 뇌의 협업이 필요하다. 이와 유사한 과정은 청각 감각에서도 발생할 수 있다. 예를 들어, 누군가 여러분의 이름을 듣고 누가 불렀는지 확인하기 위해 고개를 돌리는 것은 청각 체계에서 두 개의 분리된 경로가 관여한다. 하나는 소리를 듣고 식별하는 청각적 '무엇' 경로이고 나머지 하나는 소리가 어디에서 들리는지 파악하는 청각적 '어디' 경로이다(Lomber & Malhotra, 2008).

지각, 위치 판단, 행동 수행을 위한 서로 다른 경로가 존재한다는 발견은 지각의 생리학에 대한 연구를 과거 '의자에 앉아 있는' 접근법을 넘어 확장해서 진행하고 있다는 것을 의미한다. 시각 지각에 대한 개념을 단순히 '보는 것' 이상으로 확장시킨 또 다른 생리학적 발견은 바로 거울신경세포의 발견이다.

거울신경세포

1992년, G. di Pelligrino와 그 동료들은 원숭이의 전운동 피질(**그림 3.34a**)에 있는 신경세포가 원숭이가 먹이를 집어 드는 수행을 할 때 어떻게 반응하는지를 연구하고 있었다. 연구자들의 기대대로 원숭이가 쟁반에서 먹이를 집어들 때 특정 신경세포가 활성화되는 모습을 보였다(**그림 3.34b**). 그런데 과학이 으레 그렇듯, 이들은 전혀 예상치 못한 결과를 관찰하게 되었다. 연구자 중 한 명이 원숭이가 지켜보는 앞에서 먹이를 집었을 때, 같은 신경세포가 반응한 것이다(**그림 3.34c**). 단지 연구자의 행동을 관찰하는 것만으로 원숭이가 직접 행동한 것과 같은 신경세포가 반응했다는 점은 매우 뜻밖이었다.

거울신경세포(mirror neurons)
원숭이의 전운동 피질에서 발견된 신경세포로 원숭이가 다른 사람(주로 연구자)의 행동을 관찰할 때나 원숭이 자신이 직접 그 행동을 할 때 모두 반응하는 신경세포. 인간에게도 거울신경세포가 존재한다는 증거가 있다.

최초의 발견과 이를 이은 수많은 추가 실험은 **거울신경세포**(mirror neurons)의 발견으로 이어졌다. 이 신경세포들은 원숭이가 쟁반 위의 먹이와 같은 물체를 누군가 잡는 것을 관찰할 때에도, 원숭이가 직접 잡을 때에도 반응하는 신경세포이다(Gallese et al., 1996; Rizzolatti et al., 2006; Rizzolatti & Sinigaglia, 2016). 연구자들은 행동을 관찰할 때 나타나는 신경세포의 반응과 자신이 같은 행동을 할 때 나타나는 반응이 유사하기 때문에 거울신경세포라고 불렀다. 어쩌면 원숭이가 먹이를 받을 것이라는 기대에 대해 반응했을 것이라고 추측해 볼 수도 있지만, 물체의 종류는 신경세포의 반응에 영향을 주지 않았다. 이 신경세포들은 연구자가 먹이가 아닌 물체를 집는 것을 원숭이들이 관찰한 경우에도 마찬가지로 잘 반응했다.

인간의 뇌에도 이러한 거울신경세포들이 존재할까? 실제로 인간을 대상으로 한 일부 연구는 우리의 뇌에도 거울신경세포가 있다는 것을 보여주었다. 예를 들어, 뇌전증 환자의 뇌에서 발작을 유발하는 부위를 확인하기 위해 전극을 사용해 뇌 활동을 기록하던 연구자들은 원숭이와 동일한 특성을 가진 신경세포의 활동을 기록한 바 있다(Mukamel et al., 2010). 이와 유사한 거울신경세포는 쥐의 뇌에서도 발견되었다(Viaro et al., 2021). 신경학적으로 문제가 없는 사람들을 대상으로 한 fMRI(기능적 자기공명영상) 연구는 이러한 거울신경세포가 뇌 전반에 걸쳐 분포하고 **거울신경세포 시스템**(mirror neuron system: MNS)이라 불리는 신경망을 구축하고 있음을 보여 주기도 했다(**그림 3.35**)(Caspers et al., 2010; Cattaneo & Rizzolatti, 2009;

거울신경세포 시스템(mirror neuron system: MNS)
거울신경세포의 특성을 갖는 신경세포들로 구성된 뇌의 신경망.

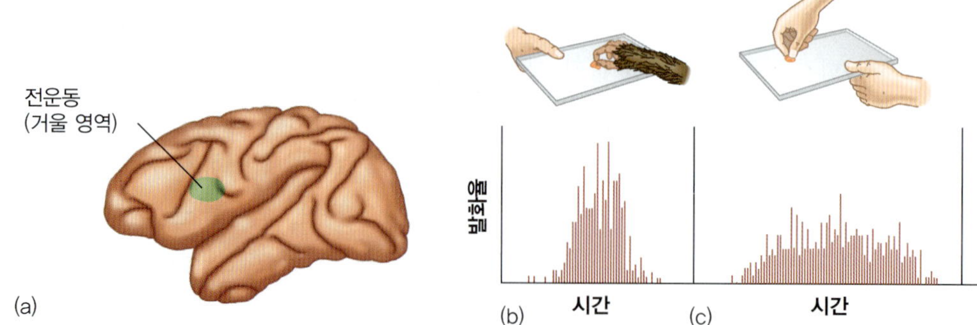

그림 3.34 (a) 원숭이의 전운동 피질. (b) 원숭이가 접시 위에서 먹이를 쥘 때 거울신경세포의 반응. (c) 원숭이가 연구자가 먹이를 쥐는 것을 볼 때의 거울신경세포의 반응.

출처: Rizzolatti et al., 2000.

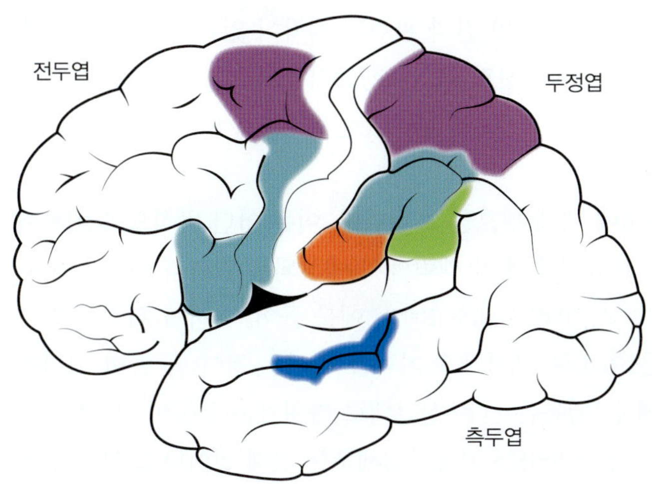

그림 3.35 거울신경세포 시스템과 관련된 인간 뇌의 피질 영역들. 각 색깔은 각 영역에서 처리되는 행동 유형을 나타낸다. 청록색: 목표 물체를 향해 손이나 손가락을 이동하는 움직임. 보라색: 팔을 뻗는 움직임. 주황색: 도구 사용. 연두색: 물체를 향하지 않는 움직임. 파란색: 팔의 움직임.

출처: Cattaneo & Rizzolatti, 2009에서 수정 인용함.

Molenbergs et al., 2012). 오늘날의 연구는 거울신경세포와 MNS의 존재를 지지하고 있으며(Bonini et al., 2022), 최근 연구는 개별 신경세포 하나가 MNS 내 전체 신경세포를 활성화하거나 영향을 미친다는 사실도 보고되고 있다(Dreyer et al., 2023).

거울신경세포의 존재 목적은 무엇일까? 한 가지 가능성은 이 신경세포들이 어떤 행동의 **목적**이나 **의도**를 파악하기 위해 사용된다는 것이다. 이를 이해하기 위해 엘레나가 커피잔을 향해 손을 뻗는 상황으로 돌아가 보자. 커피잔을 집는 이유는 여러 가지가 있을 수 있다. 아마 커피를 마시려는 행동일 수도 있지만 잔이 비어 있다는 것을 안다면 커피잔을 카페 카운터로 돌아가서 커피를 리필 받기 위해 커피잔을 집는다고 생각할 수도 있다. 혹은 그녀가 커피를 절대 두 잔 이상 마시지 않는다는 사실을 안다면, 커피잔을 컵 수거함으로 가져다 두려는 것이라고 판단할 수도 있다. 따라서 같은 행동에 대한 지각이라도 여러 가지 다른 의도와 엮일 수 있다.

거울신경세포가 서로 다른 의도에 따라 반응이 달라진다는 증거가 있을까? Mario Iacoboni와 동료들(2005)은 참가자들이 짧은 동영상을 시청할 때의 뇌 활동을 측정하는 실험을 진행했다. 이 실험은 잔을 집는 동일한 동작을 보여주지만 그 맥락은 다른 세 가지 영상을 제시했다. 첫 번째 버전은 음식이 담긴 접시와 함께 깔끔하게 차려진 테이블에서 커피가 가득 찬 잔을 집는 영상을 보여주었다. 두 번째 버전은 동일한 동작을 보여주었지만 잔은 비어 있었고 주변은 어질러져 있으며 음식도 다 먹은 상태였다. 세 번째 버전은 홀로 놓인 잔은 집는 손을 보여주었다. Iacoboni는 참가자들이 첫 번째 영상에 대해 커피를 마시기 위해 잔을 집는다고 추론할 것이고, 두 번째 영상에 대해서는 잔을 치우기 위함이라 추론할 것으로 예측했다. 세 번째 영상에 대해서는 특별한 의도를 추론하지 않을 것이라 가설을 세웠다.

Iacoboni는 의도가 포함된 두 영상을 본 경우와 의도가 없는 영상을 본 경우의 뇌 활동을 비교한 결과, 의도 영상들이 의도가 없는 영상보다 거울신경세포가 있는 것으로 알려진 뇌 영역에서 더 강한 활동이 나타난다는 사실을 발견했다. 뇌 활동의 수준은 의도가 없는 영상에서 가장 낮았고, 잔을 치우는 영상에서는 높았으며 커피를 마시는 의도를 포함한 영상에서 가장 높았다. 의도 영상에서 활동이 강해졌다는 것을 근거로 Iacoboni는 거울신경세포 영역이 영상의 숨은 의도를 이해하려는 것과 관련이 있다고 결론지었다. 만약 거울신경세포가 단순히 잔을 집는 행동에 대해 반응하는 것이라면 잔과 관련된 맥락이 있든 없든 반응의 수준은 비슷했을 것이다. Iacoboni에 따르면, 거울신경세포는 행동의 '이유'를 부호화하여 서로 다른 의도에 따라 다르게 반응한다(원숭이를 대상으로 한 비슷한 실험으로 Fogassi et al., 2005를 참조하라).

거울신경세포가 실제로 행동의 의도에 대해 신호를 보낸다면, 이는 어떤 방식으로 이루어질까? 한 가지 가능성은 신경세포의 반응이 특정한 맥락에서 예상되는 일련의 행동들의 순서에 따라 결정된다는 것이다(Fogassi et al., 2005; Gallese, 2007). 예를 들어, 마시기 위해서 잔을 집는 경우 그 다음에 올 행동은 잔을 입으로 가져가고 커피를 마시는 것이다. 반면 정리를 하기 위해 잔을 집는 경우, 그 다음에 올 행동은 잔을 싱크대로 가져가는 행동이 올 것이다. 이러한 주장에 따르면 서로 다른 의도에 반응하는 거울신경세포는 현재 일어나고 있는 행동에 더해 그 다음에 올 행동 중 가장 가능성이 큰 행동의 순서에도 반응한다.

이러한 방식으로 보면 거울신경세포의 작동 방식은 일반적인 지각 과정과 유사한 점을 지닌다. Helmholtz가 제안한 있음직함 원리를 떠올려 보면 우리는 우리가 받은 자극의 패턴을 가장 그럴듯하게 유발한 사물을 지각한다. 거울신경세포의 경우 신경세포의 발화가 특정 맥락에서 발생할 가능성이 가장 큰 행동의 순서에 따라 이루어질 수 있다. 따라서 지각이든 거울신경세포의 반응이든, 그 결과는 우리가 특정 상황에 대해 가지고 있는 지식에 따라 결정된다고 볼 수 있다.

거울신경세포의 정확한 기능에 대해서는 논의의 여지가 많지만 일부 연구자들은 거울신경세포가 타인의 의도를 파악하는 데 핵심적인 역할을 한다고 주장하는 반면(Caggiano et al., 2011; Gazzola et al., 2007; Kilner, 2011; Rizzolatti & Sinigaglia, 2016), 다른 연구자들은 이러한 주장에 의문을 제기하고 있다(Cook et al., 2014; Hickok, 2009). 하지만 인간에 있어 거울신경세포의 역할이 정확히 무엇이든, 지각의 역할이 단순히 행동을 가능하게 하는 정보를 제공하는 것을 넘어 다른 사람의 행동의 이유를 추론하는 것이라는 더 넓은 영역으로 확장될 수 있다는 것에 있어서는 이견이 없다.

고려사항

지식, 추론, 예측

"최근의 이론으로 보건대, 뇌는 본질적으로 '예측하는 기계'다." (Clark, 2013)

이 장 전체에 걸쳐 **지식**과 **추론**이라는 두 용어가 등장했다. 지식은 Helmholtz의 무의식적 추론 이론의 기반이며 동시에 있음직함 원리의 기반이다. 또한 추론은 지식에 의존한다. 예를 들어, 우리는 지식을 바탕으로 한 추론이 어떻게 망막 이미지의 모호함을 해결하는 데 도움이 되는지, 전이 확률에 대한 지식이 한 단어가 끝나고 다른 단어가 시작하는 지점을 추론하는 데 어떻게 사용되는지를 탐구했다. 지식과 그를 기반으로 한 추론은 하향 처리의 기초가 된다(73쪽).

지식과 추론을 **예측**이라는 관점에서 생각해 볼 수도 있다. **그림** 3.7과 같이 어떤 망막의 이미지가 책에 의해 생성된 것이라고 말하는 것은 결국 그 자리에 무엇이 있다고 예측하는 것이다. 부엌의 조리대 위에 잠깐 보인 형태가 아마도 빵 덩어리라고 말하는 것도(**그림** 1.13) 부엌에 있을 가능성이 큰 사물에 대한 지식을 바탕으로 예측하는 것이다. 우리는 끊임없이 주변 세계에 대해 예측을 하고 있으며, 이러한 점이 Clark(2013)가 말한 "뇌는 본질적으로 예측하는 기계다."라고 주장한 근거가 된다.

예측은 시각 지각에만 국한되지 않는다. **크기-무게 착각**(size-weight illusion)은 동일한 무게를 가진 서로 다른 크기의 정육면체를 동시에 들면 큰 쪽이 더 가볍게 느껴지는 현상이다. 이는 우리가 일반적으로 같은 종류의 물체라면 클수록 무겁다고 예측하기 때문에 발생할 수 있다(Buckingham et al., 2016; Plaisier & Smeets, 2015). 따라서 우리는 더 큰 것이 예측보다 가벼울 때 놀라게 된다. 이처럼 지각이 예측에 의해 유도되는 것처럼 지각에 수반되는 행동 또한 예측에 의해 조절된다.

크기-무게 착각 (size-weight illusion) 크기는 다르지만 무게가 같은 두 물체를 동시에 들면, 더 큰 물체가 더 가볍게 느껴지는 착각.

이를 통해 예측은 인지 전반에 걸쳐 작동하는 핵심적인 기제라는 점을 알게 되었다. 다음은 이후 장들에서 우리가 다루게 될 예측에 대한 몇 가지 예시이다.

- 4장(주의) — 예측은 장면을 훑어볼 때 우리가 시선을 어디에 둘지를 결정한다.
- 7장(기억) — 미래에 무슨 일이 일어날지 예측하는 것은 과거의 사건들을 기억하는 능력에 기반한다.
- 11장(언어) — 이 장에서 살펴본 바와 같이 예측은 연속적인 음성의 흐름 안에서 단어를 지각하는 데 도움이 될 뿐만 아니라 문장의 의미를 이해하고, 대화를 따라가며, 이야기를 파악하는 데에도 도움이 된다.
- 13장(사고) — 이따금 사람들은 어림법이라 불리는 경험적인 규칙을 통해 예측하고 이를 바탕으로 의사결정을 내리거나 문제의 해결책을 찾는다.

비록 예측이라는 개념은 19세기에 Helmholtz가 제안한 이래 새로운 것은 아니지만 오늘날 인지의 여러 분야에서 중요한 주제로 자리 잡고 있다.

자가 테스트

1. 경사 효과란 무엇인가? 이 효과가 진화와 경험에 의해 어떻게 발생하는지 설명하라.
2. 지각과 행동 수행 간의 상호작용에 대해 설명하고, 일상적인 지각에서의 구체적인 예시를 제시하라.
3. Ungerleider와 Mishkin의 실험을 설명하라. 그들은 '무엇' 경로와 '어디' 경로를 대뇌피질에서 보여 주기 위해 뇌 절제술을 어떻게 사용하였는가?
4. Milner와 Goodale이 D. F.를 검사한 것이 방향을 맞추는 경로와 시각과 행동을 통합하는 경로를 어떻게 보여주었는지 설명하라. '지각' 경로와 '행동' 경로를 각각 설명하고, 이 경로들이 Ungerleider와 Mishkin의 '무엇' 및 '어디' 경로와 어떻게 대응하는지를 설명하라.
5. '지각' 경로와 '행동' 경로가 커피잔을 드는 것과 같은 행동에서 어떻게 각자의 역할을 하는지 설명하라.
6. 거울신경세포란 무엇인가? 연구자들이 거울신경세포가 지각과 행동을 어떻게 연결한다고 제안하였는지 설명하라.
7. 지식, 추론, 예측 사이에는 어떤 연관성이 있는가?

이 장의 요약

1. 엘레나가 자전거를 타고 나중에 커피를 마시는 사례는 지각이 새로운 정보에 따라 어떻게 변하는지, 지각이 과거 경험과 관련된 원리에 의해 어떻게 형성되는지를 보여주며 지각은 하나의 과정이며 행동과도 연결되어 있다는 점을 보여준다.
2. 우리는 도시 장면 속 요소들 간의 관계를 쉽게 묘사할 수 있지만 그 관계를 어떻게 추론했는지를 설명하는 것은 어려운 경우가 많다. 이는 장면 속의 명암 패턴을 넘어서 지각 과정을 이해하고 설명할 필요가 있음을 시사한다.
3. 컴퓨터가 사물을 인식하도록 프로그램하는 시도는 컴퓨터가 인간 수준의 지각을 수행하는 것이 아주 어렵다는 사실을 보여주었다. 기계 학습과 딥 러닝 기술을 포함한 컴퓨터 비전 및 인공지능의 비약적인 발전을 통해 진정한 '지각하는 기계'에 더 가깝게 갈 수 있었지만, 여전히 인간의 지각 능력을 모방하는 것은 어렵다. 컴퓨터가 인간의 수준으로 지각을 하기 위해서는 몇 가지 문제점을 해결해야 한다. (1) 수용기의 자극은 역투사 문제로 인해 모호하다. (2) 장면 속 물체는 가려지거나 흐려질 수 있다. (3) 물체는 관점에 따라 다르게 보인다. (4) 장면은 고차원적인 정보를 포함한다.
4. 지각은 수용기의 자극에서 시작되며 이는 뇌의 시각 수용 영역에 도달하는 전기 신호를 생성한다. 또한 지각에는 뇌에 저장된 지식과 관련된 하향 처리가 포함된다.
5. 얼룩의 다중 속성 문제와 언어 지식을 통해 개별 단어를 지각하는 것은 상향 처리의 여러 예시 중 하나다. 또한 Saffran의 실험은 생후 8개월 된 유아도 언어의 전이 확률에 민감하게 반응한다는 것을 보여주었다.
6. 지각이 지식에 의존한다는 개념은 Helmholtz의 무의식적 추론 이론에서 제안되었다.
7. 게슈탈트 접근법은 자극이 환경에서 일반적으로 나타나는 방식을 기반으로 지각 조직화와 관련된 여러 법칙을 제안했다.
8. 환경의 규칙성이란 환경에서 자주 발생하는 특성들을 말한다. 우리는 사물을 지각할 때 물리적 규칙성과 의미적 규칙성을 모두 활용한다.
9. 베이지안 추론은 무엇이 실제로 존재할 가능성을 수학적으로 추론하는 절차이다. 이는 지각적 결과에 대한 개인의 사전 신념과 추가적인 증거에 기초하여 가능성을 고려한다.
10. 무의식적 추론, 게슈탈트 접근법, 규칙성, 베이지안 추론, 이 네 가지 사물 지각 접근법 중 게슈탈트 접근법은 다른 방법들에 비해 상향 처리에 더 크게 의존한다. 그러나 현대 심리학자들은 게슈탈트 원리에도 과거 경험과 연결성이 있다고 주장한다.
11. 뇌의 기본 작동 원리 중 하나는 어떤 신경세포는 다른 신경세포들에 비해 환경 안의 규칙적인 사물들에 더 잘 반응한다는 것이다.
12. 경험 기반 가소성은 환경 내 특정 사물에 반응하도록 조율된 신경세포를 생성하는 데 관여하는 메커니즘 중 하나다. 사람들이 그리블에 대해 학습하는 과정에서 뇌 활동을 측정한 실험은 이를 뒷받침하며, 2장에서 다룬 수직 또는 수평 환경에서 자란 고양이 실험 또한 이를 보여준다.
13. 지각과 행동은 연결되어 있다. 관찰하는 사람이 물체를 향해 움직이면 그 물체에 대한 추가적인 정보가 제공되며, 잔과 같은 사물을 지각하는 과정과 사물을 집는 행위 사이에는 지속적으로 상호 조율이 발생한다.
14. 원숭이를 대상으로 뇌 절제술을 사용한 연구와 뇌가 손상된 사람들에 대한 신경심리학 연구는 대뇌피질에 두 가지 주요 처리 경로가 있다는 사실을 밝혀냈다. 하나는 사물에 대한 지각을 담당하는 후두엽에서 측두엽으로 이어지는 경로이며, 다른 하나는 사물을 향한 행동을 조절하는 후두엽에서 두정엽으로 이어지는 경로다. 이 두 경로는 지각과 행동을 조율하기 위해 함께 작용한다.
15. 거울신경세포는 원숭이나 사람이 음식을 집는 등의 행동을 할 때뿐 아니라 다른 사람이 같은 행동을 하는 것을 관찰해도 활성화되는 신경세포다. 일부 연구자들은 이 거울신경세포가 다른 사람의 행동에 내재된 목적이나 의도를 이해하는 데 중요한 역할을 한다고 본다.
16. 예측은 지식, 추론과 밀접하게 연관된 인지 메커니즘으로 지각, 주의 집중, 언어 이해, 미래 예측, 사고 과정 전반에 걸쳐 작동한다.

생각해 보기

1. 처음에 어떤 것을 보거나 들었다고 생각했지만 나중에 그 지각이 잘못되었다는 사실을 깨달은 상황을 하나 설명하라. (예: 시야가 어두운 환경에서 사물을 잘못 인식한 경우나 노래 가사를 잘못 들은 경우 등) 잘못된 지각을 하고 이후 이를 수정하는 과정에서 상향 처리와 하향 처리는 각각 어떤 역할을 했는가?
2. 경험 기반 가소성을 다룬 장에서 신경세포는 환경의 특성에 대한 정보를 반영할 수 있다고 설명했다. 이러한 신경세포의 반응은 하향 처리를 나타낸다고 볼 수 있는가? 그렇다면 그 이유는 무엇인가?
3. 하향 처리가 없는 세상을 가정해 보라. 예를 들어, 식당 화장실에 붙은 "모든 직원은 반드시 손을 씻어야 합니다."라는 안내문을 하향 처리 없이 해석한다면 우리는 이 문구를 직원이 직접 우리의 손을 씻어준다는 의미로 받아들일 수도 있다. 이처럼 하향 처리 없이 세상을 이해하려면 매우 혼란스러울 것이다. 하향 처리는 인간의 일상에 만연하게 자리 잡고 있어서 우리는 거의 인식하지 못한 채 사용하기 때문이다.

그림 3.9의 답 왼쪽부터 Dwayne Johnson, Taylor Swift, Barack Obama, Mindy Kaling, Jennifer Lopez, Oprah Winfrey

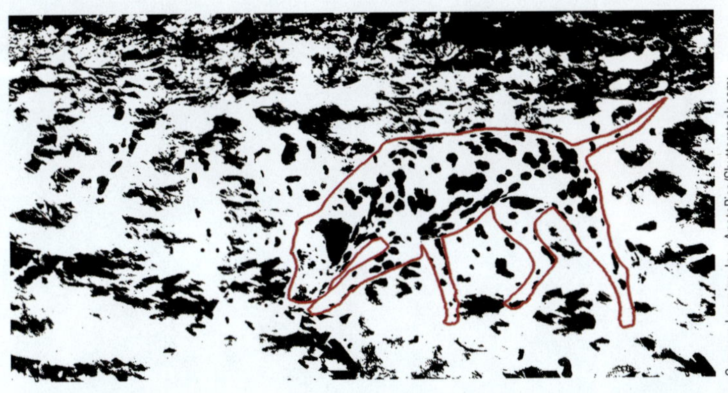

Cengage Learning, Inc., AnetaPics/Shutterstock.com; Scratchgravel Publishing Services

그림 3.36 그림 3.17의 개

Elena Veselova/Shutterstock.com

이 과일과 채소 바구니를 살펴보자. 여러분은 먼저 어디를 바라보았는가? 아마도 가장 밝은 부분이었던 레몬을 먼저 보았을 것이다. 혹은 중심에 위치해 있고, 초록색에 둘러싸인 빨간색이라서 토마토를 가장 먼저 주목했을 수도 있다. 이 이미지에 등장하는 과일이나 채소 중 여러분이 좋아하는 것이 있다면, 그것이 시선을 끌었을 가능성도 크다. 바나나, 피망, 브로콜리 등 일부 항목은 크기가 더 크기 때문에 주의를 그쪽에 기울였을 확률이 높다. 우리의 시각 체계는 항상 윤곽선을 탐색하므로, 아스파라거스나 그린빈(껍질째 먹는 어린 콩)에 눈길이 갔을 수도 있다.

이제 시금치를 찾아보자. 처음부터 시금치가 시선을 끌었을 가능성은 매우 낮고, 지금까지 그것이 있다는 사실조차 알아차리지 못했을 수도 있다. 시금치는 숨겨진 것이 아니지만, 크기, 위치, 그리고 주변 사물들과 색상 및 명암 대비가 비슷하다는 이유로 우리의 주의를 끌 가능성이 작다.

여러분이 눈을 뜨고 장면을 바라볼 때마다, 주의는 무엇을 인식하고 어떤 경험을 받아들이는지를 결정짓는 주요한 인지 처리과정 중 하나이다.

CHAPTER 4

주의

학습목표 이 장을 학습하고 나면 여러분은 다음을 할 수 있을 것이다.

4-1 주변에서 동시에 많은 일이 일어날 때도 어떻게 한 가지에만 주의를 집중할 수 있는지 설명할 수 있다.

4-2 어떤 상황에서 동시에 두 가지 이상의 것에 주의를 둘 수 있는지 설명할 수 있다.

4-3 주의의 초기 선택 모형과 후기 선택 모형에 관한 '초기-후기' 논쟁을 설명할 수 있다.

4-4 주의 모형과 관련하여 '사랑하는 숙모 제인'이라는 연구의 중요성을 설명할 수 있다.

4-5 자동차를 운전하면서 휴대전화 통화를 하는 경우 발생하는 효과에 대해 주의 연구가 무엇을 말해 주는지 설명할 수 있다.

4-6 연회장 효과를 설명하고 이것이 내생적 주의와 외생적 주의와 어떻게 관련되는지 설명할 수 있다.

4-7 무주의맹과 변화맹의 차이를 구분할 수 있다.

4-8 우리가 환경에 있는 정보의 상당 부분에 주의를 기울이지 않고 있다는 주장에 대해 평가할 수 있다.

제이는 집 근처 카페에서 통계 시험을 위해 공부하고 있다. 그는 그를 둘러싼 말소리와 다른 소음들을 대체로 알아차렸지만, 자습서에 너무 몰두한 나머지 주변 소음에는 신경 쓰지 않는다(**그림 4.1a**). 바리스타가 커피가 준비되었다고 그의 이름을 부른다. 그는 자신의 이름을 듣고 주위를 둘러본 뒤, 커피를 가지러 가려고 일어났다. 바리스타에게 감사 인사를 하고, 다시 테이블로 돌아온다. 그는 이제야 카페 안이 얼마나 소란스러운지 알아챘다(**그림 4.1b**). 그는 다음과 같이 생각했다. '흥미롭네. 방금까지만 해도 사람들을 모호하게만 인식하고 있었고, 공부할 때는 그들의 대화 소리도 전혀 신경이 쓰이지 않았는데.'

이제 주변 대화에 더 민감해진 제이는 옆 테이블에 앉은 커플의 대화를 엿듣기 시작한다. 그는 다시 시험공부에 집중하려 하지만, 자신도 모르게 엿듣게 되는 것을 막기 어렵다. 이는 커피를 가지러 일어나기 전에는 없던 문제다!(**그림 4.1c**) 마침내 다시 공부에 집중하려던 순간, 저쪽 건너편의 갑작스러운 소음과 소란이 그의 주의를 끈다. 누군가 실수로 테이블에 부딪혀 커피를 쏟은 것이다. 근처에 있던 몇몇 사람들이 냅킨을 가져다주며 도우려 한다. 제이는 한숨을 쉬며 생각한다. '오늘은 카페가 공부하기 좋은 곳이 아니네.'(**그림 4.1d**).

위에서 겪은 제이의 경험은 특정 자극이나 위치에 집중하는 능력인 **주의**(attention)의 여러 측면을 보여준다. 사람들의 대화를 무시하고 수학 문제에 집중을 하는 것은, 다른 자극들을 무시하고 특정한 것에 집중하는 능력, 즉 **선택적 주의**(selective attention)의 한 예시이다. 타인의 대화가 그의 공부를 방해한 것은, 하나의 자극이 다른 자극의 처리를 간섭하는 것, 즉 **방해**(distraction)를 나타낸다. 제이가 대화를 듣는 동시에 공부를 하는 것은, 두 가지 이상의 자극에 동시에 주의를 나누어 기울이는 **분리 주의**(divided attention)를 나타낸다. 대화를 엿듣다가 테이블에 부딪혀 커피를 쏟는 소음으로 방해를 받았는데, 이는 큰 소리, 밝은 불빛, 갑작스러운 움직임 등에 의해 발생하는 급격한 주의의 이동, 즉 **주의 포획**(attentional capture)의 한 예이다. 마지막으로, 제이가 그의 주의를 끌었던 모든 소음의 원인을 파악하고 무슨 일이 일어났는지 알아내기 위해 쏟아진 커피와 냅킨을 찾느라 분주한 사람들로 시선을 옮겨가며 살펴본 것은, 시선을 한 위치나 대상에서 다른 곳으로 이동시키는 **시각 탐사**(visual scanning)의 예시이다.

이와 같이 다양한 측면의 주의를 염두에 두고, 1장에서 소개한 William James(1890)가 내린 주의에 대한 정의로 다시 돌아가 보자.

> 수백만 가지가 …… 내 감각에 제공되지만 그중 상당수는 내 경험에까지 제대로 도달하지 못한다. 왜? 그것들은 내 관심 대상이 아니기 때문이다. 내가 경험하는 것은 바로 내가 주의를 기울이기로 마음먹은 것들이다. …… 누구나 주의가 무엇인지는 안다. 주의란, 동시다발적인 여러 가지 대상이나 사고의 흐름이 존재하는 가운데 그중 하나가 명확하고 생생한 형태로 내 마음을 차지하는 것이다. 초점화, 즉 의식의 집중이 주의의 본질이다. 이것은 특정한 대상을 효과적으로 처리하기 위해 다른 것들로부터 주의를

그림 4.1 제이의 주의가 떠나는 여정. (a) 선택적 주의: 수학 문제를 푸는 동안에는 옆 사람들의 대화로부터 방해를 받지 않는다. (b) 방해: 사람들이 대화하고 있다는 사실과 그들과 가까운 위치에 있다는 것을 인식한 뒤, 그 대화로 인해 산만해진다. (c) 분리 주의: 공부를 하면서 동시에 그 대화를 엿듣는다. (d) 주의 포획과 시각 탐사: 어떤 요란한 소리가 그의 주의를 끈다. 무슨 일이 일어났는지 살펴보기 위해 주의를 이동시킨다.

방해받지 않고 수학 문제 풀기

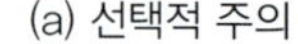
(a) 선택적 주의

방해받으며 게임하기

(b) 방해

공부를 하며 엿듣기

(c) 분리 주의

건너편 소동

(d) 주의 포획과 시각 탐사

거두는 것을 함의한다.

비록 고전으로 간주되고 있는 William James의 정의는 특정 대상을 효과적으로 다루기 위해 다른 대상들로부터 주의를 거둔다는 주의의 핵심적인 특성을 언급하고 있지만, 주의와 관련된 다양한 현상을 모두 포괄하지는 못한다. 주의는 단일 현상으로 규정될 수 없다. 주의는 다양한 양상을 가지고 있으며, 여러 가지 접근법을 사용하여 연구되고 있다.

따라서, 이 장은 주의의 다양한 측면에 초점을 맞춘 여러 가지 부분으로 구성되어 있다. 먼저 주의 연구의 역사에 대해 살펴볼 것이다. 초기의 주의 연구들은 인지심리학의 주요 관심 사항으로 발전한 정보처리 접근법을 확립하는 데 크게 기여했으며, 이 접근법은 이후 새로운 학문 분야인 인지심리학의 중심 개념으로 자리 잡았다.

4.1 정보처리로서의 주의

1950년대에 들어와 Broadbent의 여과기 모형이 소개되면서 근대적 주의 연구가 시작되었다.

Broadbent의 주의의 여과기 모형

Broadbent의 **주의의 여과기 모형**(filter model of attention)은 1장(16쪽)에서 소개된 Colin Cherry(1953)의 실험 결과를 설명하기 위해 설계되었다. Cherry는 **양분 청취법**(dichotic

주의(attention)
특정 자극의 특성, 대상, 위치 또는 생각이나 활동에 집중하는 과정.

선택적 주의(selective attention)
여러 자극 중 하나의 메시지에 집중하고 나머지는 무시할 수 있는 능력.

방해(distraction)
한 자극이 다른 자극에 대한 주의나 정보처리 과정을 방해를 주는 현상.

분리 주의(divided attention)
두 가지 이상의 과제를 동시에 수행하거나 주의를 나누어 기울일 수 있는 능력.

주의 포획(attentional capture)
큰 소리, 밝은 빛, 갑작스러운 움직임과 같은 자극에 의해 주의가 급격히 전환되는 현상.

시각 탐사(visual scanning)
시선이 한 위치나 대상에서 다른 위치나 대상으로 이동하는 과정.

주의의 여과기 모형 (filter model of attention)
주의를 설명하는 모형으로, 여과기가 특정 자극만을 통과시키고 나머지 자극은 차단하는 방식으로 작동한다고 보는 이론.

양분 청취법(dichotic listening)
왼쪽 귀에는 하나의 메시지를 오른쪽 귀에는 다른 메시지를 동시에 들려주는 실험 절차.

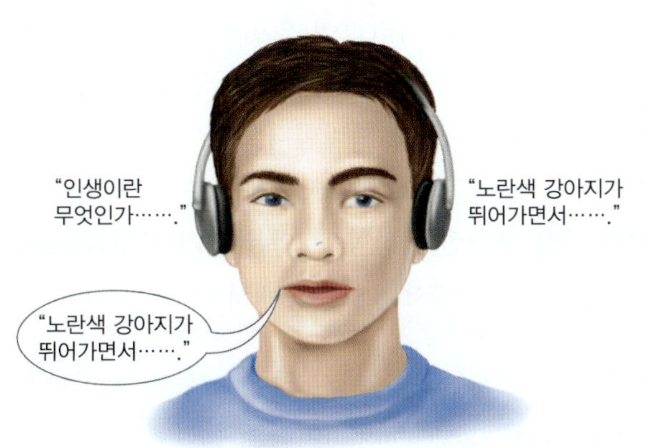

그림 4.2 따라 말하기 과정에서 참가자는 들은 단어들을 큰 소리로 말한다. 이를 통해 참가자들이 한쪽 정보에만 주의를 집중시키게 할 수 있다.

listening) 과제를 통해 주의를 연구하였다. **양분**(dichotic)이란 왼쪽과 오른쪽 귀에 각각 다른 자극을 제시하는 것을 의미한다. 참가자의 과제는 한쪽 귀(집중한 귀)에 들리는 단어들에 집중하여 듣고 소리 내서 따라 말하는 것이었다. 들리는 것을 소리 내어 말하는 것을 **따라 말하기**(shadowing)라고 한다(그림 4.2).

따라 말하기(shadowing) 들은 메시지를 그대로 소리 내어 따라 말하는 절차. 따라 말하기는 양분 청취법을 사용하는 선택적 주의 연구에서 흔히 사용된다.

Cherry는 참가자가 집중한 귀에 제시된 말소리를 따라 말하면서 주의를 두지 않은 귀 쪽에 제시된 말소리가 남성의 목소리인지 여성의 목소리인지를 보고할 수 있었지만, 주의를 두지 않은 귀에 어떤 말들이 제시되었는지는 보고할 수 없었다는 것을 발견했다. 다른 양분 청취법 실험도 사람들이 주의를 두지 않은 귀에 제시된 정보를 거의 인식하지 못한다는 것을 보여주었다. 예를 들어, Neville Moray(1959)는 한 단어가 35회나 반복되어도 주의를 두지 않은 귀에 제시되었다면 참가자가 그것을 인식하지 못한다는 것을 보여주었다. 이처럼 다른 자극들을 걸러내면서 한 자극에만 주의를 기울일 수 있는 능력을 **연회장 효과**(cocktail party effect)라고 한다. 연회장에선 아무리 시끄럽고 여러 대화가 오가고 있다 하더라도 한 사람과 대화에 집중할 수 있기 때문이다.

연회장 효과(cocktail party effect) 여러 자극 중에서 하나의 자극에 집중하면서 다른 자극은 걸러내는 능력으로, 특히 많은 대화가 동시에 이루어지는 연회장에서 두드러지게 나타난다.

위와 같은 결과에 기초하여 Donald Broadbent(1958)는 하나의 메시지에 집중하는 것이 어떻게 가능하며, 다른 쪽에서 들어오는 정보들을 왜 받아들이지 않는지를 설명하기 위해 주의 모형을 고안했다. 인지심리학에 흐름도(flow diagram)를 처음 도입한(16쪽 참조) 이 모형은 정보가 다음 단계들을 거치면서 처리된다고 제안하였다(그림 4.3).

1. 감각기억(sensory memory)은 외부로부터 들어오는 모든 정보를 아주 짧게 보관한 후 모두 여과기로 전송한다(5장에서 감각기억에 대해 좀 더 자세히 다룰 것이다).
2. **여과기**(filter)는 화자의 음색, 음높이, 속도, 억양 등과 같은 정보의 물리적 특징 등을 기반으로 집중하고 있는 메시지들을 식별하고, 주의를 기울인 메시지만을 다음 단계에 있는 탐지기로 통과시킨다. 그 이외의 메시지들은 모두 걸러진다.

여과기(filter) Broadbent의 주의 모형에서 여과기는 화자의 음색, 음높이, 말하는 속도, 억양 같은 물리적 특성을 기반으로 주의를 기울인 메시지를 식별하고, 이 선택된 메시지만 다음 단계인 탐지기로 통과시킨다.

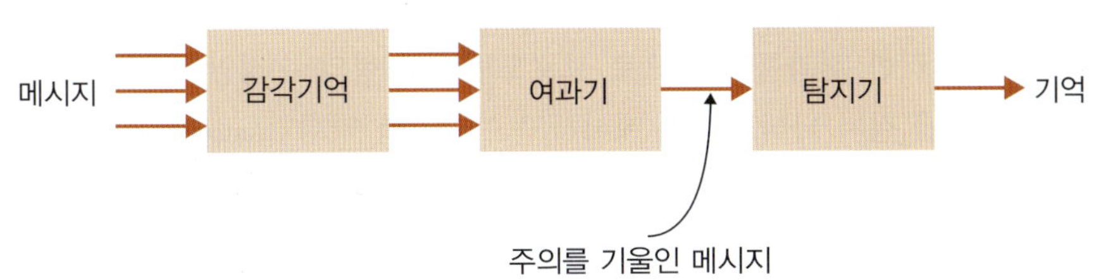

그림 4.3 Broadbent의 주의의 여과기 모형.

탐지기(detector)
Broadbent의 주의 모형에서 탐지기는 주의를 기울인 메시지로부터 정보를 처리하여 그 의미와 같은 상위 수준의 특성을 파악한다.

초기 선택 모형 (early selection model)
선택적 주의를 설명하는 모형으로, 주의를 기울이지 않은 메시지를 초기 단계에서 걸러낸다고 본다. Broadbent의 초기 선택 모형에서는 메시지의 의미가 분석되기 전에 여과 단계가 일어난다.

3. **탐지기**(detector)는 주의를 집중한 메시지의 정보를 처리하여 의미와 같은 고차원적 속성을 파악하는 역할을 한다. 오로지 주의가 집중된 중요한 정보들만 여과기를 통과할 수 있기 때문에 탐지기에 전달받는 모든 정보들을 처리한다.
4. 탐지기가 처리한 정보들은 10초에서 15초 동안 정보들을 저장하는 **단기기억**(short-term memory)으로 보내지고, 이어서 정보들을 무기한 저장할 수 있는 **장기기억**(long-term memory)으로 전송된다. 단기기억과 장기기억에 대해서는 5~8장에서 다룰 것이다.

Broadbent의 모형은 정보처리의 흐름이 시작될 때 주의를 기울이지 않은 정보들은 여과기에 의해 제거된다고 보기 때문에 **초기 선택 모형**(early selection model)이라 부른다.

브로드벤트 모형의 수정: 초기 선택 모형의 확장

Broadbent의 주의 여과기 모형의 장점은 선택적 주의에 관한 검증 가능한 예측을 제시했다는 것이고, 이는 이후 연구를 촉진시켰다. 첫 번째 제시된 예측은 주의를 두지 않은 내용은 전부 걸러지기 때문에 우리는 그 메시지의 내용에 대해 알 수 없다는 것이다. 이를 검증하기 위해 Neville Moray(1959)가 양분 청취법 실험을 실시하여 참가자에게 한쪽 귀에 제시된 메시지는 따라 말하고, 다른 쪽 귀에 제시된 메시지는 무시하라고 지시하였다. 그러나 Moray가 참가자의 이름을 주의를 두지 않은 귀에 들려주었을 때, 약 1/3의 참가자들이 자기 이름을 인식했다(Wood & Cowan, 1995 참고).

브로드벤트 모형에 따르면, 여과기는 물리적 특징에 기초해 하나의 정보를 걸러내기 때문에 Moray 실험의 참가자들은 자신의 이름을 인식하지 못해야 했다. 하지만 참가자의 이름은 걸러지지 않았고 의미를 인식할 수 있을 정도로 충분히 분석되었다. 시끄러운 곳에서 누군가와 대화하다가 다른 사람이 자신의 이름을 부르는 소리를 갑자기 들은 적이 있다면, 여러분도 Moray의 실험 결과와 비슷한 경험을 한 것이다.

Moray를 필두로 여러 실험들은 주의를 두지 않은 귀에 제시된 정보들이 의미 수준까지 부분적으로 처리가 된다는 것을 입증했다. 예를 들어, 옥스퍼드 대학교의 학부 학생이던 J. A. Gray와 A. I. Wedderburn(1960)은 '사랑하는 숙모 제인(Dear Aunt Jane)'이라는 실험을 진행했다. Cherry의 양분 청취법 실험처럼 참가자들은 한쪽 귀에 제시된 메시지를 따라 말하도록 지시받았다. 그림 4.4에서 볼 수 있듯이, 주의를 집중한(따라 말한) 귀에는 '사랑하는 7 제인'이라는 메시지가 제시되었고, 집중하지 않은 귀에는 '9 숙모 6'이라는 메시지가 제시되었다. 그러나 참가자들은 집중한 귀에 제시된 '사랑하는 7 제인'이 아닌 '사랑하는 숙모 제인'을 들었다고 보고하였다.

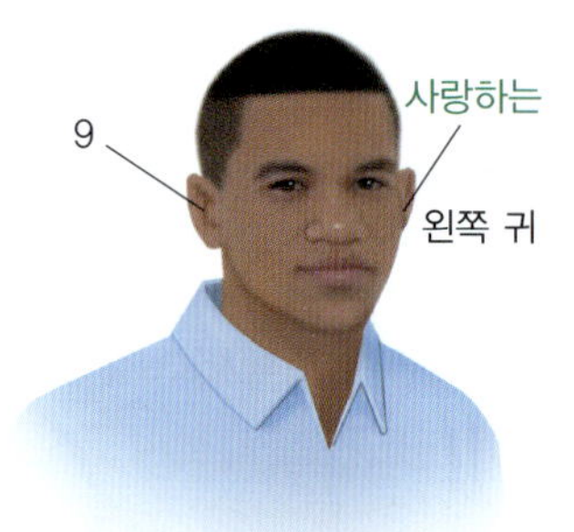

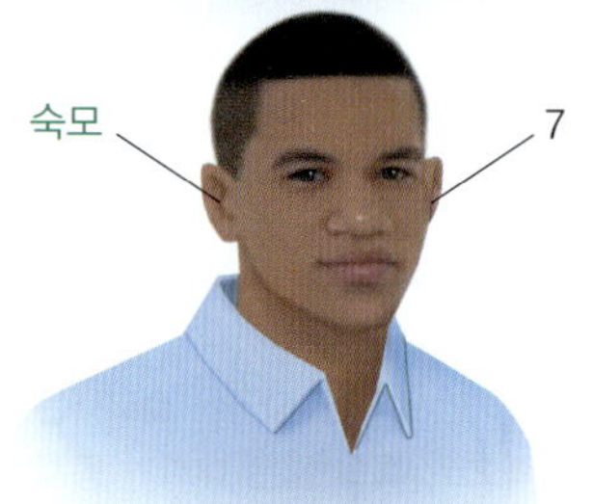

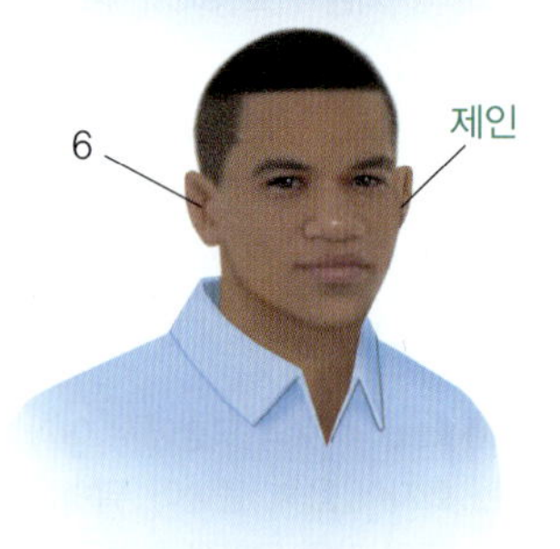

그림 4.4 Gray와 Wedderburn(1960)의 '사랑하는 숙모 제인' 실험 참가자들은 왼쪽 귀에 제시된 메시지들을 따라 말한다. 그러나 그들은 '사랑하는 숙모 제인'이라는 메시지를 들었다고 보고했다. 즉, 주의는 왼쪽에서 오른쪽으로, 다시 왼쪽으로 이동했다.

주의를 두지 않은 귀에 제시된 '숙모'라는 단어를 처리한 것은 주의가 한쪽 귀에서 이동했다가 돌아왔음을 보여준다. 이러한 이동은 사람들이 단어의 의미를 중요하게 고려했기 때문에 발생한 것이다(하향 처리의 예시이다! 74쪽 참조).

Anne Treisman(1964)은 이러한 결과를 바탕으로 브로드벤트 모형의 수정안을 제시했다. Treisman은 선택이 두 단계에 걸쳐 나타난다고 제시하고 여과기를 **약화기**(attenuator)로 대체했다(그림 4.5). 약화기는 (1) 물리적 특징(음이 높은지 낮은지, 속도가 빠른지 느린지), (2) 언어(음절이나 단어로 어떻게 묶이는지), (3) 의미(단어의 연속이 어떻게 의미 있는 구를 형성하는지)를

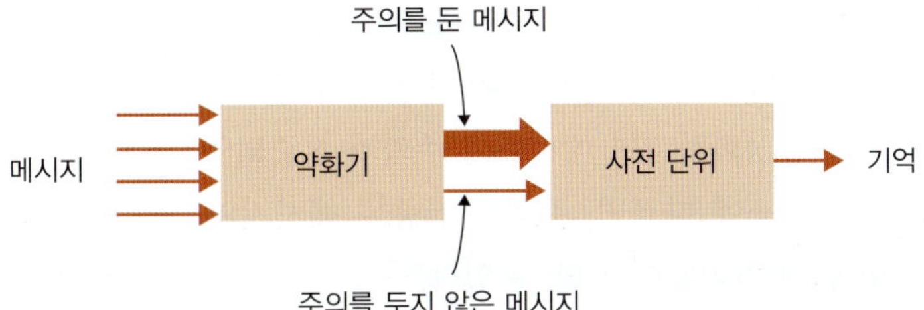

그림 4.5 Treisman의 선택적 주의의 약화 모형 흐름도.

기준으로 수집되는 메시지를 분석한다. 약화기란 처리 '과정'을 나타내는 것이지 특정 뇌 구조가 아니라는 점을 명심하자.

채널에 있는 정보가 선택된다는 Treisman의 주장은 Broadbent가 제안한 것과 유사하지만, Treisman의 **주의의 약화 모형**(attenuation model of attention)에서는 언어와 의미 또한 메시지를 구분하는 데 사용될 수 있다고 제시한다. 그러나 Treisman은 메시지의 분석이 주의가 집중된 메시지를 식별하는 데 필요한 수준까지만 진행된다고 보았다. 예를 들어, 남성의 목소리와 여성의 목소리로 구성된 두 메시지가 제시되면, Broadbent가 강조한 물리적 수준에서의 분석만으로도 남성의 낮은 목소리와 여성의 높은 목소리를 구분할 수 있다. 하지만 목소리가 비슷하다면 두 메시지를 구분하기 위해 의미에 대한 분석이 필요할 것이다.

Treisman의 모형에 따르면, 주의를 둔 메시지와 주의를 두지 않은 메시지가 식별된 후에는 두 메시지 모두 약화기를 통과하지만, 주의를 둔 메시지는 온전히 유지되는 반면 주의를 두지 않은 정보들은 집중된 메시지보다는 약화되지만 없어지지는 않는다. 주의를 두지 않은 메시지의 일부라도 여과기를 통과하기 때문에 Treisman의 모형은 '새는 여과기(leaky filter)' 모형이라고도 불린다.

시스템의 최종 출력은 두 번째 단계에서 메시지가 **사전 단위**(dictionary unit)에 의해 분석될 때 결정된다. 사전 단위는 기억 속에 저장된 단어들을 포함하고 있는데, 각 단어들은 활성화되기 위한 다른 역치 값을 가지고 있다(그림 4.6). 역치란 자극이 감지되기 위한 신호의 최소 강도이다. 따라서 낮은 역치를 지닌 단어들은 작게 들리거나 다른 단어들에 의해 잘 들리지 않아도 쉽게 감지된다.

Treisman에 따르면, 청취자의 이름처럼 흔하거나 특히 중요한 단어들은 역치가 낮아서 주의를 두지 않은 채널의 약한 신호만으로도 그 단어가 활성화되어 방 건너편에서 누군가가 부르는 자신의 이름을 들을 수 있다. 이것은 이 장의 시작 부분에 나온 예시에서 제이가 카

약화기(attenuator)
Treisman의 선택적 주의 모형에서 약화기는 들어오는 메시지를 물리적 특성, 언어, 의미 측면에서 분석한다. 주의를 기울인 메시지는 약화기를 통해 완전한 강도로 통과하고, 주의를 기울이지 않은 메시지는 약화된 강도로 통과한다.

주의의 약화 모형 (attenuation model of attention)
Anne Treisman이 제안한 선택적 주의 모형으로, 선택이 두 단계에 걸쳐 일어난다고 제안한다. 첫 번째 단계에서 약화기는 입력된 메시지를 분석하여 주의를 기울인 메시지는 온전히 통과시키고, 주의를 기울이지 않은 메시지는 약화된 상태로 통과시킨다.

사전 단위(dictionary unit)
Treisman이 제안한 주의의 약화 모형의 구성 요소 중 하나. 저장된 단어들과 그 단어가 활성화되기 위한 역치 값을 포함하는 처리 단위. 사전 단위는 우리가 주의를 기울이지 않은 메시지 속에서도 자신의 이름과 같은 익숙한 단어를 가끔 인식할 수 있는 이유를 설명하는 데 도움을 준다.

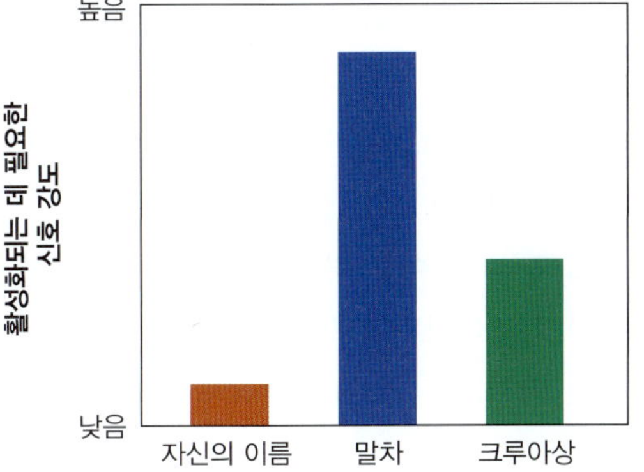

그림 4.6 Treisman의 선택적 약화 모형에서 사전 단위는 단어들을 포함하고 있으며, 각 단어는 탐지되기 위한 역치를 가지고 있다. 이 그래프는 세 단어에 대해 존재할 수 있는 역치를 보여준다. 자신의 이름은 가장 낮은 역치를 갖고 있기 때문에 쉽게 감지된다. '말차'나 '크루아상'은 덜 자주 사용되거나 특정 사람에게 덜 중요하기 때문에 역치 값이 더 높다.

페에서 주위의 소음과 대화 소리를 대부분 인식하지 못하면서도 바리스타가 자신의 이름을 부르는 소리는 들을 수 있었던 이유를 설명해 준다. 반면 흔하지 않거나 중요하지 않은 단어는 역치가 높기 때문에 이러한 단어를 활성화하려면 메시지에 주의가 집중되었을 때 발생하는 강한 신호가 필요하다. 따라서 Treisman에 따르면, 주의가 집중된 메시지와 더불어 주의를 두지 않은 약한 메시지의 일부도 함께 처리된다고 할 수 있다.

지금까지 서술한 연구들은 기본적인 주의 현상을 규명했을 뿐 아니라, 인지의 한 측면을 환경으로부터 입력된 정보가 여러 단계를 거쳐 전달되는 정보처리 문제로 개념화할 수 있었다는 점에서 매우 중요하다. Broadbent의 모형과 마찬가지로 Treisman의 모형도 정보처리의 초기 단계에서 작용하는 여과기를 가정하기 때문에 초기 선택 모형으로 구분된다. 다음에서 소개할 모형들은 정보 선택이 더 후기에서 일어난다고 가정한다.

후기 선택 모형

정보처리의 후기 단계에서 의미를 기반으로 한 선택이 일어날 수 있음을 시사하는 실험 결과들을 설명하기 위해 또 다른 이론들이 제안되었다. 예를 들어, Donald MacKay(1973)의 실험은 참가자에게 '그들은 bank에 돌을 던지고 있었다.'처럼 두 가지 이상으로 해석될 수 있는 모호한 문장을 들려주었다(여기서 bank라는 단어는 강둑 혹은 은행을 의미할 수 있다). 이러한 모호한 문장을 주의가 집중된 귀에 제시하였고, 그와 동시에 주의를 두지 않은 귀에는 의미를 편향시키는 단어가 제시되었다. 예를 들어, 참가자가 '그들은 bank에 돌을 던지고 있었다.'를 따라 말하는 동안 주의를 두지 않은 쪽 귀에는 '강(river)' 또는 '돈(money)'이라는 단어가 제시되었다.

참가자들은 이와 같은 여러 개의 애매한 문장을 들은 후, '어제 그들은 강가에 돌을 던졌다.'와 '어제 그들은 상호저축은행에 돌을 던졌다.'와 같은 문장 쌍을 제시받고, 이전에 들었던 문장과 의미가 더 가까운 것이 무엇인지 선택하라고 했다. Mackay는 편향된 단어의 의미가 참가자들의 선택에 영향을 미친다는 것을 발견했다. 예를 들어, 편향 단어가 '돈'이었을 경우 참가자들은 두 번째 문장을 선택할 가능성이 더 컸다. 이러한 결과는 참가자들이 주의를 두지 않은 귀에 제시된 편향 단어를 인식하지 못했다고 보고했음에도 불구하고 나타났다. 이러한 행동은 **점화**(priming) 현상과 관련이 있다. 점화에는 6장에서 다룰 동일한 자극이 이전에 제시됨으로써 그 자극에 대한 반응이 달라지는 **반복 점화**(repetition priming)와, 11장에서 다룰 크루아상이라는 단어가 빵이라는 더 큰 개념을 점화하는 것과 같은 **어휘 점화**(lexical priming) 등이 있다. 이러한 개념들은 일상생활에서도 자주 적용된다. 예를 들어, TV에서 누군가 음식을 먹는 장면을 보면 TV를 시청하는 사람의 식사 행동이 증가한다는 사실이 밝혀졌다(Harris, Bargh, & Brownell, 2009).

다시 이 연구로 돌아가자. MacKay는 강이나 돈이라는 단어의 의미가 참가자들의 판단에 영향을 미쳤기 때문에, 비록 주의를 기울이지 않은 단어라 하더라도 그 의미 수준까지 처리되었을 것이라고 제안하였다. 이러한 결과는 MacKay와 다른 이론가들이, 대부분의 입력된 정보가 의미 수준까지 처리된 후 추가로 처리할 메시지가 선택된다고 제안하는 **주의의 후기 선택 모형**(late selection models of attention)을 발전시키는 계기가 되었다(Deutsch & Deutsch, 1963; Norman, 1968).

점화(priming)
이전에 제시된 동일하거나 유사한 자극 때문에 이후 자극에 대한 반응이 변화하는 현상. 반복 점화 참조.

반복 점화(repetition priming)
동일한 자극이 반복 제시되었을 때, 그 자극에 대한 반응에 영향을 미치는 현상.

어휘 점화(lexical priming)
단어의 의미와 관련된 점화. 예를 들어 '장미'라는 단어는 '꽃'이라는 단어를 점화하는데, 이는 두 단어의 의미가 관련이 있기 때문이다.

주의의 후기 선택 모형(late selection models of attention)
메시지의 정보가 의미 측면에서 분석된 후 최종 처리를 위한 선택이 일어난다고 제안하는 선택적 주의 모형.

지금까지 살펴본 주의 연구들은, 선택적 주의가 언제(초기 혹은 후기) 일어나며 선택에 어떤 종류의 정보(물리적 특성 혹은 의미)가 사용되는지에 초점이 맞춰져 있었다. 그러나 선택적 주의에 대한 연구가 진척되면서 연구자들은 이른바 '초기-후기' 논쟁에 대한 단일한 정답은 없다는 것을 깨닫게 되었다. 참가자의 과제와 제시된 자극의 유형에 따라 어떤 조건에서는 초기 선택이, 다른 조건에서는 후기 선택이 나타날 수 있기 때문이다. 따라서 연구자들은 주의를 통제하는 다양한 요인들을 이해하는 데 초점을 맞추기 시작했다.

이 모든 것은 우리를 다시 제이가 카페에서 겪은 경험으로 돌아가게 한다. 제이가 처음에는 통계학 시험공부를 하면서 주변 사람들의 대화를 무시할 수 있었다는 점을 기억해 보자. 그가 카페에 도착했을 때는 조용했고, 시간이 지나며 대화 소리가 점점 커졌지만 거의 알아차리지 못했다. 그러나 나중에 커피를 가지러 일어난 뒤 다시 공부를 시작하려고 했을 때는 주변의 대화 소리에 방해받았다. 이처럼 방해물과 과제의 종류에 따라 특정 과제에 선택적으로 주의를 할당하는 능력이 달라진다는 생각은 Nilli Lavie(2010)에 의해 연구되었다. Lavie는 **처리용량**(processing capacity)과 **지각부하**(perceptual load)라는 개념을 제안하였다.

4.2 처리용량과 지각부하

사람들은 특정 과제에 주의를 집중하려고 노력할 때 방해가 되는 자극을 어떻게 무시할 수 있을까? Lavie는 이에 대해 답하기 위해 두 가지 요인을 고려했다. (1) **처리용량**(processing capacity)은 사람들이 처리할 수 있는 정보의 양을 지칭하며, 입력된 정보를 처리할 수 있는 능력의 한계를 설정한다. (2) **지각부하**(perceptual load)는 과제의 난이도와 관련이 있다. 일부 과제, 특히 쉽고 익숙한 과제는 지각부하가 낮은데, 이러한 **저부하 과제**(low-load task)는 개인의 처리용량을 적게 소모한다. 하지만, 어렵거나 아직 숙련되지 않은 과제는 **고부하 과제**(high-load task)이며, 더 많은 양의 처리용량을 필요로 한다.

Sophie Forster와 Lavie(2008)는 처리용량과 지각부하가 주의 방해에 미치는 영향을 알아보기 위해 **그림 4.7a**와 같은 화면을 제시했다. 실험 참가자들의 과제는 목표 자극 X나 N을 식별하면 최대한 빠르게 반응하는 것이었다. 참가자들은 X를 보면 한 키를, N을 보면 다른 한 키를 눌러야 했다. **그림 4.7b**의 왼쪽 화면처럼 목표 문자가 소문자 o와 같은 동일한 문자들로만 둘러싸여 있을 때는 과제가 쉬웠다. 그러나 **그림 4.7a**의 오른쪽 화면처럼 목표 문자가 다양한 다른 문자들로 둘러싸여 있으면 과제가 더 어려워진다. 이 차이는 반응시간에 반영되어, 어려운 과제일수록 반응시간이 더 길어진다. 그러나 **그림 4.7b**에 나온 것과 같은 과제와 무관한 만화 캐릭터 자극이 화면 아래에 잠깐 나타나면, 쉬운 과제에서의 반응시간이 어려운 과제보다 상대적으로 더 많이 증가하였다.

Lavie는 **그림 4.7b**와 같은 결과를 **그림 4.8**에 나와 있는 **주의의 부하 이론**(load theory of attention)으로 설명했다. **그림 4.8**의 도식에서 원은 개인의 처리용량을 나타내고, 음영은 과제를 수행하면서 사용하고 있는 부분을 가리킨다. **그림 4.8a**는 저부하 과제의 경우 처리용량이 남아있음을 보여주는데, 이 남은 용량은 과제와 무관한 자극(예: 만화 캐릭터)을 처리하는 데 사용될 수 있음을 의미하며, 비록 그 자극을 무시하라는 지시에도 불구하고 그 자극이 처리가 되기 때문에 반응시간이 느려지게 된다.

처리용량(processing capacity)
한 사람이 동시에 처리할 수 있는 정보의 양. 사람이 정보를 처리할 수 있는 능력의 한계를 설정한다.

지각부하(perceptual load)
과제의 난이도와 관련되며, 낮은 부하 과제는 적은 처리 자원을 사용하고, 높은 부하 과제는 많은 자원을 사용한다.

저부하 과제(low-load task)
적은 처리 자원을 사용하여 다른 과제를 처리할 수 있는 여유 처리 용량을 남기는 과제.

고부하 과제(high-load task)
자원의 대부분 또는 전부를 사용하여 다른 과제를 처리할 여유 용량이 거의 남지 않은 과제.

주의의 부하 이론(load theory of attention)
과제와 관련 없는 자극을 무시하는 능력은 현재 수행 중인 과제의 부하에 따라 달라진다는 제안. 고부하 과제는 방해를 적게 일으킨다.

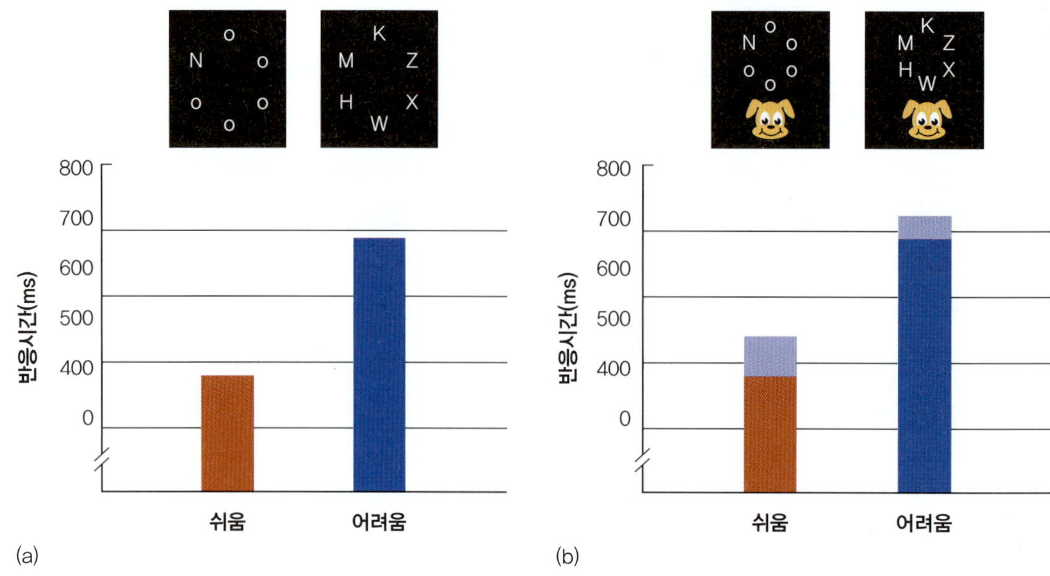

그림 4.7 Forster와 Lavie(2008)의 실험에서 그림과 같은 화면에서 목표 자극 X 또는 N에 대해 가능한 한 빠르게 반응하는 것이다. (a) 목표 자극이 소문자 o와 함께 제시된 왼쪽 화면과 같은 쉬운 조건에서의 반응시간은, 목표 자극이 다른 글자들과 함께 제시된 어려운 조건에서의 반응시간보다 더 빨랐다. (b) 화면 근처에서 방해를 하는 만화 캐릭터를 깜빡이게 하자, 쉬운 과제의 반응시간이 어려운 과제보다 더 많이 증가했다. 각 과제별 증가는 막대의 회색 연장선으로 표시된다.

출처: S. Forster & N. Lavie, Failures to ignore entirely irrelevant distractors: The role of load, *Journal of Experimental Psychology: Applied*, 14, 73-83, 2008 수정 인용함.

그림 4.8b는 고부하 과제와 같이 한 사람의 처리용량이 모두 사용되고 있는 상황을 보여준다. 과제가 어려우면 다른 자극들을 처리할 여분의 용량이 남아 있지 않기 때문에 과제와 관련 없는 자극이 처리되지 않으며, 과제 수행에 거의 영향을 미치지 않는다. 따라서 어려운 고부하 과제를 수행할 때는 처리용량이 남지 않아 방해를 받지 않게 되는 것이다. 예를 들어, 친구의 아파트에 가기 위해 운전하고 있다고 상상해 보자. 주소는 알고 있지만 한 번도 가본 적이 없다면, 그 동네까지 운전하는 동안에 단순히 내비게이션(GPS)을 따라 운전한다. 하지만 아파트 건물에 가까워지면, 음악 볼륨을 줄이고 속도를 늦춰서 건물에 적힌 번호를 확인하고, 길가나 마당에서 노는 아이들에게도 주의를 기울이게 된다. 이러한 과제는 고부하 과제이다. 그러나 만약 수행 중인 과제가 쉽고 부하가 낮다면, 남은 처리용량이 과제와 무관한 자극을 처리하는 데 사용될 수 있다(동네를 벗어나 평소의 운전으로 돌아가 음악을 다시 틀고 집으로 돌아갈 때처럼).

내생적 주의 (endogenous attention) 지속적이고 목표 지향적인으로 특정 자극에 자발적으로 집중하는 주의.

외생적 주의 (exogenous attention) 일시적이고 순간적으로 자극에 비자발적으로 향하는 주의.

과제와 무관한 자극을 무시할 수 있는 능력은 수행하려는 과제의 부하 정도와 과제와 무관한 자극의 강력함에 따라 달라진다. 예를 들어, 제이는 카페에서 공부에 집중하는 동안 사람들의 대화 소리를 무시할 수 있었지만, 만약 화재를 알리는 큰 사이렌 소리는 아마 그의 주의를 끌었을 것이다. 인지심리학에서는 주의(attention)의 두 가지 유형을 구분한다. 하나는 **내생적 주의**(endogenous attention)고 다른 하나는 **외생적 주의**(exogenous attention)이다. 내생적 주의는 우리가 스스로 선택한 자극에 자발적이고 지속적이며 목표 지향적인 방식으로 주의를 기울이는 것을 말한다. 제이가 카페에서 공부에 집중하면서 대화를 무시하려는 시도는 내생적 주의의 예다. 반면, 외생적 주의는 자극에 비자발적이고 순간적으로 주의가 끌리는

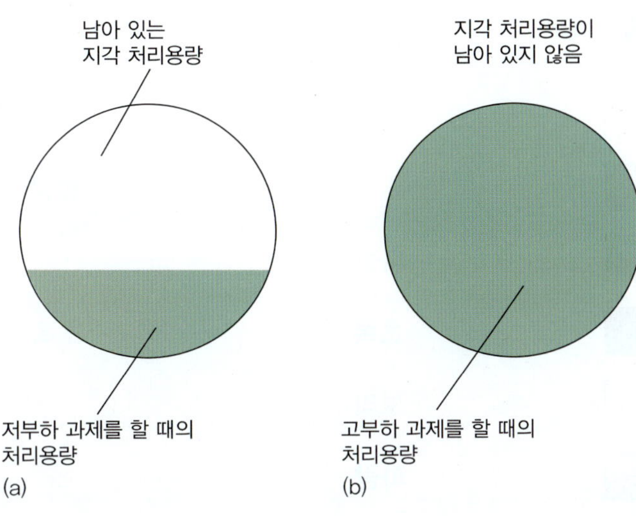

그림 4.8 주의의 부하 이론. (a) 적은 인지 자원을 사용하는 저부하 과제는 주의를 기울이지 않는 과제 무관련 자극을 처리할 수 있는 자원이 남아 있다. 반면 (b) 모든 인지적 자원을 사용하는 고부하 과제는 주의를 기울이지 않는 과제 무관련 자극을 처리할 어떤 자원도 남기지 않았다.

것이다. 큰 사이렌 소리에 제이의 주의가 의식적 통제 없이 빠르게 주의가 끌리는 것은 외생적 주의의 예다.

과제와 무관한 자극(task-irrelevant stimuli)을 무시하기 어려운 대표적인 사례는 다음 '보여주기'에서 설명할 스트룹 효과에서 확인할 수 있다.

보여주기

스트룹 효과

그림 4.9a를 보자. 여러분의 과제는 사각형 각각을 인쇄한 잉크 색깔을 가능한 한 빨리 말하는 것이다. 예를 들어, 위에서부터 아래로 내려가면서 '보라, 노랑……' 이러한 식으로 말하면 된다. 스스로(또는 친구에게) 시간을 재고, 모든 사각형의 색을 말하는 데 몇 초가 걸리는지 확인하자. 이제 **그림 4.9b**를 보면, 이번에도 과제는 단어를 인쇄한 잉크 색깔을 가능한 한 빨리 말하는 것이다. 예를 들어, '초록, 빨강……' 이러한 식으로 말하면 된다(적혀 있는 단어를 읽지 않도록 하자. 그것은 반칙이다). 이 과제를 완료하는 데 걸리는 시간을 측정한 다음, 같은 과제를 **그림 4.9c**에서도 반복해 보자. 이번에도 과제는 적혀 있는 단어를 읽는 것이 아니라 잉크 색깔을 말하는 것이다. 예를 들어, '빨강, 초록……' 이러한 식으로 말하면 된다. 이 과제를 수행하는 데 걸린 시간을 기록하자.

만약 단어의 색깔을 말하는 것이 도형의 색깔을 말하는 것보다 어려웠다면 스트룹 효과(Stroop effect)가 나타난 것이다. 스트룹 효과는 1935년 J. R. Stroop에 의해 처음 발견되었는데 단어의 의미가 경쟁 반응을 유발하기 때문에 목표물(단어의 색깔)에 대한 반응이 느려지는 현상을 지칭한다. 스트룹 효과에서 과제와 무관한 자극인 단어의 의미는 매우 강력하다. 왜냐하면 대부분의 사람들은 자동적으로 글을 읽기 때문에 단어를 읽지 않는 것은 어렵기 때문이다(Stroop, 1935).

스트룹 효과(Stroop effect) J. R. Stroop이 처음 연구한 효과로, 사람에게 단어가 인쇄된 잉크 색과 같은 자극의 한 측면에 반응하도록 지시받고, 단어가 의미하는 색과 같은 다른 측면을 무시하도록 하는 과제를 사용한다. 스트룹 효과는 예를 들어 '빨강'이라는 단어가 파란색으로 인쇄되어 있을 때 사람들이 이 과제를 어렵게 느끼는 현상을 말한다.

지금까지 다룬 초기 선택 모형, Lavie의 부하 이론과 같은 주의 접근법들은 특정 이미지나 과제에 주의를 집중할 수 있는 능력에 초점을 맞추고 있다. 그러나 일상생활에서는 눈을 움직이거나 혹은 눈을 움직이지 않고도 '마음속으로' 주의를 전환하는 등 수시로 주의를 한 장소에서 다른 장소로 이동시킨다. 다음에서는 이러한 주의 전환에 대해 살펴보겠다.

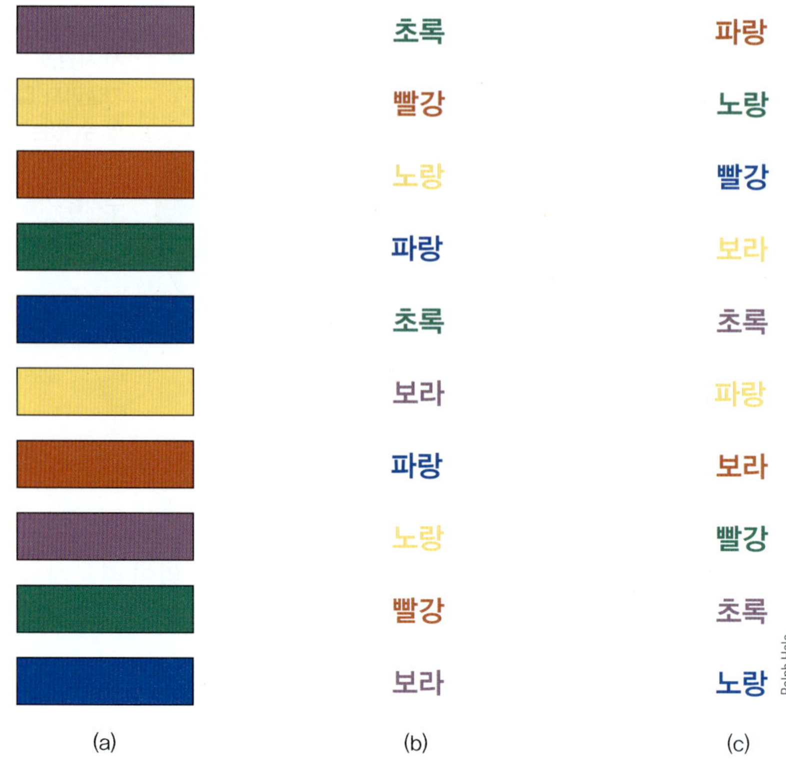

그림 4.9 (a)에 있는 사각형을 인쇄하는 데 사용한 잉크 색깔의 이름을 말해 보라. 그다음 (b)와 (c)에 있는 단어를 인쇄하는 데 사용된 잉크 색깔의 이름을 말해 보라.

자가 테스트

1. 일상생활에서 선택 주의, 방해, 분리 주의, 주의 포획, 탐사와 관련된 예시를 찾아보라. (학습목표 4-1)
2. 사람들이 정보에 얼마나 잘 집중하는지, 무시해야 할 정보로부터 얼마나 영향을 받는지를 알아보기 위해 양분 청취법이 어떻게 사용되었는가? 연회장 효과는 무엇이며, 무엇을 보여주는가? (학습목표 4-2)
3. Broadbent의 선택 주의 모형에 대해 설명하라. 이 모형을 초기 선택 모형으로 분류하는 이유가 무엇인가? (학습목표 4-3)
4. Moray의 실험(주의를 두지 않은 귀에 제시된 단어 처리)과 Gray와 Wedderburn의 실험('사랑하는 숙모 제인') 결과는 무엇인가? Broadbent의 주의의 여과기 모형으로 이 실험 결과들을 설명할 수 없는 이유는 무엇인가? (학습목표 4-4)
5. Treisman의 주의의 약화 모형에 대해 설명하라. 먼저 왜 이러한 이론을 만들게 되었는지 설명하고, Broadbent의 모형을 어떻게 보완했는지 생각하라. (학습목표 4-3)
6. MacKay의 'bank' 실험에 대해 설명하라. 왜 이 결과가 후기 선택 모형을 지지하는 증거를 제공하는가? (학습목표 4-3)
7. 처리용량과 지각부하가 주의 방해에 어떻게 영향을 미치는지와 관련하여 Forster와 Lavie의 실험을 설명하라. 주의의 부하 이론이란 무엇인가? (학습목표 4-3)
8. 스트룹 효과란 무엇인가? 스트룹 효과를 통해 과제와 무관한 자극의 어떤 특징을 알 수 있는가? (학습목표 4-2)

4.3 장면 탐사를 기반으로 한 주의

William James에 따르면, 주의란 "어떤 특정한 대상을 효과적으로 처리하기 위해 다른 것들로부터 주의를 거두는 것"을 의미한다. 이 개념을 일상생활에 적용해 본다면 어떤 의미일까? 주변에는 우리가 주의를 기울일 수 있는 수많은 대상이 있지만, 우리는 일부에만 주목하고 나머지는 무시한다. 그렇다면 우리는 어떻게 주의를 선택적으로 기울이며, 이러한 주의의 방향 전환은 우리의 경험에 어떤 영향을 미칠까? 이에 대한 탐구하기 위해 먼저, 우리의 시선을 한 지점에서 다른 지점으로 옮기면서 주의를 어떻게 이동시키는지부터 살펴보겠다.

Alberto E. Rodriguez/Stringer/Getty Images Entertainment/Getty Images

그림 4.10 실사 영화 〈인어공주〉(The Little Mermaid, 2023)의 월드 프리미어에서 촬영한 단체 사진. 여러분은 이 사진 속 인물 중 몇 명을 알아볼 수 있는가?

눈 움직임과 함께하는 장면의 시각 탐사

그림 4.10을 30초 동안 보고 몇 명의 사람을 식별할 수 있는지 확인해 보자. 시작!

이 과제를 수행하면서, 아마도 여러분은 장면을 훑으면서(탐사하면서) 각 얼굴을 하나씩 확인해 보려고 시선을 움직여야 했다는 것을 깨달았을 것이다. 이렇게 탐사가 필요한 이유는 세부적인 시각 정보는 우리가 어떤 대상을 직접 바로 보고 있을 때만 제대로 인식할 수 있기 때문이다.

다음의 '보여주기'의 예시는 우리가 세부적인 정보를 보기 위해서는 시선을 그 대상에 고정해야 한다는 점을 보여준다. 아래 문장은 '사과'라는 단어로 시작된다. 눈을 '사과'에 고정한 채 눈을 움직이지 말고, 그 오른쪽에 있는 단어들을 몇 개나 읽을 수 있는지 확인해 보자. (눈을 오른쪽으로 움직이고 싶은 충동을 참아 보자!) 이 과제를 정직하게 수행했다면, 여러분은 시선을 두고 있는 단어는 쉽게 읽을 수 있지만, 그 오른쪽에 있는 단어들은 몇 개밖에 읽지 못한다는 것을 알게 될 것이다.

> **보여주기**
>
> **탐사와 응시**
>
> 사과는 미각을 자극하며, 과일의 향연이 어우러진 풍미의 교향곡을 연주한다.

앞서 살펴본 사진 탐사 과제와 문장 보여 주기는 중심 시야(central vision)와 주변 시야(peripheral vision)의 차이를 잘 보여준다. **중심 시야**란 시야 중 가장 중앙에 있는 영역을 의미하고, 우리가 주의를 집중하는 부분이다. **주변 시야**란 중심 시야를 둘러싼 모든 영역을 지칭하

그림 4.11 그림을 자유롭게 볼 때의 시선 이동 경로. 노란 점은 응시점(fixation)을, 빨간 선은 눈의 움직임을 나타낸다. 이 사람은 조각상과 같은 사진의 특정 부분을 우선적으로 보는 경향이 있었지만, 물, 바위, 건물과 같은 영역은 상대적으로 무시하는 경향이 있다는 점에 주목하자.

Maria Wachala/Getty Images (Scanning measurements by James Brockmole)

며, 말 그대로 시야의 주변에 있다. 망막의 구조상, 중심 시야에 있는 사물들은 **중심와**(fovea)라 불리는 작은 영역에 맺히는데, 중심와의 시야는 각막의 주변 영역들보다 훨씬 세부적인 시각 정보를 처리할 수 있다. 이러한 이유로 중심 시야는 때때로 **중심와 시야**라고도 불린다. **그림 4.10**의 장면을 탐색할 때, 사람들의 얼굴을 파악하기 위해서는 중심와를 다른 얼굴들로 이동시켜야 했을 것이다. 한 얼굴에 시선을 멈추는 것을 **응시**(fixation)라고 한다. 시선을 다른 얼굴로 돌리는 것처럼 한 곳에서 다른 곳으로 빠르게 이동시키는 것을 **도약 안구 운동**(saccadic eye movement)이라고 한다.

응시(fixation)
지각과 주의에서 장면을 관찰하는 동안 흥미로운 지점에서 시선을 멈추는 것.

도약 안구 운동(saccadic eye movement)
하나의 응시 지점에서 다른 응시 지점으로의 눈 움직임. 응시(지각 및 주의에서의) 참조.

드러난 주의(overt attention)
눈의 움직임과 동반한 주의의 이동. 은폐된 주의와 대비된다.

얼굴을 찾을 때 가능한 한 많은 사람을 확인하려 하기 때문에 시선을 이곳저곳으로 옮기는 것은 그다지 놀랄 일이 아니다. 그러나 놀라운 사실은, 특별히 무엇인가를 찾지 않고 자유롭게 어떤 사물이나 풍경을 바라볼 때조차도 우리는 눈을 초당 약 세 번 정도 움직인다는 점이다. 이와 같은 빠른 탐사는 **그림 4.11**에 나타나 있다. 그림에는 분수를 보는 동안 참가자가 눈을 움직인 응시점(점)과 도약운동(선)이 나타나 있다. 이렇게 눈을 움직여 시선을 한 지점에서 다른 지점으로 옮기며 주의를 전환하는 것을 **드러난 주의**(overt attention)라고 한다. 이는 눈이 어디를 바라보는지를 관찰함으로써 주의가 이동한 위치를 알아낼 수 있기 때문이다.

다음 단락에서는 안구 운동을 통한 주의 이동에 영향을 주는 두 가지 요인에 대해 살펴보겠다. 첫째는 자극의 물리적 특성에 주로 기반한 **상향 요인**이고, 둘째는 장면에 대한 관찰자의 지식이나 과거 경험과 같은 인지적 요인에 영향을 받는 **하향 요인**이다.

자극 현저성에 기반한 탐사

자극 현저성(stimulus salience)
장면의 요소들에 대한 주의를 결정하는 상향식 요인. 예시는 색, 명암, 방향이 있음. 이미지의 의미성(하향 요인)은 자극 현저성에 기여하지 않는다. 현저성 지도 참조.

주의는 **자극 현저성**(stimulus salience), 즉 색깔, 대비, 움직임 등과 같은 자극의 물리적 특성에 의해 영향을 받을 수 있다. 자극 현저성에 의한 주의 포획은 명암, 색, 대비와 같이 자극의 속성으로부터 영향을 받는 것이기 때문에 상향 처리에 속한다(Ptak, 2012). 예를 들어, **그림 4.10**에서 검은 셔츠를 입은 사람들을 찾는 과제는 이미지의 의미를 고려하지 않고 단순히 색이라는 물리적 특성에 반응하는 것이므로 상향 처리에 해당한다(Parkhurst et al., 2002). 현저성이 어떻게 우리가 시야에 있는 장면들을 훑어보는 데 영향을 미치는지를 결정하는

Andrey_Kuzmin/Shutterstock.com

그림 4.12 빨간색 연필은 밝고 주변과 대조를 이루기 때문에 시각적으로 현저한 자극이다.

것은 보통 우리의 시야에 있는 각각의 위치에서 색, 방향, 강도와 같은 특성을 분석하고, 이러한 특성에 대한 값을 통합하여 **현저성 지도**(saliency map)를 만드는 과정을 포함한다(Itti & Koch, 2000; Parkhurst et al., 2002; Torralba et al., 2006). 예를 들어, **그림 4.12**에 있는 빨간색 연필은 색상의 밝기와 주변의 흰색 및 회색의 단조로움과의 대비 덕분에 높은 현저성 점수를 얻게 된다. 반면 배경은 흰색과 회색으로 균일해서 현저성이 낮다.

현저성 지도(saliency map) 장면 내에서 각 위치의 자극 현저성을 나타내는 장면의 지도.

그림을 보는 사람들의 눈 움직임을 추적한 실험들에서는, 처음 몇 번의 시선은 현저성이 높은 영역을 응시할 가능성이 크다는 것이 밝혀졌다. 하지만 그 이후에는 탐사 경로가 점점 하향 처리, 즉 인지적 처리에 의해 영향을 받기 시작한다. 이러한 처리 과정은 관찰자의 목표, 기대, 그리고 과거의 환경 관찰 경험 등에 의해 좌우된다(Parkhurst et al., 2002). 예를 들어, **그림 4.12**에서, 관찰자들은 초기 몇 번의 응시 이후에는 색연필에 그려진 여러 얼굴들을 스캔하기 시작할 가능성이 큰데, 이는 우리가 얼굴을 보는 데 많은 경험이 있기 때문이다.

인지적 요인에 기반한 탐사

자극의 현저성과 같은 상향 요인만이 우리의 주의를 끄는 것은 아니라는 점은 **그림 4.11**에서 다룬 안구 운동 연구에서도 분명히 드러났다. 관찰자는 장면의 앞쪽에 위치하고 밝기와 색상 면에서 현저히 높은 밝은 파란색 물을 거의 바라보지 않았다. 또한 바위나 기둥, 눈에 띄는 건축적 특징들도 대부분 무시했다. 대신, 조각상과 같이 주관적으로 더 흥미로울 수 있는 부분에 집중하는 경향을 보였다. 하지만 사람들이 장면을 탐색하는 방식에는 개인차가 존재한다는 점도 중요하다(Castelhano & Henderson, 2008; Noton & Stark, 1971). 예를 들어, 건축에 더 관심이 있는 사람이라면 조각상보다는 건물의 창문이나 기둥 같은 건축적 요소를 더 많이 살펴볼 수 있다.

이러한 예시는 주의를 유도하는 과정이 개인의 선호도와 목적에 따라 영향을 받는다는 점에서 하향 처리의 예시이다. 하향 처리는 특정 장면에 일반적으로 포함된 것에 대한 관찰자의 지식인 **장면 도식**(scene schema)에 의해 주의가 영향을 받을 때에도 나타난다. 즉, 우리가 장면을 볼 때 이미 가지고 있는 지식이나 기대가 주의에 영향을 미친다(자세한 내용은 환경의

장면 도식(scene schema) 특정 장면에 일반적으로 존재할 사물들에 대한 지식. 이러한 지식은 주의를 장면의 다른 곳으로 유도할 수 있다. 예를 들어, 사무실에 대한 지식은 컴퓨터를 찾기 위해 책상 위를 보게끔 유도한다.

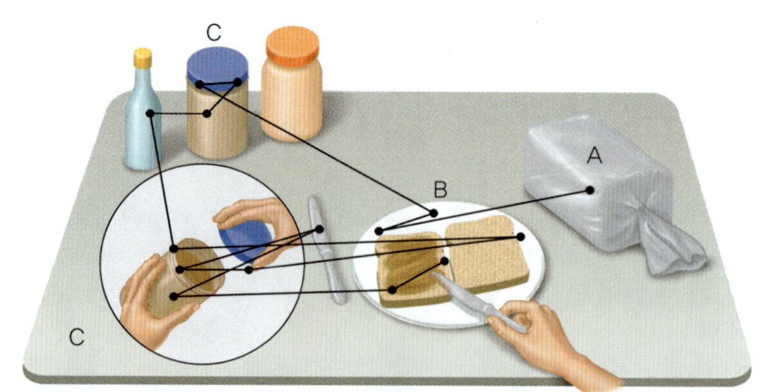

그림 4.13 땅콩버터 샌드위치를 만드는 사람의 응시 순서. 첫 번째 응시는 식빵에 있었다.

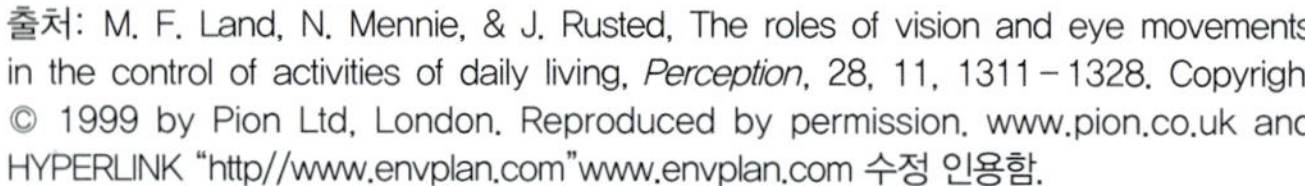
출처: M. F. Land, N. Mennie, & J. Rusted, The roles of vision and eye movements in the control of activities of daily living, *Perception*, 28, 11, 1311–1328. Copyright © 1999 by Pion Ltd, London. Reproduced by permission. www.pion.co.uk and HYPERLINK "http//www.envplan.com"www.envplan.com 수정 인용함.

규칙성, 82쪽 참조). Melissa Võ와 John Henderson(2009)은 장면의 전형적인 요소와 비전형적인 요소를 포함하는 사진을 실험 참가자에게 제시했다. 예를 들어, 한 부엌의 사진에는 조리대 위에 냄비가 있었고, 다른 유사한 사진에는 냄비 대신 프린터가 놓여 있었다. 참가자들은 부엌에서 볼 수 없는 프린터를 냄비보다 더 오래 응시했는데, 이는 부엌에서 프린터를 보는 것이 드물기 때문이다. 사람들은 장면 안에서 부적절해 보이거나 생소한 것을 더 오래 응시하는 경향이 있으며, 이는 우리가 가지고 있는 주어진 환경에 일반적으로 존재하는 것에 대한 지식이 주의에 영향을 미치기 때문이다.

환경에 대한 지식이 탐사에 영향을 미치는 또 다른 사례는, 실험 참가자들이 운전 시뮬레이션을 하는 동안 그들의 응시점과 교통 표지판을 감지하는 능력을 측정한 Hiroyuki Shinoda와 동료들(2001)의 실험이다. 실험 결과 참가자들은 도로 중간에 있는 정지 표지판보다 교차로에 위치한 정지 표지판을 더 잘 감지했으며, 전체 응시점의 45%가 교차로 근처에 집중되었다. 이 사례는 사람들이 장면에 대한 기존 지식, 즉 '정지 표지판은 주로 길모퉁이에 있다.'는 환경의 규칙성에 대한 지식을 사용해 언제 어디를 봐야 할지를 결정한다는 것을 보여준다.

과제 요구에 기반한 탐사

앞 단락의 예시들은 다양한 환경적 특성에 대한 사람들의 기존 지식이 주의 이동에 어떤 영향을 미치는지에 대해 다루었다. 그러나 참가자들이 가상 환경에서 운전하며 교통 표지판을 탐지했던 Hiroyuki 연구팀의 실험은 다른 예시들과 달랐다. 이는 고정된 장면을 보는 것이 아니라 환경과 상호작용하는 상황이었기 때문이다. 이렇게 사람들이 무엇인가 하면서 시선을 이곳저곳 옮기는 상황은 운전과 같은 환경 속에서 움직이는 동안에 일어난다.

대부분의 과제는 진행되는 동안 서로 다른 위치에 주의를 기울여야 하기 때문에, 특정 위치로 향하는 안구 운동의 타이밍이 과제에 포함된 행동의 순서에 따라 결정된다는 것은 그리 놀라운 일이 아니다. 예를 들어, 그림 4.13은 땅콩버터 샌드위치를 만드는 동안 일어나는 안구 운동을 나타내고 있다. 만드는 순서는 봉지(A)에서 빵을 꺼 내 접시(B)로 옮기는 것부터 시작한다. 이 수행을 할 때는 눈이 봉지에서 접시로 옮겨간다. 이어서, 땅콩버터 병을 들어 올리기 전에 시선은 먼저 뚜껑 위(C)로 간다. 마지막으로 시야가 나이프로 이동한 뒤 나이프를 들고 땅콩버터를 빵 위에 펴 바른다(Land & Hayhoe, 2001).

이러한 연구에서 핵심적인 발견은 사람의 안구 운동이 주로 과제에 의해 결정된다는 것이다. 과제와 무관한 사물이나 영역은 거의 응시하지 않았고, 안구 운동과 응시점은 사람이 곧 수행할 행동과 밀접하게 연결되어 있다. 또한 안구 운동은 일반적으로 움직임보다 약간 먼저 일어났는데, 이는 사람이 땅콩버터 병을 먼저 바라보고, 그다음에 손을 뻗어 병을 집어 드는 상황에서 볼 수 있다. 이처럼 우리가 필요한 정보를 얻기 직전에 시선을 해당 지점으로 옮기는 것을 '적시 전략(just in time strategy)'이라고 한다(Hayhoe & Ballard, 2005; Tatler et al., 2011).

지금까지 인지적 요인이나 과제 요구에 기반한 시각 탐사가 어떻게 이루어지는지를 다룬 사례들은 모두 사람들의 **예측**에 의해 시각 탐사가 영향을 받는다는 점을 이야기한다(Hayes & Henderson, 2017). 예를 들어, 땅콩버터 샌드위치를 만들 때 시각 탐사는 다음 행동을 예측하며 이루어지고, 정지 표지판이 교차로에 있을 가능성이 크다는 예측에 따라 시선이 이동한다. 또한 예상치 못한 사물(예: 부엌 속의 프린터)을 볼 때는 시각 탐사를 멈추고 응시 시간이 길어지는데, 이는 기대가 어긋났기 때문이다.

4.4 주의의 결과

우리는 주의를 기울여 무엇을 얻는가? 앞 단락에서는 눈 움직임과 관련된 **드러난 주의**에 대해 살펴보았고, 이에 따르면, 시선을 이동시켜 주의를 전환함으로써 관심 있는 장소를 더 선명하게 볼 수 있다는 점에서 주의의 기능을 설명할 수 있다. 이 능력은 우리가 관심 대상을 중심 시야에 위치시키고 더 잘 볼 수 있기 때문에 중요하다.

하지만 일부 연구자들은 주의를 연구할 때 눈 움직임에 영향을 주는 요소를 측정하는 대신, 눈을 움직이지 않고 주의를 전환할 때 어떤 일이 일어나는지를 고려함으로써 주의를 연구해 왔다. 안구 운동 없이 주의를 전환하는 것을 **은폐된 주의**(covert attention)라고 하는데, 이는 관찰자가 봤을 때 주의 전환을 알아차릴 수 없기 때문이다. 이러한 종류의 주의는 눈은 고정한 채 '마음속에서' 주의를 이동하는 것을 포함한다. 예를 들어, 정면을 계속 바라보면서도 옆에 있는 무언가에 주의를 기울이는 경우와 같다(이 현상은 흔히 '눈은 정면을 향하지만 마음은 옆을 본다.'는 식으로 묘사되기도 한다). 이 장의 앞부분에서 '사과'라는 단어에 시선을 고정한 채, 뒤따르는 단어들을 읽으려 시도했던 예를 떠올려 보자. 이 활동은 은폐된 주의의 예시이다. 왜냐하면 시선은 '사과'에 머물러 있지만, 주의는 오른쪽으로 이동했기 때문이다.

은폐된 주의(covert attention) 눈을 움직이지 않고 주의가 이동하는 현상. 흔히 어떤 것을 '곁눈질로 보는 것'으로 표현된다. 드러난 주의와 대비된다.

일부 연구자들이 은폐된 주의에 주목한 이유는, 눈의 움직임이라는 방해 요소 없이 마음속에서 벌어지는 처리 과정을 연구할 방법이기 때문이다. 이제 우리는 '마음속으로' 주의를 옮기는 것이 특정한 위치나 사물에 얼마나 빨리 반응할 수 있는지, 그리고 사물의 지각에 어떤 영향을 미치는지를 보여주는 은폐된 주의 연구를 살펴볼 것이다.

특정 위치에 대한 반응 능력을 향상시키는 주의

최근 마지막으로 식당에 갔던 때를 떠올려 보자. 종업원이 얼음물이 담긴 유리잔을 가져다 주었을 때, 유리잔에 맺힌 물방울에 주의를 집중하고 있었다고 상상해 보자. 이 경우, 다른 곳에 주의를 두고 있을 때보다 유리잔 가장자리에 파리가 앉은 것을 더 빨리 알아챘을 가능성이 클까? Michael Posner와 동료들(1978)은 특정 사물이나 위치에 할당된 주의가 그 주변이나 관련된 위치에 더 빨리 주의를 기울일 수 있는지에 대해 궁금증을 가졌다. 이를 알

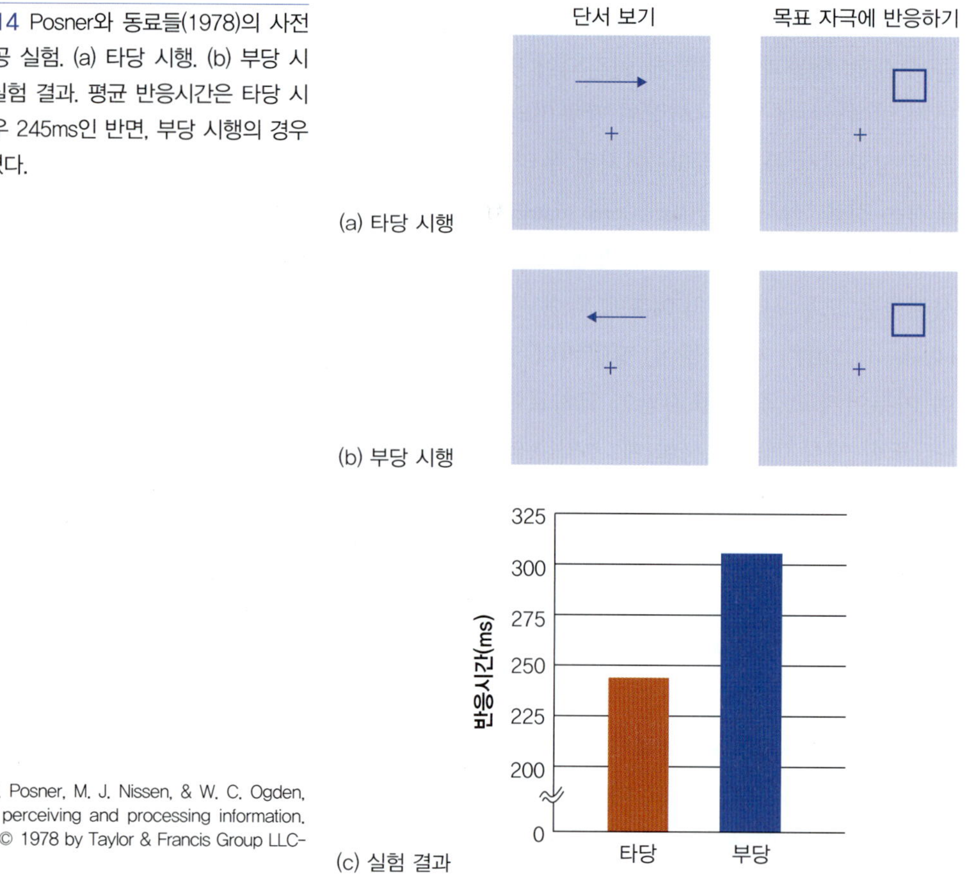

그림 4.14 Posner와 동료들(1978)의 사전 단서 제공 실험. (a) 타당 시행. (b) 부당 시행. (c) 실험 결과. 평균 반응시간은 타당 시행의 경우 245ms인 반면, 부당 시행의 경우 305ms였다.

출처: M. I. Posner, M. J. Nissen, & W. C. Ogden, Modes of perceiving and processing information. Copyright © 1978 by Taylor & Francis Group LLC-Books.

사전 단서 주기(pre-cueing) 인지심리학에서 사용하는 기법으로 목표 자극이 나타나기 전에 특정 위치로 주의를 유도하는 신호를 제공하는 기법.

아보기 위해 Posner는 **사전 단서 주기**(pre-cueing) 절차를 사용했다(그림 4.14).

그림 4.14c에 나타난 결과를 보면 참가자들이 목표물이 제시될 위치에 주의를 미리 집중하고 있을 때 사각형에 더 빨리 반응했다. Posner는 이 결과를 바탕으로 주의가 향한 위치에는 정보처리의 효율이 더 높아진다고 결론을 내렸다.

방법

사전 단서 주기

사전 단서 주기 실험의 일반적인 원리는 자극의 제시 위치를 알려주는 단서가 목표물을 찾는 능력을 향상시키는지에 대해 알아보는 것이다. Posner와 동료들(1978)의 실험에서 참가자들은 실험 내내 시선을 움직이지 않고, **그림 4.14**에 나온 화면 중앙의 십자 표시를 바라보았다. 이는 Posner가 은폐된 주의를 측정한 것이다.

먼저 참가자들은 화면 어느 쪽에 주의를 기울여야 할지를 나타내는 화살표 단서를 보았다(왼쪽 패널 참조). **그림 4.14a**에서 화살표 단서는(십자 표시를 계속 응시하면서) 오른쪽에 주의를 기울여야 함을 나타낸다. 참가자의 과제는 목표물인 사각형이 왼쪽 또는 오른쪽에 제시되었을 때(오른쪽 패널 참조), 최대한 빠르게 반응하는 것이었다. **그림 4.14a**의 시행에서는 사각형이 화살표가 가리키는 위치에 나왔기 때문에 타당 시행(valid trial)이다. 전체 시행의 80%의 경우 화살표가 사각형 자극 제시 방향을 가리켰다. 그러나 20%의 시행에서는 화살표가 자극 제시 반대 방향을 가리켰다(**그림 4.14b**). 이 시행은 부당 시행(invalid trial)이라고 지칭한다. 시행이 타당한지 부당한지에 상관없이 참가자들은 자극인 사각형이 나타났을 때 가능한 한 빨리 반응해야 했다.

앞서 유리잔에 맺힌 물방울에 주의를 집중했던 예를 다시 떠올려 보자. 이 경우, 주의가 이미 유리잔이라는 동일한 곳에 집중되어 있었기 때문에 그 잔 위에 파리가 앉으면 더 쉽게 알아차릴 가능성이 있다. 하지만 유리잔의 물방울이 아니라, 포크에 주의를 두고 있다고 상상해 보자(참고로, 물방울과 포크는 파리와의 거리가 동일하다). 이 경우, 포크는 유리잔과 동일한 사물이 아니기 때문에 포크에 주의를 두고 있을 때는 유리잔의 물방울에 주의를 두고 있을 때보다 파리를 눈치챌 가능성이 작아진다.

Posner의 연구 결과와 이와 유사한 연구들은 주의가 특정 위치에 향하면 그곳의 처리 능력이 향상되고 주의 용량의 한계를 극복하기 위해 관련 없는 정보의 처리가 억제된다는 점에서, 주의를 스포트라이트나 줌렌즈에 비유할 수 있다는 결론을 내리게 되었다(Marino & Scholl, 2005; Gaillard & Hamed, 2022).

사물에 반응하는 능력을 향상시키는 주의

Posner의 실험에서처럼 특정 위치뿐만 아니라, 특정 사물에도 은폐된 주의를 할당할 수 있다. 이 장에서는 (1) 주의가 사물에 대한 반응을 향상시킬 수 있다는 점과, (2) 사물의 한 부분에 주의가 향하면 그 효과가 같은 사물의 다른 부분으로 확장된다는 것을 보여주는 몇 가지 실험을 살펴보겠다.

예를 들어, **그림 4.15**에 도식화된 실험을 살펴보자(Egly et al., 1994). 참가자들이 눈을 십자 표시에 고정하는 동안 사각형의 한 모서리가 잠시 동안 강조된다(**그림 4.15a**). 이 신호는 목표 자극물인 어두운 사각형이 나타날 가능성이 큰 위치를 알려주는 단서였다(**그림 4.15b**). 이 예시에서 단서는 오른쪽 사각형의 윗부분인 A에 목표 자극이 나타날 가능성이 크다는 것을 나타내며, 실제로 목표 자극은 A 위치에 나타난다(위치를 설명하기 위해 사용된 A, B, C, D라는 문자는 실험에서 실제로 표시되지는 않았다).

참가자들의 과제는 화면의 어디에서든 목표 자극이 제시되었을 때 버튼을 눌러 반응하는 것이었다. 그림에서 숫자는 단서 신호가 A에 제시되었을 때 A, B, C 목표 지점에서의 반응시간을 밀리초(ms) 단위로 나타낸 것을 의미한다. 예상대로 사람들은 목표 자극이 A에 제시되었을 때 가장 빠르게 반응했다. 그러나 더 흥미로운 점은 목표 자극이 B에 제시되었을 때(반응시간 = 358ms)의 반응이 C에 제시되었을 때(반응시간 = 374ms)보다 더 빨랐다는 점이다. 왜 이런 현상이 나타났을까? B와 C는 A로부터 같은 간격으로 떨어져 있기 때문에 B가 C보다 A와 가까워서 반응이 빠른 것은 아닐 것이다. 오히려 B가 주의 집중된 A와 같은 사각형

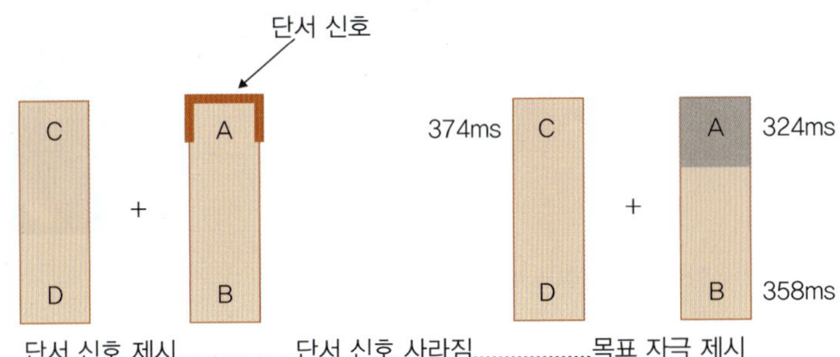

그림 4.15 Egly와 동료들(1994)의 실험. (a) 도형의 한 부분에 꺾쇠 모양의 단서가 제시된다. 단서 신호는 잠시 나타났다가 곧 사라진다. (b) 이어서 목표 자극이 네 개의 가능한 위치 A, B, C, D 중 한 곳에 짧게 제시된다. 참가자의 과제는 목표 자극이 화면 어디에서 나타나든 버튼을 눌러 반응하는 것이다. 숫자는 단서 신호가 A 위치에 제시되었을 때 목표 자극이 A, B, C 위치에 나타난 경우의 반응시간을 밀리초(ms) 단위로 나타낸 것이다.

안에 소속되어 있기 때문에 이득을 보았다고 해석할 수 있다. 단서가 제시된 A로 주의가 유도되면 A에서 최대 효과가 나타나지만, 그 주의는 A가 속한 사각형 곳곳으로 확산되어서 B에까지 영향이 미치게 되는 것이다. 이처럼 주의가 같은 사물 내에 확산되어서 반응이 강화되어 빠른 반응을 나타내는 것을 **동일 물체 이득**(same-object advantage)이라고 한다(Marino & Scholl, 2005; 주의가 사물 내에서 어떻게 펼쳐지는지 더 알고 싶다면, Driver & Baylis, 1989, 1998; Katzner et al., 2009; Lavie & Driver, 1996; Malcolm & Shomstein, 2015를 참고하라).

동일 물체 이득 (same-object advantage)
주의의 증진 효과가 하나의 사물 전체에 걸쳐 확산되어 사물의 한 지점에 주의를 기울이면 그 사물의 다른 부분들에 대한 정보처리도 촉진되는 현상.

지각에 미치는 주의의 영향

이 장의 서두에서 William James가 말한 인용문으로 돌아가 보자. 그는 사물에 대한 주의를, 어떤 대상이 "**명확하고 생생한 형태**로 내 마음을 차지하는 것"이라고 표현했다. 여기서 **명확하고 생생한 형태**라는 표현은, 어떤 대상에 주의를 기울일 때 그 대상이 더 명확하고 생생하게 지각된다는 것, 즉 주의가 지각(perception)에 영향을 준다는 의미를 내포한다. William James가 이러한 주장을 한 지 100년이 넘는 시간이 흐른 지금, 많은 실험 연구들은 실제로 주의가 집중된 대상은 그렇지 않은 대상보다 더 크고, 더 빠르며, 더 선명한 색을 띠고, 대비도 더 뚜렷하게 지각된다는 사실을 보여주고 있다(Anton-Erxleben et al., 2009; Carrasco et al., 2004; Fuller & Carrasco, 2006; Turatto et al., 2007). 따라서 주의는 우리가 특정 위치나 대상에 더 빠르게 반응하도록 할 뿐 아니라, 그 대상을 어떻게 지각하는지에도 영향을 준다(Carrasco, 2011).

생리적 반응에 미치는 주의의 영향

주의는 뇌에 다양한 영향을 미친다. 그중 하나는 주의를 기울인 위치를 나타내는 뇌 영역의 활동을 증가시키는 것이다.

특정한 위치에 주의를 두면 뇌의 특정 영역의 활동을 증가시킨다 사람들이 눈은 고정한 채로 주의를 다른 위치로 전환할 때 뇌에서는 어떤 일이 일어날까? Ritobrato Datta와 Edgar DeYoe(2009)는 이 질문에 답하기 위해, 참가자들이 그림 4.16의 화면 중심에 시선을 고정한 상태에서 화면의 다른 위치로 주의를 이동하도록 한 뒤, 이때의 뇌 활동을 기능적 자기공명영상(fMRI)으로 측정하였다.

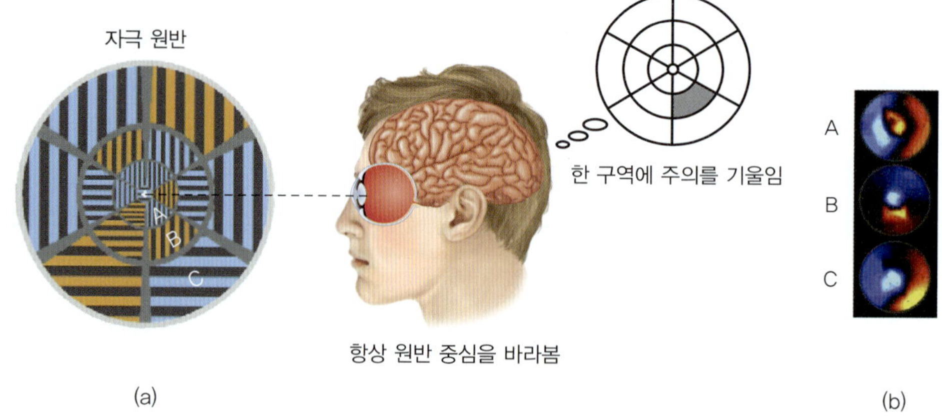

그림 4.16 (a) Datta와 DeYoe(2009)의 실험에서, 참가자들은 자극 화면 중심에 있는 점을 계속 응시한 채로 눈을 움직이지 않고, 화면의 원형 디스플레이 내 여러 영역(주의가 응시점에서 멀어질수록 A, B, C로 표시됨)에 주의를 기울였다. (b) 참가자들이 화면의 어느 부분에 주의를 기울였는지에 따라 서로 다른 뇌 영역이 활성화되었다. 노란색 핫스폿이 가장 강한 활성화가 일어난 영역을 나타낸다. 주의가 중심점에서 멀어질수록, 활성화된 영역도 중심점에서 점점 멀어지는 것을 주목해야 한다. 이는 이러한 활성화 변화가 눈의 움직임 때문이 아니라, 주의의 이동 때문임을 나타낸다.

출처: R. Datta & E. A. DeYoe, I know where you are secretly attending! The topography of human visual attention revealed with fMRI, *Vision Research*, 49, 1037–1044, 2009.

그림 4.16b의 원 안에 있는 색깔은, 참가자가 그림 4.16a에 표시된 문자들 중 특정 위치에 주의를 기울였을 때 활성화된 뇌 영역을 나타낸다. 여기서 주목할 점은, 주의가 중심에서 점점 멀어질수록 가장 강한 뇌 활성화된 영역인 노란색 '핫스폿'이 더 바깥으로 이동하며 크기도 커진다는 점이다. Datta와 DeYoe는 자극의 모든 위치에 대해 뇌 활성 데이터를 수집하여, 특정 공간 영역에 주의를 기울일 때 뇌의 어떤 영역이 활성화되는지를 보여주는 '주의 지도(attention map)'를 만들었다.

이 실험을 더 흥미롭게 만든 점은 특정 참가자에 대한 주의 지도가 만들어진 후, 그 참가자에게 실험자들이 모르는 '비밀' 장소에 주의를 기울이라고 지시를 했을 때 참가자의 뇌에 나타난 노란색 활성 부위를 통해, 실제로 참가자가 주의를 어디에 두었는지 100% 정확도로 예측할 수 있었다는 점이다!

주의는 대뇌피질 전반에서 사물의 표상을 변화시킨다

Datta와 DeYoe의 '핫스폿' 실험은 특정 위치에 주의를 기울일 때 대뇌피질의 한 지점에서 활동이 증가한다는 것을 정교하게 보여주었다. 그렇다면, 사람들이 '실제' 환경에서 무언가를 찾기 위해 여러 위치에 주의를 동시에 기울이는 상황에서는 어떻게 될까? Tolga Çukur와 동료들(2013)은 주의가 다양한 종류의 사물들이 뇌 전반에 걸쳐 표상되는 방법을 어떻게 변화시키는지 알아보았다.

Çukur의 실험은 2장에서 다룬 Alex Huth(2012)의 뇌 지도를 출발점으로 삼았다(그림 2.20 참조). Huth의 지도는 다양한 범주의 사물과 행동이 뇌의 넓은 영역에 걸쳐 어떻게 분산되어 표상되는지를 보여준다. Huth는 참가자들이 fMRI 스캐너 안에서 영화를 시청할 때 화면에 나타나는 다양한 장면들에 대한 뇌 활동을 측정하여 이 지도를 만들었다(그림 2.19 참조).

Çukur는 같은 실험실에서 Huth와 함께 연구하며 두 논문 모두에 참여했으며, 거의 같은 실험을 진행했지만 중요한 차이가 하나 있었다. Çukur는 참가자들을 세 집단으로 나누었다. 첫 번째 집단은 Huth의 실험처럼 영화를 수동적으로 시청했고, 두 번째 집단은 '사람'을 찾도록, 세 번째 집단은 '차량'을 찾도록 지시받았다. 그림 4.17은 두 가지 서로 다른 탐색 조건에서 뇌의 단일 복셀(voxel에 대해 알아보려면 46쪽 참조)이 다양한 자극에 어떻게 반응했는지를 보여준다. (a)를 보면 관찰자가 영화 속에서 '사람'을 찾고 있을 때, 그 복셀은 사람 자극에 강하게, 동물에는 약하게 반응하며, 건물과 차량에는 거의 반응하지 않았다. 그러나 (b)에

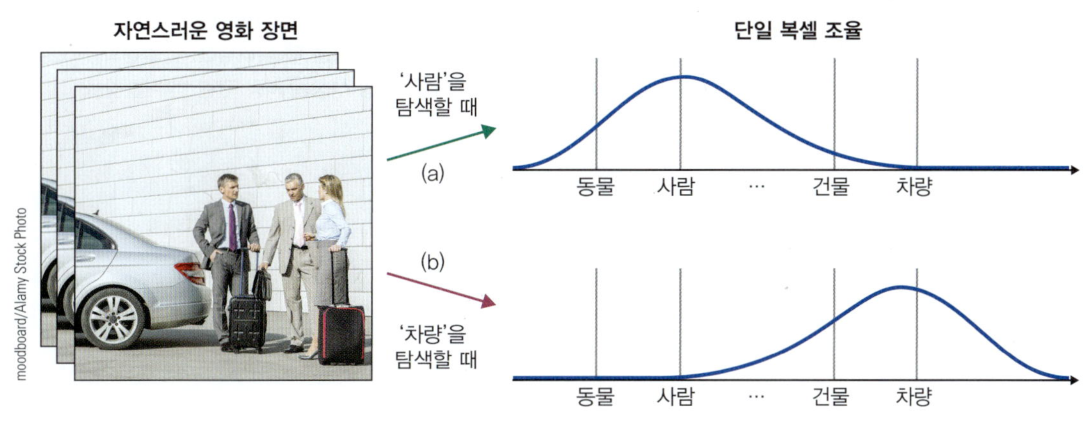

그림 4.17 단일 복셀의 조율이 (a) 사람과 (b) 차량에 대한 주의에 의해 영향을 받는 과정.

서는 관찰자가 '차량'을 찾고 있을 때, 복셀의 반응이 달라져 이제는 '차량'에 강하게, '건물'에는 약하게 반응하고, 사람이나 동물에는 거의 반응하지 않았다.

Çukur는 뇌 전체에 걸쳐 수만 개의 복셀 데이터를 분석하여 **그림 4.18**에 제시된 전체 뇌 지도를 만들었다. 이 지도에서 색상은 서로 다른 범주에 대한 반응 정도를 나타낸다. 이 그림에서 볼 때 사람을 찾을 때의 뇌 활동과 차량을 찾을 때의 뇌 활동 사이의 가장 뚜렷한 차이는 뇌의 상단 부위에서 나타난다. 사람을 찾는 조건(그림 4.18b)에서는 노란색과 초록색이 더 많이 나타나는데, 이는 신체 부위, 동물, 집단, 대화와 같은 사람과 관련된 범주를 나타낸다. 반면, 차량을 찾는 조건(그림 4.18c)에서는 색상이 빨간색 계열로 바뀌는데, 이는 움직임, 도로, 장치 등 차량과 관련된 범주를 나타낸다.

이러한 뇌 지도에서 특정 범주를 탐색하는 것은 해당 범주에 대한 뇌 반응을 증가시킬 뿐만 아니라, 그 범주와 관련된 것들에 대한 반응도 함께 증가시킨다. 예를 들어, 사람을 찾고 있을 때, 군중이나 의복과 같은 사람과 관련된 다른 자극에도 더 강하게 반응한다. Çukur는 이러한 현상을 **주의 왜곡**(attentional warping)이라고 불렀다. 이는 뇌 속 범주의 지도가 변화하여 찾고 있는 범주에 더 많은 공간이 할당된다는 현상을 의미한다. 이 효과는 찾고자 하는 범주가 실제 영화 장면에 존재하지 않을 때도 발생한다. 예를 들어, 영화를 보기 전에 차량을 찾으려고 마음먹으면, 뇌는 차량과 관련된 정보에 '최적화'되거나 '왜곡(warping)'한다. 그 결과 영화 장면에 차량이나 도로, 움직임이 나타나면 뇌의 넓은 영역이 강하게 반응을 한다. 반면, 그 순간에 찾고 있지 않은 대상들은 상대적으로 약한 반응만 유발한다.

주의 왜곡(attentional warping) 특정 범주의 대상을 찾을 때, 뇌의 범주 지도가 변화하여 해당 범주에 더 많은 공간을 할당하는 현상. 이는 우리가 특정 범주의 대상을 찾을 때, 뇌가 해당 대상과 관련된 정보를 더 효율적으로 처리하기 위해 인지적 자원을 재배치한다는 것을 의미한다.

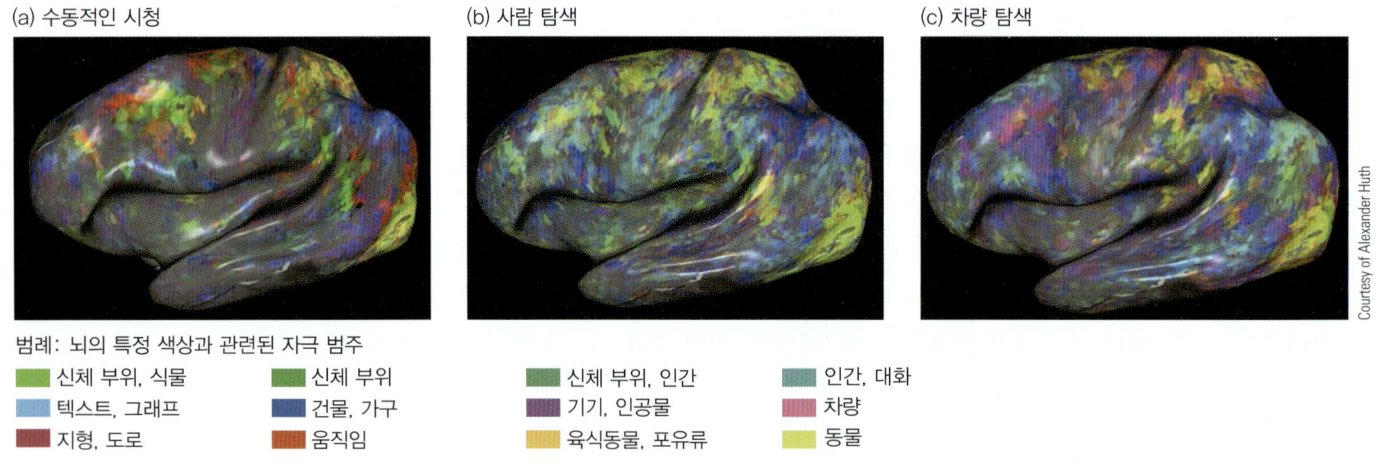

그림 4.18 다음은 다양한 조건에서 다른 범주에 대한 뇌 활성화의 차이를 보여주는 전체 뇌 지도이다. 색상은 다양한 범주의 자극에 의해 야기된 활성화를 나타낸다. (a) 아무것도 찾지 않으면서 영화를 수동적으로 시청할 때 나타나는 뇌 활성화. (b) 사람을 찾도록 지시받았을 때 나타나는 뇌 활성화. 노란색과 초록색은 사람 관련 범주에 따른 활성화를 나타냄. (c) 차량을 찾도록 지시받았을 때 나타나는 뇌 활성화. 붉은 계열 색상은 차량 관련 범주를 찾을 때 나타난 뇌 활성화.

자가 테스트

1. 중심 시야와 주변 시야의 차이점은 무엇인가? 이 차이점은 드러난 주의, 응시, 안구 운동과 어떤 연관이 있는가? (학습목표 4-6)
2. 자극 현저성이란 무엇인가? 주의와 어떤 관계가 있는가? (학습목표 4-8)
3. 주의가 인지적인 요소로부터 영향을 받는 예를 서술하라. 장면 도식의 역할은 무엇인가? (학습목표 4-6)
4. 땅콩버터 실험을 설명하라. 과제 요구 사항과 주의는 어떤 관계가 있는가? (학습목표 4-1)
5. 은폐된 주의란 무엇인가? 또한 장소에 대한 주의란 무엇인가? Posner의 사전 단서 주기 실험을 설명하라. Posner의 실험이 주의가 정보처리에 영향을 미치는 점에 대해 무엇을 시사하는가? (학습목표 4-6)
6. Egly의 사전 단서 주기 실험을 설명하라. 동일 물체 이득이란 무엇이고 Egly의 실험에서 어떻게 증명되었는가? (학습목표 4-6)
7. 주의의 세 가지 행동적 효과는 무엇인가? (학습목표 4-1, 학습목표 4-8)
8. Datta와 DeYoe는 위치에 대한 주의가 뇌의 활동에 영향을 미치는 것을 어떻게 보여주었는가? (학습목표 4-1, 학습목표 4-8)
9. 주의가 피질 전반에 걸쳐 사물에 대한 표상을 어떻게 변화시키는지 보여준 Çukur의 실험을 설명하라. (학습목표 4-1, 학습목표 4-8)

4.5 분리 주의: 동시에 여러 가지에 주의를 기울일 수 있는가?

지금까지 우리는 한 번에 한 가지에 집중하는 기제로서의 주의에 초점을 맞춰왔다. Forster와 Lavie의 실험 및 스트룹 과제에서처럼, 관련이 없는 자극을 무시하려고 노력할 때조차도 때로는 과제와 무관한 자극으로부터 정보를 받아들인다는 것을 보았다. 하지만 여러 과제에 의도적으로 주의를 분리시키고 싶다면 어떨까? 동시에 두 가지 이상의 것에 주의를 기울이는 것이 가능할까? 두 가지 대화를 동시에 듣는 어려움을 고려할 때 '아니요'라고 대답하고 싶을 수도 있지만, 사람들이 동시에 운전하고, 대화하고, 음악을 듣고, 그날 나중에 무엇을 할지 생각할 수 있는 것처럼, 분리 주의(두 가지 이상의 과제에 주의를 분리시키는 것)가 발생할 수 있는 많은 상황이 있다. 우리가 앞으로 살펴보겠지만, 주의를 분리하는 능력은 연습과 과제의 난이도를 포함한 여러 요인에 따라 달라진다.

분리 주의, 과제 전환, 멀티태스킹

잠시 용어에 대해 이야기해 보자. 분리 주의(divided attention), 과제 전환(task switching), 멀티태스킹(multitasking)과 같이 우리가 흔히 듣고 혼용하여 사용하기 쉬운 용어들이 있다. 사실 인지심리학에서 이러한 용어들의 사용이 다소 모호할 수 있다. 따라서 이 용어들이 어떻게 다른지 논의하는 것이 타당하다.

우리는 분리 주의를 한 번에 두 가지 이상의 것에 주의를 기울이는 것이라고 말했다. 이러한 유형의 주의는 여러 과제에 동시에 인지 자원을 할당하는 것을 포함한다. 운전 중에 음악을 듣는 것은 두 가지 과제 모두 공유되어야 하는 인지 자원을 사용해야 하므로 분리 주의의 한 예이다.

과제 전환(task switching)은 때때로 개념 전환(concept switching)이라고도 불리는데, 이는 주의와 인지 자원을 한 과제에서 다른 과제로 옮기는 것을 의미한다. 이때 인지 자원은 두 과제에 동시에 분배되는 것이 아니라, 한 과제에서 다른 과제로 빠르게 이동한다. 예를 들어, 운전 중 문자 메시지를 보내는 것은 과제 전환이 필요하다. 둘 다 하려면 주의를 할당하는 곳에 빠르게 번갈아 가야 한다. 먼저 도로에, 그다음에는 전화기에, 다시 도로에, 그다음에는

과제 전환(task switching) 하나의 과제에서 다른 과제로 주의와 인지 자원을 옮기는 것.

전화기에, 이런 식으로 해야 한다. 과제 전환은 더 느리게 일어날 수도 있다. 예를 들어, 논문 쓰기와 영화 시청 사이를 오가는 것은 더 느린 과제 전환이다. 둘 다 하려면 글쓰기 과정에 주의를 기울이다가 영화로 전환하고, 다시 논문으로 전환하는 식으로 이루어진다. 빠르게 일어나든 더 느리게 일어나든, 과제 전환은 한 과제에서 벗어나 다른 과제를 수행하는 것을 필요로 한다.

멀티태스킹(multitasking) 여러 과제들 사이에서 의식적으로 주의를 분리하려고 시도하면서, 동시에 그 과제들 사이에서 과제 전환을 하려고 시도하는 현상.

사람들은 종종 자신이 멀티태스킹을 잘하는 사람이라고 생각하지만, 이는 분리 주의 또는 과제 전환 능력을 가리키는 것일 수 있다. **멀티태스킹**(multitasking)은 이 두 가지 개념이 결합된 것으로, 집중을 요구하는 두 가지 과제 사이에서 주의를 분리하면서 동시에 그 과제들을 번갈아 수행하는 것을 말한다. 멀티태스킹은 복잡하기 때문에, 예상할 수 있듯이 대부분의 사람들은 멀티태스킹을 잘하지 못한다. 예를 들어, Junco(2012)는 대학생들이 수업 중 소셜 미디어를 사용하면 학점(GPA)이 낮아진다는 것을 발견했고, Clinton-Lisell(2021)은 독서 중 멀티태스킹은 이해력을 떨어뜨리고 일반적으로 독서 속도도 느리게 만든다는 것을 발견했다.

보여주기

멀티태스킹

이 '보여주기'는 세 가지 과제(1, 2, 3)로 구성되어 있다. 친구와 함께 시간을 측정하거나 스스로 시간을 재면서 각 과제를 얼마나 빨리 수행하는지 알아보자.

(1) 첫 번째 과제: 10부터 1까지 숫자를 최대한 빠르게 역순으로 말해 보자. 예를 들어, '10, 9, 8……'과 같이 말하는 것이다. 10개의 숫자를 모두 말하는 데 몇 초나 걸리는지 직접 또는 친구에게 부탁해 시간을 측정해 보자.

(2) 두 번째 과제: 'A'부터 'J'까지 알파벳을 최대한 빠르게 순서대로 말해 보자. 예를 들어, 'A, B, C……'와 같이 말하는 것이다. 이 과제도 시간을 측정해 보자.

(3) (1)과 (2) 목록의 항목들을 최대한 빠르게 번갈아 가며 말해 보자. 예를 들어, '10, A, 9, B, 8, C……'와 같이 말하는 것이다. 처음 두 과제와 마찬가지로, 20개의 항목을 모두 말하는 데 걸리는 시간을 측정해 보자.

결과를 이해하기 위해 다음 수학 문제를 풀어보자. (1)과 (2)를 완료하는 데 걸린 시간을 더하고, 그 합을 (3)을 완료하는 데 걸린 시간으로 나누라. 예를 들어, (1)을 완료하는 데 4초, (2)를 완료하는 데 6초, (3)을 완료하는 데 10초가 걸렸다고 가정하면 4 + 6 = 10이고, 10을 10으로 나누면 1이 된다. 이 숫자가 '다중과제처리 승수(multiplier)'이다.

만약 다중과제처리 승수가 1이라면, 두 작업을 따로 할 때 걸린 시간과 함께할 때 걸린 시간이 정확히 같았다는 뜻이다. 이는 좋은 결과다! 만약 다중과제처리 승수가 1보다 작다면, 두 작업을 따로 할 때보다 함께할 때 더 빨리 끝냈다는 뜻이다. 이건 아주 좋은 결과다! 하지만 이는 현실적으로 드문 일이다. 대부분의 다중과제처리 승수는 1보다 클 가능성이 크다. 예를 들어, 점수가 3이라면, 두 작업을 하나로 합쳐서 할 때가 따로 할 때보다 세 배의 시간이 걸렸다는 뜻이다.

연습으로 형성되는 분리 주의: 자동처리

Walter Schneider와 Richard Shiffrin(1977)의 실험은 참가자가 동시에 두 과제를 수행해야 했기 때문에 분리 주의를 요구했다. 참가자들에게 주어진 과제는 (1) 목표 자극에 대한 정보를 기억 속에 유지하고 (2) 연속적으로 제시되는 방해 자극을 주의 깊게 살펴 목표 자극이 그 안에 포함되어 있는지 확인하는 것이었다. **그림 4.19**는 이 실험 절차를 보여준다. 참가자는 **그림 4.19a**와 같은 한 개 혹은 네 개의 문자로 구성된 메모리세트(memory set)를 제시한다. 메모리세트가 제시된 후, 20개의 '검사 화면(frame)'이 빠르게 연속적으로 제시되었다

3

(a) 메모리세트에서 목표물 제시한다.

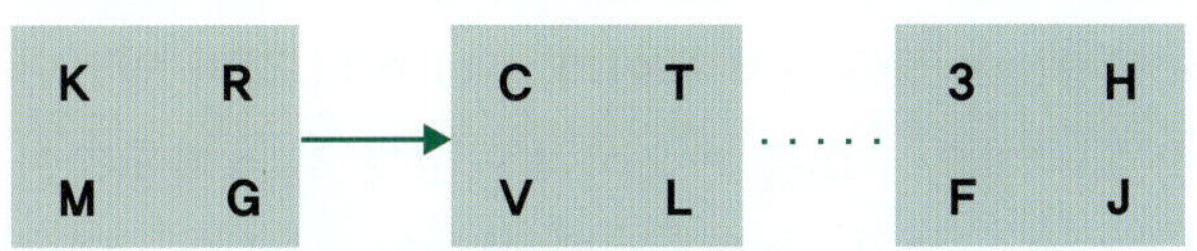

(b) 20개의 검사 화면을 빠르게 차례로 제시한다.

(c) 검사 화면 하나에서 메모리세트에 있었던 목표물이 제시 되었는가?

그림 4.19 Schneider와 Shiffrin의 실험에 사용된 자극들의 예시. 메모리세트에는 한 개의 목표 자극(예: '3')이 있으며, 각 화면에는 4개의 자극들이 제시된다. 이 예시에서 목표 자극은 마지막 화면에 나타난다.

출처: R. M. Shiffrin & W. Schneider, Controlled and automatic human information processing: Perceptual learning, automatic attending, and a general theory, *Psychological Review*, 84, 127-190, 1977.

(그림 4.19b). 각 검사 화면에는 방해 자극들이 포함되어 있고, 실험의 절반에서는 화면들 중 하나에 메모리세트에 포함된 자극이 포함되어 있다. 매 시행마다 새로운 목표 자극 집합이 제시되었기 때문에 목표 자극은 시행마다 달라졌고, 그에 따라 새로운 검사 화면들이 뒤따랐다. 이 예시에서는 목표 자극 집합에 목표 자극이 하나 있고, 각 검사 화면에는 네 개의 자극이 포함되어 있으면, 목표 자극인 '3'이 그중 하나의 검사 화면에 나타난다.

이 실험의 목표는 실험 참가자들이 어느 정도 숙련된 수준으로 분리 주의 과제를 수행하는 데 얼마나 많은 시간이 걸리는지 알아보는 것이었다. 실험 초기에는 참가자들의 수행 정확도가 55%에 불과했다. 하지만 900회의 시행을 거치자 정확도가 90%에 도달했다(그림 4.20). 참가자들은 처음 600회의 시행 동안에는 각 메모리세트의 목표 항목들을 기억하기 위해 계속해서 마음속으로 되뇌어야 했다고 보고했다. 그러나 약 600회의 시행 이후에는 과제가 자동적으로 되었다고 말했다. 즉, 검사 화면이 나타나면 의식적으로 생각하지 않고도 반응할 수 있게 된 것이다.

Schneider와 Shiffrin에 따르면, 이 결과는 연습이 참가자들로 하여금 모든 목표 항목과 검

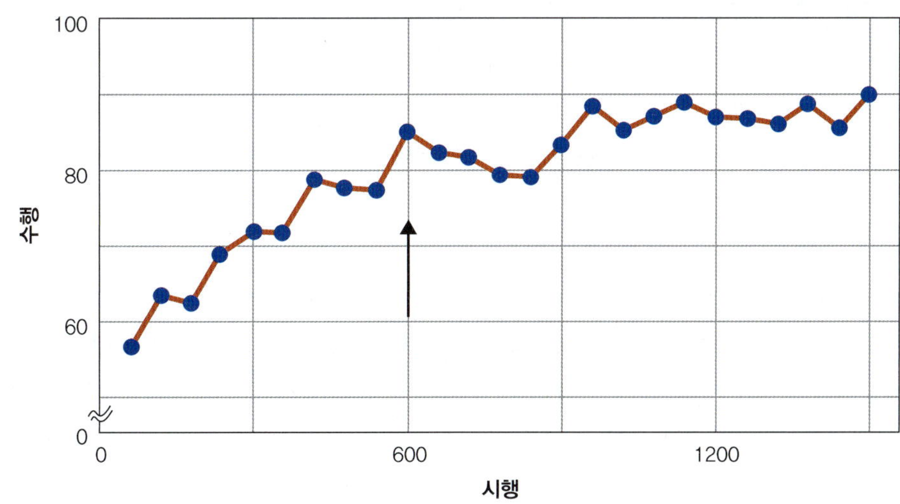

그림 4.20 Schneider와 Shiffrin(1977)의 실험에서, 연습으로 인해 수행 능력이 향상되었다. 화살표는 참가자들이 과제가 자동적이게 되었다고 보고한 시점을 나타낸다. 이 결과는 메모리세트에 4개의 목표 자극이 있고, 각 검사 화면에 2개의 자극이 있는 실험의 결과이다.

출처: R. M. Shiffrin & W. Schneider, Controlled and automatic human information processing: Perceptual learning, automatic attending, and a general theory, *Psychological Review*, 84, 127-190, 1977.

사 항목을 동시에 처리하기 위해 주의를 분리할 수 있도록 만들었다는 것을 의미한다. 나아가 수많은 시행을 통한 연습은 **자동처리**(automatic processing)를 가져왔는데, 이는 (1) 의도와 관계없이 발생하고(사람이 의도하지 않아도 자동적으로 일어나고) (2) 사람의 인지 자원을 아주 제한적으로만 소모한다.

자동처리(automatic processing)
의도하지 않아도 자연스럽게 일어나는 처리 과정이며, 인지 자원을 거의 사용하지 않는 정보처리 방식. 자동처리는 쉽거나 숙련된 과제와 관련이 있다.

실생활에서 우리는 수년 동안 많은 것들을 연습해 왔기 때문에 자동처리의 예를 자주 경험한다. 예를 들어, 집을 나선 후에 문을 잠갔는지 궁금해서 돌아가 보니 이미 잠겨 있었던 경험이 있는가? 많은 사람들에게 문을 잠그는 것은 주의를 기울이지 않고도 하는 자동적인 반응이 되었다. 또 다른 자동처리의 예는 운전을 해서 어딘가 도착했는데, 그 과정 자체를 기억하지 못하는 경우이다. 마지막으로, 키보드 타이핑이나 휴대전화로 문자 보내기와 같은 많은 운동 기술도 주의를 기울이지 않고(심지어 시각적 입력 없이도) 자동적으로 수행할 수 있다. 타이핑을 할 때 손가락이 무엇을 하는지 주의를 기울여 보고, 여러분의 수행 능력에 어떤 변화가 일어나는지 주목해 보자.

전문 피아니스트들은 연주 중에 손가락 움직임에 의식적으로 주의를 기울이기 시작하면 연주가 망가진다고 말한다. 실제로 인지심리학자들은 이러한 현상을 수행 마비라고 부른다. **수행 마비**(choking)는 과제에 대한 의식적인 인식이 증가하거나 의도적인 제어를 시도한 후에 수행이 저하되는 현상을 말한다. 수행 마비는 사람들이 압박감이나 스트레스를 받는 상황에서 더 흔하게 발생하는데, 아마도 이러한 상황에서 사람들이 과제를 의도적으로 제어하려 하기 때문일 것이다. 예를 들어, 수업 발표 중에 혹시라도 말을 실수할까 봐 걱정되어 말하는 방식 자체에 더 집중하게 될 수 있다. 이렇게 말하는 방식에 대한 과도한 집중은 발표 자체와 스트레스를 유발하는 생각 사이에서 여러분의 주의를 분리시킨다. 또한, 이는 평소에는 자동적으로 하던 말하기라는 과제에 더 많은 의식적인 노력을 쏟게 된다는 것을 의미한다. 이러한 현상은 운동선수나 다른 전문가들이 스트레스가 심한 상황에서도 나타난다. 예를 들어, Simone Biles는 2020년 도쿄 올림픽에서 '트위스티스(twisties)'라는 현상으로 고통받았다고 많이 알려져 있다. 다른 스포츠에서는 이를 '입스(yips)'라고 부르기도 하고, 음악에서는 '근긴장이상증(dystonia)'이라고 부르기도 한다. 하지만 이 모든 현상은 인지적 수행 마비라는 개념과 관련이 있다(Rhoads et al., 2021).

수행 마비(choking)
어떤 작업을 지나치게 의식하거나 제어하려 할 때 수행 능력이 저하되는 현상. 인지적 수행 마비라고도 부른다.

과제가 어려워지면 주의 분리도 더 어려워진다

Schneider와 Shiffrin의 실험은 분리 주의가 일부 연습을 많이 한 과제에서 가능하다는 것을 보여준다. 하지만 다른 시험에서 그들은 과제의 난이도가 높아지면, 즉 목표 자극과 방해 자극 모두에 문자를 사용하고 매 시행마다 목표 자극과 방해 자극을 바꾸는 경우(한 시행의 목표 자극이 다음 시행에는 방해 자극이 될 수 있도록), 연습 후에도 자동처리가 불가능하다는 것을 발견했다(Schneider & Chein, 2003).

운전은 과제가 너무 어려워질 때 분리 주의가 얼마나 힘들어지는지 보여주는 좋은 예이다. 익숙한 길에서 교통량이 적을 때는 운전과 대화를 동시에 하는 것이 쉬울 수 있다. 하지만 교통량이 늘고, '전방 공사 중'이라는 깜빡이는 표지판이 보이며, 도로가 갑자기 울퉁불퉁해진다면, 아마 대화를 중단하거나 음악 소리를 줄여서 모든 인지 자원을 운전에 쏟아야 할 것이다. 우리 사회에서 운전과 휴대전화 모두 중요하고 널리 사용되기 때문에, 연구자들은 운전과 다른 방해 활동 사이에 분리 주의를 하려는 시도가 어떤 결과를 초래하는지에 대해 조사해왔다. 이제 관련 연구가 우리의 분리 주의에 대해 무엇을 알려주는지 살펴보겠다.

4.6 주의를 산만하게 하는 요인

우리의 주변 환경에는 우리가 하고 있는 일에서 주의를 빼앗아 가는 방해 요소들이 가득하다. 현대 사회에서 이러한 방해 요소(주의 산만)의 대부분은 휴대전화를 포함한 기술의 일상적인 사용에서 비롯된다. 연구에 따르면, 이러한 방해 요소는 특히 운전 중일 때 가장 위험할 수 있다고 한다.

운전 중 휴대전화로 인한 주의 산만

운전은 역설적인 면이 있다. 많은 경우 우리는 운전에 매우 익숙해서 차량이 적은 고속도로를 직진할 때처럼 마치 자동 조종 장치(auto-pilot) 상태로 운전할 수 있다. 그러나 앞에서 언급했듯이 교통량이 늘어나거나 갑자기 위험 상황이 발생하면 운전은 매우 많은 주의를 요구하게 된다. 이러한 상황에서 주의가 분리되면 운전 중 주의 산만은 특히 위험해진다.

운전자 부주의의 심각성은 '자동차 100대의 일상 주행 연구'라고 불리는 연구(Dingus et al., 2006)를 통해 입증되었다. 이 연구에서는 100대의 자동차에 녹화 장치를 설치하고 운전자가 무엇을 하고 있는지와 자동차의 전방과 후방의 환경을 기록했다. 녹화 결과, 200만 마일(3,218,688km) 이상의 주행 거리에서 82건의 사고와 771건의 사고 위험 상황이 관찰되었다. 사고의 80%와 사고 위험 상황의 67%는 운전자가 사고 3초 전쯤에 어떤 식으로든 부주의하게 행동한 것으로 나타났다. 예를 들어, 한 남성은 교통 체증이 있는 와중에 수시로 아래와 오른쪽으로 시선을 돌려 서류를 살펴보다가 SUV를 들이받았다. 또 한 여성은 햄버거를 먹다가 계기판 아래로 머리를 숙였다가 앞차와 충돌했다. 이 연구는 운전 중 가장 큰 방해 요소 중 하나가 휴대전화 사용이라는 사실도 밝혀냈다.

David Strayer와 William Johnston(2001)은 휴대전화 사용의 영향을 실험실에서 알아보기 위해 실험 참가자들에게 모의 운전 과제를 수행하게 하고 빨간불이 켜지면 가능한 한 빨리 브레이크를 밟으라고 지시했다. 그런데 휴대전화로 통화하면서 이 과제를 수행한 참가자들은 통화를 하지 않을 때보다 빨간불을 놓치는 확률이 두 배 증가하였고(그림 4.21a), 브레이크를

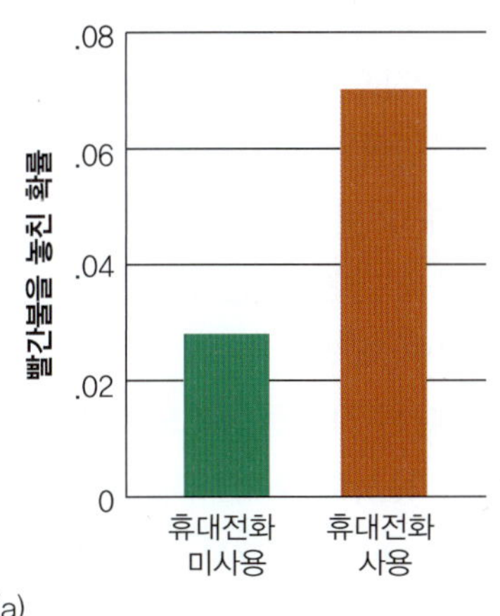

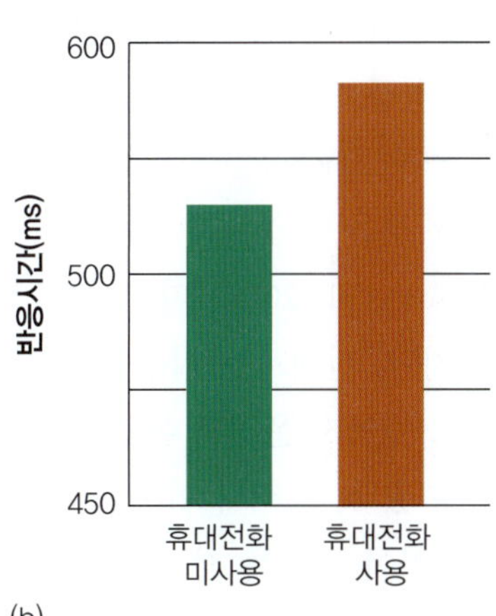

그림 4.21 Strayer와 Johnston(2001)의 휴대전화 실험 결과. 사람들이 휴대전화를 사용하며 운전했을 때, (a) 빨간불을 더 많이 놓치고 (b) 브레이크를 밟는 데 더 오랜 시간이 걸렸다.

밟더라도 그 속도가 늦었다(그림 4.21b). 이 실험에서 가장 중요한 발견은, 핸즈프리 기기를 사용하여 통화하든 손에 휴대전화를 들고 통화하든 수행의 저하가 동일하게 나타났다는 점이다. 문제는 한 손으로 운전하는 것이 아니라, 운전에 집중할 수 있는 인지 자원이 줄어드는 데 있다. 혹시 이러한 결과가 휴대전화가 비교적 새로운 기술이기 때문에 나타난 현상일까? 그렇지 않은 것 같다. Yan과 동료들(2018)은 핸즈프리 기기를 사용하더라도 통화를 하면 운전 수행이 저하된다는 같은 결과를 발견했다.

수십 년간의 연구는 운전 중 휴대전화 사용이 안전한 운전에 필요한 인지 자원을 고갈하는 위험한 방해 요소임을 보여주고 있다(예: Violanti, 1998; Lamble et al., 1999; Haigney & Westerman, 2001; Spence & Read, 2003; Strayer et al., 2013; Hansma et al., 2020; Kaminske et al., 2022). 그럼에도 불구하고 많은 사람들은 이러한 증거가 자신에게는 해당되지 않는다고 믿는다. 예를 들어, '나는 휴대전화로 통화한다고 해서 내 운전에 영향이 있다고 생각하지 않는다. 우리 세대는 휴대전화가 이미 보편화된 시대에 운전을 배웠다. 운전하기 전에 휴대전화를 이미 가지고 있었기 때문에 운전을 배우면서 운전과 동시에 휴대전화 통화를 하는 법도 함께 배웠다'와 같은 생각을 흔히 한다. 이러한 생각이 있기 때문에, 운전 중 문자가 위험하다는 압도적인 증거에도 불구하고 성인의 27%는 가끔 운전 중 문자를 보낸다고 보고하고 있다(Seiler, 2015; Wiederhold, 2016). 예를 들어, 버지니아 공대 교통연구소(Virginia Tech Transportation Institute)가 수행한 한 연구에서는 운전 중 문자를 보내는 트럭 운전자가 문자를 보내지 않는 운전자보다 사고나 사고 직전 상황을 유발할 가능성이 23배 더 높다는 사실이 밝혀졌다(Olson et al., 2009). 이러한 연구 결과들은 운전 중 문자가 휴대전화 통화보다 훨씬 더 위험하다는 것을 보여주며, 이에 따라 대부분의 주에서 운전 중 문자 전송을 금지하는 법이 제정되었다.

모순적으로도 많은 사람들이 운전 중 휴대전화 사용을 제한하는 법을 지지하면서도 정작 본인들은 운전 중 휴대전화를 사용한다고 인정한다(Sanbonmatsu et al., 2016). 왜 그럴까? 연구에 따르면, 사람들은 자신의 멀티태스킹 능력을 과대평가하면서 다른 사람이 주의가 산만한 상태에서 안전하게 운전할 수 있는 능력은 과소평가하는 경향이 있다. 따라서 운전 중 방해 요소 제한에 대한 지지는 사실상 자신의 한계를 인정한다기보다는, 다른 사람으로부터의 위험에 대한 두려움에서 비롯되는 경우가 많다.

주의 산만한 운전이 이렇게 빈번하게 나타나는 또 다른 이유는 생산성에 대한 인식과 관련이 있다. 많은 사람들은 휴대전화 사용이 생산성과 연관되어 있다고 느낀다(Watson et al., 2016). Watson과 동료들은 운전 중 멀티태스킹이 자신을 더 생산적으로 만든다고 운전자들이 느끼는 **생산성 착각**(productivity illusion)을 설명한다. 문제는 산만한 운전자들이 운전 중에 시각적 입력과 주의가 부족한 것을 보완하기 위해 훨씬 더 오류가 잦은 기억의 '재구성 과정'에 의존한다는 점이다(Watson et al., 2016). 따라서 멀티태스킹을 하는 운전자들은 자신이 더 생산적이라고 느낄 수 있지만, 실제로는 실수를 저지를 위험이 훨씬 더 커진다. 가장 명백하게는, 운전 중 교통사고로 이어져 운전자 본인뿐만 아니라 다른 사람들에게도 심각하고 때로는 치명적인 피해를 줄 수 있다. 그러나 이 연구는 운전자가 동시에 수행하려는 다른 작업에서도 실수를 저지를 가능성이 크다는 점도 시사한다. 이것이 바로 생산성 착각인 이유

생산성 착각(productivity illusion) 멀티태스킹이 생산성을 높인다는 잘못된 믿음. 실제로는 멀티태스킹을 할 때 과제 수행은 더 느려지고 질도 낮아지는 경향이 있다.

이다. 다른 작업이 무엇이든 간에(문자 보내기, 알림 확인, 이메일 답장, SNS 스크롤 등), 다른 작업과 운전 사이에 주의가 분산되지 않는다면 더 빠르고 효율적으로 수행을 할 수 있을 것이다. 운전 중 주의 산만은 매우 위험하므로 언제나 피해야 한다.

인터넷으로 인한 주의 산만

휴대전화 사용으로 인한 산만한 운전이 안전한 운전 능력에 영향을 미친다는 것은 의심의 여지가 없다. 하지만 휴대전화뿐만 아니라 인터넷 전반이 인간의 다양한 행동에 부정적인 영향을 미칠 수 있다.

Tindall과 Bohlander(2012)는 대학생의 92%가 수업 시간에 문자 메시지를 보내거나 웹 서핑을 하거나, 사진을 보거나, 소셜 미디어를 이용한다고 밝혔다. Judith Gold와 동료들(2015)은 대학생들의 휴대전화 요금을 분석하여 이들이 하루 평균 58개의 문자 메시지를 보내는 것으로 확인했다. Rosen과 동료들(2013)은 15분간의 학습 과정 중 학생들이 평균적으로 6분도 채 집중하지 못하고 스트레칭을 하거나 TV를 보고 웹사이트를 방문하거나, 문자나 소셜 미디어 같은 테크놀로지를 이용하며 학습을 중단한다고 보고하였다.

COVID-19 팬데믹 이후 주의 산만(방해)은 더욱 심각해진 것으로 보인다. '줌 피로(Zoom fatigue)'라는 새로운 용어는 화상 회의 기술의 지속적인 사용으로 인한 주의력 소모를 설명한다(Mutu, Nichita, & Zanfir, 2021). 학생과 직장인들은 각각 학업이나 업무를 수행하기 위해 실시간 또는 비실시간 영상을 시청하곤 한다. 그러나 멀티태스킹은 학습 능력을 저해하는 것으로 나타났으며, 특히 학습 자료가 강의 영상일 경우 그 효과는 더 두드러진다(Mercimek et al., 2019). 이러한 가상 환경에서의 멀티태스킹 비율은 증가하고 있으며, 이는 전반적인 생산성과 학습 효율의 감소로 이어지고 있다(Cao et al., 2021; Karl & Peluchette, 2022; Tugtekin & Odabasi, 2023). 많은 학생들이 교실로 들어왔고, 많은 직장인들이 사무실로 복귀했음에도 불구하고 가상 기술은 사라지지 않을 것이다. 생산성 착각을 기억해라! 줌 회의 중이나 녹화된 강의를 보면서 멀티태스킹을 효과적으로 할 수 있다고 자신하더라도 실제로는 그렇지 않을 수 있다. 연구에 따르면, 두 가지 일을 동시에 할 때는 각각을 따로 할 때보다 성과가 더 떨어진다. 다음에 녹화 강의를 들으면서 소셜 미디어를 구경하거나 비대면 화상 회의에 참여하면서 딴짓을 하게 될 때, 이 점을 꼭 기억하자!

설령 수업이나 회의 중에 멀티태스킹을 하지 않는다 하더라도 주의 집중은 여전히 어렵다. 마음 방황(mind wandering) 역시 주의 산만의 또 다른 원인이다.

마음 방황으로 인한 주의 산만

이 장의 처음으로 돌아가서, 통계학 시험공부를 어떻게 해야 할지 고민하며 동네 카페에 앉아 있는 제이를 떠올려 보자. 제이는 옆에서 이야기하는 사람들을 무시할 수 있었지만, 갑자기 자신의 마음이 공부에서 멀어져 언제 빨래를 해야 할지 고민하고 있다는 것을 깨닫게 된다. 그러다 곧 남자 친구 생일 선물로 무엇을 사야 할지에 대한 생각이 옮겨가고, 그러다 보니……. 잠깐만! 공부는 어디로 간 걸까? 제이의 마음은 **백일몽**(daydreaming)이라고도 불리는 **마음 방황**(mind wandering), 즉 내면에 떠오르는 생각들에 휘말려 버렸다(Singer, 1975; Smallwood & Schooler, 2015)(**그림** 4.22).

마음 방황(mind wandering)
종종 의도치 않게 사람의 내면에서 생겨나는 생각. 초기 연구에서는 이를 '백일몽'이라고 불렀다.

그림 4.22 Killingsworth와 Gilbert(2010)에 따르면, 사람들은 깨어 있는 시간의 약 절반 동안 마음이 방황하고 있다. 이 상황에서 제이는 공부에 집중해야 하지만, 다른 생각에 잠겨 있는 듯 보인다.

출처: Killingsworth and Gilberts, 2010.

마음 방황의 특징 중 하나는 매우 흔하다는 점이다. Matthew Killingsworth와 Daniel Gilbert(2010)는 경험표집법(experience sampling technique)을 사용해 하루 중 무작위로 사람에게 연락해 "지금 무엇을 하고 있나요?"라고 물었다. 그 결과 마음 방황은 전체 시간의 47% 시간 동안 발생했으며, 이는 매우 다양한 활동 중에 일어났다(표 4.1). 연구에 따르면, 마음 방황은 현재 하고 있는 작업을 방해할 만큼 충분히 주의를 산만하게 만든다(Mooneyham & Schooler, 2013). 예를 들어, 독서 중에 마음 방황이 일어나면, 자신이 방금 무엇을 읽었는지 전혀 기억나지 않는 경험을 하게 된다. 이는 **무의식적 독서**(mindless reading) 또는 **멍하니 읽기**(zoned-out reading)라고 불리며 마음 방황이 수행 능력을 저하시키는 대표적인 사례다(Smallwood, 2011).

또 다른 특징은 마음 방황이 일반적으로 디폴트 모드 네트워크(default mode network: DMN)의 활동과 연관되어 있다는 점이다. 2장에서(56쪽) 살펴본 것처럼, DMN은 사람이 어떤 작업에 집중하지 않을 때 활성화된다. 이는 마음 방황이 공부나 독서 같은 활동 중에도 일어난다는 사실과 모순되어 보일 수 있다. 하지만 마음 방황이 일어나면, 더 이상 과제에 주의를 집중하지 않게 되므로 모순되지 않는다. 주의 집중이 필요한 상황에서 마음 방황이 일어나는 것은 큰 문제다. 그러나 이 책의 뒷부분에서 다루겠지만, 기억, 문제해결, 창의성 측면에서 보면, 마음 방황은 미래를 계획하거나 창의성을 높이는 데 긍정적인 면도 있다.

표 4.1 마음 방황이 발생하는 활동(발생 빈도순)

가장 빈도가 높은 활동부터 왼쪽 위에서 아래로, 이어서 중간 열과 오른쪽 열 순서대로 나열되어 있다.

일하기	식사하기	운동하기, 걷기
대화하기, 담소 나누기	독서하기	음악 듣기
컴퓨터 사용하기	쇼핑하기, 심부름하기	성관계
출퇴근하기/이동하기	집안일하기	마음챙김, 명상하기
TV 시청하기	단장하기, 자기관리하기	기도하기
휴식하기	아이 돌보기	
쉬기	놀기	

출처: Killingsworth & Gilbert, 2010.

4.7 주의를 기울이지 않을 때 어떤 일이 일어나는가?

지금까지의 논의에서 분명해진 것은 주의가 귀중하지만 한정된 자원이라는 점이다. 우리는 일부 대상에는 주의를 기울일 수 있지만, 모든 것에 동시에 주의를 기울일 수 없다. 주의를 분리하는 것은 가능하지만 어렵고, 세상에는 우리가 집중하려는 대상을 방해하고 주의를 빼앗으려는 것들이 많다. 주의 능력에는 한계가 있다는 사실을 보여주는 방법은 다양하며, 우리가 올바른 장소와 시점에 주의를 기울이지 않을 때 무슨 일이 일어나는지를 살펴보면 이를 확인할 수 있다. 장면의 일부에 주의를 기울이면, 다른 부분은 필연적으로 놓치게 된다. 이러한 주장은 아이오와주의 한 수영장에서 발생한 비극적인 사고로 극적으로 드러났다. Lyndsey Lanagan-Leitzel과 동료들(2015)이 다음과 같이 설명했다.

> 2010년 7월 14일, 약 175명의 10대 소년들이 아이오와주 펠라의 한 지역 수영장에서 센트럴 칼리지에서 열린 기독교 운동선수 연합 캠프의 일환으로 수영을 즐기고 있었다. 숙소로 돌아가기 위해 버스를 탈 시간이 되었을 때, 두 명의 소년이 보이지 않는다는 것을 알게 되었다. 15분간의 수색 끝에 비극적이게도 두 소년(각각 14세와 15세)이 수영장 바닥에 움직이지 않은 채로 발견되었다. 구명 시도가 있었지만 소용없었다. (Belz, 2010)

특히 이 익사 사고에서 놀라웠던 점은 최소한 10명의 안전요원과 20명의 캠프 인솔자가 수영장을 지켜보고 있었음에도 아무도 두 소년이 물에 빠져 익사하고 있다는 사실을 인지하지 못했다는 것이다. Lanagan-Leizel에 따르면, 안전요원이 지키는 수영장에서 치명적인 익사 사고가 발생하는 것은 드문 일이지만, 이러한 사고가 발생한 이유는 우리의 주의 능력에 한계가 있기 때문일 수 있다고 한다.

안전요원의 임무를 생각해 보자. 안전요원은 기본적으로 시각 탐사 과제를 수행하고 있다. 즉, 많은 사람들이 수영장에서 물장구를 치며 노는 가운데, 그와 비슷해 보이는 많은 움직임 속에서 드물게 일어나는 사건(익사)을 발견해야 하는 것이다. 게다가 익사하는 사람들은 물속에서 지나치게 몸부림치지 않는 경우가 흔하며, 숨을 쉬는 데 온 힘과 주의를 쏟기 때문에 도움을 요청하는 소리를 지르지 않는 경우도 많다. 혼잡한 수영장에서 익사자를 발견하기 어려운 다른 이유도 있지만, 여기서 우리가 주목해야 할 점은 아무리 주의를 기울이고 있어도 무언가를 놓칠 수 있다는 사실이다. 이를 보여주는 한 가지 예가 **무주의맹**(inattentional blindness)으로 이는 아무리 뚜렷하게 보이는 것이라도 주의를 기울이지 않으면 알아차리지 못할 수 있음을 보여준다.

무주의맹

무주의맹(inattentional blindness)은 사람들이 어떤 자극이 분명히 보이더라도 거기에 주의를 기울이지 않으면 그것을 인식하지 못하는 현상을 말한다(Mack & Rock, 1998). 예를 들어, Cartwright-Finch와 Nilli Lavie(2007)는 실험 참가자에게 **그림** 4.23에 제시된 십자 모양 자극을 제시했다. 십자 모양은 다섯 번의 시행에 걸쳐 제시되었고 참가자의 과제는 잠깐 제시된 십자 모양의 가로선과 세로선 중 무엇이 더 길었는지 판단하는 것이었다. 이 과제는 두

무주의맹(inattentional blindness) 눈앞에 명확하게 존재하는 자극도 주의를 기울이지 않으면 인식하지 못하는 현상.

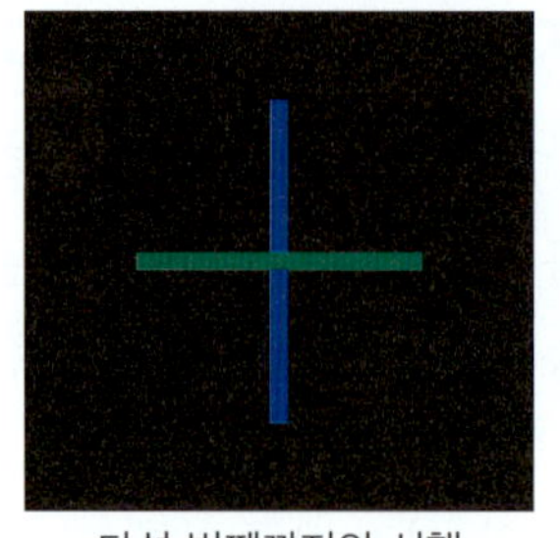
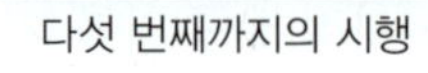
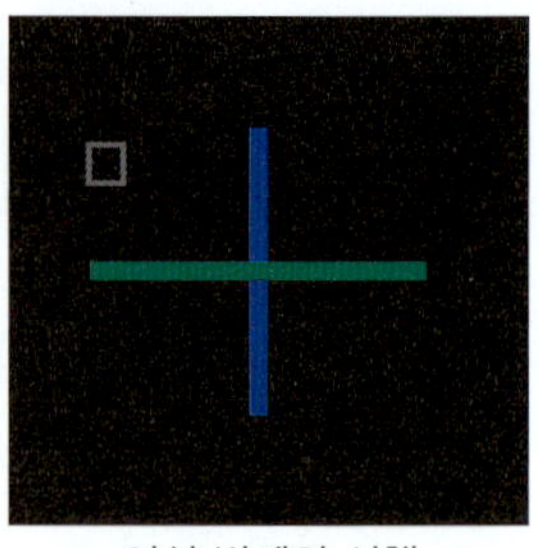

다섯 번째까지의 시행 (a) 여섯 번째의 시행 (b)

그림 4.23 무주의맹 실험. (a) 십자 모양의 화면이 다섯 번째 시행까지 나타난다. 각 시행에서 한 선이 다른 선보다 약간 더 길다. 참가자들의 과제는 가로선과 세로선 중 어떤 선이 더 긴지 판별하는 것이다. (b) 여섯 번째 시행에서 참가자들은 똑같은 과제를 수행하지만, 화면에 작은 사각형이나 다른 기하학적 물체가 함께 제시된다. 여섯 번째 시행 직후 참가자들은 이전에 비해 달라진 점을 보았는지 질문을 받고 이에 답한다.

출처: N. Lavie, Attention, distraction, and cognitive control under load, Current Directions in Psychological Science, 19, 143-148, 2010. 수정 인용함.

선의 길이가 거의 비슷했고, 자극이 매우 짧게 제시되었고, 가로선과 세로선 중 어느 쪽이 더 긴지 매 시행마다 달랐기 때문에 과제의 난이도가 높은 축에 속한다. 여섯 번째 시행에서는 십자 자극 옆에 작은 사각 도형이 화면 안에 함께 제시되었다(**그림** 4.23b). 여섯 번째 시행 직후 참가자들에게 이전과 다른 점을 눈치챘는지 물어보았다. 20명의 참가자 중 단 두 명만 사각 도형을 보았다고 보고했다. 다시 말해, 참가자 대부분은 십자 모양 자극 바로 옆에 제시되었음에도 불구하고 작은 사각형을 인식하지 못했다.

이 무주의맹 실험은 잠깐 나타났다 사라지는 도형 자극을 사용했다. 그러나 Daniel Simons와 Christopher Chabris(1999)는 동적인 장면에서도 주의가 지각에 영향을 미칠 수 있음을 보여주었다. 그들은 참가자에게 짧은 영향을 보여주었는데, 영상에는 각각 세 명으로 구성된 두 팀이 등장했다. 흰옷을 입은 한 팀은 농구공을 주고받았고, 다른 팀은 마치 농구 경기처럼 그 팀을 따라다니며 수비를 하고 팔을 들어 올렸다(그림 4.24). 실험 참가자의 과제는 흰옷을 입은 팀이 몇 번 패스를 하는지 세는 것이었고, 이 과제는 그들의 주의를 흰옷을 입은 팀에게 집중하도록 했다. 약 45초가 지나면 두 가지 사건 중 하나가 발생했는데, 우산을 든 여성이 경기장을 가로질러 걷거나 고릴라 복장을 한 사람이 경기장을 가로질러 지나갔다. 이 사건은 약 5초 동안 진행되었다. 영상을 본 후 관찰자에게 무언가 이상한 일이 일어났는지, 혹은 여섯 명의 선수 외에 다른 것을 보았는지 물었다. 참가자의 거의 절반인 46%는 우산을 든 여성이나 고릴라를 보았다고 보고하지 못했다. 이 실험은 참가자가 하나의 사건 흐름에 주의를 집중하고 있을 때, 바로 눈앞에서 벌어지는 다른 사건조차도 알아차리지 못할

그림 4.24 Simons와 Chabris가 보여준 동영상 중 고릴라 복장을 한 사람이 농구 경기를 하는 옷을 입은 사람이 농구 게임을 하는 사람들 한가운데를 가로질러 가는 장면.

출처: D. J. Simons & C. F. Chabris, Gorillas in our midst: Sustained inattentional blindness for dynamic events, *Perception*, 28, 1059-1074, 1999. Pion Limited, London. Figure provided by Daniel Simons.

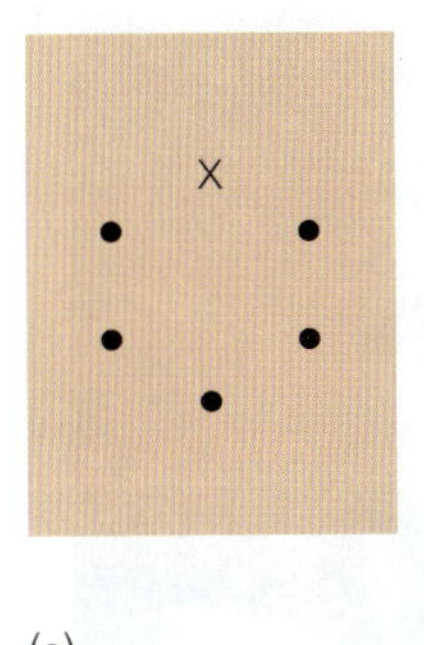

(a)

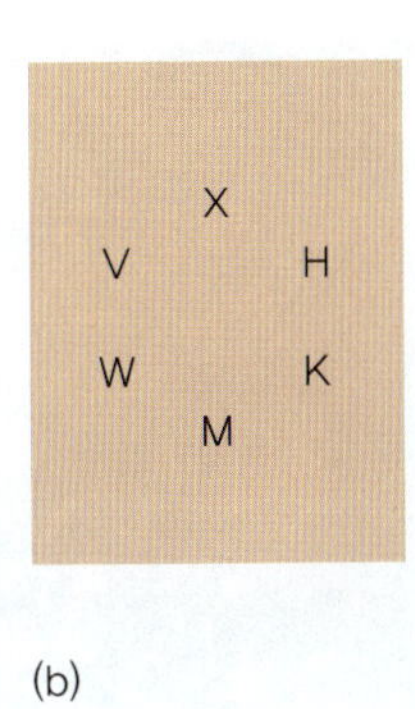

(b)

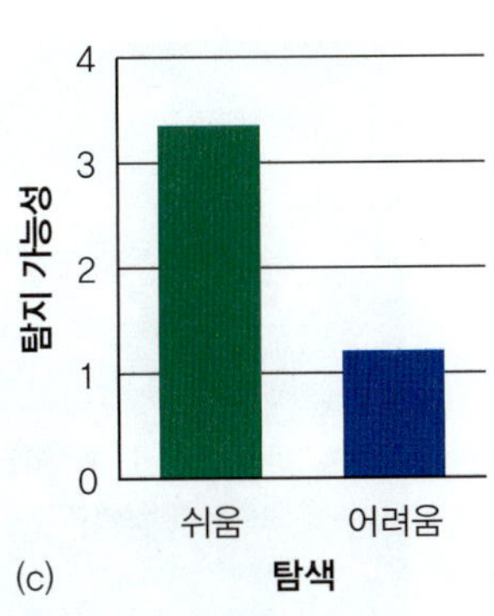

(c)

그림 4.25 Raveh와 Lavie(2015)의 무주의 난청 실험. (a) 쉬운 탐색 과제 자극: X를 찾는 과제. (b) 어려운 탐색 과제 자극. (c) 결과: 쉬운 탐색 과제와 어려운 탐색 과제 중에 제시된 소리의 탐지 가능성 비교. 쉬운 탐색 과제에서 탐지 가능성이 높았다는 것은 그 소리가 더 쉽게 탐지되었음을 의미한다.

출처: Raveh and Lavie, 2015를 바탕으로 제작함.

수 있다는 것을 보여준다(Goldstein & Fink, 1981; Neisser & Becklen, 1975 참고).

무주의 난청

주의를 기울이지 않으면 시각적 자극을 놓칠 수 있다는 개념은 청각으로도 확장된다. Dana Raveh와 Nilli Lavie(2015)는 실험 참가자에게 시각 탐색 과제를 수행하게 했다. **시각 탐색**(visual search)은 장면을 훑어보며 특정 대상을 찾는 과제다. 연구에서는 그림 4.25a와 같은 쉬운 시각 탐색 과제나 그림 4.25b와 같은 어려운 과제를 제시했다. 실험 참가자들은 시각 자극이 제시되는 동안 약 5분의 1의 시행에서 짧은 음을 들었는지 여부도 보고하도록 요구받았다. 그림 4.25c에 제시된 결과에 따르면, 어려운 시각 탐색 과제를 수행할 때는 그 음을 탐지하기가 더 어려웠다. 이렇게 어려운 시각 과제에 집중하면 청각이 저하되는 현상이 바로 **무주의 난청**(inattentional deafness)의 예이다.

시각 탐색(visual search) 여러 자극이나 사물 가운데 특정 자극이나 사물을 찾는 과정.

무주의 난청(inattentional deafness) 주의를 기울이지 않아 청각 자극을 놓치는 현상. 예를 들어, 실험 결과에 따르면 어려운 시각 탐색 과제를 수행 중일 때는 청각 자극을 감지하기가 더 어렵다.

이 결과는 무주의 효과가 시각뿐만 아니라 청각에도 발생할 수 있음을 보여준다는 점에서 중요하다. 또한 Lavie의 **부하 이론**(load theory)이 무주의 효과를 설명하는 데 어떻게 적용될 수 있는지도 보여준다. Raveh와 Lavie는 부하가 큰 과제에 몰두할수록 다른 자극을 놓칠 가능성이 커진다는 것을 밝혔다. 앞서 살펴본 시각에서의 무주의맹 사례를 다시 보면, 선 길이의 작은 차이를 탐지하는 과제(그림 4.23)나 농구 패스를 세는 과제(그림 4.24)는 모두 주의를 강하게 집중해야 하는 작업이었음을 알 수 있다. 그렇기 때문에, 참가자들이 작은 사각형이나 고릴라를 놓치는 것도 자연스러운 일이다.

변화 탐지

연구자들은 주의의 한계가 지각에 어떤 영향을 미치는지 **변화 탐지**(change detection)라는 절차를 통해 입증했다. 변화 탐지는 한 장의 사진이 제시된 뒤 다른 사진이 제시되고, 두 사진 사이의 차이가 무엇인지 알아내는 과제이다. 이 개념을 이해하기 위해, 계속 읽기 전에 다음 '보여주기'를 직접 해 보자.

변화 탐지(change detection) 연속적으로 제시되는 그림이나 장면 사이의 차이점을 탐지하기.

보여주기

변화 탐지

이 글을 모두 읽은 후, **그림 4.26**을 잠깐 바라본 다음, 지금 바로 페이지를 넘겨 **그림 4.27**에서 무엇이 다른지 확인해 보자.

그림 4.26 변화 탐지 실험을 위한 원래 사진.

Ralph Hale

두 번째 사진에서 무엇이 달라졌는지 알아차렸는가? 사람들은 변화가 명백하더라도 어디를 봐야 할지 모르면 그 변화를 탐지하는 데 어려움을 겪는 경우가 많다. 만약 두 사진 사이의 차이를 찾으려고 주의를 기울였다면, 나무에 걸린 리본 색이 바뀐 것을 눈치챘을지도 모른다. 찾았다면 잘했다! 못 찾았다면 걱정하지 말라. 여기서 중요한 점은 우리가 종종 이러한 변화를 알아차리지 못한다는 것이다. 그런데 리본 색상 변화와는 별개로, 마법처럼 사라진 연필도 알아차렸는가?(아직 못 봤다면 한 번 더 확인해 보자!)

Ronald Rensink와 동료들(1997)은 유사한 실험을 했다. 한 장의 사진을 보여준 뒤, 빈 화면을 잠시 보여주고, 같은 사진이지만 사물 하나가 사라진 사진을 보여준 다음 다시 빈 화면을 보여주는 식으로 반복했다. 이 과정을 여러 번 반복한 후에야 실험 참가자들은 두 사진 사이의 차이를 알아차릴 수 있었다. Rensink는 차이를 탐지하기 위해 이 반복 과정이 여러 차례 필요하다는 것을 발견했다. 이렇게 장면의 변화를 탐지하는 데 어려움을 겪는 현상을 **변화맹**(change blindness)이라고 한다(Rensink, 2002).

변화맹(change blindness)
유사하지만 미묘하게 다른 장면들이 연속적으로 제시될 때, 그 변화를 탐지하기 어려운 현상. 이러한 변화들은 일단 주의가 그곳으로 향하면 쉽게 알아볼 수 있지만, 적절한 주의를 기울이지 않을 때는 대부분 탐지되지 않는다.

변화맹의 발생 빈도는 놀라울 정도이다. 예를 들어, 한 연구(Grimes, 1996)에서는 100%의 참가자가 건물 크기가 4분의 1이 증가한 것을 알아차리지 못했고, 92%는 새 떼 무리가 3분의 1로 줄어든 것을 탐지하지 못했으며, 58%는 모델의 수영복 색상이 선명한 분홍색에서 선명한 녹색으로 바뀐 것을 알아차리지 못했다. 또한 50%는 두 카우보이의 머리가 서로 바뀌었다는 사실을 알아차리지 못했고, 25%는 디즈니랜드의 신데렐라 성이 180도 회전한 것을 알아차리지 못했다!

이 사실이 믿기 어렵다면, 영화를 보면서 자신이 변화를 탐지하는 능력을 되돌아보면 도움이 될 것이다. 변화맹은 대중 영화에서 자주 발생하는 현상으로, 한 장면에서 변하지 말아야 할 요소가 다른 장면에서 변해 있는 경우가 많다. 예를 들어, 〈오즈의 마법사〉(1939)에서는 도로시의 머리 길이가 여러 차례 짧았다가 길었다를 반복해서 바뀐다. 〈해리포터와 마법사의 돌〉(2001)에서는 해리가 대연회장에서 대화 중 갑자기 앉아 있는 위치가 바뀐다. 〈그래비티〉(2013)에서는 산드라 블록의 캐릭터가 우주 공간에서 머리카락이 자유롭게 떠다니지만 다음 장면에서는 머리를 뒤로 묶고 있다. 〈어벤저스: 엔드게임〉(2019)에서는 캡틴 아메리카의 방패가 손상되었다가 이후 장면에서는 복구되었다가 다시 손상되는 장면이 나온다. 이처럼 영화에서 발생하는 이러한 변화를 **연속성 오류**(continuity errors)라고 하며, 인터넷에서 많이 기록되어 있다('영화의 연속성 오류'로 검색해 보라).

연속성 오류(continuity errors) 예를 들어, 한 장면에서 인물이 크루아상을 잡으려 하는데, 다음 장면에서는 그것이 팬케이크로 바뀌어 있는 경우와 같이 영화의 한 장면에서 다른 장면으로 넘어갈 때 일치하지 않은 변화가 발생하는 오류.

왜 변화맹이 발생할까? 그 이유는 우리가 정지된 사진 속 장면이나 영화 속에서 움직이는 행동을 볼 때, 우리의 주의가 종종 변화가 일어나는 곳으로 향하지 않기 때문이다.

일상 경험에서는 어떨까?

지금까지 살펴본 모든 실험, 즉 주의를 빼앗는 과제로 인해 시험 자극을 알아차리지 못하는 무주의맹 실험, 시각 과제에 집중하느라 청각이 저하되는 무주의 난청 실험, 그리고 사진 속 쉽게 보이는 작은 변화도 탐지하지 못하는 변화맹 실험 모두 주의가 지각에 중요한 역할을 한다는 점을 보여준다. 이 역할은 우리가 일상에서 경험하는 지각에 중요한 시사점을 가진다. 왜냐하면 주변 환경에는 매우 많은 자극이 존재하지만, 우리는 그중 극히 일부에만 순간적으로 주의를 기울일 수 있기 때문이다. 즉, 우리는 항상 주변에서 일어나는 많은 것들을 놓치며 살아간다는 의미이다.

우리의 시각 체계는 환경의 많은 부분을 탐지하지 못한다는 점에서 결함이 있는 것처럼 보일 수 있다. 하지만 우리(그리고 다른 동물들)는 살아남아 지금까지 잘 기능하며 성공적으로 생활하고 있다는 점을 기억하라. 이는 우리의 지각 체계가 일상생활에서 요구되는 대부분의 지각적 요구를 충분히 충족하고 있다는 뜻이다. 사실 우리의 지각 체계가 환경의 일부분에만 집중하는 경향은 가장 적응적인 특성 중 하나라고도 할 수 있다. 중요한 것에 집중함으로써 제한된 처리 자원을 최적으로 활용할 수 있기 때문이다.

또한, 우리가 현재 중요한 대상에 집중하고 있을 때에도 우리의 지각 체계는 움직임이나 강한 자극에 반응하고 경고 시스템을 동시에 모니터링한다. 이 경고 시스템은 돌진하는 동물, 우리와 충돌할 위험이 있는 보행자, 강렬한 섬광, 큰 소리 같은 위험 신호에 대해 빠르게 주의를 전환하도록 만든다. 주의가 전환되면, 우리는 새롭게 주의를 둔 대상이 무엇인지 평가하고 필요한 행동을 취할지 결정할 수 있다.

중요한 점은 우리 주변에서 일어나는 모든 세부 사항을 의식적으로 다 인지할 필요가 없다는 것이다. 복잡한 인도를 걸을 때, 다른 사람들이 어디에 있는지 알아야 충돌을 피할 수 있지만, 또 다른 사람이 파란색 셔츠를 입었는지는 알 필요가 없다. 또 주변에서 일어나는 모든 세부 사항을 계속해서 점검할 필요도 없다. 과거 경험을 통해 도시 거리, 시골길, 캠퍼스 배치에 대한 장면 도식을 갖고 있기 때문에, 주의를 크게 기울이지 않아도 주변 환경을 '채워 넣을' 수 있기 때문이다.

이것이 의미하는 바는, 우리의 지각 체계가 주변의 방대한 정보 중 극히 일부만을 받아들임에도 불구하고, 생존에 필요한 정보를 습득하는 데 일반적으로 잘 적응되어 있다는 것이다. 하지만, 이러한 집중된 주의와 주변의 경고 신호, 그리고 도식을 이용한 정보 채움의 조합이 운전 중 문자 메시지 보내기 같은 분리 주의의 기적을 가능하게 한다고 생각하기 전에,

그림 4.27 변화 탐지 실험을 위한 두 번째 사진. 원래 사진과 이 사진 사이 변화를 감지했는가?

Ralph Hale

운전, 문자 보내기, 휴대전화 사용은 우리 지각 체계가 진화할 당시에는 존재하지 않았던 비교적 최근의 환경 요소라는 점을 기억하자. 따라서 우리의 지각 체계가 아무리 적응력이 뛰어나다고 해도, 현대 사회는 우리가 대처하도록 설계되지 않은 상황에 우리를 자주 몰아넣으며, 때로는 이러한 체계의 한계를 넘어서는 경우도 많다.

4.8 주의와 통합된 세상 경험하기

지금까지 우리는 주의가 지각에 중요한 영향을 미친다는 것을 살펴보았다. 주의는 주변의 사물을 우리의 의식에 떠올리게 하고, 지각하고 이에 반응할 수 있는 능력을 향상시킨다. 지금부터는 일상생활에서 잘 드러나지 않는 주의의 또 다른 기능을 살펴볼 것이다. 주의의 한 가지 중요한 기능은 결속(binding)을 돕는 것이다. 결속이란 색깔, 모양, 움직임, 위치 등과 같은 정보들을 하나로 묶어 통합된 사물에 대한 지각을 만들어내는 과정이다.

결속(binding)
색, 형태, 운동, 위치와 같은 특징들을 결합하여 하나의 응집력 있는 대상에 대한 지각을 생성하는 처리 과정.

결속이 왜 필요한지를 일상적인 사건을 통해 이해할 수 있다. 여러분은 공원 벤치에 앉아 가을 단풍의 색을 감상하고 있다. 그 순간, 빨간 공 하나가 시야를 가로질러 굴러가고, 그 뒤를 작은 아이가 공을 쫓으며 달려온다. 공이 굴러가는 순간, 뇌 속에서는 다양한 종류의 세포들이 활성화된다. 예를 들어, 공의 둥근 형태에 민감한 세포들은 측두엽(temporal cortex)에서 활성화되고, 움직임에 민감한 세포들은 운동 특화 영역에서 반응하며, 깊이와 색에 민감한 세포들은 또 다른 영역에서 활성화된다. 비록 이 모든 것이 다른 뇌 부위에서 처리되고 있지만, 공을 보는 사람은 공의 시각적 속성을 개별적인 것으로 인식하지 않는다. 지각체계는 공의 모든 특징을 통합하여 '굴러가는 빨간 공'이라는 통합된 지각을 형성한다. 이 속성들의 결속이 어떻게 이루어지는지에 대한 문제를 결속 문제(binding problem)라고 부른다. 결속 문제는 Anne Treisman(1986, 1988, 1999)의 특징통합 이론에 의해 처음 소개되었다.

결속 문제(binding problem)
개별 특징들(예: 색, 형태, 움직임)이 어떻게 함께 묶여지는지를 설명하는 문제.

특징통합 이론

특징통합 이론(feature integration theory: FIT)에 따르면, 사물에 대한 시각 처리의 첫 단계는 **전주의 단계**(preattentive stage)이다(그림 4.28의 흐름도에서 첫 번째 상자). 그 이름이 암시하듯, 전주의 단계는 우리가 어떤 사물에 주의를 집중하기 전에 일어난다. 이 단계에서는 주의가 개입되지 않기 때문에, 연구자들은 이 단계가 자동적이고, 무의식적이며, 노력 없이 수행되는 처리라고 본다. 전주의 단계에서 사물의 특징이 뇌의 다른 영역에서 독립적으로 분석되며, 아직 특정 사물과 연관되지는 않는다. 예를 들어, 굴러가는 빨간 공을 관찰하고 있다면, 시각 시스템은 전주의 단계에서 공의 색(빨강), 형태(둥근 모양), 움직임(오른쪽으로의 이동)과 같은 시각 속성을 각각 별개로 처리한다. 그다음 처리 단계인 **집중 주의 단계**(focused attention stage)에서는, 주의가 특정 사물에 집중되며, 그때서야 각각 독립적으로 처리되던 특징들이 합쳐져, 굴러가는 빨간 공을 의식적으로 지각하게 된다.

이 두 단계 과정에서, 색이나 형태와 같은 시각적 특징들은 마치 단어를 구성하는 '시각적 알파벳'처럼 사물을 인식하기 위한 기본 요소라고 생각할 수 있다. 과정의 처음에는 이러한 시각적 구성 요소 각각의 정보가 서로 독립적으로 존재하며, 이는 마치 스크래블(Scrabble) 게임에서 타일들이 흩어져 각각의 글자 타일이 독립적으로 존재하는 것과 같다. 그러나 개별 타일들이 조합되어 단어를 구성하듯, 시각적 특징들도 결속되어 전체 사물에 대한 지각을 형성한다.

사물이 자동적으로 여러 특징들로 나뉜다는 주장은 직관적으로 쉽게 와닿지 않을 수 있다. 왜냐하면, 우리는 항상 사물을 완전한 형태로 지각하지, 개별적 특징들로 보는 것은 아니기 때문이다. 사람들이 이러한 특징에 대한 개별적 분석을 인식하지 못하는 이유는 그것이 지각 과정 초기에 일어나 우리가 사물을 의식하기 전에 이미 진행되기 때문이다. 따라서 책을 볼 때는 그 직사각형 모양을 인식하지만, 그 직사각형 모양을 보기 전에 시각 체계는 다양한 방향의 선과 같은 개별 특성으로 책을 분석했다는 사실은 의식하지 못한다.

특징통합 이론
(feature integration theory: FIT)
Anne Treisman이 제안한 사물 지각에 대한 접근 방식. 이 이론은 특징들이 먼저 분석된 후, 결합되어 대상에 대한 지각을 일으키는 일련의 단계를 제안한다.

전주의 단계(preattentive stage)
Treisman의 대상의 개별 특징을 분석하는 특징통합 이론의 첫 번째 단계.

집중 주의 단계
(focused attention stage)
Anne Treisman이 제안한, 주의가 개입되어 개별 특징들을 결합시켜 대상에 대한 지각을 형성하는 특징통합 이론의 두 번째 단계.

특징통합 이론의 증거

사물이 실제로 여러 특징으로 분석된다는 지각적 증거를 제시하기 위해 Anne Treisman과 Hilary Schmidt(1982)는 한 사물이 다른 사물의 속성을 갖게 되는 현상인 **착각적 결합**(illusory conjunctions)이라 불리는 지각 현상을 이용한 실험을 진행했다.

착각적 결합 Treisman과 Schmidt는 그림 4.29와 같이, 네 개의 사물이 두 개의 검은 숫자에 의해 둘러싸여 있는 자극 화면을 제시했다. 이 자극은 0.2초 동안 잠깐 화면에 제시되었고 자극이 사라진 뒤에도 남아 있을 수 있는 잔상을 제거하기 위한 무작위 점무늬 차폐 자극

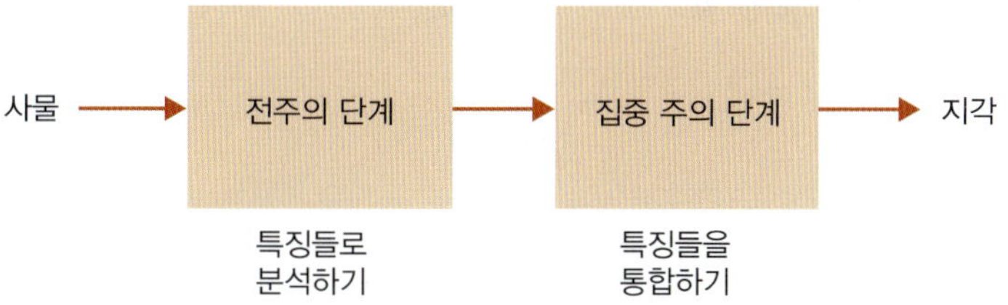

그림 4.28 Treisman의 특징통합의 단계. 사물들은 전주의 단계에서 그들의 특징 단위로 분석되고, 그 후 집중주의 단계에서 주의의 도움으로 특징들이 통합된다.

그림 4.29 착각적 결합 실험에서 사용된 자극.

출처: A. Treisman & H. Schmidt, Illusory conjunctions in the perception of objects, *Cognitive Psychology*, 14, 107-141, 1982.

을 뒤이어 보여주었다. 참가자들에게 먼저 검은 숫자를 보고하고, 그다음에 네 개의 사물이 있었던 각각의 위치에서 무엇을 보았는지를 보고하도록 지시하였다. 즉, 참가자들은 숫자를 식별하는 과제와 도형을 식별하는 과제 사이에 주의를 분리해야만 했다. Treisman과 Schmidt는 참가자들의 주의를 분산시킴으로써 도형에 집중할 수 없도록 만들었다.

흥미롭게도, 전체 시행의 약 20%에서 참가자들은 두 개의 다른 자극의 특징이 결합된 형태의 도형을 보았다고 보고했다. 예를 들어, **그림 4.29**의 화면에서는 작은 삼각형은 빨간색이고 원은 초록색이었음에도 불구하고, 참가자들은 작은 빨간 원과 작은 초록 삼각형을 보았다고 말하기도 했다. 이처럼 서로 다른 자극의 특징이 결합된 잘못된 지각을 **착각적 결합**(illusory conjunction)이라고 한다. 착각적 결합은 자극의 모양과 크기가 매우 달라도 나타날 수 있다. 예를 들어, 작은 파란 원과 큰 초록 사각형이 제시되었는데, 이를 큰 파란 사각형과 작은 초록 원으로 잘못 지각하는 식이다.

착각적 결합(illusory conjunction) Anne Treisman의 실험에서 입증된 현상으로, 서로 다른 사물들의 특징들이 부적절하게 결합되는 현상.

실험실에서 착각적 결합이 입증될 수 있다는 점은 이러한 현상이 일상생활에서도 쉽게 일어날 수 있으며, 실제로 자주 발생할 수 있음을 시사한다는 점을 보여준다(7장에서 자세히 다룰 예정). 목격자 증언에 대한 연구에서도, 시간 경과나 증언자의 확신 정도와 무관하게 증언의 오류가 흔하다는 점이 드러났다.

Treisman에 따르면, 착각적 결합은 전주의 단계에서 각 특징들이 서로 독립적으로 존재하기 때문에 발생한다. 즉, 빨간색, 곡선, 대각선 등과 같은 특징들은 전주의 단계에서 개별적으로 존재하지 특정 사물과 결합되어 있지 않다. Treisman(1986)에 따르면, 이러한 특징들은 **그림 4.30**에 나타난 것처럼 **자유롭게 떠다니는** 상태로 존재하며, 특히 짧게 제시된 자극이 차폐 자극으로 가려지는 실험 상황에서 사물이 여러 개 있을 경우 특히 그렇다.

또 다른 일반적인 신경과학적 접근은 뇌의 특정 기능을 담당한다고 여겨지는 뇌 영역에

그림 4.30 전주의 단계에서 '자유롭게 떠다니는' 사물의 특징들의 예시. 이들 특징들은 특정한 사물에 결합된 상태가 아니기 때문에, 화면에 제시된 어떤 사물과도 연합될 수 있다. 이러한 일이 발생할 때 착각적 결합이 생성된다.

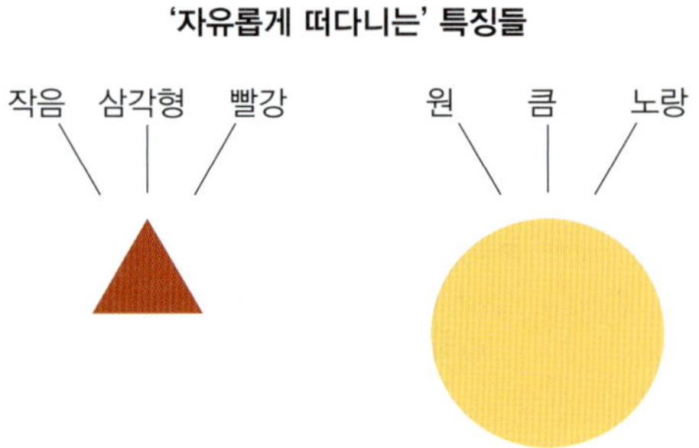

'자유롭게 떠다니는' 특징들

작음 삼각형 빨강

원 큼 노랑

출처: A. Treisman & H. Schmidt, Illusory conjunctions in the perception of objects, *Cognitive Psychology*, 14, 107-141, 1982.

손상을 입은 환자들을 연구하는 것이다. 이를 통해 뇌 손상 환자들이 건강한 사람들과 어떻게 다른지를 측정할 수 있다. 예를 들어, R. M.은 두정엽의 손상으로 **발린트 증후군**(Balint's syndrome)을 앓게 된 환자다. 발린트 증후군의 가장 큰 특징은 각각의 사물에 주의를 집중할 수 없다는 것이다. 특징통합 이론에 따르면, 집중된 주의의 부족으로 R. M.은 사물의 세부 특징들을 정확하게 통합시키지 못한다. 실제로 R. M.은 빨간색 T와 파란색 O와 같은 서로 다른 색의 두 글자를 보여주었을 때, 글자를 최대 10초 동안 볼 수 있었음에도 불구하고, 전체 시행 중 23%에서 '파란색 T'와 같은 착각적 결합을 보고하였다(Friedman-Hill et al., 1995; Robertson et al., 1997). R. M.의 사례는 건강한 뇌에서는 명확히 드러나지 않는 과정을 뇌 손상을 통해 밝혀낼 수 있음을 보여준다.

발린트 증후군(Balint's syndrome)
뇌 손상으로 개별 대상에 주의를 집중하기 어려움을 겪는 상태.

특징 분석 접근은 사전 지식을 필요로 하지 않기 때문에 주로 상향 처리에 기반한다. 그러나 경우에 따라서는 하향 처리도 작용할 수 있다. 예를 들어, Treisman과 Schmidt(1982)는 **그림 4.31**과 같은 자극들을 이용하여 착각적 결합 실험에서, 참가자들에게 사물을 식별하게 했는데, 이때 일반적인 착각적 결합이 발생했다. 예를 들어, 주황색 삼각형이 때때로 검은색으로 지각되었다. 그러나 실험자가 참가자들에게 보여준 것은 당근, 호수, 타이어라고 말했을 때는 착각 결합이 덜 발생했고, 참가자들은 삼각형 '당근'을 주황색으로 인식할 가능성이 더 높았다. 이 상황에서 참가자들이 사물의 일반적인 색에 대한 지식이 각 사물의 특징을 올바르게 결합하는 데 도움을 준 것이다. 우리가 일상생활에서 익숙한 사물들을 인식할 때는, 상향 처리의 특징 분석과 하향 처리가 결합되어 시각 정보를 보다 정확하게 지각할 수 있게 된다.

결속에서 주의의 역할을 알아보기 위한 또 다른 방법은 **결합 탐색**(conjunction search)이라 불리는 시각 탐색 과제를 사용하는 것이다.

결합 탐색(conjunction search)
'수평'과 '초록색'과 같이 두 개 이상의 특징을 포함하는 목표 자극을 방해 자극들 사이에서 찾는 것.

결합 탐색은 목표물을 찾기 위해 화면을 탐사해야 하기 때문에 결속을 연구하는 데 매우 유용하다. 결합 탐색을 하기 위해서는 장소에 대한 주의가 필요하다는 것을 실험하기 위해 많은 연구자들이 발린트 증후군 환자인 R. M.을 대상으로 연구했다. 결과적으로 R. M.은 결합 탐색을 해야 할 때 목표물을 찾지 못하는 것으로 밝혀졌다(Robertson et al., 1997). R. M.이 주의 집중에 어려움을 느낀다는 것을 감안하면 예상된 결과다. 하지만, R. M.은 그림 4.32a와 같이 세부 특징 탐색(feature search)만 필요한 경우에는 목표물을 찾을 수 있었다. 세부 특징 탐색은 위치에 대한 주의가 필요하지 않기 때문이다. R.M.과 건강한 뇌 기능을 가진 관찰자들을 대상으로 한 시각 탐사 실험들은 다양한 특징들로부터 사물을 지각하는 기제에서 주의가 필수 요소임을 뒷받침하는 증거를 제공한다(Wolfe, 2012).

(a)

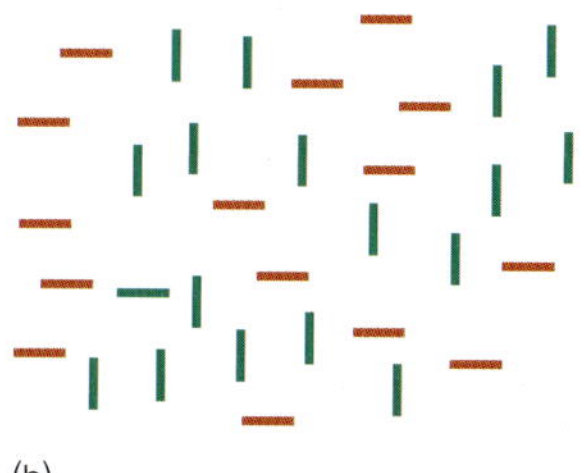

(b)

그림 4.32 (a)에서는 수평선을, (b)에서는 초록색 수평선을 찾아보자. 어느 과제가 더 많은 시간이 필요할까?

그림 4.31 하향 처리가 착각적 결합을 감소시킬 수 있음을 보여 주기 위해 사용된 자극들.
출처: A. Treisman & H. Schmidt, Illusory conjunctions in the perception of objects, *Cognitive Psychology*, 14, 107-141, 1982.

보여주기

결합 탐색

결합 탐색(conjunction search)이 무엇인지 이해하려면 먼저 세부특징 탐색(feature search)이라고 불리는 다른 유형의 탐색을 먼저 설명해야 한다. 아래의 내용을 읽기 전에 **그림 4.32a**에서 수평선을 찾아보자. 이 탐색은 '수평'이라는 단일 특징만 보면 목표 자극을 찾을 수 있으므로 세부특징 탐색에 해당한다. 이제 **그림 4.32b**에서 초록색 수평선을 찾아보자. 하나의 자극에서 두 개 이상의 특징들, 즉 '수평'과 '초록색'이라는 조합을 찾아야 하기 때문에 이것은 결합 탐색이다. **그림 4.32b**에서는 초록색 수직선들이 있기 때문에 단순히 초록색만 보면 안 되며, 또한 빨간색 수평선들이 있기 때문에 단순히 수평만 보아서도 안 된다. 따라서 수평과 초록색이라는 결합된 특징을 찾아야 한다.

고려사항

주의 신경망

우리는 지금까지 주의가 어떻게 뇌에서 특정 위치의 활동을 증가시키거나(120쪽), 특정 종류의 대상에 할당된 영역을 확장함으로써(121쪽) 뇌의 반응에 어떤 영향을 미치는지를 살펴보았다.

그러나 주의와 뇌의 관계를 완전히 이해하려면 한 걸음 더 나아가야 한다. 즉, 뇌가 어떻게 주의가 작동될 수 있도록 구성되어 있는지를 이해해야 한다. 이를 위해, 2장에서 소개했던 것처럼(51쪽), 뇌의 여러 영역을 가로질러 신호를 전달하는 신경망(neural networks)을 살펴보자.

뇌 영상 연구에 따르면, 서로 다른 기능과 관련된 주의 신경망들이 존재한다는 것이 밝혀졌다. 예를 들어, 화면을 주시하면서 주의를 어떻게 조절하는지 생각해 보면(114쪽), 주의는 자극의 현저성(stimulus salience)이라는 상향 요인뿐만 아니라, 어떤 장면에서 익숙하지 않은 물체가 등장할 때와 같은 장면 도식이나, 땅콩버터 샌드위치를 만드는 예시와 같은 과제의 요구와 같은 상위 수준의 하향적 기능에 의해서도 결정된다는 것을 보았다. 자극의 현저성과 관련된 과제를 수행하거나 상위 수준의 과제를 수행할 때 실험 참가자의 뇌를 촬영한 실험 결과 두 가지 서로 다른 신경망이 있음을 밝혀냈다. **복측 주의 신경망**(ventral attention network)은 자극의 현저성에 기반한 주의를 조절하고, **배측 주의 신경망**(dorsal attention network)은 하향 처리에 기반한 주의를 조절한다(그림 4.33).

복측 주의 신경망 (ventral attention network) 자극의 현저성에 기반하여 주의를 제어하는 신경망.

배측 주의 신경망 (dorsal attention network) 하향적 처리에 기반하여 주의를 제어하는 신경망.

다른 기능에 따라 서로 다른 신경망을 식별해낸 것은 뇌가 어떻게 주의를 조절하는지를 이해하는 데 있어 큰 진전이었다. 그러나 최근 연구자들은 단순히 신경망을 식별하는 데 그치지 않고, 정보가 신경망 내에서 어떻게 흐르는지를 동적으로 살펴보기 시작했다. 2장에서 살펴본 것처럼, 신경망은 도시의 도로망에 비유해 헬리콥터를 타고 교통 흐름을 관찰했던 것을 기억해 보자(54쪽). 우리는 교통 흐름이 상황 변화에 따라 달라진다는 것을 언급했다. 예를 들어, 큰 미식축구 경기가 열리는 주말에는 경기장을 향하는 교통량이 증가한다. 이와 마찬가지로, 주의 시스템 내에서의 주의가 자극의 현저성에 의해 조절되는지, 아니면 상위 수준의 하향적 요인에 의해 조절되는지에 따라 정보의 흐름이 달라진다. 자극의 현저성이 주의를 조절할 때는 복측 신경망의 정보 흐름이 증가하고, 과제 요구나 기대 등 상위 요인이 주의를 조절할 때는 배측 신경망의 정보 흐름이 증가한다.

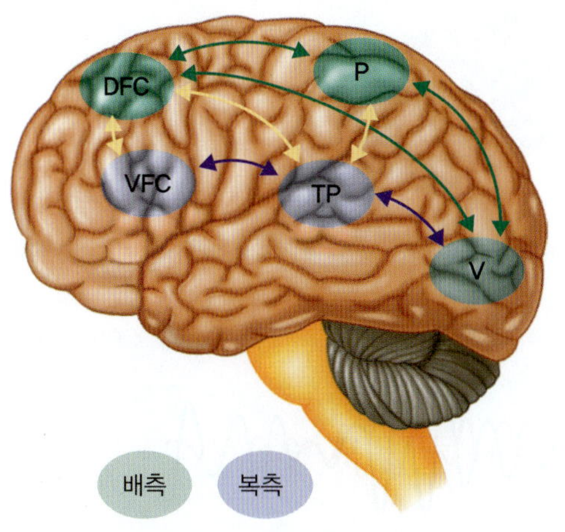

그림 4.33 두 가지 주의 신경망의 주요 구조. V = 시각피질(visual cortex). (1) 배측 주의 신경망(dorsal attention network): P = 두정 피질(parietal cortex), DFC = 배측 전두 피질(dorsal frontal cortex). (2) 복측 주의 신경망(ventral attention network): TP = 측두엽과 두정엽의 접합부(junction of temporal and parietal lobes), VFC = 복측 전두 피질(ventral frontal cortex).

출처: Vossel et al., 2014, Figure 1을 바탕으로 제작함.

그러나 주의의 이러한 동적인 본질을 완전히 이해하려면 한 단계 더 나아가야 한다. 서로 다른 과제가 단순히 한 경로에서 다른 경로로 뇌 활동을 전환시키는 것에 그치는 것이 아니라, 신경망 내의 여러 영역 간의 **유효 연결성**(effective connectivity)을 변화시킨다. 유효 연결성이란 특정 경로를 따라 활동이 얼마나 쉽게 전달될 수 있는지를 나타내는 것을 의미한다.

유효 연결성(effective connectivity) 신경망 내 특정 경로를 따라 신경 신호가 얼마나 쉽게 전달되는지를 나타내는 정도.

유효 연결성의 개념은 앞서 언급한 도로망의 비유를 통해 설명할 수 있다. 예를 들어, 미식축구 경기가 열리는 날에는 경기장을 향한 교통 흐름이 많아진다고 했다. 이러한 상황이 발생하면, 도시의 교통을 관리하는 사람들은 경기 시작 전에 경기장 방향으로 가는 차선을 더 개방하고, 경기 후에는 경기장에서 나오는 방향으로 가는 차선을 더 개방할 수도 있다. 즉, 기본적인 도로 체계는 동일하지만 상황에 따라 특정 방향으로의 흐름이 더 원활해진다.

이와 동일한 일이 주의에서도 일어난다. 신경망 내의 다양한 구조물 간 유효 연결성이 상황에 따라 변화하면 특정 경로로의 정보 흐름이 더 원활해진다. 그렇다면 이 유효 연결성은 어떻게 변화하는가? 그 기제 중 하나로 **동기화**(synchronization)가 제안되었다. 이 동기화는 원숭이의 피질에서 **국소장전위**(local field potential: LFP)라 불리는 반응을 측정한 Conrado Bosman과 동료들(2012)이 진행한 실험 결과를 통해 잘 나타난다. LFP는 뇌 표면에 놓인 작은 전극이 전극 근처에 있는 수천 개의 뉴런에서 발생하는 신호를 기록한다. 이 실험에서 LFP 반응은 시각 자극의 신호가 도달하는 뇌의 A 지점에 있는 전극에서 기록되었다. 또한 A와 연결되어 있어 A로부터 신호를 받는 뇌의 B 지점 전극에서도 신호를 기록했다(**그림 4.34a**).

동기화(synchronization) 신경 반응이 시간적으로 동시에 발생하여 신경 신호의 양(+)과 음(-) 반응이 동시에 유사한 진폭으로 나타나는 현상. 동기화는 주의 전환에 수반되는 두 영역 간의 강화된 유효 연결성과 강화된 신호 전달의 기제로 제안되었다.

Bosman은 시각 자극이 피질의 A 지점에서 LFP 반응을 일으키고, A가 B로 신호를 보내기 때문에 B에서도 반응이 기록된다는 것을 발견했다. 또한 원숭이가 시각 자극에 주의를 기울이지 않을 때는 A와 B의 반응이 동기화되지 않았고(그림 4.34b), 자극에 주의를 집중할 때는 A와 B의 반응이 동기화되었다(그림 4.34c). 연구자들은 이러한 동기화가 두 뇌 영역 간의 효율적인 신호 전달을 가능하게 한다고 제안하였다(Bosman et al., 2012; Buschman & Kastner, 2015).

이러한 복측 및 배측 주의 신경망 외에도 또 다른 주요 주의 신경망이 제안되었는데, 이를 **집행 주의 신경망**(executive attention network)이라고 한다. 이 신경망은 매우 복잡하며, 두 개의 독립적인 신경망으로 구성될 가능성도 있다(Petersen & Posner, 2012). 여기에 포함되는 모든 뇌 구조를 나열하기보다는, 집행 주의 신경망이 무엇을 하는지에 초점을 맞춰 보자.

집행 주의 신경망(executive attention network) 실행 기능을 담당하는 것으로 제안된 신경망.

집행 주의 신경망은 **집행 기능**(executive function)을 담당한다. 집행 기능은 주의를 제어하

집행 기능(executive function) 주의를 제어하고 상충하는 반응을 처리하는 것과 관련된 여러 인지 과정.

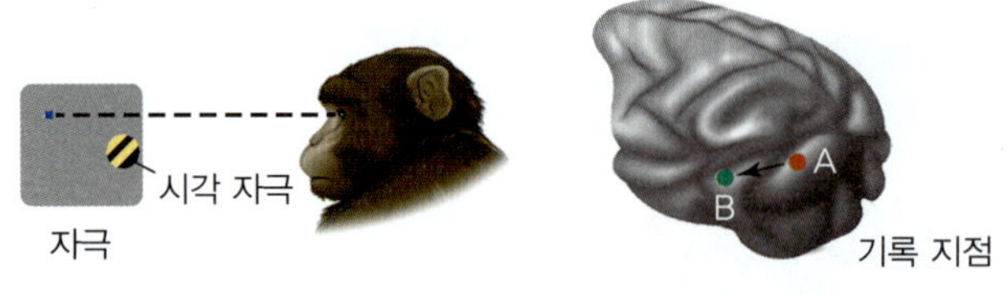

(a) 자극, 원숭이, 기록 지점

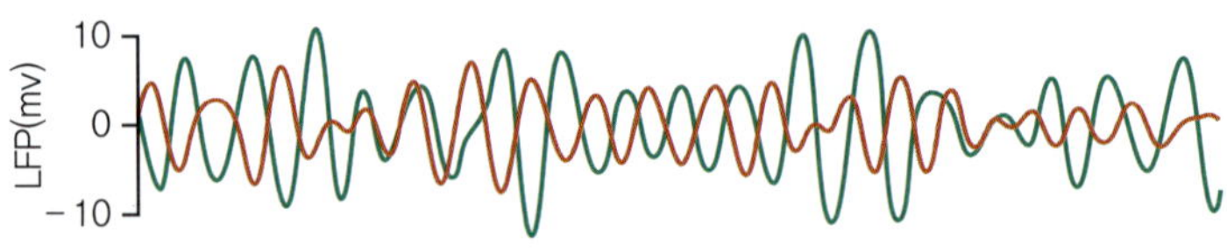

(b) 시각 자극에 주의를 기울이지 않음. A 지점과 B 지점의 국소장전위(LFP)는 동기화되지 않음.

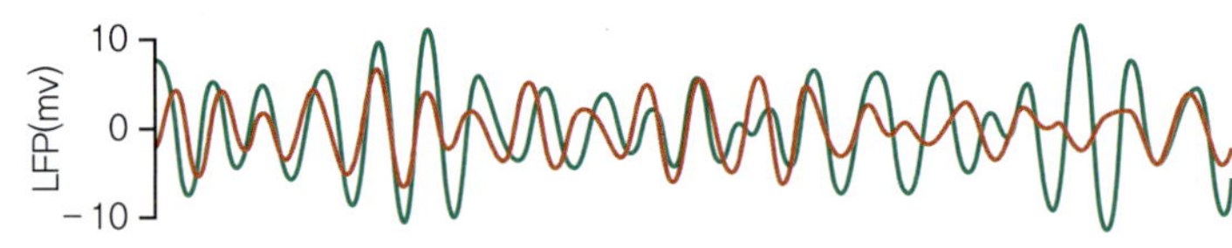

(c) 시각 자극에 주의를 집중함. A 지점과 B 지점의 국소장전위(LFP)는 동기화됨.

그림 4.34 Bosman과 동료들(2012)의 실험에서 주의에 의해 유발된 동기화의 예. (a) 원숭이가 화면의 파란 점을 바라보고 있다. 피질에서 연결된 위치인 A 지점과 B 지점에서 국소장전위(LFP)가 기록되고 있다. (b) 원숭이가 시각 자극에 주의를 기울이지 않을 때, A와 B에서 기록된 LFP 반응은 동기화되지 않는다. (c) 원숭이가 시각 자극에 주의를 집중할 때, A와 B의 LFP 반응은 동기화된다.

출처: Pascal Fries & Conrado Bosman 그림 제공.

고 상충하는 반응들을 조절하는 다양한 과정을 포함한다. 그 대표적인 예가 스트룹 과제(111쪽)가 있는데, 이 과제에서는 글자로 쓰인 색이름은 무시하고 글자가 인쇄된 잉크색에만 집중해야 한다. 실제 생활에서도 서로 다른 행동 가능성들 사이의 충돌이 있을 때마다 집행 주의는 활성화되어야 한다. 예를 들어, 시험 중 교실에서 친구의 휴대전화 알람이 울리기 시작했다고 상상해 보자. 일반적으로 그 학생이나 휴대전화 쪽을 쳐다보고 싶은 마음이 들 것이다. 심지어 학생에게 뭐라고 말하거나 도와주고 싶은 마음이 들 수 있다. 하지만 시험 중이므로, 앞을 똑바로 보아야 한다는 것을 알고 있고, 그렇지 않으면 감독관이 부정행위를 한다고 생각할까 봐 걱정된다. 이 상황에서 친구의 휴대전화 알람을 무시하면서 시험에 집중하기 위해 집행 주의를 사용한다.

인지 통제(cognitive control) 상충하는 자극을 다루는 데 관여하는 기제. 집행 기능, 억제 통제, 의지력과 관련된다.

억제 통제(inhibitory control) 상충하는 자극을 다루는 데 관여하는 기제. 집행 기능, 인지 통제, 의지력과 관련된다.

의지력(willpower) 생각, 감정, 행동에 대해 통제력을 발휘하는 능력. 집행 기능, 인지 제어, 억제 통제와 관련된다.

일상에서 이러한 갈등 상황을 처리하는 능력은 **인지 통제**(cognitive control), **억제 통제**(inhibitory control), **의지력**(willpower) 등 다양한 이름으로 불린다. 참기 어려운 유혹에 직면했던 상황이 떠오른다면, 그때 집행 주의 시스템이 관여했던 것이다. 2023년에 발표한 올리비아 로드리고(Olivia Rodrigo)의 노래 제목인 "Bad Idea Right"에서 말하듯이, 유혹과 결정은 삶의 일부이다. 다음 장에서는 주의, 인지 통제, 작업기억(working memory)이라고 불리는 기억의 체계 사이의 연관성에 대해 다룰 것이다.

***

우리가 지난 두 장에서 살펴본 이야기는 환경 속 사물과의 상호작용에 관한 것이었다. 우리는 시각적으로 사물을 지각하고, 소리를 듣고, 냄새를 맡고, 누군가의 접촉을 느끼며, 때로는 이 중 일부에 다른 것보다 더 많은 주의를 기울이기도 한다. 지각과 주의는 모두 우리가 주변 환경을 이해하고 그 안에서 행동할 수 있도록 돕는다. 그러나 모든 것들이 단순히 지나가는 경험으로 끝나서는 안 되고 그중 일부를 저장해 두었다가 나중에 다시 떠올릴 수 있어야 한다. 이러한 기능은 기억이라는 과정을 통해 이루어지는데 기억은 우리가 생존하는 데 도움이 될 뿐만 아니라 개인의 정체성을 형성하는 데에도 결정적인 역할을 한다. 기억은 매우 중요하기 때문에, 앞으로 네 개의 장에 걸쳐 기억이란 주제를 집중적으로 다룰 것이다. 앞으로 배우게 될 내용에서 알 수 있듯이, 우리가 지각과 주의를 설명하면서 언급했던 표상의 원리, 경험을 통해 얻은 지식의 중요성, 추론과 예측을 활용하는 방식, 생각과 사물 모두와의 능동적인 상호작용은 기억을 이해하는 데에도 핵심적인 요소이다.

자가 테스트

1. Schneider와 Shiffrin의 자동처리를 입증한 실험을 설명하라. 자동적 처리의 실제 사례에는 어떤 것들이 있는가? 자동적 처리가 불가능한 상황은 언제인가? (학습목표 4-6)
2. 휴대전화를 사용하며 운전하는 능력을 검증한 실험 결과로부터 어떤 결론을 내릴 수 있는가? (학습목표 4-5)
3. 휴대전화 사용이 운전 외 다른 상황에서도 수행 능력에 영향을 줄 수 있다는 증거는 무엇인가? (학습목표 4-5)
4. 마음 방황이란 무엇이며, 이것이 과제 수행 중 주의 집중에 어떤 영향을 미치는가? 마음 방황과 관련된 뇌 신경망은 무엇인가? (학습목표 4-8)
5. 지각에 주의가 필요함을 보여주는 일련의 실험들을 설명하라. (예: 무주의맹 실험, '농구 패스' 실험, 변화 탐지 실험) (학습목표 4-7)
6. 무주의 난청이란 무엇이며, 이 책에서 설명된 무주의 난청 실험은 부하 이론과 무주의 효과 사이의 관계에 대해 무엇을 시사하는가? (학습목표 4-7)
7. 우리는 왜 주변에서 일어나는 모든 세부적인 일을 다 의식할 필요가 없다고 말할 수 있는가? (학습목표 4-8)
8. 결속이란 무엇이며, 왜 필요한가? 결속 문제란 무엇인가? (학습목표 4-1)
9. Treisman의 특징통합 이론을 설명하라. 이 이론은 사물을 지각하는 과정을 어떻게 설명하는가? 이 이론에는 단계는 무엇이며, 주의는 어느 단계에서 작동하는가? (학습목표 4-1)
10. 착각적 결합은 무엇이며 세부특징 분석에 대해 무엇을 알려주는가? 착각적 결합에 관한 실험들이 세부특징 분석에서의 주의의 역할을 어떻게 뒷받침하는가? 발린트 증후군 환자를 대상으로 한 실험이 특징통합 이론을 어떻게 지지하는가? (학습목표 4-1)
11. 세부특징 탐색과 결합 탐색이란 무엇인가? 발린트 증후군 환자 R. M.은 어떤 유형의 탐색을 어려워했는가? 이는 특징 통합에서 주의의 역할에 대해 무엇을 말해 주는가? (학습목표 4-1).
12. 주의가 서로 다른 유형의 주의 신경망에 의해 어떻게 조절되는지 설명하라. 배측 주의 신경망과 복측 주의 신경망, 실행 주의 신경망의 기능적 유효 연결성, 동기화 원리를 반드시 이해해야 한다. (학습목표 4-8)

이 장의 요약

1. 하나의 메시지에만 주의를 기울이고 다른 정보는 무시하는 선택적 주의는 양분 청취법 실험을 통해 입증되었다.
2. 선택적 주의를 설명하기 위한 여러 가지 모형들이 소개되었다. Broadbent의 여과기 모형은 주의를 둔 메시지들은 정보처리의 초기 단계에서 다른 메시지들과 구분된다고 제시한다. Treisman의 모형은 메시지의 구분이 정보처리의 좀 더 후기 단계에서 나타나며, 무시된 메시지가 때때로 처리되는 것을 설명하기 위해 사전 단위라는 개념을 제시한다. 후기 선택 모형은 메시지의 의미가 처리되기 전까지는 구분이 일어나지 않는다고 주장한다.
3. Lavie는 방해물을 무시하는 능력이 처리용량과 지각부하로 설명될 수 있다고 제안했다. Lavie의 주의의 부하 이론에 따르면 고부하 과제에서는 방해물을 처리할 처리용량이 남아 있지 않기 때문에 방해가 덜 일어난다고 한다.
4. 스트룹 효과는 관찰자의 과제와 경쟁하는 반응을 유발하는 단어의 의미 같은 강력한 과제와 무관한 자극이 어떻게 주의를 포획하는지를 보여준다.
5. 드러난 주의는 눈을 움직여서 주의를 이동시키는 것이다. 드러난 주의는 자극의 현저성과 같은 상향 처리와 장면 도식 및 과제 요구 등과 같은 하향 처리에 영향을 받으며, 이는 시선이 장면의 어떤 부분으로 향할지를 결정한다.
6. 은폐된 주의는 시선을 움직이지 않고 주의를 이동시키는 것이다. 시선을 움직이지 않아도 시각적 주의는 시야의 다른 위치로 이동할 수 있다. 사전 단서 주기 실험에서 은폐된 주의는 이동한 지점의 정보처리를 강화하는 것으로 밝혀졌다.
7. Eagly의 실험은 단서가 제시된 위치에서 반응시간이 가장 빠르며, 이러한 효과가 동일한 사물 전체로 확산된다는 것을 보여주었는데, 이러한 현상을 동일 물체 이득이라고 한다.
8. 실험들은 주의를 기울인 대상이 그렇지 않은 대상보다 더 크고, 더 빠르고, 더 선명하며, 더 높은 대비를 가진 것으로 지각된다는 사실을 보여준다.
9. 특정 위치에 대한 은폐된 주의는 그 위치에 해당 위치에 해당하는 뇌 영역의 활동을 증가시킨다.
10. 사람이나 자동차처럼 특정 범주의 대상에 주의를 기울이면, 해당 범주를 담당하는 뇌 영역의 크기가 증가한다. 이 현상은 주의 왜곡이라 불린다.
11. 분리 주의는 쉬운 과제나 연습을 많이 한 과제에서는 가능하다. 이러한 상황에서는 자동처리가 가능하지만, 어려운 과제에서는 불가능하다.
12. 운전자 부주의는 교통사고의 주요 원인 중 하나이다. 운전 중 휴대전화 사용은 교통사고 증가 및 운전 관련 과제 수행 저하와 관련이 있다는 많은 증거가 있다. 핸즈프리나 음성 인식을 이용한 장치들도 휴대전화를 손에 들고 사용하는 것만큼 운전에 방해가 된다.
13. 수십 년간의 연구 결과에 따르면, 운전 중 휴대전화 사용은 안전한 운전에 필요한 인지 자원을 사용하게 만드는 위험한 방해 요인이다.
14. 운전을 방해하는 여러 요인이 있다. 그중 하나는 자신의 운전 능력에 대한 과도한 자신감과 다른 운전자들에 대한 불신이다. 또 다른 요인은 운전과 다른 일을 동시에 하면 더 생산적일 것이라고 믿는 생산성 착각이다.
15. 휴대전화와 인터넷으로 인한 주의 산만은 낮은 학업 성적과 같은 부정적 결과와 관련이 있다. 예를 들어, 사람들은 화상 회의나 수업 중 다중 작업 처리를 자주 하며, 이로 인해 참여도와 학습 내용의 기억력이 저하된다.
16. 마음 방황은 매우 흔한 현상이며, 집중이 필요한 과제 수행을 방해한다. 마음 방황은 디폴트 모드 네트워크의 활성화와 관련이 있다.
17. 무주의맹 실험은 주의 없이는 시야에 명확히 제시된 사물들도 인식할 수 없다는 것을 보여준다.
18. 무주의 난청은 고부하 시각 탐색 과제에 주의를 기울이면 소리를 감지하는 능력이 저하될 때 발생할 수 있다.
19. 변화맹은 장면에서의 변화를 감지하지 못하는 현상으로, 부주의가 지각에 영향을 미칠 수 있다는 또 다른 증거이다.
20. 무주의맹, 무주의 난청, 변화맹은 우리가 주변에서 일어나는 모든 것들을 알아차리지는 못한다는 것을 보여주지만, 우리의 지각 체계는 생존에 적합하게 잘 적응되어 있다. 움직임을 통해 잠재적인 위험에 대한 경고를 받을 수 있으며, 지각 체계는 주의를 기울인 것에 집중함으로써 제한된 처리 자원을 효율적으로 사용한다.
21. 결속은 사물의 특징들이 합쳐서 응집된 사물로 지각할 수 있게 한다. 특징통합 이론은 이러한 결속이 어떻게 발생하는지 전주의 처리와 집중주의 단계로 이루어진 두 가지 처리 과정으로 설명한다. 요지는 사물이 그 세부 특징들로 분석되고, 이러한 세부 특징들을 통합하여 하나의 사물로 지각하기 위해서는 주의가 필요하다는 것이다. 착각적 결합과 시각 탐색, 신경심리학 실험 등은 특징결합 이론을 뒷받침한다.
22. 주의를 조절하는 데에는 여러 신경망이 관여한다. 복측 주의 신경망은 자극의 현저성에 따라 주의를 조절한다. 배측 주의 신경망은 상향 처리에 따라 주의를 조절한다. 집행 주의 신경망은 상충되는 반응을 처리할 때 필요한 주의를 조절한다. 동기화 기제는 신경망 내의 서로 다른 영역 간 효과적인 연결성을 달성하는 데 도움을 준다.

생각해 보기

1. 아래 목록에서 두 가지 활동을 선택하고, 두 가지를 동시에 수행하는 것이 얼마나 어려울지를 생각해 보라. 예를 들어, 컴퓨터로 타이핑을 하면서 운전하는 것은 매우 위험하다. 다른 일들은 인지적 한계 때문에 동시에 수행하기 어렵다. 선택한 두 가지 활동들 각각에 대해, 두 가지를 동시에 수행하는 것이 왜 쉬운지 혹은 어려운지 결정하고 그 이유를 설명하라. 이때 인지 부하의 개념을 반드시 고려해야 한다.

운전하기	암벽 등반하기
독서하기	통화하기
즐거운 활동	연날리기
수학 문제 풀기	이야기 듣기
친구와 대화하기	수업 과제 리포트 작성하기
내일 계획 세우기	춤추기(학습목표 4-5)

2. 간단한 '관찰 실험'에 참여할 의향이 있는 친구를 찾아보라. (여러 개의 사물이나 세부적인 특징들이 담겨 있는) 사진을 찾아서 종이로 가리자. 친구에게 사진을 잠깐 보여줄 테니 보이는 모든 것을 말해 달라고 설명해 주자. 그런 다음 사진을 1초 미만으로 매우 짧게 보여주고, 친구에게 본 것을 말하거나 적게 해보라. 그다음 같은 과정을 반복하되 이번에는 사진을 보여주는 시간을 몇 초로 늘려서 친구가 사진의 다른 부분에도 주의를 기울일 수 있도록 하자. 가능하다면 세 번째 시행에서는 사진을 볼 수 있는 시간을 좀 더 주자. 친구의 답변을 통해, 사람들이 주변 환경에서 무엇을 인식하는지 결정하는 데 주의가 어떤 역할을 하는지 생각해 보라. (학습목표 4-6)
3. 미술 구성 전문가들은 그림 속 요소들을 배치하여 사람들이 그림에서 무엇을 볼지, 그리고 어떤 순서로 보게 될지를 제어할 수 있다고 종종 주장한다. 시각 주의와 관련된 연구들을 토대로 이 주장에 대해서 무엇을 말해 줄 수 있는가? (학습목표 4-8)
4. 실제 환경에서 어떤 행동을 수행할 때 필요한 주의는 사진을 보며 세부 특징들을 시각적으로 탐사할 때의 주의와 어떻게 다른가? (학습목표 4-6)
5. 경기장에서 미식축구를 볼 때, 경기장 안에는 경기, 관중석, 사이드라인에서 많은 일들이 일어난다. 이때 여러분이 바라볼 수 있는 것들 중 언제 사물 기반 주의가 필요하고 언제 장소 기반 주의가 필요한지 예를 들어 설명하라. (학습목표 4-1)
6. 미식축구 경기에서 쿼터백이 패스를 하려고 뒤로 물러날 때, 공격 라인이 수비수를 막아 주면 쿼터백은 필드를 살펴볼 충분한 시간을 가지고 비교적 자유로운 리시버에게 패스를 할 수 있다. 그러나 경기 후반 130kg이 넘는 거대한 라인맨 두 명이 쿼터백에게 맹렬히 접근하면 그는 안전한 위치로 몸을 피하느라 필드에 비교적 자유로운 리시버를 보지 못하고, 결국 다른 리시버에게 던진 패스를 거의 빼앗길 뻔한다. 이 두 상황은 과제 부하가 선택적 주의에 미치는 영향과 어떻게 관련이 있는가? (학습목표 4-7)
7. 운전 중 휴대전화 사용(핸즈프리 포함)이 사고 발생 가능성을 높인다는 수십 년간의 연구 결과를 고려하면, 운전 중 모든 휴대전화 사용을 불법으로 만드는 법이 제정되어야 한다고 주장할 수 있다(현재 미국 대부분의 주에서는 운전 중 문자 메시지 전송을 금지하고 있다). 만약 운전 중 휴대전화 사용이 전면 금지된다면 이에 대한 여러분의 의견은 무엇이며 왜 그런지 설명하라. (학습목표 4-5)

Christian Bertrand/Shutterstock.com

축구는 기억과 무슨 관련이 있을까? 사실상 우리가 하는 거의 모든 일은 기억에 의존하며, 축구도 예외는 아니다. 기억은 정보를 짧은 시간 동안 마음속에 유지하는 것(단기기억 또는 작업기억)과 오랜 시간 동안 유지하는 것(장기기억)을 모두 포함한다. 축구 선수에게 중요한 과제 중 하나는, 경기의 모든 규칙과 연습 중 논의된 전술을 장기기억에 저장하는 것이다. 그리고 실제 경기 중 플레이가 시작되면, 선수는 그 장기기억에 저장된 규칙과 전술을 즉시 꺼내어 사용해야 한다. 경기 중에는 팀 동료와 상대 선수의 상대적 위치, 공의 위치, 패스와 슛의 타이밍 같은 핵심 요소들이 단기기억에 저장된다. 경기가 진행됨에 따라 각 선수는 수비, 공격, 패스, 슛 등 자신의 역할을 수행하며, 오랜 훈련을 통해 거의 자동화된 수준에 이른 '축구 감각'을 발휘한다. 이러한 행동은 기억 과정을 의식적으로 떠올리지 않아도 자연스럽게 이루어지는 경우가 많다.

CHAPTER 5

단기기억과 작업기억

학습목표 이 장을 학습하고 나면 여러분은 다음을 할 수 있을 것이다.

5-1 기억이 정보 저장을 의미하는 일반적인 용어이자, 여러 인지 과정을 포괄하는 상위 개념인 이유를 설명할 수 있다.

5-2 단기기억과 작업기억이 어떻게 비슷하고 어떻게 다른지 설명할 수 있다.

5-3 우리는 전화를 걸기 전까지는 전화번호를 기억할 수 있지만, 걸고 난 직후에는 거의 즉시 잊어버리는 이유를 설명할 수 있다.

5-4 시간과 정보량의 측면에서 단기기억의 용량을 설명할 수 있다.

5-5 청크화 과정이 단기기억 용량을 어떻게 향상시키는지를 설명할 수 있다.

5-6 기억이 수학 문제를 푸는 과정과 같은 사고 활동에 어떻게 관여하는지 설명할 수 있다.

5-7 우리가 본 것과 들은 것을 기억할 때, 동일한 기억 시스템을 사용하는지 여부를 평가할 수 있다.

5-8 중앙집행기, 음운 루프, 시공간 잡기장을 포함한 작업기억 모형과 그 구성 요소들을 평가할 수 있다.

5-9 전전두피질이 짧은 지속 시간을 가진 기억 시스템들과 어떠한 관련이 있는지를 설명할 수 있다.

좋은 기억력의 이점, 망각의 위험성, 혹은 기억하는 능력을 잃어버린 최악의 경우 등 기억에 관해선 이미 많은 것들이 서술되었기 때문에, 기억이 무엇인지 이해하기 위해서 인지심리학 교재를 읽어야 할 필요는 거의 없을 것이다. 하지만 여러분이 다음 4개의 장에 걸쳐 보게 되겠지만, '기억'이란 단순히 한 가지의 개념이 아니다. 주의(attention)처럼 기억은 다양한 형태로 존재한다. 이 장과 다음 장의 목적 중 하나는 다양한 유형의 기억을 소개하고, 각 유형의 특성과 그것을 담당하는 메커니즘을 설명하는 것이다. 우선 '기억'을 일반적으로 어떻게 정의할 수 있을지 살펴보자. **기억**(memory)이란 자극, 심상, 사건, 생각, 기술 등에 관한 원래 정보가 더 이상 존재하지 않는데도, 이 정보를 보유하고 인출하며 사용하는 데 수반되는 처리과정이다.

기억은 과거가 현재와 미래에 영향을 미치는 것과 관련이 있다. 과거가 현재에 영향을 미치는 다양한 방법을 고려해 보면, 우리는 비로소 다양한 종류의 기억이 있음을 알게 될 것이다. 예를 들어, 카밀라(Camila)가 지금 남자친구 아미르(Amir)를 생각하고 있다고 ('기억'하고 있다고) 해보자. 여기서 '기억하다(remember)'라는 단어는 '다시(re-)'와 '부분(member)'의 합성어로, 전체 기억의 요소나 부분을 '다시 불러오는' 것을 의미한다. 즉, 기억한다는 것은 다시 조립하는(re-assemble) 행위이다. **그림 5.1**에서 볼 수 있듯이, 카밀라에게는 아미르와 관련된 다양한 기억이 존재하며, 이들은 모두 서로 다르지만 똑같이 중요하다. 이러한 '기억하기' 과정은 그녀의 아미르에 대한 기억과 이해로 이어진다. 카밀라는 아미르에 대한 자신의 기억을 다음과 같이 이야기한다.

어떤 것이 잠깐 나타났다 사라질 때, 예를 들어 플래시에 의해 얼굴이 잠시 비치는 경우, 여러분의 지각은 어두운 상태에서도 아주 짧은 시간 동안 계속된다. 이러한 이미지의 짧은 지속은 영화를 지각할 수 있게 해주는 요소 중 하나이며, 이를 **감각기억**(sensory memory)이라고 부른다.

> 운 좋게도, 그를 나중에 '우연히' 다시 만나서 연락처를 교환할 수 있었어요. 하지만 안타깝게도 그때 휴대전화도 없었고, 적을 것도 없어서, 아미르의 번호를 적을 수 있을 만큼 계속해서 속으로 반복해 외워야만 했죠.

카밀라가 했던 것처럼 정보를 계속 반복하지 않으면 10초에서 15초 정도의 짧은 시간 동안만 우리의 기억 속에 저장되어 있는 정보는 **단기기억**(short-term memory) 또는 **작업기억**(working memory)이다.

> 그 이후로는 다들 알다시피 우리가 함께했던 모든 순간에 대해 수없이 많은 기억이 쌓였죠. 특히 선선했던 가을날 자전거를 타고 숲속에 가서 소풍을 갔던 일이 기억나요.

장기기억(long-term memory)은 몇 분에서 평생에 이르기까지 오랫동안 저장하는 역할을 한다. 소풍과 같은 과거의 경험에 대한 장기기억은 **일화기억**(episodic memory)이라 한다. 자전거를 타거나 근육 협응이 필요한 여러 활동을 할 수 있는 능력들은 **절차기억**(procedural memory)이라고 불리는 장기기억의 한 형태이다.

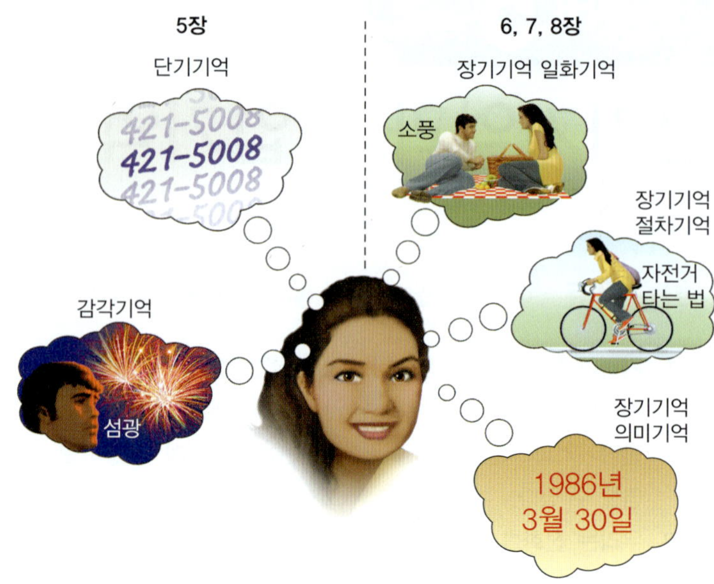

그림 5.1 카밀라가 아미르에 대해 이야기한 다섯 가지 종류의 기억. "제가 당신에 대해 가진 첫 번째 기억은 짧지만 강렬했어요. 그날은 7월 4일이었고, 모두가 불꽃놀이를 보기 위해 하늘을 올려다보고 있었죠. 그런데 제가 본 것은 당신의 얼굴이었어요. 한순간 번쩍이는 섬광에 잠깐 비쳤다가, 곧 어둠 속으로 사라졌죠. 하지만 그 어둠 속에서도 저는 잠시 동안 마음속에 당신의 모습을 담았어요."

기억(memory)
자극, 심상, 사건, 생각, 기술에 관한 원래 정보에 더 이상 접근할 수 없는데도, 이 정보를 보유하고 인출하며, 사용하는 데 수반되는 처리과정.

"솔직히 말하면 우리가 함께했던 많은 일들은 기억하고 있지만, 우리가 처음 함께 살았던 아파트 주소는 잘 기억이 안 나요. 다행히도, 아미르의 생일은 아직도 정확하게 기억하고 있지만요."

장기기억의 또 다른 종류는 **의미기억**(semantic memory)이다. 이는 주소, 생일, 또는 다양한 사물의 이름(예: '저건 자전거야.')처럼 사실에 관한 기억을 말한다.

우리는 이 장에서 감각기억과 단기기억에 대해 설명하고, 6장 초반에서는 단기기억과 장기기억을 비교한 뒤, 6장의 나머지 부분과 7장, 8장 전체에 걸쳐 장기기억에 대해 다룰 것이다. 우리는 종종 사람들이 '단기기억'이라는 용어를 잘못 사용하여 몇 분, 몇 시간, 심지어 며칠 전의 일을 기억하는 것을 지칭할 때도 쓰는 경우를 많이 보지만, 단기기억은 실제로는 이보다 훨씬 더 짧은 시간 동안만 유지된다. 또한 사람들은 종종 단기기억의 중요성을 과소평가한다. 그렇다면 감각기억과 단기기억의 목적은 무엇일까?

감각기억은 우리가 영화를 볼 때 중요한 역할을 한다(이에 대해 곧 더 설명할 것이다). 하지만 감각기억을 논의하는 주요한 이유는 우리가 얼마나 많은 정보를 즉각적으로 받아들일 수 있는지, 그리고 그중 얼마나 많은 정보가 0.5초 뒤에도 남아 있는지 측정할 수 있는 기발한 실험 절차를 보여 주기 위해서이다.

단기기억의 목적은 우리가 그것의 특성을 기술할수록 더 명확해질 것이다. 하지만 잠시 멈추고 이 질문에 대답해 보자. 지금 무엇을 의식하고 있는가? 지금 읽고 있는 기억에 관한 글들? 주변 환경? 배경 소음? 뭐라고 대답하든 여러분은 지금 단기기억 속에 있는 것들을 말하고 있는 셈이다. 여러분이 매 순간 알고 있고 생각하는 모든 것은 단기기억 속에 있는 것이다. 지금으로부터 30초 후면 여러분의 '오래된' 단기기억은 사라지고, 새로운 단기기억이 그 자리를 대체한다. 장기기억 속의 '해야 할 일 목록(to-do list)'은 중요할 수 있지만, 그 목록에 있는 각각의 항목을 하나씩 실행할 때마다 우리는 끊임없이 단기기억을 사용한다. 이 장에서 보게 되겠지만, 단기기억은 지속시간은 짧지만 그 중요성은 매우 크다.

우리는 기억 처리의 초기 단계가 감각기억과 단기기억이라고 주장하는 초기의 영향력 있는 기억 모형, 즉 **다중저장고 모형**에 대해 설명하면서 감각기억과 단기기억에 대한 논의를 시작할 것이다.

5.1 다중저장고 모형

Broadbent(1958)가 제시한 주의의 여과기 모형(filter model)을 떠올려 보자. 이 모형은 인지(cognition)에 대한 정보처리 접근에서 정보처리를 안내하는 흐름도를 소개한다(1장 16쪽, 4장 104쪽). Broadbent가 주의에 관한 흐름도를 발표한 지 10년 후, Richard Atkinson과 Richard

Shiffrin(1968)은 **그림 5.2**에 나온 **기억의 다중저장고 모형**(modal model of memory)을 소개하였다. 이 모델은 다음과 같은 3가지 종류의 기억을 제안한다.

1. 감각기억(sensory memory)은 몇 초 또는 1초 미만의 아주 짧은 시간 동안 모든 입력 정보를 유지시키는 초기 단계이다.
2. 단기기억(STM)은 약 15초에서 20초 정도 동안 5개에서 7개 정도 항목(item)을 유지한다. 이 장에서 단기기억의 특성에 대해 자세히 다룰 것이다.
3. 장기기억(LTM)은 아주 많은 양의 정보를 몇 년, 길게는 평생 동안 유지한다. 장기기억은 6, 7, 8장에서 설명할 것이다.

기억의 다중저장고 모형(modal model of memory)
Atkinson과 Shiffrin이 제안한 이 모형은 기억을 단기기억과 장기기억을 포함한 여러 단계를 통해 정보를 처리하는 기제로 설명한다. 이 모형은 1960년대에 제안되었던 여러 기억 모형의 특성을 담고 있기 때문에 다중저장고 모형이라고 불린다.

앞에서 제시된 기억의 유형은 모형에서 각각의 상자로 표시되어 있으며, 이를 해당 모형의 **구조적 특질**(structural features)이라고 부른다. 나중에 다시 논의하겠지만, 단기기억과 장기기억 상자는 각 기억의 다양한 유형을 구분할 수 있도록 모형을 수정한 이후 연구자들에 의해 확장되었다. 하지만 지금은 다양한 유형의 기억이 어떻게 작동하고 상호작용하는지에 대한 중요한 원리를 보여 주기 때문에, 이보다 단순한 형태의 다중저장고 모형을 출발점으로 삼겠다.

구조적 특질(structural features)
기억 모형에서 상자로 표시되는 기억의 유형. 다중저장고 모형에서는 감각기억, 단기기억, 장기기억이 이에 해당한다.

Atkinson과 Shiffrin은 또한 구조적 특질과 연관되어 있으면서 사람이 스스로 통제할 수 있고 과제마다 다르게 나타날 수 있는 역동적인 처리 과정인 **통제처리**(control processes)를 제안했다. 단기기억에서 작동하는 대표적인 통제처리의 한 예는 **되뇌기**(rehearsal)인데, 이는 자극을 계속해서 반복해 머릿속에 유지하는 것을 말한다. 예를 들어, 온라인에서 검색한 전화번호를 기억하기 위해 계속해서 그 번호를 머릿속으로 반복하는 것을 생각해 보면 된다. 이 과정은 **그림 5.2**에 파란색 화살표로 표시되어 있다. 통제처리의 또 다른 예는 (1) 전화번호 숫자들을 역사에서 친숙한 날짜와 관련짓는 것처럼 자극을 더 잘 기억하도록 돕기 위해 사용하는 전략과 (2) 특히 중요하거나 흥미로운 정보에 집중할 수 있도록 돕는 주의 전략이 있다.

통제처리(control processes)
Atkinson과 Shiffrin의 다중저장고 모형에서, 사람이 의도적으로 통제할 수 있고 과제마다 다르게 나타나는 역동적인 처리 과정. 되뇌기는 대표적인 통제처리의 예시이다.

되뇌기(rehearsal)
어떤 자극을 계속해서 반복함으로써, 주로 그 자극을 기억하기 위해 사용되며, 자극을 단기기억에 활성 상태로 유지하는 과정.

구조적 특질과 통제 과정이 어떻게 작동하는지를 설명하기 위해, 로언(Rowan)이라는 사람이 온라인에서 피자 플래닛이라는 가게의 전화번호를 찾는 상황을 예로 들어 보자(**그림 5.3**). 로언이 처음 화면을 볼 때, 눈을 통해 들어온 모든 정보는 감각기억에 등록된다(**그림 5.3a**). 로언은 선택적 주의라는 통제처리를 사용해서 피자 플래닛의 전화번호에 집중한다. 그러면 그 번호는 단기기억에 들어가고(**그림 5.3b**), 로언은 이를 단기기억에 유지하기 위해 되뇌기라는 통제처리를 사용한다(**그림 5.3c**).

로언은 나중에 이 번호를 다시 사용할 거라는 걸 알고 있기 때문에, 휴대전화에 번호를 저장하는 것뿐만 아니라 머릿속으로도 번호를 암기하기로 결정한다. 그녀가 번호를 암기하기

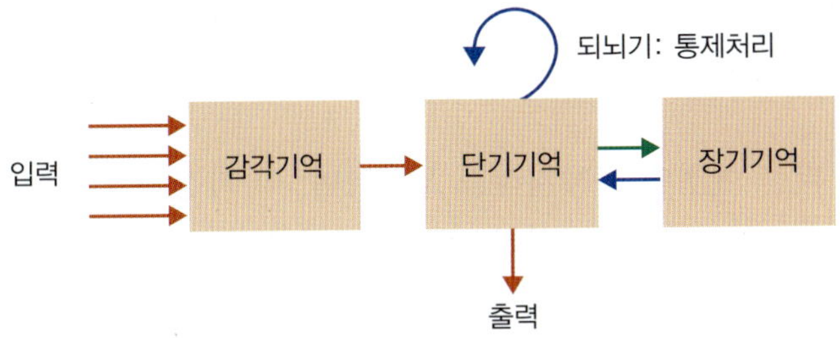

그림 5.2 Atkinson과 Shiffrin(1968)의 기억의 다중저장고 모형의 흐름도. 본문에서 설명하고 있는 이 모형은 1960년대에 제안되었던 많은 기억 모형들의 특성을 담고 있기 때문에 다중저장고 모형이라고 불린다.

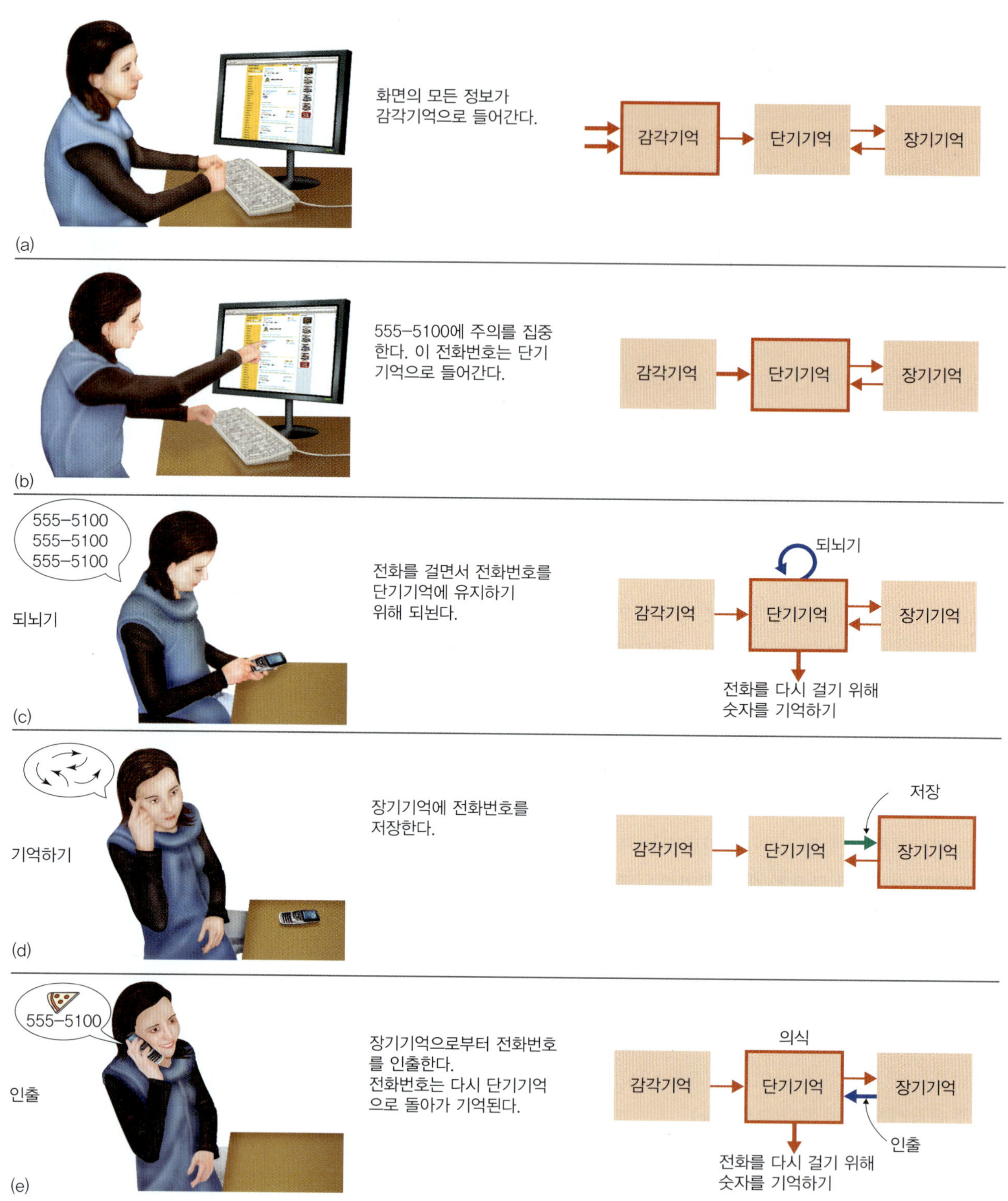

그림 5.3 로언이 전화번호를 찾아보고(a, b), 피자 가게에 전화를 걸고(c), 그 전화번호를 기억하는(d) 동안 각각의 기억 부분들에서 발생하는 처리 과정. 며칠 뒤, 그녀는 다시 피자를 주문하기 위해 장기기억에서 그 전화번호를 인출한다(e). 로언이 하는 각 행동에 대해 빨간색으로 표시된 다중저장고 모형의 부분들은 어떤 과정이 활성화되는지를 나타낸다.

위해 사용하는 처리 과정은 6장에서 다룰 예정인 통제처리를 포함하며, 이 과정을 통해 번호는 장기기억으로 옮겨진다(**그림 5.3d**). 이렇게 장기기억에 정보를 저장하는 과정을 **약호화**(encoding)라고 한다. 며칠 뒤, 로언이 다시 피자를 먹고 싶을 때, 그녀는 그 번호를 기억해낸다. 이렇게 장기기억에 저장된 정보를 떠올리는 과정을 인출(retrieval)이라고 한다(**그림** 5.3e).

이 예시를 통해 분명해진 한 가지 사실은 기억의 각 요소들이 서로 고립되어 작동하지 않는다는 점이다. 즉, 전화번호는 처음에 로언의 단기기억에 저장되지만, 단기기억에서는 정보가 쉽게 사라지기 때문에(전화번호를 잊어버리는 것처럼), 로언은 이 번호를 나중에 필요할 때까지 유지할 수 있는 장기기억으로 이동시킨다(초록색 화살표). 그리고 나중에 그녀가 이 번호를 기억해내면, 그 번호는 다시 단기기억으로 돌아와서(검은색 화살표), 로언은 그 번호를 인식하게 된다. 이제 감각기억부터 모형의 각 구성 요소들을 하나씩 살펴보자.

5.2 감각기억

감각기억(sensory memory)이란 감각 자극의 효과를 아주 짧은 시간 동안 유지하는 것을 말한다. 시각 자극의 이러한 짧은 유지 효과는 우리에게 익숙한 두 가지 예시로 보여줄 수 있다. 하나는 움직이는 불꽃놀이 막대가 남기는 빛의 흔적이고, 다른 하나는 영화를 볼 때의 경험이다.

감각기억(sensory memory) 정보를 몇 초 또는 몇 분의 1초 동안만 유지하는 아주 짧은 단계의 기억. 이는 다중저장고 모형에서 기억의 첫 번째 단계에 해당한다.

시각 지속

7월 4일 밤, 여러분은 불꽃놀이 막대의 끝에 성냥으로 불을 붙인다. 불꽃이 끝에서 뿜어져 나오기 시작하면, 불꽃놀이 막대를 공중에서 휘둘러 빛의 흔적을 만든다(**그림** 5.4a). 마치 공중을 가로질러 불꽃놀이 막대가 지나간 자리에 빛이 남아 흔적이 만들어진 것처럼 보이지만, 실제 그 흔적에는 아무런 빛도 존재하지 않는다. 이 빛의 흔적은 머릿속에서 만들어진 것으로, 여러분의 뇌가 불꽃놀이 막대의 빛을 아주 짧은 동안 유지하기 때문에 나타나는 현상이다(**그림** 5.4b). 이렇게 마음속에 빛의 지각이 잠시 남아 있는 것을 **시각 지속**이라고 부른다.

시각 지속(persistence of vision)은 더 이상 시각 자극이 존재하지 않더라도 그 자극에 대한 지각이 계속 유지되는 현상을 말한다. 이러한 시각 지속은 아주 짧은 순간 동안만 지속되기 때문에, 자극이 오랫동안 눈앞에 있는 일상적인 상황에서는 잘 드러나지 않는다. 하지만 움직이는 불꽃막대나 얼굴 앞에서 빠르게 손을 흔드는 경우처럼 자극이 짧게 제시되는 경우에는

시각 지속(persistence of vision) 원래의 빛 자극이 사라진 후에도 빛에 대한 지각이 짧은 시간 동안 지속되는 현상. 움직이는 불꽃놀이 막대에서 빛의 흔적이 보이는 것은 바로 이 시각 지속 때문에 발생한다.

그림 5.4 (a) 불꽃놀이 막대는 빠르게 움직이며 빛의 흔적을 만들 수 있다. (b) 이 흔적은 빛에 대한 지각이 잠시 동안 마음속에서 유지되기 때문에 발생한다.

자극 지속 효과가 뚜렷하게 나타난다.

과거 영화관에서 필름 영화를 상영할 때도 이 시각 지속 현상에 의존하여 연속적인 움직임을 자연스럽게 보여주었다. 그 원리는 다음과 같다. 먼저 한 장의 필름 프레임이 영사기 렌즈 앞에 놓이고, 영사기 셔터가 열리고 닫히면서 필름 프레임의 이미지가 스크린에 비친다. 셔터가 닫히는 동안 다음 프레임으로 이동하며, 그 사이 스크린은 잠시 어두워진다. 다음 프레임이 렌즈 앞에 도달하면 셔터가 다시 열리고 닫히면서 새로운 이미지가 스크린에 비친다. 이미지가 번쩍이며 나타난 뒤 어두운 간격이 이어지는 이 패턴은 1초에 24회 반복된다. 이를 흔히 '초당 24프레임' 또는 24FPS라고 한다. 영화를 보는 사람은 이미지 사이의 어두운 간격을 인식하지 못하는데, 이는 시각 지속이 이전 프레임의 이미지를 잠시 동안 유지해 그 어둠을 메우기 때문이다. 오늘날 대부분의 영화는 여전히 초당 24프레임으로 촬영되며, 미국에서 제작되는 TV 프로그램은 일반적으로 30FPS, 유럽 TV에서는 25FPS로 촬영된다. 다만, 2019년 기준으로 대부분의 영화관(약 92%)이 필름 대신 디지털 방식으로 전환되었다. 비록 현재 대부분의 영화가 디지털 방식으로 상영되더라도, 정교하게 타이밍이 맞춰진 정지된 프레임들 덕분에 연속적인 움직임이 자연스럽게 지각되는 데에는 여전히 시각 지속이 중요한 역할을 한다.

Sperling의 실험: 감각 저장소의 용량과 지속 시간 측정

움직이는 불꽃놀이 막대에서 빛의 흔적이 보이게 하고, 영화 프레임 사이의 어두운 구간을 우리 지각 속에서 메워주는 시각 지속 효과는 심리학 역사의 초기부터 알려져 있었다(Boring, 1942). 하지만 George Sperling(1960)은 아주 짧게 제시된 자극으로부터 사람들이 얼마나 많은 정보를 받아들일 수 있는지에 대해 궁금해했다. 그는 이 질문을 **그림 5.5a**에 나온 것과 같은 글자 배열을 50ms(50/1000초) 동안 화면에 제시하고, 참가자들에게 가능한 한 많은 글자를 보고하라고 요구하는 유명한 실험을 통해 알아보았다. 이 실험의 첫 번째 조건은 **전체보고법**(whole report method)으로, 참가자들은 12개의 글자 전체 중 최대한 많은 글자를 보고하도록 지시받았다. 이 조건에서 참가자들은 평균적으로 12개 중 4.5개의 글자를 보고할 수 있었다.

전체보고법 (whole report method)
시각적 영상의 특성을 조사한 Sperling의 실험에서 사용된 절차로 실험 참가자에게 짧은 시간 동안 제시된 모든 자극을 보고하도록 지시하는 방법.

이 시점에서 Sperling은 자극 노출 시간이 매우 짧았기 때문에 참가자들이 12개의 글자 중 평균 4.5개(전체의 38%)만 볼 수 있었다고 결론지을 수도 있었다. 하지만 Sperling의 실험에 참여한 일부 참가자들은 실험 중 모든 글자를 실제로는 보았지만, 글자를 보고하는 도중에 지각이 빠르게 사라졌기 때문에 4~5개 글자를 말하고 나면 나머지 글자는 더 이상 보이거나 기억나지 않았다고 보고하였다.

Sperling은 참가자들이 12개의 글자를 모두 보고하지 못한 이유가 지각의 소멸 때문이라면, 한 번에 한 줄의 네 글자만 보고하라고 한다면 더 나은 결과가 나올 것이라고 생각했다. 이 가설을 검증하기 위해 **부분보고법**(partial report method)을 고안했다. 참가자들은 이전 실험과 같이 12개의 글자 배열을 50ms 동안 보았고, 자극 배열이 사라진 직후에 어느 줄을 보고해야 하는지를 알려주는 소리를 들었다. 높은 음은 맨 윗줄, 중간 음은 가운데 줄, 낮은 음은 아랫줄을 가리킨다(**그림 5.5b**).

부분보고법 (partial report method)
Sperling의 시각적 영상 실험에서 사용된 절차로 참가자에게 잠깐 제시된 화면 중 일부 자극만 보고하도록 지시하는 방법. 화면이 사라진 직후에, 어느 줄을 보고해야 하는지를 알려주는 단서 소리를 들려준다.

소리 신호는 12개의 글자들이 모두 사라진 **직후**에 제시되었기 때문에, 참가자들의 주의는

X M L T
A F N B
C D Z P

(a) 전체보고법 결과: 12개의 글자 중 평균 4.5개 글자

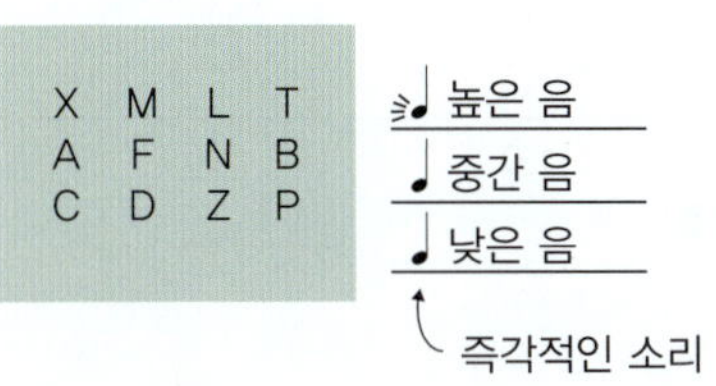

(b) 부분보고법, 즉시 소리 제시 결과: 4개의 글자 중 평균 3.3개 글자

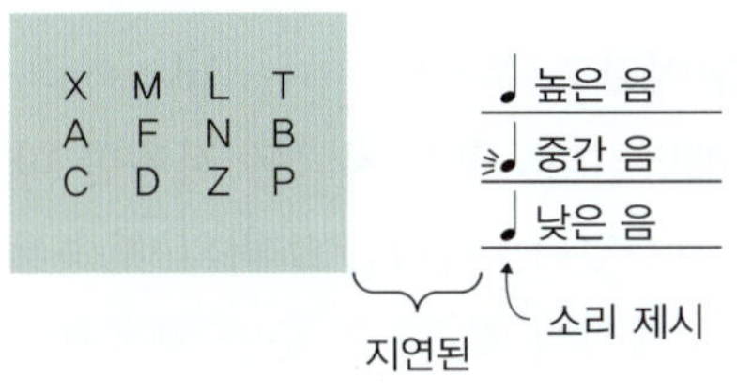

(c) 부분보고법, 소리 제시 지연 결과: 1초 지연 후 4개의 글자 중 평균 1개 보고

그림 5.5 Sperling(1960)의 세 가지 실험 절차. (a) 전체보고법: 12개의 글자를 50ms 동안 보고 기억할 수 있는 한 모두 보고했다. (b) 부분보고법: 12개의 글자를 모두 보았지만 글자가 사라진 직후에 보고해야 하는 줄(row)을 알려주는 소리를 들려준다. (c) 지연부분 보고법: (b)와 같지만 글자가 사라지고 소리를 제시할 때까지 약간의 지연이 있다.

더 이상 화면에 존재하지 않는 실제 글자에 향하는 것이 아니라, 글자가 사라진 후 마음속에 남아 있는 어떤 흔적에 향하게 된다. 참가자들이 소리 신호가 가리키는 줄의 글자에 주의를 집중했을 때, 그들은 해당 줄의 네 글자 중 평균 3.3개(82%)를 정확히 보고할 수 있었다. 이러한 결과는 어떤 줄이 선택되든 동일하게 나타났기 때문에, Sperling은 글자 배열이 제시된 직후 참가자들이 전체 글자의 평균 82%를 볼 수 있었지만, 처음 몇 글자를 보고하는 동안 나머지 글자에 대한 지각이 빠르게 사라지기 때문에 보았던 모든 글자를 보고할 수는 없었다고 결론지었다.

이후 Sperling은 지각의 소멸이 시간에 따라 어떻게 진행되는지를 알아보기 위해 추가 실험을 진행했다. 이를 위해 **지연부분보고법**(delayed partial report method)을 고안해 사용했는데, 이 방법에서는 글자가 잠깐 나타났다 사라진 뒤 짧은 지연시간 후에 단서 음이 제시되는 방식이다(**그림 5.5c**). 이 지연부분보고법 실험의 결과는 글자 배열이 사라지고 1초 뒤에 단서 음이 제시되었을 때 참가자들은 한 줄에서 겨우 두 글자 정도만 보고할 수 있었다는 것이다. **그림 5.6**은 이러한 결과를 나타낸 그래프로, 전체 글자 배열 중 참가자들이 지각할 수 있었던 글자의 비율을 자극 제시 이후 시간의 함수로 보여준다. 이 그래프는 자극이 제시된 직후에는 모든 혹은 대부분의 자극에 대한 지각이 가용함을 보여준다. 이것이 감각기억이다. 이

지연부분 보고법
(delayed partial report method)
Sperling의 시각적 영상 실험에서 사용된 절차로 참가자에게 짧게 제시된 화면 중 일부 자극만 보고하도록 지시하는 점은 부분보고법과 동일하지만, 어느 부분을 보고해야 하는지를 알려주는 소리가 화면이 사라진 직후가 아니라 약간 지연되어 제시된다.

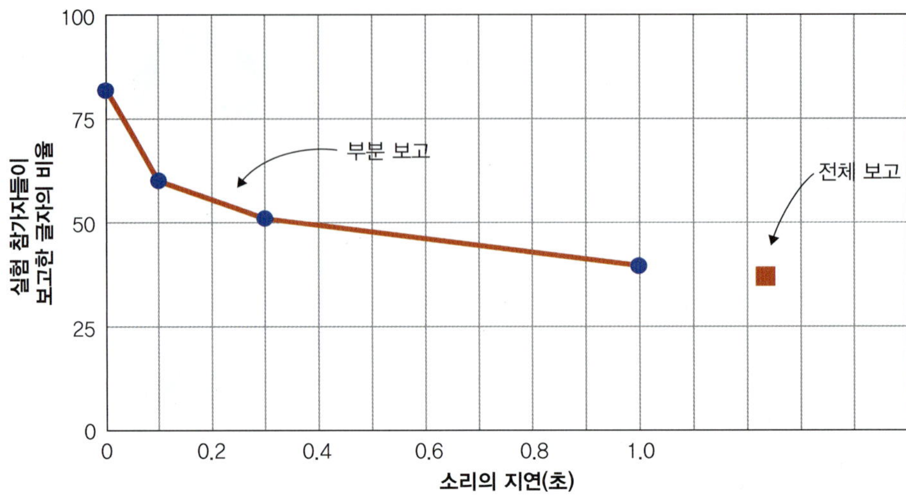

그림 5.6 Sperling(1960)의 부분보고법 실험의 결과. 수행의 감소는 영상기억의 빠른 쇠잔 때문이다. (다중저장고 모형 중 감각기억)

후 약 1초에 걸쳐 감각기억은 점차 사라진다.

쇠잔(decay)
시간이 흐름에 따라 기억 속 정보가 사라지는 과정.

영상기억(iconic memory)
시각 자극이 사라진 후에도 잠깐 동안 지속되는 시각 자극에 대한 짧은 감각기억. 이는 다중저장고 모형에서의 감각기억 단계에 해당한다.

시각적 영상(visual icon)
영상기억 참조.

청상기억(echoic memory)
자극이 사라진 후 몇 초 동안 지속되는 청각 자극에 대한 짧은 감각기억.

Sperling은 이러한 결과를 바탕으로 짧은 시간 동안 지속되는 감각기억 체계가 우리의 시각 수용기에 입력되는 모든 혹은 대부분의 정보를 등록하지만, 이 정보는 1초도 되지 않아 **쇠잔**(decay)한다고 결론지었다. 이러한 시각 자극에 대한 짧은 감각기억은 **영상기억**(iconic memory) 또는 **시각적 영상**(visual icon)(영상은 '그림'을 뜻한다)이라고 부르며, 이는 Atkinson과 Shiffrin의 다중저장고 모형에서 말하는 감각기억 단계에 해당한다. 청각 자극을 사용한 다른 연구에서는 소리 또한 마음속에 잠시 남아 있음을 보여주었다. 이러한 소리의 지속성을 **청상기억**(echoic memory)이라고 하는데, 이는 원래 자극이 제시된 후 몇 초 동안 지속된다(Darwin et al., 1972). 청상기억의 한 예를 들어 보자. 누군가가 한 말을 처음에는 제대로 이해하지 못해 '뭐라고?'라고 물었는데, 상대가 다시 말해주기도 전에 이미 마음속에서 그 말을 '들었다면(이해했다면)', 그건 바로 청상기억을 경험한 것이다. 다음 부분에서는 다중저장고 모형에서 정보를 짧게 저장하지만 감각기억보다는 오래 유지되는 두 번째 단계인 단기기억을 살펴보겠다.

5.3 단기기억: 용량

단기기억(short-term memory: STM)
짧은 시간 동안(일반적으로 약 30초 동안) 제한된 양의 정보를 저장할 수 있는 기억 기제. 되뇌기(예: 전화번호를 반복해서 되뇌기)와 같은 과정이 없다면 정보는 쉽게 사라진다. 단기기억은 다중저장고 모형에서 제시된 기억의 여러 단계 중 하나이다.

앞에서 살펴봤듯이 감각기억은 빠르게 사라지지만, Sperling의 실험 참가자들은 일부 글자들을 보고할 수 있었다. 이 글자들은 **그림** 5.2의 흐름도에서 볼 수 있듯이 자극 중 일부가 감각기억에서 단기기억으로 넘어간 부분이다. **단기기억**(short-term memory: STM)은 짧은 시간 동안 적은 양의 정보를 저장하는 데 관여하는 기제이다(Baddeley et al., 2009). 즉, 지금 여러분이 생각하고 있는 것, 혹은 방금 읽은 내용에서 기억하고 있는 것은 모두 여러분의 단기기억 속에 존재하고 있다. 아래에서 더 살펴보겠지만, 이 정보의 대부분은 결국 사라지고 일부만이 더 영구적인 저장소인 장기기억(LTM)으로 넘어간다.

단기기억은 지속 시간이 짧기 때문에 장기기억에 비해 덜 중요하게 여겨지기 쉽지만, 실제로 단기기억은 우리의 정신 활동에서 큰 비중을 차지한다. 단기기억은 현재를 바라보는 창이기 때문에, 우리가 특정 순간에 생각하거나 알고 있는 모든 것은 단기기억과 관련되어 있기 때문이다(**그림** 5.3e에서 로언이 피자 플래닛의 전화번호를 다시 인식한 것도 장기기억에 저장된 정보를 단기기억으로 옮겼기 때문이었음을 상기하자). 이제 우리는 단기기억에 대한 초기 연구를 살펴볼 텐데, 이 연구들은 다음 두 가지 질문에 답하는 데 중점을 두었다. (1) 단기기억은 얼마나 오래 지속되는가? (2) 단기기억의 용량은 얼마나 되는가? 이 질문들은 기억을 검사하는 **회상**이라는 방법을 사용한 실험을 통해 답을 얻을 수 있었다.

방법

회상

이 장에서 우리가 다룰 대부분의 실험은 **회상**(recall)이라는 방법을 사용한다. 이 실험에서 실험 참가자들에게 자극을 보여주고 일정 시간이 지난 후 가능한 한 많은 자극을 보고하도록 요구한다. 기억 수행능력은 기억해낸 자극의 비율로 측정할 수 있다(예: 10개 단어 목록을 공부하고 그중 3개를 회상한다면 30%의 회상률이다). 또한 참가자들의 응답을 분석하여 항목들을 회상하는 데 어떤 패턴이 있는지 확인할 수도 있다(예: 실험 참가자에게 과일 종류와 자동차 모델이 혼합된 목록을 제시했을 때, 회상 과정에서 자동차끼리, 과일끼리 묶어서 기억했는지 여부를 분석할 수 있다). 회상은 또한 사람이 고등학교 졸업 등과 같은 인생 사건을 떠올리거나, 아르헨티나의 수도와 같이 학습한 것들을 기억해낼 때도 관여한다.

단기기억은 얼마나 오랫동안 유지되는가?

단기기억에 대한 대표적인 오해 중 하나는, 그 지속 시간이 비교적 길다고 생각하는 것이다. 사람들은 종종 며칠 또는 몇 주 전에 일어난 일을 기억하면서 이를 단기기억 덕분이라고 잘못 말하는 경우가 많다. 그러나 인지심리학자들이 정의하고 연구한 단기기억은 일반적으로 약 15초에서 20초 정도만 유지된다. 이러한 사실은 단기기억의 지속시간을 측정하기 위해 회상 방법을 사용한 영국의 John Brown(1958)과 미국의 Lloyd Peterson과 Margaret Peterson(1959)의 실험을 통해 입증되었다. Peterson과 Peterson은 참가자들에게 FZL이나 BHM과 같은 무작위의 세 글자를 보여준 뒤, 403 같은 무작위 숫자를 함께 보여주었다. 참가자들은 그 숫자에서부터 3씩 거꾸로 세도록 지시받았는데, 이는 참가자들이 글자들을 마음속으로 되뇌는 것을 막기 위한 조치였다. 3초에서 18초까지 다양한 간격으로 숫자를 거꾸로 센 후, 참가자들은 세 글자를 기억해내도록 요구받았다. 참가자들은 3초 동안만 숫자를 거꾸로 센 경우에는 약 80%의 3개 글자 집합을 정확히 기억했지만, 18초 동안 거꾸로 센 경우에는 약 12%만 정확히 회상했다. 이러한 결과는 거꾸로 숫자 세기 등을 통해 되뇌기가 차단되었을 때, 단기기억의 실질적인 지속 시간은 약 15~20초 또는 그 이하라는 결론을 이끌어냈다(Zhang & Luck, 2009).

회상(recall)
참가자들에게 이전에 보거나 들었던 자극을 보고하도록 요구하는 방법.

단기기억에는 얼마나 많은 항목을 저장할 수 있는가?

단기기억에서는 정보가 빠르게 사라질 뿐만 아니라, 저장할 수 있는 정보의 양에도 한계가 있다. 앞으로 보게 되겠지만, 단기기억에 저장될 수 있는 항목 수는 대략 4개에서 9개 사이로 추정된다.

숫자 폭 단기기억의 용량을 측정하는 한 가지 방법은 사람이 기억할 수 있는 숫자의 개수인 **숫자 폭**(digit span)을 측정하는 것이다. 여러분도 다음 '보여주기'를 통해 자신의 숫자 폭을 확인해 볼 수 있다.

숫자 폭(digit span)
한 사람이 기억할 수 있는 숫자의 개수. 숫자 폭은 단기기억의 용량을 측정하는 지표로 사용된다.

보여주기

숫자 폭

색인 카드나 종이를 이용해서 아래의 모든 숫자를 가려 보자. 숫자를 덮은 카드를 아래로 조금씩 내리면서 첫 번째 줄의 숫자를 볼 수 있게 하자. 첫 번째 줄의 숫자를 한 번 읽은 후 다시 가리고 그 숫자를 올바른 순서대로 적어 보라. 그런 다음 카드를 아래로 움직여서 다음 줄에 있는 숫자를 보고, 틀릴 때까지 위의 절차를 반복해 보라. 틀리지 않고 기억할 수 있는 가장 긴 숫자 묶음이 바로 여러분의 숫자 폭이다.

2 1 4 9
3 9 6 7 8
6 4 9 7 8 4
7 3 8 2 0 1 5
8 4 2 6 4 1 3 2
4 8 2 3 9 2 8 0 7
5 8 5 2 9 8 4 6 3 7
7 3 8 4 9 2 5 6 1 4 8
5 2 9 1 3 6 7 4 8 2 5 7
6 8 3 1 2 5 7 9 4 6 2 8 3
4 6 2 3 7 5 8 1 9 2 3 7 5 8
9 4 8 3 5 7 2 6 1 9 3 5 7 8 4

숫자 폭을 측정한 결과에 따르면, 단기기억의 평균 용량은 대략 5~9개의 항목으로, 이는 전화번호 길이와 비슷하다. 단기기억의 용량이 대략 5~9개 사이에 있다는 생각은 George Miller(1956)가 제안했으며, 그는 자신의 논문 「마법의 수 7±2(The Magical Number Seven, Plus or Minus Two)」에서 이러한 근거를 정리했다. 이 논문은 1장(17쪽)에서 언급된다.

변화 탐지(change detection) 연속적으로 제시되는 두 개의 그림이나 화면 사이에서 무엇이 바뀌었는지를 보고하는 것.

변화 탐지 최근의 단기기억 용량 측정은 그 한계를 약 4개의 항목으로 보고 있다(Cowan, 2001). 이러한 결론은 Steven Luck과 Edward Vogel(1997)이 **변화 탐지**(change detection)라는 절차를 사용하여 단기기억의 용량을 측정한 결과를 바탕으로 나온 것이다.

그림 5.8에서 볼 수 있듯이 Luck과 Vogel의 실험 결과에 따르면 화면에 1~3개의 사각형이 있을 때는 거의 완벽한 수행을 보였지만, 4개 이상의 사각형이 제시되면 수행이 감소하기 시작했다. Luck과 Vogel은 이 결과를 통해 참가자들이 단기기억에 약 4개의 항목을 저장

방법

변화 탐지

4장에서의 '보여주기: 변화 탐지'에 이어, 두 장의 장면 사진을 연속으로 번갈아 제시하고 참가자들이 첫 번째 사진과 두 번째 사진 사이에 무엇이 달라졌는지를 알아내는 실험을 소개했다. 이러한 실험을 통해 사람들이 장면 속의 변화를 자주 놓친다는 결론이 도출되었다.

변화 탐지는 더 단순한 자극을 사용하여 사람이 짧은 시간 동안 제시된 자극에서 얼마만큼의 정보를 유지할 수 있는지를 알아내는 데에도 사용된다. 변화 탐지의 한 예는 **그림 5.7**에 나와 있으며, 이는 Luck과 Vogel의 실험에서 사용된 자극과 유사한 것이다. 왼쪽에 있는 화면을 100ms 동안 보여주고 난 후 900ms 동안 어두운 화면이 이어서 나온 뒤 오른쪽의 새로운 화면이 나온다. 실험 참가자의 과제는 두 번째 화면이 처음 화면과 같은지 혹은 다른지를 판단하여 보고하는 것이다(두 번째 화면에서 색이 하나 달라진다). 이 과제는 화면에 나타난 항목의 수가 단기기억의 용량 범위 안에 있을 때는 쉽지만(**그림 5.7a**) 화면에 제시된 항목의 수가 단기기억의 용량을 초과하면 어려워진다(**그림 5.7b**).

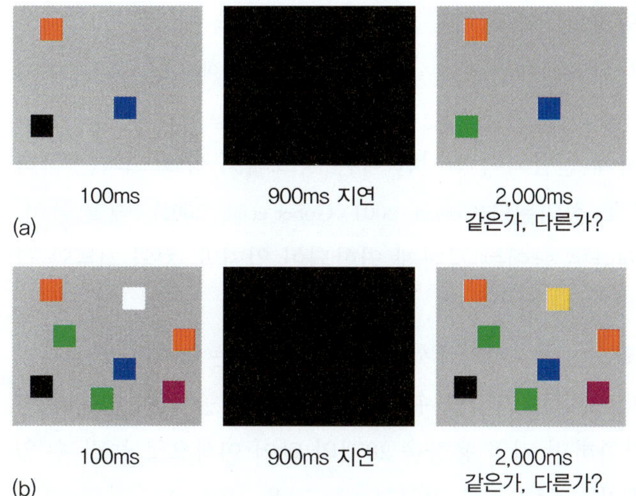

그림 5.7 (a) Luck과 Vogel(1997)의 실험에서 사용한 자극. 실험 참가자는 첫 번째 화면을 보고 두 번째 화면이 동일한지 다른지를 보고한다. 이 예시에서는 두 번째 화면에서 한 사각형의 색이 바뀌어 있다. (b) 더 많은 수의 항목들을 포함한 Luck과 Vogel의 자극.

출처: E. K. Vogel, A. W. McCollough, & M. G. Machizawa, Neural measures reveal individual differences in controlling access to working memory, *Nature*, 438, 500–503, 2005. 수정 인용함.

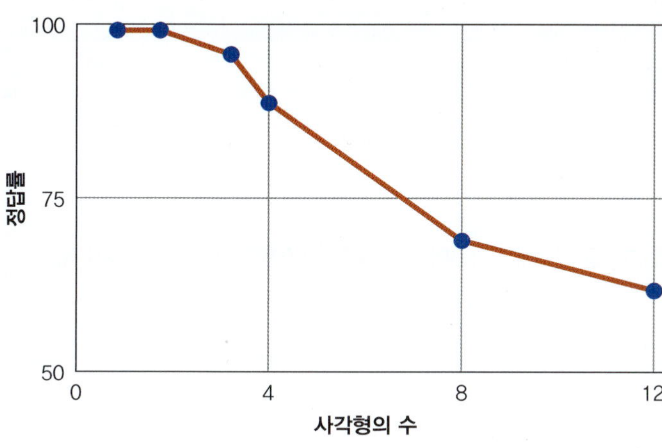

그림 5.8 화면에 사각형이 4개가 되자 수행이 저하되기 시작하는 것을 보여준 Luck과 Vogel(1997)의 실험 결과.

출처: E. K. Vogel, A. W. McCollough, & M. G. Machizawa, Neural measures reveal individual differences in controlling access to working memory, *Nature*, 438, 500–503, 2005. 수정 인용함.

할 수 있다고 결론 내렸다. 언어 자극을 사용한 다른 실험들 또한 동일한 결론에 도달했다(Cowan, 2001).

이러한 추정치는 단기기억의 용량에 비교적 낮은 한계를 제시한다. 그렇다면, 기억할 수 있는 항목의 수가 이렇게 제한적이라면, 문장에서 단어들이 배열될 때처럼 어떤 상황에서는 훨씬 더 많은 항목을 어떻게 기억할 수 있을까? 이 질문에 대한 답은 George Miller가 그의 「마법의 수 7±2: 정보처리 용량의 몇 가지 한계」 논문에서 제시한 **청크화**라는 개념에 있다.

청크화 Miller(1956)는 단어와 같은 작은 단위를 구, 문장, 단락, 또는 이야기와 같은 훨씬 더 큰 단위로 결합될 수 있다는 사실을 설명하기 위해 **청크화**(chunking)라는 개념을 소개하였다. 예를 들어, **자동차, 가죽, 거대한, 개, 부츠, 세련된, 장난스러운, 나무**와 같은 단어를 기억해야 한다고 생각해 보자. 이 목록에는 몇 개의 항목이 있을까? 총 8개의 단어가 있다. 하지만 이들을 다르게 묶어 본다면 **장난스러운 개, 거대한 나무, 가죽 부츠, 세련된 자동차**와 같이 4개의 쌍으로 묶을 수 있다. 한 단계 더 나아가, 이 단어를 한 개의 문장으로 만들 수 있다. **세련된 자동차가 가죽 부츠 옆에 장난스러운 개 한 마리가 쉬고 있는 거대한 나무 옆을 달렸다**(The sleek car drove past a towering tree where a playful dog rested beside a leather boot).

청크화(chunking)
개별 단어들을 하나의 의미 있는 문장으로 결합하는 것과 같이 작은 단위를 더 큰 단위로 결합하는 것. 청크화는 기억 용량을 증가시키는 데 활용될 수 있다.

이때 기억해야 할 정보의 양은 사실 더 많아진다(8단어에서 17단어로 두 배 이상 증가!). 그러나 오히려 기억하기는 더 쉬워진다. 이를 **이야기 기억술**(story mnemonic)이라고 한다. 이야

이야기 기억술(story mnemonic)
무작위 항목을 이야기 속의 의미 있는 순서로 배열함으로써 그 항목을 더 쉽게 기억할 수 있도록 돕는 기억 전략.

기 기억술은 원래 무작위로 나열된 항목을 이야기라는 의미 있는 순서로 배열하여 기억을 돕는 방법이다. 기억을 향상시키는 요령인 이러한 기억술(mnemonics)에 대해서는 7장에서 더 자세히 다룰 예정이다.

기억술(mnemonics)
정보의 약호화, 유지, 인출을 향상시켜 주는 모든 기억 전략이나 기술.

청크(chunk)
기억에서의 청크화 개념과 관련하여 사용된다. 청크란 한 청크 내의 구성 요소끼리 강하게 연합되어 있지만 다른 청크의 구성 요소와는 약하게 연합되어 있는 요소의 모음이다.

청크(chunk)는 구성 요소끼리는 강하게 연합되어 있지만 다른 청크의 구성 요소와는 약하게 연합되어 있는 구성 요소의 집합으로 정의된다(Cowan, 2001; Gobet et al., 2001). 예를 들어, 위 사례에서 **장난스러운**이란 단어와 **개**라는 단어는 강하게 연합되어 있지만, **차**와 **나무**와 같은 다른 단어들과는 그렇게 강하게 연합되어 있지 않다.

그러므로, 의미를 기반으로 한 청크화는 단기기억에서 정보를 저장하는 능력을 향상시켜 준다. 우리는 서로 관련 없는 5~8개의 단어는 기억할 수 있지만, 그 단어를 의미 있는 문장으로 배열하여 단어 간의 연관성을 강화하면 기억 용량을 20개의 단어 이상으로 늘릴 수 있다(Butterworth et al., 1990). 다음 '보여주기'는 글자들을 청크화하는 것을 보여준다.

보여주기

글자 기억하기

아래에 제시된 알파벳 글자열을 한 글자당 약 1초의 속도로 읽어 보자. 그다음 글자를 가리고, 기억나는 만큼 순서대로 적어 보라.

F G T L M S Y A O I P L

어떻게 했는가? 이 과제는 쉽지 않다. 왜냐하면 이 과제는 12개의 개별 알파벳을 기억해야 하는데, 이는 보통 5~9개의 알파벳 정도(글자 폭)인 일반적인 기억 용량을 넘어서기 때문이다.

이제 다음 알파벳 글자를 순서대로 기억해 보자.

L O L F Y I A T M G P S

앞선 목록과 비교했을 때 이 목록에서의 수행은 어떠하였는가?

비록 두 번째 목록이 첫 번째 목록과 정확히 같은 글자들로 이루어져 있지만, 이 글자열이 흔히 쓰이는 약어나 줄임말로 구성되어 있다는 사실을 알아차렸다면 더 쉽게 기억할 수 있었을 것이다. 예를 들어, 'LOL'은 웃음을 뜻하고(laughing out loud), 'FYI'는 참고하라는 의미(for your information), 'ATM'은 자동입출금기(automated teller machine), 'GPS'는 위성 위치 확인 시스템(global positioning system)이다. 따라서 이 목록은 각각 의미 있는 네 개의 청크로 묶을 수 있어 더 쉽게 기억할 수 있다.

K. Anders Ericsson과 그의 동료들(1980)은 평균적인 기억 능력을 가진 대학생이 엄청난 기억 수행을 해내는 것을 보여줌으로써 청크화의 효과를 보여주었다. 그들의 실험 참가자 중 한 명인 S. F.에게 무작위 숫자들을 들려주고 난 후, 그 숫자들을 순서대로 따라 말하도록 시켰다. S. F.는 일반적인 7개의 숫자 폭을 가지고 있었음에도 불구하고, 집중적인 훈련(230회의 1시간 훈련)을 받은 후 오류 없이 최대 79개의 숫자를 순서대로 따라 말할 수 있었다. 그는 이 과제를 어떻게 해냈을까? S. F.는 숫자들을 의미가 있는 더 큰 단위로 바꾸어 기록하는 청크화를 사용하였다. S. F.는 육상 선수였기 때문에 일부 숫자열은 달리기 기록으로 연결시켰다. 예를 들면, 3,492는 '3분 49.2초, 거의 세계 기록에 가까운 1마일 기록'으로 기억했

다. 그는 다른 방식으로도 의미를 부여했는데, 893은 '89.3살, 매우 나이 많은 노인'으로 기억했다. 이 예시는 S. F.가 이미 그의 장기기억 속에 저장되어 있는 달리기 기록에 대한 지식을 기반으로 청크 일부를 생성했기 때문에 단기기억과 장기기억이 상호작용을 한다는 것을 보여준다.

청크화는 용량이 제한된 단기기억 체계가 일상에서 수행하는 다양한 작업에서 많은 정보를 처리할 수 있도록 해준다. 예를 들어, 지금 이 글을 읽으며 알파벳을 단어로 묶어 이해하고, 익숙한 전화번호의 앞 네 자리 번호를 하나의 단위로 기억하거나, 긴 대화를 더 작은 의미 단위로 쪼개는 것은 모두 청크화 덕분에 가능하다.

단기기억에 얼마나 많은 양의 '정보'를 저장할 수 있는가?

앞서 설명한 것처럼 단기기억의 용량을 저장할 수 있는 항목의 수로 말할 수 있다는 생각은 많은 연구를 촉발시켰다. 하지만 일부 연구자들은 기억 용량을 '항목의 수'로 설명하기보다는 '정보의 양'으로 설명해야 한다고 주장해 왔다. 시각적으로 제시된 사물에 대해서 정보란 기억에 저장된 그 대상의 시각적 특징이나 세부 사항을 의미한다(Alvarez & Cavanagh, 2004).

정보의 양이 왜 중요한지에 대한 논리는 컴퓨터 휴대용 USB 드라이브에 사진을 저장하는 것을 고려해 보면 이해할 수 있다. 저장할 수 있는 사진의 수는 드라이브의 용량과 사진 파일의 크기에 달려있다. 더 많은 세부 정보를 담고 있는 큰 사진 파일일수록 더 많은 저장 공간을 차지하므로 저장할 수 있는 사진의 수가 줄어든다.

이러한 아이디어를 바탕으로 George Alvarez와 Patrick Cavanagh(2004)는 Luck과 Vogel이 사용한 변화 탐지 절차를 사용하여 실험을 수행하였다. 하지만 단순한 색깔 사각형뿐만 아니라 **그림** 5.9a와 같은 더 복잡한 물체를 자극으로 사용했다. 예를 들어, 가장 복잡한 자극인 그늘진 정육면체의 경우, 실험 참가자는 여러 개의 서로 다른 정육면체가 배열된 화면을 본 후 빈 화면을 거쳐 처음 화면과 동일하거나 일부 정육면체가 다른 두 번째 화면을 보게 된다. 실험 참가자의 과제는 두 화면이 같았는지 달랐는지 판단하는 것이다.

그림 5.9b에 제시된 결과를 보면, 참가자들이 제시된 두 화면이 같은지 다른지를 판단할 수 있는 능력은 자극의 복잡성에 의해 영향을 받았다. 색이 있는 사각형의 경우 기억 용량은

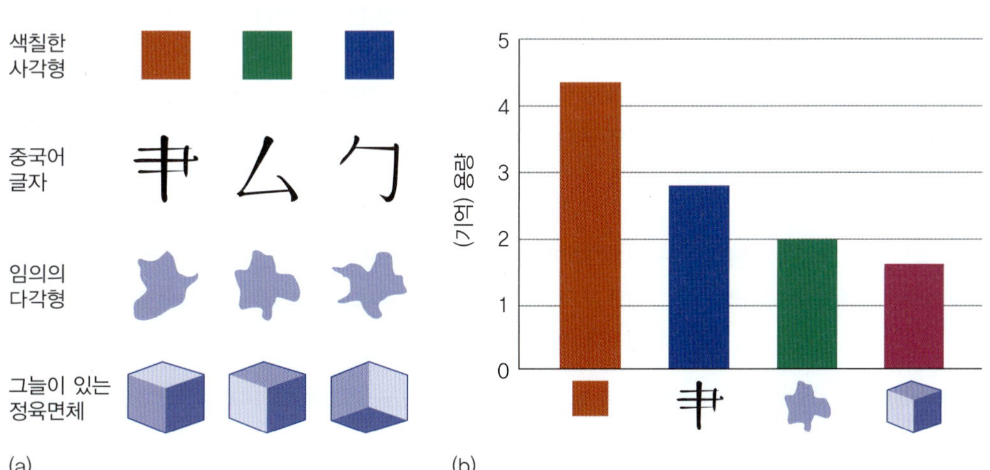

그림 5.9 (a) Alvarez와 Cavanagh(2004)의 변화 탐지 실험에서 사용된 자극들 중 일부. 정보가 적은 자극(색칠한 사각형)에서 정보가 많은 자극(정육면체)까지 다양하다. 실제 실험에서는 각 세트마다 6개의 서로 다른 물체들이 있었다. (b) 각 자극 유형별로 기억할 수 있었던 평균 물체의 수를 보여주는 결과.

출처: G. A. Alvarez & P. Cavanagh, The capacity of visual short-term memory is set both by visual information load and by the number of objects, *Psychological Science*, 15, 106–111, 2004. 수정 인용함.

4.4개였지만, 정육면체의 경우 기억 용량은 1.6개에 불과했다. 이 결과를 바탕으로 Alvarez와 Cavanagh는 하나의 이미지 안에 담긴 정보의 양이 많을수록 시각적 단기기억에 저장할 수 있는 항목 수는 줄어든다고 결론을 내렸다.

그렇다면 단기기억의 용량은 '항목의 수'로 측정해야 하는가(Luck & Vogel, 1997; Awh et al., 2007; Fukuda et al., 2010; Sewell, Lilburn, & Smith, 2014), 아니면 '세부적인 정보의 양'으로 측정해야 하는가?(Alvarez & Cavanagh, 2004; Bays & Husain, 2008; Brady et al., 2011) 두 주장 모두 각각 지지하는 실험들이 존재하며, 연구자들 간에 논의는 계속되고 있다. 다만 항목의 수를 고려하든 정보의 양을 고려하든, 단기기억에 저장할 수 있는 양에는 한계가 있다는 점은 모두가 동의한다.

4장에서 이야기했듯이, 주의는 여러 기억 처리 과정에 관여한다. 주의는 단기기억의 용량과도 관련이 있다. 단기기억에 저장될 수 있는 정보의 양은 관련 정보에 얼마나 주의를 기울이고, 방해가 되는 정보를 얼마나 효과적으로 억제하는지에 따라 달라진다(Sauseng et al., 2009).

지금까지 단기기억에 대해 논의하면서 주로 두 가지 속성에 초점을 맞췄다. '정보가 얼마나 **오랫동안** 단기기억에 저장될 수 있고, 얼마나 **많은** 정보를 단기기억에 저장할 수 있는가?'가 그것이다. 이러한 방식으로 단기기억을 고려해 보면, 단기기억을 일정한 양의 물을 제한된 시간 동안만 담아둘 수 있는 물이 새는 양동이에 비유할 수 있다. Sabrina Trapp과 동료들(2021)은 단기기억의 용량이 기능적으로는 미래의 감각 정보를 예측하도록 돕기 위해 존재한다고 제안했다. 즉, 우리의 새는 양동이가 적어도 일부러 새도록 설계되어 있는 것일지도 모른다! 하지만 단기기억에 대한 연구가 계속 발전하면서, 다중저장고 모형에서 제시한 단기기억의 개념만으로는 많은 연구 결과들을 설명하기에 너무 제한적이라는 사실이 드러났다. 문제는 단기기억이 단순히 단기적인 저장 기제로만 설명되었다는 점이다. 하지만 다음에서 살펴보겠지만, 단기기억의 역할은 저장소 그 이상이다. 정보는 단기기억 안에 단순히 머물러 있는 것이 아니라, 계산, 학습, 추론과 같은 정신적 과정을 수행하는 데 활용되며 조작될 수 있다.

자가 테스트

1. 이 장은 카밀라의 다섯 가지 다른 종류의 기억으로 시작했다. 이들은 무엇인가? 이 중 지속 시간이 짧은 것은 무엇이고, 긴 것은 무엇인가? 단기기억은 왜 중요한가? (학습목표 5-1, 학습목표 5-2)
2. Atkinson과 Shiffrin의 기억의 다중저장고 모형을 구조(화살표로 연결된 상자)와 통제 과정 측면에서 설명하라. 그리고 피자를 주문하려고 하는데 피자 가게 전화번호가 기억나지 않을 경우, 이 모형의 각 구성 요소들이 어떻게 작동하는지 설명하라. (학습목표 5-1, 학습목표 5-3)
3. 감각기억을 설명하고, Sperling이 감각기억의 용량과 지속시간을 측정하기 위해 글자 배열을 아주 짧게 보여준 실험을 설명하라. (학습목표 5-4)
4. Peterson과 Peterson은 단기기억의 지속시간을 어떻게 측정하였는가? 단기기억의 대략적인 지속시간은 얼마인가? (학습목표 5-4)
5. 숫자 폭이란 무엇인가? 이것이 단기기억의 용량에 대해 무엇을 알려주는가? (학습목표 5-4)
6. Luck과 Vogel의 변화 탐지 실험을 설명하라. 이 실험의 결과에 따르면 단기기억의 용량은 얼마인가? (학습목표 5-4)
7. 청크화란 무엇인가? 청크화가 설명하는 것은 무엇인가? (학습목표 5-5)
8. 단기기억의 용량을 어떻게 측정해야만 하는지에 대한 두 가지 주장은 무엇인가? Alvarez와 Cavanagh의 실험과 그들의 결론을 설명하라. (학습목표 5-4)

5.4 작업기억: 정보를 조작하는 시스템

Baddeley와 Hitch(1974)가 소개한 **작업기억**(working memory: WM)은 "정보를 임시로 저장하고 **이해, 학습, 추론과 같은 복잡한 과제를 수행하기 위해 정보를 조작하는** 제한된 용량의 시스템"으로 정의된다. 이 정의에서 고딕체로 표시된 부분이 기존의 다중저장고 모형에서의 단기기억 개념과 작업기억을 구분 짓는 핵심이다.

작업기억(working memory: WM) 정보를 임시로 저장하고 이해, 학습, 추론과 같은 복잡한 과제를 수행하기 위해 정보를 조작하는 제한된 용량의 시스템.

단기기억의 개념은 주로 정보를 짧은 기간 동안 저장하는 데 초점을 맞춰왔지만(예: 전화번호를 기억하는 것), 작업기억의 개념은 복잡한 인지 과정 중에 일어나는 **정보의 조작**을 하는 데 관여한다(예: 문단을 읽으면서 동시에 숫자를 기억하는 것). 작업기억이 정보의 조작과 관련되어 있다는 것을 이해하기 위해 몇 가지 예를 살펴보자. 먼저 로언이 피자 가게인 피자 플래닛에 대화하는 내용을 들어 보자.

> 로언: 브로콜리랑 버섯 토핑이 있는 라지 피자를 하나 주문하고 싶어요.
> 답변: 죄송하지만 버섯이 다 떨어졌어요. 시금치로 바꿔드려도 될까요?

로언은 첫 문장인 "죄송하지만 버섯이 다 떨어졌어요."라는 말을 기억 속에 유지하면서 두 번째 문장을 들었고, 두 문장을 연결지어 피자 가게 답변을 이해할 수 있었다. 만약 그녀가 "시금치로 바꿔드려도 될까요?"라는 두 번째 문장만 기억했다면, 그것이 브로콜리를 대신하는 것인지 버섯을 대신하는 것인지 알 수 없었을 것이다. 이 예에서 로언의 단기기억은 정보를 저장하는 용도로만 쓰인 것이 아니라, 대화를 이해하는 것 같은 능동적인 처리 과정에도 쓰인 것을 확인할 수 있다.

또 다른 능동적 처리 과정의 예시는 우리가 간단한 계산 문제를 머릿속으로 풀 때에도 일어난다. 예를 들어, 로언이 피자 가격에 세금, 배달료, 팁까지 계산하는 상황을 생각해 보자. 만약 피자 플래닛이 피자 가격을 20달러에 세금 별도라고 한다면, 그녀는 세금을 먼저 계산해야 한다. 판매세율이 10%라고 추정한다면, 추가로 2달러가 더해진다. 이제 총비용은 22달러가 된다. 그녀는 과거 경험(장기기억)을 통해 배달료가 3달러라는 것을 알고 있으며, 배달 기사에게 20%의 팁을 주고 싶다. 피자, 세금, 배달료를 합치면 25달러이다(20 + 2 + 3 = 25). 로언은 20% 팁을 계산하기 위해 10% 팁을 계산한 후 두 배로 만들면 된다는 것을 알고 있다. 10% 팁을 계산하려면, 총액 25달러에서 소수점을 왼쪽으로 한 자리 옮기면 된다(2.5달러). 그다음 이 값을 두 배로 만들면 5달러가 된다. 그렇다면 총액은 얼마인가? 로언은 머릿속으로 이 계산 문제를 단순히 **작업**(작업기억이라는 이름이 시사하듯)함으로써, 피자 값, 세금, 배달료, 팁을 모두 포함해 총 30달러를 배달 기사에게 주어야 한다는 것을 알게 된다.

이 계산에 저장(각 단계를 기억하고, 다음 단계가 무엇인지 기억해내기)과 능동적인 처리과정(팁 계산)이 동시에 관여하고 있다는 것을 쉽게 알 수 있다. 만약 저장하는 과정에만 관여했다면 이 문제는 풀 수 없었을 것이다. 이 계산을 수행하는 다른 방법들도 있을 수 있지만, 어떤 방법을 선택하든 기억 속에 정보를 **저장**하고 동시에 정보를 **처리**하는 과정은 항상 포함되어 있을 것이다.

단기기억과 기억의 다중저장고 모형이 시간에 따라 전개되는 역동적인 처리과정을 고려하지 않았다는 사실이 바로 Baddeley와 Hitch가 단기적인 기억 과정을 설명하기 위해 단기기억 대신 작업기억이라는 용어를 제안한 이유였다. 최근 연구자들은 짧은 기간 내의 기억 과정을 언급할 때 종종 단기기억과 작업기억이라는 용어를 둘 다 사용하지만, 이 처리과정의 기능은 단순한 저장 이상의 역할을 한다는 데 의견이 모아져 있다.

다시 Baddeley로 돌아와서, 그가 주목한 점 중 하나는 다음 '보여주기'에서 보여주듯이 특정한 조건에서는 두 가지 과제를 동시에 수행할 수 있다는 것이다.

보여주기

글 읽고 숫자 기억하기

여기에 7, 1, 4, 9라는 숫자 네 개가 있다. 이 숫자를 기억한 다음, 숫자를 가리고 아래 글을 읽으면서 머릿속에 숫자를 기억해 보자.

> 마법에 걸린 숲의 한가운데에서, 장난꾸러기 다람쥐 스파크는 잃어버린 도토리 보물을 찾아 나무 사이를 분주히 뛰어다녔다. 그러다 스파크는 에메랄드빛으로 반짝이는 마법의 분수가 숨겨진 빈터를 발견했다. 그 분수는 순수한 마음을 가진 자에게 소원을 들어준다고 했다. 스파크는 장난기 어린 눈을 반짝이며 도토리를 분수에 던지고 별빛이 가득한 밤하늘 아래서 끝없는 모험을 할 수 있게 해달라고 소원을 빌었다.

이 과제를 해 보니 어떤가? 숫자는 무엇이었는가? 방금 읽은 글의 요지는 무엇이었는가?

Atkinson과 Shiffrin의 기억의 다중저장고 모형에 따르면, 단기기억은 한 번에 하나의 과제만 처리할 수 있으며, 그 과제가 단기기억 용량 전체를 다 차지해야 한다. 하지만 Baddeley가 위 '보여주기'의 과제와 유사한 과제를 포함한 실험을 실시했을 때, 참가자들은 숫자를 기억하면서 동시에 글을 읽을 수 있었다.

그렇다면 어떤 종류의 모형이 (1) 언어 이해나 수학 문제 풀기와 같은 인지 과정에 관여하는 역동적인 처리과정과 (2) 사람들이 두 가지 과제를 동시에 수행할 수 있다는 사실을 모두 설명할 수 있을까? Baddeley는 작업기억은 반드시 역동적이어야 하며, 서로 독립적으로 기능할 수 있는 여러 구성 요소로 구성되어 있어야 한다고 결론지었다. 그는 세 가지의 구성 요소를 제안했다. 이들은 **음운 루프, 시공간 잡기장, 중앙집행기**이다(**그림 5.10**).

음운 루프(phonological loop) 작업기억의 한 구성 요소로 언어적 및 청각적 정보를 저장하고 처리한다.

음운 저장소(phonological store) 음운 루프 내 구성 요소로 제한된 양의 언어 및 청각 정보를 몇 초 동안만 유지한다.

조음 되뇌기 처리(articulatory rehearsal process) 작업기억에서 수행되는 반복 과정으로 음운 저장소에 있는 항목들이 쇠잔하지 않도록 유지하는 역할을 한다.

음운 루프(phonological loop)는 두 가지 하위 요소로 이루어져 있다. 용량이 제한되어 있으며 몇 초 동안만 정보를 저장할 수 있는 **음운 저장소**(phonological store)와 음운 저장소에 있는 항목들이 쇠잔되지 않도록 되뇌기를 통해 유지하는 **조음 되뇌기 처리**(articulatory rehearsal process)가 그것이다. 음운 루프는 언어적 정보 및 청각적 정보를 저장한다. 그러므로 전화번호나 누군가의 이름을 기억하려고 하거나 인지심리학 교수님의 강의를 이해하려고 할 때 여러분은 이 음운 루프를 사용하고 있는 중이다.

그림 5.10 Baddeley와 Hitch(1974; Baddeley, 2000)의 작업기억 모형의 3가지 주요 구성 요소의 도표: 음운 루프, 시공간 잡기장, 중앙집행기.

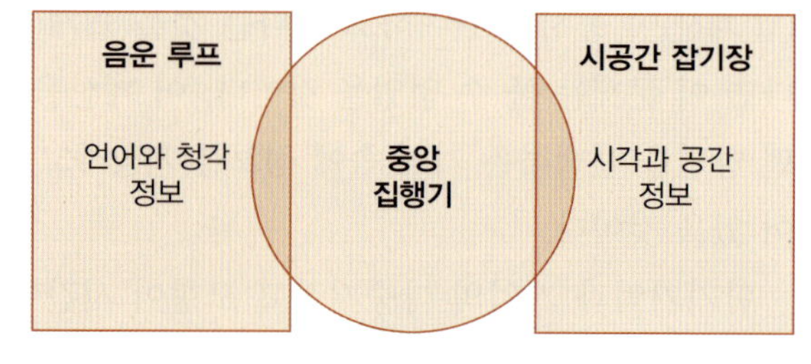

시공간 잡기장(visuospatial sketch pad)은 시각 정보와 공간 정보를 저장한다. 마음속으로 그림을 그리거나, 퍼즐을 풀거나, 캠퍼스에서 길을 찾는 일을 할 때 우리는 시공간 잡기장을 활용한다. 도표에서 볼 수 있듯이, 음운 루프와 시공간 잡기장은 모두 중앙집행기에 연결되어 있다.

시공간 잡기장(visuospatial sketch pad) 작업기억의 한 구성 요소로 시각 정보와 공간 정보를 저장하고 처리한다.

중앙집행기(central executive)는 작업기억의 중요한 작업이 일어나는 곳이다. 중앙집행기는 장기기억에서 정보를 인출해내거나 과제의 특정한 부분에 집중하고, 여러 과제 사이에 주의를 어떻게 분산시킬 것인지 결정함으로써 음운 루프와 시공간 잡기장의 활동을 조정한다. 그러므로 중앙집행기는 작업기억의 '교통 순찰대(traffic patrol)'와 같다.

중앙집행기(central executive) 작업기억의 구성 요소로 음운 루프와 시공간 잡기장의 활동을 조정하는 역할을 한다. 작업기억의 교통 순찰대와 같은 역할을 한다.

이 '교통 순찰대'의 기능을 이해하기 위해, 낯선 도시에서 운전을 하고 있고 옆 좌석에 앉아 있는 친구는 식당으로 가는 길을 말해 주고 있고, 차 라디오에서는 음악이 흐르는 상황을 상상해 보자. 이때 음운 루프는 친구가 말해 주는 길 안내를 처리하고 있으며, 시공간 잡기장은 식당까지 이어지는 거리의 지도를 머릿속으로 시각화하는 역할을 한다. 그리고 중앙집행기는 이 두 가지 정보를 조정하고 결합하는 역할을 한다(**그림 5.11**). 이와 더불어, 중앙집행기는 라디오에서 흘러나오는 음악의 가사를 무시하도록 도와주어 여러분이 길 찾기에 주의를 집중할 수 있도록 해준다.

이제 음운 루프가 어떻게 언어를 처리하는지, 시공간 잡기장이 어떻게 시각 정보와 공간 정보를 저장하는지, 그리고 중앙집행기가 어떻게 주의를 활용하여 이 두 가지를 조정하는지 보여주는 몇 가지 현상을 설명할 것이다.

음운 루프

우리는 언어에 특화된 시스템이 존재한다는 생각을 뒷받침하는 세 가지 현상을 설명할 것이다. 이들 세 가지 현상은 음운 유사성 효과, 단어 길이 효과, 조음 억제이다.

음운 유사성 효과(phonological similarity effect) 소리가 유사한 글자나 단어들이 혼동되는 현상. 예를 들어 T와 P는 소리가 비슷하기 때문에 서로 혼동될 수 있는 글자다.

음운 유사성 효과 **음운 유사성 효과**(phonological similarity effect)는 소리가 유사한 글자나 단

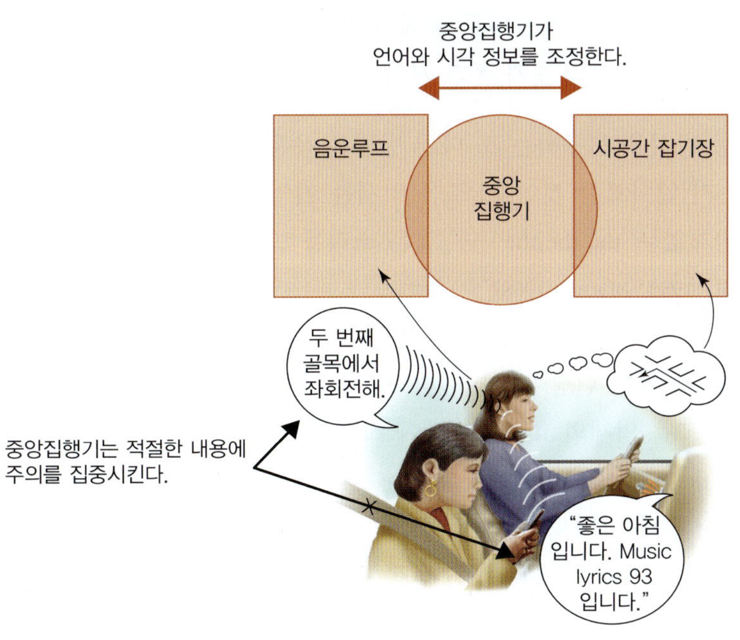

그림 5.11 음운 루프(길 안내 듣기, 라디오에서 음악 듣기)와 시공간 잡기장(경로를 시각화)이 처리하는 과제들은 중앙집행기에 의해 조정된다. 중앙집행기는 또한 운전자가 음악 가사를 무시하도록 도와주어 주의력을 길 안내 듣기에 집중할 수 있게 한다.

어를 혼동하는 현상을 말한다. 이 효과를 초기에 입증한 실험에서 R. Conrad(1964)는 화면에 연속적인 글자들을 하나씩 잠깐 보여주고, 참가자들에게 제시된 순서대로 글자를 적으라고 지시했다. 실험 결과, 실험 참가자들이 오류를 일으킬 때 목표 글자와 비슷한 소리가 나는 다른 글자를 잘못 적는 경향이 있음을 발견하였다. 예를 들어, 'F'는 'E'처럼 **모양이 비슷한** 글자보다는 'S'나 'X'처럼 **소리가 비슷한** 글자로 잘못 적는 경우가 더 많았다. 즉, 실험 참가자들은 글자를 눈으로 **보았음**에도 불구하고, 그들이 범한 실수는 글자의 **소리**에 기반해 일어났다.

이러한 연구 결과는 사람 이름을 배울 때와 같은 우리의 일상적인 경험과도 부합한다. 누군가의 이름을 시각적으로든 청각적으로든 처음 알게 되면, 우리는 보통 이름의 철자 모양을 떠올리기보다는 그 소리를 반복함으로써 기억한다(Wickelgren, 1965 참고). Conrad의 연구 결과는 음운 유사성을 보여주는 사례로, 이는 단어가 음운 루프의 음운 저장소에서 처리될 때 나타난다.

단어 길이 효과
(word length effect)
짧은 단어 목록보다 긴 단어 목록을 기억하는 것이 더 어렵다는 개념.

단어 길이 효과 **단어 길이 효과**(word length effect)는 짧은 단어로 이루어진 단어 목록이 긴 단어로 이루어진 단어 목록보다 더 잘 기억되는 현상이다. 즉, 단어 길이 효과에 따르면, 아래의 목록 중 목록 1에 있는 단어를 목록 2에 있는 단어보다 더 많이 회상할 것으로 예측할 수 있다.

목록 1: beast, bronze, wife, golf, inn, limp, dirt, star

목록 2: alcohol, property, amplifier, officer, gallery, mosquito, orchestra, bricklayer

두 목록 모두 8개의 단어로 구성되어 있지만, 단어 길이 효과에 따르면 두 번째 목록이 더 기억하기 어려울 것이다. 왜냐하면 긴 단어일수록 발음하고 되뇌는 데 더 많은 시간이 필요하고, 회상할 때도 더 많은 시간이 필요하기 때문이다(Baddeley et al., 1984).

언어 자료에 대한 또 다른 연구에서 Baddeley와 동료들(1975)은 사람들이 약 1.5초에서 2초 동안 발음할 수 있는 항목의 수만큼 기억할 수 있다는 사실을 발견했다(Schweickert & Boruff, 1986 참고). 2초 동안 최대한 빨리 소리 내어 숫자를 세어 보라. Baddeley에 따르면 여러분이 2초 안에 말할 수 있는 단어 수는 여러분의 숫자 폭과 거의 일치할 것이다.

조음 억제 음운 루프의 작동 방식을 연구하는 또 다른 방법은 음운 저장소의 작동이 방해받을 때 어떤 일이 일어나는지 알아보는 것이다. 조음 억제는 기억해야 하는 항목들을 되뇌기할 수 없도록, 과제와 관계없는 'the the the……' 같은 소리를 반복해서 말할 때 일어난다(Baddeley, 2000; Baddeley et al., 1984; Murray, 1968).

조음 억제
(articulatory suppression)
음운 루프의 작동을 방해하는 현상으로 사람이 'the'와 같은 무관한 단어를 반복하면서 음운 루프를 요구하는 과제를 수행할 때 나타난다.

의미 없는 소리를 반복적으로 말하는 것은 되뇌기를 방해하기 때문에 기억력을 감소시키는 **조음 억제**(articulatory suppression)라는 현상이 나타난다. 아래의 '보여주기'는 Baddeley와 동료들(1984)의 연구에 기초하여 조음 억제의 효과가 어떻게 작용하는지를 보여준다.

Baddeley와 동료들(1984)은 'the, the, the……'를 반복하는 것이 단어 목록을 기억하는 능력을 감소시킬 뿐만 아니라 단어 길이 효과도 없앤다는 것을 발견했다(**그림 5.12a**). 단어 길이 효과에 따르면, 한 음절로 된 짧은 단어 목록이 긴 단어 목록보다 되뇌기를 하기 위한 더 넓

보여주기

조음 억제

과제 1: 아래의 단어 목록을 머릿속으로 읽어 보자. 소리 내어 읽지 말아야 한다. 그런 다음 목록을 보지 말고 최대한 많은 단어를 회상해 보라.

코끼리, 협주곡, 모험, 병원, 우산, 우승자

과제 2: 이번에는 아래의 단어 목록을 머릿속으로 읽으면서, 동시에 단어 'the'를 반복해 소리내면서 읽어 보자(예: 'the, the, the……'). 그리고 목록을 보지 말고 최대한 많은 단어를 회상해 보라.

선택, 삼각형, 행복, 달력, 약, 전화기

조음 억제는 두 번째 단어 목록을 기억하기 어렵게 만든다. 이는 'the, the, the……'를 반복함으로써 언어적 · 청각적 정보를 저장하는 역할을 하는 음운 루프에 부담을 주며, 따라서 두 번째 목록을 기억하는 것이 어려워지기 때문에 조음 억제 현상이 발생한다.

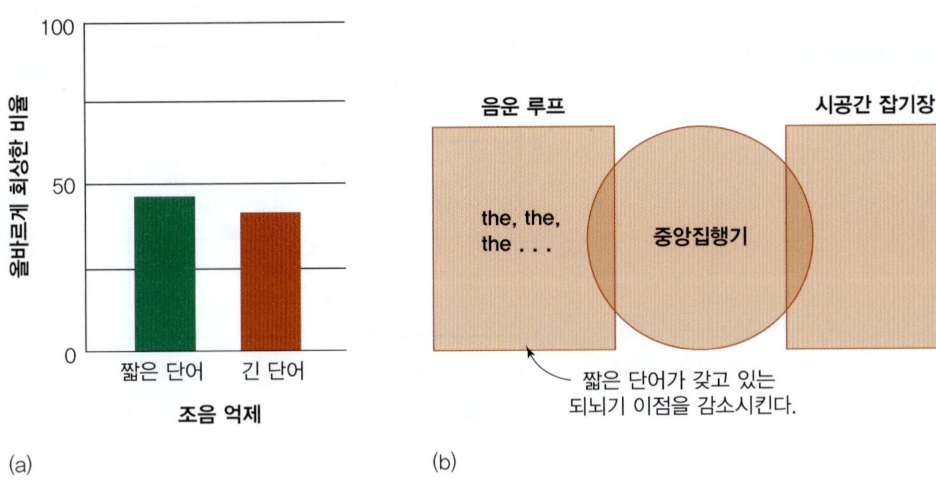

그림 5.12 (a) 'the, the, the……'를 반복해서 말하면 단어 길이 효과가 사라져서 짧은 단어와 긴 단어 간 수행 차이를 적게 만든다(Baddeley et al., 1984). (b) 'the, the, the……'를 반복해서 말하는 것은 음운 루프에서 되뇌기를 감소시켜 이러한 효과를 만들어낸다.

은 공간을 음운 루프에 남기기 때문에 회상하기 쉽다. 하지만, 'the, the, the……'를 말함으로써 되뇌기를 막았을 때는 짧은 단어와 긴 단어 모두 음운 저장소에서 사라지고 짧은 단어의 이점도 사라지게 된다(**그림 5.12b**).

시공간 잡기장

시공간 잡기장은 시각 정보와 공간 정보를 다루기 때문에, 실제로 시각 자극이 없어도 마음속에 시각적 이미지를 만들어 내는 **시각 심상**(visual imagery)의 처리 과정에 관여한다. 아래의 '보여주기'는 Roger Shepard와 Jacqueline Metzler(1971)가 실시한 초기 시각 심상 실험을 보여준다.

시각 심상(visual imagery) 실제 시각 자극 없이 마음속에서 시각 이미지를 경험하는, 시각과 관련된 심상의 일종.

보여주기

물체 비교하기

그림 5.13a에 있는 두 그림을 보고, 가능한 한 빨리 이 두 그림이 같은 물체를 다른 각도에서 본 것인지('같음') 또는 서로 다른 물체인지('다름') 판단해 보자. 그리고 **그림 5.13b**에 있는 두 물체에 대해서도 동일한 판단을 해 보자.

그림 5.13 '보여주기: 물체 비교하기'에서 사용한 자극. 자세한 내용은 본문을 볼 것.

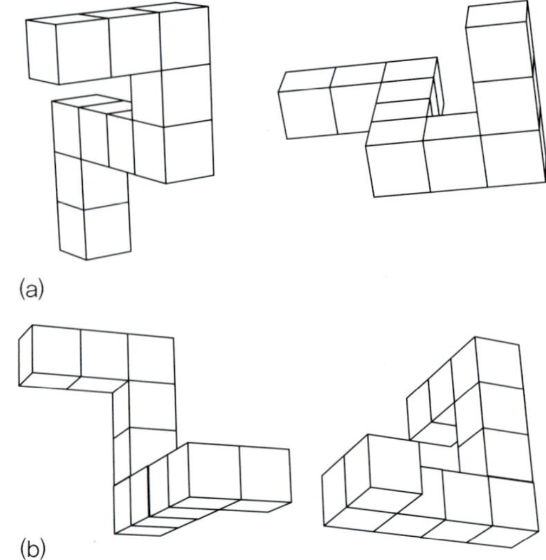

출처: R. N. Shepard & J. Metzler, Mental rotation of three-dimensional objects, *Science*, 171, Figures 1a & b, 701-703, 1971을 바탕으로 제작함.

그림 5.14 Shepard와 Metzler(1971)의 심적 회전 실험의 결과.

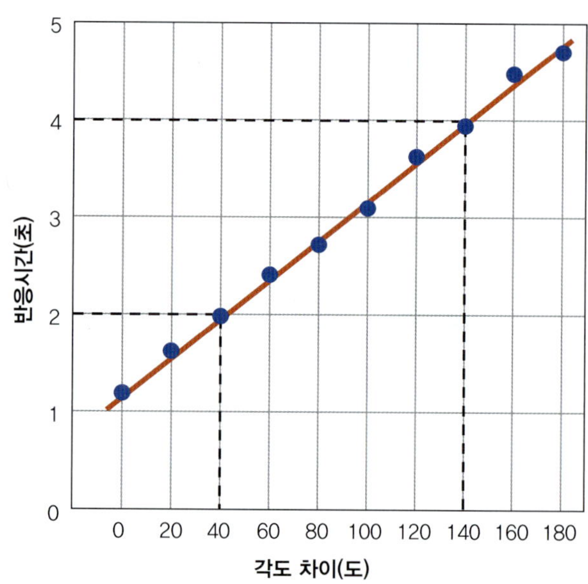

출처: R. N. Shepard & J. Metzler, Mental rotation of three-dimensional objects, *Science*, 171, Figures 1a & b, 701-703, 1971을 바탕으로 제작함.

Shepard와 Metzler는 실험 참가자들이 두 물체가 같은지 다른지 판단하는 데 걸린 반응시간을 측정했는데, 동일한 물체에 대한 판단에서 **그림 5.14**에서 나타난 관계를 발견하였다. 이 함수에 따르면, 한 도형이 다른 도형에 비해 40도 회전된 경우(**그림 5.13a**), 두 도형이 같다고 판단하는 데 2초가 걸렸다. 하지만 140도 회전으로 더 큰 차이가 나면(**그림 5.13b**), 판단하는 데 4초가 걸렸다. 방향의 차이가 클수록 판단하는 데 걸리는 반응시간이 더 길어진다는 이 결과를 바탕으로 Shepard와 Metzler는 실험 참가자들이 문제를 풀 때 두 물체 중 하나를 마음속에서 회전시킨다고 추론했다. 이러한 현상을 심적 회전(mental rotation)이라 부른다. 공간 속에서 시각 회전을 하기 때문에 심적 회전은 시공간 잡기장의 작동을 보여주는 예시가 된다.

심적 회전(mental rotation) 물체의 이미지를 마음속에서 회전시켜 보는 과정.

시각 표상을 사용하는 또 다른 예는 Sergio Della Sala와 동료들(1999)이 수행한 실험이다. 이 실험에서 참가자들은 다음 '보여주기'와 비슷한 과제를 제시받았다.

보여주기

시각적 모양 회상하기

그림 5.15에 있는 모양을 3초 동안 바라보라. 그다음 이 페이지를 넘겨서 **그림 5.17**에 있는 정사각형 중 어떤 정사각형을 채워야 동일한 모양이 되는지 표시하라.

그림 5.15 시각 회상 실험에서 사용한 검사 모양. 이 모양을 3초 동안 본 후 페이지를 넘기라.

이 '보여주기'의 모양은 언어적으로 약호화하기 어려워서 모양을 완성하는 것은 시각 기억에 의존한다. Della Sala는 실험 참가자들에게 절반 정도의 정사각형이 음영 처리된 작은 모양(2×2 행렬에 음영 처리된 정사각형 칸 2개)부터 큰 모양(5×6 행렬에 음영 처리된 칸 15개)까지 다양한 모양을 보여주었다. 그 결과, 참가자들은 평균적으로 9개의 음영 정사각형으로 이루어진 모양을 실수 없이 완성할 수 있었다.

참가자들이 Della Sala의 행렬 모양을 기억할 수 있었다는 사실은 시각 심상의 작동을 보여준다. 하지만 실험 참가자들이 평균 9개의 정사각형으로 이루어진 모양을 어떻게 기억할 수 있었을까? 이 숫자는 Miller가 제시한 범위인 5개에서 9개 범위의 상한선에 가깝고, Luck과 Vogel의 실험에서 추정한 단기기억의 4개 항목보다 훨씬 크다(**그림 5.8**). 이 질문에 대한 가능한 답은, 기억할 수 있는 정사각형 수를 늘려주는 청크화의 한 방법으로 각각의 정사각형을 몇 개의 하위 모양으로 통합시킬 수 있다는 점이다.

음운 루프의 작동이 간섭에 의해 방해를 받듯이(조음 억제, 164쪽 참조) 시공간 잡기장도 역시 그렇다. Lee Brooks(1968)는 몇 가지 실험을 통해 간섭이 시공간 잡기장의 작동에 어떤 영향을 미치는지 보여주었다. 아래의 '보여주기'는 Brooks의 과제 중 하나에 기반한 것이다.

보여주기

공간적 자극을 마음속에 유지하기

이 '보여주기'는 **그림 5.16**과 같이 '바깥쪽 모서리(O)'와 '안쪽 모서리(I)' 이름표가 붙어 있는 두 가지 모서리를 모두 갖고 있는 대문자 F를 마음속으로 그려 보는 것이다.

과제 1: **그림 5.16**을 가리고, 마음속으로 F 모양을 마음속으로 그려 본 채로 왼쪽 위 모서리(동그라미로 표시된 부분)에서 시작하여, 시계 방향으로 F의 외곽선을 마음속으로 따라 가보자(그림은 보지 말고!). 그리고 바깥쪽 모서리에 도달하면 **표 5.1**에 있는 '바깥쪽'을, 그리고 안쪽 모서리에 도달하면 '안쪽'을 '가리켜' 보자. 새로운 모서리에 도달할 때마다 **표 5.1**에 있는 새 칸에 반응하라.

과제 2: F를 다시 시각화하라. 하지만 이번에는, 마음속에서 시계 방향으로 F의 외곽선 주변을 따라 움직이면서 바깥쪽 모서리에 도달하면 '바깥쪽'이라고 말하고, 안쪽 모서리에 도달하면 '안쪽'이라고 말하라.

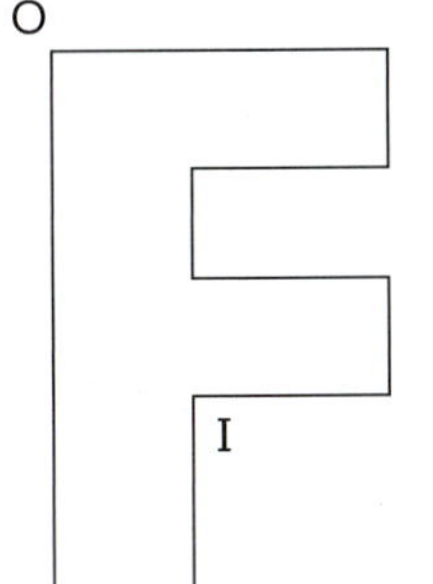

그림 5.16 '보여주기: 공간적 자극을 마음속에 유지하기'에서 사용하는 바깥쪽 모서리(O)와 안쪽 모서리(I)가 있는 F 자극. 본문의 지시 사항을 읽은 후 F를 가리자.

출처: Brooks, 1968.

그림 5.17 그림 5.15의 시각 회상 검사의 답안 행렬. 방금 본 모양에서 어둡게 표시된 각 칸에 표시하자.

표 5.1 '보여주기'를 위해 사용하라.

모서리	가리키기	
1	바깥쪽	안쪽
2	바깥쪽	안쪽
3	바깥쪽	안쪽
4	바깥쪽	안쪽
5	바깥쪽	안쪽
6	바깥쪽	안쪽
7	바깥쪽	안쪽
8	바깥쪽	안쪽
9	바깥쪽	안쪽
10	바깥쪽	안쪽

'바깥쪽' 또는 '안쪽'을 가리키는 것과 '바깥쪽' 또는 '안쪽'이라고 말하는 것 중 무엇이 더 쉬웠는가? 대부분의 사람들은 가리키는 과제를 더 어려워한다. 그 이유는 글자의 이미지를 마음속에 저장하는 것과 무엇을 가리키는 동작 모두 시공간 과제이므로, 시공간 잡기장이 과부하되기 때문이다. 이와 대조적으로, '바깥쪽'이나 '안쪽'이라고 말하는 것은 음운 루프에 의해 조절되는 조음 과제이므로 말로 반응하는 것은 일반적으로 F를 시각화하는 것을 방해하지 않는다.

중앙집행기

중앙집행기는 작업기억 시스템의 중앙 관제소(control center)이기 때문에 작업기억이 실제로 '작업'하게 만드는 구성 요소이다. 중앙집행기의 임무는 정보를 저장하는 것이 아니라 음운 루프와 시공간 잡기장이 정보를 어떻게 사용할지를 조정하는 역할을 한다(Baddeley, 1996).

Baddeley는 중앙집행기를 **주의 통제기**(attention controller)로 묘사한다. 이것은 특정한 과제에 어떻게 주의를 집중할지, 두 가지 과제들 사이에서 주의를 어떻게 분배할지, 그리고 과제 간에 주의를 어떻게 전환할지를 결정한다. 그러므로 중앙집행기는 4장에서 소개한 집행 주의(executive attention)와 관련이 있다(141쪽 참조). 중앙집행기는, 예를 들어 운전을 하면서 동시에 휴대전화를 사용하는 것을 시도하는 것과 같은 상황에서 필수적이다. 이 경우, 중앙집행기는 음운 루프 처리과정(전화기에 말하는 것, 대화를 이해하는 것)과 시각 잡기장 처리과정(주요 지형 지물을 시각화하고 도로의 배열을 시각화하면서 차를 운전하는 것)을 통제한다.

중앙집행기가 어떻게 작동하는지를 연구하는 한 가지 방법은 뇌 손상 환자의 행동을 관찰하는 것이다. 이 장의 뒷부분에 다루겠지만, 전두엽은 작업기억에서 중요한 역할을 한다. 따라서 전두엽에 손상이 있는 환자들이 주의를 통제하는 데 어려움을 겪는 것은 당연하다. 전두엽 손상 환자에게서 흔히 나타나는 전형적인 행동 특성 중 하나는 원하는 목표를 달성하고자 하는 것이 아님에도 불구하고 똑같은 행동이나 생각을 반복적으로 수행하는 **전환 곤란**(perseveration)이다.

전환 곤란(perseveration) 하나의 행동에서 다른 행동으로 전환하는 데 어려움을 겪는 현상으로, 유연한 사고가 요구되는 문제해결 능력을 방해할 수 있다. 전환 곤란은 전전두피질에 손상이 있는 경우에 관찰된다.

예를 들어, 특정한 규칙을 따르면 쉽게 풀 수 있는 문제를 생각해 보자('빨간색 물건을 골라

보라.'). 전두엽 손상을 입은 환자들은 그 규칙이 바뀌지 않는다면 각 시행에서 정확하게 반응할 것이다. 하지만 규칙이 바뀌면('이제 파란색 물건을 집어 보라.'), 이제 반응이 틀렸다는 피드백을 받는다고 할지라도 전두엽 손상 환자는 이전 규칙을 계속 따를 것이다. 이러한 전환에 곤란을 겪는 것은 중앙집행기에 있는 주의를 통제하는 기능이 제대로 작동하지 않았기 때문이다.

추가된 구성 요소: 일화적 저장소

우리는 지금까지 Baddeley의 세 가지 구성 요소 모형이 음운 유사성 효과, 단어 길이 효과, 조음 억제, 심적 회전, 간섭이 시공간 잡기장의 작동에 미치는 영향 등을 잘 설명할 수 있다는 것을 보았다. 그러나 연구 결과, 이 모형만으로는 설명할 수 없는 몇 가지 현상이 있음이 밝혀졌다. 예를 들어, 작업기억은 단순히 음운 루프나 시공간 잡기장에서 우리가 예상할 수 있는 것보다 더 많은 양의 정보를 저장할 수 있다는 점이다. 사람들은 15개에서 20개의 단어로 구성된 긴 문장도 기억할 수 있다. 이러한 능력은 문장에서 의미 있는 단위들을 함께 묶는 과정인 청크화와 관련이 있으며, 문장을 구성하고 있는 단어의 의미를 알고, 문법 규칙에 따라 문장의 각 부분을 서로 연결시키는 데 관여하는 장기기억과도 관련이 있다.

앞서 논의했듯이, 작업기억의 용량은 청크화를 통해 증가할 수 있으며, 작업기억과 장기기억 사이에는 정보의 교환이 일어난다. 하지만 Baddeley는 이러한 능력을 충분히 설명하기 위해 작업기억 모형에 추가적인 구성 요소를 도입할 필요가 있다고 판단했다. 일화적 저장소(episodic buffer)라고 부르는 이러한 새로운 구성 요소는 **그림** 5.18에 나와 있는 Baddeley의 새로운 작업기억 모형에서 확인할 수 있다. 이 일화적 저장소는 정보를 저장할 수 있어 추가적인 용량을 제공하며, 장기기억과 연결되어 있어 작업기억과 장기기억 간의 정보 교환을 가능하게 한다. 또한 이 모형은 시공간 잡기장과 음운 루프 역시 장기기억과 연결되어 있음을 보여준다. 6장에서 다루겠지만, 장기기억에는 여러 유형이 존재한다. 수정된 이 모형은 다음과 같이 세 가지 연결을 보여준다.

일화적 저장소(episodic buffer) Baddeley의 기존 작업기억 모형에 추가된 구성 요소로, 장기기억과 작업기억의 다른 구성 요소들 모두와 소통하는 '백업 저장소' 역할을 한다. 음운 루프나 시공간 잡기장보다 더 많은 정보를 더 오래 유지할 수 있는 용량을 가진다.

- 음운 루프는 단어의 정의, 문법, 통사 구조(단어 순서), 음운(언어의 소리)과 같은 언어 관련 장기기억과 연결되어 있다. 언어에 대해서는 11장에서 더 자세히 다룰 것이다.
- 일화적 저장소는 우리의 의식적인 경험에 대한 기억인 일화적 장기기억과 연결되어 있다. 이에 대해서는 6장에서 더 논의할 것이다.

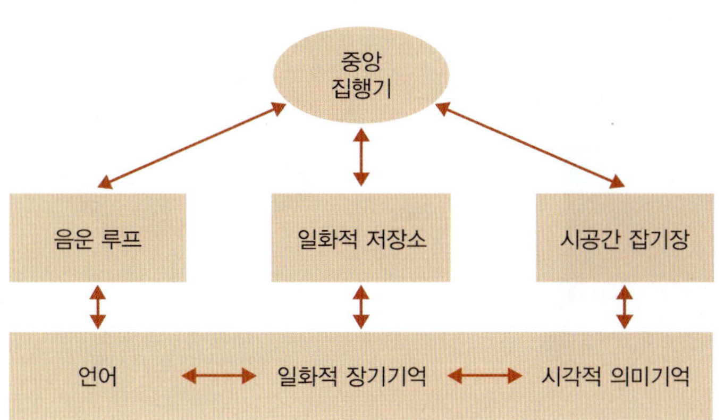

그림 5.18 Baddeley의 수정된 작업기억 모형은 원래의 세 가지 구성 요소에 더해 일화적 저장소와 장기기억과의 연결을 포함하고 있다.

- 시공간 잡기장은 시각적 정보로부터 파생된 의미와 관련된 장기기억의 한 유형인 시각적 의미기억과 연결되어 있다.

일화적 저장소에 대해 주목할 점은 이것이 저장 용량을 증가시키고 장기기억과의 소통 경로 역할을 한다는 점이다.

5.5 작업기억과 뇌

작업기억과 뇌에 관한 연구의 역사에서 중심이 되어온 뇌 구조는 전전두피질(prefrontal cortex: PFC)이다(**그림** 5.19). 우리는 먼저 작업기억과 전전두피질 사이의 연관성을 설명하고, 이후에는 작업기억과 관련된 '뇌의 지도'가 어떻게 확장되어 더 많은 영역이 포함되었는지를 살펴볼 것이다.

전전두피질(PFC) 손상의 효과

전전두피질 손상이 행동 변화를 일으킨 고전적인 사례는 바로 Phineas Gage와 쇠막대 사건이다(**그림** 5.20a). 이 사건은 1848년 9월 13일, 미국 버몬트주의 한 철도 공사 현장에서 Gage가 철도 건설을 위해 바위를 폭파하는 작업반을 지휘하고 있었을 때 발생하였다. 불행히도 그 과정에서 Gage는 길이 약 110cm, 지름 약 3.2cm인 쇠막대를 구멍에 밀어 넣는 과정에서 치명적인 실수를 저질렀고 우연히 불꽃이 일어나 화약이 폭발하면서 그 쇠막대가 발사되듯 튀어나와 그의 왼쪽 뺨을 관통해 머리 윗부분을 뚫고 나갔으며(**그림** 5.20b), 이 사고로 그의 전두엽 일부가 손상되었다(Ratiu et al., 2004).

놀랍게도 Gage는 살아남았지만, 당시 기록에 따르면 사고 이후에 그의 성격은 성실하고 모범적인 인물에서 충동 조절이 약하고, 계획 능력이 부족하며, 사회성이 떨어지는 사람으로 변했다고 한다. 물론 Gage의 행동 변화에 대한 초기 기록의 정확성에는 일부 논란이 있다(Macmillan, 2002). 그럼에도 불구하고, Gage의 사례는 전두엽이 성격이나 계획 수립 같은 다양한 정신 기능과 관련이 있다는 생각을 세상에 알리는 계기가 되었다.

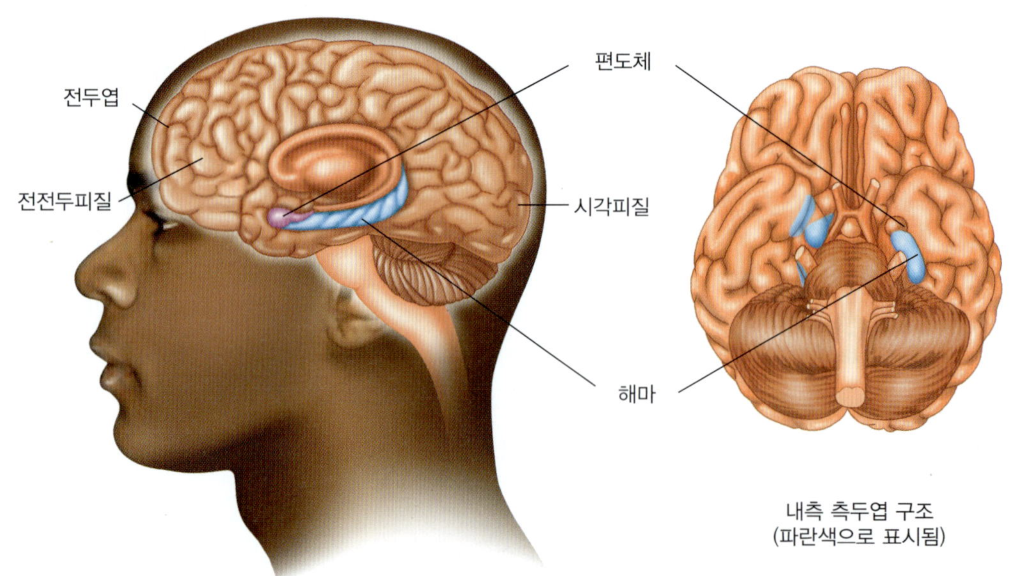

그림 5.19 기억에 관여하는 주요 구조들을 보여주는 뇌의 단면도. 작업기억에 관한 논의는 주로 전전두피질과 시각피질에 초점이 맞춰져 있다. 해마, 편도체, 전두엽은 6장과 7장에서 논의할 것이다.

(a)

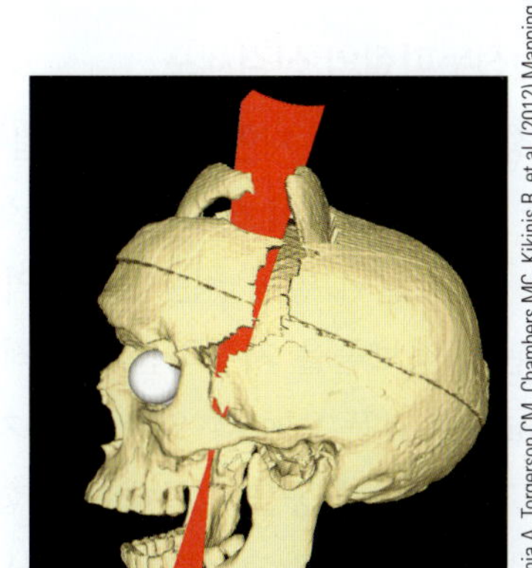

(b)

Van Horn JD, Irimia A, Torgerson CM, Chambers MC, Kikinis R, et al. (2012) Mapping Connectivity Damage in the Case of Phineas Gage. PLoS ONE 7(5): e37454. doi:10.1371/journal.pone.0037454

그림 5.20 (a) 자신의 뇌를 관통한 쇠 막대를 들고 있는 Phineas Gage. (b) 쇠 막대가 Gage의 머리를 어떻게 관통했는지를 보여주는 도식.

Gage의 사고와 기적적인 회복은 전두엽에 대한 대중의 관심을 불러일으켰지만, 오늘날 우리가 알고 있는 전두엽의 역할은 현대 신경심리학 사례 연구와 통제된 행동 및 신경생리학 실험을 통해 얻어진 것이다. 앞서 언급했듯이, 전두엽 손상은 중앙집행기의 중요한 기능 중 하나인 주의를 통제하는 기능에 문제를 일으킨다.

전두엽 손상이 기억에 미치는 영향을 탐구한 동물 연구 중 한 예는, 원숭이들로 하여금 지연 기간 동안 정보를 작업기억에 저장하도록 하는 **지연 반응 과제**(delayed-response task)를 수행하도록 하는 실험이다(Goldman-Rakic, 1990, 1992). **그림 5.21**은 이 과제의 구성을 보여준다. 원숭이는 두 개의 먹이 그릇 중 한 그릇 안에 먹이 보상이 들어 있는 것을 본다. 이후 두 그릇을 모두 뚜껑으로 덮고, 가림막을 내려 일정 시간 지연시킨 후에 가림막을 다시 올린다. 가림막이 올라가면, 원숭이는 먹이가 있었던 쪽을 기억해서 그 그릇을 선택해야 보상을 받을 수 있다. 원숭이는 훈련을 통해 이 과제를 성공적으로 수행할 수 있지만, 전전두피질이 제거되면, 원숭이들의 수행은 우연 수준인 50%로 떨어져서 먹이가 들어 있는 그릇을 절반 정도의 확률로만 선택하게 된다.

지연 반응 과제 (delayed-response task)
정보가 제시된 후 일정 시간 지연이 주어지고, 그 뒤에 기억을 검사하는 과제. 이 과제는 단기기억을 연구하는 데 사용되며, 특히 원숭이가 먹이 보상의 위치에 대한 정보를 지연시간 동안 얼마나 잘 유지하는지를 평가하는 실험에 활용되어 왔다.

원숭이가 쟁반에 있는 먹이를 관찰한다.

지연

반응

그림 5.21 원숭이에게 실시한 지연 반응 과제.

이 결과는 전전두피질이 짧은 시간 동안 정보를 저장하는 데 중요한 역할을 한다는 주장을 지지한다. 실제로 아주 어린 영아의 기억 행동을 '눈에서 멀어지면 마음에서도 멀어진다(out of sight, out of mind).'라고 묘사할 수 있는 이유는, 아이들의 전두엽과 전전두피질이 약 생후 8개월이 될 때까지는 충분히 발달하지 않기 때문이다(Goldman-Rakic, 1992).

정보를 저장하는 전전두피질의 신경세포

기억의 중요한 특징 중 하나는 **지연** 또는 **기다림**을 포함한다는 점이다. 무슨 일이 일어난 후, 잠시 짧은 시간 동안의 지연이 생기고(작업기억의 경우 매우 짧음), 기억이 성공적으로 이루어졌다면 사람은 어떤 일이 일어났는지를 기억해 낸다. 따라서 연구자들은 사건이 일어난 후에도 사건에 관한 정보들을 저장하는 생리적 기제를 찾고자 하였다.

Shintaro Funahashi와 동료들(1989)은 원숭이가 지연 반응 과제를 수행하는 동안 원숭이의 전전두피질에서 신경세포의 활동을 기록하는 실험을 실시했다. 실험에서 원숭이는 먼저 응시점인 X를 계속 응시해야 했고, 그 상태에서 화면의 특정 위치에 사각형이 짧게 제시되었다(**그림** 5.22a). 이 경우 사각형이 화면의 왼쪽 상단에 짧게 제시되었다(다른 시행들에서는 사각형이 화면의 다양한 위치에 나타났다). 이때 신경세포에서 작은 반응이 나타났다.

사각형이 사라진 후, 몇 초 동안의 지연이 있었다. **그림** 5.22b에 있는 신경 발화 기록을 보면, 이 지연 기간 동안에도 신경세포들이 계속 발화하고 있음을 보여준다. 이러한 발화는 원숭이의 작업기억 속 사각형의 위치에 대한 정보의 신경 기록을 나타낸다. 지연 이후에 응시점 X가 사라지면 이는 원숭이에게 사각형이 짧게 제시되었던 위치로 시선 이동시키라는 신호이다(**그림** 5.22c). 원숭이가 정확히 시선을 이동시킬 수 있었다는 사실은 사각형의 위치를 실제로 기억하고 있었음을 보여주는 행동적 증거가 된다.

이 실험의 핵심 결과는 Funahashi가 **특정한 위치**에 사각형이 나타났을 때만 반응하고, 그 이후 **지연시간에도 계속 반응을 유지**하는 신경세포를 발견했다는 것이다. 예를 들어, 어떤 신경세포는 사각형이 화면의 우측 상단에 나타났을 때와 지연 기간 동안에만 발화했고, 또 어떤 신경세포는 화면의 다른 위치에 자극이 제시되었을 때만, 그리고 그 지연 기간 동안에만 반응했다. 이러한 신경세포의 발화는 특정 장소에 사물이 제시되었음을 나타내며, 이 신경세포가 계속 발화를 하는 한 그 물체의 위치 정보는 기억 속에 남아 있다(Funahashi, 2006).

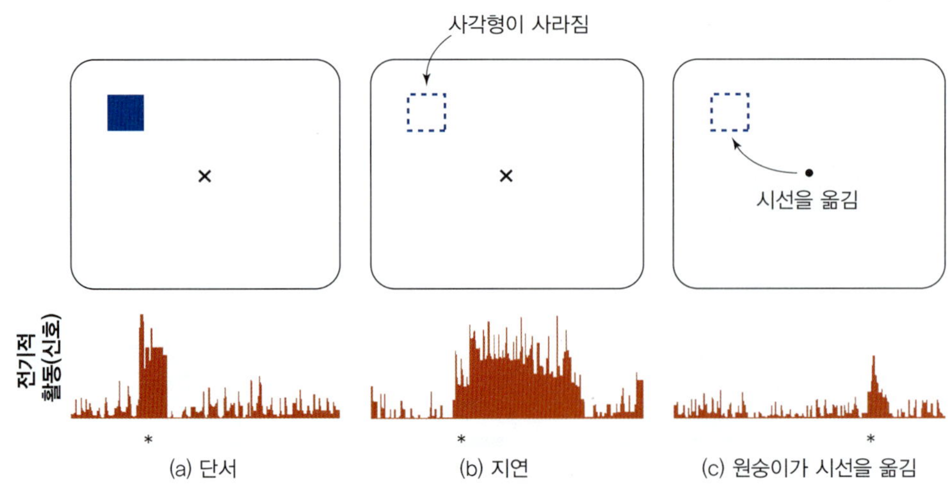

그림 5.22 주의 과제 수행 중 원숭이의 전전두피질에서 신경세포의 반응을 보여주는 결과. 신경세포의 반응은 별표(*)로 표시하였다. (a) 단서 사각형이 특정한 위치에서 짧게 제시되면 신경세포는 반응한다. (b) 사각형은 사라졌지만 지연시간 동안에도 신경세포는 계속 반응한다. (c) 응시점 X가 사라지면, 원숭이는 시선을 옮김으로써 사각형이 있던 위치를 기억하고 있음을 보여준다.

출처: S. Funahashi, C. J. Bruce, & P. S. Goldman-Rakic, Mnemonic coding of visual space in the primate dorsolateral prefrontal cortex, *Journal of Neurophysiology*, 6, 331–349, 1989. 수정 인용함.

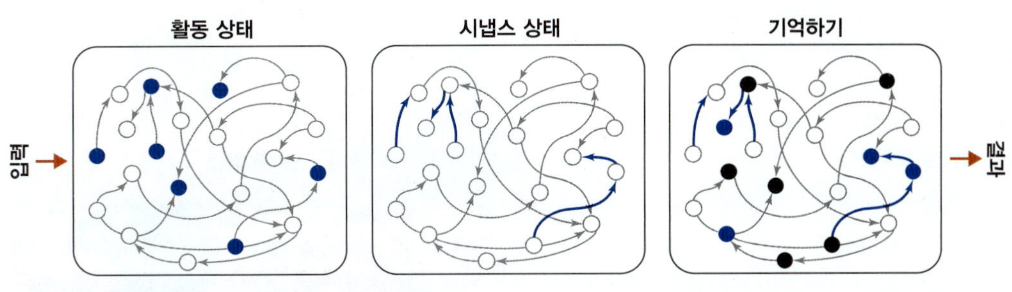

출처: Stokes, M. G. 'Activity-silent' working memory in prefrontal cortex: a dynamic coding framework. *Trends in Cognitive Sciences*, 19(7), 394-405. Figure 2a, top, p. 397, 2015.

그림 5.23 Stokes(2015)가 제안한 정보가 신경망의 연결성 변화에 의해 작업기억에 저장될 수 있다는 내용을 보여주는 도식. (a) 활동 상태(activity state)는 신경망 내 일부 신경 세포(파란 원)이 들어오는 자극에 의해 활성화되는 모습을 보여준다. (b) 시냅스 상태는 신경망 내 신경 세포들 사이의 연결(파란 선)이 강화되었음을 보여준다. (c) 기억과 관련된 활동.

작업기억의 신경역학

그림 5.22b에서처럼 지연 기간 동안 지속적인 신경 활동을 통해 정보가 작업기억에 저장될 수 있다는 주장은 신경 발화가 신경계에서 정보를 전달한다는 기존 주장과 잘 맞아떨어진다. 하지만 일부 연구자들은 지연 동안의 정보 유지가 지속적인 발화 없이도 가능하다고 제안해 왔다.

예를 들어, Mark Stokes(2015)는 정보가 신경망 내의 단기적 변화를 통해 저장될 수 있다고 제안하였다(**그림** 5.23). **그림** 5.23a는 기억해야 할 정보가 진한 색의 원으로 표시된 여러 신경세포를 짧게 발화시키는 **활동 상태**를 보여준다. 이러한 발화는 지속되지 않지만, **그림** 5.23b에서 볼 수 있는 **시냅스 상태**를 유발하며, 이는 굵은 선들로 표시된 신경세포 간의 연결이 강화된 상태이다. Stokes는 이러한 연결성 변화를 **활동-비활성 작업기억**(activity-silent working memory)라고 부르며, 이 연결성의 변화는 몇 초 정도만 지속되지만 작업기억을 유지하기에는 충분한 시간이다. 마지막으로 기억을 인출할 때는 **그림** 5.23c에 나타난 것처럼 신경망 내의 발화 패턴으로 기억이 나타난다.

활동-비활성 작업기억(activity-silent working memory) 작업기억 속 정보를 유지하는 기제로 제안된 신경망 연결성의 단기적인 변화.

즉, Stokes의 모형에서는 정보가 지속적인 신경 발화에 의해 유지되는 것이 아니라, 신경망 내 신경세포 간 연결성의 일시적인 변화에 의해 유지된다고 본다. 다른 연구자들도 지속적인 신경 발화를 필요로 하지 않는 작업기억의 정보 유지 방식을 제안해왔다(Lundquist et al., 2016; Murray et al., 2017). 이러한 모형은 매우 복잡한 실험과 계산에 기반하고 있으며 아직은 가설 단계에 머물러 있지만, 정보가 신경망 연결 변화로 신경계에 저장될 수 있음을 시사한다(Kaldy & Sigala, 2017).

작업기억에 대한 또 다른 최신 관점은 작업기억이 전전두피질(PFC)뿐만 아니라 그 외의 생리학적 과정까지 포함한다는 것이다. 작업기억이 전두엽 이외의 뇌 영역을 포함한다는 것은 논리적으로도 당연하다. 예를 들어, **그림** 5.11에 나온 자동차를 운전하는 사람을 떠올려 보자. 그녀는 중앙집행기를 사용해 주의를 한 대상에서 다른 대상으로 전환하고 있으며, 도로 구조를 마음속으로 그리면서 시각적 능력을 활용하고, 동승자의 길 안내를 들으면서 언어적 능력도 사용하고 있다. 따라서 작업기억은 뇌의 여러 영역 간의 상호작용을 통해 이루어진다. 이러한 상호작용은 **그림** 5.24에 제시된 것처럼 뇌 영역 간의 연결을 통해 상징적으로 볼 수 있으며, 이는 수많은 실험에 기반한 연구 결과를 바탕으로 구축된 네트워크를 보여준다(Curtis & D'Esposito, 2003; Ericsson et al., 2015; Lee & Baker, 2016; Riley & Constantinidis, 2016).

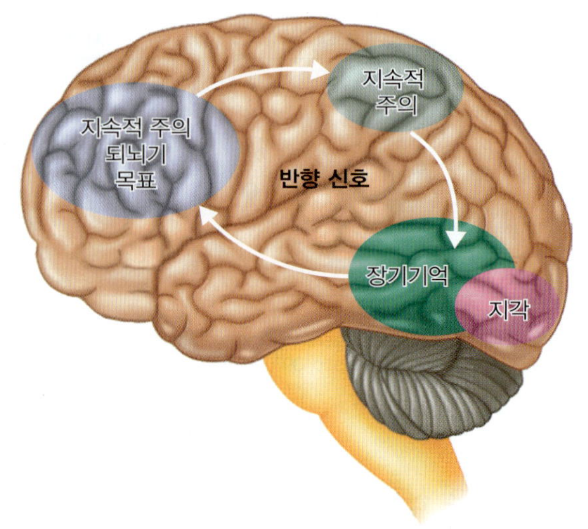

그림 5.24 작업기억에 관여하는 뇌의 일부 영역을 보여주는 지도. Ericsson과 동료들(2015)이 제안한 작업기억 구조의 단순화된 버전으로, 여러 뇌 영역이 작업기억과 관련되어 있을 뿐만 아니라, 서로 소통하고 있음을 보여준다.

출처: Ericsson et al., Neurocognitive architecture of working memory, *Neuron* 88, 33-46, Figure 10d, page 35, 2015.

이처럼 작업기억에 여러 뇌 영역이 관여한다는 개념은 2장에서 소개한 분산 표상(distributed representation)의 한 예이기도 하다(49쪽 참조).

5.6 고려사항: 작업기억이 클수록 좋을까?

작업기억은 사람마다 동일할까? 이 질문에 대한 답은 사람마다 작업기억의 용량에는 개인차가 존재한다는 것이며, 이는 놀라운 일이 아니다. 사람마다 신체적 능력이 다르듯이, 어떤 사람은 다른 사람보다 기억력이 더 좋다는 것은 흔히 관찰된다. 하지만 연구자들이 작업기억의 개인차에 관심을 가지는 이유는 단순히 차이가 있다는 사실을 밝히는 데 그치지 않고, 이러한 차이가 인지 기능과 행동에 어떤 영향을 미치는지를 밝혀내는 데 더 큰 목적이 있다.

Meredyth Daneman과 Patricia Carpenter(1980)는 작업기억 용량의 개인차에 관한 초기 실험 중 하나를 수행했는데, 작업기억 용량을 측정하는 검사를 개발하고 그 개인차가 읽기 이해 능력과 어떤 관련이 있는지를 알아보았다. 이들이 개발한 **읽기 폭 검사**(reading span test)는 참가자들이 다음과 같은 13~16개 단어로 이루어진 문장을 읽도록 요구했다.

읽기 폭 검사(reading span test) Daneman과 Carpenter가 읽기 폭을 측정하기 위해 사용한 검사.

1. When at last his eyes opened, there was no glimmer of strength, no shade of angle.
2. The taxi turned up Michigan Avenue where they had a clear view of the lake.

각 문장은 참가자가 읽을 수 있을 정도로 잠시 동안 화면에 제시되었다 사라졌고, 다 읽으면 바로 같은 식으로 다음 문장들이 순차적으로 제시되었다. 마지막 문장을 읽고 난 직후, 참가자들은 각 문장의 마지막 단어를 순서대로 기억해내야 했다. 참가자의 **읽기 폭**(reading span)은 그들이 읽을 수 있고 그 문장의 마지막 단어를 모두 정확히 기억할 수 있었던 문장 수로 측정되었다.

읽기 폭(reading span) Daneman과 Carpenter가 작업기억의 개인차를 측정하기 위해 사용한 척도. 이것은 사람이 13~16개 단어로 이루어진 문장을 읽고, 그 모든 문장의 마지막 단어를 정확히 기억할 수 있는 문장 수를 의미한다.

참가자들의 읽기 폭은 2개에서 5개 문장까지 다양했으며, 이 폭의 크기는 여러 읽기 이해 과제 수행 능력 및 SAT 언어 능력 점수와 높은 상관을 보였다. Daneman과 Carpenter는 작업기억 용량이 읽기 이해 능력에서 나타나는 개인차의 핵심 요인이라고 결론지었다. 다른 연구들에서도, 작업기억 용량이 높을수록 더 나은 학업 성취도(Best & Miller, 2010; Best et al., 2011), 고등학교 졸업 가능성 증가(Fitzpatrick et al., 2015), 감정 조절 능력 향상(Schmeichel et al.,

2008), 창의성 향상(De Drue et al., 2012) 등과 관련이 있음이 밝혀졌다. 또한 Appelrouth와 동료들(2017)은 작업기억 능력이 SAT의 언어 및 수학 영역 모두에서 강력한 예측 지표가 된다는 사실을 발견했으며, 이는 SAT가 대학 입시에서 전통적으로 중요한 시험이라는 점에서 의미가 있다. 그러나, 작업기억 능력이 뛰어난 사람이라도 시험 불안이 심한 경우, 주의와 작업기억에 필요한 인지 자원이 시험과 불안 사이에서 분산되기 때문에 SAT 점수가 낮아질 수 있다(Owens et al., 2012; Moran, 2016).

그렇다면, 작업기억 용량의 차이가 이러한 결과로 이어지는 이유는 무엇일까? Edward Vogel과 동료들(2005)은 작업기억의 한 구성 요소인 중앙집행기가 주의를 얼마나 잘 통제하는지를 알아보기 위해 작업기억 수행 결과에 따라 참가자들을 작업기억 용량이 높은 집단과 작업기억 용량이 낮은 집단으로 나누었다. 작업기억 용량이 높은 **고용량 집단**(high-capacity group)은 더 많은 항목들을 작업기억에 저장할 수 있었고, 용량이 낮은 **저용량 집단**(low-capacity group)은 상대적으로 적은 수의 항목을 저장할 수 있었다.

참가자들은 변화 탐지 절차를 사용한 검사를 받았다('방법: 변화 탐지', 133쪽 참조). **그림 5.25a**는 자극의 제시 순서를 보여준다. (1) 먼저, 참가자들은 뒤따라 나오는 화면의 왼쪽에 있는 빨간색 사각형에 주의를 집중할지 아니면 오른쪽에 있는 빨간색 사각형에 주의를 집중할지를 알려주는 단서를 보게 된다. (2) 이어서 그들은 0.1초 동안 기억 화면을 본 후에 (3) 짧은 빈 화면을 보고 나서 (4) 검사 화면을 보았다. 참가자들의 과제는 검사 화면에 있는 단서로 지시된 빨간 사각형들이 기억 화면에 있었던 것과 동일한 방향을 가지고 있는지의

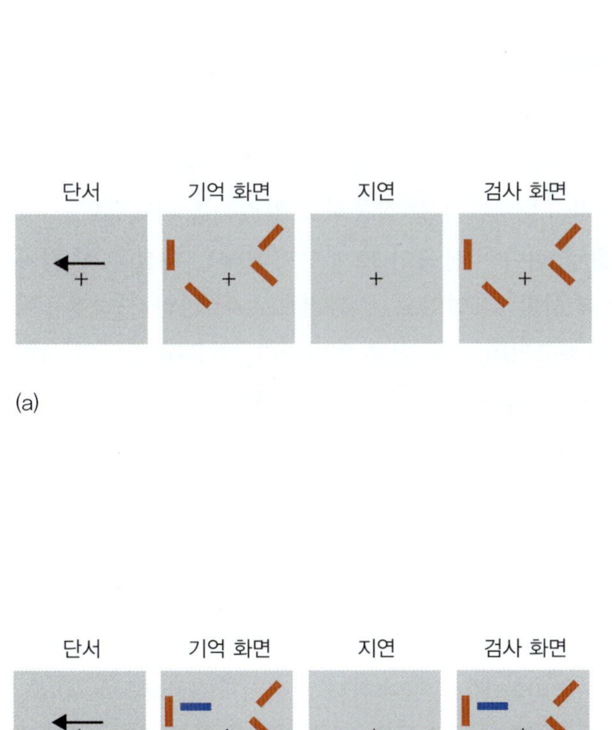

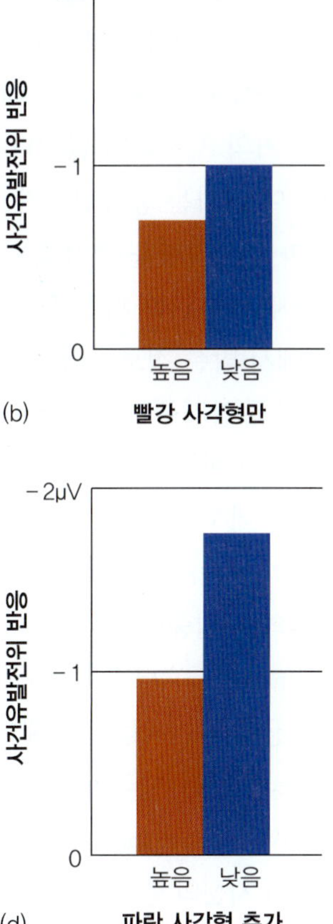

그림 5.25 (a) Vogel과 동료들(2005)의 과제를 위한 시행 절차. 이 예시에서 화살표는 실험 참가자에게 기억 화면과 검사 화면의 왼쪽에 주의를 두라고 지시하는 것을 의미한다. 이 과제는 주의를 둔 쪽의 빨간 사각형들이 두 화면에서 동일한지 상이한지 여부를 판단하는 것이다. (b) (a) 과제를 수행하는 동안, 고용량 실험 참가자와 저용량 실험 참가자의 사건관련전위(ERP) 반응. (c) 파란 사각형들이 추가된 자극 화면. 실험 참가자가 빨간 사각형에 주의를 집중하는 것을 방해하기 위해 파란 사각형들을 추가하였다. (d) (c) 과제를 수행하는 동안 사건유발전위 반응.

출처: E. K. Vogel, A. W. McCollough, & M. G. Machizawa, Neural measures reveal individual differences in controlling access to working memory, *Nature*, 438, 500–503, 2005를 바탕으로 제작함.

여부를 판단하는 것이었다. 참가자들이 이 판단을 내리는 동안, 연구자들은 **사건유발전위**라고 불리는 뇌 반응을 측정해 과제를 수행하는 동안 작업기억에서 얼마나 많은 공간이 사용되고 있는지를 알아보았다.

방법

사건유발전위

사건유발전위(event-related potential: ERP)는 **그림 5.26a**에 나와 있듯이 사람의 두피에 부착한 작은 원반 전극을 통해 기록된다. 각 전극은 함께 발화하는 일련의 신경세포로부터 신호를 측정한다. 그림 5.26b에 나와 있는 사건유발전위는 Vogel의 실험에서 사람들이 판단을 내릴 때 측정된 것이다. 이러한 반응은 작업기억에 저장되어 있는 항목의 숫자와 관련이 있다고 다른 연구들에서 밝혀졌다. 따라서 큰 사건유발전위 반응은 작업기억에서 더 많은 정보처리 공간이 사용되고 있음을 가리킨다.

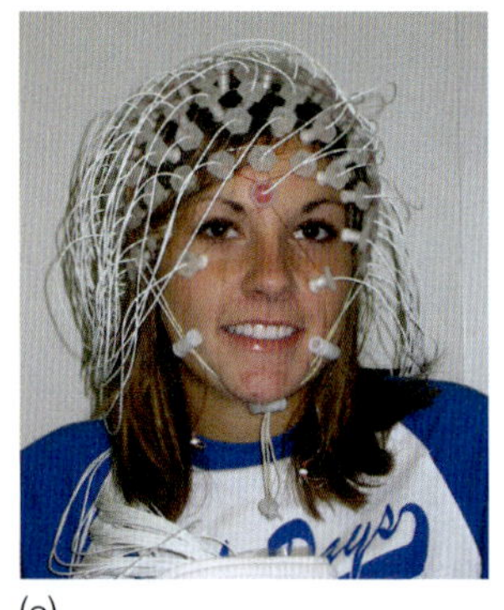

(a)

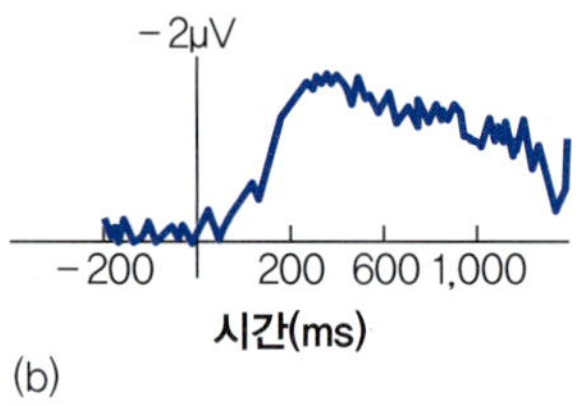

(b)

그림 5.26 (a) 사건유발전위를 측정하기 위해 전극을 부착하고 있는 사람. (b) 실험 참가자가 자극을 보고 있는 동안 측정된 사건유발전위.

출처: Natasha Tokowicz 제공.

그림 5.25b에 나와 있는 결과는 빨간 사각형만 제시된 조건에서 고용량 작업기억 집단과 저용량 집단의 사건유발전위 크기를 비교한 것이다. 사건유발전위의 크기가 두 집단에서 거의 동일하기 때문에 그렇게 흥미로운 결과는 아니다. 하지만 Vogel은 **그림** 5.25c에 나타난 것처럼 추가로 파란 사각형들을 더한 또 다른 조건을 실행했다. 이 파란 사각형은 참가자의 과제와는 전혀 관련이 없기 때문에, 참가자의 주의를 분산시키는 방해자극이다. 만약 중앙집행기가 제대로 작동하고 있다면, 주의는 계속해서 빨간 사각형들에 집중되어 있어야 하므로 이 파란 사각형들은 아무런 영향을 주지 않아야 한다. **그림** 5.25d에 나타난 결과는 파란 사각형들을 추가한 것이 고용량 집단의 반응을 증가시켰지만 저용량 집단의 반응은 더 크게 증가시켰다는 것을 보여준다.

파란 사각형을 추가로 제시되었을 때 고용량 집단의 반응에 미치는 영향이 작았다는 사실은 이 참가자들이 방해 자극을 매우 효율적으로 무시할 수 있었고, 파란 직사각형이 작업기억 공간을 거의 차지하지 않았다는 것을 의미한다. 주의를 할당하는 것은 중앙집행기의 역할이므로, 이 결과는 중앙집행기가 이 참가자들에게서 잘 작동하고 있었음을 나타낸다.

2개의 파란 사각형을 추가했을 때 저용량 집단의 반응이 크게 증가했다는 사실은 이 참가자들이 과제와 무관한 파란색 자극들을 무시할 수 없었고, 결과적으로 이 파란 사각형들이 작업기억에서 많은 정보처리 공간을 차지하고 있었다는 것을 의미한다. 저용량 집단의 실험 참가자들의 중앙집행기는 고용량 집단만큼 효율적으로 작동하지 않았다. Vogel과 동료들은 이러한 결과를 바탕으로, 어떤 사람들의 중앙집행기가 다른 사람들의 중앙집행기보다 주의를 할당하는 데 더 효율적이라는 결론을 내렸다.

한 걸음 더 나아간 다른 실험들은 고용량 참가자들이 수행 수준이 더 높은 이유가 중요한 자극에 '주의를 집중하는 데(tuning in)' 더 능숙하기 때문인지, 아니면 무관한 방해 자극을 '차단하는 데(tuning out)' 더 능숙하기 때문인지를 알고자 했다. 이러한 실험에서 얻어진 일반적인 결론은, 고용량 참가자들이 방해 자극을 차단하는 데 더 능숙하다는 것이다(Gaspar et al., 2016).

주의를 방해하는 자극을 무시할 수 있는 능력의 중요성은, 우리가 4장에서(142쪽) 소개했던 **인지 통제**(cognitive control)와 작업기억 사이의 연관성을 강조한다. 인지 통제는 일반적으로, 사람들이 자신의 행동과 주의 자원을 조절하고, 충동에 굴복하려는 유혹을 억제할 수 있게 하는 일련의 기능으로 설명되어 왔다(Fitzpatrick et al., 2015; Garon et al., 2008). 즉, 인지 통제는 내생적 주의를 효과적으로 사용하는 동시에 외생적 주의를 제한하거나 억제하는 과정을 포함한다. 뇌는 쉽게 방황하거나 환경적 자극에 쉽게 주의를 빼앗길 수 있지만, 우수한 인지 통제력은 뇌가 과제에 집중하도록 유지시킬 수 있어야 한다. 인지 통제 능력이 부족한 사람은 주의가 더 쉽게 산만해지고, 이러한 산만함이 현재 수행 중인 행동에 더 쉽게 영향을 미친다. 연구에 따르면, 인지 통제에서의 개인차는 작업기억의 개인차와 밀접하게 관련되어 있음을 시사한다(Friedman et al., 2011; Hofmann et al., 2012; Kotabe & Hofmann, 2015).

처음으로 돌아가서 이 장을 다시 살펴보면, 우리는 Atkinson과 Shiffrin(1968)의 다중저장고 모형에서부터 먼 길을 걸어왔음을 알 수 있다. 이 모형의 장점은, 기억 과정을 서로 다른 특성을 가진 여러 단계로 나누어 설명함으로써, 연구자들이 각 단계가 어떻게 작동하는지 발견하는 데 집중하도록 유도했다는 점이다. 기억의 다중저장고 모형이 제안된 이후의 연구의 흐름은 행동 실험(예: **그림 5.18**에 나타난 Baddeley의 모델처럼 더 많은 단계를 제안하게 함)과 생리학적 실험(예: 짧은 기억이 신경계 내에서 어떻게 저장되는지를 고찰함)으로 구성되어 왔다.

이 장은 앞으로 다룰 내용을 위한 일종의 '준비 운동'과 같은 역할을 했다. 6장에서는 기억의 단계를 다루는 개념을 계속 이어가며, 다중저장고 모형에서 장기기억 상자에 해당하는 부분을 집중적으로 다룬 연구들을 소개할 것이다. 우리는 이 연구들이 여러 유형의 장기기억을 어떻게 구분해냈는지를 배우게 될 것이다. 그리고 7장에서는 정보를 장기기억에 저장하고 꺼내는 데 관여하는 기제를 탐구하고, 다시 생리학적 관점으로 돌아가 신경세포가 몇 분에서 평생에 이르기까지 어떻게 정보를 저장할 수 있는지를 다룰 것이다.

자가 테스트

1. Baddeley가 다중저장고 모형의 대안을 고려하기 시작하게 만든 두 가지 발견을 설명하라. (학습목표 5-1, 학습목표 5-6)
2. 단기기억과 작업기억의 차이점은 무엇인가? (학습목표 5-2)
3. Baddeley의 작업기억의 세 가지 구성 요소 모형을 설명하라. (학습목표 5-2)
4. 음운 유사성 효과, 단어 길이 효과, 조음 억제 효과를 설명하라. 이러한 효과들이 음운 루프에 대해 무엇을 알려주는가? (학습목표 5-6, 학습목표 5-7)
5. 시공간 잡기장과 Shepard와 Meltzger의 심적 회전 과제, Della Sala의 시각적 모양 과제, Brooks의 'F' 과제를 설명하라. 각각의 실험이 시공간 잡기장에 대해 무엇을 알려주고 있는지를 반드시 이해하자. (학습목표 5-6, 학습목표 5-8)
6. 중앙집행기는 무엇인가? 전두엽의 손상으로 집행 기능을 잃어버리면 어떤 일들이 발생하는가? (학습목표 5-8)
7. 일화적 저장소는 무엇인가? 왜 일화적 저장소가 제안되었으며, 그 역할은 무엇인가? (학습목표 5-8)
8. Phineas Gage와 전두엽의 연관성은 무엇인가? (학습목표 5-9)
9. 작업기억의 생리학적 기전은 (1) 원숭이의 전전두엽(PFC)을 제거했을 때 기억에 미치는 영향과, (2) 원숭이로부터 신경 반응을 기록함으로써 연구되었다. 이러한 연구는 우리에게 작업기억과 뇌에 대해 무엇을 가르쳐 주었는가? (학습목표 5-9)
10. Stokes의 작업기억 모형은 자극을 제시하고 그것을 기억하는 지연시간 동안 지속적인 신경 활동이 있어야 한다는 기존 생각과 어떻게 다른가? (학습목표 5-9)
11. Daneman과 Carpenter는 어떻게 작업기억 용량, 읽기 이해력, SAT 언어 점수 사이의 관계를 발견했는지 설명하라. (학습목표 5-1)
12. 작업기억 용량이 높은 집단과 낮은 집단이 변화 탐지 과제를 수행하는 동안 사건유발전위를 측정한 Vogel의 실험을 설명하라. 이 실험의 결과는 두 유형의 실험 참가자들의 중앙집행기에 관해 무엇을 알려주는가? (학습목표 5-4, 학습목표 5-8)
13. 작업기억 용량이 높은 참가자들이 더 뛰어난 수행을 보이는 이유는, 그들이 관련 자극에 주의를 더 잘 기울이기 때문인가, 아니면 방해 자극을 더 잘 차단하기 때문인가? (학습목표 5-4, 학습목표 5-8)
14. 자기 통제란 무엇이며, 그것이 작업기억과 관련되어 있을 것으로 예상되는 이유는 무엇인가? (학습목표 5-1, 학습목표 5-9)

이 장의 요약

1. 기억은 자극, 이미지, 사건, 생각, 기술 등에 대한 원래 정보가 더 이상 존재하지 않을 때 보유하고, 인출하며, 사용하는 데 수반되는 처리과정이다. 다섯 가지 다른 유형의 기억은 감각기억, 단기기억, 일화기억, 의미기억, 절차기억을 포함한다.
2. Atkinson과 Shiffrin의 기억의 다중저장고 모형은 세 가지 구조적 특질인 감각기억, 단기기억, 장기기억으로 구성된다. 이 모형의 또 다른 특징은 되뇌기나 주의 전략 같은 통제처리이다.
3. 시각의 감각기억의 용량과 지속 기간을 알아보기 위해서 Sperling은 전체보고법과 부분보고법 등 두 가지 방법을 사용하였다. 시각 감각기억(영상기억)의 지속시간은 1초 이하이며, 청각 감각기억(청상기억)의 지속시간은 2~4초 정도이다.
4. 시각 지속은 감각기억 저장소(특히 영상기억)의 존재를 뒷받침하는 증거를 제공한다. 시각 지속은 움직이는 불꽃놀이 막대가 그리는 빛의 흔적을 보거나, 영화에서 연속적인 정지 화면들 사이에서 매끄러운 움직임을 경험함으로써 느낄 수 있다.
5. 단기기억은 현재를 바라보는 창이다. Brown과 동료들은 단기기억의 지속 시간이 약 15~20초 정도인 것을 확인하였다.
6. 숫자 폭은 단기기억 용량을 측정하는 지표 중 하나이다. George Miller의 고전 논문 「마법의 수 7±2: 정보처리 용량의 몇 가지 한계」에 따르면, 단기기억의 용량은 5~9개 사이의 항목이다. 최근 실험 결과에 따르면, 단기기억의 용량은 약 4개 항목이다. 단기기억에 저장할 수 있는 정보의 양은 작은 단위의 정보들을 더 크고 의미 있는 단위로 결합하는 청크화를 이용해 확장될 수 있다. 달리기 선수인 S. F.의 기억 수행은 청크화의 한 예를 보여준다.
7. 단기기억 용량을 항목의 수로 이야기하는 것보다는 정보의 양으로 설명되어야 한다는 제안이 있다. 단순한 자극부터 복잡한 자극까지 사용한 Alvarez와 Cavanagh의 실험은 이러한 제안을 지지한다.
8. 시간에 따라 전개되고 단일 단기 처리과정으로는 설명할 수 없는 역동적인 처리과정을 다루기 위해 Baddeley는 다중저장고 모형의 단기기억 부분을 수정하였다. 이 새로운 모형에서 작업기억이 단기기억을 대체한다.
9. 작업기억은 복잡한 과제에서 정보를 저장하고 조작하는 제한된 용량의 시스템이다. 이것은 다음의 3개의 구성 요소로 이루어진다. (1) 청각 또는 언어 정보를 저장하는 음운 루프, (2) 시각과 공간 정보를 저장하는 시공간 잡기장, (3) 음운 루프와 시공간 잡기장의 활동을 조정하는 중앙집행기.
10. 다음은 음운 루프의 작동으로 설명될 수 있는 효과들이다. (1) 음운 유사성 효과, (2) 단어 길이 효과, (3) 조음 억제.
11. Shepard와 Metzler의 심적 회전 실험은 시공간 잡기장의 기능 중 하나인 시각 심상을 보여준다. Della Sala의 시각 회상 과제는 작업기억의 용량을 추정하기 위해 시각적 심상을 사용했다. Brooks의 'F' 실험은 한 과제는 시공간 잡기장에서 처리되고 다른 과제는 음운 루프에서 처리된다면 두 개의 서로 다른 과제를 동시에 수행할 수 있음을 보여준다. 만약 두 과제가 작업기억의 한 구성 요소에서 동시에 처리되어야 한다면 수행 수준은 낮아질 것이다.
12. 중앙집행기는 음운 루프와 시공간 잡기장이 정보를 어떻게 사용하는지를 조정한다. 중앙집행기를 주의 통제기로 생각할 수도 있다. 전두엽이 손상된 환자들은 전환 곤란 현상에서 보았듯이, 주의를 통제하는 데 어려움을 겪는다.
13. 작업기억 모형은 작업기억과 장기기억을 연결하는 데 도움을 주고 음운 루프나 시공간 잡기장보다 많은 용량의 정보를 더 오랫동안 저장할 수 있는 일화적 저장소라고 불리는 추가적 요소를 포함하도록 업데이트되었다.
14. 음운 루프, 시공간 잡기장, 일화적 저장소는 각각 특정적으로 언어, 시각적 의미기억, 일화적 장기기억 유형과 관련이 있다.
15. Phineas Gage의 사고는 전전두피질의 일부 기능을 사람들에게 알리게 되었다.
16. 작업기억에 의존하는 행동은 전전두피질의 손상으로 지장이 생길 수 있다. 이는 원숭이를 대상으로 지연 반응 과제를 실시함으로써 입증되었다.
17. 전전두피질에는 자극이 나타나면 발화하고 이 자극을 기억 속에 저장되는 동안 계속 발화하는 신경세포가 있다.
18. 작업기억의 생리학에 대한 최근 연구는 (1) 정보가 신경 연결성 패턴에 저장될 수 있다는 점과 (2) 작업기억은 뇌의 여러 영역이 함께 관여하는 과정이라는 주장을 소개했다.
19. Daneman과 Carpenter는 읽기 폭 검사라는 작업기억 용량 측정 도구를 개발하였다. 이 검사를 통해 작업기억 용량의 개인차를 측정한 결과, 작업기억 용량이 높은 사람일수록 읽기 이해력이 더 높고 SAT 점수도 더 높다는 것이 밝혀졌다. 이러한 결과는 다른 연구들에 의해 재확인되고 확장되었다. 그러나, SAT를 치를 때 시험 불안은 주의를 분산시키고, 따라서 작업기억과 경쟁하기도 한다.
20. Vogel과 동료들은 사건유발전위를 사용하여 작업기억 용량이 높은 실험 참가자와 낮은 실험 참가자의 중앙집행기의 작동 방식의 차이를 보여주었고 사람마다 주의를 할당하는 능력에 차이가 있다는 결론을 내렸다. 또한, 다른 실험들은 작업기억 용량이 높은 사람이 낮은 사람보다 방해 자극을 차단하는 데 더 능숙하다는 것을 보여주었다.
21. 작업기억 용량과 유혹을 다루는 데 관련된 인지 통제 사이에는 연관성이 있다.

생각해 보기

1. 다음을 로언의 피자 주문 경험(그림 5.3)을 가이드로 삼아 다중저장고 모형의 각 단계가 어떻게 작동하는지 분석하라. (1) 수업에서 강의를 듣고, 노트 필기를 하고, 나중에 시험공부를 하기 위해 그 필기를 복습하는 것. (2) 극장에서 영화를 본 다음, 다음날 그 영화를 아직 보지 않은 친구에게 영화의 모든 세부 내용을 설명하는 경우. (학습목표 5-1)
2. Adam은 외상으로 뇌 손상을 입은 한 여성에게 방금 기억 검사를 실시했는데, 그 결과를 해석하는 데 어려움을 겪고 있다. 단어 목록을 들은 직후에 바로 기억 검사를 했을 때에는 목록의 어떤 단어도 기억할 수 없었지만, 잠깐의 지연 이후에 기억 검사를 했을 때에는 기억 수행이 더 좋아졌다. 흥미로운 것은 그녀 스스로 목록을 읽으면 처음부터 기억할 수 있었고 이 경우에는 지연이 필요하지 않았다는 점이다. 이러한 결과를 다중저장고 모형을 사용하여 설명할 수 있는가? 작업기억 모형으로는? 이 두 모형보다 결과를 더 잘 설명할 수 있는 새로운 모형을 생각해 낼 수 있는가? (학습목표 5-1, 학습목표 5-3)

Olena Yakobchuk/Shutterstock.com

우리의 기억은 여러 가지 많은 것들을 기록한다. 이 장에서는 일화기억, 즉 우리 삶에서 일어난 사건을 마음속에서 '다시 체험할' 수 있게 해주는 기억과 의미기억, 즉 특정 사건의 기억에 의존하지 않는 사실에 관한 기억을 구분한다. 이 사진을 찍은 지 수년 후, 이 네 명의 친구는 사진을 찍었던 경험과 사진을 찍을 당시 참석했던 음악 축제를 '다시 체험할' 수 있을지도 모른다. 이것이 일화기억이다. 그러나 만약 그들이 사진을 찍었던 경험과 그 특정한 날 무슨 일이 일어났는지를 잊는다 하더라도, 여전히 서로를 기억하고 각자에게 고유한 특성을 기억할 가능성이 크다. 이것이 의미기억이다. 우리는 일화기억과 의미기억이 서로를 보완하고 상호작용하여 우리의 삶을 풍부하게 만든다는 것을 배우게 될 것이다.

CHAPTER 6

장기기억: 구조

학습목표 이 장을 학습하고 나면 여러분은 다음을 할 수 있을 것이다.

6-1 계열순서 효과, 그리고 그 성분(초두 효과와 최신 효과)이 기억에 미치는 영향을 기술할 수 있다.

6-2 외상성 뇌 손상이 과거에 자신에게 일어난 일을 기억하는 능력 그리고 진행 중인 경험에 대한 기억을 새롭게 형성하는 능력에 미치는 영향을 설명할 수 있다.

6-3 사례 연구가 인간 기억을 이해하는 데 중요한 이유를 기술할 수 있는데, 여기에는 환자 H. M.과 환자 K. F.가 포함된다.

6-4 지난 여름에 했던 것과 같은 개인적 경험에 관한 기억(일화기억)이 어떤 나라의 수도와 같은 사실에 관한 기억(의미기억)과 어떻게 상이한지 기술한다.

6-5 자서전기억, 일화기억, 의미기억을 구별한다.

6-6 다양한 유형의 기억이 우리의 일상 경험에서 어떻게 상호작용하는지 평가한다.

6-7 외현적 장기기억과 암묵적 장기기억의 차이를 설명한다.

6-8 고전적 조건형성과 조작적 조건형성의 유사점과 차이점을 설명한다.

5장에서 다루었던 카밀라의 기억은 다양했는데, 순간적인 것(잠깐 번쩍 보인 얼굴, 급속히 사라지는 전화번호)에서부터 더 오래 지속되는 것(기억에 남는 소풍, 누군가의 생일 날짜, 자전거 타는 법)까지 있었다(**그림 5.1**, 148쪽). 이 장의 주제는 '분할과 상호작용'이다.

'분할'은 상이한 유형의 기억들을 구별하는 것을 의미한다. 우리는 5장에서 카밀라의 기억을 **단기기억**과 **장기기억**으로 나누고, 장기기억을 다시 **일화기억**(과거 특정 경험에 대한 기억), 의미기억(사실에 대한 기억), **절차기억**(신체적 행위를 수행하는 방법에 대한 기억)으로 나누면서 이 개념을 도입했다.

상이한 유형의 기억을 구분하는 것은 기억을 더 작고 연구하기 쉬운 성분으로 나눈다는 점에서 유용하다. 그러나 이러한 분할은 성분 간 실제 차이에 기초해야 한다. 따라서 우리의 목표 중 하나는 이처럼 상이한 성분이 상이한 기전에 기초한다는 증거를 검토하는 것이다. 우리는 이를 위해 (1) 행동 실험, (2) 뇌 손상이 기억에 미치는 영향을 다룬 신경심리학적 연구, (3) 뇌 영상 실험의 결과를 고려할 것이다. **상호작용**은 상이한 유형의 기억이 상호작용하고 기전을 공유할 수 있다는 사실을 의미한다. 우리는 단기기억을 다시 살펴보는 것부터 시작한다.

6.1 단기기억과 장기기억 과정 비교

장기기억(long-term memory: LTM)은 오랜 기간 동안 정보의 저장을 담당하는 체계이다. 장기기억을 기술하는 한 가지 방식은, 우리가 겪었던 과거 사건에 관한 정보 및 학습했던 지식의 '기록 보관소'로 간주하는 것이다. 이 저장고에 관해 특히 놀라운 점은, 그것이 불과 몇 분 전부터 우리가 기억할 수 있는 가장 먼 과거에 이르기까지 펼쳐져 있다는 사실이다.

장기기억의 긴 기간이 **그림 6.1**에 나와 있는데, 이는 이제 막 강의실에 자리를 잡은 한 학생이 과거 여러 시기에 발생했던 사건에 관해 기억해낼 만한 것을 보여준다. 그가 앉자마자 맨 처음 회상해낸 것은 단기기억(short-term memory: STM)/작업기억(working memory: WM)에 있을 것인데, 그 이유는 그것이 지난 30초 이내에 일어났기 때문이다. 하지만 그 이전의 모든 것, 즉 5분 전 강의실로 걸어오고 있었던 최근의 기억부터 10년 전 초등학교 3학년에 다녔던 기억에 이르기까지의 기억은 장기기억에 속한다.

이제 단기기억과 장기기억을 구분하는 경계선의 양쪽에 있는 두 유형의 기억을 비교해 보자. 이 두 유형의 기억의 유사점과 상이점은 무엇인가?

장기기억과 단기기억/작업기억의 비교를 출발점으로 삼을 때 단기기억에 관한 앞서의 논의로 되돌아가게 된다. 그때 단기기억과 관련된 한 가지 문제, 즉 대부분의 연구

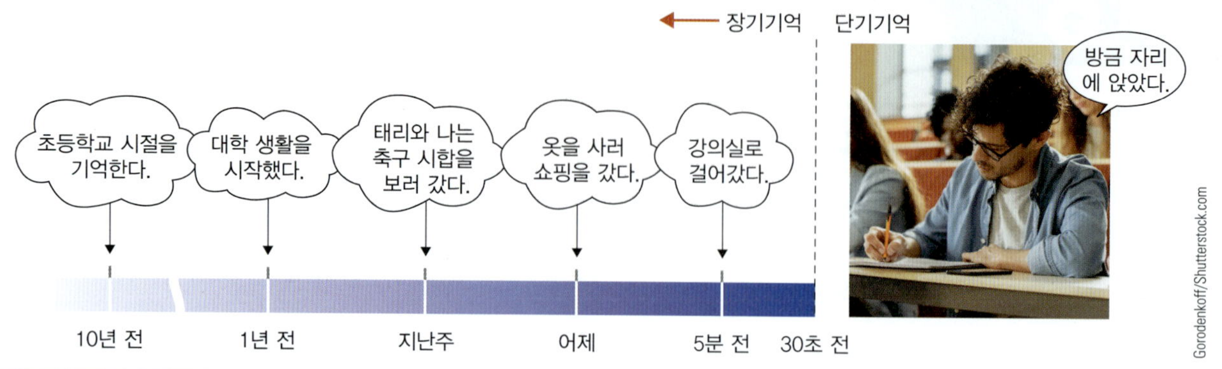

그림 6.1 장기기억은 약 30초 전부터 가장 생애 초기의 기억에 이르기까지의 기간을 포함한다. 따라서 이 학생의 기억은 '방금 자리에 앉았다.'라는 기억과 되뇌기하면서 연습하고 있던 것을 제외하고는 모두 장기기억으로 분류될 수 있다.

장기기억 (long-term memory: LTM) 장기간에 걸쳐 대량의 정보를 보유할 수 있는 기억 기전. 기억에 관한 다중저장고 모형의 여러 단계 가운데 한 단계이다.

들이 그 저장 기능, 즉 얼마나 많은 정보를 파지하고 얼마나 오랫동안 파지할 수 있는지를 강조했다는 사실을 지적했다. 이로 인해 작업기억이 제안되었는데, 이는 언어의 이해, 문제 해결, 의사결정과 같은 복잡한 인지를 설명하는 데 필요한 역동적 처리를 강조한다.

유사한 상황이 장기기억에도 존재한다. 과거에 관한 정보를 파지하는 것이 장기기억의 중요한 특성이지만, 이 정보가 어떻게 사용되는지를 역시 이해할 필요가 있다. 이를 위해, 진행 중인 경험을 생성하기 위해 장기기억이 작업기억과 상호작용하는 방식을 포함한 장기기억 작동 방식의 역동적 측면에 초점을 둘 것이다.

예를 들어, 앨런의 친구 미지가 "블래드와 나는 어젯밤 바비(Barbie) 영화를 봤어."라고 말할 때 무슨 일이 일어나는지 살펴보자(**그림 6.2**). 앨런의 작업기억이 그 말의 정확한 자구 표현을 마음속에 담고 있을 때 그것은 동시에 장기기억에 저장된 단어의 의미에 접속 중인데, 그럼으로써 문장을 구성하는 각 단어의 의미를 이해할 수 있다.

그림 6.2 현재를 다루고 있는 앨런의 작업기억 그리고 발생한 일과 관련된 지식을 담고 있는 그의 장기기억은, 미지가 그에게 무엇인가 말하고 있을 때 함께 작동한다.

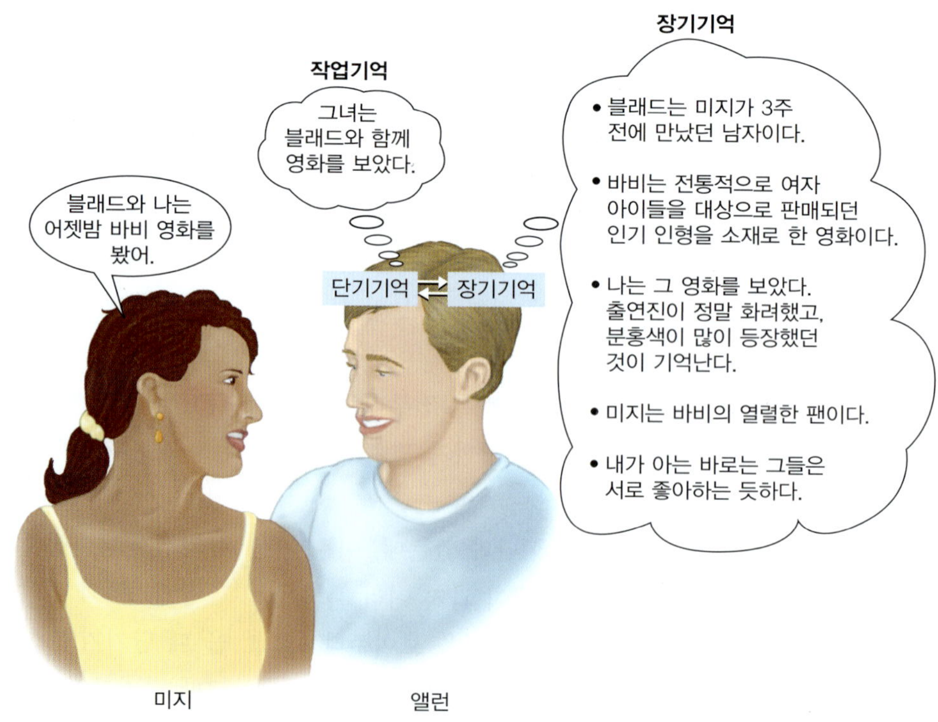

앨런의 장기기억에는 영화, 바비, 미지에 관한 많은 추가적 정보를 담고 있다. 비록 앨런이 이 모든 정보를 의식적으로 생각하지는 않더라도(결국, 그는 미지가 이어서 말할 다음 이야기에 주의를 기울여야 한다), 그것은 모두 그의 장기기억 안에 들어있으며, 그가 듣고 있는 것을 이해하고 그것이 의미하는 바를 해석하는 데 보태진다. 따라서 장기기억은 우리가 과거 사건을 기억하고자 할 때 참고할 수 있는 기록 보관소를 제공할 뿐 아니라, 우리가 특정 순간 작업기억을 사용할 때 끊임없이 활용하는 풍부한 배경 정보를 제공한다.

현재 일어나고 있는 것과 과거 정보 사이의 상호작용은, 앨런과 미지 사이의 상호작용에서 기술했지만, 단기기억/작업기억과 장기기억의 구분에 근거한다. 1960년대부터 단기 처리와 장기 처리를 구분하기 위해 방대한 연구가 수행되었다. 이 실험들을 기술할 때 초기 실험의 경우에는 단기처리를 그 당시 사용된 용어인 STM이라고 지칭하고, 작업기억에 초점을 둔 보다 최근의 실험에 대해서는 단기처리를 WM라고 지칭할 것이다. STM과 LTM의 구분은 처음에는 **계열위치곡선**(serial position curve)이라고 부르는 함수를 사용하여 연구되었다.

계열위치곡선

계열위치곡선(serial position curve)은 참가자에게 단어 목록에서 단어를 하나씩 제시함으로써 생성된다. 마지막 단어가 제시된 후, 참가자는 기억나는 모든 단어를 제시된 순서와 관계없이 생각나는 순서대로 쓴다. **그림** 6.3의 계열위치곡선은 각 단어의 목록 내 위치에 따라 참가자 집단이 그것을 회상한 비율을 나타내는데, 목록의 중간에 위치한 단어보다 목록의 처음과 끝에 있는 단어에 대한 기억이 더 좋음을 볼 수 있다(Murdoch, 1962).

참가자가 단어 목록에서 처음 제시된 단어를 더 잘 기억하는 현상을 **초두 효과**(primacy effect)라고 부른다. 초두 효과에 대한 한 가지 가능한 설명은, 참가자가 단어열의 앞부분에 있는 단어를 되뇌기할 시간이 있었으므로 체계가 과부하되기 전에 이 단어를 LTM으로 전이시켰다는 것이다. 이 설명에 따르면, 참가자는 첫 번째 단어가 제시되자마자 그것을 되뇌기하기 시작하는데, 다른 단어가 제시되지 않았기 때문에 첫 번째 단어는 참가자의 주의를 100% 받는다. 두 번째 단어가 제시되면 주의가 두 단어에 분산되고, 그 후 단어가 추가될수

계열위치곡선(serial position curve)
연구 참가자에게 단어 목록을 회상해내도록 요구하는 과제에서 각 단어의 회상 비율을 단어의 목록 내 위치에 따라 나타낸 곡선.

초두효과(primacy effect)
단어 목록이 제시된 기억 실험에서 목록의 초두 부분에 제시된 단어에 대한 기억이 우수한 효과.

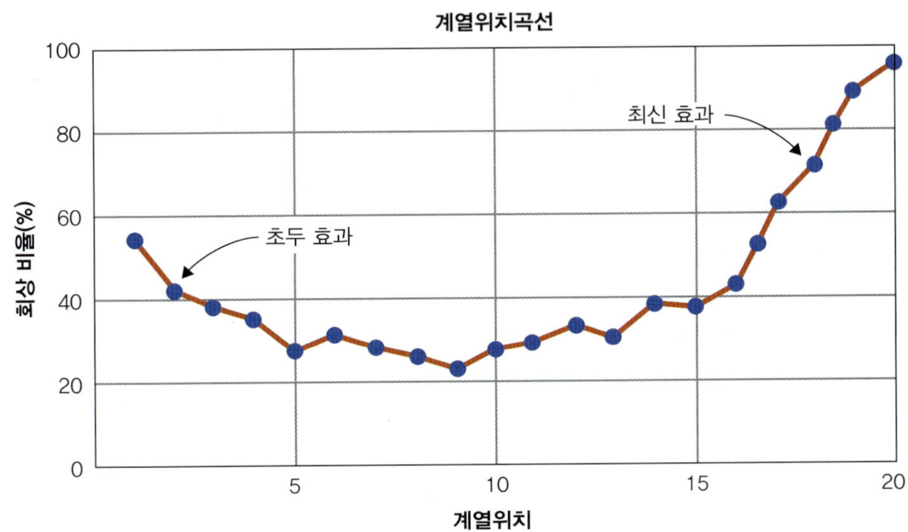

그림 6.3 계열위치곡선(Murdoch, 1962). 목록의 시작 부분(초두 효과)과 마지막 부분(최신 효과)에 제시된 단어에 대한 기억이 더 우수하다는 것에 주목하라.

출처: B. B. Murdock, Jr., The serial position effect in free recall, *Journal of Experimental Psychology*, 64, 482-488.

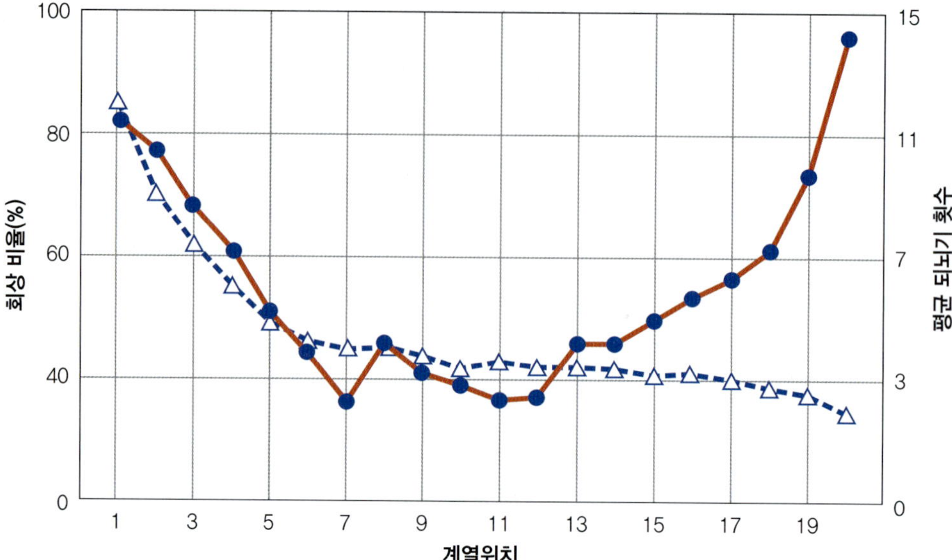

그림 6.4 Rundus(1971)의 실험 결과. 빨간색 실선 곡선은 통상적인 계열위치곡선이다. 파란색 점선은 참가자들이 목록의 각 단어를 소리 내어 되뇌기한 횟수를 나타낸다. 되뇌기 곡선이 계열위치곡선의 초기 부분과 얼마나 잘 일치하는지에 주목하라.

출처: D. Rundus, Analysis of rehearsal processes in free recall, *Journal of Experimental Psychology*, 89, 63-77, Figure 1, p.66, 1971.

록 후반부 단어에 대한 되뇌기의 가능성은 더 작아진다.

Dewey Rundus(1971)는, 목록의 서두에 있는 단어의 되뇌기 시간이 더 많기 때문에 초두 효과가 일어난다는 이론을 검증했다. 그는 먼저 20개 단어를 5초에 하나씩 제시하고, 마지막 단어가 제시된 후 참가자에게 기억나는 모든 단어를 적기를 요구했다. 그 결과 나타난 계열위치곡선이 **그림** 6.4의 빨간색 곡선인데, 이는 **그림** 6.3의 Murdoch의 곡선과 동일한 초두 효과를 보여준다. 그러나 Rundus는 그의 실험에 변화를 추가하였는데, 두 번째 목록을 제시하면서 참가자에게 각 단어 사이의 5초 간격 동안 단어를 소리 내어 반복하도록 요구했다. 어떤 단어를 반복해야 하는지는 알려주지 않았고, 단지 단어 사이의 5초 동안 계속 단어를 반복하라고 지시했다. 파란색 점선으로 표시된 곡선은 각 단어가 반복된 횟수를 나타내는데, 이는 계열위치곡선의 처음 절반 부분과 놀라우리만큼 유사하다. 목록 서두 부분의 단어는 더 많이 반복되었고, 나중에 기억될 가능성도 더 컸다. 이러한 결과는, 목록의 서두에 있는 단어의 경우 가용한 되뇌기 시간이 더 길다는 것이 초두 효과와 관련된다는 생각을 지지한다.

최신 효과(recency effect)
단어 목록이 제시된 기억 실험에서 목록의 마지막 부분에 제시된 단어에 대한 기억이 우수한 효과.

단어열 말미에 제시된 자극들에 대한 기억이 더 우수한 것을 **최신 효과**(recency effect)라고 부른다. 최신 효과에 대한 설명에 따르면, 가장 최근 제시된 단어들은 여전히 STM에 있고 따라서 기억해내기 쉽다. 이러한 생각을 검증하기 위해 Murray Glanzer와 Anita Cunitz(1966)는 먼저 통상적 방식으로 계열위치곡선을 생성했다(**그림** 6.5의 빨간색 곡선). 그 후 다른 실험에서 참가자로 하여금 목록의 마지막 단어를 들은 직후 30초 동안 숫자를 거꾸로 세도록 하였고, 그 후 단어들을 회상하도록 요구했다. 이 숫자 세기는 되뇌기를 방해하였고 STM에서 정보가 상실될 수 있는 시간을 허용했다. 그 결과가 **그림** 6.5의 파란색 점선 곡선에 나타나 있는데, 이는 예측과 일치한다. 즉, 숫자 세기로 야기된 지연에 의해 최신 효과가 사라졌다. 따라서 Glanzer와 Cunitz는 최신 효과가 최근 제시된 항목이 STM에 저장된 데 기인한다고 결론을 내렸다. **그림** 6.3, **그림** 6.4, **그림** 6.5의 계열위치곡선 결과가 **표** 6.1에 요약되어 있다.

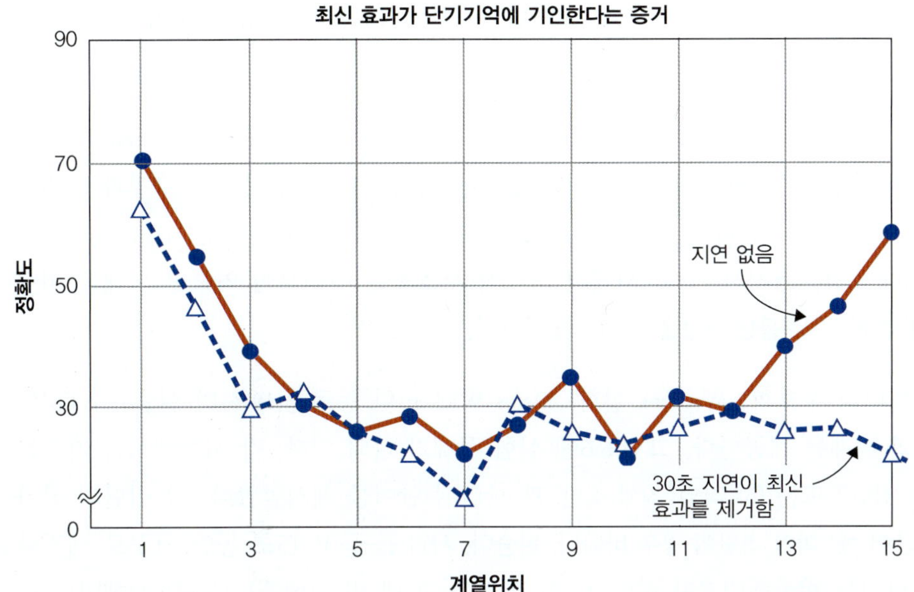

그림 6.5 Glanzer와 Cunitz(1966)의 실험 결과. 기억 검사가 즉시 이루어졌을 때에는 계열위치곡선이 정상적인 최신 효과를 보이지만(빨간색 실선), 기억 검사가 30초 지연된 후 이루어졌을 때에는 최신 효과가 전혀 일어나지 않는다(파란색 점선)

출처: M. Glanzer & A. R. Cunitz, Two storage mechanisms in free recall, *Journal of Verbal Learning and Verbal Behavior*, 5, 351-360, Figures 1 & 2. Copyright © 1966 Elsevier Ltd. Republished with permission.

표 6.1 계열위치 실험들

그림	절차	예시
그림 6.3	참가자가 단어 목록을 들은 직후 회상을 시작한다.	초두 효과와 최신 효과
그림 6.4	목록이 제시되면 참가자가 단어 사이의 5초 간격 동안 단어를 소리 내어 반복한다.	목록의 시작 부분에 있는 단어가 더 많이 반복되며, 따라서 이 단어가 장기기억에 들어갈 가능성이 더 크다.
그림 6.5	참가자가 30초 동안 숫자 거꾸로 세기를 한 후 회상을 시작한다.	되뇌기가 방해받아서 최신 효과가 제거된다.

단기기억과 장기기억의 부호화

STM과 LTM은 정보가 두 체계에 부호화되는 방식을 비교함으로써 구별될 수 있다. **부호화**(coding)란 자극이 표상되는 형태를 지칭한다. 예를 들어, 2장에서 살펴본 것처럼 사람의 얼굴은 여러 뉴런의 발화 패턴으로 표상될 수 있다(40쪽 참조). 뉴런의 발화에 의해 자극이 표상되는 방식을 밝히는 것이 **부호화에 대한 생리학적 접근**이다.

부호화(coding) 자극이 심적으로 표상되는 형태. 시각적, 의미적, 음운적 표상을 예로 들 수 있다.

이 절에서는 자극이나 경험이 마음에 표상되는 방식을 알아봄으로써 **부호화에 대한 심적 접근**을 취할 것이다. STM과 LTM 체계에 정보가 표상되는 방식을 비교하기 위해, 시각적 부호화(시각적 이미지 형태의 부호화), 청각적 부호화(소리 형태의 부호화), 의미적 부호화(의미 형태의 부호화)를 STM과 LTM 모두에서 기술하겠다.

단기기억과 장기기억의 시각적 부호화 앞서 '보여주기: 시각적 모양 회상하기'(5장 167쪽)에서 여러분은 아마도 모르는 사이에 시각적 부호화를 사용했을 것이다! 이 '보여주기'에서 여러분은 **그림 5.15**의 시각적 모양을 기억하도록 요구받았다. 이것이 시각적 부호화인 이유는, STM이 모양을 마음속에서 시각적으로 표상함으로써 모양을 기억하는 데 도움을 주었기 때문이다. 또한 과거의 사람이나 장소를 마음속에 그릴 때도 LTM에서 시각적 부호화를 사용한다. 예를 들어, 초등학교 시절 교사가 어떻게 생겼는지를 기억한다면, 여러분은 시각적 부호화를 사용하고 있는 것이다.

단기기억과 장기기억의 청각적 부호화 STM에서 청각적 부호화의 예시는 Conrad의 음운 유사성 효과 실험(169쪽)에서 살펴보았다. 이 실험은 사람들이 표적 문자를 그것과 소리가 비슷한 다른 문자로 오인한다는 것을 보여주었다(예: 'F'와 'S'를 혼동하는데, 이들은 생김새는 유사하지 않지만 소리는 유사하다). LTM에서 청각적 부호화는 여러분이 익숙한 노래를 머릿속에서 '재생'할 때(또는 듣는 상상을 할 때) 발생한다.

단기기억의 의미적 부호화: Wickens 실험 Delos Wickens와 동료들(1976)의 실험은 STM의 의미적 부호화 사례를 제공한다. **그림** 6.6에 실험 설계가 나와 있다. 각 시행에서 참가자는 (a) 과일('과일 집단') 또는 (b) 직업('직업 집단')과 관련된 단어를 제시받았다. 각 집단의 참가자는 세 개 단어(예: 과일 집단의 경우 **바나나, 복숭아, 사과**)를 듣고 15초 동안 거꾸로 세기를 한 뒤 세 개 단어를 회상해내고자 하였다. 이 과정을 총 네 번 실행했는데, 각 시행마다 다른 단어가 제시되었다. 참가자는 단어를 들은 직후 곧바로 회상해냈기 때문에 STM을 사용하였다.

순행간섭(proactive interference) 이전에 학습한 정보가 새로운 정보의 학습을 방해하는 현상.

이 실험의 기본 생각은 3개 단어로 구성된 시행마다 동일 **범주**의 단어를 제시함으로써 **순행간섭**(proactive interference), 즉 이전에 학습한 정보가 새로운 정보의 학습을 간섭할 때 나

그림 6.6 Wickens와 동료들(1976)의 실험에 사용된 자극. (a) 과일 집단 참가자는 매 시행 세 개의 과일 이름을 제시받는다. 각각의 제시 후마다 참가자들은 15초 동안 숫자 거꾸로 세기를 한 후 과일 이름을 회상해낸다. (b) 직업 집단 참가자는 시행 1, 2, 3 각각에서 세 개의 직업 이름을 제시받고 시행 4에서 세 개의 과일 이름을 제시받는다. 마찬가지로 각각의 시행마다 이름을 회상해내기 전에 15초 동안 숫자 거꾸로 세기를 한다.

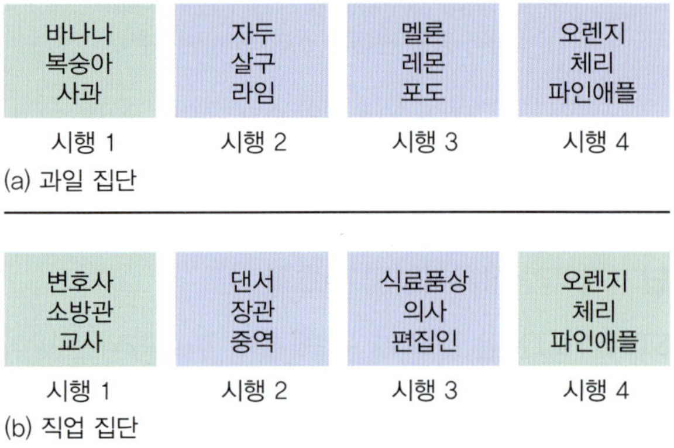

(a) 과일 집단

시행 1	시행 2	시행 3	시행 4
바나나 복숭아 사과	자두 살구 라임	멜론 레몬 포도	오렌지 체리 파인애플

(b) 직업 집단

시행 1	시행 2	시행 3	시행 4
변호사 소방관 교사	댄서 장관 중역	식료품상 의사 편집인	오렌지 체리 파인애플

출처: D. D. Wickens, R. E. Dalezman, & F. T. Eggemeier, Multiple encoding of word Attributes in memory, *Memory & Cognition*, 4, 307-310, 1978을 바탕으로 제작함.

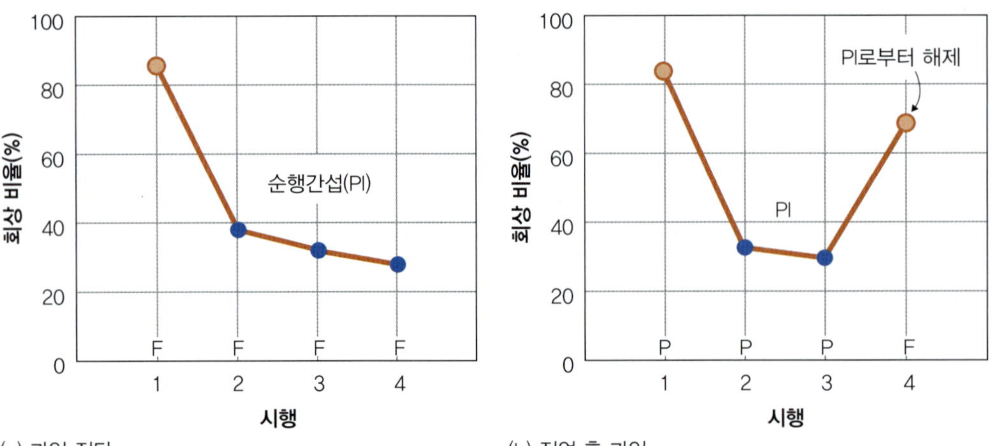

그림 6.7 Wickens와 동료들(1976)의 순행간섭 실험 결과. (a) 과일 집단은 시행 2, 3, 4에서 수행 감소를 보였는데, 이는 최소한 부분적으로는 순행간섭에 의해 야기되었다(검은색 점으로 표시됨). (b) 직업 집단은 시행 2와 3에서 유사한 수행 감소를 보였다. 시행 4의 수행 증가는 순행간섭의 해제를 나타내는데, 그 이유는 시행 4에서 직업이 아니라 과일 이름이 제시되었기 때문이다

출처: D. D. Wickens, R. E. Dalezman, & F. T. Eggemeier, Multiple encoding of word Attributes in memory, *Memory & Cognition*, 4, 307-310, 1976을 바탕으로 제작함.

타나는 기억의 감소를 생성했다. 예를 들어, 과일 집단에서는 시행 1에서 **바나나, 복숭아, 사과가**, 시행 2에서 **자두, 살구, 라임**이 제시되었다. 순행간섭은 각 시행의 수행 감소에서 확인되었는데, 이는 **그림** 6.7a에서 파란색 점으로 표시되었다.

그림 6.7b에 나타난 직업 집단의 결과는 과일 집단의 간섭이 단어의 **의미** 때문이라는 것을 시사한다. 직업 집단의 경우, 시행 1에서는 수행이 높았으나 모든 단어가 직업명이었던 시행 2와 3에서는 수행이 감소하였다. 그러나 시행 4에서는 과일 이름이 제시되었다. 직업들이 제시되는 동안 누적되었던 순행간섭은 다른 범주의 단어들이 도입되면서 사라졌고, 수행은 시행 4에서 증가했다. 이러한 수행의 증가를 **순행간섭의 해제**(release from proactive interference)라고 부른다.

순행간섭의 해제(release from proactive interference)
순행간섭으로 인한 수행 저하가 사라지거나 감소되는 상황.

순행간섭의 해제는 STM의 부호화에 관해 무엇을 말해 주는가? 이 질문에 답하는 관건은 Wickens 실험에서 일어난 해제가 단어의 **범주**(과일과 직업)에 달려 있다는 사실을 파악하는 것이다. 단어를 범주로 분류하는 것은 단어의 **의미**와 관련되고 참가자가 단어를 들은 후 15초 후 이들을 회상했으므로 이는 STM의 의미적 부호화 효과를 반영한다.

장기기억의 의미적 부호화: Sachs 실험 Jacqueline Sachs(1967)의 연구는 LTM의 의미적 부호화를 밝혔다. Sachs는 참가자에게 어떤 글을 테이프에 녹음한 것을 들려준 후 글 안의 문장의 정확한 어구를 기억하는지 아니면 단순히 일반적 의미만을 기억하는지를 밝히기 위해 재인기억을 측정하였다.

방법

재인기억 측정

재인기억(recognition memory)은 앞서 접했던 자극을 식별해내는 것이다. 재인기억의 측정 절차는 학습 단계에서 자극을 제시한 뒤, 나중에 동일한 자극을 제시되지 않았던 다른 자극들과 함께 제시하는 것이다. 예를 들어, 학습 단계에서 '집'이라는 단어가 포함된 단어 목록이 제시될 수 있다. 이후 검사에서 '집'과 함께 '테이블', '돈'과 같이 이전에 제시되지 않았던 단어가 함께 제시된다. 참가자의 과제는 해당 단어가 이전에 제시되었으면(이 사례에서 '집') '예'라고, 제시되지 않았으면('테이블', '돈') '아니요'라고 답하는 것이다. 이 방법이 '회상' 검사 방법과 상이하다는 점에 주목하라('방법: 회상', 5장 155쪽). 회상 검사에서는 사람들이 회상할 항목을 스스로 생성해내야 한다. 회상 검사의 예로서 빈칸 채우기 시험문제를 들 수 있다. 반면, 재인의 한 예로서 객관식 시험을 들 수 있는데, 여기서는 여러 선택지 가운데 정답을 선택해야 한다. Sachs가 재인을 LTM의 부호화 연구에 적용한 방식이 다음 '보여주기'에 나와 있다.

다음 페이지의 '보여주기: 글 읽기'에서 여러분은 어떤 문장을 선택하였는가? 문장 1이 정답인데, 이는 글 속 문장과 동일한 유일한 문장이기 때문이다. Sachs의 참가자들이 직면한 과제는 더 어려웠는데, 그 이유는 더 긴 글을 접했기 때문에 기억해야 할 자료가 더 많았고, 문장 듣기와 기억해서 답하기 사이의 지연 기간이 더 길었기 때문이다. 참가자들이 종종 정답을 선택했지만, 의미는 유사하나 자구 표현이 상이한 문장을 선택하는 경우도 흔했다(위 '보여주기'의 선택지와 유사하다). 참가자들은 자신이 올바른 문장을 기억했다고 확신했지만, 실제로 기억한 것은 문장의 정확한 자구가 아니라 의미였다. 구체적 어구는 망각되지만 일반적 의미는 오랫동안 기억될 수 있다는 발견은 많은 실험에서 확인되었다. 의미에 따른 이러한 설명은 LTM의 의미적 부호화의 한 사례라 할 수 있다.

재인기억(recognition memory)
이전에 접한 자극을 식별해내는 것. 학습 단계에서 자극이 제시되고, 이후 동일 자극에 추가하여 새로운 자극이 함께 제시되는데, 참가자는 원래 제시되었던 자극을 선택해야 하는 과제를 수행한다.

보여주기

글 읽기

다음 글을 읽어 보라.

> 영화 제작자이자 애니메이터 월트 디즈니(Walt Disney)와 초현실주의 예술가 살바도르 달리(Salvador Dalí)는 서로 매우 다른 예술 세계에도 불구하고 놀라울 만큼 지속적인 우정을 쌓았다. 그들의 유대는 초현실주의 애니메이션 단편 영화 〈데스티노(Destino)〉의 제작 과정에서 형성되었다. 디즈니의 혁신적 애니메이션 기법은 달리의 아방가르드적 비전과 완벽하게 융합되어 꿈같은 이미지와 기발한 이야기 전개가 어우러진 매혹적인 결과물을 낳았다. 서로 다른 배경에도 불구하고 두 사람은 서로의 창의적 작업에 대한 상호 존중과 매혹을 공유했다. 이들의 우정은 애니메이션과 예술 세계에 지울 수 없는 흔적을 남겼으며, 상상력과 혁신의 중요성을 부각시켰다.

이제 글을 가리고, 아래 문장 가운데 글 속의 문장과 동일한 것이 어느 것인지, 그리고 변형된 것이 어느 것인지 표시하라.

1. 서로 다른 배경에도 불구하고 두 사람은 서로의 창의적 작업에 대한 상호 존중과 매혹을 공유했다.
2. 대조적인 스타일에도 불구하고 두 사람은 서로의 예술성에 대해 상호 존중과 흥미를 가졌다.
3. 상이한 배경에도 불구하고 두 사람은 서로의 예술적 시도에 대해 상호 존중과 흥미를 공유했다.
4. 그들의 배경은 매우 달랐지만 두 사람은 서로의 재능에 대한 상호 존중과 매혹을 공유했다.

단기기억과 장기기억의 부호화 비교

우리는 정보가 시각(시각적 부호화), 청각(청각적 부호화), 의미(의미적 부호화)라는 세 방식으로 단기기억(STM)과 장기기억(LTM) 모두에 표상될 수 있다는 사실을 살펴보았다(표 6.2). 특정 상황에서 어떤 형태의 부호화가 발생하는지는 주로 과제에 달려 있다. 예를 들어, 방금 들은 사람의 이름을 기억해내는 과제를 생각해 보자. 이름을 기억에 유지하는 한 가지 방법은 그것을 반복하는 것인데, 이는 청각적 부호화의 한 사례이다. 대부분의 사람 이름은 단순히 개인을 지칭하는 임의적 표식이므로, 이름을 시각적 이미지나 의미로 기억하는 경우는 드물다. 많은 STM 과제의 특성 때문에 청각적 부호화는 STM에서 주요한 부호화 형태이다.

다른 예를 생각해 보자. 지난주에 새 책을 다 읽고 이제 그것을 기억한다고 하자. 독서 당시 단어들의 시각적 형태를 기억할 가능성은 낮지만, 책의 줄거리에 담긴 사건을 기억할 가능성은 높다. 이러한 일화기억은 의미적 부호화이며, 이는 LTM에서 흔히 발생한다. 또한 책을 기억하면서 독서 중에 상상했던(혹은 그림이 포함된 책의 경우 실제로 보았던) 장소의 이미지를 떠올린다면, 이는 LTM에서 시각적 부호화의 예가 된다. 일반적으로 의미적 부호화는 LTM 과제에서 지배적인 부호화 형태이다.

표 6.2 단기기억과 장기기억에서 부호화의 사례

부호	단기기억	장기기억
시각적	방금 보았던 시각적 패턴을 재생해내기 위해 마음속에 심상을 유지한다(Della Sala et al., 1999).	여러분이 지난여름 워싱턴 D. C.의 링컨 기념관을 보았을 때의 모습을 마음에 그려 본다.
청각적	글자들의 발음을 들은 직후 마음속에 그 소리를 표상한다(Conrad, 1964).	이전에 여러 번 들었던 노래를 마음속에 되풀이한다.
의미적	STM 과제에서 단어들을 의미에 따라 범주로 나눈다(Wickens et al., 1976).	지난주 읽었던 소설의 전반적 줄거리를 회상한다(Sachs).

뇌 안에서 기억의 위치 찾기

5장 말미에서 우리는 전전두피질과 다른 뇌 영역이 작업기억에 관여한다는 것을 살펴보았다(**그림** 5.19, 170쪽). 이 절의 목표는 STM과 LTM이 뇌 안에 표상되는 위치를 비교한 몇몇 실험을 소개하는 것이다. STM과 LTM이 뇌 안에서 분리되어 있다는 증거뿐만 아니라 중첩되어 있다는 증거를 살펴볼 것이다. 분리를 지지하는 가장 강력한 증거를 신경심리학적 연구들이 제시하고 있다.

신경심리학 1953년, Henry Molaison(2008년 82세로 사망할 때까지 환자 **H. M.**으로 알려짐)은 심한 뇌전증 발작을 제거하기 위해 고안된 실험적 수술을 받았다. 저명한 신경외과 의사인 William Scoville이 양측 내측 측두엽(bilateral medial temporal lobe) 절제술을 시행했다(**그림** 6.8a, 6.8b). (**그림** 6.8은 H. M.의 뇌 이미지를 예술적으로 묘사한 것이다. 실제 Henry의 사후 검시 뇌의 실제 이미지는 Annese et al., 2014 참고). 양측은 뇌의 양쪽 반구를 의미한다. 내측 측두엽(MTL)은 제거된 뇌 영역을 가리키는데, 여기에는 **해마**(hippocampus, **그림** 5.19 참조), 편도체(amygdala), 그리고 세 영역의 피질, 즉 해마방회(parahippocampal) 피질, 내후각(entorhinal) 피질, 후각(piriform) 피질이 포함된다. **그림** 6.8c에서 보듯이, 나중에 그의 전두엽 일부도 시술 과정에서 우연히 손상되었다는 것이 발견되었다(Annese et al., 2014). 전두엽은 많은 인지 과제에 관여하므로 이 손상은 중요한 의미를 지닌다. 그러나 이 사례에 관한 대부분의 연구에 따르면 환자 H. M.을 유명하게 만든 장애는 해마 제거에 기인하는데, 그 장애는 새로운 장기기억을 형성할 수 있는 능력의 완벽한 상실이었다(Corkin, 2002; Scoville & Milner, 1957).

해마(hippocampus)
장기기억 형성에 중요하며, 옛날 일화기억 및 새로운 정보의 단기 저장에도 관여하는 피질하 구조.

8장에서 기억상실증 유형의 차이를 더 자세히 논의할 것이다. 그러나 여기서 일부 구분

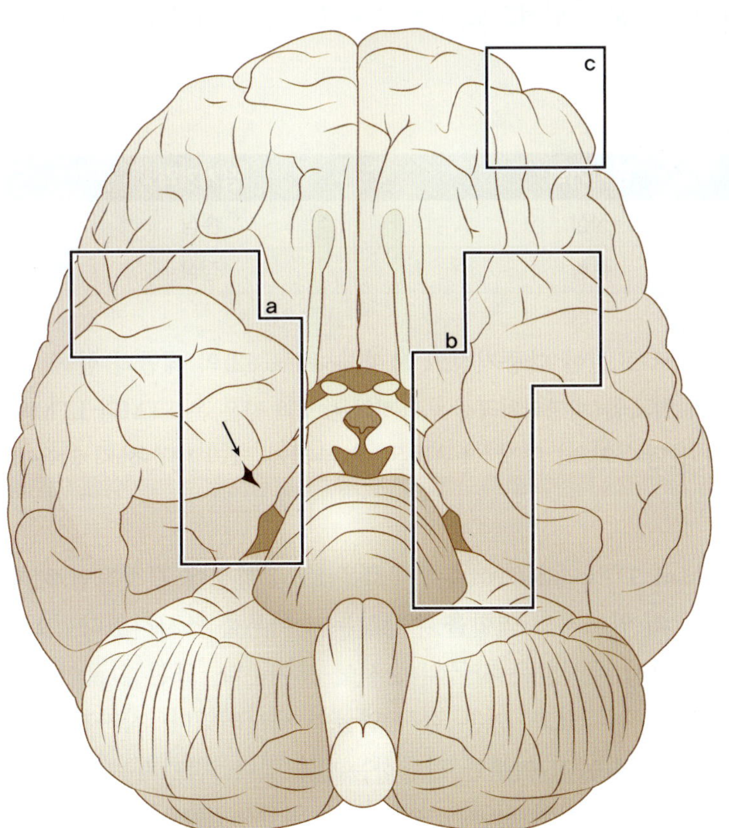

그림 6.8 환자 H. M.의 사후 뇌를 묘사한 그림. 그의 해마, 편도체, 주변 내측 측두엽 영역이 양측으로 제거되었다. (a)와 (b)로 표시된 부분은 제거된 영역의 위치를 나타낸다. (a) 내부의 검은 화살표는 원래 수술에 사용된 외과용 클립으로 인해 생긴 오른쪽 해마방회 영역의 어두운 점을 가리킨다. (c)로 표시된 부분은 수술 중 의도치 않게 손상되었을 가능성이 가장 큰 전두엽 영역을 나타낸다. 원본 이미지에서 H. M.의 좌 · 우측 전전두피질의 구조적 차이를 포함한 뇌를 보려면 Annese 등(2014)을 참고하라.

순행성 기억상실증 (anterograde amnesia) 새로운 기억을 생성하거나 저장하지 못하는 유형의 기억상실.

을 언급할 가치가 있다. H. M.은 순행성 기억상실증(anterograde amnesia)을 겪었는데, 그 특징은 새로운 기억 생성이 불가능하다는 것이다. H. M.은 사고 이전의 기억에는 여전히 접근할 수 있었다. 또한 H. M.의 STM은 온전히 유지되어 있었기 때문에 그는 방금 일어난 일을 기억할 수 있었으나, 이를 LTM으로 전이시키지 못했다. 새로운 장기기억을 형성할 수 없는 결과 가운데 하나는, 심리학자 Brenda Milner가 수십 년 동안 H. M.을 연구했음에도 불구하고 H. M.이 매번 그녀를 처음 보는 사람처럼 맞이했다는 것이다. H. M. 사례는 개인적으로는 비극적이었으나, 새로운 장기기억 형성에서 해마의 역할에 관한 이해를 도모하였다. 더 나아가 그의 STM이 온전히 유지되었다는 사실은 단기기억과 장기기억을 담당하는 뇌 영역이 상이하다는 것을 시사한다.

기억상실은 다양한 방식으로 나타날 수 있다. H. M.은 새로운 장기기억을 부호화할 수 없었으나 STM은 멀쩡했다. 반대로 STM에 손상이 있고 LTM은 정상인 경우도 있다. 그 한 예가 환자 K. F.인데, 그는 오토바이 사고로 두정엽에 손상을 입었다. K. F.의 STM 손상은 줄어든 숫자 폭(digit span)으로 나타났다(Shallice & Warrington, 1970). 5장에서 숫자 폭은 한 사람이 기억할 수 있는 숫자의 개수를 가리킨다고 배웠다. 전형적인 숫자 폭은 5~9개 사이인데, K. F.의 숫자 폭은 2개였다. 더욱이 그의 계열위치곡선에서 STM과 관련된 최신 효과가 감소되어 있었다. 그러나 K. F.는 STM은 심하게 손상되었지만, 자신의 삶에 일어난 사건에 대한 새로운 기억을 형성하고 유지할 수 있었기 때문에 LTM은 정상적으로 작동했다.

이 두 사례는 함께 중요한 의미를 가진다. H. M.의 경우 STM은 온전했으나 새로운 장기기억을 형성할 수 없었고, K. F.는 그 반대(온전한 LTM과 손상된 STM)를 보였다. 이 사례들은 STM과 LTM 사이의 이중 해리(double dissociation)('방법: 이중 해리 입증하기', 45쪽 참조)를 입증해 주며(표 6.3), STM과 LTM이 서로 독립적으로 작동 가능한 상이한 기전에 근거한다는 이론을 지지한다.

표 6.3 단기기억과 장기기억의 이중 해리

환자	단기기억	장기기억
H. M.	정상	손상
K. F.	손상	정상

STM과 LTM을 별도의 부분으로 표현한 다중저장고 모형(modal model)의 제안과 함께, 신경심리학적 증거와 행동 실험의 결과들(계열위치곡선을 측정하는 것과 같은)은 STM과 LTM의 분리 관점을 지지한다. 그러나 상당수의 뇌 영상 연구들은 이 분리가 그리 단순하지 않음을 보여준다.

뇌 영상 Charan Ranganath와 Mark D'Esposito(2001)는, 새로운 LTM 형성에 결정적인 해마가 단기적으로 정보를 유지하는 데 있어서도 역할을 수행하는지 여부를 조사하였다. **그림 6.9a**는 참가자가 뇌 스캔을 받으면서 제시받은 자극의 순서를 보여준다. 표본 얼굴이 1초 동안 제시된 후 7초의 지연 기간이 뒤따랐고, 이후 검사 얼굴이 제시되었다. 참가자의 과제는 검사 얼굴이 표본 얼굴과 일치하는지 여부를 판단하는 것이었다. 참가자는 두 조건에서 실험에 참여했다. '새로운 얼굴' 조건의 얼굴은 처음 보는 얼굴이었고, '익숙한 얼굴'

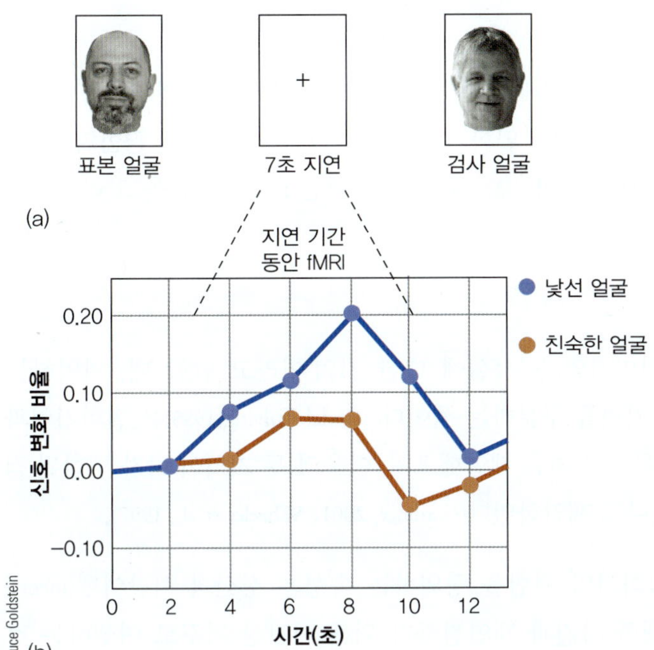

그림 6.9 (a) Ranganath와 D'Esposito (2001) 실험의 자극 제시. (b) 해마 fMRI 반응이 지연 기간 동안 낯선 얼굴에 대해서는 증가하지만 이전에 보았던 얼굴에 대해서는 약간만 증가한다.

출처: C. Ranganath & M. D'Esposito, Medial temporal lobe activity associated with active maintenance of novel information, *Neuron*, 31, 865-873, 2001을 바탕으로 제작함.

조건의 얼굴은 실험 이전에 본 적이 있는 얼굴이었다.

결과는 **그림** 6.9b에 나와 있는데, 참가자가 새로운 얼굴을 7초 동안 기억하는 동안 해마 활동이 증가했지만, 익숙한 얼굴을 기억하는 동안에는 활동 변화가 거의 없었다. 이 결과에 기초해, Ranganath와 D'Esposito는 해마가 짧은 지연 동안 새로운 정보를 기억 속에 유지하는 데 관여한다고 결론 내렸다. 이러한 결과와 더불어 많은 다른 실험들의 결과는, 한때 LTM에만 관여한다고 여겨졌던 해마 그리고 다른 내측 측두엽 구조가 STM에도 상당한 역할을 수행한다는 것을 보여준다(Cashdollar et al., 2009; Jonides et al., 2008; Nichols et al., 2006; Ranganath & Blumenfeld, 2005; Rose et al., 2012).

이러한 새로운 결과들을 고려함으로써 많은 연구자들이 내린 결론에 따르면, STM과 LTM의 분리를 지지하는 훌륭한 증거가 있음에도 불구하고, 특히 낯선 자극을 내포한 과제의 경우 이 두 기능이 이전에 생각했던 것만큼 완전히 분리되어 있지는 않다. 이제 LTM, 특히 일화기억과 의미기억으로 초점을 완전히 전환해 보자.

자가 테스트

1. STM과 LTM의 차이가 계열위치곡선을 측정함으로써 어떻게 밝혀졌는지 기술하라. (학습목표 6-1)
2. STM과 LTM에서 시각적, 청각적, 의미적 부호화의 사례를 제시하라. (학습목표 6-6)
3. Wickens와 Sachs의 실험이 STM과 LTM의 의미적 부호화에 어떻게 증거를 제공하는지 기술하라. 두 체계 모두에서 부호화가 일어나는 방식을 근거로 STM과 LTM의 유사점과 차이에 대해 내릴 수 있는 결론은 무엇인가? (학습목표 6-6)
4. H. M.과 K. F.를 포함한 신경심리학 연구에서 STM과 LTM의 분리에 대해 도출한 결론은? (학습목표 6-2, 학습목표 6-3)
5. Ranganath와 D'Esposito의 연구와 같은 최근 실험들이 STM과 LTM을 담당하는 뇌 기전의 분리에 대해 밝혀낸 것은 무엇인가? (학습목표 6-6)

6.2 일화기억과 의미기억

일화기억(경험에 대한 기억)과 의미기억(사실에 대한 기억)을 상이한 두 유형의 기억으로 간주하는 이유는 무엇일까? 이 질문의 답은 (1) 일화기억 및 의미기억과 관련된 **경험**의 유형, (2) 외상성 뇌 손상이 두 기억에 미치는 영향, (3) 두 기억에 대한 fMRI 반응을 고려함으로써 구해왔다.

일화기억과 의미기억의 구분

일화기억을 '경험에 대한 기억', 의미기억을 '사실에 대한 기억'이라고 말할 때, 기억하는 **정보**의 유형에 근거하여 두 유형의 기억을 구분하는 셈이다. Endel Tulving(1985)은 일화기억과 의미기억이 상이한 정보 유형을 다룬다고 처음 제안했으며, 아울러 두 기억이 각자 연합된 **경험**의 유형에 근거하여 구분될 수 있다고 제안하였다(Gardiner, 2001; Wheeler et al., 1997).

정신적 시간여행 (mental time travel)
Tulving에 따르면, 일화기억 경험을 규정하는 핵심 속성으로서, 개인이 정신적으로 시간을 거슬러 여행함으로써 과거에 일어났던 사건을 다시 경험하는 것을 말한다.

경험의 차이 Tulving에 따르면, 일화기억 경험을 정의하는 속성은 **정신적 시간여행**(mental time travel)으로서, 이는 과거에 발생한 사건과 재연결하기 위해 시간상 거꾸로 여행하는 경험을 뜻한다. 예를 들어, 한 기자가 아폴로 11호 달 착륙(1969년)에 대한 기억을 2019년에 여러 사람에게 인터뷰했다고 하자. 그날로부터 정확히 50년이 지났지만, 그 사건을 기억할 수 있는 나이였던 사람들은 마치 어제 일처럼 그것을 다시 경험하는 듯했다. 인터뷰에 응한 캐럴 레이븐(Carol Raven)은 이렇게 말했다. "고등학교를 막 졸업한 제 남자친구와 저는 부모님 거실에서 두 어린 여동생과 함께 TV를 보고 있었어요. 아무도 말하지 않았죠. 무슨 말을 할 수 있었겠어요? 침묵, 눈물, 숨죽임……. 우리는 완전히 매료됐어요. 그 남자친구와 저는 3년 뒤 결혼했답니다"(McGuire, 2019). 이처럼 우리는 이러한 기억을 떠올릴 때 마치 그때로 돌아가 **다시 사는** 듯하다. Tulving은 이러한 정신적 시간여행/일화기억 경험을 **자기 알기**(self-knowing) 또는 **기억해내기**(remembering)라고 불렀다.

일화기억의 정신적 시간여행 속성과 대조적으로, 의미기억 경험에는 개인적 경험의 기억과 결부될 필요가 없는 세상에 관한 지식에 접속하는 것이 수반된다. 이러한 지식은 사실, 어휘, 숫자, 개념과 같은 것일 수 있다. 의미기억을 경험할 때 과거의 특정 사건으로 되돌아가는 여행을 하는 것이 아니라 우리에게 친숙하거나 우리가 알고 있는 것에 접속한다. 예를 들어, 여러분은 아폴로 11호 달 착륙에 관한 사실을 알고 있을 수 있다. 언제? 1969년에. 탑승한 사람은? 닐 암스트롱(Neil Armstrong), 마이클 콜린스(Michael Collins), 에드윈 버즈 올드린(Edwin Buzz Aldrin). 그것이 왜 중요한가? 인류가 최초로 달에 도착한 사건이었다는 점. 그러나 이 정보를 언제 배웠는지 정확하게 기억하지 못할 수 있다. 이 달 착륙에 대해 알고 있는 다양한 사실은 의미기억에 해당한다. Tulving은 의미기억 경험을 **앎**(knowing)이라고 기술했는데, 여기서 **앎**은 정신적 시간여행을 포함하지 않는다.

신경심리학적 증거 신경심리학적 증거가 STM과 LTM의 구분에 이용된 것처럼 이러한 증거는 일화기억과 의미기억의 구분에도 역시 이용되었다. 먼저 K. C. 사례를 살펴볼 것인데, 그는 30세에 오토바이를 타고 고속도로 나들목을 빠져나가다가 해마와 주변 구조에 심각한 손상을 입었다(Rosenbaum et al., 2005). 이 부상의 결과 K. C.는 일화기억을 상실했는데,

더 이상 그의 과거 사건을 아무것도 기억해내지 못했다. 그러나 그는 어떤 일이 일어났었다는 사실은 알고 있는데, 이는 의미기억에 해당한다. 그는 그의 형제가 2년 전 사망했다는 사실을 알고 있지만, 그의 형제의 사망에 관해 어떻게 이야기를 들었고 장례식에서 무엇을 경험했는지와 같은 개인적 경험에 관해서는 아무것도 기억해내지 못한다. K. C.는 또한 식사 도구가 부엌의 어디에 있는지 그리고 볼링에서 스트라이크와 스페어의 차이와 같은 사실을 기억해낼 수 있다. 따라서 K. C.는 기억에서 일화적 부분은 상실했지만, 그의 의미기억은 대체로 온전하다(Palombo et al., 2015에서 일화기억은 상실되었으나 의미기억은 유지된 더 많은 사례를 확인할 수 있다).

또 다른 인물 L. P.는 44세 때 뇌염을 앓기 전까지는 건강했다(DeRenzi et al., 1987). 뇌에 발생한 손상은 K. C.와는 반대되는 증상을 초래했다. 문제의 신호는 맨 처음 두통과 고열로 나타났으며 그다음 환각이 5일간 지속되었다. 병원에서 6주간 입원한 후 집으로 돌아왔을 때 친숙한 사람을 알아보는 데 어려움이 있었고, 쇼핑 목록에 있는 단어의 의미를 기억해내지 못하고 물건이 가게의 어디에 있는지 기억해내지 못해서 쇼핑하는 데 어려움이 있었으며, 더 이상 베토벤과 같은 유명한 사람을 식별하지 못했고 이탈리아가 제2차 세계대전에 관련되었는지와 같은 사실을 기억해내지 못했다. 이는 모두 의미기억에 속한다.

의미 정보에 관한 기억이 이처럼 심각하게 손상되었음에도 불구하고 그녀는 여전히 일상생활에서 발생한 사건을 기억할 수 있었다. 그녀는 하루 중 자신이 무엇을 했는지 그리고 여러 주 또는 여러 달 전에 발생한 일을 기억해낼 수 있었다. 따라서 그녀는 비록 의미기억을 상실했지만 여전히 새로운 일화기억을 형성할 수 있었다. **표 6.4**에 이 두 사례가 요약되어 있다. 이 사례들은 함께 일화기억과 의미기억 사이의 이중 해리를 보여주는데, 이는 이처럼 상이한 두 유형의 정보에 관한 기억이 상이한 기전을 수반할 것이라는 생각을 지지한다.

표 6.4에 나타난 이중 해리는 의미기억과 일화기억의 분리된 기전에 관한 생각을 지지하지만, 뇌 손상의 정도가 흔히 환자마다 상이하므로 뇌 손상 환자에 관한 연구 결과의 해석은 까다로운 경우가 많다. 게다가 환자의 검사 방법이 연구마다 상이하다. 따라서 신경심리학적 결과를 다른 종류의 증거를 통해 보완하는 것이 중요한데, 이러한 추가적 증거를 뇌 손상 실험들이 제공한다(일화기억과 의미기억의 신경심리학에 관한 더 이상의 논의는 Squire와 Zola-Morgan, 1998, Tulving과 Markowitsch, 1998을 참고하라).

표 6.4 의미기억과 일화기억의 이중 해리 사례

환자	의미기억	일화기억
K. C.	정상	빈약
L. P.	빈약	정상

뇌 영상 연구 Brian Levine과 동료들(2004)이 수행한 뇌 영상 실험에서, 참가자들로 하여금 일상의 개인적 사건('어젯밤 살사댄스 클래스에서 사람들이 모두 상이한 스타일의 살사를 춤추었다…….')과 의미적 지식에서 도출된 사실('1947년까지 토론토에 5,000명의 일본계 캐나다인이 살고 있었다.')을 기술한 일기를 녹음하도록 하였다. 그 후 참가자들이 fMRI 스캐너 안에서 녹음된 내용을 들을 때, 일상 사건의 녹음은 상세한 자서전적 일화기억(사람들은 자신의 경험을

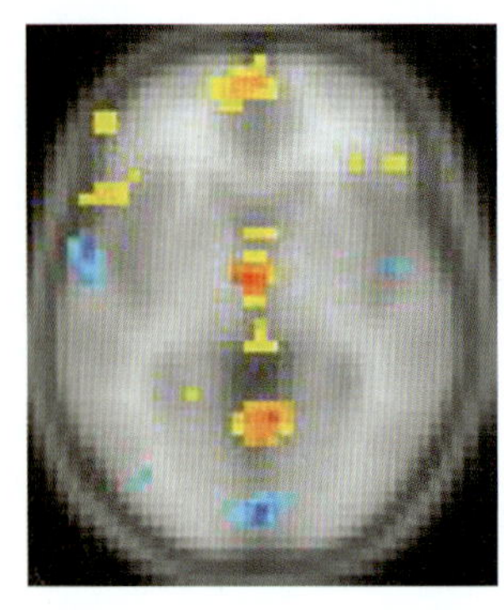

그림 6.10 일화기억과 의미기억에 의해 활성화된 뇌 영역. 노란색 영역은 일화기억과 관련된 뇌 영역을, 파란색 영역은 의미기억과 관련된 뇌 영역을 나타낸다.

출처: © B. Levine, G. R. Turner, D. Tisserand, S. J. Hevenor, S. J. Graham, & A. R. McIntosh, The functional neuroanatomy of episodic and semantic autobiographical remembering: A prospective functional MRI study. *Journal of Cognitive Neuroscience*, 16, 1633-1646, 2004. MIT Press Journals.

기억해낸다)을 촉발한 반면, 다른 녹음은 의미적 사실을 상기시켰다.

그림 6.10의 뇌 단면에 뇌 활성화가 나타나 있다. 노란색 영역은 일화기억, 파란색 영역은 사실적인 의미적 지식과 연관된 뇌 영역이다. 이러한 결과는 일화기억과 의미기억에 의해 야기된 활성화 사이에 중첩과 뚜렷한 차이가 함께 존재한다는 것을 보여준다(Cabeza & Nyberg, 2000; Duzel et al., 1999; Nyberg et al., 1996 참고).

그러나 일화기억과 의미기억을 구분할 수 있다는 사실이, 이들이 전적으로 분리되어 작동한다는 것을 의미하는 것은 아니다. 이 장의 주제가 **구분과 상호작용**이라는 점을 염두에 두고서 이제는 이 두 체계 사이에 방대한 상호작용이 존재한다는 것을 살펴볼 것이다.

일화기억과 의미기억의 상호작용

실생활에서 일화기억과 의미기억은 흔히 뒤엉켜 있다. 그러한 사례로서 (1) 지식(의미적)이 경험(일화적)에 영향을 미치는 방식, 그리고 (2) 자서전기억의 형성을 들 수 있다.

지식이 경험에 영향을 미친다 우리는 나중에 기억해낼 경험을 하는 도중 방대한 지식을 동원한다. 예를 들어, 여러분이 육상 경기의 열렬한 팬인 친구와 함께 육상경기를 보고 있는데, 여러분의 이해는 기본 수준, 즉 달리기는 달리고, 도약 종목은 뛰고, 투척 종목은 던진다는 정도에 머물러 있다고 상상해 보라. 경기 동안 친구의 흥분은 눈에 띈다. 친구는 각 종목의 미묘한 차이, 단거리 · 중거리 · 장거리의 구분에서부터 높이뛰기와 포환던지기의 기술에 이르기까지 열심히 설명한다. 그 노력에도 불구하고 상당 부분은 여러분의 이해를 벗어난다. 계주 경기에서 친구는 각 팀의 전략을 분석하고 가능한 결과를 예측하며 긴장된 자세로 경기를 지켜본다. 바통 전달이 이루어지자 친구는 흠잡을 데 없는 바통 전달로 이 팀이 우위를 점했다고 지적하며 흥분해 펄쩍 뛴다. 한편 여러분은 "왜 저 막대를 넘기지?", "누가 어느 구간을 뛰는지는 어떻게 정해?"와 같은 질문을 하며 따라가느라 애쓴다. 곧 친구의 깊은 지식과 열정이 경기의 즐거움을 크게 증진시키는 반면, 이해 부족은 여러분을 다소 길을 잃은 듯 느끼게 만든다는 것이 분명해진다. 경기를 보기 전의 지식 차이가 경기 도중의 경험에 영향을 미친 것이다. 우리의 지식(의미기억)이 우리의 경험을 안내하며, 차례대로 이 경험은 뒤따르는 일화기억에 영향을 미친다.

자서전기억(autobiographical memory)
개인의 삶에서 발생한 구체적 사건에 대한 기억으로서, 일화적 요소와 의미적 요소 둘 다를 포함할 수 있다.

자서전기억은 의미적 성분과 일화적 성분 모두를 갖고 있다 일화기억과 의미기억의 상호작용은 **자서전기억**(autobiographical memory)을 고려할 때에도 일어나는데, 자서전기억은 삶의 특정 경험에 관한 기억으로서 일화적 요소와 의미적 요소 둘 다를 포함할 수 있다. 자서전기억은 8장에서 더 자세히 논의하겠지만 여기서 먼저 간략하게 소개하겠다. 예를 들어, 다음과 같은 자서전기억을 생각해 보라. "어제 식물원에서 루카(Luca)와 휴고(Hugo)를 만났을 때, 우리는 호수 옆 큰 버드나무 아래에 있는 우리의 단골 벤치에 앉았다. 공원이 붐비는 한낮에는 그곳에 자리 잡기 쉽지 않다."

이 서술에는 일화적 성분(어제 루카와 휴고를 만난 것은 특정 경험이다.)과 의미적 성분(식물원은 공원이다, 호수 근처 나무 아래의 벤치는 '우리의 단골 자리'이다, 그 벤치는 한낮에 자리 잡기 쉽지 않다는 것은 모두 사실이다.)이 포함되어 있음을 주목하라. 이 서술의 의미적 성분은 개인적 경험과 관련된 사실이므로 **개인적 의미기억**(personal semantic memory)이라 부른다(Renault

개인적 의미기억 (personal semantic memory)
자서전기억에서 의미적 성분.

et al., 2012). **표 6.5**에 일화기억, 의미기억, 자서전기억의 특성이 요약되어 있다.

표 6.5 장기기억 유형

유형	정의	예
일화기억	특정한 개인적 경험에 관한 기억으로서, 그 경험을 다시 체험하기 위해 시간상 거꾸로 거슬러 올라가는 정신적 시간 여행을 포함한다.	나는 어제 정오에 식물원에 갔는데, 루카와 휴고와 함께 그들의 자전거 여행에 관한 이야기를 나눈 것을 기억한다.
의미기억	사실에 관한 기억	식물원 길 아래쪽에 또 다른 공원이 있다.
자서전기억	사람들이 자신의 삶에서 겪은 경험에 관한 기억. 이 기억은 일화적 요소(회상된 특정 사건)와 의미적 요소(그 사건과 관련된 사실)를 모두 갖고 있다. 자서전기억의 이러한 의미적 요소가 '개인적 의미기억'이다.	나는 어제 정오에 식물원에서 루카와 휴고를 만났다. 우리는 호수 근처 나무 아래에 있는 우리가 좋아하는 벤치에 앉았는데, 이 자리는 공원이 붐비는 정오에는 자리 잡기 쉽지 않다.

또 다른 일화기억과 의미기억의 상호작용은 Robyn Westmacott과 Morris Moscovitch(2003)의 실험에서 입증되었는데, 이들은 배우, 가수, 정치가와 같은 대중적 인물에 관한 사람들의 지식이 의미적 성분과 일화적 성분 모두를 포함할 수 있다는 것을 밝혔다. 예를 들어, 여러분이 테일러 스위프트(Taylor Swift)에 대해 몇 가지 사실을 알고 있고 그녀가 가수라는 것을 안다면, 이 지식은 주로 의미기억에 해당한다. 그러나 그녀의 노래 몇 곡을 들었던 것을 기억하거나, 더 나아가 그녀의 콘서트 관중 속에 있었던 경험을 떠올린다면, 테일러 스위프트에 대한 여러분의 기억에는 일화기억 요소를 포함하게 된다.

Westmacott과 Moscovitch(2003)는 개인적 일화와 연관된 의미기억을 **자서전적으로 중요한 의미기억**(autobiographically significant semantic memories)이라고 불렀다. 그들은 대중적 인물의 이름을 기억하는 능력을 테스트했는데, 자서전적 중요성이 더 큰 인물의 이름이 더 잘 회상된다는 것을 밝혔다. 따라서 여러분이 어떤 가수가 유명인(의미 정보)이라는 사실만 아는 경우보다 그 가수의 콘서트에 실제로 참석한 경험(일화 경험)이 있는 경우 그 이름을 회상해낼 가능성이 더 클 것이다.

이는 일화기억과 관련된 경험이 의미기억에 접근하는 데 도움이 될 수 있다는 것을 의미한다. 흥미롭게도, Westmacott과 동료들(2003)이 외상성 뇌 손상으로 인해 일화기억을 상실한 사람들에게 동일한 실험을 실시했을 때에는 자서전적으로 중요한 이름에 대해 더 증진된 기억이 관찰되지 않았다. 즉, 일화기억이 존재할 때에는 사람 이름과 같은 '사실'에 대한 의미기억이 증진되지만, 일화기억이 결여되면 개인적으로 관련된 사실이 만들어내는 이점은 사라지는데, 이는 일화기억과 의미기억의 상호관련성에 대한 또 다른 사례이다.

이러한 일화기억과 의미기억의 관계는 시간 경과에 따라 장기기억에서 무엇이 일어나는지 물어볼 때 더 흥미로워진다. 단기기억은 단지 15초 정도만 지속되므로(되뇌기에 의해 정보가 단기기억에 유지되지 않는 한), 한 시간, 하루, 또는 1년 전에 일어난 일을 기억하는 것은 모두 장기기억에서 기억된 것이다. 그러나 앞으로 살펴보겠지만 모든 장기기억이 동일하게 생성되지는 않는다. 우리는 어제 일어난 일의 세부 사항을 1년 전 일보다 더 잘 기억하는 경향이 있으며, 역설적으로 나중에는 어제 일은 잊어버리면서도 1년 전 일은 여전히 기억하는 경우도 있다!

시간 경과에 따라 일화기억과 의미기억에는 무슨 일이 일어나는가?

시간 경과에 따라 기억에 일어나는 일을 알아보는 한 가지 절차는, 자극을 제시한 뒤 어느 정도 시간이 경과한 후 참가자에게 그 자극을 회상해내도록 요구하는 것인데, 이는 계열위치곡선 실험(184쪽)이나, 참가자에게 그들이 읽었던 글의 문장을 재인해내도록 요구하는 재인 실험(187쪽)에서와 마찬가지이다. 이러한 실험의 전형적인 결과에 따르면 참가자는 자극의 상당 부분을 망각하는데, 망각은 시간 간격이 길어질수록 증가한다. 그러나 망각 과정을 보다 상세하게 살펴보면, 망각이 항상 '전부 기억하거나 전혀 기억하지 못하는' 식의 과정은 아니라는 것을 알게 된다. 예를 들어, 루카와 휴고와 함께 식물원에 간 것을 떠올리고 다음 상황을 생각해 보라. 식물원에서 호숫가에 머무는 동안 누군가 다가와 여러분의 친구들에게 인사를 건넨다. 휴고는 여러분에게 올리비아를 소개하며, 그녀가 이번 학기에 같은 수업을 듣는다고 말한다. 그 주 후반에 여러분은 캠퍼스에서 다시 올리비아를 만난다. 올리비아를 만났을 때 가능한 반응은 다음과 같다.

- 저 사람 낯이 익다. 이름이 무엇이고 어디서 만났지?
- 저 사람은 올리비아네. 그런데 어디서 만났더라?
- 저 사람은 이틀 전 공원에서 만난 올리비아구나. 이번 학기에 듣는 수업에 대해 그녀와 이야기를 나눈 것이 기억나네.

망각과 기억의 정도는 여러 가지다. 첫 두 사례는 **친숙성**(familiarity)을 보여주는데, 그 사람이 낯이 익고 이름을 기억할 수 있지만, 그 사람과 관련된 특정 경험의 세부 사항은 전혀 기억나지 않는다. 마지막 사례는 **기억 재생**(recollection, 재경험적 회상)을 보여주는데, 그 사람과 관련된 구체적 경험이 기억나는 것이다. 친숙성은 지식이 획득된 상황과 연합되어 있지 않으므로 의미기억과 관련되어 있다. 기억 재생은 지식이 획득될 때 발생한 것에 관한 세부 사항을 포함하고, 덧붙여서 과거 그 사건을 경험할 때처럼 그 사건에 관한 자각을 포함하고 있으므로 일화기억과 관련되어 있다. 이 두 방식의 기억 행위를 **기억함/앎 절차**(remember/know procedure)를 사용하여 측정해왔다.

기억함/앎 절차(remember/know procedure) 연구 참가자에게 이전에 접한 자극을 제시하고서, 그 자극을 원래 경험했던 상황이 기억나는 경우에는 기억함(remember), 익숙하게 느껴지지만, 이전 경험이 기억나지 않는 경우에는 앎(know)으로 표시하도록 요구하는 절차이다.

Raluca Petrican과 동료들(2010)은 대중적 사건에 관한 사람들의 기억이 시간 경과에 따라 어떻게 변화하는지를 알아보기 위해, 나이 든 성인(평균 연령 63세)에게 50년 기간에 걸쳐 발생했던 사건에 관한 기술을 제시하고서 그 사건과 관련된 개인적 경험을 갖고 있거나 TV 또는 신문에서 그 사건에 관한 세부 사항을 보았던 것이 기억나면 **기억함**(remember)으로 반응하

방법

기억함/앎 절차

기억함/앎 절차에서는 참가자에게 이전에 접한 적이 있는 자극을 제시하고 다음 중 하나로 반응하도록 요구한다. (1) 자극이 낯익으며 아울러 그것을 원래 접할 때의 상황이 기억난다면 '기억함(remember)', (2) 자극이 낯익지만 그것에 대한 이전 경험이 기억나지 않으면 앎(know), (3) 자극이 전혀 기억나지 않으면 '모름(do not know)'. 이 절차는 참가자에게 자극 목록을 기억하도록 요구하는 실험실에서 사용되었을 뿐만 아니라 과거의 실제 사건에 관한 사람들의 기억을 측정하는 데에도 사용되었다. 이 절차가 중요한 이유는 기억의 일화적 성분('기억함' 반응으로 표시)과 의미적 성분('앎' 반응으로 표시)을 구분해 주기 때문이다.

도록 요구했다. 그 사건이 낯이 익기는 하지만 개인적 경험이나 그 사건에 관한 미디어 보도와 관련된 세부 사항이 기억나지 않으면 **앎**(know)으로 반응하도록 요구했다. 그 사건을 전혀 기억할 수 없다면 **모름**(do not know)으로 반응하도록 요구했다.

이 실험의 결과가 **그림 6.11**에 나와 있는데, 여기에는 가장 최근의 10년 이내에 발생했던 대중적 사건에 관한 기억, 그리고 40년 전부터 50년 전까지 발생했던 사건에 관한 기억이 표시되었다(중간 지연 구간도 실험에 포함되었지만 여기서는 극단적 구간에 초점을 둔다). 예상처럼 완전한 망각이 시간 경과에 따라 증가했다(빨간색 막대). 그러나 흥미로운 결과는 기억함 반응이 앎 반응보다 더 많이 감소했다는 점인데, 이는 40년 전부터 50년 전 사이에 관한 기억이 일화적 속성을 많이 상실했다는 것을 의미한다. 이 결과는 **옛날 기억의 의미화**(semanticization of remote memory), 즉 오랜 과거 사건에 관한 기억에서 일화적 세부 사항의 상실을 보여준다.

옛날 기억의 의미화(semanticization of remote memory)
오래된 사건에 관한 기억에서 일화적 세부사항이 상실되는 현상.

이러한 일화적 세부 사항의 상실은 Petrican의 실험에서처럼 먼 옛날 사건뿐만 아니라 1주일 전과 같이 가까운 기간의 사건에서도 일어난다는 것이 밝혀졌다(Addis et al., 2008; D'Argembeau & Van der Linden, 2004; Johnson et al., 1988; Viskontas et al., 2009). 이처럼 짧은 기간의 의미화는 개인적 경험을 고려할 때 이치에 맞다. 여러분이 오늘 일찍 또는 어제 했던 것의 세부 사항은 기억할 수 있겠지만, 1주일 전에 발생한 것에 관해서는 매우 중요하지 않는 한 훨씬 적은 세부 사항만 기억할 수 있을 것이다(물론 그 일이 특별히 중요했다면 예외일 수 있다).

옛날 기억 의미화를 평가하는 또 다른 방식은 의미기억을 이루는 지식을 획득하는 방식을 살펴보는 것이다. 여러분은 6학년 시절에 미국 의회가 상원과 하원으로 구성되어 있다는 사실을 배웠을 것이다. 이 사실을 배운 직후에는 수업 도중 일어난 것, 즉 교실의 모습이나 교사가 말한 것을 기억해내는 것이 쉽다는 것을 알았을 것이다. 이처럼 학습 상황에 관한 세부 사항을 기억해내는 것은 모두 일화기억이라는 제목 아래 들어간다. 의회의 작동 방식에 관한 사실은 의미기억이다.

여러 해가 지난 대학 시절에 미국 의회에 관한 여러분의 의미기억은 여전히 남아 있지만 그 정보를 배웠던 특정 날짜에 발생한 것에 관한 일화적 세부 사항은 아마도 사라졌을 것이

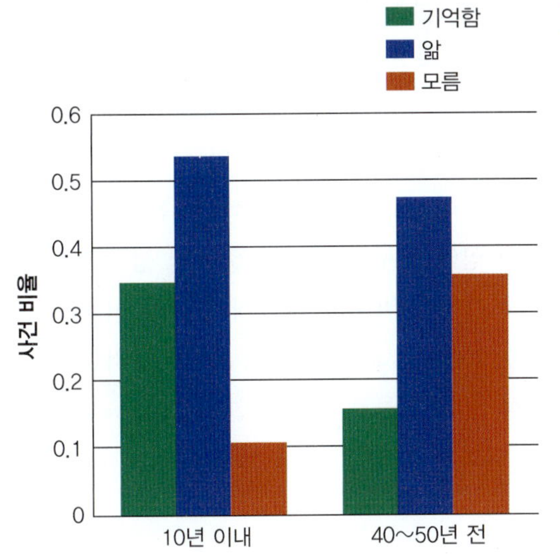

그림 6.11 나이 든 참가자들의 50년 기간에 걸친 사건에 관한 기억을 검증한 기억함/앎 실험의 결과.

출처: R. Petrican, N. Gopie, L. Leach, T. W. Chow, B. Richards, & M. Moscovitch, Recollection and familiarity for public events in neurologically intact older adults and two brain-damaged patients. *Neuropsychologia*, 48, 945-960, 2010.

다. 따라서 의미기억을 구성하는 지식은 처음에는 일화기억의 기초가 되는 개인적 경험을 통해 획득되지만, 이러한 경험은 흔히 사라지고 의미기억만 남게 된다.

6.3 미래로 돌아가기

미래계획기억 (prospective memory)
미래의 특정 시점에서 계획된 행동을 기억하고 수행하기 위한 기억 유형.

우리는 흔히 기억을 과거로부터 사건이나 사실을 상기하는 것이라고 생각한다. 하지만 미래에 일어날 것을 상상하는 것은 어떠할까? 둘 사이에 어떤 연관이 존재할까? **미래계획기억**(prospective memory)은 미래의 어느 시점에 계획된 행동을 기억하고 수행하는 데 사용되는 기억 유형이다. 예를 들어, 정해진 시간에 약을 복용하는 것을 기억하는 것, 치약 뚜껑을 다시 닫는 것을 기억하는 것은 모두 미래계획기억의 단순한 예이다(Burgess & Shallice, 1997; McDaniel & Einstein, 2007). 미래계획기억은 크고 작은 미래 목표에 대한 우리의 기억이다. 미래계획기억을 사용해 우리는 과거 경험을 토대로 미래가 어떻게 전개될지를(성공 여부와 관계없이) 예측한다.

애플 컴퓨터의 공동 창립자 중 한 명인 스티브 잡스(Steve Jobs)는 이 현상에 대해 다음과 같이 언급했다. "여러분은 점들을 앞을 내다보며 연결할 수는 없다. 오직 뒤돌아보아야만 점들을 연결시킬 수 있다. 따라서 여러분은 그 점들이 미래에는 어떻게든 연결될 것임을 믿어야 한다"(Jobs, 2005). 점들을 미래로 확장시키는 것은 기억 연구의 중요한 주제가 되어왔다. 이 연구는 우리가 미래를 얼마나 잘 **예측**할 수 있는지를 묻지 않고 우리가 미래**에 관해** 가능성 있는 시나리오를 얼마나 잘 만들어낼 수 있는지를 묻는다. 이것이 연구 주제가 되어온 이유는 과거의 기억 능력과 미래 시나리오의 생성 능력 사이의 연관성에 관한 증거가 존재하기 때문이다. 이 연관성을 지지하는 증거는 뇌 손상 결과 일화기억을 상실한 환자가 제공하였다. K. C.는 머리 손상으로 인해 일화기억을 상실한 사람으로 앞서 소개된 오토바이 선수인데, 미래에 일어날 가능성이 있는 개인적 사건을 기술하는 데 상상력을 사용할 수 없는 사람이다(Tulving, 1985). 또 다른 환자, D. B. 역시 과거 사건의 회상과 미래 사건의 상상 둘 다에 어려움이 있었다. 미래 사건을 상상하지 못하는 무능력은 개인적으로 그에게 일어날 수 있는 것에 국한되었으며, 정치나 다른 사건에서 일어날 가능성이 있는 것과 같은 다른 미래 사건은 여전히 상상할 수 있었다(Addis et al., 2007; Hassabis et al., 2007; Klein et al., 2002).

과거를 기억해낼 수 있는 능력과 미래에 발생 가능한 것을 상상할 수 있는 능력 사이의 연결을 지지하는 이러한 행동 증거를 바탕으로, Donna Rose Addis와 동료들(2007)은 과거에 관한 기억과 미래에 관한 상상에 의해 뇌가 활성화되는 방식을 규명하기 위해 fMRI를 사용하여 생리적 관련성을 조사하였다. 신경학적으로 정상적인 참가자가 과거의 사건 또는 미래에 일어날 가능성이 있는 사건을 소리 내지 않고 생각하는 도중 뇌 활성화를 측정하였는데, 그 결과 과거를 조용히 생각하는 도중 활성화된 뇌 영역 모두가 미래를 조용히 생각할 때에도 활성화되었다(**그림** 6.12). 이러한 결과는 과거의 기억과 미래의 예측에 유사한 신경 기전이 서로 관여한다는 것을 시사한다(Addis et al., 2007, 2009; Schacter & Addis, 2009). 이러한 결과에 근거하여 Schacter와 Addis(2007, 2009)는 **구성적 일화 시뮬레이션 가설**(constructive episodic simulation hypothesis)을 제안하였는데, 이에 따르면 일화적 기억은 미래 사건의 시뮬레이션을 구성하기 위해 추출되고 재조합된다.

구성적 일화 시뮬레이션 가설 (constructive episodic simulation hypothesis)
Schacter와 Addis(2007, 2009)가 제안한 가설로서, 미래 사건의 시뮬레이션을 구성하기 위해 일화기억이 추출되고 재조합된다.

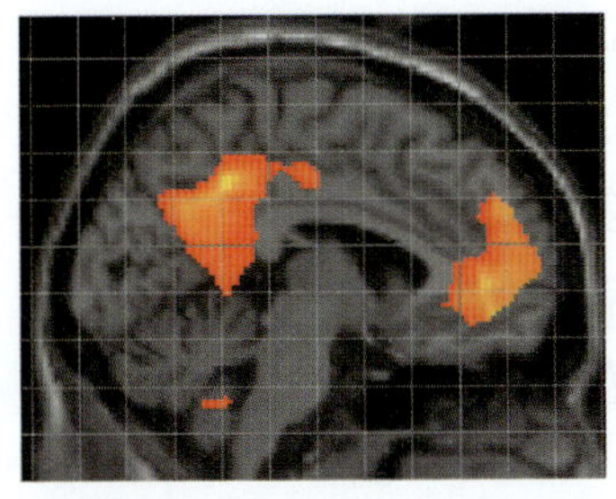

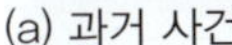

(a) 과거 사건

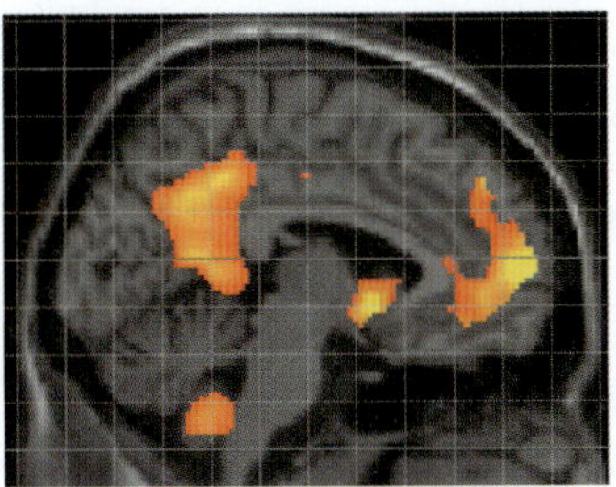

(a) 미래 사건

그림 6.12 (a) 과거 사건을 떠올릴 때 그리고 (b) 미래 사건을 상상할 때 발생한 뇌 활성화.

출처: © D.R. Addls, A.T. Wong, & D.L. Schacter, Remembering the past and imagining the future: Common and distinct neural substrates during event construction and elaboration, *Neuropsychologia*, 45, 1363-1337, Figure 2, 2007. With Permission from Elsevier.

과거 생각과 미래 예측이 연결된다는 생각은 Eleanor McDermott과 동료들(2016)의 실험에서도 지지되었다. 이 실험에서 참가자들은 과거 사건을 기억하거나 미래에 일어날 수 있는 유사한 사건을 상상하도록 요청받았다. 또한 참가자들은 기억하거나 상상할 때 자신이 무엇을 보고 있는지 설명하고, 그 관찰이 1인칭 관점(사건의 참가자라면 보게 될 시각, **그림** 6.13a)인지 3인칭 관점(외부 관찰자가 사건이 일어나는 것을 지켜본다면 보게 될 시각, **그림** 6.13b)인지를 기록하도록 했다. 비교 결과, 기억된 사건과 상상된 사건 모두에서 3인칭 관점에서 '보이는' 경우가 더 많았는데, 과거 기억에서는 71%였던 반면 미래 상상에서는 78%로 다소 더 많았다.

미래를 상상할 수 있다는 것이 왜 중요한가? 미래가 현재가 될 때 우리는 효과적으로 행동할 수 있어야 한다. 따라서 미래를 상상하는 능력은 매우 중요하며, 실제로 Addis와 동료들(2007)은, 일화기억 체계의 주요 역할이 과거를 기억해내는 데 있지 않고, 미래 요구를 예상하고 미래 행동을 이끄는 데 도움이 되게끔 가능한 미래 시나리오들을 시뮬레이션할 수 있게 해주는 것이라고 제안했다. 예를 들어, 이는 특정 상황에 접근할 것인지 아니면 도피할

Ralph Hale

(a) 1인칭 관점

Ralph Hale

(b) 3인칭 관점

그림 6.13 사건을 시각적으로 기억하는 두 가지 방식. (a) 1인칭 관점: 사건은 그것을 기억하는 사람이 직접 경험한 시점에서 기억된다. 이 관점에서는 벽난로 속 불을 자기 눈으로 직접 보는 것처럼 바라본다. (b) 3인칭 관점: 사건은 외부 관찰자가 사건을 바라보는 시점에서 기억된다. 이 관점에서는 기억을 하고 있는 사람이 의자에 앉아 있는 사람이다.

것인지 여부를 판단하는 데 유용할 것이다(Addis et al., 2007; Schacter, 2012).

미래를 시뮬레이션하는 것이 적응적 과정일 수 있다는 생각은 2장(58쪽)과 4장(130쪽)에서 논의했던 마음 방황(mind wandering) 현상과 관련된다. 마음 방황은 (1) 디폴트 모드 네트워크(default mode network: DMN)와 관련되는데, 이는 특정 과제에 집중하지 않을 때 활성화되고(57쪽), (2) 깨어 있는 시간의 절반 가까이 발생할 정도로 매우 흔하다(130쪽). 또한 마음 방황은 주의집중이 필요한 과제의 수행을 저하시킬 수 있다(129쪽).

그러나 마음 방황은 긍정적 효과도 가질 수 있는데, 마음 방황이 일어날 때 사람들은 과거나 현재보다 미래에 대해 생각할 가능성이 더 높다(Baird et al., 2011). 이로 인해 일부 연구자들은, 마음이 방황하는 이유 중 하나가 일화기억으로부터 미래의 시뮬레이션을 만들어 사람들이 미래를 계획하도록 돕기 위함이라고 제안했다. 다시 말해, 우리는 현재에서 미래를 계획하기 위해 과거를 활용한다.

마음챙김(mindfulness)
의도적으로, 현재 순간에, 그리고 판단하지 않으면서, 순간순간 전개되는 경험에 주의를 기울이는 것.

마음챙김(mindfulness)은 현재 순간과 현재 마음의 내용에 지속적으로 주의를 기울이는 인지적 기술을 의미한다. 이 주의는 현재 순간의 감각(시각, 청각, 촉각 등)뿐 아니라 기분과 같은 내적 감각에도 초점을 둘 수 있다. 뇌는 미래를 계획하기 위해 과거를 떠올리는 경향이 있기 때문에 마음챙김은 사람들에게 꽤 도전적일 수 있다(Shapiro, Siegel, & Neff, 2018). 마음챙김 상태는 마음 방황과 매우 다르게 의도적이고 노력하는 상태이다. 스마트폰 앱이나 온라인 비디오를 통한 가이드 명상 같은 간헐적 마음챙김 훈련은 일반적 행복감, 마음챙김 훈련 이외에 일반적 마음챙김, **자기 효능감**(자신이 목표를 달성할 수 있다는 믿음)을 증가시키는 것으로 밝혀졌다(Clarke & Draper, 2020). 따라서 때때로 마음챙김을 실천하는 것은 일반적인 인지 기능을 향상시키고 목표 달성을 더 가능하게 할 수 있다.

그러나 "보편적으로 유익한 심리적 또는 생리적 과정은 거의 없거나 전혀 없다"(Britton, 2019). Clarke와 Draper(2020), Britton(2019)은 일부 사람들에게 마음챙김이 오히려 일반적 행복감을 감소시켜 인지 수행을 저하시킬 수 있다고 지적했다. 이러한 저하는 자기 성찰의 일반적 불편감이나 마음챙김과 관련된 정서조절 기전 때문일 수 있다. 예를 들어, 마음챙김은 뇌의 정서 센터인 변연계에 대한 전전두피질의 통제를 증가시킬 수 있는데, 이는 부정적 정서를 감소시키는 데 유익하다. 그러나 시간이 지나면서 전전두피질의 변연계 통제가 증가하면 '정서적 무딤이나 해리(emotional blunting or dissociation)'가 발생하여 부정적 정서뿐 아니라 긍정적 정서까지 감소시켜서 행복감을 낮출 수 있다. 따라서 마음챙김은, 간헐적으로 사용할 때는 인지적 이점을 제공하지만 매일 장시간 사용할 때는 오히려 그 이점을 약화시킬 수 있다.

마음챙김, 마음 방황, DMN 활성, 미래 계획에 관한 이러한 이야기를 더욱 흥미롭게 만드는 것은, 최근 연구가 DMN 손상이 자서전기억의 인출 문제를 야기할 수 있음을 보여주었다는 점이다(Philippi et al., 2015). 그리고 우리는 K. C.와 D. B.의 사례에서 보았듯이, 이는 미래 사건 상상의 어려움과 관련되어 있다.

자가 테스트

1. 일화기억과 의미기억은 어떻게 구분되는가? 정의 그리고 Tulving의 정신적 시간여행 개념 둘 다를 고려하라. (학습목표 6-4)
2. 일화기억과 의미기억 간 이중 해리를 지지하는 신경심리학적 증거를 기술하라. (학습목표 6-4)
3. Levine의 '일기' 실험을 기술하라. 뇌 영상 결과는 일화기억과 의미기억에 관해 무엇을 보여주는가? (학습목표 6-4)
4. 지식(의미)이 경험(일화)에 어떻게 영향을 미칠 수 있는지 기술하라. (학습목표 6-4)
5. 자서전기억이란 무엇인가? 자서전기억의 정의는 어떻게 일화기억과 의미기억 둘 다를 포함하는가? (학습목표 6-5)
6. 개인적 중요성이 어떻게 의미기억을 더 쉽게 기억해낼 수 있게 하는지 기술하라. 외상성 뇌 손상으로 인해 일화기억을 상실한 사람들에게서 '개인적 중요성 효과'는 어떻게 되는가? (학습목표 6-2, 학습목표 6-5)
7. 시간이 지남에 따라 기억에는 무슨 일이 일어나는가? 일화기억의 의미화란 무엇인가? (학습목표 6-4, 학습목표 6-6)
8. 기억함/앎 절차란 무엇인가? 이 절차가 어떻게 일화기억과 의미기억을 구분하는가? 또한 이 절차가 시간 경과에 따라 기억의 변화 방식을 측정하는 데 어떻게 사용되어왔는가? (학습목표 6-5)
9. 과거의 일화기억과 미래 사건의 상상 능력 사이의 중첩을 보여주는 증거를 기술하라. (1) 일화기억을 상실한 사람들의 기억, (2) 뇌 영상 증거. (학습목표 6-2, 학습목표 6-5)
10. 구성적 일화 시뮬레이션 가설이란? 사람들이 과거를 기억할 때와 미래를 상상할 때 취하는 관점을 비교한 McDermott의 실험을 기술하라. (학습목표 6-6)
11. Addis와 동료들이 제안한 일화기억의 역할은 무엇인가? (학습목표 6-5)
12. 마음 방황과 마음챙김은 어떻게 다른가? 디폴트 모드 네트워크(DMN)의 역할을 고려하여 기술하라. (학습목표 6-6)

6.4 절차기억, 점화, 조건형성

그림 6.14는 장기기억의 여러 유형에 관한 도표이다. 지금까지 우리는 왼편에 있는 두 유형의 기억, 즉 일화기억과 의미기억에 초점을 두었는데, 이 기억은 **외현기억**에 속한다. **외현기억**(explicit memory)은 우리가 의식적으로 경험할 수 있는 기억이다. 외현기억을 **서술기억**(declarative memory)이라고도 부르는데, 이는 그 기억이 언명되거나 명시적으로 진술될 수 있기 때문이다. 사람들은 흔히 우리의 모든 기억이 의식적으로 경험되거나 자각된다고 생각하지만, 의식적 경험이나 자각이 없는 여러 유형의 기억이 존재한다.

우리가 의식적으로 경험하지 못하고 일반적으로 자각하지 못하는 기억을 **암묵기억**(implicit memory)이라고 부르는데, **그림 6.14**의 장기기억 오른쪽에 나와 있다. 암묵기억은 **비서술기억**(nondeclarative memory)이라고도 하는데, 이는 그 기억이 언명되거나 명시적으로 진술될 수 없기 때문이다. 암묵기억은 경험에 의한 학습에 의식적 기억이 수반되지 않을 때 발생한다. 예를 들어, 우리는 많은 것을 어떻게 하는지 설명할 수 없으면서도 해낸다. 자전거를 타는 방법을 안다면, 자전거 타기에 대한 외현기억이 있다고 생각할 수도 있다. 그러나 누군가에게 자전거 타기를 가르친다고 상상해 보라. 단지 자전거 모양을 보여주고 몇 가지 요령을 말해 준다고 해서 그들이 바로 탈 수 있을까? 물론 아니다. 사실 여러분은 자전거 타기를 배우던 과정을 실제로 기억하지 못한다. 자전거를 타면서 가졌던 외현적 경험(일화기억)과 배운 규칙(의미기억)은 기억하지만, 실제로 운동통제와 인지통제 능력을 습득하게 했던 학습 과정은 암묵적으로 이루어진다. 이러한 능력은 **절차기억**에 해당한다.

외현기억(explicit memory)
과거에 학습한 사건이나 사실을 의식적으로 재생하는 기억.

서술기억(declarative memory)
외현기억과 동일한 개념.

암묵기억(implicit memory)
과거 경험을 의식적으로 자각하지 못하지만 그 경험이 현재 행동에 영향을 미칠 때 일어나는 기억.

비서술기억(nondeclarative memory)
암묵기억과 동일한 개념.

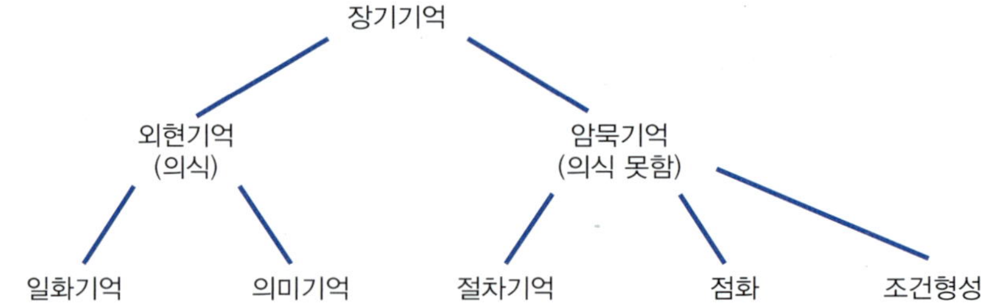

그림 6.14 장기기억을 외현기억과 암묵기억으로 나눌 수 있다. 또한 외현기억을 일화기억과 의미기억의 두 유형으로 구분할 수 있다. 암묵기억에는 많은 유형이 존재하는데, 주요한 세 유형이 절차기억, 점화, 조건형성이다.

절차기억

절차기억(procedural memory) 고도로 연습된 기술을 어떻게 수행하는지에 관한 기억. 절차기억은 암묵기억의 한 유형인데, 그 이유는 사람들이 숙련된 행동을 수행할 수는 있어도 그 수행 과정을 어떻게 해내는지 정확하게 설명하지 못하는 경우가 많기 때문이다.

기술기억(skill memory) 통상 학습된 기술이 내포된 것을 수행하는 것에 관한 기억.

절차기억(procedural memory)을 **기술기억**(skill memory)이라고도 부르는데, 그 이유는 이 기억이 통상 학습된 기술을 포함한 것을 수행하는 것에 관한 기억이기 때문이다.

절차기억의 암묵적 특성 절차기억의 암묵적 특성은 뇌염으로 인한 해마 손상 때문에 일화기억을 상실했으나 여전히 바이올린을 연주할 수 있었던 숙련된 바이올리니스트 L. S. J.의 사례에서 입증되었다(Valtonen et al., 2014). 기억상실증 환자들은 또한 새로운 기술을 습득할 수 있는데, 그 기술을 숙달하게 된 연습 자체는 전혀 기억하지 못한다. 예를 들어, 해마 절제술로 기억상실증을 겪게 된 H. M.(189쪽 참조)은 **거울상 그리기**(mirror drawing) 과제를 연습하였는데, 이 과제는 거울에 비친 그림을 보면서 그것을 모사하는 과제이다(**그림** 6.15). 여러분은 다음 '보여주기'를 통해 이 과제를 이해할 수 있다.

여러 날에 걸친 연습 후 H. M.은 거울상 그리기에 능숙해졌지만, 그의 장기기억 형성 능력이 손상되었기 때문에 항상 거울상 그리기를 처음 연습한다고 생각했다. H. M.이 거울 속 별을 따라 그리는 연습을 해본 적이 있다는 것을 기억할 수 없음에도 불구하고 이 과제를 할 수 있는 능력은 절차기억의 암묵적 본질을 잘 보여준다(Milner, 1965; Squire, 2009). 또 다른 예로서 앞서 언급한 바이올리니스트 L. S. J.는 새로운 곡을 연습할수록 연주가 향상되었지만, 그 곡을 연습했다는 사실 자체는 전혀 기억하지 못했다(Gregory et al., 2016; Valtonen et al., 2014).

그림 6.15 거울상 그리기. 이 과제는 거울에 비친 별의 이미지를 보면서 별의 윤곽선을 따라 그리는 것이다.

보여주기

거울상 그리기

그림 6.15의 것과 유사한 별을 종이 위에 그려 보라. 거울이나 다른 반사면(어떤 스마트폰 스크린에서 제공함)을 별에서 3~5cm 정도 떨어진 곳에 두어서 별을 반사시켜 보이도록 하라. 그다음 반사면을 보면서 종이 위에 별의 윤곽선을 따라 그려 보라. 종이 위의 실제 그림을 보지 않도록 주의하라! 아마도 이 과제가 처음에는 어렵다고 느끼겠지만, 연습을 거듭할수록 점차 쉬워질 것이다.

K. C.는 새로운 장기기억을 형성할 수 없지만 여전히 새로운 기술을 학습할 수 있는 또 다른 사례를 제공한다. 오토바이 사고 후 그는 도서관에서 책을 분류하고 선반에 쌓는 방법을 배웠다. 비록 이러한 작업을 배운 사실을 기억하지 못했지만 그는 여전히 이 작업을 할 수 있었고 연습을 통해 수행이 향상될 수 있었다. 기억상실증을 가진 사람들이 과거에 배운 기술을 유지하고 새로운 기술을 학습할 수 있다는 사실을 바탕으로 기억상실증 환자에게 우편물의 분류 또는 반복적인 컴퓨터 기반 과제의 수행과 같은 과제를 가르치는 재활 접근이 이루어졌는데, 그들은 자신의 훈련을 기억할 수 없음에도 불구하고 전문가가 될 수 있었다(Bolognani et al., 2000; Clare & Jones, 2008). 지금까지 살펴본 사례들은 움직임과 근육 행위를 포함한 운동 기술이었다. 여러분은 그밖에 절차기억에 속하지만 순수하게 인지적인 여러 기술을 개발할 수 있다. 예를 들어, 대화를 나누는 기술을 생각해 보라. 문법 규칙을 기술할 수 없을지라도 문법적으로 정확한 대화를 나누는 데 문제가 되지 않는다. 유아 시절부터 우리는 문법 규칙을 반드시 진술해야 할 필요 없이(비록 나중에 더 나이 들어서는 그것을 학습할지라도) 규칙을 적용하는 것을 학습한다.

절차기억과 주의 절차기억의 주된 효과는, 우리가 무엇을 하고 있는지 의식적으로 생각하지 않고도 숙련된 행동을 수행하는 것을 가능하게 해준다는 것이다. 예를 들어, 피아노를 배우는 사람을 생각해 보라. 초기에 그는 올바른 음을 올바른 순서로 치기 위해 손가락 움직임에 세심하게 주의를 기울인다. 그러나 전문가가 된 후에는 손가락에 주의를 두지 않고 그냥 연주하는 것이 최선의 전략이다. 실제로 4장에서 언급했듯이, 콘서트 피아니스트들은 어려운 부분을 연주하는 동안에 자신의 손가락 움직임을 의식하는 순간 더 이상 그 부분을 연주할 수 없게 된다고 보고했는데, 이는 초킹(choking: 지나친 긴장감이나 압박감 때문에 기량을 제대로 발휘할 수 없는 질식할 것 같은 심리상태._옮긴이 주)이라고 알려진 현상이다.

숙련된 절차기억이 주의를 필요로 하지 않는다는 사실에서 나온 흥미로운 결과가 **전문가 유도 기억상실증**(expert-induced amnesia)이다. 그 작동 방식은 다음과 같다. 특정 기술에 매우 숙련된 전문가는 행동을 거의 자동적으로 수행한다. 이는 마치 콘서트 피아니스트의 손가락이 건반 위를 거의 마법처럼 움직이는 것과 같다. 이러한 자동적 행동의 결과, 전문가에게 숙련된 행동을 어떻게 수행했는지 묻더라도 종종 자신이 무엇을 했는지 전혀 모른다고 답한다.

전문가 유도 기억상실증(expert-induced amnesia) 잘 학습된 절차기억이 수행될 때 주의를 요구하지 않기 때문에 발생하는 기억상실증.

스포츠에서 전문가 유도 기억상실증의 한 사례를 아이스하키 선수 시드니 크로스비(Sidney Crosby)가 보여주었다. 그는 2010년 밴쿠버 동계 올림픽 남자 아이스하키 결승전에서 연장전 결승 골을 넣어 캐나다에 금메달을 안겼는데(**그림 6.16**), 직후 TSN 하키 네트워크의 기자가

그림 6.16 시드니 크로스비가 2010년 올림픽에서 캐나다를 위해 결승 골을 넣는 장면.

빙판 위에서 그를 인터뷰하며 이렇게 물었다. "시드, 가능하다면, 그 골이 어떻게 들어갔는지 우리에게 설명해 줄 수 있나요?" 크로스비의 대답은 이랬다. "정확히 기억나지 않아요. 그냥 슛했는데, 아마 여기쯤에서였던 것 같아요. 그게 전부예요. 5-홀(five-hole)*로 들어간 것 같긴 한데, 솔직히 보지는 못했어요." 크로스비의 골을 지켜본 1,600만 명 이상의 캐나다인들은 그가 한 행동을 훨씬 더 자세히 설명할 수 있었겠지만, 정작 크로스비는 골 장면에서 '자동 상태'였기 때문에 무슨 일이 있었는지 정확하게 확신하지 못했다.

절차기억과 의미기억의 관계 절차기억을 다루는 것을 마치기 전에, 다시 바이올린 연주자 L. S. J.의 사례로 돌아가 보자. L. S. J.에 대한 초기 연구는 그녀가 자신의 과거 사건을 기억하는 능력을 잃었을 뿐 아니라 세계에 대한 지식도 상실했다는 점을 보여주었다. 그녀는 전문적인 시각 예술가(바이올린 연주자일 뿐 아니라 화가)였음에도 불구하고 반 고흐(Vincent van Gogh)의 〈별이 빛나는 밤(Starry Night)〉과 같은 유명한 작품을 그린 화가들을 식별할 수 없었다. 잘 알려진 62점의 그림을 제시했을 때, 통제집단의 미술 지식이 풍부한 사람들은 평균 71%만큼 정확하게 명명했으나, L. S. J.는 단 2%만큼만 정확하게 명명했다(Gregory et al., 2014).

그렇다면 이것이 절차기억과 무슨 관련이 있을까? L. S. J.에 대한 추가 검사에서 흥미로운 결과가 나타났다. 그녀는 세계 지식의 대부분을 잃었음에도 불구하고 절차기억과 관련된 것에 관한 질문에는 여전히 답할 수 있었다. 예를 들어, '수채화로 그림을 그릴 때 물감이 너무 많으면 어떻게 제거할 수 있는가?' 또는 '아크릴 붓은 수채화 붓과 어떻게 다른가?'와 같은 질문에 답할 수 있었다. 같은 결과는 음악('현악 오케스트라는 통상 어떤 악기들로 구성되는가?'), 운전('정지 표지판의 면은 몇 개인가?'), 항공(그녀는 음악가이자 화가일 뿐 아니라 숙련된 조종사이기도 했다!)에 관한 질문['파이퍼 컵(Piper Cub)의 착륙기어 배열은 어떠한가?']에서도 나타났다. L. S. J.가 무언가를 수행하는 방법에 관한 사실을 기억한다는 사실은 의미기억(사실에 대한 기억)과 절차기억(그리기, 연주, 운전, 비행과 같은 운동 기술을 포함한 기억) 사이의 연결을 보여준다.

---

* 아이스하키에서 '5-홀'은 골키퍼의 두 다리 사이 공간을 가리키는 용어이다. 따라서 슛이 5-홀로 갔다고 말하는 것은, 크로스비가 자신의 슛이 골키퍼의 두 다리 사이로 들어갔다고 생각했다는 의미다.

앞서 이 장에서 우리는 의미기억과 일화기억 사이의 상호작용을 논의했다. 여러분이 단순히 어떤 가수가 유명인이라는 것을 아는 경우(의미 정보)보다 실제로 그 가수의 콘서트에 참석한 경험(일화 경험)이 있을 경우 그 가수의 이름을 더 잘 기억할 가능성이 높다(195쪽). 마찬가지로, L. S. J.의 사례는 다양한 분야에 대한 지식(의미 정보)이 다양한 기술을 수행하는 능력(절차기억)과 연결되어 있음을 보여준다. **그림 6.14**와 같이 기억의 다양한 유형을 구분하는 도표를 그릴 수 있지만, 이러한 기억 유형들이 서로 상호작용한다는 점을 인식하는 것도 중요하다.

점화

점화(priming)
동일하거나 유사한 자극이 이전에 제시되었기 때문에 그 자극에 대한 반응이 변화하는 현상.

반복 점화(repetition priming)
어떤 자극이 앞서 제시되면, 나중에 동일한 자극이 다시 제시될 때 그 자극에 대한 반응이 영향을 받는 현상.

점화(priming)는 한 자극(점화자극)의 제시가 다른 자극(검사자극)에 대한 사람의 반응 방식을 변화시킬 때 발생한다. 예를 들어, '아이들이 얼마나 자주 play(놀다/연주하다)하는가?'라는 질문을 받았을 때, 그 질문 전에 스포츠에 대해 생각했는지 아니면 음악에 대해 생각했는지에 따라 대답이 달라질 수 있다. 스포츠와 음악 모두 'play'라는 단어와 관련되지만, 점화 후 그 단어의 해석 방식에 따라 반응이 달라질 수 있다. 점화의 한 유형인 **반복 점화**(repetition priming)는 검사자극이 점화자극과 동일하거나 유사할 때 발생한다. 예를 들어,**새**라는 단어를 보면 나중에 **새** 단어의 제시에 대해 이전에 본 적이 없었던 다른 단어의 제시보다 더 빨리 반응하게 되는데, 이는 앞서 **새**를 본 것을 기억하지 못할 때조차도 그러하다. 반복점화를 암묵기억이라고 부르는데, 그 이유는 점화자극이 원래 제시된 적이 있다는 사실을 참가자가 기억할 수 없을 때조차 점화 효과가 일어날 수 있기 때문이다.

점화자극의 제시를 기억하지 못한다는 것을 보장하는 한 가지 방법은 기억상실증 환자를 검사하는 것이다. Peter Graf와 동료들(1985)은 세 집단의 참가자들을 검사하였다. (1) 코르사코프 증후군(Korsakoff's syndrome)이라고 부르는 조건의 기억상실증 환자로서, 이 증후군은 알코올 남용과 관련되어 있고 새로운 장기기억의 생성 능력을 제거한다, (2) 알코올의존증 치료를 받고 있으며 기억상실증이 없는 환자, (3) 알코올의존증 경력이 없으며 기억상실증이 없는 환자.

참가자의 과제는 10개의 단어 목록을 읽고 각 단어를 좋아하는 정도를 평정하는 것(1 = 매우 좋아함, 5 = 매우 싫어함)이었다. 이는 참가자로 하여금 단어의 기억보다는 단어의 평정에 집중하도록 하였다. 단어 평정 직후 참가자는 다음 두 방식 가운데 한 방식으로 검사받았다. (1) 읽었던 단어를 회상하도록 요구받은 외현기억 검사, (2) 암묵기억 검사인 단어완성 검사. 단어완성 검사에서는 앞서 참가자가 보았던 10개의 단어 그리고 보지 않았던 10개의 단어 각각의 첫 세 글자를 제시하였다. 예를 들어, 3개 글자 tab__는 table 단어를 생성하여 완성될 수 있다. 참가자들은 3개 글자 조각을 제시받고서 몇 개 글자를 더하여 맨 처음 떠오르는 첫 번째 단어를 생성하도록 요구받았다.

회상 실험의 결과가 **그림 6.17a**에 나와 있는데, 이는 기억상실증 환자들이 두 통제집단보다 더 적은 수의 단어를 회상했음을 보여준다. 이처럼 빈약한 회상은 기억상실증과 관련된 빈약한 외현기억을 확증해 주는 것이다. 그러나 점화 단어가 생성된 비율을 보여주는 단어완성 검사의 결과는(**그림 6.17b**), 기억상실증 환자가 통제집단만큼 잘 수행하였음을 나타낸다. 앞서 제시된 단어에 대해 이처럼 향상된 수행은 점화의 한 사례이다. 이 결과에서 주목

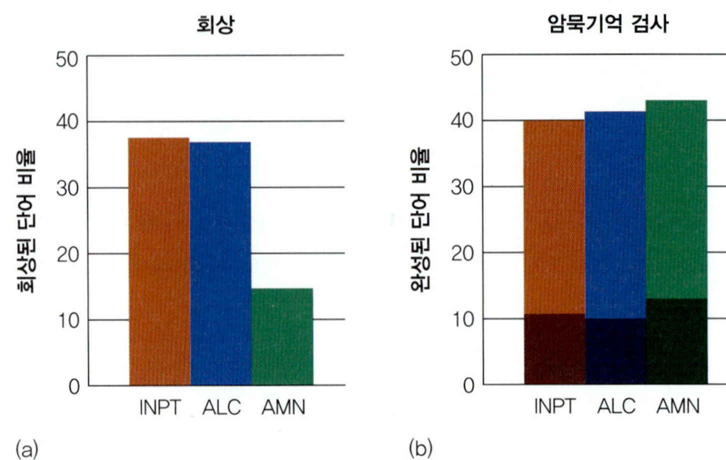

그림 6.17 Graf와 동료들(1985)의 실험에서 (a) 기억상실증 환자(amnesiac patients: AMN)는 입원 환자(medical inpatients: INPT)와 알코올 통제집단(alcoholic controls: ALC)에 비해 회상 검사 수행이 빈약하였다. (b) 기억상실증 환자는 암묵기억 검사(세 글자로 단어 완성하기) 수행이 다른 환자들만큼 우수하였다. 각 막대의 회색 영역은 참가자가 이전에 보지 않았던 단어에 대한 수행을 나타낸다.

출처: P. Graf, A. P. Shimamura, & L. R. Squire, Priming across modalities and priming across category levels: Extending the domain of preserved function in amnesia, *Journal of Experimental Psychology: Learning, Memory, and Cognition*, 11, 386-396, 1985.

할 점은 코르사코프 기억상실증 환자가 두 비기억상실증 집단만큼 우수한 수행을 보인 것인데, 비록 회상 검사로 측정한 기억상실증 환자의 기억은 빈약했음에도 불구하고 그러하였다.

기억상실증 환자의 외현기억이 빈약하므로 이들이 점화자극의 제시를 기억하지 못한다고 간주하더라도, 정상적인 기억을 가진 참가자의 경우에는 검사자극에 반응할 때 점화자극을 기억하지 못한다는 것을 어떻게 확신할 수 있는가? 어쨌든, 새 단어를 제시한 후 나중에 새 단어가 또다시 제시될 때 이에 대해 얼마나 빨리 반응하는지를 측정한다면, 새가 앞서 제시된 것을 기억하기 때문에 그런 일이 일어날 수는 없는 것인가? 만약 새의 초기 제시를 기억했다면 이는 암묵기억이 아니라 외현기억의 사례가 될 것이다. 점화 실험에서 사람들이 점화자극의 본래 제시를 기억할 가능성을 줄이기 위해 연구자들은 다양한 방법을 사용해왔다.

반복 점화는 우리의 일상 경험에서 발생할 수 있으나, 우리는 이를 자각하지 못할 수 있다. 예를 들어, 어떤 상품의 장점을 극찬하는 광고에 노출될 때 또는 상품의 이름을 그저 제시받기만 할 때를 들 수 있다. 비록 우리가 광고들의 영향을 받지 않는다고 믿

방법

점화 실험에서 외현기억 방지

정상적인 기억을 가진 사람이 점화자극의 제시를 기억할 가능성을 최소화하는 한 방법은, 기억 과제로 보이지 않는 과제에서 점화자극을 제시하는 것이다. 예를 들어, 점화자극이 동물의 이름인 경우, 참가자에게 이름을 제시하고서 각 동물이 60cm보다 더 큰지 여부를 판단하도록 요구할 수 있다. 이 과제는 참가자가 키 추정과제에 집중하도록 하고 동물 이름을 기억하고자 하는 노력을 방해한다.

실험의 점화 단계에서 자극의 목적을 위장하는 것에 더하여, Graf 실험의 단어완성 검사에서와 마찬가지로 연구자들은 또한 기억을 드러내지 않는 검사 절차를 사용한다. 그 실험 결과로 되돌아가서, 정상적인 참가자의 단어완성 검사 수행이 코르사코프 기억상실증 환자의 수행과 비슷하다는 점에 주목하라. 만약 정상 참가자가 원래 제시를 기억했다면, 그들의 수행은 기억상실증 환자의 수행보다 더 우수했을 것이라고 예상할 수 있다(Roediger et al., 1994).

뻔히 기억 검사로 보이는 것을 막는 또 다른 방법은, 참가자가 자극에 대해 얼마나 정확하게 또는 빨리 반응하는지를 측정하는 것이다. 예를 들어, 참가자들에게 단어 목록을 제시하고 4개 글자로 이루어진 단어를 볼 때마다 키를 누르도록 요구함으로써 검사할 수 있다. 점화는, 참가자들이 앞서 보았던 점화자극과 일치하는 4개 글자 단어에 대해 더 빨리 또는 더 정확하게 반응하는 것을 통해 확인될 수 있는데, 이 검사의 핵심 특성은 바로 속도이다. 신속한 반응을 요구하는 것은 참가자가 그 단어를 전에 보았는지 아닌지를 의식적으로 회상할 수 있는 시간을 가질 기회를 감소시킨다.

이러한 방법을 사용하여 연구자들은 기억상실증 환자뿐만 아니라 정상적인 참가자의 암묵기억을 증명하였다(Graf et al., 1982; Roediger, 1990; Roediger et al., 1994; Schacter, 1987).

을지라도, 우리는 그들에 노출된다는 이유만으로 그 영향을 받을 수 있다.

이러한 생각은 T. J. Perfect와 C. Askew(1994)의 실험에서도 지지되었는데, 그들은 참가자로 하여금 어떤 잡지의 기사들을 유심히 살펴보도록 하였다. 인쇄물의 각 쪽마다 광고가 붙어 있었는데, 참가자에게 광고에 주의를 기울이지 말라는 말을 하지 않았다. 나중에 많은 광고에 대해 다양한 차원에서 평정하도록 요구하였는데, 예를 들어 얼마나 매력적인지, 눈길을 끄는지, 독특한지, 기억에 남는지 등의 차원이었다. 참가자는 자신이 본 적이 없는 광고에 비해 노출되었던 광고에 대해 더 높은 점수를 주었다. 이러한 결과는 암묵기억의 효과라고 간주될 만한데, 그 이유는 참가자에게 어떤 광고가 실험 초반에 제시되었는지를 지적하도록 요구했을 때 원래 보았던 25개 광고들 가운데 평균적으로 2.8개만을 회상했기 때문이다. 이러한 결과는 선전 효과(propaganda effect)와 관련되는데, 참가자들은 이전에 읽었거나 들었던 진술문을 단순히 이전에 그것에 노출된 적이 있었다는 이유만으로 사실이라고 평정할 가능성이 더 높다. 이 효과는, 심지어 개인이 그 진술문을 처음 읽거나 들을 당시 그것이 거짓이라는 말을 들었을 때조차 일어날 수 있다(Begg et al., 1992). 선전 효과는 암묵기억을 포함하는데, 그 이유는 사람들이 이전에 어떤 진술을 들었거나 보았던 사실을 자각하지 못할 때 그리고 심지어 처음 들으면서 그것이 거짓이라고 생각했을 때조차도 작동할 수 있기 때문이다. 이는 8장(267쪽)에서 다룰 **진실 착각 효과**(illusory truth effect)와 관련된다.

선전 효과(propaganda effect) 사람들은 이전에 읽었거나 들은 적이 있는 진술을 사실이라고 평가할 가능성이 더 큰데, 그 이유는 단지 그 진술에 사전 노출되었기 때문이다.

고전적 조건형성

고전적 조건형성(classical conditioning)은 다음 두 자극을 짝지을 때 일어난다. (1) 당초에 어떤 반응을 초래하지 않는 중립자극, (2) 어떤 반응을 초래하는 조건자극(11쪽 참조). 실험실에서 고전적 조건형성의 사례로서, 사람들에게 어떤 소리를 제시한 직후 눈에 공기 뿜기(눈 깜박거림을 유발함)를 하는 것을 들 수 있다. 소리는 당초 눈 깜박거림을 유발하지 않지만, 공기 뿜기와 여러 번 짝짓기 후에는 소리에 대한 반응으로서 사람들이 눈을 깜박거린다. 이 반응은 암묵기억인데, 그 이유는 사람들이 소리와 공기 뿜기의 원래 짝짓기 사실을 망각한 경우에도 일어날 수 있기 때문이다.

고전적 조건형성(classical conditioning) 어떤 반응과 무관한 중립자극을 그 반응을 유발하는 자극과 짝지으면 중립자극이 그 반응을 유발하게 되는 절차.

실생활에서 조건형성은 흔히 정서적 반응과 결부되어 있다. 예를 들어, 집으로 운전해 가는 동안 백미러에 경찰차의 붉은 경광등이 번쩍이는 것을 보았을 때 느꼈던 기분 나쁜 감정을 상상해 보라. 차를 세우라는 요구를 받는 것만으로도 기분이 나쁠 수 있고, 속도위반 딱지를 받는다면 더욱 불쾌할 것이다. 다음번에 그 장소를 지나게 되면, 경찰 경광등을 보았을 때 촉발된 부정적 정서를 다시 경험하게 될 가능성이 크다. 이것은 고전적 조건형성의 한 사례이다.

고전적 조건형성의 한 사례로서, 어떤 사람에 대해 낯이 익지만 그 사람을 어떻게 알게 되었는지 기억해낼 수 없는 상황을 들 수 있다. 여러분은 이러한 경험을 가져본 적이 있는가? 아울러 그 사람에 관해 이유는 모르지만 긍정적 또는 부정적 느낌을 가져본 적이 있는가? 만약 그렇다면 여러분의 정서적 반응은 암묵기억의 한 사례라 할 수 있다. 기억은 많은 뇌 영역에 저장되기 때문에, 누군가를 알아본다고 생각할 때 일어나는 복잡한 신경 발화가 인식에 필요한 영역을 모두 활성화시키지는 못할 수 있다. 따라서 우리는 그 사람이 누구인지, 어떻게 아는지를 의식적으로 인식하지 못한 채, 고전적으로 조건형성된 정서적 반응을 경험할 수 있다.

고전적 조건형성이 환경적 자극과 신체 반응의 짝짓기를 통해 학습하는 유일한 방법은 아니다. 고전적 조건형성은 새로운 반사를 만들어내는 학습 과정인데, 여기서 **반사**는 신경계에 의해 매개되는 단순한 자극-반응 연쇄이다. 이는 주로 자동적이고 무의식적인 과정이다. 그러나 조건형성이 의도적이고 노력을 요하는 경우도 있다.

조작적 조건형성(도구적 조건형성)

조작적 조건형성
(operant conditioning)
강화물을 제공하여 어떤 행동이 더 자주 일어나도록 하거나, 처벌을 제공하여 그 행동이 덜 일어나도록 하는 학습 과정. 조작적 조건형성은 원하는 결과에 더 가까운 방향으로 행동을 조성하는 데 사용될 수 있다.

도구적 조건형성
(instrumental conditioning)
조작적 조건형성과 동일한 개념.

조작적 조건형성(operant conditioning)은 **도구적 조건형성**(instrumental conditioning)이라고도 하는데, 강화물이 포함될 때 어떤 행동이 반복될 가능성이 커지고, 처벌이 포함될 때 어떤 행동이 반복될 가능성이 줄어드는 학습 과정이다. 다시 말해, 조작적 조건형성은 보다 바람직한 결과를 향해 행동을 **조성**(shaping)하는 데 사용될 수 있다. 여기서 조성은 중요한 원리인데, 도자기를 만들 때 점토를 조금씩 다듬듯이 행동도 점진적으로 수정되어야 한다.

조작적 조건형성은 고전적 조건형성보다 다소 복잡하므로 예시부터 시작해 보자. 최근 여러분이 지역 동물보호소에서 장난기 많은 노라라는 강아지를 입양했다고 상상해 보라. 노라를 가족으로 맞이하는 설렘 속에서, 강아지가 사람들에게 뛰어오르는 습관을 교정해야 한다는 것을 곧 깨달았다. 여러분은 조작적 조건형성 기법을 사용해 훈련시키기로 하고 정적 강화부터 시작하였다.

강화(reinforcement)란 학습자가 선호하는 행동을 했을 때 보상을 제공함으로써 그 행동이 반복될 가능성을 높이는 것이다. **정적**이란 학습자에게 어떤 것이 주어지거나 상황에 추가되는 것을 의미한다. 여기서 '정적'은 '좋다'라는 의미가 아니라 단순히 더하기(+)를 의미한다는 점에 유의해야 한다(학생들이 흔히 하는 오해이다). 노라가 뛰지 않고 차분하게 네 발을 바닥에 두고 여러분을 맞이할 때마다 칭찬, 배를 쓰다듬어 주는 것, 간식을 주는 것으로 보상했다. 이러한 **정적 강화**(positive reinforcement)는 뛰지 않는 행동을 즐거운 보상과 연결시켜 바람직한 행동으로 강화했다.

'정적'이 더하기(+)를 의미한다면, **부적**은 무언가를 제거하는 것(−)을 의미한다. 뛰어오르기를 더욱 억제하기 위해, 여러분은 노라가 뛰지 않았을 때 불쾌한 자극을 제거하는 방식의 **부적 강화**(negative reinforcement)를 사용했다. 예를 들어, 손님이 집에 들어올 때 노라가 뛰지 못하도록 집 안에서 목줄을 채워 두었다. 처음에는 노라가 목줄을 당기며 뛰고 싶어 했지만 나중에는 차분히 뛰지 않는 선택을 했다. 그때 목줄을 풀어 주는 것이 보상이 되었다. 불쾌한 자극(목줄)을 제거함으로써 노라가 뛰지 않는 경향이 강화된 것이다.

보상은 조작적 조건형성의 절반에 불과하다. 원하지 않는 행동이 일어나지 않도록 할 수도 있는데, 이를 **처벌**(punishment)이라고 한다. '정적'과 '부적'이라는 용어의 의미는 강화에서와 동일하다. '정적'은 어떤 것을 추가하는 것이고, '부적'은 어떤 것을 제거하는 것이며, 좋고 나쁨의 의미는 아니다. 노라가 누군가에게 뛰어올랐을 때, '안 돼'라고 엄하게 말하는 것은 **정적 처벌**(positive punishment)이다. 뛰는 행동에 이러한 결과(꾸중)를 추가함으로써 노라는 그 행동을 억제하는 것을 배운다. 다른 형태의 처벌로서, 노라가 점프할 때마다 잠시 동안 여러분의 존재나 놀이 시간에 대한 접근을 차단하는 방식으로 **부적 처벌**(negative punishment)을 적용한다. 이러한 관심의 상실은 노라의 점프 행동에 대한 결과로 작용하였으며, 노라에게 앞으로는 그것을 피하도록 동기를 부여했다.

또한 여러분은 조성 기법을 사용하여, 노라가 뛰지 않는 바람직한 행동에 점차 가까워질 때마다 점진적으로 보상했다. 처음에는 앞발을 땅에 두는 것만으로도 보상하고, 노라가 확실히 뛰지 않게 될 때까지 점진적으로 기준을 높여갔다. 이 방법을 통해 노라는 자신의 페이스에 맞게 학습하면서 원하는 행동을 발달시킬 수 있었다. **표 6.6**은 조작적 조건형성의 네 가지 유형과 정의, 그리고 각각의 예시를 요약한 것이다.

표 6.6 조작적 조건형성

유형	정의	사례
정적 강화	바람직한 행동에 대한 보상으로 무엇인가를 추가한다.	노라가 사람들에게 뛰어오르지 않을 때 간식을 준다.
부적 강화	바람직한 행동에 대한 보상으로 무엇인가를 제거한다.	노라가 뛰어오르지 않았을 때 목줄을 풀어준다.
정적 처벌	바람직하지 않은 행동을 억제하기 위해 무엇인가를 추가한다.	노라가 사람에게 뛰어올랐을 때 단호한 목소리로 "안 돼"라고 꾸짖는다.
부적 처벌	바람직하지 않은 행동을 억제하기 위해 무엇인가를 제거한다.	노라가 사람에게 뛰어올랐을 때 관심과 놀이 시간을 제거한다.

조작적 조건형성은, 학습자가 강화와 처벌을 특정 행동과 연합시켜야 효과적이므로 의식적 과정이다. 그러나 조작적으로 학습된 행동은 시간이 지나면서 다른 학습된 행동처럼 점차 자동화된다. 조작적 조건형성의 장기적 효과에는 몇 가지 중요한 요인이 있다. 첫째는 **소거**(extinction)이다. 노라의 사례를 다시 생각해 보자. 원하는 행동을 지속적으로 강화한 결과 노라의 점프 행동은 점차 감소하였다. 노라가 점프하지 않게 되었기 때문에 혹은 단순히 잊어버려서 더 이상 이 바람직한 행동을 강화하지 않게 되었을 수도 있다. 그러나 강화 자극이 완전히 제거되면 점프 행동이 다시 나타날 가능성이 있다. 또 다른 문제는 **연속적 강화**(continuous reinforcement)와 **간헐적 강화**(partial reinforcement)의 차이와 관련된다. 초기에는 노라가 점프하지 않는 바람직한 행동을 신속하게 확립하기 위해 연속적 강화를 사용하였다. 연속적 강화에서는 바람직한 행동의 경우 항상 보상이, 바람직하지 않은 행동의 경우 항상 처벌이 뒤따른다. 그러나 노라가 학습을 시작하면서 강화 방식은 간헐적 강화로 전환되어서 원하는 행동을 유지할 때에만 간헐적으로 보상이 주어졌다. 어떤 행동을 조작적 조건형성으로 학습시키는 초기 단계에서는 일관성이 중요하지만, 일단 행동이 학습되고 나면 간헐적 강화만으로도 그 행동을 유지하는 데 충분하다. 이러한 과정은 여전히 학습자에게 일정 수준의 의식적 경험을 요구하지만, 조작적으로 조건화된 행동은 궁극적으로 상당 부분 자동적이고 암묵적인 것이 된다.

앞서 살펴본 조작적 조건형성의 예시는 강아지가 사람에게 뛰어오르지 않도록 훈련시키는 것이었다. 그러나 조작적 조건형성은 반려동물뿐만 아니라 아동과 성인에게도 적용 가능한 보편적이고 효과적인 기법이다(Altman & Linton, 1971; Shields & Gredler, 2003; Akpan, 2020). 예를 들어, 학습 습관을 향상시키기 위해 조작적 조건형성을 어떻게 적용할 수 있을지 생각해 보자. 학습 계획서를 완성했을 때 간식을 자신에게 보상하는 것은 정적 강화에 해당한다. 공부가 끝날 때까지 학교에 남아 있는 것은 부적 강화이다. 이전 시험에서 좋지 않은 성적을 받은 결과로 추가 과제를 수행하는 것은 정적 처벌에 해당한다. 주중에 학습을 완료하지 못했을 경우 주말의 자유 시간을 없애고 그 시간을 학습으로 채우는 것은 부적 처벌에 해당한다. 처음에는 이러한 행동을 지속적으로 강화하면 학습 습관이 개선될 가능성이 크다. 이후에는 간헐적 강화가 소거를 방지하는 데 도움을 준다. 결국 '습관(habit)'이라는 용어가 내포하듯, 학습과 관련된 행동은 습관적이고 자동적인 성격을 띠게 된다.

이 장에서 살펴본 바와 같이, 우리는 다양한 방식으로 정보를 학습하고 기억하며, 그 과정은 외현적일 수도 있고 암묵적일 수도 있다. 기억이 손상된 환자(예: 환자 H. M.)에 대한 연구를 통해 이러한 기억 유형들에 작동하는 기전을 더 잘 이해할 수 있다. 다음 장에서는 장기기억의 성분을 탐구하면서, 정보가 장기기억에 저장되고 인출되며 망각되는 과정을 다루고자 한다.

자가 테스트

1. 외현기억과 암묵기억을 구별하라. (학습목표 6-7)
2. 절차기억이란 무엇인가? 이 장에 나온 거울상 그리기 실험과 다른 사례들을 기술하라. 절차기억을 암묵기억의 한 형태로 간주하는 이유는 무엇인가? (학습목표 6-7)
3. L. S. J.를 연구한 최근 실험들은 절차기억과 의미기억 사이의 관계에 대해 무엇을 말해 주는가? (학습목표 6-5, 학습목표 6-7)
4. 전문가 유도 기억상실증이란 무엇이며, 이것이 절차기억의 중요 속성과 어떻게 관련되는가? (학습목표 6-7)
5. 점화란 무엇인가? 반복 점화란 무엇인가? 그래프 실험을 기술하되, 그 결과 그리고 점화가 암묵기억의 한 형태라는 생각을 어떻게 지지하는지를 포함시켜 기술하라. (학습목표 6-7)
6. 암묵기억을 검증하기 위해 고안된 실험에서 정상적 기억을 가진 사람이 일화기억을 사용하지 않는다는 것을 확신하기 위해 주의해야 할 점은 무엇인가? (학습목표 6-6)
7. Perfect와 Askew의 광고 실험을 기술하라. 선전 효과란 무엇인가? 그것이 점화의 한 형태로 간주되는 이유는 무엇인가? (학습목표 6-7)
8. 고전적 조건형성이란 무엇인가? 그것이 암묵기억의 한 형태인 이유는 무엇인가? (학습목표 6-8)
9. 조작적 조건형성(도구적 조건형성)이란 무엇인가? 고전적 조건형성과 어떻게 상이한가? (학습목표 6-8)
10. 조작적 조건형성에서 '정적'과 '부적'이라는 말이 의미하는 바는 무엇인가? (학습목표 6-8)
11. 조성, 연속 강화, 부분 강화, 소거가 조작적 조건형성과 어떻게 관련되는가? (학습목표 6-8)

이 장의 요약

1. 이 장은 **구분**(상이한 기억 유형들 간 구분하기)과 상호작용(상이한 기억 유형들이 **상호작용**하는 방식)을 다루었다.
2. 장기기억은 과거 삶의 경험 및 학습했던 지식에 관한 정보의 '기록 보관소'이다. LTM은 작업기억과 협력하여 진행 중인 경험의 생성을 돕는다.
3. 계열위치곡선에서 나타나는 초기 효과와 최신 효과는 각각 장기기억 및 단기기억과 결부되어 있다.
4. 시각적 부호화와 청각적 부호화는 STM과 LTM 둘 다에서 일어날 수 있다.
5. 의미적 부호화는 순행억제의 해제를 밝힌 Wickens에 의해 STM에서 일어남이 밝혀졌다.
6. 의미적 부호화는 재인기억 절차를 사용한 Sachs에 의해 밝혀졌다.
7. 청각적 부호화는 STM에서 지배적인 부호화 유형이다. 의미적 부호화는 LTM에서 지배적인 부호화 유형이다.
8. 신경심리학적 연구들은 STM과 LTM 사이의 이중 해리를 밝혔는데, 이는 STM과 LTM이 상이한 독립적 기전에 의해 야기된다는 생각을 지지한다.
9. 새로운 장기기억 형성에 해마가 중요하다. 뇌 영상 실험 결과에 따르면, 해마는 단기 지연 동안 새로운 정보를 파지하는 데에도 관여한다.
10. Tulving에 따르면, 일화기억 경험의 정의적 속성은 정신적 시간여행(자기 알기 또는 기억해내기)에 관여한다는 점이다. 의미기억 경험(앎)은 정신적 시간여행과 무관하다.
11. 일화기억과 의미기억이 상이한 기전과 관련된다는 증거는 다음과 같다. (1) 뇌 손상 환자에서 일화기억과 의미기억의 이중 해리, (2) 일화기억과 의미기억에 의해 활성화되는 뇌 영역이 중첩되면서도 상이하다는 것을 보여주는 뇌 영상.
12. 일화기억과 의미기억에 비록 상이한 기전들이 기여하지만 둘 다 다음과 같은 방식으로 연결되어 있다. (1) 일화기억이 되는 경험의 본질에 지식(의미기억)이 영향을 미칠 수 있다. (2) 자서전기억은 일화적 성분과 의미적 성분 모두를 포함한다.

13. 개인적 의미기억은 개인적 경험과 관련된 의미기억이다. 이러한 개인적 경험은 의미 정보의 회상을 향상시킬 수 있으나, 뇌 외상으로 일화기억을 상실한 사람들에게서는 그렇지 않다.
14. 기억함/앎 절차는 기억 재생이 일화기억과 관련된 반면 친숙성은 의미기억과 관련 있다는 생각에 근거를 둔다.
15. 시간 경과에 따라 기억은 일화적 속성을 상실한다. 이를 '옛날 기억의 의미화'라고 부른다.
16. 과거를 기억해내는 능력과 미래를 상상하는 능력은 서로 연결되어 있다. 이는 신경심리학적 실험과 뇌 영상 실험 모두에서 밝혀졌다. 이에 따라 일화기억의 기능이 미래 요구를 예상하고 미래 행동을 이끄는 것을 돕는 것이라고 제안되었는데, 둘 다 생존에 중요할 수 있다.
17. 마음 방황은 디폴트 모드 네트워크를 사용하는데, 미래를 상상하고자 과거를 고려한다. 반대로, 마음챙김은 현재의 감각과 감정에 주의를 집중하는 노력적 과정이다. 주기적인 마음챙김 훈련은 인지적, 정서적 안녕을 향상시켜 기억에 긍정적 영향을 미칠 수 있다.
18. 일화기억과 의미기억과 같은 외현기억은 우리가 의식적으로 경험하는 기억이다. 암묵기억은 경험의 학습이 의식적 기억을 수반하지 않을 때 일어난다. 절차기억, 점화, 고전적 조건형성은 암묵기억을 포함한다.
19. 절차기억을 기술기억이라고도 부르는데, 기억상실증 환자를 대상으로 연구되었다. 그들은 새로운 기술을 학습할 수 있었지만 그것을 학습했다는 사실은 기억해내지 못한다. 절차기억은 우리가 학습한 많은 기술의 공통 성분이다. 절차기억의 자동적 성격의 한 결과로서 전문가 유도 기억상실증을 들 수 있다.
20. 외상성 뇌 손상을 경험한 한 여성의 검사를 통해, 절차기억 그리고 운동 기술 관련 의미기억 사이에 연결이 있다는 증거가 제시되었다.
21. 자극이 제시된 후 나중에 동일한 자극이나 관련된 자극이 제시될 때 점화가 일어난다. 점화의 암묵적 속성은 기억상실증 환자와 정상인 참가자 둘 다에서 밝혀졌다. 점화는 실험실 현상에 불과하지 않고 실생활에서도 일어난다. 광고 효과는 실생활 암묵기억의 한 사례이다.
22. 고전적 조건형성은, 어떤 반응을 유발하는 자극과 중립적 자극이 짝지어짐으로써 중립적 자극이 그 반응을 유발할 때 일어난다. 고전적으로 조건형성된 정서는 일상 경험에서도 일어난다.
23. 조작적 조건형성은 보상과 처벌이 각각 행동의 반복을 고취시키거나 억제하는 학습 과정이다. 여기에는 '정적', '부적' 두 가지 유형이 있으며, 이는 어떤 것이 더해지거나 제거되는지를 의미한다.
24. 조작적 조건형성은 학습 과정에서 학습자가 행동과 보상 혹은 처벌의 연관성을 자각하기 때문에 외현적이다. 그러나 이렇게 학습된 행동은 시간 경과에 따라 대부분 자동적(습관적)으로 된다.

생각해 보기

1. 지난 5분 동안에 관해 여러분은 무엇이 기억나는가? 기억해낸 것 가운데 어느 정도가 여러분의 STM에 있는가? 이 기억 가운데 여전히 LTM에 있는 기억이 있었는가? (학습목표 6-1, 학습목표 6-6)
2. 모든 장기기억이 유사한 것은 아니다. 여러분이 10분 전에 한 것을 기억해내는 것, 1년 전에 한 것을 기억해내는 것, 10년 전에 한 것을 기억해내는 것 사이에는 차이가 있지만 이 모든 기억을 '장기기억'이라고 부른다. 이처럼 상이한 장기기억들의 속성을 보여 주기 위해 이 장에서 기술된 연구에 대해 여러분은 어떻게 부연 설명할 수 있는가? (학습목표 6-6, 학습목표 6-7)
3. 소셜 미디어에서 반복적으로 제시된 가짜 정보가 때로는 사실로 받아들여진다. '가짜 뉴스'라 불리는 이 현상은 선전 효과와 어떻게 관련되는가? (학습목표 6-6)
4. 자전거 타기를 어떻게 배웠는지 기억해낼 수 있는가? 어떤 일화적 세부 사항을 회상해낼 수 있는가? 어떤 의미적 세부 사항을 회상해낼 수 있는가? 비록 의식적으로 회상해낼 수는 없지만 여러분의 능력에 근거하여 습득했음을 아는 암묵적 절차기억에는 어떤 것이 있는가? (학습목표 6-7, 학습목표 6-8)
5. 지난 1년 동안 조작적 조건형성에 속하는 어떤 일을 했는가? 여러분은 '훈련자'였을 수도 있고, '학습자'였을 수도 있다. 만약 스스로 어떤 행동을 조성하려 했다면, 두 역할을 모두 맡았을 수도 있다! 어떤 유형의 조작적 조건형성을 사용했거나 관찰했는가? 강화나 처벌이 감소하거나 중단되었을 때 소거를 경험하거나 관찰했는가? (학습목표 6-8)

LightField Studios/Shutterstock.com

이 배우들은 연극 공연의 일부로서 연기할 대사를 학습하고 있다. 배우로서 대사를 학습하든 학생으로서 시험을 준비하든 목표는 정보를 받아들이고 나중에 그것을 기억해내는 것이다. 이 장에서는 약호화(정보를 기억 속에 집어넣는 방법)와 인출(나중에 그것을 꺼내는 방법)을 다룬다. 약호화와 인출은 심리적 과정과 생리적 과정의 관점에서 설명될 수 있다. 이러한 과정에 관한 연구는 정보를 더 효과적으로 저장하는 방법에 대한 통찰을 제공해왔다.

CHAPTER 7

장기기억: 약호화, 인출, 응고화

학습목표 이 장을 학습하고 나면 여러분은 다음을 할 수 있을 것이다.

7-1 처리수준 이론을 얕은 처리와 깊은 처리를 포함하여 설명할 수 있다.

7-2 장기기억에 정보를 약호화하는 과정을 설명할 수 있다.

7-3 장기기억에 정보를 저장하는 가장 좋은 방법 중 일부를 적용할 수 있다.

7-4 기억 연구 결과를 이용하여 기억술과 검사하기(시험 치르기) 효과를 포함한 더 효과적인 학습 기술을 만드는 방법을 설명할 수 있다.

7-5 장기기억에서 정보를 인출하는 과정을 설명할 수 있다.

7-6 필요할 때 장기기억에서 정보를 꺼내는 데 사용할 수 있는 몇 가지 기법을 적용할 수 있다.

7-7 평생의 경험과 축적된 지식이 어떻게 뉴런에 저장될 수 있는지를 설명할 수 있다.

7-8 장기기억에서 해마와 피질의 역할을 설명할 수 있다.

7-9 문자 그대로 기억하는 것과 의미를 기억하는 것의 차이를 설명할 수 있다.

여러분은 '순간에 살기'라는 표현을 들어본 적이 있을 것이다. 이는 과거에 집착하거나 미래에 대해 걱정하거나 불안해하지 않고 현재 순간에 의식적으로 집중하라는 의미로, 삶에 대처하는 데 있어 좋은 조언일 수 있다. 6장에서 논의한 마음챙김의 실천은 바로 이처럼 현재에 살기를 수행하는 것이다.

그러나 이러한 조언이 일상에서 더 많은 것을 얻는 데는 유용할 수 있지만, 실제로는 H. M.(189쪽)의 사례에서 보듯, 순간만 사는 것은 사실상 삶이라고 할 수 없다. 그는 통상 30~60초 이상 이전에 일어난 일을 기억할 수 없었으며, 오직 현재 순간에만 살았기 때문에 독립적으로 살아갈 수 없었다.

H. M.은 극단적인 예일 수 있지만, 사실 여러분이 '순간에 살고' 있을 때조차도 그 순간은 과거에 일어난 일과 앞으로 일어날 일에 대한 예상으로부터 영향을 받는다. 우리의 과거 지식은 생존에 필수적이다. 우리는 방금 일어난 일에 관한 지식과 수년에 걸쳐 축적된 경험을 활용하여 환경(길 찾기, 약속 지키기, 위험한 상황 피하기), 관계(다른 사람에 대한 지식), 일과 학업(직업에서 성공하거나 시험을 치르는 데 필요한 사실과 절차), 미래에 대한 예측과 계획(192쪽)에 대응한다.

이 장에서는 장기기억(LTM)에 관한 논의를 이어가면서, 정보를 LTM에 집어넣는 방법과 나중에 그것을 기억하거나 활용하기 위해 LTM에서 다시 꺼내는 방법에 초점을 맞춘다. 우리는 **약호화**(encoding, LTM에 정보를 획득하고 옮기는 과정)와 **인출**(retrieval, LTM에서 작업기억으로 옮겨 의식에 불러오는 과정)이라는 두 가지 과정에 집중할 것이다.

우리는 5장에서 로언이 피자를 주문하면서 LTM에 전화번호를 저장했던 사례를 설명하며 약호화를 소개했다. 약호화라는 용어는 6장에서 STM과 LTM과 관련해 논의했던 부호화(coding) 용어와 비슷하다. 어떤 과학자들은 이 두 용어를 뒤섞어 사용한다. 우리는 부호화 용어를 정보가 표상되는 형태로 정의했다. 예를 들어, 단어는 시각적으로, 소리로, 또는 의미로 부호화될 수 있다. 우리는 약호화를, LTM에 정보를 집어넣는 과정을 나타내는 데 사용할 것이다. 예를 들어, 단어를 반복하거나, 그것과 운이 맞는 다른 단어를 생각하거나, 문장에서 사용하는 경우 단어가 약호화될 수 있다. 이 장의 핵심 메시지 중 하나는 약호화 방법에 따라 효과가 크게 달라진다는 점이다.

인출의 중요성은 여러분이 시험을 준비하고 시험에 나올 가능성이 있는 내용을 LTM에 약호화했다고 확신하는 상황을 상상해 보면 잘 알 수 있다. 그러나 진짜 중요한 순간은 시험장에서 해당 정보를 기억해내서 문제를 푸는 순간이다. 아무리 많은 정보를 약호화했더라도 그것을 인출할 수 없다면 시험에서 좋은 성적을 거둘 수 없다. 흥미롭게도 LTM에서 정보를 인출할 수 있는지를 결정하는 주요 요인 중 하나는 바로 그 정보를 저장하려고 시도했을 때 어떻게 약호화했는지이다. 다음 절에서는 정보를 LTM에 어떻게 약호화하는지에 집중한 뒤, 인출이 약호화와 어떻게 관련되는지 살펴볼 것이다.

약호화(encoding)
정보를 획득하여 기억으로 옮기는 과정.

인출(retrieval)
장기기억에 저장된 정보를 기억해 내는 과정.

7.1 약호화: 장기기억 속으로 정보를 집어넣기

장기기억 속으로 정보를 집어넣는 방법에는 여러 가지가 있으며, 그중 일부는 다른 것보다 더 효과적이다. 한 가지 예는 정보를 반복하는 다양한 방식에서 찾을 수 있다. 예를 들어 'a pause in the'와 같은 무작위 구절을 계속해서 반복하여 기억 속에 유지한다고 해 보자. 만약 그 의미를 고려하거나 다른 정보와 연결하지 않고 단순히 반복만 한다면, 이는 **유지형 되뇌기**(maintenance rehearsal)에 해당한다. 일반적으로 이러한 유형의 되뇌기는 거의 또는 전혀 약호화를 일으키지 않으므로 잘 기억되지 않으며, 나중에 회상하려 할 때 그 정보를 기억하지 못할 가능성이 크다.

유지형 되뇌기(maintenance rehearsal)
의미를 고려하거나 다른 정보와 연결시키지 않고, 반복만으로 이루어지는 되뇌기.

정교형 되뇌기(elaborative rehearsal)
기억해야 할 항목의 의미를 생각하거나, 그 항목을 기존 지식과 연결시키는 방식의 되뇌기.

그러나 무의미하게 구절을 반복하는 대신, 그것을 무언가 의미 있는 것과 연결하는 방법을 찾는다면 어떨까? 예를 들어 'a pause in the show is called an intermission(공연의 중간 휴식을 intermission이라고 부른다)'처럼 구절을 확장하면, 이미 이해하고 기억 속에 저장된 지식과 연결하여 첫 절반을 기억할 수 있게 된다. 즉, 더 많은 정보를 저장해야 하지만, 이제 그 정보는 더 의미 있고 기억하기 쉬워진다. 이렇게 하면 **정교형 되뇌기**(elaborative rehearsal)를 하게 되며, 이는 유지형 되뇌기보다 더 나은 기억을 만들어낸다. 이것은 이야기 기억술(story mnemonic, 157쪽)의 사례이기도 하다. 유지형 되뇌기와 정교형 되뇌기의 대조는 약호화가 기억 인출 능력에 어떻게 영향을 미치는지 보여주는 한 가지 사례이다.

이제 우리는 약호화 전략이 기억 저장과 인출의 잠재적 성공에 어떻게 연결되는지 살펴볼 것이다. 공통된 주제는, 정보에 대해 의미 있고 관련된 연결이 이루어질 때 약호화가 더 효과적이라는 점이다.

처리수준 이론(levels of processing theory)
기억은 정보의 부호화 방식에 달려있다는 견해로서, 깊은 처리가 얕은 처리보다 더 우수한 기억을 산출한다. 깊은 처리는 의미에 대한 주의를 내포하고 정교형 되뇌기와 관련된다. 얕은 처리는 의미에 거의 주의를 기울이지 않는 단순 반복으로서 유지형 되뇌기와 관련된다.

처리수준 이론

약호화 유형을 인출과 연결시킨 초기 아이디어는 Fergus Craik와 Robert Lockhart(1972)가 제안한 **처리수준 이론**(levels of processing theory)이다. 처리수준 이론에 따르면 기억은 항목이 받는 **처리 깊이**(depth of processing)에 달려 있다. 처리 깊이는 **얕은 처리**(shallow processing)와 **깊은 처리**(deep processing)를 구분한다. **얕은 처리**는 의미에 거의 주의를 기울이지 않는 것으로서, 숫자를 반복해서 암기하거나 단어가 소문자 또는 대문자로 인쇄되었는지와 같은 물리적 특징에 주의를 기울이는 경우에 해당한다. **깊은 처리**는, 항목의 의미 그리고 그것이 다른 것과 어떻게 관련되는지에 초점을 맞춘 정교형 되뇌기와 세심한 주의를 포함한다. 처리수준 이론에 따르면 깊은 처리는 얕은 처리보다 더 우수한 기억을 형성한다(Craik, 2002).

처리 깊이(depth of processing)
어떤 항목이 기억에 부호화될 때 일어나는 처리가 깊거나 얕을 수 있다는 견해.

얕은 처리(shallow processing)
의미에 거의 주의를 기울이지 않는 반복 방식의 처리. 통상 유지형 되뇌기와 관련된다.

깊은 처리(deep processing)
의미에 주의를 기울이고 항목을 다른 것과 연결시키는 방식의 처리. 통상 정교형 되뇌기와 관련된다.

Fergus Craik와 Endel Tulving(1975)은 상이한 처리수준에 따른 기억을 검사하는 실험을 진행했는데, 참가자들에게 단어를 제시하고 세 가지 유형의 질문을 했다.

1. 단어의 물리적 특징에 관한 질문: 예를 들어, 참가자는 *bird*라는 단어를 보고 그것이 대문자로 인쇄되었는지 질문을 받는다(**그림** 7.1a).
2. 운율(rhyming)에 관한 질문: 예를 들어, *train*이라는 단어를 보고 그것이 *pain*과 운이 맞는지 질문을 받는다.
3. 빈칸 채우기 질문: 예를 들어, *car*라는 단어를 보고 그것이 'He saw a ________ on the street.'라는 문장에 들어맞는지 질문을 받는다.

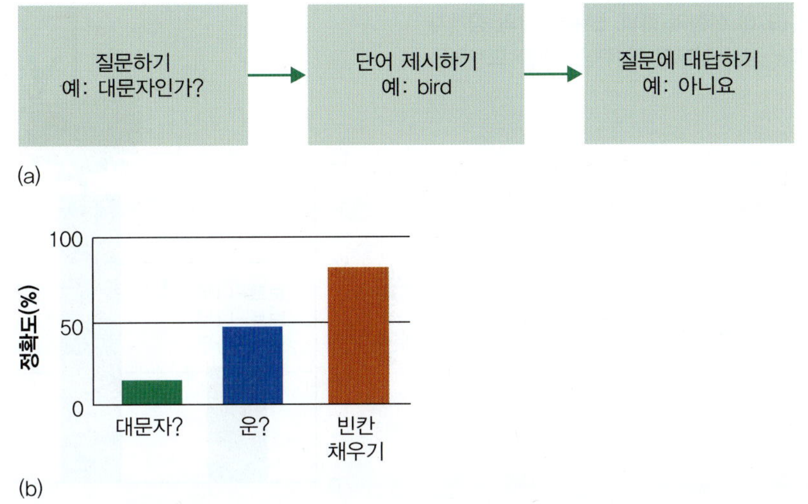

그림 7.1 (a) Craik와 Tulving(1975) 실험에서 사건 순서. (b) 이 실험의 결과. 더 깊은 처리(빈칸 채우기 질문)가 더 얕은 처리(대문자 인식)보다 더 우수한 기억과 관련되어 있다.

이 세 가지 질문은 상이한 처리수준을 만들기 위해 설계되었다. (1) 물리적 특징 = 얕은 처리, (2) 운율 = 더 깊은 처리, (3) 빈칸 채우기 = 가장 깊은 처리. 참가자들이 이 세 가지 질문에 답한 뒤, 그 단어를 얼마나 잘 회상하는지 측정하는 기억 검사가 진행되었다. **그림 7.1b**에서 볼 수 있듯이, 더 깊은 처리가 더 우수한 기억과 관련이 있었다.

처리수준 이론의 기본 아이디어는 항목이 어떻게 약호화되었는지가 기억 인출에 영향을 미친다는 것인데, 수많은 후속 연구들이 이러한 관계를 입증하였다. 예를 들어, 처리수준 이론이 제안된 시기 즈음에, '마음의 눈(mind's eye)' 속에 이미지를 형성하는 것도 단어 쌍의 기억을 향상시킬 수 있음이 입증되었다.

시각 이미지 형성

Gordon Bower와 David Winzenz(1970)는 시각적 심상, 즉 머릿속에 이미지를 만들어 단어를 시각적으로 연결하는 것이 기억을 향상시킬 수 있는지 검사하기로 했다. 그들은 **쌍연합 학습**(paired-associate learning) 절차를 사용했는데, 이 절차에서는 단어 쌍 목록을 제시한 후 각 쌍의 첫 번째 단어를 주고 그것과 짝지어진 단어를 기억해내도록 요구한다.

쌍연합 학습 (paired-associate learning) 단어 쌍을 먼저 제시한 다음, 각 단어 쌍의 한 단어를 제시하고 연합된 다른 단어를 회상하도록 하는 학습 과제.

Bower와 Winzenz는 **보트-나무**와 같은 15쌍의 명사 목록을 참가자들에게 각각 5초 동안 제시했다. 한 그룹에는 제시되는 단어 쌍을 조용히 반복하도록 지시했고, 다른 그룹에는 두 항목이 상호작용하는 심상 이미지를 형성하도록 지시했다. 나중에 첫 번째 단어를 주고 두 번째 단어를 회상하도록 했을 때, 이미지를 형성한 참가자는 단어 쌍을 단순히 반복한 참가자보다 두 배 이상 많은 단어를 기억했다(**그림 7.2**).

단어를 자신과 연결하기

약호화가 기억을 향상시키는 또 다른 예로서 **자기참조 효과**(self-reference effect)를 들 수 있다. 이는 단어를 자신과 연관시키도록 요구받을 때 기억이 더 좋아진다는 것이다. Eric Leshikar와 동료들(2015)은 자기참조 효과를 실험적으로 입증했다. 학습 단계에서 참가자는 화면에 각각 약 3초 동안 제시된 형용사를 보았다. 예를 들어 *loyal*, *happy*, *cultural*, *talkative*, *lazy*, *conformist* 등이 있다. 실험에는 두 조건이 있었는데, **자기 조건**(self condition)에서는 해당

자기참조 효과 (self-reference effect) 단어를 자기 자신과 연관시킬 때 그 단어의 기억이 향상된다.

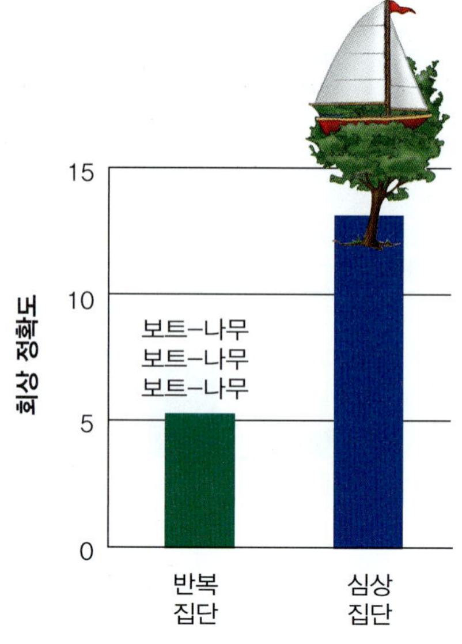

그림 7.2 Bower와 Winzenz(1970) 실험의 결과. 반복 집단의 참가자는 조용히 단어 쌍을 반복했다. 심상 집단의 참가자는 쌍을 묘사하는 심상을 형성했다.

형용사가 자신을 묘사하는지를 판단하게 했고(예/아니요), **일반 조건**(common condition)에서는 단어가 일반적으로 사용되는지를 판단하게 했다(예/아니요).

학습 단계 직후 진행된 재인 검사에서, 참가자에게 제시된 단어와 제시되지 않았던 단어를 보여주고 이전에 본 적이 있는지를 판단하게 했다. **그림** 7.3에서 볼 수 있듯이, 자기 조건에서의 기억이 일반 조건보다 더 좋았다.

참가자가 자신과 연결한 단어를 더 잘 기억하는 이유는 무엇일까? 한 가지 가능한 설명은, 그 단어는 참가자가 잘 아는 것(즉, 자기 자신)과 연결되기 때문일 것이다. 일반적으로, 사람의 마음속에 더 풍부하고 세부적인 표상을 만들어내는 진술은 더 나은 기억을 만들어낸다(Rogers et al., 1977; Sui & Humphreys, 2015 참고).

정보 생성하기

생성 효과(generation effect) 자료를 수동적으로 수용하는 것보다 스스로 생성해낼 때 기억이 더 우수하다.

정보를 수동적으로 받는 대신 스스로 생성하는 것은 학습과 기억 유지력을 향상시킨다. Norman Slameka와 Peter Graf(1978)는 이를 **생성 효과**(generation effect)라고 불렀는데, 참가자에게 두 가지 방식으로 단어 쌍 목록을 학습하게 하여 이를 입증했다.

1. **읽기 집단**: 연관된 단어 쌍 읽기.
   king-crown, horse-saddle, lamp-shade 등.

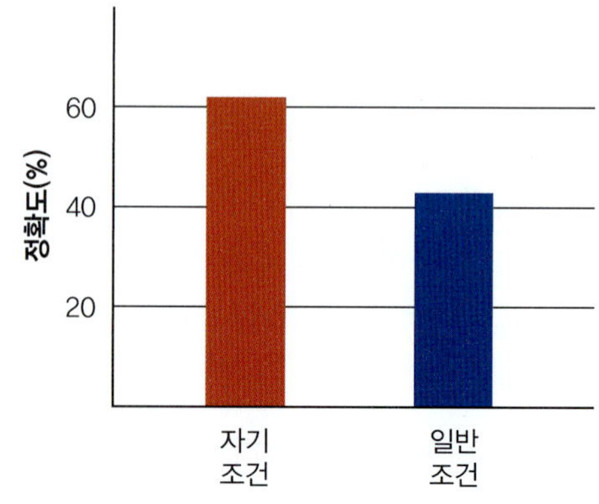

그림 7.3 Leshikar와 동료들(2015)의 자기참조 실험 결과. 참가자가 자신과 관련시킨 단어의 재인이 더 우수했다.

2. **생성 집단**: 첫 번째 단어와 두 번째 단어의 앞 두 글자를 보고 빈칸을 채우기.
   king-cr_____, horse-sa_____, lamp-sh_____ 등.

참가자들이 단어 쌍을 읽거나(읽기 집단), 또는 단어와 앞 두 글자를 보고 스스로 단어를 생성하도록(생성 집단) 이후, 각 참가자에게 단어 쌍의 첫 번째 단어를 주고 두 번째 단어를 말하도록 했다. **생성 집단은 읽기 집단보다 28% 더 많은 단어 쌍을 재생했다.** 이는 시험공부에도 중요한 함의를 갖는데, 이에 대해서는 다시 다룰 것이다.

보여주기

목록 기억하기

종이와 펜을 준비하라. 다음 단어를 읽은 뒤 그것을 가리고, 가능한 한 많이 적어 보라.

사과, 책상, 구두, 소파, 자두, 의자, 체리, 코트, 전등, 바지, 포도, 모자, 멜론, 탁자, 장갑

그만! 단어를 가리고, 더 읽기 전에 기억나는 단어를 적어 보라.

정보 조직화

컴퓨터 바탕화면의 폴더, 전산화된 도서관 목록, 공책에서 주제별로 구분하는 인덱스 탭 등은 모두 정보에 더 효율적으로 접속할 수 있도록 조직하기 위해 고안된 것이다. 기억체계 역시 정보에 접속하기 위해 조직화를 사용하는데, 이는 다양한 방식으로 입증되었다.

앞서 작성한 단어 목록을 보고 비슷한 항목(예: **사과, 자두, 체리; 구두, 코트, 바지**)끼리 묶여 있는지 확인해 보라. 만약 그렇다면, 이는 참가자들이 회상 과정에서 항목을 자발적으로 조직한다는 연구 결과(Jenkins & Russell, 1952)에 부합한다. 이러한 결과가 나타나는 한 가지 이유는, 특정 범주에 속하는 단어를 기억해내면 그것이 **인출 단서**(retrieval cue)로 작용하기 때문이다. 인출 단서는 기억 속에 저장된 정보를 떠올리도록 돕는 단어나 다른 자극을 의미한다. 따라서, 과일 범주에 속하는 **사과**를 기억해내면 그것이 **포도**나 **자두**와 같은 다른 과일을 떠올리는 인출단서 역할을 하게 되어, 원래 읽었던 무작위 목록보다 더 조직화된 회상 목록이 만들어진다. 이는 6장에서 다룬 점화(priming)와도 관련된다. 즉, 어떤 범주에서 한 항목을 기억해내면 그 범주의 다른 항목이 계속 떠오르도록 점화되는 것이다.

인출 단서(retrieval cue) 기억에 저장된 정보를 기억해내는 데 도움을 주는 단서.

그렇다면, 무작위로 제시된 단어도 마음속에서 조직된다면, 약호화 과정에서 단어를 조직된 방식으로 제시하면 어떻게 될까? Gordon Bower와 동료들(1969)은 이 질문에 답하기 위해, 단어를 범주별로 조직한 개념도(concept map) 형태로 학습 자료를 제시했다. 예를 들어, 한 개념도에서는 여러 광물의 이름을 보석류, 희귀 금속류 등으로 묶어서 제시했다(**그림** 7.4).

한 집단의 참가자들은 광물, 동물, 의복, 교통수단에 관한 4개 개념도를 각각 1분씩 학습한 뒤, 네 개념도의 모든 단어를 최대한 많이 회상하도록 요구받았다. 회상 검사에서 참가자들은 개념도가 조직된 방식과 동일하게 응답을 조직하는 경향을 보였다. 예를 들어, '광물' → '금속'→ '일반'과 같은 순서로 말한 것이다. 이 집단은 네 개념도에서 평균 73개의 단어를 회상했다.

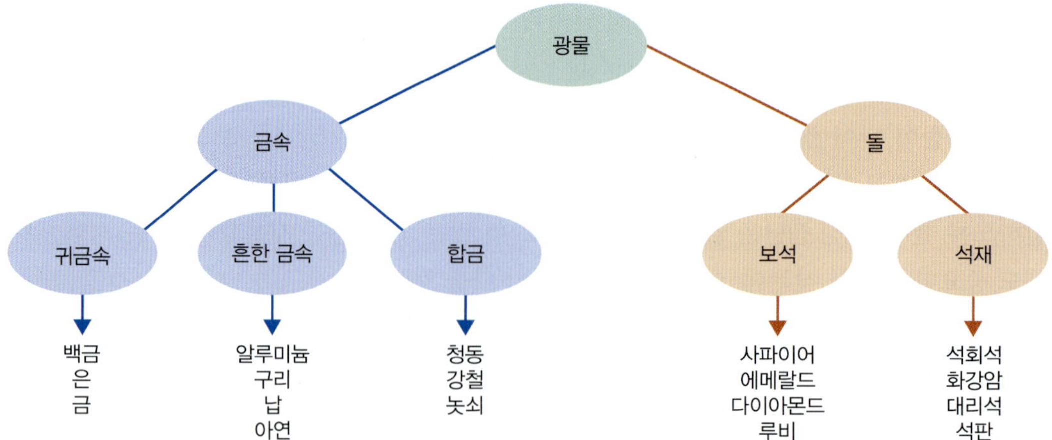

그림 7.4 Bower와 동료들(1969)의 기억 조직화 효과 실험에 사용된 광물 개념도.

출처: G. H. Bower et al., Hierarchical retrieval schemes in recall of categorized word lists, *Journal of Verbal Learning and Verbal Behavior*, 8, 323-343, Figure 1. Copyright © 1969 Elsevier Ltd. Republished with permission.

또 다른 집단의 참가자들은 동일한 네 개념도를 보았지만, 단어가 무작위로 섞여 있었는데 각 개념도마다 광물, 동물, 의복, 교통수단이 뒤섞여 있었다. 이들은 네 개념도에서 평균 21개의 단어만을 기억해냈다. 즉, 학습할 자료를 조직하면 회상 능력이 크게 향상된다. 이는 시험공부 자료를 만들 때 기억해 둘 만한 점이다. 예를 들어, **그림** 7.5처럼 인지심리학 시험공부 자료를 개념도로 조직하는 것이 유용할 수 있다.

만약 자료를 조직적으로 제시할 때 기억이 향상된다면, 반대로 조직화를 **방해하면** 기억 능력이 **감소할** 것이다. 이러한 효과는 John Bransford와 Marcia Johnson(1972)의 실험으로 밝혀졌다. 그들은 참가자들에게 다음 구절을 읽게 했다.

> 만약 풍선이 터지면, 소리가 수신자에게 전달될 수 없을 것이다. 창문이 닫혀 있으면, 대부분의 건물이 방음처리가 잘 되어 있기 때문에 역시 소리가 전달되지 못할 것이다. 작동은 전기가 일정하게 흐르는 것에 의존하므로, 전선 중간이 끊어져도 문제가 발생한다. 물론 그 사람이 소리를 지를 수는 있지만, 사람의 목소리는 그렇게 멀리까지 전달되기에 충분히 크지 않다. 또 다른 문제는 악기의 줄이 끊어질 수 있다는 것이다. 그러면 메시지에 반주가 없어진다. 최선의 상황은 거리를 짧게 하는 것이다. 그러면 발생 가능한 문제의 수가 줄어든다. 대면 접촉이 문제를 최소화할 수 있다. (p.719)

무엇에 관한 것인가? 각 문장은 의미가 통하지만, 전체적으로는 무슨 상황인지 떠올리기 어렵다. Bransford와 Johnson의 참가자들은 내용을 시각화하기 어려워했을 뿐만 아니라 이 구

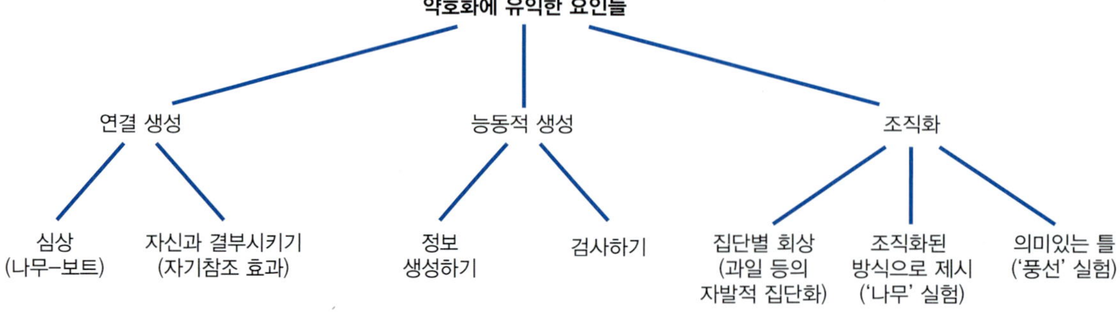

그림 7.5 7장의 이 부분에 제시된 약호화에 관한 일부 자료의 개념도.

절을 기억하는 데 매우 어려움을 겪었다.

이 구절을 이해하기 위해 먼저 **그림** 7.6을 잘 살펴보고 그러고 나서 그 구절을 다시 읽어 보라. 이렇게 하면 그 구절이 더 잘 이해된다. Bransford와 Johnson(1972)의 연구에서 구절을 읽기 **전**에 그림을 먼저 본 참가자들은 그렇지 않은 참가자들이나 글을 읽은 **후**에 그림을 본 참가자들보다 두 배나 많은 내용을 기억했다. 여기서 핵심은 조직화이다. 그림은 독자가 문장을 서로 연결하여 의미 있는 이야기를 구성하도록 돕는 정신적 틀을 제공한다. 이렇게 형성된 조직은 이해를 높이고 나중에 기억하기도 훨씬 쉽게 만든다. 이 사례는 자료를 어떻게 약호화하는지가 기억 능력에 영향을 미친다는 것을 다시 한번 보여준다.

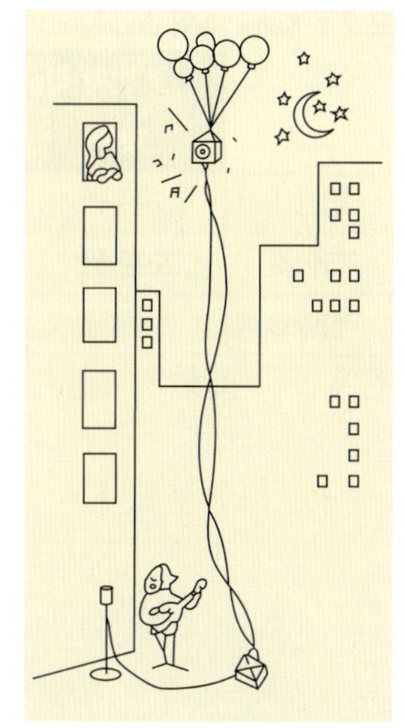

그림 7.6 조직화가 기억에 미치는 효과를 설명하기 위해 Bransford와 Johnson(1972)이 사용한 그림.

단어를 생존 가치와 연결하기

James Nairne(2010)은 기억이 어떻게 작동하는지를 이해하려면 기억의 기능을 고려해야 한다고 제안했다. 진화 과정을 거치며, 기억은 생존 가능성을 높이는 방향으로 발달했으며, 특히 우리 조상이 직면했던 음식 찾기, 포식자 회피와 같은 기본적인 생존 과제에서 중요했다. 이를 검증하기 위해 Nairne은 참가자들에게 기본 생존 물자도 없이 외국의 초원에 고립되었다고 상상하도록 했다. 이 상황을 상상하는 동안, 참가자들에게 단어 목록이 제시되었고, 각 단어가 음식물 찾기나 포식자로부터의 보호에 얼마나 중요한지를 평가하게 했다.

이후 깜짝 기억 검사(실험 참가자가 예상하지 못한 기억 검사_옮긴이 주)에서, 이러한 '생존' 과제를 수행하며 단어를 읽은 경우가 시각 이미지 생성, 자기와의 연결, 정보 생성 등 다른 정교형 약호화 절차보다 더 우수한 기억 성과를 보였다. Nairne은 이를 근거로 '생존 처리(survival processing)'가 항목을 기억 속에 약호화하는 강력한 도구라고 결론지었다.

그러나 다른 연구자들이 밝힌 바에 따르면, 우리 조상이 경험하지 않은 상황, 예를 들어 초원이나 현대 도시에서 좀비 공격을 받는 상황(Soderstrom & McCabe, 2011), 또는 다가오는 캠핑 여행 계획(Klein et al., 2010, 2011)과 같이 생존을 연상시키는 장면을 상상하는 것만으로도 기억이 향상된다. 따라서 생존을 포함한 상황을 상상하는 것이 전반적으로 기억 향상에 기여하는 것으로 보인다.

인출 연습

앞의 사례들은 모두 정교형 처리가 더 우수한 기억을 만든다는 점을 밝힘으로써 자료의 학습방식이 기억에 영향을 미칠 수 있다는 것을 밝혔다. 그러나 기억을 **검사해도**(testing), 달리 말하면 **기억 인출**(memory retrieval)을 연습해도 이러한 이점을 거둘 수 있다.

Jeffrey Karpicke와 Henry Roediger(2008)는 **인출 연습 효과**(retrieval practice effect)를 실험적으로 밝혔다. 그들은 스와힐리어를 모르는 영어 화자 참가자들에게 *mashua*-boat와 같은 스와힐리어-영어 단어 쌍 40개를 학습하게 한 뒤, 각 쌍 중 한 단어를 보여주고 나머지 단어를 회상해내도록 했다.

인출 연습 효과(retrieval practice effect) 기억 인출을 연습하면 정교화가 증가되고, 이에 따라 기억 과제의 수행이 향상되는 현상.

실험 설계는 **표** 7.1과 같다. 세 집단이 있었는데, 첫 번째 '학습 및 검사' 단계에서 모든 집단은 모든 단어 쌍을 학습하고 검사를 치렀다. 검사 결과, 어떤 단어 쌍은 회상되었고, 어떤 단어는 그러지 못했다. 두 번째 '반복 학습 및 검사' 단계에서 세 집단은 상이한 학습 및 검사 절차를 거쳤다.

표 7.1 Karpicke와 Roediger(2008) 실험의 설계와 결과

	첫 번째 학습 및 검사 단계		두 번째 반복 학습 및 검사 단계		1주일 후 검사
	학습	검사	학습	검사	정확도(%)
집단 1	모든 쌍	모든 쌍	모든 쌍	모든 쌍	81
집단 2	모든 쌍	모든 쌍	선행 검사에서 회상되지 않은 쌍만 학습	모든 쌍	81
집단 3	모든 쌍	모든 쌍	모든 쌍	선행 검사에서 회상되지 않은 쌍만 검사	36

집단 1은 원래의 절차를 계속했다. 각 학습 및 검사 단계에서 이들은 모든 단어 쌍을 학습하고 모든 쌍에 대해 검사를 받았으며, 수행이 100%에 도달할 때까지 이를 반복하였다. 집단 2의 경우 학습 및 검사 절차 중 학습 부분이 변경되었다. 즉, 어떤 쌍이 검사에서 정확히 회상되면, 이후 학습 단계에서는 더 이상 그 쌍을 제시하지 않았다(즉 **학습**되지 않았다). 그러나 모든 쌍을 수행이 100%에 도달할 때까지 각 검사 단계에서 계속 검사했다. 따라서 이 집단은 실험이 진행됨에 따라 **학습**하는 쌍의 수가 점차 줄어들었다. 집단 3의 경우 학습 및 검사 단계 중 검사 부분이 변경되었다. 어떤 쌍이 정확히 회상되면, 이후 검사 단계에서는 더 이상 그 쌍을 **검사**하지 않았다. 따라서 이 집단은 실험이 진행됨에 따라 **검사**되는 쌍의 수가 줄어들었다.

일주일 후의 검사에서, 집단 1과 집단 2는 단어 쌍의 81%를 회상한 반면, 집단 3은 단지 36%만 회상하였다. 이 결과는 학습에서 **검사받는 것**(testing)이 중요하다는 사실을 보여준다. 즉, 집단 3의 경우 한 번 정확하게 회상된 항목은 검사에서 제외되었기 때문에 수행이 감소하였다. 이에 반해 집단 2의 결과는 학습 중단이 수행에 영향을 미치지 않았음을 보여준다. 인출 연습으로 인해 수행이 향상되는 것을 **검사 효과**(testing effect, 시험 효과)라고 부른다. 이는 실험실뿐 아니라 교실 상황에서도 수많은 실험을 통해 입증되었다(Karpicke et al., 2009). 예를 들어, 8학년 학생들의 역사시험 수행에서 단순 재독(rereading)보다 검사가 더 나은 결과를 산출하였으며(Carpenter et al., 2009), 대학생들의 뇌와 행동 과목 시험에서도 동일한 결과가 보고되었다(McDaniel et al., 2007).

검사 효과 (testing effect, 시험 효과)
기억해야 할 자료에 대해 검사받으면 이로 인해 기억 수행이 향상되는 현상.

지금까지 살펴본 다양한 약호화 촉진 조건에 대한 예시는 시험을 준비하는 학생들에게 중요한 메시지를 전달한다. 즉, 학습할 때는 정교형 처리를 유도하는 기법을 사용해야 하며, 자료를 이미 '학습했다'고 생각한 이후에도 계속해서 스스로 검사해야 한다. 왜냐하면 검사는 이후 회상해내려는 정보의 약호화를 향상시키기 때문이다.

자가 테스트

1. 약호화란 무엇인가? 인출이란 무엇인가? 이 두 가지가 성공적인 기억을 위해 필요한 이유는 무엇인가? (학습목표 7-2, 학습목표 7-5)
2. 정교형 되뇌기와 유지형 되뇌기는 (1) 각 되뇌기 유형과 관련된 절차, (2) 장기기억 형성의 효과성 측면에서 어떻게 다른가? (학습목표 7-2, 학습목표 7-3)
3. 처리수준 이론을 기술하라. 처리 깊이, 얕은 처리, 깊은 처리를 반드시 이해해야 한다. 처리수준 이론은 유지형 되뇌기와 정교형 되뇌기의 차이에 대해 무엇을 시사하는가? (학습목표 7-1)
4. 단어 기억이 향상될 수 있는 방법의 예를 들어 보라. (1) 시각적 심상 형성, (2) 단어를 자기 자신과 연결하기, (3) 획득 과정에서 단어 생성하기, (4) 정보 조직화하기, (5) 생존 관점에서 단어 평가하기, (6) 인출 연습하기. 이러한 절차가 공통적으로 갖는 특징은 무엇인가? (학습목표 7-3, 학습목표 7-4)
5. 검사(시험) 효과란 무엇인가? (학습목표 7-4)
6. 검사 효과는 약호화와 인출 간 관계에 대해 무엇을 시사하는가? (학습목표 7-4)

7.2 효과적인 공부

여러분은 어떻게 공부하는가? 학생들은 학습할 자료의 유형과 개인별로 잘 맞는 방식에 따라 다양한 공부 기법을 개발해 왔다. 학생들에게 자신의 공부 기법을 묻는 조사에서, 가장 인기 있는 방법은 교재나 필기 자료에 밑줄을 긋거나 형광펜으로 표시하는 것(Bell & Limber, 2010; Gurung et al., 2010)과 교재나 필기 자료를 다시 읽는 것(Carrier, 2003; Karpicke et al., 2009; Wissman et al., 2012)이었다. 안타깝게도 연구에서는 이러한 인기 있는 방법이 일반적으로 매우 효과적이지 않다는 결과가 나왔다(Dunlosky et al., 2013). 학생들이 밑줄 긋기와 다시 읽기를 사용하는 이유는 사용이 쉽기 때문이며, 더 효과적인 방법이 있다는 사실을 잘 모르기 때문이기도 하다. 여기서는 연구에 의해 효과가 입증된 몇 가지 학습 방법을 소개한다. 설령 밑줄 긋기와 다시 읽기가 본인에게 효과적이라고 생각하더라도, 다음 공부 때에는 아래 기법 중 하나 이상을 추가하는 것을 고려해야 한다.

정교화

읽고 있는 자료를 장기기억으로 전이시키는 데 도움이 되는 과정 중 하나는 정교화이다. 정교화란, 읽고 있는 것을 숙고하여 여러분이 알고 있는 다른 지식과 연관 지음으로써 의미를 부여하는 것이다. 학습량이 늘어날수록, 앞서 학습한 것이 새로운 정보를 걸어둘 수 있는 구조를 형성하기 때문에 이 과정은 더 쉬워진다.

연관성에 기반한 기법, 예를 들어 **그림** 7.2에서처럼 두 사물을 연결하는 이미지를 만드는 것은 개별 단어나 정의를 학습하는 데 유용하다. 예를 들어, **순행간섭**(proactive interference)이라는 기억 효과가 있는데, 이는 이전에 학습한 정보가 새로운 정보 학습을 방해할 때 발생한다. 예를 들어, 프랑스어 단어를 먼저 학습한 후 곧바로 스페인어 단어를 학습할 때 어려움을 겪는 상황이 여기에 해당한다. 'proactive interference'라는 용어를 기억하는 한 방법은 'pro' 미식축구 선수 한 명이 경기장에서 시간상 전진하는 모습을 떠올리는 것인데, 이렇게 하면 과거가 현재에 영향을 미치는 순행간섭의 의미를 기억해낼 수 있다. 시간이 지나면 이러한 이미지를 더 이상 필요로 하지 않게 되지만, 개념을 처음 학습할 때는 도움이 된다. 이러한 기억 전략은 **연상법**(method of association)이라 불리는 시각적 기억술과 관련이 있다.

생성과 검사

생성 효과(generation effect)(216쪽)를 다룬 연구 결과에 따르면, 학습 자료를 스스로 생성해내는 상황을 고안하는 것이 강력한 약호화와 우수한 장기 인출을 달성하는 방법이다. 인출 연습(retrieval practice)과 검사 효과(testing effect)(220쪽)를 다룬 연구들은, 학습 중인 자료를 반복해서 검사하는(시험 치르는) 것이 기억력을 향상시킨다는 사실을 보여준다.

시험은 학습 자료와 능동적으로 상호작용해야 하기 때문에 일종의 생성 과정이다. 스스로 시험을 치르려면 시험 문제를 어디서 구할 수 있을까? 한 가지 방법은 이 교재의 '자가 테스트' 문제처럼, 교재나 학습 자료에 포함된 연습 문제를 활용하는 것이다. 또 다른 방법은 스스로 문제를 만드는 것이다. 문제를 만드는 과정 자체가 학습 자료와 적극적으로 상호작용하는 것이기 때문에 약호화를 강화한다. 한 연구에서는, 질문을 만들 생각으로 글을 읽은 학생과 질문에 **답할** 생각으로 글을 읽은 학생이 시험에서 비슷한 성과를 보였고, 두 집단 모두 질문을 만들거나 답하지 않은 집단보다 더 높은 점수를 얻었다(Frase, 1975).

많은 학생들은 자료를 복습하는 것이 스스로 시험을 치르는 것보다 더 효과적이라고 믿지만, 막상 스스로 시험을 볼 때 자신의 학습 상태를 확인하는 용도로만 사용하고 학습을 향상시키는 도구로는 사용하지 않는다(Kornell & Son, 2009). 하지만 자가 시험(검사)은 다음 두 가지 이점이 있다는 사실이 밝혀졌다. 첫째, 자신이 알고 있는 것을 확인할 수 있고, 둘째, 알고 있는 것을 나중에 기억해낼 수 있는 능력을 증가시킨다.

조직화

자료를 조직화하는 목적은 정보들을 서로 연관시키는 틀을 만들어서 자료를 보다 의미 있게 함으로써 약호화를 강화하는 것이다. **그림** 7.5와 같은 개념도나, 비슷한 사실이나 원리를 묶어 정리한 개요 또는 목록을 만들어서 조직화를 달성할 수 있다.

조직화는 기억 부하를 줄이는 데에도 도움이 된다. 지각적 사례를 살펴보겠다. **그림** 3.18(80쪽)의 흑백 패턴을 서로 무관한 흑백 영역으로 보면 이것이 무엇인지 설명하기 어렵다. 그러나 이 패턴을 **그림** 3.38에서 보이는 것처럼 '개'라고 인식하면 이는 의미 있게 되어서 훨씬 더 쉽게 기술하고 기억할 수 있게 된다(Wiseman & Neisser, 1974). 조직화는 5장에서 설명한 청킹과 관련이 있다. 작은 요소들을 더 크고 의미 있는 단위로 묶으면 기억이 향상된다. 또한 조직화는 이전 장에서 다룬 하향 처리와도 관련된다. **그림** 3.38의 형상이 개라는 지식을 갖고 있으면 저장해야 할 정보의 양이 줄어드는데, 그 이유는 상향식 흑백 패턴 전체가 아니라 하향식 **개념** 하나를 저장하기 때문이다(**개념**에 대해서는 9장에서 더 자세히 논의할 것이다). 따라서 해당 이미지는 개(형상 또는 전경)와 그 주변(배경)으로 묶이며(청킹), 이는 이미지를 조직화된 형태로 변환한 것이다.

휴식 취하기

'휴식 취하기'란, 바꾸어 말하면 '한 번에 모든 것을 공부하려 하지 말고 여러 번 짧게 나누어 공부하라.' 또는 '벼락치기를 하지 말라.'는 것이다. 이러한 주장을 뒷받침할 만한 충분한 근거가 있다. 연구에 따르면, 총학습시간이 동일하더라도 학습을 하나의 긴 세션에 집중하는 것보다 여러 개의 짧은 세션으로 나누고 그 사이에 휴식을 두는 경우 기억이 더 향상되는 것으로 나타났다. 짧은 학습 세션의 이점을 간격 효과(spacing effect)라고 부르는데(Reder & Anderson, 1982; Smith & Rothkopf, 1984), 이를 분산 연습(distributed practice)이라고도 부른다.

간격 효과(spacing effect)
학습을 여러 개의 짧은 학습 세션으로 나누고 그 사이에 휴식을 취하면 이로 인해 수행이 향상되는 현상.

분산 연습(distributed practice)
학습을 여러 개의 짧은 학습 세션으로 나누고 그 사이에 휴식을 취하면 이로 인해 수행이 향상되는 현상.

휴식을 취하는 것과 관련하여 또 다른 관점은, 학습 직후 수면이 뒤따를 경우 기억 수행이 향상된다는 연구 결과이다(239쪽). 학습을 피하기 위해 잠을 자는 것은 바람직하지 않지만, 학습 직후 수면을 취하는 것은 응고화(consolidation)라고 부르는 과정을 향상시킬 수 있으며(이는 이 장 후반에 논의될 것이다), 그 결과 더 강력한 기억이 형성된다. 시험 전날 밤을 새워 학습하는 벼락치기(cramming)나 밤샘 학습(all-nighters)은 효과적이지 않은 것으로 입증되었다. 실제로는 합리적인 양의 시간 동안 효과적으로 학습하고 수면을 우선시하는 것이 기억, 그리고 여타 인지 기능에 결정적으로 중요하다(Bratsis, 2013; Huang et al., 2016; Cousins et al., 2019).

학습 착각 피하기

기초적인 기억 연구와 특정 학습 기법에 관한 연구에서 도출된 결론 가운데 하나는, 학생들이 선호하는 일부 학습 기법이 실제보다 더 효과적인 것처럼 **보일** 수 있다는 점이다. 예를 들어, 학습 기법으로서 재독(rereading)이 인기가 있는 이유 가운데 하나는 그것이 학습이 이루어지고 있다는 착각을 일으킬 수 있기 때문이다. 이는 읽기와 재독을 통해 **유창성**(fluency)이 증가하기 때문에 발생하는데, 다시 말해 반복은 읽기를 점점 더 쉽게 만든다. 그러나 이러한 읽기의 용이성 증가는 학습이 이루어지고 있다는 착각을 불러일으킬 뿐, 향상된 유창성이 반드시 해당 자료에 대한 더 나은 기억으로 이어지지는 않는다.

또 다른 학습 착각을 만들어내는 기전은 **친숙성 효과**(familiarity effect)이다. 재독은 자료를 친숙하게 만들어, 두 번째나 세 번째로 그것을 접할 때 해당 친숙성을 자신이 그 자료를 알고 있다는 신호로 해석하는 경향을 낳는다. 그러나 불행히도 눈앞에 있는 자료를 알아본다고 해서 그것을 나중에 기억해낼 수 있다는 것을 보장하지는 않는다.

마지막으로, 형광펜 표시(highlighting)에 주의할 필요가 있다. Sarah Peterson(1992)의 조사에 따르면, 학생들의 82%가 학습 자료에 형광펜 표시를 하며, 그들 대부분은 자료를 처음 읽는 과정에서 이를 수행한다. 형광펜 표시의 문제점은, 그것이 마치 정교형 처리처럼 보인다는 점이다(중요한 지점을 표시하면서 능동적으로 읽기에 참여하는 것처럼 보인다). 그러나 실제로는 학습 자료에 대한 깊은 사고 없이 손을 움직이는 자동적 행위로 전락하는 경우가 많다.

피터슨이 형광펜 표시를 한 집단과 표시하지 않은 집단의 이해도를 비교했을 때, 두 집단은 자료에 대한 검사에서 수행 차이를 보이지 않았다. 형광펜 표시는 일부 사람들에게는 좋은 첫 단계가 될 수 있지만, 일반적으로는 표시한 내용을 다시 검토하면서 정교형 되뇌기나 질문 생성과 같은 기법을 활용하여 그 정보를 자신의 기억 속으로 옮기는 것이 중요하다.

'능동적' 필기자가 되라

앞서 제시한 학습 제안들은 교재, 강의 자료, 강의 노트와 같은 수업 자료를 어떻게 학습할 것인지에 관한 것이었다. 이러한 제안을 따르는 것에 더해, 수업 학습을 향상시키는 또 다른 방법은 강의 노트를 어떻게 작성하는지를 숙고하는 것이다. 여러분은 노트를 손으로 직접 쓰는가, 아니면 노트북에 타이핑하는가?

대다수의 학생들은 노트를 노트북에 타이핑한다고 보고한다(Fried, 2008; Kay & Lauricella, 2011). 그 이유를 물었을 때, 학생들의 대답은 보통 노트북에 타이핑하는 것이 더 효율적이며 더 완전한 노트를 작성할 수 있다는 것이다(Kay & Lauricella, 2011). 그러나 많은 교수들은 노트북 필기가 바람직하지 않다고 생각한다. 그 이유는 노트북이 소셜 미디어 스크롤링, 문자 전송, 이메일 작성과 같은 방해 활동에 쉽게 유혹되도록 만들기 때문이다. 이러한 주의 분산의 문제 외에도 컴퓨터 필기에 대한 또 다른 비판이 있다. 그것은 컴퓨터 필기가 학습 자료에 대한 얕은 처리를 초래할 수 있으며, 따라서 시험 수행이 저하된다는 점이다.

Pam Mueller와 Daniel Oppenheimer(2014)는 학생들에게 강의를 듣고 노트를 손으로 쓰거나 노트북으로 타이핑하게 하는 여러 실험을 진행하였다. 노트북 필기자들은 손 필기자보다 더 많은 노트를 작성했는데, 이는 노트북 필기가 손 필기보다 쉽고 빠르기 때문이다. 그러나 노트북 노트에는 강의 내용을 말 그대로 옮겨 적은 부분이 더 많았다. 하지만 강의 자료에 대한 검사에서 노트북 집단은 손 필기 집단보다 낮은 수행을 보였다. 왜일까? 이 질문에 대한 답은 기억이 자료가 어떻게 약호화되었는지에 달려 있다는 원리로 돌아가게 한다. 구체적으로는, 학습자가 스스로 자료를 생성할 때 더 깊은 처리가 이루어지고, 따라서 더 우수한 기억이 형성된다. Mueller와 Oppenheimer(2014)에 따르면, 교수가 말하는 내용을 단순히 받아쓰는데 그치는 얕은 처리는 학습에 불리하다. 반대로, 손으로 노트를 작성하는 것은 강의를 종합하고 요약할 가능성이 더 크며, 이는 더 깊은 약호화와 더 우수한 학습을 초래한다. 여기서 얻을 수 있는 교훈은 '능동적이고 적극적인' 필기가 '의미 없는 기계적 받아쓰기'보다 낫다는 것이다. 여러분은 학생이지 법정 속기사가 아니다.

Adam Putnam과 동료들(2016)은 대학 강좌에서 성공하기 위한 많은 유용한 제안을 제시하였다. Mueller와 Oppenheimer(2014)의 결과에 근거한 두 가지 제안은 다음과 같다. (1) 기술적 방해 요인을 피하기 위해 '노트북을 집에 두고 강의실에 오라.' (2) '노트를 타이핑하는 대신 손으로 쓰라.' 왜냐하면 손 필기는 보다 반성적이고 깊은 처리를 촉진하기 때문이다.

최근 연구는 필기 방식의 차이가 유의미한 차이를 낳는다는 주장을 반박하였다. Wiechmann과 동료들(2022)은 필기가 손으로 이루어졌는지, 노트북으로 이루어졌는지, 태블릿으로 이루어졌는지와 관계없이 사실적 회상과 계산적 회상이 통계적으로 동일하다는 사실을 발견하였다. 이는 단어 수(노트북에서 가장 많다)와 그림이나 형광펜 표시의 양(태블릿에서 가장 많다)의 차이에도 불구하고 나타난 결과였다. 그럼에도 불구하고 어떤 방식을 사용하든, 강의자의 말을 단순히 복사하지 말고 반드시 자신의 말로 노트를 작성하는 것이 중요하다.

이 모든 학습 조언이 전하는 메시지는, 인지심리학 연구 결과에서 단서를 얻어 학습을 향상시킬 수 있는 방법이 존재한다는 것이다. 이는 인지심리학과 관련된 중요한 개념일 뿐 아니라, 학생으로서 기억해야 할 정보를 보다 효과적으로 약호화하는 데 사용할 수 있는 전략이기도 하다. 오직 효과적으로 약호화되어 장기기억(LTM)에 저장된 정보만이 미래에 인출될 수 있다.

7.3 인출: 기억에서 정보 꺼내기

우리는 인출이 기억을 강화할 수 있다는 점을 논의한 바 있다. 그렇다면 어떤 것이 인출될 가능성을 어떻게 높일 수 있을까? 인출 과정은 극히 중요하다. 왜냐하면 우리의 기억 실패 가운데 많은 경우는 인출의 실패이기 때문이다. 즉, 정보는 '그곳 안에' 존재하지만 우리는 그것을 꺼내지 못한다. 예를 들어, 시험을 위해 열심히 공부했음에도 불구하고 시험장에서는 답을 떠올리지 못하다가 시험이 끝난 후에야 기억나는 경우가 있다. 또 다른 예는 이전에 만난 적이 있는 사람을 우연히 다시 만났을 때, 이름이 전혀 떠오르지 않다가 대화를 나누는 도중(혹은 더 나쁘게는 그 사람이 떠난 후) 갑자기 생각나는 경우이다. 두 사례 모두 필요한 정보는 가지고 있지만, 정작 필요할 때 그것을 인출하지 못하는 경우이다.

인출 단서

앞서 **사과**라는 단어가 **포도**를 떠올리게 하는 **인출 단서**로 작용할 수 있다고 논의한 바 있다 (217쪽 참조). 우리는 인출 단서를 기억 속에 저장된 정보를 떠올리도록 돕는 단어나 다른 자극으로 정의하였다. 이제 이러한 단서를 좀 더 구체적으로 살펴보면, 그것들이 여러 가지 출처로부터 제공될 수 있음을 알게 될 것이다.

예를 들어, **장소**는 인출 단서가 될 수 있다. 마지막으로 체육관에 갔던 경험을 떠올려 보라. 운동을 마친 뒤 체육관을 떠나려 할 때, 맥락이 인출 단서로 작용하는 사례가 발생했다고 상상해 보자. 라커룸에서 나가기 전, 벤치 위에 둔 운동 가방을 챙기자고 스스로에게 다짐했지만, 출구 쪽으로 걸어나가던 중 무언가 중요한 것을 잊었다는 느낌이 갑자기 들었다. 이 감각에 익숙한 여러분은 잠시 멈춰 다시 라커룸으로 발길을 돌렸다. 라커룸 안에 들어선 순간, 물병을 두고 나왔다는 사실을 깨달았다. 운동 가방을 챙기려 했던 바로 그 장소로 돌아간 것이 인출 단서로 작용하여, 잊고 있던 물병이 떠올랐던 것이다. 즉, 라커룸은 맥락적 단서로 작용하여 필요한 것을 기억해내도록 도움을 주었다.

아마 여러분도 특정 장소로 돌아갔을 때, 그 장소와 연관된 기억이 자극되는 유사한 경험을 해본 적이 있을 것이다. 다음은 한 학생이 어린 시절 경험을 회상한 기술이다.

> 내가 14살 때 심각한 교통사고를 당했다. 충격으로 의식을 잃었고 다시 의식을 회복하는 데 몇 분이 걸려, 사고 직전과 직후에 관한 많은 세부 사항은 기억하지 못한다. 일부 일반적인 사항들은 회상할 수 있었지만, 구체적인 것은 없었다. 그러나 18년 후 집으로 운전해 가던 도중, 내 앞에서 두 대의 차량이 내가 겪었던 사고와 매우 유사한 사고를 내는 것을 목격했다. 충돌 소리를 듣고 눈앞에서 사고를 보자, 어린 시절 사고의 기억이 물밀 듯 되살아났다. 주변 사람들이 소리치는 소리, 병원으로 헬리콥터 이송을 당했던 경험, 일주일간 입원해 있으면서 보았던 영화의 세부 사항까지 떠올릴 수 있었다. 나는 눈앞의 사고에 직접 연루되지 않았음에도 불구하고 당시의 자동차 사고 순간으로 되돌아간 듯한 강렬한 기억과 생생한 감각을 다시 경험했다. (Ralph Hale이 인터뷰한 Courtney Nutt 발언 인용)

다음은 또 다른 학생이 성인 초기 경험을 회상한 기술이다.

> 나이가 들어갈수록 내 삶은 점점 더 바쁘고 정신없어졌다. 그러나 평온한 순간마다 나는 첫 아파트에서 살던 시절의 평범한 기억으로 되돌아가곤 한다. 이른 봄, 나는 하루를 느리게 시작했다. 룸메이트들도 없었고, 아파트 단지 전체가 잠든 듯 조용했다. 나는 토핑이 다 들어간 베이글과 딸기를 준비해 창문을 열어놓고 느린 바람에 커튼이 흩날리는 가운데 소파에 앉아 아침을 즐겼다. 나는 눈을 감고서 새소리와 나무 사이로 바람이 스치는 소리를 즐긴 것을 기억한다. 거실에서 햇살을 통해 흩날리는 먼지를 지켜본 것을 기억한다. 너무 단순해서 쉽게 잊을 수도 있었던 평화로운 순간이었지만, 지금도 느긋한 아침을 즐기거나 창밖 세상을 바라볼 때면 그 생생한 기억이 되살아난다. 이처럼 평온하거나 의미 있는 순간마다 나는 그 아침을 다시 떠올리며 깊은 평화와 행복감에 휩싸인다. (Ralph Hale이 인터뷰한

Patsy Folds 발언 인용)

체육관에서의 가상 경험, Courtney가 과거 교통사고를 겪었던 도로에서의 경험, Patsy가 아파트에서 휴식을 취했던 경험은 모두 기억이 처음 형성되었던 장소로 돌아감으로써 제공되는 인출 단서의 예이다. 장소 외에도 많은 요인이 인출 단서를 제공할 수 있다. 특정 노래를 듣는 것이 수년 동안 떠올리지 않았던 사건의 기억을 다시 불러일으킬 수 있다. 이는 모든 감각 체계(예: 후각, 미각)에서 마찬가지이다. 인출 단서의 작동은 실험실에서도 단서 **회상**이라고 부르는 기법을 통해 입증되었다.

Tulving과 Pearlstone의 실험 결과는 인출 단서가 기억에 도움이 된다는 사실을 보여준다. 자유 회상 집단의 참가자들은 단어의 40%를 회상한 반면, 범주 이름이라는 단서를 제공받은 단서 회상 집단은 단어의 75%를 회상하였다.

인출 단서의 위력을 보여주는 가장 인상적인 실험 중 하나는 Timo Mantyla(1986)가 수행한 것이다. 그는 참가자들에게 **바나나**, **자유**, **나무**와 같은 504개의 명사를 제시하였다. 학습 단계에서 참가자들은 각 명사와 연합되는 세 개의 단어를 작성하도록 지시받았다. 예를 들어 **바나나**에 대해서는 **노랑**, **다발**, **식용**이 될 수 있다. 검사 단계에서 참가자들은 명사들 절반에 대해서는 자신이 생성한 세 개의 단어(자기 생성 인출 단서)를, 나머지 절반의 명사들에 대해서는 다른 사람이 생성한 세 개의 단어(타인 생성 인출 단서)를 제시받았다. 그들의 과제는 학습 단계에서 본 명사를 회상하는 것이었다.

그 결과, 자기 생성 인출 단서가 제시되었을 때는 참가자들이 91%의 단어를 기억했지만(**그림** 7.7의 맨 위 막대), 타인 생성 인출 단서가 제시되었을 때는 55%만을 기억했다(**그림** 7.7의 두 번째 막대).

자유 회상(free recall)
실험 참가자에게 앞서 제시된 자극을 회상해내도록 요구하는 기억 검사 절차.

단서 회상(cued recall)
실험 참가자에게 단어나 구절과 같은 단서를 제시함으로써 이전에 제시된 자극의 회상을 돕는 기억 검사 절차.

어쩌면 **노랑**, **다발**, **식용**과 같은 세 속성을 보면 **바나나**라는 단어를 본 적이 없더라도 추측할 수 있을 것이라고 생각할 수 있다. 그러나 Mantyla가 또 다른 통제집단에 대해, 이전에 504개의 명사를 본 적이 없는 참가자에게 다른 사람이 생성한 단서 단어를 제시했을 때, 그들은 단지 17%의 명사만을 맞출 수 있었다. 이 실험의 결과는 인출 단서(세 개의 단어)가 기억을 인출하는 데 매우 효과적인 정보를 제공한다는 점, 그러나 **인출 단서는 기억 검사를 받는 당사자 자신 직접 생성할 때 훨씬 더 효과적이라는 점을 보여준다.** [또한 Wagenaar(1986)의 연구도

방법

단서 회상

회상 절차는 두 가지 유형으로 구분된다. **자유 회상**(free recall)에서는 참가자에게 단순히 자극을 회상하라는 지시가 주어진다. 이러한 자극은 실험자가 이전에 제시한 단어일 수도 있고, 참가자가 과거에 경험한 사건일 수도 있다. 우리는 이미 계열위치 곡선(serial position curve) 실험(183쪽)과 같은 여러 실험에서 자유 회상이 어떻게 사용되었는지 살펴보았다. 반면, **단서 회상**(cued recall)에서는 참가자에게 이전에 경험한 자극의 회상에 도움이 되는 인출 단서(retrieval cues)가 제시된다. 이러한 단서는 보통 단어나 구절이다. 예를 들어, Endel Tulving과 Zena Pearlstone(1966)은 참가자들에게 기억해야 할 단어 목록을 제시하였다. 이 단어들은 새(비둘기, 참새), 가구(의자, 서랍장), 직업(엔지니어, 변호사)과 같은 특정 범주에서 추출된 것이었으나, 원래 목록에서는 범주가 명시되지 않았다. 기억 검사에서 자유 회상 집단 참가자들은 가능한 한 많은 단어를 적도록 지시받았고, 단서 회상 집단의 참가자들은 단어를 회상하도록 요구받을 때 '새', '가구', '직업'과 같은 범주 이름을 제공받았다.

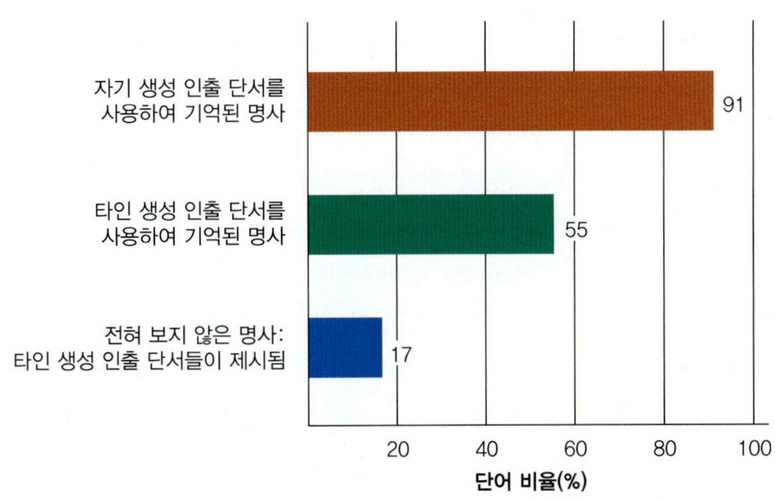

그림 7.7 Mantyla(1986)의 실험 결과. 인출 단서가 당사자에 의해 생성되었을 때 기억이 가장 우수했으며(상단 막대) 다른 사람에 의해 생성되었을 때에는 그다지 우수하지 않았다(중간 막대). 다른 사람에 의해 생성된 인출 단서를 기반으로 단어를 추측해내려고 한 통제 참가자의 수행이 가장 빈약하였다(하단 막대).

참고할 수 있는데, 그는 6년 동안 작성한 2,400개의 일기 항목을 인출 단서를 활용하여 거의 모두 기억해낼 수 있었다고 보고하였다!]

약호화와 인출의 조건 일치

우리가 방금 살펴본 두 실험에서의 인출 단서는 Tulving과 Pearlstone 실험에서의 '가구'와 같은 범주 이름, Mantyla의 실험에서 참가자가 직접 생성한 세 단어와 같은 언어적 '힌트'였다. 추가로, 인출을 돕는 또 다른 유형의 '힌트'는 특정 장소로 되돌아가는 것이다. 예를 들어 Patsy의 아파트, Courtney의 사고 현장, 혹은 체육관 사례처럼 말이다.

체육관 사례를 다시 생각해 보자. 여러분은 물병을 챙겨야 한다는 생각을 인출하기 위해 라커룸으로 돌아갔다. 물병을 기억할 수 있었던 핵심은 원래 그 생각을 약호화했던 장소로 돌아감으로써 '물병을 잊지 말라'는 생각을 인출할 수 있었다는 점이다. 이 예시는 다음과 같은 기본 원리를 보여준다. **인출은 인출 당시의 조건을 약호화 당시 존재했던 조건과 일치시킬 때 증가할 수 있다.**

이제 우리는 인출 조건을 약호화 조건과 일치시킴으로써 인출을 증가시키는 세 가지 특정 상황을 살펴볼 것이다. 이는 다음과 같다. (1) 약호화 특수성: 약호화와 인출이 일어나는 **맥락**을 일치시키는 것, (2) 상태 의존 학습: 약호화와 인출 시점에 존재하는 **내적 기분이나 마음 상태**를 일치시키는 것, (3) 전이 적합성 처리: 약호화와 인출에 내포된 **과제**를 일치시키는 것.

약호화 특수성 약호화 특수성(encoding specificity) 원리는 우리가 정보를 약호화할 때 그것이 맥락과 함께 저장된다고 주장한다. 예를 들어 Courtney는 십대 시절 교통사고라는 맥락 안에서 많은 기억을 약호화하였다. 수년 뒤 사고 현장으로 돌아가 동일한 맥락으로 복귀했을 때, 그는 당시 경험을 많이 떠올릴 수 있었다.

약호화 특수성(encoding specificity)
정보를 그 맥락과 함께 학습한다는 원리. 따라서 그 맥락이 있을 때 정보의 기억이 향상될 수 있다.

이 원리를 입증하는 고전적 실험은 D. R. Godden과 Alan Baddeley(1975)의 '잠수 실험'이다. 한 집단의 참가자들은 잠수 장비를 착용하고 수중에서 단어 목록을 학습했으며, 다른 집단은 육지에서 단어를 학습했다. 이후 각 집단은 반으로 나뉘어, 절반은 육지에서 회상 검사를, 나머지는 수중에서 회상 검사를 수행하였다. 실험 결과는 약호화와 인출이 동일한 장소에서 일어날 때 회상이 가장 뛰어났음을 보여주었다.

이 잠수 실험 및 다수의 다른 연구 결과는 시험 준비를 위한 좋은 전략이 시험을 치를 환경과 유사한 환경에서 학습하는 것임을 시사한다. 이는 반드시 모든 공부를 시험이 치러질 교실에서 해야 한다는 의미는 아니지만, 학습하는 장소가 어디든 시험과 유사한 조건을 재현하는 것이 유익하다는 것이다. 예를 들어, 책상과 의자에 앉아 불을 켜고 공부하는 것이 바람직하다.

이 결론은 Harry Grant와 동료들(1998)의 실험에서도 뒷받침된다. 참가자들은 헤드폰을 착용하고서 정신면역학(psychoimmunology)에 관한 논문을 읽었다. '조용한' 조건의 참가자들은 아무 소리도 듣지 않았고, '시끄러운' 조건의 참가자들은 대학 구내식당 점심시간의 배경 소음을 녹음한 테이프를 들으며(무시하라는 지시와 함께) 글을 읽었다. 이후 각 집단의 절반은 조용한 조건에서, 나머지는 시끄러운 조건에서 단답식 시험을 보았다.

그 결과, 학습 조건과 검사 조건이 일치할 때 수행이 더 우수했다. 따라서 다음 인지심리학 시험이 조용한 환경에서 치러진다면, 조용한 환경에서 학습하는 것이 타당하다.

상태 의존 학습
(state-dependent learning)
약호화 상태와 인출 상태가 동일할 때 기억이 가장 우수하다는 원리. 이 원리는 약호화 특수성과 관련된다.

상태 의존 학습 약호화와 인출 조건의 일치가 기억에 영향을 미치는 또 다른 예로서 **상태 의존 학습**(state-dependent learning)을 들 수 있는데, 이는 기분이나 자각 상태와 같은 특정 내적 상태와 관련된 학습이다. 상태 의존 학습의 원리에 따르면, 인출 당시의 내적 상태가 약호화 당시의 내적 상태와 일치할 때 기억이 더 우수하다. Eric Eich와 Janet Metcalfe(1989)는 이러한 원리를 입증하였다. 참가자들에게 즐거운 음악을 들으며 긍정적 사고를 떠올리거나, 우울한 음악을 들으며 부정적 사고를 떠올리도록 지시하였다. 참가자들은 음악을 들으면서 자신의 기분을 평가하였는데, 그 평가가 '매우 즐거움' 또는 '매우 불쾌함'에 도달했을 때 실험의 약호화 단계가 시작되었다. 이러한 상태에 도달하는 데는 일반적으로 15~20분 정도가 소요되었으며, 그 시점에서 참가자들은 긍정적 혹은 부정적 기분 상태에서 단어 목록을 학습하였다.

학습 세션이 끝난 후, 참가자들에게 이틀 후 다시 오도록 지시하였다. 이틀 후 참가자들이 돌아왔을 때 동일한 절차가 사용되어 그들을 긍정적 혹은 부정적 기분 상태로 유도했다. 해당 기분 상태에 도달하면, 참가자들은 이틀 전 학습한 단어에 대한 기억 검사를 받았다. 그 결과, 인출 당시의 기분이 약호화 당시의 기분과 일치할 때 더 나은 수행을 보였다.

지금까지 우리가 설명한 약호화와 인출의 두 일치 방식에는 물리적 상황의 일치(약호화 특수성)와 내적 정서 상태의 일치(상태의존 학습)가 포함된다. 다음 예시는 약호화와 인출 시의 인지 과제 유형을 일치시키는 경우에 해당한다.

인지 과제의 일치: 전이 적합성 처리 Donald Morris와 동료들(1977)은 약호화와 인출에서 동일한 인지 과제가 관여할 경우 인출이 더 잘 이루어진다는 사실을 보여주었다. 실험 절차는 다음과 같았다.

1. 약호화

참가자들은 한 단어가 '빈칸'으로 대체된 문장을 들은 뒤, 2초 후 표적 단어를 들었다. 두 가지 약호화 조건이 있었다. 의미 조건(meaning condition)에서는 표적 단어가 빈칸을 채웠을 때 문장이 의미상 타당한지 여부에 따라 '예/아니요'로 대답했다. 운율 조건(rhyming condition)에서는 표적 단어가 빈칸에 들어갔을 때 소리상 유사한지 여부에 따라 '예/아니요'로 대답했다. 다음은 몇 가지 예시이다.

의미 조건:

1. 문장: The (빈칸) had a silver engine.
   표적 단어: train → 정답: '예'
2. 문장: The (빈칸) walked down the street.
   표적 단어: building → 정답: '아니요'

운율 조건:

1. 문장: (빈칸) rhymes with pain.
   표적 단어: train → 정답: '예'
2. 문장: (빈칸) rhymes with car.
   표적 단어: building → 정답: '아니요'

이 두 집단의 참가자들에게 중요한 점은, 단어를 서로 다른 방식으로 처리하도록 요구받았다는 것이다. 한 경우에는 질문에 답하기 위해 단어의 의미에 집중해야 했으며, 다른 경우에는 단어의 소리에 집중해야 했다.

2. 인출

Morris가 관심을 가졌던 질문은, 참가자들이 표적 단어를 인출하는 능력이 실험의 약호화 단계에서 단어를 처리한 방식에 의해 어떻게 영향을 받는지였다. 실험의 이 부분에는 여러 가지 조건이 있었으나, 여기서는 참가자들이 단어를 소리(운율) 측면에서 처리해야 했던 경우에 초점을 맞춘다.

의미 집단과 운율 집단 모두에게 일련의 검사 단어가 하나씩 제시되었다. 검사 단어 가운데 일부는 약호화 단계에서 제시되었던 표적 단어와 운율이 맞았고, 일부는 그렇지 않았다. 참가자들의 과제는, 검사 단어가 표적 단어 중 하나와 운율이 맞으면 '예'라고 대답하고, 맞지 않으면 '아니요'라고 대답하는 것이었다. 다음의 예시에서 알 수 있듯이, 검사 단어는 항상 표적 단어와는 다른 단어였다.

검사 단어: *rain* → 정답: '예'(이전에 제시된 표적 단어 *train*과 운율이 일치하기 때문)
검사 단어: *street* → 정답: '아니요'(약호화 단계에서 제시된 어떤 표적 단어와도 운율이 일치하지 않기 때문)

이 실험의 핵심 결과는, 참가자들의 인출 수행이 인출 과제와 약호화 과제의 일치 여부에 달려 있었다는 점이다. **그림** 7.8에서 보듯이, 약호화 동안 운율에 초점을 맞췄던 참가자들은 의미에 초점을 맞췄던 참가자들보다 운율 검사에서 더 많은 단어를 기억해냈다. 즉, 실험의 첫 부분에서 단어의 **소리**(운율)에 집중했던 참가자들은, 검사에서 소리에 집중하도록 요구받았을 때 더 좋은 수행을 보였다. 이러한 결과, 즉 약호화와 인출에서 **처리 유형**이 일치할 때

그림 7.8 Morris와 동료들(1977)의 실험의 설계와 결과. 운율 조건 약호화 과제를 수행한 참가자들은 의미 조건 약호화 과제를 수행한 참가자들보다 운율 검사를 더 잘했다. 이러한 결과를 처리수준이론으로는 예측할 수 없지만, 약호화 과제와 인출 과제가 부합될 때 인출이 더 우수하다는 원리로는 예측할 수 있다.

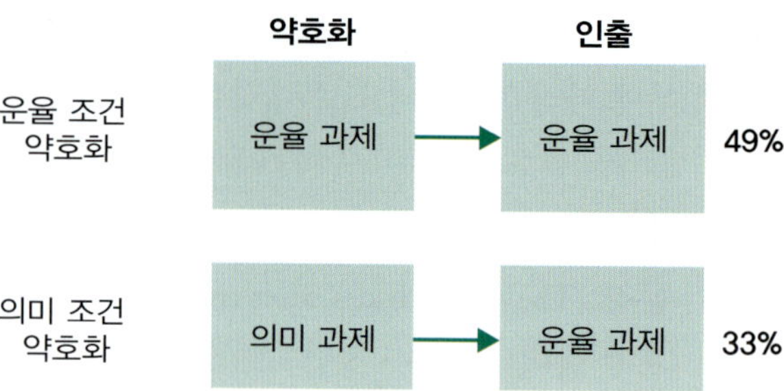

전이 적합성 처리(transfer-appropriate processing) 약호화 당시의 과제 유형이 인출 당시의 과제 유형과 일치할 때를 말한다. 이러한 유형의 처리는 기억 향상을 도모할 수 있다.

더 나은 수행을 보이는 현상을 **전이 적합성 처리**(transfer-appropriate processing)라고 부른다.

전이 적합성 처리는 약호화 특수성 및 상태의존 학습과 유사한데, 이는 약호화와 인출 당시의 조건이 일치할 때 수행이 향상된다는 것을 보여 주기 때문이다. 또한, 이 실험의 결과는 앞서 논의한 처리수준 이론에 중요한 함의를 지닌다. 처리수준 이론의 핵심 주장은 더 깊은 처리가 더 우수한 약호화로 이어지고, 따라서 더 우수한 인출을 가능케 한다는 것이었다. 이 이론에 따르면, 약호화 당시 의미 집단에 속한 참가자들이 더 깊은 처리를 경험했을 것이므로 더 좋은 수행을 보여야 한다. 그러나 실제로는 운율 집단이 더 우수한 수행을 보였다. 따라서 Morris의 실험은 약호화와 인출에서 과제를 일치시키는 것이 중요하다는 점을 보여 줄 뿐만 아니라, 약호화 단계에서의 더 깊은 처리가 반드시 더 우수한 인출을 초래하는 것은 아님을 시사한다.

기억술

지금까지 이 장에서 살펴본 바와 같이, 장기기억(long-term memory: LTM)의 성공적 약호화와 인출을 돕기 위한 다양한 전략이 존재한다. 수 세기 동안 인간은 이러한 과업의 중요성을 인식해 왔으며, LTM을 향상시키기 위한 방법을 논의해왔다. 그리스 신화에서 기억의 여신인 므네모시네(Mnemosyne)는 기억을 불러일으키거나 기억을 돕기 위한 영감과 도움을 구하는 의례나 기도 속에서 자주 언급된다. 이 이름이 낯설지 않을 것이다. **기억술**(mnemonic)이란 기억을 돕기 위해 사용되는 기법을 의미한다. 이 포괄적 용어는 주로 **언어적 기억술**과 **시각적 기억술**에 초점을 둔다.

기억술(mnemonic) 정보의 약호화, 파지, 인출을 향상시키는 기억 전략 또는 기법.

언어적 기억술 언어적 기억술(verbal mnemonics)은 단어나 구절을 사용하여 언어 관련 연합을 형성함으로써 기억을 돕는다.

1. **두문자어**: 두문자어(acronyms)는 각 단어의 첫 글자를 모아 새로운 단어나 구절을 만드는 방식으로서, 저장해야 할 정보의 양을 압축한다. 이 전략은 **청킹**(chunking) 개념과 관련된다. 긴 단어 목록보다 하나의 단어나 짧은 구절을 단기기억과 장기기억에 유지하는 것이 더 쉽기 때문에 두문자어는 효과적이다. 예를 들어, 무지개의 색 순서를 기억하기 위해 ROY-G-BIV라는 두문자어를 사용할 수 있다. ROY-G-BIV는 단지 세 개의 청크로 구성되어 있으며, 간단한 이름이나 구절처럼 들리므로 쉽게 암기할 수 있다. 그런 다음, 무지개색의 순서를 기억해낼 때 두문자어 내의 각 글자를 사용하여 글자들이 나타내는 색을 회상할 수 있다. red, orange, yellow, green, blue, indigo, violet.
2. **두문자시**: 두문자시(acrostics)는 두문자어와 유사하지만, 각 단어의 첫 글자를 모아 하

나의 단어나 구절을 만드는 대신 새로운 문장이나 구절을 만드는 방식이다. 두문자시는 두문자어처럼 저장할 정보의 양을 줄이지는 않지만, 원래 기억해야 할 항목 목록보다 더 단순하고 의미 있게 만듦으로써 정보를 기억하기 쉽게 만든다. 예를 들어, Mercury(수성), Venus(금성), Earth(지구), Mars(화성), Jupiter(목성), Saturn(토성), Uranus(천왕성), Neptune(해왕성) 순서를 외우는 것은 쉽지 않다. 그러나 'My Very Educated Mother Just Served Us Noodles'라는 두문자시를 사용하면 기억에 도움이 된다. 이 문장은 각 행성 이름을 단순히 외우는 것보다 더 쉽게, 그리고 더 효과적으로 저장될 수 있는 의미를 지닌다. 5장에서 논의된 이야기 기억술은 이러한 언어적 기억술의 확장 형태이다. 두문자시는 또한 기억을 돕기 위해 운율을 추가 요소로 활용할 수 있다. 예를 들어, 각 달이 며칠로 구성되어 있는지를 기억하는 것은 쉽지 않다. 어떤 달은 30일이고, 다른 달은 31일이며, 2월은 28일(윤년에는 29일)이다. 이 경우, 'Thirty days has September, April, June, and November.'라는 운율적 두문자시가 기억을 돕는 데 활용될 수 있다. 이 단순한 운율적 구절을 기억한다면, September, April, June, November가 30일임을 알 수 있으며, 그 외의 모든 달(2월 제외)은 31일임을 알 수 있다.

시각적 기억술 시각적 기억술(visual mnemonics)은 이미지나 시각적 연합을 활용하여 기억을 돕는다.

1. **장소법**: 장소법(method of loci, 일명 기억궁전, memory palace)은 익숙한 장소를 마음속에 떠올린 다음, 기억해야 할 항목들을 그 장소의 특정 위치에 배치하는 기법이다. 이러한 시각적 표상은 약호화 도중 그려낼 수도 있고, 상상을 통해 반복적으로 되뇌기할 수도 있다. 이후 이 정보들을 회상할 때는 장소를 마음속에 떠올리는데, 이 장소는 약호화 도중 항목들이 저장된 위치를 포함하고 있다.

   예를 들어, 화학 수업에서 주기율표의 처음 10개 원소의 순서를 기억해야 한다고 가정해 보자. 눈을 감고 자기 집에 들어가는 장면을 상상할 수 있다. 현관에 들어서자 수소를 만나게 된다. [여기에 언어적 기억술을 덧붙이고 싶다면, '수소(hydrogen)는 인사를 하기 때문에 현관에 있다(Hi–drogen)'라고 연상할 수 있다. 이러한 전략은 일부 혹은 모든 항목에 적용될 수 있다.] 그다음 주방에서 헬륨, 거실에서 리튬, 욕실에서 베릴륨을 만나는 식으로 이어진다. 이러한 전략은 다소 복잡해 보일 수 있지만, 실제로는 과거 사건을 회상하는 우리의 능력을 활용하여 기억에 도움이 된다. 이미 익숙한 장소와 그 공간적 배치 및 시각적 외형은 LTM에 안정적으로 저장되어 있기 때문에, 우리의 뇌는 새로운 기억을 이와 연결시킴으로써 더 쉽게 약호화할 수 있다.
2. **연상법**: 연상법(method of association)은 기억해야 할 항목을 어떤 형태의 시각적 표상과 연결하는 기법이다. 이때 연상이 개인적으로 더 관련성이 있거나(자신과의 연결), 흥미롭게(유머러스하거나, 기묘하거나, 혹은 다소 부적절하게) 구성될수록 기억은 향상된다. 이는 이후에 논의될 정교화(elaboration)와 유사하다. 예를 들어, 누군가의 이름을 기억하려 한다고 하자. 이 과제는 흔히 어렵게 느껴진다. 이때 이름을 약호화 과정에서 시각적 단서와 연결하면 나중에 그 이름을 더 쉽게 기억할 수 있다. 가령, Ralph라는 이름을 가

진 사람을 만났다고 하자. 이때 그 이름을 영화 〈주먹왕 랄프(Wreck-It Ralph)〉(2012; 속편은 2018)에 연결시킬 수 있다. 그 사람을 떠올릴 때 그 영화의 주인공 랄프를 상상할 수 있을 터인데, 이는 그 사람의 이름을 기억하는 데 도움이 된다.

문자 그대로 학습하기

앞서 언급한 기억술들은 정보를 정확하게 저장해야 할 때 기억에 도움이 되도록 활용될 수 있다. 6장에서 살펴본 재인 기억 시연을 떠올려 보라. 그때 만화영화 제작자 월트 디즈니와 화가 살바도르 달리를 연결하는 이야기가 제시되었다. 이후 참가자들은 네 가지 문장 중 원래 이야기에서 나온 문장을 고르도록 요구받았다. 네 문장 모두 동일한 의미를 전달했지만, 단 하나만이 원래 이야기에서 제시된 정확한 문장이었는데, 동일한 단어들이 동일한 순서로 제시되었다. **문자 그대로 기억**(verbatim memory)이란, 정보가 제시된 그대로 정확히 회상하는 능력을 말한다. 언어적 정보의 경우, 이는 사용된 정확한 단어, 그리고 단어의 정확한 순서를 기억하는 능력을 의미한다.

문자 그대로 기억(verbatim memory)
정보를 제시된 그대로 정확하게 회상하는 능력.

이 장의 서두에서 언급했던 배우들의 대사 학습을 고려해 보자. 배우들은 대본에 따라 대사를 단어 하나하나까지 그대로 학습해야 한다. 그러나 이는 상당히 어려운 과제이다. 어떻게 그들은 이것을 해낼까? 우리의 기억 체계는 의미 있는 정보(의미론)를 선호하며, 잘못된 세부 사항은 빠르게 잊어버리는 경향이 있다. 따라서 배우들이 대본을 암기할 때는 다음과 같은 2단계 과정을 활용할 수 있다.

1. 먼저, 기억해야 할 정보의 문자 그대로의 내용보다는 그 기저에 있는 의미나 동기에 초점을 맞춘다.
2. 다음으로, 의미를 충분히 이해한 이후에 문자 그대로의 내용을 집중적으로 학습한다.

자가 테스트

1. 다음 다섯 가지 학습 효과의 증진 방법을 기술하라. (1) 정교화, (2) 생성과 검사, (3) 조직화, (4) 휴식 취하기, (5) '학습 착각' 피하기. 각 기법이 약호화와 인출 연구 결과와 어떻게 관련되는가? (학습목표 7-3, 학습목표 7-4)
2. '능동적' 학습자가 된다는 것은 무엇을 의미하는가? 이것이 손 필기와 노트북 필기 간 차이와 어떻게 관련될 수 있는가? (학습목표 7-3, 학습목표 7-4)
3. 인출 단서는 무엇인가를 기억해낼 가능성을 높이는 강력한 방법이다. 단어를 문장 속에 사용하는 것, 이미지를 생성하는 것, 자기 자신과 연관 짓는 것이 모두 인출 단서를 활용하는 기법임을 고려할 때, 왜 이러한 기법이 기억 수행을 향상시킨다고 말할 수 있는가? (학습목표 7-5, 학습목표 7-6)
4. 단서 회상이란 무엇인가? 자유 회상과 비교하라. (학습목표 7-5, 학습목표 7-6)
5. Tulving과 Pearlstone의 단서 회상 실험, 그리고 Mantyla가 참가자들에게 600개 단어를 제시한 실험을 기술하라. 각각의 절차와 결과는 어떠했으며, 이들은 인출에 대해 어떤 점을 알려 주는가? (학습목표 7-5, 학습목표 7-6)
6. 약호화 특수성이란 무엇인가? Baddeley와 Godden의 '잠수' 실험과 Grant의 학습 실험을 기술하라. 각각 약호화 특수성에 대해 무엇을 보여 주는가? 단서 회상과는 어떤 관련이 있는가? (학습목표 7-2, 학습목표 7-5)
7. 상태 의존 학습이란 무엇인가? Eich와 Metcalf의 기분과 기억 실험을 기술하라. (학습목표 7-2, 학습목표 7-5)
8. Morris의 전이적합성 처리 실험을 설명하라. Morris는 약호화와 인출의 어떤 측면을 연구하였는가? 이 실험 결과는 약호화와 인출의 일치에 대해 어떤 함의를 가지는가? 또한 처리수준 이론에 대해서는 어떤 함의를 가지는가? (학습목표 7-2, 학습목표 7-5)
9. 기억술이 어떻게 기억을 향상시킬 수 있는지 설명하라. 이때 언어적 기억술과 시각적 기억술의 차이를 명시하라. (학습목표 7-4)
10. 문자 그대로 기억은 어떻게 효과적으로 약호화될 수 있는가? (학습목표 7-9)

이 전략이 통계학 수업에서 어떻게 작동할 수 있을지 상상해 보자. 시험을 위해 공식을 암기해야 한다고 가정하면, 먼저 그 공식이 언제 사용되는지, 공식의 각 부분이 무엇을 나타내는지, 그리고 그 공식의 논리가 무엇인지를 이해해야 한다. 이러한 정보를 먼저 학습하면, 문자 그대로의 정보(공식을 그대로 정확히 쓰는 것)을 기억하는 것이 더 쉬워진다. 이 기법은 문자 그대로의 정보를 회상해야 하는 많은 상황에서 적용될 수 있다.

지금까지 살펴본 약호화와 인출에 대한 접근은 약호화와 인출의 조건이 기억에 어떤 영향을 미치는지를 탐구하는 행동적 연구 그리고 수행 기반 연구에 초점을 맞추어왔다. 그러나 약호화와 인출을 연구하는 또 다른 접근으로서 생리학에 초점을 두는 접근이 있다. 이 장의 나머지 부분에서는 약호화 도중 발생하는 생리적 변화가 나중에 경험에 대한 기억을 인출하는 능력에 어떤 영향을 미치는지 '기억의 내부를 들여다보듯' 살펴볼 것이다.

7.4 응고화: 기억 확립하기

기억에는 역사가 있다. 사건이나 학습이 발생한 직후에는 많은 세부 사항을 기억할 수 있다. 그러나 시간이 흐르고 경험이 축적됨에 따라, 일부 기억은 사라지고 다른 일부는 변형되거나 부정확하게 된다.

기억에 관한 또 다른 관찰은, 새로운 경험은 언제나 새로운 기억의 가능성을 만들어내지만, 이러한 기억들은 초기에는 매우 취약하여 쉽게 방해받을 수 있다는 점이다. 이 사실은 심리학자 Georg Müller와 Alfons Pilzecker(1900; Dewar et al., 2007 참고)가 처음으로 실험적으로 입증하였다. 그들 실험에서 두 집단의 참가자들은 무의미 음절 목록을 학습하였다. '즉시 집단'은 한 목록을 학습한 뒤 곧바로 두 번째 목록을 학습했고, '지연 집단'은 첫 목록을 학습한 뒤 6분을 기다린 후 두 번째 목록을 학습하였다(**그림** 7.9). 첫 번째 목록 회상 결과, 지연 집단은 48%를 기억한 반면, 즉시 집단은 단지 28%만을 기억하였다. 즉, 즉시 집단의 경우 두 번째 목록이 첫 번째 목록에 대한 안정적인 기억 형성을 방해했던 것이다. 이 결과를 바탕으로 Müller와 Pilzecker(1900)는 응고화(consolidation)라는 용어를 제안하였다. 응고화란 **새로운 기억을, 방해받기 쉬운 '취약한 상태'로부터 보다 영구적인 '내구성 있는 상태'**(방해에 더 저항적인 상태)**로 변환시키는 과정**을 의미한다.

응고화(consolidation)
새로운 기억을 방해받지 않고 덜 취약한 상태로 변환시키는 과정.

Müller와 Pilzecker의 선구적 실험 이후 120여 년 동안 연구자들은 응고화를 담당하는 기전

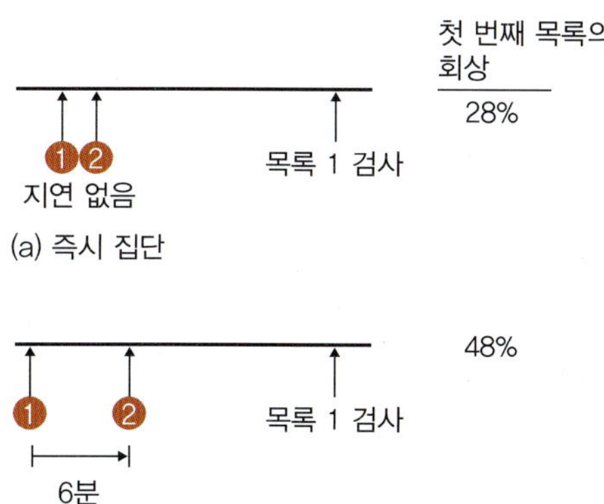

그림 7.9 Müller와 Pilzecker(1900)의 실험 절차. (a) 즉시 조건(지연 없음)에서 참가자들은 첫 번째 목록(1)을 사용한 후 두 번째 목록(2)을 즉시 학습하였다. (b) 지연 조건에서는 6분 지연 후 두 번째 목록을 학습하였다. 오른쪽 숫자들은 첫 번째 목록을 나중에 검사했을 때 그 목록에서 회상된 항목들의 백분율을 나타낸다.

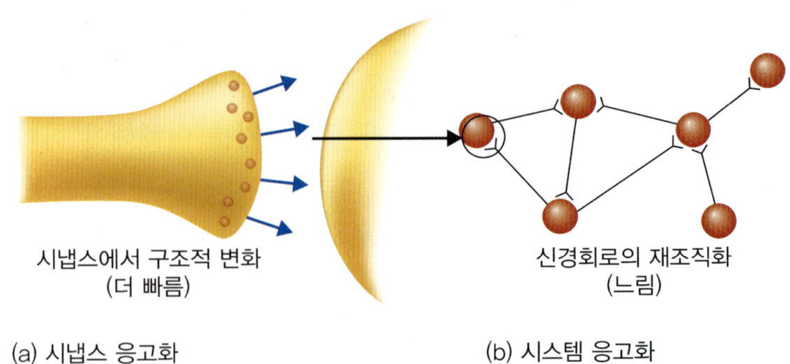

그림 7.10 시냅스 응고화와 시스템 응고화. (a) 시냅스 응고화는 시냅스의 변화를 포함한다. (b) 시스템 응고화는 신경 연결의 재조직화를 포함하며 더 오랜 기간에 걸쳐 일어난다.

에 대해 많은 것을 밝혀냈으며, 시냅스와 신경회로 모두를 포함하는 두 가지 유형을 구분하였다. 2장에서 배운 바와 같이, 시냅스란 한 뉴런의 말단과 다른 뉴런의 세포체 혹은 수상돌기 사이의 작은 공간이며(**그림** 2.4, 31쪽), 신호가 뉴런 말단에 도달하면 신경전달물질이 다음 뉴런으로 방출된다. 신경회로란 상호 연결된 뉴런 집단을 의미한다. **시냅스 응고화**(synaptic consolidation)는 수 분에서 수 시간에 걸쳐 일어나며 시냅스 수준의 구조적 변화를 포함한다. 반면 **시스템 응고화**(systems consolidation)는 수개월에서 수년에 걸쳐 진행되며 뇌 내 신경회로의 점진적 재조직화를 포함한다(Nader & Einarsson, 2010).

시냅스 응고화
(synaptic consolidation)
시냅스의 구조적 변화를 내포한 응고화 과정. 몇 분 기간 이내에 빠르게 일어난다.

시스템 응고화
(systems consolidation)
뇌 영역 내 회로가 점진적으로 재구조화되는 응고화 과정. 몇 주에서 몇 개월, 때로는 몇 년에 걸친 장기적 시간 척도상에서 일어난다.

시냅스 응고화가 상대적으로 빠르고 시스템 응고화가 느리다고 해서, 이를 기억의 기본 모형(**그림** 5.2, 149쪽)에서 단기기억과 장기기억처럼 연속적으로 일어나는 두 단계 과정으로 생각해서는 안 된다. 오히려 **그림** 7.10에서 보듯이, 이들은 상이한 속도로 그리고 상이한 신경계 수준에서 함께 발생한다. 즉, 우리가 어떤 경험을 할 때, 시냅스 수준에서 변화가 일어나며 동시에 신경회로의 장기적 재조직화가 시작된다. 따라서 시냅스 응고화와 시스템 응고화는 동시에 진행되는 과정으로서, 전자는 빠르게 시냅스 수준에서, 후자는 느리게 신경회로 수준에서 작동한다.

시냅스 응고화: 경험은 시냅스에서 변화를 유발한다

캐나다 심리학자 Donald Hebb(1948)가 처음 제안한 생각에 따르면, 학습과 기억은 시냅스에서 일어나는 생리적 변화로 뇌에 표상된다. 특정 경험이 **그림** 7.11a의 뉴런 A의 축삭을 따라 신경 충동을 유발하고, 이 충동이 시냅스에 도달하면 신경전달물질이 뉴런 B로 방출된다고 가정해 보자. Hebb의 생각은, 반복된 활동이 구조적 변화, 더 많은 전달물질 방출, 발화 증가를 일으켜 시냅스를 강화할 수 있다는 것이었다(**그림** 7.11b, 7.11c). 또한 그는, 특정 경험에 의해 거의 동시에 활성화되는 수백 혹은 수천 개의 시냅스에서 일어나는 변화가 그 경험의 신경 기록을 제공한다고 제안했다. 예를 들어, 지난 새해 전야에 여러분의 경험은 많은 시냅스에서 발생한 구조적 변화의 패턴으로 표상된다는 것이다.

시냅스 변화가 경험의 기록을 제공한다는 Hebb의 제안은 현대 기억 생리학 연구의 출발점이 되었다. Hebb의 작업을 따른 연구자들은 시냅스에서의 활동이 일련의 화학 반응을 유발하며, 그 결과 새로운 단백질의 합성이 일어나서 **그림** 7.11c와 같은 시냅스의 구조적 변화를 초래한다는 사실을 밝혔다(Chklovskii et al., 2004; Kida et al., 2002).

장기 증강
(long-term potentiation: LTP)
시냅스에서의 선행 활동에 기인하여 뉴런 발화가 증가하는 현상.

시냅스에서 구조적 변화의 결과 중 하나가 시냅스 전달의 강화이다. 이 강화는 **장기 증강**(long-term potentiation: LTP)이라 부르는 현상을 초래하는데, 이 현상은 반복된 자극 이후 뉴런의

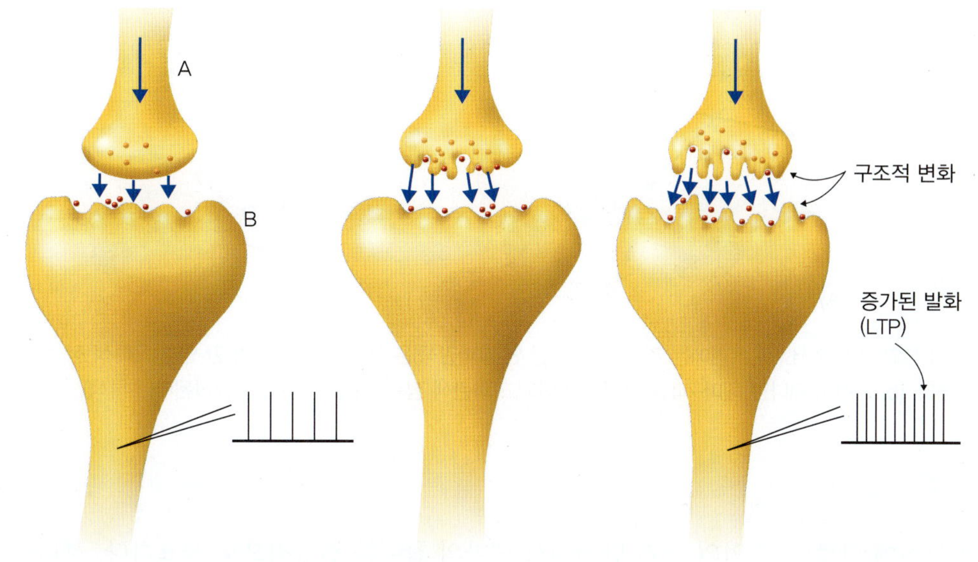

그림 7.11 (a) 자극이 처음 제시될 때 시냅스에서 일어나는 일. 전극 옆의 기록은 뉴런 B의 축삭에서 기록된 발화율을 나타낸다. (b) 자극이 반복됨에 따라 구조적 변화가 일어나기 시작한다. (c) 많은 반복 후 두 뉴런 사이에 보다 복잡한 연결이 발달하고 이로 인해 발화율이 증가하는데, 심지어 자극이 (a)에서 제시된 것과 동일할 때조차도 그러하다.

발화가 증가하는 것이다(Bliss & Lomo, 1973; Bliss et al., 2003; Kandel, 2001). **그림** 7.11의 발화 기록은 이를 예시한다. 처음 뉴런 A를 자극했을 때에는 뉴런 B가 느리게 발화하지만(**그림** 7.11a), 반복된 자극 이후에는(**그림** 7.11b) 동일 자극에 대해 훨씬 더 빠르게 발화한다(**그림** 7.11c).

이러한 결과는 경험이 어떻게 시냅스 수준의 변화를 일으키는지를 보여준다. 어떤 경험의 기억은 수천 개의 시냅스에서 일어나는 변화에 의해 형성되며, 특정 경험은 아마도 이 뉴런 집단 전반에 걸친 발화 패턴으로 표상될 것이다. 기억이 발화 패턴으로 표상된다는 이 생각은 2장에서 소개한 전집 부호화 개념과 유사하다(40쪽 참조).

초기 연구들은, 기억에서 시냅스의 역할에 관한 Hebb의 선구적 작업으로부터 영감을 받아 시냅스 응고화에 초점을 맞추었다. 보다 최근의 연구들은 시스템 응고화에 초점을 옮겨, 기억 형성에서 해마와 대뇌피질의 역할을 탐구하고 있다.

시스템 응고화: 해마와 대뇌피질

해마가 제거된 이후 새로운 기억을 형성할 수 없게 된 환자 H. M.의 사례(6장 189쪽)는 새로운 기억 형성에서 해마의 중요성을 보여준다. 해마가 새로운 기억 형성에 필수적임이 분명해지자, 연구자들은 해마가 자극에 어떻게 반응하고 시스템 응고화 과정에 어떻게 관여하는지를 구체적으로 밝히기 시작했다. 이러한 연구의 한 성과로서, 기억에서 해마의 역할을 설명하는 데 초점을 맞춘 다양한 모형이 제안되었다.

응고화의 표준 모형 응고화의 표준 모형(standard model of consolidation)은 기억이 **그림** 7.12에서 보듯 일련의 단계에 따라 전개된다고 제안한다. 해마(빨간색)는 새로운 기억을 약호화하는 과정에 관여하며, 상위 대뇌피질 영역과 연결을 형성한다(**그림** 7.12a의 파란색 화살표). 그러나 시간이 지남에 따라 해마와 피질 영역 간 연결은 약화되고(파란색 점선 화살표, **그림** 7.12b), 피질 영역 간 연결은 강화되어서(초록색 실선 화살표), 결국 해마는 해당 기억에 더 이상 관여하지 않게 된다(**그림** 7.12c).

응고화의 표준 모형(standard model of consolidation) 응고화 도중에는 기억 인출이 해마에 의존하지만, 응고화가 일단 완료된 후에는 인출이 더 이상 해마에 의존하지 않는다고 제안한다.

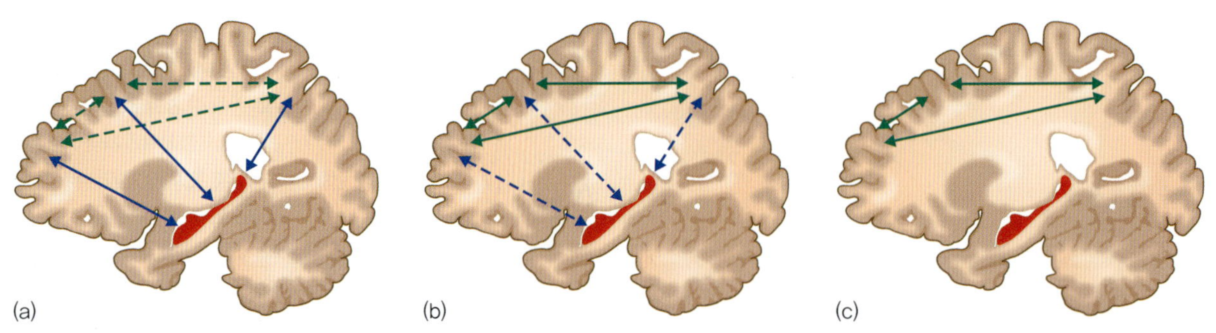

그림 7.12 응고화 표준 모형에 따른 응고화 과정의 사건 순서. (a) 초기에는 피질과 해마 간 연결(파란색)은 강하고 피질 영역 간 연결(초록색 점선)은 약하다. 해마와 피질 간 활동을 재활성화라고 부른다. (b) 시간이 지나면 해마–피질 연결은 약화되고(파란색 점선) 피질 간 연결은 강화된다(초록색). (c) 결국 피질 간 연결만 남는다.

출처: Maguire, 2014.

재활성화(reactivation) 이전에 약화된 기억이 재생되거나 재활성화되면, 그 기억이 장기 저장을 위해 강화되고 안정화된다.

이 모형에 따르면, 기억의 초기 단계에서 해마의 참여는 결정적으로 중요하다. 해마는 기억과 관련된 신경 활동을 재생산하고 이 정보를 대뇌피질로 전달하기 때문이다. 이러한 과정을 **재활성화**(reactivation)라고 부르는데, 이는 다양한 피질 영역 간에 직접적인 연결을 형성하는 데 기여한다. 해마와 피질 간 상호작용을 이러한 방식으로 이해하면, 해마는 상이한 피질 영역으로부터의 기억 표상을 '접착제'처럼 결합시키는 역할을 하지만, 일단 피질 표상이 형성되면 더 이상 그 역할이 필요하지 않게 된다.

대부분의 연구자들은 해마와 피질이 모두 응고화에 관여한다는 데 동의한다. 그러나 해마가 응고화의 초기에만 중요한지(**그림** 7.13에 묘사된 것처럼), 아니면 옛날 기억(remote memory)에 대해서도 계속 중요한지를 두고는 견해 차이가 존재한다. 표준 모형의 대안으로 제시된 **다중 흔적 모형**(multiple trace model)은 해마가 옛날 기억에 대해서도 지속적인 역할을 수행한다고 제안한다.

응고화의 다중 흔적 모형(multiple trace model of consolidation) 해마가 오래된 기억, 특히 일화기억의 인출에 관여한다는 관점. 이는 해마가 오직 최근 기억의 인출에만 관여한다고 제안한 기억의 표준 모형과 대비된다.

응고화의 다중 흔적 모형

응고화의 다중 흔적 모형(multiple trace model of consolidation)은 응고화 초기에 해마가 피질 영역과 소통한다고 보는 점에서는 표준 모형과 동일하다(**그림** 7.13a). 그러나 표준 모형과는 달리, 다중 흔적 모형(multiple trace model)은, 해마가 옛날 기억에 대해서도 여전히 **그림** 7.13b에서처럼 피질 영역과 활발한 의사소통을 유지한다고 제안한다(Nadel & Moskovitch, 1997).

이러한 생각을 뒷받침하는 근거는 Asaf Gilboa와 동료들(2004)의 실험과 같은 연구에서 나왔다. 이들은 참가자들에게, 매우 최근부터 5세 시절의 오래된 과거에 이르기까지 여러 시

그림 7.13 다중 흔적 모형에 따른 응고화 과정의 사건 순서. (a) 표준 모형과 마찬가지로, 초기에는 해마–피질 연결은 강하고(파란색) 피질 간 연결은 약하다(초록색 점선). (b) 시간이 지나면서 피질 간 연결은 강해지고(초록색), 해마–피질 연결은 유지된다.

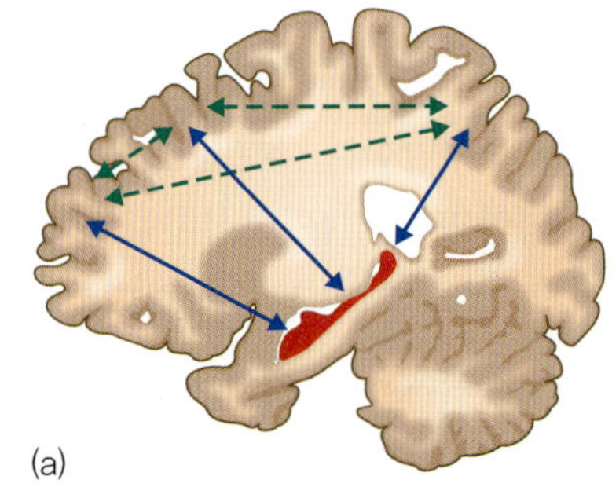

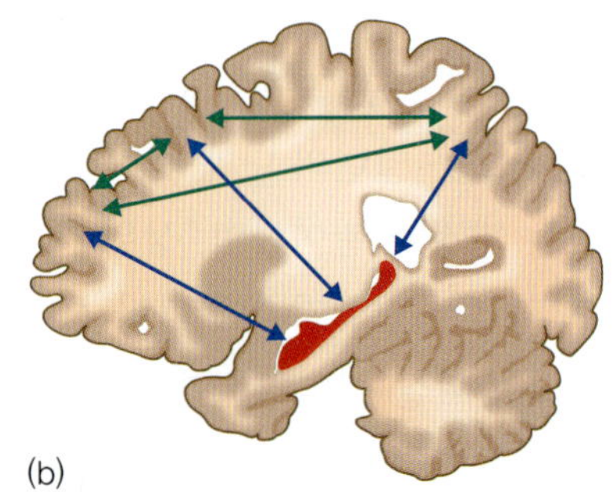

출처: Maguire, 2014.

점에서 참가자 본인이 다양한 활동에 참여하는 장면을 담은 사진들을 제시하여, 최근 및 먼 옛날의 일화 기억을 불러내도록 했다. 그 결과, 해마는 최근의 일화 기억뿐만 아니라 먼 옛날의 일화 기억 인출 과정에서도 활성화된다는 사실이 드러났다.

그러나 이것이 해마가 기억 인출의 모든 측면에 관여한다는 것을 의미하는 것은 아니다. Indre Viskontas와 동료들(2009)은 해마의 반응이 시간이 흐름에 따라 변할 수 있음을 밝혔다. 연구자들은 참가자들에게 **그림 7.14a**의 악어와 촛불과 같은 자극 쌍을 제시하면서 기능적 자기공명영상(fMRI) 검사를 실시하였다. 참가자들은 각 쌍의 항목이 상호작용하는 장면을 상상하도록 지시받았다. 이후 10분 뒤와 1주일 뒤에, 참가자들은 원래 보았던 쌍과 새로운 쌍을 다시 보았고, 각 쌍에 대해 세 가지 방식으로 반응하도록 요구받았다. (1) **기억함**(remember, R): '원래 제시되었을 때 본 것이 기억난다', (2) **앎**(know, K): '분명히 친숙해 보이지만 원래 보았던 때가 기억나지 않는다.' (3) **모름**: '해당 자극을 기억하지도, 알지도 못한다.' 앞서 6장에서 설명했던 '방법: 기억함/앎 절차'(p.196)에서 살펴보았듯이, **기억함** 반응은 일화 기억을, **앎** 반응은 의미적 기억을 가리킨다.

행동 결과는 **그림 7.14b**에 제시된 것처럼, 10분 후에는 **기억함**(일화적) 반응이 **앎**(의미적) 반응보다 많았으나, 1주일 후에는 **기억함** 반응의 절반만이 남았다. 이러한 결과는, 시간이 지남에 따라 기억이 일화적 성격을 상실한다는 것을 밝힌 다른 연구 결과들, 즉 앞서 6장(197쪽)에서 옛날 기억의 의미화라고 기술했던 연구 결과들과 일치한다.

일화 기억이 상실되는 동안 뇌에서 어떤 일이 일어나고 있을까? Viskontas는 참가자들이 10분 후와 1주일 후 모두 기억함으로 반응한 쌍(RR 쌍)과, 10분 후에는 **기억함**으로 반응했으나 1주일 후에는 **앎**으로 반응한 쌍(RK 쌍)에 대한 해마 반응을 측정했다. **그림 7.14c**에 나타난 결과는 매우 주목할 만하다. 해마 반응은 1주일 후에도 여전히 일화적 성격을 유지한 RR 쌍에 대해서는 높게 유지되었으나, 1주일 후 일화적 성격을 잃은 RK 쌍에 대해서는 거의 0에 가깝게 감소하였다. 이는 해마 반응이 시간 경과에 따라 변하지만, 일화적 성격을 상실한 자극에 대해서만 그러하다는 점을 뒷받침한다.

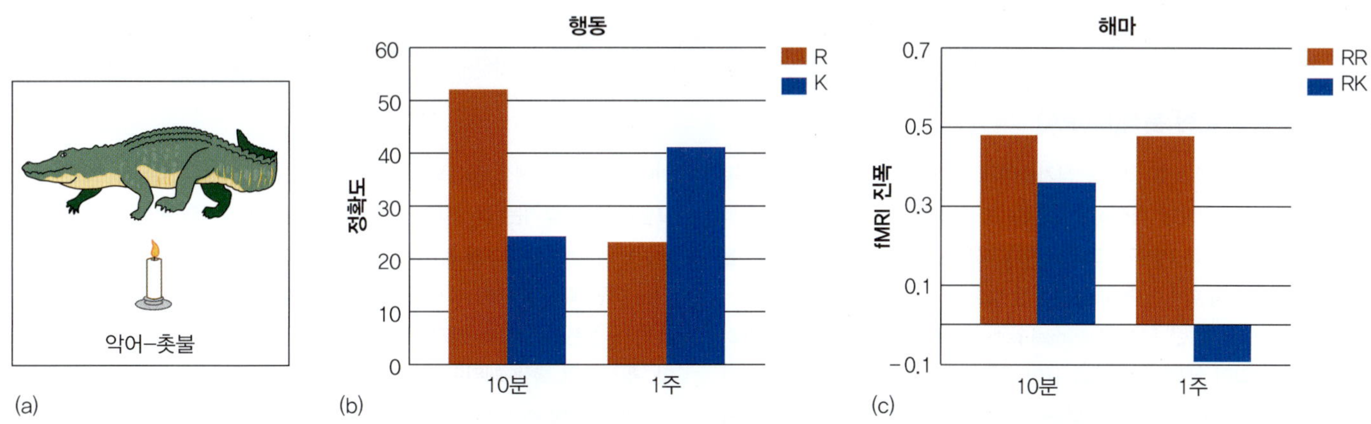

그림 7.14 Viskontas와 동료들(2009)의 실험에서 자극과 결과. (a) 참가자들이 이와 같은 그림 쌍을 보고 있는 동안 스캔이 이루어진다. (b) 쌍을 기억해내도록 요구받을 때 일화기억에 해당되는 기억 반응은 10분에서는 높지만 1주일 후에는 감소한다. (c) 해마의 활동은 기억된 그림의 경우 10분과 1주일 둘 다 동일하게 유지되었지만(RR) 기억 반응이 없었던 그림의 경우 1주일에서 감소하였다(RK).

출처: I. V. Viskontas, V. A. Carr, S. A. Engel, & B. J. Kowlton, The neural correlates of recollection: Hippocampal activation declines as episodic memory fades, *Hippocampus*, 19, 265-272, Figures 1, 3, & 6, 2009를 수정 인용함.

Viskontas는 해마 반응이, 그림 쌍을 학습한 뒤 1주일이 지나도 여전히 유지되는 일화 기억과 연결되어 있음을 확인하였다. 그렇다면 수십 년이 지나도 일화적 성격을 유지하는 자서전기억의 경우는 어떠할까? Heidi Bonnici와 동료들(2012)은 참가자들에게 2주 전의 최근 사건과 10년 전의 옛날 사건을 회상하도록 요청하였다. 참가자들에게는 반드시 매우 선명하고 생생하게 기억되는 사건만을 보고하도록 지시하였으며, 회상 시 실제로 그 사건을 재경험하는 듯한 느낌을 갖도록 요구하였다. 이는 참가자들이 풍부한 일화 기억을 재생하는 것을 확실히 하기 위해서였다.

1주일 뒤, 참가자들은 뇌 스캐너 안에서 각각 세 가지 최근 기억과 세 가지 옛날 기억을 회상하도록 요청받았다. 회상 중 뇌 활동이 측정되었으며, 이후 참가자들은 해당 기억의 생생함을 1부터 5 척도상에서 평가하였다(5는 가장 생생함을 의미). 생생함 점수 4 또는 5를 받은 기억과 관련된 fMRI 반응을 **다중복셀 패턴 분석**(multivoxel pattern analysis) 기법으로 분석하였다.

Bonnici와 동료들은 사과나 배를 구별하는 것보다 더 어려운 과제를 분류기(classifier)에 제시하였다. 이들은 참가자들이 여섯 가지 기억(최근 기억 3개와 옛날 기억 3개)을 회상할 때 나타나는 복셀 패턴을 판별하도록 분류기를 훈련시켰다. 그 결과, 분류기는 해마뿐만 아니라 전전두엽 피질과 기타 피질 구조의 활동을 근거로, 참가자들이 어떤 최근 기억 **그리고** 어떤 옛날 기억을 회상하고 있는지를 예측할 수 있었다. 이 결과는 기억 회상이 여러 뇌 구조를 활성화하며, 특히 다중 흔적 모형이 제안하는 바와 같이 옛날 기억에서도 해마가 활성화된다는 점을 보여준다.

이를 더욱 흥미롭게 만든 것은 Bonnici의 추가 발견이었다. (1) 최근 기억에 비해 옛날 기억과 관련된 정보가 전전두피질에 더 많이 포함되어 있었으며, (2) 최근 기억과 옛날 기억의 정보가 해마 전체에 걸쳐 나타났는데, 그중에서도 후측 해마는 옛날 기억과 관련된 정보를 더 많이 담고 있었다. 종합하면, 이러한 결과는 옛날 기억이 피질에 풍부하게 표상된다는 사실을 보여주며, 이는 표준 모형과 다중 흔적 모형이 제안하는 바와 일치한다. 동시에, 최근 기억과 옛날 기억 모두 해마에도 표상된다는 점은 다중 흔적 모형을 지지한다. 응고화 모형에 관한 연구 외에도, 또 하나의 중요한 연구 영역은 응고화와 수면의 관계를 다룬다.

다중복셀 패턴 분석(Multivoxel pattern analysis: MVPA)
특정 자극이 유발하는 복셀 활성화 패턴을 다양한 뇌 구조에서 분석하는 절차.

분류기(Classifier)
다중복셀 패턴 분석에서 복셀 활동 패턴을 식별하도록 설계된 컴퓨터 프로그램.

방법

다중복셀 패턴 분석(MVPA)

대부분의 fMRI 실험 절차는 참가자에게 과제를 제시하고, 뇌 안의 복셀(voxel)의 활동을 측정하는 것이다(46쪽 '방법: 뇌 영상' 참조). 이러한 실험의 결과 예시가 그림 2.18(47쪽)에 제시되었는데, 장소와 신체에 대해 활성화가 증가하는 뇌 영역을 보여준다.

다중복셀 패턴 분석(Multivoxel pattern analysis: MVPA)은 단순히 어떤 영역이 활성화되는지를 규명하는 수준을 넘어선다. MVPA는 다양한 구조 내에서 복셀 활성화의 패턴을 판별한다. 예를 들어, **그림 7.15**의 가상 데이터는 사과와 배를 지각할 때 7개 복셀이 어떻게 반응할 수 있는지를 보여준다. 두 패턴이 약간 다르다는 점에 주목하라.

MVPA 실험의 첫 번째 단계는 **분류기**(classifier)를 훈련시키는 것이다. 분류기는 복셀 활동의 패턴을 인식하도록 설계된 컴퓨터 프로그램이다. 분류기는 참가자가 사과와 배를 볼 때 각각의 복셀 패턴을 입력받아 훈련된다(**그림 7.16a**). 이 과정은 여러 차례 반복되어, 분류기는 어떤 패턴이 어떤 대상과 연관되는지를 학습하게 된다. 일단 분류기가 훈련되면 이제 본격적인 검사에 투입된다. 질문은 다음과 같다. 활성화된 복셀 패턴만을 근거로 분류기가 어떤 대상이 제시되었는지를 식별할 수 있는가?(**그림 7.16b**). MVPA는 비교적 새로운 기법이기 때문에 이러한 예측은 완벽하지는 않지만 단순한 우연 수준을 훨씬 능가하는 정확도를 보인다.

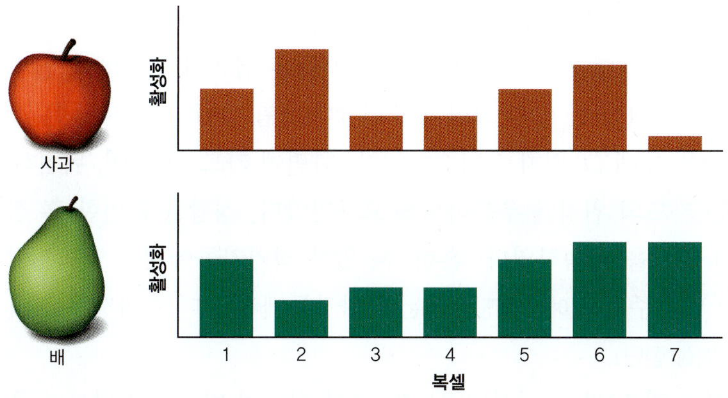

그림 7.15 사과와 배를 보았을 때 생성된 7개 복셀의 가상적 활성화 패턴.

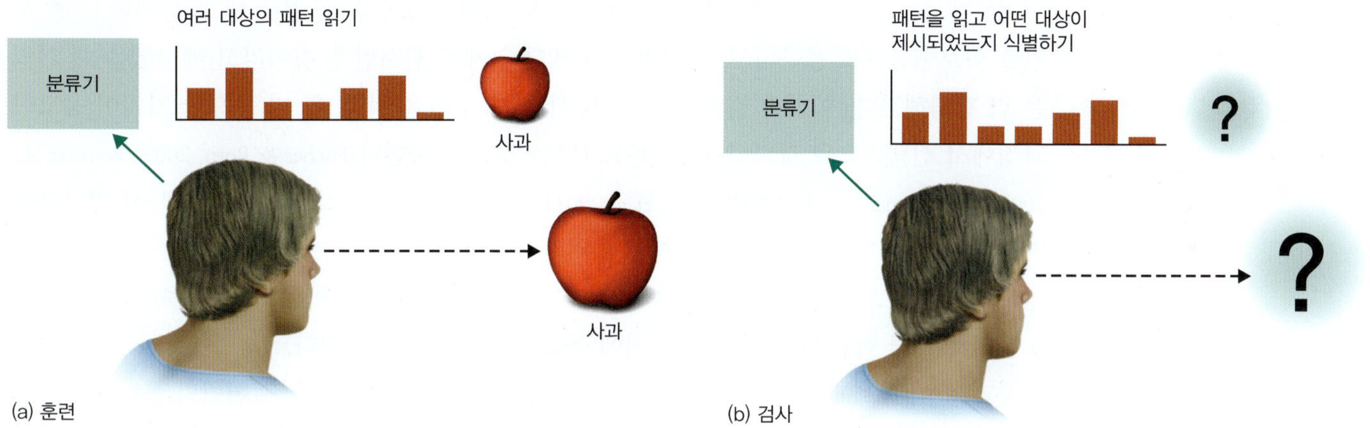

그림 7.16 (a) 분류기를 훈련시켜 상이한 사물(현재 사례) 또는 상이한 회상 기억(Bonnici의 실험)과 관련된 패턴을 인식하게 한다. (b) 그 다음 분류기가 복셀 활성화 패턴을 기반으로 어떤 대상(또는 기억)이 제시되었는지 식별을 시도한다.

응고화와 수면: 기억 향상

연구는 응고화와 관련된 재활성화 과정이 기억이 형성되자마자 시작될 수 있지만, 수면 중에 특히 강력하다는 생각을 뒷받침한다. Steffan Gais와 동료들(2006)은 수면이 응고화를 강화한다는 생각을 검증하기 위해 고등학생들에게 24개 쌍의 영어-독일어 어휘 목록을 학습하도록 하였다. '수면' 집단은 단어를 학습한 뒤 3시간 이내에 잠자리에 들었고, '각성' 집단은 단어를 학습한 뒤 10시간 동안 깨어 있다가 밤에 잠자리에 들었다. 두 집단 모두 어휘 목록을 학습한 지 24시간에서 36시간 이내에 테스트를 받았다. **그림** 7.17에 제시된 실험 결과는, 수면 집단 학생들이 각성 집단 학생들보다 훨씬 적은 양의 자료를 잊어버렸음을 보여준다. 학습 직후 잠을 자는 것이 왜 기억을 향상시키는가? 한 가지 이유는, 잠을 자는 것이 응고화를 방해할 수 있는 환경적 자극을 제거하기 때문일 수 있다. 또 다른 이유는, 수면 중에 응고화가 증진되는 것으로 보이기 때문이다.

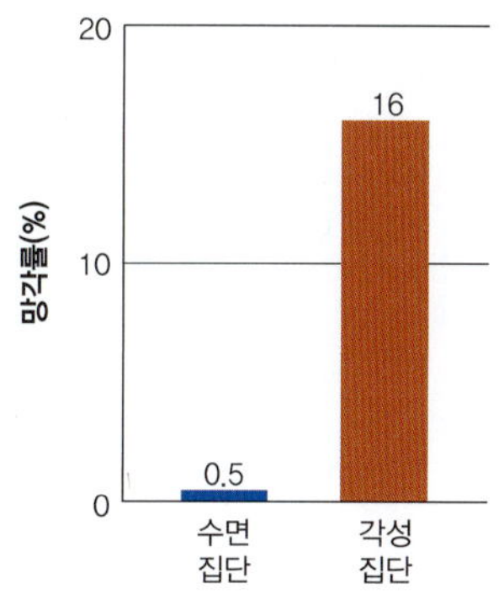

그림 7.17 단어 쌍들에 관한 기억을 두 집단에서 검사한 Gais와 동료들(2006)의 실험 결과. 수면 집단은 단어 쌍 목록을 학습한 후 바로 잠자러 갔다. 각성 집단은 단어 쌍을 학습한 후 한참 동안 깨어 있었다. 두 집단 모두 검사받기 전에 잠을 잤고, 그럼으로써 검사받기 전 동등하게 휴식을 취했지만 수면 집단의 수행이 더 우수했다.

흥미롭게도, 수면 중 응고화가 증진된다는 증거뿐만 아니라 어떤 기억은 다른 기억보다 더 잘 응고화될 가능성이 있다는 증거도 있다. 이는 Ines Wilhelm과 동료들(2011)의 실험에서 입증되었다. 참가자들은 한 과제를 학습한 뒤 나중에 그 과제를 검사받을 것이라고 통보받은 집단과, 다른 과제를 검사받을 것이라고 통보받은 집단으로 나뉘었다. 하룻밤 수면 후 두 집단 모두 같은 과제를 검사받았는데, 그들의 어떤 **예상**이 응고화에 영향을 미쳤는지를 확인하기 위해서였다.

Wilhelm의 실험 과제 중 하나는 카드 기억 과제였다. 참가자들은 컴퓨터 화면에 배열된 '카드'를 보았는데, 이때 두 장이 뒤집혀 한 쌍의 그림이 드러났다(**그림** 7.18a). 참가자들은 각 카드 쌍을 두 번씩 본 후, 연습을 통해 그 위치를 학습하였다. 화면에 카드 한 장이 '뒤집혀' 나타나면, 참가자는 짝이 되는 카드의 위치를 추측하도록 요구받았다. 정답을 확인한 후 정답률이 60%에 도달할 때까지 연습을 계속하였다. 훈련 후, 일부 참가자들에게는 9시간 뒤 이 과제로 검사받을 것이라고 알려주었고(**예상 집단**), 다른 참가자들에게는 다른 과제로 검사받을 것이라고 알려주었다(**비예상 집단**).

하룻밤 수면 후 기억 수행이 **그림** 7.18b에 제시되었는데, 예상 집단이 비예상 집단보다 유의미하게 더 우수한 수행을 보였다. 따라서 두 집단이 동일한 훈련을 받고 동일한 수면 시간을 확보했음에도 불구하고, 참가자들이 해당 과제를 검사받을 것이라고 예상했을 때 기억은 더 강력해졌다. 이러한 결과는, 우리가 학습 후 수면을 취할 때, 더 중요한 기억이 응고화 과정에서 선택적으로 강화될 가능성이 크다는 것을 시사한다(Fischer & Born, 2009; Payne et al., 2008, 2012; Rauchs et al., 2011; Saletin et al., 2011; van Dongen et al., 2012 참고). 결국 이 연구들이 제안하는 바에 따르면, 수면의 목적 중 하나는 나중에 기억해내는 것이 특히 유용할 수 있는 정보를 선택적으로 응고화하는 것이다. 다시 상기해 보면, 여기에는 시험 도중 기억 인출에 도움이 되게끔 학습한 정보를 수면 전에 응고화하는 것이 포함된다.

우리는 이미 Müller와 Pilzecker의 응고화 보여 주기로부터 먼 길을 걸어왔다. 그러나 이 이야기에는 또 다른 반전이 있는데, 이는 응고화의 본래 정의로 되돌아가는 것이다. 우리가 내린 정의에 따르면, 응고화란 **새로운 기억을, 방해받기 쉬운 '취약한 상태'로부터 보다 영구적인 '내구성 있는 상태'(방해에 더 저항적인 상태)로 변환시키는 과정**(233쪽 참조)이다. 이 정의는 기억이 일단 응고화되면 보다 영속적인 것이 된다는 것을 뜻한다. 그러나 연구 결과에 따르면 기

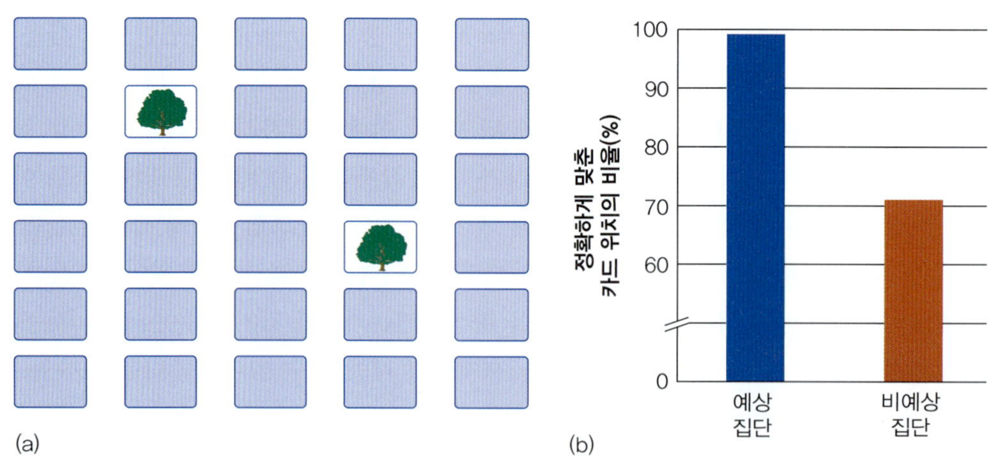

그림 7.18 Wilhelm과 동료들(2011)이 한 실험의 자극과 결과. (a) 참가자들 과제는 각 그림 쌍의 위치를 기억하는 것이었다. 한 쌍이 여기에 뒤집혀서 나와 있다. (b) 수면 후, 과제에 대한 검사를 예상했던 집단의 수행이 검사받을 것을 예상하지 않은 집단의 수행보다 더 우수했다. 이는 참가자들이 검사받을 것으로 예상한 자료에 대한 우선적 응고화를 보여준다.

출처: I. Wilhelm, S. Diekelmann, I. Molzow, A. Ayoub, M. Molle, & J. Born, Sleep selectively enhances memory expected to be of future relevance, *Journal of Neuroscience*, 31, 1563-1569, Figure 3a, 2011.

억을 인출하는 행위가 그 기억을 처음 형성되었을 때처럼 다시 취약하게 만들 수 있기 때문에, '진정으로 영속적인 기억'이라는 개념은 의문시되었다.

7.5 재응고화: 기억의 역동성

다음과 같은 상황을 생각해 보자. 여러분은 다녔던 초등학교의 운동장을 방문하기로 한다. 학교를 지나 운동장에 들어서는 일은 거의 자동적으로 이루어지는 듯한데, 공간적 배치와 시각적 경험이 기억 속에 강하게 각인되어 있기 때문이다. 심지어 더 많은 시간을 보냈던 운동장의 특정 장소로 이끌리는 듯한 느낌을 받을 수도 있다. 그러나 세월이 흐르며 상황은 변한다. 운동장의 일부가 사라지고 교사 주차장으로 대체되어 예전 체육관으로 가는 길이 막혀 있다. 그럼에도 불구하고 여러분은 주차장(이전에는 운동장이었던 공간)을 돌아 새로운 길을 찾아 목적지에 도달할 수 있다. 여기서 중요한 점은, 기억을 갱신하여 초등학교 보행 경로에 대해 새로운 경로 지도를 형성한다는 것이다(Bailey & Balsam, 2013).

이러한 기억의 갱신은 특별한 것이 아니다. 이는 항상 일어난다. 우리는 새로운 상황에 대처하기 위해 끊임없이 새로운 것을 배우고 기억에 저장된 정보를 수정한다. 따라서, 과거를 기억하는 능력이 유용한 것처럼 새로운 상황에 적응하는 능력 또한 유용하다. 쥐를 대상으로 한 연구, 그리고 이후 인간을 대상으로 한 연구는 기억을 갱신할 수 있는 가능한 기전으로서 **재응고화**를 제안하였다.

재응고화: 유명한 쥐 실험

재응고화(reconsolidation)
Nader와 동료들이 제안한 과정으로서, 기억이 인출되면서 재활성화될 때 일어난다. 기억이 재활성화되면 최초 학습 당시와 마찬가지로 그 기억은 다시 응고화 과정을 거쳐야 한다. 이처럼 반복된 응고화를 재응고화라고 한다.

재응고화(reconsolidation)란, 어떤 기억이 인출(회상)될 때 그것이 처음 형성되었을 때와 같이 취약해지고, 이 취약한 상태에서 다시 응고화가 필요하다는 생각이다. 이 과정이 바로 **재응고화**이다. 이것이 중요한 이유는, 기억이 다시 취약해지고 재응고화되기 전에는 수정되거나 제거될 수 있기 때문이다. 이 생각에 따르면, 기억을 인출하는 것은 단순히 과거 일어난 어떤 것에 접촉하는 것일 뿐만 아니라, 원래 기억을 수정하거나 망각할 가능성을 열어두는 것이다.

인출된 기억이 취약해질 수 있는 가능성은 Karim Nader와 동료들(2000a, 2000b)의 쥐 실험에서 입증되었는데, 이는 기억을 재활성화하는 것이 기억을 변화시킬 수 있음을 처음으로 보여주었기 때문에 유명해졌다. Nader는 고전적 조건형성(6장 207쪽 참조)을 이용하여 쥐가 특정 소리에 대해 '얼어붙음'(움직이지 않음)이라는 공포 반응을 보이게끔 만들었다. 이는 소리와 전기 충격을 짝지음으로써 이루어졌다. 처음에는 소리에 반응하지 않던 쥐가 충격과 짝지어 학습되자, 소리는 충격의 속성을 획득하여 소리만 제시되어도 쥐가 얼어붙게 되었다. 따라서 이 실험에서 소리-충격 짝짓기에 대한 기억은 소리에 대해 쥐가 얼어붙는 반응으로 나타난다.

실험 설계는 **그림** 7.19에 제시되어 있다. 세 조건 각각에서 쥐는 소리-충격 결합을 학습한 후 아니소마이신(anisomycin)이라는 항생제 주사를 맞는데, 이 약물은 단백질 합성을 억제하여 새로운 기억의 형성에 필요한 시냅스 변화를 막는다. 이 실험의 핵심은 아니소마이신을 주입하는 시점이다. 응고화가 일어나기 전에 주입하면 기억이 제거되지만, 응고화가 끝

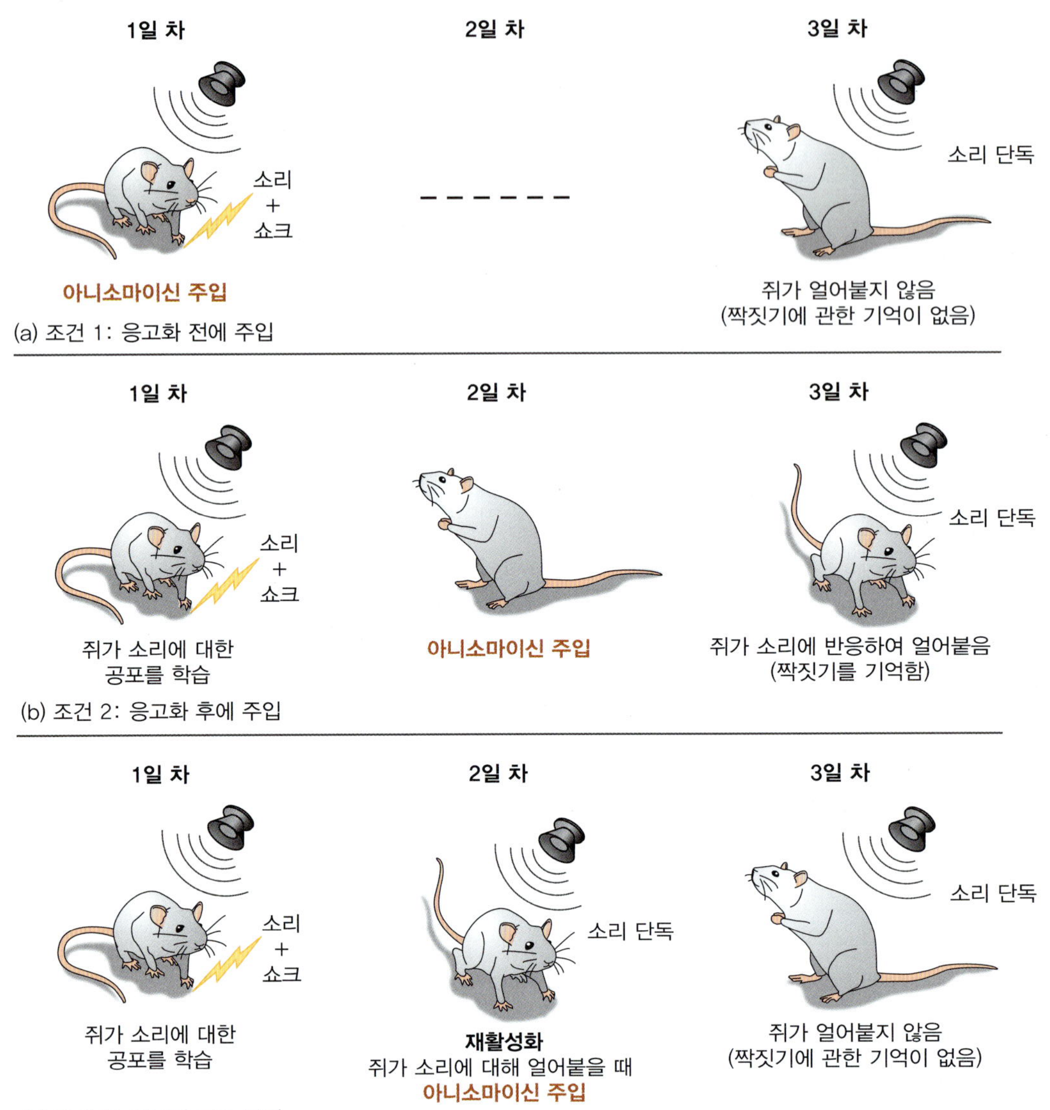

그림 7.19 아니소마이신 주입이 공포 조건 형성에 어떻게 영향을 미치는지를 다룬 Nader와 동료들(2000a)의 실험. (a) 아니소마이신을 1일 차, 즉 응고화 전에 주입하여 소리–충격 짝짓기에 관한 기억이 형성되지 않는다. (b) 아니소마이신을 2일 차, 즉 응고화 후에 주입하여 소리–충격 짝짓기에 관한 기억이 유지된다. (c) 아니소마이신을 2일 차 재활성화 후에 주입하여 소리–충격 짝짓기에 관한 기억이 제거된다.

난 후 주입하면 아무런 효과가 없다.

조건 1: 1일 차에 쥐가 소리-충격 짝짓기를 경험하여 얼어붙지만, 응고화가 일어나기 전에 바로 아니소마이신이 주입된다(**그림** 7.19a). 약물이 응고화를 막았다는 사실은 3일 차에 소리를 제시했을 때 쥐가 얼어붙지 않는다는 점에서 확인된다. 즉, 소리-충격 짝짓기를 전혀 경험하지 않은 것처럼 행동한다.

조건 2: 1일 차에 소리-충격 짝짓기를 경험하지만, 아니소마이신은 2일 차, 즉 응고화가 일어난 후에 주입된다. 따라서 3일 차에 소리를 제시하면, 쥐는 소리-충격 짝짓기를 기억하여 얼어붙는다(**그림** 7.19b).

조건 3: 이 조건이 핵심이다. 2일 차에 약물 주입(조건 2에서는 효과가 없었음)으로 소리-충격 짝짓기의 기억을 제거할 수 있는 상황을 만든다. 이 상황은 2일 차에 소리를 제시하여 쥐의 소리-충격 짝짓기 기억을 재활성화시킴으로써 이루어진다. 쥐는 얼어붙기 반응을 보이고(기억이 일어났음을 뜻함), 이어서 아니소마이신이 주입된다. 기억이 소리 제시로 재활성화되었기 때문에 이제 아니소마이신은 효과를 발휘한다. 이는 3일 차에 소리를 제시했을 때 쥐가 얼어붙지 않는 것으로 확인된다.

이 결과는, 기억이 재활성화되면 그것이 처음 형성되었을 때처럼 다시 취약해지며, 이때 약물이 재응고화를 방해할 수 있음을 보여준다. 즉, 원래의 기억이 **최초로 응고화될 때까지** 취약했던 것처럼 재활성화된 기억도 **재응고화될 때까지는** 취약하다. 이러한 방식으로 본다면, 기억은 인출될 때마다 변경되거나 방해받을 수 있는 상태에 놓인다. 이는 좋은 일이 아니라고 생각할 수도 있다. 결국 매번 기억을 사용할 때마다 그것이 붕괴될 위험에 처한다는 것은 별로 유용해 보이지 않기 때문이다.

그러나 앞에서 살펴보았던 학교 운동장 사례를 떠올리면, 기억을 갱신할 수 있는 능력이 유용하다는 점을 알 수 있다. 사실 기억 갱신은 생존에 있어서도 결정적으로 중요할 수 있다. 예를 들어, 학교 운동장 사례의 동물 버전을 생각해 보자. 다람쥐 한 마리가 먹이를 찾으러 예전의 먹이 장소로 돌아왔는데, 먹이가 근처의 새로운 위치로 옮겨져 있었다. 원래의 장소로 돌아오는 것은 기존 기억을 재활성화하고, 그 위치가 바뀌었다는 새로운 정보가 기억을 갱신하며, 갱신된 기억은 이후 재응고화된다.

인간의 재응고화

Nader가 재활성화된 기억이 취약해지고 변화될 수 있음을 입증한 이후 다른 연구자들도 이를 확인하였는데, 일부 연구자들은 이 현상을 사람을 대상으로 한 증거를 찾고자 했다. Almut Hupbach와 동료들(2007)은 두 집단, 즉 **상기**(reminder) 집단과 **비상기**(no-reminder) 집단

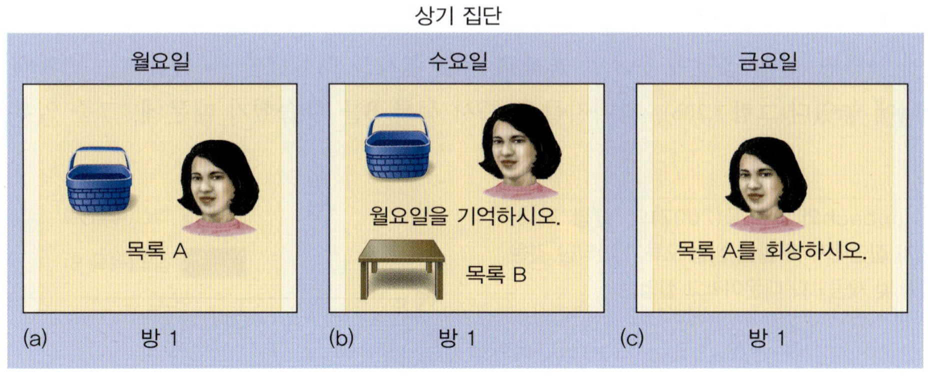

그림 7.20 Hupbach와 동료들(2007)의 실험 설계.
상기 집단: (a) 월요일: 실험자가 20개 물체를 하나씩 보여주고 파란색 바구니에 넣는다. 참가자들은 이를 회상해서 목록 A를 형성한다. (b) 수요일: 참가자들은 월요일 절차를 떠올리고 새로운 20개 물체를 테이블에서 본다. 이를 학습해서 목록 B를 형성한다. (c) 금요일: 참가자들은 목록 A의 회상을 요구받는다.
비상기 집단: (d) 월요일: (a)와 동일함. (e) 수요일: 다른 방에서 다른 실험자가 파란색 바구니 없이 새로운 물체(목록 B)를 보여준다. 이는 새로운 맥락을 형성한다. (f) 금요일: 원래 방에서 원래 실험자와 함께 목록 A의 회상을 요구받는다.

을 대상으로 한 실험을 통해 인간에서 재활성화 효과에 관한 증거를 제시했다.

상기 집단은 월요일에 컵, 시계, 망치와 같은 20개 물체를 제시받았다. 실험자는 파란색 바구니에서 물체를 하나씩 꺼내 바구니에 놓았으며(**그림** 7.20a), 참가자들은 각각의 물체 이름을 말하고 나중에 기억해낼 수 있게끔 주의 깊게 관찰하도록 요구받았다. 모든 물체가 바구니에 놓인 후 참가자들은 가능한 한 많은 물체를 회상하도록 지시받았다. 이 절차는 참가자들이 20개 중 17개를 떠올릴 수 있을 때까지 반복되었다. 이렇게 회상된 물체들의 목록을 목록 A라 불렀다.

수요일에 참가자들은 동일한 실험자와 동일한 방에서 다시 만났다. 파란색 바구니도 있었는데, 실험자는 **참가자들에게 월요일의 검사 절차를 기억해 보라고 요구했다**(**그림** 7.20b). 그러나 목록 A의 항목을 회상하라는 지시는 하지 않았다. 대신 이번에는 새로운 20개 물체가 바구니가 아닌 탁자 위에 제시되었고, 참가자들은 이를 학습한 뒤 이전과 동일하게 검사받았다. 이 새로운 물체들의 목록을 목록 B라고 불렀다. 마지막으로 금요일에 참가자들은 같은 실험자와 같은 방으로 돌아왔고, 가능한 한 많은 목록 A의 물체들을 회상하라는 요청을 받았다(**그림** 7.20c). 상기 집단의 금요일 회상 결과는 **그림** 7.21의 왼쪽 막대 쌍에 나타나 있다. 참가자들은 목록 A의 물체들 중 36%를 회상했지만, 동시에 목록 B의 물체들 중 24%를 잘못 회상해냈다.

비상기 집단의 절차는 월요일에는 동일했지만(**그림** 7.20d), 수요일에는 다른 실험자와 다른 방에서 실험이 진행되었으며, 파란색 바구니도 존재하지 않았다. 이들에게는 월요일의 절차를 떠올리라는 요구 없이 단순히 새로운 20개 물체(목록 B)를 보고 학습하도록 한 후 검사하였다(**그림** 7.20e). 마지막으로 금요일에는 최초 실험자가 있던 원래 방에서 목록 A 회상을 요구받았다(**그림** 7.20f). 비상기 집단의 금요일 회상 결과는 **그림** 7.21의 오른쪽 막대쌍에 나타나 있는데, 참가자들은 목록 A의 45%를 회상했고 목록 B의 항목은 단지 5%만 잘못 회상했다.

Hupbach에 따르면, 상기 집단이 수요일 목록 A 학습 절차를 떠올렸을 때 목록 A는 변화될 수 있는 상태에 놓였다(**그림** 7.20b). 참가자들은 즉시 목록 B를 학습했기 때문에, 그중 일부

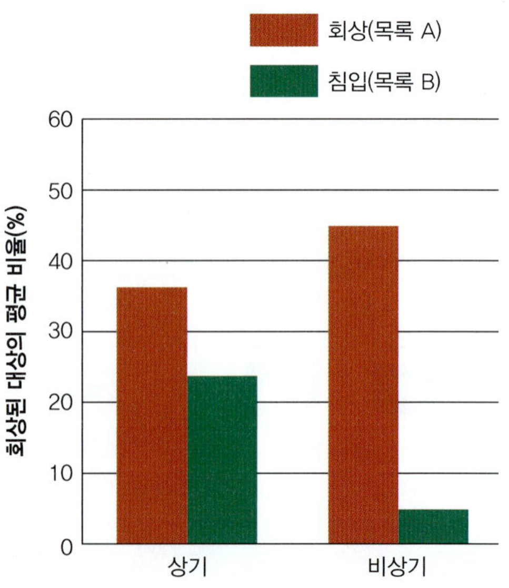

그림 7.21 Hupbach와 동료들(2007)의 실험 결과. Hupbach는 상기 집단에서 더 많은 침입 오류가 나타난 것을 기억의 재활성화 및 재응고화 때문이라고 설명한다.

출처: A. Hupbach, R. Gomez, O. Hardt, & L. Nadel, Reconsolidation of episodic memories: A subtle reminder triggers integration of new information, *Learning and Memory*, 14, 47-53, 2007을 바탕으로 제작함.

항목이 목록 A의 기억에 통합되었다. 이것이 금요일에 목록 A만 회상하라는 지시에도 불구하고 목록 B의 24%를 잘못 회상한 이유이다. 다시 말해, 상기가 목록 A의 기억을 재활성화했고, 이는 목록 B 항목들이 그 기억 속으로 '편입될 수 있는 문'을 열어준 것이다. 따라서 원래 기억이 제거되지는 않았지만 변화된 것이다. 이처럼 기억이 변화될 수 있다는 생각은 외상 후 스트레스 장애(PTSD) 치료와 같은 실제적 적용으로 이어졌다. PTSD는 외상 경험 후, 개인이 그 경험의 '플래시백(flashbacks, 생생히 떠오르는 회상 장면_옮긴이 주)'을 반복적으로 겪으며 극도의 불안과 신체적 증상이 동반되는 상태이다.

재응고화 연구의 실제적 성과

Alain Brunet와 동료들(2008)은 기억의 재활성화 후 재응고화가 PTSD 증상을 완화시킬 수 있다는 생각을 검증했다. 기본적 방법은 개인의 외상 경험 기억을 재활성화한 뒤, **프로프라놀롤**(propranolol) 약물을 투여하는 것이었다. 이 약물은 기억의 정서적 성분을 파악하는 데 중요한 뇌 영역인 편도체에서 스트레스 호르몬 수용체의 활성화를 차단한다. 이 절차는 Nader 실험(**그림** 7.19c)의 조건 3에서 2일 차에 아니소마이신을 투여한 것과 유사한 효과를 낼 수 있다.

Brunet는 두 집단을 운영했다. 한 집단의 PTSD 환자들은 자신의 외상 경험을 묘사한 30초짜리 녹음을 들으면서 프로프라놀롤을 투여받았다. 다른 집단은 동일한 녹음을 들었으나, 활성 성분이 없는 위약을 투여받았다.

1주일 후, 두 집단 모두 다시 30초 녹음을 들으며 외상 경험을 떠올리도록 지시받았다. 연구팀은 참가자들의 경험 재현에 대한 반응을 측정하고자 혈압과 피부 전도를 측정했다. 그 결과, 프로프라놀롤 집단은 위약 집단보다 심박수와 피부 전도의 증가 폭이 훨씬 작았다. 즉, 1주일 전 기억이 재활성화된 상태에서 프로프라놀롤이 투여되었을 때, 편도체의 스트레스 반응이 차단되었고, 이는 외상적 기억과 관련된 정서 반응을 감소시켰다. Brunet는 이 절차를 PTSD 환자 치료에 적용했는데, 많은 환자들이 치료 종료 수개월 후에도 증상이 현저히 감소했다고 보고했다(인간의 공포 반응을 제거하기 위해 재응고화를 활용한 다른 사례로는 Kindt et al., 2009, Schiller et al., 2010이 있다).

재응고화 및 그 잠재적 응용에 관한 연구는 아직 초기 단계에 있다. 그러나 지금까지 연구 결과에 따르면, 기억은 고정되거나 정적인 것이 아니라, 새로운 학습과 변화하는 조건에 맞추어 끊임없이 재구성되고 재형성되는 '진행 중인 작업'이다. 이러한 기억의 창조적이고 구성적인 속성을 다음 장에서 보다 자세히 다룰 것이다.

7.6 고려사항: 인지심리학의 대안적 설명

우리는 Karim Nader가 쥐의 기억을 재활성화한 뒤 단백질 합성을 억제하는 화학물질을 주입하여 기억을 제거할 수 있었음을 살펴보았다. 또한 Almut Hupbach의 실험에서는 행동 절차를 통해 기억이 변화될 수 있음을 보여주었다. 이 두 결과 모두 재응고화를 차단하면 재활성화된 기억을 수정하거나 제거할 수 있다는 가설로 설명되었다.

그러나 Per Sederberg와 동료들(2011)은 Hupbach의 결과를 다른 방식으로 설명할 수 있는

시간적 맥락 모형
(temporal context model: TCM)
과거 경험의 시간적 맥락이 단서가 되어 기억을 인출하는 과정을 설명하는 인지 모형으로서, 특정 순서로 약호화된 항목들이 시간적 근접성과 순서에 기반하여 회상된다고 설명한다.

시간적 맥락 모형(temporal context model: **TCM**)을 제안했는데, 이 모형은 재응고화를 포함하지 않는다. TCM에 따르면, 상기 집단은 월요일에 실험자 1과 파란색 바구니가 포함된 맥락과 함께 목록 A를 학습한다. 수요일에 동일한 실험자와 파란색 바구니가 다시 등장하고, 참가자가 월요일의 절차를 떠올리도록 요청받으면서 동일한 맥락이 재현된다. 이 상태에서 목록 B를 학습하면, 목록 B의 항목들이 목록 A의 맥락과 연합된다. 이 때문에 금요일 테스트에서 참가자들이 목록 B 항목들 일부를 잘못 회상하게 된다. 반면, 비상기 집단은 목록 B가 목록 A 맥락과 연합되지 않았기 때문에 이러한 오류가 발생하지 않는다.

이 두 설명, 즉 재응고화와 TCM은 Hupbach의 결과를 서로 다르게 해석한다. 재응고화 가설은 새로운 정보를 삽입함으로써 기존 기억이 다시 저장되는 과정을 강조한다. TCM은 학습과 인출이 이루어지는 맥락에 초점을 두며, 기존 기억의 내용이 변하지 않아도 과거 맥락이 새로운 기억과 연합될 수 있다고 본다. 따라서 이전 맥락이 단서로 제공되면 기존 기억과 새로운 기억이 모두 회상될 수 있다. 즉, 재응고화 설명은 기존 기억의 저장 내용이 바뀌었다고 보는 반면, TCM 설명은 저장 개념을 고려할 필요 없이 맥락적 연합만으로 Hupbach의 결과를 설명할 수 있다고 본다.

우리는 여기서 난제에 마주친다. 제안된 두 기전 중 어느 쪽이 정확한지 어떻게 알 수 있을까? 정답은, 현재로서는 선택하기 어렵다는 것이다. 마음의 작용은, 이미 1868년 Franciscus Donders의 초기 실험에서 알 수 있듯이, 직접 관찰될 수 없으며 반드시 행동적 · 생리적 실험 결과로부터 추론해야만 알 수 있기 때문이다(7쪽).

자가 테스트

1. Müller와 Pilzecker(1900)는 어떻게 응고화를 실험적으로 입증했는가? (학습목표 7-7)
2. 시냅스 응고화와 시스템 응고화는 무엇인가? 이 둘은 어떻게 서로 관련되어 있는가? (학습목표 7-7, 학습목표 7-8)
3. 응고화 표준 모형은 어떻게 시스템 응고화를 설명하는가? 이 표준 모형을 뒷받침하는 증거에는 어떤 것들이 있는가? (학습목표 7-7, 학습목표 7-8)
4. 다중 흔적 모형은 응고화를 어떻게 설명하는가? 이 모형을 뒷받침하는 증거에는 어떤 것이 있는가? Viskontis와 Bonnici의 실험을 반드시 이해해야 한다. (학습목표 7-7, 학습목표 7-8)
5. 수면과 응고화 사이의 연결성을 설명하라. Gais와 Wilhelm의 실험을 반드시 이해해야 한다. (학습목표 7-7, 학습목표 7-8)
6. 재응고화란 무엇인가? Nader의 쥐 실험과 Hupbach의 사람을 대상으로 한 실험은 어떻게 재응고화를 방해함으로써 기억이 변화될 수 있음을 보여주는가? (학습목표 7-7, 학습목표 7-8)
7. 재응고화를 입증한 실험의 결과는 실제적으로 어떤 시사점을 갖는가? (학습목표 7-7, 학습목표 7-8)
8. Hupbach의 결과를 설명하기 위해 제안된 두 가지 설명을 기술하라. 어느 설명이 옳은지 판단하기 어려운 이유는 무엇인가? (학습목표 7-7)

이 장의 요약

1. 약호화란 정보를 획득하여 LTM(장기기억)으로 옮기는 과정이다. 인출은 LTM으로부터 정보를 작업기억으로 불러오는 것이다.
2. 어떤 약호화 기전들은 다른 것들보다 LTM으로 정보를 옮기는 데 더 효과적이다. 유지형 되뇌기는 STM(단기기억)의 정보를 유지하는 데는 도움이 되지만 LTM으로의 이전에는 효과적이지 않다. 반면, 정교형 되뇌기는 LTM을 형성하는 데 더 우수한 방법이다.
3. 처리수준 이론에 따르면, 기억은 정보가 마음속에 어떻게 약호화되거나 프로그램되는지에 달려 있다. 이 이론에 따르면 얕은 처리보다는 깊은 정교형 처리가 더 효과적이다. Craik와 Tulving의 실험은 얕은 처리보다 깊은 처리 후에 기

억이 더 우수함을 보여주었다.

4. 약호화가 인출에 영향을 미친다는 증거는 다음과 같은 연구에서 나타난다. (1) 시각적 이미지 형성하기, (2) 단어를 자기 자신과 연결하기, (3) 정보를 생성하기(생성 효과), (4) 정보를 조직하기, (5) 단어를 생존 가치와 관련짓기, (6) 인출을 연습하기(인출 연습 효과 또는 검사 효과).
5. 학습에 적용할 수 있는 다섯 가지 기억 원리는 다음과 같다. (1) 정교화하기, (2) 생성하고 시험하기, (3) 조직하기, (4) 휴식 취하기, (5) '학습 착각' 피하기.
6. 손글씨로 필기하는 것이 노트북으로 필기하는 것보다 더 나은 시험 성과로 이어질 수 있다는 증거가 있다. 이는 손글씨 필기가 더 깊은 약호화를 유도하기 때문으로 설명될 수 있다. 그러나 중요한 요인은, 단순히 강의 내용을 그대로 기록하는 것보다 요약하는 데 있을 수 있다.
7. 장기기억의 인출은 인출 단서에 의해 촉진된다. 이는 단서 회상 실험 그리고 참가자가 직접 생성한 인출 단서가 나중에 기억 인출에 도움을 주었던 실험에서 입증되었다.
8. 인출은 인출 당시의 조건을 약호화 당시의 조건과 일치시킬 때 증가한다. 이는 약호화 특수성, 상태 의존 학습, 처리 유형의 일치(전이적합성 처리)에서 잘 드러난다.
9. 약호화 특수성 원리에 따르면, 우리는 정보를 맥락과 함께 학습한다. Godden과 Baddeley의 잠수 실험, 그리고 Grant의 학습 실험은 동일한 조건에서 약호화와 인출을 하는 것이 효과적임을 보여준다.
10. 상태 의존 학습 원리에 따르면, 인출 당시의 내적 상태가 약호화 당시의 상태와 일치할 때 기억이 더 우수하다. Eich의 기분 실험은 이 생각을 지지한다.
11. 처리 유형 일치란, 획득 도중 발생한 약호화 유형이 기억 검사 도중 발생하는 인출 유형과 일치할 때 기억 수행이 향상된다는 발견을 뜻한다. Morris의 실험은 이 생각을 지지하며, 이를 전이적합성 처리라고 부른다.
12. 기억술은 기억의 약호화, 저장, 인출을 돕는 기법이다. 기억술은 언어적이거나 시각적일 수 있다.
13. 정보의 의미를 먼저 학습한 후 세부 사항을 학습한다면, 정보를 문자 그대로(단어 단위 그대로) 학습하는 것이 더 용이하다.
14. 응고화는 새로운 기억을 불안정한 상태에서 더 영구적인 상태로 바꾸는 과정이다. Müller와 Pilzecker는 응고화가 방해될 때 기억이 감소함을 보여주는 초기 실험을 수행했다.
15. 시냅스 응고화는 시냅스에서의 구조적 변화를 포함한다. 시스템 응고화는 신경회로의 점진적인 재조직화를 포함한다.
16. Hebb은 기억 형성이 시냅스의 구조적 변화와 관련되어 있다는 생각을 제안했다. 이러한 구조적 변화로 인해 신경 발화의 증가가 일어나는데, 이를 장기 증강이라 한다.
17. 응고화의 표준 모형의 제안에 따르면, 응고화 도중에는 기억 인출이 해마에 의존하지만, 응고화가 완료된 후에는 인출이 대뇌피질을 통해 이루어지며 해마는 더 이상 관여하지 않는다.
18. 다중 흔적 모형에 따르면, 기억이 형성될 때뿐만 아니라 옛날의 일화기억이 인출될 때도 해마가 관여한다.
19. 표준 모형을 지지하는 증거도 있지만, 최근 연구들은 일화기억의 인출이 해마를 포함할 수 있음을 보여주는데 이는 다중 흔적 모형을 지지한다.
20. 응고화는 수면에 의해 촉진된다. 또한 사람들이 나중에 기억해야 한다고 예상하는 자료가 수면 중 더 잘 응고화될 가능성이 있다는 증거도 있다. 이러한 응고화는 학습을 포함한 여러 과정에서 도움이 된다.
21. 최근 연구는 기억이 인출에 의해 재활성화될 때 방해받기 쉬워질 수 있음을 보여준다. 재활성화 이후 이러한 기억은 다시 재응고화되어야 한다.
22. 재응고화 치료가 외상 후 스트레스 장애(PTSD)와 같은 상태를 치료하는 데 유용하다는 증거가 있다.
23. 인간 기억이 재활성화되는 과정을 탐구한 Hupbach의 실험 결과를 설명하기 위해 두 가지 설명이 제안되었다. 하나는 재응고화에 의한 설명이고, 다른 하나는 학습이 일어나는 맥락을 고려한 설명이다.

생각해 보기

1. 인출 단서가 어떤 경험을 기억하는 데 도움을 준 사례를 설명하라. 이러한 경험에는 기억이 처음 형성된 장소로 돌아가는 경우, 과거 경험을 떠올리게 하는 장소에 있는 경우, 다른 사람이 어떤 것을 기억하도록 돕기 위해 '힌트'를 제공하는 경우, 또는 어떤 기억을 자극하는 내용을 읽는 경우 등이 포함될 수 있다. (학습목표 7-5)
2. 여러분은 어떻게 공부하는가? 여러분이 사용하는 공부 기법 중 어떤 것이 기억 연구 결과에 따르면 효과적일 수 있는가? 기억 연구 결과를 고려할 때, 공부 기법을 어떻게 개선할 수 있겠는가? (학습목표 7-3, 학습목표 7-4)

MikeDotta/Shutterstock.com

사회적 거리 두기, 마스크 착용, 식료품 부족 현상은 COVID-19 팬데믹이 시작되던 시점을 떠올리게 한다. 이 팬데믹은 전 세계의 의식 속에 깊이 새겨져 있으며, 팬데믹을 둘러싼 사건, 어려움, 상실은 많은 사람의 기억 속에 각인되어 있다. 이 장에서는 COVID-19 팬데믹과 같은 특별한 사건에 관한 기억뿐만 아니라 보다 흔한 일상적 사건에 대한 연구를 다룬다. 이러한 연구 결과에 따르면, 우리의 기억은 사진처럼 정확하고 불변하는 것이 아니라 '진행 중인 작업'처럼 기억되는 사건뿐만 아니라 저장된 지식과 사건 후 발생하는 것에 의해 영향받는다.

CHAPTER 8

일상기억과 기억 오류

학습목표 이 장을 학습하고 나면 여러분은 다음을 할 수 있을 것이다.

8-1 우리 삶에서 어떤 사건이 가장 잘 기억될 가능성이 있는지 파악할 수 있다.

8-2 자서전기억을 설명하고 그것이 다른 유형의 기억과 어떻게 관련되는지 기술할 수 있다.

8-3 COVID-19 팬데믹과 같은 이례적 사건에 대한 기억에 특별한 무엇인가가 있는지를 설명할 수 있다.

8-4 우리가 삶에서 무엇을 정확하게 기억할 수 있고 무엇을 기억하지 못하는지 설명할 수 있다.

8-5 유아기 및 어린 시절의 정보를 기억하지 못하는 현상, 즉 유아기 기억상실증이라 부르는 현상을 설명할 수 있다.

8-6 기억 체계의 어떤 특성 때문에 기억이 잘 작동하면서도 오류에 취약한지 설명할 수 있다.

8-7 흔히 잘못된 유죄 판결의 원인으로서 목격자 증언이 지적되는 이유를 설명할 수 있다.

8-8 어떤 사람이 저지르지 않은 범죄를 자백하는 이유를 설명할 수 있다.

8-9 역행성 기억상실증과 순행성 기억상실증 간 차이를 식별할 수 있다.

8-10 기억상실증과 치매의 유사점과 차이를 식별할 수 있다.

8-11 기억력이 우수한 사람들에 대해 우리가 알고 있는 바를 설명하고, 그것이 항상 이점인 것은 아님을 설명할 수 있다.

8.1 지금까지 여정

지난 몇 장에서 우리는 기억의 복잡한 본질을 탐구해왔다. 환경으로부터 정보를 감지하면 그것은 감각기억에 일시적으로 저장되고, 주의집중 받은 정보는 단기기억에 잠시 보관된다. 주의집중 받은 정보는 때때로 단기적인 '작업' 기억 저장소에서 반복되거나 조작된다. 단기/작업기억에 있는 일부 정보는 장기기억으로 약호화되어 잠재적으로 무기한 보관될 수 있으며, 이후 인출되어 사용될 수 있다. 그러나 매 단계마다 정보는 손실된다. 주의집중 받지 않은 감각기억은 사라지고, 반복되거나 효과적으로 약호화되지 않은 단기/작업기억은 사라지며, 장기기억 또한 시간이 지남에 따라 사라지는데, 특히 약호화가 부실하거나 드물게 인출되는 경우에 그러하다. 그럼에도 불구하고 우리의 기억은 여전히 놀랍다. 인간은 생활 사건, 사람, 사실, 언어, 미래 계획 등 엄청난 양의 정보를 기억할 수 있다.

이제 기억이 어떻게 작동하는지에 대한 기초를 이해했으므로 기억의 또 다른 현실을 탐구할 차례이다. 다음 질문을 생각해 보자. 그렇게 많은 것을 자신 있게 기억할 수 있으면서도 동시에 그렇게 많은 것을 잊어버린다고 어떻게 인정할 수 있을까? 이 장에서는 기억의 주관적이고 구성적이며 신뢰할 수 없는 본성을 탐구하여 인간 기억의 복잡성에 대한 세밀한 이해를 제공할 것이다. 또한 기억 결함 그리고 평균 이상의 기억과 같은 극단적 경우를 고려하며, 두 경우 모두 인지적 비용이 따를 수 있음을 살펴볼 것이다.

뇌는 녹음 장치가 아니다

이 장에서 논의하겠지만, 여러분의 삶에서 일어나는 모든 일이 뇌에 정확하게 기록되는 것은 아니다(이것을 여러분의 휴대전화 카메라가 모든 것을 얼마나 정확하게 기록하는지와 비교해 보라). 설령 뇌가 모든 것을 정밀하게 기록할 수 있다 하더라도(실제로는 그렇지 않다. …… 4장의 무주의맹과 변화맹, 7장의 문자 그대로 기억의 어려움에 관한 논의를 기억하라.) 여러분이 기억하는 것이 실제로 일어난 일을 정확하게 반영하지 않을 가능성이 크다.

이 장에서 우리는 기억할 수 있는 능력의 한계를 보여

주는 동시에 기억의 기본 속성을 설명할 것이다. 기억은 구성 과정에 의해 생성되는데, 이는 (1) 실제로 일어난 일, (2) 그 이후에 일어난 다른 일, (3) 통상 일이 어떻게 일어나는지에 대해 우리가 갖고 있는 일반적 지식을 결합하여 특정 사건에 대한 우리의 기억을 만들어낸다.

기억 연구자 Elizabeth Loftus의 말에 따르면, "사람들은 흔히 기억에 대해 다음과 같이 믿는다. '기억은 녹음 장치처럼 작동한다.' 우리는 단순히 정보를 기록하고 그것을 불러와 질문에 답하거나 이미지를 확인할 때 재생한다. 그러나 수십 년간의 심리학 연구는 이러한 생각이 사실이 아님을 보여주었다. 우리의 기억은 구성적이며, 재구성적이다. 기억은 위키피디아 페이지와 더 비슷하게 작동한다. 여러분이 위키피디아에서 직접 바꿀 수도 있지만, 다른 사람들도 바꿀 수 있다"(Loftus, 2013). 이 장에서는 기억의 구성적 본질, 기억 오류, 오기억, 기억 실패를 논의할 것이다. 먼저 구성적 본질부터 시작하겠다. 참가자들에게 단어 목록이나 짧은 글을 기억하도록 요구하는 실험에서, 참가자들에게 삶의 여러 시점에서 일어난 사건을 기억하도록 요구하는 실험으로 초점을 옮겨 구성 과정이 어떻게 작동하는지를 보여줄 것이다.

8.2 자서전기억: 내 삶에서 일어난 일

자서전기억
(autobiographical memory)
개인 삶의 특정 사건에 대한 기억으로서, 일화적 성분과 의미적 성분 모두를 포함할 수 있다.

자서전기억(autobiographical memory)은 우리 삶의 특정 경험에 대한 기억으로서, 일화적 요소와 의미적 요소를 모두 포함할 수 있다(6장 192쪽 참조). 예를 들어, 어린 시절 생일 파티에 대한 자서전기억은 케이크, 파티에 참석한 사람들, 진행된 게임들 같은 이미지(일화 기억)를 포함할 수 있다. 또한 그 파티가 언제 열렸는지, 그 당시 가족이 어디에 살고 있었는지, 생일 파티에서 보통 어떤 일이 일어나는지에 대한 일반적인 지식(의미기억)을 포함할 수도 있다(Cabeza & St. Jacques, 2007). 자서전기억의 두 가지 중요한 특징은 (1) 다차원적이라는 점, (2) 우리 삶의 어떤 사건은 다른 사건보다 더 잘 기억된다는 점이다.

자서전기억의 다차원적 성격

여러분의 삶에서 기억에 남는 순간, 즉 다른 사람과 함께한 사건이든 혼자 경험한 특별한 사건이든 떠올려 보라. 어떤 경험을 떠올리든 그 기억에는 여러 성분이 있을 것이다. 시각적 요소(시간을 거슬러 올라갔을 때 보이는 장면), 청각적 요소(사람들이 하는 말이나 주변의 다른 소리), 그리고 아마도 냄새, 맛, 촉각적 지각도 포함될 수 있다. 그러나 기억은 시각, 청각, 촉각, 미각, 후각을 넘어선다. 기억에는 공간적 요소도 있는데, 사건은 보통 3차원적 환경에서 발생하기 때문이다. 또한 기억은 긍정적이든 부정적이든 정서와 느낌을 수반하는 경우가 많다.

기억은 다차원적인데, 각각의 차원은 저마다 중요하고 독특한 역할을 한다. 이를 보여주는 방법은 시각 영역의 피질 손상으로 인해 물체를 인식하거나 시각화하는 능력을 상실한 환자들을 연구하는 것이다. 이러한 환자들은 자서전기억의 상실을 경험할 수 있다(Greenberg & Rubin, 2003). 이는 기억에 대한 인출 단서로 활용될 수 있는 시각적 자극이 제공되지 않았기 때문에 발생할 수 있다. 그러나 시각 정보에 의존하지 않는 기억조차도 이 환자들에게서는 상실된다. 시각적 경험은 자서전기억에서 중요한 역할을 하는 것으로 보인다.

자서전기억과 실험실 기억 사이의 차이를 보여주는 뇌 스캔 연구가 Roberto Cabeza와 동료들(2004)에 의해 수행되었다. Cabeza는 두 종류의 사진 자극, 즉 참가자가 직접 찍은 사진과 다른 사람이 찍은 사진에 의해 유발된 뇌 활성화를 측정했다. 참가자가 찍은 사진을 '자기 사진(own-photos)', 다른 사람이 찍은 사진을 '제공 사진(lab-photos)'이라 부르자. 사진은 12명의 대학생에게 디지털카메라를 주고 10일 동안 캠퍼스 내 지정된 40곳의 장소를 촬영하도록 하여 만들어졌다. 사진 촬영 후 참가자들은 자기 사진과 동일 장소의 제공 사진을 보았다. 며칠 뒤 참가자들은 자기 사진과 이전에 보았던 제공 사진, 그리고 처음 보는 새로운 제공 사진을 보았다. 참가자들이 각 사진에 대해 자기 사진인지, 이전에 본 제공 사진인지, 아니면 처음 보는 제공 사진인지 판별하는 동안 기능적 자기공명영상(fMRI)을 이용해 뇌 활동을 측정하였다.

뇌 스캔 결과, 자기 사진과 제공 사진은 뇌의 많은 동일한 구조들을 활성화시켰는데, 주로 일화기억과 관련된 내측 측두엽(MTL), 장면 처리를 담당하는 두정피질 영역이 포함되었다(**그림** 8.1a). 그러나 자기 사진은 추가적으로 자기 관련 정보처리를 담당하는 전전두피질(그

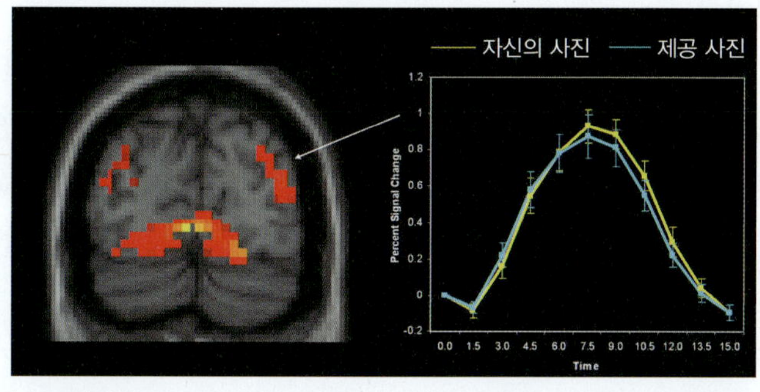

(a) 두정피질

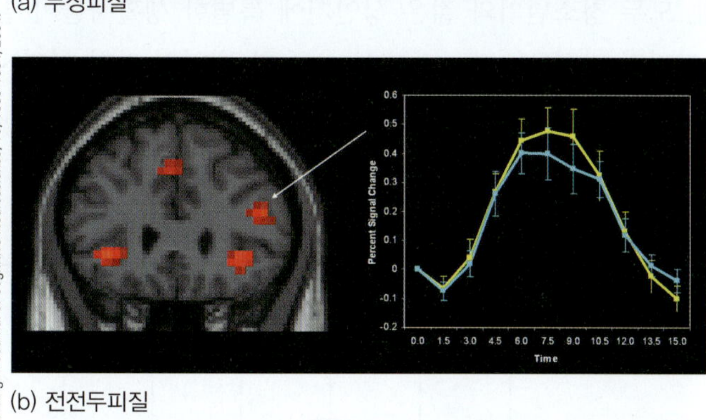

(b) 전전두피질

(c) 해마

자기 사진 = 더 큰 활성화

R. Cabeza, S.E. Prince, S.M. Daselaar, D.L. Greenberg, M. Budde, F. Dolcos, et al., Brain activity during episodic retrieval of autobiographical and laboratory events: An fMRI study using novel photo paradigm. Journal of Cognitive Neuroscience, 16, 1583-1594, 2004.

그림 8.1 (a) 두정피질의 한 영역에서 자기 사진(노란색)과 제공 사진(파란색)이 초래한 반응의 시간 경로와 강도를 보여주는 fMRI 반응. 오른쪽 그래프는 활성화가 자기 사진과 다른 사람의 사진에서 동일하다는 것을 보여준다. 자기 사진에 대한 반응은 (b) 전전두피질과 (c) 해마에서 더 크다.

출처: Cabeza et al., 2004.

림 8.1b), 그리고 '정신적 시간 여행'과 관련된 회상에 중요한 해마(그림 8.1c)에서 더 큰 활성화를 유발했다.

따라서 사람들이 직접 촬영한 특정 장소의 사진은 사진 촬영 경험과 관련된 기억을 불러일으켰고, 이로 인해 다른 사람이 찍은 동일 장소의 사진보다 더 광범위한 뇌 영역 네트워크가 활성화되었다. 이러한 활성화는 자서전기억 경험의 풍부함을 반영한다. 다른 연구들 역시 자서전기억이 정서를 촉발할 수 있다는 사실을 발견했는데, 정서는 편도체라고 부르는 다른 뇌 영역을 활성화시킨다(**그림** 5.19, 170쪽 참조).

평생에 걸친 기억

우리가 몇 년 후 어떤 특정한 생활 사건을 기억해낼 것인지는 무엇에 달려 있는가? 대학 졸업이나 청혼과 같은 개인적으로 중요한 사건은 자동차 사고에서 살아남기처럼 매우 정서적인 사건과 마찬가지로 두드러진다(Pillemer, 1998). 개인적 삶에서 중요한 부분이 된 사건들은 잘 기억되는 경향이 있다. 예를 들어, 누군가와의 첫 번째 저녁 식사가 이후 오랜 관계로 이어진다면 그 사건은 두드러질 수 있지만, 다시는 그 사람을 만나지 않았다면 그 식사 만남은 훨씬 덜 기억될 것이다.

특히 흥미로운 결과는 40세 이상 참가자들에게 생활사를 기억해 보라고 요구했을 때 나타난다. **그림** 8.2에 나온 55세 성인 사례를 보면 5세에서 55세 사이의 모든 연령에서 사건이 기억되지만, 최근 사건 그리고 대략 10세에서 30세 사이의 사건이 더 잘 기억된다(Conway, 1996; Rubin et al., 1998). 40세 이상 사람들에게서 청소년기와 젊은 성인기의 기억이 더 잘 유지되는 현상을 **회고 절정**(reminiscence bump)이라고 부른다.

회고 절정(reminiscence bump)
40세 이상의 성인이 청소년기와 초기 성인기 시기의 사건에 대해 다른 시기보다 우수한 기억 수행을 보이는 경험적 발견.

청소년기와 젊은 성인기가 기억 약호화에 있어 특수한 시기인 이유는 무엇일까? 여기에는 세 가지 가설이 제시되었는데, 모두 청소년기와 젊은 성인기에 특별한 생활사들이 일어난다는 점에 근거를 둔다. **자기 이미지 가설**(self-image hypothesis)은 한 개인의 자기 이미지나 삶의 정체성이 형성되는 동안 발생한 사건에 관한 기억이 고양된다고 제안한다(Rathbone et

자기 이미지 가설 (self-image hypothesis)
자기 이미지 또는 삶의 정체성이 형성되는 시기에 발생한 사건의 기억이 더 증진된다는 가설로서, 회고 절정 효과에 대한 설명 가운데 하나이다.

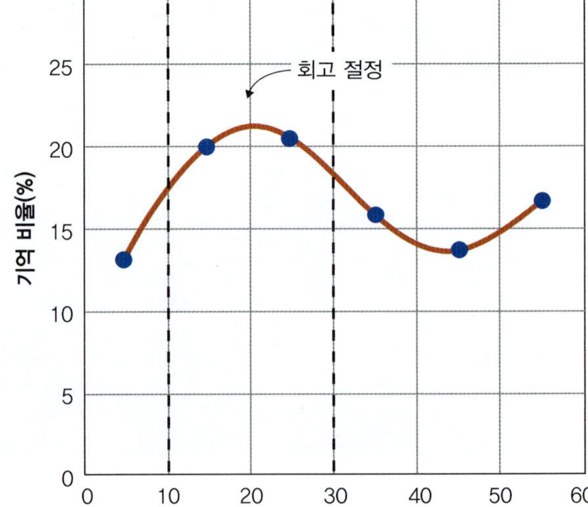

그림 8.2 어떤 사람이 55세 때 회상해낸 여러 연령별 기억들의 비율(%)로서, 여기서 나타난 회고 절정은 대략 10~30세에 경험한 사건에 대해 일어난다(점선).

출처: R. W. Schrauf & D. C. Rubin, Bilingual autobiographical memory in older adult immigrants: A test of cognitive explanations of the reminiscence bump and the linguistic encoding of memories, *Journal of Memory and Language*, 39, 437-457. Copyright © 1998 Elsevier Ltd. Republished with permission.

al., 2008).

이 생각은, 평균 연령 54세 참가자들에게 '나는 어머니이다.' 또는 '나는 심리학자이다.'와 같이 자신을 정의한다고 느끼는 '나는 ……이다.' 진술문을 작성하게 한 실험 결과에 근거한다. 참가자들로 하여금 이러한 각각의 진술문이 자신의 정체성에서 중요한 부분이 된 시점을 표시하도록 했을 때 평균 연령이 25세로 나타났는데, 이는 회고 절정 범위에 속한다. 또한 참가자들이 각 진술문과 관련된 사건(예: '첫 아이를 출산했다.' 또는 '심리학 대학원에 진학했다.')을 나열했을 때, 대부분의 사건은 회고 절정과 관련된 기간에 일어났다. 따라서 자기 이미지의 발달은 수많은 기억할 만한 사건들을 동반하는데, 이 사건들 대부분은 청소년기나 젊은 성인기에 발생한다.

회고 절정에 대한 또 다른 설명이 **인지적 가설**(cognitive hypothesis)인데, 이 가설에 따르면 급격한 변화 뒤 안정이 뒤따르는 시기에 더 강력한 기억 약호화가 일어난다고 제안한다. 청소년기와 청년기는 이러한 설명에 잘 들어맞는데, 학교 진학, 결혼, 직업 시작과 같은 급격한 변화가 이 시기에 일어나며 그 뒤 상대적으로 안정적인 성인기가 이어지기 때문이다. 이 가설을 검증하는 한 방법은 청소년기나 젊은 성인기 이후 급격한 변화를 경험한 사람들을 찾는 것이다. 인지적 가설은 이러한 사람들에게서는 회고 절정이 더 늦게 나타날 것이라고 예측한다. 이를 검증하기 위해 Robert Schrauf와 David Rubin(1998)은 20대 또는 30대 중반에 미국으로 이민 온 사람들의 회상을 조사했다. **그림** 8.3에 나타난 두 집단의 기억 곡선은, 20세에서 24세에 이민을 온 사람들에는 회고 절정이 전형적인 나이에서 나타나지만 34세나 35세에 이민을 온 사람들에는 더 나중으로 이동하는데, 이는 인지적 가설의 예측과 일치한다.

인지적 가설
(cognitive hypothesis)
회고 절정을 설명하는 가설로서, 급격한 변화가 일어난 시기 이후 안정기가 뒤따를 때 급격한 변화 시기 동안 약호화가 잘 이루어지기 때문에 청소년기와 초기 성인기의 기억이 더 우수하다고 설명한다.

더 늦게 이민을 온 사람들에서는 전형적인 회고 절정이 사라진다는 점도 주목해야 한다. Schrauf와 Rubin의 설명에 따르면, 이는 청년기의 늦은 이민 때문에 보통 성인 초기에 나타나는 안정기가 제거되었기 때문이다. 성인 초기 다음에 안정기가 이어지지 않아서 회고 절정이 발생하지 않는다는 것이다.

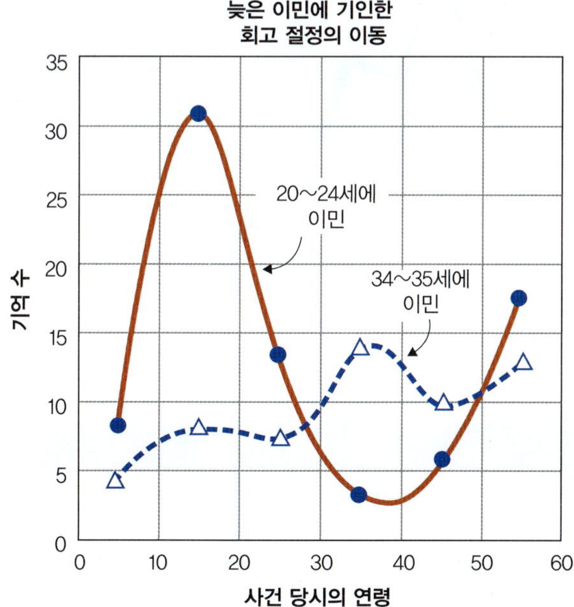

그림 8.3 34~35세 때 이민을 간 사람들의 회고 절정은 20~24세 때 이민을 간 사람들의 회고 절정에 비해 더 늦은 연령대로 옮겨간다.

출처: R. W. Schrauf & D. C. Rubin, Bilingual autobiographical memory in older adult immigrants: A test of cognitive explanations of the reminiscence bump and the linguistic encoding of memories, *Journal of Memory and Language*, 39, 437-457. Copyright © 1998 Elsevier Ltd. Republished with permission.

문화적 인생대본 가설(cultural life script hypothesis)
개인의 생애 사건이 그 사람이 속한 문화의 문화적 인생대본에 부합할 때 그 사건이 더 쉽게 회상된다는 관점이다. 이는 회고 절정에 대한 설명으로 언급되어 왔다.

마지막으로, **문화적 인생대본 가설**(cultural life script hypothesis)은 한 개인의 삶의 이야기(그 사람의 삶에서 발생한 모든 사건)와 문화적 인생대본(생애의 특정 시점에 발생하는 것으로 문화적으로 기대되는 사건)을 구분한다. 예를 들어, Dorthe Berntsen과 David Rubin(2004)이 사람들에게 전형적인 인생에서 중요한 사건들이 보통 언제 일어나는지를 물었을 때, 사랑에 빠짐(16세), 대학 진학(22세), 결혼(27세), 자녀 출산(28세)과 같은 응답이 많았다. 흥미롭게도 가장 흔히 언급된 사건 중 많은 것이 회고 절정과 관련된 시기에 발생한다. 이는 특정 개인의 삶에서 사건이 항상 그 시기에 발생한다는 의미는 아니지만, 문화적 인생대본 가설에 따르면 개인 삶의 사건이 그 문화의 인생대본에 맞아떨어질 때 더 쉽게 회상된다는 것이다.

청년 편향(youth bias)
개인의 삶에서 가장 주목할 만한 공적 사건이 그가 젊었을 때 일어났다고 지각되는 경향.

문화적 인생대본 가설과 관련된 현상으로 Jonathan Koppel과 Dorthe Berntsen(2014)이 제안한 **청년 편향**(youth bias)이 있다. 이는 한 개인의 삶에서 가장 중요한 공적 사건이 그가 젊었을 때 발생한다고 인식하는 경향을 말한다. 연구자들은 참가자들에게 자신의 문화와 성별을 가진 전형적 아기를 상상하도록 요구하고 다음과 같은 질문을 하였다. "이 사람이 살아가는 동안 국가적, 국제적으로 전쟁, 공적 인물의 죽음, 스포츠 이벤트 등 많은 중요한 공적 사건이 일어날 것이다. 이 사람이 자신의 생애에서 가장 중요한 공적 사건이라고 여길 사건이 일어날 때는 몇 살일 것으로 생각하는가?"

그림 8.4에서 보듯이, 대부분의 응답은 그 사람이 30세 이전에 가장 중요한 공적 사건을 경험할 것이라고 인식한다는 것을 보여준다. 흥미롭게도 이 결과는 젊은 집단과 나이 든 집단 모두에서 나타났으며, 곡선은 회고 절정과 마찬가지로 10대와 20대에 정점을 보였다.

회고 절정은 수많은 설명을 이끌어낸 현상의 좋은 사례인데, 많은 설명이 그럴듯하며 지

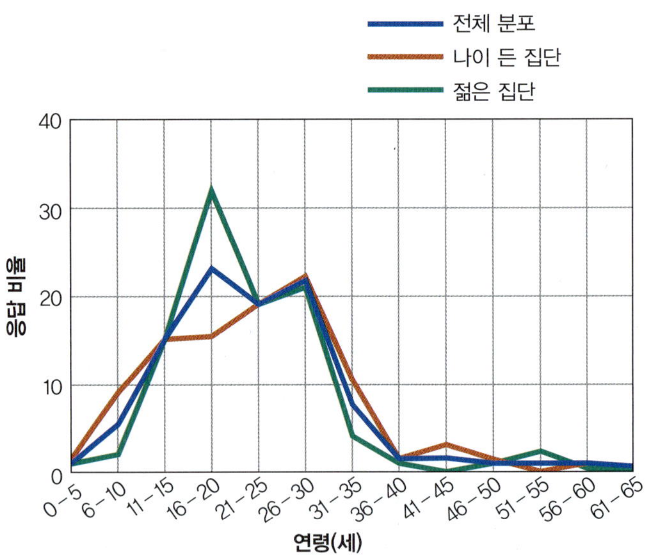

그림 8.4 Koppel과 Berntsen(2014)의 '청년 편향' 실험 결과. 참가자들에게 그들 생애에서 가장 중요한 공적 사건이라고 생각하는 사건이 일어날 때 가상 인물이 몇 살일 것인지 표시하도록 요청했다. 젊은 참가자와 나이 든 참가자 모두에서 반응 분포가 유사하다는 점에 주목하라.

출처: Koppel and Berntsen, *Quarterly Journal of Experimental Psychology*, 67(3), Figure 1, page 420, 2014.

표 8.1 회고 절정에 관한 설명

설명	기본 특성
자기 이미지 가설	개인의 자기 이미지를 형성하는 시기이다.
인지적 가설	급속한 변화 시기 동안 약호화가 더 우수하다.
문화적 인생대본 가설	문화적으로 공유하는 기대들이 회상을 구조화한다.

지 증거를 갖고 있다. 각 설명이 제안한 결정적 요인, 즉 자기 정체성의 형성, 안정성이 뒤따르는 급속한 변화, 문화적으로 예상된 사건 모두가 회고 절정 동안 일어나는데, 그 이유는 이들이 설명하고자 하는 것이 바로 회고 절정이기 때문이다. 앞서 기술했던 기전들 각각 회고 절정의 생성에 다소간 기여할 가능성이 있다(**표** 8.1).

8.3 '예외적' 사건의 기억

사람들의 삶에서 어떤 사건은 다른 사건보다 더 잘 기억되는 경향이 있다. 대부분의 기억할 만한 사건은 그 사람에게 의미 있고 중요한 사건이며, 흔히 정서와 연관되어 있다. 예를 들어, 대학 신입생 시절을 떠올려 보라. 상급생들에게 첫해의 사건을 회상하게 했을 때 눈에 띄는 많은 사건은 강한 정서와 관련되어 있었다(Pillemer, 1998; Pillemer et al., 1996; Talarico, 2009).

기억과 정서

정서와 기억은 서로 뒤얽혀 있다. 정서는 흔히 '특별한' 사건과 관련된다. 예를 들어, 연애의 시작이나 끝맺음 같은 개인적 사건, 혹은 코로나 19 팬데믹처럼 많은 사람들이 동시에 경험한 사건이다. 정서가 우수한 기억과 관련된다는 생각은 상당한 지지를 받는다. Kevin LaBar와 Elizabeth Phelps(1998)는 참가자들에게 각성 단어(예: 욕설, 성적으로 노골적인 단어)와 중립 단어(예: 거리, 가게)를 제시하고 회상 능력을 시험했는데, 그 결과 참가자들은 각성 단어를 더 잘 기억했다(**그림** 8.5a). 또 다른 연구에서 Florin Dolcos와 동료들(2005)은 참가자들에게 정서적 사진과 중립적 사진을 보여준 뒤 1년 후 인식 능력을 검사했는데, 그 결과 정서적 사진의 기억이 더 우수하였다(**그림** 8.5b).

생리적 측면을 고려하면 특히 편도체(amygdala)라는 구조가 두드러진다(**그림** 5.19, 170쪽 참조). 편도체의 중요성은 여러 연구에서 입증되었다. 예를 들어, 위에서 소개한 Dolcos와 동료들의 실험에서 참가자들이 기억을 떠올릴 때 뇌를 fMRI로 촬영했는데, 정서적 사진을 기억할 때 편도체 활동이 더 크게 나타났다(Wood, Hoef, & Knight, 2014).

편도체(amygdala)
정서적 사건에 관한 기억을 포함하여 경험의 정서적 양상을 처리하는 데 관여하는 피질하 구조.

정서와 편도체의 관련성은 편도체 손상을 입은 환자 B. P.의 검사에서도 밝혀졌다. 뇌 손상이 없는 참가자들이 소년과 어머니에 관한 슬라이드 쇼를 볼 때, 이야기 중간에 소년이 부상을 당하는 정서적 장면에 대해 더 고양된 기억을 보였다. 그러나 B. P.의 경우, 이야기의 초반부(비정서적 부분)는 뇌 기능이 건강한 참가자와 비슷하게 기억했지만, 정서적 장면에 대

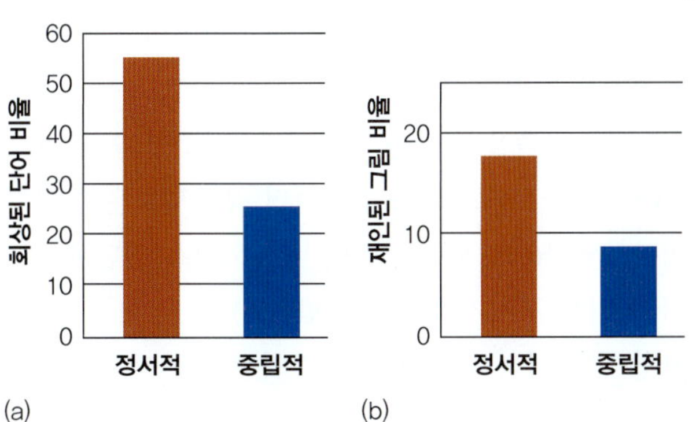

그림 8.5 (a) 단어 목록을 읽은 직후 회상해낸 정서적 단어와 중립적 단어의 비율. (b) 사진을 본 지 1년 후 재인해 낸 정서적 사진과 중립적 사진의 비율.

출처: Part a: LaBar & Phelps, 1998; Part b: Dolcos et al., 2005.

해서는 고양된 기억을 보이지 않았다(Cahill et al., 1995). 정서가 편도체 기전을 촉발시켜서 정서적 사건과 관련된 사건을 기억하는 데 도움을 주는 것으로 보인다.

또 다른 중요한 사례 연구가 있는데, 바로 앞서 다루었던 H. M.이다. H. M.은 양반구의 해마가 제거되어 기억상실을 겪었는데, 앞서 살펴보았듯이 그는 해마뿐만 아니라 편도체도 양반구 모두에서 제거되었다. 따라서 그는 정서처리 능력을 상실해야 할 것처럼 보인다. 그러나 결과는 꽤 복잡했는데(Dittrich, 2017), 편도체 제거에도 불구하고 그는 여전히 정서를 경험하고 표현하는 능력을 상당히 유지했다. 편도체가 정서를 처리하고 생성하는 데 핵심적인 역할을 하지만, 다른 뇌 구조들이 일정 부분 그 기능을 보상하는 것으로 짐작된다. H. M.은 특정 자극에 대해 여전히 정서적 반응을 보일 수 있었는데, 이는 그의 정서처리 능력이 완전히 소멸된 것은 아님을 나타낸다.

H. M. 사례는 정서적 기억 형성에서 편도체의 역할에 중요한 질문을 던진다. 즉, 정서를 '경험하는 능력'과 정서적 사건을 맥락 속에서 '기억하는 능력'은 구별된다는 것이다. H. M.은 특히 친숙한 얼굴이나 상황에 대해 정서적 반응을 여전히 보였지만, 그 정서적 사건의 맥락이나 세부 사항을 기억하는 능력은 심각하게 손상되었다. 이러한 정서적 경험과 맥락 기억의 분리는 정서 처리와 기억 형성이 뇌에서 얼마나 복잡하게 얽혀 있는지를 잘 보여준다. 전체적으로 H. M. 사례는 정서 처리와 기억 형성 과정에서 편도체와 다른 뇌 구조들 사이의 복잡한 상호작용을 잘 보여준다.

이러한 사례 연구들로 미루어볼 때 정서와 기억 사이에 상당한 상호작용이 있다는 점이 명백하다. 예를 들어, 연구들은 정서와 고양된 기억 응고화 간의 연결성을 보여주었다. 기억 응고화란 어떤 경험에 대한 기억을 강화하는 과정으로서, 경험 직후 몇 분 또는 몇 시간에 걸쳐 일어난다(7장 233~241쪽 참조)(LaBar & Cabeza, 2006; Tambini et al., 2017). 정서와 응고화의 관련성은 초기에는 동물 연구, 주로 쥐를 대상으로 한 연구에서 제안되었다. 이 연구들은 어떤 과제의 훈련 직후 중추신경계(central nervous system: CNS) 자극제를 투여하면 그 과제에 대한 기억이 증진될 수 있음을 밝혔다. 후속 연구들에 따르면, 검사 과제에서 사용된 것과 유사하게 정서적으로 각성을 일으키는 자극이 제시되는 동안 그리고 직후에, 자극제 코르티솔과 같은 호르몬이 분비된다. 이 두 발견에 근거하여, 정서적 경험 후 방출된 스트레스 호르몬이 그 경험에 대한 기억 응고화를 증가시킨다라는 결론이 내려졌다(McGaugh, 1983; Roozendaal & McGaugh, 2011).

Larry Cahill과 동료들(2003)은 이러한 효과를 인간에서 보여주는 실험을 수행하였다. 그들은 참가자들에게 중립적 사진과 정서적으로 각성시키는 사진을 보여준 후, 어떤 참가자들(스트레스 집단)에게는 자신의 팔을 얼음물에 담그도록 하였는데, 이는 코르티솔의 분비를 유발하였다. 다른 참가자들(비스트레스 집단)에게는 자신의 팔을 따뜻한 물에 잠그도록 하였는데, 이는 스트레스가 없는 상황으로서 코르티솔 방출을 유발하지 않았다. 일주일 후 참가자들에게 사진에 대해 기술해 보도록 요구했을 때 스트레스에 노출되었던 참가자들은 중립적 사진보다 정서적 각성 사진을 더 많이 회상하였다(**그림** 8.6a). 반면, 비스트레스 집단에서는 중립적 사진과 정서적 각성 사진 사이에 유의미한 차이가 없었다(**그림** 8.6b).

이 결과에서 특히 흥미로운 점은 코르티솔이 정서적 사진에 관한 기억은 증진시키지만 중

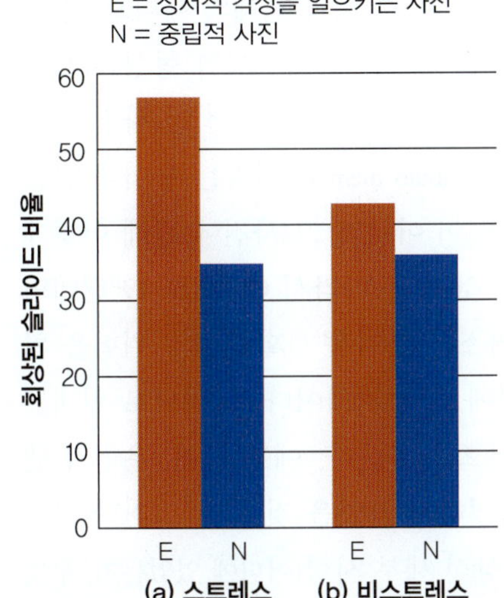

그림 8.6 (a) 참가자들이 스트레스에 노출되었을 때 정서적 사진의 회상이 중립적 사진보다 더 우수하다. (b) 비스트레스 조건에서는 정서적 회상과 중립적 회상 사이에 아무런 유의미한 차이가 없다. 이러한 결과는 정서적 사진의 고양된 기억 응고화와 관련되어 있다.

출처: Cahill et al., 2003.

립적 사진에 관해서는 그렇지 않다는 점이다. 이와 같은 결과로부터, 각성을 일으키는 정서적 경험 후 일어난 호르몬 활성화가 인간의 기억 응고화를 고양시킨다는 결론이 도출되었다(Phelps & Sharot, 2008). 이처럼 정서와 관련된 응고화의 고양은 또한 편도체 활동의 증가와도 연결된다(Ritchey et al., 2008). 이어서 살펴보겠지만, COVID-19 팬데믹과 같이 매우 잘 기억되는 사건의 경우에는 정서와 기억이 연결되어 있는데, 이러한 사건은 **섬광기억**(flashbulb memory)이라고 부르는 기억을 일으킨다.

섬광기억

우리 모두는 COVID-19 팬데믹에 대한 강한 기억을 갖고 있다. 이와 같이 많은 사람들이 함께 경험한 공적 사건에 대한 기억을 연구할 때, 연구자들은 흔히 사람들이 그 사건을 처음 알았을 때 어디에 있었는지, 그리고 어떻게 소식을 접했는지를 묻는다. 예를 들어, 여러분은 COVID-19라는 새로운 바이러스가 전 세계로 퍼지고 있으며, 이 질병 때문에 몇 주간 집에 머물거나 '봉쇄'가 필요할 수 있다는 소식을 처음 들었을 때 어디에 있었는지, 무엇을 하고 있었는지 기억할 수 있을 것이다. 우리의 삶에서 극도로 비정상적인 사건이었기 때문에, 이 사건은 독특하고 의미 있으며 따라서 매우 생생하게 기억된다.

Brown과 Kulik이 '섬광기억' 용어를 제안하다 그렇다면 이처럼 예상치 못한, 정서적으로 충격적인 사건과 관련된 기억에는 무엇인가 특별한 것이 있을까? Roger Brown과 James Kulik(1977)에 따르면, 팬데믹과 같은 사건을 처음 알게 되었을 때의 상황에 대한 기억은 특별하다고 한다. 그들의 주장은 1963년 11월 22일에 일어난 훨씬 더 이전의 사건에 근거를 두었다.

존 F. 케네디 대통령은 텍사스 댈러스에서 퍼레이드 경로를 따라 이동하는 지붕이 열린 자동차에 앉아 사람들에게 손을 흔들고 있었다. 그의 차가 텍사스 스쿨 북 디포지토리 건물 앞을 지나가던 순간, 세 발의 총성이 울렸다. 케네디 대통령은 푹 쓰러졌고 자동차 퍼레이드는 멈췄으며, 그는 급히 병원으로 이송되었다. 곧이어 전 세계에 뉴스가 전파되었다. 케네디 대통령이 암살되었다는 것이다.

섬광기억(flashbulb memory)
충격적이고 정서적으로 강렬한 사건에 대해 들었던 당시의 주변 상황에 관한 기억으로서, 그러한 기억이 매우 생생하고 정확하다는 주장이 있다.

Brown과 Kulik은 케네디 대통령 암살 당일을 언급하며, "일순간 미국 전체와 아마도 전 세계의 많은 영역이 사진에 찍힌 듯 멈추어 섰다."고 진술했다. 이 표현은 기억 형성 과정을 사진 촬영에 비유한 것이었는데, 이로 인해 그들은 충격적이고 대단히 정서적인 사건 주변의 상황에 관한 개인의 기억을 지칭하기 위해 섬광기억(flashbulb memory)이라는 용어를 만들었다. 중요한 점은, **섬광기억** 용어가 **사건 자체**에 관한 기억이 아니라 그 사건에 관해 어떻게 **들었는지**와 관련된 주변 상황에 관한 기억을 의미한다는 것이다. 따라서 COVID-19 팬데믹에 대한 섬광기억은, 팬데믹 발생과 봉쇄, 그리고 바이러스가 가져올 불확실성과 위험을 처음 알게 되었을 때 어디에 있었고 무엇을 하고 있었는지에 관한 기억이다. 그러므로 원래는 예외적이지 않고 평범한 사건을 섬광기억은 중요한 사건으로 바꾼다. 예를 들어, 우리가 팬데믹의 심각성을 처음 알게 된 날의 일상은 원래라면 특별하지 않았을 것이다. 그러나 그날의 정서적으로 강렬하고 중대한 사건 때문에, 우리의 일상적 세부 사항(어디에 있었는지, 무엇을 하고 있었는지, 누가 함께 있었는지, 요일이나 계절 등)이 갑자기 중요한 기억으로 남게 된다.

역사적으로 섬광기억의 대표적인 사례가 여럿 있다. 예를 들어, 2001년 9월 11일 뉴욕시 세계무역센터 건물이 두 대의 비행기 충돌로 인해 붕괴된 테러 공격 사건은 전 세계적으로 공유된 역사적 섬광기억으로 자주 인용된다(Paradis et al., 2004; Hirst et al., 2009). 그런데 이처럼 전 세계적으로 공유되는 섬광사건은 비교적 흔하다. 최근 발생한 몇 가지 섬광사건의 예시는 다음과 같다.

- 2019년 노트르담 대성당 화재(Banzi, 2022)
- 2019년 크라이스트처치 모스크 총기 난사 사건(Currier, 2021)
- 2020년 프로 농구 선수 코비 브라이언트(Kobe Bryant)의 헬리콥터 추락 사망(Rouhani & Stanley, 2023)
- 2020년 조지 플로이드(George Floyd) 사망 이후 '흑인의 생명도 소중하다'(Black Lives Matter) 시위(Erll & Hirst, 2023)
- 2020년 미국 국회의사당 폭동(Cheriet et al., 2023)
- 2022년 러시아의 우크라이나 침공(Dornfeld, 2023)
- 2022년 영국 엘리자베스 2세 여왕 서거(Sumeracki & Kaminski, 2024)
- 2023년 하마스의 이스라엘 공격(Arkin, 2023)

Brown과 Kulik은 섬광기억을 만들어내는 기전에 무엇인가 특별한 것이 있다고 주장했다. 섬광기억은 고도로 정서적인 상황하에서 발생할 뿐만 아니라 오랜 기간 기억되며 매우 생생하고 세부적이다. Brown과 Kulik은 이처럼 생생하고 상세한 기억을 담당하는 기전을 '지금 프린트(now print)' 기전이라고 기술하였는데, 이 기억이 마치 시간이 지나도 바래지 않는 사진과 유사하다는 의미이다.

섬광기억은 사진과 다르다 Brown과 Kulik은, 사람들이 케네디 대통령이나 마틴 루서 킹 주니어의 암살과 같은 강렬한 사건을 처음 들었을 때 자신이 무엇을 하고 있었는지 자세히 설명할 수 있다는 사실을 근거로 섬광기억을 사진에 비유했다. 그러나 그들이 사용한 절차는 결함이 있는데, 그 이유는 사건이 일어난 후 여러 해가 지날 때까지 참가자들이 기억한 것에 관해 물어보지 않았기 때문이다. 이러한 절차상 문제에 따르면 보고된 기억이 정확한지 여부를 판단할 수 있는 방법이 전혀 없다. 정확성을 점검할 수 있는 유일한 방법은 사람들의 기억을 실제로 발생한 것 또는 사건 직후 수집된 기억 보고와 비교하는 것이다. 나중의 기억을 사건 직후 수집된 기억과 비교하는 기법을 **반복 회상**(repeated recall)이라고 부른다.

방법

반복 회상

반복 회상의 개념은, 사건 후 여러 번 참가자들을 검사함으로써 시간 경과에 따른 기억의 변화 여부를 밝혀낼 수 있다는 것이다. 처음에는 자극이 제시되거나 무엇인가 발생한 직후 개인의 기억을 측정한다. 사건 직후 오류나 생략의 가능성이 다소 있다 할지라도 이 보고는 발생한 것에 관해 가장 정확한 표상으로 간주되고 기저선으로 사용된다. 며칠, 몇 달, 몇 해가 지난 후 참가자에게 당시 발생한 일을 기억해내도록 요청하고서 그들의 보고를 이 기저선과 비교한다. 이러한 기저선 사용은 추후 보고의 정확성을 점검하는 방도를 제공해 준다.

Brown과 Kulik의 '지금 프린트' 제안 이래로 반복 회상 과제를 사용한 연구는 섬광기억이 사진과 같지 않다는 것을 밝혔다. 수년 동안 동일하게 유지되는 사진과 달리 섬광 사건에 관해 들었던 상황에 관한 사람들의 기억은 시간 경과에 따라 변화한다. 실제로 섬광기억에 관한 연구의 주요 발견 가운데 하나에 따르면, 비록 섬광 사건을 둘러싼 기억이 매우 생생하다고 사람들이 보고함에도 불구하고 그 기억은 흔히 부정확하거나 세부 내용을 결여하고 있다. 예를 들어, Ulric Neisser와 Nicole Harsch(1992)는 참가자들에게 우주왕복선 **챌린저호** 폭발에 관해 들었던 상황을 참가자들에게 묻는 실험을 수행하였다. 1986년 당시에는 우주선 이륙이 여전히 특별한 것으로 간주되었고 많은 사람들에게 있어 관심의 대상이었다. **챌린저호** 비행은 특별했는데, 그 이유는 우주 비행사 가운데 한 사람이 뉴햄프셔 고등학교 교사 크리스타 매컬리프(Christa McAuliffe)로서 NASA의 '우주 교사 프로젝트'의 첫 번째 멤버였기 때문이다. 1986년 1월 28일, 케이프커내버럴 기지의 발사는 일상적인 것으로 여겨졌다. 그러나 수직 이륙한 지 77초 후 챌린저호는 폭발하여 바다로 추락하였고, 7명의 승무원이 모두 사망하였다. Neisser와 Harsch의 실험 참가자들은 폭발 후 하루 이내에 설문지에 답했으며, 이후 2년 반에서 3년 뒤에 같은 질문지를 다시 작성했다. 폭발 하루 후 한 참가자는 그 사건을 강의실에서 들었다고 밝혔다.

> 나는 종교 수업을 듣고 있었는데 어떤 사람이 걸어 들어와서 '그것'에 관해 말하기 시작했다. 챌린저호가 폭발했고 그 학교 선생님의 학생들이 모두 지켜보고 있었다는 사실 외에는 어떤 세부 내용도 몰랐지만 매우 슬픔을 느꼈다. 수업이 끝난 후 내 방에 가서 그것을 보도하는 TV 프로그램을 시청했고 그때 모든 세부 내용을 알게 되었다.

2년 반 후 그녀의 기억은 다음과 같이 변화하였다.

> 그 폭발에 관해 맨 처음 들었을 때 나는 1학년 기숙사 방에서 룸메이트와 함께 앉아 TV를 시청하고 있었다. 뉴스 속보에 그 소식이 나왔는데 우리 모두 큰 충격을 받았다. 나는 깜짝 놀라서 위층에 있는 친구에게 가서 이야기했고, 그다음 부모님

께 전화를 했다.

이와 같은 반응, 즉 참가자들이 처음에는 교실과 같은 장소에서 그 폭발에 관해 들었다고 보고한 후 나중에는 그 소식을 TV에서 처음 들었다고 기억해내는 것은 흔한 일이다. 그 폭발 직후 참가자들의 21%만이 그 소식을 TV에서 처음 들었다고 밝혔지만, 2년 반 후에는 45%의 참가자들이 그 소식을 TV에서 처음 들었다고 보고했다. TV 기억이 증가한 이유는, TV 보도가 반복을 통해 더 잘 기억되고 TV가 뉴스의 주요 원천이기 때문일 것이다. 따라서 챌린저호 폭발에 관해서 들은 것에 관한 기억의 속성은 덜 극적인 일상 사건에 관한 기억의 특징이기도 하다. 그것은 사건 이후의 경험(사람들은 그 폭발에 관한 설명을 보았을 것이다)과 자신의 일반적 지식(사람들은 흔히 중요한 뉴스를 TV에서 처음 듣는다)의 영향을 받았다.

사건 이후 일어난 일들이 기억에 영향을 줄 수 있다는 생각은 Ulric Neisser와 동료들(1996)이 제안한 **설화적 되뇌기 가설**(narrative rehearsal hypothesis)의 근거가 된다. 이 가설에 따르면, 2001년 9월 11일의 테러 공격과 같은 사건을 우리가 기억하는 이유는 특별한 기전 때문이 아니라 사건이 일어난 후 그것을 반복해서 되뇌기하기 때문이다.

설화적 되뇌기 가설(narrative rehearsal hypothesis)
우리가 어떤 생애 사건을 더 잘 기억하는 이유는 그 사건을 되뇌기 했기 때문이라고 보는 관점. 이는 Neisser가 섬광기억을 설명하기 위해 제안하였다.

설화적 되뇌기 가설은 9 · 11 이후 벌어진 일들을 고려할 때 설득력이 있다. 세계무역센터 빌딩에 충돌하는 비행기 영상은 TV에서 끊임없이 반복되었고, 그 사건과 그 여파는 몇 달 동안 언론에서 광범위하게 보도되었다. Neisser의 주장에 따르면, 우리가 중요한 사건을 기억하는 이유가 이러한 되뇌기 때문이라면 섬광기억을 사진에 비유하는 것은 오해의 소지가 있다.

여기서 우리가 관심을 두는 기억은 사람들이 9 · 11 사건을 처음 어떻게 들었는지에 관한 것이다. 그러나 이 사건과 관련된 수많은 되뇌기는 사건을 처음 들은 이후 일어난 일에 대한 되뇌기이다. 예를 들어, 빌딩에 충돌하는 비행기 영상을 TV에서 반복적으로 봄으로써 사람들은 사건을 누가 알려주었는지 또는 어디에 있었는지보다는 그 이미지에 더 집중하게 되었고, 결국 그 사건에 대해 TV에서 처음 들었다고 믿게 될 수 있다. 이는 챌린저호 연구에서 밝혀진 것과 동일한 것이다.

언론이 사람들의 기억을 '사로잡는' 힘을 보여주는 또 다른 사례는 James Ost와 동료들(2002)의 연구 결과이다. 이들은 영국의 한 쇼핑센터에서 사람들에게 다가가, 사람들이 비극적인 사건을 얼마나 잘 기억할 수 있는지를 조사하는 연구에 참여할 의향이 있는지를 물었다. 연구 대상 사건은 1997년 8월 31일, 파리에서 발생한 자동차 사고로 인해 다이애나 왕세자비와 그녀의 동반자 도디 파예드(Dodi Fayed)가 사망한 사건이었다. 이 사건은 영국 TV에서 광범위하게 보도되었다. 참가자들에게 다음 문장에 응답하도록 요청했다. "다이애나 왕세자비와 도디 파예드가 목숨을 잃은 자동차 사고에 관한 파파라치의 비디오 녹화물을 본 적이 있는가?" 이 질문에 응답한 45명 중 20명이 영상을 본 적이 있다고 대답했다. 그러나 이는 불가능했는데, 그러한 영상이 존재하지 않았기 때문이다. 자동차 사고는 TV에서 보도되었지만 실제 그 장면이 나온 것은 아니다. 이 사건을 다룬 광범위한 언론 보도가 어떤 사람들에게 실제로는 일어나지 않았던 일, 곧 영상을 본 것처럼 잘못 기억하게 한 것이 분명하다.

섬광기억은 다른 기억과 상이한가? 챌린저호 연구에서 나타난 많은 수의 부정확한 응답은, 섬광기억이라고 부르는 기억이 일반적인 기억처럼 쇠퇴할 가능성을 시사한다. 사실상 많은 섬광기억 연구자들은 섬광기억이 일반적인 기억과 별로 다르지 않다고 의문을 제기해왔다(Schmolck et al., 2000). 이러한 결론을 뒷받침해주는 한 실험에서, 한 대학생 집단이 2001년 9월 12일, 즉 세계무역센터, 펜타곤(Pentagon) 미 국방부 본부 건물, 펜실베이니아의 93편 비행기와 관련된 테러 공격이 발생한 다음 날 여러 질문을 받았다(Talarico & Rubin, 2003). 이 질문들 가운데 일부는 테러 공격에 관한 것이었다("언제 처음으로 이 소식을 들었습니까?"). 다른 질문들은 그 공격 직전 며칠 동안 그 사람의 삶에서 일어난 일상 사건에 대한 유사한 질문이었다. 일상 사건의 경우 참가자는 훗날 그 사건을 떠올리는 데 단서가 될 수 있도록 두세 단어로 된 설명을 만들었다. 일부 참가자는 1주일 후, 일부는 6주 후, 일부는 32주 후에 다시 검사받았는데, 이때 공격 사건과 일상 사건에 대해 동일한 질문을 받았다.

이 실험의 한 결과는, 시간이 오래 지날수록 참가자들이 기억하는 세부 사항이 더 적었으며 더 많은 오류를 범했다는 점이고, 결국 섬광기억과 일상기억 간의 결과 차이가 거의 없었다는 것이다(**그림** 8.7a). 즉, 섬광기억의 세부 사항도 일상기억과 마찬가지로 희미해진다. 그렇다면 왜 사람들은 섬광기억이 특별하다고 생각하는 것일까? **그림** 8.7b와 8.7c에 나타난 결과가 그 해답을 보여줄 수 있다. 사람들은 섬광 사건에 대한 기억을 일상 사건보다 더 생생하게 유지하고 있으며(**그림** 8.7b), 섬광기억은 정확하게 남아 있다고 믿는 반면, 일상기억은 부정확할 수 있다는 점을 더 잘 이해하고 있다(**그림** 8.7c).

따라서 섬광기억은 특별한 것(생생하며 기억될 가능성이 높다)이면서 동시에 평범한 것(정확하지 않을 수 있다)이라고 말할 수 있다. 섬광기억의 특별함을 강조하는 또 다른 방식은, 설령 부정확하더라도 사람들이 그것을 기억한다는 점인데, 중요성이 낮은 사건은 아예 기억되지 않을 가능성이 높다는 것이다. 이것이 자서전기억과 어떻게 연결되는지 생각해 보자. 예를 들어, 자신의 결혼식 같은 중요한 인생 사건은 매우 생생하게 느껴질 수 있다. 그러나 결혼식 기억이 아무리 생생하더라도 다른 평범한 기억보다 더 정확할 가능성은 없다(Kraha & Boals, 2014).

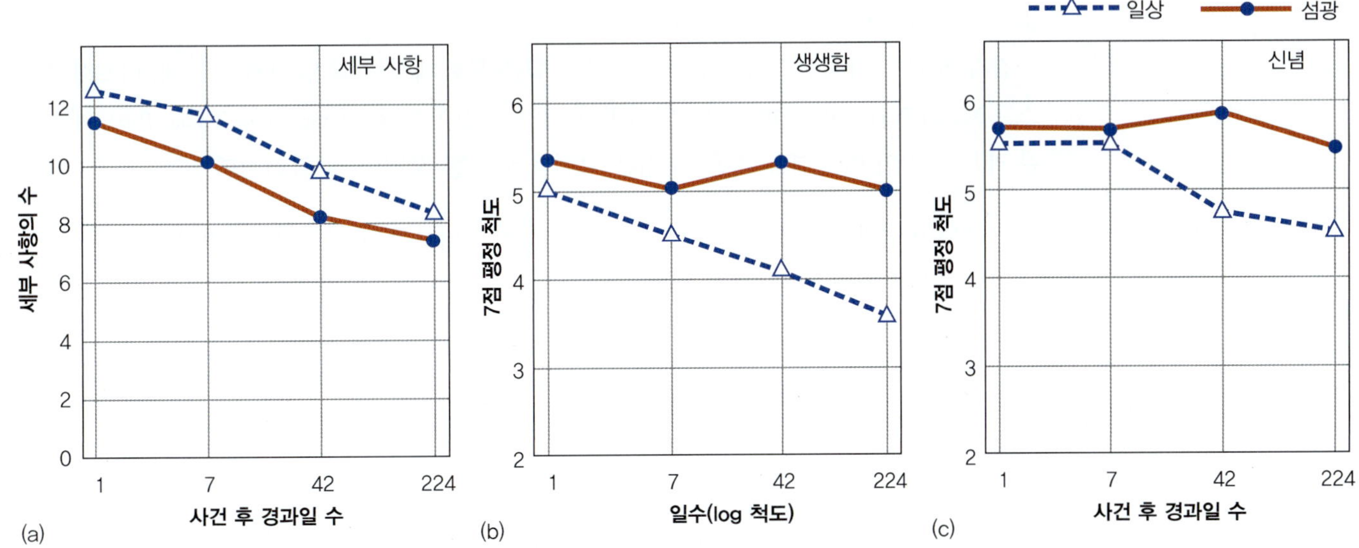

그림 8.7 Talarico와 Rubin(2003)의 섬광기억 실험 결과. (a) 기억된 세부 사항. (b) 생생함 평정. (c) 정확성에 대한 신념. 기억해낸 세부 사항은 섬광기억과 일상기억 모두에서 시간 경과에 따라 감소하였다. 정확성 신념과 생생함은 일상기억에서는 감소했지만 섬광기억에서는 높게 유지된다.

출처: J. M. Talarico & D. C. Rubin, Confidence, not consistency, characterizes flashbulb memories, Psychological Science, 14, 455-461, Figures 1 & 2. Copyright © 2003 American *Psychological Society*. Reproduced by permission.

기억 연구자들은 여전히 섬광 사건에 관한 기억을 담당하는 정확한 기전에 관해 논란 중이다(Hirst & Phelps, 2016; Talarico & Rubin, 2017; Fu, 2023). 그러나 어떤 기전이 관여하든 섬광기억 연구의 한 가지 중요한 결과는, 사람들이 정확하게 기억해냈다고 믿는 것이 실제로는 전혀 정확하지 않을 수 있다는 것이다. 통계적으로 말해, 섬광기억은 다른 어떤 기억보다도 더 정확하지도 않고 덜 정확하지도 않다(Talarico & Rubin, 2003). 어떤 사건에 관한 사람들의 기억이 그 사건에 관한 실제 경험에 더하여 여러 요인의 영향을 받을 수 있다는 생각에 입각하여 많은 연구자들이 제안한 바에 따르면, 사람들이 기억해낸 것은 실제로 발생한 것에 부가적 영향이 더해진 '구성물'이다.

섬광기억은 흔히 기억의 시각적 본질을 암시하는데, '섬광'이라는 용어가 사진을 찍는 과정을 묘사하기 때문이다. 우리는 기억이 시각적으로 생생할 수 있다는 것을 알고 있지만, 다른 감각들도 강렬하고 생생한 기억을 만들어낼 수 있을까?

음악과 냄새가 유발하는 자서전기억

향수(nostalgia)
과거에 대한 감상적 애착을 수반하는 기억.

음악 증진 자서전기억(music-enhanced autobiographical memories: MEAMS)
음악 청취를 통해 촉발된 자서전 기억.

아무 생각 없이 걷다가 식당에 들어서는 순간, 갑자기 배경에서 흘러나오는 노래가 여러분을 10여 년 전 참석했던 콘서트로 데려가고, 그 노래가 유행하던 시절의 삶의 기억까지 불러온다. 그런데 이 노래는 단순히 자서전기억을 유발하는 데서 멈추지 않고 정서까지 유발한다. 때때로 음악이 불러낸 기억은 **향수**(nostalgia)라는 느낌을 생성하는데, 이는 과거에 대한 감상적 애착을 동반한 기억을 의미한다(Barrett et al., 2010). 음악에 의해 불러일으켜진 기억을 **음악 증진 자서전기억**(music-enhanced autobiographical memories: **MEAMS**)이라고 한다.

이러한 MEAMS는 흔히 비자발적 기억으로 경험되는데, 이는 특정 자극에 대한 자동적 반응으로 발생하기 때문이다(Berntsen & Rubin, 2008). 이는 의도적 인출 과정을 필요로 하는 기억과는 대조적이다. 예를 들어 '가장 오래된 기억을 떠올려 보라.' 혹은 '대학교에 처음 도착했던 날을 기억해 보라.'는 요청을 받을 때처럼 의식적으로 기억을 불러내는 상황이 있다(Jack & Hayne, 2007; Janata et al., 2007).

감각 경험이 자서전기억을 불러일으키는 힘은 문학에서도 잘 알려져 있는데, 마르셀 프루스트(Marcel Proust, 1922/1960)가 〈잃어버린 시간을 찾아서(Remembrance of Things Past)〉에서 작은 레몬 쿠키인 마들렌을 먹은 뒤 겪은 경험을 묘사한 장면이 잘 알려졌다.

> 작은 마들렌을 보는 것만으로는 아무 기억도 떠오르지 않았다. 그러나 마들렌을 보리수꽃 차에 적셔 맛을 보는 순간, 이 맛을 알아보자마자 이내 옛 회색 집이 무대 세트처럼 떠올랐고, 그 뒤편 정원에 딸린 작은 별채가 부모님을 위해 지어져 있던 기억이 이어졌다. …… 그리고 그 집과 함께, 점심 전에 나가곤 했던 광장, 심부름하러 달리던 거리, 날씨가 좋을 때 가던 시골길까지 떠올랐다.

프루스트 효과(Proust effect)
후각(냄새) 자극이 생생하고 정서적 기억을 유발하는 현상.

프루스트가 묘사한 것처럼 오랜 세월 잠자고 있던 기억을 미각과 후각이 열어 주는 경험을 **프루스트 효과**(Proust effect)라고 하는데, 이는 드문 경험이 아니며 실험실 연구에서도 관찰되었다. Rachel Herz와 Jonathan Schooler(2002)는 참가자들에게 크레욜라 크레용, 코퍼톤(Coppertone) 선탠로션, 존슨 베이비 파우더 같은 물건과 관련된 개인적 기억을 기술하도록 요구했다. 이후 이 물건을 시각적 형태(사진) 또는 후각적 형태(냄새)로 제시하고서 해당 사

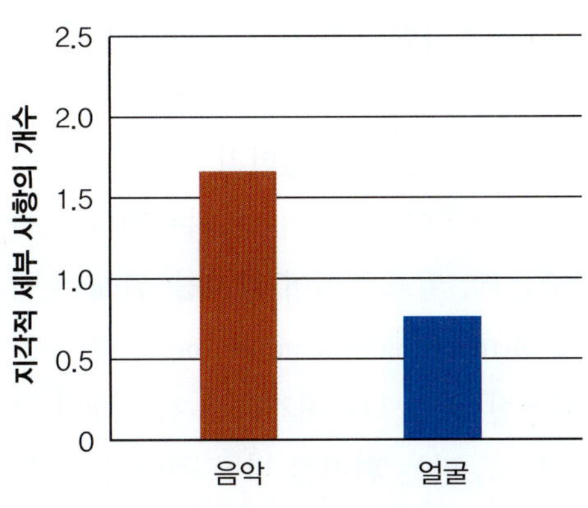

그림 8.8 Belfi와 동료들(2016)의 실험에서 참가자들의 기억 보고 결과. 음악 청취로 유발된 기억 그리고 얼굴 사진 보기로 유발된 기억에서 지각적 세부 사항의 평균 개수.

출처: Belfi et al., *Memory*, 24 (7), Figure 3, page 984, 2016.

건을 다시 떠올리도록 하고 여러 척도상에서 평가하도록 요구했다. 그 결과, 냄새를 맡은 참가자들은 사진을 본 참가자들보다 기억을 더 정서적으로 평가했고, '기억 당시로 돌아간 듯한' 느낌도 더 강하게 보고했다(Chu & Downes, 2002; Larsson & Willander, 2009; Reid et al., 2015; Toffolo et al., 2012).

음악에 의해 유발된 자서전기억에서도 높은 정서성과 세세함이 관찰되었다. Amy Belfi와 동료들(2016)은 음악이 생생한 자서전기억을 유발한다는 것을 입증했다. 참가자들은 15세에서 30세 사이에 유행했던 노래의 일부를 듣거나, 같은 시기에 유명했던 인물들의 얼굴 사진을 보았다. 이 연령대는 자서전기억이 가장 잘 형성되는 회고 절정(reminiscence bump) 시기에 해당한다(252쪽 참조).

참가자들이 '자서전적'이라고 평가한 노래와 얼굴에 대해 기술한 기억은, 얼굴보다 음악에 의해 유발된 경우 더 생생하고 세부적이었다(**그림** 8.8). 게다가 MEAMS는 상세한 기억뿐 아니라 강한 정서도 유발한다(El Haj et al., 2012; Janeta et al., 2007).

이 장의 후반부에서 알츠하이머병과 같은 인지 감퇴와 관련된 기억상실을 다루겠지만, 여기서 MEAMS와 관련된 치매를 잠시 언급할 필요가 있다. 음악이 기억을 불러일으키는 힘은 알츠하이머병으로 인한 기억 장애 환자에게도 나타났다. Mohamad El Haj와 동료들(2013)은 건강한 참가자와 알츠하이머 환자에게 (1) 2분간 침묵, 또는 (2) 자신이 선택한 음악을 2분간 듣기 후 '자신의 삶에서 어떤 사건을 상세히 묘사하라는' 지시를 주었다. 건강한 참가자는

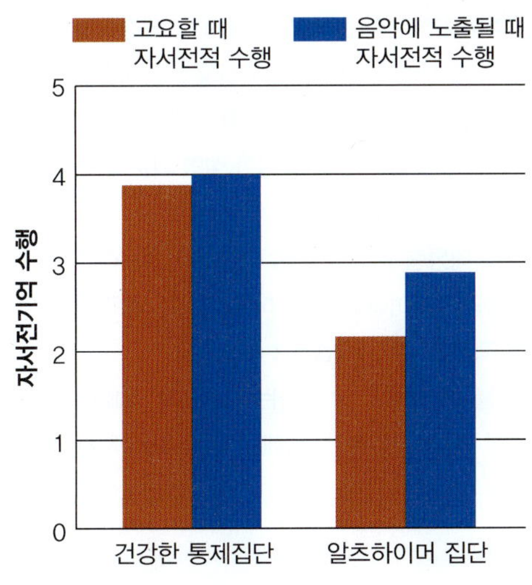

그림 8.9 El Haj와 동료들(2013)의 실험 결과. 건강한 대조군(왼쪽 막대쌍)은 알츠하이머 환자(오른쪽 막대쌍)보다 자서전기억이 더 우수했다. 그러나 알츠하이머 환자들의 자서전기억은 그들에게 의미 있는 음악을 들려주었을 때 증진되었다.

출처: El Haj et al., *Journal of Neurolinguistics*, 26, Fig 1, page 696, 2013.

두 조건 모두에서 비슷한 수준으로 기억을 묘사했지만, 알츠하이머 환자는 음악을 들은 뒤 더 우수한 기억을 보였다(**그림 8.9**).

음악이 알츠하이머 환자의 자서전기억을 불러일으키는 능력은 다큐멘터리 영화 〈얼라이브 인사이드(Alive Inside)〉(Rossato-Bennett 감독, 2014)에서도 다루어졌다. 이 영화는 2014년 선댄스 영화제(Sundance Film Festival)에서 관객상을 수상했는데, 알츠하이머 환자를 위해 수백 개 요양 시설에 아이팟을 보급한 비영리 단체 Music & Memory(musicandmemory.org)의 활동을 기록한다. 치매는 이 장의 마지막에 더 상세하게 다루어질 것이므로 여기서는 간단하게 언급하겠다. 영화에서 기억에 남는 장면 중 하나는 헨리(Henry)라는 환자를 다룬 것이다. 그는 심각한 치매로 인해 움직이지도 않고 질문에도 반응하지 못했으나(**그림 8.10a**), 치료사가 음악을 틀어 주자 갑자기 살아난 듯 반응했다. 그는 리듬에 맞춰 움직이고, 음악을 따라 부르며, 무엇보다 치매로 봉인되었던 과거의 기억이 열려 자신의 과거를 이야기할 수 있게 되었다(**그림 8.10b**).

그림 8.10 영화 〈얼라이브 인사이드〉의 정지 화면. (a) 통상적인 무반응 상태의 헨리. (b) 헨리가 자신에게 의미 있는 음악을 들으며 노래하는 모습. 음악을 들으면서 간병인과의 대화 능력도 향상되었다.

자가 테스트

1. Elizabeth Loftus가 기억은 카메라보다는 위키피디아 페이지와 더 유사하다고 말한 인용문을 생각해 보라. 기억 과학에 비추어 볼 때 이 설명은 얼마나 정확한가? (학습목표 8-1, 학습목표 8-4, 학습목표 8-6)
2. 자서전기억이란 무엇인가? 그것이 일화적 성분과 의미적 성분 모두를 포함한다고 말하는 것은 무슨 의미인가? (학습목표 8-2)
3. 자서전기억이 다차원적이라고 말하는 것은 무슨 의미인가? Cabeza의 사진 실험은 이러한 생각의 증거를 어떻게 제공했는가? (학습목표 8-2)
4. 어떤 유형의 사건이 가장 잘 기억되는가? 50세의 사람들을 대상으로 '기억해낸 사건' 대 '연령' 도표를 그리면 어떤 모양일까? 이 함수에서 발생한 정점을 설명하기 위해 제안된 이론은 무엇인가? (학습목표 8-1)
5. 정서적 사건이 비정서적 사건보다 더 쉽게 기억된다는 증거는 무엇인가? 편도체가 정서적 기억에서 어떤 역할을 하는지 설명하라. 이때, 편도체와 기억을 결부시키는 뇌 스캔(fMRI) 및 신경심리학적(B. P. 환자) 증거를 포함시키고, 정서가 응고화를 고양시킨다는 것을 밝힌 실험까지 기술하라. (학습목표 8-1, 학습목표 8-3)
6. 청년 편향이란 무엇인가? 이는 회고 절정에 관한 설명 가운데 어떤 설명과 관련되는가? (학습목표 8-1)
7. Brown과 Kulik이 케네디 대통령 암살과 같은 공적이고 정서적인 사건에 관한 기억을 '섬광기억'이라고 부른 이유는? 이 '섬광기억'이라는 용어 사용은 적절했는가? (학습목표 8-3)
8. 반복 회상 실험의 결과를 설명하라. 이 결과는 Brown과 Kulik이 섬광기억에 대해 제안한 '지금 프린트' 가설에 대해 무엇을 시사하는가? (학습목표 8-3)

9. 설화적 되뇌기 가설이란 무엇인가? 다이애나 왕세자비 연구 결과는 언론 보도가 기억에 미치는 효과와 어떻게 관련되는가? (학습목표 8-1, 학습목표 8-3)
10. 섬광기억은 다른 자서전기억과 어떤 점에서 다르고, 어떤 점에서 유사한가? 이러한 차이를 설명하는 가설은 무엇인가? (학습목표 8-2, 학습목표 8-3)
11. 냄새와 음악이 자서전기억을 어떻게 증진시키는지 사례를 들어 설명하라. 음악 증진 자서전기억(MEAMs)은 알츠하이머 환자들에게 어떻게 활용되어왔는가? (학습목표 8-2, 학습목표 8-10)

8.4 기억의 구성적 본질

우리는 어떤 것을 다른 것보다 더 잘 기억해내는데, 그 이유는 그것이 특별히 중요하기 때문에 또는 그것이 생애에서 발생한 시기 때문이라는 것을 지금까지 살펴보았다. 그러나 사람들이 기억해낸 것이 실제로 발생한 것과 부합되지 않을 수 있다는 사실 역시 살펴보았다. 사람들이 과거 사건에 관한 기억을 보고할 때 어떤 것을 생략할 뿐만 아니라 발생한 것을 왜곡시키거나 변화시키며, 어떤 경우에는 결코 발생하지 않았던 것을 보고하기조차 한다.

기억의 이러한 특성은 **기억의 구성적 본질**(constructive nature of memory)을 반영하는데, 사람들이 기억이라고 보고하는 것은 실제로 발생한 것에다 사람의 지식, 경험, 예상과 같은 부가적 요인을 더한 것에 기초하여 구성된 것이다. 기억의 구성적 본질의 한 측면을 보여주는 것이 원천 모니터링 현상이다.

기억의 구성적 본질(constructive nature of memory)
사람들이 보고하는 기억이, 실제로 일어난 것뿐만 아니라 개인의 기대, 지식, 삶의 경험과 같은 추가적 요인에 근거하여 구성된다는 관점.

원천 모니터링 오류

여러분이 정말 보고 싶어 하는 영화가 있다고 상상해 보자. 그런데 그 영화를 꼭 봐야겠다고 처음 생각하게 된 계기를 기억해내려고 할 때 확신이 서지 않는다. 온라인에서 읽은 리뷰였을까? 친구와의 대화였을까? 아니면 소셜 미디어에서 본 예고편이었을까? 여러분이 영화에 흥미를 갖도록 한 최초의 원천을 기억할 수 있는가? 이것이 바로 **원천 모니터링**(source monitoring) 문제인데, 이는 우리의 기억, 지식, 신념의 기원을 결정하는 과정이다(Johnson et al., 1993). 만약 기억을 더듬어보니 그것이 온라인 리뷰였다고 생각했지만 사실은 친구에게서 처음 들은 것이었다면 이는 **원천 모니터링 오류**(source monitoring error)를 저지른 것으로서, 기억의 원천을 잘못 식별한 것이다.

원천 모니터링 오류를 **원천 오귀인**(source misattribution)이라고도 부르는데, 이는 기억을 잘못된 원천에 귀인하기 때문이다. 원천 모니터링은 기억의 구성적 성격을 보여주는 예이다. 우리가 무언가를 기억할 때, 우선 기억을 인출('나는 그 영화를 보고 싶어졌던 걸 기억해.')한 다음, 그 기억이 어디에서 비롯된 것인지 결정한다('그건 내가 온라인 리뷰를 읽었기 때문이야.')(Mitchell & Johnson, 2000).

원천 모니터링(source monitoring)
사람들이 자신의 기억, 지식, 믿음이 어디에서 비롯되었는지를 판단하는 과정. 원천 모니터링의 사례로서, 어떤 정보를 특정인에게서 들었다고 기억해내는 것을 들 수 있다.

원천 모니터링 오류(source monitoring error)
기억의 원천을 잘못 식별하는 현상.

원천 오귀인(source misattribution)
기억의 원천이 잘못 식별되는 경우에 발생한다.

원천 모니터링 오류는 흔하지만 우리는 흔히 그것을 자각하지 못한다. 아마도 여러분은 어떤 사람이 무언가를 말해 주었다고 기억했지만 나중에 다른 사람에게서 들었던 것을 깨달은 경험이 있거나, 생각만 했던 어떤 말(예: '저녁식사 시간에 늦게 귀가할 것이다.')을 실제로 말했다고 착각하며 주장한 경험이 있을 것이다(Henkel, 2004). 실제 사례로, 1984년 미국 대통령 선거 운동에서 재선을 노리던 로널드 레이건 대통령은 어느 미국 조종사의 영웅적 행동에 관해 자주 이야기했는데, 그 스토리는 1940년대 전쟁 영화 〈비행기와 기도자(A Wing and a Prayer)〉의 한 장면과 거의 동일하다는 사실이 나중에 밝혀졌다(Johnson, 2006; Rogin, 1987). 대통령이 말한 기억의 원천은 실제 사건이 아니라 영화였던 것으로 보인다.

잠복 기억상실증(cryptomnesia) 타인의 작업을 무의식적으로 표절하는 것. 원천 모니터링 오류와 관련 있다.

원천 모니터링 오류의 보다 극적인 사례가 **잠복 기억상실증**(cryptomnesia)의 경우인데, 이는 타인의 작품을 무의식적으로 표절하는 것이다. 예를 들어, 비틀즈 멤버 조지 해리슨(George Harrison)은 자신의 곡 〈My Sweet Lord〉가 1960년대 그룹 치폰스(The Chiffons)의 노래 〈He's So Fine〉의 멜로디를 차용했다고 하여 소송을 당했다. 해리슨은 자신이 무의식적으로 그 곡을 사용했다고 주장했지만, 결국 원곡 출판사가 승소하였다. 해리슨의 문제는 자신이 멜로디의 원천이라고 생각했지만 실제 원천은 다른 사람이었다는 점이다.

잠재기억 표절은 문학에서도 흔하다. 인기 소설 시리즈 『트와일라잇(Twilight)』의 저자 스테퍼니 메이어(Stephanie Meyer)는 시리즈의 네 번째 책 『브레이킹 던(Breaking Dawn)』(2008)을 쓴 후 표절 혐의를 받았다. 작가 조던 스콧(Jordan Scott)이 거의 같은 시기에 집필한 『야상곡(The Nocturne)』과 유사점이 많았기 때문이다(Reed, 2009). 메이어는 『브레이킹 던』이 전적으로 자신의 작품이며, 스콧이 단지 그녀의 성공에 편승하려는 것이라고 주장했다. 반면, 스콧은 자신이 15세 때 『야상곡』 집필을 시작했고, 잠시 글쓰기를 중단한 뒤 완성했다고 주장한다. 두 사람 모두 상대방의 글을 몰랐다고 주장했지만, 실제로는 잠재기억 표절이 문학적 요소와 줄거리에 영향을 주었을 가능성이 더 크다. 두 저자는 그것을 자신의 창의성과 상상력에서 비롯된 자발적 창작이라고 믿었을지라도 말이다.

2001년에는 전 세계적 현상인 『해리 포터』 시리즈의 저자 J. K. 롤링(J. K. Rowling)에게도 유사한 표절 의혹이 제기되었다. 미국 작가 낸시 스토퍼(Nancy Stouffer)는 롤링이 1980년대 자신이 집필한 소설에서 일부 개념과 줄거리를 표절했다고 주장했다. 예를 들어, 스토퍼는 래리 포터(Larry Potter. 'Harry Potter'와 매우 유사하다)라는 인물과 그의 머글(muggles. 롤링이 그녀의 시리즈에서 비마법인을 지칭할 때 사용한 것과 동일한 단어)과의 상호작용을 썼다. 첫 번째 『해리 포터』 책은 1997년에야 출간되었다. 이러한 유사성에도 불구하고 법원은 저작권 침해 증거가 부족하다는 이유로 롤링에게 무죄 판결을 내렸다(Kirkpatrick, 2001). 비틀즈 멤버 조지 해리슨과 스테퍼니 메이어의 사례와 마찬가지로, 롤링이 자신의 소설에서 원작이라고 믿었던 일부 내용이 실제로는 원천 모니터링 오류였을 가능성이 있다.

Larry Jacoby와 동료들(1989)은 '하루아침에 유명해지기(Becoming Famous Overnight)'라는 실험을 통해 원천 모니터링 오류와 친숙성 사이의 관련성을 입증했다. 이 실험은 참가자들의 유명한 이름과 유명하지 않은 이름을 구별하는 능력을 검사했다. 습득 단계에서 Jacoby는 참가자들에게 세바스찬 바이스도르프(Sebastian Weissdorf), 밸러리 마시(Valerie Marsh)와 같은 가상의 무명인 이름을 보여주었다(**그림** 8.11). 즉시검사 집단의 참가자들은 무명인 이름을 본 직후에 검사받았다. 이들에게는 (1) 방금 본 무명인 이름, (2) 처음 보는 새로운 무명인 이름, (3) 미니 펄(Minnie Pearl, 유명한 컨트리 가수)이나 로저 배니스터(Roger Bannister, 4분 안에 1마일 달리기를 완주한 최초의 인물)과 같은 유명인 이름이 섞여 있는 목록이 주어졌다. 실험이 진행된 1988년 당시 많은 사람들이 이 유명인들을 알고 있었다. 검사를 시작하기 직전 참가자들에게 첫 단계에서 본 이름은 모두 무명인임을 상기시켰다. 첫 번째 무명인 이름 목록을 본 지

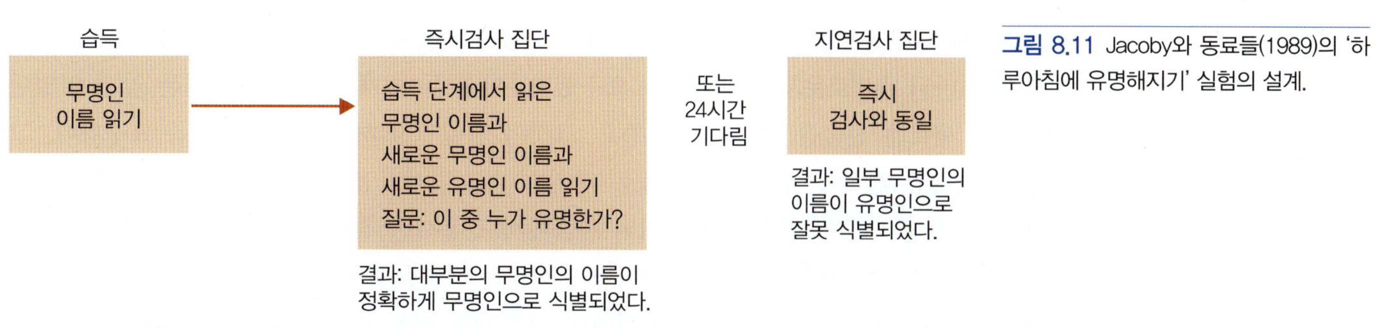

그림 8.11 Jacoby와 동료들(1989)의 '하루아침에 유명해지기' 실험의 설계.

얼마 되지 않아서 검사가 실시되었기 때문에, 참가자들은 대부분의 낯익은 무명인 이름을 무명인 이름으로 정확하게 식별하였다.

흥미로운 결과는 이름을 처음 본 후 24시간 뒤에 검사를 받은 지연검사 집단에서 나타났는데, 이들에게도 즉시검사 집단과 마찬가지로 첫 단계에서 본 이름이 모두 무명인임을 상기시켰다. 하루가 지난 후 검사를 했을 때, 이전에 본 무명인 이름을 유명인이라고 잘못 식별하는 경우가 증가했다. 즉, 24시간이 지나면 세바스찬 바이스도르프 같은 이름이 '하루아침에 유명해진 것'처럼 인식되었다.

세바스찬 바이스도르프가 어떻게 하루아침에 유명해졌을까? 이 질문에 답하기 위해 여러분 스스로가 Jacoby의 참가자들이 되어 보라. 무명인 이름으로 이루어진 첫 번째 목록을 본 지 24시간 만에 여러분은 세바스찬 바이스도르프가 유명인인지, 아니면 무명인인지 판단해야 한다. 어떻게 판단하는가? 세바스찬 바이스도르프가 여러분이 알고 있는 누군가라고 바로 떠오르지는 않지만 그 이름은 친숙하다. 여러분은 자신에게 질문을 던진다, '이 이름이 왜 친숙할까?' 이는 원천 모니터링 문제인데, 그 이유는 이 질문에 답하기 위해 친숙감의 원천을 판단할 필요가 있기 때문이다. 세바스찬 바이스도르프라는 이름이 친숙한 이유가 24시간 전에 보았기 때문일까, 아니면 유명인 이름이기 때문일까? 명백히 Jacoby의 참가자들 가운데 상당수는 친숙성이 명성 때문이라고 판단했고, 따라서 이전에 무명인이었던 세바스찬 바이스도르프가 유명인이 된 것이다!

이 장의 뒷부분에서 목격자 증언의 정확성을 판단할 때 발생하는 여러 문제를 살펴볼 것이며, 그 과정에서 친숙성을 불러일으키는 상황이 원천 모니터링 오류로 이어질 수 있음을 알게 될 것이다. 예를 들어, 이는 잘못된 사람을 범죄 현장의 목격자로 오인하는 경우와 같은 결과를 낳을 수 있다. 친숙성이 오류를 일으키는 또 다른 사례로서 **진실 착각 효과**(illusory truth effect)가 있다.

진실 착각 효과

다음 문장이 사실인가, 거짓인가? '식물이 화학합성(chemosynthesis)을 통해 스스로 양분을 합성한다.' 만약 '거짓'이라고 답했다면, 정답을 맞힌 것이다. 실제 과정은 광합성(photosynthesis)이다. 그러나 이 문장을 한 번 읽고 나중에 다시 읽게 되면, 이 문장이 사실이라고 잘못 답할 가능성이 높아진다. 동일한 진술이 반복적으로 제시되면 그것을 진실한 것으로 평가할 가능성이 높아지는 현상을 **진실 착각 효과**(illusory truth effect)라고 한다(Begg et al., 1992).

진실 착각 효과(illusory truth effect) 동일 진술이 반복적으로 제시될수록 그것을 더 진실한 것으로 평가할 가능성이 커지는 현상.

Lisa Fazio와 동료들(2015)은 참가자들에게 진실인 진술과 허위인 진술을 제시하고서, 그 진술이 얼마나 **흥미로운지** 평가하도록 요구했다. 이후 두 번째 실험 단계에서는 앞서 읽었던 진술과 새로운 진술을 섞어서 보여주고, 그것이 진실인지 허위인지 맞추도록 요구했다. 그 결과, 새로운 진실 진술은 56% 확률로 '진실'이라고 평가되었지만, 반복된 진실 진술은 62% 확률로 '진실'이라고 평가되었다. 허위 진술에서도 유사한 결과가 나타났다. 참가자가 정답을 알고 있는 경우에도 반복은 진실처럼 인식되는 경향을 증가시켰다. 즉, '사리(sari)는 스코틀랜드 사람들이 입는 짧고 주름진 치마의 이름이다.'라는 허위 진술(사리는 인도의 여성들이 입는 민속 의상이다_옮긴이 주)을 반복해서 읽으면, 참가자들은 나중에 이 진술이 진실이라고 믿게 되는 경향을 보였는데, 비록 '스코틀랜드 사람들이 입는 짧고 주름진 치마의 이름은 무엇인가?'라는 질문에 올바르게 '킬트(kilt)'라고 답할 수 있는 경우조차도 그러했다.

유창성(fluency)
어떤 진술을 기억해낼 수 있는 용이성.

반복이 진실성 인식을 증가시키는 이유는 무엇일까? Fazio는 **유창성**(fluency), 즉 진술의 기억 용이성이 사람들 판단에 영향을 미친다고 설명했다. 이는 앞서 Larry Jacoby의 실험에서 **친숙성** 때문에 세바스티안 바이스도르프라는 이름이 유명인으로 잘못 인식된 현상과 유사하다. 따라서 기억에 저장된 지식 자체가 중요하지만(Fazio의 실험 참가자들은 진실인 진술을 진실이라고 평가하는 경향이 더 컸다), 유창성이나 친숙성도 판단에 영향을 미친다. 진실 착각 효과는 6장(207쪽)에서 다루었던 선전 효과와도 관련되는데, 두 현상 모두 반복이 원인이기 때문이다.

실세계 지식이 기억에 영향을 미치는 방식

친숙성 생성이 원천 모니터링에 미치는 효과는, 기억이 실제 사건 외의 요인에 의해 영향받을 수 있음을 보여준다. 이제는 실세계 지식이 기억에 영향을 미치는 방식에 초점을 두고서 몇 가지 사례를 더 살펴볼 것이다. 기억에 대한 지식의 효과를 보여주는 고전적 연구는 Frederick Bartlett에 의해 제1차 세계대전 이전에 수행되어 1932년 출판되었다.

Bartlett의 '유령들의 전쟁' 실험 이 고전적 연구는 기억이 구성적이라고 제안한 최초의 연구 가운데 하나였다. Bartlett은 참가자들에게 캐나다 인디언 민속 이야기인 '유령들의 전쟁(War of the Ghosts)'을 읽도록 한 후, 가능한 한 정확하게 이야기를 회상해내도록 요구했다. 그는 **반복 재생**(repeated reproduction) 기법을 사용했는데, 이 기법은 참가자들이 처음 이야기를 읽은 후 점점 더 긴 간격을 두고 이야기를 기억해 내도록 하는 방법이다. 이는 섬광기억 실험에서 사용된 반복 회상 기법과 유사하다('방법: 반복 회상', 259쪽 참조).

반복 재생(repeated reproduction)
기억해야 할 자료가 처음 제시된 후, 점점 더 긴 시간 간격을 두고 반복적으로 동일 자극을 재생하도록 요구하여 기억을 측정하는 방법.

'유령들의 전쟁' 실험이 중요한 이유는 참가자들이 만든 오류의 특성 때문이다. 이야기를 읽은 시간이 길어질수록 대부분 참가자들의 재생은 원래 이야기보다 짧아졌고, 많은 생략과 부정확성을 포함했다. 또한 기억된 이야기들은 참가자 자신의 문화적 배경을 반영하는 경향이 있었다. 원래 이야기는 많은 참가자들에 의해 영국 문화에 더 일치하도록 변형되었다.

Bartlett 실험에서 일어난 일을 생각해 보면, 참가자들은 두 가지 원천으로부터 기억을 형성한 것으로 볼 수 있다. 하나는 원래 이야기이고, 다른 하나는 그들이 속한 문화에서 알고 있는 유사한 이야기에 관한 지식이었다. 시간이 지남에 따라 참가자들은 두 원천에서 나온 정보를 사용했고, 그 결과 재생된 이야기는 점점 영국에서 일어날 법한 이야기와 비슷해졌다. 이처럼 기억이 다양한 원천의 세부 정보로 구성될 수 있다는 생각은 앞서 논의된 원천 모니터링과 관련된다.

추론하기 기억 보고는 사람들이 자신의 경험과 지식에 근거하여 수행하는 추론의 영향을 받을 수 있다. 이 절에서는 이러한 생각을 더 깊이 살펴볼 것이다. 하지만 먼저 다음 '보여주기'를 해 보자.

보여주기

문장 읽기

다음 문장을 읽되 각 문장을 읽은 뒤 몇 초간 잠시 쉬었다가 다음 문장으로 넘어가라.

1. 온도가 섭씨 26.5도에 도달했을 때 어린이가 만든 눈사람이 사라졌다.
2. 부실한 선반이 책 무게에 눌려 약해졌다.
3. 방심한 교수가 자신의 자동차 키를 가져오지 않았다.
4. 태권도 챔피언이 콘크리트 블록을 쳤다.
5. 신생아가 밤새 깨어 있었다.

이제 290쪽의 '보여주기: 문장 읽기(계속)' 부분으로 넘어가서 지시에 따르라.

290쪽에 있는 빈칸 채우기 연습의 답이 앞서 '보여주기'에서 원래 읽었던 단어들에 비해 어떠한가? William Brewer(1977), Kathleen McDermott, Jason Chan(2006)은 참가자들에게 유사한 과제를 제시하였는데, 앞서 여러분이 읽었던 문장보다 더 많은 문장을 제시하였다. 그 결과, 오류가 전체 문장의 약 1/3에서 일어났다는 것을 발견하였다. 앞선 문장의 경우 가장 흔한 오류는 다음과 같았다. (1) 사라졌다가 녹았다, (2) 약해졌다가 부서졌다, (3) 가져오지 않았다가 잃었다, (4) 쳤다가 부쉈다, (5) 깨어 있었다가 울었다.

이러한 자구 표현 변화는 실용적 추론(pragmatic inference)이라고 부르는 과정을 보여주는데, 이는 문장 읽기가 사람들로 하여금 외현적으로 진술되지 않거나 문장에 함축되지 않은 것을 예상하게끔 할 때 일어난다(Brewer, 1977). 이러한 추론은 경험을 통해 습득된 지식에 기반을 두고 있다. 따라서 비록 밤새 아기가 깨어 있었다는 것을 읽는 것이 울음에 관해 어떠한 정보도 내포하지 않는다 할지라도 아기에 관한 지식이 아기가 울었다고 추론하게끔 할 수 있다(Chan & McDermott, 2006).

실용적 추론(pragmatic inference) 어떤 진술을 읽거나 들을 때 그 진술에 명시되거나 반드시 함축되지 않은 내용을 예상하도록 하는 추론.

다른 기억 실험에서 사용된 시나리오를 다음에서 볼 수 있는데, 이는 특히 참가자의 과거 경험에 근거한 추론을 유발하게끔 고안되었다(Arkes & Freedman, 1984).

> 야구시합에서 점수가 1 대 1 동점을 이루고 있다. 홈 팀이 1루와 3루에 주자를 내보냈고 원 아웃 상태이다. 땅볼이 유격수 앞으로 갔다. 유격수는 2루에 공을 던져서 병살을 노렸다. 3루 주자가 점수를 올려서 이제 홈 팀이 2 대 1로 앞서고 있다.

이와 유사한 이야기를 들은 후 참가자들은 '타자가 1루에서 세이프되었다.'라는 문장이 글의 일부였는지를 맞추도록 요구받았다. 이야기를 보면 이 문장이 결코 제시되지 않았다는 것을 알 수 있는데, 야구를 잘 모르는 참가자들은 대부분 정확하게 대답하였다. 그러나 야구 규칙을 아는 참가자들은 그 문장이 제시되었다고 말할 가능성이 더 컸다. 그들이 이렇게 판단한 근거는 다음과 같은 사실에 관해 갖고 있는 자신의 지식인데, 만약 3루 주자가 점수를 올렸다면 병살 플레이가 실패했음이 틀림없으며 이는 타자가 안전하게 1루에 도착했다는 것을 뜻한다. 이 사례에서 알 수 있는 것은, 지식이 야구에서 일어날 가능성이 있는 것에 관해서는 정확한 추론을 초래하지만 글에 제시된 문장에 관해서는 부정확한 추론을 초래한다는 점이다.

도식(schema)
특정 경험에 포함되는 것들에 관한 개인의 지식.

도식과 스크립트 앞선 사례는 사람들의 기억 보고가 자신의 지식에 의해 어떻게 영향받을 수 있는지를 보여준다. **도식**(schema)은 환경의 어떤 양상에 관해 갖고 있는 개인의 지식이다. 예를 들어, 은행에 대한 도식은 은행 건물의 외관, 은행 내부에 줄지어 늘어선 창구, 은행이 제공하는 서비스 등을 포함할 것이다. 우리는 은행에 입금하러 가기, 야구 경기에 가기, 강의실에서 수업 듣기와 같은 다양한 상황을 경험하면서 도식을 발달시킨다.

사람들의 도식이 기억에 어떻게 영향을 미치는지를 연구한 한 실험이 있다. 심리학 실험에 참가하러 온 참가자들은 실험자가 '이전 시간의 참가자가 실험을 완료했는지 확인하려고' 점검하는 동안 연구실에서 기다리도록 요구받았다(**그림** 8.12). 35초 후 참가자들을 다른 방으로 불러서, 그 실험의 목적이 연구실에 관한 기억을 검사하는 것이며 과제는 연구실에 앉아 있는 동안 본 것을 기록하는 것이라고 말했다(Brewer & Treyens, 1981). 참가자들은 자신이 본 것이라고 기억해낸 많은 것을 기록함으로써 반응했는데, 그곳에 없었지만 그들의 '연구실 도식'에 들어맞는 것도 포함시켰다. 예를 들어, 연구실에는 책이 전혀 없었지만 30%의 학생들이 책을 보았다고 보고했다. 즉, 도식의 정보는 우리가 기억해내려고 추론하는 데 있어 지침을 제공할 수 있다. 이 사례에서 그 추론은 틀린 것으로 판명되었다.

스크립트(script)
스키마의 한 유형으로, 특정 활동을 기술하는 일련의 행위 순서에 관한 개념적 지식. 예를 들어, 수업 들으러 가는 것과 관련된 일련의 사건이 '수업 듣기' 스크립트가 된다.

기억 실험에서 도식이 틀린 판단을 어떻게 초래할 수 있는지를 보여주는 다른 사례는 스크립트라고 부르는 유형의 도식과 관련된다. **스크립트**(script)는 특정 경험 도중 통상 일어나는 행위 순서에 관해 우리가 갖고 있는 개념이다. 예를 들어, 여러분의 커피숍 스크립트는 줄

그림 8.12 Brewer와 Treyens(1981)의 참가자들이 실험 시작 전 기다렸던 연구실. 이후 이 연구실에 무엇이 있었는지에 관한 기억을 검사받았다.

출처: W.F. Brewer & J.C. Treyens, Role of schemata in memory for places, Cognitive Psychology, 13,207-230. Copyright 1981, with permission from Elsevier.

을 서기, 바리스타에게 음료와 페이스트리를 주문하기, 페이스트리를 받기, 계산하기, 음료를 기다리며 '픽업' 구역 근처에 서 있는 것으로 구성될 수 있다.

스크립트는 특정 상황에서 통상 발생하는 것에 관한 예상을 촉발시킴으로써 기억에 영향을 미칠 수 있다. 스크립트의 영향을 검증하기 위해 Gordon Bower와 동료들(1979)은 참가자들에게 다음과 같은 짧은 글을 기억하도록 요구하는 실험을 수행했다.

치과 병원

> 빌은 심한 치통을 앓았다. 마침내 치과 병원에 도착할 때까지 통증은 영원할 듯 느껴졌다. 빌은 벽에 붙어 있는 다양한 치과 포스터를 둘러보았다. 마침내 치과위생사가 점검하고 치아 엑스레이 사진을 찍었다. 그는 치과 의사가 무엇을 하는지 궁금했다. 치과 의사는 빌에게 충치가 많다고 말했다. 그는 다음번 예약을 한 후 곧장 병원을 떠났다. (Bower et al., 1979, p.190)

참가자들은 이와 같은 글을 많이 읽었는데, 모든 글이 치과에 가기, 수영하러 가기, 파티에 가기와 같이 친숙한 행위에 관한 것이었다. 지연 기간 후 참가자들은 그들이 읽었던 이야기 제목을 받았고 각 이야기에 관해 기억나는 것을 가능한 한 정확하게 기록하도록 요구받았다. 참가자들이 생성해낸 이야기에는 원래 이야기에 부응하는 자료도 많이 포함되었지만, 원래 이야기에 제시되지 않았어도 기술한 행위의 스크립트에 속하는 자료 역시 포함되었다. 예를 들어, 치과 이야기의 경우, 어떤 참가자들은 '빌이 치과의 접수 담당자에게 접수하였다.'라는 글을 읽었다고 보고했다. 이 말은 대부분 사람들의 '치과에 가기' 스크립트에 속하지만 원래 이야기에는 포함되어 있지 않았다. 즉, 치과 스크립트에 관한 지식이 참가자들에게 원래 제시되지 않았던 정보를 덧붙이게끔 한 것이다. 지식과 기억 간 연결의 또 다른 사례를 다음 '보여주기'에서 살펴보자.

보여주기

목록 기억

다음 목록을 항목당 1초의 속도로 읽어 보라. 그런 다음, 목록을 덮고 가능한 한 많은 단어를 써 보라. 이 실험을 제대로 하기 위해서는, 단어를 반드시 덮어둔 상태로 보지 않고서 기억해낸 단어를 쓰는 것이 중요하다.

침대, 휴식, 각성, 피로, 꿈, 깸, 밤, 담요, 졸음, 수면, 코 골기, 베개, 평화, 하품, 나른함

틀린 회상과 재인 방금 해 본 '보여주기'는 James Deese(1959), 그리고 Henry Roediger와 Kathleen McDermott(1995)의 실험에 근거하는데, 실제로 제시되지 않은 항목이 틀리게 회상되는 것을 보여주려고 고안된 것이다. 여러분이 기억해낸 단어 목록에는 앞서 목록에 있지 않은 단어가 포함되어 있는가? 내가 이 목록을 나의 수업시간에 제시했을 때마다 항상 상당수의 학생들이 '잠'이라는 단어를 기억해냈다고 보고했다. 잠은 목록에 없으므로 이것을 기억해낸 것은 틀린 기억(오기억)이다. 이러한 오기억이 일어나는 이유는 사람들이 잠을 목록에 있는 다른 단어에서 연상해내기 때문이다. 이는 도식 효과와 유사한데, 여기서 사람들은 사무실에서 통상 보이는 것으로부터 사무실 가구를 연상해내기 때문에 존재하지 않는

사무실 가구에 대해 오기억을 생성한다. 결국, 구성적 과정이 기억에서 오류를 생성한다.

이 모든 사례에서 중요한 것은, 오기억이 정확한 기억을 생성하는 것과 동일한 구성적 과정에서 비롯된다는 점이다. 따라서 구성은 기억 오류를 일으킬 수 있는 동시에, 언어를 이해하거나 문제를 해결하거나 결정을 내리는 것과 같은 일을 가능하게 하는 창의성을 제공한다. 이러한 창의성은 또한 정보가 불완전할 때 '빈칸 채우기'에 도움을 준다. 예를 들어, 어떤 사람이 '우리는 야구 경기에 갔다.'라고 말할 때, 여러분은 경기 외에도 무슨 일이 있었는지(예: 야구장에서 흔히 먹는 핫도그나 다른 경기장 음식이 있었을 가능성 등)에 대해 꽤 잘 짐작할 수 있는데, 이는 여러분이 야구 경기에 간 경험을 바탕으로 한 것이다.

자가 테스트

1. 원천 모니터링 오류는 기억이 구성적이라는 본질의 사례를 제공한다. 원천 모니터링과 원천 모니터링 오류가 무엇인지, 그리고 이를 '구성적'이라고 보는 이유를 기술하라. (학습목표 8-1, 학습목표 8-4)
2. '하루아침에 유명해지기' 실험을 기술하라. 이 실험은 원천 모니터링 오류의 한 가지 원인에 대해 무엇을 시사하는가? (학습목표 8-4)
3. 진실 착각 효과를 기술하라. 그것은 왜 발생하는가? (학습목표 8-4)
4. 사람들의 세상사 지식 때문에 기억 오류가 어떻게 발생할 수 있는지를 다룬 다음 예시를 기술하라. (1) Bartlett의 '유령들의 전쟁' 실험, (2) 추론 만들기(실용적 추론, 야구 실험), (3) 스키마와 스크립트(사무실 실험, 치과 실험), (4) 틀린 회상과 재인('잠' 실험). (학습목표 8-4)

8.5 오정보 효과

오정보 효과(misinformation effect) 어떤 사람이 사건을 목격한 후 제시받은 오정보가, 그 사람이 나중에 그 사건을 어떻게 기술하는지를 변화시키는 현상.

사후 오도 정보(misleading postevent information: MPI) 오정보 효과를 유발하는 오정보.

우리는 여러 가지 이유로 인해 기억 체계가 오류에 취약하다는 점을 살펴보았다. 이 절에서는 그 문제를 더 깊이 탐구하는데, 먼저 **오정보 효과**(misinformation effect)라는 현상부터 시작한다. 오정보 효과란, 어떤 사람이 사건을 목격한 후 제시받은 오정보(틀린 정보)가 그 사건을 나중에 어떻게 서술하는지에 영향을 미치는 현상을 말한다. 이러한 오정보를 **사후 오도 정보**(misleading postevent information: **MPI**)라고 부른다.

Elizabeth Loftus와 동료들(1978)의 실험은 전형적인 MPI 절차를 보여준다. 참가자들은 한 자동차가 정지신호 앞에서 멈춘 후 코너를 돌다가 보행자를 치는 일련의 슬라이드를 보았다. 그 후 어떤 집단의 참가자들은 여러 질문에 대답했는데, 이 질문 가운데에는 '빨간색 포드 차가 정지신호 앞에서 멈췄을 때 다른 차가 지나갔는가?'라는 질문이 들어 있었다. 다른 집단 참가자들(MPI 집단)은 앞선 정지신호 질문에서 '정지신호' 단어 대신 '양보신호' 단어로 대체된 질문을 받았다. 그 후 참가자들은 앞선 슬라이드 쇼에서 보았던 사진들과 전혀 보지 않았던 사진들을 제시받았다. 양보신호 앞에서 정지한 차의 사진(실제로는 보지 않았다)을 보았다고 말할 확률이 MPI에 노출되지 않았던 참가자들보다 MPI 집단 참가자들에게서 더 컸다. MPI가 초래한 이러한 기억의 변화는 오정보 효과를 보여준다.

MPI의 제시는, 참가자가 보았다고 보고한 것뿐만 아니라 상황의 다른 특성에 관한 결론 역시 변화시킬 수 있다. 예를 들어, Loftus와 Steven Palmer(1974)는 참가자들에게 자동차 충돌 영상(**그림** 8.13)을 보여준 후, 다음 두 질문 가운데 한 질문을 하였다. (1) '차들이 박살 나도록 서로 들이받았을(smashed) 때 얼마나 빨리 가고 있었는가?' 또는 (2) '차들이 서로 부딪혔

그림 8.13 Loftus와 Palmer(1974)의 실험에서 참가자들이 본 자동차 충돌 장면. 이후 충돌에 대해 암시적 질문을 받았다.

을(hit) 때 얼마나 빨리 가고 있었는가?' 비록 두 집단이 동일한 사건을 보았지만, 평균 속도 추정치가 '들이받았다(smashed)'라는 단어를 들었던 참가자들의 경우에는 약 시속 66km였던 반면, '부딪혔다(hit)'라는 단어를 들었던 참가자들의 경우에는 약 시속 55km였다. 기억 연구에서 더 흥미로운 것은, 영상을 본 지 1주일 후 Loftus가 물었던 '부서진 유리창을 보았는가?'라는 질문에 대한 참가자들의 반응이었다. 비록 영상에는 부서진 유리창이 없었지만 부서진 유리창을 보았다고 보고한 비율이 '들이받았다(smashed)' 집단의 경우 32%였던 반면, '부딪혔다(hit)' 집단의 경우 14%에 불과했다(Loftus, 1993a, 1998 참고).

방법

사후 오도 정보 제시하기

사후 오도 정보(MPI)를 제시하는 실험의 통상적 절차에서는 먼저 기억해야 할 자극을 제시한다. 예를 들어, 이 자극은 단어 목록 또는 사건의 영상일 수 있다. 그다음 기억을 검사하기 전 MPI가 한 집단의 참가자들에게는 제시되고 통제집단에게는 제시되지 않는다. 다음에 보겠지만, MPI는 흔히 자연스럽게 보이는 방식으로 제시되므로 참가자들은 자신이 오도될 것이라는 생각이 들지 않는다. 그러나 앞으로 보겠지만 사후 정보가 부정확할 수도 있다는 말을 들을 때조차도 이 정보의 제시는 여전히 기억 보고에 영향을 미칠 수 있다. MPI의 효과는, 이러한 오정보를 받은 참가자들의 기억 보고를 받지 않은 참가자들의 기억 보고와 비교함으로써 밝혀진다.

오정보 효과에 관한 한 가지 설명은 원천 모니터링 개념에 근거를 둔다. 원천 모니터링 관점에 따르면, 사람들은 부정확한 사건(양보신호)에 관한 기억의 원천이 슬라이드 쇼였다고 틀린 결론을 내렸는데, 실제 원천은 슬라이드 쇼가 끝난 후 이루어진 실험자의 진술이었다.

원천 모니터링과 MPI를 다룬 Stephen Lindsay(1990)의 다음 실험은, MPI에 노출된 참가자들이 단지 암시만 받았던 것을 보았던 것으로 실제로 믿는지를 조사하였다. Lindsay의 참가자들은 처음에 정비공이 돈과 컴퓨터를 훔치는 것을 보여주는 일련의 슬라이드를 보았다(**그림** 8.14). 이 슬라이드 제시는 여성의 내레이션을 수반했는데, 여성은 슬라이드가 제시될 때 일어난 것을 단순히 기술하기만 하였다. 그 후 참가자들을 두 집단으로 나누었다.

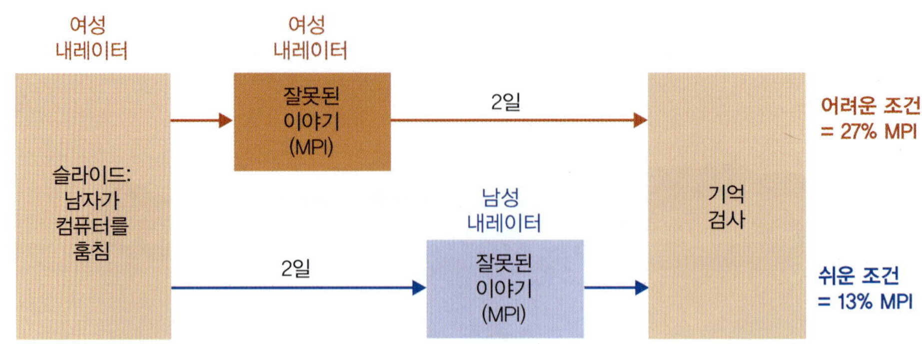

그림 8.14 Lindsay와 동료들(1990)의 실험 설계와 결과.

어려운 조건의 참가자들은 슬라이드 제시를 본 직후 잘못된 이야기를 들었다. 이 이야기는 슬라이드 쇼를 설명한 바로 그 여성이 읽어 주었다. 예를 들어, 참가자들이 슬라이드 쇼를 보았을 때 그들은 폴저스 커피를 보았지만 잘못된 이야기는 커피가 맥스웰하우스라고 말했다. 이틀 후 참가자들은 슬라이드 쇼에 관한 기억 검사를 받기 위해 실험실로 다시 왔다. 검사 직전 그들은 슬라이드 쇼 직후에 들었던 이야기에 오류가 있었고 기억 검사를 받을 때 이야기의 그 정보를 무시해야 한다는 안내를 받았다.

쉬운 조건의 참가자들 역시 잘못된 이야기를 들었지만 슬라이드 쇼를 본 지 이틀 후 들었는데, 바로 기억 검사를 받기 직전이었다. 게다가 이야기를 남성이 읽어 주었다. 어려운 조건 집단과 마찬가지로 이 참가자들 역시 이야기에 제시된 그 정보를 무시하라는 안내를 받았다.

어려운 조건의 절차에서는 잘못된 이야기와 슬라이드 쇼를 혼동하기 쉬웠는데, 그 이유는 이 일들이 연이어 일어났고 둘 다 여성이 읽어 주었기 때문이다. 그 결과에 따르면 어려운 조건 참가자들의 경우 27%의 반응이 잘못된 이야기의 부정확한 정보에 부합하는 것이었다. 그러나 쉬운 조건에서는 슬라이드 쇼와 잘못된 이야기를 분리하기 쉬웠는데, 그 이유는 이 일들이 이틀이나 떨어져서 일어났고 읽은 사람들이 서로 달랐기 때문이다. 쉬운 조건 참가자들의 경우 13%의 반응만이 부정확한 정보에 부합하였다. 결국, 원천 모니터링 오류(잘못된 이야기의 정보를 포함하는 것)는, 슬라이드 쇼에서 제시된 정보와 잘못된 이야기의 차이를 구별하기가 더 어려운 조건에서 더 크게 나타났다.

방금 기술한 실험은 실험자의 암시가 최근 제시된 사건에 대한 사람들의 기억 보고에 영향을 미칠 수 있음을 보여준다(Loftus의 자동차 충돌 영화, Lindsay의 강도 사건 슬라이드 제시). 그러나 실험자의 암시 효과가 가장 극적으로 드러나는 사례는, 암시로 인해 사람들이 실제로는 일어나지 않았던 어린 시절 사건을 '기억해내는' 경우이다.

8.6 삶의 사건에 대한 기억 생성

암시(suggestion)가 아동기 사건에 대한 기억에 미치는 영향을 많은 실험이 밝혔다.

유아기 기억상실증

다음 두 가지 질문을 생각해 보라.

1. 여러분의 가장 오래된 아동기 기억은 무엇인가?
2. 그 사건이 실제로 일어났다는 것을 어떻게 아는가? 그리고 그것이 일어났음을 기억한

다고 생각하는 근거는 무엇인가?

아동기 기억에 영향을 줄 수 있는 요인을 살펴보기 전에 먼저 인간 기억의 자연적 발달을 살펴볼 것이다. 대부분의 성인은 만 3세 이전의 아동기에 대한 기억을 갖고 있지 않다. 이 현상을 **유아기 기억상실증**(infantile amnesia)이라고 부른다. 이 장의 후반부에서 다루게 될 다른 형태의 기억상실증과 달리, 유아기 기억상실증은 발달의 정상적인 일부이다. 여러 이론이 이러한 초기 아동기의 예상되는 기억 결함을 설명하고자 한다. 예를 들어, 해마와 전전두피질이 기억에 핵심적인 영역이지만 유아기 동안 완전한 수준으로 발달하지 않는다. 언어, 인지 발달, 사회적 영향 같은 다른 심리학적 요인도 원인이 될 수 있다. 자서전기억은 기능적으로 만 5~6세경에 발달한다(Lerner et al., 2015). 나이 든 아동은 만 2세 무렵의 사건을 기억할 수 있지만, 이러한 기억은 나이가 들수록 점차 사라지는 경향이 있다(Tustin & Hayne, 2010). 따라서 어린 나이에 기억이 약호화되더라도 사춘기와 성인기에 접어들면서 점차 소멸될 가능성이 크다.

유아기 기억상실증
(infantile amnesia)
영아기 및 초기 유년기 기억을 회상할 수 없는 현상으로서, 정상적인 발달의 일부로 간주된다.

이제 앞의 두 가지 질문으로 되돌아가 보자. 여러분의 가장 오래된 아동기 기억은 무엇인가? 만약 그것이 유아기 기억상실증(만 3세) 이후, 그리고 자서전기억이 작동하게끔 발달하는 시기(만 5~6세) 이후의 사건이라면 비교적 신뢰할 만한 기억일 수 있다. 그러나 두 번째 질문도 고려해야 한다. 그 사건이 실제로 일어났음을 어떻게 아는가, 그리고 그것의 발생을 기억한다고 생각하는 근거는 무엇인가? 여러분이 아동기의 기억을 떠올릴 때, 실제로 그 경험을 기억하는 것인가, 아니면 다른 것을 기억하는 것인가? 예를 들어, 여러분의 가장 초기 아동기 기억이 아버지가 그네를 밀어 주던 장면이라고 하자. 여기에는 반드시 고려해야 할 몇 가지 가능성이 있다.

1. 실제로 그 사건을 정확하게 기억하고 있다.
2. 사진을 보거나, 비디오를 보거나, 이야기를 들음으로써 그 사건을 재생했던 경험을 기억하고 있다. 원래 사건 자체를 기억하는 것은 아니다.
3. 사진, 비디오, 이야기 등을 통해 재생했던 경험을 '기억'한다. 그러나 그 사건은 실제로는 여러분이 아닌 다른 사람에게 일어난 일이다.
4. 여러분의 아동기에 대해 알고 있는 것에 근거해서 있음직한 사건을 '기억'한다. 그러나 그 사건은 실제로는 일어나지 않았다.
5. 나중에 제시받은 정보(의도적이든 우연이든)에 근거해서 사건을 '기억'한다. 이 새로운 정보가 오기억을 만들어낸 것이다.

이러한 '사고 실험(thought experiment)'은 사람들에게 혼란스럽고 어려울 수 있다. 우리는 자신의 기억이 신뢰할 만하다고 믿고 싶은데, 실제로 얼마나 많은 정보를 망각하는 경향이 있는지 알고 있음에도 불구하고 그러하다. 그러나 기억의 한계를 인정하는 것이 중요하다.

아동기 기억 생성

어떤 사람이 실험에 참여해서 자신의 아동기에 일어난 사건에 관해 이야기를 듣는다고 상상해 보자. 실험자는 오래전 일어난 사건을 간단히 설명하고, 참가자에게 그 사건에 대해 더 자세히 말해 보라고 요구한다. 참가자는 그 사건이 자신에게 일어난 일임을 논리적으로 인식하는데, 그 이유는 실험자가 부모로부터 구한 설명을 제시했기 때문이다. 따라서 참가자는 자신이 그 사건에 대해 기억하는 것을 기술할 수 있고, 때로는 추가적인 세부 사항을 제시하기도 한다.

그러나 갑자기 참가자는 당황하게 되는데, 그 이유는 자신이 기억하지 못하는 사건을 실험자가 기술했기 때문이다. 예를 들어, 여기 한 가지 사례가 있는데, Ira Hyman Jr.와 동료들(1995)의 실험에서 결코 일어나지 않은 거짓 사건이 실험자(E)에 의해 참가자(P)에게 제시되었을 때 이루어진 대화이다.

E: 당신은 여섯 살 때 결혼식 피로연에 참석했는데, 다른 아이들과 뛰어다니다가 탁자에 부딪혀 펀치볼을 신부 부모님 중 한 분에게 엎지른 적이 있습니다.
P: 전혀 모르겠는데요. 그런 얘기는 들어본 적이 없어요. 여섯 살 때라고요?
E: 예.
P: 전혀 모르겠는데요.
E: 세부적인 내용이 생각나지 않습니까?
P: 여섯 살이었으면 우리가 스포캔(Spokane)에 살았을 텐데요……. 음, 전혀 생각나지 않네요.
E: 알겠습니다.

그러나 이틀 후 진행된 두 번째 면접에서 참가자는 다음과 같이 반응했다.

E: 다음 사건은 당신이 여섯 살 때 결혼식에 참석했을 때입니다.
P: 그 결혼식은 스포캔에서 가장 친한 친구, 아마 이름이 T로 시작되는데, 그녀의 손위 오빠의 결혼식이었어요. 장소는 여기 워싱턴주의 P로 시작하는 곳이었는데, 그곳이 그녀 가족의 고향이었기 때문이에요. 바깥이 무척 더웠던 것으로 보아 여름이나 봄이었고, 물가 바로 옆이었어요. 야외 결혼식이었는데. 우리가 여기저기 뛰어다니다가 펀치볼 같은 것을 쓰러뜨려서 엉망으로 어질러 놓았던 것 같아요. 그래서 당연히 야단을 맞았지요.
E: 더 생각나는 것은 없습니까?
P: 아니요.
E: 수고했습니다.

참가자의 반응에서 가장 흥미로운 것은, 처음에는 결혼식이 기억나지 않았는데 두 번째에는 그것을 기억해냈다는 점이다. 명백한 점은, 그 사건에 관해 들은 후 상당한 시간이 경과해서 그 사건이 오기억으로 떠오르게 되었다는 것이다. 이는 친숙성으로 설명할 수 있다. 결혼식에 관한 두 번째 면접에서 질문을 받았을 때, 참가자는 앞서 노출되어 생긴 결혼식에 대한 친숙성 때문에 그 결혼식을 실제 일어난 것으로 간주하게 된 것이다.

또 다른 아동기 기억 실험에서 Kimberley Wade와 동료들(2002)은 참가자들에게 가족이 제공한 어린 시절 사진(4~8세 무렵 생일 파티, 휴가와 같은 다양한 사건의 사진)을 보여주었다.

그림 8.15 Wade와 동료들(2002)의 열기구 실험에서 자극 생성 방법. 왼쪽 이미지를 포토샵으로 합성해 아이와 아버지가 열기구를 탄 것처럼 보이게 하였다.

출처: Psychonomic Bulletin & Review.

그리고 실제로는 일어난 적이 없지만 포토샵으로 조작한 사진도 보여주었는데, 그것은 열기구를 타고 있는 장면이었다(**그림 8.15**). 참가자들은 사진을 보고 그 사건에 관해 기억해낸 것을 기술하도록 요구받았다. 만약 기억이 나지 않으면, 눈을 감고 그 사건에 참여하는 것을 마음속으로 그려 보라고 지시받았다.

참가자들은 실제 사건은 쉽게 회상했지만 열기구 탑승은 처음에는 회상하지 못했다. 그러나 상상을 하고 추가 질문을 받은 뒤에는 35%의 참가자들이 열기구 탑승을 '기억'했고, 두 번의 추가 면접 이후에는 50%의 참가자들이 열기구 탑승 경험을 상세하게 설명했다. 이는 결혼식 피로연에서 펀치볼을 엎질렀다고 암시받았던 실험과 유사한 결과이다. 이러한 연구들은 사람들이 실제로는 일어나지 않았던 아동기 사건을 경험했다고 믿도록 유도될 수 있음을 보여준다(Nash et al., 2017; Scorbia et al., 2017).

오기억 연구의 법적 함의

1990년대에, 치료를 받던 여성들이 이른바 억압된 아동기 기억(repressed childhood memory), 즉 의식에서 밀려난 기억을 되찾는 경험을 했다는 이유로 큰 주목을 받은 재판이 여러 차례 열렸다. 일부 치료자들이 제안한 가설에 따르면, 억압된 아동기 기억이 심리적 문제를 유발할 수 있으며 환자의 문제를 치료하는 방법은 그 기억을 인출해내도록 하는 것이다. 이를 위해 최면(hypnosis), 심상 유도(guided imagery), 강한 암시(strong suggestion) 등 기억을 '되살려내기' 위한 다양한 기법이 사용되었다.

억압된 아동기 기억(repressed childhood memory) 의식 바깥으로 밀려난 아동기의 기억.

그중 한 사례가 섭식장애 치료를 받던 19세 홀리(Holly)였다. 그녀는 치료과정에서 치료자로부터 자신의 장애가 성적 학대 때문일 수 있다는 암시를 받았다. 이후 이어진 치료 과정에서 추가적 암시가 더해지자, 홀리는 어린 시절 아버지 게리 라모나(Gary Ramona)로부터 반복적으로 성적 학대를 받았다고 확신하게 되었다. 홀리의 고발로 인해 라모나는 연봉 40만 달러의 임원직을 잃고, 평판과 친구들, 세 딸과의 관계까지 모두 잃었다. 라모나는 딸의 마음속에 치료자들이 기억을 심어 주었다고 주장하며 치료자들을 상대로 의료 과실 소송을 제기했다. 재판에서 Elizabeth Loftus와 다른 인지심리학자들은 오정보 효과(misinformation effect)와 오기억 이식(implanting false memory) 연구를 제시하며, 암시가 실제로는 일어나지 않은 과거 사건에 대한 오기억을 만들어낼 수 있음을 보여주었다(Loftus, 1993b). 결국 라모나는 치료자들을 상대로 50만 달러의 배상 판결을 받았다. 이 사건은 기억이 암시에 의해 영향을 받을 수 있음을 부각시켰는데, 이후 '회복된 기억' 증거에 기반한 몇몇 형사 판결들이 뒤집히기도 했다.

게리 라모나 사건과 같은 사례들이 제기하는 문제는 복잡하고 충격적이다. 성적 학대는 결코 축소되거나 무시되어서는 안 되는 심각한 문제이다. 그러나 동시에, 고발이 정확한 정보에 근거해야 한다는 점도 중요하다. 미국심리학회(American Psychological Association: APA) 아동학대 기억 조사 실무단(Working Group on Investigation of Memories of Childhood Abuse)의 보고서는 다음과 같은 결론을 내렸다.

1. 아동기에 성적으로 학대당한 대부분의 사람들은 자신에게 일어난 일의 전부 또는 일부를 기억한다.
2. 오랫동안 망각되었던 학대 기억이 다시 떠오를 수 있다.
3. 실제로는 일어나지 않은 사건에 대해서도 설득력 있는 유사 기억(pseudo-memories)을 만들어낼 수 있다.

APA와 여러 연구자들은 치료자와 사법체계 관계자가 이러한 연구 결과를 교육받아야 하며, 기억된 내용과 실제 일어난 일 사이의 관계가 때때로 매우 불안정할 수 있다는 점을 인식해야 한다고 제안한다(Howe, 2013; Lindsay & Hyman, 2017; Nash et al., 2017).

8.7 목격자 증언에 왜 오류가 발생할까?

목격자 증언
(eyewitness testimony)
범죄가 저질러지는 동안 목격한 내용을 범죄 목격자가 증언하는 것.

기억 연구가 형사 사법제도와 어떤 관련이 있는지를 다루는 주제의 연장선상에서 이제는 **목격자 증언**(eyewitness testimony) 쟁점을 살펴볼 것이다. 목격자 증언은 범죄를 목격한 사람의 증언이다. 배심원의 관점에는 목격자 증언이 매우 중요한 증거인데, 왜냐하면 그것은 범죄 현장에 있었던 사람들이 자신이 본 것을 정확하게 보고하려고 최선을 다한다고 가정되기 때문이다.

목격자 증언을 인정하는 근거는 다음 두 가지 전제이다. (1) 목격자는 발생한 것을 뚜렷하게 볼 수 있다. (2) 목격자는 자신이 본 것을 기억해내어 범인과 발생한 사건을 정확하게 기술할 수 있다. 그렇다면 목격자의 설명과 식별은 얼마나 정확할까? 지각, 주의, 기억에 대해 알고 있는 바에 비추어 보았을 때 이 질문에 대한 대답은 무엇일까? 연구는 목격자의 설명이 이상적인 조건에서 수행되지 않는 한 그다지 정확하지 않다는 것을 보여준다. 불행히도 '이상적인 조건'이 항상 발생하는 것은 아니며, 잘못된 목격자 식별로 많은 무고한 사람들이 유죄 판결을 받은 사례가 상당히 존재한다.

목격자 식별 오류

미국에서는 목격자 증언의 오류로 인해 무고한 사람이 유죄 판결을 받은 사례가 많다. 2023년 기준으로, DNA 증거의 사용으로 잘못된 유죄 판결을 받은 575명이 무죄를 선고받았다(Innocence Project, 2023). 이들 사건의 대부분은 목격자 증언이 개입되어 있었다(Quinlivan et al., 2010; Scheck et al., 2000).

배심원은 기억의 정확성에 대한 잘못된 통념을 법정 안으로 가져오며, 많은 판사와 법 집행관 또한 이러한 통념을 공유한다(Benton et al., 2006; Howe, 2013). 따라서 첫 번째 문제는, 배심원이 기억에 관한 기초적 사실을 알지 못한다는 점이다. 또 다른 문제는, 목격자가 증언의 기초로 삼는 관찰이 흔히 범죄 현장에서 발생하는 이상적이지 않은 조건이나 이후 경찰과의 대화 도중 이루어진다는 것이다. 이제 이러한 오류가 생성될 수 있는 몇 가지 상황을 살펴보겠다.

지각과 주의와 관련된 오류

목격자가 애초에 사건을 제대로 지각하지 못했다면 당연히 목격자 보고는 부정확하다. 실험실에서 참가자들이 주의를 집중하라는 지시를 받았음에도 식별이 어렵다는 사실을 보여주는 방대한 증거가 있다. 몇몇 연구자들은 참가자들에게 실제 범죄나 연출된 범죄의 영상을 보여준 뒤, 여러 얼굴 사진, 즉 사진 라인업에서 범인을 고르도록 했다. 한 연구에서 참가자들은 총기범이 8초간 등장하는 CCTV 영상을 본 뒤 사진 라인업에서 범인을 선택하라는 요구를 받았다. 모든 참가자가 총기범이라고 생각하는 사람을 골랐지만, 실제 범인의 사진은 사진 라인업에 없었다(Wells & Bradfield, 1998; Kneller et al., 2001 참고).

이러한 연구는 범죄 영상 시청 후 누군가를 정확히 식별하는 것이 얼마나 어려운지, 그리고 실제로 범인이 사진 라인업에 없어도 누군가를 반드시 지목하려고 하는 경향이 얼마나 강한지를 보여준다. 실제 범죄 상황에서 발생하는 여러 요소를 고려하면 상황은 더욱 복잡해진다. 범죄를 목격할 때는 정서가 고양되는 경우가 많으며, 이는 무엇에 주의를 기울이는지 그리고 나중에 무엇을 기억하는지에 영향을 미칠 수 있다.

무기에 주의를 집중함으로써 주의가 좁아지는 경향을 **무기 초점화**(weapon focus)라고 한다. 이에 관한 연구에서, Claudia Stanny와 Thomas Johnson(2000)은 참가자들이 연출된 모의 범죄 영상의 세부 사항을 얼마나 잘 기억하는지를 조사했다. 그 결과, 참가자들은 총이 발사된 '발사' 조건보다 총이 있었지만 발사되지 않은 '비발사' 조건에서 범인, 피해자, 무기에 대한 세부 사항을 더 잘 기억했다. 총이 발사된 경우, 그 사실이 다른 중요한 사건 요소에 대한 목격자의 주의를 분산시키는 것으로 보인다.

무기 초점화(weapon focus)
범죄 현장의 목격자가 무기에 주의를 집중하게 되어서 그 밖에 발생하는 다른 것들에 관한 기억이 빈약해지는 현상.

지각과 목격자 증언: 프란시스코 카리요 사례

1991년 1월, 캘리포니아 린우드에서 한 아버지가 다섯 아들을 집으로 불러들이기 위해 밖에 나갔다. 대화를 나누던 중 천천히 다가온 한 차량의 조수석 창문에서 손이 나왔고, 아버지는 총에 맞아 즉사했는데, 아들들은 다치지 않았다. 당시 17세였던 프란시스코 카리요(Francisco Carrillo)가 주요 용의자가 되었다. 총도 없었고 차량도 특정되지 않았으며 운전자도 확인되지 않았음에도 불구하고 카리요는 1급 살인 혐의로 재판에 넘겨졌다. 다섯 아들은 모두 목격자로 나와서 그를 라인업에서 범인으로 지목했고, 이로 인해 그는 종신형을 선고받고 폴섬 교도소에 수감되었다.

그러나 카리요 사건에는 수많은 문제가 있었다. 범행 현장과 그를 연결하는 확실한 증거가 없었는데, 그의 알리바이는 한 부모의 허위 진술로 무너졌다. 검찰 측 사건의 핵심은 목격자 증언에 의존하고 있었다. 카리요의 변호인은 원심 판결에 항소했다.

항소 과정에서 카리요의 변호인단은 기억, 지각, 목격자 증언의 불완전성을 밝히기 위해

그림 8.16 프란시스코 카리요. 20여 년간의 억울한 수감 후 무죄가 입증되었는데, 원래의 유죄판결은 목격자 증언에 크게 의존했다. 이후 목격자들이 확신을 갖고 진술한 것을 실제로는 지각하거나 기억할 수 없었음을 전문가들이 밝혀내어 석방되었다.

법의학 신경생리학자 Scott Fraser를 참여시켰다(Fraser, 2012). 과학적 조사와 현장 검증을 통해, Fraser는 범행 현장에서의 명확한 가시성에 대한 주장을 반박했다. 목격자의 주장과 달리, 그는 조명 조건으로 인해 일정 거리 이상에서는 신원을 식별할 수 없음을 입증했다. Fraser의 전문적 분석은 목격자 증언의 정확성에 의문을 제기했으며 판사는 재심을 허가했다.

결국 카리요는 재심을 받지 않았고 항소에 성공하여 석방되었다. **그림** 8.16에 보이듯이, 프란시스코 카리요는 자신이 저지르지 않은 범죄로 20년 넘게 수감된 후 2011년에 석방되었다. 이는 결코 유별난 법률사건이 아니다. 오히려 이 사건은 목격자 증언에 의존할 때 얼마나 신중해야 하는지, 그리고 형사 재판에서 과학적 엄밀성이 얼마나 중요한지를 보여주는 대표적 사례이다. Scott Fraser와 같은 전문가의 헌신을 통해 부당한 판결은 시정될 수 있으며, 우리 사법 시스템의 결함이 드러날 수 있다.

친숙성으로 인한 오식별

범죄는 범인과 피해자뿐만 아니라 무고한 주변인까지 흔히 포함한다. 이러한 주변인은 목격자 증언에 또 다른 차원을 더하는데, 그 이유는 주변인이 다른 맥락에 기인한 친숙성 때문에 범인으로 잘못 지목될 수 있기 때문이다. 이는 원천 모니터링 오류의 한 사례이다.

Ross와 동료들(1994)은 친숙성과 목격자 증언에 관한 실험실 연구를 수행했는데, 참가자들을 두 집단으로 나누었다. 실험집단의 참가자들은 학생들에게 글을 읽어 주는 남성 교사의 영상을 보았고, 통제집단의 참가자들은 학생들에게 글을 읽어 주는 여성 교사의 영상을 보았다. 그 다음 두 집단 참가자들은 여성 교사가 강도를 당하는 영상을 보았고 사진 스프레드에서 강도를 지적하도록 요구받았다. 사진에는 실제 강도가 포함되지 않았지만 강도를 닮은 남성 교사가 포함되었다. 그 결과, 실험집단 참가자들은 통제집단 참가자들보다 남성 교사를 범인으로 지적할 확률이 세 배나 더 컸다. 실제 강도의 얼굴이 사진 스프레드에 포함되었을 때조차도 실험집단 참가자들의 18%가 교사를 지적하였는데, 이에 비해 통제집단은 10%였다. 이는 친숙성이 어떻게 기억 오류를 초래할 수 있는지를 보여주는 또 다른 사례이다 (268, 277쪽 참조).

암시에 기인한 오류

오정보 효과에 관해 우리가 알고 있는 것으로 미루어볼 때, 경찰관이 목격자에게 '당신은 그 흰색 차를 보았습니까?'라고 묻는 것이 목격자의 추후 증언에 영향을 미칠 수 있다는 것은 명확하다. 그러나 피암시성은 보다 미묘한 수준에서도 작동할 수 있다. 다음과 같은 상황을 생각해 보라. 범죄 목격자가 일방경 너머로 용의자 대열에 줄지어 선 여섯 명의 남성을 바라보고 있다. 경찰관이 묻는다. '이 남성들 가운데 누가 범행을 저질렀습니까?' 이 질문에서 무엇이 잘못되었는가?

앞서 경찰관 질문의 문제는 범인이 이들 중에 들어 있다는 것을 암시한다는 점이다. 이러한 암시로 인해 목격자가 아마도 다음과 같은 유형의 추리를 사용하여 누군가를 지적할 기회가 증가한다. '자, 저 수염 난 녀석이 다른 누구보다도 강도처럼 보이네. 그렇다면 아마도 저 녀석일 거야.' 물론, 강도처럼 보이는 것과 실제로 강도인 것은 별개의 문제인데, 결과는 무고한 사람을 범인으로 신원 오인하는 것이 될 수 있다. 과제를 제시할 때 더 나은 방식은, 범죄 용의자가 이 대열에 들어 있을 수도 있고 그렇지 않을 수도 있다는 것을 목격자가 알게끔 하는 것이다.

실제 범죄 사례의 기록에서 발췌한 또 다른 상황이 다음에 제시되었는데, 여기서 암시가 어떤 역할을 했을 가능성이 있다.

> 범죄 목격자: (용의자 대열을 보고 있다) 오, 저런……, 모르겠네요. ……저 두 사람 중 하나인데……. 하지만 모르겠어요……. 아, 이봐요……. 2번보다 조금 더 컸는데……. 저 둘 중 하나인데, 잘 모르겠어요. (30분 후 목격자는 정렬을 여전히 바라보면서 판단을 내리는 데 어려움을 겪고 있다) 모르겠네요. ……2번인가?
>
> 경찰관: (용의자 대열을 정리하며) 좋습니다.
>
> 수개월 후 법정에서: 당신은 2번이라고 확신합니까? 틀림없습니까?
>
> 목격자: 틀림없습니다. 완전히 확신합니다. (Wells & Bradfield, 1998)

이 시나리오의 문제는, 경찰관의 '좋습니다.'라는 반응이 목격자가 혐의자를 정확하게 식별했다고 생각하게끔 영향을 미칠 수 있었다는 데 있다. 그래서 목격자의 처음에는 불확신했던 반응이 '완전히 확신하는' 반응으로 바뀌었다.

Gary Wells와 Amy Bradfield(1998)는 참가자들에게 실제 범죄의 비디오를 보도록 한 후 실제로는 범인의 사진이 들어 있지 않은 사진 라인업에서 범인을 찾아내도록 요청했다. 모든 참가자들이 사진 중 하나를 선택했고, 그 선택 후 목격자 역할을 수행하던 참가자들은 실험자로부터 긍정적 피드백('좋습니다. 혐의자를 찾아냈습니다.')을 받거나, 피드백이 없거나, 아니면 부정적 피드백('실제로, 혐의자는 __번이었습니다.')을 받았다. 잠시 후 참가자들은 자신의 식별에 대해 얼마나 확신하는지 질문을 받았다. 그림 아래에 나와 있는 결과에 따르면, 긍정적 피드백을 받은 참가자들은 자신의 선택을 더욱 확신하였다.

이처럼 식별 후 긍정적 피드백에 기인한 확신도의 증가를 **식별 후 피드백 효과**(post-identification feedback effect)라고 부른다. 이 효과는 형사사법 제도에서 심각한 문제를 야기하는

식별 후 피드백 효과(post-identification feedback effect) 경찰 라인업 등에서 범인 식별 후 긍정적 확증 피드백을 받았을 때 자신의 기억 회상에 대한 확신이 증가하는 현상.

데, 그 이유는 목격자들이 자신의 판단에 대해 확신하는 정도가 배심원들에게 큰 영향을 미치기 때문이다. 따라서 잘못된 목격자 판단은 엉뚱한 사람을 범인으로 지적하는 결과를 초래할 수 있으며, 식별 후 피드백 효과는 자신의 판단이 올바르다는 목격자의 확신을 더 크게 증가시킬 수 있다(Douglass et al., 2010; Luus & Wells, 1994; Quinlivan et al., 2010; Wells & Quinlivan, 2009).

질문 도중 기억이 암시에 더 취약해진다는 사실은, 목격자에게 암시 주는 것을 막기 위해 철저한 예방책을 취할 필요가 있다는 것을 뜻한다. 그러나 이러한 주의가 종종 지켜지지 않았지만, 상황을 개선하기 위해 일부 조치가 취해져 왔다.

목격자 증언을 개선하기 위한 노력

부정확한 목격자 증언의 문제를 시정하기 위한 첫 번째 단계는 문제가 존재한다는 사실을 인식하는 것이다. 이는 주로 기억 연구자, 변호사, 부당하게 유죄 판결을 받은 사람을 위한 조사자의 노력을 통해 이루어졌다. 다음 단계는 구체적인 해결책을 제안하는 것이다. 인지심리학자들이 제안한 두 영역이 정렬 절차와 면접 절차이다.

정렬 절차 용의자 대열은 신원 오인을 일으키는 것으로 악명이 높다. 몇 가지 권장 사항은 다음과 같다.

1. **용의자 대열에서 범인을 지적하도록 목격자에게 요구할 때 이 안에 범인이 없을 수도 있다는 점을 목격자에게 알리라.**
2. **용의자 대열을 구성할 때 혐의자와 유사한 '보충 인물(fillers)'을 포함하도록 하라.** 유사성을 높이면 실제 범인 식별을 놓치는 결과를 초래할 수 있지만 무고한 사람을 잘못 지목하는 오류를 크게 감소시키는데, 특히 범인이 용의자 대열 내에 없을 때 그러하다(Lindsay & Wells, 1980; Charman et al., 2011).
3. **'블라인드(blind)' 용의자 정렬 집행관을 배치해야 한다.** 즉, 누가 용의자인지 모르는 사람이 대열을 관리해야 한다. 이는 정렬을 관리하는 사람의 예상이 결과에 영향을 미칠 가능성을 줄인다.
4. **목격자가 범인을 지목할 때 지목과 동시에 자신의 확신 정도를 평가하도록 해야 한다.** 연구에 따르면, 식별 당시 측정된 높은 확신은 보다 정확한 식별과 관련이 있지만(Wixted et al., 2015), 이후 재판 시점에서의 확신은 목격자의 정확성을 신뢰할 수 있는 지표가 아니다(National Academy of Sciences, 2014).

인지적 면접(cognitive interview) 범죄 현장 목격자를 면접할 때 사용되는 절차로서, 면접자가 최소한의 개입만 하고 목격자가 자유롭게 이야기하도록 하는 절차. 아울러 목격자가 범행 현장의 상황을 재현하도록 돕는 다양한 기법을 활용하는데, 예를 들어 당시 현장을 떠올려 그 속에 자신을 다시 놓아보게 하거나, 그때 느꼈던 감정, 시선의 방향, 서로 다른 관점에서 그 현장이 어떻게 보였을지를 재구성하게 하는 등의 방법을 포함한다.

면접 기법 목격자에게 암시를 주는 것('좋습니다. 당신은 혐의자를 찾아냈습니다.')이 오류를 초래할 수 있다는 것을 이미 살펴보았다. 이러한 문제를 피하기 위해 인지심리학자들은 **인지적 면접**(cognitive interview)이라고 부르는 면접 절차를 개발했다. 이 절차에서는 목격자가 최소한 방해 없이 자유롭게 말하도록 하며, 또한 목격자가 범행 현장의 상황을 떠올리고 재구성할 수 있도록 돕는 다양한 기법을 활용한다. 예를 들어, 당시 느꼈던 감정, 시선의 방향, 다른 관점에서 보았을 때 그 현장이 어떻게 보일지와 같은 것을 되살리도록 하는 것이다(Memon et al., 2010).

인지적 면접 기법의 중요한 특징은, 이 기법이 면접관에 의한 암시적 입력의 가능성을 감

그림 8.17 Nash와 Wade(2009)가 사용한 비디오의 한 장면. 왼쪽 패널은 원래 비디오 장면이고, 오른쪽 패널은 조작된 비디오 장면이다.

소시킨다는 점이다. 인지적 면접 결과를 통상적인 경찰 심문 결과와 비교한 결과, 인지적 면접이 정확한 세부 내용의 보고를 크게 증가시켰다.

거짓 자백 끌어내기

우리는 암시가 범죄 후 목격자가 보고하는 내용의 정확성에 영향을 줄 수 있다는 것을 알고 있다. 하지만 범죄를 저질렀다고 의심받는 사람이 심문에 반응하는 방식에도 암시가 영향을 미칠 수 있을까?

Robert Nash와 Kimberley Wade(2009)는 참가자들이 컴퓨터 도박 게임을 하는 모습을 비디오로 촬영했다. 참가자들은 도박에 이기면 화면에 초록색 체크 표시가 나타나면서 은행에서 돈을 받고, 지면 빨간색 체크 표시가 나타나면서 돈을 은행에 돌려주어야 한다는 지시를 받았다. 참가자들이 게임을 한 후, 연구자들은 초록색 체크를 빨간색 체크로 바꿔서 참가자들이 은행에 돈을 주어야 할 상황에서 돈을 가져간 것처럼 보이도록 조작된 비디오를 보여주었다(**그림** 8.20). 이 '증거' 비디오에 직면했을 때 일부 참가자들은 놀라움을 표현했지만, 모두 속임수를 쓴 것을 자백했다. 다른 집단은 자신들이 속임수를 쓴 비디오가 있다는 말을 들었는데(그 비디오를 보지는 않았다), 이 집단의 73%가 자백했다.

이와 같은 거짓 자백은 다른 실험에서도 입증되었으며, 그중 하나가 Julia Shaw와 Stephen Porter(2015)가 실시한 연구이다. 이 연구에서 대학생 참가자들은 자신이 경찰 조사를 받게 되는 범죄를 저질렀다고 믿게 되었다. 이는 어린 시절 실제로 일어났던 사건과, 결혼식 피로연에서 펀치볼을 엎었다는 식의 거짓 사건을 함께 제시했던 이전 실험과 유사하다. Shaw와 Porter의 실험에서는 참가자들에게 11세에서 14세 사이에 경험한 실제 사건 하나와, 경험하지 않은 거짓 사건 하나가 제시되었다. 거짓 사건은 폭행, 흉기 사용 폭행, 절도와 같은 범죄를 저질러 경찰 조사를 받게 되는 상황을 포함했다.

처음에는 참가자들이 실제 사건은 기억했지만 범죄를 저질렀다는 가상 사건은 기억하지 못한다고 보고했다. 그러나 거짓 범죄 기억을 형성하도록 유도하기 위해 면접자는 '대부분의 사람들은 열심히 노력하면 잃어버린 기억을 떠올릴 수 있다.'와 같은 사회적 압박을 가했고, 참가자들에게 범죄 장면을 시각화하는 심상 유도(guided imagery) 기법을 매일 밤 연습하라고 지시했다.

그 결과, 1~2주 후의 면접에서 70%의 참가자들이 거짓 사건을 실제로 기억한다고 보고했으며, 경찰관에 관한 묘사와 같은 구체적 세부 사항까지 진술했다. 즉, 참가자들은 실제로 일어나지 않은 사건을 자신이 저질렀다고 믿게 되었고, 그 사건에 대한 세부 사항까지 제공할 수 있었다.

그러나 이것은 실험실 환경에서 이루어진 실험이었다. 실제 세계에서도 이러한 일이 발생할까? 1989년, 뉴욕 센트럴파크에서 조깅하던 28세 백인 여성이 강간을 당하고 살해될 뻔한 사건이 있었다. 이후 흑인과 히스패닉계 10대 소년 5명이 용의자로 지목되어 심문을 받았고, 결국 모두 범행을 자백했다. 이들이 '센트럴파크 파이브(The Central Park Five)'로 알려지게 되면서 이 사건은 커다란 사회적 관심을 불러일으켰다. 경찰은 소년들을 범죄를 저질렀다는 물적 증거를 제시하지 못했지만, 그들의 자백(심문에서 풀려난 직후 곧 번복되었다)에 근거해 유죄판결이 내려졌다. 이들은 합쳐서 총 41년을 복역하게 되었다. 문제는 그들이 무고했다는 점이다. 이 사건에서는 많은 경우와 마찬가지로 인종과 민족에 대한 편견이 개입되었을 가능성이 크다. 연구에 따르면 인종, 사회경제적 지위, 법적 자원의 접근성 등이 체포 가능성, 심문 방식, 심지어 거짓 자백의 발생에도 영향을 미칠 수 있다(Rizer, 2002; Taslitz, 2008; Villalobos & Davis, 2016). 이후 종신형을 살고 있던 한 강간 및 살인범이 범행을 자백했고, 범행 현장에서 발견된 DNA 증거가 이를 뒷받침했다. 결국 센트럴파크 파이브의 유죄판결은 무효화되었고, 2003년 뉴욕시는 이들에게 4,100만 달러의 배상금을 지급했다.

그렇다면 왜 어떤 사람은 자신이 저지르지 않은 범죄를 자백할까? 더 당혹스러운 점은, 왜 다섯 명이 각각 자신이 저지르지 않은 동일한 범죄를 자백했는가 하는 것이다. 그 답은 앞서 언급한 실험실 속 '거짓 자백' 실험을 떠올리면 드러난다. 그 실험에서 참가자들은 실험자의 가벼운 암시에 자백했고, 일부는 실제로 자신이 유죄라고 믿기까지 했다. 그러나 센트럴파크 파이브의 자백은 14~30시간에 걸친 공격적 심문 끝에 나온 것이었고, 그 과정에서 소년들은 자신들이 유죄라는 거짓 증거를 제시받았다. 35년 넘게 거짓 자백을 연구해 온 Saul Kassin이 지적한 바에 따르면, 대부분의 거짓 자백은 경찰이 피의자에게 제시하는 조작된 증거와 관련이 있다(Nesterack, 2014). Kassin과 여러 연구자들의 연구에 대응하여, 미국 법무부는 이제 심문 과정을 반드시 녹화하도록 규정하고 있다. 또한 Kassin은 경찰이 피의자에게 거짓 증거를 제시하는 행위가 금지되어야 한다고 주장한다.

이제 우리는 전형적인 인간 기억의 한계를 더 잘 이해하게 되었는데, 앞으로는 비정상적 기억이 어떤 양상으로 나타나는지 살펴볼 것이다. 여기에는 기억상실증, 치매와 같은 기억 결함뿐만 아니라 평균 이상의 기억 능력도 포함된다.

기억 결함: 전형적이고 예상되는 기억상실을 넘어서

6장에서 다양한 종류의 기억과 관련된 결함을 가진 여러 사례를 살펴보았다. 예를 들어, 환자 H. M.은 가동되는 단기기억(STM)을 가지고 있었음에도 불구하고 새로운 장기기억(LTM)을 저장할 수 없었다. 다양한 형태의 기억상실을 상세히 논의하기 전에, 7장에서 다루었던 '응고화의 표준 모형'을 잠시 되돌아보자.

응고화의 표준 모형의 제안에 따르면, 새로운 기억이 형성될 때 해마와 대뇌피질 사이의 연결은 강하지만 그 기억에 대한 피질 영역 간 연결은 취약하다. 그러나 시간이 지남에 따라 피질 영역 간 연결이 강화되어 결국 해마로의 연결은 완전히 사라지게 된다(**그림** 7.13, 236쪽 참조).

이 표준 모형은 부분적으로 외상이나 손상에 기인한 기억상실에 관한 관찰에 기반한다. 예를 들어, 미식축구 선수들이 강한 충격을 받을 때처럼 머리에 충격을 받으면 기억상실이 발생할 수 있다. 충격을 받은 선수가 벤치에 앉아 있을 때, 타격 직전 몇 초나 몇 분 동안 일어난 일을 자각하지 못할 수 있다. 이처럼 손상 직전 발생한 사건에 대한 기억상실을 **역행성 기억상실증**(retrograde amnesia)이라고 하며, 손상 특성에 따라 몇 분, 몇 시간, 심지어 몇 년 전까지 확장될 수 있다.

역행성 기억상실증(retrograde amnesia)
뇌진탕과 같은 부상이나 외상적 사건 직전에 발생한 일에 대한 기억을 상실하는 것.

그림 8.18은 역행성 기억상실증의 한 특성인 **점진적 기억상실증**(graded amnesia)을 보여주는데, 기억상실증이 손상 직전 일어난 사건에 대해 가장 심하고, 사건이 더 오래될수록 덜 심해진다. 표준 모형에 따르면, 이러한 점진적 감소는 **그림** 7.13b와 7.13c에 나타난 해마와 피질 영역 간 연결의 변화와 대응한다. 즉, 사건이 발생한 후 시간이 지날수록 피질 표상이 더 강화된다.

점진적 기억상실증(graded amnesia)
손상 직전에 발생한 사건에 대한 기억상실증이 가장 심각하고, 그보다 이전에 오래된 사건일수록 덜 심각한 기억상실 유형.

한 번의 외상성 뇌 손상이 역행성 기억상실증을 일으킬 수 있다. 그러나 반복적인 머리 손상은 **만성 외상성 뇌병증**(chronic traumatic encephalopathy: CTE)이라는 진행성 신경퇴행성 질환으로 이어질 수 있다(McKee et al., 2015; Mez et al., 2020). CTE는 통상 미식축구, 복싱, 하키, 축구와 같은 격렬한 접촉 스포츠와 밀접하게 관련되어 있지만, 군 전투나 가정 폭력과 같은 다른 맥락에서 반복적 머리 외상을 경험한 사람들에게도 나타날 수 있다. CTE는 기억을 포함한 다양한 인지 기능에 심각한 영향을 미칠 수 있으며, 기억상실증, 혼란, 판단력 손상, 행동 변화 등이 동반된다. 이러한 증상은 초기 머리 손상 이후 수년, 심지어 수십 년이 지난 후 나타나기 때문에 진단과 치료가 어렵다. 현재 CTE에 대한 치료법은 없으며, 주로 증상을 관리하고 환자의 삶의 질을 향상시키는 데 초점이 맞춰져 있다.

만성 외상성 뇌병증(chronic traumatic encephalopathy: CTE)
반복적인 머리 부상으로 인해 발생하는 진행성 신경퇴행성 질환으로서, 기억상실증, 행동 변화, 인지 감퇴와 같은 증상을 특징으로 한다.

역행성 기억상실증은 이미 장기기억(LTM)에 저장된 정보에 적용한다. 따라서 역행성 기억상실증 환자는 LTM의 손상이나 LTM에 저장된 정보의 인출 불능을 겪는다. 이를 컴퓨터 하드 드라이브에 비유해 보자. 만약 여러분이 데스크톱에 저장해둔 논문 파일을 실수로 삭제했다면, 실제로는 이 파일이 컴퓨터에서 완전히 삭제된 것은 아니다. 삭제된 것은 접근 권한일 뿐이다. 컴퓨터 수리 기사는 여전히 하드 드라이브에서 파일을 찾아낼 수 있을 것이다. 이 예시에서 하드 드라이브는 LTM에 해당한다. 역행성 기억상실증 환자는 LTM에 저장된 정보를 인출할 수 있는 능력을 상실한 것일 수 있다.

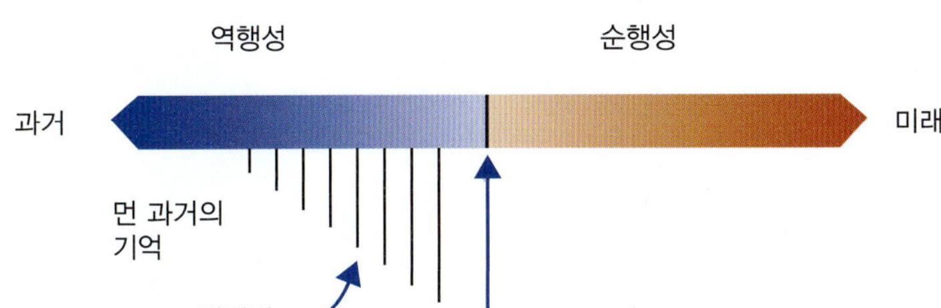

그림 8.18 순행성 기억상실증은 손상 이후 발생한 사건에 대한 기억상실증으로서, 새로운 기억의 형성이 불가능하다. 역행성 기억상실증은 손상 이전 발생한 사건에 대한 기억상실증으로서, 과거 정보의 회상이 불가능하다. 수직선은 역행성 기억상실증의 정도를 나타내는데, 손상 시점과 시간상 가까운 사건이나 학습일수록 기억상실증이 심각함을 보여준다. 이것이 역행성 기억상실증의 점진적 특성이다.

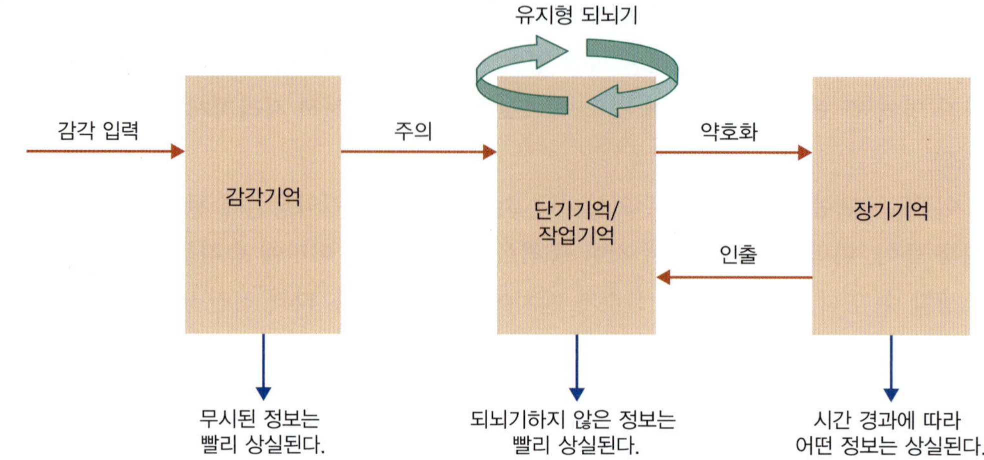

그림 8.19 건강하고 전형적인 기능을 보여주는 정보처리 모형.

출처: Ralph Hale.

지금까지 살펴본 내용에 근거한 기억의 최신 모형이 **그림 8.19**에 제시되어 있다. 이 모형의 각 성분은 특정 뇌 영역을 나타내는 것이 아니라, 앞서 여러 장에서 다룬 기억의 다양한 성분을 나타낸다. **그림 8.19**는 건강하고 전형적인 기억 체계를 나타내지만, **그림 8.20**은 역행성 기억상실증을 가진 사람의 기억 체계를 나타낸다. 물론 이는 지나치게 단순화된 설명인데, 그 이유는 외상성 뇌 손상을 가진 사람들이 모두 동일한 정도나 유형의 기억상실, 동일한 정도나 유형의 손상을 겪는 것도 아니며, 손상의 물리적 위치 또한 동일하지 않기 때문이다. 하지만 이러한 개념을 시각화하는 데 있어서 여전히 유용한 방식이다.

순행성 기억상실증(anterograde amnesia) 새로운 기억을 생성하거나 저장하지 못하는 기억상실 유형.

치매(dementia) 기억, 사고, 추론 능력이 감퇴되어 일상적인 생활과 활동에 지장을 줄 정도로 심각한 인지 장애를 통틀어 기술할 때 사용되는 광범위한 용어.

순행성 기억상실증(anterograde amnesia)의 특징은 새로운 기억을 생성할 수 없다는 것이다. 해마가 두 반구 모두에서 제거된 환자 H. M.은 작동하는 STM을 가지고 있었으나 새로운 장기기억을 부호화할 수 없었다. **그림 8.21**은 환자 H. M.과 같은 순행성 기억상실증 환자의 기억 체계를 보여준다. 역행성 기억상실증과 마찬가지로 두 개 이상의 기억 성분의 결함이 이 기억 장애를 유발할 수 있다. 예를 들어, STM이 손상되면 비록 약호화 기전이 온전하더라도 새로운 장기기억의 생성이 방해받는다. 따라서 **그림 8.21**은 순행성 기억상실증을 유발할 수 있는 여러 가능성 중 하나만을 강조하고 있다.

기억상실증이 기억 결함이나 상실의 유일한 원인은 아니다. **치매**(dementia)는 인지 능력의

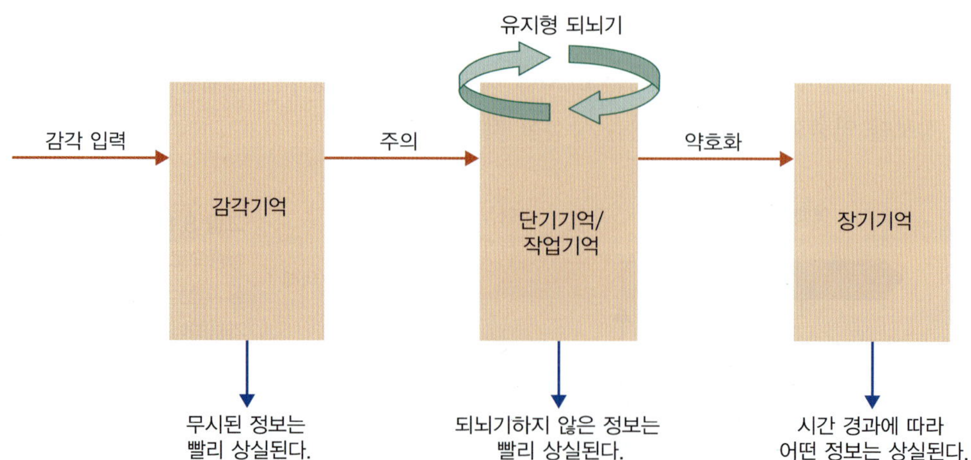

그림 8.20 인출을 제외한 모든 성분들이 건강하고 전형적으로 기능하는 것을 보여주는 정보처리 모형. 장기기억에서 정보를 인출하지 못하는 것은 역행성 기억상실증과 일치한다.

출처: Ralph Hale.

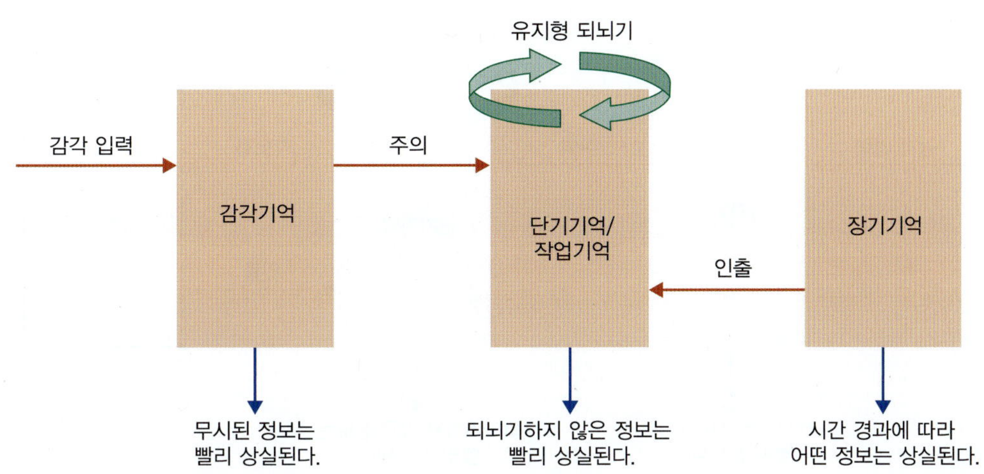

그림 8.21 약호화를 제외한 모든 성분들이 건강하고 전형적으로 기능하는 것을 보여주는 정보처리 모형. 새로운 정보를 장기기억에 약호화하지 못하는 것은 순행성 기억상실증과 일치한다.

출처: Ralph Hale.

저하를 특징으로 하는 증후군을 설명하기 위해 사용되는 포괄적 용어이다. 즉, 특정 질환을 지칭하는 것이 아니라 뇌에 영향을 미치는 다양한 기저 상태와 관련된 상위 개념범주이다(Rizzi et al., 2014; Dening & Sandilyan, 2015). 치매의 가장 흔한 유형은 알츠하이머병인데, 전체 진단의 약 70%를 차지한다. 알츠하이머병은 뇌 안에 비정상적 단백질이 축적됨으로써 기억, 사고, 행동이 점차적으로 악화되는 특징을 보인다. 이 외에도 다양한 치매 유형이 존재한다.

- 혈관성 치매(vascular dementia): 뇌 방향의 혈류 감소로 인해 발생하며, 전체 진단의 약 20%를 차지한다.
- 루이소체 치매(Lewy body dementia): 뇌에 루이소체라 불리는 비정상적인 단백질 침착이 나타나는 유형으로서, 전체 진단의 약 7%를 차지한다.
- 전두측두엽 치매(frontotemporal dementia): 전두엽과 측두엽에 영향을 미쳐 성격, 행동, 언어에 변화를 초래하며, 전체 진단의 약 3%를 차지한다.

치매와 기억상실증은 모두 기억 장애를 포함하지만, 범위와 기저 원인에서 차이를 보인다. 치매는 기억상실을 넘어 추론, 문제해결, 언어, 시각적 지각의 어려움 등 광범위한 인지 증상을 포괄한다. 이는 일반적으로 다양한 신경퇴행성 질환이나 뇌에 영향을 미치는 조건에 의해 발생하며, 점진적이고 비가역적인 특성을 갖는다. 반면 기억상실증은 주로 외상성 뇌손상, 뇌졸중, 뇌 감염, 심리적 외상 등의 요인에 의해 발생하며, 원인과 심각도에 따라 영구적일 수도 있고 아닐 수도 있다.

비록 치매가 단순히 '기억상실'을 의미하는 것은 아니지만, 이 상위 범주는 장기기억(LTM)의 약화와 밀접하게 관련된다(**그림** 8.22). 그러나 이러한 결함은 치매 유형과 중증도에 따라 다양한 방식으로 기억에 영향을 미칠 수 있다. 치매 환자는 단기기억과 장기기억 모두에서 어려움을 겪을 수 있으며, 이는 건망증, 혼란, 방향 감각 상실로 이어진다. 또한 치매와 관련된 기억상실은 일화기억, 의미기억, 절차기억 등 장기기억의 다양한 유형에 영향을 미칠 수 있음이 보고되었다(Graham et al., 2000; De Wit et al., 2021). 치매가 진행될수록 기억 문제는 악화되어 일상생활 수행에 방해가 되고, 개인의 독립적 생활 능력에 심각한 영향을 준다. 그러

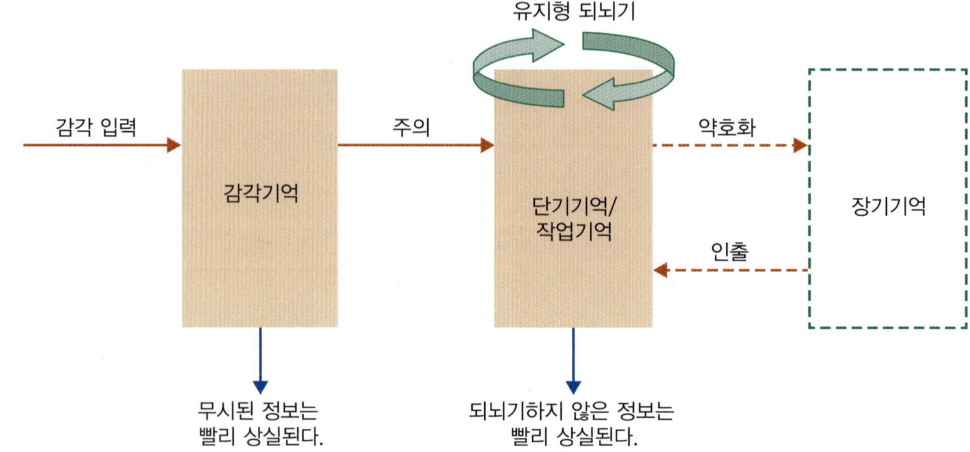

그림 8.22 장기기억의 전반적 감퇴를 보여주는 정보처리 모형. 치매와 일치한다.

출처: Ralph Hale.

나 모든 기억상실이 반드시 치매를 의미하는 것은 아니다. 노화와 함께 나타나는 미묘한 기억력 저하는 정상적인 **인지 감퇴**(cognitive decline)의 일부로서 치매와는 구분되어야 한다. 마찬가지로, 스트레스와 같은 요인과 관련된 기억상실이 반드시 인지 장애의 신호인 것은 아니다. 치매와 기억상실증을 포함한 어떠한 기억 결함 존재 여부는 반드시 의학 전문가의 정확한 진단을 통해 확인되어야 한다.

'특출한' 기억이란 어떤 것일까?

기억 결함만이 비전형적 기억의 유일한 형태는 아니다. 어떤 사람들은 평균 이상으로 우수하지만 역시 비전형적 기억을 갖고 있다.

그 가운데 한 사람이 러시아의 기억 전문가 Shereshevskii(S.)인데, 그는 특출한 기억력 덕분에 무대에서 탁월한 기억 능력을 보여줌으로써 생계를 유지할 수 있었다. 러시아 심리학자 Alexandria Luria(1968)는 S.를 광범위하게 연구한 끝에 그의 기억은 '사실상 무한하다.'라고 결론 내렸다[그러나 Wilding과 Valentine(1997)은 S.가 가끔 실수하기도 했음을 지적하였다]. 그러나 Luria는 몇 가지 문제도 보고했는데, S.가 기억 묘기를 수행하면 방금 기억해낸 것을 망각하는 데 어려움을 겪었던 것이다. 그의 마음은 마치 발생한 모든 것이 기록된 다음 지워지지 않는 칠판과 같았다. 많은 일들이 잠시 우리의 마음을 스쳐 지나가고 우리는 그것을 다시는 필요로 하지 않지만, 불행히도 S.에게는 이러한 것이 남아 있었고 사라지기를 바랄 때조차 사라지지 않았다. 그는 또한 부분적 정보에 기반하여 추론하거나 '빈칸을 채우는' 방식의 추론에도 능숙하지 않았다. 우리는 이러한 추론을 너무나 자주 수행하기 때문에 당연하게 여기지만, S.가 방대한 양의 정보를 기록하는 능력과 그것을 지울 수 없는 무능력은 오히려 추론 능력을 방해했을 수 있다.

고도로 우수한 자서전기억(highly superior utobiographical memory: HSAM) 과거의 특정한 어느 날 일어난 개인적 경험을 상세하게 기억해낼 수 있는 일부 사람들이 지닌 자서전기억 능력.

최근 인상적인 기억 사례가 새롭게 보고되었는데, 이들은 **고도로 우수한 자서전기억**(highly superior autobiographical memory: **HSAM**) 혹은 **과다기억증**(hyperthymesia) 사례로 기술된다(LePort et al., 2012; Ally et al., 2013). 그중 한 여성 A. J.는 UCLA 기억 연구자 James McGaugh에게 다음과 같은 이메일을 보냈다.

> 저는 34세인데 11세 때부터 제 과거를 회상하는 데 있어 믿기 어려운 능력을 갖고

> 있습니다. …… 저는 1974년부터 오늘까지 사이의 특정 날짜를 택해서 그날이 무슨 요일인지, 그날 무엇을 하고 있었는지, 중요한 일이 있었다면 어떤 일이 일어났는지를 말할 수 있습니다. …… 저는 TV에서(혹은 다른 곳에서라도) 날짜가 나타날 때마다 자동으로 그날로 돌아가 제가 어디에 있었는지, 무엇을 하고 있었는지, 그날이 무슨 요일이었는지 등을 떠올립니다. 이것은 멈추지 않고, 통제 불가능하며, 저를 완전히 지치게 합니다. …… 저는 매일 제 인생 전체를 머릿속에서 재생하며, 그것 때문에 미쳐 버릴 것 같습니다!!! (Parker et al., 2006, p.35)

A. J.는 기억이 자동적으로 일어나며 의식적으로 통제할 수 없다고 기술한다. 특정 날짜가 주어지면 몇 초 안에 그날 일어난 개인적 경험과 특별한 사건을 이야기했고, 이 기억 재생은 A. J.가 24년간 작성해온 일일 사건일지와 대조했을 때 정확한 것으로 입증되었다 (Parker et al., 2006).

A. J.의 뛰어난 개인적 경험에 관한 기억은 S.의 경우와는 달리, 지울 수 없었던 내용이 기억 묘기에서의 숫자나 이름이 아니라 그녀 개인 생활의 세부 사항이었다. 이는 긍정적이기도 하면서(행복한 사건 회상) 부정적이기도 했다(불행하거나 불안한 사건 회상). 그녀의 기억이 인생 사건을 기억하는 것 외의 다른 영역에서도 유용했을까? 분명히 그녀는 시험공부에 이 능력을 적용할 수 없었는데, 그녀는 평균적인 학생이었다. 시험 치르기에서 밝혀진 바에 따르면 그녀가 자료를 조직하거나, 추상적으로 사고하거나, 개념을 다루는 과제에서 수행이 손상되어 있었다는 점인데, 이들은 창의적 사고에 중요한 능력이다. A. J.를 발견한 이래 10명의 추가 참가자를 대상으로 한 연구에서도 자서전기억 인출 능력이 평균 이상임이 확인되었다. 하지만 대부분의 표준적인, 실험실 기억 검사에서는 통제집단과 유사한 수준의 수행을 보였다. 따라서 이들의 능력은 자서전기억을 기억하는 데 특화된 것으로 보인다(LaPort et al., 2012).

S.와 A. J. 사례가 보여주는 것은 모든 것을 기억하는 것이 반드시 유리하지는 않다는 점이다. 사실, 뛰어난 기억력을 초래하는 기전은 기억뿐 아니라 창의적 사고 능력의 중요한 특징인 구성적 과정에 불리하게 작용할 수도 있다. 게다가 경험한 모든 것을 저장하는 것은 체계가 작동하기에 비효율적인데, 너무 많은 저장은 체계를 과부하시킬 수 있다. 이러한 '과부하'를 피하기 위해 우리의 기억 체계는 우리에게 특히 중요하거나 환경에서 자주 발생하는 것들을 선택적으로 기억하도록 진화해왔다(Anderson & Schooler, 1991). 비록 그 결과 체계는 우리가 경험하는 모든 것을 기록하지는 않지만, 인류가 한 종(species)으로 생존할 수 있을 정도로 충분히 잘 작동해 왔다.

자가 테스트

1. 기억이 암시에 의해 영향받을 수 있음을 밝힌 실험들을 기술하라. 이 실험들로 인해 오정보 효과가 제안되었다. (학습목표 8-1, 학습목표 8-4)
2. Lindsay의 실험, 즉 관리인이 물건을 훔치는 실험을 기술하라. 이 실험은 오정보 효과의 원인 가운데 하나에 대해 어떤 시사점을 제공하는가? (학습목표 8-1, 학습목표 8-4)
3. 암시가 사람들의 어린 시절 일화기억에 영향을 줄 수 있다는 것이 어떻게 밝혀졌는가? (학습목표 8-4, 학습목표 8-5)
4. 억압된 아동기 기억 개념을 설명하라. 이것이 어떻게 법적 사건으로 이어졌는가? 미국심리학회(APA)의 '백서(white paper)'는 억압된 기억에 대해 어떻게 말하는가? (학습목표 8-4, 학습목표 8-5)
5. 실제 사례와 실험실 실험에서 목격자 증언이 항상 정확하지 않음을 보여주는 증거는 무엇인가? 다음 요인들이 목격자 증언 오류를 초래한다는 것이 어떻게 입증되었는지 기술하라. 무기 초점화, 친숙성, 유도 심문, 경찰의 피드백, 사후 질문. (학습목표 8-7, 학습목표 8-8)
6. 인지심리학자들이 (1) 용의자 라인업, (2) 면접 기법의 정확성을 높이기 위해 제안한 절차는 무엇인가? (학습목표 8-7, 학습목표 8-8)
7. '센트럴파크 파이브' 사건을 설명하라. 이 사건은 범죄자 심문 절차에 어떤 함의를 갖는가? (학습목표 8-7, 학습목표 8-8)
8. 순행성 기억상실증과 역행성 기억상실증은 어떻게 다른가? 추정되는 원인은? (학습목표 8-9)
9. 기억상실증과 치매의 유사점과 차이점을 비교해 설명하라. (학습목표 8-10)
10. 모든 형태의 치매가 동일한가? 그렇지 않다면 어떻게 상이한가? (학습목표 8-10)
11. 임상 사례 연구의 증거에 따르면 평균 이상 기억력이 단점이 될 수도 있는가? 구성적 기억의 장점은 무엇인가? (학습목표 8-11)

보여주기

문장 읽기(계속)

아래 문장은 여러분이 앞서 269쪽에서 읽었던 '보여주기'의 문장들이지만, 한두 단어가 빠져 있다. 원래 문장을 다시 보지 않고, 처음 읽었던 문장에서 빠진 단어를 채워 넣어 보라.

부실한 선반이 책 무게에 눌려 ______________.
온도가 섭씨 26.5도에 도달했을 때 어린이가 만든 눈사람이 ______________.
방심한 교수가 자신의 자동차 키를 ______________.
신생아가 밤새 ______________.
태권도 챔피언이 콘크리트 블록을 ______________.

이 과제를 마친 뒤, 269쪽으로 되돌아가서 '보여주기' 뒤에 이어지는 글을 읽어 보라.

이 장의 요약

1. 자서전기억은 우리의 삶에서 특정 경험에 대한 기억으로 정의된다. 이는 일화적 성분과 의미적 성분 모두를 포함한다.
2. 자서전기억의 다차원적 본질은, 뇌 손상에 기인하여 시각적 기억을 상실한 사람이 자서전기억 상실을 경험한다는 것을 밝힌 연구에 의해 지지되었다. 마찬가지로 자서전 기억의 다차원적 본질을 지지해 주는 것이 Cabeza의 실험인데, 이는 사람의 뇌가 타인이 찍은 사진을 볼 때보다 자신이 찍은 사진을 볼 때 더 광범위하게 활성화된다는 것을 밝혔다.
3. 자서전기억은 냄새와 음악에 의해 유발될 수 있다. 이처럼 빠르고 흔히 비의도적인 자서전기억은 의도적 인출 과정을 통해 생성된 기억보다 더 정서적이고 생생하다.
4. 음악은 알츠하이머병 환자들이 자서전기억을 회상하도록 돕는 데 사용되어 왔다.
5. 사람들은 자신의 삶 전반에 걸쳐 사건들을 기억해내도록 요구받을 때 전환점을 특히 잘 기억해낸다. 마찬가지로, 40세 이상의 사람들은 사춘기에서 성인 초기에 이르기까지 경험한 사건에 대해 우수한 기억을 갖는 경향이 있다. 이를 회고 절정이라고 부른다.
6. 회고 절정을 설명하기 위해 다음 가설이 제안되었다. (1) 자기 이미지, (2) 인지, (3) 문화적 인생대본.
7. 정서는 쉽게 기억되는 사건과 흔히 관련된다. 편도체는 정서적 기억을 담당하는 핵심 구조이며, 정서는 고양된 기억 응고화와 결부되어 있다.
8. Brown과 Kulik은, 충격적이며 매우 정서적인 사건에 관한 이야기를 들었을 때, 그 순간의 주변 상황에 관한 기억을 지칭하는 데 **섬광기억**이라는 용어를 제안했다. 그들의 제안에 따르면, 섬광기억은 마치 사진과 같이 생생하고 세부적이다.
9. 많은 실험들이 밝힌 바에 따르면, 시간 경과에 따라 섬광기억 보고에 많은 오류가 일어나므로 섬광기억을 사진과 동등하게 보는 것은 정확하지 않다. 챌린저호 폭발에 관해 들은 것을 다룬 기억 연구는, 사건 후 시간이 경과함에 따라 사람들 반응이 더욱 부정확해진다는 것을 밝혔다.
10. Talarico와 Rubin은 사람들이 9 · 11 테러 공격에 관해 처음 들었을 때에 관한 기억을 연구하였는데, 시간 경과에 따라 다른 기억과 마찬가지로 기억 오류가 증가하지만 사람들이 9 · 11 테러 공격에 관한 자신의 기억 정확성에 대해 더 확신하고 있다는 것을 밝혔다.
11. 설화적 되뇌기 가설은 중요한 사건에 관한 증진된 기억이 되뇌기에 의해 초래될 수 있다고 제안한다. 이러한 되뇌기는 흔히 미디어 보도와 관련되어 있다.
12. Bartlett이 '유령들의 전쟁' 실험에 기초하여 처음 제안했던 기억에 관한 구성적 접근에 따르면, 사람들이 기억이라고 보고하는 것은 실제로 일어난 것에다가 사람들의 지식, 경험, 예상과 같은 부가적 요인을 더한 것에 기초하여 구성된 것이다.
13. 원천 모니터링은 우리의 기억, 지식 또는 신념의 원천을 판단하는 과정이다. 원천 모니터링 오류는 기억의 원천을 오인했을 때 일어난다. 잠복 기억상실증(무의식적 표절)은 원천 모니터링 오류의 한 사례이다.
14. Jacoby의 '하루아침에 유명해지기' 실험은 친숙성이 원천 모니터링 오류를 초래할 수 있음을 밝혔다.
15. 진실 착각 효과는, 반복이 어떤 진술의 진실성을 더 크게 인식하도록 만드는 현상이다.
16. 일반적 세상사 지식은 기억 오류를 야기할 수 있다. 이는 실용적 추론, 스키마, 스크립트, 틀린 회상과 재인에서 밝혀졌다.
17. 특정 경험에 수반된 것에 관한 지식이 그 경험에 관한 도식이다. 연구실에 있던 것을 기억해내도록 참가자에게 요구하는 실험은 도식이 기억 보고에서 어떻게 오류를 야기할 수 있는지를 보여준다.
18. 스크립트는 도식의 한 유형으로서, 특정 경험 도중 통상 일어나는 행위들의 순서에 관해 우리가 갖고 있는 개념이다. '치과 병원 실험'에서 참가자는 치과에 가는 것에 관한 글을 기억해내도록 요구받는데, 이는 스크립트가 어떻게 기억 오류를 초래할 수 있는지를 보여준다.
19. 수면과 관련된 단어 목록을 회상하도록 요구하는 실험은, 함께 관련된 것들(예: 잠은 침대와 의미적으로 관련된다)에 관한 우리의 지식이 어떻게 원래 목록에 없었던 단어를 보고하는 결과를 초래할 수 있는지를 보여준다.
20. 사후 오도 정보(MPI)를 참가자에게 제시한 기억 실험은 기억이 암시의 영향을 받을 수 있다는 것을 알려준다. 한 사례로서 Loftus의 교통사고 실험을 들 수 있다. 사후 오도 정보에 의해 야기된 오류를 설명하기 위해 원천 모니터링 오류가 제안되었다. Lindsay의 실험은 원천 모니터링 설명을 지지한다.
21. 어느 파티에 관한 오기억을 생성한 Hyman의 실험은, 개인 삶의 어린 시절 사건에 관해 오기억을 생성하는 것이 가능하다는 것을 밝혔다. 아동기 학대의 '회복된 기억' 사례 중 일부는 오기억일 수 있다.
22. 프란시스코 카리요 사례처럼 목격자 증언의 오류 때문에 무고한 사람이 범인으로 유죄 판결을 받았다는 증거는 매우 많다. 목격자 증언의 오류에 관한 몇 가지 설명은 다음과 같다. (1) 범죄 도중의 정서적 상황 때문에 모든 관련된 세부 내용에 주의를 기울이지 않음, (2) 친숙성에 기인한 오류로서, 원천 모니터링 오류에 기인하여 무고한 사람을 오인

하는 결과를 초래할 수 있음, (3) 범죄에 관한 질문 도중 암시에 기인한 오류, (4) 사후 피드백에 기인한 확신도의 증가(식별 후 피드백 효과).

23. 목격자 증언의 오류를 감소시키기 위해 인지심리학자들은 여러 방법을 제안했다. 이러한 제안은 용의자 라인업과 목격자 면접을 위한 절차를 개선하는 데 초점을 둔다.
24. 거짓 자백은 실험실 실험과 실제 범죄 사건 모두에서 나타났다. 범죄 사건의 거짓 자백은 흔히 강한 암시와 가혹한 심문 절차가 결합되어 발생한다.
25. 기억상실증은 역행성 기억상실증(기억상실증 이전 정보에 대한 기억상실)과 순행성 기억상실증(기억상실증 이후 새로운 기억 형성 불능)으로 분류된다.
26. 치매는 기억상실을 포함한 일반적 인지 저하를 가리키는 포괄적 용어이다. 알츠하이머병은 치매 진단의 대다수를 차지한다.
27. 어떤 사람들은 과다기억증과 같은 특출한 기억력을 가지고 있는데, 이들은 자서전기억의 세부 사항을 비정상적으로 많이 회상할 수 있다.
28. 사람들은 흔히 사진처럼 기억하는 능력이 유리하다고 생각하지만, S.와 A. J. 사례는 모든 것을 완벽하게 기억하는 것이 반드시 이점만 있는 것은 아님을 보여준다. 오히려 기억체계가 모든 것을 저장하지 않는 것이 생존 가치에 도움이 될 수 있다.

생각해 보기

1. 여러분은 가장 최근의 주요 기념일이나 여러분의 생일에 무엇을 했는지 기억나는가? 1년 전 동일한 날 무엇을 했는지 기억나는가? 이 기억들은 다음 측면에서 어떻게 다른가? (1) 기억해내기가 얼마나 어려운가? (2) 얼마나 많은 세부 사항을 기억해낼 수 있는가? (3) 여러분 기억의 정확도는 어떠한가?[(3)에 대한 답변이 정확한지 어떻게 아는가?] (학습목표 8-1, 학습목표 8-2, 학습목표 8-4)
2. 목격자 증언의 오류로 인해 억울하게 수감된 사례들이 DNA 증거를 통해 날마다 보고되고 있다. 이러한 상황에서 법정에서 목격자 증언을 증거로 더 이상 인정하지 말자는 제안에 대해 어떻게 생각하는가? (학습목표 8-6, 학습목표 8-7, 학습목표 8-8)
3. 여러 연령대의 사람들을 대상으로 그들 삶에 관한 기억을 인터뷰해 보라. 그리고 그 결과가 자서전기억 실험의 결과, 특히 나이 든 사람들의 회고 절정 현상과 얼마나 부합하는가? (학습목표 8-2)

Imagine Earth Photography/Shutterstock.com

이 사진에서 무엇을 보는가? 이 사진에 있는 물체를 이전에 본 적이 없을 것이고, 이 사진도 본 적이 없을 것이다. 그러나 방대한 범주 지식을 이용해서 비교적 손쉽게 이 사진을 이해했을 것이다. 이 사진에서 알아볼 수 있는 범주들은 동물, 식물, 물이다. 이 동물을 알아보지는 못해도 이 물체가 동물이라는 것은 안다. 동물의 형태와 여러분이 배경에서 관찰한 것을 토대로, 이 동물이 물속에서 사는 동물이라는 것을 안다. 이 사진에서 물은 잘 보이지 않지만, 여러분은 이 동물이 공중에서 나는 것이 아니라 물속에서 헤엄치고 있다는 것을 안다. 그리고 이 동물 뒤에 수초가 있다는 것을 안다.

여러분이 옳았을까? 그렇다! 이 동물은 태즈메이니아 해변에 있는 위디해룡(weedy sea dragon, *Phyllopteryx taeniolatus*)이다. 해룡은 해마와 아주 가까운 관계인데, 아마도 그래서 여러분은 이 동물이 수생동물이라고 생각하고 범주화했을 것이다. 9장은 사람들이 물체를 범주로 나누는 경향을 서술하는데, 우리는 특정 물체를 특정 범주에 위치시키는 것은 그 물체에 대해 무엇을 알려주는지, 그리고 같은 범주에 속한 사례들이 어떻게 다를 수 있는지를 탐색한다. 한 예로, 여러분은 이전에 해룡을 본 적이 없는데도 해룡을 동물이라고 범주화할 것이다. 그리고 사진이 흐릿해서 해룡의 오른쪽에 있는 노랗고 갈색 물체가 무엇인지 알아보기 어렵지만, 미역이나 다시마와 같은 수생식물이라고 범주화할 것이다. 이 장을 공부하면서 여러분은 행동 실험, 망 모형 창조, 그리고 생리학적 연구 등을 포함한 다양한 방법으로 범주화 연구에 접근한다는 것을 알게 될 것이다.

CHAPTER 9

개념 지식

학습목표 이 장을 학습하고 나면 여러분은 다음을 할 수 있을 것이다.

9-1 사물의 정의를 읽어보고는 그 사물이 '의자'와 같은 특정 범주에 속하는지 판단하는 것이 어려운 이유를 설명할 수 있다.

9-2 원형과 본보기가 어떻게 범주 지식과 범주 사용에 영향을 미치는지를 기술할 수 있다.

9-3 다양한 사물들의 속성이 어떻게 마음에 '정리되어' 있는지를 설명할 수 있다.

9-4 '망'이 개념 정보와 어떻게 연결되는지를 평가할 수 있다.

9-5 다양한 범주에 대한 정보는 어떻게 뇌에 저장되는지를 기술할 수 있다. 다양한 접근법과 이론을 비교하는 능력도 갖추게 된다.

9-6 중심과 바큇살 모형을 설명할 수 있다.

'지식'이라는 단어를 생각하면 무엇이 떠오르나? 아마도 다음 인지심리학 시험에 알아두어야 할 필요가 있는 그 무엇(예: 지각 집단화)과 같은 사실을 생각할 것이다. 어쩌면 여러분이 아는 사람의 이름이나 가본 적이 있는 장소를 떠올릴 수도 있다. 지식은 물의 순환, 블랙홀, 정부 형태의 예처럼 더 광범위하고, 추상적이고, 경험과 분리될 수도 있다. 우리가 받아들여야 할 진실은 여러분의 뇌에는 우리가 여기서 지식이라 부르는 어마어마한 양의 지식이 들어있다는 것이다. 지식이라는 용어를 조심스럽게 정의하는 것으로 이 장을 시작하자.

지식(knowledge)은 세계(외부)와 우리 자신(내부)에 대해 습득하고 정신적으로 가용한 정보에 대한 명시적인 자각인데, 이 정보는 경험을 통해 획득된다. 우리가 무언가를 '안다'라고 말할 때 그 단어는 지식을 의미한다. 9장에서는 지식 중에서 개념 지식이라 불리는 지식의 측면을 탐색한다. 개념 지식(conceptual knowledge)은 우리가 사물과 사건을 알아보고, 그것의 속성에 대해 추론하는 것을 가능하게 해 주는 지식을 말한다.

개념 지식은 아래에 열거한 질문에 대해 답하는 것을 포함한다.

- 새로운 사물이나 사건을 처음 접할 때, 그 사물이나 사건이 어떤 종류라는 것을 어떻게 아는가?
- 어떻게 어떤 사물이 말, 자전거, 나무, 호수, 신문이라는 것을 아는가?
- 어떻게 돌고래와 상어, 그리고 행성과 별을 구분할 수 있는가?
- 무엇이 레몬을 레몬답게 해주는가?
- '사물'의 종류에는 어떤 것이 있는가? (Rogers & Cox, 2015)

우리는 자각하지 못하면서 이 질문에 답할 수 있다. 한 번도 가본 적이 없는 낯선 동네에 서 있다고 가정해 보자. 큰길을 따라가면서 우리는 많은 사물이 우리가 사는 동네에서와 완전하게 똑같지는 않다는 것을 느낀다. 반면에 많은 사물이 익숙해 보인다. 자동차가 지나가고, 길 좌우편에 건물이 있고, 길모퉁이에 주유소가 있다. 다행스럽게도 우리는 자동차, 건물, 주유소에 대해 아는 것이 많아서 주위에서 어떤 일이 벌어지는지 이해하는 데 어려움을 느끼지 않는다.

9장은 여러분이 길거리와 주위에서 마주치는 사물을 알아보고 이해하는 것을 가능하게 해 주는 개념 지식에 관한 것이다. 이런 지식은 개념의 형태로 존재한다. 개념(concept)은 여러 가지로 정의되는데, 그중에는 "특정 유목이나 사례에 대한 심적 표상"(Smith, 1989), "사물, 사건, 추상적인 생각의 범주"(Kiefer & Pulvermüller, 2012)라는 정의도 있다. 이

지식(knowledge)
세계(외부)와 우리 자신(내부)에 대해 습득하고 정신적으로 가용한 정보에 대한 명시적인 자각. 이 정보는 경험을 통해 습득한 것이다.

개념 지식 (conceptual knowledge)
사물과 사건을 알아보고, 그것의 속성에 대해 추론하는 것을 가능하게 해 주는 지식.

개념(concept)
특정 유목이나 사례에 대한 심적 표상. 또는 사물, 사건, 추상적인 생각의 의미. 개념의 예는 '고양이'나 '집'을 마음에 표상하는 것이다.

범주화(categorization)
사물을 범주에 위치시키는 처리.

범주(category)
같은 사물 유목(예: '집', '가구', '학교')에 속하기 때문에 같이 묶이는 사물들의 집합.

것을 좀 더 구체적으로 서술하자면, '자동차'라는 개념은 '자동차가 무엇인가?'라는 질문에 대한 답이라고 말할 수 있다. 만약 여러분이 자동차는 사람들이 이동 수단으로 사용하는 모터가 달린 차라고 답한다면 여러분은 '자동차'라는 개념의 어떤 측면을 기술한 것이다.

세상에는 우리가 지식과 개념을 가진 사물들이 아주 많다. 이와 관련해서 중요한 질문은 이렇게 많은 사물이 어떻게 마음속에 조직화되어 있는지다. 개념을 조직화하는 한 가지 방법은 **범주**로 기술하는 것이다. **범주**(category)는 특정 개념에 해당하는 모든 가능한 사례들을 포함한다. 그러니까 '차'라는 범주에는 세단, 스포츠 유틸리티 차량, 해치백, 쿠페, 컨버터블, 미니밴, 픽업트럭 등이 포함된다. 이러한 방식으로 접근하면, 개념은 범주를 창조하는 규칙을 제공한다. 그러니까 '차'의 심적 표상은 우리가 어떤 사물을 '차' 범주에 위치시키느냐에 영향을 미친다. 개념이 사물들을 범주로 나누는 규칙을 제공하므로, 개념과 범주는 종종 같이 논의된다. 아주 많은 연구가 사물을 범주에 위치시키는 처리인 **범주화**(categorization)에 집중되어 있다.

범주화는 우리가 어떤 사물을 특정 범주에 위치시킬 때 하는 일이다. 어떤 사물을 특정 범주에 위치시켜서, 우리가 그 사물과 그 범주에 속한 다른 사물들을 잘 이해하게 도와준다. 예를 들어, 여러분이 어떤 사람에게 여러분이 기른 첫 번째 애완동물은 '개'였다고 말하면 그것은 많은 정보를 제공한다(**그림** 9.1). 그래서 범주는 '지식에로의 단서'라고도 불린다(Yamauchi & Markman, 2000). 어떤 사물이 '개', '차', '주유소', 또는 '해룡'이라는 특정 범주에 속한다는 것을 알게 되면, 우리는 그 사물의 특별한 점을 찾아내는 데 집중할 수 있다(Solomon et al., 1999 참고).

범주화는 우리가 주위에서 일어나고 있는 일을 이해하는 것을 도와주고, 우리가 행동을 취하는 것을 가능하게 하는 데에서 중요한 역할을 담당한다. 빵에 잼을 바르려면, 잼이 든 항아리, 빵, 빵칼을 알아보아야 하고, 그들의 속성을 알아야 하고(빵은 구워진 게 아니라면 부

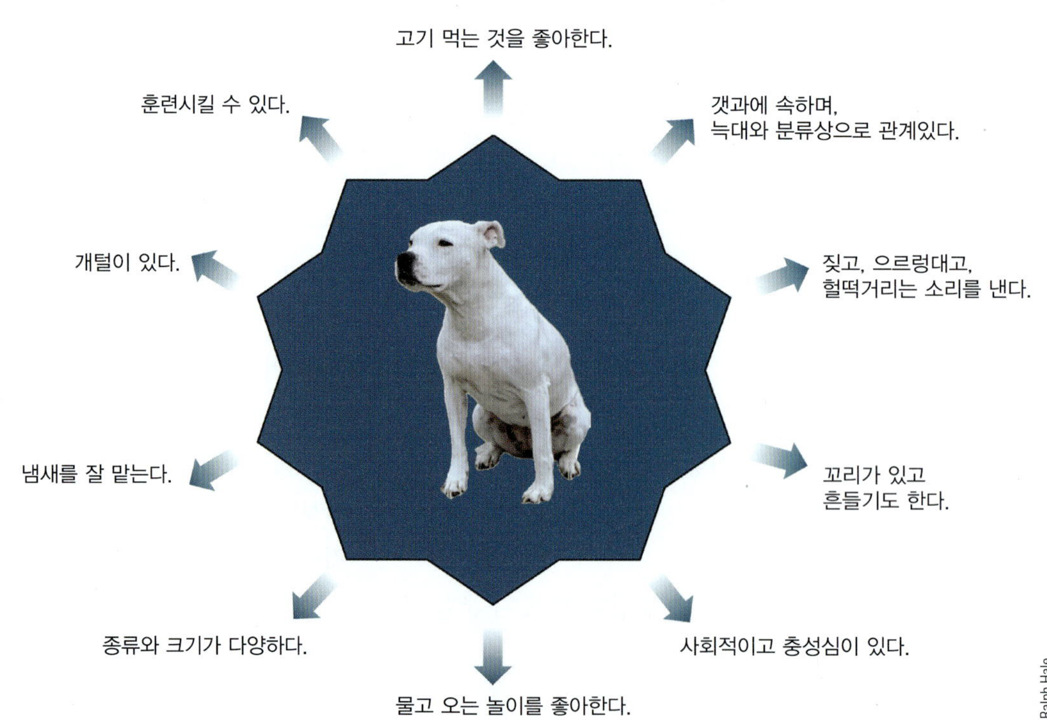

그림 9.1 어떤 사물이 특정 범주에 속한다는 것을 아는 것은 그 대상에 대해 많은 정보를 제공해 준다. 이 사물이 개라는 것을 알면 그 범주와 관련된 지식(그림에 포함된 것, 그리고 그 외의 것)이 활성화된다.

드러워야 하고, 칼은 단단해야 하고, 잼은 끈적거려야 한다), 잼을 항아리에서 퍼내려면 어떻게 칼을 제대로 쥐어야 하는지 알아야 한다(Lambon Ralph et al., 2017).

어떤 사물을 특정 범주에 위치시킬 수 있다는 것은 그 사실을 몰랐다면 굉장히 당혹스러울 수 있었던 행동을 이해하는 것을 도와준다. 예를 들어, 여러분이 애틀랜타 교차로에서 길을 건너려 한다고 상상해 보자. 여러분 옆에 서 있는 사람은 긴 옷을 걸치고 우스꽝스럽게 큰 가짜 칼을 들고 있다. 길 건너편에 있는 사람은 바람을 넣어 부풀릴 수 있는 공룡 복장을 한 것을 본다. 길을 건너려고 할 때 여러분은 **그림** 9.2에 있는 것과 같은 우스꽝스러운 옷차림을 한 사람들이 많다는 것을 알게 된다. 처음에는 혼란스러울 수 있다. 그러나 이 두 사람이 애틀랜타에서 매년 열리는 대중문화 집회인 드래건 콘(Dragon Con)에 참석한 사람들이라는 것을 알게 되면, 이 이상한 옷차림이 이해된다. 여러분이 드래건 콘은 전형적으로 노동절 주말에 애틀랜타에서 열린다는 것과 같은 사실을 안다면 이 상황을 이해하게 된다. 관련된 사실을 연결해서 여러분은 혼란스러웠던 광경을 설명할 수 있게 된다. 두 사람을 적합한 범주(드래건 콘 참석자)에 위치시키게 되면, 여러분은 좀 전의 광경이 이 범주에서는 전형적인 경험이라는 것을 인정하게 된다(Solomon et al., 1999).

범주의 이런 다양한 용도는 범주가 일상생활에서 얼마나 중요한지를 증언해 준다. 범주라는 것이 없다면 주변에서 일어나는 일을 처리하는 게 아주 힘들 것이다. 새로운 사물을 볼 때마다 그 사물에 대해 아무것도 알지 못해서 속성을 일일이 조사해야 한다면 어떨지 한번 생각해 보라. 우리가 범주를 통해 제공되는 지식을 사용할 수 없다면 삶은 아주 혼란스러울 것이다.

이제 범주가 중요하다는 것을 확실히 알게 되었다. 그렇다면 범주를 이해하기 위해 우리가 알아야 할 필요가 있는 것은 무엇일까? 이 질문에 대한 답은 아주 복잡하다. 왜냐하면 우

Mmckinneyphotography/Shutterstock.com

그림 9.2 이 범주의 축제에 전형적인 다양한 옷을 입은 대중문화 집회 참가자들.

리가 사물을 쉽게 범주화하기 때문에 자동처리처럼 보이기 때문이다. 예를 들어, **길** 건너편 **진입로**에 **차**가 주차되어 있다는 말은 아주 당연한 것처럼 보인다. 이는 **차**, **진입로**, **길**이 서로 다른 범주임에도 우리가 쉽게 구분하고 인식하기 때문이다. 이러한 사물을 비롯해 무수히 많은 사물이 아주 쉽게 범주화되기 때문에 범주화를 이해하는 것은 일도 아닌 것처럼 보인다.

다른 인지 능력과 마찬가지로 쉬워 보인다는 것이 간단하다는 것은 아니다. '저기 있는 것은 무엇이지? 땅돼지인가? 아주 이상한데.'라는 표현에서 볼 수 있듯이 우리가 친숙하지 않은 사물을 접하게 되면 범주화는 어려워진다. 이 과정은 어떤 사람이 뇌 손상을 입어 사물의 정체를 알아보거나 그 사물의 목적이나 기능을 아는 게 어렵거나 불가능하게 되는 경우 더욱 어려워진다. 범주화가 어려워지는 상황이 있다는 것을 알게 되면, 이 어려움을 인지하고 이해하는 것이 범주화의 기제를 밝혀내는 첫걸음이라는 것을 인정할 수 있게 된다.

이 장에서는 3개의 절을 통해 범주화의 어려움과 일상생활의 범주화에 관여하는 기제에 대해 알아볼 것이다. 3개의 절은 범주화에 대한 각기 다른 접근법을 포함하는 이야기이다. 첫 번째 절에서는 1970년대에 수행된 일련의 실험에서 출발한 **행동적 접근**에 대해 고려한다. 1970년대의 실험은 우리가 사물들을 어떻게 서로 다른 범주에 분류하는지를 이해하는 데 도움을 주고, '모든 사물이 동등하게 창조되는 것은 아니다'(사물들이 같은 방식으로 인지되거나 분류되지 않는다)라는 사실을 보여준다. 두 번째 절에서는 범주화에 대한 **망 접근**을 다룬다. 이 접근법은 새로 출현한 컴퓨터 과학 분야의 영향을 받아 1960년대에 시작했는데, 마음속에 범주가 어떻게 표상되는지에 대한 컴퓨터 모형을 만들어 내었다. 마지막으로, **생리학적 접근**에서는 범주와 뇌의 관계에 대해 다룬다. 우리는 각 접근법이 범주화에 대해 독자적인 조망을 제공하며, 동시에 이 세 가지 접근법을 종합하면 한 가지 접근법이 제공하는 것보다 범주화에 대해 훨씬 완벽한 설명을 제공한다는 것을 알게 된다.

9.1 개념과 범주의 기본 속성

범주의 기본 속성에 대해 다음 질문을 고려한다.

- 각기 다른 사물이나 사건, 생각이 어떻게 특정 범주에 배정되는가?
- 범주는 어떻게 정의될 수 있는가?
- 왜 우리는 '모든 사물이 동등하게 창조되는 것은 아니다'라고 말하는가?

사물은 어떻게 범주에 배정되는가?

어디에서 시작해야 할지 자신이 없을 때, 탐구할 대상의 특징을 밝혀내기 위해 정의를 알아볼 수 있다. 우리는 인지심리학자들이 왜 사물을 범주로 분류하는 정의적 접근이 비효율적이라고 생각하는지를 기술하는 것으로 시작한다. 이어서, 사물을 범주에 분류할 때 사물 간의 유사성을 이용하는 다른 접근법에 대해 알아본다.

범주화의 정의적 접근(definitional approach to categorization) 사물이 특정 범주의 정의를 충족시키는지 알아보면 그 사물이 특정 범주의 사례인지 결정할 수 있다는 생각.

정의가 범주를 설명하지 못하는 이유 **범주화의 정의적 접근**(definitional approach to categorization)에 따르면, 우리는 그 사물이 특정 범주의 정의를 충족시키는지 알아보면 그 사물이 특정 범주의 사례인지 결정할 수 있다. 정의는 기하학적 도형과 같은 경우에는 아주 유용하다. 그러니까 정사각형을 '네 변의 길이가 같고, 네 개의 내각이 모두 같은 평면 도형'이라고 정의하는 것은 유용하다. 그러나 자연 범주(예: 새, 나무, 식물)의 대부분과 인공물(예: 의자)의 상당수에서 정의는 별로 유용하지 않다.

문제는 일상생활에서 우리가 사용하는 범주에서 그 범주에 속하는 모든 사례가 유사한 속성을 가지지는 않는다는 것이다. 그러니까 '그릇처럼 생긴 작은 용기로 이 용기를 이용해서 무언가를 마실 수 있고, 전형적으로 손잡이가 있다.'라는 컵의 사전적인 정의는 합리적인 것처럼 보이지만, 우리가 '컵'이라고 부르는 것 중에는 이 정의를 충족시키지 못하는 것들도 있다. 예를 들어, **그림** 9.3a에 있는 사물은 이 정의에 따르면 컵으로 분류되지만, **그림** 9.3b, 9.3c, 9.3d에 있는 사물은 그렇지 않다. 9.3b에 있는 컵은 대부분의 속성을 갖추었지만, 손잡이가 없다. 9.3c에 있는 계량컵은 손잡이는 있지만, 마시는 용도가 아니라 전형적으로 측정 용도로 사용된다. 9.3d에 있는 컵 모양을 한 손은 마시는 용도로 사용되고 그릇처럼 생겼지만, 컵은 아니다. 그냥 손이다. 그러니까 전형적인 의미에서 용기가 아니다.

철학자 Ludwig Wittgenstein(1953)은 정의가 지니는 이러한 문제점을 파악해서 다음과 같은 해결책을 제안하였다.

> 우리가 '게임'이라고 부르는 것에 대해 생각해 보자. 나는 게임이라는 말을 들으면 보드게임, 카드 게임, 구기 게임, 올림픽 게임 등을 생각한다. 그런데 여러분이 이 예들을 살펴보면 모든 예에 공통으로 적용되는 속성이 없다는 것을 알 수 있다. 그 대신, 유사성, 관계, 그런 것들을 볼 수 있다. 나는 이러한 유사성을 특징짓는 표현으로 '가족 유사성'이라는 표현보다 더 적절한 표현을 생각해 낼 수 없다.

정의가 그 범주에 속한 모든 사례를 다 포함하지 못하는 문제를 다루기 위해 Wittgenstein은 가족 유사성(family resemblance)이라는 개념을 제안하였다. 가족 유사성은, 특정 범주에 속한 사례들은 여러 가지 방식으로 서로 닮았다는 생각을 가리킨다. 그러니까 그 범주에 속한

가족 유사성(family resemblance) 범주화 처리를 고려할 때, 특정 범주에 속한 사례들은 다양한 방식으로 서로 닮았다는 생각. 이 접근은 정해진 기준들의 집합을 충족해야 특정 범주에 속한다고 진술하는 정의적 접근과 대비된다.

(a)

(b)

(c)

(d)

그림 9.3 '컵'이 될 수 있는 다양한 예.

모든 사례가 반드시 충족해야 하는 명확한 기준을 정하는 대신, 가족 유사성 접근은 범주 내에 약간의 변산성을 허용한다. 컵은 크기와 형태가 다양할 수 있으며, 재질도 다를 수 있다. 그러나 각각의 컵은 다른 컵들과 어떤 점에서는 비슷하다. 범주의 성격을 이렇게 보게 되면, **그림** 9.3a의 컵과 **그림** 9.3c의 컵은 액체를 담을 수 있고, 부엌에서 자주 보이고 양을 측정하는 데 사용될 수 있으며, 종종 먹고 마시는 것과 관련되어 있다는 점을 공유한다.

Eleanor Rosch와 동료들은 1970년대에 시작한 일련의 실험에서 가족 유사성이라는 개념을 범주의 기본 성격을 탐구하는 실험의 출발점으로 사용하였다. 이러한 실험에서 처음 등장한 주요 개념 중의 하나가 '원형'이라는 개념이다.

범주화의 원형 접근(prototype approach to categorization)
어떤 범주에 속하는지는 그 사례가 원형이라 불리는 그 범주의 표준적인 표상과 유사한지에 달려 있다는 생각.

원형(prototype)
범주화에 사용되는 기준으로, 과거에 경험했던 그 범주의 사례들을 평균해서 형성된다.

전형성(typicality)
사례가 특정 범주의 특징을 대표하는 정도.

원형 접근: 평균적인 사례 찾기 **범주화의 원형 접근**(prototype approach to categorization)에 따르면 어떤 범주에 속하는지는 그 사례가 그 범주를 표상하는 원형과 얼마나 유사한지에 달려 있다. 여기서 **원형**(prototype)은 그 범주의 가장 '전형적인' 사례이다.

무엇이 특정 범주의 전형적인 사례일까? Eleanor Rosch(1973)는 '전형적인' 원형은 특정 범주에서 흔히 경험하는 사례들의 평균에 기초한다고 제안하였다. 예를 들어, '새' 범주의 원형은 우리가 흔히 보는 참새, 개똥지빠귀, 어치 등에 기초할 수 있지만, 반드시 그중 어느 하나와 똑같아야 할 필요는 없다. 그러니까 원형은 특정 범주의 실제 사례가 아니라 그 범주의 '평균적인' 표상이다(**그림** 9.4).

물론 모든 새가 개똥지빠귀나 어치나 참새 같지는 않다. 올빼미, 말똥가리, 펭귄도 새이다. Rosch는 범주 안에서의 변산성은 **전형성**(typicality)의 차이를 표상하는 것이라고 서술하였다. 아주 전형적이라는 것은 범주의 원형과 아주 유사하다는 뜻이다(그 범주의 '전형적인' 사례라는 말과 비슷하다). 전형성이 낮다는 것은 그 사례가 범주의 전형적인 사례와 많이 닮지는 않았다는 것을 뜻한다. Rosch(1975a)는 참가자들에게 '새', '가구'와 같은 범주 이름과 그 범주에 속한 약 50개의 사례 목록을 주어서 이 생각을 수량화하였다. 참가자는 각 사례가 범주 이름을 얼마나 잘 대표하는지를 7점 척도에 평정하였다. 여기서 1은 해당 범주의 아주 좋은 예라는 의미이고, 7은 그 범주에 어울리지 않는다거나 그 범주에 속하지 않는다는 의미이다.

두 가지 범주에 속한 예에 대해 판단한 결과가 **그림** 9.5에 제시되었다. 참새의 평정치 1.18은 사람들은 참새를 새의 아주 좋은 예라고 생각한다는 것을 보여주는 것이고(**그림** 9.5a), 펭귄의 평정치 4.53과 박쥐의 평정치 6.15는 사람들은 펭귄과 박쥐를 새의 좋은 예라고 생각하지 않는다는 것을 보여준다. 마찬가지로, 의자와 소파(평정치 1.04)는 가구의 좋은 예이지만, 거울(4.39)과 유선 전화기(6.68)는 좋은 예가 아니라는 것을 보여준다(**그림** 9.5b).

Roger Tidman/Corbis Documentary/Getty Images; Paul Reeves Photography/Shutterstock.com; Gary W. Carter/Corbis Documentary/Getty Images

그림 9.4 세 종류의 실제 새들인 참새, 개똥지빠귀, 어치와 '새' 범주의 평균적 표상인 '원형'이 되는 새.

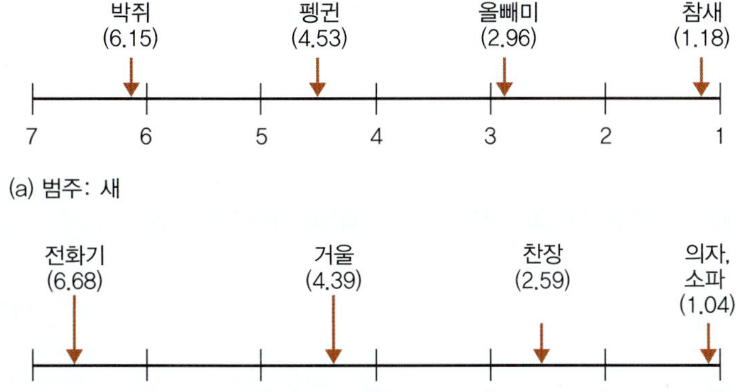

그림 9.5 참가자들이 각 대상을 1(그 범주의 아주 좋은 예)에서 7(나쁜 예)까지의 척도에 평정하게 한 Rosch(1975a)의 실험 결과. (a) 새. (b) 가구.

1975년에 유선 전화기는 흔히 보는 사물일 수 있다는 점은 말해둘 만하다. 이 책을 읽는 여러분에게 유선 전화기가 익숙하지 않을 수가 있으니 그 대신 '쓰레기통'이라는 개념을 생각해 볼 수도 있다. 쓰레기통은 기술적으로는 가구이다. 전형적으로 부엌과 욕실에 있다. 그러나 거울과 마찬가지로 쓰레기통은 의자나 소파와는 달리 '가구'의 정의를 충족시키지 못한다.

참새가 펭귄이나 박쥐보다 새의 좋은 예라는 것은 전혀 놀랄 일이 아니다. Rosch는 이 당연한 결과를 보고하는 것을 넘어서서 일련의 실험을 통해 좋은 예와 안 좋은 예의 차이를 보여주었다.

전형적인 사례는 가족 유사성이 높다 범주의 좋은 예와 좋지 않은 예는 그 범주에 속한 다른 사례들과 얼마나 잘 비교될까? 이어지는 '보여주기'는 Rosch와 Carolyn Mervis(1975)의 실험에 기초한 것이다.

여러분이 Rosch와 Mervis의 참가자들처럼 반응한다면, 의자와 소파에 대해서는 같은 속성을 많이 적을 것이다. 예를 들어, 의자와 소파는 다리가 있다, 등받이가 있다, 그 위에 앉는다, 쿠션이 있을 수도 있다 등의 속성을 공유할 것이다. 어떤 사물의 속성이 그 사물이 속한 범주의 다른 사물들의 속성과 많이 겹치게 되면 이 사물의 가족 유사성이 높다는 것을 의미한다. 그러나 우리가 거울, 쓰레기통, 유선 전화기와 같은 사례를 생각해 보면, 비록 Rosch와 Mervis가 이 사례를 '가구'로 분류했지만(**그림 9.5b**), 이 셋은 다른 사례들과 겹치는 속성이 별로 없다. 어떤 범주의 다른 사례들과 겹치는 것이 적다는 것은 가족 유사성이 낮다는 것을 의미한다.

이러한 결과를 토대로, Rosch와 Mervis는 가족 유사성과 전형성 간에는 아주 밀접한 관계가 있다고 결론지었다. 그러니까 '가구' 범주의 좋은 예인 의자와 소파는 그 범주에 속한 다른 사례들과 많은 속성을 공유하지만, 거울이나 유선 전화기처럼 좋지 않은 예들은 그렇지 않다. 연구자들은 전형성과 가족 유사성 간의 관계 외에 전형성과 행동 간의 연결에 대해서도 여러 가지 관계를 밝혀내었다.

보여주기

가족 유사성

Rosch와 Mervis(1975)가 사용한 지시문은 다음과 같다. 아래에 우리가 흔히 보는 사물들이 적혀 있다. 각 사물에 대해 그 사물의 공통적인 특징이나 속성이라고 생각하는 것을 최대한 많이 적기 바란다. 예를 들어, 자전거의 공통 속성으로, 바퀴가 두 개이다, 페달이 있다, 핸들이 있다, 우리가 탄다, 연료를 사용하지 않는다 등을 생각할 수 있다. 각 사물에 대해 약 1분 동안씩 그 사물의 속성이나 특징에 대해 적어 보라..

1. 의자
2. 거울
3. 소파
4. 쓰레기통

방법

문장검증 기법

문장검증 기법의 절차는 아주 간단하다. 참가자들에게 진술문을 하나 제시하고, 진술문이 사실이라고 생각하면 '예'라고 답하고, 사실이 아니라고 생각하면 '아니요'라고 답하게 한다. 아래 두 진술문에 대해 한번 답해 보라.

사과는 과일이다. 석류는 과일이다.

문장검증 기법(sentence verification technique) 참가자가 특정 문장이 참인지 거짓인지 답하게 하는 기법. 예를 들어, '사과는 과일이다.'와 같은 문장이 범주화 연구에서 사용되었다.

전형성 효과(typicality effect) 문장이 참인지, 거짓인지 판단하는 과제에서 범주에서 전형성이 낮은 사물에 대한 문장보다 전형성이 높은 사물에 대한 문장에 빨리 반응하는 능력.

전형적인 사물에 대한 진술문은 빨리 검증된다 Edward Smith와 동료들(1974)은 **문장검증 기법**(sentence verification technique)이라 불리는 실험법을 사용하여 사람들이 얼마나 빨리 특정 사물의 범주에 관한 질문에 대해 답하는지 밝혀냈다.

Smith와 동료들(1974)은 이 과제를 사용해서 사람들은 전형성이 낮은 사물(예: '과일' 범주의 석류)보다 전형성이 높은 사물(예: '과일' 범주의 사과)에 대해 빨리 반응한다는 것을 발견하였다(**그림** 9.6). 전형성이 높은 사물에 대해 빨리 반응하는 능력을 **전형성 효과**(typicality effect)라고 부른다.

전형적인 사물은 먼저 거명된다 참가자들에게 특정 범주에 속한 사례를 가능한 한 많이 말하라고 하면, 그 범주에서 가장 전형적인 사례부터 말하는 경향이 있다(Mervis et al., 1976). 그러니까 '새' 범주에서는 펭귄보다 참새가 먼저 거명된다.

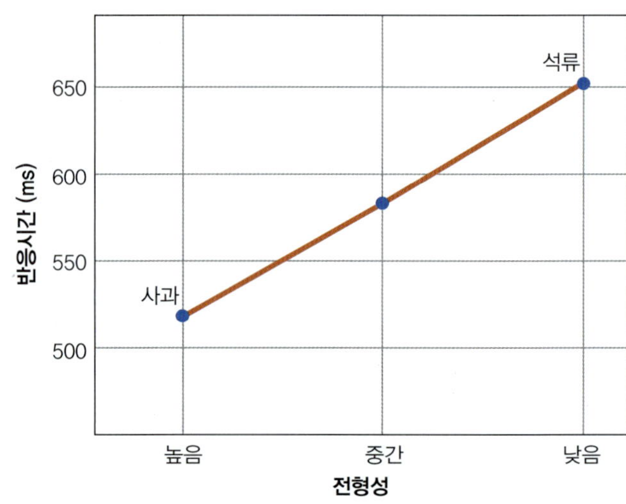

그림 9.6 E. E. Smith와 동료들(1974)의 문장검증 과제 실험 결과. 전형성이 높은 사물의 반응시간(RT)이 빠르다.

전형적인 사물은 점화의 영향을 더 많이 받는다 6장에서 논의된 것처럼 하나의 자극을 제시하는 것이 시간상으로 바로 뒤이어 제시되는 자극에 대한 반응을 촉진시키면 우리는 **점화**(priming)되었다고 표현한다(6장 205쪽). Rosch(1975b)는 범주의 전형적인 사례가 덜 전형적인 사례보다 점화 자극의 영향을 더 많이 받는다는 것을 보여주었다. Rosch의 실험 절차가 **그림** 9.7에 제시되었다. 참가자들은 '초록'과 같은 색이름을 점화 자극으로 들었다. 2초 후에 색 두 개가 좌우로 제시되면 참가자들은 이 두 색이 같은지 다른지를 가능한 한 빨리 버튼을 눌러 답해야 했다.

점화(priming)
같거나 비슷한 자극을 먼저 제시하는 것이 자극에 대한 반응의 변화를 이끄는 것.

색이름을 듣고 나서 보게 되는 두 개의 색은 세 가지 방식으로 조합되었다. (1) 두 색이 같으며, 그 범주의 좋은 예(원색의 빨강, 파랑, 초록. **그림** 9.7a), (2) 두 색이 같지만, 그 범주의 좋지 않은 예(밝은 초록, 밝은 파랑처럼 좋은 색의 덜 풍부한 예. **그림** 9.7b), (3) 각기 다른 색 범주에서 나온 두 색(초록과 빨강. **그림** 9.7c).

가장 중요한 결과는 두 색이 같은 두 조건에서의 결과이다. 점화의 결과로 덜 전형적인 색(반응시간, RT = 780ms)보다 전형적인 색(RT = 610ms)에서 '같다' 반응이 더 빨랐다. 그러니까, 참가자들이 초록이라는 단어를 들었을 때 그들은 두 개의 밝은 초록 조각보다 두 개의 원색 초록 조각에 대해 둘이 같다는 판단을 더 빠르게 했다.

Rosch는 이 결과를 다음과 같이 설명하였다. 참가자들이 **초록**이라는 단어를 들으면 그들은 '좋은'(아주 전형적인) 초록을 상상한다(**그림** 9.8a). 점화에 기초하는 원리는 자극에 반응하는 데 필요한 정보의 일부를 점화 자극이 제공할 때 점화 자극이 반응을 촉진시킨다는 것이다. 좋은 초록이 검사 자극으로 제시될 때는 이런 일이 일어나지만(**그림** 9.8b), 덜 전형적인 초록이 검사 자극으로 제시될 때는 이런 일이 일어나지 않는다(**그림** 9.8c). 그러니까, 점화 실험의 결과는 참가자들이 색이름을 들으면 원형의 심상을 창조한다는 생각을 지지하였다. 이

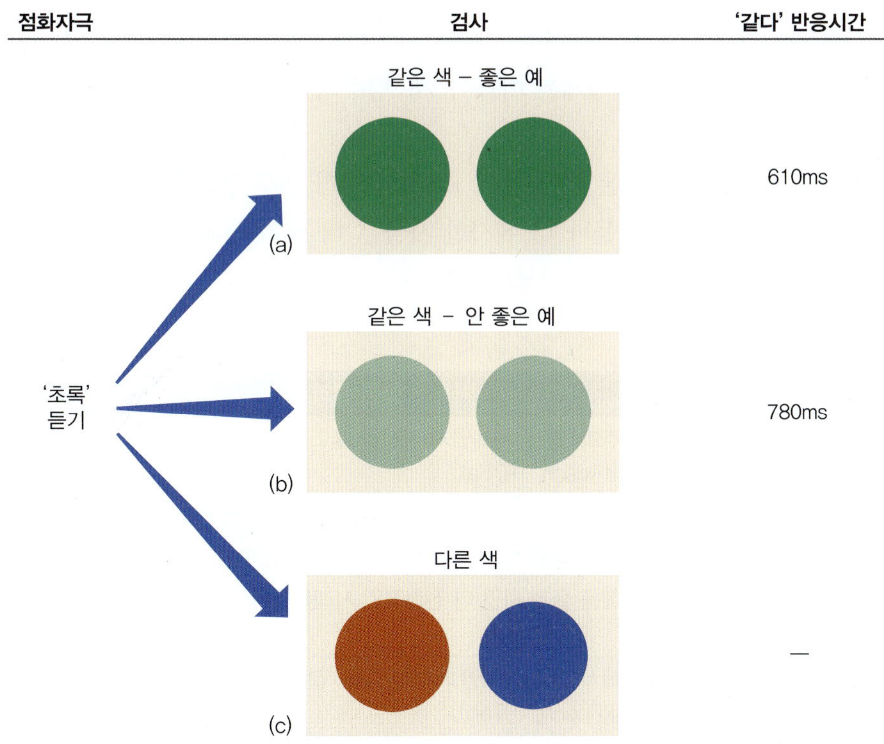

그림 9.7 Rosch(1975b)의 점화 실험 절차. 검사 자극이 같은 조건들의 결과가 오른쪽에 제시되었다. (a) 참가자의 '초록' 원형이 좋은 초록과 잘 맞는다. 그러나 (b) 밝은 초록과는 잘 안 맞는다. (c)는 색이 다른 조건의 예이다.

그림 9.8 점화는 덜 전형적인 색보다 전형적인 색에 대해 '같다'라는 판단을 빨리 하게 한다는 결과에 대한 Rosch의 설명.

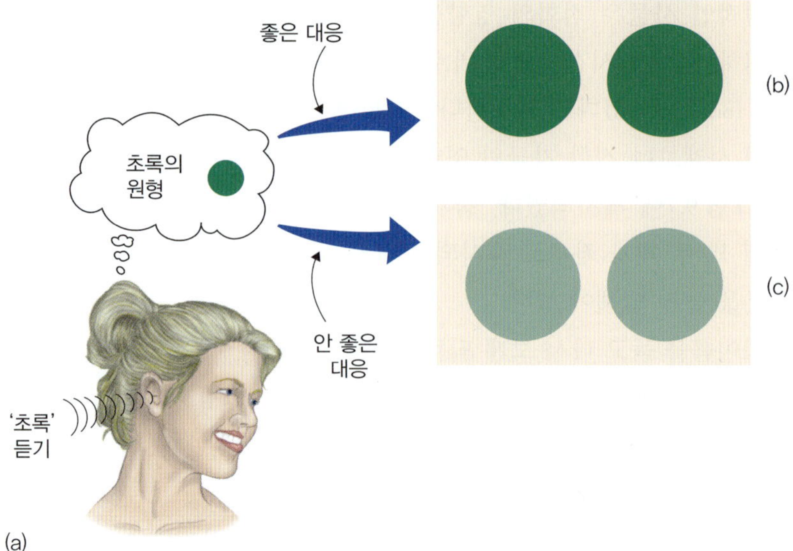

출처: A. Oliva & A. Torralba, 2007을 수정 인용함.

제까지 서술했던 전형성이 행동에 영향을 미치는 다양한 방식을 **표 9.1**에 요약하였다.

범주화의 원형 접근은 범주에 속한 모든 사례가 똑같은 것이 아니라는 것을 여러 가지 실험 증거들이 지지함으로써 범주화에 대한 정의적 접근을 넘어서는 엄청난 발전을 보여준다. **본보기 접근**이라 불리는 범주화에 대한 또 다른 접근에서도 특정 범주에 속한 사례들의 엄청난 변산성을 고려한다.

범주화의 본보기 접근(exemplar approach to categorization)
범주의 사례를 범주의 본보기와 비교해서 판단한다는 범주화 접근. 본보기는 그 사람이 이전에 경험한 적 있는 그 범주에 속한 실제 사례들이다.

본보기(exemplar)
범주를 표상하고 정의하기 위해 사용되는 범주의 구체적인 사례나 예.

본보기 접근: 사례 생각하기 원형 접근과 마찬가지로 **범주화의 본보기 접근**(exemplar approach to categorization)도 어떤 사물이 다른 사물과 얼마나 유사한지를 판단하는 기제를 포함한다. 그렇지만, 원형 접근에서의 기준은 범주에 대한 하나의 '평균' 사례지만, 본보기 접근에서의 기준은 본보기라 불리는 여러 개의 사례를 포함한다. 본보기는 그 사람이 이전에 경험한 적이 있는 그 범주에 속한 실제 사례들이다. 그러니까 어떤 사람이 이전에 참새, 개똥지빠귀, 어치를 본 적이 있다면, 그 사람에게는 이들이 '새' 범주의 **본보기**(exemplar)가 되는 것이다.

본보기 접근은 원형 접근을 지지하는 데 사용된 Rosch의 여러 연구 결과를 설명할 수 있다. 예를 들어, 본보기 접근은 본보기들과 더 유사한 사물은 더 빨리 분류된다고 제안해서 전형성 효과(문장검증 과제에서 좋지 않은 사례보다 좋은 사례에 대한 진술문의 반응시간이 더 빠

표 9.1 전형성의 몇 가지 효과

효과	기술	실험 결과
가족 유사성	범주에 속한 사례들은 여러 가지 방식으로 비슷하다.	어떤 범주의 '좋은' 사례인지 평정할 때 더 전형적인 사례가 더 높게 평정된다(Rosch, 1975a).
전형성	범주의 '전형적' 사례에 대해 더 빨리 반응한다.	덜 전형적인 사례(타조)보다 더 전형적인 사례(개똥지빠귀)에서 '____는 새이다.'라는 문장에 대한 반응시간이 빠르다(Smith et al., 1974).
거명	범주에 속한 사례를 말하게 하면, 어떤 사례를 다른 사례들보다 자주 말하는 경향이 있다.	범주의 예를 들게 하면 더 전형적인 사례를 먼저 말한다(Mervis et al., 1976).
점화	하나의 자극을 제시하면 그다음에 나오는 자극에 대한 반응에 영향을 준다.	색 판단에서 더 전형적인 사례에 대해 '같다-다르다' 판단을 빨리한다(Rosch, 1975b).

른 결과)를 설명한다. 그러니까, 참새는 새의 많은 본보기와 유사하기 때문에 새의 사례 중 일부 본보기와만 유사한 펭귄보다 더 빨리 새로 분류된다. 이는 원형 접근을 서술할 때 나왔던 가족 유사성이라는 생각, 즉 '더 좋은' 사례가 가족 유사성이 높다고 서술한 것과 기본적으로 같다.

어느 접근이 더 좋은가: 원형인가, 본보기인가? 원형 접근과 본보기 접근 중 어느 것이 사람들이 범주를 어떻게 사용하는지를 더 잘 서술할까? 본보기가 접근의 한 가지 이점은, 이 접근에서는 실제 사례를 사용하기 때문에 날지 못하는 새와 같이 전형적이지 않은 사례들도 설명할 수 있다는 점이다. 펭귄을 '평균'적인 새와 비교하는 대신, 우리는 날지 못하는 새도 있다는 것을 기억하면 된다. 개별 사례들을 고려할 수 있다는 것은 본보기 접근에서는 이후에 유용하게 사용될 수도 있는 정보를 버리지 않는다는 것을 의미한다. 그러니까 펭귄, 타조와 같이 전형적이지 않은 새들도 원형을 구성하는 전체 평균 속성에서 묻혀 버리지 않고 새 범주의 본보기로 표상될 수 있다는 것이다. 본보기 접근은 게임과 같이 변산성이 큰 범주를 더 잘 설명할 수 있다. 럭비, 비디오 게임, 혼자 하는 카드 게임, 피클볼, 골프와 같은 것을 포함하는 게임이라는 범주의 원형을 상상하는 것은 어렵지만, 본보기 접근에서는 이러한 다양한 예 중에서 일부를 기억하는 것만 요구한다.

어떤 연구자들은 사람들은 두 가지 접근을 다 사용할 수도 있다고 결론지었다. 우리가 어떤 범주를 처음 학습할 때 사례들의 평균으로 원형을 만들 수 있는데, 그러다가 학습이 더 진행되면서 일부 본보기 정보들이 강해질 수 있다고 제안하였다(Keri et al., 2002; Malt, 1989). 그러니까, 학습 초기에는 타조나 펭귄과 같은 예외들을 고려하지 못하지만, 이후에 이런 사례들의 본보기가 범주에 추가될 수 있다. 우리는 일반적으로 개가 무엇인지 안다(원형). 그러나 내가 기르는 특정한 개를 가장 잘 안다(본보기)(Minda & Smith, 2001; Smith & Minda, 2000). 원형 이론과 본보기 이론의 장점을 고려한 최근의 조사는 다음과 같은 결론으로 마무리했다. "두 종류의 정보는 각각의 지식이 가장 적합한 과제를 설명하는 것을 허용할 수 있게 공동으로 작동해서 우리의 풍부한 개념 지식을 산출한다"(Murphy, 2016).

9.2 심리학적으로 '기본적인' 범주 수준이 있을까?

우리가 원형 접근과 본보기 접근을 다루는 동안, 우리는 침대, 의자, 책상과 같은 사례들을 포함하는 '가구'와 같은 범주를 예로 사용했다. 그러나 **그림** 9.9a에서 볼 수 있듯이 '의자'라는 범주는 다시 부엌 의자, 식당용 의자와 같은 더 작은 범주들을 포함할 수 있다. 크고 일반적인 범주가 작고 세부적인 범주로 나누어져서 여러 수준의 범주를 만드는 유형의 조직화를 위계적 조직화(hierarchical organization)라고 부른다.

이런 조직화에 대해 인지심리학자들이 제기했던 질문 중의 하나는 다른 수준들보다 심리학적으로 더 기본적이거나 중요한 '기본' 수준이 있느냐는 것이었다. 곧이어 서술할 연구들은 특별한 심리학적 속성을 갖는 범주의 기본 수준이 있다는 것을 보여줄 수는 있지만, 그 기본 수준이 모든 사람에게 똑같지는 않다는 것을 보여준다. 이제 기본 수준 범주라는 생각을 소개한 Rosch의 연구에 대해 알아보자.

위계적 조직화
(hierarchical organization)
크고 일반적인 범주가 작고 세부적인 범주로 나누어져서 여러 수준의 범주를 만드는 유형의 조직화. 작은 범주는 다시 더 구체적인 범주로 나누어질 수 있는데, 이렇게 되면 여러 수준의 범주가 생긴다.

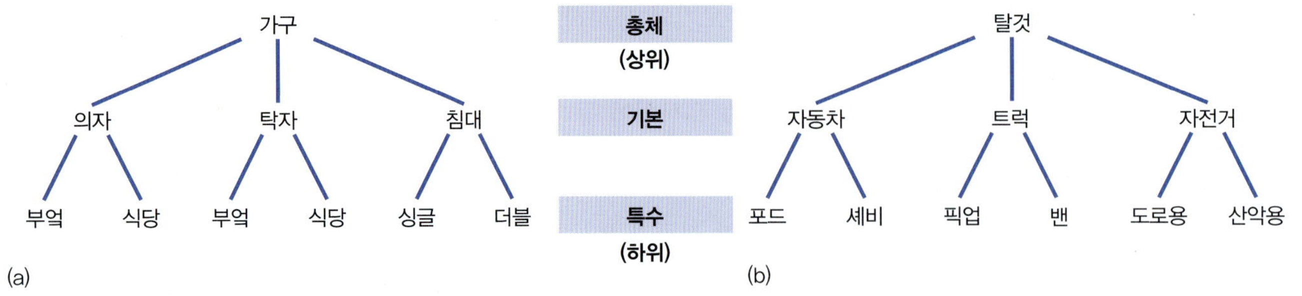

그림 9.9 (a) 가구와 (b) 탈것의 범주 수준. Rosch는 기본 수준이 '심리적으로 특별한' 수준이라는 생각을 지지하는 증거를 제공하였다.

상위 수준(superordinate level) Rosch가 가장 상위이고 가장 일반적인 범주라고 구분한 수준.

총체 수준(global level) 상위 수준 참조.

기본 수준(basic level) Rosch의 범주화 틀에서 총체(상위) 수준의 아래 수준. Rosch에 따르면, 이보다 위 수준에서는 정보가 손실되고, 아래에서는 정보에 추가 이득이 별로 없기 때문에, 기본 수준은 심리학적으로 특별하다.

Rosch의 접근: 기본 수준 범주는 무엇이 다른가?

Rosch의 연구는 **그림** 9.9에 있는 것처럼 '가구'처럼 일반적인 수준에서부터 '부엌 탁자'처럼 특수한 수준까지에 걸치는 여러 수준의 범주가 있으며, 사람들이 범주를 이용할 때 이들 중 어느 한 수준의 범주에 집중하는 경향이 있다는 관찰에서 시작되었다. Rosch는 범주를 세 가지 수준으로 구분했다.

1. **상위 수준**(superordinate level): 이 수준을 **총체 수준**(global level)이라고도 부르며, 예를 들어 '가구'가 이에 해당한다.
2. **기본 수준**(basic level): 예를 들어 '탁자'가 이에 해당한다.
3. **하위 수준**(subordinate level): **특수 수준**(specific level)이라고도 부르며, 예를 들어 '부엌 탁자'가 이에 해당한다. 아래에 있는 '보여주기'는 각 수준의 특징을 보여준다.

보여주기

공통 속성 적기

이 '보여주기'는 '보여주기: 가족 유사성'에서 했던 과제를 다른 범주들을 이용해서 하는 것이다. 아래에 나오는 범주에 대해 그 범주에 속하는 모든 혹은 대부분의 사례가 공통으로 가지고 있는 특징을 최대한 많이 적어 보라. 예를 들어, '탁자'에는 '다리가 있다'라고 적을 수 있다.

1. 가구　　　2. 탁자　　　3. 부엌 탁자

하위 수준(subordinate level) Rosch의 범주화 틀에서 가장 구체적인 수준.

특수 수준(specific level) 하위 수준 참조.

여러분이 이 과제를 수행한 Rosch와 동료들(1976)의 실험 참가자들처럼 반응한다면 여러분은 모든 가구에 공통적인 속성은 겨우 몇 개 정도 적었을 것이고, 모든 탁자와 모든 부엌 탁자가 공유하는 속성은 많이 적었을 것이다. Rosch의 실험의 참가자들은 총체 수준 범주인 '가구'에 대해서는 평균 3개의 속성을 적었고, 기본 수준 범주인 '탁자'에 대해서는 9개, 특수 수준 범주인 '부엌 탁자'에 대해서는 10.3개의 속성을 적었다(**그림** 9.10).

Rosch는 기본 수준보다 상위 수준(총체 수준)으로 올라가면 정보의 손실이 아주 크고(기본 수준 9개 대 총체 수준 3개), 하위 수준(특수 수준)으로 내려가면 약간의 정보 이득만이 생기기 때문에(기본 수준 9개 대 특수 수준 10.3개) 기본 수준은 심리학적으로 특별하다고 제안했다. 기본 수준이 특별하다는 주장과 관련된 또 다른 '보여주기'를 살펴보자.

수준	예	공통 속성의 수	
총체(상위)	가구	3	많은 정보를 잃는다.
기본	탁자	9	
특수(하위)	부엌 탁자	10.3	정보를 조금 더 얻는다.

그림 9.10 범주 수준, 각 수준의 예, 그리고 Rosch와 동료들(1976)의 실험 참가자들이 열거한 평균 공통 속성 수.

보여주기

사물 이름 대기

그림 9.11을 보고 각 그림의 정체를 알려 주는 한 단어를 가능한 한 빨리 적거나 말하라.

각 사물에 어떤 이름을 붙였는가? Rosch와 동료들(1976)은 이와 비슷한 실험을 통해 사람들이 기본 수준의 이름을 고르는 경향이 있다는 것을 발견하였다. 사람들은 **악기**(총체 수준)나 **록 기타**(특수 수준)보다 **기타**(기본 수준)로, **동물**이나 **송어**보다 **물고기**로, **의류**나 **청바지**보다 **바지**라고 말했다.

또 다른 실험에서 Rosch와 동료들은 참가자들에게 **차**, **탈것**과 같은 범주 이름을 보여주고, 잠깐 시간이 지난 후에 그림을 보여주었다. 그리고 참가자들에게는 가능한 한 빨리 그 그림이 처음 보여준 범주에 속하는지 판단하게 했다. 사람들은 총체 수준 범주(예: 탈것)보다 기본 수준 범주(예: 차)일 때 더 빨리 답했다. 그러니까 사람들은 자동차 사진을 보여 주기 전에 **탈것**이라는 단어를 보았을 때보다 **차**라는 단어를 보았을 때 '예'라는 답을 빨리했다.

어떻게 지식이 범주화에 영향을 미치나? 대학교 학부생들을 대상으로 수행한 Rosch의 실험은 '기본' 수준이라 불리는 범주 수준이 있다는 것을 보여주었는데, 이 기본 수준은 대학교 학부생들의 일상 경험을 반영하는 것이다. 이러한 사실은 Rosch 이외의 많은 연구자들에 의해서도 보고되었다. J. D. Coley와 동료들(1997)은 노스웨스턴대학교의 학부생들에게 교정을 돌아다니면서 44개 식물의 이름을 가능한 한 구체적으로 말하게 했는데, 응답자의

그림 9.11 '보여주기: 사물 이름 대기'에 사용된 자극.

75%가 '떡갈나무'라는 구체적인 이름이 아니라 '나무'처럼 기본 수준의 이름을 말했다.

그런데 대학교 학부생들에게 식물의 이름을 대라고 하는 대신, Coley가 원예사들을 대상으로 이 실험을 했다면 결과는 어떠했을까? 원예사들은 '나무'라고 답했을까, 아니면 '떡갈나무'라고 답했을까? James Tanaka와 Marjorie Taylor(1991)는 새에 대해서 비슷한 질문을 한 실험을 수행하였다. 그들은 새 전문가와 비전문가들에게 사물의 그림을 보여주고 이름을 말하게 했다. 사물들은 여러 범주에서 고른 것이었는데(도구, 의류, 꽃 등), Tanaka와 Taylor의 관심사는 네 장의 새 그림에 대한 참가자들의 대답이었다.

그림 9.12에 제시된 결과를 보면, 전문가들은 새의 종(개똥지빠귀, 참새, 어치, 홍관조 등)을 명시해서 답했고, 비전문가들은 '새'라고 답한 것을 알 수 있다. 전문가들은 비전문가들이 자각하지 못하는 특징에 주의를 기울이는 것을 학습한 것이다. 그러니까 사람들이 어떻게 사물을 범주화하는지를 제대로 알려면 사물의 속성뿐만 아니라 그 사물을 지각하는 사람의 학습과 경험도 고려해야 한다(Johnson & Mervis, 1997).

Tanaka의 새 실험 결과에서, 우리는 원예사들에게 교정을 돌아다니며 식물들의 이름을 말하게 하면 식물에 세부적인 지식이 없는 사람들보다 훨씬 특수한 이름으로 답할 것이라 예상할 수 있다. 실제로 자연환경과 밀접하게 생활하는 과테말라의 이차(Itzaj) 부족원들은 떡갈나무를 '나무'라 부르지 않고 '떡갈나무'라고 불렀다(Coley et al., 1997).

그러니까, '특별한' 수준, 즉 사람들이 집중하는 경향이 있는 수준은 모든 사람에게 똑같지 않다. 일반적으로 특정 범주에 대해 전문성과 친숙성을 갖는 사람들은 좀 더 특수한 정보에 집중하는 경향이 있는데, 이는 Rosch가 특수 수준이라 부른 수준과 유사한 수준의 정보이다. 우리의 범주화 능력은 경험을 통해 학습되고, 우리가 전형적으로 접하는 사물과 그 사물의 어느 속성에 우리가 집중하는지에 달려 있다는 점을 고려할 때 이 결과는 일리가 있다.

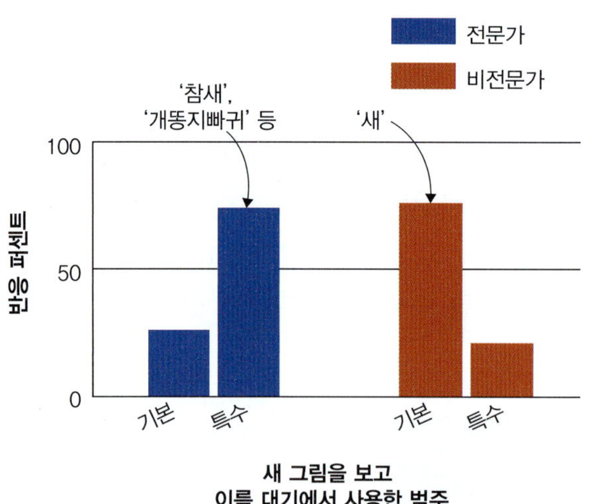

그림 9.12 Tanaka와 Taylor(1991)의 '전문가' 실험 결과. 전문가(왼쪽 막대 쌍)는 특수 수준의 이름을 많이 사용했고, 비전문가(오른쪽 막대 쌍)는 기본 수준의 이름을 많이 사용했다.

자가 테스트

1. 우리가 일상적인 기능을 할 때 범주를 사용하는 것이 왜 중요한가? (학습목표 9-1)
2. 범주의 정의적 접근에 대해 서술하라. 왜 처음에는 이것이 범주에 대해 사고하는 데 유용한 방안처럼 보이다가, 범주를 구성하는 사물들의 종류에 대해 생각해 보면 문제가 많은 접근이라는 것을 알게 되는가? (학습목표 9-1)
3. 원형 접근은 무엇인가? Rosch는 전형성과 행동 간의 연결을 보여주는 어떤 실험을 수행했는가? (학습목표 9-2)
4. 범주화의 본보기 접근이란 무엇인가? 이 접근은 원형 접근과 어떤 점에서 다르며, 이 두 접근은 어떻게 보완적으로 작용할 수 있는가? (학습목표 9-2)
5. 범주에는 여러 수준이 있다는 것은 무슨 의미인가? 여러 수준 중에 하나의 수준이 '기본 수준'이라는 생각을 입증하기 위해 Rosch는 어떤 논증을 전개했는가? (학습목표 9-3)
6. 전문가의 범주화에 관한 연구는 어떤 수준이 '기본 수준'이라는 Rosch의 생각에 어떤 수정을 초래했는가? (학습목표 9-3)

9.3 범주화의 망 모형

범주화에 대한 망 접근과 관련해서 다음 두 가지 접근을 살펴보자.

1. 의미망 접근이라 불리는 초기 망 모형은 개념들이 마음속에 어떻게 조직화되어 있는지를 설명하기 위해 연결된 개념들로 구성된 망을 사용하였다.
2. 보다 최근의 망 접근은 '연결주의'라고 불리는데, 특정 사물들을 알아보기 위해 망들이 어떻게 '훈련'되는지를 설명한다.

범주 간의 관계 표상하기: 의미망

범주는 총체 수준(상위 수준)에서 구체 수준(하위 수준)까지 위계적인 수준으로 배열될 수 있다는 것을 살펴보았다. 이 절에서는 범주화에 대한 접근 중에서 범주나 개념이 마음속에 어떻게 조직화되어 있는지에 관심을 갖는 접근에 대해 알아본다. 이제 서술할 접근을 **의미망 접근**(semantic network approach)이라 부르는데, 이 접근에서는 개념들이 망으로 배열되어 있다고 제안한다.

> **의미망 접근(semantic network approach)** 지식을 상호연결된 마디들의 망으로 표상하는 모형. 각 마디는 개념을 표상하고, 마디 간의 연결은 개념 간의 관계를 표상한다.

의미망 소개: Collins와 Quilllian의 위계적 모형 최초의 의미망 모형 중의 하나는 Ross Quillian(1967, 1969)의 개척자적인 연구에 기초하는데, Quillian의 목표는 사람의 기억에 대한 컴퓨터 모형을 개발하는 것이었다. 우리는 Allan Collins와 Quilllian(1969)이 제안한 모형을 단순화해서 소개하는 것으로 Quillian의 접근법을 서술한다.

그림 9.13은 Collins와 Quilllian의 의미망을 보여준다. 이 망은 마디(node)들로 구성되어 있는데, 이 마디들은 고리(link)로 연결되어 있다. 각 마디는 개념이나 범주를 표상하는데, 관련된 개념들은 연결되게 개념들이 망에 배치된다. 아울러 각 개념에는 많은 속성이 표시되어 있다.

개념을 연결하는 고리는 해당 개념이 어떻게 마음속에서 관련되어 있는지를 알려준다. 그러니까 **그림** 9.13에 있는 모형은, 마음속에 **카나리아** 개념과 **새** 개념 간에, 그리고 **새** 개념과 **동물** 개념 간에 연합이 있다는 것을 보여준다(**그림** 9.13에서 고리에 빨간색 점선이 붙어 표시된 부분). 이 모형은 '카나리아', '연어'처럼 특수한 개념은 아래에, 일반적인 개념은 상위 수준에 위치하게 배열되게 여러 수준으로 구성되었기 때문에 **위계적 모형**(hierarchical model)이다.

> **위계적 모형(hierarchical model)** 지식 표상에서 카나리아, 연어처럼 특수한 개념은 아래에, 새, 물고기, 동물처럼 보다 일반적인 개념은 상위 수준에 배열되게 여러 수준으로 구성된 모형.

그림 9.13의 위계적 모형이 7장(218쪽)에서 논의한 개념도와 얼마나 유사한지를 인지하라.

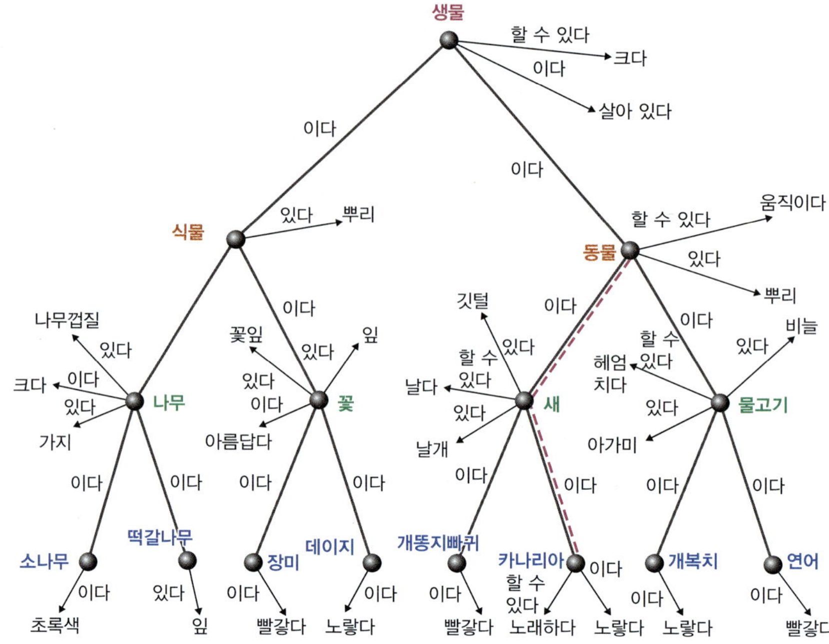

그림 9.13 Collins와 Quilllian(1969)의 의미망. 특수 개념은 색으로 표시되었다. 개념의 속성은 각 개념에 마디로 표시되어 있다. 개념의 여러 속성은 개념을 연결한 선을 따라 망을 위로 올라가면 알 수 있다. 예를 들어, '카나리아'에서 '새'로 올라가면 카나리아가 깃털과 날개가 있고 날 수 있다는 것을 알 수 있다. 점선은 의미망에서 카나리아와 새, 그리고 새와 동물의 거리를 알려준다.

출처: T. T. Rogers & J. L. McClelland, 2004를 수정 인용함.

이 유사성은 우연이 아니다. 개념도는 의미적으로 연결된 아이디어들의 망을 표상한다. 뇌에 정보들이 어떻게 저장되어 있는지를 설명하는 망 모형은 개념도와 아주 유사하다. 뇌가 개념과 아이디어들을 저장하기 위해 의미망과 같은 형태로 조직화되어있을 수 있으니까, 뇌가 이 조직화와 닮은 개념도에서 정보를 학습하고, 공부하고, 저장하는 것을 선호하는 것은 일리가 있다.

어떻게 이 의미망이 작동하고, 어떻게 개념에 대한 지식이 마음속에 조직화되어 있다고 이 모형이 제안하는지를 어떻게 이 망에서 카나리아의 속성을 인출하는지를 고려해서 예시할 수 있다. '카나리아'의 개념 마디에서 이 망으로 들어가 보자. 이 마디에서 우리는 카나리아는 노래를 부르며 색이 노랗다는 정보를 얻는다. '카나리아'에 대해 정보를 더 얻으려면 고리를 올라가서 카나리아는 새이며, 새는 날개가 있고, 날 수 있으며, 깃털이 있다는 것을 알게 된다. 한 단계 더 올라가면 카나리아는 동물이며, 동물은 피부가 있고, 움직일 수 있다는 것을, 그리고 마지막으로 생물 수준에 도달해서 생물은 성장할 수 있으며, 살아있다는 것을 알게 된다.

여러분은 왜 카나리아가 날 수 있다는 것을 알아내기 위해 '카나리아' 마디에서 '새' 마디로 이동해야 하는지 의아해할 수 있다. 그 정보는 카나리아 마디에 저장될 수도 있었고, 그럴 경우 우리는 곧바로 그 사실을 알 수 있는데 말이다. 그러나 Collins와 Quilllian은 '날 수 있다'를 모든 새(카나리아, 개똥지빠귀, 독수리 등) 마디에 표시하는 것은 비효율적이고 저장 공간을 너무 많이 사용한다고 제안하였다. 그래서 모든 새 마디에 '날 수 있다'와 '깃털이 있다'라는 속성을 표시하는 대신 이 속성은 대부분의 새에 적용되기 때문에 '새' 마디에 이 속성을 위치시켰다. 공유하는 속성을 보다 높은 수준의 마디에 한 번 저장하는 저장 방식을 **인지적 경제성**(cognitive economy)이라고 한다.

인지적 경제성
(cognitive economy)
뇌는 인지적 노력과 중복을 최소화하는 방향으로 정보를 조직한다는 원리. 심적 자원을 효율적으로 사용하기 위해 개념들이 공유하는 속성이나 특징을 위계 구조의 가능한 최상위에 저장한다.

인지적 경제성이 망을 더 효율적으로 만들지만, 모든 새가 나는 것은 아니기 때문에 이 방식은 문제를 일으킨다. 인지적 경제성의 이점을 유지하면서 이 문제를 해결하기 위해,

Collins와 Quilllian은 아래 마디에 예외 사항을 추가하였다. 예를 들어, 이 망에는 그려져 있지 않지만, '타조' 마디에 '날 수 없다'라는 속성을 표시할 수 있다.

이 의미망의 요소들은 뇌의 실제 작동 방식에 얼마나 상응할까? 우리가 서술할 때 사용한 고리와 마디가 뇌의 특정 신경섬유나 특정 장소에 상응할 필요는 없다. Collins와 Quilllian 모형은 생리학을 반영하려는 것이 아니라 개념과 속성이 어떻게 마음속에서 연합이 되는지, 그리고 특정 개념과 연합된 속성을 우리가 어떻게 인출하는지에 대해 예측하려고 제안된 것이다.

이 모형과 실제 생리학의 가능한 연결에 대한 문제는 잠시 미뤄두고, 이 모형이 얼마나 정확하게 예측하는지에 대해 생각해 보자. 한 가지 예측은 사람들이 어떤 개념에 대한 정보를 인출할 때 걸리는 시간은 이 망에서 이동해야 하는 거리에 의해 결정되어야 한다는 것이다. 그러니까, 참가자들이 특정 개념에 대한 진술문에 대해 '예' 혹은 '아니요'라고 답해야 하는 문장검증 과제에서('방법: 문장검증 기법', 302쪽) '카나리아는 새이다.'라는 진술문보다 '카나리아는 동물이다.'라는 진술문에 대해 '예'라고 답하는 데 걸리는 시간이 길 것이라고 이 모형은 예측한다. 이 예측은 **그림** 9.13에 점선으로 표시된 것처럼 '카나리아' 마디에서 '동물' 마디로 가려면 고리를 두 개 거쳐야 하지만, '카니리아' 마디에서 '새' 마디로 갈 때는 고리를 하나만 거치면 된다는 것에서 도출된다.

Collins와 Quilllian(1969)은 여러 가지 문장에 대한 반응시간을 측정해서 이 예측을 검증했는데, 결과가 **그림** 9.14에 제시되었다. 예측했던 것처럼 '카나리아' 마디에서 더 멀리 이동해야 하는 진술문의 반응시간이 길었다.

이 이론의 또 다른 속성은 활성화 확산인데, 이는 또 다른 예측을 이끌어 낸다. **활성화 확산**(spreading activation)이란 이미 활성화된 마디와 연결된 어느 고리로도 활성화가 퍼져나가는 것을 의미한다. 예를 들어, 의미망의 '개똥지빠귀' 마디에서 '새' 마디로 이동하면, **그림** 9.15에 색 화살표로 표시되었듯이 '새' 마디와 '개똥지빠귀'에서 '새'로 가는 고리를 활성화시킨다. 그런데 활성화 확산이라는 생각에 따르면, 이 활성화는 그림에 점선으로 표시된 것처럼

활성화 확산
(spreading activation)
이미 활성화된 마디와 연결된 의미망의 어느 고리로도 활성화가 퍼져나가는 것.

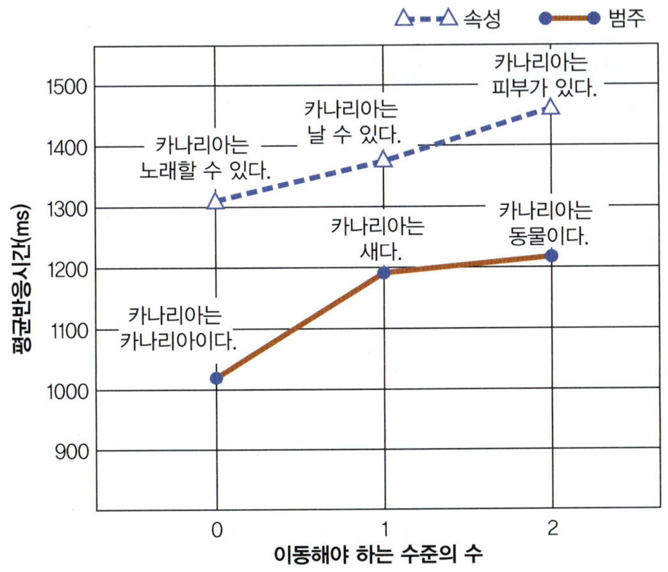

그림 9.14 의미망에서 이동해야 하는 거리가 다른 문장들에 대한 반응시간을 측정한 Collins와 Quillian(1969)의 실험 결과. 카나리아의 속성(위)과 카나리아가 속한 범주(아래)에 대한 문장 모두에서 이동해야 하는 거리가 멀수록 반응시간이 길었다.

출처: A. M. Collins et al., 1969.

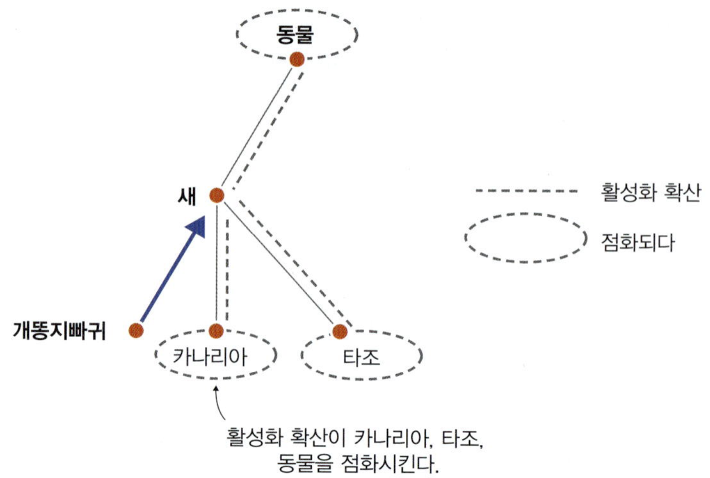

그림 9.15 '개똥지빠귀'에서 '새'를 검색하는 동안(파란 화살표) 의미망을 통해 활성화가 확산되는 방식. 점선은 활성화된 새 마디에서 활성화가 확산되는 것을 보여준다. 원으로 둘러싸인 개념들은 점화된 개념들인데, 활성화 확산 덕분에 기억에서 인출이 쉬워진다.

망에 있는 다른 마디로도 확산된다. 그러니까, 카나리아에서 새로 가는 경로를 활성화시키면, '새'와 연결되어 있는 개념인 '동물'과 다른 새들도 활성화시킨다. 이러한 활성화 확산의 결과는 활성화를 수용한 다른 개념도 '점화'되어서 기억에서 좀 더 쉽게 인출될 수 있다는 것이다.

어휘판단 과제 (lexical decision task) 참가자에게 특정 자극이 단어인지 아닌지를 가능한 한 빨리 답하도록 요구하는 실험 절차.

활성화 확산이 점화에 영향을 미칠 수 있다는 생각은 Collins와 Quilllian의 모형이 제안되고 얼마 지나지 않아 발표된 David Meyer와 Roger Schvaneveldt(1971)의 논문에서 다루어졌다. 그들은 **어휘판단 과제**(lexical decision task)라고 불리는 방법을 사용하였다.

방법

어휘판단 과제

'어휘판단 과제'에서 참가자들은 제시된 자극들을 읽는데, 그중 어떤 것은 단어이고 다른 것은 단어가 아니다. 참가자들은 각각의 자극이 단어인지 아닌지를 가능한 한 빨리 답해야 한다. 예를 들어, 'bloog'에 대한 정답은 '아니요'이고, 'bloat'에 대한 정답은 '예'이다.

Meyer와 Schvaneveldt는 어휘판단 과제를 약간 변형시켜 실험에서 단어 쌍을 제시하였다. 즉, 한 단어 밑에 다른 단어를 제시하였다.

1번 쌍	2번 쌍	3번 쌍	4번 쌍
fundt	bleem	chair	bread
glurb	dress	money	wheat

참가자의 과제는 가능한 한 빨리 반응 버튼을 누르는 것이었는데, 두 단어가 다 단어이면 '예'를, 두 단어 중 적어도 하나가 단어가 아니면 '아니요'를 누르는 것이었다. 그러니까 1번 쌍과 2번 쌍은 '아니요'가 정답이고, 3번 쌍과 4번 쌍은 '예'가 정답이 된다.

이 실험에서 가장 중요한 변인은 쌍을 구성하는 두 단어의 연합이었다. 어떤 시행에서는 'bread'와 'wheat' 쌍처럼 두 단어가 밀접하게 연합되어 있었고, 다른 시행에서는 'chair'와 'money'처럼 두 단어가 약하게 연합되어 있었다. **그림** 9.16에 제시된 결과는 두 단어가 연합되어 있을 때 반응시간이 짧다는 것을 보여준다. 기억에서 한 단어를 인출하면 망에서 근처에 있는 다른 단어로 활성화가 확산되는 것을 발동시키기 때문에 이런 결과가 얻어진 것이

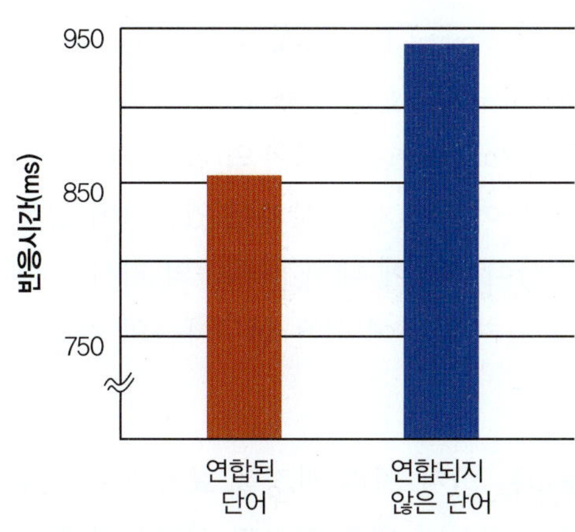

그림 9.16 Meyer와 Schvaneveldt(1971) 실험 결과. 참가자들은 더 밀접하게 연합된 단어(왼쪽 막대)에 대해 빨리 반응했다.

라고 Meyer와 Schvaneveldt는 제안하였다. 연합되어 있는 단어에 활성화가 더 많이 확산되기 때문에, 관련된 단어에 대한 반응이 관련되지 않은 단어에 대한 반응보다 빠르게 된다.

Collins와 Quilllian의 모형에 대한 비판 Collins와 Quilllian의 모형이 그들이 수행한 반응시간 실험(**그림** 9.14)과 Meyer와 Schvaneveldt의 점화 실험을 비롯해서 여러 실험의 지지를 받았으나, 오래지 않아 다른 심리학자들이 문제점을 제기하였다. 그들은 Collins와 Quilllian 모형은 전형적인 사례에 대한 진술문의 반응시간이 전형적이지 않은 사례에 대한 진술문보다 빠른 **전형성 효과**(302쪽 참조. Rips et al., 1973)를 설명할 수 없다는 점을 지적하였다. 그러니까 '타조는 새이다.'라는 진술문보다 '카나리아는 새이다.'라는 진술문의 검증시간이 빨랐으나, Collins와 Quilllian 모형에서는 '카나리아'와 '타조'는 '새'에서 한 마디만 떨어져 있기 때문에 반응시간이 같을 것으로 예상하였다.

연구자들은 사람들이 개념이 갖는 특정 속성(예: '카나리아'에서의 '날개가 있다')을 바로 그 개념 마디에 표시할 수도 있다는 증거들(Conrad, 1972) 때문에 인지적 경제성이라는 개념에 대해서도 의문을 제기했다. 그뿐만 아니라, Lance Rips와 동료들(1973)은 다음과 같은 문장검증 반응시간(RT) 결과를 보고하였다.

돼지는 포유류이다. RT = 1,476ms
돼지는 동물이다. RT = 1,268ms

'돼지는 동물이다.'가 더 빨리 검증되었다. 그러나 **그림** 9.17의 망에서 볼 수 있듯이 Collins와 Quilllian의 모형에서는 '돼지는 포유류이다.'가 더 빨리 검증된다고 예측하였다. 왜냐하면 '돼지'에서 '포유류'는 직접 연결되지만, '동물'에 가려면 '포유류'를 거쳐 고리를 한 번 더 가야 하기 때문이다. 이와 같은 문장검증 결과들과 이 모형에 대한 다른 비판들은 연구자들이 어떻게 개념들이 조직화되어 있는지를 기술하는 새로운 방식을 찾게 하였고(Glass & Holyoak, 1975; Murphy et al., 2012), 마침내 1980년대에 망을 이용한 새로운 접근법을 이끌어내었는데, 이 접근법은 **연결주의**라고 불린다.

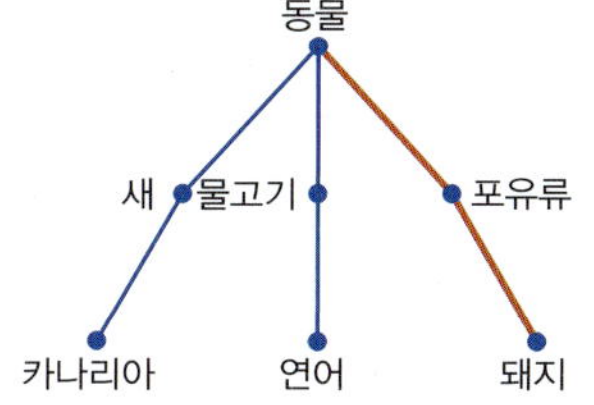

그림 9.17 '돼지'는 '동물'보다 '포유류'에 더 가깝다는 것을 보여주는 의미망.

연결주의 접근

의미망에 대한 비판과 뇌에서 정보들이 어떻게 표상되어 있을까에 대한 이해의 증가는 마음속에 지식이 어떻게 표상되어 있을지를 설명하는 새로운 접근의 출현을 이끌어내었다. 『병렬분산처리: 인지의 미시구조 탐색(Parallel Distributed Processing: Explorations in the Microstructure of Cognition)』(McClelland & Rumelhart, 1986; Rumelhart & McClelland, 1986)이라는 제목으로 된 두 권의 책을 통해 James McClelland와 David Rumelhart는 **연결주의**라고 불리는 새로운 접근법을 제안하였다. 이 접근법은 (1) 뇌에 정보들이 어떻게 표상되어 있는지에 영향을 받았고, (2) 어떻게 개념들이 학습되는지, 또 뇌 손상이 개념에 대한 사람들의 지식에 어떤 영향을 미치는지를 포함한 많은 현상을 설명할 수 있기 때문에 많은 연구자들의 지지를 받았다.

연결주의(connectionism)
심적 조작에 관한 망 모형으로, 개념들이 신경망을 흉내 낸 망에 표상된다고 제안한다. 개념의 심적 표상을 기술하는 접근은 병렬분산처리(PDP) 접근이라고도 불린다.

병렬분산처리(parallel distributed processing: PDP)
심적 조작에 관한 망모형으로, 개념들이 신경망을 흉내 낸 망에 표상된다고 제안한다. 개념의 심적 표상을 기술하는 접근은 병렬분산처리 접근이라고도 불린다.

연결주의 망 (connectionist network)
개념 표상에 관한 연결주의 접근이 제안하는 망 유형. 연결주의 망은 신경망에 기초하지만 똑같지는 않다. 연결주의 망의 중요 속성 중의 하나는 특정 범주는 망에 있는 많은 단위들에 분산된 활동으로 표상된다는 것이다. 이 점이 범주는 특정 마디에 표상된다고 생각하는 의미망과 대비되는 점이다.

단위(unit)
연결주의 망에서 '뉴런처럼 활동하는 단위'.

입력 단위(input unit)
연결주의 망의 단위 중의 하나로, 환경에서 주어진 자극에 의해 활성화되는 단위.

은닉 단위(hidden unit)
연결주의 망의 단위 중의 하나로, 입력 단위와 출력 단위 사이에 있는 단위.

출력 단위(output unit)
연결주의 망의 단위 중 하나로, 망의 최종 결과를 담고 있는 단위.

연결 강도(connection weight)
연결주의 망에서, 연결 강도는 한 단위에서 보내진 신호가 다음 단위의 활성화를 증가시킬지 감소시킬지 결정한다.

연결주의 모형이란 무엇인가? **연결주의**(connectionism)는 인지 처리 과정을 표상하는 컴퓨터 모형을 만들어내는 접근법이다. 여기서는 개념을 표상하기 위해 고안된 연결주의 모형에 대해 알아본다. 곧 보게 되겠지만, 개념들은 망 전반에 걸쳐 분산된 활성화로 표상된다고 제안하기 때문에, 이 모형은 **병렬분산처리**(parallel distributed processing: PDP) 모형이라고도 불린다.

간단한 **연결주의 망**(connectionist network)의 예가 **그림** 9.18에 제시되었다. 이 망에서 원들은 **단위**(unit)라 불리는데, 단위는 뇌에서 발견되는 뉴런에서 아이디어를 얻은 것이다. 앞으로 보게 되겠지만, 연결주의 망에서 개념과 속성은 이 단위들의 활동 양상으로 표상된다.

그림에서 선은 단위 간에 정보를 전달하는 연결을 의미하는데, 뇌의 축삭에 해당한다고 보면 된다. 뉴런과 마찬가지로, 단위들은 밖에서 주어지는 자극에 의해 활성화될 수 있고, 또 어떤 단위는 다른 단위로부터 받은 신호에 의해 활성화될 수 있다. 환경에서 주어진 자극(또는 실험자가 제공하는 자극)에 의해 활성화되는 단위를 **입력 단위**(input unit)라고 한다. 여기 그려진 간단한 망에서는, 입력 단위가 **은닉 단위**(hidden unit)에 신호를 보내고, 은닉 단위는 다시 **출력 단위**(output unit)로 신호를 보낸다.

연결주의 망의 또 다른 특징은 연결 강도이다. **연결 강도**(connection weight)는 한 단위에서 보내진 신호가 다음 단위의 활성화를 증가시킬지 감소시킬지 결정한다. 연결 강도는 하나의 뉴런에서 다른 뉴런으로 신호를 전달하는 시냅스에서 일어나는 일에 해당한다(**그림** 2.4, 31쪽). 7장에서 어떤 시냅스는 다른 시냅스보다 신호를 더 효율적으로 전달해서 다음 뉴런이 높은 발화 빈도를 갖게 한다는 것을 보았다(**그림** 7.11, 235쪽). 또 다른 시냅스는 시냅스후뉴런의 발화 빈도를 감소시킬 수도 있다. 연결주의 망의 연결 강도가 이와 같은 일을 한다. 높은 연결 강도는 다음 단위를 흥분시키는 경향이 아주 강하고, 낮은 연결 강도는 흥분을 적게 하고, 부적 연결 강도는 다음 단위의 흥분을 감소시키거나 다음 단위의 활성화를 억제할 수 있다. 그러니까 연결주의 망에 있는 단위의 활성화는 (1) 입력 단위에서 발생하는 신호와 (2) 망 전반에 걸친 연결 강도라는 두 가지 요인에 달려 있다.

그림 9.18의 망에서 입력 단위 두 개가 자극을 수용했다. 은닉 단위와 출력 단위별로 활성화가 되었는지는 색의 밝기로 표시되었는데, 진할수록 활성화가 많이 된 것을 의미한다. 활성화 정도의 차이와 이것이 만들어 내는 **활성화 양상**이 연결주의의 기본 원리를 책임지는데, 입력 단위에 주어지는 자극은 다른 단위에 **분산되어 있는 활성화 양상**에 의해 표상된다는 것이 기본 원리이다. 이 말이 친숙하게 느껴진다면, 그것은 우리가 2장(49쪽)과 5장(173쪽)에서 기술한 뇌에서의 분산 표상과 비슷하기 때문이다. **그림** 9.18의 단순한 망을 이용해서 연결

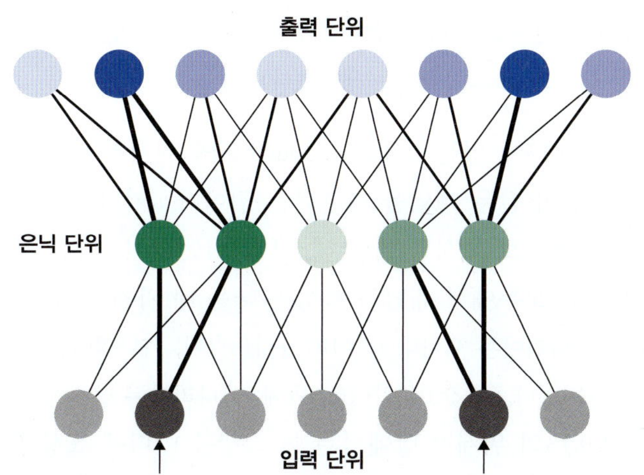

그림 9.18 입력 단위, 은닉 단위, 출력 단위를 보여주는 병렬분산처리(PDP) 망. 화살표로 표시된 자극이 입력 단위를 활성화시키면 그 신호가 망을 이동하면서 은닉 단위와 출력 단위를 활성화시킨다. 단위들의 활성화 정도는 진하기로 표시되었는데, 단위의 진한 정도와 연결선의 굵기가 활성화가 많이 된 것을 표시한다. 은닉 단위와 출력 단위에서 일어나는 활성화 양상은 입력 단위의 처음 활동 정도와 연결 강도에 의해 결정되는데, 연결 강도는 그 단위가 들어오는 활성화 정도에 대해 어느 정도로 활성화되는지 결정해 준다. 이 그림에서 연결 강도는 표시하지 않았다.

주의 망의 기본 원리를 소개했으니, **그림 9.19**를 이용해서 좀 더 복잡한 연결주의 망에서는 몇 개의 개념들이 어떻게 표상되는지 살펴보자.

개념은 연결망에서 어떻게 표상되는가? **그림 9.19**에 있는 모형은 여러 개의 개념과 속성이 연결주의 망에서 어떻게 표상되는지를 보여 주기 위해 James McClelland와 Timothy

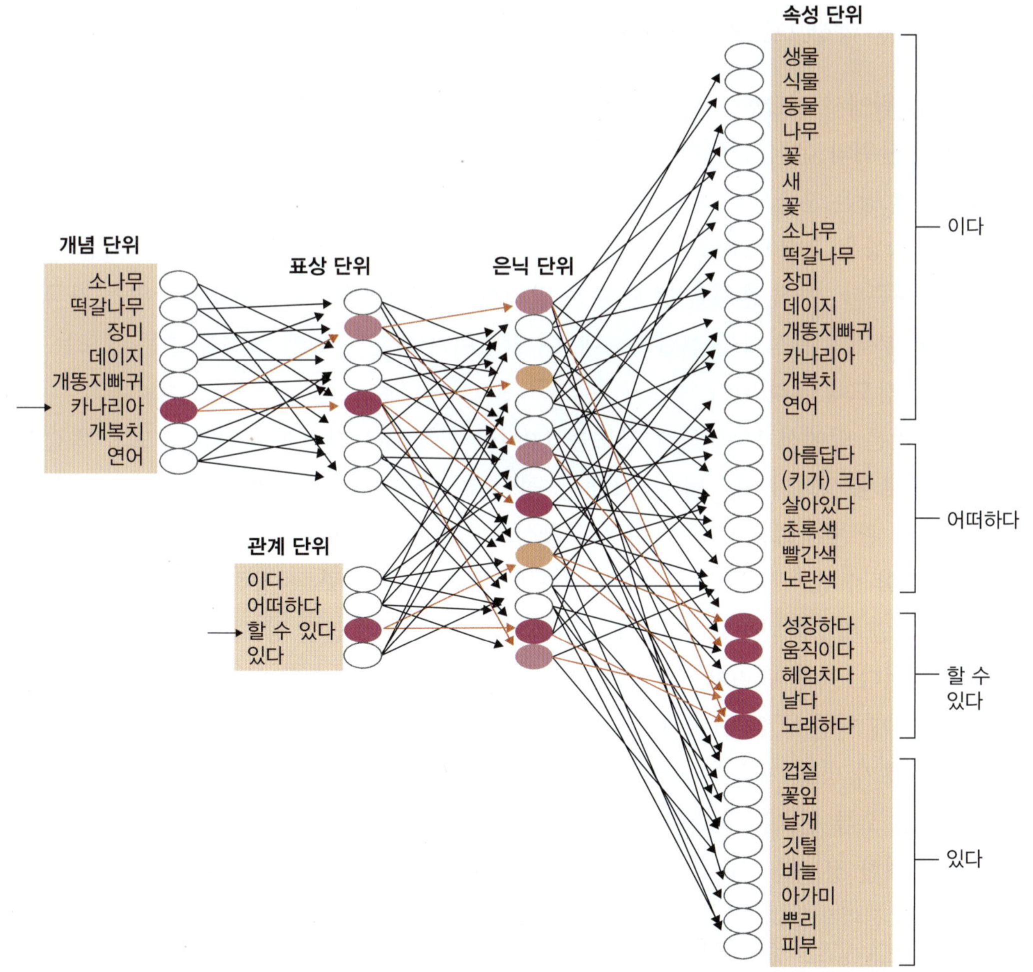

그림 9.19 연결주의 망. 사례 단위('카나리아')와 관계 단위('할 수 있다')의 활성화는 망을 이동해서 활성화를 초래하는데, 그 결과 '카나리아는 할 수 있다'와 연합되는 '성장하다', '움직이다', '날다', '노래하다' 속성 단위를 활성화시킨다. 진하기는 그 단위의 활성화 정도를 가리키는데, 진할수록 더 많이 활성화된 것을 의미한다. '카나리아'와 '할 수 있다'에 의해 활성화될 수 있는 단지 몇 개의 단위와 연결만이 활성화된 것으로 표시된 점에 주목하라. 실제 망에서는 이보다 더 많은 단위와 연결이 활성화될 수도 있다.

출처: T. T. Rogers & J. L. McClelland, 2004.

Rogers(2003)가 서술한 것이다. 이 그림이 **그림** 9.18보다 복잡하지만, 단위, 고리, 연결 강도라는 같은 요소들로 구성되어 있다(연결 강도는 이 그림에서는 생략했다).

카나리아 표상하기 먼저 이 그림을 **그림** 9.13에 있는 Collins와 Quilllian의 위계적 모형과 비교해 보자. 처음 눈에 띄는 것은 두 그림이 같은 개념을 다룬다는 점이다. '카나리아'와 '연어'와 같은 개념이 **그림** 9.13에서는 파란색으로 표시된 데 반해, **그림** 9.19에서는 가장 왼쪽에 개념 항목으로 제시되었다. 또 두 그림 모두에서 개념의 속성은 다음 네 가지 관계 진술문으로 표시되었다. 즉, '이다(is a)'(예: 카나리아는 새이다.), '어떠하다(is)'(예: 카나리아는 노랗다.), '할 수 있다(can)'(예: 카나리아는 날 수 있다.), '(갖고) 있다(has)'(예: 카나리아는 날개가 있다.) 중 하나로 표시되었다. 그러나 **그림** 9.13의 위계적 망에서는 이 속성을 마디에 표상했지만, 연결주의 망에서는 이 속성을 가장 오른쪽에 있는 속성 단위의 활성화 정도와 망의 중간에 있는 표상 단위와 은닉 단위의 활성화 정도로 표시했다.

그림 9.19는 '카나리아' 개념 단위와 '할 수 있다'라는 관계 단위를 활성화시키면, 이 두 단위에서 나온 활성화가 연결을 따라 확산되어 일부 표상 단위와 은닉 단위가 활성화되는 것을 보여준다. 연결 강도는 이 그림에 표시되지 않았는데, 연결 강도에 따라 이 중 일부는 강하게 활성화되고 다른 것은 약하게 활성화된다. 그것이 그림에 해당 단위의 진하기로 표시되어 있다. 이 연결주의 망이 제대로 작동한다면 은닉 단위의 활동은 '성장하다', '움직이다', '날다', '노래하다'라는 속성 단위를 활성화시킨다. 여기에서 중요한 것은 이 망에 있는 모든 단위에서의 활동 양상으로 '카나리아'라는 개념이 표상된다는 점이다.

망 훈련하기 위에서 서술한 바에 따르면 '카나리아는 ……다.'에 대한 답은 속성 단위의 활성화와 표상 단위와 은닉 단위의 활성화 양상에 의해 표상된다. 그러나 이런 결과를 얻으려면 연결주의 망은 훈련되어야 한다.

훈련의 필요성을 **그림** 9.20에서 볼 수 있다. 이 그림은 훈련을 받기 전에 망이 어떻게 반응하는지 보여준다. 아직 훈련을 받지 않은 망에서 '카나리아'와 '할 수 있다' 단위를 자극하면 망의 다른 부위에 활성화를 전달하는데, 이 활성화가 다른 단위에 영향을 주는 정도는 단위 간의 연결 강도에 달려 있다.

훈련받지 않은 망에서 모든 연결 강도를 1.0이라 가정해 보자. 모든 연결 강도가 똑같으니까 망 전체로 활성화가 확산된다. 그래서 '꽃이다', '소나무이다', '껍질이 있다'와 같이 카나리아와 전혀 관련이 없는 속성 마디들도 활성화된다. 망이 제대로 작동하려면, '카나리아' 개념 단위와 '할 수 있다' 관계 단위가 활성화될 때 속성 단위 중 '성장하다', '움직이다', '날다', '노래하다'만 활성화되도록 연결 강도가 조정되어야 한다. 연결 강도의 조정은 학습과정에 의해 달성된다. 속성 단위에서의 부정확한 반응이 망을 통해 오류 신호(error signal)를 되돌려 보내게 할 때 학습이 일어나는데, 이를 역전파(back propagation)라고 부른다. 속성 단위에서 출발한 신호가 망을 거슬러 되돌아가기 때문에 역전파라고 불린다. 은닉 단위와 표상 단위로 역전파된 오류 신호는 정확한 속성 단위가 활성화되려면 연결 강도가 어떻게 조정되어야 하는지에 대한 정보를 제공한다.

오류 신호(error signal)
연결망이 학습할 때, 특정 자극에 의해 생성된 출력과 그 자극을 실제 표상하는 출력 간의 차이.

역전파(back propagation)
연결주의 망에서 학습이 일어나는 과정으로, 오류 신호가 망에서 역방향으로 전달된다. 역방향으로 전달된 오류 신호는 망이 입력에 대해 정확한 출력 신호를 산출할 수 있게 연결 강도를 조정하는 데 필요한 정보를 제공한다.

활성화와 역전파의 기저에 깔린 생각을 이해하기 위해 행동 예를 들어 보자. 어린아이가 나뭇가지에 앉아 있는 개똥지빠귀를 보고 있는데, 갑자기 그 새가 날아가 버렸다. '개똥지빠귀'와 '날 수 있다'의 연합을 강화시키는 이 관찰은 활성화를 포함할 수 있다. 그런데 어린이가 카나리아를 보고 "개똥지빠귀."라고 말한다면, 아이의 부모님은 "저건 카나리아야. 개똥지빠귀는 가슴이 빨개."라고 말해서 틀린 부분을 고치려고 할 것이다. 부모님이 아이에게 제공하는 정보는 역전파가 제공하는 피드백이라는 생각과 유사하다.

그러니까, 아이들은 특별한 정보가 없이 부정확한 생각에서 개념을 학습하기 시작하지만, 주위에서 일어나는 것을 관찰하고 다른 사람들로부터 피드백을 받으면서 점진적으로 개념을 수정해 나간다. 마찬가지로, 연결주의 망의 개념 학습도 **그림** 9.20에 제시된 것처럼 부정확한 연결 강도에서 시작하는데, 오류 신호에 대해 반응해 나가면서 점진적으로 수정되어 **그림** 9.19처럼 정상적으로 작동하는 망이 된다.

이렇게 '학습된' 망이 카나리아에 대해서는 제대로 반응하겠지만, 개똥지빠귀가 날아가다가 소나무 가지에 내려앉으면 어떤 일이 일어날까? 이 망이 유용하려면, 이 망은 카나리아뿐만 아니라 개똥지빠귀와 소나무도 표상할 수 있어야 한다. 그러니까, 다양한 개념들을 표상할 수 있는 망을 만들려면, '카나리아'만 학습해서는 안 된다. '카나리아'는 '개똥지빠귀', '소나무' 등과 뒤섞여서 제시되는데, 한 번 제시될 때마다 연결 강도에 조금씩 수정이 일어나야 한다.

컴퓨터 시뮬레이션 결과를 보면 많은 시행을 거치면서 이런 학습이 어떻게 일어나는지를

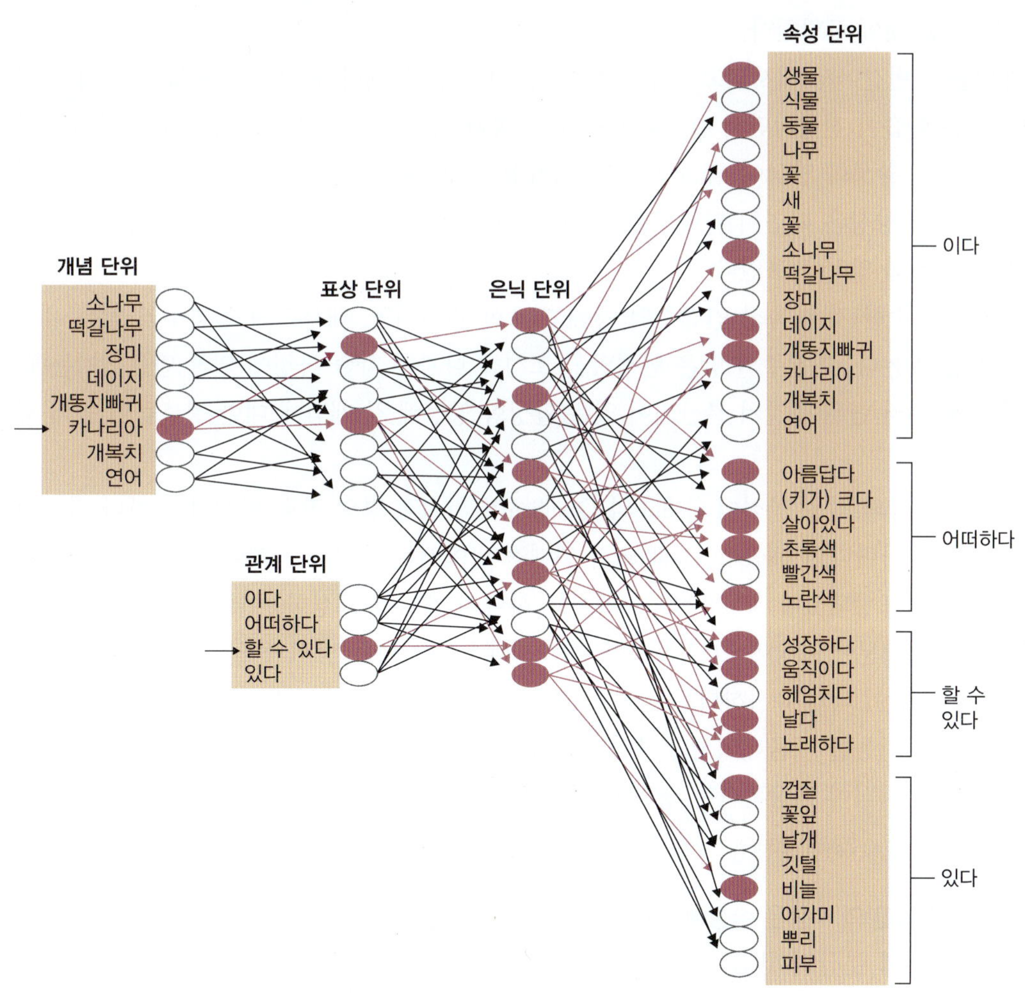

그림 9.20 훈련받기 전 모든 연결 강도가 1.0으로 되어 있을 때 그림 9.19에 그려진 연결주의 망의 예상되는 활동 양상.

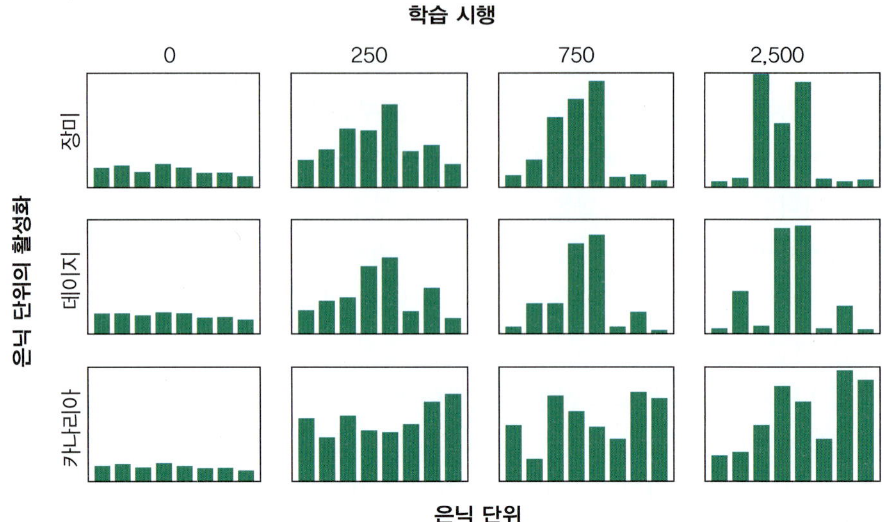

그림 9.21 연결주의 망에서의 학습. 막대들은 여덟 개 표상 단위의 활성화 정도를 표상한다. 학습이 진행되면서 활성화 양상이 어떻게 변하는지 주목하라.

출처: J. L. McClelland & T. T. Rogers, 2003을 수정 인용함.

알 수 있다(McClelland & Rogers, 2003). **그림** 9.20에 제시된 연결망에 다양한 개념과 관계 진술문을 한 번에 하나씩 제시하고, 각 단위의 활성화 정도와 단위들 간의 연결 강도를 컴퓨터로 계산하였다. **그림** 9.21은 '카나리아', '데이지꽃', '장미'에 대해 여덟 개 표상 단위의 활성화 정도를 보여준다. 처음에 실험자는 단위들의 활성화 정도가 같게 연결 강도를 설정하였다(학습 시행 = 0). 이것은 앞에서 서술했던 것, 즉 처음에는 아주 약하고 분화되지 않은 활성화를 보인다는 것에 해당한다.

개념들이 번갈아서 제시되고 컴퓨터가 오류 신호가 올 때마다 연결 강도를 조금씩 수정해 나가는 학습이 진행되면서 활성화 양상이 조정된다. 그래서 250회 시행에서 '카나리아'와 '데이지꽃'의 활성화 양상이 달라 보이기 시작했다. 2,500회 시행에서 '카나리아'와 '데이지꽃'의 활성화 양상은 확연히 달랐지만, 두 종류의 꽃인 '데이지꽃'과 '장미'는 유사하지만 약간 다른 활성화 양상을 보인다.

우리가 서술한 것은 특정 연결주의 망에 기초한 것이지만, 대부분의 연결주의 망은 유사한 속성을 갖는다. 연결주의 망은 연결망을 조성해 나가는 학습 과정에 의해 만들어지는데, 이를 통해 여러 단위에 걸쳐 분산되어 있는 활성화 양상에 각 개념에 대한 정보들이 들어 있게 된다.

연결주의 망의 작동 방식이 Collins와 Quilllian의 위계적 망의 작동 방식과 얼마나 다른지에 주목하기 바란다. Collins와 Quilllian의 위계적 망에서는 개념과 속성이 각기 다른 마디들의 활성화로 표상되었다. 연결주의 망에서는 하나의 개념을 표상하는 데 훨씬 많은 단위들이 참여하기 때문에 표상이 훨씬 복잡하지만, 뇌에서 일어나는 방식과 훨씬 더 유사하다.

연결주의 망이 뇌와 유사하다는 점과 연결주의 망이 언어 처리, 기억, 인지 발달과 같은 정상적인 인지 기능을 시뮬레이션할 수 있게 개발되었다는 점 때문에, 많은 연구자들은 분산된 활성화로 지식이 표상된다는 생각이 아주 유용할 것이라고 생각한다(Rogers & McClelland, 2004; Seidenberg & Zevin, 2006). 아래 서술되는 연구 결과들도 연결주의 생각을 지지한다.

1. **연결주의 망의 작동은 손상에 의해 완전히 붕괴되지는 않는다.** 연결주의 망에서 지식은 여러 단위에 분산되어 있기 때문에 시스템에 손상이 간다고 하더라도 시스템의 작동을

완전히 붕괴시키지는 못한다. 시스템 부분들의 손상이 진전됨에 따라 수행의 붕괴가 점진적으로 일어나는 속성을 점진적 쇠퇴(graceful degradation)라고 한다. 이 특징은 실제 뇌 손상 사례에서 발생하는 것과 아주 유사하다. 뇌 손상은 기능을 부분적으로 저하시킨다. 어떤 연구자들은 연결주의 망이 손상에 반응하는 방식에서 사람들의 재활 전략에 대한 시사점을 얻을 수도 있다고 제안하였다(Farah et al., 1993; Hinton & Shallice, 1991; Olson & Humphreys, 1997; Plaut, 1996).

점진적 쇠퇴(graceful degradation) 시스템의 부분들이 손상되거나 저하되었을 때 수행이 완전히 실패하는 것이 아니라 점진적으로 수행이 붕괴되는 신경망과 관련된 현상. 그래서 기능이 부분적으로 유지될 수 있다.

2. **연결주의 망은 학습 일반화를 설명할 수 있다.** 유사한 개념들은 활성화 양상도 유사하니까, 시스템이 하나의 개념(예: '카나리아')의 속성들을 인식하게 훈련을 시키면 이는 이와 관련된 다른 개념들(예: '개똥지빠귀', '참새')에 대한 정보도 제공한다. 이것은 우리가 실제로 개념을 학습하는 방식과 유사하다. 왜냐하면 카나리아에 대해 학습하면 우리가 본 적이 없는 다른 유형의 새의 속성에 대해서 예측하는 것을 가능하게 해 주기 때문이다(McClelland et al., 1995 참고).

많은 실험실에서 연결주의에 대해 활발하게 연구를 진행하고 있지만, 일부 연구자들은 연결주의 모형이 설명할 수 있는 것에 한계가 있다는 점을 지적한다. 연결주의 접근에 대해 어떤 최종 판단이 내려질지 모르지만, 이 접근은 많은 연구를 자극시켰다. 그리고 그런 연구들은 정상적인 인지와 뇌 손상이 인지에 어떤 영향을 미치는지에 대한 이해를 증진시켰다. 다음 절에서는 뇌에서 개념들이 어떻게 표상되었는지에 대한 신경심리학적 연구와 뇌 영상 연구에 대해 알아봄으로써 뇌에 대해 보다 본격적으로 알아본다.

자가 테스트

1. Collins와 Quillian의 의미망 접근에 기저하는 기본 생각은 무엇인가? 이 접근의 목표는 무엇이고, Collins와 Quillian이 제안한 의미망은 이 목표를 달성했는가? (학습목표 9-3, 학습목표 9-4)
2. Collins와 Quillian의 모형을 지지하는 증거와 반박하는 증거는 무엇인가? (학습목표 9-4)
3. 연결주의 망은 무엇인가? 어떻게 연결주의 망이 학습하는지를 서술하라. 특히 연결 강도가 어떻게 조정되는지를 고려해서 서술하라. (학습목표 9-3, 학습목표 9-4)
4. 연결주의 망에서 개념이 표상되는 방식은 의미망에서 개념이 표상되는 방식과 어떻게 다른지도 서술하라. (학습목표 9-3, 학습목표 9-4)
5. 연결주의 망은 손상에 어떤 영향을 받는가? 이는 뇌 손상에서 나타나는 결과와 얼마나 유사한가? (학습목표 9-3, 학습목표 9-4)
6. 연결주의 망은 학습 일반화를 어떻게 설명하는가? (학습목표 9-3, 학습목표 9-4)

9.4 뇌에서의 개념 표상

뇌에 범주가 어떻게 표상되었는지와 관련된 다음 세 가지 문제를 고려한다.

1. 신경심리학 연구 결과들은 각기 다른 범주들이 뇌의 어디에 표상되는지에 대해 무엇을 알려주는가?
2. 신경심리학 연구는 어떻게 범주들이 뇌에 조직화되어 있는지에 대해 어떻게 여러 개의 다른 모형을 이끌어 내었는가?
3. 뇌 영상 연구는 각기 다른 범주들이 뇌의 어디에 어떻게 표상되는지에 대해 무엇을 알

려주는가?

뇌에서의 개념 표상에 대한 네 가지 제안

개념들이 뇌에 어떻게 표상되었는지에 대한 초기 연구는 외상적인 사고의 결과로 뇌 손상을 입어 특정 유형의 개념을 이해하는 능력을 잃은 환자들에 대한 연구에 기초한다. 이 연구는 감각–기능 가설을 제안하게 이끌었다.

감각-기능 가설 신경심리학의 고전적인 논문 중의 하나에서 Elizabeth Warrington과 Tim Shallice(1984)는 뇌염 때문에 기억 손실을 보인 네 명의 환자에 대해 보고했다. 이 환자들은 다른 유형의 사물들을 알아보는 데는 아무 문제가 없으나 유독 한 범주의 사물만 알아보지 못하는 **범주 특수 기억 손상**(category-specific memory impairment)을 보였다. 구체적으로, 이 환자들은 가구나 도구와 같이 동물이 아닌 대상과 과일과 채소는 잘 알아보았으나, 살아있는 동물을 알아보는 데 장애를 보였다(**그림** 9.22)(앞으로 다양한 사례를 기술할 때 무생물을 가리킬 때 **인공물**이라는 표현을 사용할 것이다. 여기에는 가구와 도구를 포함한다).

범주 특수 기억 손상(category-specific memory impairment) 뇌 손상의 결과로 특정 범주의 물체를 알아보는 데 어려움을 겪는 것.

왜 이와 같은 선별적인 손상이 발생하는지를 설명하기 위해 Warrington과 Shallice는 사람들이 인공물과 생물을 구분하기 위해 사용하는 속성들에 대해 고려하였다. 그들은 생물의 구분은 감각 특성에 달려 있다는 것에 주목하였다. 예를 들어, 호랑이와 표범을 구분하는 것은 줄무늬가 있는지, 점이 있는지를 지각하는 것에 달려 있다. 반면에 인공물은 기능에 의해 구분된다. 예를 들어, 드라이버, 끌, 망치는 모두 도구이지만 각기 다른 용도로(나사를 돌릴 때, 표면을 갈 때, 못을 박을 때) 사용된다(**표** 9.2).

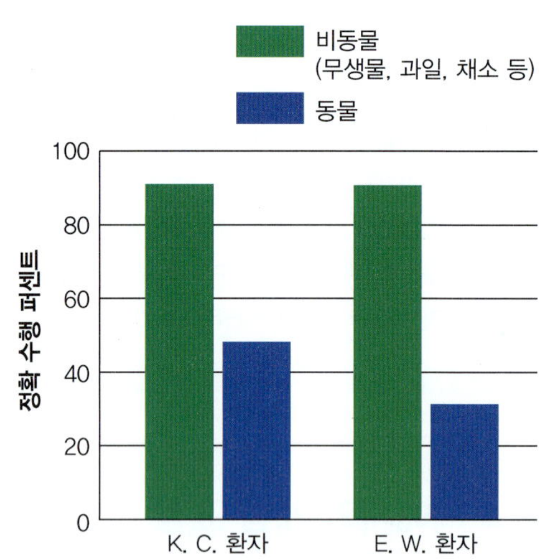

그림 9.22 범주 특수 기억 손상을 보이는 K. C. 환자와 E. W. 환자의 명명 과제에서의 수행. 이 환자들은 무생물(예: 자동차, 탁자)과 과일이나 채소(예: 토마토, 배)의 사진을 보고 이름을 정확하게 명명했지만, 동물 사진을 보고는 정확하게 명명하지 못했다.

출처: B. Z. Mahon & A. Caramazza, 2009.

표 9.2 감각–기능 가설

관련 정보	……과 관련 있다.	관련 정보 처리 능력 손상은 ……을 일으킨다.
감각	생물(예: 호랑이는 줄무늬가 있다.)	생물 지각에 어려움
기능	인공물(예: 망치로 못을 박는다.)	인공물 지각에 어려움

생물은 감각 속성으로, 그에 반해 인공물은 기능으로 구분된다는 관찰은 **감각-기능 가설**(sensory-functional hypothesis: S-F 가설)을 이끌어 냈는데, 이 가설에서는 우리가 생물과 인공물을 구분하는 능력은 감각 속성을 구분하는 의미기억 체계와 기능을 구분하는 의미기억 체계에 달려 있다고 진술한다.

감각-기능 가설(sensory-functional hypothesis: S-F 가설) 의미 정보가 어떻게 뇌에 표상되었는지에 관한 설명. 생물과 인공물을 구분하는 능력은 감각 속성을 구분하는 의미기억 체계와 기능을 구분하는 의미기억 체계에 달려 있다고 진술한다.

S-F 가설이 Warrington과 Shallice의 환자뿐만 아니라 다른 환자들의 행동을 잘 설명하지만, 이 가설로 설명되지 않는 사례들도 보고되었다. 예를 들어, Matthew Lambon Ralph와 동료들(1998)은 지각 검사에서 낮은 수행을 보여 감각 결핍을 보이지만 인공물보다 동물을 더 잘 알아보는 환자 사례를 보고하였다. 이는 S-F 가설이 예측한 것과 반대되는 결과이다. 그리고 어떤 환자들은 다른 유형의 인공물에 대해서는 형편없는 수행을 보이지만 기계 장치는 알아볼 수 있었다. 예를 들어, Hoffman과 Lambon Ralph(1998)는 연장과 같은 작은 인공물은 잘 이해하지 못하지만 차와 같은 큰 인공물은 좀 더 잘 이해하는 환자를 보고하였다(Cappa et al., 1998; Hillis et al., 1990; Warrington & McCarthy, 1987). 그러니까, '인공물'은 S-F 가설이 가정한 것과는 달리 동질적인 하나의 범주가 아닐 수 있다. 이런 결과는 감각과 기능을 구분하는 단순한 구분으로는 뇌 손상의 많은 효과들을 설명할 수 없다고 많은 연구자들이 결론을 내리게 만들었다(Hoffman & Lambon, 2013).

다요인 접근 분산 표상이라는 생각은 **다요인 접근**(multiple-factor approach)의 중심적인 특징으로, 다요인 접근은 개념들이 어떻게 하나의 범주 안에서 나누어지는지 결정하는 요인을 탐색하는 데 초점을 둔다. 다음 질문을 생각해 보면 이 접근을 이해할 수 있다. 다양한 동물, 식물, 인공물 목록에서 선정된 사물들이 많이 있다고 가정하자. 이 사물들을 서로 유사한 정도에 따라 배열한다면 어떻게 해야 할까? 형태를 기준으로 배열할 수 있는데, 그 경우 연필, 드라이버, 사람의 손가락, 식용 소시지가 같은 범주로 묶일 수도 있다. 색깔을 기준으로 배열한다면 전나무, 요정, 그리고 캐릭터 인형인 개구리 커밋(Kermit the Frog)이 한 범주로 묶일 수 있다. 특정 범주에 속하는 사례들이 비슷한 지각 속성을 갖는 것은 사실이지만, 우리가 유사성을 기반으로 사물들을 집단화할 때 단지 한 두 개의 특질이 아니라 여러 개의 특질을 고려할 필요가 있다는 것도 분명하다.

다요인 접근(multiple-factor approach) 개념들이 어떻게 하나의 범주 안에서 나누어지는지 결정하는 요인들을 탐색해서 개념이 뇌에 어떻게 표상되었는지를 서술하려는 시도.

이런 생각을 출발점으로 삼아, 연구자들은 여러 가지 특질을 뽑은 다음 참가자들에게 이 특질에 기초해서 다양한 사물을 평정하게 하였다. 이것이 Paul Hoffman과 Matthew Lambon Ralph(2013)의 실험의 기저에 깔린 생각이다. 이 실험에서는 **표** 9.3a에 있는 것과 같은 사물 160개를 사용했는데, 참가자들에게 각 사물을 **표** 9.3b에 있는 것과 같은 특질별로 평정하게 하였다. 예를 들어, '문'이라는 개념에 대해 참가자는 '문은 특정 색(또는 형태 또는 움직임 등)과 어느 정도로 연합이 됩니까?'라는 질문을 받고 '아주 강하다'이면 7점으로, '전혀 아니다'이면 1점으로 평정해야 했다.

그림 9.23에 제시된 결과는, 동물은 인공물에 비해 움직임과 색에 강하게 연합되어 있고, 인공물은 수행된 행동(사물을 이용하거나 사물과 상호작용하는 것과 연합된 행동)과 강하게 연합되어 있는 것을 보여준다. 이 결과는 S-F 가설을 지지하지만, Hoffman과 Lambon Ralph(1998)는 집단화 양상을 면밀하게 살펴보고 재미있는 결과를 발견하였다. 기계, 탈것, 악기와 같은 기계 장치는 인공물(수행된 행동을 포함)과 동물(소리와 동작을 포함) 둘 다와 중복되었다. 예

표 9.3 Hoffman과 Lambon Ralph(2013)의 실험에 사용된 자극과 질문 예

A. 참가자에게 제시된 160개 자극 중 일부		
포유류	기계	의류
애완동물	탈것	무기
새	가구	도구
문	물고기	과일

B. 참가자에게 주어진 질문	
(위에 있는 목록 중 하나를 골라서) ……은 특정 ……와 얼마나 연합이 되는가?	
색	맛
시각적 형태	냄새
움직임	촉감(질감)
소리	수행된 행동(여러분이 그 사물과 상호작용하는)

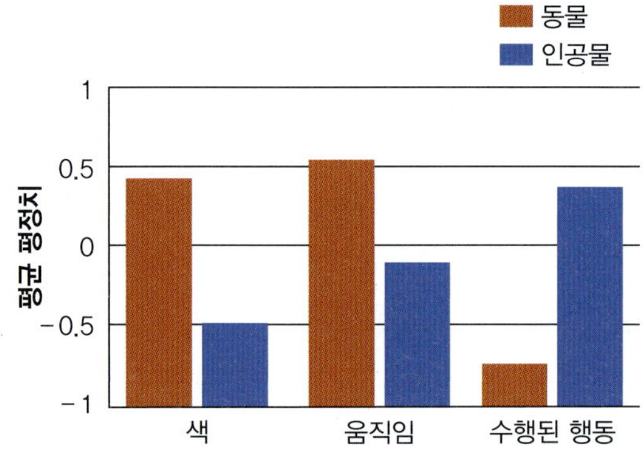

그림 9.23 참가자들이 동물과 무생물을 색, 움직임, 수행된 행동에 대해 평정한 결과. 동물은 색과 움직임에서 높게 평정되었고, 인공물은 수행된 행동에서 높게 평정되었다.

출처: P. Hoffman & M. A. Lambon Ralph, 2013의 데이터를 바탕으로 제작함.

를 들어, 악기는 특정 행동(연주하는 방법)과 연합되어 있는데, 이 속성은 인공물과 겹치고, 또 감각 속성(악기의 시각적 형태와 악기에서 나는 소리)과도 연합되는데, 이 속성은 동물과 겹친다. 그러니까 악기와 일부 기계 장치들은 생물과 인공물의 중간 지대를 차지한다. 왜냐하면 이들은 행동 지식과 감각 속성 둘 다를 포함하기 때문이다.

밀집화(crowding)
동물들이 눈, 다리, 그리고 움직일 수 있는 능력과 같은 많은 속성을 공유하는 경향. 이것은 뇌에서의 개념 표상에 대한 다요인 접근과 관계가 있다.

동물과 인공물을 구분하는 특징으로 연구자들이 제안한 또 다른 요인은 밀집화(crowding)이다. 밀집화란 동물들이 많은 속성(눈, 다리, 그리고 움직일 수 있는 것)을 공유하는 경향이 있는 것을 가리킨다. 반면에 차나 보트와 같은 인공물은 둘 다 탈것이라는 점 외에는 공유하는 것이 별로 없다(Rogers & Cox, 2015; Tyler & Moss 2001)(**그림 9.24**). 이것은 일부 연구자들로 하여금 생물은 알아보지 못하면서 인공물은 알아보는 범주 특수 손상인 것처럼 보이는 환자들이 사실은 범주 특수 손상이 아니라고 제안하게 하였다. 이 연구자들은 이 환자들이 동물을 알아보지 못하는 이유는 비슷한 속성을 공유하는 사례를 구분하는 것이 어렵기 때문이라고 제안하였다. 이 생각에 따르면, 인공물에 비해 동물이 서로 더 유사해서 이 환자들이 동물을 알아보는 것이 어려웠던 것뿐이다(Cree & McRae, 2003; Lambon Ralph et al., 2007).

의미범주 접근(semantic category approach)
의미 정보가 뇌에 어떻게 표상되어 있는지를 기술하는 접근. 뇌에는 특정 범주만을 담당하는 특화된 신경회로가 있다고 제안한다.

의미범주 접근 의미범주 접근(semantic category approach)에서는 뇌에는 특정 범주만을 담당하는 특화된 신경회로가 있다고 제안한다. Bradford Mahon과 Alfonso Caramazza(2011)에 따르면, 생존에서의 중요성 때문에 생득적으로 확정된 몇 개의 범주가 있다. 이 생각은 우리

Janelle Lugge/Shutterstock.com; Vlada Cech/Shutterstock.com; Cavan Images - Offset/Shutterstock.com; Irina Palei/Shutterstock.com; LS Visuals/Shutterstock.com; Makushin Aleksei/Shutterstock.com

그림 9.24 동물과 탈것의 예. 탈것에 비해 동물들이 서로 더 유사하다는 점에 주목하라. 동물들 간의 높은 유사성을 밀집화라고 한다.

가 2장에서 기술한 연구, 즉 얼굴, 장소, 신체와 같은 특정 유형의 자극에만 반응하는 뇌 영역이 있다는 연구에 기초한다(49쪽). 그뿐만 아니라, 우리는 Alex Huth와 동료들(2012)의 실험을 기술했는데, 이들은 범주들이 뇌 피질의 어느 부위에 표상되는지를 보여주는 **그림 2.21**(48쪽)의 뇌 지도를 만들었다. 이 '범주도'는 사람들이 영화를 보는 동안 기능적 자기 공명 영상(fMRI) 반응을 측정하고 어떻게 각각의 복셀이 영화 속의 사물에 대해 반응하는지를 밝혀내서 결정되었다. 그러나 의미 범주는 우리가 어떤 광경을 볼 때뿐만 아니라 다른 사람이 말하는 것을 들을 때에도 역할을 한다. 말을 이해하려면 사물, 음식, 장소와 같은 구체적 범주뿐만 아니라 감정, 가치, 사고와 같은 추상적 개념도 알아야 한다.

말에 기초하는 지도를 작성하기 위해 Huth와 동료들(2016)은 이전에 수행한 실험에서와 유사한 절차를 사용했다. 참가자들이 영화를 보게 하는 대신 참가자들이 스캐너에 들어가서 「모스 라디오 아워(The Moth Radio Hour)」라는 방송에서 나온 이야기를 두 시간 넘게 듣게 하였다. **그림 9.25a**는 피질의 넓은 영역에 걸친 지도를 보여주는데, 이 지도는 특정 단어가 피질의 어느 부분을 활성화시키는지 보여준다. **그림 9.25b**는 읽기 쉽게 몇 단어를 확대한 것이다. **그림 9.26**은 특정 범주의 단어들이 피질의 어느 부분을 활성화시키는지 보여 주기 위해 피질에 색을 입혔다. 예를 들어, 뇌 뒤쪽에 밝게 표시한 부위는 폭력과 관련된 단어에 의해

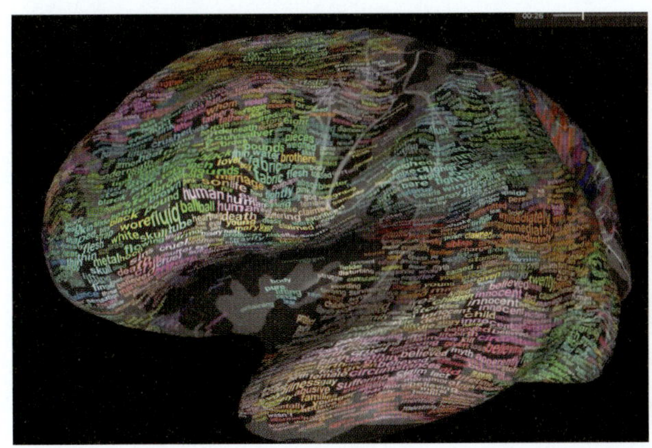

Courtesy of Alexander Huth

그림 9.25 참가자들이 스캐너에 들어가서 이야기를 한 Huth와 동료들(2016)의 실험 결과. (a) 피질의 특정 부분을 활성화시키는 단어들. (b) 피질의 좁은 영역을 확대한 영상. 그림 9.26에 표시되었듯이 피질의 특정 영역은 여러 단어에 반응한다는 점을 주목하라.

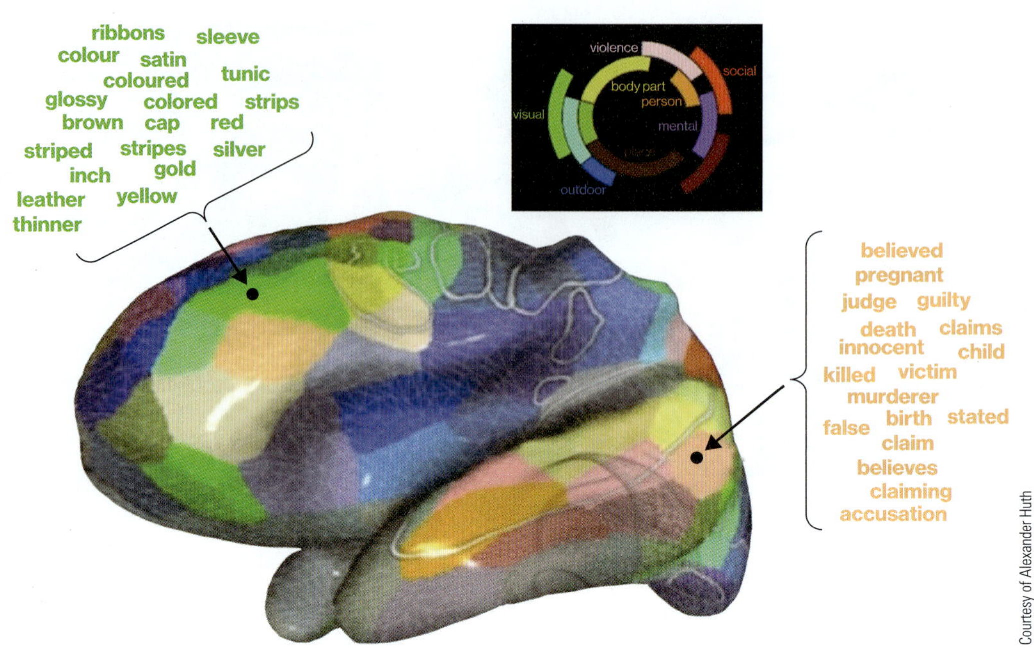

그림 9.26 Huth와 동료들(2016)의 추가 실험 결과. 오른쪽 위에 있는 알려주기에 표시된 것처럼, 피질에 입힌 색은 그 영역을 활성화시키는 특정 범주의 단어들을 나타낸다. 주황색 단어들은 폭력과 관련된 단어에 반응하는 복셀을 활성화시킨다. 또한 초록색 단어들은 시각적 특성과 관련된 단어에 반응하는 복셀을 활성화시킨다.

활성화된다. 그 영역에 있는 특정 복셀을 활성화시키는 단어들을 오른쪽에 적어 놓았다. 시각적 특성과 관련된 단어에 의해 활성화되는 복셀은 뇌의 윗부분에 초록색으로 표시하였다. Huth의 결과에서 흥미로운 측면은 피질 지도가 일곱 명의 참가자 모두 아주 유사했다는 점이다.

의미범주 접근이 특정 유형의 자극에 반응하게 특화된 뇌 영역에 집중하기는 하지만, 특정 범주의 항목에 대한 뇌의 반응은 피질의 여러 영역에 분산되어 있다는 점도 강조한다 (Mahon et al., 2007; Mahon & Caramazza, 2011). 그러니까 얼굴을 알아보는 것은 측두엽에 있는 얼굴 영역의 활동에 기초하지만(2장 49쪽), 정서, 얼굴 표정, 얼굴이 향하는 곳, 얼굴의 매력도에 반응하는 영역의 활동에도 영향을 받는다.

마찬가지로, 망치를 보면 망치의 형태와 색에 반응하는 시각 영역이 활성화되지만, 어떻게 망치를 사용하는지에 반응하는 영역과 망치의 전형적인 움직임에 반응하는 영역도 활성화된다. 망치와 같은 사물이 행동과 연합된 뇌 영역의 활동을 일으킨다는 개념은, 범주화에 대한 **체화 접근**으로 이어진다.

체화 접근(embodied approach) 개념에 대한 지식은 우리가 그 물체와 상호작용할 때 일어나는 감각 처리와 동작 처리의 재활성화에 기초한다고 제안한다.

체화 접근 **체화 접근**(embodied approach)에서는 개념에 대한 지식은 우리가 그 사물과 상호작용할 때 일어나는 감각 처리와 동작 처리의 재활성화에 기초한다고 말한다. 이 생각에 따르면, 우리가 망치를 사용하면 망치의 크기, 형태, 색 등에 대한 반응으로 감각 영역이 활성화되고, 우리가 **망치**를 사용하는 데 포함되는 행동을 할 때 관여하는 운동 영역도 활성화된다. 나중에 우리가 망치를 보거나 망치라는 단어를 읽게 되면 이 감각 영역과 운동 영역이 재활성화되는데, 이것이 망치를 표상하는 정보이다(Barsalou, 2008).

3장에서 엘레나가 테이블을 가로질러 커피잔을 집을 때 지각과 행동이 어떻게 상호작용하는지를 서술했던 것(91쪽)을 떠올리면 체화 접근의 기초를 이해할 수 있다. 여기에 깔린 중요한 메시지는, 아주 간단한 행동에도 지각에 관여하는 뇌 경로와 행동을 할 때 관여하는 뇌 경로 간에 양방향의 상호작용이 일어난다는 점이다(Almeida et al., 2014).

또한 우리는 3장에서 전전두피질에 있는 **거울신경세포**가 원숭이가 행동할 때와 실험자가 같은 행동을 하는 것을 원숭이가 볼 때 어떻게 발화하는지를 보았다(96~98쪽 참조, **그림 3.35**). 거울신경세포는 개념과 어떤 관계가 있을까? 지각(실험자가 먹이를 집는 것을 볼 때 신경세포가 발화했다)과 운동 반응(원숭이가 먹이를 집을 때 같은 신경세포가 발화했다) 간에 연결이 있다는 것은 어떤 개념에 대해 생각하면 그 개념과 관련된 지각 영역과 운동 영역의 활성화를 초래한다는 체화 접근의 제안에서 중심적인 역할을 한다. 사람에서 지각과 운동 반응 간의 연결을 보여주는 증거를 Olaf Hauk과 동료들(2004)이 수행한 실험이 제공한다. 이들은 (1) 참가자가 왼쪽이나 오른쪽 발, 혹은 왼쪽이나 오른쪽 손가락, 혹은 혀를 움직이는 조건과 (2) 참가자가 '차다'(발의 움직임), '집다'(손이나 손가락 움직임), 혹은 '빨다'(혀의 움직임)라는 '동작 단어'를 읽는 두 조건에서 fMRI를 이용해서 뇌 활동을 측정했다.

결과는 실제 동작을 할 때 활성화된 피질 영역과 동작 단어를 읽을 때 활성화된 피질 영역을 보여준다. 실제 동작을 할 때 활성화가 더 광범위하게 일어났으나, 거의 같은 뇌 영역에서 단어를 읽을 때 활성화가 일어났다. 예를 들어, 발에 관한 단어를 읽는 경우와 실제 발을 움직인 경우에는 뇌의 중심선 근처 영역에서 활성화가 일어났으나, 팔에 관한 단어를 읽는 경우와 실제 손가락을 움직인 경우에는 뇌의 중심선에서 벗어난 영역에서 활성화가 일어났다. 신체 특정 부위와 관련된 단어와 뇌 활동 지점 간의 대응을 **의미 신체 지형도**(semantic somatotopy)라고 한다.

의미 신체 지형도(semantic somatotopy) 신체 특정 부위와 관련된 단어와 뇌 활동 지점 간의 대응.

개념과 뇌의 운동 영역의 활성화 간에 연결이 있다는 신뢰할 만한 증거들이 있지만, 일부 연구자들은 체화 접근이 뇌가 개념들을 어떻게 처리하는지에 대해 완전한 설명을 제공하는지에 대해 의문을 제기했다(Almeida et al., 2013; Chatterjee, 2010; Dravida et al., 2013; Goldinger et al., 2016). 예를 들어, Frank Garcea와 동료들(2013)은 뇌졸중 환자 A. A.를 검사하였는데, 그는 뇌졸중의 결과로 여러 가지 사물들과 관련된 행동을 산출하는 능력에 손상을 보였다. A. A.에게 망치, 가위, 먼지떨이 같은 사물을 어떻게 이용하는지 손동작을 이용해서 보여 달라고 했을 때, 정상인들에 비해 이러한 행동을 하는 데 손상을 보였다. 체화 접근에 따르면 어떤 사물과 관련된 행동을 산출하는 데 애를 먹는 사람은 그 사물을 알아보는 것에서도 애를 먹어야 한다. 그러나 A. A.는 사물들의 사진을 알아볼 수 있었다. Garcea와 동료들은 이 결과로부터, 체화 접근이 예측하는 바와는 달리 특정 행동과 관련된 운동 동작을 표상하는 능력은 그 사물을 알아보는 데 필요한 것은 아니라고 결론을 내렸다.

체화 접근에 대한 또 다른 비판은 체화 접근은 '민주주의', '진리'와 같은 추상 개념에 대한 우리의 지식을 설명하는 데 적합하지 않다는 것이다. 그러나 체화 접근을 옹호하는 연구자들은 이런 비판에 대한 설명을 내놓았다(이 문제를 여기서는 다루지 않는다. Barsalou, 2005; Chatterjee, 2010).

접근들에 대한 요약 뇌에서 개념이 어떻게 표상되어 있는지에 대한 우리의 조사는 1980년대에 시작된 신경심리학 연구 결과에 기초한 S-F 가설로부터 시작되었다. 그러나 이 관계가 감각과 기능으로 나누는 것보다 훨씬 더 복잡하다는 것이 드러나자, 여러 방향으로 연구가 수행되어 훨씬 더 복잡한 가설들을 이끌어 내었다.

이러한 여러 접근이 동의하는 한 가지는 개념에 대한 정보는 뇌의 여러 구조에 분산되어 있다는 것이다. 그리고 각각의 접근은 다른 유형의 정보를 강조한다. 다요인 접근은 많은 특징과 속성의 역할을 강조한다. 범주 특수 접근에서는 뇌의 특화된 영역과 이 영역을 연결하는 네트워크를 강조한다. 체화 접근은 사물의 감각 속성과 운동 속성이 초래하는 뇌 활동을 강조한다. 뇌에서의 개념에 관한 연구가 계속됨에 따라, 우리가 내릴 최종적 설명에는 이러한 접근 요소들이 포함될 가능성이 높다(Goldstone et al., 2012).

고려사항

중심과 바큇살 모형

뇌에 개념이 어떻게 표상되어 있을지에 대한 우리의 논의는 범주 특수 기억 손상 환자 사례에 크게 의존해 왔다. 그러나 모든 개념에 대한 지식에 전반적인 기억 손실을 초래하는 **의미 치매**(semantic dementia)라 불리는 또 다른 유형의 문제가 있다. 의미 치매 환자들은 생물과 인공물을 알아보는 데 비슷한 정도로 어려움을 보이는 경향이 있다(Patterson et al., 2007).

의미 치매 환자들이 경험하는 손상이 전반적이라는 것과 이 환자들의 **전측두엽**(anterior temporal lobe: ATL. **그림** 9.27a에서 보라색 부분)이 손상되어 있다는 발견은 일부 연구자들로 하여금 의미 지식의 **중심과 바큇살 모형**(hub-and-spoke model)을 제안하게 이끌었다. 이 모형에 따르면, 특정 기능과 연합된 뇌 영역은 전측두엽과 연결되는데, 전측두엽은 이 영역에서 오는 정보를 통합하는 중심 역할을 한다. **그림** 9.27a에 표시된 이 기능에는 강함과 약함을 의미하는 유의성(노란색), 말(분홍색), 청각(빨간색), 조작을 포함하는 실행(파란색), 기능성(하늘색), 시각(초록색)이 있다.

중심과 바큇살 모형을 지지하는 증거는 특화된 뇌 영역(바큇살) 중의 하나가 손상되면 인공물만 못 알아보는 것과 같은 특정 손상을 보여주지만, 전측두엽(중심)에 손상을 입으면 의미 치매처럼 전반적인 손상을 보인다는 것이다(Lambon Ralph et al., 2017; Patterson et al., 2007). 중심과 바큇살 간의 차이는 뇌 손상이 없는 정상인 참가자들에게 **경두개 자기자극법**(transcranial magnetic stimulation: TMS)을 실시한 연구에서도 확인할 수 있다.

Gorana Pobric과 동료들(2010)은 생물과 인공물 사진을 참가자들에게 보여주고 각 사진의 이름을 대는 데 걸린 시간을 측정하였다. 그들은 전측두엽이나 사람들이 사물을 조작할 때 활성화되는 두정엽에 TMS를 실시하면서 이 절차를 반복했다. **그림** 9.27b는 두정엽을 자극해서 비활성화시키면(위 그림) 인공물에 대한 반응시간은 길어졌으나 생물에 대한 반응시간은 길어지지 않고, 전측두엽을 비활성화시키면(아래 그림) 인공물과 생물 모두의 반응시간을 길어지게 한다는 것을 보여준다. **그림** 9.27c는 두정엽을 자극하면 도구와 같이 쉽게 조작할 수 있는 사물의 반응시간은 많이 느려지지만 가구와 같이 조작하기 어려운 사물에 대한 반응시간은 별 영향을 받지 않았다는 것과, 전측두엽을 자극하면 두 가지 유형의 사물 모두에 같은 정도로 영향을 미쳤다는 것을 보여준다. '중심'(전측두엽)을 자극하면 전반적인 효과가, 그러나 '바큇살' 중의 하나와 연합되었을 것으로 간주되는 부위(두정엽)를 자극하면 보다 제한적인 효과가 얻어진다는 결과는, 중심은 전반적인 기능과, 그리고 바큇살은 특수한 기능과 연합되어 있다는 생각을 지지해 준다(Jefferies, 2013; Lambon-Ralph et al., 2017).

대부분의 연구자들은 전측두엽이 여러 부위에서 오는 정보들을 통합하는 역할을 한다는 데 동의한다. 그러나 다른 영역도 '중심'이 될 수 있다. 또 개념들이 표상되는 가장 중요

의미 치매(semantic dementia)
모든 개념에 대한 지식에 전반적인 기억 손실을 초래하는 조건.

전측두엽 (anterior temporal lobe: ATL)
측두엽의 한 영역. ATL 손상은 치매 환자와 천재바보(idiot savant) 증후군 환자들이 경험하는 의미기억의 전반적 손상과 관련이 있다.

중심과 바큇살 모형 (hub-and-spoke model)
의미기억의 한 모형. 이 모형이 제안하는 바에 따르면, 특정 기능과 연합된 뇌 영역은 전측두엽과 연결되는데, 전측두엽은 이 영역에서 오는 정보를 통합하는 중심 역할을 한다.

경두개 자기자극법(transcranial magnetic stimulation: TMS)
자기장을 이용해서 뇌의 신경세포들을 자극하는 비침습적 절차. TMS 기계는 뇌의 특정 부위를 감응시키는 자기 신호를 생성하는데, 특정 부위의 기능을 일시적으로 방해할 수 있다.

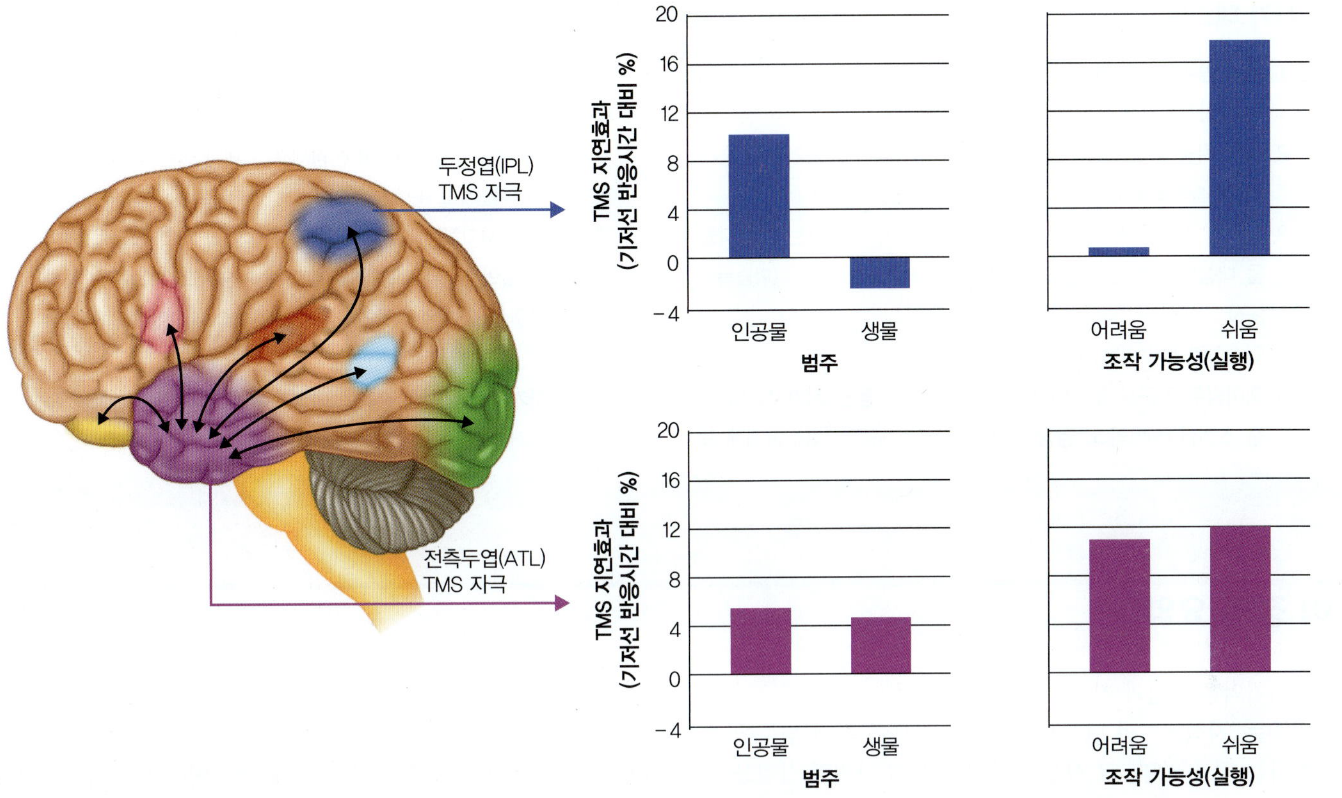

(a) 중심과 바큇살 모형의 신경해부학적 도식

(b) 인공물과 생물에 대한 TMS 자극의 효과
위: 두정엽(IPL) TMS 자극
아래: 전측두엽(ATL) TMS 자극

(c) 조작 가능성에 대한 TMS 자극의 효과.
위: 두정엽(IPL) TMS 자극
아래: 전측두엽(ATL) TMS 자극

그림 9.27 (a) 중심과 바큇살 모형에서는 각기 다른 기능에 특화된 뇌 영역은 전측두엽(보라색)과 연결되는데, 전측두엽은 이 영역으로부터 오는 정보를 통합한다고 제안하였다. 각 영역은 강함과 약함을 의미하는 유의성(노란색), 말(분홍색), 청각(빨간빛), 조작을 포함하는 실행(파란색), 기능성(하늘색), 시각(초록색)이 있다. 파란색 영역은 두정엽이다. (b) 사람이 만든 사물(인공물)과 생물에 대한 TMS 자극의 효과. 위: 두정엽을 자극하면 생물보다 인공물에 대한 반응시간이 더 길어졌다. 아래: 전측두엽을 자극하면 생물과 인공물 모두에 대해 반응시간이 길어졌다. (c) 조작하기 쉬운 사물과 어려운 사물에 대한 TMS 자극의 효과. 위: 두정엽을 자극하면 조작하기 어려운 사물보다 쉬운 사물에 대한 반응시간이 더 길어졌다. 아래: 전측두엽을 자극하면 둘 모두에 대해 반응시간이 길어졌다.

출처: Lambon Ralph et al., 2017의 Supplementary Figure 5를 수정 인용함. Pobric et al., 2013의 데이터를 바탕으로 제작함.

한 방식은 '중심'에 의해서가 아니라 '바큇살' 간에 형성된 연결 방식일 수도 있다(Pulvermüller, 2013; Dove, 2023). 그러니까 마지막 절에서 우리가 언급했듯이 뇌에 개념이 어떻게 표상되어 있는지의 문제는 '현재 진행형'이다(중심과 바큇살 모형에 대한 연결주의 설명은 Hoffman과 McClelland, 2018 참고하라).

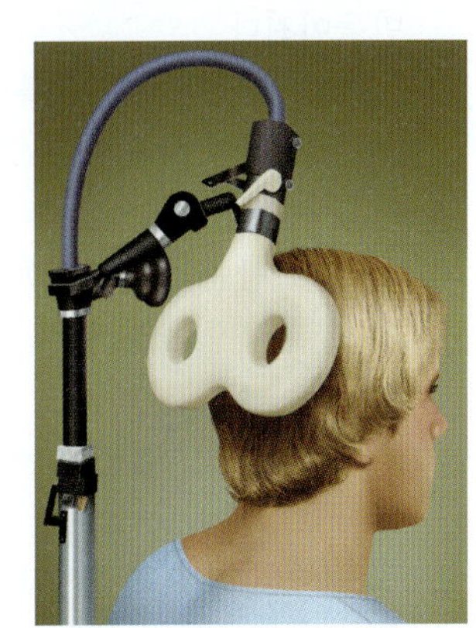

그림 9.28 머리에 자장을 걸기 위해 TMS 코일을 위치시켰다. 코일을 이 위치에 두면 후두엽을 자극한다.

방법

경두개 자기자극법(TMS)

2장에서 논의된 것처럼, 두개골 위에 자극 코일을 대고 반복되는 자기장을 흘려보내면 사람 뇌의 특정 부위의 기능을 일시적으로 방해할 수 있다(**그림 9.28**). 일련의 파동이 뇌의 특정 부위에 몇 초 혹은 몇 분 동안 가해지면 그 부위의 뇌 기능을 일시적으로 방해한다. 어떤 행동이 그 파동에 의해 방해를 받으면, 연구자들은 방해를 받은 뇌 부위가 그 행동에 관여한다고 결론짓는다.

자가 테스트

1. 뇌의 범주화에 대한 감각-기능 접근은 무엇인가? 이 가설을 지지하는 신경심리학 증거를 기술하라. (학습목표 9-5)
2. 감각-기능 접근으로 설명할 수 없는 신경심리학 증거를 기술하라. (학습목표 9-5)
3. 다요인 접근은 무엇인가? 정상적으로 뇌가 기능하는 참가자들을 대상으로 한 연구는 이 가설을 어떻게 지지하는가? (학습목표 9-5)
4. 밀집화란 무엇인가? (학습목표 9-5)
5. 의미범주 접근은 무엇인가? 이야기를 듣는 동안 참가자들의 뇌를 스캔한 Huth의 뇌 영상 실험의 결과는 개념이 뇌에 어떻게 표상되어 있는지에 대해 무엇을 알려주는가? (학습목표 9-5)
6. 체화 접근은 무엇인가? (학습목표 9-5)
7. 거울신경세포는 무엇이며, 이 신경세포는 체화 접근과 어떻게 연결되는가? (학습목표 9-5)
8. 체화 접근을 지지하는 Hauk의 뇌 영상 실험과 체화 접근을 반박하는 Garcea의 신경심리학 연구에 대해 기술하라. (학습목표 9-5)
9. 중심과 바큇살 모형은 무엇인가? 중심은 어디에 있는가? (학습목표 9-6)
10. 경두개 자기자극 실험의 결과는 어떻게 중심과 바큇살 모형을 지지하는 증거를 제공하는가? (학습목표 9-6)

이 장의 요약

1. 의미기억은 사실과 지식에 대한 기억이다.
2. 범주는 '지식에로의 단서'이다. 어떤 사물이 특정 범주에 속한다는 것을 알면, 그 사물에 대한 많은 일반적인 사실을 알게 되고 이 사물이 어떤 점에서 특별한지를 밝혀내는 데 에너지를 집중할 수 있다.
3. 범주의 정의적 접근은 대부분의 범주에는 정의에 맞지 않는 사례들이 있기 때문에 별 도움이 되지 않는다. 정의가 범주에 속한 모든 사례를 포함하지 못한다는 사실을 해결하기 위해 철학자 Wittgenstein은 가족 유사성이라는 개념을 제안하였다.
4. 범주의 원형 접근의 바탕에 있는 생각은 어떤 사물이 특정 범주에 속하는지는 그 사물이 원형이라 불리는 그 범주의 가장 표준적인 표상과 유사한지에 달려 있다는 것이다. 원형은 그 사람이 이전에 접했던 해당 범주에 속한 사례를 평균해서 만들어진다.
5. **전형성**은 어떤 사례가 특정 범주의 원형과 얼마나 유사한지를 기술할 때 사용하는 용어이다.
6. 다음 사항은 아주 전형적인 사례의 특징이다. (1) 가족 유사성이 높다, (2) 이 사례에 대한 진술문은 빨리 검증된다, (3) 이 사례의 이름을 빨리 댄다, (4) 이 사례는 점화의 영향을 많이 받는다.
7. 범주의 본보기 접근은 어떤 사물이 본보기와 유사한지를 판단하는 과정을 포함한다. 본보기란 그 사람이 이전에 접했던 그 범주의 실제 사례이다.
8. 본보기 접근의 장점은 '새' 범주에 속한 펭귄처럼 그 범주의 전형적이지 않은 예를 버리지 않는다는 점이다. 본보기 접근은 '게임' 범주처럼 사례의 변산성이 큰 범주도 잘 설명한다.
9. 연구자들은 사람들이 이 두 접근을 다 사용한다고 결론지었다. 원형은 사람들이 범주를 처음 학습할 때 더 중요할 수 있다. 이후에는 본보기 정보가 더 중요할 수 있다.
10. 크고 일반적인 범주가 작고 구체적인 범주들로 나누어지는 조직화를 위계적 조직화라 부른다. Rosch의 실험은 범주의 기본 수준(예: 악기나 록 기타에 대비해서 기타)이 사람들의 일상 경험을 반영하는 '기본적인' 수준이라는 것을 보여준다.
11. 전문가들을 검사한 실험은 범주의 기본 수준은 그 사람의 경험 정도에 따라 달라질 수 있다는 것을 보여준다.
12. 의미망 접근은 개념이 망으로 배열되어 있다고 제안하는데, 이는 마음속에서 개념이 조직화되어 있는 방식을 표상한다고 본다. Collins와 Quillian 모형은 고리로 연결된 마디로 구성된 망이다. 개념과 개념의 속성은 마디에 위치한다. 범주에 속한 대부분의 사례에 적용되는 속성은 그 사례보다 상위 수준의 마디에 저장된다. 이를 인지적 경제성이라 부른다.
13. Collins와 Quillian 모형은 문장검증 과제를 사용한 실험 결과에서 지지를 받았다. 활성화 확산이라는 이 모형의 특질은 점화 실험에서 지지를 받았다.
14. Collins와 Quillian 모형은 몇 가지 점에서 비판을 받았다. 이 모형은 전형성 효과를 설명할 수 없고, 인지적 경제성이 항상 지켜지지는 않고, 문장검증 실험의 모든 결과를 설명하지는 못한다.
15. 연결주의 접근은 개념이 입력 단위, 은닉 단위, 출력 단위들로 구성된 망으로 표상되며, 개념에 대한 정보는 이 망에서 단위의 분산된 활성화로 표상된다고 제안하였다. 이 접근은 병렬분산처리(PDP) 접근이라고도 불린다.
16. 연결주의 망은 활성화가 한 단위에서 다른 단위로 전달되는 정도를 결정하는 강도를 조정하는 것을 포함하는 점진적인 학습을 통해 특정 범주의 정확한 분산 양식을 학습한다.

17. 연결주의 망은 사람들의 개념 형성의 여러 측면을 재생할 수 있게 하는 특징을 가지고 있다.
18. 개념이 어떻게 뇌에 표상되어 있는지에 대한 네 가지 접근은 감각-기능 가설, 의미 범주 접근, 다요인 접근, 체화 접근이다.
19. 중심과 바큇살 모형은 여러 가지 기능들은 뇌의 전측두엽(ATL)에서 통합된다고 제안한다.

생각해 보기

1. 9장에서 우리는 어떻게 여러 수준의 개념들을 연결하는 망을 구성할 수 있는지를 탐색했다. 7장에서 우리는 특정 주제에 관한 지식을 조직화하는 망을 구성할 수 있다는 것을 배웠다(그림 7.5). 관련된 사실들을 연결해서 9장에 있는 내용을 표상하는 망을 만들어 보라. 그것은 그림 9.12에 있는 의미망과 비슷한가, 아니면 다른가? 그것은 위계적인가? 그것은 각 개념에 대해 어떤 정보들을 포함하고 있는가? (학습목표 9-4)
2. 다양한 범주에서 사람들이 생각하는 '전형적인' 사례를 알아보는 조사를 해 보라. 예를 들어, 몇 사람에게 가능한 한 빨리 전형적인 '새'나 '탈것'이나 '음료'를 세 종류 대라고 해 보라. 이 조사의 결과는 각기 다른 사람들에게 어떤 수준이 '기본적인지'에 대해 무엇을 알려 주는가? 이 결과는 사람들이 갖고 있는 범주에 대한 개념의 개인 간 변산성에 대해 무엇을 알려 주는가? (학습목표 9-1)
3. 몇 사람에게 그림 9.11의 사진에 있는 사물들의 이름을 말하게 해 보라. 1970년대 초에 이런 실험을 실시한 Rosch는 가장 흔한 반응은 기타, 물고기, 바지라는 것을 발견하였다. 여러분이 얻은 결과가 Rosch의 결과와 같은지 다른지, 비교해 보라. 만약 다르다면, 왜 그런 일이 일어났을지 그 이유를 설명해 보라. (학습목표 9-1, 학습목표 9-3)

'시각 심상'은 자신의 마음속에서 물리적으로 존재하지 않는 무언가를 볼 때 발생한다. 이 사진은 시지각과 시각 심상의 역설을 나타낸다. 비록 시지각과 시각 심상이 많은 속성과 기제를 공유하지만, 시각 심상과 관련된 우리의 주관적 경험은 시각 심상이 시지각과 관련된 경험보다 덜 상세하고 더 손상되기 쉬울 수 있다는 것을 보여준다.

CHAPTER 10

시각 심상

학습목표 이 장을 학습하고 나면 여러분은 다음을 할 수 있을 것이다.

10-1 사물을 상상하여 만든 '머릿속 그림'과 우리가 실제 사물을 볼 때 경험 간의 차이를 알 수 있다.

10-2 뇌 손상이 시각 심상을 형성하는 능력에 미치는 영향을 알 수 있다.

10-3 시각 심상을 활용하여 기억력을 향상시키는 방법을 알 수 있다.

10-4. 사람들이 시각 심상을 생성하는 능력의 차이를 알 수 있다.

10-5 아판타시아 증후군(aphantasia, 무심상)과 전형적인 심상의 차이를 알 수 있다.

10-6 실제 환경에서 심상을 적용하는 방법을 알 수 있다.

다음 질문에 답해 보자.

- 여러분이 사는 집이나 아파트 앞쪽에 창문이 몇 개인가?
- 여러분 침실의 가구는 어떻게 배치되어 있는가?
- 코끼리 귀는 둥근가, 아니면 뾰족한가?
- 풀의 초록색이 소나무의 초록색보다 더 어두운가, 밝은가?

이 질문에 어떻게 답했는가? 만약 이 질문에 답할 때 시각 이미지를 경험하였다면, 그것은 시각 자극이 없는 상태에서 보는 것, 즉 **시각 심상**(visual imagery)을 경험한 것이다(Hegarty, 2010). **심상**(mental imagery)은 물리적 자극 없이 감각 세계를 재현하는 능력을 포괄하는 더 넓은 용어로 모든 감각을 포함하는 데 사용된다. 심상은 상상력이라는 상위 인지 기능의 일부다. **상상력**(imagination)은 물리적 자극 없어도 외부 자극에 대한 감각 경험, 생각, 개념을 적극적으로 생성하는, 창의적이고 수완이 풍부한 마음의 능력을 의미한다. '심상(imagery)'과 '상상력(imagination)' 모두 'imag–'이라는 어근을 가지고 있는데, 이는 이 현상에 강력한 시각적 요소가 있음을 암시한다.

하지만 심상이 꼭 시각적일 필요는 없다. 사람들은 맛, 냄새, 촉각 경험을 상상할 수 있는 능력이 있다. 대부분의 사람들은 익숙한 노래의 멜로디를 머릿속에서 상상할 수 있기 때문에, 음악가들이 종종 강한 청각 심상을 보고한다는 점이나 멜로디를 상상하는 능력이 작곡에서 중요한 역할을 한다는 점은 놀라운 사실이 아니다. 폴 매카트니(Paul McCartney)는 노래 〈Yesterday〉가 아침에 잠에서 깨어났을 때 멜로디와 함께 심상으로 떠올랐다고 한다. 청각 심상의 또 다른 예는 오케스트라 지휘자들이 실제 오케스트라 없이 연습하기 위해서 '내적 오디션'이라 불리는 기법을 사용하는 것으로, 머릿속에서 악보를 상상하는 방식으로 이루어진다. 이때 지휘자들은 다양한 악기의 소리뿐 아니라 지휘대로부터의 악기들의 상대적 위치까지도 상상한다.

음악 창작 과정에서 청각 심상이 중요한 역할을 해왔듯이, 시각 심상 역시 과학적 통찰과 실용적인 응용으로 이어졌다. 시각 심상이 어떻게 과학적 발견으로 이어졌는지에 대한 가장 유명한 이야기 중 하나는 19세기 독일의 화학자 프리드리히 아우구스투스 케쿨레(Friedrich August Kekule)의 이야기이다. 케쿨레는 벤젠의 구조가 그의 꿈속에 등장했다고 말했는데, 꿈속에서 그는 머리로 꼬리를 삼키며 원을 형성하는 뱀처럼 꿈틀거리는 사슬을 보았다. 이 시각 이미지는 케쿨레에게 벤젠 분자를 구성하는 탄소 원자들이 고리 모양으로 배열되어 있다는 통찰을 주었다.

과학적 발견으로 이어진 시각 심상의 더 최근 예는 알베르트 아인슈타인이 광선 옆을 따라 여행하는 자신을 상상함으로써 상대성 이론을 어떻게 발전시켰는지에 대한 묘사가 있다(Intons-Peterson, 1993). 스포츠 분야 또한 심상이 자주 활용되는 또 다른 영역이다. 많은 올림픽 참가자들은 스키의 활강 코스, 스노보드 동작, 봅슬레이의 방향 전환, 스피드 스케이트 경주를 시각화하기 위해 심상을 사용한

시각 심상(visual imagery)
시각 자극이 없는 상태에서 시각적 감각을 경험하는 시각과 관련된 심상의 한 유형.

심상(mental imagery)
감각 입력이 없는 상태에서 감각적 인상을 경험하는 것.

상상력(imagination)
외부 자극이 물리적으로 존재하지 않는 상태에서 감각 경험, 생각, 개념을 적극적으로 생성하는, 창의적이고 수완이 풍부한 마음의 능력.

다(Clarey, 2014). 다음은 올림픽 선수들과 그들의 심상 연습 경험에 대한 몇 가지 예들이다.

- "저에게 시각화는 모든 감각을 수용하지는 않아요. 소리도 들어야 하고 모든 것을 느껴야 해요" — 에밀리 쿡(Emily Cook), 올림픽 에어리얼 스키 선수, 올림픽 준비를 위해 다감각 심상이 필요함을 설명하며.
- "가끔 그들의 눈이 뒤로 젖혀져 흰자가 보일 때가 있는데 정말 좀 섬뜩해요. 어떤 사람들은 너무 몰입해서, 우리가 시작할 때 노를 젓듯이 벤치에서 정말 세게 노를 젓고, 갑자기 조용히 앉아 있는데 누군가가 벤치를 정말 세게 칠 때도 있어요." — 에린 햄린(Erin Hamlin), 올림픽 루지 동메달리스트, 팀 동료들이 코스를 시각화하며 연습하는 모습을 보며.
- "저는 일년 내내 트랙을 머릿속에 담아두려고 노력해요. 샤워 중이거나 양치질을 할 때도요. 단 1분이면 되니까, 전체 코스를 떠올리거나 때로는 더 기술적인 코너만 상상하죠. 머릿속에 계속 그 이미지를 생생하게 유지하려고 노력하면, 실제로 그곳에 도착했을 때 처음부터 시작하는 것이 아니게 되죠. 머릿속으로 할 수 있는 일이 정말 놀라워요." — 린든 러시(Lyndon Rush), 올림픽 봅슬레이 선수, 어떤 환경에서든 심상이 정신적인 연습과 준비에 어떻게 활용될 수 있는지 설명하며.

이러한 사례들이 주는 한 가지 메시지는 심상이 일반적으로 사고와 연관되는 언어적 기법에 또 다른 차원을 더하는 사고방식을 제공한다는 것이다. 심상은 대부분의 사람들의 일상 경험과 밀접하게 연결되어 있다. 이 장에서는 주로 시각 심상에 대한 연구가 많기 때문에 시각 심상에 초점을 맞출 것이다. 우리는 시각 심상의 기본적인 특성과 시각 심상이 사고, 기억, 지각과 같은 다른 인지 과정에 어떻게 관련되는지 설명할 것이다. 이처럼 심상과 전반적인 인지 사이의 연결은 19세기 과학 심리학의 초기부터 시작된 심리학 역사에서 중요한 주제이다.

10.1 심리학의 역사 속 심상

심상의 역사는 Wilhelm Wundt가 설립한 첫 번째 심리학 실험실까지 거슬러 올라간다(1장 7쪽).

심상에 관한 초기 주장

무심상 사고 논쟁(imageless thought debate)
심상이 없는 상태에서 사고가 가능한지에 대한 논쟁.

Wundt는 이미지가 감각, 느낌과 함께 의식의 세 가지 기본 요소 중 하나라고 제안했다. 그는 또한 이미지는 생각과 동반되기 때문에 이미지를 연구하는 것은 사고를 연구하는 한 방법이라고 제안했다. 심상과 사고가 연결되어 있다는 주장은 **무심상 사고 논쟁**(imageless thought debate)을 불러일으켰는데, 일부 심리학자들은 아리스토텔레스(Aristoteles)의 '심상 없이 사고가 불가능하다'는 입장을 취한 반면, 다른 학자들은 심상 없이도 사고가 가능하다는 주장을 펼쳤다.

심상이 사고에 필수적이지 않다는 주장을 뒷받침하는 증거는 시각 이미지를 형성하는 데 큰 어려움을 겪는 사람들도 여전히 사고를 매우 잘 할 수 있다는 Francis Galton(1883)의 관찰에서 찾을 수 있다(사람들 간의 심상 차이점에 대한 보다 현대적인 설명을 위해서는 Richardson,

1994를 보라). 이미지가 사고에 필수적이라는 주장과 반대되는 주장이 1800년대 후반과 1900년대 초반에 제기되었지만, 이러한 주장과 반박은 행동주의가 심상을 심리학의 중심부에서 밀어내면서 일단락되었다(Watson, 1913; 1장 10쪽 참조). 행동주의자들은 시각 심상이 그것을 경험하는 사람 외에는 아무한테도 보이지 않기 때문에, 심상 연구는 비생산적이라고 낙인찍었다. 행동주의의 창시자인 John Watson은 심상을 '증명되지 않는' 것이자, '신화적인' 것이므로 연구할 가치가 없다고 주장하였다(1928). 1920년대부터 1950년대까지 행동주의가 지배하면서 심상에 대한 연구는 주류 심리학에서 밀려났다. 하지만 이러한 상황은 1950년대에 인지에 대한 연구가 부활하며 바뀌었다.

심상 논쟁: 정보는 어떻게 마음속에 표상되는가?

인지 혁명은 수십 년간 격렬하게 이어진 '심상 논쟁'을 촉발했다. 이 논쟁 이면에 있는 연구를 자세히 살펴보기 전에, 지금까지 이 글에서 심적 표상이 어떻게 설명되었는지 먼저 생각해 보자. 우리가 설명한 연구의 대부분은 다양한 인지 경험 뒤에 숨어 있는 심적 표상의 본질을 규명하는 것에 관한 것이다.

예를 들어, 5장에서 '단기기억(STM)'을 다룰 때, 단기기억의 정보는 방금 들은 이름을 되뇔 때처럼 청각적 형태로 표상된다는 증거를 제시했다. 또한 5장에서 설명된 작업기억(working memory) 체계는 두 가지 주요 형식으로 정보를 처리한다. 시각 정보는 '시공간 잡기장(visuospatial sketchpad)'을 사용하여 처리되는 반면, 언어 정보는 '음운 루프(phonological loop)'를 통해 처리된다.

그렇다면 인간은 마음속에서 정보를 어떻게 표상할까? 그것은 시지각에 기반하는가, 아니면 언어에 기반하는가? 이 논쟁은 인지 혁명 시기에 주목받기 시작했으며, 지금도 계속 연구되고 있다.

명제적인가, 묘사적인가?

마음속에서 언어와 기호를 사용해 처리하는 정보는 **명제적**(propositional)이라고 불린다. 언어에 대해서는 다음 장에서 더 자세히 다룰 예정이지만, 여기서는 인간이 언어와 유사한 형태의 정보로 사고할 수 있다는 점만 언급하면 충분하다. 그러나 우리는 '시각적으로 사고'할 수도 있다. 마음속에서 처리되는 시각 정보는 정보의 시각적 위치를 나타낼 때는 **공간적**(spatial)이라고 하고, 정보의 물체 속성이나 인식과 관련될 때는 **묘사적**(depictive)이라고 한다. 3장에서 기억하듯이, 이는 시각 처리의 두 경로에 해당한다. 즉, 배측(dorsal) '어디(where)' 경로와 복측(ventral) '무엇(what)' 경로다. 연구에 따르면 일부 연구는 정보가 마음속에서 명제적으로 표상된다는 관점을 지지하며, 다른 연구는 정보가 묘사적이고 공간적으로 표상된다는 관점을 지지한다.

명제적 정보(propositional) 언어와 상징을 사용하여 마음속에서 처리되는 정보.

공간적 정보(spatial) 특정 위치와 관련하여 시각적으로 마음속에서 처리되는 정보.

묘사적 정보(depictive) 물체의 특성과 인식과 관련하여 시각적으로 마음속에서 처리되는 정보.

Joel Pearson과 Stephen Kosslyn(2015)은 '심상 논쟁을 끝내겠다'는 목표로 연구에 착수했다. 수십 년간의 연구를 종합한 그들의 평가는, 인간은 명제적 표상과 묘사적 표상을 결합해 의존한다는 결론에 도달하였으며, 앞으로 심상 논쟁은 인간 심적 표상의 다양한 형태를 이해하는 데 초점을 맞춰야 한다고 주장했다. 이제 우리도 바로 그것을 살펴볼 것이다. 여기에서는 심상의 시각적 속성과 언어 기반 속성을 탐구하여 인간 심적 표상을 규명해 보겠다.

심상과 인지 혁명

1장에서 논의된 '인지 혁명'의 성공 비결 중 하나는 인지심리학자들이 인지 과정을 추론하는 데 사용할 수 있는 행동 측정 방법을 개발했다는 점이다. 행동과 인지를 연결하는 방법의 한 예는 Alan Paivio(1963)의 기억 연구이다. Paivio는 '트럭'이나 '나무'처럼 심상화하기 쉬운 구체명사를 기억하는 것이 '진실'이나 '정의'처럼 심상화하기 어려운 추상명사를 기억하는 것보다 더 쉽다는 것을 입증했다. 이때 Paivio가 사용한 방법은 쌍연합 학습이다.

추상명사의 쌍보다 구체명사의 쌍에 대한 기억이 훨씬 좋다는 결과를 설명하기 위하여 Paivio(1963, 1965)는 **개념적 걸개 가설**(conceptual peg hypothesis)을 제안하였다. 이 가설에 따르면, 구체명사는 다른 단어가 '매달릴' 수 있는 이미지를 생성한다. 예를 들어, '배'-'모자' 쌍을 제시했을 때 '배'의 이미지가 생성된다면, 나중에 단어 '배'가 제시되었을 때 그 '배'의 이미지가 다시 상기될 것이며 이 이미지는 실험 참가자가 그들의 마음속에서 '모자'를 위치시킬 수 있는 수많은 위치를 제공한다는 것이다.

개념적 걸개 가설 (conceptual peg hypothesis)
Paivio의 이중 부호화 이론과 관련된 가설로, 구체명사가 다른 단어가 매달릴 수 있는 심상을 생성하여 이러한 단어들에 대한 기억력을 향상시킨다는 주장.

방법

쌍연합 학습

쌍연합 학습(paired-associate learning) 실험에서 실험 참가자는 학습 기간 동안 '배'-'모자' 또는 '자동차'-'집'과 같은 단어의 쌍들을 보게 된다. 그 뒤 테스트 기간 동안 각 쌍에서 첫 번째 단어가 제시된다. 실험 참가자의 과제는 학습 기간 때 제시된 단어와 짝을 이루었던 단어를 회상해내는 것이다. 따라서 만약 단어 '배'가 제시되면 정답은 '모자'가 될 것이다.

Paivio가 기억 측정을 통해 인지 과정을 추론한 반면, Roger Shepard와 Jacqueline Metzler(1971)는 여러 인지 과제를 수행하는 데 소요되는 시간의 양을 알아내는 **심리적 시간 측정**(mental chronometry)을 사용하여 인지 과정을 추론하고자 했다. 5장에서 서술했던(166쪽 참조) Shepard와 Metzler의 실험에서, 참가자들은 **그림** 10.1과 같은 그림을 보았다. 그들의 과제는 가능한 한 빨리 두 그림이 같은 물체인지 다른 물체인지 답하는 것이었다. 이 실험은 두 물체가 같은 것인지를 결정하는 데 걸리는 시간이 두 그림 간의 각도 차이와 직접적으로 연관되어 있음을 보여주었다(166쪽의 **그림** 5.14 참조). 이 결과는 참가자들이 그림들의 일치 여부를 보기 위해 하나의 물체를 심적으로 회전시켰음을 보여주는 것으로 해석되었다.

쌍연합 학습 (paired-associate learning)
실험 참가자에게 먼저 단어 쌍을 제시한 다음, 각 쌍의 한 단어를 제시하고 다른 단어를 회상하도록 하는 학습 과제.

심리적 시간 측정 (mental chronometry)
인지 과제를 수행하는 데 소요되는 시간을 측정하는 방법.

이 실험의 중요한 점은 심상을 연구하기 위해 정량적인 방법을 적용한 최초의 실험 중 하나이자, 심상과 지각이 동일한 기제를 공유할 수도 있음을 시사했다는 점이다(여기서 '기제'는 머릿속에서 지각 및 심적 이미지를 조작하는 방식과 같은 심적 기제와 지각 및 심적 이미지를 생성하

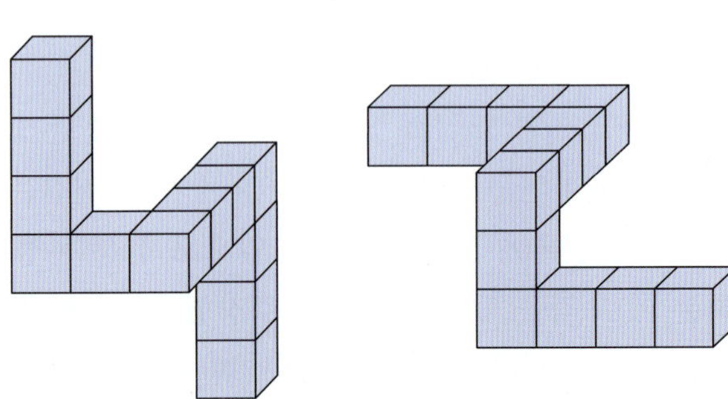

그림 10.1 Shepard와 Metzler(1971)의 심적 회전 실험에 사용한 자극.

는 데 관련된 뇌 구조와 같은 뇌 기제를 모두 포함한다).

이제 우리는 심상과 지각 사이의 유사점을 보여준 연구들과, 심상과 지각이 머릿속에서 표상되는 방식에 기본적인 차이점이 있을 가능성을 보여주는 연구를 설명할 것이다. 앞으로 살펴볼 것처럼, 이러한 비교에는 심상과 지각 사이의 유사점과 차이점을 보여주는 많은 행동 및 생리학적 실험들이 포함되어 있다.

10.2 심상과 지각: 동일한 기제를 공유하는가?

심상과 지각이 동일한 기제를 공유할 수 있다는 아이디어는 심적 이미지가 지각만큼 생생하거나 오래 지속되지는 않지만, 심상이 지각과 많은 속성을 공유한다는 관찰에 기반한다. Shepard와 Metzler의 연구 결과는 심적 심상과 지각된 이미지 모두 자극의 공간적 표상을 포함한다는 것을 보여준다. 즉, 심상과 지각 모두에 대한 공간적 경험은 실제 자극의 배치와 일치한다는 것이다. 심상과 지각 사이에 이러한 공간적 유사성을 가진다는 주장은 Stephen Kosslyn이 수행한 많은 실험을 통해 뒷받침되는데, 이 중에는 참가자가 심적 이미지를 형성한 후 그것을 머릿속에서 훑어보는 심적 탐사(mental scanning) 과제가 사용되었다.

심적 탐사(mental scanning) 사람이 마음속으로 심상을 훑어보는 심상 과정의 한 유형.

Kosslyn의 심적 탐사 실험

Stephen Kosslyn은 세 권의 책을 쓸 만큼 심상에 관한 많은 연구를 수행했으며(Kosslyn, 1980, 1994; Kosslyn et al., 2006), 심상과 지각 사이의 유사점을 기반으로 영향력 있는 심상 이론을 제안하였다. 그의 초기 실험 중 하나에서 Kosslyn(1973)은 실험 참가자들에게 **그림** 10.2의 배와 같은 물체의 그림을 기억하도록 요청한 후 머릿속에 그 사물의 이미지를 만들어 닻과 같은 물체의 한 부위에 집중하도록 지시했다. 마음속에 있는 이미지를 사용하여 배의 다른 부분(예: 모터)을 탐색하도록 한 후 만약 이미지에서 그 부분을 찾으면 '참' 버튼을, 찾지 못하면 '거짓' 버튼을 누르도록 했다.

Kosslyn은 만약 심상이 지각처럼 공간적이라면, 실험 참가자들이 물체의 이미지를 가로질러 탐사(주사)해야 하므로 초기 집중 지점에서 더 멀리 떨어진 부분을 찾는 데 더 오랜 시간이 걸릴 것으로 추론하였다. 이러한 결과가 실제로 나타났고, Kosslyn은 이를 심상이 공간적 속성을 가진다는 증거로 보았다. 하지만 과학에서 흔히 그렇듯이, 다른 연구자가 다른 설명을 제안하였다. Glen Lea(1975)는 실험 참가자들이 탐색하는 도중 선실과 같은 다른 흥미를 끄는 부분들과 마주쳤을 수 있으며, 이러한 방해 때문에 반응시간을 증가시켰을 수 있다고 제안하였다.

이 가능성을 검토하기 위해 Kosslyn과 동료들(1978)은 또 다른 탐사 실험을 진행하였으며, 이번에는 참가자들에게 지도상에서 두 장소를 탐색하도록 하였다. Kosslyn의 실험을 읽기 전

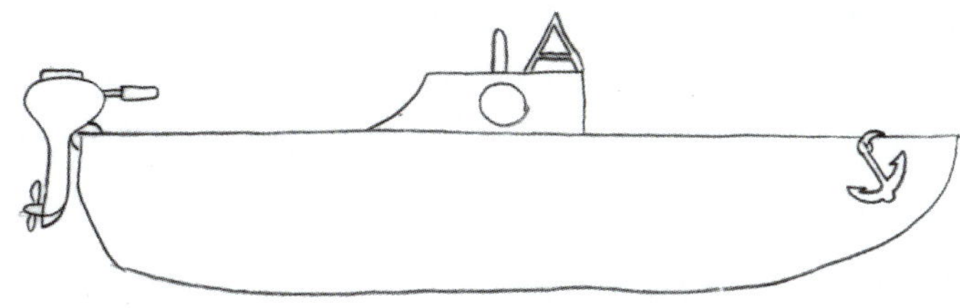

그림 10.2 Kosslyn(1973)의 이미지 탐사 실험에서 사용한 자극.

방법/보여주기

심적 탐사

미국에 거주한다면, 여러분이 사는 곳, 그곳에서 멀리 떨어진 도시, 그리고 이 두 장소의 직선거리 상에 있지 않지만 더 가까운 다른 도시, 이렇게 세 곳이 포함된 여러분의 주 지도를 상상해 보자. 예를 들어, 뉴욕주 올버니에 살고 있다면, 현재 위치인 올버니를 포함한 뉴욕주의 지도를 상상할 수 있다. 그런 다음 그 지도 위에서 버펄로가 여러분에게 상대적으로 어디에 있는지(서쪽) 상상하고, 뉴욕시가 어디에 있는지(남쪽) 상상할 수 있다. 이 '보여주기'에서는 심적 탐사를 사용하여 주 내에서 다른 두 도시를 기준으로 네 곳의 위치를 파악했다(**그림 10.3**).

이제 주 지도의 심적 이미지를 만든 후, 여러분이 사는 곳에서 시작해서, 네 위치와 더 가까운 도시 사이의 직선을 따라 검은 점이 움직이는 이미지를 상상해 보자. 이 도시에 도착하는 데 얼마나 걸렸는지 생각해 보자. 그런 다음 먼 도시에 대해서도 같은 절차를 반복하고 도착하는 데 얼마나 걸렸는지 다시 한번 확인해 보자.

그림 10.3 심적 탐사를 위해 사용한 주(state) 지도의 예시. 이 '방법/보여주기'를 위해 여러분이 사는 곳의 지도를 사용해 보자.

에, '방법/보여주기: 심적 탐사'를 따라해 보자.

Kosslyn의 실험에 참여한 참가자들은 '방법/보여주기: 심적 탐사'에서 여러분이 한 것과 동일한 절차를 사용했지만, **그림** 10.4a와 같이 일곱 개의 다른 위치를 포함하는 섬을 상상하도록 지시받았다. 모든 가능한 쌍을 탐사(탐색)하도록 함으로써(총 21회의 이동), Kosslyn은 **그림** 10.4b에 나타난 반응시간과 거리 간의 관계를 밝혀냈다. 배 실험에서와 마찬가지로, 이미지 상의 더 먼 거리를 탐사하는 데 더 오랜 시간이 걸렸으며, 이는 시각 심상이 본질적으로 공간적이라는 주장을 지지하는 결과이다. 그러나 Kosslyn의 결과가 아무리 설득력이 있었음에도 불구하고, Zenon Pylyshyn(1973) 역시 또 다른 설명을 제시하면서, 심상이 지각에 사용되는 것과 같은 공간적 기제에 기반하는지, 아니면 명제적 기제(propositional mechanism)라 불리는 언어와 관련된 기제를 사용하는지에 대한 **심상 논쟁**(imagery debate)이 시작되었다.

심상 논쟁(imagery debate) 심상이 지각과 관련된 공간적 기제에 기반하는지, 아니면 언어와 관련된 명제적 기제에 기반하는지에 대한 논쟁.

Kosslyn과 동료들은 심상에 대한 자신들의 실험 결과를 바탕으로 심상에 관여하는 기제가 **공간적 표상**(spatial representation), 즉 이미지의 여러 부분이 공간 내 특정 위치에 해당한다고 설명될 수 있는 표상을 포함한다는 주장을 지지했다. 공간적 표상은 이미지의 다른 부분이 공간의 특정 위치에 해당한다고 설명될 수 있는 표상이다. 하지만 Pylyshyn(1973)은 우리가 심상을 공간적으로 경험한다고 해서 그 기저의 표상이 공간적이라는 것을 의미하지는 않는다고 반박하였다. 결국 인지심리학 연구에서 분명한 한 가지는 우리가 마음속에서 무슨 일

공간적 표상(spatial representation) 이미지의 여러 부분이 공간 내의 특정 위치에 해당한다고 설명할 수 있는 표상.

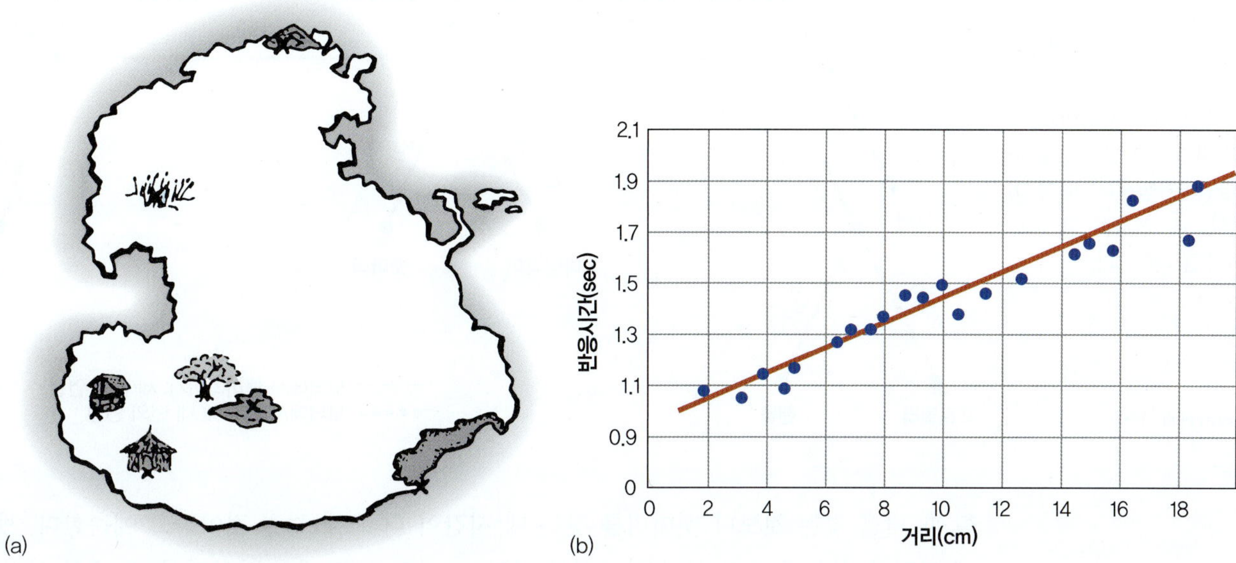

그림 10.4 (a) Kosslyn과 동료들(1978)의 이미지 탐사 실험에 사용된 섬. 실험 참가자들은 이 섬의 여러 장소 사이를 마음속으로 이동했다. (b) 섬 실험의 결과.

출처: S. M. Kosslyn, T. Ball, & B. J. Reiser, Visual images preserve metric spatial information: Evidence from studies of image scanning, *Journal of Experimental Psychology: Human Perception and Performance*, 4, no. 1, 47-60, 1978.

이 일어나고 있는지 항상 인식하지 못한다는 것이다. Pylyshyn은 정신 이미지의 공간적 경험은 **부수적 현상**(epiphenomenon), 즉 실제 기제에 수반되지만 실제 기제의 일부는 아닌 것이라고 주장했다.

Pylyshyn은 Kosslyn이 제시한 공간적 표상보다는 심상의 기저 기제가 **명제적 표상**(propositional representation)을 포함한다고 제안했다. 명제적 표상에서는 대상 간의 관계가 방정식과 같은 기호나 '휴대전화가 노트북 옆 책상 위에 있다.'와 같은 진술로 표현된다. 대조적으로, 공간적 표상은 휴대전화, 노트북, 책상을 그림으로 나타낼 수 있는 공간적 배치를 포함한다(**그림** 10.5). 휴대전화가 노트북 근처 책상 위에 있는 그림과 같이 표상의 일부가 대상의 일부에 해당하는 공간적 표상을 **묘사적 표상**(depictive representation)이라고 한다.

Kosslyn의 배 그림(**그림** 10.2)의 묘사적 표상으로 돌아가면 명제적 접근 방식을 더 잘 이해할 수 있다. **그림** 10.6은 이 배의 시각적 외관이 명제적으로 어떻게 표현될 수 있는지를 보여준다. 단어는 배의 부분을 나타내고, 선의 길이는 부분들 사이의 거리를 나타내며, 괄호 안의 단어는 부분들 사이의 공간적 관계를 나타낸다. 이러한 종류의 표상은 모터에서 시작

부수적 현상(epiphenomenon)
어떤 기제에 수반되지만 실제로는 그 기제의 일부가 아닌 현상.

명제적 표상 (propositional representation)
언어의 단어들이 대상 간의 관계를 나타내는 것처럼 관계가 상징으로 표현되는 표상.

묘사적 표상 (depictive representation)
공간 표상에 해당하는데, 공간 표상이 그림으로 묘사될 수 있기 때문에 이렇게 부른다.

'휴대전화가
노트북 옆 책상 위에 있다.'

명제적 표상

공간적 표상 또는 묘사적 표상

그림 10.5 '휴대전화가 노트북 옆 책상 위에 있다.'라는 명제적 표상과 공간적 표상, 또는 묘사적 표상.

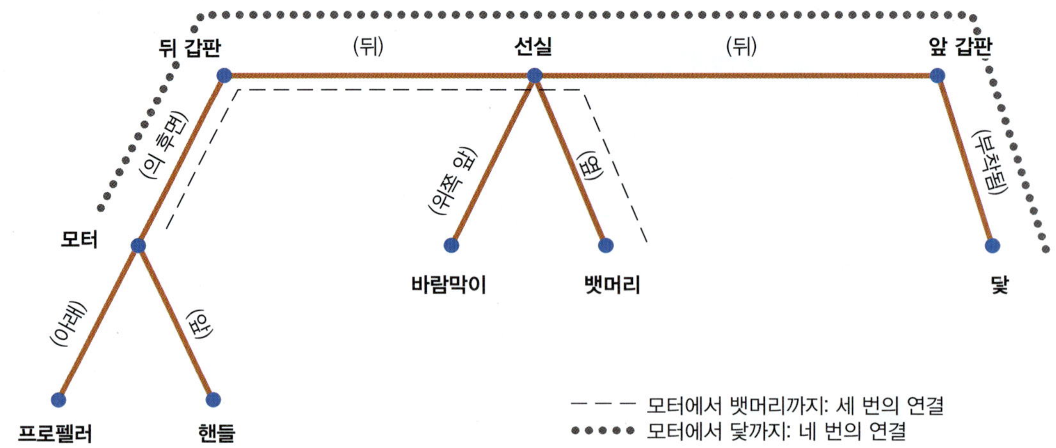

그림 10.6 그림 10.2에 있는 배의 시각적 형태가 어떻게 명제적으로 표상될 수 있는지를 보여준다. 모터와 뱃머리 사이의 경로(– – – 파선) 그리고 모터와 닻 사이의 경로(••• 점선)는 배의 이 부분들 사이에 거쳐야 할 노드(node)의 수를 나타낸다.

출처: Kosslyn et al., 1995.

할 때 닻을 찾는 것보다 뱃머리를 찾는 데 시간이 더 오래 걸릴 것이라고 예측한다. 뱃머리에 도달하려면 세 개의 연결을 거쳐야 하고(– – – 파선), 닻에 도달하려면 네 개의 연결을 거쳐야 하기 때문이다(••• 점선). 이러한 종류의 설명은 심상이 9장에서 설명한 의미망(semantic network)과 유사하게 작동한다고 제안한다(309쪽 참조).

우리는 심상에 대한 공간적 접근 방식과 명제적 접근 방식 모두를 논의했다. 이 두 가지 설명이 자료가 어떻게 다른 방식으로 해석될 수 있는지에 대한 훌륭한 예를 제공하기 때문이다(7장 '고려사항: 인지심리학의 대안적 설명', 245쪽 참조). Pylyshyn의 비판은 시각 심상의 본질에 대해 많은 것을 알려준 수많은 실험을 자극했다. 그러나 수년간의 논의와 실험 끝에 증거의 무게는 심상이 공간적 기제에 의해 작동하며, 지각과 기제를 공유한다는 주장을 지지한다. 이제 공간적 표상 주장을 지지하는 추가 증거를 살펴보겠다.

심상과 지각 비교

Kosslyn의 다른 실험을 설명하면서 시작해 보자. 심상이 시야 내에 있는 물체의 크기에 의해 어떻게 영향을 받는지 살펴본 실험이다.

시야에서의 크기 멀리 있는 자동차를 보면 이 물체는 시야의 매우 작은 부분만을 차지하고 문손잡이와 같은 작은 세부 사항은 관찰하기 어려울 것이다. 하지만 가까이 다가가면 자동차는 시야를 더 많이 채우게 되고 문손잡이와 같은 세부 사항도 더 쉽게 지각할 수 있게 된다(**그림 10.7**). 이러한 관찰을 토대로, Kosslyn은 보는 거리(viewing distance)와 세부 사항을 지각하는 능력 사이의 관계가 심적 이미지에서도 동일하게 나타나는지 알아보고자 했다.

더 멀리에서 보기

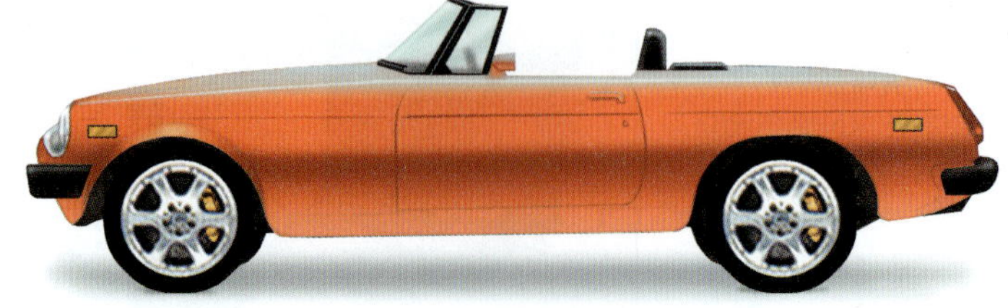

더 가까이에서 보기

그림 10.7 자동차와 같은 물체에 가까이 다가갈 때 두 가지 효과가 발생한다. (1) 물체가 시야에서 더 많은 부분을 차지하게 되고, (2) 세부 사항을 보기가 더 쉬워진다.

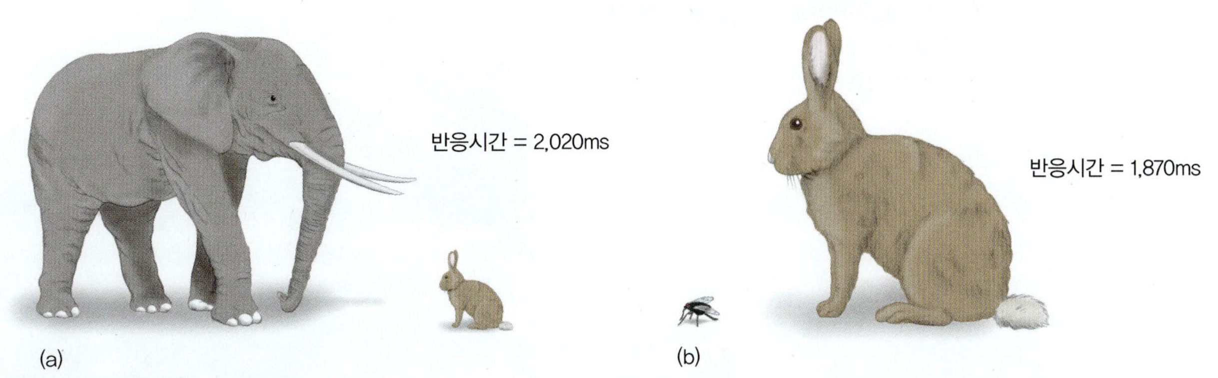

그림 10.8 Kosslyn(1978)의 실험 참가자들이 만든 이미지의 예시. 시야에서 차지하는 비율이 달랐다. (a) 코끼리와 토끼를 상상하라. 이 경우 코끼리가 시야의 대부분을 차지한다. (b) 토끼와 파리를 상상하라. 이 경우 토끼가 시야의 대부분을 차지하게 된다. 반응시간(reaction time: RT)은 참가자들이 토끼에 대한 질문에 답하는 데 얼마나 걸렸는지를 나타낸다.

이 질문에 답하기 위해 Kosslyn(1978)은 실험 참가자들에게 코끼리와 토끼 같은 두 동물을 나란히 상상하고, 그중 더 큰 동물이 시야의 대부분을 차지할 만큼 충분히 가까이 서 있다고 상상해 보도록 했다(**그림** 10.8a). 그 후 실험 참가자에게 '토끼에게 수염이 있는가?'와 같은 질문을 던지고, 그들의 머릿속 동물 이미지의 해당 부분을 찾아서 가능한 한 빨리 응답하도록 요구하였다. 같은 과정을 반복하되, 토끼와 파리를 상상하도록 요청한 경우, 참가자들은 **그림** 10.8b와 같이 토끼의 더 큰 이미지를 만들었다. 그림과 함께 제시된 이 실험의 결과는 토끼가 시야의 더 많은 부분을 차지했을 때 참가자들이 토끼에 대한 질문에 더 빨리 답했다는 것을 보여준다.

시각 이미지의 세부 사항에 대해 응답하는 것 외에도 Kosslyn은 심상 걷기 과제(mental walk task)를 실시했는데, 이 실험에서 참가자들은 그들이 동물의 심적 이미지를 향해 걷고 있다고 상상했다. 과제는 이미지가 시야를 가득 채우거나 가장자리가 흐릿해지기 시작하는 '넘침(overflow)'을 경험할 때 동물로부터 얼마나 멀리 떨어져 있는지 답하는 것이었다. 그 결과는 작은 동물(생쥐의 경우 약 30cm 미만)의 경우 큰 동물(코끼리의 경우 3.3m)보다 더 가까이 다가가야 했다는 것이다. 이 결과는 심적 이미지가 지각과 마찬가지로 공간적임을 뒷받침하는 또 다른 증거를 제공한다.

심상 걷기 과제(mental walk task) 심상 실험에서 사용되는 과제로, 실험 참가자들에게 어떤 사물의 심상을 만들고 그 심상을 향해 걸어간다고 상상하도록 요구한다.

심상과 지각의 상호작용 심상과 지각 사이의 연관성을 입증하는 또 다른 방법은 이들이 서로 상호작용한다는 것을 보여주는 것이다. 이 접근 방식의 기본적인 논리는 심상이 지각에 영향을 주거나 지각이 심상에 영향을 준다면, 심상과 지각이 동일한 기제에 접근할 수 있다는 것이다.

심상과 지각 사이의 상호작용을 보여주는 고전적인 실험은 1910년 Cheves Perky가 수행한 실험(**그림** 10.9)으로 거슬러 올라간다. Perky는 실험 참가자들에게 흔한 물체의 시각 이미지를 '투사'한 후, 그것을 묘사하도록 했다. 이때 실험 참가자들 모르게 Perky는 그 물체의 매우 희미한 이미지를 스크린 뒤에서 비추었다. 예를 들어, 참가자들에게 바나나의 이미지를 상상하도록 했을 때, 희미한 바나나의 이미지를 스크린에 비춘 것이다. 흥미롭게도, 참가자들이 묘사한 이미지는 Perky가 비춘 이미지와 일치했다. 예를 들어, 그들은 비쳤던 실제 이미

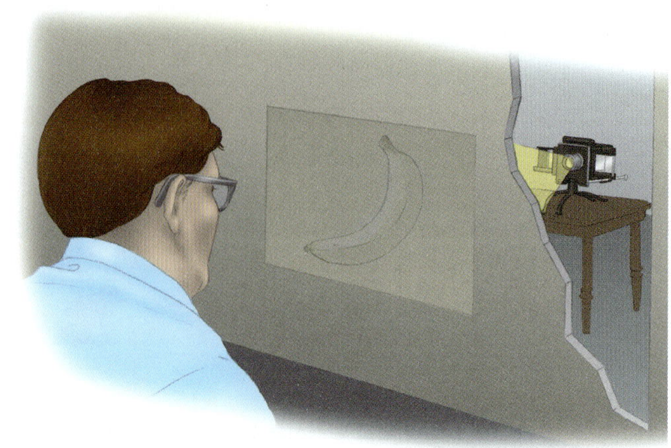

그림 10.9 Perky(1910)의 실험 참가자. 참가자들 모르게 희미한 이미지가 스크린에 비치고 있다.

지와 마찬가지로 바나나가 수직으로 놓여 있다고 묘사했다. 더 흥미로운 사실은 Perky의 실험 참가자 24명 중 단 한 명도 실제 그림이 스크린에 비쳤다는 사실을 알아차리지 못했다는 점이다. 그들은 분명히 실제 그림을 심적 이미지로 착각했다.

최근 연구자들은 Perky의 결과를 재현하였고(Craver-Lemley & Reeves, 1992; Segal & Fusella, 1970), 여러 다른 방식으로 지각과 심상 간의 상호작용을 입증했다. Martha Farah(1985)는 참가자들에게 스크린 위에 알파벳 H 또는 T를 상상하도록 지시했다. 분명한 이미지가 형성되고 나면 그들은 버튼을 눌렀고 그러면 두 개의 사각형이 순차적으로 번쩍였다. 이 중 하나의 사각형 안에는 목표 글자인 H 또는 T가 제시되었다. 실험 과제는 글자가 첫 번째와 두 번째 사각형 중 어디에 포함되어 있었는지 답하는 것이었다. 실험 참가자들은 목표 글자와 같은 글자를 상상했을 때 다른 글자를 상상했을 때보다 목표 글자를 더 정확하게 탐지하였다. Farah는 이 결과가 심상과 지각이 같은 기제를 공유한다는 것을 보여준다고 해석하였다. 후에 실행된, 심상이 지각에 영향을 줄 수 있다는 것을 보인 다른 실험들 역시 같은 결론을 내렸다(Kosslyn & Thompson, 2000; Pearson et al., 2008). 다음 절에서는 심상과 지각 간의 연관성에 대한 생리학적 증거를 살펴볼 것이다.

자가 테스트

1. 심상은 단지 '실험실에서만 나타나는 현상'인가, 아니면 실생활에서도 일어나는가? (학습목표 10-1)
2. 1800년대의 무심상 사고 논쟁부터 1960년대와 1970년대의 인지혁명 초기에 수행된 심상 연구들까지, 심리학 내 심상에 관한 연구의 역사에서 중요한 사건들의 목록을 만들어 보라. (학습목표 10-1)
3. Kosslyn은 지각과 심상의 유사성을 입증하기 위하여 배와 섬 실험에서 어떻게 심적 탐사 기법을 사용했는가? (학습목표 10-1)
4. 심상 논쟁은 무엇인가? 심상 기저의 기제에 대한 공간적(또는 묘사적) 설명과 명제적 설명을 기술하라. 명제적 접근으로 Kosslyn의 배와 섬 이미지 탐사 실험 결과를 어떻게 해석할 수 있는가? (학습목표 10-1)
5. 심상과 지각의 상호작용을 보여준 Kosslyn, Perky, Farah의 실험을 기술하라. (학습목표 10-1)

10.3 심상과 뇌

몇 가지 생리학적 실험들을 살펴보면서, 우리는 심상과 지각 사이에 상당한 연관성이 있지만 완벽하게 일치하지는 않다는 것을 알게 될 것이다. 먼저 뇌가 심상에 어떻게 반응하는지 측정한 연구 결과를 살펴보고, 이어서 뇌 손상이 시각 심상을 형성하는 능력에 어떤 영향을 미치는지 살펴볼 것이다.

사람 뇌의 심상 신경세포

사람의 단일 신경세포의 활동을 기록한 연구는 드물지만, 뇌 수술을 준비하는 환자를 대상으로 진행된 경우는 있다.

Gabriel Kreiman과 동료들(2000)은 해마와 편도체를 포함한 여러 내측 측두엽 영역에 전극을 삽입한 환자들을 연구할 수 있었다. Kreiman은 몇몇 물체에는 빠르게 반응하지만 다른 물체에는 반응하지 않는 신경세포들을 발견했다. 예를 들어, **그림 10.10a**의 기록은 야구공 사진에는 빠르게 반응했지만 얼굴 사진에는 반응하지 않는 신경세포의 반응을 보여준다. 게다가 **그림 10.10b**는 이 사람이 눈을 감고 야구공(발화) 또는 얼굴(발화하지 않음)을 상상했을 때, 이 신경세포가 같은 방식으로 발화했다는 결과를 보여주었다. Kreiman은 이러한 신경세포를 심상 신경세포(imagery neuron)라 불렀다.

심상 신경세포(imagery neuron) 지각과 심상 활동 중에 빠르게 발화하는 신경세포.

Kreiman의 심상 신경세포의 발견은 두 가지 중요한 의미를 가진다. 첫째, 심상에 대한 생리학적 기제의 가능성을 보여 주기 때문이며, 둘째, 이 신경세포들이 대상을 지각할 때와 상상할 때 동일한 방식으로 반응하여 지각과 심상 간의 긴밀한 관계를 뒷받침하기 때문이다. 하지만 단일 신경세포의 활동을 기록하는 대신, 대부분의 사람 대상 연구는 참가자들이 대상을 지각하고 시각 심상을 만들 때의 뇌 활동을 측정하는 뇌 영상 기법을 활용해왔다('방법: 뇌 영상', 2장 46쪽 참조).

(a) 지각

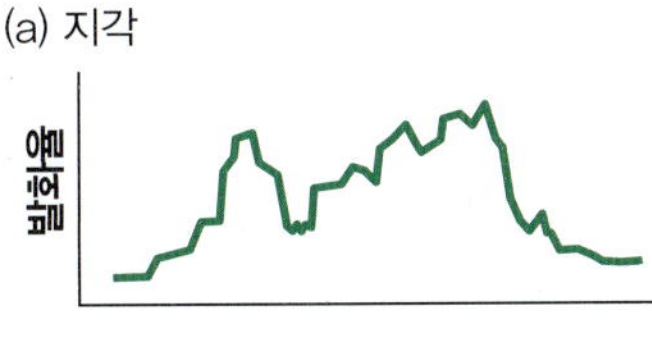

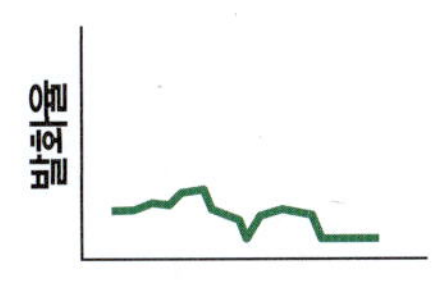

(b) 심상

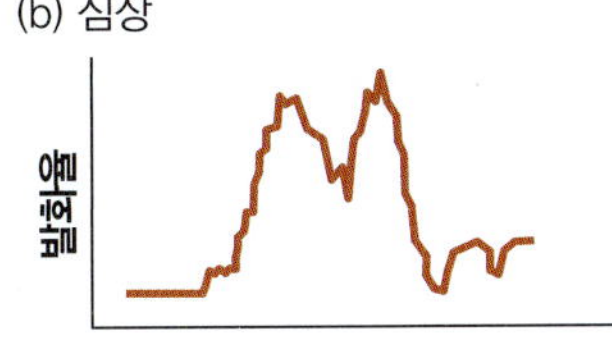

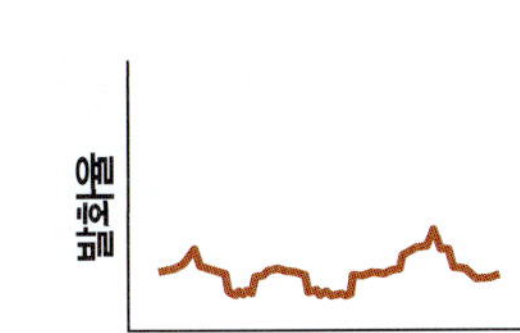

그림 10.10 내측 측두엽의 개별 신경세포들의 반응. (a) 야구공을 지각했을 때의 반응. 얼굴에는 반응하지 않았다. (b) 야구공을 상상했을 때의 반응. 역시 얼굴을 상상했을 때는 반응하지 않았다.

출처: G. Kreiman, C. Koch, & I. Fried, Imagery neurons in the human brain, *Nature*, 408, 357-361, November 16, 2000.

방법

사람의 단일 신경세포 기록법

대부분의 단일 신경세포 기록법 연구는 동물을 대상으로 수행되었다. 하지만 사람에게서 단일 신경세포 반응을 기록한 몇몇 실험들도 있다. 이 실험의 참가자들은 약으로 조절될 수 없는 난치성 뇌전증(intractable epilepsy) 환자들이었다. 이 환자들의 경우, 발작이 시작되는 뇌의 작은 부위인 **뇌전증 초점**(epileptic focus)을 외과적으로 제거하는 것이 가능한 치료법 중 하나이다.

뇌전증 초점의 정확한 위치를 파악하기 위해, 이 환자들의 뇌에 전극을 이식하고 며칠 동안 관찰한다. 이는 자발적인 발작을 통해 초점의 위치를 정확히 찾아내기 위함이다(Fried et al., 1999). 전극이 이식되어 있기 때문에, 환자의 동의로 지각, 상상, 기억과 같은 인지적 행동으로 인해 발생하는 활동을 기록하는 것이 가능하다. 이러한 실험은 동물 실험에서 흔히 하듯이 자극에 대한 신경 반응을 기록할 수 있을 뿐만 아니라, 환자가 상상하고 기억하는 것과 같은 인지 활동을 수행할 때 이 신경세포가 어떻게 반응하는지 연구할 수 있게 해준다.

뇌 영상 연구

뇌 영상을 사용한 심상에 대한 초기 연구 중 하나는 지각과 심상 모두 시각피질을 활성화시킨다는 사실을 밝힌 Samuel Le Bihan과 동료들(1993)에 의해 수행되었다. **그림 10.11**은 실험 참가자가 실제 제시된 시각 자극을 관찰했을 때('지각')와 그 자극을 상상했을 때('심상') 모두에서 선조피질의 활성화가 어떻게 증가하는지를 보여준다. 또 다른 뇌 영상 실험에서 참가자들에게 '나무의 초록색은 잔디의 초록색보다 어두운가?'와 같이 심상을 포함한 질문을 생각하도록 했을 때, '전류의 강도는 암페어로 측정하는가?'와 같은 심상이 포함되지 않은 질문을 했을 때보다 시각피질에서 더 강한 반응이 발생하였다(Goldenberg et al., 1989).

지형도(topographic map)
시각 자극의 각 지점이 시각피질과 같은 뇌 구조의 특정 위치에서 활동을 유발하고, 자극에서 서로 옆에 있는 지점들이 구조에서도 서로 옆에 있는 지점에서 활동을 유발하는 현상.

Stephen Kosslyn과 동료들(1995)은 또 다른 뇌 영상 실험에서 시각피질이 **지형도**(topographic map)를 이루고 있는 방식을 사용하였다. 지형도는 시각 자극의 시야상 특정한 위치가 시각피질의 특정 위치의 활동을 유발하고, 마찬가지로 자극의 옆 부분은 시각피질에서도 옆 영역에서 활성화를 일으킨다는 사실을 나타낸다. 시각피질의 지형도에 관한 연구는 시야의 중심 중 작은 부분만을 차지하는 작은 물체를 볼 때, 시각피질의 뒤쪽 중심에서 활성화가 일어난다는 것을 보여준다(**그림 10.12a**의 초록색 영역). 하지만 시야의 훨씬 더 많은 부분을 차지하는 더 큰 물체를 볼 때는 활동이 시각피질에서 '지형적으로' 바깥쪽으로 퍼져나간다는 것을

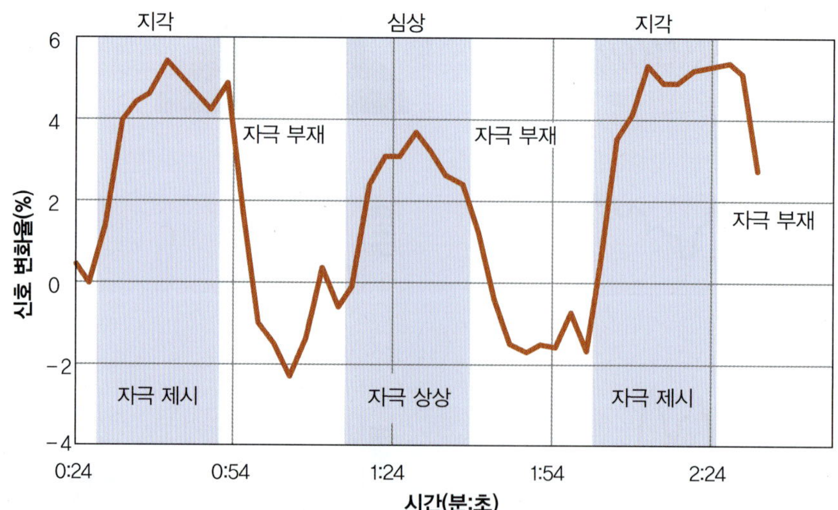

그림 10.11 fMRI를 사용하여 뇌 활성화를 측정한 Le Bihan과 동료들(1993)의 연구 결과. 뇌 활동은 시각 자극의 제시에 의해 증가했을 뿐 아니라('자극 제시'로 표시된 색깔 영역), 참가자들이 그 자극을 상상했을 때도 증가하였다('자극 상상'으로 표시된 영역). 반면, 실제 또는 상상된 자극이 없을 때는 활성화 정도가 매우 낮았다.

출처: Le Bihan et al., 1993.

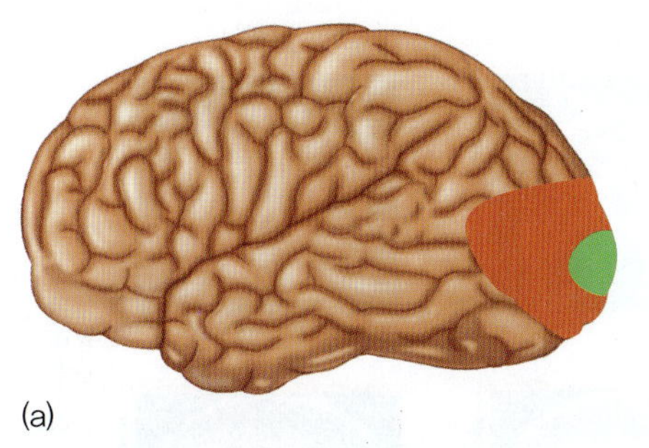
(a)

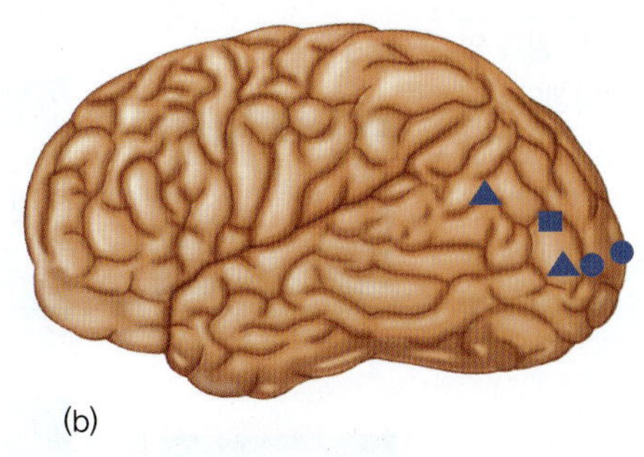
(b)

그림 10.12 (a) 작은 물체를 보는 것은 시각피질의 뒤쪽에 활성화를 일으킨다(초록색). 더 큰 물체는 더 앞쪽으로 퍼진 활동을 야기한다(빨간색). (b) Kosslyn과 동료들(1995)의 실험 결과. 각 기호들은 심상에 의해 가장 많이 활성화된 위치를 가리킨다. 작은 시각 심상(원), 중간 시각 심상(사각형), 큰 시각 심상(삼각형).

출처: Kosslyn et al., 1995.

알 수 있다(빨간색 영역).

Kosslyn이 의문을 가졌던 점은, 만약 사람들이 서로 다른 크기의 심상을 만든다면 어떤 일이 발생할 것인가에 관한 것이었다. 이 질문에 답하기 위해서, 실험 참가자들은 뇌 영상 주사 장치(brain scanner) 안에 있는 동안 크기가 작거나, 중간이거나, 큰 시각 심상을 만들도록 지시받았다. **그림 10.12b**에 기호로 표시된 결과는 참가자들이 작은 시각 심상을 만들었을 때 활동은 뇌 뒤쪽(원)에 집중되었지만, 지각에서와 마찬가지로, 심상 크기가 커짐에 따라 활성화는 시각피질의 앞쪽(사각형 및 삼각형)으로 이동했다. (큰 심상을 나타내는 삼각형 중 하나가 시각피질의 뒤쪽에 위치해 있다는 점에 주목하라. Kosslyn은 이 결과가 더 큰 심상의 내부 세부 사항에 의해 발생했을 가능성을 제시하였다.) 따라서 심상과 지각 모두 지형도적으로 조직화된 뇌 활동을 일으켰다.

심상과 뇌를 연구하는 또 다른 접근 방식은 대상을 지각할 때 활성화되는 뇌 영역과 그 대상의 심상을 만들 때 활성화되는 뇌 영역 사이에 중첩이 있는지의 여부를 확인하는 것이었다. 이러한 실험은 심상과 지각에 의한 뇌 활동 영역 사이에 중첩이 있음을 보여주었지만 차이점도 밝혀냈다. 예를 들어, Giorgio Ganis와 동료들(2004)은 fMRI를 사용하여 지각과 심상의 두 조건에서의 활성화를 측정하였다. 지각 조건에서 참가자들은 **그림 10.13**의 나무와 같은 대상의 그림을 관찰하였다. 심상 조건에서는 참가자들은 소리 자극이 제시되었을 때 이전에 학습했던 그림을 상상하도록 지시받았다. 지각 및 심상 과제 모두에서 참가자들은 '그 물체는 너비가 높이보다 넓은가?'와 같은 질문에 답해야 했다.

Ganis의 실험 결과는 **그림 10.14**에서 볼 수 있듯이, 서로 다른 세 개의 뇌 영역의 활성화를

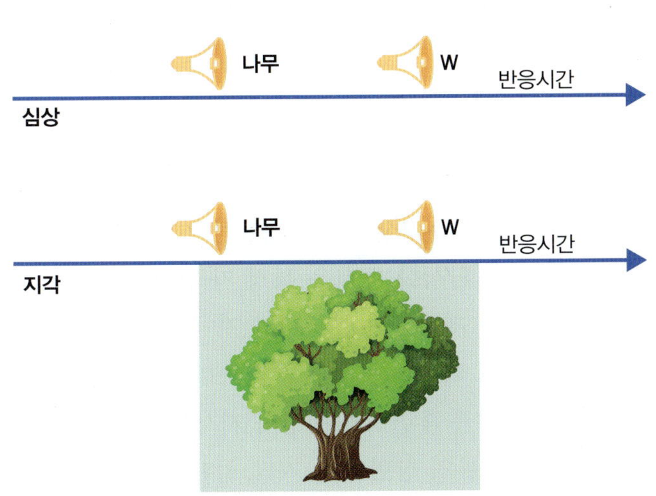

그림 10.13 Ganis와 동료들(2004)의 실험 절차. 각 시행은 이미 학습한 물체의 이름으로 시작하며 이 경우는 '나무'이다. 심상 조건에서 참가자들은 눈을 감고 나무를 상상해야 했다. 지각 조건에서는 해당 물체의 흐릿한 그림을 보았다. 그 후 설명을 청각적으로 제시하였다. 이 예시에서 W는 물체가 '높이보다 너비가 더 넓은지'를 판단해야 했음을 의미한다.

출처: Ganis, Thompson, & Kosslyn, 2004.

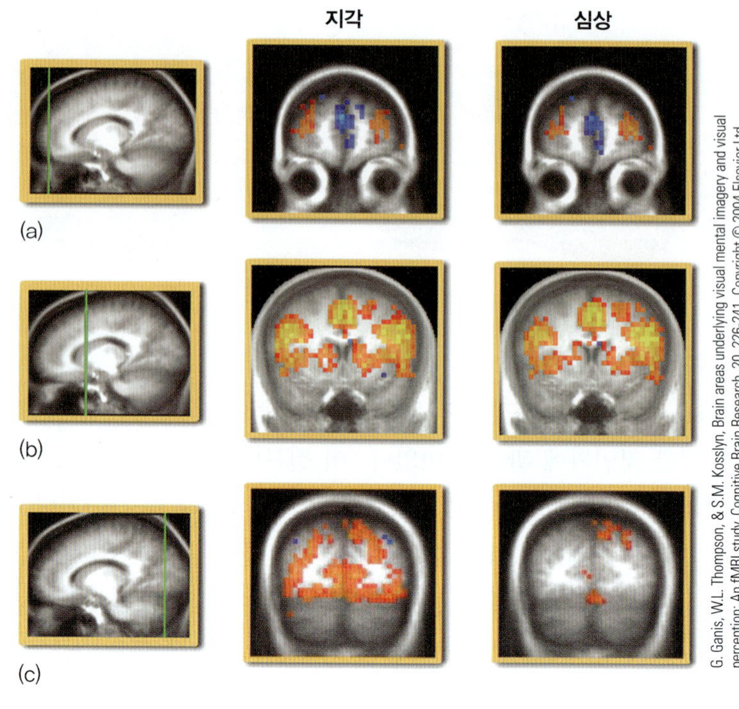

그림 10.14 Ganis와 동료들(2004)의 뇌 영상 결과. 가장 왼쪽 열의 사진들에 표시된 세로선은 활동이 기록된 곳을 나타낸다. '지각', '심상'으로 표시된 열은 각각 지각과 심상 조건에서의 반응을 가리킨다. (a) 전두엽 영역에서의 반응. 지각과 심상은 같은 활동을 야기했다. (b) 보다 뒤쪽에서의 뇌 반응. 이 영역에서 역시 같은 활동이 나타났다. (c) 일차 시각 영역을 포함한 가장 뒤쪽에서의 반응. 지각 조건에서 더 많은 활성화가 일어났다.

출처: Ganis, Thompson, & Kosslyn, 2004.

보여주었다. **그림 10.14a**는 지각과 심상 모두가 전두엽의 동일한 영역을 활성화시킨다는 것을 보여준다. **그림 10.14b**는 뇌의 더 뒤편에서의 동일한 결과를 나타낸다. 반면 뇌 뒤쪽의 후두엽 시각피질에서의 활성화를 나타낸 **그림 10.14c**는 지각이 심상보다 이 뇌 영역을 훨씬 더 많이 활성화시킨다는 것을 보여준다. 이 결과는 망막의 신호들이 피질에 처음으로 도착하는 곳이 바로 시각피질이라는 점을 생각한다면 그리 놀랍지 않다. 정리하자면, 뇌의 앞쪽에서는 지각과 심상에 의한 활성화는 거의 완벽하게 겹치지만, 뇌 뒤쪽에서는 약간 차이가 있다.

다른 실험들도 지각과 심상의 뇌 활성화 사이에 공통점뿐만 아니라 일부 차이점도 있다고 결론지었다. 예를 들어, Amir Amedi와 동료들(2005)이 수행한 fMRI 실험은 유사성뿐 아니라 참가자들이 시각 심상을 사용할 때 청각이나 촉각과 같은 시각 외 자극과 관련된 일부 영역의 활성화가 감소했다는 것을 발견하였다. 다시 말하자면, 상상하는 동안에 해당 영역의 활동이 감소하였다. Amedi는 청각 및 촉각과 관련된 뇌 영역의 활동이 감소한 원인으로 시각 심상이 실제 지각보다 더 손상되기 쉽고 약해서 심적 심상을 방해할 수 있는 다른 무관한 활동을 상당히 줄이기 때문이라고 제안하였다.

다중복셀 패턴 분석(MVPA)

뇌 영상 연구가 심상과 지각 사이의 연관성을 연구하는 데 적용된 또 다른 방법은 다중복셀 패턴 분석(multivoxel pattern analysis: MVPA)이다. 이는 7장에서 소개했던 기법이다(238쪽). MVPA의 절차는 분류기(classifier)를 훈련시켜 복셀 활성화 패턴을 특정 자극(예: **그림** 7.15의 사과와 배, 239쪽)과 연관시키고, 그런 다음 자극을 제시하여 분류기가 자극에 의해 생성된 복셀 활동 패턴을 기반으로 이를 식별할 수 있는지 확인하는 것임을 기억하라.

Matthew Johnson과 Marcia Johnson(2014)은 분류기를 훈련시켜 심상과 지각 간의 관계를 연구하는 데 이 절차를 사용했다. 그들은 네 가지 종류의 장면(해변, 사막, 들판, 집)을 fMRI 스캐너에 있는 참가자에게 제시했다(**그림 10.15a**). 분류기가 이러한 지각 자극에 대해 훈련된 후에는 검사를 했다. 참가자가 그림(예: 해변 장면)을 볼 때 복셀 활동이 기록되었고, 분류기는 두 가지 가능성(예: 해변 장면 또는 집) 중에서 사람이 어떤 그림을 지각하고 있는지 예측했다(**그림 10.15b**).

그 결과 분류기는 시험의 63%에서 올바른 그림을 예측했는데, 이는 우연 정확도(우연성은 50%)를 훨씬 웃도는 수치다. 이 '지각으로 훈련하고 지각으로 검사하는' 실험 설계는 분류기가 지각 훈련 동안 학습한 정보를 사용하여 참가자가 무엇을 보고 있는지 예측할 수 있음을 보여준다. 하지만 지각으로 훈련된 분류기에게 참가자가 두 장면 중 어떤 장면을 **상상하고 있는지** 표시하도록 요청하면 어떻게 될까?(**그림 10.15c**).

참가자들이 장면 중 하나를 상상했을 때 측정된 복셀 활동 실험 결과는 55%의 정확도를 보였다. 이는 사람이 무엇을 지각하는지 예측하는 것만큼 뛰어나지는 않지만, 여전히 우연 수준보다는 높은 수치이다. 분류기가 사람이 무엇을 지각하거나 상상하는지 정확하게 예측하기까지는 분명히 많은 연구가 필요하다. 그러나 사람이 지각하고 있을 때 수집된 활성화를 기반으로 사람이 무엇을 상상하고 있는지 우연 이상의 정확도로 식별하는 것은 인상적이며, 다른 연구자들도 유사한 결과를 보고했다(Albers et al., 2013; Cichy et al., 2012; Horikawa & Kamitani, 2017; Naselaris et al., 2015).

네 종류 그림에 대한 복셀 활성화 패턴 측정

(a) 네 가지 장면으로 분류기 훈련

한 장면 제시

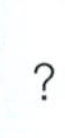

분류기가 둘 중 무엇을 지각했는지 예측

(b) 지각 검사

한 장면 상상하기

? 집

분류기가 둘 중 무엇을 상상했는지 예측

(c) 심상 검사

그림 10.15 Johnson과 Johnson(2014)의 다중복셀 패턴 분석 실험 절차. (a) 네 종류 그림에 대한 복셀 활성화 패턴을 측정하여 분류기를 보정한다. (b) 참가자에게 사진 중 하나를 제시하고, 지각으로 보정된 분류기가 복셀 활성화 패턴을 바탕으로 제시된 두 가지 사진 중 어떤 것인지 판단한다. (c) 참가자에게 그림 중 하나를 상상하도록 요청하고, 지각으로 보정된 분류기가 상상하고 있는 두 가지 사진 중 어떤 것인지 판단한다.

최근 연구에서는 분류기가 시각피질의 V4 영역의 활동을 사용하여 특정 색상의 심상과 관련된 행동 수행을 예측할 수 있음을 발견했다(Bannert & Bartels, 2018). 또한 Xie, Kaiser, Cichy(2020)는 분류기가 시각 심상과 시각 지각 사이, 특히 두정엽과 후두엽에서 '알파 주파수 대역'으로 설명되는 신경 주파수에서 현저한 유사성을 발견했다고 언급했다. 알파 주파수는 각성, 또는 평온 상태에서 EEG로 기록되는 주파수이다. 지각과 심상에 대한 알파 주파수의 유사성은 이러한 신경 기제의 상호 연결된 특성을 강조한다.

경두개 자기자극법(TMS)

지각과 심상 사이의 연결을 연구하는 데 사용되는 또 다른 기술은 경두개 자기자극법(transcranial magnetic stimulation: TMS)이다(2장과 9장 참조).

Kosslyn과 동료들(1999)은 연구 대상자들이 지각 과제 또는 심상 과제를 수행하는 동안에 시각피질에 경두개 자기자극을 주었다. 지각 과제의 경우, 참가자들은 **그림** 10.16과 같은 화면을 짧게 본 후, 두 사분면의 줄무늬에 대해 판단을 하도록 요구받았다. 예를 들어, 그들은 제3사분면에 있는 줄무늬가 제2사분면의 줄무늬보다 긴지의 여부를 답하도록 요구받았다. 심상 과제도 동일했지만, 참가자들은 질문에 답하는 동안 실제 줄무늬를 보는 대신 눈을 감고 화면에 대한 심상을 토대로 판단을 내리는 것이었다.

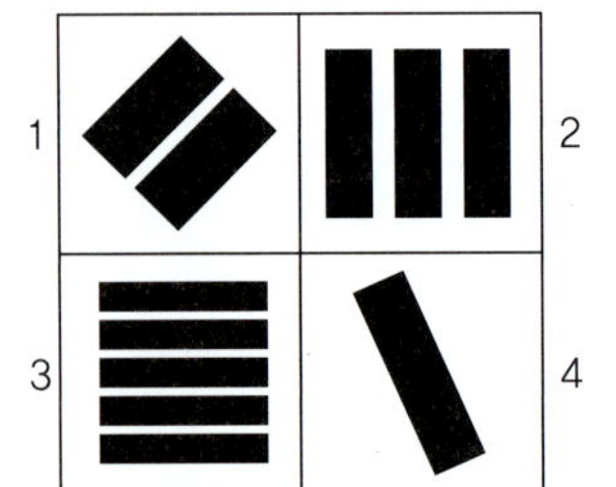

그림 10.16 Kosslyn과 동료들(1999)의 실험에 사용된 막대 자극들. 실험 참가자들은 이와 같은 시각 심상을 만들고 줄무늬에 대한 질문에 답했다.

Kosslyn은 경두개 자기자극법이 뇌의 시각 영역에 가해진 경우와 통제조건으로서 다른 영역에 적용된 경우 모두에서 실험 참가자의 반응시간을 측정하였다. 결과적으로 시각 영역의 자극은 반응시간을 더 느리게 했으며 이 효과는 지각과 심상 모두에서 발생하였다. 이 결과를 바탕으로, Kosslyn은 시각피질의 뇌 활동이 지각과 심상 모두에서 인과적인 역할을 한다고 결론 내렸다.

신경심리학적 사례 연구

심상에 대해 더 잘 이해하기 위한 방법은 뇌 손상이 심상에 어떻게 영향을 미치는지 알아보는 것이다. 또 다른 방법은 뇌 손상이 심상과 지각 모두에 어떻게 영향을 미치는지 살펴보고, 이 둘이 같은 방식으로 영향을 받는지 여부를 파악하는 것이다.

시각피질의 일부를 제거하면 심상 크기를 감소시킨다 환자 M. G. S.는 심각한 뇌전증 치료를 위해 오른쪽 후두엽의 일부를 제거할 예정인 젊은 여성이었다. 수술 전에 Martha Farah와 동료들(1993)은 M. G. S.에게 이전에 설명했던 심상 걷기 과제를 수행하도록 했다. 이 과제에서 그녀는 동물에게 걸어가는 것을 상상하고 이미지가 시야를 가득 채우기 시작할 때 동물과 얼마나 가까이 있었는지를 추정했다. **그림** 10.17은 수술 전에 M. G. S.가 상상하고 있는 말이 시야를 가득 채우기 직전에 약 4.6m 떨어져 있었음을 보여준다. 그러나 그녀의 오른쪽 후두엽이 제거된 후 동일한 과제를 수행하도록 했을 때, 그 거리는 약 10.7m로 증가했다. 이러한 변화는 시각피질의 일부를 제거하면서 시야의 크기가 줄어들었기 때문에 발생했으며, 그 결과 말의 이미지가 더 멀리서도 시야를 가득 채우게 된 것이다. 이 결과는 시각피질이 심상에 있어서 중요한 역할을 한다는 주장을 지지한다.

지각적 문제는 심상에서의 문제와 함께 나타난다 뇌 손상으로 인해 지각 문제를 겪는 환

그림 10.17 환자 M. G. S.의 심상 걷기 과제 결과. 왼쪽: 수술 전에는 말의 이미지가 시야를 가득 채우기 전까지 심적으로 약 4.6m까지 걸어갈 수 있었다. 오른쪽: 오른쪽 후두엽이 제거된 후에는 시야의 크기가 줄어들어, 말의 이미지가 시야를 가득 채우기 전까지 심적으로 약 10.7m까지만 다가갈 수 있었다.

'나는 내 상상 속에서 말이 시야에 가득 찰 때까지 약 4.6m까지 다가갈 수 있다.'

'말은 약 10.7m 떨어진 상상 속 거리에서 시야를 가득 채우기 시작했다.'

출처: Farah, 2000.

자들이 심상 형성에서도 유사한 문제를 보이는 사례가 많이 연구되었다. 예를 들어, 뇌 손상으로 인해 색깔을 인지하는 능력을 상실한 사람들은 심상을 통해서도 색을 만들어 내지 못했다(DeRenzi & Spinnler, 1967; DeVreese, 1991).

두정엽의 손상은 **편측 무시**(unilateral neglect)를 유발할 수 있는데, 이는 환자들이 시야의 한쪽 절반에 있는 물체들을 무시하는 현상으로, 심지어 면도할 때 얼굴을 한쪽만 하거나 접시의 한쪽에 있는 음식만 먹기도 한다. Edoardo Bisiach와 Claudio Luzzatti(1978)는 편측 무시 환자의 심상을 검사했는데, 그가 뇌 손상을 입기 전부터 익숙했던 곳인 밀라노의 두오모(Duomo) 광장 한쪽 끝에 서 있다고 상상하도록 한 후 보이는 것을 묘사하도록 요청했다(**그림** 10.18).

편측 무시(unilateral neglect) 뇌 손상, 주로 우측 두정엽 손상으로 인해 발생하는 문제로, 환자가 자신의 시야 좌측 절반에 있는 물체를 무시하는 현상.

이 환자의 반응은 그가 지각에서 왼쪽을 무시하는 것과 마찬가지로 심적 이미지의 왼쪽도

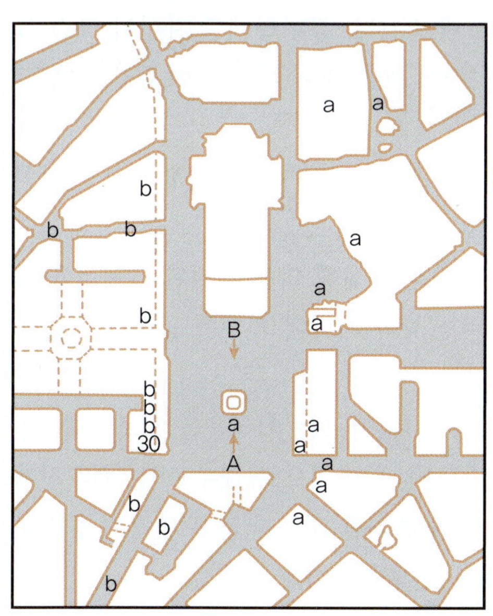

그림 10.18 밀라노의 두오모 광장. Bisiach와 Luzzatti(1978)의 환자는 자신이 A 지점에 서 있는 것을 상상했을 때, a로 표시된 사물들만 답할 수 있었다. 반면 B 지점에 서 있다고 상상했을 때는 b로 표시된 사물들만 보고했다.

출처: Bisiach & Luzzatti, 1978.

무시하고 있음을 보여주었다. 즉, 자신이 A 지점에 서 있다고 상상했을 때, 그는 왼쪽을 무시하고 오른쪽에 있는 물체들만 언급하였다(소문자 a들). 또한 그가 B 지점에 서 있는 것을 상상했을 때에도, 그는 계속해서 왼쪽을 무시하고 다시 오른쪽 사물들만 언급했다(소문자 b들).

정상인 뇌 기능을 가진 참가자의 뇌 영상 결과와 편측 무시를 초래한 외상성 뇌 손상을 입은 참가자의 뇌 영상 결과를 대조하여 입증된 심적 이미지와 지각의 생리 간 유사성은 이 두 현상이 생리학적 기제를 공유한다는 주장을 지지한다. 하지만 모든 생리학적 결과가 심상과 지각 사이의 일대일 대응을 지지하는 것은 아니다.

심상과 지각 간의 해리 2장에서 다양한 유형의 지각 사이의 해리에 대해 설명했다. 뇌 손상을 입은 어떤 사람들은 얼굴은 인식하지 못하지만 사물은 인식할 수 있는 반면, 어떤 환자들은 그 반대의 문제를 겪었다('방법: 이중 해리 입증하기', 45쪽 참조). 마찬가지로, 심상과 지각 사이의 해리에 관한 사례도 보고되었다. 예를 들어, Cecilia Guariglia와 동료들(1993)은 뇌 손상이 지각 능력에는 거의 영향을 미치지 않았지만 심적 심상에서는 무시 현상을 유발한 환자를 연구했다(밀라노의 광장을 상상하는 사례와 같이, 이 환자의 심적 심상은 한쪽으로만 제한되어 있었다).

지각은 정상이지만 심상은 손상된 또 다른 사례로는 후두엽과 두정엽에 손상을 입은 R. M.이 있다(Farah et al., 1988). R. M.은 그의 앞에 놓인 사물을 인식하고 정확하게 그릴 수 있었다. 하지만 그는 심상이 필요한 과제인 기억을 바탕으로 사물을 그리는 것은 하지 못했다. 또한 '자몽이 오렌지보다 크다.'와 같이 심상에 의존하는 질문에 대답하는 데 어려움을 보였다.

반대 결과의 해리, 즉 지각은 손상되었지만 심상은 비교적 정상인 경우도 보고되었다. 예를 들어, Marlene Behrmann과 동료들(1994)은 조깅을 하던 중 차에 치인 33세의 대학원생 C. K.를 연구하였다. C. K.는 시각 실인증(visual agnosia), 즉 시각적으로 사물을 인식할 수 없는 증상을 겪고 있었다. 따라서 그는 **그림** 10.19a에 있는 그림들을 각각 '먼지떨이'(다트), '펜싱 마스크'(테니스 라켓), '가시 달린 장미 가지'(아스파라거스)로 답했다. 이 결과는 C. K.가 사물의 부분들은 인식할 수 있었지만, 그것들을 의미 있는 전체로 통합하지 못했음을 보여 준다. 하지만 C. K.는 사물 그림을 그 이름을 말할 수 없었음에도 불구하고, 심상에 의존하는 기억을 바탕으로 사물을 그리는 과제는 할 수 있었다(**그림** 10.19b). 흥미롭게도 자신이 그린 그림을 실제로 그렸던 경험을 잊어버릴 만큼 충분한 시간이 흐른 후에 다시 보여주었을 때 그는 스스로 그렸던 사물을 인식하지 못했다.

지각은 정상인데 심상은 좋지 않거나(Guariglia의 환자와 R. M.), 지각은 좋지 않으나 심상이 정상인(C. K.) 등의 신경심리학적 해리는 역설을 제시한다. 한편으로는 심상과 지각 사이의 이중 해리 증거(**표** 10.1)는 일반적으로 두 기능이 서로 다른 기제에 의해 수행된다는 것을 의미한다고 해석된다(45쪽 참조). 그러나 이러한 결론은 심상과 지각이 기제를 공유한다는 우리가 제시한 다른 증거와 모순된다.

이러한 명백한 역설은 신경심리학적 결과를 해석하는 데 따르는 어려움을 강조한다. 무엇보다도 개별 사례의 손상 정도는 개인마다 크게 다르며, 일반적으로 해부도의 영역 경계에만 국한되지 않다. 또한 지각과 심상 간의 중첩에 대한 증거를 제시한 많은 연구가 중첩이 부분적일 뿐이라는 점을 인정한다는 것을 염두에 두는 것이 중요하다.

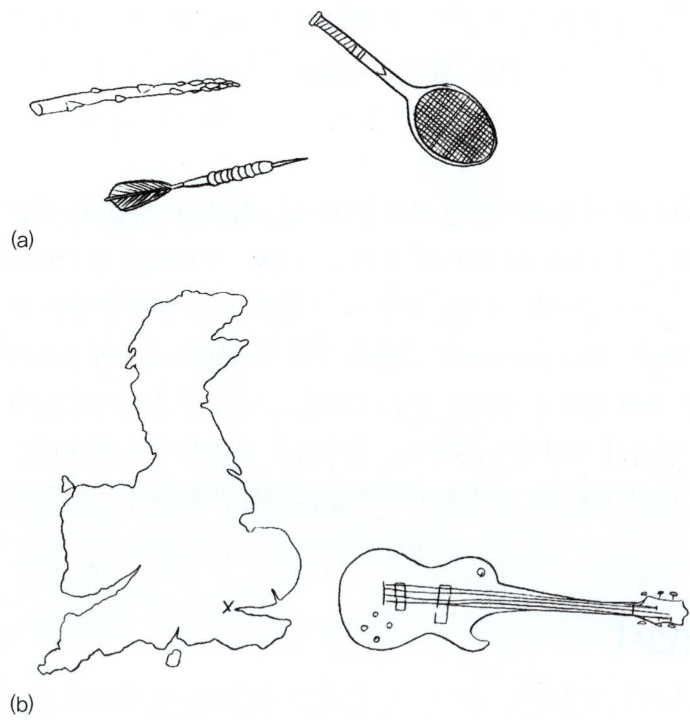

그림 10.19 (a) 시각 실인증을 보이는 C. K.가 부정확하게 명명한 그림. 여기에 그려진 항목은 다트, 테니스 라켓, 아스파라거스이다. C. K.는 이 항목을 각각 먼지떨이, 펜싱 마스크, 가시 달린 장미 가지로 잘못 식별했다. (b) C. K.가 기억을 바탕으로 그린 영국의 섬과 전기기타 그림.

출처: Behrmann et al., 1994.

표 10.1 지각과 심상의 해리

사례	지각	심상
Guariglia(1993)	이상 없음.	무시(한 측면으로 제한된 이미지).
Farah와 동료들(1993)(R. M.)	이상 없음. 사물 인식과 그림 그리기 가능.	저하됨. 기억 속 사물을 그리지 못하거나 심상에 기초한 질문에 대답하지 못함.
Behrmann과 동료들(1994)(C. K.)	저하됨. 시각 실인증, 즉 사물을 인식하지 못함.	이상 없음. 기억 속 사물을 그림으로 옮길 수 있음.

심상 논쟁으로부터의 결론

심상 논쟁은 엄청난 양의 연구를 촉발시킨 훌륭한 예이다. 대부분의 심리학자들은 행동과 생리학적 증거들을 살펴보고, 심상과 지각이 밀접하게 연관되어 있으며(전부는 아니지만) 일부 기제들을 공유한다고 결론 내리고 있다(Pearson & Kosslyn, 2015). 하지만 이에 반대하는 견해도 있으며, Pylyshyn(2001, 2003)은 이에 동의하지 않는다.

기제를 공유한다는 주장은 심상과 지각 사이의 모든 유사점들과 둘 사이의 상호작용에서 비롯되었다. 모든 기제를 공유하는 것이 아니라는 주장은 뇌 활동이 완전히 중첩되지 않는다는 몇몇 fMRI 결과, 심상과 지각 간의 해리를 보인 신경심리학적 결과들 일부, 그리고 심상과 지각 경험의 차이점에서 도출되었다. 예를 들어, 지각은 우리가 무언가를 볼 때 자동으로 발생하지만 심상은 약간의 노력을 들여 생성해야 한다. 또한 지각은 자극을 관찰하는 동안 안정적으로 유지되지만, 심상은 지속적인 노력 없이는 쉽게 사라질 수 있을 정도로 취약하다.

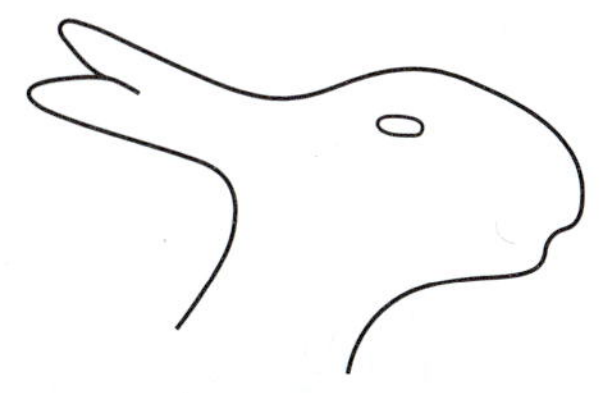

그림 10.20 오른쪽을 보고 있는 토끼인가, 왼쪽을 보고 있는 오리인가?

심상과 지각의 또 다른 차이점은 지각적으로 생성된 이미지보다 심적 이미지를 조작하는 것이 더 힘들다는 점이다. 이 사실은 Deborah Chalmers와 Daniel Reisberg(1985)에 의해 입증되었는데, 이들은 실험 참가자들에게 **그림** 10.20과 같이 토끼 또는 오리로 보일 수 있는 모호한 형상의 심적 이미지를 만들도록 요청했다. 지각적으로 대부분의 사람들이 토끼와 오리 지각 사이를 성공적으로 '바꾸는 것'은 상당히 쉽다. 하지만 Chalmers와 Reisberg는 이 그림의 심적 이미지를 유지하던 참가자들이 한 이미지에서 다른 이미지로 전환할 수 없다는 것을 발견했다.

다른 연구들은 사람들이 더 단순한 심적 이미지는 조작할 수 있음을 보여 주었다. 예를 들어, Ronald Finke와 동료들(1989)은 참가자들에게 대문자 D를 상상한 후 이것을 왼쪽으로 90도 회전시키고 그 밑에 대문자 J를 놓으라는 지시를 했을 때 그들은 우산 같은 모양을 보고 있다고 응답했다. 또한 Fred Mast와 Kosslyn(2002)은 심상에 능한 사람들의 경우 부분적으로 회전된 이미지의 그림과 같은 추가 정보가 제공될 경우 모호한 그림의 심적 이미지를 회전시킬 수 있다는 것을 보였다. 따라서 이미지를 조작하는 실험들은 우리가 설명했던 다른 모든 실험들과 동일한 결론으로 이어진다. 즉, 심상과 지각은 많은 공통점을 가지고 있지만, 동시에 차이점도 존재한다.

10.4 시각 심상에서의 개인차

사람들은 사물을 인지하고, 주의력을 유지하며, 기억하고, 문제를 해결하는 방식에서 차이를 보인다. 따라서 심상 능력에 있어서도 개인차가 존재한다는 것은 당연하다. 예를 들어, 어떤 사람은 생일 파티를 꺼질 것 같은 촛불이 꽂혀 있는 생일 케이크를 보며 기억하는 반면에, 또 어떤 사람들은 사람들이 서 있던 위치나 방의 배치와 같은 공간적인 측면을 통해 파티를 기억할 수도 있다(Sheldon et al., 2017).

사람들이 심상을 형성하는 방식에 차이가 있다는 생각은 이미 19세기에 Francis Galton에 의해 제시되었다. 그는 "친숙한 장면을 심상으로 떠올리는 능력에 있어 생생함의 정도가 사람마다 다르다."라고 언급하였다(Galton, 1880, p.306). 현대 연구자들은 Galton의 이러한 견해, 즉 사람들의 심상 능력에 차이가 있다는 점을 확인했으며, 이에 대한 중요한 세부 사항들을 추가하였다.

Maria Kozhevnikov와 동료들(2005)은 실험 참가자들이 문제를 해결할 때 심상(imagery) 전략을 선호하는지, 아니면 언어-논리(verbal-logical) 전략을 선호하는지 알아보기 위한 설문 조사를 진행하는 실험을 수행했다. 이 설문지에는 다양한 종류의 문제를 풀고, 그 문제를 해결하기 위해 어떤 전략을 사용했는지 표시하는 문항이 포함되어 있었다. Kozhevnikov는 실험 참가자들을 '시각화 사용자(visualizers)'와 '언어화 사용자(verbalizers)'로 분류했는데, 이 초기 결과는 어떤 사람들은 문제를 해결하기 위해 심상을 사용하는 반면에, 다른 사람들은 그렇지 않다는 것을 보여주었다. 지금부터 Kozhevnikov의 실험 결과를 시각화 사용자에 초점을 맞춰 설명하겠다.

시각화 사용자들은 공간 심상과 사물 심상 두 가지 유형의 심상 능력을 측정하는 검사를 받았다. **공간 심상**(spatial imagery)은 정원의 배치와 같은 공간적 관계를 심상화하는 능력을 의미한다. **사물 심상**(object imagery)은 정원에 있는 밝은 빨간 장미가 달린 장미 덤불처럼 시각적 세부 사항, 특징 또는 사물을 심상화하는 능력을 말한다(Sheldon et al., 2017).

종이접기 검사(paper folding test: PFT)는 공간 심상을 측정하기 위해 고안되었다. 참가자들

공간 심상(spatial imagery)
공간 관계를 심상화하는 능력.

사물 심상(object imagery)
시각적 세부 사항, 특징, 또는 사물을 심상화하는 능력.

종이접기 검사 (paper folding test: PFT)
종이를 접은 다음, 연필로 구멍을 내는 검사. 과제는 종이를 펼쳤을 때 구멍이 어디에 있을지를 여러 선택지 중에서 하나를 선택해서 맞추는 것이다.

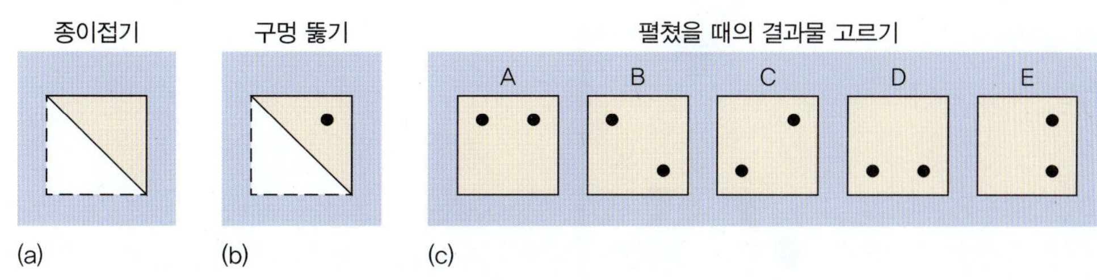

그림 10.21 종이접기 검사의 한 시행. (a) 종이 한 장을 접고 연필로 구멍을 뚫는다. (b) 참가자는 다섯 가지 선택지 중에서 종이를 펼쳤을 때 어떤 모양일지 선택해야 한다.

은 종이가 접힌 다음 연필에 뚫리는 것을 보았다(**그림** 10.21ab). 그들의 과제는 다섯 가지 선택지 중에서 종이를 펼쳤을 때 어떤 모양일지 고르는 것이었다(**그림** 10.21c).

시각 심상 선명도 설문지(vividness of visual imagery questionnaire: VVIQ)는 사물 심상을 측정하기 위해 고안되었다. 참가자들은 지시받은 심상을 마음속으로 얼마나 생생하게 그릴 수 있는지를 5점 척도로 평가한다. 일반적인 문항을 예로 들면, "태양이 지평선 위로 아지랑이 낀 하늘로 떠오르고 있다."와 같은 것들이 있다.

시각 심상 선명도 설문지(vividness of visual imagery questionnaire: VVIQ) 사람들이 만들어낸 심상의 생생함을 평가하도록 요구하는 검사. 이 검사는 사물 심상 능력을 측정하기 위해 고안되었다.

그림 10.22에 나타난 검사 결과는 PFT 점수가 낮은 참가자(낮은 공간 심상)와 점수가 높은 참가자(높은 공간 심상) 사이의 차이를 보여준다. 낮은 공간 심상을 가진 사람들의 62%가 VVIQ에서 높은 점수를 받았는데, 이는 그들이 높은 사물 심상을 가졌음을 의미한다. 반면에 높은 공간 심상을 가진 사람들의 51%는 VVIQ에서 낮은 점수를 받았는데, 이는 그들이 낮은 사물 심상을 가졌음을 의미한다.

공간 심상 수준이 다른 참가자들이 물리학 문제를 얼마나 잘 푸는지 알아보기 위해 고안된 연구에서 Kozhevnikov와 동료들(2007)은 고등학교나 대학교에서 물리학 과목을 수강한 적 없는 학생들에게 **그림** 10.23의 그림과 다음과 같은 이야기와 '준거의 틀 문제(frame of reference problem)'를 제시했다.

준거의 틀 문제

수레(카트)의 기둥에 달린 자석에 작은 금속 구슬이 붙어 있다. 컵은 구슬 바로 아래 수레 위에 있다. 수레는 그림의 화살표가 보여주는 것처럼 일정한 속도로 움직

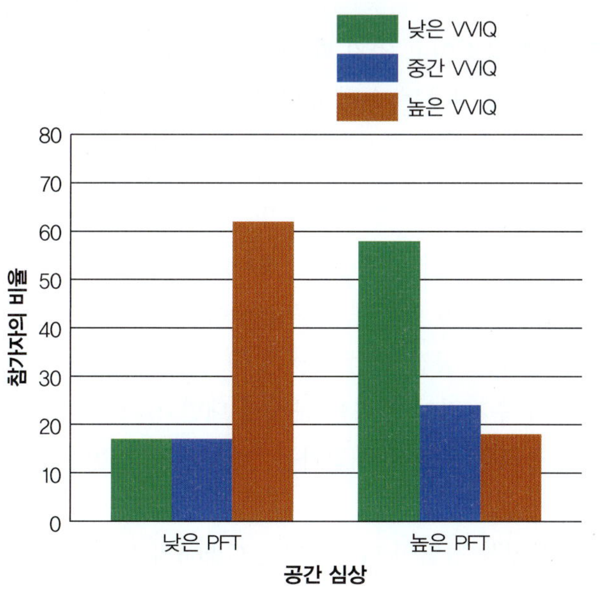

그림 10.22 Kozhevnikov와 동료들(2005)의 실험 참가자들을 대상으로 한 시각 심상 선명도 설문지(VVIQ) 결과로, 이 참가자들은 종이접기 검사(PFT) 결과에 따라 낮은 공간 심상 집단과 높은 공간 심상 집단으로 분류되었다.

출처: Kozhevnikov, Kosslyn, & Shephard, 2005.

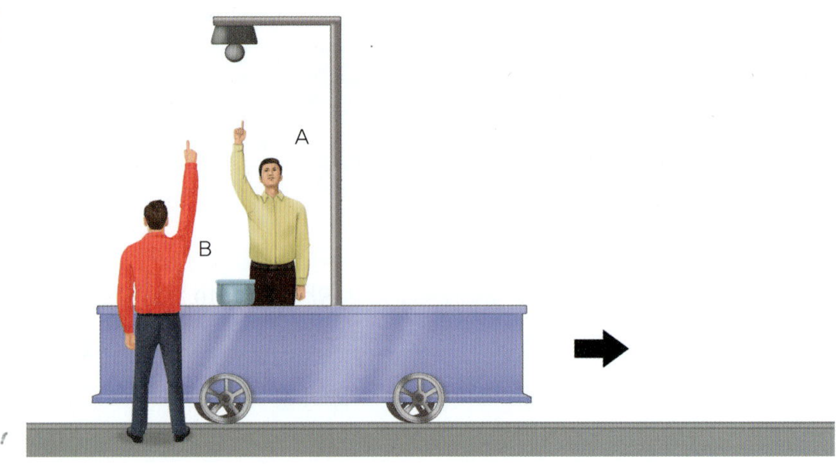

그림 10.23 Kozhevnikov와 동료들(2007)의 실험에서 '준거의 틀 문제'에 사용된 이미지와 유사한 그림.

이고 있다. 수레가 움직이는 동안 구슬이 자석에서 떨어진다고 가정해 보자. A 관찰자는 수레 안에 서 있고, B 관찰자는 구슬이 떨어지는 순간 수레의 기둥 바로 맞은편 도로에 서 있다.

다음 중 A 관찰자가 떨어지는 구슬을 보는 시각과 일치하는 것은 무엇인가?

1. 떨어지는 구슬은 수직으로 곧장 아래로 움직인다.
2. 떨어지는 구슬은 앞으로 움직인다.
3. 떨어지는 구슬은 뒤로 움직인다.

다음 중 B 관찰자가 떨어지는 구슬을 보는 시각과 일치하는 것은 무엇인가?

1. 떨어지는 구슬은 수직으로 곧장 아래로 움직인다.
2. 떨어지는 구슬은 앞으로 움직인다.
3. 떨어지는 구슬은 뒤로 움직인다.

스포일러 경고! 더 읽기 전에 먼저 답해 보라.

정답: A 관찰자는 수레 안에 있어 구슬과 함께 움직이고 있기 때문에, 구슬이 컵 안으로 곧장 수직으로 떨어지는 것을 보게 될 것이다. B 관찰자는 수레 밖에 있기 때문에, 떨어지는 구슬이 컵에 떨어지기 전에 아래로 그리고 앞으로 움직이는 것을 보게 될 것이다.

학생들의 절반은 A 관찰자가 구슬이 컵 안으로 곧장 수직으로 움직이는 것을 볼 것이라고 정확하게 답했다. Kozhevnikov와 동료들(2007)은 A 관찰자에 대해 정확하게 답한 학생들에게 초점을 맞춰, 공간 심상이 높은 학생들의 70%가 B 관찰자가 구슬이 아래로 그리고 앞으로 움직이는 것을 볼 것이라고 정확하게 답했지만, 공간 심상이 낮은 학생들의 18%만이 정답을 맞혔다는 것을 발견했다. 이러한 결과와 추가적인 물리학 문제에 대한 결과를 바탕으로 Kozhevnikov는 공간 능력이 많은 유형의 물리학 문제를 해결하는 것과 관련이 있다고 결론지었다.

이러한 종류의 실험 결과는 사람들이 시각 심상 경험이 다양하다는 Galton의 생각을 지지한다. 이제 우리는 시각 심상의 유형 내에서도 개인차가 존재한다는 것을 알고 있다. 어떤 사람들은 사물 심상보다 공간 심상에 더 능숙하고, 어떤 사람들은 공간 심상보다 사물 심상에 더 능숙하며, 어떤 사람들은 둘 다 잘한다. 심지어 아예 심상 능력이 없는 사람들도 있는데, 이러한 상태를 **무심상** 또는 **아판타시아 증후군**(aphantasia)이라고 한다.

아판타시아 증후군(aphantasia) 심상 능력이 완전히 없는 상태.

아판타시아 증후군

아판타시아 증후군은 자발적으로 심상을 형성하지 못하는 능력 부족을 의미한다. Zeman과 동료들(2015)은 없음을 의미하는 접두사 'a'와 외형을 의미하는 'phantasia'를 결합하여 이 용어를 처음 만들었다. 심상에 대한 연구는 인지 혁명 시대로 거슬러 올라가지만, 아판타시아 증후군에 대한 연구는 아직 비교적 초기 단계에 있다. 따라서, 이 분야는 여전히 발전 중이므로 섣불리 결론을 내리지 않도록 주의를 해야 한다. 지금까지 알려진 바는 다음과 같다.

아판타시아 증후군의 유병률 아판타시아 증후군은 전체 인구의 약 4%에게 영향을 미치는 것으로 보인다(Dance, Ipser, & Simner, 2022). 그러나 이러한 결정을 내리는 것은 생각보다 어렵다. 아판타시아 증후군을 어떻게 '진단'할까? 역사적으로는 우리가 이미 논의한 시각 심상 선명도 설문지(VVIQ)와 같은 측정 도구가 아판타시아 증후군을 검사하는 데 사용되었다. 문제는 자가 선택된 표본과 자가 진단이 아판타시아 증후군의 유병률에 영향을 미쳐 실제보다 수치가 부풀려질 위험이 크다는 점이다. 예를 들어, 자신이 심상을 잘 그리지 못한다고 생각하여('나는 뭔가를 상상하려고 해도 머릿속에 그림이 안 그려져.') 아판타시아 증후군이 있다고 믿는다면, (1) 아판타시아 증후군 관련 연구에 참여할 가능성이 높고, (2) 자신의 결과가 아판타시아 증후군을 나타내도록 질문에 답할 가능성도 높아진다. 이 분야의 현재 연구는 진단을 더 객관적으로 만들려 노력하고 있으며, 이는 아판타시아 증후군의 유병률을 더욱 정확하게 측정하는 데 기여할 것이다.

아판타시아 증후군의 인지적 영향 연구 결과 아판타시아 증후군을 가진 사람들은 '심상을 잘 그리는' 사람들과 비교했을 때 다양한 인지 수행 능력에서 차이를 보였다. 예를 들어, 한 아판타시아 증후군 환자의 사례 연구에서는 시각적 요소가 포함된 작업기억 과제를 수행하는 데 어려움을 겪는 것으로 나타났다(Jacobs, Schwarzkopf, & Silvanto, 2018). 그러나 더 많은 수의 아판타시아 증후군 환자를 포함한 연구에서는 이러한 시각적 작업기억의 결함이 미미하다는 것을 발견했다(Keogh, Wicken, & Pearson, 2021). 이러한 불일치는 아판타시아 증후군을 가진 사람들이 작업기억 과제를 완료하기 위해 사용하는 전략 때문일 가능성이 높다. 심상을 잘 그리는 사람들은 시각적 작업기억 과제 중에 시각적 심상을 사용할 가능성이 높지만 아판타시아 증후군을 가진 사람들은 심상 능력의 부족을 보완하기 위해 명제(언어)와 같은 다른 인지 기제를 활용할 가능성이 있다.

아판타시아 증후군은 또한 자서전기억에도 영향을 미칠 수 있다(Dawes et al., 2020; Monzel et al., 2022). 아판타시아 증후군을 가진 사람들은 사건을 마음속으로 시각화할 수 없기 때문에, 고기능 심상을 가진 사람들의 유사한 기억에 비해 자서전기억의 회상이 덜 생생할 수 있다. 시각적 이미지를 떠올리는 대신, 그들의 기억은 언어적 설명이나 감정적 내용과 같은 다른 감각적 단서에 더 의존할 수 있다. 지금까지는 자서전기억이 연구에 주요 초점이었지만 Monzel과 동료들은 다른 유형의 기억 또한 아판타시아의 영향을 받을 수 있다고 제안했다.

시각 탐사(visual search) 역시 아판타시아 증후군의 영향을 받는다. Monzel과 동료들(2021)은 아판타시아 증후군을 가진 사람들이 아판타시아 증후군이 없는 사람들에 비해 시각 탐사 과제에서 더 느리게 반응하는 경향이 있다는 것을 발견했다. 그러나 두 집단 모두 기억해야 할 항목의 시각적 특성(예: 색상)에 점화되었을 때, 관련 없는 항목의 시각적 특징에 점화되었을 때보다 반응시간에서 유사한 개선을 보였다. 이 결과는 심상을 잘 그리는 사람과 아판타시아 증후군을 가진 사람들이 점화 단서에 유사하게 영향을 받았음을 시사하며, 이는 공유된 인지 과정을 나타낸다. 그러나 이 연구에서 점화의 색상이 탐사 과제와 관련이 있었을 수도 있고, 그렇지 않았을 수도 있다. 참가자들은 두 개의 이미지 또는 두 개의 단어 중에서 올바른 목표 항목을 식별해야 했다. 심상을 잘 그리는 사람들은 아판타시아 증후군을 가진 사람들보다 두 개의 단어 조건에 비해 두 개의 이미지 조건에서 반응시간의 감소가 더 컸다. Monzel과 Reuter(2023)가 실제 시각 시나리오를 사용하여 이러한 차이를 검사했을 때, 아판타시아 증후군을 가진 사람들이 그림에서 숨겨진 물체를 식별하는 데 더 느리다는 것을 발견하며, 심상을 잘 그리는 사람들과 아판타시아 증후군을 가진 사람들 사이에 시각 탐사 능력 차이를 확인했다.

우리는 왜 심상에 관심을 가져야 하는가?

심상은 중요성이 거의 없는 부수적 현상일까, 아니면 어떤 기능을 수행할까? 심상이 인지 능력을 향상시키는 데 어떻게 활용될 수 있는지 생각해 보자.

심상을 이용한 기억력 향상 심상은 기억에 중요한 역할을 할 수 있다. 심상의 힘을 이용하여 정보를 더 잘 기억하려면 어떻게 해야 할까? 7장에서 우리는 부호화가 다른 정보와의 연결을 통해 증진될 수 있다는 점을 알았다. 7장에서 설명한 또 다른 기억 원칙은 조직화가 부호화를 향상시킨다는 점이다. 우리의 마음은 처음에는 조직화되어 있지 않던 정보를 자발적으로 조직화하는 경향이 있으며, 조직화된 정보를 제시하면 기억 수행이 향상된다. 7장에서 논의했던 시각적 기억법, 즉 장소법(method of loci)과 연상법(method of association)을 떠올려 보자. 이 두 가지 기억 전략은 심상을 활용하여 기억 능력을 향상시킨다. 심상 능력이 뛰어난 사람들에게 이러한 기법들은 더욱 효과적이다(Keogh & Pearson, 2011; Robins, 2022).

운동 훈련 심상은 운동 훈련과 수행 능력을 향상시키는 데 매우 유용한 도구가 될 수 있다. 이 장의 시작 부분에서 언급했던 올림픽 선수들을 떠올려 보자. 연구에 따르면 심상은 스포츠, 음악, 재활을 포함한 다양한 분야에서 운동 학습 및 수행 능력을 향상시킬 수 있다. 예를 들어, 운동 선수들은 시합에서 실제로 동작을 수행하기 전에 스스로 완벽하게 움직이는 것을 시각화하기 위해 심상을 자주 이용한다. 이러한 시각화는 정확한 기술을 강화하고, 자신감을 구축하며, 앞으로 다가올 과제를 정신적으로 준비하는 데 도움이 된다(Iacono, Ashcroft, & Zubac, 2021; Lindsay et al., 2023).

또한, 음악가들은 심상을 활용하여 행동 계획(action planning)을 강화하고, 연주 실행을 상상하며, 합주자 간의 협응을 준비하는 데 심상을 사용할 수 있다(Keller, 2012). 혼자 또는 다른 사람들과 함께 악기를 연주하는 것과 관련된 시각적 환경과 상황을 상상함으로써 실제 연습을 하지 않더라도 연습의 이점을 어느 정도 얻을 수 있다. 실제로 악기를 연주하는 것보다는 덜 효과적이지만, 심상은 리허설을 위한 효과적인 도구이다(Taruffi & Kussner, 2019).

운동 재활 환경에서는 심상이 물리치료를 보완하고 부상이나 수술 후 운동 기능 회복을 돕는 데 사용되어 왔다. 환자들은 동작을 심적으로 되뇌기(rehearsal)를 함으로써 신체적으로 수행할 수 없을 때에도 운동 기술을 유지하거나 심지어 향상시킬 수도 있다. 예를 들어, 심상은 뇌졸중에서 회복 중인 개인의 과제 계획 및 실행을 향상시키는 것으로 나타났다(Liu et al., 2004; Bello, Winser, & Chan, 2020).

전반적으로, 신체적 연습이 기술 습득에 여전히 중요하지만, 심상은 운동 과제에서 학습과 수행 능력을 향상시키는 귀중한 보완 도구로 활용될 수 있다.

자가 테스트

1. 다음 생리학적 기법을 사용한 실험이 어떻게 심상과 지각 사이의 유사성에 대한 증거를 제공했는지 설명하라. (1) 인간의 뇌의 단일 신경세포 기록법, (2) 뇌 영상, (3) 다중복셀 패턴 분석, (4) 뇌의 특정 부분 비활성화, (5) 신경심리학. (학습목표 10-2)
2. 심상과 지각 사이의 차이점은 무엇인가? 대부분의 심리학자들은 심상과 지각의 연결에 대해 어떤 결론을 내렸는가? (학습목표 10-5)
3. 어떤 조건에서 심상이 기억력을 향상시키는가? (학습목표 10-3)
4. 심상 능력의 개인차에 대한 증거는 무엇인가? 공간 시각화 사용자와 사물 시각화 사용자의 차이는 무엇인가? (학습목표 10-4)
5. 아판타시아 증후군은 무엇이며, 심상과 어떤 관련이 있는가? (학습목표 10-5)
6. 심상이 스포츠, 음악, 재활 등 다양한 환경에서 우리에게 어떻게 도움이 될 수 있는가? (학습목표 10-6)

이 장의 요약

1. 심상은 감각 입력이 없는 상태에서 감각적 느낌을 경험하는 것이다. 시각 심상은 시각 자극 없는 상태에서 '보는 것'을 말한다. 심상은 창의적 과정과 사고방식에서 매우 중요한 역할을 하며, 순전히 언어적인 기법과 더불어 사고의 한 방법으로도 사용된다.
2. 심상에 대한 초기 발상은 무심상 사고 논쟁과 Galton의 시각 이미지를 사용한 연구들이 포함되었지만, 행동주의 시대 동안에는 심상 연구가 중단되었다. 심상에 관한 연구는 1960년대 인지 혁명의 출현과 함께 다시 시작되었다.
3. Kosslyn의 심적 탐사 실험은 심상이 지각과 같은 기제를 공유한다(묘사적 표상을 생성한다)고 제안했지만, Pylyshyn은 심상이 언어와 관련된 기제에 기반한다(명제적 표상을 생성한다)고 주장하며 이를 반박했다.
4. 다음 실험들은 심상과 지각 사이의 유사성을 보여주었다. (1) 시야 내 크기(심상 걷기 과제), (2) 지각과 심상 사이의 상호작용(Perky의 1910년 실험, 참가자들이 H 또는 T를 상상한 Farah의 실험), (3) 생리학적 실험.
5. 심상과 지각의 유사점은 다음과 같은 생리학적 방법으로 입증되었다. (1) 단일 신경세포 기록법(심상 신경세포), (2) 뇌 영상(뇌 활성화의 중첩), (3) 다중복셀 패턴 분석, (4) 경두개 자기자극법 실험(뇌 비활성화가 지각과 심상에 미치는 효과 비교), (5) 신경심리학적 사례 연구(시각피질의 제거가 심상 크기에 미치는 영향, 편측 무시).
6. 심상과 지각 사이의 차이점을 보여주는 생리학적 증거 또한 존재한다. 이러한 증거에는 (1) 활성화되는 뇌 영역의 차이와, (2) 지각과 심상 사이의 해리를 야기하는 뇌 손상이 포함된다.
7. 대부분의 심리학자들은 위의 모든 증거를 고려해서, 심상이 지각과 밀접하게 연관되어 있으며 일부(그러나 전체는 아닌) 기제를 공유한다고 결론지었다.
8. 사람마다 심상을 사용하는 능력과 심상을 생성할 때 경험하는 바에 차이가 있다. 어떤 사람들은 문제를 해결하기 위해 언어-논리적 추론을 선호하는 반면에, 또 어떤 사람들은 심상을 사용하는 것을 더 편하게 느낀다. 심상화 능력이 있는 사람들 중에는 공간 심상가와 사물 심상가가 있다. Kozhevnikov는 높은 공간 심상 능력을 가진 학생들이 물리학 문제에서 더 나은 수행을 보이는 경향이 있음을 발견했다.
9. 아판타시아 증후군은 시각 심상 능력이 없는 것을 의미한다. 이 인지적 결함은 인구의 적은 비율에 영향을 미치며, 자서전기억과 시각 탐사를 포함한 다양한 인지 과정에 부정적인 영향을 미치는 것으로 나타났다.
10. 심상은 운동, 음악, 재활 훈련 등을 돕는 것을 포함하여 많은 실제적인 응용 분야에서 활용될 수 있다.

생각해 보기

1. 한 사물을 1분 동안 바라본 후 시선을 돌려 그 사물의 심상을 만들고, 그 심상에 기초하여 그 사물의 그림을 그려 보라. 그 후 물체를 보면서 그린 그림과 비교했을 때 심상을 바탕으로 그린 그림에서 생략된 정보는 어떤 것이 있는가? (학습목표 10-1)
2. 사물을 보면서 그 사물에 대해 묘사하는 글을 써 보라. 그 후 적힌 묘사를 사물이나 사물 사진을 보면서 얻을 수 있는 정보와 비교해 보라. '그림 한 장이 천 마디 말의 가치가 있다.'는 말은 사실인가? 여러분이 쓴 글과 시각적 표상을 비교한 것이 이 장에서 다룬 명제적 표상과 묘사적 표상에 대한 논의와 어떻게 연관되어 있는가? (학습목표 10-1, 학습목표 10-2)
3. 여러분이 배우는 데 시간을 들였던 어떤 과제에 대해 생각해 보라. 악기 연주, 외국어 말하기, 심지어 시험공부도 좋다. 이 과제를 연습하는 데 심상이 어떻게 도움이 될 수 있으며, 심상을 통한 연습은 실제 연습과 어떻게 다른가? (학습목표 10-6)

Ground Picture/Shutterstock.com

여러분이 이 장면에 있다고 생각해 보자. 이 방에 있는 것은 어떤 경험일지 상상해 보자. 여러분이 무엇을 하고 있는지, 무엇을 듣는지, 무엇을 읽는지, 아니면 무엇을 말하고 있을지 생각해 보라. 이제 이 질문에 대해 생각해 보자. 여러분이 듣고, 읽고, 말하는 언어라고 상상한 언어는 다 같은 언어인가? 아마도 여러분은 익숙한 언어로 말하고 있다고 상상할 것이다. 그리고 여러분이 듣거나 읽는 모든 것도 같은 언어라고 상상할 것이다. 그것은 여기에서 보는 화상 회의와 같은 환경에서 언어가 아주 중요하다는 것을 알기 때문이다. 사실 언어는 거의 모든 인간의 상호작용에서 중요하다(심지어 혼자 있을 때도). 11장에서 탐색하겠지만 문화나 국적에 상관없이 사람은 보편적으로 언어를 사용한다. 사람이 어떻게 언어를 사용하고 이해하는지에 대한 연구는 마음의 작동 방식에 대해 아주 많은 것을 알려준다.

CHAPTER 11

언어

학습목표 이 장을 학습하고 나면 여러분은 다음을 할 수 있을 것이다.

11-1 언어의 기본 구조와 목적을 설명할 수 있다.

11-2 언어가 어떻게 중의성을 갖는지, 그리고 이 문제를 어떻게 해결하는지 기술할 수 있다.

11-3 통사 처리가 무엇인지와 이해에서 통사 처리의 역할을 기술할 수 있다.

11-4 어떻게 언어에서 예측과 추론이 중요한 요인인지 평가할 수 있다.

11-5 대화와 관련해서 '공통 기반' 현상을 기술할 수 있다.

11-6 소통의 도구로서 공통 기반과 통사적 협응의 유사점과 차이점을 분석할 수 있다.

11-7 이중언어가 인지에 미치는 영향을 설명할 수 있다.

11-8 비유창성이 무엇인지와 언어에서 비유창성의 역할에 대해 기술할 수 있다.

11-9 언어와 음악의 연결성에 대해 분석할 수 있다.

이 장은 우리가 어떻게 단어를 지각하고 이해하는지에서 시작해서, 어떻게 일련의 단어들이 의미 있는 문장을 창조하는지를 고려하고, 소통하기 위해 글, 이야기, 대화에서 어떻게 언어를 이용하는지를 고려하는 것으로 마무리한다. 어떻게 독자와 청자가 추론과 예측을 이용해서 의미를 만들어내는지에 대해 논의하는데, 이는 인지에서 추론과 예측의 역할을 논의했던 앞 장들의 발자취를 따라가는 것이다. 예를 들어, 3장에서는 Helmholtz의 무의식적 추론 이론을 기술했는데, 이 이론은 시각 자극의 애매성을 해소하기 위해(77쪽) 여러 개의 가능한 대안 중에서 어느 것이 밖의 환경에 있는 것일 가능성이 가장 높은지 무의식적으로 추론한다고 제안하였다.

4장에서는 우리가 일련의 안구 운동을 통해 주위 장면을 훑어볼 때 그 장면 어디에 중요한 사물이 있을 것 같은지에 대한 지식이 어떻게 안구 운동에 부분적으로나마 영향을 미치는지에 대해 논의하였다(115쪽). 그리고 6장 장기기억에서는 과거 경험에 대한 기억이 앞으로 어떤 일이 일어날 것 같은지 예측할 때 어떻게 사용되는지를 알아보았다(198쪽).

여러분은 추론과 예측이 어떻게 언어 사용에 관여하는지 의아해 할 수 있다. 대화 속에 나오는 단어를 이해하는 것처럼 아주 간단해 보이는 것이 사실은 과거 경험에서 나온 지식과 언어를 합해야 해결되는 도전이라는 것을 알게 될 것이다. 그리고 일련의 단어를 차례로 배열해서 창조한 문장이라 불리는 구성물이 있다. 문장을 이해하는 것은 단어들의 뜻을 더하기만 하면 되는 것으로 생각할 수 있는데, 단어의 뜻은 출발점에 지나지 않는다는 것을 알게 될 것이다. 왜냐하면 단어의 순서도 영향을 미치고, 어떤 단어는 여러 가지 의미를 가지기도 하고, 똑같은 두 개의 문장이 아주 다른 뜻을 가지기도 하기 때문이다. 지금까지 우리가 다루었던 다른 유형의 인지가 여러분이 생각했던 것보다 훨씬 복잡했던 것처럼, 언어도 그렇다. 지금 여러분이 이 책을 읽으면서 하고 있는 것처럼 언어를 이해하기 위해 일상적으로 추론과 예측을 한다. 그런 사실을 실감하지 못하면서 말이다.

11.1 언어란 무엇인가?

언어(language)는 '소리나 상징을 이용하는 소통 시스템으로서, 우리가 감정이나 사고, 생각, 경험을 표현할 수 있게 해준다.'라고 정의할 수 있다. 이 정의는 소리나 단어를 연결하는 능력이 소통의 세계로 가는 문을 열어준다는 생각을 잘 보여준다.

사람은 언어를 가진 유일한 동물인가?

소통과 언어는 같은 것인가? 소통이란 용어는 복잡한 형태의 언어까지 포함하는 포괄적인 용어이다. 소통은 형식적 언어의 조건을 충족하지 못하는 다양한 형태를 취할 수 있다. 개는 주의를 끌려고 '짖고', 원숭이는 '위험', '인사'와 같은 것을 표상하는 '외침' 목록을 가지고 있고, 꿀벌은 벌집에서 꽃의 위치를 알려주는 '8자 춤'을 춘다.

언어(language)
소리나 상징을 이용해서 우리가 감정, 사고, 생각, 경험을 표현하는 것을 가능하게 하는 시스템.

소통(communication)
개체 간에 정보를 교환하는 시스템. 소통은 인간 언어도 포함하는데, 인간 언어에만 제한되지는 않는다.

소통(communication)은 개체 간에 정보를 교환하는 시스템이다. 위에 서술한 예들을 살펴보자. 개는 짖고 으르렁대는데, 이 둘은 모두 청각적인 소통이다. 원숭이는 다양한 소리를 이용해서 서로 간에 소통한다. 포유류에서 조류, 양서류, 곤충에 이르기까지 동물에게서 언어적 소통은 흔하다(**그림** 11.1a). 그러나 소통이 언어적일 필요는 없다.

행동은 소통의 또 다른 흔한 형태이다(**그림** 11.1b). 예를 들어, 꿀벌은 다른 벌들에게 먹이의 위치를 알려주기 위해 복잡한 춤을 춘다. 개들은 다양한 행동(꼬리 흔들기, 귀의 위치, 이빨을 보여 주기)을 사용한다. 새들은 방어와 구애춤을 위해 깃털을 이용하고, 어떤 물고기들은 색을 바꾸거나 지느러미를 과시한다. 소통의 도구로 행동을 이용하는 것은 동물 세계에서 아주 흔하다. 사람을 포함한 영장류들은 소통을 위해 얼굴 표정, 몸짓, 자세를 포함한 다양한 행동을 사용한다. 당황했을 때 얼굴을 붉히는 것, 주의를 지시하기 위해 가리키기, 슬플 때 눈물 흘리기(울기)와 같이 사람들이 소통을 위해 흔히 사용하는 어떤 행동들은 동물 세계에서 꽤 독특한 행동이다. '꽤 독특하다'라고 해서 그런 방식으로 소통하는 유일한 종이라는 것은 아니다. 많은 동물이 여러 가지 이유로 색을 바꾸고, 행동을 이용해서 주의를 끄는 것을 개에게 가르칠 수도 있다(Carballo et al., 2016). 어떤 포유류는 강한 정서에 대한 반응으로 눈물을 흘리기도 한다. 그러나 이 주제에 대한 가장 체계적인 연구에서는 다른 종이 정서와 관련해서 눈물을 흘린다면 그것은 예외적으로 드물다고 결론지었다(Gračanin et al., 2018).

소리와 행동을 통해 소통하는 것 외에 많은 종은 화학물질을 이용해 정보를 공유한다(그

그림 11.1 소통은 동물 세계에 흔하다. (a) 고함 원숭이는 소리를 이용해 소통한다. (b) 푸른발얼가니새는 구애춤 행동으로 소통한다. (c) 개미는 페로몬이라는 화학물질을 이용해서 줄을 지어 간다.

(a)
Joseph Moran/Shutterstock.com

(b)
BlueOrange Studio/Shutterstock.com

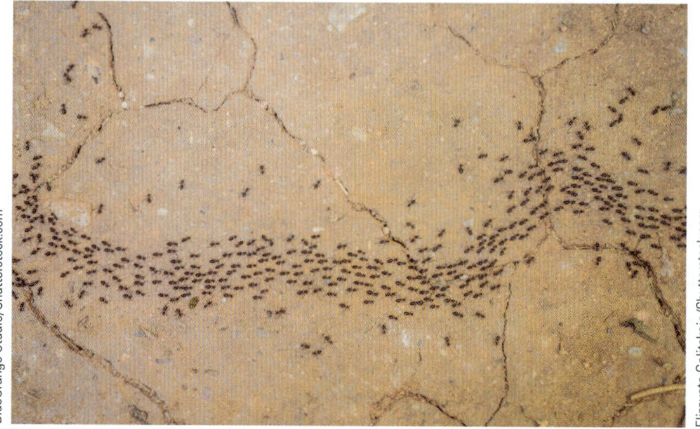
(c)
Elizaveta Galitckaia/Shutterstock.com

림 11.1c). 개미와 마찬가지로 곤충은 페로몬을 이용해서 수렵을 시도하고, 꿀벌은 사회 행동을 조절하기 위해 페로몬을 사용하고, 나방은 멀리 있는 짝을 찾기 위해 페로몬을 이용한다. 그렇지만 화학적 소통은 곤충에만 국한된 것은 아니다. 많은 포유류를 포함해서 많은 동물이 소통하기 위해 화학물질을 이용한다. 설치류는 영역 표시, 짝짓기, 사회적 연대를 하기 위해 페로몬을 사용하고, 개와 여러 육식동물은 영역 경계와 생식 상태를 전달하기 위해 페로몬을 이용하고, 많은 영장류도 사회적 소통을 위해 페로몬을 사용한다. 사람들이 페로몬의 영향을 받는지는 지금도 논쟁 중이다(Comfort, 1971; Wyatt, 2015, 2020).

소통은 동물 세계에 늘 존재한다. 많은 동물이 다른 개체들과 정보를 공유하기 위해 소리를 내고, 행동을 취하고, 냄새를 피운다. 그렇지만 인간이 아닌 동물 중에 언어를 사용하는 동물이 있을까? 소통은 개체 간이나 집단 간에 정보를 공유하는 다양한 방법을 취한다. 언어는 특별한 형식의 소통인데, 특별한 규칙과 추상적인 상징의 구조화된 체계로 특징지어진다. 다양한 진화적 혹은 생리학적인 이유로 사람은 복잡하고 형식적인 언어를 발명하고, 산출하고, 이해하기 위해, 뇌 생리학(큰 전전두엽 피질, 브로카 영역, 베르니케 영역)과 산출 생리학(혀, 후두 등)을 갖는 유일한 종이다(Berwick & Chomsky, 2016). 앞으로 보게 되겠지만 사람의 언어는 언어 간에 차이보다 공통점이 훨씬 많다. 언어는 사람 특유의 능력이다. 일부 동물들의 소통이 인상적이지만 사람의 언어에 비하면 훨씬 더 경직되어 있다. 동물들은 그들의 생존에 중요한 소수의 사물에 대해 소통하기 위해 제한된 수의 소리나 몸짓을 이용한다. 그에 반해, 사람들은 다양한 신호를 사용하는데, 이 신호들은 무수한 방식으로 조합될 수 있다. 그래서 인간 언어의 속성 중 하나는 창조성이다.

인간 언어의 창조성

사람의 언어는 일련의 신호(구어에서는 소리, 문어에서는 글자와 단어, 점자에서는 촉각 상징, 수어에서는 신체 신호)를 배열하는 방식을 제공해서, 한 사람에게서 다른 사람에게 간단하고 일상적인 것('내 차는 여기 있어.')에서부터 이전에 아무도 쓰거나 발성해 본 적이 없는 메시지['내가 지난 2월에 실직한 캘리포니아에 사는 내 사촌 젤다와 여행 간 것은 성촉절(Groundhog Day. 우리나라의 입춘과 비슷한 절기로 2월 2일이다._옮긴이 주)이었어.']에 이르는 정보를 전달한다. 인간 언어의 창조성을 이해하는 첫 단계는 자모(알파벳)를 이해하는 것이다.

우리는 영어를 표상하기 위해 알파벳을 사용하는 것에 익숙하다. 그리고 어쩌면 여러분은 다른 자모도 알 수 있다. **자모(알파벳)**(alphabet)는 언어에서 사용하는 각각의 소리(음소)를 표상하는 글자나 상징의 표준화된 집합이다. 그러나 모든 언어가 다 자모를 사용하는 것은 아니다. 어떤 언어는 **음절문자**를 사용하는데, 그 언어에서는 상징이 음소 대신 음절을 표상한다. 체로키족의 미국 원주민 언어와 일본의 가나가 음절문자를 사용하는 언어의 예이다. 또 어떤 언어는 자모나 음절문자를 사용하지 않는다. 그 대신 **표어문자 체계**를 사용하는데, 이 체계에서 상징은 단어나 의존형태소를 표상한다. 의존형태소는 'unhappy'의 'un'이나 'happiness'의 'ness'처럼 다른 형태소와 결합해서 의미를 만들어내는 형태소를 말한다. 중국어의 한자가 표어문자 체계의 한 예이다. 고대 이집트의 상형문자와 마야 문자도 표어문자 체계를 사용한다. 세계적으로 보면, 어떤 언어는 자모, 음절문자, 표어문자 체계의 특징을 조합해서 사용하기도 하고, 또 어떤 언어는 문자 형태를 전혀 사용하지 않는다. 다른 말로 하

자모(알파벳)(alphabet)
언어에서 사용하는 각각의 소리(음소)를 표상하는 '글자'나 상징의 표준화된 집합.

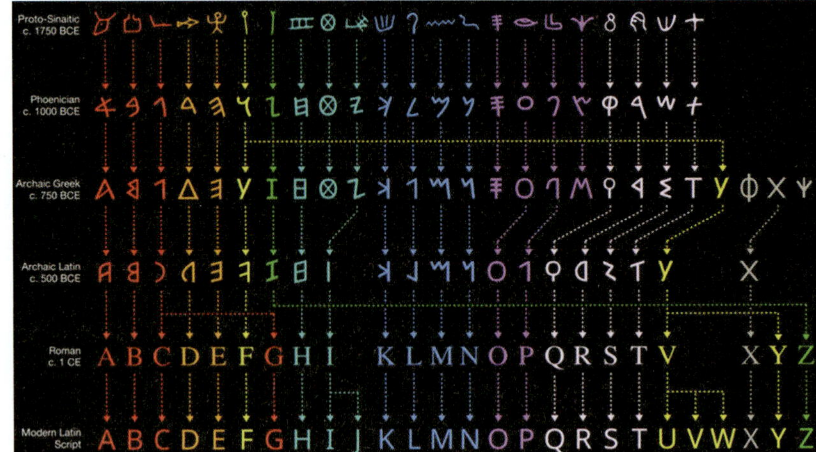

그림 11.2 현대 라틴 알파벳의 진화.

출처: https://www.opencultures.com/2019/01/the_evolution_of_the_alphabet.html

면 언어의 형태는 아주 다양하다.

영어와 같은 언어에서 사용하는 현대 라틴 알파벳을 좀 더 살펴보자. 구어와 문어를 포함해서 언어는 계속 변한다. **그림** 11.2에 제시된 변형들은 추상적인 아이디어를 시각적인 상징이나 아이콘으로 연결하는 창의성을 잘 보여준다. 이 아이콘들이 현재 우리가 사용하는 글자로 변형되었다. 글자는 시각적일 뿐만 아니라 청각적이기도 하다. 예를 들어, 글자 'A'는 시각적 상징이지만 소리도 표상한다('에이', '아'). 영어와 라틴 알파벳은 다른 형태로 언어가 소통될 필요가 있을 때는 다른 감각 양상으로도 표상된다. 예를 들어, 문어와 구어는 각기 글자를 보는 것과 듣는 것을 요구한다. 그런데 어떤 사람들은 듣거나 보지를 못하기 때문에 수어와 점자가 창조되었다. 수어는 듣지 못하는 사람들에게 언어를 표상하기 위해 손 신호, 몸짓, 행동을 사용한다. 점자는 촉각 패턴을 이용하는데, 손가락으로 이를 감지해서 언어를 표상한다. 점자는 다른 이점도 가지고 있다. 어떤 사람이 보거나 듣지 못할 때 촉각 기술을 이용해서 효과적으로 언어를 학습하고 사용할 수 있다. 영어 글자 'A'의 예가 **그림** 11.3에 문어, 수어, 점자의 형태로 제시되었다.

언어의 위계적 본질

언어는 위계적이고 규칙을 따르는 구조를 가지기 때문에 새롭고 독특한 문장을 생성하는

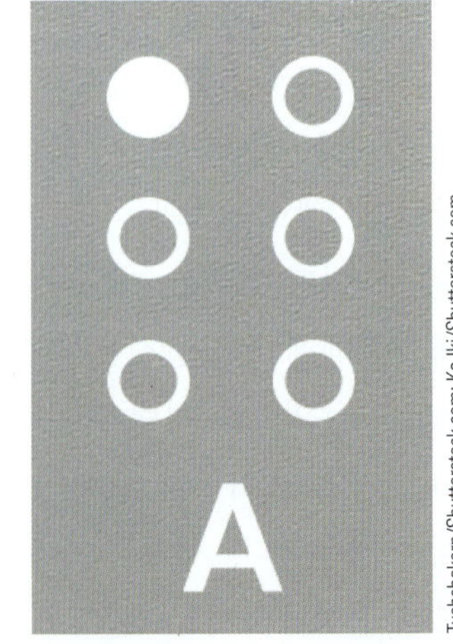

그림 11.3 글자 알파벳, 미국 수어, 점자로 표현된 'A'.

Tushchakorn/Shutterstock.com; Ka Iki/Shutterstock.com

것을 가능하게 해준다. **언어의 위계적인 본질**(hierarchical nature of language)이라는 말은, 언어는 일련의 작은 단위로 구성되어 있는데, 이들은 더 큰 단위를 형성하기 위해 조합될 수 있다는 의미이다. 예를 들어, 단어는 구(절)로 조합될 수 있고, 구(절)는 문장으로 조합될 수 있고, 문장은 다시 이야기의 부분이 될 수 있다. **언어의 규칙 기반 본질**(rule-based nature of language)이라는 말은 언어를 구성하는 요소들이 특정 방식으로는 배열될 수 있지만('우리 고양이가 뭐라는 거지?') 다른 방식으로는 안 된다('뭐라는 고양이가 우리 거지?')는 의미이다. 위계적 구조와 규칙이라는 이 두 가지 속성은 사람에게 표현하고자 하는 바를 소통할 수 있는 능력을 부여한다.

언어의 위계적인 본질(hierarchical nature of language)
언어는 일련의 작은 단위로 구성되어 있는데, 이들은 더 큰 단위를 형성하기 위해 조합될 수 있다는 생각. 예를 들어, 단어는 구(절)로 조합될 수 있고, 구(절)는 문장으로 조합될 수 있고, 문장은 다시 이야기의 부분이 될 수 있다.

언어의 규칙 기반 본질(rule-based nature of language)
언어에는 허용 가능한 방식으로 단어와 구를 배열하는 것을 규정하는 규칙이 있다는 생각.

언어 소통의 보편적 욕구

햄릿이 '죽느냐, 사느냐 그것이 문제로다.'라며 고민을 하는 경우나 수업 시간 중에 백일몽을 하는 경우처럼 사람들은 자기 자신에게 '말'하기도 한다. 사실 '자기 자신에게 말하는 것'은, 5장에서 논의한 것처럼, 우리가 작업기억에 있는 전화번호를 종이에 적을 때까지 충분히 오랫동안 음운저장소를 이용해서 되뇌는 행동이다. 그렇지만 언어는 일차적으로 소통을 위해 사용된다. 그것이 다른 사람과의 대화일 수도 있고, 다른 사람이 쓴 것을 읽는 것일 수도 있지만, 언어를 이용해서 소통하려는 욕구는 사람이 있는 곳이라면 어디에서든지 일어나기 때문에 '보편적'이라고 표현된다. 다음 경우를 생각해 보자.

- 사람의 소통 욕구는 너무나 강력해서 청각장애 아동이 말하거나 수어를 할 수 있는 사람이 아무도 없는 환경에 처하게 되면 스스로 수어를 발명해 낸다(Goldin-Meadow, 1982). 그렇지만 청각장애 아동이 자신의 인지 잠재력에 도달하려면 적어도 하나의 언어에 충분하게 숙달될 필요가 있다는 것을 알아두는 것이 중요하다(Hall, Hall, & Caselli, 2019; Napoli et al., 2017).
- 정상적인 능력을 가진 사람은 언어를 발달시키고 복잡한 규칙을 따르는 것을 학습한다. 스스로 그런 규칙을 자각하지는 못해도 말이다. 많은 사람들이 문법 배우는 것을 아주 어려워하지만, 언어를 사용하는 데에는 아무 어려움을 겪지 않는다.
- 언어는 모든 문화에서 보편적이다. 5,000개 이상의 언어가 있는데, 언어가 없는 문화는 없다. 유럽 탐험가들이 1500년대 뉴기니에 첫발을 들여놓았을 때, 그들이 마주한 원주민들은 세계로부터 완전히 고립되어 있었지만 750개 이상의 언어를 개발해서 사용하였다. 그런데 그 언어들의 상당수는 전혀 유사하지 않았다.
- 언어 발달은 모든 문화에서 유사하다. 어떤 문화이건 어떤 언어를 사용하건 간에 아동들은 2개월 무렵에 '아', '우', '오' 같은 모음 소리를 시작하고, 7개월 무렵에 '옹알이'를 시작하고, 첫돌 무렵에 몇 개의 단어를 사용하고, 두 살 무렵에 처음으로 다단어 발화를 한다(Levelt, 2001).
- 많은 언어들이 서로 아주 다르지만, 우리는 그 언어들을 '독특하지만 공통적'이라고 서술할 수 있다. 각기 다른 단어와 소리를 사용하고, 단어들을 조합하는 규칙이 다를 수 있기에(비록 많은 언어들이 유사한 규칙을 사용하지만), 언어들은 독특하다. 그러나 모든 언어가 명사와 동사의 기능을 수행하는 단어들을 가지고 있고, 부정을 만들고, 질문을 하고, 과거와 현재를 가리키는 체계를 가지고 있다는 점에서는 같다.

심상 논쟁 다시 보기: 시각과 언어

앞 장에서 다룬 심상 논쟁을 생각해 보자. 정보를 생각하고 이용할 때 사람들은 전형적으로 언어(명제적 표상)와 시각(묘사적 표상과 공간적 표상) 정보의 조합을 사용한다. 이 장에서는 언어에 대해 자세하게 다룬다. 그러나 우리는 심상 논쟁에 어떻게 언어가 끼어드는지를 고려해 보아야 한다. 대부분의 사람들에게 사고는 시각 기반 정보와 언어 기반 정보의 조합이다. 예를 들어, 어떤 중요한 대화를 회상했을 때를 떠올려 보자. 아마도 실제로 일어났던 대화를 듣는 것 같고, 여러분과 대화하고 있는 사람을 볼 수 있는 것 같다고 느낄 것이다.

그렇지만 우리는 인지 능력에도 개인차가 있다는 것도 알고 있다. 앞 장에서 우리는 어떻게 어떤 사람은 의도적으로 심상을 생성할 수 없는지, 즉 아판타시아 증후군(aphantasia, 무심상증)을 가진 사람들에 대해 논의했다. 이들은 종종 이 결함을 보상하기 위해 언어와 같은 다른 방법을 이용해서 보상할 수 있다. 마찬가지로 내적 대화 능력에도 개인차가 있다. 아판타시아 증후군과 마찬가지로, 이 경우에도 인지 처리에 결함이 있다. 예를 들어, 내적 대화가 상대적으로 적은 사람들은 창의적인 성취, 확산적 사고에서 일어나는 독창성, 그리고 다양한 반응 산출에서 결함을 보일 수 있다(Rooij, 2023). 아판타시아 증후군인 사람들과 유사하게 내적 대화가 더 적은 사람들은 시각 심상을 떠올리는 방식 등 다른 전략으로 사고를 보완하려는 경향이 있다. 그렇지만 이에 대한 연구는 아직 초기 단계이며 현재 진행 중이다.

언어 연구

언어가 무엇이고, 언어가 왜 중요한지에 대해 살펴보았으니, 어떻게 역사적으로 언어가 연구되었는지 알아보자. 언어는 고대 그리스 철학자 소크라테스, 플라톤, 아리스토텔레스 때(기원전 350~450년)부터 수천 년 동안 사상가들을 매료시켰다. 근대 과학적인 언어 연구는 그 시작을 Paul Broca(1861)와 Carl Wernicke(1874)로 잡는다. 뇌 손상 환자에 대한 Broca의 연구는 전두엽의 한 영역(브로카 영역)이 언어 산출과 관련이 있다는 제안을 이끌어내었다. Wernicke는 측두엽의 한 영역(베르니케 영역)이 언어 이해와 관련이 있다고 제안하였다. 우리는 2장에서 Broca와 Wernicke의 연구에 대해 알아보았고(2장 42쪽), 최근의 연구들은 뇌에 단지 두 개의 언어 영역이 있다는 주장보다 훨씬 더 복잡하다는 것을 보여주었다(50쪽).

이 장에서는 언어의 인지 기제에 대한 행동 연구에 집중한다. 행동주의가 심리학의 주된 접근법이었던 1950년대의, 언어에 대한 행동주의 연구를 회상해 보자(13쪽). 1957년에 행동주의의 주된 옹호자인 B. F. Skinner가 『언어 행동(Verbal Behavior)』이라는 책을 발간했는데, 이 책에서 그는 언어는 강화에 의해 학습된다고 주장하였다. 이 주장에 따르면, 아동이 '좋은' 행동을 하면 상으로 보상받고 '좋지 않은' 행동을 하면 벌을 받는 것을 통해 적절한 행동을 학습하는 것처럼, 아동은 정확한 언어를 사용하면 상을 받고 부정확한 언어를 사용하면 벌을 받는(또는 상을 받지 못하는) 것을 통해 언어를 학습한다는 것이다.

같은 해에 언어학자 Noam Chomsky(1957)가 『통사 구조론(Syntactic Structure)』이라는 제목의 책을 냈는데, 이 책에서 그는 사람의 언어는 유전자 속에 부호화되어 있다고 제안하였다. 이 주장에 따르면, 사람들이 걷도록 유전적으로 부호화되었듯이, 언어를 습득하고 사용하도록 유전적으로 부호화되었다는 것이다. Chomsky는 언어 간에 변산성이 아주 크긴 하지만 모든 언어의 밑에 깔린 기초는 비슷하다고 결론지었다. 이 과목을 공부하는 우리의 목적에서 가장 중요한 점은, Chomsky가 언어를 연구하는 것을 마음의 속성을 연구하는 방법의 하나로 보았고, 따라서 마음은 심리학의 정당한 주제가 될 수 없다는 행동주의자의 주장에 동의하지 않았다는 점이다.

행동주의를 반대하는 Chomsky는 1959년에 Skinner의 책 『언어 행동』에 대해 통렬한 서평을 발간하였다. 그 서평에서 Chomsky는 마음을 참조하지 않고 강화를 통해 언어가 설명될 수 있다는 행동주의자들의 주장에 대해 반박했다. 1장에서 논의했듯이 Chomsky는 아동이 언어를 학습하는 동안 전혀 들어본 적도 없고 강화를 받은 적도 없는 문장을 생산한다고 주장했다. 행동주의에 대한 Chomsky의 비판은 인지 혁명에서 중요한 사건이었고, 새로운 학문인 **언어심리학**(psycholinguistics)의 초점을 변화시켰다. 언어심리학은 언어에 대한 심리학적 연구를 가리킨다.

언어심리학(psycholinguistics)
언어에 대한 심리학적 연구를 다루는 분야.

언어심리학의 목표는 사람들이 언어를 습득하고 처리하는 심리 과정을 밝혀내는 것이다 (Clark & Van der Wege, 2002; Gleason & Ratner, 1998; Miller, 1965). 언어심리학의 네 가지 주요 관심사는 다음과 같다.

1. **이해.** 사람들은 어떻게 말과 글을 이해하는가? 이 질문은 사람들이 말소리를 처리하는 방식, 사람들이 글이나 말이나 수어로 표현된 단어 · 문장 · 이야기를 이해하는 방법, 사람들이 서로 대화를 나누는 방법을 포함한다.
2. **표상.** 말이 마음에 어떻게 표상되어 있는가? 이 질문은 사람들이 의미가 통하는 문장을 만들기 위해 단어를 조합하여 구를 만드는 방법, 이야기의 여러 부분을 서로 연결하는 방법을 포함한다.
3. **말 산출.** 사람들은 어떻게 말을 산출하는가? 이 질문은 말을 물리적으로 산출하는 과정과 사람들이 말을 창조하는 동안 일어나는 심적 과정을 포함한다.
4. **습득.** 사람들은 어떻게 언어를 학습하는가? 이 질문은 아동이 모국어를 습득하는 방식뿐만 아니라 아동이든 성인이든 사람들이 다른 언어를 학습하는 방법을 포함한다.

언어심리학의 영역이 아주 넓어서, 우리는 이들 중 처음 두 가지 질문에 대해서만 다룬다. 즉, 언어 이해와 표상에 관한 연구만 서술하는데, 이 두 문제는 사람들이 어떻게 언어를 이해하는지를 설명한다.

11.2 단어 이해: 몇 가지 어려운 점

어휘집(lexicon)은 우리가 아는 단어들의 전체 집합으로, '심적 사전'이라고도 불린다. 의미론은 언어의 의미에 관한 이론이다. **의미론**(semantics)은 단어에서 중요하다. 왜냐하면 각 단어는 하나 이상의 의미를 갖기 때문이다. 단어의 의미는 **어휘 의미론**(lexical semantics)이라고 불린다. 이 절의 목표는 어떻게 우리가 단어의 의미를 파악하는지 살펴보는 것이다. 단어의 의미를 파악하는 것은 단순하다고 생각할 수 있다. 어휘집에서 해당 단어를 들여다보기만 하면 된다고 생각할 수 있다. 그렇지만 단어의 의미를 파악하는 것은 그냥 '들여다보기'만

어휘집(lexicon)
단어의 뜻이 무엇이고, 어떻게 들리고, 어떻게 다른 단어와 관계지어 사용되는지에 대한 한 개인의 지식.

의미론(semantics)
단어와 문장의 의미. 통사론과 구분된다.

어휘 의미론(lexical semantics)
단어의 의미.

하는 것보다 훨씬 복잡하다. 이제 단어를 지각하고 이해하는 것을 도전적인 과제로 만드는 몇 가지 요인에 대해 알아보자.

모든 단어는 동등하게 창조되지 않았다: 빈도 차이

단어빈도(word frequency)
특정 언어에서 단어들의 상대적 사용 빈도. 예를 들어, 영어에서 *home*은 *hike*보다 단어빈도가 높다.

단어빈도 효과(word frequency effect)
저빈도 단어보다 고빈도 단어의 읽기 시간이 빠른 현상.

어휘판단 과제(lexical decision task)
참가자들이 나열된 글자를 보고 그것이 단어인지 단어가 아닌지 가능한 한 빨리 판단하도록 요구하는 절차.

특정 언어에서 어떤 단어는 다른 단어보다 많이 사용된다. 예를 들어, 영어에서 *home*은 단어 사용 예 100만 개 중에서 547회 나타나고, *hike*는 단지 4회 나타난다. 언어에서 단어가 나타나는 빈도를 **단어빈도**(word frequency)라고 하고, *bike*와 같은 저빈도 단어보다 *home*과 같은 고빈도 단어에 대해 더 빨리 반응하는 것을 **단어빈도 효과**(word frequency effect)라고 한다. 이것이 중요한 이유는 단어빈도가 우리가 어떻게 단어를 처리하는지에 영향을 미치기 때문이다.

고빈도 단어와 저빈도 단어의 처리 과정의 차이를 보여주는 방법 중 하나는 **어휘판단 과제**(lexical decision task)를 실시하는 것이다. 이 과제에서 참가자들은 나열된 글자를 보고 그것이 실제 단어인지 단어가 아닌지 가능한 한 빨리 판단해야 한다. *reverie*, *cratily*, *history*, *garvola*라는 네 개의 나열된 글자들을 활용해서 이 과제를 해 보자. 두 개가 단어인데, *reverie*는 저빈도 단어이고, *history*는 고빈도 단어이다. 어휘판단 과제를 사용한 연구 결과는 저빈도 단어가 반응시간이 길다는 것을 보여주었다(Carrol, 2004: 어휘판단 과제를 다른 방식으로 사용하는 것에 대해서는 9장 312쪽 참조).

저빈도 단어들에 대해 반응이 오래 걸리는 것은 사람들이 글을 읽을 때의 안구 운동을 측정한 연구에서도 나타난다. Keith Rayner와 Susan Duffy(1986)는 참가자들이 고빈도 목표 단어나 저빈도 목표 단어를 포함한 문장을 읽을 때의 안구 운동과 눈동자가 특정 위치에서 멈춰 있을 때의 응시시간을 측정하였다(4장 114쪽). 여기서 빈도는 해당 단어가 정상적인 언어 사용에서 얼마나 자주 나오는지를 말한다. 저빈도 단어들의 평균 빈도는 100만 번에 5.1회이었고, 고빈도 단어는 100만 번에 122.3회이었다. 예를 들어, 'The slow waltz captured their attention.'이라는 문장에서 저빈도 단어는 *waltz*이고, 이 문장에서 *waltz*를 고빈도 단어 *music*으로 바꾸면 'The slow *music* captured their attention'이라는 문장이 생성된다. 단어의 첫 번째 응시시간이 **그림 11.4a**에 나타나 있는데, 고빈도 단어보다 저빈도 단어가 37ms 길었다(때때

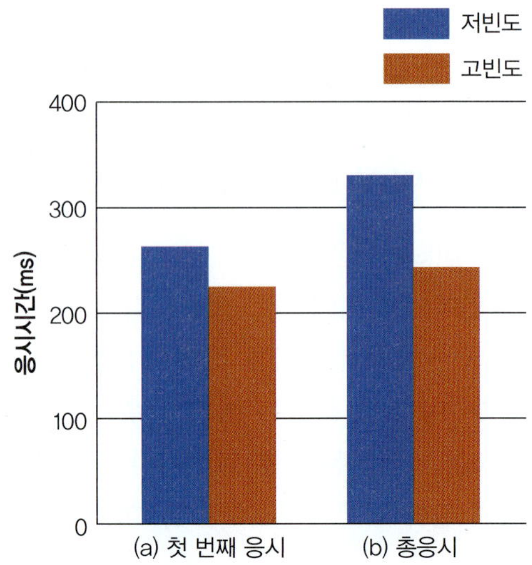

그림 11.4 Rayner와 Duffy(1986)가 측정한 문장에 있는 저빈도 단어와 고빈도 단어의 응시시간. (a) 첫 번째 응시시간. (B) 총응시시간. 두 측정치 모두 저빈도 단어의 응시시간이 길었다.

출처: Rayner & Duffy, 1986, Table 2, p. 195 데이터를 바탕으로 제작함.

로 어떤 단어를 한 번 이상 응시하기도 한다. 한 단어를 읽고 그 문장의 뒷부분을 읽다가 거기에 있는 내용 때문에 아까 읽었던 단어를 다시 읽는 경우가 그런 예이다). **그림 11.4b**는 한 단어에 대한 모든 응시시간을 더한 총응시시간을 보여주는데, 고빈도 단어보다 저빈도 단어가 87ms 길었다. 이 결과가 나온 한 가지 가능한 이유는 저빈도 단어의 의미에 접근하는 데 시간이 더 필요하다는 것이다. 그러니까 단어빈도 효과는 단어에 대한 과거의 경험이 단어의 의미에 접근하는 능력에 영향을 미친다는 것을 보여준다.

단어의 발음은 변동적이다

단어 지각을 도전적인 문제로 만드는 또 다른 문제는 같은 언어를 사용하는 모든 사람이 단어를 똑같은 방식으로 말하지 않는다는 점이다. 사람마다 악센트가 다르고 말하는 속도도 다른데, 가장 중요한 것은 사람들이 자연스러운 상황에서 말할 때 단어를 편하게 발음하는 경향이 있다는 점이다. 예를 들어, 친구에게 말할 때 'Did you go to class today?'를 어떻게 발음할까? 'Did you'라고 할까, 'Dijoo'라고 할까? 다양한 단어와 음소를 발음할 때 여러분은 여러분 나름의 방식이 있고, 다른 사람들은 각기 자기 나름의 방식이 있다. 실제 사람들이 어떻게 발음하는지를 분석한 결과를 보면, *the*라는 단어를 발음하는 방식이 무려 50가지나 되었다(Waldrop, 1988).

사람들은 이 복잡성을 어떻게 해결할까? 한 가지 방법은 단어가 사용된 맥락을 이용하는 것이다. 맥락이 도움을 준다는 것은 맥락에서 떼 내어 하나의 단어만 들려주면 어떤 일이 일어나는지를 보면 알 수 있다. Irwin Pollack과 J. M. Pickett(1964)은 맥락에서 떼내어 하나의 단어만 들려주면 단어를 이해하는 것이 훨씬 더 어렵다는 것을, 실험이 시작되기를 기다리며 참가자들이 담소하는 것을 녹음한 것을 이용한 실험에서 보여주었다. 자기들의 대화 녹음 중에서 한 단어만 뽑아내어 들려주었을 때, 참가자들은 자기의 목소리를 듣는 것인데도 단어의 절반만 알아들었다. 이 실험의 참가자들이 서로 대화할 때는 단어들을 다 알아들었는데, 하나의 단어만 고립시켜 들려주면 바로 그 단어를 못 알아듣는다는 사실은, 대화 중에 단어를 지각하는 능력은 바로 그 대화를 구성하는 단어와 문장에 의해 제공되는 맥락의 도움을 받는다는 것을 잘 보여준다.

자연스러운 대화에서 단어 간에 쉼이 없다

문장 속에서 들을 때 말소리를 이해하는 것이 더 쉽다는 사실은 여러분이 지금 읽고 있는 문장에서는 단어 간에 공간과 구두점이 있지만, 말로 나오는 문장 속의 단어 간에 보통은 쉬는 여백이 없다는 점을 고려하면 더 기적적인 일이다. 이 결과는 우리가 예상하는 것이 아닐 수 있다. 왜냐하면, 우리가 다른 사람이 말하는 것을 들을 때, 일상적으로 우리는 개별 단어들을 들으며, 때로는 단어 사이에 한 단어를 다른 단어와 분리하는 여백이 있는 것처럼 들리기 때문이다. 그러나 대화 중 말소리의 물리적 에너지를 기록한 것을 보면, 종종 단어와 단어 간에 여백이 없으며 때로는 단어 중간에 여백이 있다고 3장에서 논의했던 것을 기억하라(74쪽).

3장에서 우리는 Jennifer Saffran과 동료들(2008)의 실험을 서술했는데, 이 연구는 영아들이 말소리 신호에 있는 통계적 규칙성에 민감하다는 것을 보여주었다. 이 연구는 특정 언어에

말소리 분절
(speech segmentation)
연속적인 소리 신호의 흐름에서 개별 단어를 지각하는 처리.

서 소리가 이어서 나오는 방식에 통계적 규칙성이 있는데, 이 규칙성을 아는 것이 영아들이 말소리 분절을 성취하는 것을 도와준다는 것을 보여주었다. **말소리 분절**(speech segmentation)이란 소리 신호에는 단어 간에 쉼이 없는데도 개별 단어들을 지각하는 능력을 가리킨다.

우리가 자각하지 못하면서도 우리는 언어의 통계적 속성을 이용한다. 우리는 어떤 소리는 단어 안에서 연달아 나올 가능성이 높다는 것을 알고, 또 어떤 소리는 단어 간에서 연달아 나올 가능성이 높다는 것을 안다. *pretty baby*라는 단어들을 생각해 보자. 영어에서 'pre'와 'ty'는 한 단어 안에서 이어서 나올 가능성이 있고(*pre–ty*), 'ty'와 'ba'는 둘이 분리되어 다른 단어들에 포함될 가능성이 있다(*pretty baby*).

말소리 분절을 도와주는 또 다른 요인은 단어의 의미에 대한 지식이다. 3장에서 우리는 친숙하지 않은 외국어를 들을 때는 한 단어와 그다음에 나오는 단어를 구별하는 게 어렵지만, 우리가 아는 언어일 때에는 개별 단어들이 똑똑히 들린다는 것을 지적했다(74쪽). 이 관찰은 단어의 뜻을 아는 것은 단어 지각을 도와준다는 것을 보여준다. 아래와 같은 경험을 한 적이 있을 것이다. 여러분이 유창하지 않은 언어는 이해가 되지 않는 연속적인 말소리의 흐름으로만 들린다. 그러던 중에 우연히 여러분이 그 언어에서 아는 몇 개의 단어 중 하나가 나오면 그 단어가 '튀어나오는' 것처럼 들리던 일을 경험한 적이 있을 것이다. 단어의 뜻을 아는 것이 단어 지각을 도와준 것이다.

의미가 소리를 단어로 조직화할 때 중요하다는 것을 보여주는 또 다른 예가 'How did the soccer game go?'라는 질문에 대한 두 개의 답이다.

a. I kick it enough.
b. I can't get enough.

두 개의 반응은 거의 같은 방식으로 발음된다. 그래서 그 단어가 들어간 문장의 의미에 따라 다르게 들린다. 이 예는 어렸을 때 들어 친숙한 'I scream, you scream, we all scream for ice cream.'이라는 문장과 유사하다. 'I scream'과 'ice cream'의 음성 패턴은 같다. 그래서 이 둘이 다르게 조직화되는 것은 이 단어들이 들어간 문장의 의미가 이루어낸 것이다.

구어를 듣고 이해하는 능력은 다음 요인의 영향을 받는다.

1. 그 단어를 이전에 접한 빈도
2. 그 단어가 사용된 맥락
3. 언어의 통계적 규칙성에 대한 지식
4. 단어 의미에 대한 지식

여기에서 아주 중요한 메시지는 이 요인들은 모두 그 언어에 대한 학습과 경험에서 얻어진 지식이라는 것이다. 어떻게 우리가 문장, 이야기, 대화를 이해하는지를 고려할 때 언어에서 사전 지식이 결정적이라는 것을 배우게 된다. 그렇지만 아직 우리가 단어에서 다룰 것이 끝난 것은 아니다. 아직 다루지 않은 한 가지 '문제'가 있는데, 그것은 많은 단어들이 여러 개의 의미가 있다는 것이다.

11.3 중의어 이해

단어는 종종 두 가지 이상의 의미를 갖는데, 이를 **어휘 중의성**(lexical ambiguity)이라 한다. 예를 들어, *bug*라는 단어는 여러 의미 중에서 '곤충, 도청기, 다른 사람을 귀찮게 하기' 등의 의미가 있다. 문장 속에 중의적인 단어가 있게 되면, 우리는 문장의 맥락을 이용해서 어느 의미가 사용되었는지 판단한다. 예를 들어, 로애나가 'My mother is bugging me'라고 말할 때, 우리는 여기서 *bugging*은 로애나의 엄마가 로애나를 귀찮게 한다는 의미라는 것을 거의 확신한다. 로애나에게 벌레들을 끼얹는다든가, 로애나의 방에 도청기를 설치한다는 의미로는 해석하지 않는다(마지막 가능성을 완전히 차단하려면 맥락이 좀 더 주어져야 할지는 모르지만).

어휘 중의성(lexical ambiguity) 단어가 두 가지 이상의 의미를 갖는 것. 한 예로, *bug*라는 단어는 곤충, 도청기, 다른 사람을 귀찮게 하기, 컴퓨터 프로그램의 문제를 의미할 수 있다.

보여주기

어휘 중의성

책에 직접 쓰거나 종이를 꺼내 다음과 같은 연습을 해 보라. 아래에 있는 10개의 단어 옆에는 두 줄의 빈칸이 있다. 첫 번째 칸에 그 단어의 뜻이 무엇인지 정의를 작성하라. 가능한 한 빨리 하라.

bark ________ ________
bat ________ ________
bank ________ ________
crane ________ ________
date ________ ________
letter ________ ________
mouse ________ ________
nail ________ ________
scale ________ ________
watch ________ ________

이제 이 목록의 맨 위로 돌아가서 각 단어의 두 번째 뜻을 생각해 보라. 그리고 두 번째 줄에 그 뜻을 적어 보라. 여러분의 결과를 **표 11.1**과 비교하라.

표 11.1 어휘 중의성 보여주기에 나온 단어들의 가능한 의미

단어	의미 1	의미 2
bark	개 짖는 소리	나무 껍질
bat	박쥐	야구 방망이
bank	은행	강둑
crane	두루미	기중기
date	만남	대추야자
letter	편지	글자
mouse	생쥐	컴퓨터 마우스
nail	못	손톱
scale	저울	비늘
watch	시계	관찰

여러 의미에 접근하기

*bug*의 예는 맥락이 중의성을 해결한다는 것을 보여주는데, 종종 그 단어가 중의어라는 것을 자각할 수 없을 만큼 빨리 일어난다. 그렇지만 연구들은 단어가 들리면 마음속에서는 아주 재미있는 일이 일어난다는 것을 보여준다. Michael Tanenhaus와 동료들(1979)은 맥락이 영향을 미치기 전에 중의어의 여러 의미에 잠깐 접근한다는 것을 보여주었다. 그들은 *She held the rose*나 *They all rose*와 같은 문장을 녹음한 것을 참가자들에게 들려주었다. 그런데 첫 번째 문장에서 목표 단어 *rose*는 꽃을 가리키는 명사이고, 두 번째 문장에서 목표 단어 *rose*는 사람들이 일어난다는 것을 의미하는 동사이다.

Tanenhaus와 동료들은 각 문장에서 *rose*의 어떤 의미가 마음속에 떠올랐는지 알아내고 싶었다. 그래서 **어휘 점화**(lexical priming)라고 불리는 절차를 사용하였다.

방법

어휘 점화

6장(205쪽)에서 하나의 자극을 본 것이 그 자극을 다시 볼 때 그 자극에 반응하기 쉽게 하면 점화가 일어난 것이라고 한 것을 기억하라. 이 패턴은 '반복 점화'라고 불린다. 왜냐하면 같은 자극이 반복되어 점화가 일어났기 때문이다. 반복 점화의 기저에 깔린 기본 원리는 자극이 처음 제시되면 그 자극의 표상이 활성화되는데, 자극이 다시 제시될 때 그 활성화가 남아 있으면 더 빨리 반응할 수 있다는 것이다.

어휘 점화(lexical priming)는 단어의 의미를 포함하는 점화를 가리킨다. 어휘 점화는 한 단어에 이어 뜻이 비슷한 다른 단어가 제시될 때 일어난다. 예를 들어, rose라는 단어를 보여주고 곧이어 flower라는 단어를 보여주면 rose의 의미와 flower의 의미가 관련되어 있기 때문에 flower라는 단어에 대해 빨리 반응할 수 있게 한다. 그러나 flower 이전에 cloud가 제시될 때는 점화효과가 나타나지 않는다. 왜냐하면 두 단어의 의미가 관련이 없기 때문이다. 그러니까 어휘 점화효과가 있다는 것은 두 단어(예: rose와 flower)가 그 사람의 마음속에서 비슷한 뜻을 갖는다는 것을 알려준다.

어휘 점화(lexical priming) 단어의 의미를 포함하는 점화. 예를 들어, 두 단어의 의미가 관련되어 있기 때문에 단어 *rose*는 *flower*라는 단어를 점화할 수 있다.

Tanenhaus와 동료들은 다음 두 조건을 이용하여 어휘 점화효과를 측정하였다. (1) 명사-명사 조건(조건 1): 단어가 문장에서 명사로 제시되고, 이어서 탐침 자극으로 명사가 제시되는 조건과, (2) 동사-명사 조건(조건 2): 단어가 문장에서 동사로 제시되고, 이어서 탐침 자극으로 명사가 제시되는 조건의 두 조건을 이용하였다. 예를 들어, 명사-명사 조건에서 실험 참가자는 *She held a rose*와 같은 문장을 듣는데, 이 문장에서 *rose*는 명사이다(꽃의 한 종류). 곧이어 탐침 자극인 *flower*가 보인다. 참가자가 할 과제는 탐침 단어를 가능한 한 빨리 읽는 것이었다. 문장이 끝나는 시점과 참가자가 탐침 단어를 발음하기 시작하는 시점 사이의 시간이 반응시간이다.

*rose*라는 단어를 제시하는 것이 *flower*에 대한 반응을 빨리하게 하는지 알기 위해서는 통제 조건이 실시되어야 하는데, 이 조건에서는 *She held a post*와 같은 문장이 들리고, 이어서 실험 조건에서의 탐침 단어인 *flower*가 제시되었다. *post*의 의미는 *flower*의 의미와 관련이 없기 때문에 점화효과는 기대되지 않는데, 실제로도 없었다. **그림** 11.5a의 왼쪽 막대에 제시된 것을 보면, 꽃으로 사용된 단어인 *rose*는 통제조건에 비해 *flower*의 반응시간이 37ms 빨랐다. 꽃인 *rose*라는 단어는 *flower*라는 단어의 의미와 관련이 있기 때문에 우리가 기대했던 결과이다.

Tanenhaus와 동료들의 결과는 동사-명사 조건의 결과를 고려하면 더 중요해진다. 동사-명사 조건에서 제시 문장은 *rose*가 동사(사람들이 일어서다)로 사용된 *They all rose*이고, 탐침 단

조건 1: She held a rose(명사)
조건 2: They all rose(동사)

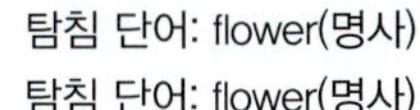

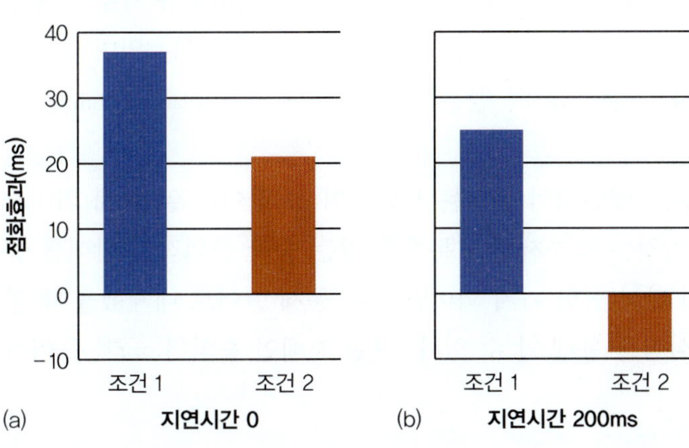

그림 11.5 (a) 단어와 탐침 단어 사이에 지연시간 0이었을 때 점화효과(통제조건에 비해 반응시간이 줄었다). 조건 1: 명사(예: She held a rose)에 이어서 명사 탐침 자극(flower)이 제시되었다. 조건 2: 동사(예: They all rose)에 이어서 명사 탐침 자극(flower)이 제시되었다. (b) 같은 조건에서 지연시간 200ms였을 때 점화효과.

출처: Tanenhaus et al., 1979 데이터를 바탕으로 제작함.

어는 *flower*였다. 이 조건의 통제조건 문장은 *They all touched*였다. **그림 11.5a**의 오른쪽 막대에 제시된 조건 2의 결과는, 조건 2에서도 점화효과가 일어났다는 것을 보여준다. 단어 *rose*가 동사로 제시되었는데도, 탐침 단어 *flower*에 대한 반응시간이 빨랐다!

이 결과가 의미하는 바는 단어 *rose*가 명사로 사용되었는지 동사로 사용되었는지와 상관없이 *rose*라는 단어의 의미 중 '꽃'이라는 의미는 *rose*라는 단어를 듣는 순간 즉각적으로 활성화가 일어난다는 것을 의미한다. Tanenhaus는 또 *rose*라는 단어가 명사로 사용되었는지 동사로 사용되었는지와 상관없이 *rose*라는 단어의 동사 의미도 활성화가 일어난다는 것을 보여주었다. 그래서 이 결과를 토대로, 중의어의 모든 의미는 그 단어를 듣는 직후에는 다 활성화된다고 결론지었다.

더 흥미로운 것은 Tanenhaus가 문장이 끝나는 시점과 탐침 단어가 제시되는 시점 사이에 200ms 지연시간을 둔 것을 제외하고 다른 것은 똑같이 해서 실험을 했는데, 결과가 달라졌다는 점이다. **그림 11.5b**에 제시된 것처럼, 명사 *rose*가 *flower*를 점화시킨 조건 1에서는 여전히 점화효과가 관찰되었다. 그러나 조건 2에서는 점화효과가 관찰되지 않았다. 그러니까 동사 *rose*는 *flower*를 점화하지 않았다. 이 결과가 의미하는 바는, 동사로서 *rose*를 듣고 200ms가 지나면 *rose*라는 단어의 꽃으로의 의미는 사라진다는 것이다. 그러니까, 문장에 의해 제공되는 맥락은 단어의 의미를 결정하는 것을 도와주는데, 직후가 아니라 단어가 가지는 다른 의미들이 잠깐 활성화되었다가 사라지는 약간의 시간 지연 이후에 문맥에 맞는 의미가 선택되는 것으로 볼 수 있다. [비슷한 결과 개관은 Swinney(1979) 참고. 어떻게 맥락이 단어 의미에 영향을 미치는지에 대해 더 알고 싶으면 Lucas(1999) 참고]

빈도가 어느 의미가 활성화되는지에 영향을 준다

맥락이 해당 문장에서 특정 단어의 적합한 의미를 결정하는 것을 도와주지만, 다른 요인도 영향을 준다. 단어가 가진 여러 의미가 사용되는 빈도도 영향을 주는데, 더 자주 사용되는 의미가 채택될 가능성이 높다. Matthew Traxler(2012)가 말했듯이 "많은 단어들이 여러 가지 뜻을 갖는데, 이 뜻들이 모두 동등하게 창조되지는 않았다". 예를 들어, *tin*이라는 단어를 생각해 보자. *tin*의 가장 흔한 의미는 금속의 일종이라는 것이고, 덜 자주 사용되는 의미는

의미 지배(meaning dominance) 단어 의미 중 한 의미가 다른 의미보다 더 자주 사용되는 것.

편향 지배(biased dominance) 단어가 두 가지 이상의 의미를 갖는데, 하나가 다른 것보다 더 자주 사용되는 것.

균형 지배(balanced dominance) 단어가 두 가지 이상의 의미를 가지며, 모든 의미가 비슷한 정도로 사용되는 것.

작은 금속 용기라는 것이다. 중의어의 의미들의 상대적 빈도는 **의미 지배**(meaning dominance)라는 용어로 기술된다. 금속의 종류라는 의미가 작은 금속 용기라는 의미보다 자주 사용되는 *tin*과 같은 단어는 **편향 지배**(biased dominance)의 예이다. 연극의 배역이라는 의미와 석고 틀이라는 의미가 비슷한 정도로 사용되는 '*cast*'와 같은 단어는 **균형 지배**(balanced dominance)의 예이다.

단어의 뜻이 편향 지배인지 균형 지배인지의 문제는 사람들이 그 단어를 읽을 때 의미가 접근되는 방식에 영향을 미친다. 이것은 참가자들이 문장을 읽는 동안 중의적인 단어를 응시한 시간과 그 문장에서 중의적인 단어를 한 가지 의미만 있는 통제 단어로 대체했을 때 통제 단어를 응시한 시간을 측정한 실험을 통해 알 수 있다. 균형 지배인 중의어 *cast*가 들어간 다음 문장에 대해 생각해 보자.

The *cast* worked into the night. (통제 단어: *cook*)

참가자가 중의어 *cast*를 읽을 때 *cast*의 두 가지 뜻이 모두 활성화된다. 왜냐하면 배역을 의미하는 *cast*와 석고 틀을 의미하는 *cast*가 비슷한 정도로 가능하기 때문이다. *cast*라는 단어의 두 가지 의미가 활성화되려고 경쟁하기 때문에, 명사로서의 의미 하나만 갖는 통제어 *cook*에 비해 *cast*를 오래 응시한다. 그러나 독자가 문장의 마지막 부분에 도달하면 뜻이 명확해진다(Duffy et al., 1988; Rayner & Frazier, 1989; Traxler, 2012)(**그림** 11.6a).

그러나 중의어가 편향 지배인 *tin*에 대해 생각해 보자.

The *tin* was bright and shiny. (통제 단어: *gold*)

이 경우에는 편향된 중의어 *tin*을 통제 단어만큼 빨리 읽는다. 왜냐하면 '*tin*'의 지배적인 의미만 활성화되어 금속으로서의 *tin*의 의미가 빨리 접근되기 때문이다(**그림** 11.6b).

그러나 의미 빈도만이 단어 의미의 접근성을 결정하지는 않는다. 맥락도 영향을 미친다. 중의어 *tin*이 나오기 전의 맥락이 *tin*의 덜 지배적인 의미로 편향시키는 다음 문장을 생각해 보자.

The miners went to the store and saw that they had beans in a tin. (통제 단어: cup).

이 경우 참가자가 단어 *tin*을 읽을 때가 되면 이 단어의 앞에 나온 문맥의 영향으로 덜 자주 사용되는 의미가 더 강하게 활성화되고, 더 자주 사용되는 *tin*의 의미도 활성화된다. 이 예에서는 *cast*라는 단어가 사용되었던 첫 번째 문장에서처럼 두 의미가 활성화되어 참가자들은 *tin*을 오래 응시하게 된다(**그림** 11.6c).

마지막으로 맥락이 tin의 더 자주 사용되는 의미를 가리키는 아래 문장에 대해 생각해 보자.

The miners went under the mountain to look for tin. (통제 단어: gold).

이 예에서는 *tin*의 지배적인 의미만 활성화되어 *tin*은 아주 빨리 읽힌다(**그림** 11.6d).

균형 지배 단어: CAST(연극); CAST(석고)
편향 지배 단어: TIN(금속); tin(음식 용기)

사전 맥락 없음: 속도는 지배 양상에 의해 결정된다.

(a) CAST(연극)와 CAST(석고)는 비슷한 정도로 지배한다.

(b) TIN(금속)이 지배한다.

사전 맥락: 속도는 지배 양상과 맥락에 의해 결정된다.

(c) tin(음식 용기)은 지배하지 못한다.
TIN(금속)이 지배한다.

(d) TIN(금속)이 지배한다.

그림 11.6 문장을 읽는 동안 중의 단어의 의미에 접근하는 것은 단어의 의미 지배와 문장이 생성하는 맥락에 의해 결정된다. (a)와 (b)는 맥락이 없는 경우이다. (a) 균형 지배 단어에서 단어가 비슷한 정도로 사용되는 두 개의 의미 간에 경쟁이 일어나 접근이 느리다. (b) 편향 지배 단어에서 가장 빈도가 높은 의미만 활성화되어 접근이 빠르다. (c)와 (d)는 편향 지배 단어가 나오기 전에 맥락이 주어지는 경우이다. (c) 덜 자주 사용되는 의미와 가장 자주 사용되는 의미가 활성화되어 접근이 느리다. (d) 가장 자주 사용되는 의미만 활성화되어 접근이 빠르다.

의미 포화

이제 우리는 단어의 중요성, 어떻게 어떤 단어는 여러 가지 의미를 갖는지, 그리고 어떻게 이 중의성 때문에 단어 해석이 혼란스러워지는지를 이해하게 되었다. 그렇지만 고려해야 할 현상이 하나 더 있다. 어떤 단어를 여러 번 반복하면 단어가 의미를 잃고(의미론) 이해하기 어려워진다. 이러한 현상을 **의미 포화**(semantic satiation)라고 한다. 의미 포화는 단어의 집합(구)에서도 일어난다. 단어나 구를 알고 있더라도 반복하게 되면, 단어나 구와 연합된 신경 반응의 강도가 감소하게 된다. 이렇게 되면, 단어나 구가 더 이상 제대로 들리지도 않고 의미를 전달하는 것 같지도 않게 된다. 예를 들어, 여러분이 'potato'나 'intriguing'을 충분히 여러 번 말하게 되면, 단어가 무의미한 소리로 들리게 된다. 이 현상은 일반적으로 지속 시간이 짧다. 다른 생각을 하거나 대화의 주제를 바꾸면 단어나 구의 의미가 결국엔 되돌아온다(Smith & Klein, 1990). TV 쇼 〈테드 라소(Ted Lasso)〉(2020-2023)에서 뽑은 예를 보자.

의미 포화(semantic satiation) 단어나 구를 반복하면 일시적으로 의미를 잃는 현상.

> "I'm not planning on that. My plan is for my plan to work. But you know what they say about the best laid plans, right? (pause) Hmm . . . I said 'plan' too many times. Word's lost all its meaning now. Plan. Plan? Plan! Doesn't matter . . . Hey, you tell Man City that this man has a plan. Plan? Plan? Plain? Plon?"

["그럴 계획은 없어. 내 계획은, 내 계획이 잘 되는 거야. 근데 말이지, '최고의 계획도 실패할 수 있다'고들 하잖아? (잠시 멈추고) 흠… '계획'이라는 말을 너무 많이 했네. 이제 무슨 뜻인지도 모르겠어. 계획. 계획? 계획! 상관없어… 자, 맨체스터시티에 전해줘. 이 남자, 계획이 있다고. 계획? 계획? 플레인? 플론?"]

이 예의 마지막 부분에 이르면 'plan'이라는 단어가 그 의미를 완전히 잃어서 여러 가지 발음이 시도되지만 성공하지 못한다. 고착(12장에서 다룰 예정)이 의미 포화 문제의 한 부분이다. 고착을 해소하는 것은 의미 포화의 효과를 줄이거나 없앨 수 있다. 우리는 이 장에서 단어의 의미에 접근하는 과정은 복잡하며, 여러 요인의 영향을 받는다는 것을 살펴보았다. 첫째, 단어의 빈도가 단어의 의미를 처리하는 데 걸리는 시간을 결정한다. 둘째, 단어가 둘 이상의 의미를 갖는 경우에는 문장 맥락이 우리가 어떤 의미에 접근하는지를 결정한다. 마지막으로, 우리가 단어의 정확한 의미에 접근하는 능력은 단어의 빈도라는 요인과, 의미 지배와 맥락의 조합이라는 요인(단어가 두 가지 이상의 의미를 갖는 경우), 이 두 가지의 영향을 받는다. 그러니까 그냥 개별 단어의 의미를 파악하고, 재인하고, 안다는 것은 사실은 복잡하고도 감동적인 성취이다. 그런데 단어만으로도 작동하는 예외적인 경우(예: 'Stop!'이나 'Wait!'와 같은 외침 상황)를 제외하면, 단어는 다른 단어들과 합쳐서 문장을 만든다. 이어서 논의하겠지만 문장은 언어 이해에 또 다른 수준의 복잡성을 더해준다.

자가 테스트

1. 소통과 언어는 어떻게 다른가? 인간의 언어는 다른 종들의 소통과 어떻게 다른가? (학습목표 11-1)
2. 언어의 위계적 본질은 무엇인가? 언어의 규칙 기반 본질은 무엇인가? (학습목표 11-1)
3. 소통 욕구는 왜 보편적이라고 하는가? (학습목표 11-1)
4. 언어는 심상 논쟁과 어떤 관련이 있는가? 내적 소통 능력의 개인차는 아판타시아 증후군과 어떻게 관련되는가? (학습목표 11-1)
5. 어떤 사건들이 1950년대에 언어에 대한 근대적 연구가 시작되는 것과 연합되었는가? (학습목표 11-1)
6. 언어심리학이란 무엇인가? 언어심리학의 관심사는 무엇이고, 11장은 언어심리학의 어떤 부분에 초점을 맞추었는가? (학습목표 11-1)
7. 의미란 무엇인가? 어휘란 무엇인가? (학습목표 11-1)
8. 어떻게 단어 빈도는 언어 처리에 영향을 미치는가? 단어 빈도 효과를 보여주는 안구 운동 실험에 대해 기술하라. (학습목표 11-2)
9. 맥락이 단어 발음의 변산성에 대처하는 것을 도와주는 증거는 무엇인가? (학습목표 11-2)
10. 말소리 분절은 무엇이고 왜 이것이 문제인가? 말소리 분절을 달성하는 것을 도와주는 요인은 어떤 것들이 있는가? (학습목표 11-2)
11. 어휘 중의성이란 무엇인가? (1) 단어를 듣고 난 직후에는 단어의 모든 의미가 접근되며, (2) 약 200ms 이내에 맥락이 중의어의 적절한 의미를 결정한다는 것을 보여주는 어휘 판단 실험에 대해 기술하라. (학습목표 11-2)
12. 의미 지배는 무엇인가? 편향 지배란 무엇인가? 균형 지배란 무엇인가? (학습목표 11-2)
13. 어떻게 빈도와 맥락이 결합해서 중의어의 정확한 의미를 결정하게 하는가? (학습목표 11-2)
14. 의미 포화란 무엇이며, 이는 언어 산출과 어떻게 관련이 있는가? (학습목표 11-2)

11.4 문장 이해

단어에 대해 고려할 때 우리는 문장이 어떻게 맥락을 만들어내는지에 대해 논의했는데, 맥락은 (1) 단어 발음의 변산성을 해결하고, (2) 연속되는 말의 흐름 속에서 개별 단어를 지각하고, (3) 중의어의 의미를 결정하는 것을 가능하게 해준다. 이제 단어들을 조합해서 문장으로 만드는 것이 어떻게 의미를 창조하는지에 대해 알아본다.

어떻게 우리가 문장의 의미를 파악하는지를 이해하려면 문장의 구조를 의미하는 **통사론**(syntax)을 알아야 하는데, 통사에 관한 연구는 언어가 제공하는 단서, 즉 문장 속의 단어가 어떻게 관련되는지를 보여주는 단서를 발견하는 것도 포함한다(Traxler, 2012). 먼저, 우리가 문장을 듣는 동안 어떤 일이 일어나는지 생각해 보자. 말은 시간상으로 전개된다. 그러니까, 한 단어가 나오고 다음 단어가 이어 나온다. 이러한 순차적인 과정은 문장 이해에서 중심적이다. 왜냐하면 문장에 대해 생각하는 한 가지 방법은 의미가 시간상으로 펼쳐 나간다고 보는 것이다.

통사론(syntax)
단어를 결합해서 문장으로 만드는 규칙. 의미론과 구분된다.

문장을 듣는 동안 어떤 심적 과정이 일어나는 것일까? 이 질문에 답하는 단순한 방법은 순차적으로 들려오는 단어들의 의미를 더해서 의미가 만들어진다고 생각하는 것이다. 그러나 이 생각은 어떤 단어는 두 가지 이상의 의미를 갖는다는 것과 단어들의 조합도 두 가지 이상의 의미를 가질 수 있다는 것을 고려해 보면, 금방 문제가 있다는 것을 알 수 있다. 단어들의 조합이 어떻게 의미를 만들어내는지를 결정하는 열쇠는 어떻게 단어들을 구로 묶어서 의미가 만들어지는지를 고려하는 것인데, 이 과정을 **통사 처리**(parsing, 해독)라고 한다.

통사 처리(해독)(parsing)
문장 속의 단어를 구나 절로 집단화하는 심적 작용. 문장이 통사 처리되는 방식이 문장의 의미를 결정한다.

통사 처리: 문장을 의미 있게 만들기

문장의 의미를 이해하는 것은 순차적으로 나오는 단어(그중에는 중의어도 있다)를 이해하는 것과 단어를 구나 절로 통사 처리(해독)하는 과정을 포함하는 심적 작업의 성과이다(**그림 11.7**). 통사 처리를 소개하기 위해 문장을 몇 개 보자. 다음과 같이 시작하는 문장을 생각해 보자.

After the musician played the piano ……

다음에 무엇이 나올 것 같은가? 몇 가지 후보를 보자.

1. …… she left the stage.
2. …… she bowed to the audience.
3. …… the crowd cheered wildly.

이 후보들은 이해하기 쉽고 의미가 통하는 문장을 만드는데, 모두가 단어를 다음과 같이 묶어서 해석한다. [After the musician played the piano] [the crowd cheered wildly]. 그러나 문장이 다음처럼 이어진다면 어떤 일이 일어날까?

그림 11.7 일련의 단어를 듣거나 읽고(입력 단어) 이 단어를 마음에 구나 절로 묶을 때(마음속에 통사 처리된 문장) 일어나는 과정을 통사 처리라고 한다. 이 예에서 단어가 구로 묶인 것은 입력된 문장을 '음악가가 피아노 연주를 하고 무대를 떠났다'는 의미로 해석했다는 것을 보여준다.

4. …… was re-tuned.

4번으로 끝나는 문장을 전체로 읽으면, *After the musician played the piano was re-tuned*가 되는데, 이는 다소 의외일 수 있다. 왜냐하면 [After the musician played the piano]라는 묶음이 옳지 않기 때문이다. 정확한 묶음은 [After the musician played] [the piano was re-tuned]이다. 문장으로 쓸 때 쉼표를 추가하면, *After the musician played, the piano was re-tuned*가 되어 이 문장에 대한 정확한 통사 처리가 분명해진다.

처음에는 이러한 것을 의미하는 것처럼 보였는데, 끝에 가서 보면 그것과 다른 뜻을 의미하는 것으로 이해되는 문장을 **길 오인 문장**(garden path sentence. 'leading a person down the garden path'라는 구절에서 나온 표현으로, 사람들을 혼란스럽게 한다는 의미)이라 한다. 길 오인 문장은 **일시적 중의성**(temporary ambiguity)을 예시해 준다. 처음에는 한 가지 조직화가 채택되었지만, 오류라는 것을 알게 되면 독자나 청자가 정확한 조직화로 수정해서 중의성을 해소하기 때문에 한시적으로만 중의적이기 때문이다.

길 오인 문장 (garden path sentence)
문장의 초반부에서 함의되는 것처럼 보이던 의미가 문장에서 그 후에 제공되는 정보에 의해 부정확한 것으로 드러나는 문장.

일시적 중의성 (temporary ambiguity)
문장 앞부분에 나오는 단어에 기초한 문장의 의미가 그 문장이 어떻게 전개되는지에 따라 여러 가지 의미가 가능하기 때문에 애매한 상황. *Cast iron sinks quickly rust*가 일시적 중의성을 초래하는 문장의 예이다.

통사 처리의 길 오인 모형

언어 연구자들은 통사 처리 중에 작동하는 기제를 알아내기 위해서 일시적 중의성을 가진 문장들을 이용해 왔다. 통사 처리, 특히 길 오인 문장의 통사 처리를 설명하기 위해 제안된 초기 이론 중의 하나가 **통사 처리의 길 오인 모형**(garden path model of parsing)이다. Lynn Frazier(1979, 1987)가 제안한 이 접근에서는 사람들이 문장을 읽을 때 어림법이라 불리는 몇 가지 통사 처리 기제가 단어를 구나 절로 묶는 것을 지배한다고 제안한다. 우리가 13장에서 추리와 결정을 논의할 때 알게 되겠지만, 결정을 내리기 위해 빠르게 적용할 수 있는 규칙이 **어림법**(heuristic)이다. 통사 처리에 관여하는 결정은 문장이 순차적으로 전개되어 나갈 때 문장의 구조에 관해 내리는 결정이다.

통사 처리의 길 오인 모형(garden path model of parsing)
통사 원리가 통사 처리의 주요 결정인자라고 강조하는 통사 처리 모형.

어림법(heuristic)
문제에 가장 그럴싸한 해결책을 제공하는 편법.

어림법은 두 가지 속성을 갖는다. 긍정적인 측면은 어림법이 빠르다는 점이다. 이 속성은 분당 약 200단어의 속도로 진행되는 언어에서 아주 중요하다(Traxler, 2012). 부정적인 측면은 어림법은 가끔 틀린 결정을 내린다는 점이다. 이 속성은 처음의 통사 처리가 부정확한 것으로 나타난 *After the musician played the piano was re-tuned*와 같은 문장에서 분명하게 드러난다. 길 오인 모형에서는 이러한 일이 생기면 첫 번째 통사 처리 결과를 다시 고려해서 적합한 수정을 한다고 제안한다.

길 오인 모형에서는 통사 처리를 할 때 규칙이 관여한다는 것뿐만 아니라 이 규칙은 언어의 구조적 특징인 통사론에 기초한다고 명시하였다. 통사론에 기초한 원리의 하나인 늦은 종결 원리에 대해 알아보자. **늦은 종결**(late closure) 원리란 사람들이 문장에서 그다음 단어를 읽으면 사람의 통사 처리 기제는 그 단어를 지금 형성되고 있는 절의 일부분으로 가정한다고 언명한다. 그래서 새로 나온 단어는 가능한 한 현재 구성하는 절의 부분으로 추가한다는 원리이다(Frazier, 1987).

이 원리가 어떻게 작동하는지를 보기 위해 음악가 문장을 다시 보자. 참가자는 문장의 앞부분부터 읽기 시작한다.

After the musician played ……

여기까지는 모든 단어들이 하나의 절에 포함된다. 이제 우리가 *the piano*라는 단어를 읽게 되면 무슨 일이 일어날까? 늦은 종결 원리에 따르면 통사 처리 기제는 *the piano*를 지금 구성하고 있는 절의 일부분으로 가정하기 때문에, 그 절은 다음과 같게 된다.

After the musician played the piano ……

지금까지는 아무 문제가 없다. 그러나 우리가 *was*라는 단어를 보게 되면 늦은 종결 원리에서는 이 부분도 절에 추가해서 다음과 같게 만든다.

After the musician played the piano was ……

이어서 다음 단어 *re-tuned*가 추가되어 더 긴 구절을 만들게 되면 무언가 어색하다는 것이 분명해진다. 늦은 종결 원리가 너무나 많은 단어를 하나의 절에 포함시켜서 우리를 혼란 속으로 빠뜨렸다(미로로 이끌었다!). 다시 생각해야 하게 되었고, 그래서 문장의 의미를 고려해서 *the piano*가 처음 절에 포함되지 않게 문장을 다시 통사 처리한다. 이제 *the piano*는 두 번째 절의 일부가 되어 문장을 다음처럼 묶게 된다.

[After the musician played] [the piano was re-tuned].

길 오인 모형은 많은 연구를 이끌어내었고, 이 연구는 이 모형을 지지하였다(Frazier, 1987). 그러나 또 다른 연구자들은 수정이 필요하다는 것이 명확해질 때까지 늦은 종결 원리와 같은 통사 규칙만이 통사 처리를 결정한다는 제안에 의문을 제기했다(Altmann et al., 1992; Tanenhaus & Trueswell, 1995). 이 연구자들은 통사 처리를 시작할 때부터 통사론 이외의 다른 요인이 통사 처리에 관여한다는 것을 보여주는 증거를 내어놓았다.

통사 처리의 제약 기반 접근

우리가 문장을 읽거나 들을 때 통사론 외의 다른 정보도 처리에 참여한다는 주장이 **통사 처리의 제약 기반 접근**(constraint-based approach to parsing)이다. 이제 어떻게 통사 처리가 통사론 이외의 다른 요인들의 영향을 받을 수 있는지를 보여주는 예들을 보게 되면, 우리는 이 장의 시작 부분에서 소개했던 주제를 접하게 된다. 즉, 문장에 있는 단어에 포함된 정보와 문장이 사용된 맥락에 있는 정보가 어떻게 문장이 통사 처리되어야 하는지에 대해 예측하는 데 사용된다는 주제를 마주하게 된다(Kuperberg & Jaeger, 2015; Ferreira & Jiu, 2021).

통사 처리의 제약 기반 접근(constraint-based approach to parsing)
의미론, 통사론 등의 요인들이 통사 처리를 결정하기 위해 동시에 작동한다고 제안하는 통사 처리 접근법.

단어 의미의 영향 문장 속에 있는 단어의 의미가 어떻게 처음부터 통사 처리에 영향을 미칠 수 있는지를 보여주는 두 개의 문장이 있다. 이 두 문장은 문장의 두 번째 단어의 의미 때문에 통사 구조를 파악하는 난이도가 다르다.

1. The defendant examined by the lawyer was unclear.
2. The evidence examined by the lawyer was unclear.

문장을 읽어나갈 때 어떤 문장이 쉬웠는가? 1번 문장이 시간상으로 전개되는 동안 일어나는 과정이 **그림** 11.8a에 그려져 있다. *The defendant examined*를 읽고 나면 두 가지 가능성이

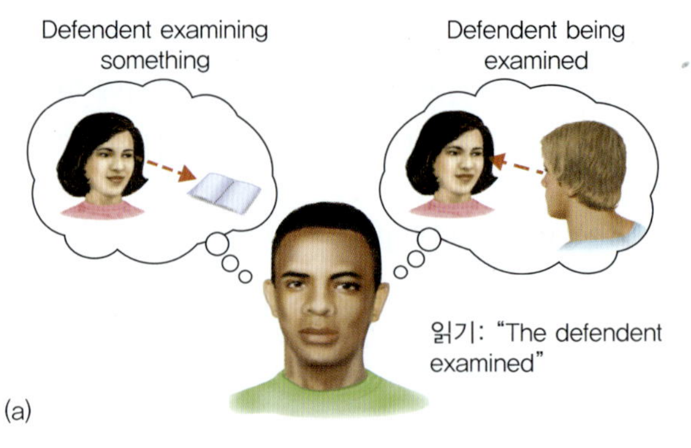

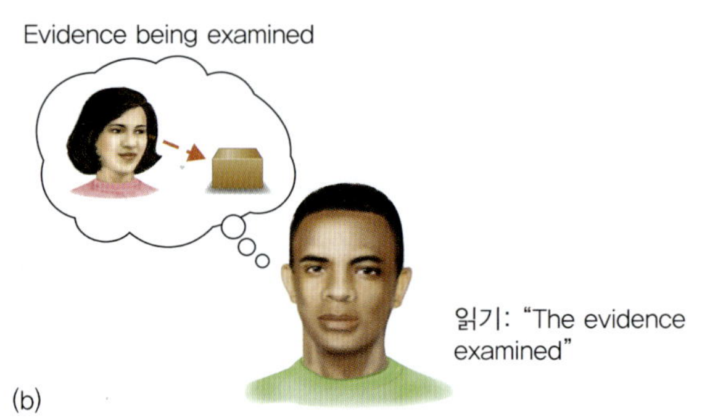

그림 11.8 (a) 1번 문장에서 The defendant examined를 읽거나 들으면 두 가지 예측이 가능하다. 피고인이 무언가를 조사하거나(왼쪽), 피고인이 누군가에게 조사받는 것(오른쪽)이 가능하다. (b) 2번 문장에서 The evidence examined를 읽으면 누군가가 증거를 조사한다는 가능성만 있게 된다. 증거가 무언가를 조사한다는 가능성은 아주 낮다.

있게 된다. 즉, (1) 피고인이 무언가를 조사하거나, (2) 피고인이 누군가에게 조사받는 것이 가능하다. *by the lawyer*라는 문장의 나머지 부분을 다 읽고 난 다음에야 피고인이 조사받는 대상이라는 것이 명확해진다.

그에 반해 2번 문장에서는 *The evidence examined*를 읽고 나면 한 가지 가능성만 있다. 증거가 무언가를 조사한다는 것은 가능하지 않으니까(**그림 11.8b**).

이야기 맥락의 영향 다음 문장을 생각해 보자. 'The panda eats shoots and leaves.' 여러분이 판다에 대해 아는 것에 비추어 보면 이 문장은 말이 된다. 판다가 먹는 먹이의 99%가 대나무 순(shoots)과 잎(leaves)이다. 그렇지만 여러분이 이 문장을 읽기 전에 더 많은 정보를 가지고 있다면 어떤 일이 일어날 수 있을까? 다음 이야기를 들었다고 상상해 보자.

> Buster, the renowned panda pest exterminator, was enjoying a quiet lunch at the diner when he spotted an insect infestation scurrying across the floor. With lightning speed, Buster sprang into action, swiftly neutralizing the pests and ridding the establishment of the infestation. With his job done, Buster nodded in satisfaction before quietly departing, leaving behind a grateful diner. Buster's reputation aside, no one could believe how quickly *the panda eats shoots and leaves*.
> [판다 해충 박멸가로 유명한 버스터는 식당에서 조용히 점심을 즐기고 있었다. 그때 바닥을 가로지르는 해충 떼를 발견하고는 번개처럼 재빠르게 움직여 해충을 박멸하고 식당을 깨끗이 정리했다. 임무를 마친 버스터는 만족스럽게 고개를 끄덕이고 조용히 자리를 떴다. 버스터의 명성을 제쳐두고서라도, 식당 안 그 누구도 그렇게 빨리 '그 판다가 식사하고(eats) 해충을 박멸하고(shoots) 떠난다(leaves)'는 사실을 믿을 수 없었다.]

이 경우 이 문장을 이해하려면 이야기를 알아야 한다. 글로 쓰여 있다면 쉼표가 이 혼란을 막아줄 수 있다(the panda eats, shoots, and leaves). 그렇지만 소리 내어 읽는 경우 정확하게 이해하려면 이야기 맥락이 필요하다.

장면 맥락의 영향 문장의 통사 처리는 이야기가 제공하는 맥락뿐만 아니라 장면이 제공하는 맥락에도 영향을 받는다. 장면 속의 특정 사물을 보는 것이 어떻게 우리가 문장을 통사 처리하는지에 영향을 주는지 알아보기 위해 Michael Tanenhaus와 동료들(1995)은 **시각 세상 연구법**(visual world paradigm)이라는 기법을 개발했다. 이 연구법에서는 어떻게 장면에 있는 정보가 문장을 통사 처리하는 데 영향을 미치는지를 알아내는 것을 포함한다. 참가자들이 **그림 11.9a**처럼 탁자에 있는 사물을 볼 때 그들의 안구 운동을 측정하였다. 이 그림을 보고 있는 동안 다음과 같은 지시를 수행하라고 요구받았다.

시각 세상 연구법 (visual world paradigm) 언어 처리를 연구하는 실험에서 장면에 있는 사물과 관련된 구체적인 지시에 반응하는 것을 통해 참가자가 장면에 있는 정보를 어떻게 처리하는지 알아낸다.

Place the apple on the towel in the box.

참가자들이 *Place the apple*이라는 말을 들으면 사과로 눈을 이동했고, 이어서 *on the towel*이라는 말을 들으면 다른 수건을 쳐다보았다(**그림 11.9b**) 참가자들이 이렇게 한 이유는 문장의 이 시점에서는 사과를 다른 수건에 놓으라고 들었다고 가정했기 때문이다. 그러다가 *in the box*라는 말을 듣게 되면 틀린 곳을 보고 있다는 것을 알게 되고 눈을 상자로 이동한다.

참가자들이 처음에 틀린 곳을 본 이유는 문장이 중의적이기 때문이다. 처음엔 *on the towel*이 어디에 사과가 **놓여야 하는지**를 의미하는 것처럼 보였다. 그러나 곧 *on the towel*은 사과가 어디 **놓여 있는지**를 말한다는 것이 분명해졌다. 문장을 *Move the apple that's on the towel to the box*라고 변경해서 중의성을 제거하면 참가자들은 곧장 상자로 주의를 고정한다. **그림 11.9c**는 이 결과를 보여준다. 문장이 중의적이었을 때는 참가자들은 시행의 55%에서 다른 수건을 쳐다보았으나, 문장이 명확한 경우에는 다른 수건을 쳐다보지 않았다.

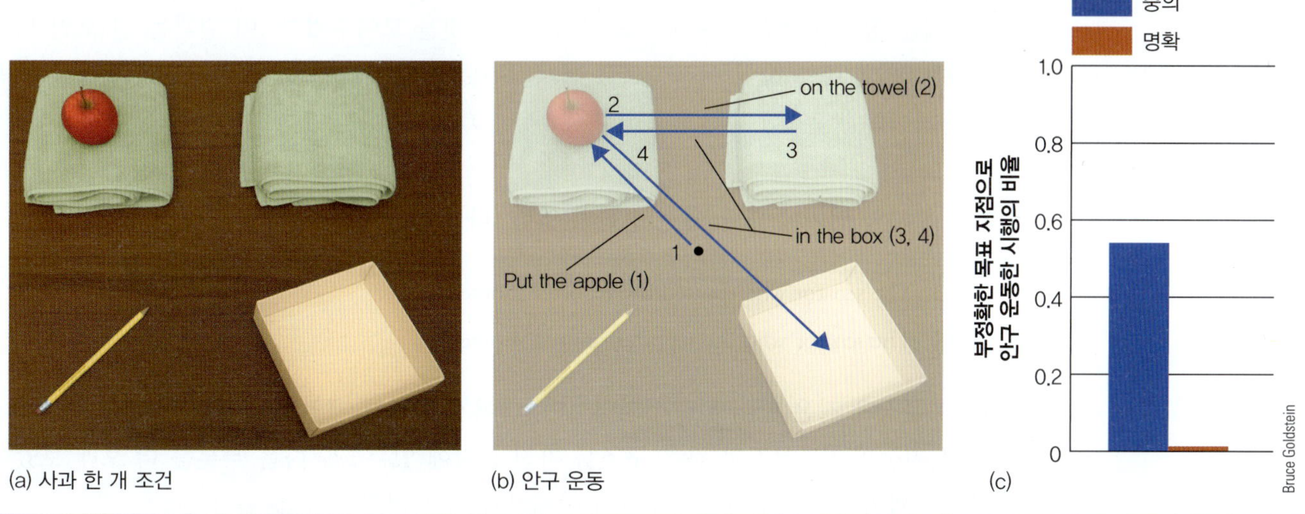

그림 11.9 (a) Tanenhaus와 동료들(1995)의 참가자들이 본 것과 유사한 사과 한 개 장면. (b) 이 과제를 수행하는 동안의 안구 운동. (c) 중의적인 문장(Place the apple on the towel in the box)과 명확한 문장(Place the apple that's on the towel in the box)에 대해 오른쪽에 있는 수건으로 안구 운동을 한 시행의 비율.

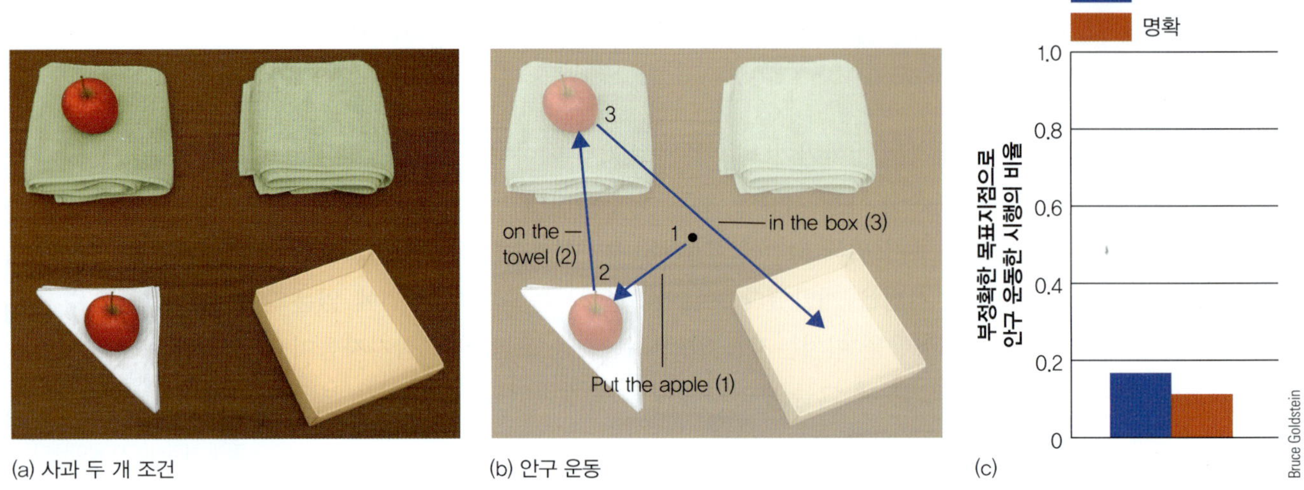

그림 11.10 (a) Tanenhaus와 동료들(1995)의 참가자들이 본 것과 유사한 사과 두 개 장면. (b) 이 과제를 수행하는 동안의 안구 운동. (c) 중의적인 문장(Place the apple on the towel in the box)과 명확한 문장(Place the apple that's on the towel in the box)에 대해 오른쪽에 있는 수건으로 안구 운동을 한 시행의 비율.

Tanenhaus는 **그림 11.10a**처럼 사과가 두 개인 장면을 보는 다른 조건도 실시하였다. 사과가 두 개이기 때문에, 참가자들은 *on the towel*이 어떤 사과를 움직여야 하는지를 알려주는 것이라고 해석하였고, 그래서 사과를 보고 이어서 상자를 보았다(**그림 11.10b**). **그림 11.10c**는 참가자들이 장면을 볼 때 *place the apple on the towel*(중의적 문장)과 *place the apple that's on the towel*(명확한 문장) 모두에서 시행의 단지 10% 정도에서만 다른 수건을 쳐다보았다. 중의적 문장과 명확한 문장에서 안구 운동 패턴이 같았다는 것은 이 맥락에서 참가자들은 미로에 빠지지 않았다는 것을 의미한다.

이 실험의 중요한 결과는 문장을 읽는 동안 안구 운동이 일어난다는 것과 참가자들의 안구 운동은 장면 내용의 영향을 받는다는 것이다. 그러니까 Tanenhaus는 참가자들은 문장의 통사 구조에 의해 제공되는 정보뿐만 아니라 Tanenhaus가 **비언어적 정보**라 부르는 정보, 이 경우에는 장면이 제공하는 정보도 고려한다는 것을 보여주었다. 이 결과는 길 오인 모형이 제안한 생각, 즉 문장이 시간상으로 전개되는 동안 통사 규칙만 고려된다는 생각을 반박하는 증거이다.

기억 부하와 언어에 대한 이전 경험의 영향 다음 두 문장을 고려해 보자.

1. The senator who spotted the reporter shouted.
2. The senator who the reporter spotted shouted.

이 두 문장은 같은 단어로 구성되었지만, 단어가 다르게 배열되어 다른 구문을 만들어내었다. 독자들이 2번 문장과 같은 구조를 가진 문장에 있는 *who* 다음 부분을 더 오래 보았다는 연구 결과가 알려주듯이 2번 문장이 이해하기 더 어려웠다(Traxler et al., 2002).

왜 2번 문장이 이해하기 어려운지를 이해하려면 문장을 절로 나눌 필요가 있다. 1번 문장은 두 개의 절로 나뉜다.

주절: The senator shouted.

내포된 절: The senator spotted the reporter.

*who spotted the reporter*가 주절의 안에 들어있기 때문에 내포된 절이 '내포된' 것이다. 상원의원(the senator)은 주절과 내포된 절 모두에서 주어이다. 이러한 구문을 **주격 관계절 구문**(subject-relative construction)이라고 한다.

주격 관계절 구문 (subject-relative construction) 주절의 주어가 내포된 절에서도 주어인 문장 구문. The senator who spotted the reporter shouted가 예이다.

2번 문장도 두 개의 절로 되어 있다.

주절: The senator shouted.

내포된 절: The reporter spotted the senator.

1번 문장과 마찬가지로 상원의원이 소리를 지르는 행동을 했기 때문에 상원의원이 주절의 주어이다. 그리고 내포된 절에서 상원의원은 *who*로 대체되었다. 그러나 상원의원은 내포된 절에서 목적어이다. 들킴을 당한 대상이기 때문에 상원의원은 목적어이다(기자인 the reporter가 내포된 절의 주어이다. 왜냐하면 내포된 절에서 발견한 사람이 기자이다). 이러한 구문을 **목적격 관계절 구문**(object-relative construction)이라고 한다.

목적격 관계절 구문 (object-relative construction) 주절의 주어가 내포된 절에서 목적인 문장 구문. *The senator who the reporter spotted shouted*가 예이다.

목적격 관계절 구문이 어려운 이유 중의 하나는 독자의 기억을 더 많이 요구하기 때문이다. 1번 문장에서 우리는 누가 찾아냈는지 곧장 알아낸다. 상원의원이다. 그러나 2번 문장에서는 'spotted'가 문장의 끝부분에 있어서 기자가 발견했다는 것을 찾아낼 때까지 문장의 앞부분을 기억에 유지하고 있을 필요가 있기 때문이다. 이렇게 기억 부하가 커서 처리가 느려진다.

목적격 관계절 구문이 어려운 두 번째 이유는 문장 구조가 더 복잡하기 때문이다. 왜냐하면 1번 문장에서는 상원의원이 주절과 내포된 절 모두에서 주어지만, 2번 문장에서는 상원의원이 주절의 주어지만 내포된 절에서는 목적어이기도 하기 때문이다. 더 복잡한 구문이어서 목적격 관계절 구문이 처리하기 어렵다는 것이 영어에서 이 구문이 덜 사용되는 이유가 될 수도 있다. 주격 관계절 구문은 관계절 구문의 65%를 차지하는데(Reali & Christiansen, 2007), 더 자주 사용된다는 것은 중요한 이점을 갖는다. 우리가 주격 관계절 구문에 더 많이 노출되니까 이 구문을 이해하는 연습을 더 많이 하게 된다. 이러한 형태의 문장에서는 *who*, *which*, *that*과 같은 관계대명사 다음에 동사(1번 문장에서 *spotted*)가 나온다고 기대하는 것을 학습해 왔다. 그래서 2번 문장에서처럼 관계대명사 뒤에 동사가 나오지 않으면, 우리는 다시 한번 생각해서 다른 구문에 적응해야 한다. 이 말이 익숙하게 들리는가? 우리가 *the defendant examined*와 *the panda eats shoots*와 같은 예에서 학습했듯이, 문장을 들으며 예측하는데, 그것이 틀린 것으로 드러나면 문장 처리가 느려진다.

예측, 예측, 예측

우리가 지금까지 고려했던 예들, 즉 the defendant being examined, the shooting panda, the apple on the towel, the shouting senator는 공통점이 있다. 이 문장들은 사람들이 문장의 다음 부분에서 어떤 일이 일어날 것이라고 어떻게 예측하는지를 보여준다. 우리는 *The defendant examined*는 피고가 무언가를 조사할 것이라는 것을 의미한다고 예측하는데, 실상은 피고가 조사를 받는다는 것으로 드러났다! 어이쿠! 틀린 예측이 우리를 미로에 빠뜨렸다.

틀린 예측이 일시적으로 우리를 궤도에서 이탈하게 할 수 있지만, 대부분 예측은 우리에게 도움이 된다. 우리는 문장의 다음 부분에서 어떤 일이 일어날 것이라고 항상 예측하는데, 이 예측은 대부분 맞다. 정확한 예측은 우리가 언어의 빠른 속도에 대처하게 해준다. 예측은 우리가 잘 안 들리는 전화 통화를 하거나, 시끄러운 환경에 있거나, 익숙하지 않은 억양으로 말하는 사람을 이해하려고 할 때처럼 언어에 결함이 있을 때 더 중요해진다.

Gerry Altmann과 Yuki Kamide(1999)는 참가자들의 안구 운동을 측정해서, 사람들이 문장을 읽으면서 예측한다는 것을 보여주는 실험을 수행하였다. **그림** 11.11은 실험에서 사용한 것과 유사한 그림을 보여준다. 참가자들은 이 장면을 보면서 *The boy will move the cake* 또는 *The boy will eat the cake* 문장 중 하나를 귀로 들었다. 이 두 문장에서 *cake*는 목표물이다.

참가자들은 자기들이 들은 문장이 이 그림에 해당하는지를 답하도록 요구받았다. 참가자들이 어떤 답을 하는지는 Altmann과 Kamide의 관심사가 아니었다. 그들의 진짜 관심사는 참가자들이 문장을 들으면서 어떻게 정보를 처리하는지였다.

문장이 전개되는 동안 어떤 일이 일어날 수 있는지 생각해 보자. 먼저 *The boy will move*……를 생각해 보자. 여러분은 아이가 무엇을 움직일 것이라고 생각하는가? 아이는 차, 기차, 공, 심지어 케이크도 움직일 수 있으므로 답은 명확하지 않다. 이제 *The boy will eat*……을 생각해 보자. 이것은 쉽다. 아이는 케이크를 먹을 것이다.

이 문장을 듣는 동안 참가자의 안구 운동을 측정했더니, *move* 문장에서는 *cake*라는 단어를 듣고 127ms **후**에 목표물(이 경우 **케이크**)로 안구 운동이 일어났는데, *eat* 문장에서는 *cake*라는 단어를 듣기 87ms **전**에 안구 운동이 일어났다. 그러니까 *eat*이라는 단어를 들으면 참가자들은 *cake*라는 단어를 듣기 전에 이미 케이크 방향으로 보기 시작했다. *eat*이라는 단어가 다음 단어는 *cake*라고 예측하게 이끌었다.

이러한 예측은 우리가 문장을 읽거나 들을 때 항상 일어날 가능성이 높다. 다음 절에서 고려하겠지만, 예측은 이야기를 이해하고 대화를 할 때에도 중요한 역할을 한다.

그림 11.11 Altmann과 Kamide(1999)의 실험에 사용된 것과 유사한 그림. 참가자들이 이 그림을 보면서 문장을 듣는 동안 일어나는 안구 운동을 측정했다.

자가 테스트

1. 통사론이란 무엇인가? (학습목표 11-1)
2. 통사 처리(해독)란 무엇인가? 길 오인 문장이란 무엇인가? (학습목표 11-3)
3. 통사 처리의 길 오인 모형에 대해 서술하라. 어림법이란 무엇인지와 늦은 종결 원리를 반드시 이해하도록 하라. (학습목표 11-3)
4. 통사 처리의 제약 기반 접근에 대해 서술하라. 이 접근은 길 오인 모형과 어떤 점에서 다른가? (학습목표 11-3)
5. 통사 처리의 제약 기반 접근을 지지하는 다음의 증거들 각각에 대해 서술하라. (학습목표 11-3)
   - 문장에 있는 단어의 뜻이 어떻게 통사 처리에 영향을 주는가?
   - 이야기 맥락은 어떻게 통사 처리에 영향을 주는가?
   - 장면 맥락은 어떻게 통사 처리에 영향을 주는가? 시각 세상 연구법을 이해하도록 하라.
   - 기억 부하와 언어에 대한 지식에 기초한 예측이 어떻게 통사 처리에 영향을 주는가? 주격 관계절 구문과 목적격 관계절 구문의 차이와 왜 목적격 관계절 구문이 이해하기 어려운지를 이해하라.
6. 길 오인 문장은 예측과 어떻게 관련이 있는가? (학습목표 11-3, 학습목표 11-4)
7. 예측은 어떻게 문장 이해에서 중요한가? (학습목표 11-4)

11.5 덩이글과 이야기 이해

문장이 개별 단어가 가진 의미의 총합 이상이듯이, 이야기는 개별 문장이 가진 의미의 총합 이상이다. 잘 짜인 이야기에서는 이야기의 한 부분에 있는 문장이 다른 부분에 있는 문장과 관련이 있다. 독자들이 해야 할 일은 문장 간의 관계를 이용해서 응집적이고 이해할 수 있는 이야기를 만들어내는 것이다.

응집적인 이야기를 만들어내는 과정에서 중요한 부분이 추론(inference)이다. 추론이란 우리의 지식을 이용해서 글에서 제공된 정보를 넘어서서 덩이글(text)의 의미를 파악하는 인지 처리를 말한다. 우리는 지각에서 무의식적 추론이 지각에 관여하는 것(3장 77쪽)을 보았고, 기억의 구성적 본질에 대해 8장에서 서술할 때, 과거에 일어났던 것들을 인출할 때 종종 그 사실을 자각하지 못하면서 추론한다는 것을 보았다(269쪽).

추론(inference) 독자가 글에서 명시적으로 서술하지 않은 정보를 만들어내는 처리.

추론하기

언어 이해에서 추론이 일어난다는 것을 보여주는 초기 예는 John Bransford와 Marcia Johnson(1973)의 실험인데, 이 실험에서는 참가자들에게 짧은 글을 읽게 한 다음 무엇을 기억하는지 알아보았다. Bransford와 Johnson의 참가자들이 읽은 글 중의 하나는 다음과 같다.

> John was trying to fix the birdhouse. He was pounding the nail when his father came out to watch him and help him do the work. (존은 새집을 고치려고 애쓰고 있었다. 그가 못을 박고 있을 때, 아버지가 나와서 그가 일하는 모습을 지켜보고 도와주었다.)

이 글을 읽고 나서, 참가자들은 다음 글을 읽었다고 답하는 경향이 있었다. 'John was using a hammer to fix the birdhouse when his father came out to watch him and help him do the work.' 못을 박고 있었다는 정보에서 존이 망치를 사용했다고 추론했기 때문에, 망치를 사용했다는 것을 읽은 적이 없는데도 이 문장을 읽었다고 대답했다. 사람들은 덩이글을 읽으면서 여러 가지 유형의 추론을 하기 위해 이와 유사한 창의적인 처리를 한다.

추론의 한 가지 역할은 이야기 부분들 간에 연결을 만드는 것이다. 이 처리는 전형적으로 이야기 글을 발췌해서 예시된다. **이야기글**은 한 사건에서 다른 사건으로 전개되어 나가는 덩이글을 가리키는데, 이야기에서는 이전에 일어났던 일을 회상하는 부분이 들어 있기도 하다. 이야기글의 중요한 속성 중 하나는 응집성인데, **응집성**이란 독자의 마음속에서 덩이글의 한 부분에 있는 정보를 다른 부분에 있는 정보와, 또 덩이글의 부분을 이야기의 전체 주제와 명확하게 연결해 주는 표상을 의미한다. 응집성은 여러 가지 유형의 추론을 통해 달성될 수 있다. 다음 문장을 생각해 보자.

> Riffifi, the famous poodle, won the dog show. She has now won the last three show she has entered.

대용어 추론
(anaphoric inference)
한 문장에 있는 사물이나 사람을 다른 문장에 있는 물체나 사람과 연결하는 추론.

*she*는 누구를 가리키는가? *she*가 리피피를 가리킨다고 추론할 때 **대용어 추론**(anaphoric inference)을 한 것이다. 그러니까 두 번째 문장의 처음에 있는 *she*와 마지막 부분에 있는 *she*가 리피피를 가리킨다고 추론하는 유형의 추론이 대용어 추론이다. 앞의 '존과 새집' 예에서 두 번째 문장의 *he*가 존을 가리킨다는 것을 아는 것도 대용어 추론의 예이다.

대용어 추론을 할 때 일상적으로는 별 어려움을 겪지 않는다. 문장에서 정보들이 제시되는 방식과 우리가 갖고 있는 지식을 사용할 수 있는 능력 덕분이다. 그러나 헤비급 세계 챔피언이었던 조지 포먼(George Foreman. 유명한 체인 식당에 이름을 빌려준 것으로도 유명하다)이 『뉴욕 타임스(New York Times)』와 행한 인터뷰의 한 구절은 대용어 추론이 항상 쉬운 것은 아니라는 것을 보여준다.

> …… we really love to …… go down to our ranch. …… I take the kids out and we fish. And then, of course, we grill them. (Stevens, 2002)

문장의 통사적인 구조만 보면 아이들을 구웠다고 결론지을 수 있다. 그러나 우리는 우리가 구운 것은 물고기지 조지 포먼의 아이들이 아니라는 것을 안다. 독자들은 덩이글에 주어진 정보에 자기들이 보유하는 세상에 대한 지식에서 나온 정보를 더하기 때문에 어려운 조건에서도 대용어 추론을 할 수 있다. 경험과 기억에 기초해서 더 좋은 결정을 내리고 더 잘 이해하는 능력은 지각에서의 하향 처리와 관련이 있다(3장).

추론 능력을 이용하는 또 다른 예가 있다. 'William Shakespeare wrote Hamlet while he was sitting at his desk'라는 문장을 읽을 때 어떤 그림이 그려지는가? 우리는 셰익스피어가 살았을 시대에 대한 지식을 이용해서, 깃털 펜(랩톱 컴퓨터가 아니라!)으로 글을 썼을 것이고, 책상은 나무로 만들었을 거라고 추론한다. 이것이 **도구 추론**(instrument inference)의 예이다. 마찬가지로, 존과 새집에 관한 글에서 존이 못을 박으려고 망치를 사용했을 것이라고 추론할 수 있는데, 이 추론도 도구 추론이다.

도구 추론(instrument inference)
글을 읽거나 말을 들으면서 일어나는 도구나 방법에 관한 추론.

추론의 다른 예를 살펴보자.

> Sheila took an aspirin. Her headache went away.

인과추론(causal inference)
어떤 절이나 문장에 서술된 사건이 그보다 먼저 서술된 절이나 문장에서 발생한 사건에 의해 초래된 것이라고는 결론을 이끌어내는 추론.

우리는 *Her*는 실라를 가리킨다고 대용어 추론을 한다. 그런데 무엇이 두통을 사라지게 했는가? 여러분이 인과추론을 **하지 않는 한** 이 두 문장에는 이 질문에 대한 답이 없다. **인과추론**(causal inference)이란 어떤 절이나 문장에 서술된 사건이 그보다 먼저 서술된 문장에서 발생한 사건에 의해 초래된 것이라고 추론하고, 또 아스피린을 먹는 것이 두통을 사라지게 하는 결과를 초래했다고 추론하는 것을 말한다(Goldman et al., 1999; Graesser et al., 1994; Singer et al., 1992; van den Broek, 1994). 심리학과 통계학을 듣는 학생들은 '상관은 인과가 아니다'라는 말을 많이 듣는다. 어떤 고리가 두 행동이나 사건을 연결하는 것 같다는 것이 하나가 다른 행동이나 사건의 원인이라는 것을 의미하지는 않는다. 다음 두 문장을 읽고 어떤 결론을 내릴 수 있는가?

Sheila took a shower. Her headache went away.

샤워 문장에 이어 두통이 사라졌다는 문장이 나왔기 때문에, 여러분은 샤워하는 것이 실라의 두통이 없어진 것과 무슨 연관이 있을 것이라고 결론 내릴지도 모른다. 그러나 샤워와 두통 간의 인과적 연결은 첫 번째 문장 쌍에 있는 아스피린과 두통 간의 인과적 연결보다 약하다. 샤워와 두통 간의 연결을 만드는 것은 독자의 노력을 더 많이 요구한다. 여러분은 샤워가 실라를 편안하게 만든다든가, 샤워하면서 노래 부르는 습관이 효과를 보인 것이라든가 하는 추론을 해야 한다. 아니면 여러분은 이 두 문장 간에는 별 연결이 없다고 결론을 내릴 수도 있다. 이야기에 있는 정보가 어떻게 통사 처리에 도움이 될 수 있는지에 대한 논의를 떠올려 보자. 샤워가 긴장을 풀어 주기 때문에 실라가 샤워하기를 좋아한다는 이야기를 우리가 읽었다면, 샤워 덕에 두통이 없어졌다고 추론할 가능성이 커진다.

추론은 덩이글에 응집성을 만들어내는 데 필수적인 연결을 생성해내는 것이고, 이러한 추론을 하려면 독자의 창의성이 필요할 수도 있다. 그러니까, 덩이글을 읽는 것은 단순히 단어나 문장을 이해하는 것이 아니다. 덩이글을 읽는 과정은 단어나 문장, 그리고 문장들의 연쇄를 의미 있는 이야기로 변형시키는 처리를 포함하는 역동적인 처리이다. 이것은 독자와 글쓴이 둘 다의 기술과 의도에 따라 쉬운 일이 되기도 하고, 어려운 일이 되기도 한다(Goldman et al., 1999; Graesser et al., 1994; van den Broek, 1994).

이제까지는 사람들이 이야기의 부분들 간의 연결을 추론하기 위해 그들이 가진 지식을 어떻게 이용하는지의 관점에서 덩이글 이해 과정을 서술하였다. 사람들이 어떻게 이야기를 이해하는지를 알아보는 또 다른 접근법은, 사람들이 이야기를 읽으면서 형성하는 심적 표상의 본질에 대해 생각해 보는 것이다.

상황 모형

사람들은 이야기를 읽으면서 심적 표상을 형성한다고 말할 때 그것은 무엇을 의미하는가? 이 질문에 답하는 한 가지 방법은 여러분이 이야기를 읽는 동안 마음속에서 무슨 일이 일어나는지 생각해 보는 것이다. 예를 들어, *the runner jumped over the hurdle*이라는 글을 읽으면 운동장에 있는 주자가 허들을 넘는 심상이 떠오를 수 있다. 이 심상은 구절이나 문장 혹은 문단에서 전하는 정보 그 이상을 포함한다. 그 표상은 이야기에서 서술하고 있는 사람, 사물, 장소, 사건으로 서술된 상황에 대한 표상이다(Barsalou, 2008, 2009; Graesser & Wiemer-Hastings, 1999; Zwaan, 1999).

우리가 어떻게 문장들을 이해하는지에 대한 이 접근은 사람들이 이야기를 듣거나 읽는 동안 **상황 모형**(situation model)을 형성한다고 제안한다. 상황 모형이란 이야기에 등장한 사물과

상황 모형(situation model)
덩이글이 무엇에 관한 것인지에 대한 심적 표상.

(1) "He hammered the nail into the wall."
(2) "He hammered the nail into the floor."
(3) "The ranger saw the eagle in the sky."
(4) "The ranger saw the eagle in its nest."

그림 11.12 (a) Stanfield와 Zwaan(2001)의 '방향' 실험과 (b) Zwaan과 동료들(2002)의 '형태' 실험에서 사용한 자극과 유사한 자극. 참가자들은 문장을 듣고 나서 그림이 문장에서 서술된 대상인지 판단해야 했다.

사건의 지각적 특징과 운동(동작) 특징을 머릿속에서 재현한다. 이 생각은 참가자에게 어떤 사물이 포함된 상황을 서술하는 문장을 읽게 하고, 어떤 그림이 문장에서 서술한 사물을 보여주는 것인지 최대한 빨리 판단하게 해서 검증되었다. 다음 두 문장에 대해 생각해 보자.

1. He hammered the nail into the wall.
2. He hammered the nail into the floor.

그림 11.12a에서 수평으로 놓인 못은 1번 문장에서 기대되는 못의 방향과 일치하고, 수직으로 있는 못은 2번 문장에서 기대되는 방향과 일치한다. Robert Stanfield와 Rolf Zwaan(2001)은 위 문장을 보여주고 나서, 일치하는 그림이나 일치하지 않는 그림을 보여주었다. 두 그림이 모두 못을 보여주고, 참가자는 그림이 문장에서 서술한 사물을 보여주는지 판단하는 것이기 때문에, 어떤 그림이 보이든 정답은 '예'이다. 그러나 참가자들은 그림의 방향이 문장에서 서술하고 있는 상황과 일치할 때 더 빨리 '예'라고 답했다(**그림** 11.13a).

사물의 형태를 다룬 다른 실험에서 사용한 그림이 **그림 11.12b**에 제시되었다. 이 그림에 대해 사용한 문장은 다음 두 문장이었다.

1. The ranger saw the eagle in the sky.
2. The ranger saw the eagle in its nest.

Zwaan과 동료들(2002)이 수행한 이 실험에서 날개를 펼친 독수리 그림은 2번 문장 다음에 나올 때보다 1번 문장 다음에 나올 때 반응이 빨랐다. 이전 실험과 마찬가지로 그림이 문장에서 서술하는 상황과 일치할 때 반응시간이 짧았다. **그림 11.13b**에 제시된 결과는 방향을 다룬 실험의 결과와 일치하였고, 두 실험은 참가자들은 문장을 읽으면서 상황과 일치하는 지각을 창조해 낸다는 생각을 지지한다.

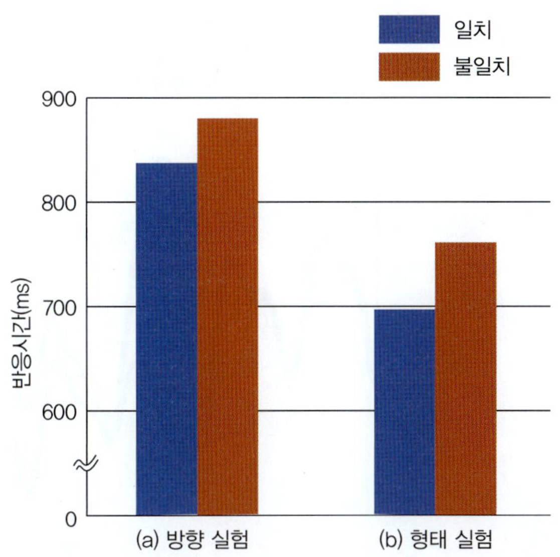

그림 11.13 Stanfield와 Zwaan(2001)와 Zwaan과 동료들(2002)의 실험 결과. 참가자들은 문장과 일치하는 '방향'(a)과 '형태'(b)에 대해 더 빨리 '예'라고 반응했다.

마음속에 상황이 어떻게 표상되는지를 보여주는 또 다른 연구는 Ross Metusalem과 동료들(2012)이 수행했는데, 이들은 이야기를 읽는 동안 상황에 대한 지식이 어떻게 활성화되는지에 관심이 있었다. Metusalem은 참가자들이 이야기를 읽는 동안 우리가 5장(176쪽)에서 소개했던 사건유발전위(ERP)를 측정하였다. ERP에는 여러 요소가 있다. 이 요소 중 하나가 N400인데, 단어가 들리거나 보이고 약 400ms 후에 나타나는 음(-)의 반응이라서 N400파라고 불린다. N400 반응의 특징 중의 하나는 문장 속에 있는 단어가 기대하지 않은 것이었을 때 반응이 크다는 것이다. 이것이 **그림 11.14**에 제시되었다. 파란색 기록이 *The cat won't eat*이라는 문장 속의 *eat*에 대한 N400 반응을 보여준다. 그러나 문장이 *The cat won't bake*로 바뀌면, 기대하지 않았던 *bake*라는 단어는 큰 반응을 방출한다.

Metusalem은 참가자들이 다음과 같은 시나리오를 읽을 동안 그들의 ERP를 측정하였다.

Concert Scenario

The band was very popular, and Joe was sure the concert would be sold out. Amazingly, he was able to get a seat down in front. He couldn't believe how close he was when he saw the group walk out onto the (*stage*/*guitar*/*barn*) and start playing.

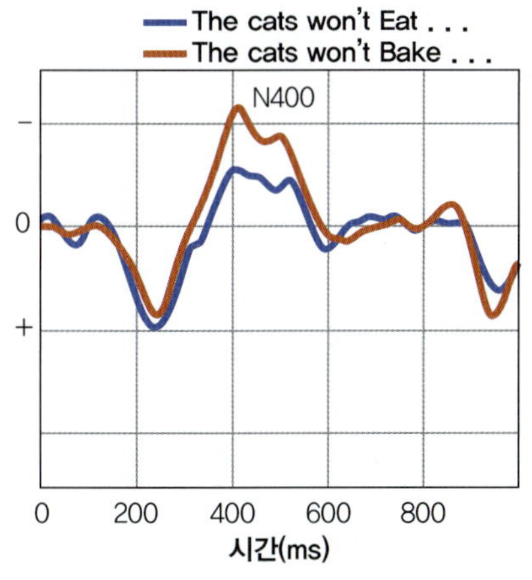

의미가 N400에 영향을 준다.

그림 11.14 ERP의 N400파는 단어의 의미의 영향을 받는다. 단어의 의미가 나머지 문장의 의미와 부합하지 않을 때 파가 커진다(빨간 선).

출처: Osterhout et al., 1997.

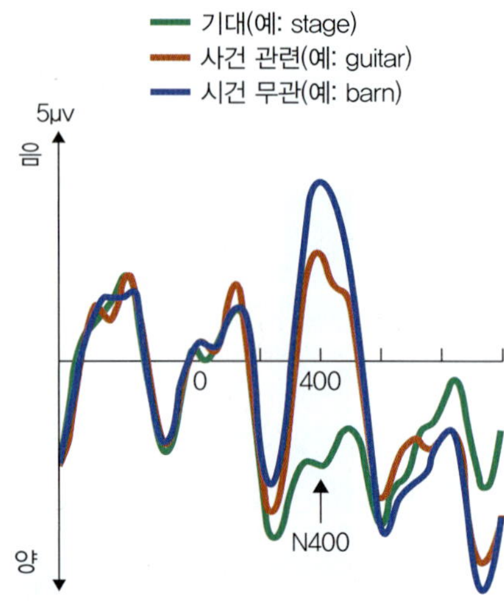

그림 11.15 Metusalem과 동료들(2012)의 콘서트 실험 결과. 중요한 결과는 guitar와 같이 사건 관련 단어(빨간 곡선)에 대한 N400이 barn과 같은 사건 무관련 단어(파란 곡선)에 대한 N400보다 작다는 것이다. 이 결과는 guitar가 문장과 일치하지는 않지만, 기타는 콘서트와 연합되어 있다는 참가자의 지식이 활성화되었다는 것을 시사한다.

괄호 속의 세 단어 중 한 단어가 들어가게 해서 시나리오마다 세 개의 버전을 만들었다. 참가자들은 시나리오마다 이 세 가지 버전 중 하나를 읽었다.

여러분이 이 시나리오를 읽는다면 어떤 단어가 'he saw the group walk out onto the……'에 이어서 나올 것으로 예측하는가? *stage*가 당연한 선택지라서 이 조건은 '기대' 조건이라 부른다. *guitar*는 이 글에는 적절하지 않지만, 콘서트나 밴드와는 관련이 있으니까 '사건 관련' 단어이다. *barn*은 이 글에 적절하지도 않고, 주제와도 관련성이 없으니까 '사건 무관' 단어이다.

그림 11.15는 참가자들이 목표 단어를 읽을 때 기록된 ERP의 평균을 보여준다. *stage*는 기대 단어이기 때문에 이 단어에 대한 N400은 아주 작다. 다른 두 단어에 대한 반응이 관심사이다. *barn*은 글과 관련이 없기 때문에 큰 N400을 일으켰다. *guitar*는 글에는 적합하지 않지만, '콘서트'와는 관련이 있는데, *barn*보다는 작은 N400을 일으켰다.

우리는 *stage*가 문장의 뜻에 적합하기 때문에 N400 반응이 없거나 아주 작을 것으로 기대한다. 그러나 *guitar*가 *barn*보다 작은 N400을 발생시켰다는 것은 이 단어가 콘서트 시나리오에 의해 적어도 약하게는 활성화되었다는 것을 의미한다. Metusalem에 따르면 우리가 글을 읽는 동안 다른 상황에 대한 지식이 계속해서 접근된다. 만약 *guitar*가 활성화되었다면 콘서트와 관련된 다른 단어들, 예를 들어 *drums*, *vocalist*, *crowd*, *beer*(콘서트에 대한 여러분의 경험에 따라)도 활성화될 수 있다.

특정 시나리오와 연합된 많은 것들이 활성화된다는 생각은 우리가 글을 읽으며 상황 모형을 만든다는 생각과 연결된다. ERP 결과는 우리가 글을 읽는 동안 특정 상황에 대해 아는 지식에 기초해서 아주 많은 세부적인 정보가 들어 있는 상황에 대한 모형이 활성화된다는 것을 보여준다(Kuperberg, 2013; Paczynski & Kuperberg, 2012 참고). 우리가 이야기를 듣거나 읽는 동안 계속해서 세상 지식에 접근한다는 것을 시사하는 것에 추가해서, 이와 같은 결과는 특정 단어를 읽고 1초의 몇 분의 1도 안 되는 짧은 시간에 이 지식에 빠르게 접근한다는 것을 보여준다.

상황 모형 접근의 또 다른 측면은 독자나 청자가 이야기에 있는 사물의 운동 특성을 재현한다는 주장이다. 이 생각에 따르면, 움직임을 포함하는 이야기는 사람들이 그 이야기를 이해하는 동안 움직임을 머릿속에 재현하며, 이를 상황 모형에 포함시킨다. 예를 들어, 자전거에 대한 이야기는 자전거가 어떻게 생겼는지에 대한 지각뿐만 아니라 움직임과 연합된 속성을 유발시킨다. 그러니까 자전거를 움직이는 방법(페달을 밟아서)과 각기 다른 조건(언덕 오르기, 자전거 경주, 경치 감상)에서 자전거를 타는 데 사용하는 몸 움직임 등에 관한 속성을 유발시킨다. 이것은 9장에서 소개한 생각, 즉 범주에 대한 지식은 단순히 그 범주의 전형적인 사물을 알아보는 것을 넘어선다는 주장과 일치한다. 범주에 대한 지식은 그 사물이 어떻게 사용되는지, 무슨 일을 하는지, 그리고 때로는 그 사물이 야기하는 정서적 반응과 같은 다양한 속성을 포함한다. 이러한 방식으로 참가자의 반응을 관찰하는 것은 단순히 무슨 일이 일어났는지를 이해하는 것을 넘어서서 이야기에 있는 사건에 풍부함을 더해준다(Barsalou, 2008; Fischer & Zwaan, 2008).

9장(325쪽)에서 Olaf Hauk와 동료들(2004)이 움직임, 동작 단어, 그리고 뇌의 활성화 간의 관계를 알아보았다는 것을 다루었다. 이들은 (1) 참가자가 오른쪽이나 왼쪽 발, 오른쪽이나 왼쪽 집게손가락, 또는 혀를 움직일 때와 (2) 참가자들이 **차다**(발동작), **뽑다**(손이나 팔 동작), 또는 **빨다**(혀 움직임)와 같은 '동작 단어'를 읽을 때의 두 조건에서 fMRI를 이용해서 뇌의 활성화를 측정했다.

Hauk의 결과는 실제 움직임과 동작 단어를 읽을 때 활성화되는 피질 영역을 보여준다. 실제로 움직일 때 활성화가 더 광범위했지만, 거의 같은 뇌 영역에서 단어를 읽을 때 활성화가 발생했다. 예를 들어, 다리 단어와 다리 움직임은 뇌의 중심선 근처에서 활성화를 발생시켰지만, 팔 단어와 손가락 움직임은 중심선에서 벗어난 영역에서 활성화를 발생시켰다. 동작 단어와 뇌의 동작 영역의 활성화 간의 연결은 사람들이 글을 읽을 때 상황 모형을 창조하는 것과 연관될지도 모르는 생리적 기제를 시사한다.

사람들이 어떻게 이야기를 이해하는지에 대한 연구에서 도출되는 총괄적인 결론은 덩이글이나 이야기를 이해하는 것은 창의적이고 역동적인 처리라는 것이다. 이야기를 이해하는 과정은 어떻게 단어가 구로 조직화하는지를 밝혀내는 문장 이해 과정, 문장 간의 관계를 밝히는 과정(종종 추론을 통해 이야기의 한 부분에 있는 문장을 다른 부분에 있는 문장과 연결), 그리고 이야기에 들어 있는 사물과 사건의 지각 속성과 운동 속성을 포함하는 심적 표상이나 시뮬레이션을 창조하는 과정을 포함한다. 이어서 보게 되겠지만, 둘 이상의 사람들이 대화를 진행할 때도 창의적이고 역동적인 처리가 일어난다.

11.6 대화하기

독백을 연습하거나 강연하는 것처럼 한 사람이 혼자 말하는 방식으로 언어가 산출되기도 하지만, 언어 산출의 가장 흔한 형태는 둘 이상의 사람들이 서로 말을 주고받는 대화이다. 대화나 대담은 얼핏 보면 쉬워 보이지만 사실은 복잡한 기제가 포함된 인지 기술의 또 다른 예이다.

대화를 나누는 것은 종종 쉽다. 특히 대화 상대를 알고 있고 전에 대화를 나눈 적이 있을 때는 더욱 그렇다. 그러나 때로는 대화를 나누는 게 힘들 수도 있는데, 특히 상대와 처음 대화를 나눌 때 그렇다. 왜 그럴까? 그 대답 중 하나는 다른 사람과 이야기할 때 상대가 지금 논의하고 있는 주제에 대해 무엇을 알고 있는지를 알면 대화하기가 쉽다는 것이다. 대화를 나누는 사람들이 비슷한 지식을 가진 경우에도, 대화하는 동안 말을 하는 화자가 듣는 청자를 인도하는 절차를 따르면 대화가 쉽게 진행된다. 이를 달성하는 한 가지 방안은 **신구정보원칙**을 따르는 것이다.

신구정보원칙

신구정보원칙(given-new contract) 대화에서, 화자는 구정보(청자가 이미 알고 있는 정보)와 신정보(청자가 처음 듣는 정보)의 두 가지 정보가 포함되도록 문장을 구성해야 한다.

신구정보원칙(given-new contract)은 화자는 (1) 청자가 이미 알고 있는 정보인 구정보와 (2) 청자가 처음 듣는 정보인 신정보의 두 가지 정보가 포함되도록 문장을 구성해야 한다고 언명한다(Haviland & Clark, 1974). 다음 두 문장에 대해 생각해 보자.

문장 1: Ed was given an alligator for his birthday.
구정보(이전 대화로부터): 에드의 생일이다.
신정보: 그가 악어를 받았다.

문장 2: The alligator was his favorite present.
구정보(문장 1에서): 에드가 악어를 받았다.
신정보: 그것은 그가 좋아하는 선물이다.

첫 번째 문장의 신정보가 어떻게 두 번째 문장에서 구정보가 되는지에 주목하라.

Susan Haviland와 Herbert Clark(1974)은 한 쌍의 문장을 보여주고 각 쌍에서 두 번째 문장을 이해했다고 생각하면 버튼을 누르게 하는 실험을 해서 신구정보원칙을 따르지 않을 때 결과가 어떤지를 보여주었다. 그들은 첫 번째 쌍의 두 번째 문장을 이해하는 데 걸리는 시간이 두 번째 쌍의 두 번째 문장을 이해하는 데 걸리는 시간보다 길었다는 것을 발견하였다.

We checked the picnic supplies.
The lemonade was warm.

We got some lemonade out of the trunk.
The lemonade was warm.

첫 번째 쌍의 두 번째 문장을 이해하는 데 시간이 더 걸린 이유는 구정보(소풍 용품이 있다)에 레모네이드가 포함되어 있지 않기 때문이다. 그러니까 독자(또는 청자)는 소풍 용품 안에 레모네이드가 포함되어 있다는 추론을 해야 할 필요가 있었다. 두 번째 쌍에서는 첫 번째 문장에 트렁크에 레모네이드가 있다는 정보가 포함되어 있기 때문에 이 추론을 할 필요가 없었다.

구정보와 신정보라는 생각은 대화의 협동적인 본질을 잘 보여준다. Herbert Clark(1969)은 언어 이해에서 협동이 중심이라고 생각했다. Clark은 언어를 '공동 행위 형태'라고 서술하면서, 공동 행위를 이해하는 것은 구정보와 신정보를 제공하는 것뿐만 아니라, 상대가 대화할 때 참고하는 지식, 신념, 가정을 고려하는 것을 포함한다고 제안하였다. 이 과정이 공통 기반을 형성하는 과정이다(Isaacs & Clark, 1987).

공통 기반: 상대 고려하기

공통 기반(common ground)
대화를 나누는 사람들이 공유하는 지식, 믿음, 가정.

공통 기반(common ground)이란 대화를 나누는 사람들이 공유하는 심적 지식과 믿음을 의미한다(Brown-Schmidt & Hanna, 2011). 공통 기반의 정의에서 핵심적인 단어는 **공유하다**이다. 두 사람이 대화를 나누면, 각자 상대방이 지금 논의하고 있는 내용에 대해 무엇을 아는지에 대해 감이 있으며, 대화가 진행되면서 공유하는 지식은 증가한다. 정보 공유에서 특히 중요한 것은 각자 대화 주제에 대한 정보가 축적될 뿐만 아니라(예: **신구정보원칙**을 논의할 때 레모네이드가 트렁크에 있다는 것을 대화가 진행되며 알게 되는 것) 상대방이 무엇을 아는지에 대한 정보도 축적된다는 점이다. 그러니까 대화를 나눈다는 것은 **여러분과 상대**에 관한 것이고, 여러분이 상대에 대해 아는 만큼 대화는 더 자연스럽게 진행된다.

성공적인 대화는 상대가 무엇을 아는지에 대한 이해에 달려 있다는 것을 보여주는 예는 환자와 잘 소통하는 의사는 환자가 생리학과 의학 용어에 대한 지식이 거의 없다고 가정하는 것이다. 이 의사는 이 점을 고려해서 심근경색이라는 용어 대신 심장마비라는 일반적인 용어를 사용한다. 그러나 자기 환자도 의사라는 것을 알게 되면 의학 용어를 사용해도 무방하다고 생각한다(Issacs & Clark, 1987). 의사가 환자에게 의학 용어와 전문용어를 너무 많이 사용하면, 오해를 초래하고 의학적 결정을 내리는 것을 골치 아프게 만든다(Koch-Weser, 2009). 재미있게도, 의학 용어가 너무 복잡하면 환자뿐만 아니라 같은 의료팀에 있는 동료 의료인조차 혼란스럽게 만들 수 있다(Derevianchenko et al., 2018).

공통 기반 형성하기

사람들이 대화할 때 많은 지식을 동원한다는 것을 밝히는 것을 넘어서서, 공통 기반에 관한 연구의 상당수는 사람들이 대화 **중에** 어떻게 공통 기반을 만드는지에 관해 연구한다. 이를 연구하는 한 가지 방법은 녹취한 대화를 분석하는 것이다. 아래 나오는 것은 〈로언 이니시의 비밀(The Secret of Roan Inish)〉이라는 영화의 한 장면을 회상하려는 세 학생의 대화이다(Brennan et al., 2010).

레아: 음……, 그러니까 그가 벌을 받거나 했다는 건가?
데일: 그게 뭐지? 화환인가?
레아: 그래, 뭐 갈색 같았는데…….
아담: 그래, 뭐 짚으로 만든 뭐 그런 것 같아.
레아: 음…….
데일; 목 주위에.
레아: 그러니까 모두 그가 무엇을 했는지 아는 거네.
아담: 짚으로 만든 화환.
데일: 맞아.

이 대화가 알려주는 한 가지는, 사람들이 종종 문장으로 말하지 않고 일부분만 말한다는 것이다. 또 대화가 어떻게 시간상으로 질서 있게 전개되는지를 보여준다. 왜냐하면 대화는 대화의 주제인 어떤 사건에 대해 시간상으로 재구성해 나가기 때문이다. 마지막에 그들은

참조 소통 과제
(referential communication task)
두 사람이 대화 중에 정보를 교환하는 과제인데, 그 정보가 특정 물건을 이름으로 부르거나 기술해서 상대에게 알려주는 참조를 수반하는 과제.

모두가 공유하는 결론에 도달했다.

어떻게 공통 기반이 만들어지는지를 연구하는 또 다른 방법은 **참조 소통 과제**(referential communication task)를 이용하는 것이다. 이 과제는 두 사람이 대화 중에 정보를 교환하는 과제인데, 그 정보가 **참조**를 수반하는 과제이다. 여기서 참조란 특정 사물을 이름으로 부르거나 기술해서 상대에게 알려주는 것을 말한다(Yule, 1997). 참조 소통 과제의 예가 P. Stellman과 Susan Brennan(1993; Brennan et al., 2010에 기술되어 있음)의 실험에 나와 있다. 이 실험에서는 A(지시자)와 B(실행자) 두 명에게 추상적인 기하학적 물체 사진이 있는 12장의 카드로 구성된 카드 세트를 준다. 둘이 해야 하는 과제는 A가 특정 순서로 카드들을 섞고, B는 12장의 카드를 같은 순서로 배열하는 것이다. 그런데 B가 A가 카드 배열한 것을 볼 수 없으니까 두 사람은 대화를 통해서 각 카드의 정체를 찾아내야 한다. 아래는 B가 A의 카드 중 한 장의 정체를 알아내는 대화의 예이다.

시행 1:

A: 에, 이건 아이구. 이 카드는 말하자면 오른쪽 위에 다이아몬드처럼 보이는 정사각형이 있는 그런 거야.

B: 아하.

A: 그리고 직사각형 같은 형태가 또 있어. 그러니까 삼각형 같고, 모가 났고, 아래에 이건 뭐라고 해야 하나. 잘은 모르겠는데 안경같이 생겼어.

B: 좋아. 어떤 건지 알 것 같아.

A: 좀 이상하긴 하지만 사람 같은 모양이야.

B: 예에, 스님이 기도하는 것 같은?

A: 맞아. 대단해.

B: 됐어. 찾았어. (다음 카드로 넘어간다)

모든 카드의 정체가 확인되고 정확한 순서로 놓이면, A는 다시 카드를 배열하고, 두 사람은 이 과제를 두 번 더 하였다. 아래 제시된 시행 2와 시행 3은 대화가 훨씬 더 간결해졌다는 것을 보여준다.

시행 2:

A: 9번은 기도하는 스님이야.

B: 옙. (두 사람은 다음 카드로 넘어간다)

시행 3:

A: 4번은 스님이야.

B: 오케이. (두 사람은 다음 카드로 넘어간다)

이것은 대화 당사자들이 공통 기반을 만들었다는 것을 의미한다. 그들은 상대가 무엇을 아는지 알고, 자기들이 만든 이름으로 카드를 지칭했다. **그림 11.16**은 이 과제에 사용된 다른 기하학적 물체와('스님' 물체는 아님) 다른 13쌍의 대화 당사자들이 만든 묘사적인 명칭들을 보여준다. 카드를 무엇이라 부르는지는 중요하지 않다. 대화 당사자들이 특정 물체에 대

"A bat"
"The candle"
"The anchor"
"The rocket ship"
"The Olympic torch"
"The Canada symbol"
"The symmetrical one"
"Shapes on top of shapes"
"The one with all the shapes"
"The bird diving straight down"
"The airplane flying straight down"
"The angel upside down with sleeves"
"The man jumping in the air with bell bottoms on"

그림 11.16 공통 기반을 연구하기 위해 Stellman과 Brennan(1993)의 실험에서 사용한 추상 그림. 참조 소통 과제에 참여한 각기 다른 참가자 쌍이 제안한 기술문.

출처: Bresnnan, Galati, & Kuhlen, 2010. 원출처 Stellmann and Brennan, 1993.

해 같은 정보를 갖는다는 점이 중요하다. 일단 공통 기반이 만들어지면 대화는 훨씬 더 부드럽게 진행된다.

공통 기반을 만들어 나가는 과정은 **동화**(entrainment)를 이끌어낸다. 동화란 당사자 간의 동기화를 뜻한다. 이 예에서 동기화는 카드에 있는 물체를 무엇으로 부르는지에서 일어난다. 그렇지만 동화는 다른 측면에서도 일어난다. 대화 당사자들은 종종 몸짓, 말하는 속도, 몸의 위치, 그리고 발음 들에서 동화를 보인다(Brennan et al., 2010). 이제 대화 당사자들이 어떻게 문법 구문을 조율하는 단계로 마무리하는지 고려해 보자. 이 효과를 **통사적 협응**(syntactic coordination)이라 한다.

동화(entrainment)
대화 당사자 간의 동기화. 동화는 몸짓, 말하는 속도, 몸의 위치, 그리고 문법 구문에서 동화를 보인다.

통사적 협응 (syntactic coordination)
사람들이 대화하면서 비슷한 문법 구문을 사용하는 처리.

통사적 협응

두 사람이 대화하면서 말을 주고받을 때 흔히 비슷한 문법 구문을 사용한다. Kathryn Bock(1990)은 은행 강도와 망을 보는 사람 간의 대화 녹음에서 뽑은, 다음 예를 보여 주었는데, 이 기록은 은행 강도가 영국의 은행 금고에서 100만 달러에 해당하는 돈을 훔치는 동안 일어난 대화를 아마추어 무선 통신사가 감청한 것이다.

> 은행 강도: "…… *you've got to hear* and witness *it to realize how bad it is*."
> 망보기: "*You have got to experience exactly* the same position as me, mate, *to understand how I feel*." (Schenkein, 1980, p.22에서 인용).

Bock은 어떻게 망보는 사람이 강도의 언어 형태를 따라 사용하는지 보여 주기 위해 이탤릭체 표시를 추가했다. 문장 형태를 따라 하는 것은 **통사 점화**(syntactic priming)라는 현상을 보여 주는데, 통사 점화란 특정한 통사 구조의 진술문을 듣는 것이 같은 통사 구조를 가진 문장을 산출할 가능성을 증가시키는 것을 말한다. 통사 점화는 사람들이 대화하면서 서로 발언의 문법 구조를 협응하게 이끌 수 있기 때문에 중요하다. Holly Branigan과 동료들(2000)은 두 사람이 서로 말을 주고받게 하는 다음 절차를 이용해서 통사 점화를 보여주었다.

통사 점화(syntactic priming)
특정한 통사 구조의 진술문을 듣는 것이 같은 통사 구조를 가진 문장을 산출할 가능성을 증가시키는 것.

방법

통사 점화

통사 점화 실험에서는 두 사람이 대화를 나누고, 실험자는 한 사람이 사용한 특정 문법 구조가 다른 사람도 같은 구조를 사용하게 하는지를 알아보았다. Branigan의 실험에서는 참가자들에게 이 실험은 서로를 볼 수 없을 때 사람들이 어떻게 소통하는지 알아보는 실험이라고 알려주었다. 참가자들은 스크린의 반대편에 있는 사람과 공동 작업을 하고 있다고 생각하였다(**그림 11.17a**의 왼쪽 사람). 그러나 왼편에 있는 사람은 실험자가 요구한 대로 행동하는 실험 협조자였고, 오른편에 있는 사람은 실험 참가자였다.

협조자가 **그림 11.17a**의 왼편에 보이는 점화 문장을 말하는 것으로 실험을 시작하였다. 점화 문장은 아래 두 개 중 하나였다.

The girl gave the book to the boy.

The girl gave the boy the book.

참가자는 협조자의 발화에 해당하는 대응 카드를 **그림 11.17a**의 오른편에 그려진 것처럼 탁자 위에 펼쳐져 있는 카드 중에서 찾는다. 이어서 참가자는 탁자 모퉁이에 있는 반응 뭉치의 맨 위에 있는 카드를 집어서 거기에 그려진 그림을 본 다음 협조자에게 그 내용을 서술해야 한다. 이 실험에서 알아보려는 질문은 참가자가 그림을 어떤 형태의 문장으로 서술하는가 하는 것이었다. 참가자가 그림 11.17b에 있는 그림을 'The father gave his daughter a present'라고 말하면 협조자가 이 예에서 사용한 통사 구조와 일치하는 것이고, 'The father gave a present to his daughter'라고 말하면 통사 구조가 일치하지 않는 것이다. **그림 11.17b**의 예처럼 통사 구조가 일치한다면, 우리는 통사 점화가 일어났다고 결론지을 수 있다.

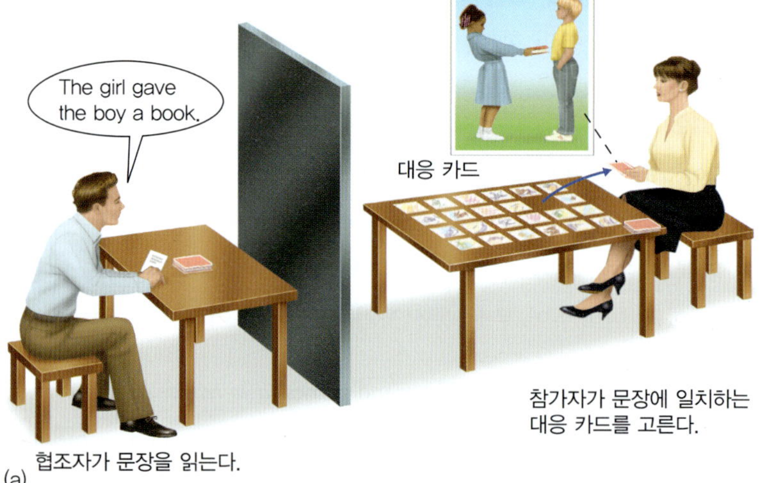

그림 11.17 Branigan과 동료들(2000)의 실험. (a) 참가자(오른쪽)는 책상 위에 있는 카드 중에서 실험 협조자(왼쪽)가 읽은 문장에 일치하는 그림이 있는 카드를 고른다. (b) 이어서 참가자는 반응 카드 뭉치에서 카드를 하나 골라 그 카드에 있는 그림을 협조자에게 서술한다. 이 부분이 이 실험에서 가장 핵심적인 부분이다. 왜냐하면 오른쪽에 있는 참가자가 왼쪽에 있는 협조자가 사용한 통사 구조와 일치하는 표현을 하는지가 이 연구에서 알아보려는 문제이기 때문이다.

Branigan은 시행의 78%에서 참가자의 서술문의 통사 구조가 협조자의 점화 문장의 구조와 일치했다는 것을 발견했다. 이것은 화자는 다른 화자들의 언어 행동에 민감하고 자기의 행동을 거기에 일치하도록 조정한다는 생각을 지지한다. 문장 형태를 새로 만드는 것보다 다른 사람이 사용한 형태를 따라 하기가 쉽기 때문에, 화자 간의 통사 형태의 협응은 대화를 생성하는 데 수반되는 계산 부하를 줄여준다.

지금까지 대화에 대해 서술한 것을 요약해 보자. 대화는 역동적이며 아주 빨리 진행되지만, 몇 가지 처리가 대화를 용이하게 해준다. 의미적 측면에서, 사람들은 다른 사람의 지식을 고려하고, 필요하면 공통 기반 형성을 도와준다. 통사적 측면에서, 사람들은 발언의 통사 구조를 협응하거나 대응시킨다. 이것은 발화를 쉽게 해주고 인지 자원을 해방시켜 대화 당사자들이 성공적인 대화의 핵심인 메시지를 이해하고 생성하는 것을 번갈아 하는 과제를 감당할 수 있게 해준다.

그렇지만, 이 논의는 대화와 공통 기반 형성하기에 관한 처리의 일부분만을 보여준 것이다. 모든 측면을 다루지는 않았다. 대화를 지속하려면 무엇을 해야 하는지 생각해 보자. 먼저, 무엇을 말할지 계획을 세워야 하는데, 이와 동시에 상대방의 발화를 수용해서 그것을 이해하는 데 필요한 처리를 한다. 상대가 의도하는 바를 이해하려면, 상대가 느끼고, 생각하고, 믿는 것을 이해하는 능력인 **마음 이론**(theory of mind)과(Corballis, 2017), 또 상대방의 몸짓, 얼굴 표정, 목소리 톤, 그리고 의도한 바를 알려주는 다른 단서들을 해석하고 반응하는 능력이 필요하다(Brennan et al., 2010; Horton & Brennan, 2016). 마지막으로, 대화 당사자들은 각자 언제가 자기가 대화에 참여할 시점인지 예상해야 한다. 즉, '순서 주고받기'라 불리는 처리를 할 수 있어야 한다(Garrod & Pickering, 2015; Levinson, 2016). 그러니까 대화를 통한 소통은 단순하게 단어의 연쇄나 문장의 연쇄를 분석하는 것 이상이다. 대화에 의한 소통은 사회적 상호작용에 내재한 모든 복잡성을 수반하는데, 우리는 큰 어려움 없이 이것을 해낸다.

마음 이론(theory of mind)
상대가 느끼고, 생각하고, 믿는 것을 이해하는 능력.

이중언어와 다중언어

하나의 인간 언어를 말하는 것이 얼마나 대단하고 복잡한 것인지를 알아보았다. 이것에 기초한다면 어떤 사람이 두 개 이상의 언어를 학습한다는 것은 논리적으로 볼 때 불가능하지 않을지 몰라도 엄청난 일이다. 그런데 우리가 다 아는 것처럼 세계의 많은 사람들이 두 개 이상의 언어를 말한다. 사실 지구 전체 인구의 56%가 두 개 이상의 언어를 말할 수 있다(Celedón-Pattichis et al., 2022). 그러니까 단지 하나의 언어만 유창하게 말할 수 있는 **단일언어**(monolingual)인 사람은 실상은 지구 전체로 보면 소수자인 것이다. **이중언어**(bilingualism)는 두 개의 언어를 말하는 것을 말하고, **다중언어**(multilingualism)는 세 개 이상의 언어를 말하는 능력을 의미한다. 대략 세계 인구의 13% 정도가 다중언어이다. 이중언어와 다중언어와 관련된 인지 처리의 많은 부분이 같거나 유사하기 때문에, 편의상 여기서는 주로 이중언어에 초점을 두고 서술한다.

단일언어(monolingual)
단지 하나의 언어만 유창하게 말하는 능력.

이중언어(bilingualism)
두 개의 언어를 유창하게 말하는 능력.

다중언어(multilingualism)
셋 이상의 언어를 유창하게 말하는 능력.

이중언어자의 대부분은 두 언어를 거의 동시에 학습하는데, 이를 **동시적 이중언어**(simultaneous bilingualism)라고 한다. 이 사람들은 출생 때부터 사춘기에 이를 때까지 즉각적이고 일관되게 두 언어로 상호작용하는데, 두 언어를 거의 같은 속도로 학습한다. 이 결과 어휘, 통사, 심지어 음운론(언어의 소리, 종종 방언이나 악센트와도 연결됨) 측면에서 두 언어에 모

동시적 이중언어(simultaneous bilingualism)
출생 때부터 사춘기에 이를 때까지 두 언어를 거의 동시에 학습하는데, 두 언어를 거의 같은 속도로 학습한다.

그림 11.18 Flege와 동료들(1999)은 다양한 연령대에 미국으로 이민 온 한국인 참가자에게서 언어 습득 능력의 차이를 발견하였다. (a) 악센트는 제2 언어 습득 연령에 부적으로 영향을 받았다. (b) 문법도 제2 언어 습득 연령에 부적으로 영향을 받았다.

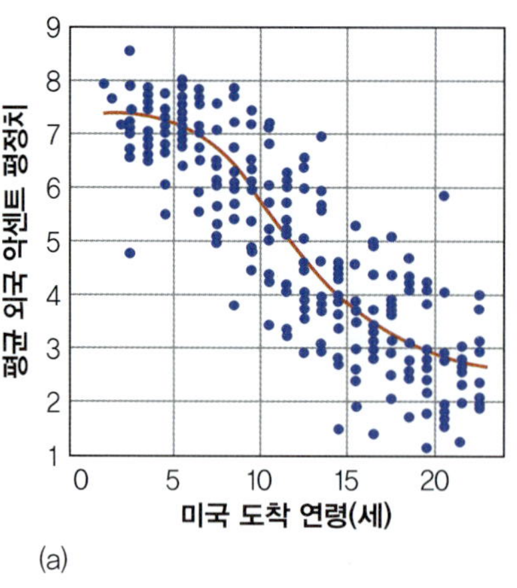

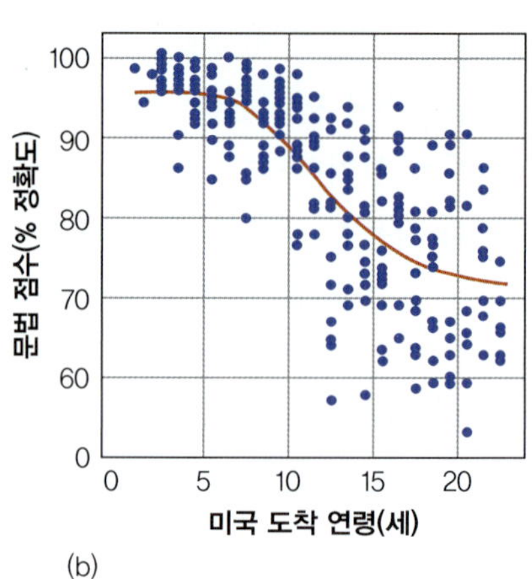

두 유창하고 능숙하다.

그와 반대로 어떤 사람은 단일언어인데 나중에 제2 언어를 학습한다. 이미 한 언어에 숙달된 후에 제2 언어를 습득하는 것을 **순차적 이중언어**(sequential bilingualism)라 한다. 이주나 이민, 학교 언어 교육, 취업 기회 등의 다양한 이유로 나이가 들어 제2 언어를 학습할 수 있다. 그렇지만 순차적 언어 습득의 성패는 적어도 부분적으로는 나이와 관련이 있다. Flege와 동료들(1999)은 다양한 연령대에 미국으로 이민 온 한국인 240명에게서 자료를 수집했다. 참가자들의 악센트와 통사 지식을 측정하였는데, **그림 11.18**에 제시된 것처럼 악센트(a)와 문법(b) 모두 제2 언어 습득 연령의 영향을 받았다. 이 자료는 순차적으로 학습하더라도 아동이 어른보다 문법과 음운을 더 효율적으로 습득할 수 있다는 것을 시사한다.

순차적 이중언어(sequential bilingualism)
한 언어에 숙달된 후에 제2 언어를 습득하는 것.

순차적 이중언어의 성공은 MOM이라고도 불리는 수단(means), 기회(opportunity), 동기(motive)에도 달려 있다(Kohnert, 2008). 수단은 새로운 언어 습득에 필요한 학습자의 인지, 생물학적, 사회적 능력과 같은 내적 요인과 관련이 있다. 기회는 학습자가 주위에서 해당 언어에 노출될 가능성, 그리고 그 언어가 사용될 수 있는 다양한 경험의 범위와 같은 외적 요인을 말한다. 마지막으로 동기는 이러한 내적 요인과 외적 요인의 상호작용을 말한다. 어떤 사람이 제2 언어를 학습하게 충분히 동기화되지 않으면 수단과 기회가 주어진다고 해도 유창성을 달성할 가능성은 별로 없다.

이중언어는 명백한 이득이 있다. 두 개의 언어를 말하는 능력은 두 언어 중의 하나 혹은 두 언어 모두를 사용하는 사람과 효과적으로 소통할 수 있다는 것을 의미한다. 그렇지만 이중언어가 순이득이 있는 것인지, 아니면 인지와 관련된 비용이 드는 것인지에 대한 연구 결과는 엇갈린다.

이중언어의 인지적 이득

여기서는 어떻게 이중언어가 인지에 정적인 영향을 미치는지에 초점을 둔다.

인지 예비능(cognitive reserve)
연령 증가에 따른 인지 저하와 병리에 버티는 뇌의 능력.

1. 이중언어는 연령 증가에 따른 인지 저하와 병리에 버티는 뇌의 능력인 **인지 예비능**(cognitive reserve)을 축적하는 데 기여할 수 있다(Antoniou, 2019; Bialystok et al., 2012). 두 언어 체계를 관리하는 데 내재한 인지 요구는 신경 가소성과 회복탄력성을 자극해서 인지 예비능을 강화한다. 연구들은 이중언어자는 알츠하이머병과 같은 신경퇴행성 질환

에서 인지 증상의 발현이 늦어지는 것을 보여주는데, 이는 이중언어의 신경 보호 효과를 보여준다.

2. 이중언어자는 언어 구조와 관행에 대해 성찰하고 조작하는 능력인 초언어 자각(metalinguistic awareness)이 고양되어 발달한다(Cummins, 1978; Bialystok, Peets, & Moreno, 2014). 이 초언어 능력은 이중언어자가 언어들 사이에서 언어 특질들을 분석하고 비교하는 것을 가능하게 해서 언어 학습과 문해 기술을 촉진시킨다. 이중언어자는 언어 구조, 형태론, 통사론, 의미론에 대해 고양된 민감성을 보여주는데, 이는 언어 체계에 대한 그들의 깊은 이해를 반영한다.

초언어 자각(metalinguistic awareness)
언어 구조와 관행에 대해 성찰하고 조작하는 능력.

3. 이중언어는 과제나 규칙이나 마음갖춤새를 적응적으로 전환하는 능력인 인지 유연성을 증진시킨다. 이중언어자는 둘 이상의 언어를 교대로 사용하는 관행인 부호 전환(code switching)을 상시로 한다(Marian & Shook, 2012). 부호 전환은 4장에서 다룬 과제 전환과 관련이 있다. 이중언어자는 이중언어에 흔한 상시 부호 전환 덕분에 종종 과제 전환 능력이 향상된다.

부호 전환(code switching)
두 개 이상의 언어를 교대로 사용하는 행위.

4. 이중언어는 주의 통제의 증진과 관련이 있는데, 주의 통제는 관련 없는 방해는 억제하고 관련된 정보에만 선택적으로 집중하는 것을 가능하게 해준다(Adesope et al., 2010). 이중언어자는 상시적인 모니터링과 다른 언어의 간섭을 억압하는 것을 통해 주의 통제 발달이 향상될 수 있는데, 이로써 집중 주의, 지속 주의, 그리고 방해에 대한 저항이 향상된다.

이중언어의 인지적 불리함

위 목록은 이중언어가 다양한 인지적 이득을 준다는 것을 강조했다. 그렇지만 다른 연구들은 이중언어가 초래하는 몇 가지 인지 비용도 밝혀냈다.

1. 이중언어자는 어휘를 인출할 때 어려움을 겪을 수 있다. 특히 다른 언어로부터 간섭을 받으며 한 언어로 단어를 회상하려고 할 때 그렇다. 설단 상태(tip-of-the-tongue state)라 불리는 이 현상은 소통을 방해하고 언어 사용을 저하한다(Pureza, Soares, & Comesana, 2016; Pyers et al., 2009).

설단 상태(tip-of-the-tongue state)
이중언어자나 다중언어자가 어휘를 인출할 때 겪는 어려움. 특히 다른 언어로부터 간섭을 받으며 한 언어로 단어를 회상하려고 할 때 그렇다.

2. 연구들은 이중언어자가 단일언어자에 비해 어휘 접근 속도가 느릴 수 있다는 것을 시사하는데, 특히 두 언어 중 덜 숙달되거나 덜 자주 사용하는 언어의 어휘에 접근할 때 그렇다(Ivanova & Costa, 2008). 어휘 접근 속도가 느려지면 단어 재인, 이해, 산출에서 시간이 오래 걸리게 되는데, 빠른 처리를 요구하는 언어 과제에서 더욱 그렇다.

언어 손실(language attrition)
이중언어자나 다중언어자에서 노출이나 사용의 감소로 인해 시간이 지나면서 하나의 언어의 기능이 감소하는 것.

3. 이중언어자는 언어 손실(language attrition)을 경험할 수 있다(Schmid & Köpke, 2017). 언어 손실은 하나의 언어가 노출이나 사용의 감소로 인해 시간이 지나면서 기능이 감소하는 것을 말한다. 언어 손실은 언어 이해, 어휘 인출, 문법 정확성의 어려움으로 이어질 수 있는데, 언어 산출과 이해에 영향을 준다. 사용 빈도가 중요한 요인이다. 한 언어가 다른 언어보다 자주 사용되면, 덜 사용된 언어가 더 큰 언어 손실을 보인다.

교차언어 활성화(cross-language activation)
이중언어자나 다중언어자가 뇌에서 엄격한 언어 분리를 유지하는 데 어려움을 겪는 현상. 언어 처리를 하는 동안 언어 혼합 사용이나 단어 합치기를 보일 수 있다.

4. 이중언어자는 뇌에서 엄격한 언어 분리를 유지하는 데 어려움을 겪을 수 있어서, 언어 처리를 하는 동안 언어 혼합 사용이나 단어 합치기를 보일 수 있다. 교차언어 활성화

(cross-language activation)라 불리는 이 현상은 의도치 않게 한 언어의 요소가 다른 언어로 합쳐지게 할 수 있는데, 언어 오류나 혼동을 일으킬 수 있다(Villameriel et al., 2022).

그래서 이중언어가 좋다는 것인가, 나쁘다는 것인가? 어려운 질문이다. 인지심리학 연구들은 이중언어자의 인지와 관련해서 이득과 약점이 있다는 것을 보여준다. 이중언어의 이득으로는 인지 예비능의 향상, 초언어적 자각, 부호 전환을 통한 인지 유연성, 주의 통제의 향상이 있다. 반면에 불리함으로는 인출 실패 혹은 지연, 언어 손실, 교차언어 활성화가 있다. 그러니까 이중언어가 인지 측면에서 순이득인지, 순손실인지에 대해서 언어학과 인지 연구는 난관에 봉착한 셈이다(Antoniou, 2019). 장점과 단점이 다 있지만, 더 많은 사람과 소통하는 능력이라는 점에서는 이중언어가 이점을 가지고 있다는 점은 적어도 동의할 수 있을 것이다. 다중언어는 더 그럴 것이고. 지구상에 있는 사람의 반 이상이 두 개 이상의 언어를 말한다는 것은 이중언어의 사회적 이득을 명확히 보여준다고 할 수 있다. 여러분이 더 많은 언어를 말할 수 있을수록 더 많은 사람과 효과적으로 소통할 수 있다.

비유창성: 말실수인가, 언어 도구인가?

얼마나 특정 언어에 유창하고 익숙한지에 상관없이 사람들은 말할 때 실수를 범한다. 단어를 빼먹거나, 틀린 단어를 사용하거나, 무엇을 말하려고 했는지를 잊어버리기도 한다. 그렇지만 언어에는 실수가 아닌 현상이 하나 있다. 우리가 말하면서 흔히 내는 채움말(filler words)이나 채움소리(filler sounds)가 그것이다. 이것을 **말 비유창성**(speech disfluencies)이라 한다.

말 비유창성 (speech disfluencies)
말하는 동안 쉼이나 머뭇거림 등이 일어나는 것.

비유창성에는 쉼, 소리, 특별한 목적이 없어 보이는 단어 등이 있다. 그게 사람들이 종종 비유창성을 언어 오류라고 생각하는 이유이다. 영어에서 흔한 말 비유창성에는 'um', 'uh', 'like', 'you know'가 있다. 말 비유창성은 모든 언어와 문화에서 발견된다. 예를 들어, 미국 영어에서는 'uh'가 더 흔하지만, 영국 영어에서는 'er'가 더 흔하다. 이탈리아어에서는 'em'과 'eh'가, 핀란드어에서는 'tuota'와 'öö'가, 일본어에서는 'eto'와 'ano'가 흔하다. 재미있는 것은 수어 말에서도 비유창성이 관찰된다는 것이다(Garcia-Amaya, 2021).

비유창성은 자연스러운 말에서 1분에 두어 번 일어난다. 일반인들과 오래된 믿음과는 반대로 말 비유창성은 여러 가지 실용적인 이유로 일어나는데, 효과적인 소통을 방해하거나 억압하는 것이 아니라 도와준다. 예를 들어, 말하다가 머뭇거리는 것은 애매하다. 청자는 여러분이 계속 말하려는 것인지, 아니면 다른 사람이 말하기를 기다리는 것인지 확신할 수 없다. 그래서 여러분은 머뭇거리는 쉼을 'um'과 같은 비유창성으로 채워 넣는다. 때로는 이것이 기억을 도와주기도 한다. 청자는 비유창성에 뒤이어 나올 중요한 단어를 들어야 한다는 것을 알기 때문에 더 잘 기억할 수 있다.

머뭇거림은 비유창성의 한 유형일 뿐이다. 다른 유형은 담화 표지자(discourse markers)이다. 담화 표지자는 실제 단어지만 단어의 뜻은 무시된다. 대신 이 표지자의 용도는 대화 흐름을 안내하는 것이다. 영어에서 담화 표지자에는 'like', 'well', 'you know' 등이 있다. 이 표지자를 더 자주 그리고 더 효율적으로 사용하는 화자는 더 배려심이 있고 성실한 사람일 수 있다. 예를 들어, 'like'라는 비유창성을 활용하면 청자에게 아이디어 간의 느슨한 연결을 만들어 줄 수 있다. 마찬가지로 'I mean'이라고 말하면 무언가 부연 설명이 있다는 것을 알려준다. 이 표지자들은 청자의 주의를 집중시키고 의미를 전달하는 유용한 도구이다.

다음 수업 발표 시간이나 면접에서 말 비유창성을 사용하는 것에 대해 걱정한다면 비유창성이 사실은 여러분이 더 효율적으로 소통하는 것을 도와줄 수 있다는 점을 기억하기 바란다. 쓸데없이 비유창성이 어떻게 비칠지 걱정하지 말고, 발표하고 다른 사람들이 피드백을 주기를 요청하라. 사람들이 여러분의 비유창성에 방해를 받지 않는다면 그들은 여러분이 말하는 동안 제대로 기능한 것이다. 그렇지만 여러분의 비유창성에 방해를 받았다면 여러분의 말 패턴에 자주 나오는 특정 말 비유창성을 줄이는 연습을 할 수 있다. 중요한 것은 이러한 변화를 연습 시간에 하라는 것이다. 발표나 면접 도중에 **하지 말고.**

고려사항

음악과 언어

Diana Deutsch(2010)는 음악과 뇌에 관한 강연에 사용할 테이프 루프(짧은 구간을 반복해서 들려주기)를 검사하다가 경험한 이야기를 들려주었다. 그녀가 작업하는 동안 'sometimes I behave so strangely'라는 구절이 반복 재생되고 있었다. 그런데 갑자기 누군가가 노래하는 것을 듣고 깜짝 놀랐다. 방에 아무도 없다는 것을 확인한 후, 테이프 루프에서 나오는 자기 목소리를 듣고 있다는 것과 테이프에서 반복해서 나오는 구절이 자기 마음속에서 노래로 변형되었다는 것을 알게 되었다. Deutsch는 다른 사람들도 말이 노래로 변하는 효과를 경험했다는 것을 발견하고, 노래와 말 사이에 밀접한 연관이 있다고 결론지었다.

음악과 언어: 유사점과 차이점

음악과 언어의 연결은 노래와 말을 넘어서 음악과 언어 전반으로 확장된다. 정서가 이 둘에서 핵심이다. 음악은 흔히 '정서의 언어'라고 불리고, 많은 사람들이 음악을 듣는 주된 이유 중 하나로 정서를 꼽는다. 언어에서 정서는 종종 **운율**(prosody)에 의해 만들어지는데, 운율은 말의 억양과 리듬의 패턴을 가리킨다(Banziger & Scherer, 2005; Heffner & Slevc, 2015). 웅변가와 배우는 목소리의 높이와 단어의 억양을 달리해서 정서를 창조해낸다. 자상함을 표현하려고 부드럽게 말하고, 요점을 강조하거나 청중의 주의를 끌기 위해서 크게 말한다.

운율(prosody) 구어에서 말의 억양과 리듬의 패턴.

그렇지만, 정서는 음악과 언어 간의 차이도 보여준다. 음악은 그 자체로는 아무런 의미도 없는 소리를 통해서 정서를 창조해낸다. 영화의 음악을 들으면 의미 없는 소리가 의미를 창조한다는 것, 그리고 곧이어 정서가 뒤따른다는 것을 의심할 여지 없게 보여준다(Boltz, 2004). 그에 반해, 언어는 의미가 있는 단어를 사용해서 정서를 창조한다. 그래서 *I hate you*와 *I love you*에서 유발되는 정서는 *hate*와 *love*라는 단어의 뜻에서 직접 발생한다. **그림 11.19**에 나온 예처럼 **이모티콘**(emoji)은 이제 문어에서 정서를 알려주는 보편적인 회화적 방식으로 사용된다(Evans, 2017). '기쁨의 눈물로 덮인 얼굴(face with tears of joy)'이라 불리는 가장 오른쪽에 있는 이모티콘은 옥스퍼드 영어 사전에서 2015년 '올해의 단어'로 선정되었다. 심지

이모티콘(emoji) 전자 소통과 웹 페이지에서 정서를 표현하기 위해 사용하는 상징. 물체, 동물, 장소, 날씨 등을 표상할 때도 사용된다.

그림 11.19 이모티콘(emoji)의 예들. 이모티콘은 단어처럼 언어에서 정서를 표현할 때 사용된다. '기쁨의 눈물로 덮인 얼굴(face with tears of joy)'이라 불리는 가장 오른쪽에 있는 이모티콘은 옥스퍼드 영어 사전에서 2015년 '올해의 단어'로 선정되었다. 단어와 그림은 언어를 듣거나 읽는 사람에게 정서를 알려주지만, 소리는 음악을 듣는 사람의 정서를 유발한다.

어 이모티콘은 형식적인 언어를 넘나드는 그 자체의 언어라고 서술되기도 한다(Agranovskiy & Avilova, 2021; Dürscheid, & Haralambous, 2021; Grosz, 2022).

음악과 언어 간의 아주 중요한 유사점은 음악에서는 음조, 언어에서는 단어라는 요소를 조합해서 구조화된 배열을 창조한다는 것이다. 이 배열은 구로 조직화되는데, 요소들을 배열하는 규칙인 통사의 지배를 받는다(Deutsch, 2010). 그렇지만 기악곡을 듣고 반응으로 구를 창조하는 것과 책을 읽거나 대화할 때 구를 창조하는 것 간에는 확실한 차이가 있다.

음악과 언어에서 기대의 역할

우리는 문장이 전개되는 동안 어떻게 독자나 청자가 다음에 무엇이 나올지 예측하는지를 기술해서 언어에서 기대가 하는 역할에 대해 논의했다. 음악에서도 이와 비슷한 일이 일어난다.

으뜸음(tonic)
음악 작곡에서 핵심이 되는 음. 으뜸음은 특정 음계의 첫 음이다.

으뜸음으로 돌아오기(return to the tonic)
작곡에서 처음에 나온 으뜸음으로 돌아가는 것.

음악에서 기대의 역할을 보여 주기 위해, 멜로디의 음표들이 어떻게 으뜸음(tonic)이라 불리는 그 노래의 핵심 음과 연합된 음 위주로 조직화되는지 살펴보자(Krumhansl, 1985). 예를 들어, 도는 C 키와 이것과 연합된 음계인 도, 레, 미, 파, 솔, 라, 시, 도의 으뜸음이다. 으뜸음 주위로 음들을 조직화하는 것은 청자가 다음에 어떤 음이 나올지 기대하게 하는 틀을 만들어 준다. 가장 흔한 기대는 으뜸음으로 시작한 노래는 으뜸음으로 끝난다는 것이다. 으뜸음으로 돌아오기(return to the tonic)라고 불리는 이 효과는 **그림** 11.20에 있는 도로 시작해서 도로 끝나는 〈반짝반짝 작은 별(Twinkle, Twinkle, Little Star)〉 노래에 사용되었다. 이를 예시하기 위해, 〈반짝반짝 작은 별〉 노래의 첫 소절을 부르다가 으뜸음으로 돌아가기 직전인 'you'에서 멈춰 보자. 한 구절의 마지막 직전에 멈추는 것은 음악 통사론 위반이라고 할 수 있는데, 이렇게 멈추면 불안정하고, 다시 으뜸음으로 돌아가는 마지막 음을 기대하게 만든다.

또 다른 음악 통사론 위반은 나올 것 같지 않은 음이나 코드를 삽입하는 것인데, 이렇게 하면 멜로디의 조성에 '맞지' 않는 것처럼 들린다. Aniruddh Patel과 동료들(1998)은 **그림** 11.21에 있는 것과 같은 구절을 듣게 했는데, 악보에 화살표로 표시한 목표 코드를 포함하고 있다. 연구에서는 (1) 구절에 맞는 코드인 '맞는 코드', (2) 구절에 별로 맞지 않는 코드인 '가까운 코드', (3) 더 맞지 않는 코드인 '먼 코드'의 세 가지 목표 코드를 사용했다. 연구의 행동 실험 부분에서는 목표 코드가 들어간 구절을 듣고 평가하게 했는데, 맞는 코드가 들어갔을 때 청자들의 80%가 그 구절을 들을 만하다고 판단했고, 가까운 코드에 대해서는 49%, 먼 코드에 대해서는 28%가 들을 만하다고 판단했다. 참가자들이 각 구절이 얼마나 '문법적으로 맞는지' 평가했다고 말할 수 있겠다.

연구의 생리학적 부분에서, Patel은 사건유발전위(ERP)를 이용해서 통사 위반에 대한 뇌 반응을 측정하였다. 우리가 'Concert Scenario' 실험과 연결해서 ERP를 논의할 때(387쪽), *The cat won't bake*의 *bake*처럼 문장에 맞지 않는 단어에 대한 반응으로 ERP의 N400 요소가 커지는 것을 보았다. Patel은 P600이라 불리는 ERP의 또 다른 요소에 관심을 가졌는데, P600

그림 11.20 〈반짝반짝 작은 별〉의 첫 소절.

출처: Goldstein, Sensation and Perception 10e, Figure 12.24, p. 305.

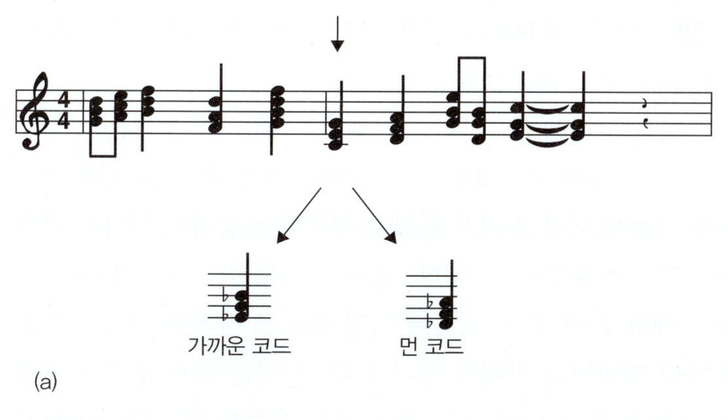

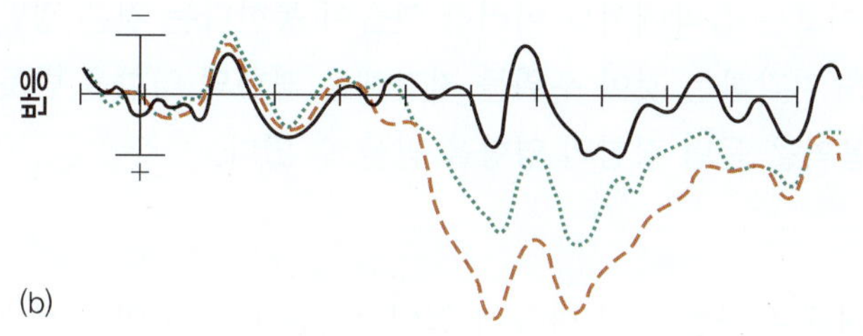

그림 11.21 (a) Patel과 동료들(1998)의 실험에서 참가자들에게 들려준 구절. 목표 코드의 위치는 악보에 아래로 향하는 화살표로 표시하였다. 악보에 있는 것은 구절에 맞는 코드인 '맞는 코드'이다. 다른 두 개는 '가까운 코드'와 '먼 코드'라고 적힌 코드를 목표 코드 위치에 삽입했다. (b) 목표 코드에 대한 ERP 반응. 진한 선: 맞는 코드, 가는 점선: 가까운 코드, 큰 점선: 먼 코드.

출처: Goldstein, Sensation and Perception, 10e, Fig. 12.28, p. 307.

은 단어가 개시되고 600ms 후에 나타나는 양(+)의 반응이다. P600의 속성 중의 하나는 통사 위반이 일어났을 때 반응이 크게 일어난다는 것이다. 예를 들어, **그림 11.22**의 파란 곡선은 *The cats won't eat* 문장에서 *eat*이라는 단어 다음에 발생하는 반응을 보여준다. 문법적으로 옳은 단어에 대해서는 P600 반응이 나타나지 않았다. 그렇지만 통사적으로 옳지 않은 문장 *The cats won't eating*에 있는 단어 *eating*에 의해 유발된 반응인 빨간 곡선은 P600 반응이 크다.

Patel은 참가자들이 문법 위반을 포함하는 문장을 들을 때 P600 반응이 크다는 것을 측정하였다(**그림** 11.22). 이어서, 그는 **그림** 11.21에 있는 세 가지 음악 목표 자극에 대한 ERP 반응을 측정했다. **그림** 11.21b는 그 구절이 맞는 코드를 포함했을 때는 P600 반응이 나타나지 않지만(검은 기록), 나머지 두 코드에 대해서는 P600 반응이 일어나며, 조성에 맞지 않을수록 반응이 더 컸다(붉은 기록). Patel은 이 결과를 토대로 언어와 마찬가지로 음악도 우리가 어떻게 반응해야 하는지에 영향을 미치는 통사를 가지고 있다고 결론지었다. Patel의 연구에 뒤

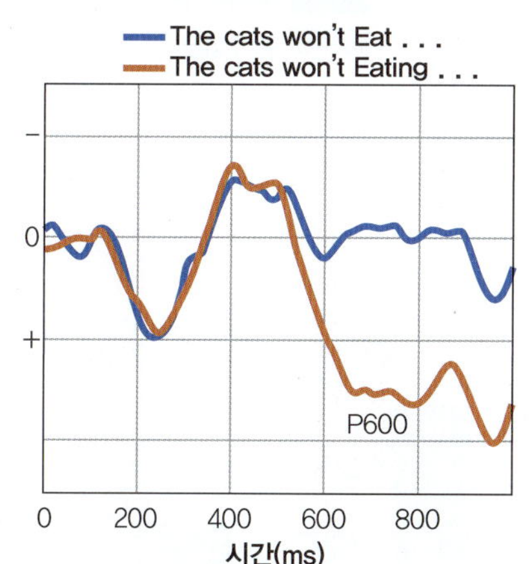

통사가 P600에 영향을 준다.

그림 11.22 ERP의 P600파는 문법의 영향을 받는다. 문법적으로 부정확한 형태가 사용되면 파가 커진다(빨간 선).

출처: Osterhout et al., 1997.

를 이은 다른 연구들도 음악 통사를 위반할 때 P600과 같은 전기적 반응을 발견했다(Koelsch, 2005; Koelsch et al., 2000; Maess et al., 2001; Vuust et al., 2009).

좀 더 큰 맥락에서 음악적 통사론을 고려해 보면, 우리가 음악을 들을 때 우리는 다음에 무엇이 들릴지에 대한 기대를 가지면서(그에 대해 생각하지는 않으면서) 듣고 있는 음에 집중한다고 가정할 수 있다. 여러분이 다음에 어떤 소리가 들릴지 예측하는 능력이 있다는 것을 노래, 특히 기악이나 느린 음악을 들으면 확인할 수 있다. 음악을 들으면서 다음에 어떤 음이나 구절이 나올지 추측해 보라. 예를 들어, 특정 박자에 특정 속도로 정해진 기악곡 연주를 들을 때 여러분은 후반부에 대해 패턴화된 기대를 하게 된다. 이것은 특정 주제가 반복되는 음악일 때 더 쉽지만, 반복이 없는 음악에서도 다음에 나오는 음들도 대부분은 예상하지 못한 음은 아니다. 우리가 처음 들어보는 음악에서도 이러한 연습이 통한다는 것은 정말 대단한 일이다. 처음 보는 시각 장면을 지각하는 것이 주위를 지각해온 경험의 영향을 받듯이, 처음 듣는 음악을 지각하는 것도 음악을 듣던 경험의 영향을 받을 수 있다.

음악과 언어는 뇌에서 중첩되는가?

음악 통사 위반과 언어 통사 위반에 대해 유사한 전기 반응이 일어난다는 Patel의 연구 결과는 음악과 언어가 유사한 처리 과정을 포함한다는 것을 보여준다. 그러나 이 결과 하나만으로는 뇌에서 음악과 언어를 담당하는 영역이 중첩된다고 말할 수는 없다.

브로카 실어증(Broca's aphasia) 전두엽에 있는 브로카 영역의 손상과 연합된 실어증. 아주 힘들게 비문법적인 말을 하고, 특정 유형의 문장(복잡한 통사 구조를 갖는 문장)을 이해하는 데 어려움을 겪는다.

음악과 언어의 뇌 기제에 대한 초기 연구에서는 뇌졸중의 결과로 뇌 손상을 입은 환자들을 연구하였다. Patel과 동료들(2008)은 **브로카 실어증**(Broca's aphasia)을 보이는 뇌졸중 환자들을 연구하였다. 이 환자들은 복잡한 통사 구조를 갖는 문장을 이해하는 데 어려움을 보인다(42쪽 참조). 이 환자들과 대조군 참가자들에게 (1) 통사적으로 복잡한 문장을 이해하는 것을 포함하는 언어 과제와 (2) 일련의 코드에서 조성에 벗어나는 코드를 탐지하는 것을 포함하는 음악 과제를 수행하게 하였다. 이 연구의 결과가 **그림 11.23**에 제시되었는데, 환자들이 대조군에 비해 언어 과제 수행이 아주 저조했으며(오른쪽 막대 쌍), 음악 과제에서도 수행이 저조하였다는 것을 보여준다(왼쪽 막대 쌍). 이 결과에서 주목할 만한 두 가지는 (1) 언어 과제에서의 저조한 수행과 음악 과제에서의 저조한 수행 간에 연결이 있다는 것인데, 이는 두

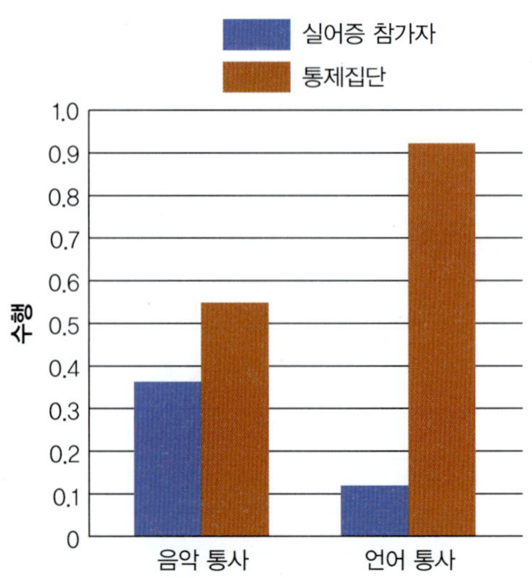

그림 11.23 언어 통사 과제와 음악 통사 과제에서 실어증 참가자와 통제집단 참가자의 수행.

출처: Patel et al., 2008.

과제 간에 연결성을 시사한다는 것이고, (2) 실어증 환자에서 음악 과제에서의 결손은 언어 과제에서의 결손보다는 작았다는 것이다. 이 결과는 음악과 언어 처리에 관여하는 뇌 기제에 연결성이 있지만 그 연결이 반드시 강한 연결은 아니라는 것을 지지한다.

다른 신경심리학 연구들은 음악과 언어 처리에 관여하는 뇌 기제에 차이가 있다는 증거를 보여준다. 예를 들어, 태어났을 때 이미 음악 지각과 관련된 능력에 손상이 있는 선천성 실음악증(congenital amusia) 환자들은 두 개의 간단한 멜로디를 변별하거나 흔히 듣는 소리를 재인하는 것과 같은 과제에서 심한 어려움을 겪는다. 그렇지만 종종 언어 과제에서는 전형적인 능력을 보여주었다(Patel, 2013).

선천성 실음악증 (congenital amusia) 태어났을 때 이미 음악 지각과 관련된 능력에 손상이 있는 환자. 두 개의 간단한 멜로디를 변별하거나 흔히 듣는 소리를 재인하는 것과 같은 과제에서 심한 어려움을 겪는다.

이와 반대 방향의 차이를 보여주는 사례들도 관찰되었다. Robert Slevc과 동료들(2016)은 브로카 실어증을 보이는 사람이 Patel이 사용한 일련의 코드 중에서 조성에서 벗어나는 코드(**그림** 11.21a)를 탐지할 수 있었다는 것을 보고하였다. 신경심리학 연구는 음악과 언어를 처리하는 뇌 기제가 별개일 수 있다는 증거를 제시하였다(Asano, Boeckx, & Seifert, 2021).

신경 영상을 이용해서도 뇌 기제를 연구하였다. 어떤 연구는 음악과 언어 처리에 뇌의 다른 영역이 관여한다는 것을 보여주었다(Fedorenko et al., 2012). 다른 연구들은 음악과 언어가 뇌의 중첩된 영역을 활성화시킨다는 것을 보여주었다. 예를 들어, 언어의 통사 처리에 관여하는 브로카 영역은 음악에 의해서도 활성화되었다(Fitch & Martins, 2014; Koelsch, 2005, 2011; Peretz & Zatorre, 2005).

행동 연구와 생리학적 연구의 결과에서 내릴 수 있는 결론은, 음악과 언어를 처리하는 뇌 영역이 분리되었다는 증거도 있지만(특히 신경심리학 연구에서), 음악과 언어 처리 영역이 중첩되었다는 증거도 있다는 것이다. 후자는 주로 행동 연구와 신경 영상 연구에서 나온 결과이다. 그러니까 음악과 언어는 연관은 있으나 완벽한 중첩은 아니라는 것이다. 여러분이 인지심리학 교재를 읽을 때와 여러분이 좋아하는 음악을 들을 때 느끼는 차이처럼 말이다. 음악과 언어의 관계에 대한 우리의 지식은 '현재 진행형'이고, 이 연구가 계속되면 음악과 언어에 대한 우리의 지식이 증진될 것이다.

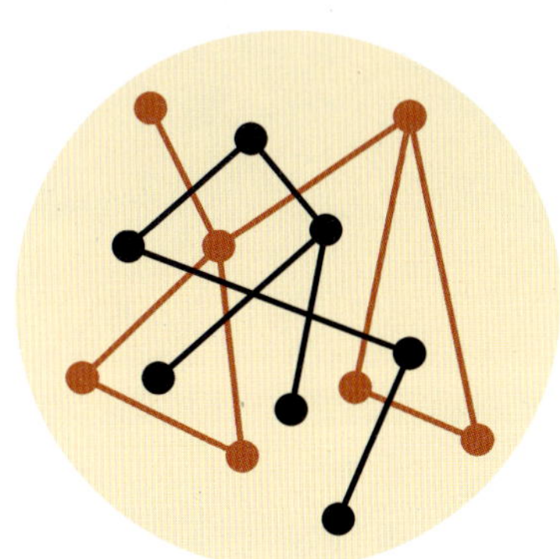

그림 11.24 음악과 언어와 같은 두 개의 다른 능력이 뇌의 같은 구조를 활성화시킬 수 있으나(원으로 표시됨), 자세히 조사해 보면 각 능력은 그 구조 안에서 다른 네트워크를 활성화시킬 수 있다(빨간색과 검은색). 작은 원은 뉴런을 표상하고, 선은 연결을 표상한다.

자가 테스트

1. '새집 고치기' 실험은 추론에 대해 무엇을 알려주는가? (학습목표 11-4)
2. 응집성이란 무엇인가? 응집성을 달성하는 것을 도와주는 추론의 종류에 대해 서술하라. (학습목표 11-4)
3. 상황 모형에 깔린 가정은 무엇인가? 다음 증거는 상황 모형 접근이 이야기 이해에 대해 무엇을 알려주는지 서술하라. (1) 이야기에 있는 물체의 방향이나 형태와 일치하는 그림과 일치하지 않는 그림에 대한 반응시간, (2) 실제 행동과 동작 단어에 대한 뇌의 활성화, (3) 상황에 기초한 예측. (학습목표 11-4)
4. 신구정보원칙이란 무엇인가? (학습목표 11-4)
5. 공통 기반이란 무엇인가? 공통 기반은 대화에서 어떻게 형성되는가? (학습목표 11-5)
6. '추상 그림' 실험은 공통 기반이 어떻게 형성되는지에 대해 무엇을 알려 주는가? (학습목표 11-5)
7. 일단 공통 기반이 형성되면, 다음에 무슨 일이 일어나는가? (학습목표 11-5)
8. 통사적 협응이란 무엇인가? 통사적 협응을 보여 주기 위해 통사 점화를 사용한 실험에 대해 서술하라. (학습목표 11-6)
9. 하나, 둘, 혹은 여러 개 언어를 말하는 것을 기술하는 용어는 무엇인가? (학습목표 11-7)
10. 동시적 이중언어와 순차적 이중언어의 차이에 대해 서술하라. (학습목표 11-7)
11. Flege와 동료들은 순차적 이중언어와 연령의 관계에 대해 무엇을 발견하였는가? (학습목표 11-7)
12. 'MOM'은 어떻게 제2 언어 습득의 성공에 영향을 미치며, 왜 그러한가? (학습목표 11-7)
13. 이중언어의 인지적 이점과 불리함은 무엇인가? (학습목표 11-7)
14. 말 비유창성은 무엇이며, 언어와 어떻게 연관이 되는가? (학습목표 11-8)
15. 비유창성은 도움이 되는가, 아니면 방해가 되는가? 그 이유를 설명하라. (학습목표 11-8)
16. 비유창성의 보편적 속성에 대해 서술하라. (학습목표 11-8)
17. 머뭇거림은 담화 표지자와 어떻게 다른가? (학습목표 11-8)
18. 음악과 언어의 유사점과 차이점은 무엇인가? (학습목표 11-9)
19. 으뜸음이란 무엇인가? 으뜸음으로 돌아오기는 음악에서 기대의 역할에 대해 무엇을 알려 주는가? (학습목표 11-9)
20. 통사 위반에 대한 반응으로 P600을 측정한 Patel의 실험에 대해 서술하라. 실험 결과는 음악과 언어의 관계에 대해 무엇을 알려주는가? (학습목표 11-9)
21. 음악과 언어가 뇌의 중첩된 영역을 활성화시킨다는 주장을 지지하는 증거와 반대하는 증거는 무엇인가? (학습목표 11-9)
22. 만약 음악과 언어가 뇌의 같은 영역을 활성화시킨다면, 그 둘은 신경 기제를 공유한다고 자신 있게 말할 수 있는가? (학습목표 11-9)

이 장의 요약

1. 언어는 소리나 상징을 이용하는 소통 체계인데, 이 체계는 우리의 감정이나, 생각, 사고, 경험을 표현하는 것을 가능하게 해준다. 언어는 위계적이고 규칙에 기반을 둔다.
2. 인간만이 소통을 하는 동물이 아니다. 인간이 아닌 많은 동물들은 외침, 행동, 페로몬이라 불리는 화학물질과 같은 소통 수단을 이용한다. 그러나 인간만이 형식적인 언어를 사용하는 유일한 종이다.
3. 언어는 구어와 문어를 포함해서 다양한 형태를 띤다. 또 감각 결핍을 도와줄 수 있는 형태도 있다. 듣지 못하는 사람을 위한 수어, 보지 못하는 사람을 위한 점자 등이 있다.
4. 언어심리학의 현대적 연구는 인지 혁명의 도래와 함께 1950년대와 1960년대에 꽃을 피웠다. 인지 혁명에서 중심적인 사건 중의 하나는 Skinner의 언어에 대한 행동주의적 분석을 Chomsky가 비난한 것이다.
5. 어떤 사람이 아는 모든 단어를 그 사람의 **어휘집**이라 한다. **의미론**은 언어의 의미를 말한다.
6. 문장 속에 있는 단어를 지각하는 능력은 단어 빈도의 영향을 받는다. 이것은 어휘 판단 과제와 안구 운동 측정을 통해 알 수 있다.
7. 단어의 발음은 변산성이 아주 크다. 그래서 맥락을 제거해서 단어를 듣게 되면 단어 지각이 어려워진다.
8. 일상 대화에서는 단어 간에 쉬는 시간이 없는 경우가 많아서, 말 분절 문제를 초래한다. 단어에 대한 과거 경험, 단어가 사용된 맥락, 언어의 통계적 속성, 단어의 뜻에 대한 지식 등이 말 분절 문제해결을 도와준다.
9. **어휘 중의성**은 어떤 단어가 두 가지 이상의 의미를 갖는 것을 가리킨다. Tanenhaus는 어휘 점화 기법을 이용해서 (1) 중의어의 여러 가지 의미는 단어를 들은 직후에는 다 접근되지만 (2) 문자의 맥락에 '적합한' 의미는 200ms 이내에 파악된다는 것을 보여주었다.
10. 중의어 의미들의 상대적 빈도는 의미 지배라는 용어로 기술된다. 어떤 단어는 편향 지배를, 그리고 또 어떤 단어는 균형 지배를 보여준다. 지배 유형은 단어의 맥락과 결합하여 어느 의미가 접근되는지에 영향을 미친다.
11. 통사는 문장의 구조를 말한다. 통사 처리(해독)는 문장에 있는 단어가 어떻게 구(절)로 묶이는지에 관한 처리이다. 구(절)로 집단화하는 것은 문장의 의미를 결정하는 중요 요소이다. 이 처리 과정은 일시적 중의성의 효과를 보여주는 길 오인 문장을 이용해서 연구되었다.
12. 통사 처리를 설명하기 위해 (1) 길 오인 모형과 (2) 제약 기반 모형이라는 두 가지 접근이 제안되었다. 길 오인 모형에서는 늦은 종결과 같은 통사 원리가 문장의 통사 처리를 결정한다는 것을 강조한다. 제약 기반 모형에서는 의미, 통사 등의 요인들이 동시에 통사 처리를 결정한다고 진술한다. 제약 기반 모형은 (1) 의미가 다른 단어들이 문장의 해석에 영향을 미치는 방식, (2) 이야기 맥락이 통사 처리에 미치는 영향, (3) 시각 세상 기법을 이용한 연구에서 장면 맥락이 통사 처리에 미치는 영향, (4) 기억 부하와 언어에 대한 경험이 이해에 미치는 영향을 보여주는 연구 결과에 의해 지지되었다.
13. 응집성은 우리가 이야기를 이해하는 것을 가능하게 해준다. 응집성은 주로 추론에 의해 결정된다. 세 가지 주요 추론 유형은 대용어 추론, 도구 추론, 인과 추론이다.
14. 덩이글 이해에 관한 상황 모형 접근에서는 사람들은 이야기에 나오는 사람, 사물, 장소, 사건으로 이야기 속의 상황을 표상한다고 진술한다.
15. 뇌 활동을 측정해 보면 동작 단어를 읽을 때와 실제 동작을 할 때 같은 피질 영역이 관여한다는 것을 알 수 있다.
16. 글에 대한 ERP 반응을 측정한 실험은 글을 읽는 동안 글과 연합된 많은 것이 활성화된다는 것을 보여준다.
17. 둘 이상의 사람들이 주고받는 대화는 대화에 참여하는 사람들의 협동을 포함하는 절차에 의해 용이해진다. 이러한 절차로 신구정보원칙과 공통 기반 형성이 있다.
18. 공통 기반을 형성하는 과정은 대화 녹취를 분석해서 연구한다. 공통 기반이 형성되면 대화는 더 효율적으로 진행된다.
19. 공통 기반을 만드는 처리는 동조를 이끌어내는데, 동조란 대화 당사자들 간의 동기화를 말한다. 동조의 한 예가 통사적 협응이다. 통사적 협응이란 대화 당사자의 문법 구문이 협응되는 것을 말한다.
20. 두 개 이상의 언어를 말하는 것을 이중언어라고 하고, 세 개 이상의 언어를 말하는 것을 다중언어라고 한다. 출생 때부터 두 언어를 동시에 학습할 수 있는데 이를 동시적 이중언어라고 한다. 나이가 들어 제2 언어를 학습하는 것도 가능한데, 이를 순차적 이중언어라고 한다. 제2 언어를 배우는 시기가 아동기에서 성인기로 지연될수록 문법 정확성이나 음운에서 결핍이 생길 가능성이 더 커진다.
21. 순차적 이중언어의 성공 여부는 내적 요인(수단), 외적 요인(기회), 동기(내적-외적 상호작용)와 연관이 있다. 이중언어는 여러 가지 인지적 이점과 불리함이 있다. 언어학자와 인지심리학자는 이중언어가 이득인지 손해인지 결정하는 문제에서 난관에 봉착해 있다.
22. 말 비유창성은 쉼, 소리 내기, 그리고 대화에서 의미 없어 보이는 단어 사용하기를 말한다. 그렇지만 이들은 정상적인 어휘나 통사 기능의 영역 밖에서 다양한 역할을 담당한다.
23. 머뭇거리기는 중요한 말 비유창성인데, 말 패턴의 의도를 전달한다. 대신에 담화 표지자는 대화 정보 흐름의 방향을 안내할 수 있다.

24. 음악과 언어는 여러 가지 면에서 유사하다. 노래와 말은 밀접하게 연관되어 있다. 음악과 언어는 정서를 유발하고 조직화된 순서로 구성되어 있다.
25. 음악과 언어는 중요한 차이가 있다. 각기 다른 방식으로 정서를 유발하고, 음과 단어를 결합하는 규칙이 다르다. 가장 중요한 차이는 단어는 의미가 있다는 점에 기초한다.
26. 음악과 언어 모두에서 기대가 발생한다. 이 병행적인 효과는 음악과 언어 모두에서 통사 위반의 효과를 ERP로 측정한 실험에서 잘 드러났다.
27. 음악과 언어가 뇌에서 분리되었다는 증거와 중첩되었다는 증거가 있다.

생각해 보기

1. 응집성과 연결이라는 생각은 최근에 본 영화에 어떻게 적용되는가? 어떤 영화는 이해하기 쉽고, 어떤 영화는 이해하기 힘들다는 것을 느꼈는가? 이해하기 쉬운 영화에서는 한 사건이 다음 사건으로 잘 이어졌는데, 이해하기 어려운 영화에서는 무언가 빠진 것처럼 느껴졌는가? 이 두 종류의 영화에서 무슨 일이 일어나는지 파악하는 데 들여야 하는 '심적 노력'의 차이는 무엇인가?(이러한 분석을 여러분이 읽은 책에도 적용할 수 있다). (학습목표 11-4)
2. 언어 사용에서 재미있는 한 가지는 비유적인 표현을 사용하는 것이다. 이러한 표현은 그 언어가 모국어인 사람은 알지만 그렇지 않은 사람은 이해하기 어렵다. 영어의 예를 하나 들자면 'He brought everything but the kitchen sink'(별별 것을 다 준비했다)이다. 다른 예를 생각해 볼 수 있는가? 영어가 아닌 다른 언어를 사용한다면, 영어 사용자는 이해하기 어려운 비유적 표현을 하나 들어 보라. (학습목표 11-1, 학습목표 11-2)
3. 신문 기사 제목은 중의적인 표현의 보고이다. 다음 예들을 보라. 'Milk Drinkers Are Turning to Powder', 'Iraqi Head Seeks Arms', 'Farm Bill Dies in House', 'Squad Helps Dog Bite Victim'. 신문에서 다른 예를 찾을 수 있나 알아보고, 신문 제목이 중의적이게 되는 이유가 무엇일지 생각해 보라. (학습목표 11-2)
4. 사람들은 종종 간접적인 표현을 하는데, 듣는 사람들은 말한 사람이 무슨 의도인지 이해한다. 일상 대화에서 간접적인 대화를 탐지할 수 있는지 생각해 보라. (예: '내 생각에 여기서 좌회전해야 해.'를 '여기서 좌회전하고 싶어?'라고 말하기, '창문을 닫아줘.'를 '여기 추워?'라고 말하기) (학습목표 11-2)
5. 근처에 있는 두 사람의 대화보다 주변에서 들리는 핸드폰 대화가 더 신경이 쓰인다고들 말한다. 왜 그렇다고 생각하는가?(Emberson et al., 2010 참고). (학습목표 11-4)

Ralph Hale

사람들은 다양한 방법으로 문제를 해결한다. 어떤 때는 문제를 해결하는 데 많은 노력과 방법적인 분석이 필요하지만, 또 어떤 때는 문제해결 방안이 순간적인 통찰을 통해 떠오르기도 한다는 것을 발견한다. 사진에 있는 예를 보자. 이 사람은 백개먼 게임(주사위와 말을 이용해 진행되는 전략 보드게임)에서 다음 수를 고민하고 있다. 또 우리는 때로는 백일몽에 잠기거나 멍하게 마음을 '쉬게' 하는 것이 문제에 대한 창의적인 해결책으로 이끄는 중요한 역할을 하기도 한다는 것을 배우게 된다.

CHAPTER 12

문제해결과 창의성

학습목표 이 장을 학습하고 나면 여러분은 다음을 할 수 있을 것이다.

12-1 '문제'를 인지심리학 용어로 정의할 수 있다.
12-2 통찰, 수단 목표 분석, 유추와 같은 문제해결 기법을 기술할 수 있다.
12-3 기능적 고착과 같은 문제해결을 어렵게 하는 요인을 기술할 수 있다.
12-4 유추적 문제해결, 유추 약호화, 유추 역설을 설명할 수 있다.
12-5 특정 분야의 전문가와 초보자가 문제를 해결하는 방법의 차이를 기술할 수 있다.
12-6 어떻게 문제해결이 창의성과 연관이 있는지 분석할 수 있다.
12-7 어떻게 뇌가 문제해결과 통제 과정을 매개하는지 설명할 수 있다.

다음에 나오는 이야기는 핵분열과 양지 역학 연구로 1965년에 노벨 물리학상을 받았고, 또 과학 천재로 널리 알려진 미국의 물리학자 리처드 파인먼(Richard Feynman)에 관한 이야기이다.

> 1950년대에 캘리포니아 공대에서 근무하던 한 물리학자가 파인먼의 노트 일부를 해독하는 데 애를 먹었다. 그는 노벨상 수상자이며 파인먼과 종종 공동 연구를 했던 머리 겔만(Murray Gell-Mann)에게 "파인먼의 방법이 무엇이지요?"라고 물었다. 겔만은 수줍은 듯이 칠판에 기대어 말하기를 "그의 방법은 이것이야. 문제를 적는다. 그리고 아주 열심히 생각한다." (겔만은 눈을 감고 주먹으로 툭툭 이마를 누른다.) "그리고 답을 적는다."
> (Gleick, 1992, p.315를 참고해서 작성함)

이것은 파인먼의 천재성을 보여주는 흥미로운 방식이기는 해도 파인먼이 '아주 열심히' 생각하고 있는 동안 그의 머릿속에서 실제로 어떤 생각이 일어나고 있는지에 대해서는 아무 답도 주지 못했다. 우리가 파인먼의 사고 과정에 대한 이 질문의 답은 모를 수 있지만, 문제해결에 관한 연구는 대부분의 사람이 일반적으로 어떻게 문제를 해결하는지에 대한 답을 제공했다. 12장에서는 문제를 풀고 창의적일 때 관여하는 심적 과정에 대해 인지심리학자들이 기술한 방식에 대해 탐색한다.

사람들은 흔히 논리와 창의성은 완전히 별개라거나 심지어 정반대라고 생각하는데, 이는 틀린 생각이다. 다음 상황을 생각해 보자. 새 학기가 시작하기 전날, 여러분은 여러분이 수업을 들을 강의실의 위치를 알아보려고 학교를 둘러보았다. 강의실 중 하나가 문이 반쯤 열려 있어서 어디에 앉으면 좋을지 알아보려고 강의실 안으로 들어갔는데, 문이 등 뒤에서 닫혔다! 그날은 수업하는 날이 아니어서 문이 잠겨버렸고, 여러분은 안에 갇혔다. 방에서 나가려면 어떻게 할 것 같은지 상상해 보라. 방에서 나오려면 논리와 창의성의 조합이 필요할 수도 있다. 핸드폰을 이용해서 도움을 요청할 수도 있고, 교탁에 있는 컴퓨터를 이용해서 누군가에게 이메일을 보낼 수도 있고, 창문을 넘으려고 할 수도 있다. 성공적인 인지적 문제해결을 위해서는 논리와 창의성은 본질적으로 결합되어 있다. 우리는 '창의적 문제해결'이라는 용어를 자주 사용하는데, 이 표현은 논리와 창의성의 연관성을 잘 보여준다.

논리의 반대는 창의성이 아니라 정서이다. 방에서 빠져나오려고 시도할 때 어떤 정서적 결정을 거칠지 상상해 보라. 도와달라고 소리칠 수도 있고, 벽을 두드릴 수도 있고, 문을 부수려고 시도할 수도 있다. 텅 빈 건물 속에 있는 빈 강의실에 혼자 있다면 이런 방법들은 효과가 없을 것이고, 그래서 여러분은 다칠 위험을 감수할 수도 있다[여러분은 위험을 무릅쓰고 모든 것을 해결하는 쿨 에이드 맨(Kool-Aid Man, 미국 음료 광고 속에서 벽을 부수고 나가는 캐릭터)이 아니다]. 그러니까 이 가상적인 상황에서처럼, 일상에서 논리와 창의성을 효율적으로 사용하는 것은 아주 중요하다. 어떻게 문제를 수량화하는지를 다루는 것으로 문제해결과 창의성에 대한 논의를 시작하자.

12.1 문제란 무엇인가?

최근에 풀어야 했던 문제는 어떤 것이 있는가? 아마 여러분은 수학, 화학, 또는 물리학 수업에 나온 문제를 풀었거나, 시한 내에 에세이 과제를 마쳤거나, 가족이나 친구나 사람들 간의 관계 속에서 멋진 방안을 찾거나, 어떤 과목을 들을지, 어떤 분야로 진출할지, 대학원에 진학할지 아니면 취업할지 등을 결정했거나, 새로 산 차 대금을 지불하는 방안을 찾아냈을 수 있다. 이 질문의 상당수는 다음 정의에 잘 들어맞는다. 즉, 현재 상태와 목표 간에 장애물이 있는데 그 장애물을 어떻게 헤쳐 나가야 할지가 곧바로 떠오르지 않을 때 문제(problem)가 발생한 것이다(Duncker, 1945; Lovett, 2002). 그러니까 심리학자들이 정의한 바에 따르면, 문제는 목표를 달성해야 하는데 해결 방안이 곧바로 생각나지 않는 상황을 의미한다. 예를 들어, **그림** 12.1에 의자를 나르는 사람들처럼 가구를 나르고 있는데 코가 가렵다고 해 보자. 별일 아니다. 그냥 긁으면 된다. 잠깐! 그런데 손으로 의자를 들고 있다. 목표는 코를 긁는 것인데, 손이 자유롭지 않다는 것이 문제다. 어떻게 문제를 풀까? 손을 자유롭게 하려고 의자를 내려놓을 수도 있고, 코를 의자에 비빌 수도 있고, 도움을 청할 수도 있다. 이제 1920년대에 심리학에 문제해결 연구를 소개한 게슈탈트 심리학자들의 접근에 대해 알아보는 것으로 문제해결에 대한 탐색을 시작하자.

문제(problem)
현재 상태와 목표 간에 장애물이 있는데 그 장애물을 어떻게 헤쳐 나가야 할지가 곧바로 떠오르지 않는 상황.

12.2 게슈탈트 접근

3장에서 지각 조직화 법칙을 서술하면서 게슈탈트 심리학자들을 소개했다(78쪽). 게슈탈트 심리학자들은 지각뿐만 아니라 학습, 문제해결, 심지어는 태도와 신념에 대해서도 관심을 가졌다(Koffka, 1935). 그러나 심리학의 다른 영역의 문제에 접근할 때도 그들은 여전히 지각적 접근을 취하였다. 게슈탈트 심리학자들에게 문제해결은 (1) 어떻게 사람들이 문제를 마음에 표상하는지에 대한 문제와 (2) 어떻게 문제해결 과정이 표상의 재조직화나 재구조화를 포함하는지에 대한 문제였다.

문제를 마음에 표상하기

문제를 마음에 '표상'한다는 것은 무슨 의미일까? 이 질문에 대답하는 한 가지 방안은 어떻

그림 12.1 의자를 나르는 두 사람. 한 사람이 코를 긁어야 하는데, 손이 자유롭지 않다. 이 문제를 어떻게 풀까?

Fizkes/Shutterstock.com

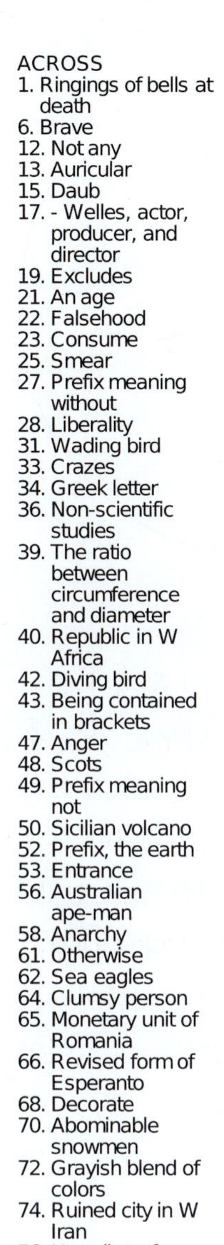

ACROSS
1. Ringings of bells at death
6. Brave
12. Not any
13. Auricular
15. Daub
17. - Welles, actor, producer, and director
19. Excludes
21. An age
22. Falsehood
23. Consume
25. Smear
27. Prefix meaning without
28. Liberality
31. Wading bird
33. Crazes
34. Greek letter
36. Non-scientific studies
39. The ratio between circumference and diameter
40. Republic in W Africa
42. Diving bird
43. Being contained in brackets
47. Anger
48. Scots
49. Prefix meaning not
50. Sicilian volcano
52. Prefix, the earth
53. Entrance
56. Australian ape-man
58. Anarchy
61. Otherwise
62. Sea eagles
64. Clumsy person
65. Monetary unit of Romania
66. Revised form of Esperanto
68. Decorate
70. Abominable snowmen
72. Grayish blend of colors
74. Ruined city in W Iran
76. Hereditary factor
77. A sailor
78. Scratched

DOWN
1. Hillocks
2. Water wheel
3. Place in bondage
4. Zodiac sign
5. Therefore
6. Pep
7. Etching fluid
8. Hand out
9. Part of the verb "to be"
10. Born
11. Large spider
14. Small children
16. Fled
18. Requiring
20. Food paste
24. Donkey
26. Brassiere
29. Yawn
30. Level of command
32. Spoken
35. Headwear
37. Firmament
38. Death of a martyr
40. Clarified butter
41. Become sour
43. Pastry item
44. U.S. divorce city
45. Remnant
46. Indigo
51. Reverential fear
53. Exclamation of surprise
54. Jouster
55. Entertained
57. Angry
59. Charged particles
60. Fishing net
61. Lubricant
63. Just passable (2-2)
67. Eggs
69. Groove
71. The self
73. Near to
75. Similar to

AchmarDigitalDesign/Shutterstock.com

그림 12.2 가로세로 낱말 맞추기가 종이에 어떻게 표상되는지를 보여주는 그림. 가로세로 낱말 맞추기에는 가로와 세로로 단어를 채우는 데 필요한 단서가 주어진다.

게 문제가 제공되는지에서 시작하는 것이다. 가로세로 낱말 맞추기에 대해 생각해 보자(**그림** 12.2). 이 유형의 문제는 종이에 도형과 빈칸을 채울 힌트로 표상되어 있다. 이 문제가 어떻게 마음에 표상되는지는 사람마다 다를 수 있지만, 이 문제가 종이에 표상된 것과도 다를 가능성이 높다. 예를 들어, 사람들이 이 문제를 풀려고 할 때 문제의 일부분씩만 표상하는 선택을 할 수도 있다. 어떤 사람은 가로로 놓인 단어를 채우는 데 초점을 맞춰 단어를 찾고, 이 단어를 이용해서 세로로 놓인 단어를 선택할 수 있다. 또 어떤 사람은 문제의 한 귀퉁이를 골라 거기에 있는 가로 단어와 세로 단어에 맞는 글자를 마음속에서 탐색할 수 있다. 문제해결 방안은 각기 다른 방식으로 문제를 마음속에 표상한다.

게슈탈트 접근의 중심적인 생각 중 하나는 문제해결에 성공하는지는 문제가 어떻게 마음에 표상되는지에 달려 있다는 것이다. 문제해결책은 문제가 어떻게 표상되는지에 달려 있다

그림 12.3 원 문제. 답은 450쪽 그림 12.28에 있다.

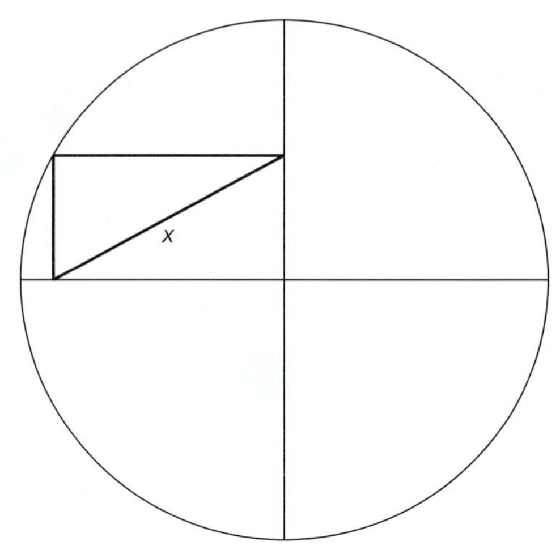

는 생각은 다음에 나오는 '보여주기: 원 문제'를 통해 알 수 있다.

원 문제는 게슈탈트 심리학자인 Wolfgang Kohler(1929)가 제안한 것이다. 이 문제가 종이에 어떻게 표상되는지를 서술하는 방식 중의 하나는 '원을 4분의 1씩으로 나누는 가는 수평선과 수직선이 그려진 원이 있다. 그리고 원의 왼쪽 위 사분면 안에 진한 선으로 조그만 삼각형을 만든다.'라고 서술하는 것이다. 이 문제를 푸는 열쇠는 이 서술문의 마지막 부분을 '왼쪽 위 사분면 안에 대각선의 길이가 x인 조그만 직사각형을 만드는 진한 선이 있다.'로 바꾸는 것이다. 일단 x를 직사각형의 대각선이라고 보게 되면, 직사각형의 다른 대각선을 만들게 표상이 재조직화될 수 있다(**그림 12.28**). 새로 만든 대각선이 원의 반지름이라는 것과 직사각형의 대각선은 길이가 같다는 것을 깨닫게 되면, x의 길이는 반지름 r의 길이와 같다고 결론 내릴 수 있다. 그러니까 반지름이 10이면 x = 10이 된다.

이 해결책에서 중요한 점은 수학 공식이 필요하지 않다는 것이다. 물체를 지각하고, 이어서 이 물체를 다른 방식으로 표상하면 해결책이 나온다. 게슈탈트 심리학자들은 문제의 표상을 바꾸는 처리를 재구조화(restructuring)라 했다.

재구조화(restructuring) 문제의 표상을 바꾸는 처리. 게슈탈트 심리학자들에 따르면, 재구조화는 문제해결에서 핵심 기제이다.

보여주기

원 문제

그림 12.3에 제시된 문제를 훑어보라. 원의 반지름이 10이라면, x로 표시된 선분의 길이를 구해 보라.

통찰

문제해결에서 재구조화가 중요하다는 것을 밝혀낸 것에 추가해서, 게슈탈트 심리학자들은 재구조화는 통찰이라 불리는 과정의 결과이기도 하다는 것을 언급했다(Weisberg & Alba, 1981). 통찰(insight)은 갑작스러운 이해, 깨달음, 또는 문제해결책을 말하는데, 이는 자극이나 상황 혹은 사건에 대한 개인의 심적 표상의 재조직화를 포함하며, 처음에는 명확하게 드러나지 않던 상황에 대한 해석을 이끌어낸다(Kounios & Beeman, 2014에서 수정함). 이 정의는 게슈탈트 접근의 밑에 깔린 중심 사상을 포함한다. '개인의 심적 표상의 재조직화'는 재구조화에 해당하고, '갑작스러운 이해'는 게슈탈트 접근에서 강조하는 문제해결책을 갑자

통찰(insight) 문제해결책을 갑작스럽게 깨닫는 것.

기 깨닫는다는 것에 해당한다(Dunbar, 1998).

통찰이 갑작스러운 깨달음이라는 속성을 갖는다는 것은 Janet Metcalfe와 David Wiebe(1987)의 실험에서 잘 드러나는데, 이 실험은 통찰 문제와 비통찰 문제를 구분하기 위해 고안되었다. 이들은 자기들이 문제해결에 진전이 있다고 느끼는 점에서 통찰 문제와 비통찰 문제는 차이가 있어야 한다고 가정하였다. 이들은 해결책이 갑자기 떠오르는 통찰 문제를 푸는 참가자들은 자기들이 얼마나 답에 근접해 있는지 잘 예측하지 못할 것으로 예상하였다. 그러나 좀 더 조직적인 과정을 포함하는 비통찰 문제를 푸는 참가자들은 자기들이 답에 근접해 가는지를 알 수 있을 것으로 예상하였다.

이 가설을 검증하기 위해, Metcalfe와 Wiebe는 아래 '보여주기'에 있는 것과 같은 통찰 문제와 비통찰 문제를 참가자들에게 주고 문제를 푸는 동안 15초마다 '따뜻함' 판단(참가자가 정답에 얼마나 가까워졌다고 느끼는지를 은유적으로 표현한 자기 보고 척도)을 하게 했다. '뜨겁다'(7점 척도에서 7점)에 가까운 평정은 자기들이 답에 근접해 간다는 것을 의미하고, '차갑다'(7점 척도에서 1점)에 가까운 평정은 자기들이 답에 도달하려면 아직 멀었다는 것을 의미한다. Metcalfe와 Wiebe가 사용한 통찰 문제의 예 두 개를 제시한다.

보여주기

두 개의 통찰 문제

삼각형 문제

그림 12.4a에 있는 삼각형은 위를 향하고 있다. 점 세 개를 움직여서 삼각형이 아래를 향하게 만들어 보라(답은 450쪽, **그림 12.29**에 있다).

이 문제를 푸는 동안 문제해결에 진전이 있는지 모니터해 보라. 답에 도달할 때까지 꾸준히 진전이 있다고 느껴졌는가? 아니면 아무 진전이 없다고 느끼다가 '아하!' 경험처럼 갑자기 해결책을 경험하게 되었는가? 삼각형 문제를 끝냈으면 그다음 문제를 풀어보면서 같은 방법으로 진전이 있는지 모니터해 보라.

사슬 문제

어떤 사람이 사슬 네 개를 가지고 있다. 각 사슬은 **그림 12.4b**에 있는 것처럼 세 개의 고리로 되어 있다. 이 사람은 이 네 개의 사슬을 연결해서 하나의 큰 사슬로 만들고 싶어 한다. 고리를 하나 푸는 데 2달러, 고리를 하나 잠그는 데 3달러가 든다. 그런데 이 사람이 가진 돈은 15달러이다. 이 사람은 어떻게 할까? (답은 450쪽, 그림 12.30에 있음)

Metcalfe와 Wiebe는 비통찰 문제로 고등학교 수학책에서 고른 아래와 같은 산수 문제를 사용했다. 이 문제들은 체계적인 분석에 의해 풀리기 때문에 분석에 기초한 문제(analytically based problem)라고도 불리는데, 종종 경험에 기초한 기법을 사용한다.

분석에 기초한 문제(analytically based problem) 체계적인 분석에 의해 풀리는 문제로, 종종 경험에 기초한 기법을 사용한다.

x 값 구하기: $(1/5)x + 10 = 25$

인수분해하기: $16y^2 - 40yz + 25z^2$

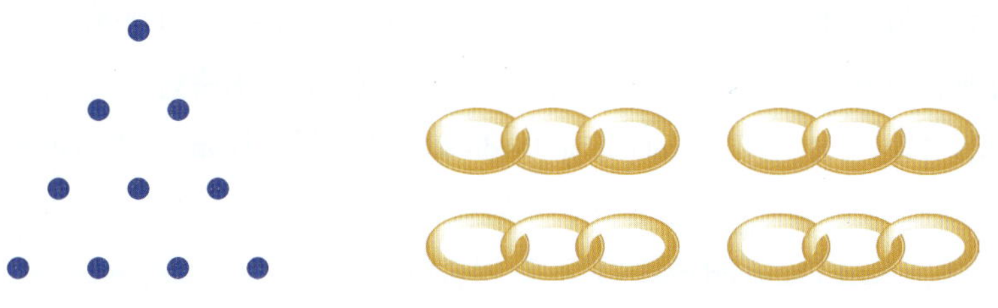

그림 12.4 보여주기 '두 개의 통찰 문제'에 서술된 (a) 삼각형 문제와 (b) 사슬 문제. 해결책은 450쪽에 있다.

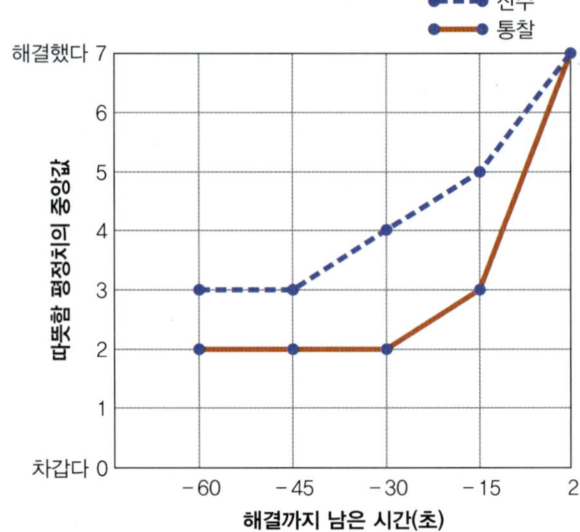

그림 12.5 통찰 문제와 산수 문제에서 문제를 풀기 직전 1분 동안 자기들이 얼마나 해결책에 근접했다고 느끼는지에 대한 참가자의 판단을 보여주는 Metcalfe와 Wiebe(1987)의 실험 결과.

출처: J. Metcalfe & D. Wiebe, 1987을 바탕으로 제작함.

이 실험의 결과가 **그림** 12.5에 제시되었는데, 참가자들이 두 가지 유형의 문제의 답을 찾아내기 직전 1분 동안의 따뜻함 평정치를 보여준다.

통찰 문제(실선)에서는 따뜻함 평정치가 2에서 시작해서 마지막에 갑자기 3에서 7로 뛰기 전까지는 별 변화가 없었다. 그래서 해결책을 찾기 15초 전에 평정치의 중앙값은 비교적 차갑다를 의미하는 점수인 3이었다. 참가자들이 자기들이 해결책에 근접했다고 느끼지 않았다는 것을 보여준다. 그와는 대조적으로 산수 문제(점선)에서는 평정치가 3에서 시작해서 문제를 해결할 때까지 점진적으로 증가하였다. Metcalfe와 Wiebe는 얼마나 답에 가까이 와 있다고 느끼는지에 대한 참가자들의 보고를 토대로, 통찰 문제라 불리는 문제의 해결책은 갑작스레 나타난다는 것을 보여주었다.

현대 연구자들은 통찰 문제를 푸는 데 관여하는 과정이 분석적인 비통찰 문제를 푸는 데 관여하는 과정과 항상 다른지에 대해 논쟁을 벌여 왔다. 예를 들어, Jessica Fleck과 Robert Weisberg(2013)는 '아하' 경험을 수반하는 통찰 문제 풀이 과정은 분석적 처리를 포함할 수 있다는 주장을 지지하는 증거를 제시하였다(Weisberg, 2015 참고). 풀이 과정에 어떤 기제가 참여하든 간에 사람들이 문제해결책에 대한 갑작스러운 '통찰적' 깨달음을 종종 경험한다는 것은 의문의 여지가 없는 것 같다(Bowden et al., 2005; Kounios et al., 2008).

고착(fixation)
문제해결에서 문제의 특정 특징에 집중하는 경향을 가리키는데, 고착이 해결책에 도달하는 것을 방해한다. 기능적 고착 참조.

기능적 고착 (functional fixedness)
어떤 물체의 기능에 대한 생각이 그 물체를 다른 기능으로 사용하는 것을 억제할 때 발생하는 효과. 고착(문제해결) 참조.

양초 문제(candle problem)
Duncker가 처음 기술한 문제. 참가자에게 여러 가지 물건을 주고 촛농이 바닥에 떨어지지 않게 벽에 양초를 세우라는 과제를 주었다. 이 과제는 기능적 고착을 연구하기 위해 사용되었다.

기능적 고착과 마음 갖춤새

통찰 현상을 강조하는 것에 더해 게슈탈트 심리학자들은 문제해결의 장애물에 대해서도 기술했다. 게슈탈트 심리학자들에 따르면 문제해결의 주요 장애물 중 하나는 고착이다. 고착(fixation)이란 문제의 특정 특징에 집중하는 경향을 가리키는데, 고착이 해결책에 도달하는 것을 방해한다. 문제해결을 방해하는 고착의 한 유형은 어떤 물체의 친숙한 기능이나 용도에 집중하는 고착인데, 이를 기능적 고착(functional fixedness)이라 부른다(Jansson & Smith, 1991).

기능적 고착의 대표적인 예는 Karl Duncker(1945)가 처음 기술한 양초 문제(candle problem)이다. 이 실험에서 Duncker는 참가자들에게 여러 가지 사물을 이용해서 과제를 완수하라고 요구했다. 이어지는 '보여주기'에서 문제에서 지정한 사물들을 갖고 있다고 가정하고 Duncker의 문제를 풀어보도록 하라.

보여주기

양초 문제

여러분은 수직 코르크 보드가 벽에 부착된 방에 있다. 여러분에게 **그림 12.6**에 있는 양초 몇 개, 성냥갑 속에 든 성냥들, 압핀 몇 개가 제공되었다. 여러분이 해야 할 일은 양초가 타지만 촛농이 바닥에 떨어지지 않게 코르크 보드에 양초를 세우는 것이다. 책 읽기를 멈추고 여러분이 어떻게 이 문제를 풀려고 할지 생각해 보라. 그리고 여러분이 생각한 답을 **그림 12.31**(450쪽)과 비교해 보라.

성냥갑이 사물을 담는 용기가 아니라 사물의 받침으로 사용될 수 있다는 것을 깨닫게 되면 이 문제의 해결책이 떠오르게 된다. Duncker가 이 실험을 할 때, 한 집단의 참가자에게는 재료(양초, 압핀, 성냥)를 담은 조그만 마분지 상자를 주었고, 다른 집단의 참가자에게는 같은 재료를 마분지 상자 바깥에 놓아서 마분지 상자가 비어 있게 하였다. 이 두 집단의 수행을 비교해서, 그는 상자가 비어 있는 채로 제공되었던 집단보다 상자를 재료가 담겨 있는 용기로 제공받았던 집단이 문제를 더 어려워했다는 것을 발견하였다. Robert Adamson(1952)은 Duncker의 실험을 반복하여 같은 결과를 얻었다. 즉, 빈 상자로 문제를 제공받았던 참가자는 상자가 이미 용기로 사용되고 있는 상태로 문제를 제공받은 참가자보다 문제를 두 배 더

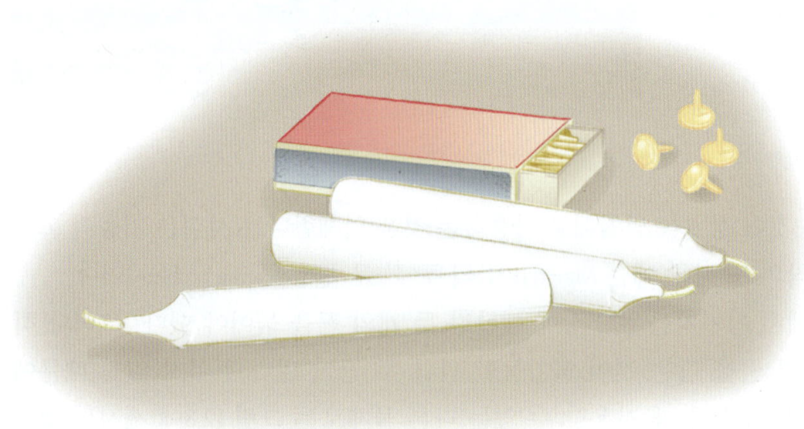

그림 12.6 Duncker(1945)의 양초 문제에 사용되는 물건들.

출처: K. Duncker, 1945를 바탕으로 제작함.

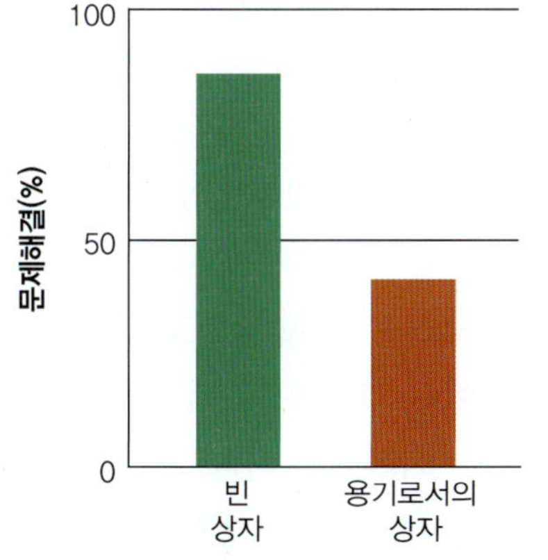

그림 12.7 Duncker의 양초 문제를 반복한 Adamson(1952)의 실험 결과.

출처: R. E. Adamson, 1952를 바탕으로 제작함.

보여주기

두 끈 문제

그림 12.8에 있는 문제를 살펴보라. 여러분은 천장에서부터 내려와 있는 두 개의 끈을 묶어야 했다. 두 개의 끈을 동시에 잡는 것이 불가능할 만큼 두 끈이 멀리 떨어져 있다. **그림 12.8**에 그려진 상황에서 어떻게 해야 문제를 풀 수 있을까? 그림에 있는 물건은 사람, 끈 두 개, 펜치 두 개, 그리고 금속 접이 의자이다.

그림 12.8 Maier(1931)의 두 끈 문제. 참가자가 아무리 노력해도 두 번째 끈을 잡을 수 없다. 어떻게 두 끈을 이을 수 있을까?

출처: N. R. F. Maier, 1931을 바탕으로 제작함.

풀었다.

상자를 용기로 보는 것이 상자를 받침대로 사용하는 것을 억제한다는 사실은 기능적 고착의 예이다. 기능적 고착의 또 다른 예는 Maier(1931)의 두 끈 문제(two-string problem)이다.

두 끈 문제(two-string problem) Maier가 처음 기술한 실험으로, 참가자는 동시에 잡는 것이 불가능할 만큼 멀리 있는 두 개의 끈을 묶어야 했다. 이 과제는 기능적 고착의 작동을 예시하기 위해 고안되었다.

Maier(1931)의 과제에서 참가자들은 천장에 매달린 두 개의 끈을 묶어야 했다. 그러나 하나를 손에 잡은 채 다른 끈을 잡는 것이 불가능할 만큼 두 끈이 멀리 떨어져 있기 때문에 이 문제는 어렵다. 이 문제를 풀 때 사용할 수 있는 다른 물체로는 **그림** 12.8에 제시된 것처럼 의자와 펜치 두 개였다.

이 문제를 풀려면 참가자는 두 끈 중의 하나에 펜치를 묶어 진자를 만들 필요가 있다. 묶은 다음에 그 사람이 잡을 수 있을 만큼 펜치를 밀어 진자 운동을 하게 한다. 사람들은 일상적으로 펜치를 진자의 한쪽 끝에 묶인 추로 사용하지 않고 도구로 사용하기 때문에 이것은 기능적 고착의 예가 된다. 그러니까 사람들이 펜치의 일상적인 기능에 고착되었기 때문에 60명의 참가자 중에서 37명이 이 문제를 풀지 못했다.

대부분의 참가자가 10분이 지나도록 이 문제를 풀 수 없자, Maier는 '우발적으로' 끈을 건드려서 끈이 움직이게 '힌트'를 주었다. 참가자들이 끈이 움직이는 것을 보게 되면, 문제를 풀지 못했던 참가자 중 62%가 60초 이내에 문제를 풀었다. 끈이 이쪽에서 저쪽으로 흔들리는 것을 보는 것이 펜치를 진자 운동을 하는 추로 사용할 수 있다는 생각을 발동시키는 것 같다. 게슈탈트 심리학의 용어로 표현하자면, 참가자가 어떻게 해결책에 도달하는지에 대한 표상을 재구조화하고(끈을 좌우로 흔들리게 한다) 펜치의 기능에 대한 표상을 재구조화하게(펜치는 진자 운동을 하는 추로 사용할 수 있다) 되자 문제해결책이 떠오른 것이다.

양초 문제와 두 끈 문제는 사물의 용도에 대한 사람들의 선입견 때문에 어렵다. 이런 선입견은 **마음 갖춤새**(mental set)의 한 유형이다. 마음 갖춤새란 어떻게 문제에 접근하는지에 대한 선입견을 가리키는데, 이 선입견은 그 사람이 이전에 효과가 있던 방법에 대한 경험에 의해 정해진다. 이 실험들에서는 사물의 일상적인 용도에 대한 지식에 의해 마음 갖춤새가 만들어졌다.

마음 갖춤새(mental set)
문제에 접근하는 방식에 대한 선입견을 말하는데, 이 선입견은 개인이 이전에 효과가 있던 방법에 대한 경험에 의해 정해진다.

게슈탈트 심리학자들은 사람들이 문제를 풀어나가면서 만들어지는 상황에서도 마음 갖춤새가 발생할 수 있다는 것을 보여주었다. 이런 예는 Luchins의 **물 주전자 문제**(water jug problem)에서 제공되었다. 이 문제에서는 참가자에게 크기가 다른 세 개의 빈 주전자를 측정 도구로 이용해서 특정한 양의 물을 얻는 방법을 종이에 적으라고 요구했다. Luchins(1942)는 첫 번째 예를 참가자에게 제시했는데, 그 문제에서 세 개의 주전자의 용량은 A = 21리터, B = 127리터, C = 3리터였고, 원하는 양은 100리터였다. 이것이 **그림** 12.9a의 문제 1이다. 참가자가 이 문제를 풀어 보도록 약간의 시간을 준 다음, Luchins는 다음과 같은 해결책을 알려주었다.

물 주전자 문제(water jug problem)
Luchins가 처음 기술한 문제로, 마음 갖춤새가 개인이 문제를 풀 때 사용하는 전략에 어떻게 영향을 미칠 수 있는지를 예시한다.

1. 127리터인 B 주전자에 물을 채운 다음, B에서 A로 물을 따른다. 그러니까 B에서 21리터가 줄어든다. 그러면 B에는 106리터가 있게 된다(**그림** 12.9b).
2. B에서 C로 물을 따르면, B에서 3리터가 줄어서 B에는 103리터가 있게 된다(**그림** 12.9c).
3. 다시 B에서 C로 물을 따르면, B에서 3리터가 추가로 줄어서 B에는 100리터가 있게 된다(**그림** 12.9d).

문제 1의 해결책은 원하는 양 = B − A − 2C로 표기될 수 있다. 어떻게 문제 1을 푸는지를 보여준 다음(그러나 공식을 알려주지는 않음), Luchins는 참가자에게 문제 2~8을 풀게 하였다. 이 문제는 모두 같은 공식으로 풀 수 있는 문제이다.

Luchins는 참가자가 문제 7과 문제 8을 어떻게 푸는지에 관심이 있었다. 이 두 문제는 B − A − 2C 공식으로도 풀리지만, 더 간단한 방법으로도 풀린다.

문제 7: 원하는 양 = A + C (A와 C를 채워서 B에 붓는다).
문제 8: 원하는 양 = A − C (A를 채운 다음 C에 따른다).

Luchins가 했던 질문은 마음 갖춤새가 있는 참가자와 없는 참가자가 문제 7과 문제 8을 푸는 방법이었다. 여기에 답하기 위해 그는 참가자를 두 집단으로 나누었다.

마음 갖춤새 집단: 위에 서술한 절차에 따라 먼저 문제 1을 예로 보여준 다음, 참가자들이 문제 2에서부터 시작해서 문제 8까지 풀게 하였다. 이렇게 하면 B − A − 2C 절차를 사용하는 마음 갖춤새가 만들어진다.

마음 갖춤새 없는 집단: 참가자들은 문제 7에서 시작해서 문제 7과 문제 8만 풀었다. 이 경우 참가자들은 B − A − 2C 절차에 전혀 노출되지 않았다.

그림 12.9 (a) Luchins(1942) 물 주전자 문제. 매 문제마다 세 주전자의 용량과 원하는 양을 지정한다. 세 주전자를 이용해서 원하는 양을 측정하는 방법을 찾아내는 것이 문제이다. (b) 문제 1을 푸는 첫 번째 단계, (c) 두 번째 단계, (d) 세 번째 단계. 다른 문제도 모두 원하는 양 = B−A−2C 라는 같은 공식으로 해결될 수 있다. 그러나 문제 7과 문제 8은 더 쉬운 방법이 있다.

용량(리터)

문제	A 주전자	B 주전자	C 주전자	원하는양
1	21	127	3	100
2	14	163	25	99
3	18	43	10	5
4	9	42	6	21
5	20	59	4	31
6	20	50	3	24
7	15	39	3	18
8	28	59	3	25

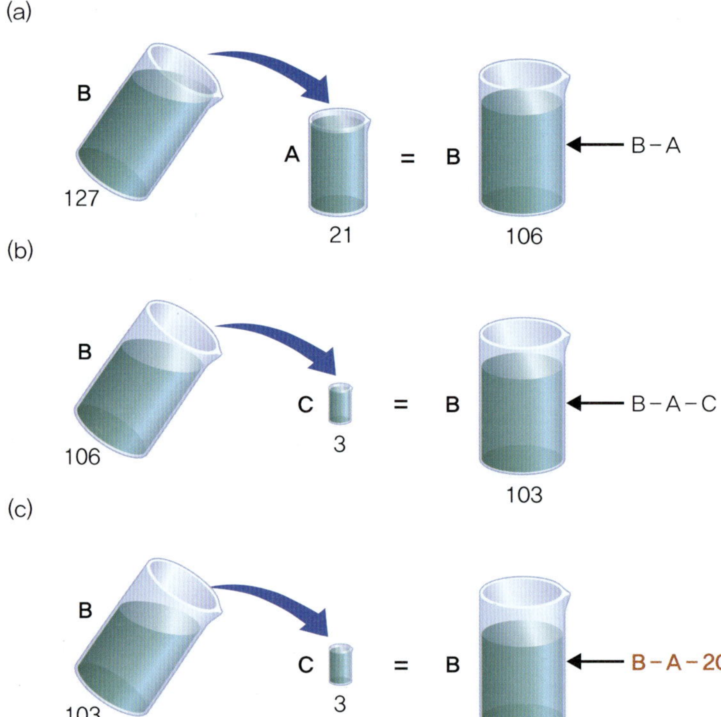

출처: A. S. Luchins, 1942를 바탕으로 제작함.

결과를 보면, **마음 갖춤새 집단**에서는 단지 23%의 참가자들만이 문제 7과 문제 8에서 간단한 해결 방안을 사용했다. 그러나 **마음 갖춤새 없는 집단**에서는 모든 참가자가 간단한 방법으로 문제를 풀었다. 그러니까, 마음 갖춤새는 물체의 기능에 대한 선입견(양초 문제와 두 끈 문제)과 문제를 푸는 방법에 관한 선입견(물 주전자 문제)의 두 가지 이유로 인해 문제해결에 영향을 미칠 수 있다.

1920년과 1950년 사이에 게슈탈트 심리학자들은 어떻게 마음 갖춤새가 문제해결에 영향을 미치는지와 어떻게 문제해결에 새로운 표상을 만드는 과정이 포함되는지를 보여주는 많은 문제를 서술하였다. 문제해결은 어떻게 마음에 문제가 표상되는지에 달려 있다는 생각은 게슈탈트 심리학이 남긴 지속적인 공헌 중의 하나이다. 현대 연구자들은 이 생각을 문제해결에 관한 정보처리 접근의 시발점으로 사용하였다.

12.3 정보처리 접근

1장에서 인지심리학의 역사를 서술할 때, 1956년에 두 개의 중요한 학술대회가 열렸다고 서술했다. 매사추세츠 공과대학(MIT)과 다트머스 대학교에서 학술대회가 열렸는데, 마음을 연구하는 새로운 방법을 논의하기 위해 많은 분야의 연구자들이 모였다. 이 두 학술대회 모두에서 Alan Newell과 Herbert Simon은 사람의 문제해결 과정을 시뮬레이션한 「논리 이론가(logic theorist)」라는 컴퓨터 프로그램을 소개했다. 이것은 문제해결을 탐색을 포함하는 과정으로 기술하는 연구의 시작이 되었다. 단지 문제의 초기 구조와 문제를 해결했을 때 달성되는 새로운 구조만 고려하는 것 대신, Newell과 Simon은 문제가 제기될 때부터 해결책에 이를 때까지 발생하는 탐색으로 문제해결을 서술하였다.

문제해결을 탐색으로 보는 생각은 우리의 언어 사용에서도 볼 수 있다. 사람들은 흔히 문제와 관련해서 '목표에 도달하는 방법을 탐색한다', '장애물을 우회한다', '막다른 골목에 다다른다', '문제를 다른 각도에서 접근한다'와 같은 표현을 사용한다(Lakoff & Turner, 1989). **하노이 탑 문제**(Tower of Hanoi problem)를 서술하는 것으로 Newell과 Simon의 접근법에 대해 소개한다.

하노이 탑 문제 (Tower of Hanoi problem) 한쪽 말뚝에서 다른 말뚝으로 원반을 옮기는 것을 포함하는 문제. 수단-목표 분석에서 일어나는 처리를 예시하기 위해 사용되었다.

Newell과 Simon의 접근법

Newell과 Simon(1972)은 문제를 문제 시작 단계에서의 조건인 **초기 상태**(initial state)와 문제 해결책인 **목표 상태**(goal state)로 본다. 하노이 탑 문제의 초기 상태에서는 세 개의 원반이 왼쪽 말뚝에 쌓여있다. 가운데 말뚝과 오른쪽 말뚝은 비어 있다. 목표 상태에서는 세 개의 원반이 오른쪽 말뚝에 쌓여있다. 초기 상태와 목표 상태를 명시하는 것에 덧붙여, Newell과 Simon은 조작자라는 개념을 소개하였다. **조작자**(operator)란 문제를 한 상태에서 다른 상태로 변화시키는 행동을 말한다. 하노이 탑 문제에서 조작자는 원반을 다른 말뚝으로 옮기는 행동이다. 하노이 탑 문제에서 규칙은 간단하다.

초기 상태(initial state) 문제해결에서, 문제 시작 단계에서의 조건.

목표 상태(goal state) 문제해결에서 문제가 해결되었을 때의 상태.

조작자(operator) 문제해결에서 문제해결에 도달하기 위해 사용할 수 있는 허용 가능한 행동.

1. 원반들은 한 번에 하나만 한 말뚝에서 다른 말뚝으로 옮긴다.
2. 원반은 그 위에 다른 원반이 없을 때만 옮길 수 있다.
3. 큰 원반은 작은 원반 위에 있을 수 없다.

이 문제는 하노이 탑 문제라 불리는데, 하노이 근처에 있는 사원에 이 문제 풀이로 수행하는 스님들이 있다는 전설 때문에 이렇게 불린다. 이 전설에 나오는 문제는 지금 보여준 예보다 복잡한데, 말뚝 1에 원반이 64개 있다고 전해진다. 전설에 따르면 이 문제를 풀면 세상에 종말이 온다고 한다. 다행스럽게도 스님들이 1초마다 다음 행동을 하고, 그 행동들이 다 옳다고 해도, 이를 하려면 거의 1조 년이 걸린다(Raphael, 1976).

이 문제를 풀어 보는 덜 실존적인 방법이 있다. 여러분은 더 적은 수(예: 3개)의 원반으로 서술된 문제를 이용해서 문제 푸는 과정을 상상할 수 있다. 온라인판 하노이 탑 문제를 발견할 수도 있고, 하노이 탑 게임을 살 수도 있고, 심지어 직접 만들 수도 있다. 어느 것으로 하든 목표 상태에 도달하려고 시도할 때 원반을 옮길 수 있는 방안이 여러 개 있다는 것을 알 수 있다. Newell과 Simon은 문제해결을 다음 단계(행동)를 선택하는 것의 연쇄로 보았는데,

중간 상태(intermediate state) 문제해결에서 초기 상태에서 목표 상태 사이에 있는 다양한 조건(상태).

각 행동은 **중간 상태**(intermediate state)를 만든다. 그러니까 문제해결은 초기 상태에서 시작해서 여러 개의 중간 상태를 거쳐 마지막에 목표 상태에 도달한다. 특정 문제의 초기 상태, 목표 상태, 그리고 가능한 모든 중간 상태는 그 문제의 **문제 공간**(problem space)을 만든다(Newell과 Simon이 사용한 용어를 **표 12.1**에 요약하였다).

표 12.1 문제해결에 대한 Newell-Simon 접근의 주요 용어

용어	서술	하노이 탑에서의 예
초기 상태	문제가 시작될 때의 조건	세 개의 원반이 모두 왼쪽 말뚝에 있다.
목표 상태	문제의 해결책	세 개의 원반이 모두 오른쪽 말뚝에 있다.
중간 상태	문제를 해결하기 위해 한 단계가 시행된 후의 조건	가장 작은 원반을 오른쪽 말뚝에 놓으면, 나머지 두 개 원반은 왼쪽 말뚝에 있고 가장 작은 원반은 오른쪽 말뚝에 있다.
조작자	문제를 한 상태에서 다른 상태로 이동시키는 행위. 보통 조작자는 규칙의 지배를 받는다.	규칙: 큰 원반은 작은 원반 위에 있을 수 없다.
문제 공간	문제를 해결할 때 일어날 수 있는 모든 가능한 상태	그림 12.12 참조
수단-목표 분석	초기 상태와 목표 상태 간의 차이를 줄이는 게 목표인 문제해결 방법	하위목표를 설정하는데, 각 하위목표는 해결책을 목표 상태에 근접하게 이끈다.
하위 목표	목표 상태에 더 근접하는 중간상태를 만드는 것을 도와주는 작은 목표. 종종 하위목표는 목표 상태와 거리가 멀어지게 만드는 것처럼 보이지만, 결국에는 목표에 이르는 가장 짧은 경로를 만들어낸다.	하위목표 4: 중간 원반을 자유롭게 하기 위해 작은 원반을 가운데 말뚝에서 왼쪽 말뚝으로 이동할 필요가 있다.

문제 공간(problem space) 특정 문제의 초기 상태, 목표 상태, 그리고 가능한 모든 중간 상태.

하노이 탑 문제의 문제 공간을 **그림 12.10**에 제시하였다. 초기 상태를 1이라 표시하였고, 목표 상태를 8이라 표시하였다. 원반들이 말뚝에 있는 나머지 모든 가능한 상황들은 중간 상태들이다. 이 문제에서 초기 상태에서 목표 상태에 도달하는 방법은 여러 가지가 있다. 빨간 선으로 표시된 방법은 14회 원반을 움직여야 한다. 가장 좋은 해결책은 초록색으로 표시되어 있는데, 단지 7회만 움직이면 된다.

목표에 도달하는 모든 가능한 방안을 고려할 때, 어떤 행동을 택할지 어떻게 결정을 내리는가? 특히 문제 풀이를 시작할 때 어떻게 결정을 내리는가? 여기서 중요한 것은 문제를 풀려고 할 때 문제 해결자는 **그림 12.10**에 있는 것과 같은 문제 공간 그림을 가지고 있지 않다는 점이다. Newell과 Simon에 따르면, 문제 해결자는 해결책을 찾기 위해서 문제 공간을 탐색해야 하며, 탐색을 인도하는 한 가지 방법은 **수단-목표 분석**(means-end analysis)이라는 전략을 사용하는 것이라고 제안하였다. 수단-목표 분석의 일차적인 목표는 초기 상태와 목표 상태의 차이를 줄이는 것이다. 이 목표는 목표 상태에 근접한 중간 상태를 가리키는 **하위목표**(subgoal)를 만들어서 달성할 수 있다.

수단-목표 분석(means-end analysis) 초기 상태와 목표 상태의 차이를 줄이려는 문제해결 전략. 이것은 하위 목표와 중간 상태를 만들어서 도달할 수 있다.

하위 목표(subgoal) 문제해결에 대한 수단-목표 분석 접근에서 목표 상태에 근접한 중간 상태를 만드는 것.

하노이 탑 문제에 수단-목표 분석을 적용할 때 전체적인 목표는 초기 상태와 목표 상태의 차이를 줄이는 것이다. 처음 목표는 왼쪽 말뚝에 있는 큰 원반을 오른쪽 말뚝으로 옮기는 것이다. 그런데 우리가 규칙을 따르면 이 목표는 한 번에 달성할 수가 없다. 왜냐하면 우리는 한 번에 하나의 원반만 옮길 수 있고, 위에 다른 원반이 있으면 그 원반은 옮길 수 없기 때문이다. 따라서 이 문제를 풀려면 일련의 하위목표를 설정해야 하는데, 하위목표 중 일부에는 몇 개의 움직임(행동)이 포함될 수 있다.

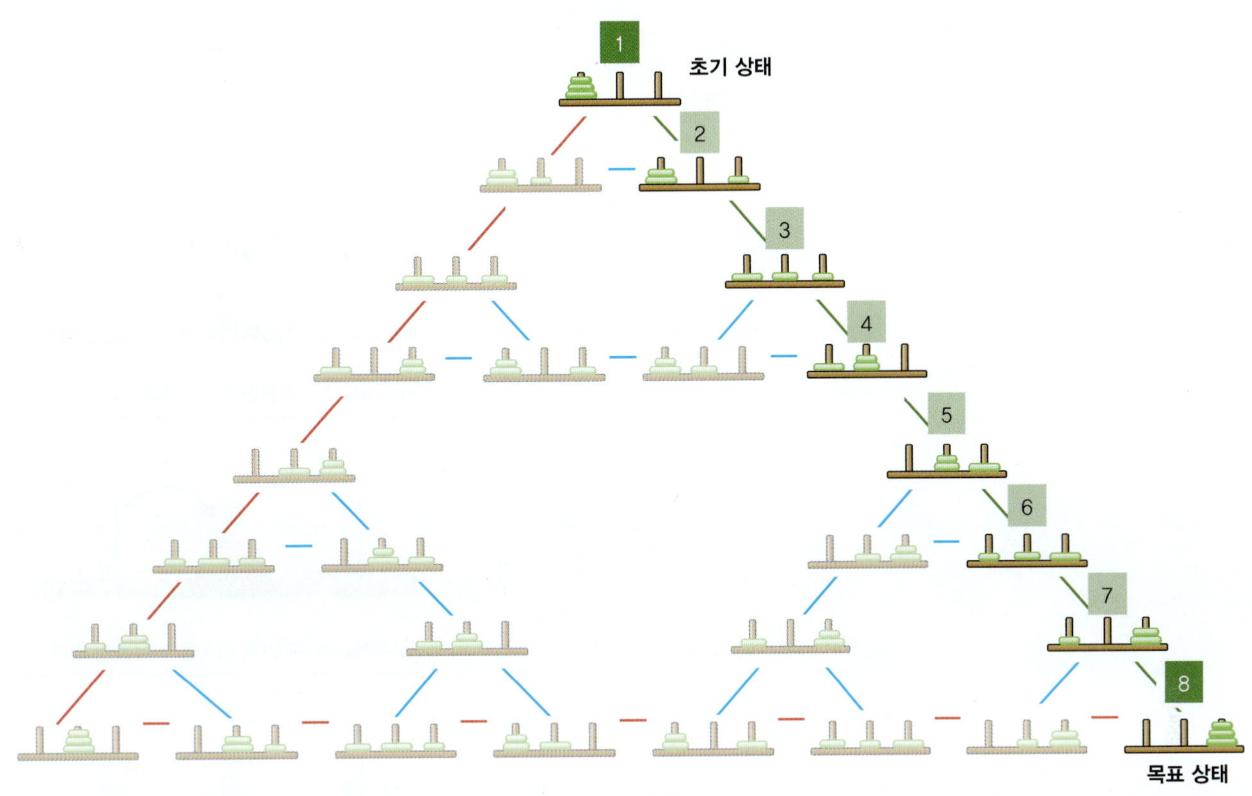

그림 12.10 하노이 탑 문제의 문제 공간. 초록색 선은 초기 상태 1에서 목표 상태 8에 이르는 가장 짧은 경로를 보여준다. 빨간 선은 더 긴 경로를 보여준다.

출처: Dunbar, 1998을 바탕으로 제작함.

하위목표 1: 큰 원반을 말뚝 3으로 옮길 수 있게 그 위에 있는 원반들을 치운다. 이것은 (a) 작은 원반을 들어서 말뚝 3에 옮긴다(**그림** 12.11a, 이것은 **그림** 12.10에 있는 문제 공간의 상태 2). (b) 중간 원반을 들어서 말뚝 2로 옮긴다(**그림** 12.11b, 문제 공간의 상태 3). 이로써 큰 원반 위에 있는 원반들을 치운다는 하위목표가 달성된다.

하위목표 2: 큰 원반을 말뚝 3으로 옮길 수 있게 말뚝 3에 놓여 있는 원반을 치운다. 이것은 작은 원반을 중간 원반 위로 옮기면 된다(**그림** 12.11c, 문제 공간의 상태 4).

하위목표 3: 큰 원반을 말뚝 3으로 옮긴다(**그림** 12.11d, 문제 공간의 상태 5).

하위목표 4: 중간 원반을 자유롭게 한다(중간 원반 위에 있는 원반을 치운다).

이제 문제 공간의 상태 5에 도달했으니, 일단 멈춰서 중간 원반 위에 있는 원반을 치운다는 하위목표 4를 어떻게 달성할지 결정해 보자. 작은 원반은 말뚝 1이나 말뚝 3으로 옮길 수 있다. 가능한 경우가 두 가지 있다는 것은 목표에 도달하는 가장 짧은 길을 택하려면 몇 수 앞을 보아야 한다는 것을 알려준다. 이것을 해 보면, 작은 원반을 말뚝 3에 놓아서는 안 된다는 것을 알 수 있게 된다. 비록 이 방안이 초기 상태와 목표 상태의 차이를 줄여주는 것처럼 보일지라도 말이다. 작은 원반을 말뚝 3에 놓으면 중간 원반을 거기에 놓을 수 없게 되는데, 중간 원반을 말뚝 3에 놓는 것이 다음 하위목표이기 때문에, 작은 원반을 말뚝 3에 놓는 것은 틀린 선택이다. 그러니까 우리는 작은 원반을 말뚝 1에 다시 놓아야 하고(상태 6), 이로써 중간 원반을 말뚝 3에 놓을 수 있게 된다(상태 7). 이제 거의 다 풀었다! 하위목표를 설정

그림 12.11 하노이 탑 문제를 푸는 초기 단계. 어떻게 문제가 하위목표로 나누어지는지를 보여준다.

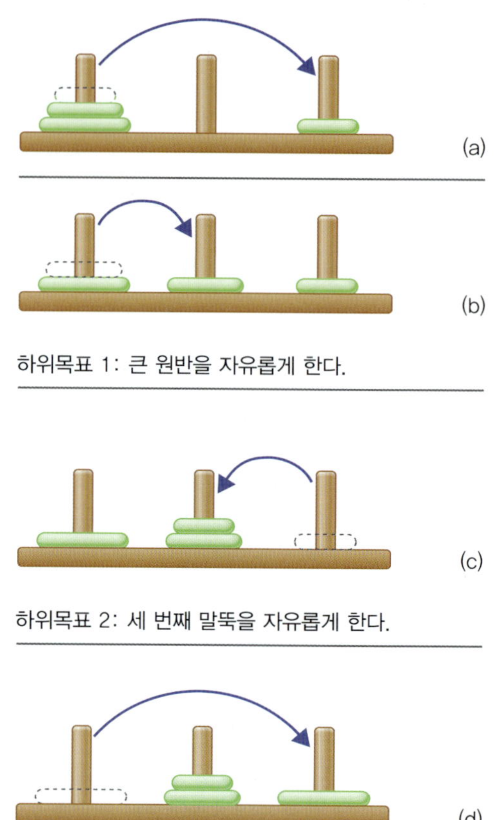

출처: K. Kotovsky, J. R. Hayes, & H. A. Simon, 1985를 바탕으로 제작함.

하고 몇 수 앞을 보는 절차는 효율적인 문제해결로 이끈다.

하노이 탑 문제가 왜 중요한가? 한 가지 이유는 하위목표를 설정해서 문제를 푸는 수단-목표 분석을 잘 예시하기 때문이지만, 이 접근은 실제 장면에도 적용될 수 있다. 예를 들어, 겨울 휴가 동안에 가족들을 보기 위해 집에 가려는 학생을 생각해 보자. 항공편이 중간에 여러 곳을 경유하는 것은 흔하다. 그러니까 전체 여행 경로가 부분들로 나뉘고, 출발지와 목적지 간에 있는 경유 도시에서 비행기를 갈아타야 한다. 가족을 보기 위해 텍사스 휴스턴에서 아루바의 오라녜스타트로 가야 하는 학생을 생각해 보자. Newell과 Simon이 한 상태에서 다른 상태로 변화시키는 행동을 '조작자'로 불렀던 것을 기억하자. 휴스턴에서 아루바로 가는 데 사용되는 조작자는 비행기 타기이다. 이 조작자를 사용하는 데는 두 가지 규칙이 있다.

1. 학생이 직항을 타지 않으면 경유지에서 사람과 짐이 확실하게 이동할 수 있게 비행 간에 시간 간격이 충분해야 한다.
2. 비행 경비는 학생의 예산 한도 이내여야 한다.

학생의 첫 번째 하위목표는 현재 위치와 아루바 간의 거리를 줄이는 것이다. 이 목표를 달성하는 한 가지 방법은 휴스턴에서 마이애미로 가는 비행기를 탄 다음, 거기에서 아루바로 가는 비행기로 갈아타는 것이다(**그림 12.12**). 그런데 비행기 시간표를 보니 항공편 사이의 간격이 70분밖에 되지 않는데, 이는 규칙 1에 어긋난다. 그렇다고 아루바로 가는 다음 비행기를 기다리면 요금이 증가하는데, 이는 규칙 2에 어긋난다. 휴스턴에서 마이애미로 가는

그림 12.12 휴스턴에서 아루바로 가는 두 가지 경로. 마이애미를 경유하는 경로(검은 선)는 아루바까지의 거리를 줄여주지만, 문제의 규칙을 충족시키지 못한다. 뉴욕을 경유하는 경로(빨간 점선)는 돌아가기는 하지만 규칙을 충족시키기 때문에 문제를 해결해 준다.

생각은 기준을 충족시키지 못해서 '아루바로 연결하는 저가 항공이 많은 도시로 가는 항공편을 찾기'라는 새로운 하위목표를 설정했다. 마침내 휴스턴에서 뉴욕으로 가는 것이 이 하위목표를 충족시킨다고 판단했다. 이렇게 해서 문제가 해결되었다. 이 해결책에서 처음에는 아루바에서 멀어지는 여행을 하는 것이 포함되어 있다는 것에 주목하라. 마지막에 오른쪽 말뚝에 원반을 놓기 위해 일단 왼쪽 말뚝으로 작은 원반을 옮겼던 하노이 탑 문제의 하위목표 4에서처럼, 그 학생은 목표에 도달하는 상황에 이르기 위해 처음에는 아루바에서 멀어지는 여행을 했다.

Newell과 Simon의 접근이 문제해결에 기여한 여러 가지 중에서 중요한 하나는 초기 상태에서 목표 상태에 도달하는 가능한 경로를 상세화하는 방법을 제공했다는 점이다. 그리고 사람들이 하위목표를 이용해서 단계적으로 문제를 해결하는 방안을 보여주었다. 그러나 문제해결 연구들은 문제 공간과 하위목표를 상세화하는 것 외에 다른 요인도 문제해결에 큰 영향을 미친다는 것을 보여주었다. 다음 절에서 보겠지만, 이 연구는 똑같은 문제 공간을 가진 두 개의 문제가 난이도에서는 아주 차이가 클 수 있다는 것을 보여준다.

문제 서술의 중요성

문제가 서술되는 방법이 난이도에 영향을 줄 수 있다. 다음에 나오는 **귀 잘린 체스판 문제**는 이 점을 잘 보여준다.

정확한 문제 표상을 택하는 것이 성공적인 문제해결의 관건이라는 게슈탈트 심리학의 생각을 유념하라. 귀 잘린 체스판 문제를 푸는 관건은 하나의 도미노는 정사각형 두 개를 덮는다는 것과 이 두 개의 정사각형은 색이 달라야 한다는 원리를 이해하는 것이다. 그래서 두 귀퉁이에서 같은 색의 정사각형을 잘랐으니 이 문제의 답은 '덮을 수 없다'가 된다. 이 생각에서 출발해서, Craig Kaplan과 Herbert Simon(1990)은 참가자가 이 원리를 자각할 가능성을 높일 수 있는 버전을 사용하면 이 문제를 풀기 쉬울 것이라고 가설을 세웠다. 이 가설을 검증하기 위해 이들은 **그림 12.14**에 있는 네 가지 버전을 만들었다.

보여주기

귀 잘린 체스판 문제

체스판은 64개의 정사각형으로 되어 있는데, 두 개의 정사각형을 덮을 수 있는 도미노 32개로 이 체스판을 완전하게 덮을 수 있다. **귀 잘린 체스판 문제**(mutilated checkerboard problem)에서는 '**그림 12.13**에 보이는 것처럼 체스판의 두 모퉁이를 잘라내면 체스판에 남아있는 62개의 정사각형을 31개의 도미노로 덮을 수 있을까?'라는 질문을 던진다. 더 읽기 전에 이 문제를 풀어보도록 하라. 답은 '예' 혹은 '아니요'인데, 왜 그렇게 생각하는지 이유도 서술하라.

귀 잘린 체스판 문제(mutilated checkerboard problem) 문제 진술 방식이 해결 능력에 어떤 영향을 줄 수 있는지를 연구하는 데 사용된 문제.

그림 12.13 귀 잘린 체스판 문제. 방법은 '보여주기: 귀 잘린 체스판 문제' 참조.

그림 12.14 귀 잘린 체스판 문제에 대한 Kaplan과 Simon(1990)의 연구에서 사용한 조건.

네 가지 조건

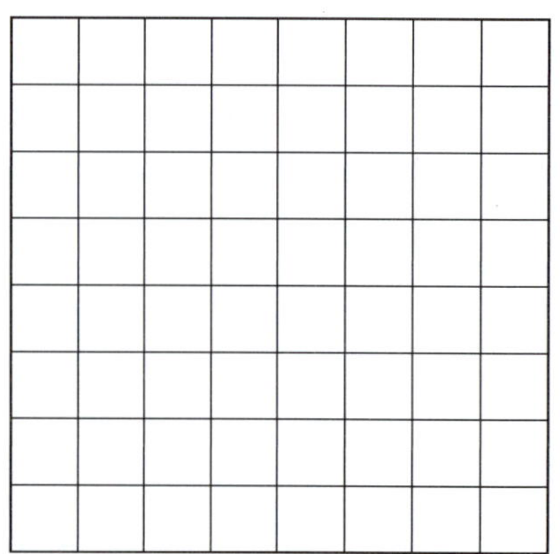

빈 버전

색 버전

black	pink	black	pink	black	pink	black	pink
pink	black	pink	black	pink	black	pink	black
black	pink	black	pink	black	pink	black	pink
pink	black	pink	black	pink	black	pink	black
black	pink	black	pink	black	pink	black	pink
pink	black	pink	black	pink	black	pink	black
black	pink	black	pink	black	pink	black	pink
pink	black	pink	black	pink	black	pink	black

black과 pink 버전

butter	bread	butter	bread	butter	bread	butter	bread
bread	butter	bread	butter	bread	butter	bread	butter
butter	bread	butter	bread	butter	bread	butter	bread
bread	butter	bread	butter	bread	butter	bread	butter
butter	bread	butter	bread	butter	bread	butter	bread
bread	butter	bread	butter	bread	butter	bread	butter
butter	bread	butter	bread	butter	bread	butter	bread
bread	butter	bread	butter	bread	butter	bread	butter

bread와 butter 버전

출처: C. A. Kaplan & H. A. Simon, 1990.

1. 빈 버전: 모든 정사각형이 비워진 체스판
2. 색 버전: 일상적인 체스판처럼 정사각형을 검은색과 분홍색으로 번갈아 칠한 체스판
3. *black*과 *pink*라는 단어를 교대로 써 놓은 체스판
4. *bread*와 *butter*라는 단어를 교대로 써 놓은 체스판

네 가지 버전 모두 체스판의 구성이 똑같고 답도 같다. 체스판에 있는 정보(빈 버전에는 정보가 없다)가 달랐는데, 그 정보는 참가자에게 하나의 도미노는 정사각형 두 개를 덮는다는 것, 그리고 이 두 정사각형은 색이 달라야 한다는 통찰을 제공하는 데 사용될 수 있는 정보이었다. 놀랍지 않게도, 인접한 두 정사각형의 차이를 강조하는 체스판을 제공받은 참가자가 문제가 풀기 쉽다는 것을 발견했다. bread와 butter라는 단어는 아주 다르지만 서로 연합되어 있어서 bread-butter 조건이 정사각형 간의 차이를 가장 강조했다. 빈 체스판은 모든 정사각형이 똑같아서 차이에 대한 정보가 전혀 없었다.

bread-butter 조건의 참가자가 빈 버전 조건의 참가자보다 두 배나 빨리 문제를 해결했으며, 참가자들이 '막다른 골목'에 빠진 것처럼 보일 때 실험자가 제공하는 힌트도 적게 요구했다. bread-butter 집단은 평균 1개의 힌트를 요구했고, 빈 버전 집단은 평균 3.14개의 힌트를 요구했다. 색 버전 집단과 black-pink 집단의 수행은 이 두 집단의 사이였다. 이 결과는 참가자가 문제의 정확한 표상으로 지향하게 도와주는 정보가 제공될 때 문제해결이 쉽다는 것을 보여준다.

참가자가 문제를 풀 때의 사고 과정을 잘 이해하기 위해 Kaplan과 Simon은 Simon이 소리 내어 생각하기 녹취라 부른 기법을 사용했다.

방법

소리 내어 생각하기 녹취

소리 내어 생각하기 녹취(think-aloud protocol) 절차에서는 참가자에게 문제를 푸는 동안 자기가 생각하는 것을 크게 말하라고 요구했다. 자기가 무엇을 하고 있는지 기술하는 게 아니라, 새로운 생각이 떠오르면 그것을 말하라고 지시했다. 소리 내어 생각하기 녹취를 하는 목적 중의 하나는 문제를 푸는 동안 어떤 정보에 주의를 기울이는지 알아내는 것이다. 다음은 참가자에게 준 지시의 예이다.

> 이 실험에서는 여러분이 문제를 푸는 동안 자신에게 무엇을 말하는지 알아보려고 합니다. 이를 위해서 우리는 여러분이 크게 소리 내어 생각하면서 문제를 풀 것을 부탁합니다. '소리 내어 생각한다'라는 말은 여러분이 속으로 자신에게 하는 말은 그것이 어떤 말이든 크게 말해 달라는 것입니다. 마치 혼자만 있는 방에서 자신에게 말하는 것처럼 행동해 주기 바랍니다. 여러분이 어느 시간 이상 말을 안 하면 '소리 내어 생각해 달라'고 환기할 것입니다. …… 질문 있습니까? 다음 문제를 푸는 동안 소리 내어 생각해 주십시오. (Ericsson & Simon, 1993).

다음은 Kaplan과 Simon의 실험에서 나온 언어화의 예이다. 이 참가자는 bread-butter 조건에 속한 참가자이다.

> 참가자: 제가 일일이 해 보니 단지 30개만 찾을 수 있네요. …… 잘 모르겠는데요. 누군가는 체스판을 세어 보고 31개로 덮을 수 있다고 말할지는 모르지만, 이걸 종이에 그려 놓고 세어 보면 30개만 맞출 수 있어요. (쉼)
>
> 실험자: 계속하세요.

소리 내어 생각하기 녹취(think-aloud protocol)
참가자에게 문제를 푸는 동안 자기가 생각하는 것을 크게 말하라고 요구하는 실험 절차. 문제를 푸는 동안 참가자의 사고 과정을 알아내는 것을 도와주기 위해 사용된다.

참가자: 어쩌면 거기 적힌 단어와 관련이 있나요? 나는 그건 해 보지 않았는데요. 그걸 수도 있죠. 좋아요. 도미노, 음, 도미노는 단지…… 맞아, 도미노는 단지 정사각형 두 개만 덮어요. 그리고 어느 방향으로 놓든 대각선으로 놓을 수는 없으니까 bread와 butter를 덮어야 해요. 그리고 bread를 두 개 지웠으니까 butter 두 개가 남아요. 그러니까…… 30개뿐이에요. 그러니까 다 덮을 수가 없어요. 이게 답인가요?

이 참가자가 난관에 봉착했다가 *bread*와 *butter*라는 단어가 중요하다는 것을 알아차리고는 갑자기 답을 찾아냈다는 것에 주목하라. 소리 내어 생각하기 녹취는 문제를 푸는 동안의 사고 과정을 기록해서, 문제의 요소를 지각하는 방식에 갑작스러운 변화가 생기는 것을 보여주었다. 이것은 게슈탈트 심리학자들의 재구조화라는 생각과 유사하다. **그림** 12.3의 원 문제를 기억해 보자. 원 문제를 풀 때 관건은 선분 x가 원의 반지름과 길이가 같다는 것을 알아차리는 것이었다. 마찬가지로, 정상적인 체스판에서 한 개의 도미노는 색이 다른 두 개의 정사각형을 덮기 때문에, 귀 잘린 체스판 문제에서 문제해결의 관건은 인접한 두 정사각형은 짝지어져 있다는 것을 알아차리는 것이다. 그러니까 게슈탈트 심리학자들의 용어로 표현하자면, 그 사람은 문제를 더 풀기 쉽게 해주는 문제 표상을 창조해 낸 것이라고 말할 수 있다.

Kaplan과 Simon은 참가자가 인접한 정사각형이 짝지어 있다는 것을 알아차리는 것을 도와주기 위해 다른 색과 다른 이름을 사용하였다. 그러나 이 목표는 체스판 문제와 유사한 구조를 갖는 다음 이야기를 참가자에게 들려주는 방법으로도 달성될 수 있다.

자물쇠와 열쇠 문제

어느 외딴 대장간에 32개의 자물쇠와 32개의 열쇠가 있었다. 어느 날 열쇠광인 케빈은 이 대장간과 짝지어지지 않은 열쇠와 자물쇠를 발견했다. 불굴의 노력 끝에 케빈은 32개의 자물쇠 각각에 맞는 열쇠를 찾아내었다. 케빈은 너무 자랑스럽고 좋아서 대장간을 뛰어나와 자기가 성공했음을 알렸다. 몇몇 구경꾼들이 대장간에 들어와 짝을 맞춘 자물쇠와 열쇠가 전시된 것을 둘러보았다. 그러다가 안타까운 일이 발생했다. 열쇠 두 개가 사라졌다. 이 점을 생각해 보자. 케빈은 남아있는 자물쇠와 열쇠 62개에서 짝을 맞춘 자물쇠와 열쇠 31쌍을 만들 수 있을까? (Hayes, 1978, p.180를 참고해서 작성함).

이 문제의 답은 뻔하다. 열쇠 두 개가 없어졌으니, 열쇠 30개, 자물쇠 32개가 남았고, 그러니 31개의 열쇠와 자물쇠 쌍을 만드는 것은 불가능하다. 특정 열쇠가 특정 자물쇠와 맞지 않는지를 따지기 전에 열쇠와 열쇠가 쌍이 된다는 것은 말이 되지 않는다. 열쇠와 자물쇠가 짝지어지는 대신 밝은 사각형과 어두운 사각형이 짝지어져야 한다는 점만 다를 뿐 바로 이것이 귀 잘린 체스판 문제의 상황이다. 이 이야기의 자물쇠와 열쇠 조합과 체스판에 교대로 있는 정사각형 간의 연결을 알아차린다면, 이 문제를 읽은 참가자는 귀 잘린 체스판 문제를 풀 수 있다. 유사한 문제 간의 연결을 알아채고 한 문제의 해결 방안을 다른 문제에 적용하는 과정은 **유추 전이**라 불린다. 다음 절에서는 문제해결에서 **유추 전이**가 어떻게 사용되었는지 알아본다.

자가 테스트

1. 문제의 심리학적 정의는 무엇인가? (학습목표 12-1)
2. 문제해결에 대한 게슈탈트 접근의 기저에 깔린 원리는 무엇인가? 원 문제, 양초 문제, 두 끈 문제, 물 주전자 문제는 이 원리를 어떻게 보여주는지, 그리고 이 문제들은 문제해결에 대해 이 밖의 어떤 점을 보여주는지 서술하라. 기능적 고착을 반드시 이해하라. (학습목표 12-1)
3. 통찰은 무엇이며, 사람들이 문제를 푸는 동안 통찰이 일어난다는 증거는 무엇인가? (학습목표 12-2)
4. 문제해결에 대한 Newell과 Simon의 접근에 대해 서술하라. 이 접근에서는 '탐색'이 중심적인 역할을 한다. 하노이 탑 문제에 적용된 수단-목표 분석은 이 점을 어떻게 보여주는가? 소리 내어 생각하기 녹취는 무엇인가? (학습목표 12-2)
5. 귀 잘린 체스판 문제는 문제가 서술된 방식이 문제해결에 영향을 줄 수 있다는 것을 어떻게 보여주는가? 이 연구는 Newell과 Simon의 '문제 공간' 접근에 어떤 함의를 갖는가? (학습목표 12-2)

12.4 유추를 이용한 문제해결

어떤 사람이 문제에 봉착해서 어떻게 풀어야 할지 고민하고 있다. '어떤 수를 두어야 하나?' 또는 '이 문제에 대해 어디서부터 생각해야 하지?'와 같은 질문이 생긴다. 종종 도움이 되는 전략 중 하나는, 이전에 이 사람이 풀었던 문제 중에 이와 비슷한 문제가 있는지 생각해 보고, '그때 사용한 방법을 이 문제에 적용할 수 있을까?'라고 확인해 보는 것이다. 문제해결을 위해 **유추**(analog)를 이용하는 기법, 즉 새 문제의 해결책을 찾기 위해 비슷한 문제의 해결 방안을 이용하는 기법을 **유추적 문제해결**(analogical problem solving)이라 부른다.

귀 잘린 체스판 문제를 푸는 것을 도와주기 위해 자물쇠와 열쇠 문제를 이용한 것은 문제해결을 위해 효율적으로 유추를 사용한 예가 된다. 유추적 문제해결 연구에서는 유추를 이용하는 것이 효율적인 조건과 효율적이지 못한 조건에 대해 고려하였다.

유추 전이

많은 유추적 문제해결 연구의 출발점은 사람들이 어떤 문제를 푼 경험을 그와 유사한 새로운 문제를 푸는 데 얼마나 잘 전이할 수 있는지 알아보는 것이었다. 한 문제에서 다른 문제로 일어나는 전이를 **유추 전이**(analogical transfer)라 한다. 유추 전이 연구에서 사용되는 두 개의 중요한 용어는 표적 문제와 바탕 문제이다. 참가자가 풀려고 하는 문제를 **표적 문제**(target problem)라 하고, 표적 문제와 유사점을 공유하는 문제로 표적 문제를 푸는 방법에 대해 알려주는 문제를 **바탕 문제**(source problem)라 한다.

귀 잘린 체스판 문제에서 체스판 문제가 표적 문제이고, 자물쇠와 열쇠 문제가 바탕 문제이다. 자물쇠와 열쇠 문제를 제시하는 것이 귀 잘린 체스판 문제를 푸는 능력을 향상시키면 그것은 유추 전이가 일어났다는 증거가 된다. 자물쇠와 열쇠 문제의 해결책을 지배하는 원리가 귀 잘린 체스판 문제를 해결하는 데 적용될 필요가 있는 원리와 유사하다는 것을 참가자들이 쉽게 알 수 있기 때문에 이 문제에서는 유추 전이가 일어났다는 것을 배웠다. 그러나 이제 곧 보겠지만, 항상 효율적인 유추 전이가 일어나지는 않는다.

유추적 문제해결 연구에서 널리 사용되는 문제가 Karl Duncker의 **방사선 문제**(radiation problem)이다.

유추(analog)
두 개의 물체 간의 유사성을 보여주기 위해 비교하는 것.

유추적 문제해결(analogical problem solving)
문제해결을 도와주기 위해 유추를 사용하는 것. 전형적으로 새 문제인 표적 문제의 해결책과 유사한 바탕 문제의 해결책을 제시한다.

유추 전이(analogical transfer)
한 문제를 푼 경험을 이와 유사한 다른 문제를 푸는 것에 전이하는 것.

표적 문제(target problem)
풀어야 하는 문제. 유추적 문제해결에서 문제를 푸는 사람이 유사한 바탕 문제나 바탕 이야기에 노출되었으면 표적 문제 풀기가 쉬워진다. 바탕 문제 참조.

바탕 문제(source problem)
표적 문제와 유사점을 공유하는 문제로 표적 문제를 푸는 방법에 대해 알려주는 문제. 유추적 문제해결, 표적 문제 참조.

방사선 문제(radiation problem)
Duncker가 제안한 문제로, 방사선을 이용해서 조직들은 손상하지 않고 종양을 파괴하는 방법을 찾는 것을 포함하는 문제. 이 문제는 문제해결에서 유추의 역할을 연구할 때 널리 사용되었다.

보여주기

Duncker의 방사선 문제

다음 문제를 풀어 보자. 여러분이 위에 악성 종양이 있는 환자를 치료해야 하는 의사라고 해 보자. 환자에게 수술하는 것은 불가능한데, 종양을 제거하지 않으면 환자는 죽게 된다. 그런데 종양을 파괴하는 데 사용할 수 있는 광선이 있다. 이 광선이 충분히 강한 강도로 종양에 도달하면 종양은 파괴된다. 그런데 불행하게도 그 강도에서는 광선이 종양에 도달하기 위해 중간에 거쳐 가야 할 건강한 조직도 파괴된다. 약한 강도에서는 그 광선은 건강한 조직에 무해하지만, 종양에도 아무런 영향을 주지 못한다. 종양은 파괴하지만 건강한 조직을 파괴하는 것은 피할 수 있는 어떤 절차를 사용할 수 있을까(Gick & Holyoak, 1980)?

이 문제에 대해 잠시 생각해 보았는데 적당한 답이 떠오르지 않더라도 여러분만 그런 게 아니니까 실망하지 않아도 된다. Duncker(1945)가 이 문제를 처음 제기했을 때 참가자 대부분이 이 문제를 풀지 못했고, Mary Gick와 Keith Holyoak(1980, 1983)은 참가자의 10%만이 **그림** 12.32a(451쪽)에 있는 정답에 도달하는 것을 발견하였다. 해결책은 여러 방향에서 약한 강도의 광선을 종양에 집중시키는 것인데, 이렇게 하면 광선이 통과하는 조직은 손상되지 않고 종양을 파괴할 수 있다. 이 해결 방안은 최근 방사선 수술에서 실제로 사용되는데, 이 수술에서는 201개의 감마선을 종양에서 서로 교차하게 하여 종양을 향해 조사한다(Tarkan, 2003; Figure 12.32b).

방사선 문제와 그 해결책이 어떻게 표상과 재구조화라는 게슈탈트 생각과 부합되는지 주목하라. 이 문제에 대한 처음 표상은 종양을 파괴하지만 건강한 조직도 파괴하는 하나의 광선이었다. 재구조화된 해결책은 하나의 광선을 작은 광선들로 나누는 것을 포함한다.

방사선 문제가 아주 어려운 문제라는 Duncker의 발견을 확인한 다음 Gick와 Holyoak(1980, 1983)은 참가자가 실험 목적이 이야기에 대한 기억이라는 인상을 받게 하기 위해 다른 집단의 참가자에게 다음에 나오는 이야기를 읽고 기억하라고 요구했다.

요새 이야기

어느 조그만 나라가 강한 요새에 있는 독재자의 지배를 받고 있었다. 그 요새는 나라의 중앙에 있는데, 주위를 농장과 마을이 둘러싸고 있다. 많은 길이 지방 각지에서 요새로 향해 있었다. 반군의 대장이 그 요새를 점령하겠다고 맹세했다. 장군은 자기의 병력을 다 동원하면 요새를 함락시킬 수 있다는 것을 알고 있다. 그는 모든 병력을 요새로 가는 길 중 하나로 결집시켜 전면적인 직접 공격을 시작할 준비를 마쳤다. 그러나 장군은 독재자가 모든 길에 지뢰를 깔았다는 것을 알게 되었다. 독재자가 병력과 노동력을 요새와 각 지방으로 이동할 수 있어야 했기 때문에, 이 지뢰는 적은 수의 사람은 안전하게 통과할 수 있게 설치되었다. 그러나 많은 병력이 지나가면 지뢰가 폭발한다. 지뢰는 길만 폭파시키는 것이 아니라 근처에 있는 많은 마을들도 폭파시킨다. 그래서 요새를 점령하는 것은 불가능한 것처럼 보였다.

그렇지만 장군은 간단한 방안을 고안해 냈다. 그는 자기의 병력을 소규모로 나눈 다음, 각 집단을 각기 다른 길로 보냈다. 준비가 다 되자 장군은 신호를 보내 각 집단이 각기 다른 길로 요새를 향해 출발하게 했다. 동시에 모든 병력이 요새에 도착하게끔 각 집단은 요새로 행군하였다. 이렇게 해서 장군은 요새를 점령하고 독재자를 무너뜨렸다. (**그림** 12.32c. 참조)

요새 이야기는 방사선 문제와 유사하다. 독재자의 요새는 종양에 대응되고, 각기 다른 길로 보내진 소규모 병력은 종양을 향해 쪼여진 약한 강도의 광선에 대응된다. Gick와 Holyoak의 실험 참가자에게 이야기를 읽고서 방사선 문제를 풀게 하였다. 참가자의 30%가 이 문제를 풀어서, 방사선 문제만 주고 풀게 한 경우의 성공률 10%에 비해 향상을 보였다. 그러나 이 실험에서 중요한 것은 방사선 문제와 유사한 바탕 문제를 읽고 나서도 참가자의 70%는 문제를 풀지 못했다는 점이다. 이 결과는 문제해결을 돕는 방안으로 유추를 이용한 연구들에서 나온 중요 결과 중의 하나를 잘 보여준다. 표적 문제와 유사한 바탕 문제에 노출되어도 사람들 대부분은 바탕 문제와 표적 문제 간의 연결을 만들지 못했다.

그러나 Gick와 Holyoak의 참가자에게 자기가 읽은 이야기에 대해 생각해 보라고 말한 경우에는 성공률이 두 배 이상으로 뛰어 75%에 달했다. 이야기에 대해 새로운 정보가 주어진 것이 아니므로, 둘 사이의 유추 관계를 알아차리는 데 필요한 정보는 기억에 있는데(가용한데) 단지 인출되지 않은 것이다(Gentner & Colhoun, 2010). 이 결과는 Gick와 Holyoak이 유추적 문제해결에는 다음의 세 과정이 포함된다는 것을 제안하게 만들었다.

1. **알아차리기**: 바탕 문제와 표적 문제 간에 유추적 관계가 있다는 것을 알아차린다. 이 단계는 유추적 문제해결이 작동하려면 확실히 중요하다. 그러나 앞에서 보았듯이 대부분의 사람이 바탕 문제와 표적 문제 간에 유추적 관계가 있다는 것을 알아차리려면 약간의 촉진 자극이 필요하다. Gick와 Holyoak은 이 단계가 세 단계 중에서 가장 어렵다고 생각한다. 여러 연구가 가장 효과적인 바탕 문제는 표적 문제와 가장 유사한 문제라는 것을 보여주었다(Catrambone & Holyoak, 1989; Holyoak & Thagard, 1995). 이 유사성이 바탕 문제와 표적 문제 간에 유추적 관계를 알아차리는 것을 쉽게 해 줄 수 있고, 다음 단계인 매핑을 도와줄 수도 있다.
2. **매핑**: 바탕 문제와 표적 문제 간의 대응을 매핑(mapping)한다. 표적 문제를 풀기 위해 바탕 문제를 이용하려면, 바탕 문제의 요소(예: 독재자의 요새)와 표적 문제의 요소(예: 종양)를 연결해서 바탕 문제와 표적 문제에서 대응하는 부분을 매핑해야 한다.
3. **적용**: 매핑을 적용해서 표적 문제에 상응하는 해결책을 생성한다. 예를 들어, 각기 다른 방향에서 요새로 향하는 소집단의 병력을 각기 다른 방향에서 종양으로 향하는 많은 약한 광선으로 일반화하는 과정을 포함한다.

알아차리기와 **매핑**은 유추적 문제해결에서 가장 어려운 단계이다. 사람들이 유사성을 알아차리는 것을 도와주는 한 가지 방법은 **유추 약호화**라 불리는 훈련 절차를 따르는 것이다.

유추 약호화
(analogical encoding)
원리를 예시하는 두 문제를 비교하는 기법. 사람들이 사례나 문제에서 유사한 구조적 특질을 발견하는 것을 도와주기 위해 고안된 기법이다.

유추 약호화

유추 약호화(analogical encoding)는 두 문제를 비교해서 둘 간의 유사성을 찾아내는 처리를 말한다. Dedre Gentner와 Susan Goldin-Meadow(2003)의 실험은 유추 약호화가 일어나는 것을 예시했다. 이들의 실험은 어떤 원리를 보여주는 두 사례를 비교하게 하면 참가자가 유사한

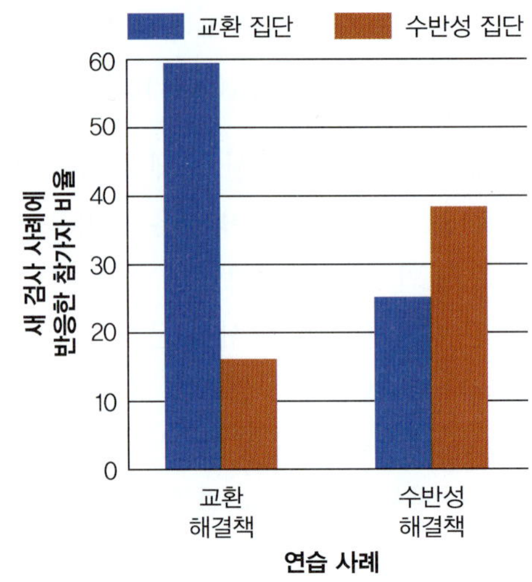

그림 12.15 Gentner와 Goldin-Meadow(2003)의 협상 전략 연구 결과. 새 검사 사례에서, 교환 예를 비교했던 참가자는 교환 해결책을 찾으려 하고, 수반성 예를 비교했던 참가자는 수반성 해결책을 찾으려 했다.

출처: D. Gentner & S. Goldin-Meadow, 2003을 바탕으로 제작함.

문제 특질을 발견하게 할 수 있다는 것을 보여주었다. 그들의 실험에서는 협상 문제를 사용했다. 실험의 첫 부분에서 참가자는 교환 전략과 수반성 전략이라는 협상 전략에 대해 배웠다.

교환 전략(trade-off strategy)
한 사람이 다른 사람에게 '당신이 나에게 B를 주면 내가 당신에게 A를 주겠다.'라고 말하는 협상 전략.

교환 전략(trade-off strategy)은 한 사람이 다른 사람에게 '당신이 나에게 B를 주면 내가 당신에게 A를 주겠다.'라고 말하는 협상 전략이다. 이것은 누가 오렌지를 가질 것인지로 두 자매가 다투는 예에서 잘 드러난다. 한 사람은 주스를 원하고 다른 사람은 껍질을 원한다는 것을 알게 되면 교환 해결책에 합의하게 되어서, 한 사람은 주스를 갖게 되고 다른 사람은 껍질을 갖게 된다(이 예는 Gentner & Goldin-Meadow, 2003 연구의 경영학 자문인 Mary Parker Follet에게서 얻었다).

수반성 전략 (contingency strategy)
무언가 다른 일이 발생하면 그 사람이 원하는 것을 얻는 전략.

수반성 전략(contingency strategy)이란 무언가 다른 일이 발생하면 그 사람이 원하는 것을 얻는 전략이다. 이것은 저자는 18% 인세를 원하는데 출판사는 12%만 지불하려는 상황을 통해 알아볼 수 있다. 수반성 전략은 인세를 매출과 연계하는 것이다. 즉, '매출이 얼마 이상이면 인세를 18% 주지만, 그 이하면 적게 받는다.'

이 협상 전략들에 친숙해진 다음, 한 집단의 참가자들은 두 개의 연습 사례를 받았는데, 둘 다 교환 해결책을 서술한 것이었다. 참가자가 해야 할 일은 이 두 사례를 비교해서 성공적인 협상을 하는 것이었다. 다른 집단의 참가자들도 같은 일을 했는데, 그들에게 주어진 사례는 둘 다 수반성 원리를 사용하는 것이었다. 이어서 두 집단 모두에게 새 사례를 주었는데, 이 사례는 어느 협상 전략으로든 해결될 수 있는 사례였다.

그림 12.15에 이 실험의 결과를 제시하였다. 새 검사 사례를 받았을 때, 참가자는 자기가 풀어본 연습 사례에서 강조한 협상 전략을 사용하는 경향을 보였다. 이 결과를 토대로 Gentner는 사람들로 하여금 바탕 사례를 비교하게 하는 것은 유추 약호화를 달성하는 효과적인 방법이라고 결론을 내렸다. 왜냐하면 사례를 비교하게 하면, 문제를 푸는 능력을 향상시키는 문제 특질에 주의를 기울이게 만들기 때문이다.

실세계에서의 유추

지금까지 우리가 사용한 유추 문제 예들은 실험실 연구였다. 그렇지만 실세계에서 유추는 얼마나 사용될까? 실세계에서의 유추적 문제해결의 많은 예는 Kevin Dunbar(2001)가 유추 역설(analogical paradox)이라 부른 현상을 보여준다. 유추 역설이란 사람들이 실험실 연구에서는 유추를 적용하는 데 애를 먹지만, 실세계 장면에서는 유추를 일상적으로 사용하는 것을 말한다. Dunbar는 **문제해결 현장 연구**라는 기법을 이용해서 실세계에서의 유추 사용을 연구하였다.

유추 역설(analogical paradox)
사람들이 실험실 연구에서는 유추를 적용하는 데 애를 먹지만, 실세계 장면에서는 유추를 일상적으로 사용하는 것.

방법

문제해결 현장 연구

문제해결 현장 연구(in vivo problem-solving research)는 사람들이 실세계에서 어떻게 문제를 푸는지를 관찰하는 것을 포함한다. 이 방법은 여러 가지 다른 장면에서 유추를 사용하는 것을 연구하는 데 이용되었는데, 그런 상황에는 대학교 연구 집단의 실험실 회의와 새 상품을 개발하는 것이 목적인 브레인스토밍 세션(아이디어 회의)도 들어있다. 이 회의에서 녹음한 토의 내용에서 문제를 푸는 것을 돕기 위해 유추가 사용된 진술을 분석했다. 현장 연구의 장점은 자연스러운 상황에서의 사고를 포착한다는 것이다. 단점은 시간이 많이 걸리고, 다른 관찰 연구들과 마찬가지로 특정 변인을 분리하고 통제하기가 어렵다는 점이다.

Dunbar와 동료들(Dunbar, 1999; Dunbar & Blanchette, 2001)은 분자생물학자들과 면역학 학자들의 실험실 회의를 녹화해서, 연구자들이 1시간 동안 실험실 회의를 할 때 3~15회 유추를 사용했다는 것을 발견했다. 실험실 회의 중에 나온 유추 진술문의 예는 '만약에 **대장균**이 그런 식으로 작동한다면, 유전자도 그렇게 작동할지 몰라.'이다. 마찬가지로, Bo Christensen과 Christian Schunn(2007)이 의학용으로 사용하기 위한 새로운 플라스틱 제품을 개발하기 위한 설계 엔지니어들의 회의를 녹화했다. 엔지니어들은 분해되기 전 몇 분 동안 적은 양의 액체를 담을 수 있는 용기를 만드는 방법을 밝혀내려고 했다. Christensen과 Schunn은 엔지니어들이 대략 5분마다 유추를 하나씩 제안했다는 것을 발견했다. 한 엔지니어가 용기는 종이봉투 같아야 한다고 제안하자 다른 사람들이 이 제안을 받아들여 마침내 종이를 사용하는 것에 기초한 해결책을 제안하게 되었다. 그러니까 과학적인 문제를 풀 때와 새 제품을 설계하는 경우 모두에서 유추는 중요한 역할을 하였다. 우리가 나중에 창의성에 대해 논의할 때, 유추적인 사고가 유용한 결과물의 개발로 이끈 예들을 다루게 된다.

문제해결 현장 연구(in vivo problem-solving research)
사람들이 실세계에서 어떻게 문제를 푸는지를 관찰하는 것. 이 방법은 여러 가지 다른 장면에서 유추를 사용하는 것을 연구하는 데 이용되었는데, 그런 상황에는 대학교 연구 집단의 실험실 회의와 기업의 연구 개발팀에서 새 상품을 개발하는 것이 목적인 브레인스토밍 세션도 있다.

사람들이 문제를 해결하려고 노력하는 동안 일어나는 심적 과정에 대해 조금 이해하게 되었지만, 실제로 어떤 일이 일어나는지는 여전히 미스터리이다. 그러나 우리는 문제해결을 쉽게 해주는 요인 중 하나는 연습 혹은 훈련이라는 것을 안다. 어떤 사람들은 특정 영역에 대해 전문가가 되었기 때문에 그 영역의 문제를 푸는 데 아주 뛰어나다. 이제 전문가가 된다는 것은 무슨 의미인지, 또 전문가가 되는 것은 어떻게 문제해결에 영향을 주는지에 대해 알아보자.

12.5 전문가의 문제해결

많은 시간을 들여 특정 분야를 배우고 배운 바를 연습하고 적용해서, 그 분야에 대해 아주 많이 알거나 숙달된 사람을 전문가(expert)라 한다. 예를 들어, 10,000에서 20,000시간 체스를 두고 연구해서 어떤 체스 선수는 그랜드마스터(grand master) 수준에 오른다(Chase &

전문가(expert)
많은 시간을 들여 특정 분야를 배우고 배운 바를 연습하고 적용해서, 그 분야에 대해 아주 많이 알거나 숙달된 사람.

Simon, 1973a, 1973b). 당연히 전문가는 그 분야에서 비전문가보다 뛰어나다. 전문성의 본질에 관한 연구는 전문가와 비전문가가 문제해결을 하는 방식에서의 차이를 찾아내는 데 초점을 두었다.

문제해결에서 전문가와 초보자의 차이

인지심리학의 관점에서 전문가는 계획적인 연습을 통해 특정 영역에 대해 아주 많은 지식과 기술을 습득한 사람을 말한다. 특정 분야에서의 전문가는 초보자(그 분야를 배우기 시작하는 사람이나 전문가만큼 집중적인 훈련을 받지 않은 사람)보다 문제를 빨리 그리고 더 정확하게 푼다(Chi et al., 1982; Larkin et al., 1980). 전문가의 빠른 속도와 높은 정확도의 기저에 있는 것은 무엇인가? 전문가는 초보자보다 똑똑한가? 전문가는 추리 전반에서 초보자보다 우월한가? 전문가는 문제에 접근하는 방식이 다른가? 인지심리학자들은 전문가와 초보자의 수행과 문제해결 방법을 비교해서 이 질문에 대한 답을 찾았고, 아래에 나오는 결론에 도달했다.

전문가는 해당 영역에 대한 지식이 많다 William Chase와 Herbart Simon(1973a, 1973b)이 수행한 한 실험에서는 10,000시간 이상의 경험을 가진 체스 마스터(master. 그랜드마스터 아래 등급)와 100시간 이하의 경험을 가진 초보자가 체스판에 놓인 말을 5초 동안 보고 나서 빈 체스판에 얼마나 많이 재생할 수 있는지를 비교하였다. 결과를 보면, 전문가는 실제 게임 상황에서 말이 놓인 위치는 잘 재생했지만(**그림 12.16a**), 말이 무작위로 놓였을 때는 초보자와 차이가 없었다(**그림 12.16b**). 실제 위치일 때 전문가가 잘하는 이유는 전문가가 실제 게임에서 일어났던 많은 패턴을 장기기억에 저장하고 있기 때문에, 체스 말의 배열을 각 말의 위치로 보는 것이 아니라 4개에서 6개의 청크(chunk)로 보기 때문이다. 각 청크는 친숙하고 의미 있는 패턴을 구성하는 말의 집단으로 되어 있다. 말이 무작위로 배열된 경우에는 친숙한 패턴이 없어져서 체스 마스터의 이점이 사라진다(DeGroot, 1965; Gobet et al., 2001 참고). 이제 전문가는 초보자보다 지식이 많을 뿐만 아니라 지식을 조직화하는 방식도 다르다는 것에 대해 알아보자.

전문가의 지식은 초보자와 다르게 조직화되어 있다 전문가와 초보자의 조직화의 차이는

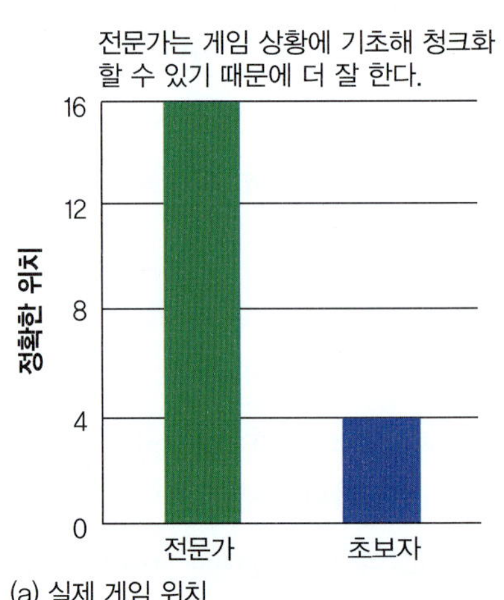

(a) 실제 게임 위치

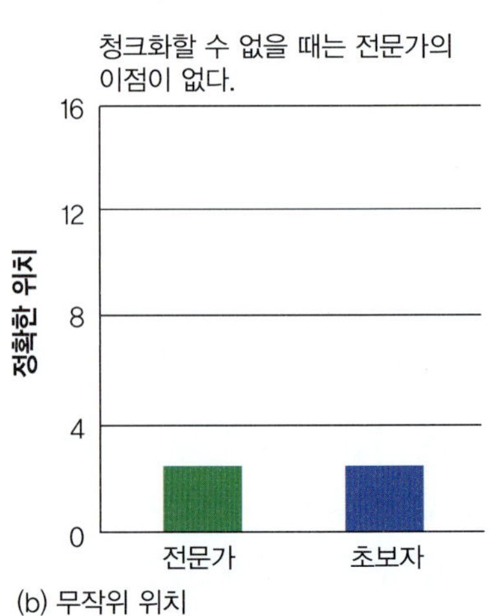

(b) 무작위 위치

그림 12.16 Chase와 Simon(1973a, 1973b)의 체스 기억 실험 결과. (a) 실제 게임 위치에 말이 놓여 있을 때는 전문가가 더 잘 재생하였다. (b) 말이 무작위로 놓였을 때는 전문가의 수행은 초보자 수준으로 떨어졌다.

출처: W. G. Chase & H. A. Simon, 1973을 바탕으로 제작함.

초보자
초보자는 이 두 문제에 비슷한 물체(경사면)가 있기 때문에 문제 23과 문제 24를 한 범주로 묶었다.

문제 23

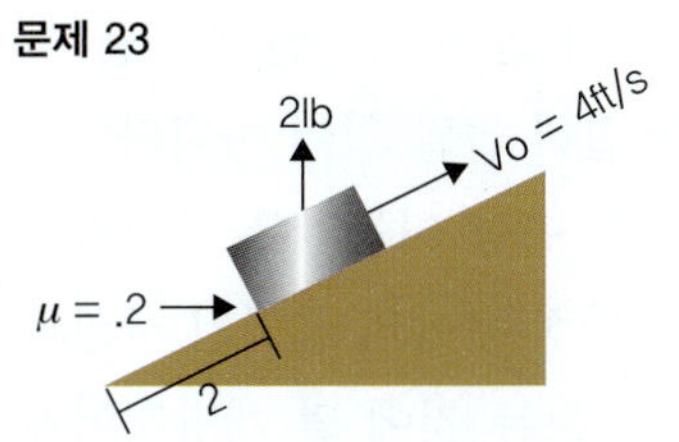

문제 24

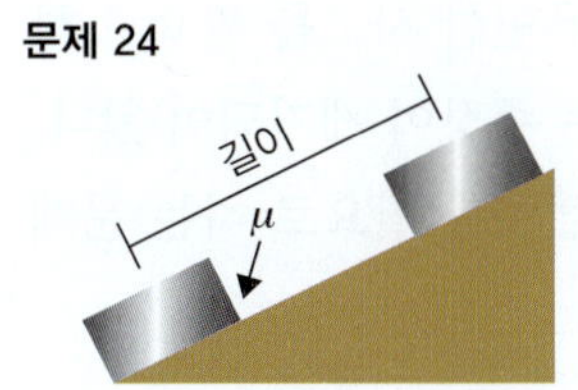

전문가
전문가는 이 두 문제에 같은 물리학 원리(에너지 보존)가 적용되기 때문에 문제 21과 문제 24를 한 범주로 묶었다.

문제 21

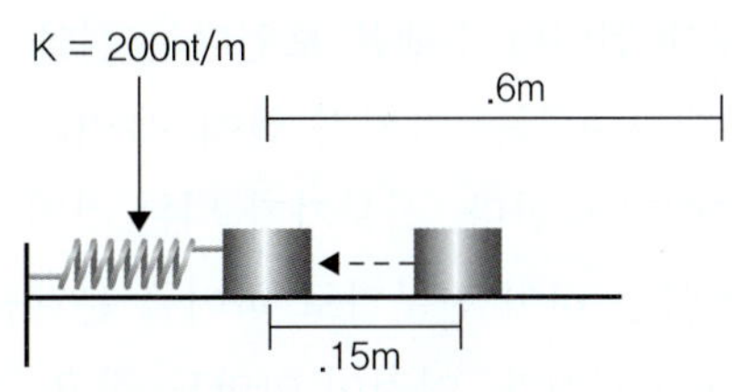

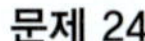

문제 24

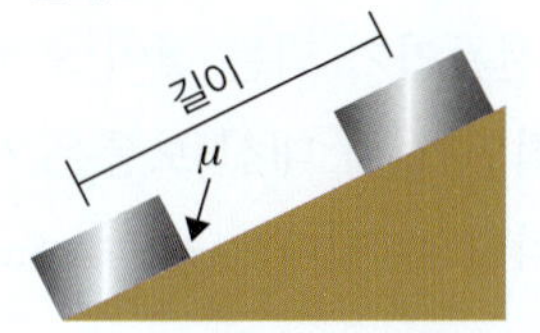

그림 12.17 초보자(왼쪽)과 전문가(오른쪽)가 집단화한 물리 문제.

출처: M. T. H. Chi, P. J. Feltovich, & R. Glaser, 1981을 바탕으로 작성함.

Michelene Chi와 동료들(1982; Chi et al., 1981 참고)이 보고한 실험에서 잘 드러난다. 그들은 전문가(물리학 교수) 집단과 초보자(물리학 수업을 한 학기 들은 학생) 집단에게 24개의 물리학 문제를 주고 이 문제들을 비슷한 문제로 나누어 보라고 요청했다. **그림** 12.17은 한 전문가와 한 초보자가 같은 집단으로 분류한 문제의 그림을 보여준다. 실제 문제의 서술문을 보지 않고 이 그림만 보고도 초보자는 문제에 있는 물체들이 얼마나 비슷한지와 같은 특질에 기초해서 문제를 나눈다는 것을 알 수 있다. 그러니까 기울어진 경사면을 다루는 두 개의 문제를 같은 집단으로 묶었는데, 이 두 문제와 관련된 물리학 원리는 아주 달랐다.

이에 반해 전문가는 물리학 일반 원리에 기초해서 문제를 나누었다. 전문가는 두 문제가 에너지 보존 원리에 관한 문제이기 때문에 이 두 문제를 비슷하다고 지각했다. 그런데 그림을 보면 한 문제는 스프링이 포함된 문제이고, 다른 문제는 경사면이 포함된 문제이다. 그러니까, 초보자는 물체가 어떻게 보이는지에 기초해서 문제를 범주화한 데 반해, 전문가는 문제에 관련된 원리에 기초해서 문제를 범주화했다. 원리에 기초해서 조직화하는 것이 문제해결에 훨씬 더 효과적인데, 전문가가 지식을 조직화하는 능력은 체스 전문가나 물리학 교수뿐만 아니라 다른 많은 영역의 전문가에게도 중요하다는 것이 밝혀졌다(Egan & Schwartz, 1979; Reitman, 1976).

전문가는 문제를 분석하는 데 시간을 많이 사용한다 전문가는 곧장 문제를 해결하려고 시도하지 않고 문제를 이해하려고 시도하는 데 시간을 쓰기 때문에 자주 문제해결을 늦게 시작하는 것처럼 보인다(Lesgold, 1988). 이렇게 하면 시작은 느릴 수 있지만, 일반적으로 보다 효율적인 접근으로 귀결된다.

전문성의 영역 한정성

전문가와 초보자는 많은 점에서 다르지만, 이 차이는 전문가의 해당 영역에서만 관찰된다. James Voss와 동료들(1983)이 러시아 농업과 같은 현실의 문제를 정치학 전문가, 화학 전문가, 초보 정치학자에게 제시했는데, 정치학 전문가가 가장 좋은 수행을 보였고, 화학 전문가의 수행은 초보 정치학자의 수행과 차이가 없는 것을 발견했다. 일반적으로 전문가는 자기 영역에서만 전문가이고, 전문 영역 밖의 문제에서는 다른 일반인들과 차이가 없다(Bedard & Chi, 1992). 전문가가 특정 영역에 대해 더 많이 그리고 더 잘 조직화된 지식을 갖고 있기 때문에 뛰어난 수행을 보인다는 점을 기억할 때 이것은 전혀 놀랄 일이 아니다.

전문성에 대한 논의를 마치기 전에, 우리는 전문가가 되는 것이 항상 이득만은 아니라는 점을 짚고 넘어가야 한다. 전문가가 되는 것의 불이익 중 하나는 특정 분야의 공인된 사실과 이론에 대해 아는 것이 전문가로 하여금 문제를 새로운 시각으로 보는 것에 덜 개방적이게 만들 수 있다는 것이다. 이것이 아마도 젊고 그 분야에 대해 경험이 적은 과학자가 혁명적인 발견을 하는 이유일 수 있다(Kuhn, 1970; Simonton, 1984). 그래서 유연한 사고를 필요로 하는 문제를 대할 때에는 전문가가 되는 것이 오히려 불리할 수 있다는 주장이 제기되어 왔다. 즉, 문제해결책이 일상적인 절차 대신 보통은 사용되지 않는 다른 절차를 필요로 하는 문제인 경우에는 오히려 불리할 수 있다(Frensch & Sternberg, 1989).

12.6 창의적 문제해결

'기압계를 이용해서 건물의 높이를 측정하는 방법에 대해 서술하라'는 물리학 시험 문제에 대해 '기압계에 끈을 묶은 다음 건물 꼭대기에서 아래로 내린다. 기압계를 바닥까지 내리는 데 필요한 끈의 길이가 건물의 높이이다'라고 답을 쓴 학생에 대한 이야기가 있다. 교수가 원한 답은, 바닥과 건물 꼭대기에서 기압을 재서 수업에서 학습한 원리를 이용해서 높이를 계산하는 것이었다. 그래서 그 교수는 이 학생에게 0점을 주었다.

이 학생은 자기가 받은 학점에 대해 이의를 제기했고, 그래서 다른 물리학 교수가 이 사건을 맡게 되었다. 그 교수는 이 학생에게 자신의 물리학 지식을 증명해 보일 수 있는 답을 제공해 보라고 요구했다. 그 학생의 대답은 기압계를 지붕에서 떨어뜨려서 땅에 떨어질 때까지 걸린 시간을 측정하고, 중력 상수를 포함한 공식을 이용하면 기압계가 얼마의 거리를 떨어진 것인지 알 수 있다는 것이었다. 이의 신청을 처리해야 하는 교수의 계속된 질문에 학생은 다른 해결책도 제안하였다. 기압계를 태양을 향하게 세워서 그림자의 길이를 재고 건물 그림자의 길이를 잰 다음, 비율을 계산하면 건물의 높이를 알 수 있다는 것이었다.

두 가지 모두 정확한 답을 줄 수 있는 방안이어서 그 교수는 과목을 담당하는 교수가 원하는 답을 아는지 학생에게 물었다. 그 답은 압력의 원리를 이용하는 것이었다. 학생은 자기도 그 답을 아는데, 좋은 학점을 얻기 위해서 수업 시간에 배운 정보를 되풀이하는 게 싫증이 난다고 답했다. 이 이야기에 사족을 붙이자면, 이 학생은 대학 졸업 후에 물리학을 계속 연구해서 노벨 물리학상을 받은 닐스 보어(Niels Bohr)이다(Lubart & Mouchiroud, 2003).

이 이야기는 너무 창의적이면 곤란에 처하기도 한다는 것을 보여준다. 그러나 이 이야기는 동시에 또 다른 질문을 던진다. 이 학생은 창의적인가? 우리가 창의성을 독창적인 답을 생산하는 것 혹은 하나의 문제에 대해 여러 가지 해결책을 제안할 수 있는 것이라고 정의한다면 답은 '그렇다'이다. 그러나 일부 창의성 연구자들은 창의성은 독창성 이상을 포함한다는 정의를 제안하였다.

창의성이란 무엇인가?

창의성의 많은 예들은 **확산적 사고**(divergent thinking)에 초점을 맞춘다. 확산적 사고는 개방적이고 아주 많은 가능한 '해결책'을 포함하는 사고를 말한다. 비록 그중 어떤 것이 다른 것들보다 나을 수 있지만(Guilford, 1956; Ward et al., 1997 참고). James Kaufman(2009)은 그의 책 『창의성 개론(Creativity 101)』에서 확산적 사고가 창의성에서 아주 중요한 요소이기는 하나 그것이 창의성의 전부는 아니라고 서술했다. Kaufman은 어떤 문제에 대한 창의적인 반응은 독창적일 뿐만 아니라 유용해야 한다고 제안하였다(Simonton, 2012). 창의성에 대한 이런 접근은 "사람에 의해 만들어진 것으로 어떤 면에서인가 새로워야 하고 잠재적인 가치 혹은 유용성을 가지는 것"(Smith et al., 2009)이라는 창의성의 정의에서 잘 드러난다. 이 정의는 아주 유용하다. 특히 사람들이 사용할 제품을 고안하는 측면에서 창의성을 따질 때 특히 그러하다. 그러나 시각 예술이나 음악, 연극 등을 창작하는 것과 관련된 창의성에는 그다지 적합하지 않다. 피카소의 그림, 베토벤의 교향곡, 셰익스피어의 희곡은 창의적인가? 대부분의 사람은 창의적이라고 생각한다. 그러나 '유용성'이라는 것은 전혀 고려하지 않는 것 같다. 뛰어난 시각 예술, 음악, 연극이 미적 경험에 대한 욕구라는 사람의 기본적인 욕구를 충족시키니까, 시각 예술, 음악, 연극이 유용하다고 주장할 수도 있다. 사실 경험 미학 연구에서는 미적 선호가 보편적이라는 것을 발견하였고(Cunningham et al., 1995; Slater et al., 1998), 창의성은 진화적 '적응 지표'로 간주되기도 한다. 그러니까 더 성공적으로 창의적인 사람이 진화론적으로는 더 좋은 배우자가 될 수 있다는 것이다(Nettle & Clegg, 2006; Haselton & Miller, 2006; Miller, 1999). 실용적인 제품이 어떻게 발명되었는지에 대한 예를 살펴보는 것으로 논의를 시작하자.

확산적 사고(divergent thinking) 개방적이고 아주 많은 가능한 해결책을 포함하는 사고.

실용적 창의성

발명품이 어떻게 창조되었는지에 대한 많은 예들은 유추적 문제해결을 포함하는데, 이런 예들에서는 어떤 현상을 관찰하는 것이 실용적인 문제에 대해 새롭고, 신기하고, 유용한 해결책으로 이끌었다. 유추적 문제해결의 결과물로 나온 발명의 대표적인 예는 조르주 드 메스트랄(George de Mestral)의 일화이다. 1948년 어느 날 개를 데리고 야외로 산책을 나갔다가 바지와 개의 온몸에 엉겅퀴 가시를 묻히고 돌아왔다. 왜 엉겅퀴 가시가 떨어지지 않고 달라붙어 있는지 알아내기 위해서 현미경으로 엉겅퀴 가시를 조사했다. 그는 엉겅퀴 가시에 갈고리 같은 구조들이 많이 있는 것을 보았는데, 이 관찰을 기초로 해서 한 면에는 작은 갈고리들이 많이 있고 다른 면에는 부드러운 고리 같은 물체를 둔 섬유 찍찍이를 고안하게 되었다. 1955년 그는 자기가 고안한 물건의 특허를 얻고 그 제품을 벨크로(Velcro)라고 불렀다! [Velcro는 'velour'(또는 velvet)과 'crochet'(또는 hook)를 합쳐서 줄인 말인데, 각기 부드러운 재질과 갈고리의 움켜잡는 재질을 가리킨다.]

유추적 사고에 기초한 창의적 아이디어의 보다 최근 예는 아르헨티나의 자동차 수리공인 호르헤 오돈(Jorge Odón)의 사례이다. 그는 분만 중에 아기가 산도에 걸려서 생명을 위협받는 상황을 해결하는 도구를 고안하였다. 와인 병 속으로 밀려들어 간 코르크 마개를 제거하는 방법을 시연하는 유튜브 비디오를 본 것이 오돈이 이를 설계하게 된 계기라고 알려졌다(Dvorak Uncensored, 2007 참고). 코르크 마개를 꺼내려면 비닐봉지를 병 속으로 밀어 넣은 다

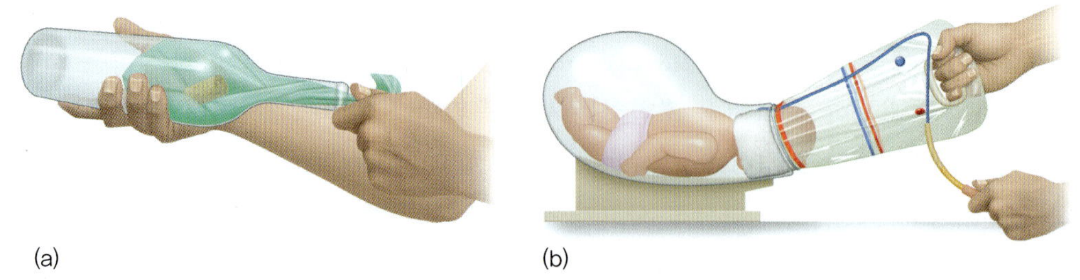

그림 12.18 (a) 병을 깨뜨리지 않고 병에서 코르크 마개를 빼내는 방법. 병에 비닐봉지를 밀어 넣고 공기를 불어 넣어 부풀린다. 그러면 비닐봉지를 꺼낼 때 코르크 마개가 같이 나온다. (b) 산도에 걸린 아기를 유도해내는 오돈 도구의 초기 모형. 이 초기 모형을 만들기 위해 아기 대신으로 인형을, 그리고 자궁 대신으로 유리병을 사용하였다.

음, 비닐봉지가 코르크 마개를 병의 한쪽으로 밀어낼 때까지 비닐봉지에 공기를 불어 넣어 부풀린다(**그림** 12.18a). 그러면 비닐봉지를 끌어낼 때 코르크 마개도 같이 딸려 나온다.

유튜브에서 본 '병에서 코르크 마개 빼내는 마법'에서 산도에 갇힌 태아를 구출하는 아이디어로의 극적인 발전이 오돈이 자는 동안 일어났다. 그는 새벽 4시에 코르크 마개 문제에서 사용된 원리를 이용하는 아이디어를 떠올리며 잠자리에서 일어났다. 즉, 자궁 속에 넣은 봉지를 부풀린 다음 봉지를 끌어내면서 태아가 같이 나오게 하는 것이다. 이 아이디어를 실제 작동하는 모형으로 만드는 데 여러 해가 걸렸다. 이 작업은 오돈이 부엌에서 도구의 초기 모형을 만드는 것에서 시작했다. 이 초기 모형에서는 유리병을 자궁으로, 인형을 태아로, 그리고 천으로 된 봉지를 흡입도구로 사용하였다. 여러 가지 초기 모형과 산부인과 의사와의 수많은 자문을 거쳐 마침내 오돈 도구(Odón device)가 탄생했다! 윤활 처리된 관 안에 붙은 비닐봉지를 태아의 머리 주위에 감은 다음 봉지를 부풀려 끌어내면 태아가 같이 나온다(**그림** 12.18b; McNeil, 2013; Venema, 2013).

오돈 도구는 세계보건기구(WHO)의 승인을 받았는데, 이 도구는 태아를 구하고 제왕절개 수술을 줄이는 데 도움을 줄 수 있다. 이는 유추적 사고가 창의적인 문제해결에 적용되어 아주 유용한 제품으로 마무리된 예이다. 유추적 사고가 발명을 통해 창의적 문제해결에 적용된 다른 예들이 **표** 12.2에 제시되었다.

벨크로와 오돈 도구 예는 창의적 문제해결을 보여줄 뿐만 아니라, 대부분의 창의적 문제해결은 아이디어를 얻는 것 이상의 많은 과정을 포함한다는 것을 보여준다. 또 아이디어를 유용한 제품으로 개발하는 데는 오랜 기간의 시행착오를 거친다는 것도 보여준다. 오돈 도구는 개발하는 데 여러 해가 걸렸고, 드 메스트랄이 엉겅퀴 가시가 개의 몸에 들러붙은 것을

표 12.2 유추적 사고를 이용한 발명품

영감	발명품	유추적 사고
상어 피부	상어 피부에서 영감을 얻은 수영복	섬유에 상어 피부와 같은 홈을 넣어서, 수영 선수들이 물에서 더 쉽게 물을 탈 수 있다.
선인장 잎	스스로 정화하는 표면	선인장 잎에 왁스로 덮인 혹이 있어서 물을 밀어내고 먼지가 쌓이는 것을 막는다.
고래 지느러미	바람 터빈	바람 터빈에 혹을 붙여서(혹등고래의 혹처럼) 유체역학의 효율성을 높인다.
도마뱀 발	다표면 접착제	도마뱀 발의 머리털 같은 구조를 모방해서 접착제를 사용하지 않고도 다양한 표면에 접착제가 달라붙게 한다.

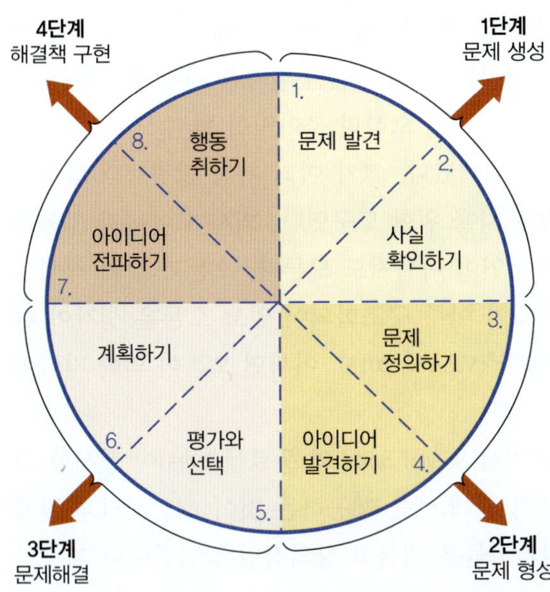

그림 12.19 Basadur와 동료들(2000)이 제안한 문제해결 과정. Basadur는 각 단계마다 두 가지 과정이 있는 네 단계를 제안하였다. 예를 들어, 2단계 문제 형성은 문제를 정의하기와 아이디어 발견하기의 두 과정으로 구성되어 있다.

출처: M. Basadur, M. Runco, & L. A. Vega, 2000을 바탕으로 제작함.

발견한 것은 1948년이지만 1955년에야 벨크로 특허를 얻었다.

많은 연구자가 창의적 문제해결을 **과정**으로 보자는 생각을 제안하였다. **그림** 12.19에 제시된 제안은 창의적 문제해결을 문제를 생성하는 것으로 시작해서 해결책을 구현하는 것으로 끝나는 네 단계 과정으로 생각했다(Basadur et al., 2000). 나중에 뇌의 네트워크와 창의성을 논의할 때 나오지만, 연구자들은 이 과정 중 두 단계에 집중하였다. 즉 아이디어 **생성**(문제 발견에 해당)과 아이디어 **평가**(아이디어를 평가하고 선택)의 두 단계에 많은 관심을 기울였다. 문제해결을 이렇게 접근하면, 가장 중요한 단계의 하나는 문제가 있다는 것을 알아차리는 것이다. 이것은 아이디어를 도출해 내고, 이 아이디어를 평가해서 마지막에 하나의 제품으로 나오게 된다(Finke, 1990; Mumford et al., 2012 참고).

아이디어를 생산하는 것이 창의적 과정의 한 부분이기는 하지만, 아이디어는 아주 결정적인 첫걸음이다. 이제 인지의 여러 원리가 어떻게 창의적인 아이디어를 생성할 때 영향을 미치는 요인을 이해하는 데 적용되는지 생각해 보자.

아이디어 생성

1914년 노벨 화학상을 받은 라이너스 폴링(Linus Pauling)에게 어떻게 아이디어를 얻는지 물었더니, 그는 "좋은 아이디어를 갖고 싶으면 아이디어를 많이 가지고 있어야 합니다. 대부분은 잘못된 아이디어입니다. 여러분은 어느 것을 버릴지를 배워야 합니다."라고 답했다(Crick, 1995). 이 대답은 과학적 발견을 위해서는 아이디어가 중요하다는 것, 그리고 아이디어가 생긴 후에 벌어지는 일이 중요하다는 것을 강조한다.

아이디어를 생성하는 데 영향을 주는 요인들이 많기 때문에 '무엇이 아이디어로 이끄는가?'라는 질문은 대답하기 어려운 질문이다. 벨크로 예는 아이디어 생성은 지식 기반을 가졌는지에 달려 있다는 것을 보여준다. 기술자인 드 메스트랄은 개가 몸에 묻혀 온 엉겅퀴 가시를 현미경으로 들여다볼 만큼 지식을 갖고 있었는데, 이를 통해 벨크로 아이디어로 이끈 갈고리 같은 구조를 찾아냈다.

그러나 지식이 중요하지만, 지식이 너무 많으면 때로는 창의적인 문제해결에 장애가 될 수도 있다. 전문성의 마지막 절에서, 융통적으로 사고하고 공인된 절차를 거부해야 하는 것이 필요한 문제에서는 특정 분야의 전문가가 되는 것이 오히려 불이익이 될 수도 있다고 서술했다. 바로 이런 일이 오돈의 발명 사례에서 일어났다. 그가 여러 가지 발명품의 특허를 갖고 있지만, 안정 막대, 차대 버팀 장치와 같은 차를 위한 도구였다. 의사가 아니라 자동차 수리공이 출산 도구를 개발했다는 것은 결코 우연이 아닐지도 모른다. 오돈과 같이 작업을 했던 의사 중 한 명이 말했듯이 "의사들은 사고가 아주 구조화되어 있고 오돈은 생각이 자유로웠다. 그래서 그는 새로운 것을 볼 수 있었다"(Venema, 2013). 어쩌면 오돈이 의학 지식이 별로 없었던 것이 다행이었을 수 있다.

어떻게 지식이 많은 것이 나쁜 일일 수 있는지를 Steven Smith와 동료들(1993)이 실시한 실험에서 볼 수 있다. 이 실험에서는 문제를 풀기 전에 예를 제공하는 것이 해결책의 본질에 영향을 줄 수 있다는 것을 보여준다. 실험 참가자들은 새롭고 창의적인 장난감이나 지구와 비슷한 어느 행성에서 진화했을지도 모르는 새로운 생명체를 발명하고, 그림을 그리고, 이름을 붙이고, 서술하는 과제를 수행하도록 요청받았다. 한 집단의 참가자들에게는 문제를 풀기 전에 세 개의 예를 제공했다. 생명체를 생성하는 과제에서 미리 보여준 세 개의 예는 모두 발이 네 개이고, 더듬이가 있고, 꼬리가 있었다.

아무 예도 보지 못한 통제집단에서 그린 생명체 그림과 비교해 보면, 실험집단이 생성한 디자인에는 예들이 가졌던 특질이 많이 들어있었다(**그림** 12.20a). **그림 12.20b**는 두 집단에서 예들의 특질(더듬이, 꼬리, 발 네 개)을 포함한 디자인의 비율을 보여준다. 실험 집단에서 이 특질을 더 많이 사용한 것은 이 장의 앞에서 서술한 기능적 고착이라는 생각과 관련이 있다. 때로는 선입견이 창의성을 억제할 수 있다(Chrysikou & Weisberg 2005 참고).

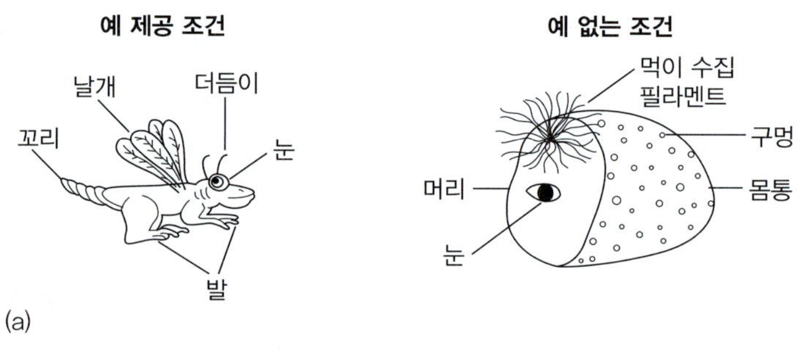

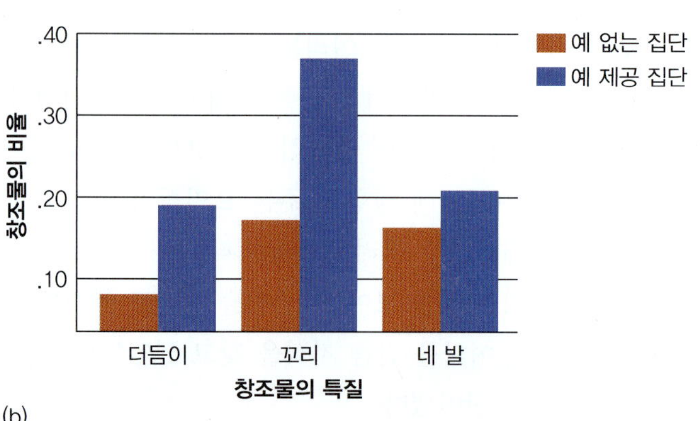

그림 12.20 Smith와 동료들(1993)의 실험에서 참가자들이 창조한 두 개의 생명체. (a) 미리 예를 제공받은 참가자들은 예에 있었던 특징을 가진 생명체를 고안하였다. (b) 더듬이, 꼬리, 네 발을 가진 생명체의 비율. 예를 제공받은 집단의 참가자들이 이 특징을 더 많이 포함시켰다.

출처: S. M. Smith, A. Kerne, E. Koh, & J. Shah, 2009를 바탕으로 제작함.

선입견이 창의성을 억제할 수 있다는 생각은 Alex Osborn(1953)이 **집단 브레인스토밍**(group brainstorming) 기법을 제안하게 이끌었다. 이 기법의 목적은 특정 문제를 해결하는 데 유용한 생각을 자유롭게 말하도록 사람들을 장려하는 것이다. 브레인스토밍 집단의 참가자에게는 떠오르는 생각을 자유롭게 말해야 한다고 지시했다. 그러니까 자기의 생각이나 다른 사람의 생각에 대해 비판적이지 말고 생각나는 대로 말해야 한다고 지시했다. 이런 지시를 주는 이유는 사람들이 '틀에서 벗어나서 생각'하게 개방시켜서 창의성을 향상시키려는 것이다.

집단 브레인스토밍(group brainstorming) 문제해결 집단에 있는 사람들이 마음에 떠오르는 생각을 검열하지 않고 표현하라고 장려받는 것.

이 제안은 많은 조직에서 브레인스토밍을 광범위하게 사용하게 만들었다. 조직에서의 **디자인 싱킹**(design thinking)과 브레인스토밍에 관한 최근 연구는 몇 가지 핵심 영역에 집중되어 있다. 혁신과 문제해결을 향상시키기 위해 디자인 싱킹을 조직 과정에 통합시키는 것을 강조하는 추세가 늘고 있다(Beckman & Barry, 2007; Elsbach & Stigliani, 2018). 연구들은 제품 혁신과 고객 만족도와 같이 조직에서 기대하는 결과를 달성하는 데 디자인 싱킹 방법이 얼마나 효과적인지 평가했다(Tu, Liu, & Wu, 2018; Pratomo & Wardani, 2021). 디자인 싱킹과 브레인스토밍에 기저하는 인지 요인과 심리적 요인을 이해하는 것에 주의가 집중되고 있는데, 이는 협동적 문제해결 과정을 증진시키는 것을 목표로 한다(Liedtka, 2015; Razzouk & Shute, 2012; Dym et al., 2005).

그러나 연구 결과를 보면, 생각을 공유하게 하려고 사람들을 집단에 배치해서 생성한 아이디어의 수가 개인별로 아이디어에 대해 생각하라고 요청받은 같은 수의 사람들이 생성한 아이디어의 수를 합한 것보다 적었다(Mullen et al., 1991). 여러 가지 이유로 이런 결과가 발생할 수 있다. 집단에서 몇몇 사람이 논의를 주도해서 다른 사람들이 논의에 참여하지 못할 수 있다. 또 마음에 떠오르는 아이디어는 어떤 것이라도 말하라고 지시를 주어도, 어떤 사람들은 집단에 있다는 것 자체가 자유롭게 말하는 것을 억제했을 수 있다. 왜냐하면 자신이 평가받는다는 것이 두려울 수도 있기 때문에. 또 사람들은 집단에 있는 다른 사람들에게 주의를 기울이는데, 이것이 자기의 아이디어를 생성하는 것을 방해할 수 있다. 그러니까, 집단 브레인스토밍은 아이디어를 생성하는 좋은 방법은 아니라는 것으로 밝혀졌다. 그렇지만 아이디어를 생성하기 위해 개인 브레인스토밍을 하는 것은 효율적일 수 있다.

개인 아이디어 생성법으로 효과가 있는 방법 중 하나를 Ronald Finke가 제안했는데, 그는 사람들이 창의적으로 사고하도록 훈련시키는 **창의적 인지**(creative cognition)라는 기법을 개발했다. 이어지는 '보여주기'는 Finke의 기법을 예시한다.

창의적 인지(creative cognition) 사람들이 창의적으로 사고하도록 훈련시키기 위해 Finke가 개발한 기법.

보여주기

사물 창조하기

그림 12.21은 15개의 사물의 부분과 그 부분의 이름을 보여준다. 눈을 감고 페이지를 손으로 세 번 만져서 무작위로 그림을 세 개 뽑아 보라. 이어지는 지시를 읽고 나서, 1분 동안 이 세 부분을 이용해서 새로운 사물을 만들어 보라. 그 사물은 흥미 있어 보여야 하고, 가능하면 유용해야 한다. 그러나 그 사물이 익숙한 사물과 비슷해지는 것은 피하도록 하라. 그리고 그 사물이 어디에 사용될지는 너무 신경 쓰지 말라. 여러분이 뽑은 부분 세 개는 기본 형태가 달라지지 않는 한 크기, 위치, 방향, 재질을 변화시킬 수 있다(다만 구부릴 수 있는 전선과 튜브는 예외이다). 무언가 마음에 떠오르면 종이에 그 사물을 그리라.

이 연습은 Finke(1990, 1995)가 고안한 실험을 흉내 낸 것인데, 그 실험에서 그는 참가자에게 제시할 세 개의 부분 그림을 **그림** 12.21에서 무작위로 골랐다. 참가자가 그 세 개의 부분으로 물체를 창조하면, 참가자에게 **표** 12.3에 있는 범주 이름 중 하나를 알려주고 자기가 창조한 물체를 해석하도록 1분의 시간을 주었다. 예를 들어, 범주 이름이 도구와 기구라면 참가자는 자기가 만든 형태를 드라이버나 수저나 다른 도구나 기구로 해석해야 한다. 여러분이 만든 형태에 대해 이 작업을 해 보려면, 범주를 하나 고른 다음 여러분이 만든 물체가 어떤 용도로 사용될지를 정하고, 이어서 어떻게 작동하는지를 서술하면 된다. **그림** 12.22는 반

그림 12.21 Finke(1990, 1995)가 사용한 물체.

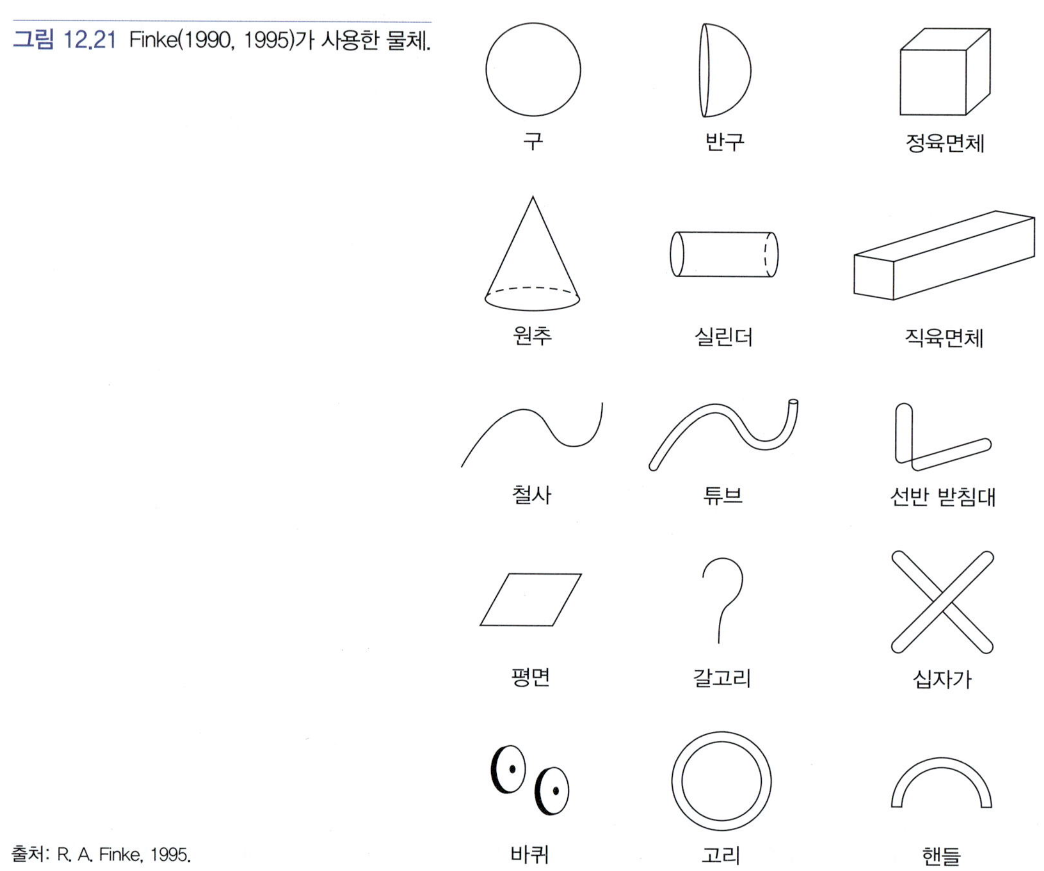

출처: R. A. Finke, 1995.

표 12.3 발명 전 형태 연구에서 사용한 물체 범주

범주	예
1. 가구	의자, 책상, 램프
2. 개인용품	보석, 안경
3. 과학 도구	측정 도구들
4. 가전제품	세탁기, 토스터
5. 운송 수단	자동차, 보트
6. 도구와 기구	드라이버, 숟가락
7. 장난감과 게임	야구 배트, 인형
8. 무기	총, 미사일

출처: R. A. Finke, Creative insight and pre-inventive forms, in R. J. Sternberg & J. E. Davidson(Eds.), *The nature of insight*, pp.255-280 (Cambridge, MA: MIT Press, 1995) 수정 인용함.

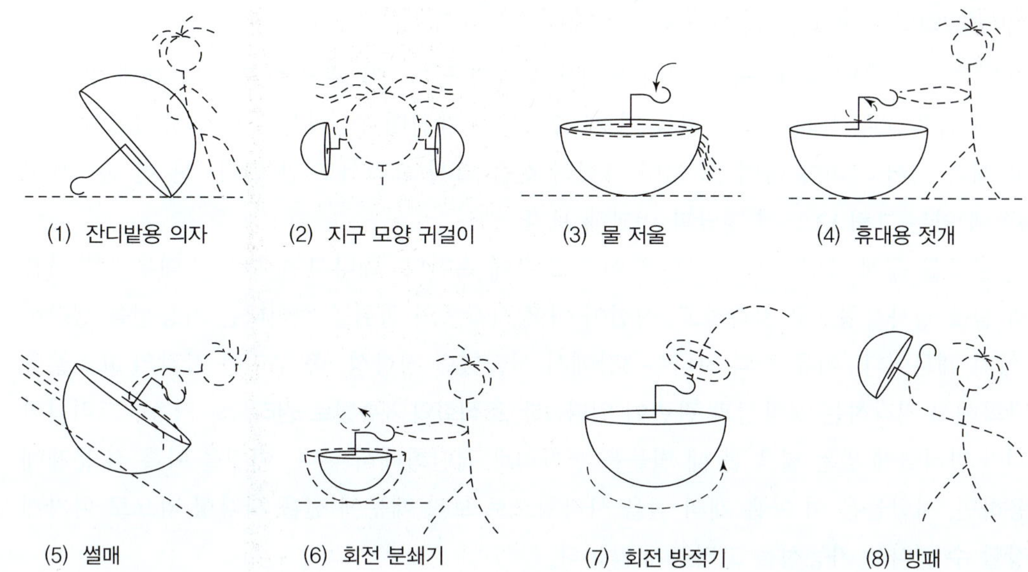

그림 12.22 반구, 철사, 갈고리를 이용해서 만든 발명 전 형태를 표 12.3의 여덟 범주로 해석한 사례.

출처: R. A. Finke, 1995.

구, 전선, 갈고리의 세 요소로 만든 하나의 형태가 어떻게 **표** 12.3에 있는 여덟 개 범주로 해석될 수 있는지를 보여준다.

발명 전 형태 (pre-inventive forms)
Finke의 '창의적 인지' 실험에서 창조된 물체로, 최종 창의적 제품의 창조에 선행하는 발명품.

Finke는 참가자들이 만든 '발명품'을 **발명 전 형태**(pre-inventive forms)라고 불렀다. 왜냐하면 이것은 최종 창의적 제품의 창조에 선행하는 아이디어이기 때문이다. 드 메스트랄이 처음 통찰에서부터 벨크로를 개발할 때까지 여러 해가 걸린 것처럼, 발명 전 형태가 유용한 '발명품'이 되려면 다듬어져야 할 필요가 있다.

Finke는 창의적이려면 '발명가'여야 할 필요는 없다는 것과, 창의적 인지 기법을 실행하는 동안에 일어나는 많은 심적 과정은 인지심리학의 다른 영역에서 다루는 인지 과정과 아주 유사하다는 것을 보여주었다. 예를 들어, Finke는 다른 사람들이 만든 발명 전 물체보다 자신이 만든 발명 전 물체에 대해 창의적 용도를 더 많이 생각해 낸다는 것을 발견하였다. 물체를 창작할 때 용도를 고려하지 말라고 참가자에게 지시했는데도 이런 결과가 얻어졌다. 이 결과는 우리가 7장에서 다루었던 생성효과와 유사하다. 즉, 사람들은 실험자가 제공했을 때보다 자기가 생성했을 때 그 내용을 더 잘 기억한다(216쪽). 자기가 생성한 재료의 이점은 인출단서에서도 발생한다(217쪽).

우리가 지금까지 고려한 창의성 연구는 행동 실험에 집중되었다. 그러나 다른 연구들은 창의적인 사고를 하는 동안 뇌에서는 어떤 일이 일어나는지를 다루었다.

12.7 창의성과 뇌

창의성과 뇌를 연구하기 위해 여러 가지 접근법이 시도되었다. 여기서는 다음 세 가지 질문에 답하려고 고안된 실험에 대해 다룬다. 그 세 가지 질문은 (1) 창의적 사고에 대한 개방성을 억제할 수 있는 뇌 영역을 비활성화시키면 창의성이 향상될까? (2) 분석적 문제해결과 통찰적 문제해결을 선호하는 각기 다른 뇌 상태가 있을까? (3) 뇌 네트워크와 창의성은 관련이 있을까?

그림 12.23 아홉 점 문제. 방법은 본문 참조.

아홉 점 문제(nine-dot problem) 정사각형 패턴으로 배열된 아홉 개의 점이 있는 문제로, 아홉 개의 점을 모두 통과하게 직선을 네 개 그리는데, 이 직선들은 펜을 종이에서 떼지 않고 계속 이어 그려야 하며 또 이미 그렸던 선을 다시 그려서도 안 되는 문제.

경두개 직류자극법(transcranial direct current stimulation) 머리에 두 개의 전극을 붙여서 뇌를 자극하는 절차. 전극은 건전지로 작동하는 장치에 연결되어 직류를 전달한다.

'틀에서 벗어나는' 사고를 위해 마음 개방하기

여기 **아홉 점 문제**(nine-dot problem)라 불리는 문제가 있다. 이 문제는 그림 12.23에 있는 아홉 개의 점을 모두 통과하게 직선을 네 개 그리는 문제인데, 이 직선은 펜을 종이에서 떼지 않고 계속 이어 그려야 하며 또 이미 그렸던 선을 다시 그려서도 안 된다. 한 번 풀어보고 444쪽에 있는 **그림** 12.25의 정답과 비교해 보라.

이 문제를 옳게 풀었다면 여러분은 아주 소수에 속한다. 왜냐하면 사람들 대부분은 아홉 개의 점을 정사각형으로 지각하고, 직선이 이 정사각형의 범위를 벗어나는 가능성을 생각하지 않기 때문이다. 이유 중의 하나는 3장에서 서술했던 경향성, 즉 우리는 각각의 요소들을 집단화해서 지각하는 경향성과 관련이 있다(3장, **조직화의 게슈탈트 원리**, 78~81쪽). 그러니까 우리가 밤하늘에 있는 별을 볼 때 별들을 별자리로 집단화해서 본다. 이것을 아홉 점 문제에 적용하면, 사람들은 이 아홉 개의 점을 사각형으로 보기 때문에 선을 사각형 밖으로 나가게 확장할 수 있다는 가능성을 고려하지 않는다.

Richard Chi와 Alan Snyder(2012)는 좌측 전측두엽(ATL, 327쪽)이 하위 수준 정보가 의미 있는 패턴으로 집단화되는 것과 연관이 있다는 이전 연구 결과들을 고려했다. 그러니까, 좌측 ATL이 각각의 별들이 별자리로 보이고, **그림** 12.23의 점 아홉 개가 사각형으로 집단화되는 것과 관련이 있을 것이라고 생각했다. Chi와 Snyder는 좌측 ATL을 비활성화시키면 아홉 점 문제와 같은 패턴에 대한 사고방식에서 벗어나게 할 수 있지 않을까 생각했다. 이 생각을 검증하기 위해 그들은 참가자들이 아홉 점 문제를 푸는 동안 **경두개 직류자극법**(transcranial direct current stimulation)을 이용해서 좌측 ATL을 비활성화시키고 우측 ATL을 활성화시켰다.

Chi와 Snyder는 좌측 ATL의 흥분성을 줄이기 위해 이 부위에 음극 전극을 붙이고, 우측 ATL의 흥분성을 증가하기 위해 이 부위에 양극 전극을 붙였다. 이렇게 했더니 참가자의 40%가 아홉 점 문제를 풀 수 있었다. 이 결과는 이 문제를 풀려면 직선이 정사각형을 벗어나야 한다는 정보를 받은 사람 중 40%가 문제를 풀 수 있었던 것에 상응하는 것이었다. 그러니까 세상을 특정한 방식으로 해석하게 이끄는 뇌 영역을 비활성화시키면 우리가 '틀에서 벗어나서'(이 경우에는 '정사각형을 벗어나서') 생각하는 것을 도와줄 수 있다.

통찰과 분석적 문제해결을 위한 뇌의 '준비'

우리가 문제를 풀거나 창의적인 발견을 하기 직전에 뇌에서는 무슨 일이 일어날까? 이 질문에 대한 답은 문제해결 방식에 대해 함의를 갖는다. 우리는 문제해결 중에 통찰 혹은 '아하' 순간을 경험하는 것은 해결책이 갑작스럽게 떠오르는 것을 포함한다는 것을 배웠다. 반면에 비통찰적인 문제는 점진적으로 해결책에 도달하는 분석적 처리를 이용해서 보다 점

방법

경두개 직류자극법

이것은 머리에 두 개의 전극을 붙여서 뇌를 자극하는 절차이다. 이 전극은 건전지로 작동하는 장치에 연결되어 있는데, 이 장치는 직류를 전달한다. 전극 중의 하나는 음극 전극인데, 음(-)으로 부하되어 있으며 이 전극 아래에 있는 신경세포의 흥분성을 감소시킨다. 다른 하나는 양극 전극인데, 양(+)으로 부하되어 있으며 이 전극 아래에 있는 신경세포의 흥분성을 증가시킨다.

진적으로 해결된다(388쪽).

John Kounios와 동료들(2006)은 『준비된 마음(The Prepared Mind)』이라는 제목의 논문에서 어떤 문제가 통찰적인 방법으로 풀릴지, 아니면 분석적 처리에 의해 풀릴지는 문제가 제시되기 직전의 뇌 상태와 관련이 있다는 것을 보여주었다. 이 실험의 참가자들은 **그림** 5.26(176쪽)에 제시된 것처럼 머리에 전극을 붙였는데, 이 전극은 뇌파(EEG)를 측정하였다(45쪽). EEG는 **그림** 12.24a에 제시된 것과 같은 반응인데, 이것은 전극 아래에 있는 수천 개의 뉴런으로부터 기록된 것이다.

2초 동안 EEG를 측정하고, 이어서 **복합 원격 연상 문제**(compound remote-associate problem)가 제시되었다. 복합 원격 연상 문제에서는 *pine*, *crab*, *sauce*와 같은 세 단어가 제시되고, 이 세 개의 각 단어와 결합해서 새 단어나 구절을 만드는 단어를 답하는 과제이다. 이 예에서는 각기 *pineapple*, *crabapple*, *applesauce*가 만들어지는 *apple*이 답이다. 이 유형의 문제는 통찰이나 분석적 방법으로 풀 수 있다.

복합 원격 연상 문제(compound remote-associate problem) 세 개의 단어가 제시되고, 이 세 단어 각각과 결합해서 새 단어나 구절을 만드는 단어를 답하는 과제.

참가자들은 약 50%의 문제를 30초 안에 풀었는데, 한 문제를 풀면 곧바로 자기의 답이 통찰에 의한 것인지(해결책의 56%), 비통찰적인 방식으로 나온 것인지(44%) 답하였다. **그림** 12.24에 있는 결과는, 통찰에 의한 해결 직전에는 전두엽에서 뇌파가 증가하였고(**그림** 12.24b), 비통찰적인 해결 직전에는 후두엽에서 뇌파가 증가하였다는 것을 보여준다(**그림** 12.24c).

뇌 활동의 차이가 참가자가 문제를 보기 **전**에 발생한 것이기 때문에, Kounios는 "언어 문제를 보기 전 준비 기간 동안의 참가자들의 신경 활동은 그들이 그 후에 그 문제를 …… 자기 보고한 통찰에 의해 풀 것이라고 예측한다."라고 결론을 내렸다. 다른 말로 하면, 문제를

(a) EEG 파형

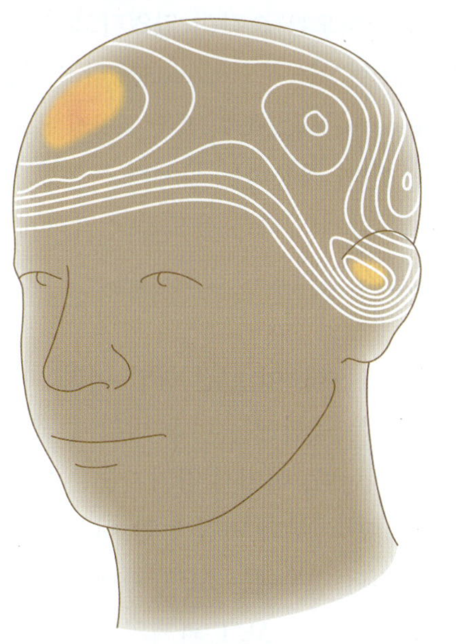

(b) 통찰 해결

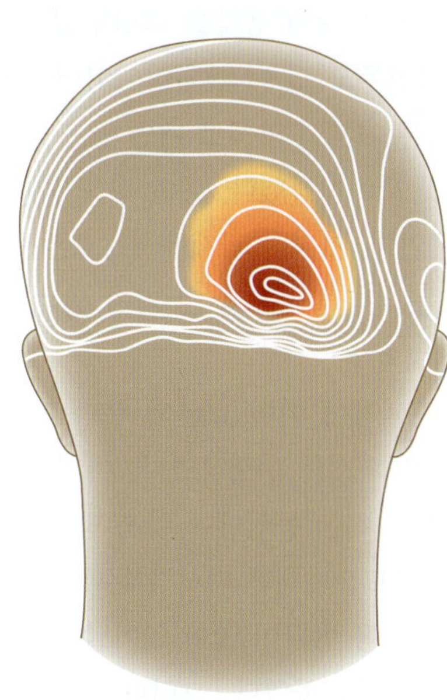

(c) 비통찰(분석적) 해결

그림 12.24 (a) EEG 반응. 이 기록은 약 4초간의 반응이다. (b) 색칠이 된 부분은 통찰 해결이 나오기 전의 전두엽의 강한 EEG 활성화를 보여준다. (c) 색칠이 된 부분은 비통찰(분석적) 해결이 나오기 전의 후두엽의 강한 EEG 활성화를 보여준다.

출처: Kounios et al., 2006. Adapted from Figure 2a, p.884.

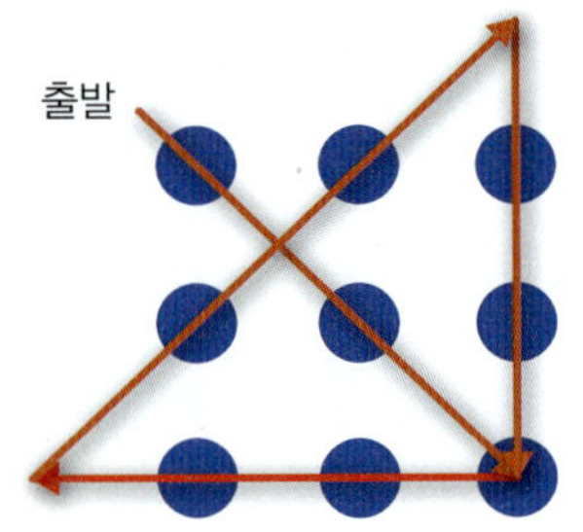

그림 12.25 아홉 점 문제의 해결책.

풀기 전의 뇌 상태가 여러분이 문제해결에 접근하는 방식에 영향을 줄 수 있다.

창의성과 관련된 네트워크

문제를 풀기 전에 특정 뇌 영역을 비활성화시킨 실험과 문제를 보기 전의 뇌 활동을 측정한 연구는 모두 뇌의 상태와 창의적 문제해결 간에 관계가 있다는 것을 시사한다. 이제 어떻게 두 개의 뇌 네트워크가 창의성과 관련되어 있는지를 살펴보자.

디폴트 모드 네트워크 2장에서 디폴트 모드 네트워크(DMN)를 소개할 때 사람이 특정 과제를 수행할 때는 DMN 활동이 감소하고, 주의가 과제에 집중하고 있지 않을 때는 DMN 활동이 증가한다고 서술했다. 우리는 또 DMN 활동은 마음 방황과 관련이 있고, 마음 방황은 독서나 수학 문제 풀이와 같이 집중 주의를 필요로 하는 과제의 수행 감소와 관련이 있다는 것도 배웠다(2장 54쪽, 4장 129쪽). DMN과 마음 방황이 연관성이 있다는 것, 그리고 사람들이 깨어있는 시간의 절반 정도를 마음 방황을 하며 보낸다는 것(Killingsworth & Gilbert, 2010)을 결합하면 'DMN의 목적은 무엇인가?'라는 질문을 하게 된다. 마음 방황을 발생시켜 중요한 과제를 수행하는 능력을 방해하는 것이 목적일 수 있을까? DMN의 목적, 역할, 기능에 대한 완벽한 이해는 아직 연구 중이다(Smallwood, Bernhardt, Leech, 2021; Menon, 2023).

DMN과 마음 방황의 긍정적인 역할에 대한 희망은 6장에서 나왔었는데, 거기서 우리는 마음 방황이 종종 미래에 대해 생각하는 것과 관련이 있다고 배웠다. 이것은 DMN과 마음 방황의 기능 중의 하나는 미래에 대해 계획하는 것을 도와주는 것이라고 시사한다(198쪽). 이제 다시 마음 방황과 DMN을 고려하면서, 우리는 마음 방황과 DMN이 창의적 사고에서 중요한 역할을 한다는 것을 배우게 된다.

Benjamin Baird와 동료들(2012)은 마음 방황과 창의성을 연결하는 실험을 했는데, 이 실험은 어떤 문제를 풀려고 노력하다가 해결하지 못해서 문제 푸는 것을 보류했는데, 갑자기 해결책이 '떠오르는' 관찰에 근거해서 고안되었다. 이 현상은 알베르트 아인슈타인, 앙리 푸앵카레(Henri Poincaré), 아이작 뉴턴과 같은 과학자들의 사고에서도 기록되었는데, 자기가 풀려고 시도하던 문제에 대해 생각을 그만두었는데 영감이 떠오른 순간이 있었다고 기술했다. 문제 풀기를 '그만두고' 난 다음에 아이디어가 떠오르는 현상을 **부화**(incubation)라고 부른다.

부화(incubation)
문제 풀기를 그만두고 난 다음에 아이디어가 떠오르는 현상.

대안 용도 과제 (alternate use task: AUT)
흔히 사용하는 물체의 독특한 용도를 생각하는 과제로 창의성을 평가할 때 사용한다. 독창적 용도 과제라고도 불린다.

Baird의 실험은 기저선 과제로 **대안 용도 과제**(alternate use task: AUT, 혹은 독창적 용도 과제)를 실시하는 것으로 시작했다. 대안 용도 과제에서는 흔히 사용하는 물체의 독특한 용도를 생각하는 과제인데, 기저선 과제에서는 2분 동안 특정 물체의 다른 용도를 생각하게 했다. 예를 들면, 벽돌의 다른 용도를 몇 가지 생각할 수 있는지 알아보는 것이다(예: 무기, 문진, 징검다리, 고정 장치의 추).

기저선 AUT 과제에 이어 12분의 부화 기간이 주어졌는데, 이 시간 동안 어려운 과제를 수행하거나 쉬운 과제를 수행하였다. 어려운 과제를 하는 동안에는 마음 방황이 적게 일어나고, 쉬운 과제를 하는 동안에는 마음 방황이 많이 일어난다. 이어서 참가자들은 처음에 했던 물체에 대해 AUT 과제를 다시 했는데, 결과가 분명했다. 부화 기간 동안 쉬운 과제를 한 경우, 그러니까 마음 방황이 많이 일어날 것으로 기대되던 경우에는 AUT 과제의 수행이 기저선에 비해 40% 증가하였다. 그러나 어려운 과제 조건에서는 AUT 과제의 수행이 변화가 없었다. Baird는 마음 방황이 창의적 부화를 촉진시킨다고 결론을 내렸다.

그림 12.26에서 푸른 화살표는 우리가 이제까지 기술했던 마음 방황과 DMN 활동, 그리고 마음 방황과 창의성의 관계를 보여준다. DMN 활동과 창의성 간에는 관계가 있을까? Naama Mayseless와 동료들(2015)은 참가자들에게 AUT에 기초한 과제를 수행하게 해서 이 질문에 대해 연구했다. Mayseless의 참가자들에게 하나의 물체를 주고 이 물체의 흔한 용도가 아닌 다른 용도를 하나 생각하라고 요구했다. 이때 다른 용도는 새롭고 독창적이어야 한다는 점을 강조했다. 참가자들이 스캐너 안에서 이 과제를 수행하는 동안 뇌 활동, 즉 기능적 자기공명영상(fMRI)을 측정하였다.

이 실험의 핵심 변인은 참가자가 제안한 용도의 독창성이었다. 예를 들어, 연필의 대안 용도로 '찌르다'를 제안한 것은 여러 사람이 이 용도를 제안했기 때문에 독창성을 낮게 평가하였다. 그렇지만 연필의 용도로 '밀대'를 제안한 것은 아무도 이 제안을 하지 않아 독창성을 높게 평가하였다.

이 실험의 결과는 높은 독창성 점수는 DMN에 있는 구조들의 높은 활동과 연합되었다는 것이다. 이 결과는 우리가 DMN 활동과 창의성 간의 관계, 즉 **그림** 12.26에 붉은 화살표로 그린 관계를 추가하는 것을 가능하게 해 주었다. DMN 활동과 창의성 간의 관계는 다른 연구들에서도 확인되었다(Beaty et al., 2014; Ellamil et al., 2012). 그러나 뇌 네트워크와 창의성 간의 관계는 **그림** 12.26에 있는 것보다 훨씬 복잡하다. 왜냐하면 DMN 외의 다른 네트워크들도 창의성과 관련이 있기 때문이다. 가장 중요한 네트워크 중의 하나가 실행제어 네트워크이다.

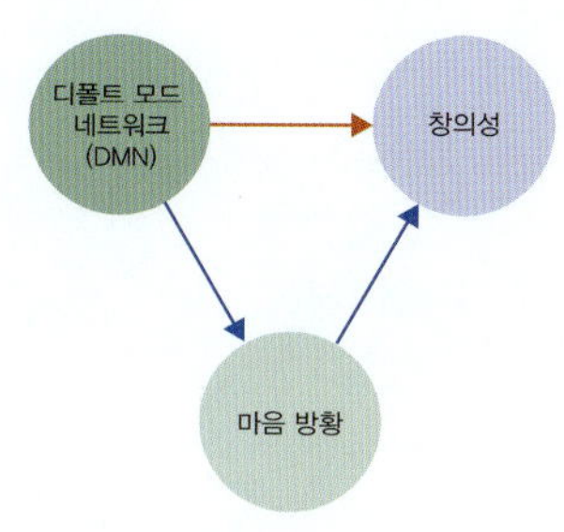

그림 12.26 마음 방황(MW), 디폴트 모드 네트워크(DMN) 활동, 창의성 간의 관계.

실행제어 네트워크 과제를 수행할 때 주의를 이끄는 것과 관련된(55쪽) **실행제어 네트워크**(executive control network: ECN)는 창의성에서 중요한 역할을 담당한다. Melissa Ellamil과 동료들(2012)의 실험은 ECN과 창의성 간의 관계를 지지한다. 참가자들은 뇌의 어떤 영역이 활성화되는지를 알아내기 위해 fMRI를 측정하는 스캐너 안에서 책 표지를 디자인하는 창의적인 과제를 수행하였다. 이 실험의 중요한 특징은 참가자에게 책 표지 디자인을 두 단계로 나누어 만들도록 지시했다는 점이다. 책의 내용에 대해 서술한 것을 읽고 난 다음, 참가자에게 책 표지에 대한 아이디어를 **생성**하도록 요청했다. 이어서 잠깐 쉰 다음, 자기가 생성한 디자인을 **평가하는** 방향으로 사고를 전환하라고 요청했다.

실행제어 네트워크(executive control network: ECN)
과제를 수행할 때 주의를 이끄는 것과 관련된 뇌의 네트워크.

생성에 이어 평가라는 순서는 창의적 사고 과정을 서술할 때 자주 사용된다. Ellamil은 DMN과 ECN 영역이 아이디어 생성 단계보다 아이디어 평가 단계에서 더 강하게 활성화되는 것을 발견하였다. 이 결과에 기초해서, 이 연구자들은 DMN과 ECN의 활동은 창의적 평가 단계에서 협응한다고 결론지었다.

Ellamil은 휴식상태 fMRI 방법을 이용해서 DMN과 ECN의 기능적 연결성을 측정했는데, 협응된 활동이라는 생각에서 한 걸음 더 나아가, DMN과 ECN이 창의적 사고의 생성 단계와 평가 단계 모두에서 기능적으로 연결되어 있다는 것을 발견하였다. DMN과 ECN의 기능적 연결성은 Roger Beaty와 동료들(2014)에 의해서도 밝혀졌는데, 이들은 창의성 검사 종합 점수에 근거해서 사람들의 창의성을 고저로 나눈 다음, 이들의 연결성을 측정하였다. 기대했던 대로 DMN과 ECN의 기능적 연결성은 창의성이 높은 집단에서 더 강했다.

흔히 DMN과 ECN이 길항적으로 작동한다고 생각되기 때문에, 이 두 네트워크가 창의적 사고에서 공동으로 작동한다는 것은 아주 흥미로운 생각이다. ECN은 주의를 조절하는 데 관여하기 때문에 사람들이 주의를 필요로 하는 과제를 수행할 때 활동이 증가한다. 그러나 과제 수행 중에 주의를 집중하면 DMN은 차단된다. 반대로 DMN이 활동 중일 것으로 기대되는 조건에서는 ECN의 활동은 감소한다.

무슨 일이 일어나고 있는 것일까? 서로 반대로 작동하는 두 네트워크가 어떻게 같이 작동할 수 있을까? 연구자들은 이 문제의 답을 찾기 위해 노력하고 있다. 그러나 두 네트워크가 일상적으로는 반대로 반응한다는 것을 잠시 묻어두고, 마음 방황의 자발적인 속성이 어떻게 생각과 아이디어의 흐름을 창조하는지를 고려한다면 마음 방황과 창의성의 연결은 일리가 있다. 또 창의성은 처음 생각했던 방향으로 생각을 이끈다는 점에서 창의성에 '교통경찰관'이 필요하다는 생각은 일리가 있는데, 이는 ECN의 역할이다. 예를 들어, ECN은 대안 용도 과제에서 독창적이지 않은 반응('벽돌'의 용도로 '집짓기'를 드는 것)에서 주의를 돌려 더 독창적인 용도를 탐색하게 할 수 있다. DMN과 ECN이 더 창의적인 사람들에서 더 강하게 연결되었다는 것을 발견한 Beaty와 동료들(2014)은 이렇게 서술했다. "증가된 기능적 연결성은 …… 창의적인 사람들이 상상을 지배하는 능력에 대응될 수 있다. 이 사람들은 복잡한 탐색 과정을 실행하고, 과제와 무관한 정보를 억제하고, 경쟁적인 대안 중에서 아이디어를 선택한다". 서로 길항적인 관계임에도 불구하고, 놀랍게도 상상과 연합된 네트워크(DMN)와 주의와 연합된 네트워크(ECN)가 협동한다는 것은 창의적 사고의 특별한 본질을 부각시킨다 (Christoff et al., 2009).

고려사항

천재 보고서: 창의적인 사람들의 행동상 차이점

피카소는 독창적인 예술 작품을 남겼고, 아인슈타인은 상대성 이론을 고안했고, 샬럿 브론테가 『제인 에어』를, 에밀리 브론테가 『폭풍의 언덕』을 저술하였다. 이러한 유명한 사람들의 창의성에서 우리 자신의 창의적 과정에 적용할 수 있는 창의성에 대해 무엇을 배울 수 있을까?

이것이 Scott Barry Kaufman과 Carolyn Gregoire가 자신들의 책 『천재 보고서: 내 안의 잠재력을 깨우는 천재들의 비밀코드(Wired to Create: Unraveling the Mysteries of the Creative Mind)』(2015)에서 던진 질문이다. 읽기 쉽게 쓰인 이 책에서 창의적인 사람들의 삶에서 얻은 통찰과 인지심리학의 최근 연구 결과를 종합해서, **표 12.4**에 기술된 '아주 창의적인 사람들의 차별화된 10가지 행동'을 추출해냈다.

이 책의 각 장을 흥미롭게 하는 것 중의 하나는 유명한 사람들이 더 창의적이 되게 도와주는 구체적인 기법이다. 우리는 『컬러 퍼플(The Color Purple)』을 지은 앨리스 워커(Alice Walker), 과학자 찰스 다윈과 루이 파스퇴르, 혁신가 스티브 잡스, 음악가 요요 마와 마이클 잭슨과 같은 창의적인 사람들이 어떻게 산책하기, 혼자 있을 곳을 찾아가기, 자기 영역 밖의 취미를 즐기기, 참선하기와 같은 행동을 했는지 배운다.

유명한 사람들의 이야기는 흥미롭기는 하지만, 각 장에서 가장 중요한 것은 우리가 창의성을 증진시키기 위해 할 수 있는 것이 무엇인지 알려주는 것이다. 우리는 이런 아이디어 중

표 12.4 아주 창의적인 사람들의 차별화된 10가지 행동

장	특징	기술
1	상상 놀이	아동들이 상상 놀이에 참여하는 것은 다른 유형의 경험을 실험하게 해 준다. 성인이 되면 이 놀이는 혁신을 지지해 준다.
2	열정	자기가 좋아하고 자기의 인생을 걸고 싶은 특정 행동을 추구하는 것에 집중한다.
3	백일몽	주의가 외부 환경에서 자기 내부에서 생성된, 종종 불수의적인 생각으로 전환했을 때 나타나는 마음 방황이다.
4	고독	방해에서 벗어나기 위해 혼자 있는 것에서 촉진되는 혼자만의 성찰이다.
5	직관	무의식적 정보처리 시스템에서 도달하는 직관적 사고나 통찰이다. 이것은 무의식적 정신 활동이 종종 선행하지만, 종종 예상치 않게 일어난다.
6	경험에의 개방성	자기의 내적 마음과 외부 세계를 인지적으로 탐색하는 욕구이다.
7	마음챙김	자기의 마음속과 환경에서 일어나는 일에 주의를 기울인다. 일부 유형의 명상과 연합되어 있다.
8	민감성	환경과 마음속에서 일어난 과정에 대해 자각이 고양된다.
9	역경을 이득으로 바꾸기	실패, 상실, 트라우마에서 창의성이 일어난다. 삶에서 좋은 일과 나쁜 일 모두가 영감과 동기의 근원이 될 수 있다.
10	다르게 생각하기	전통적인 사고를 거부한다. 새로운 패러다임에 열려 있다.

의 일부를 3장(백일몽)과 7장(마음챙김)에서 간단하게 다루었고, 우리를 더 창의적으로 이끌어 줄 수도 있는 행동을 강조했다.

백일몽

백일몽(daydreaming)을 마음 방황이라고 부르기도 하니까 우리는 이미 백일몽을 다루었다. 창의성을 증진시키기 위해 백일몽을 할 때 관건은 이것을 제어하는 방법이다. 그러한 방법 중 하나는 하고 있던 일에서 벗어나서 의도적으로 마음 방황을 하는 것인데, 이 행동은 창의성과 연관이 있다는 것을 배웠다(Baird et al., 2010). 과제에서 벗어나서 긍정적인 결과를 산출할 수 있는 내적인 사고의 흐름을 따라가기로 선택하는 것을 **의도적 백일몽**(volitional daydreaming)이라 한다(McMillan et al., 2013).

백일몽(daydreaming) 마음 방황 참조.

의도적 백일몽(volitional daydreaming) 과제에서 벗어나서 긍정적인 결과를 산출할 수 있는 내적인 사고의 흐름을 따라가기로 의식적으로 선택하는 행동.

Kaufman과 Gregoire는 창의적인 사람들이 어떻게 마음 방황을 이끌어 줄 수도 있는 행동을 하는지 서술했다. 그들이 서술한 행동 중 하나는 샤워하기인데, 샤워하기는 마음 방황과 연합된 주된 활동 중 하나이다(Killingsworth, 2011). 아니면 산책하기를 생각해 보자. 철학자 이마누엘 칸트(Immanuel Kant)는 독일 쾨니히스베르크의 거리를 매일 한 시간 동안 걸었는데, 이는 후에 '철학자의 산책'이라 불리었다. 찰스 다윈, 헨리 데이비드 소로, 지크문트 프로이트 등 많은 사람들이 창의성을 위해 산책을 했고, 철학자 프리드리히 니체는 "모든 위대한 생각은 산책에서 나왔다."라고 서술했다(Nietzsche, 1889). 마찬가지로 과학소설 작가 옥타비아 버틀러(Octavia Butler), 작가 앨리스 워커, 문화 비평가 리베카 솔닛(Rebecca Solnit), 소설가 제이디 스미스(Zadie Smith)는 산책과 백일몽을 통해 아이디를 생각하고 생성했는데, 이 과정을 통해 창의성을 자극하고 촉진했다.

산책하는 동안 백일몽 이상의 일이 일어났을 것인데, 여기서 중요한 것은 창의성의 증가라는 결과이다. 유명해야만 산책에서 이득을 얻는 것은 아니다. Marily Oppezzo와 Daniel Schwartz(2014)는 산책한 대학생 집단이 같은 시간만큼 앉아 있었던 대학생 집단보다 대안 용도 과제(416쪽)에서 아이디어를 60% 더 산출했다는 것을 보여주었다.

실천 활동

- 잠깐 일에서 벗어나기
- 샤워하기
- 산책하기
- 마음 방황에 주목하기

고독

혼자서 샤워하기나 산책하기와 같이 혼자만 있는 경험은 창의성을 증진시키는 방안으로 사용되었다. 고독은 백일몽을 증가시킬 수 있지만, 이 단순한 기능을 뛰어넘어 집중 주의를 필요로 하는 분석적 사고를 증진시킬 수 있다.

고독의 한 가지 분명한 이점은 방해를 피하는 것을 도와줄 수 있다는 것이다(스마트폰을 가지고 혼자 있는 것은 고독이 아니라는 점을 주목하자!). 그러나 Kaufman과 Gregoire는 "고독은 단순히 방해를 피하는 것이 아니다. 고독은 성찰하고, 새로운 연결을 만들고, 의미를 찾는 작업을 하는 데 필요한 공간을 마음에게 제공하는 것이다."라고 말했다.

많은 작가들이 고독을 확보하기 위해 다양한 시도를 했다는 것을 보고했다. 데이비드 소로는 2년 넘게 월든 호수에서 혼자 살면서『월든 혹은 숲속의 삶(Walden, or a Life in the Woods)』(1854)을 저술하였고, 작가 제이디 스미스는 다른 사람들에게서 벗어난 개인 작업공간을 갖는 것이 중요하다고 생각한다고 말했고(Smith, 2010), 작가 조너선 프랜즌(Jonathan Franzen)은 자기 스튜디오에서 커튼을 내리고 불을 끈 상태에서 출세작인 소설『인생 수정(The Connections)』을 저술했다(Currey, 2013). 고독은 작가에게만 효과가 있는 것이 아니다. 애플 컴퓨터 공동 창업자인 스티브 워즈니악(Steve Wozniak)은 혁신가 지망생들에게 '혼자 일하라'라고 조언했고(Wozniak & Smith, 2007), 발명가 토머스 에디슨은 "가장 뛰어난 생각은 혼자 있을 때 나왔다."라고 말했고, 교류전류를 발명한 니콜라 테슬라(Nikola Tesla)는 "혼자 있으라. 그것이 발명의 비밀이다. 혼자 있으라. 그때가 아이디어가 만들어진 때이다."라고 기록했다.

고독 장의 마지막 부분에서 Kaufman과 Gregoire는 혼자 있을 때 창조된 아이디어는 궁극적으로는 다른 사람들과 공유된다면서 "창의성의 열쇠는 자기에 집중하는 것과 다른 사람에 집중하는 것 간의 균형"이라고 적었다. 그러니까 고독은 창의적 과정의 한 단계이지만, 창의적인 결과물을 다른 사람과 공유하고 창의적인 아이디어를 유용한 제품으로 변환하려면 다른 사람과 협동하는 것이 필요하다. 호르헤 오돈이 출산을 돕는 오돈 도구를 개발한 역사를 기억하라. 많은 시행착오와 산부인과 의사들의 자문을 받는 협업을 통해 오돈의 생각을 실용적인 도구로 만든 과정을 기억하라.

실천 활동

- 방해를 받지 않고 혼자 있을 곳을 갖기
- 아이디어를 창조해 낼 마음 공간이 만들어질 수 있도록 충분히 오래 있기

마음챙김

6장에서 마음챙김의 인지적 영향에 대해 논의했었다. 또 마음챙김을 그 반대 기제인 디폴

트 모드 네트워크(DMN)와 비교했다. **마음챙김**(mindfulness)은 "능동적으로 새로운 것에 주목하는 간단한 과정"이고, "현재에 주의를 기울이는 것"이라고 기술되었다(Langer, 2014). 마음챙김에 대한 더 확장적인 정의는 "의도적으로 현재 이 순간에, 그리고 판단하는 마음 없이 순간순간 전개되는 경험에 주의를 기울이는 것"이다(Kabat-Zinn, 2003, p.145). 마음챙김의 본보기 중 하나는 소설 속의 탐정 셜록 홈스인데, 그는 세부 사항에 대한 꼼꼼한 관찰에서 찾은 단서를 이용해서 문제를 푸는 비범한 능력을 보여주었다(Konnikova, 2013).

마음챙김(mindfulness)
의도적으로 현재 이 순간에, 그리고 판단하는 마음 없이 순간순간 전개되는 경험에 주의를 기울이는 것.

여러분이 셜록 홈스가 아니라면 마음챙김을 달성하는 가장 좋은 방법은 무엇일까? 마음챙김을 달성할 수 있다고 제안된 것 중 하나가 **명상**(meditation)이다. 그러나 아주 많은 유형의 명상이 있기 때문에 단순히 '명상'이라고 말하는 것은 충분하지 않다. 최근 십 년 동안 널리 알려진 한 가지 방법이 **집중 명상**[focused attention(FA) meditation]이다. 집중 명상의 기본적인 절차는 들숨과 날숨과 같은 한 가지에 집중하는 것인데, 마음이 어지러우면(이것은 필연적으로 일어나는 것인데) 주의를 호흡에 다시 집중하는 것이다(Brewer et al., 2011). 이 절차는 마음을 고요하게 만들며, 이 수련을 많이 한 사람들은 마음 방황이 줄어드는 것을 경험한다. 이 절차는 스트레스를 줄이기 위해 사용되었고, 건강에도 도움이 되며, 긍정적인 방향으로 뇌 구조도 변화시키는 것을 보여주었다(Fox et al., 2014).

명상(meditation)
마음을 통제하기 위해 사용하는 다양한 행위.

집중 명상[focused attention(FA) meditation]
명상의 한 유형으로, 들숨과 날숨과 같은 한 가지에 집중하는 것이 기본 절차인 명상. 마음이 방황하면 주의를 호흡에 다시 집중한다.

그런데 이 서술이 역설적이라는 것을 느꼈을 수 있다. 집중 명상은 마음 방황을 줄여서 방해를 줄이는데(이득), 동시에 창의성을 줄일 수도 있다(손해). 마음 방황이 줄어들면 창의성도 줄어들 수 있어서, **열린 명상**[open monitoring(OM) meditation]이라 불리는 다른 유형의 명상이 선호될 수도 있다. 마음에 들어오는 그 어떤 것에도 주의를 기울이고, 무언가에 도달할 때까지 이 생각을 따라가는 열린 명상은 마음 방황을 줄이지 않는다(Brewer et al., 2011; Xu et al., 2014).

열린 명상[open monitoring(OM) meditation]
명상의 한 유형으로, 마음에 들어오는 그 어떤 것에도 주의를 기울이고, 무언가에 도달할 때까지 이 생각을 따라가는 열린 명상.

Lorenza Colzato와 동료들(2012)은 한 실험에서 세 집단을 대상으로 집중 명상과 열린 명상을 할 때의 마음 방황을 비교했다. 한 집단은 대안 용도 과제를 하기 전에 집중 명상을 실행했고, 다른 집단은 열린 명상을 실행했고, 통제집단은 저녁 모임을 준비하거나 요리하는 것과 같은 집안 활동을 시각적으로 떠올리게 했다. 이들은 두 명상 집단이 통제집단보다 대안 용도 과제에서 좋은 수행을 보였는데, 열린 명상 집단이 집중 명상 집단보다 더 많은 용도를

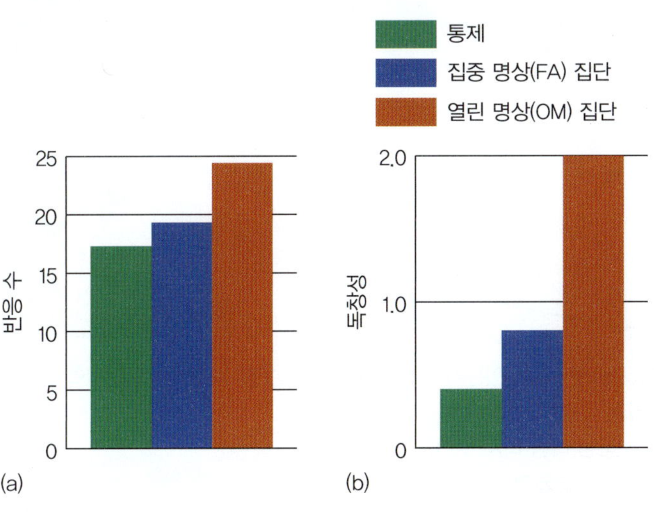

그림 12.27 통제집단, 집중 명상(FA) 집단과 열린 명상(OM) 집단의 대안 용도 과제의 수행을 보여주는 Lorenza Colzato와 동료들(2012)의 실험 결과. (a) 제안된 용도의 수, (b) 독창성. 각 반응의 독창성은 다음과 같이 채점되었다. 집단의 5%에서 나온 반응 = 1점, 집단의 1%에서 나온 반응 = 2점. 따라서 OM 명상 집단이 얻은 점수는 최대 점수이다.

출처: Colzato et. al., 2010. Based on data in Table 1.

생각했고, 더 독창적인 용도를 생각했다는 것을 발견했다(**그림** 12.30). 또 Jian Xu와 동료들(2014)은 열린 명상이 집중 명상보다 더 큰 DMN 활동을 이끌어냈다는 것을 발견했다. 이런 결과를 토대로 Kaufman과 Gregoire는 창의성을 증진시키는 방안으로 열린 명상을 추천했다.

실천 활동

- 규칙적으로 명상하기. 창의성에는 열린 명상이 가장 효과적이다.

우리가 기술한 창의성을 향상시키는 방안들은 누구나 따라 할 수 있는 구체적인 단계들을 제안하였다. 창의적인 사람들의 이야기와 더 많은 방안을 알고 싶으면 Kaufman과 Gregoire의 책을 읽기 바란다. 이 책을 읽으면 우리가 '창의성과 관련된 네트워크'(441쪽)에서 논의했던 내용을 접하게 된다. 왜냐하면 이 책에서는 DMN을 많이 언급하는데, Kaufman과 Gregoire는 DMN을 **상상 네트워크**(imagination network)라고 부른다. Kaufman과 Gregoire는 어떻게 디폴트 모드 네트워크와 실행제어 네트워크가 공동으로 작동하는지에 대해서도 다룬다. 네트워크에 대한 내용이 그 책에서 계속 언급되는데, 이것이 책 제목이 *Wired to Create*인 이유의 하나이다.

상상 네트워크(imagination network)
Kaufman과 Gregoire는 DMN을 상상 네트워크라고 부른다.

그림 12.28 원 문제의 해답. x와 r은 사각형의 대각선이기 때문에 선분 x는 반지름 r과 길이가 같다.

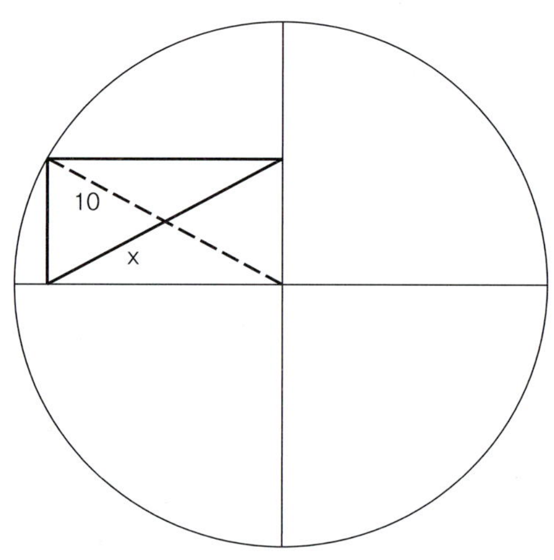

해결책: 선분 x의 길이는 반지름 r, 즉 10이다.

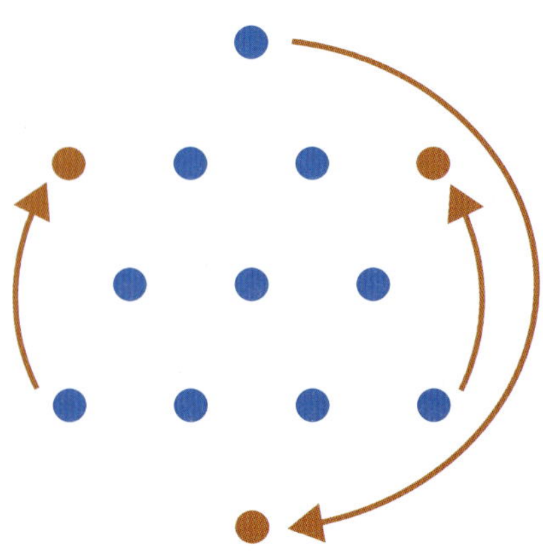

그림 12.29 삼각형 문제의 해답. 화살표는 이동을 의미하고, 색칠된 원은 새로운 위치를 의미한다.

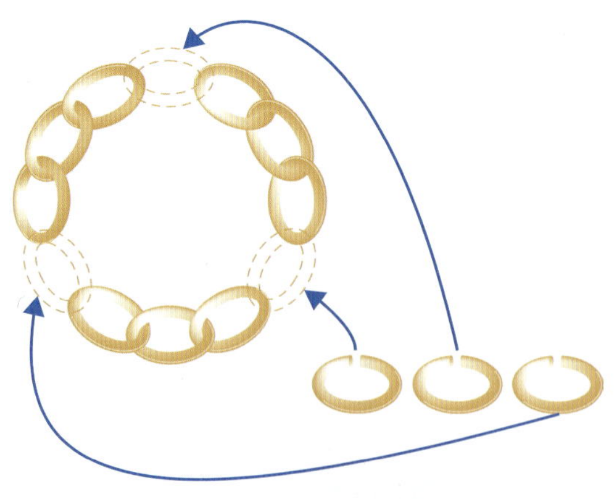

그림 12.30 사슬 문제의 해답. 사슬 한 개에 있는 고리들을 자른 다음 분리한다(자르기 3회 x 2달러 = 6달러). 분리된 고리들은 나머지 사슬 세 개를 연결하는 데 사용한 다음 다시 고리들을 채운다(채우기 3회 x 3달러 = 9달러). 전체 = 15달러

그림 12.31 양초 문제의 해결책.

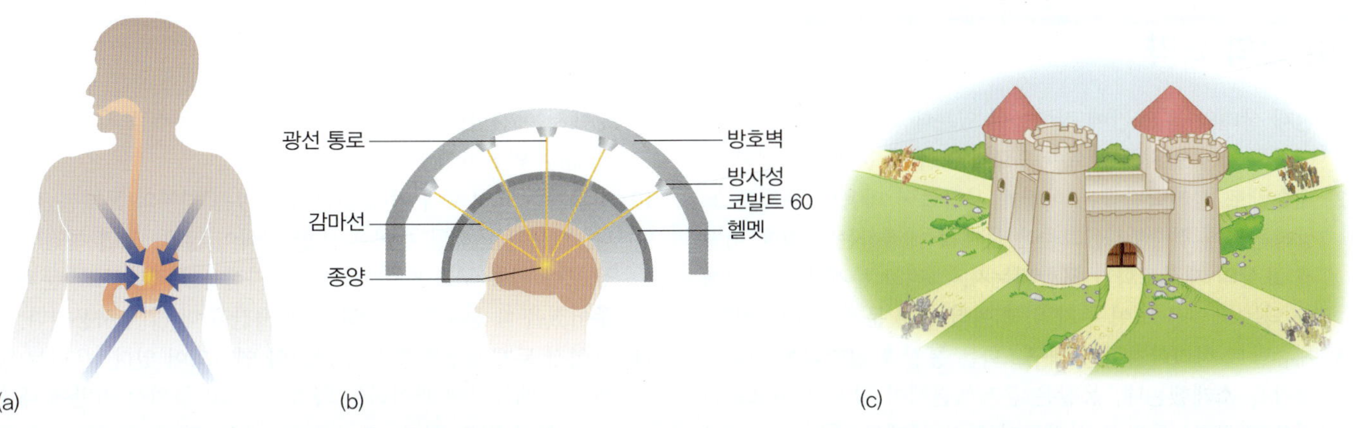

그림 12.32 (a) 방사선 문제의 해결책. 여러 방향에서 약한 강도의 광선을 가운데에 있는 종양으로 집중시키면 광선이 통과하는 조직은 손상시키지 않고 종양을 파괴할 수 있다. (b) 같은 원리를 이용해서 감마선을 여러 방향에서 뇌에 있는 종양에 조사해서 치료하는 현대의 방사선 치료법. 201개의 감마선을 사용한다. (c) 장군이 요새 문제를 해결하는 방법.

자가 테스트

1. 유추적 문제해결의 배후에 깔린 기본 생각은 무엇인가? 바탕 문제란 무엇인가? 표적 문제는? 이 둘이 관련되어 있다는 것을 알리지 않고 바탕 문제와 표적 문제를 순차적으로 제시하면 문제해결에 얼마나 도움이 되는가? (학습목표 12-2).
2. Duncker의 방사선 문제에 대해 서술하라. 해결책은 무엇인가? 연구자들은 유추적 문제해결을 설명하기 위해 이 문제를 어떻게 이용했는가? (학습목표 12-2)
3. 유추적 문제해결의 세 단계는 무엇인가? 어떤 단계가 가장 달성하기 어려워 보이는가? (학습목표 12-4)
4. 유추 약호화란 무엇인가? 사람들이 문제의 공통 특질을 발견하는 것을 도와주는 방안으로 기술된 두 가지 전략은 무엇인가? (학습목표 12-4)
5. 유추 역설은 무엇인가? 실생활에서 유추는 어떻게 연구되었는가? (학습목표 12-4)
6. 전문가는 어떤 사람인가? 전문가와 비전문가는 문제를 해결할 때 어떤 차이가 있는가? 전문가는 전문 영역 외의 문제도 잘 푸는가? (학습목표 12-5)
7. 확산적 사고는 무엇인가? 확산적 사고는 연결성과 어떤 관계가 있는가? 창의성의 정의는 독창성 외에 어떤 것을 더 포함하는가? (학습목표 12-6)
8. 드 메스트랄의 벨크로 발명과 오돈의 출산 도구 발명에서 예시된 유추적 문제해결에 대해 서술하라. (학습목표 12-6)
9. '문제해결은 과정'이라는 말은 무슨 의미인가? (학습목표 12-6)
10. 아이디어 생성에 관여하는 요인에 대해 논의하라. 지식의 역할, 브레인스토밍의 사용, 창의적 인지 접근을 포함해서 논의하라. (학습목표 12-6)
11. 왜 좌측 전측두엽을 비활성화시키면 창의성이 증가할 것으로 기대하는가? Chi와 Snyder의 실험에 대해 서술하라. (학습목표 12-7)
12. 다른 뇌 상태가 통찰적 문제해결과 비통찰적 문제해결에 선행한다는 것을 보여준 Kounios와 동료들(2006)의 실험에 대해 기술하라. (학습목표 12-7)
13. 디폴트 모드 네트워크와 실행제어 네트워크 모두가 창의성과 관련이 있다는 증거는 무엇인가? 창의성에 이 두 네트워크가 공동으로 관여하는 것이 왜 역설이라 불리는가? (학습목표 12-6, 학습목표 12-7)
14. 아주 창의적인 사람들이 이용하는 백일몽과 고독에 대해 서술하라. (학습목표 12-6)
15. 집중 명상과 열린 명상의 차이는 무엇인가? 어느 방법이 더 큰 창의성을 이끌어내는 것으로 알려졌는가? (학습목표 12-6)

이 장의 요약

1. 현재 상태와 목표 간에 장애물이 있는데 그 장애물을 어떻게 헤쳐 나가야 할지 곧바로 떠오르지 않을 때 문제가 발생한다.
2. 게슈탈트 심리학자들은 어떻게 사람들이 마음에 문제를 표상하는지에 집중했다. 그들은 문제를 해결하는 과정에 어떻게 표상의 재구조화가 포함되는지, 그리고 문제해결에 장애가 되는 요인을 보여 주기 위해 여러 가지 문제를 고안했다.
3. 게슈탈트 심리학자들은 재구조화는 통찰과 연합되어 있다는 생각을 소개했는데, 통찰은 문제해결책이 갑자기 떠오르는 것을 말한다. 통찰은 사람들이 통찰 문제와 비통찰 문제를 풀 때 얼마나 자신이 해결책에 근접했다고 느끼는지를 추적해서 실험적으로 예시되었다.
4. 기능적 고착은 문제해결의 장애물인데, Duncker의 양초 문제와 Maier의 두 끈 문제에서 잘 드러났다. 상황에 의해 만들어진 마음 갖춤새는 Luchins의 물 주전자 문제에서 잘 나타나 있다.
5. Alan Newell과 Herbert Simon은 문제해결에 대한 정보처리 접근의 초기 제안자이다. 그들은 문제해결을 문제에 대한 진술(초기 상태)과 문제에 대한 답(목표 상태) 사이의 경로를 문제 공간에서 탐색하는 과정으로 보았다. 탐색은 조작자의 지배를 받는데 흔히 하위목표를 설정해서 목표를 달성한다. 하노이 탑 문제는 이 과정을 보여 주기 위해 사용되었다.
6. 귀 잘린 체스판 문제도 문제 표상의 중요성을 보여준다.
7. Newell과 Simon은 문제를 푸는 동안의 사고 과정을 알아보기 위해 소리 내어 생각하기 녹취 기법을 개발했다.
8. 이전에 바탕 문제를 풀었던 경험이나 바탕 이야기를 들은 경험이 새로운 표적 문제를 푸는 것을 도와줄 때 유추적 문제해결이 일어난다. Duncker의 방사선 문제를 이용한 연구는 사람들이 유추적인 바탕 문제나 바탕 이야기에 노출되어도 대부분의 사람들은 바탕 문제나 바탕 이야기와 표적 문제를 연결시키지 못한다는 것을 보여준다.
9. 실험실 연구에서는 유추를 적용하는 것이 어려운데 현장 연구에서는 사람들이 실제 상황에서 종종 유추를 사용하는 것을 유추 역설이라 한다.
10. 전문가는 초보자에 비해 전문성이 있는 영역의 문제를 잘 푼다. 전문가는 해당 분야에 대한 지식이 많고, 표면 특질(유사성)보다 심층 구조(원리)에 기초해 지식을 조직화하고, 문제가 주어졌을 때 문제를 분석하는 데 시간을 더 많이 사용한다.
11. 창의적 문제해결은 확산적 사고와 연합되어 있다. 우리는 창의적 문제해결에 관여하는 과정, 그리고 창의성 전반에 대해 아는 것이 별로 없다. 조르주 드 메스트랄과 호르헤 오돈의 예는 실용적인 발명을 하는 데 유추가 어떻게 사용되는지를 보여준다.
12. 창의적 문제해결은 문제를 생성하는 것에서 시작해서 해결책을 구현하는 것으로 마무리되는데, 이 과정 사이에는 해결에 관한 아이디어가 떠오르는 단계가 포함된다.
13. '무엇이 아이디어 생성으로 이끄는가?'라는 질문은 아주 복잡하다. 종종 질문 생성에 지식이 필수적이지만, 때로는 지식이 너무 많은 것이 장애가 될 수 있다. Smith의 실험은 예를 제공하는 것이 창의적 디자인을 억제한다는 것을 보여준다.
14. 브레인스토밍 기법은 창의성을 증진시키는 방안으로 제안되었으나, 집단으로 아이디어를 생성하는 것은 개인으로 아이디어를 생성한 다음 이를 합하는 것보다 일반적으로 덜 효율적이다. 창의적 인지 기법은 혁신적인 디자인을 하는 데 성공적으로 사용되고 있다.
15. 최근 연구들은 좌측 전측두엽을 비활성화시키는 것이 창의성을 증가시킬 수 있다는 것, EEG 측정을 이용해서 통찰 기반 문제해결과 분석 기반 문제해결은 각기 다른 뇌 상태와 연합되어 있다는 것, 그리고 창의적 사고에는 디폴트 모드 네트워크와 실행제어 네트워크가 공동으로 작동하는 것을 보여주었다.
16. Kaufman과 Gregoire의 책 『천재 보고서』는 창의적인 사람들이 보이는 10가지 특이한 행동을 열거하였다.

생각해 보기

1. 여러분이 풀어야 하는 문제를 하나 골라서, 수단-목표 분석에서처럼 해결 과정을 하위목표로 분석해 보라. (학습목표 12-2)
2. 어떤 문제를 풀려고 시도하다가 답이 떠오르지 않아서 문제 풀이를 중단해 본 적이 있는가? 그러다 시간이 지난 다음 그 문제를 풀려고 다시 시도했을 때 답이 곧바로 떠오르기도 한다. 이 과정의 배후에 어떤 일이 있었는지 생각해 보라. (학습목표 12-2)
3. 2024년 2월 22일, AT&T의 서비스 실패로 인해 미국에 있는 수백만의 사람들이 반나절 이상 휴대전화와 인터넷을 사용하지 못했다. 24시간 이내에 대부분의 고객은 정상적으로 기기를 사용하게 되었다. 그러나 이 사태의 원인은 아직도 미스터리이다. 회사 측에서는 사이버 공격이 아니라 인간 오류와 코딩 문제가 원인이라고 발표했다. 여러분이 이 문제나 아니면 이와 비슷한 문제를 해결해야 하는 특별 위원회에 속했다고 가정해 보라. 이 장에서 기술한 과정들이 문제의 해결책을 찾는 데 적용될 수 있는가? 이러한 문제를 풀 때 이 과정들은 어떤 단점을 가질 수 있는가? (학습목표 12-1, 학습목표 12-4)
4. 기능적 고착을 극복하고 물체의 새로운 용도를 찾아낸 사례를 기술해 보라. (학습목표 12-3)

Rawpixel.com/Shutterstock.com

생각할 거리가 하나 있다. 위에 두 여인의 사진이 있다. 한 사람은 길에서 자는데 노숙자 같아 보인다. 다른 한 사람은 친구들과 식당에서 식사를 즐기고 있다. 이 두 사진의 차이는 분명하다. 여기 반전이 있다. 두 사진의 여인은 같은 사람이다. 왜 우리는 아래 사진에 웃고 있는 행복한 여인이 위 사진에 있는 노숙자와 같은 사람일 거라는 것을 상상도 하지 못할까? 이 장에서 탐색해 나가겠지만, 빠른 사고 시스템과 느린 사고 시스템을 포함하는 여러 가지 요인이 우리의 인지에 일상적으로 영향을 미친다. 이 장에서는 사람들이 어떻게 판단하고, 결정하고, 추리하는지에 대해 논의하는데, 이것은 사람의 인지 능력에 있어서 정점이 된다.

CHAPTER 13

판단, 결정, 추리

학습목표 이 장을 학습하고 나면 여러분은 다음을 할 수 있을 것이다.

13-1 귀납추리를 정의할 수 있다.

13-2 사람들이 판단할 때 흔히 범하는 추리 '함정'에 대해 평가할 수 있다.

13-3 연역추리를 정의할 수 있다.

13-4 때때로 사람들이 자기에게 가장 이득이 되지 않는 결정을 한다는 증거를 제공할 수 있다.

13-5 정서가 어떻게 결정에 영향을 미치는지 서술할 수 있다.

13-6 빠른 사고와 느린 사고라는 두 가지 사고방식을 설명할 수 있다.

2007년 NBA 신인 선발 드래프트에 22세이고 신장 216cm인 마르크 가솔(Marc Gasol)이라는 선수가 참가했다. 선수들의 성공을 예측하는 수리 모형에 따르면, 가솔은 아주 좋은 선수로 어느 팀에 가든 팀에 도움이 될 것으로 예상되었다. 그러나 옷을 벗은 가솔을 본 휴스턴 로키츠 팀의 스카우트는 가솔이 전형적인 프로 농구 선수의 체격이 아니라는 것을 알아챘다. 그는 체격이 덜 다듬어졌고, 근육질도 아니었다. 특히 다른 선수들과 비교하면 더 그렇게 보였다. 스카우트의 과거 경험에 비추어 보면 가솔과 같은 체격의 선수는 선수로서 성공하기 어려울 것으로 보였다. 그래서 스카우트는 가솔도 성공 가능성이 낮다고 추리해서 선수 지명 순서(전체 중에 26번째)가 왔을 때 가솔을 지명하지 않았다. 이 결정은 수리 모형이 예측한 성공 가능성 대신 체격을 보고 내린 것이었다. **그림 13.1**에 가솔의 사진이 있는데, 가솔은 멤피스 그리즐리스 팀과 계약을 했고, 거기서 아주 좋은 성과를 보여주었다. NBA 올해의 수비상을 수상했고, NBA 올스타에 세 번이나 선정되었다. 휴스턴 로키츠 팀은 후회에 속을 앓았다(Lewis, 2016).

이 예는 판단, 추리, 결정의 용도를 예시하고, 이 과정이 때때로 실수를 범할 수도 있다는 것을 보여준다. 마르크 가솔의 경우, 휴스턴 로키츠 팀은 그의 외양과 운동 능력에 대해 **판단**(judgment)했다('운동선수 몸이 아니야'). 이어서 결론을 도출하는 처리인 **추리**(reasoning)를 이용해서 과거 증거에 비추어 볼 때 가솔이 농구 선수로 성공하지 못할 것이라고 보았다('과거에 체격이 안 되는 선수들은 성공하지 못했어'). 이 정보는 로키츠 팀의 스태프들이 가솔을 선택하지 않는 **결정**(decision)을 내리게 했다. 결정은 대안 중 하나를 선택하는 처리를 말한다. 이 예에서 로키츠 팀의 판단과 추리는 잘못된 결론으로 이끌었고, 그 결과 나쁜 결정을 내리게 되었다.

우리가 마르크 가솔에 대해 길게 서술한 것은 편의상 판단하기, 증거에 기반해서 추리하기, 결정하기의 세 가지를 구분하지만, 이 셋은 밀접하게 연결되어 있다는 것을 강조하기 위해서이다. 우리가 내린 판단을 토대로 결정을 내리는데, 이 판단에는 여러 가지 추리가 포함되어 있을 수 있다. 이 장에서는 판단, 추리, 결정이 서로 중복되고 상호작용한다는 것을 유념하면서 이 셋을 나누어서 서술한다. 그리고 왜, 그리고 어떻게 이 처리가 마르크 가솔의 경우에서처럼 오류를 범할 수 있는지에 대해 탐색한다.

13.1 귀납추리: 관찰을 토대로 판단하기

우리는 항상 주위의 사물에 대해 판단한다. 그 대상은 사람일 수도 있고, 사건일 수도 있고, 행동일 수도 있다. 판단에 관여하는 주된 기제 중 하나는 **귀납추리**(inductive reasoning)인데, 특정 관찰과 증거에 기초해서 일반적인 결론을 내리는 처리가 귀납추리이다. 귀납추리의 특징 중 하나는 우리가 내리는 결론은 반드시 참이 아니라 참일 가능성이 높다는 점이다. 예를 들어, 누가 자기 삼촌에 대해 이야기하면 우리는 그 삼촌이 그 사람보다 나이가 많을 것이라고 가정한다. 그렇지만 가능성은 낮지만 삼촌이 나이가 같거나 심지어 어릴 수도 있다. 그러니까 귀납추리에서 우리가 내리는 결론은 다양한 정도의 확실성으로 시사하는 것이다. 관찰한 것을 반드시 따르는 것은 아니다. 이

그림 13.1 멤피스 그리즐리스의 농구 선수 마르크 가솔이 파란색 유니폼을 입고 2017년 테네시주 멤피스에서 열린 경기 후반전에 슛을 하고 있는 모습.

판단(judgment) 결정을 하거나 결론을 내리는 것.

추리(reasoning) 정보에서 출발해서 주어진 정보를 넘어서는 결론을 내리는 인지 과정.

결정(decision) 대안 중 하나를 선택하는 것.

귀납추리(inductive reasoning) 증거에 대한 고려를 토대로 기초해서 결론을 내리는 추리. 귀납추리의 특징 중의 하나는 결론은 반드시 참이 아니라 참일 가능성이 높다는 것이다. 연역추리에서는 결론은 확실한 참이다.

점은 다음에 나오는 두 개의 귀납 논증에서 알 수 있다.

> **관찰:** 내가 우리 고향에서 본 까마귀는 모두 온몸이 검은색이었다. 워싱턴 D. C.에 있는 동생을 방문했을 때 거기서 본 까마귀도 검은색이었다.
> **결론:** 모든 까마귀는 검다.

> **관찰:** 내가 기억하는 한, 해는 매일 아침 떴다.
> **결론:** 해는 내일에도 뜰 것이다.

각 논증에 나름대로 논리가 있지만, 두 번째 논증이 첫 번째 논증보다 설득력이 있다. 귀납 논증은 **반드시** 참인 결론이 아니라 사실일 **가능성**이 있는 결론을 이끌어낸다는 점을 기억하자. 강한 귀납 논증은 사실일 가능성이 높은 결론을 이끌어내는 논증이고, 약한 귀납 논증은 사실일 가능성이 낮은 결론을 이끌어내는 논증이다. 여러 요인이 귀납 논증의 강도에 영향을 미친다. 그중 몇 가지를 보면 다음과 같다.

- **관찰의 대표성.** 특정 범주에 대한 몇 개의 관찰이 그 범주에 속한 모든 사례를 얼마나 잘 대표하는가? 미국의 다른 지역이나 지구상 다른 지역의 까마귀는 고려하지 않았으므로 까마귀 예는 대표성이 부족하다.
- **관찰의 수.** 까마귀에 대한 논증은 고향에서의 관찰에 워싱턴 D. C.의 관찰을 추가해서 강해졌다. 그러나 다른 연구를 보면, 유럽에서 관찰되는 뿔까마귀는 회색 몸체에 검은 날개와 꼬리가 있고, 아시아에서 발견되는 집까마귀는 회색과 검은색이다. 그래서 '모든 까마귀는 검다'라는 결론은 사실상 부정확하다. 이에 반해, 내일 아침 일출에 관한 결론은 아주 많은 관찰을 토대로 내린 결론이기 때문에 아주 강한 결론이다.
- **증거의 질.** 증거가 강하면 결론도 강하다. 예를 들어, 많은 관찰에 기초했기 때문에 '내일 아침 해가 뜰 것이다'라는 결론은 이미 아주 강하지만, 어떻게 지구가 자전축을 중심으로

자전하고, 태양 주위를 도는지에 대한 과학적인 서술을 고려한다면 결론은 더 강해진다. 그러니까 '지구의 회전을 과학적으로 측정해 보았더니 지구가 회전할 때마다 해는 떠오르는 것처럼 보인다'라는 서술을 추가하면 결론을 더 강력하게 만든다.

우리가 사용한 귀납추리의 예들이 '학문적'인 것이었지만, 우리는 일상생활에서도 귀납추리를 행한다(보통은 그것을 자각하지 못하지만). 예를 들어, 파비는 교수가 낸 시험 문제에 선다형 질문이 많았던 것을 관찰했다. 이 특정한 관찰을 토대로 파비는 그 교수의 모든 시험에 선다형 문제가 있을 것이라고 일반적인 결론을 내릴 수 있는데, 이는 그 교수의 다른 과목을 수강할 때 무엇을 기대할지 아는 것을 도와준다. 다른 예로, 엘리자베스는 가게 오신스 아웃도어 스포츠 이큅먼트(Owsin's Outdoor Sporting Equipment)에서 물건을 샀는데 좋은 서비스를 받았다. 그래서 계속 좋은 서비스를 받을 것이라는 예측에 기반해서 추가 주문을 했다. 과거에 **일어났던** 것에 관한 관찰에 기초해서 앞으로 어떤 일이 **일어날 것으로** 예측할 때마다 우리는 귀납추리를 한 것이다.

우리가 과거 경험을 토대로 예측과 선택을 하는 것은 일리가 있다. 특히 시험에 대비해서 공부한다든가 인터넷에서 물건을 사는 것처럼, 아주 친숙하고 흔한 경험에 기초해서 예측할 때 그렇다. 우리가 과거 경험에 기초해서 세상에 대해 아주 많은 가정을 하기 때문에, 종종 그 사실을 알아차리지 못하면서 귀납추리를 행한다. 예를 들어, 여러분이 앉았을 때 의자가 부서지지 않는다는 것을 확인하기 위해 여러분이 앉을 의자에 응력 검사를 해 보았는가? 아마도 없었을 것이다. 의자에 앉았던 경험을 토대로 의자가 부서지지 않을 것이라고 가정한다. 이러한 귀납추리는 아주 자동적이어서 여러분은 어떤 종류였든 간에 '추리'가 일어났다는 것을 알아차리지 못한다. 일상의 모든 일을 마치 처음 접하는 것처럼 접근한다면 시간이 얼마나 많이 걸릴지 생각해 보라. 귀납추리가 과거 경험을 이용해서 현재 행동을 인도하는 기제를 제공한다.

의자 예는 과거 경험을 이용해서 현재 행동을 안내할 때, 우리는 빨리 결론에 이르기 위해 자주 편법을 이용한다는 것을 보여준다. 우리가 내리는 결론이 100% 확실하다는 것을 확인하기 위해, 하던 일을 멈추고 필요한 자료를 수집할 시간이나 에너지가 없다. 이러한 편법은 **어림법**(heuristic)의 형태를 띠는데, 어림법이란 문제의 정답을 제공할 가능성은 있지만 항상 정확하지는 않은 '요령'을 말한다. 이 장을 시작할 때 기술한 마르크 가솔의 경우 스카우트 팀은 가능성이 있는 선수 선발을 도와주는 용도로 어림법을 사용했는데, 기대대로 되지 않았다.

어림법(heuristic) 문제에 대해 가장 그럴싸한 해결책을 제공하는 '요령'.

이 절에서 우리는 귀납추리가 어떻게 **특정 관찰**에서 **일반적인 결론**을 도출하는지 논의했다. 그러니까, 어림법이 우리가 특정한 경험을 더 광범위한 판단과 결론으로 일반화하는 것을 도와주는 편법을 제공해 준다. 사람들은 추리할 때 여러 가지 어림법을 사용한다. 어림법은 자주 정답을 제공하지만, 때로는 그렇지 못하다(이 점이 중요하다). 이제 **가용성 어림법**과 **대표성 어림법**이라는 두 가지 어림법에 대해 알아본다.

가용성 어림법

다음의 '보여주기: 어느 것이 더 흔한가?'는 가용성 어림법을 소개해 준다.

보여주기

어느 것이 더 흔한가?

다음 질문들에 대해 답해 보라.

- 글자 *r*로 시작하는 단어와 글자 *r*이 세 번째 글자인 단어 중에 어느 것이 영어에서 더 흔한가?
- 사망의 가능한 원인들이 아래에 쌍으로 제시되어 있다. 각 쌍에서 어느 원인이 미국에서 발생 가능성이 더 큰지 판단하라. 즉, 여러분이 미국인을 아무나 한 명 골랐을 때 그 사람이 A 원인으로 사망할 가능성이 큰지, 아니면 B 원인으로 사망할 가능성이 큰지 답하라.

A 원인	B 원인
살인	맹장염
자동차-기차 충돌	익사
식중독(보튤리누스균 중독)	천식
천식	토네이도
맹장염	임신

가용성 어림법 (availability heuristic) 기억이 잘 나지 않는 사건보다 쉽게 기억나는 사건을 가능성이 높다고 판단하는 어림법.

우리의 행동과 판단은 종종 우리가 과거에서 기억하는 것의 영향을 받는다. **가용성 어림법**(availability heuristic)이란 기억이 잘 나지 않는 사건보다 쉽게 기억나는 사건을 가능성이 높다고 판단하는 어림법을 말한다(Tversky & Kahneman, 1973). '보여주기'에 올린 문제를 생각해 보자. 참가자들에게 첫 글자가 *r*인 단어가 많을지 세 번째 글자가 *r*인 단어가 많을지 물었더니, 70%가 첫 번째 글자가 *r*인 단어가 더 많다고 답했다. 실제로는 세 번째 글자가 *r*인 단어가 세 배나 많은데도 말이다(Tversky & Kahneman, 1973; but see also Gigerenzer & Todd, 1999).

표 13.1 사망 원인

높은 원인		낮은 원인	낮은 원인을 고른 백분율
살인	20	맹장염	9
익사	5	자동차-기차 충돌	34
천식	920	식중독(보튤리누스균 중독)	41
천식	20	토네이도	58
맹장염	2	임신	83

출처: S. Lichtenstein, P. Slovic, B. Fischoff, M. Layman, & B. Combs, Judged frequency of lethal events, *Journal of Experimental Psychology: Human Learning and Memory*, 4, 551-578 (1978) 수정 인용함.

표 13.1은 참가자들에게 다양한 사망 원인들의 상대적인 우세를 판단하게 한 실험 결과를 보여준다(Lichtenstein et al., 1978). 각 쌍에서 빈도가 큰 원인이 왼쪽 열에 표기되었다. 괄호 속의 숫자는 빈도가 작은 원인과 비교했을 때 빈도가 큰 원인의 비율을 표시한 것이다. 예를 들어, 맹장염으로 사망한 사람의 20배가 살인으로 사망하였다. 가장 오른쪽 열에 있는 숫자는 빈도가 낮은 원인을 선택한 참가자의 백분율이다. 9%의 사람들은 맹장염으로 사망할 가능성이 살인으로 사망할 가능성보다 높다고 판단하였다. 이 경우 거의 대부분(91%)의 참가자가 살인을 더 가능성이 높은 사망 원인으로 정확하게 선택하였다. 그러나 다른 문제들에

서는 상당한 비율의 참가자들이 상대적인 가능성을 부정확하게 판단했다. 이러한 경우 오류의 상당 부분은 매체를 통해 널리 알려진 원인과 연합된 것이었다. 예를 들어, 58%가 천식보다 토네이도로 더 많은 사람이 사망했다고 판단했으나, 실제로는 토네이도로 사망한 사람보다 천식으로 사망한 사람이 20배나 많았다. 특히 놀랄 만한 결과는 920배나 더 많은 사람이 천식으로 사망했는데도, 41%의 참가자들이 보툴리누스균 중독이 천식보다 더 많은 사망을 초래했을 것으로 판단했다는 것이다.

이러한 오판단에 대한 설명은 가용성과 연계되어 있다. *r*로 시작되는 단어나 세 번째 글자가 *r*인 단어를 생각하려고 할 때, *r*로 시작되는 단어(*run*, *rain*, *real*)가 세 번째 글자가 *r*인 단어(*word*, *car*, *arranged*)보다 더 쉽게 떠오른다. 사람이 보툴리누스균 중독이나 토네이도로 사망하면 신문의 1면 뉴스가 되지만, 천식으로 인한 사망은 보도되지도 않고, 따라서 일반 사람들에게 알려지지도 않는다(Lichtenstein et al., 1978).

디스커버리 채널에서 방영하는 인기 오락 프로그램「상어 주간(Shark Week)」을 생각해 보자. 원래는 상어에 대한 잘못된 상식과 공포를 줄이기 위해 1988년에 처음 방영되었는데, 큰 화제를 불러일으키는 연례행사가 되었다.「상어 주간」은 72개국에서 방영되며, 소셜 미디어에서 널리 홍보되고 있다. 사실 이 프로그램은 역사상 케이블 TV에서 가장 오래 방영되는 프로그램이다(Cohen, 2015; Bender, 2023). 그런데 무엇이 문제인가? 상어는 그렇게 위험하지 않다. 상어가 사람을 공격한다. 그러나『국제 상어 공격 자료(International Shark Attack File: ISAF)』에 따르면 이러한 사고는 1년에 겨우 60~70건 정도 발생한다. 그리고 이로 인한 사망자는 연평균 5~10명이다(Midway, Wagner, & Burgess, 2019). 이 수치는 너무 작아서 오차 범위 이내이다. 그러니까 우발적인 상어 공격으로 인한 사망은 발생률이 실질적으로 0에 가깝다는 것이다. 그럼, 상어의 위험을 바다의 진짜 위험, 즉 물의 위험과 비교해 보자. 세계보건기구(WHO)에 따르면 매년 약 320,000명이 물에 빠져 사망한다. 대부분 물살에 휩쓸리거나 바다의 강한 조류 때문에 목숨을 잃는다. 우리가 안전에 대해 걱정한다면「상어 주간」은「물 주간(Water Week)」으로 대체되어야 한다. 상어에 대한 인간의 공포는 근거가 없는 정도가 아니다. 역설적이다. 인간에 대한 상어의 공격이 아주 적은 데 반해, 사람은 연간 6,300만~2억 7,300만 마리의 상어를 죽인다. 상어에게 TV 프로그램이 있다면 틀림없이「인간 주간(Human Week)」이라는 프로그램을 방영할 것이다.

이 예는 덜 자주 발생하는 사건이 기억에서 두드러지면 가용성 어림법이 어떻게 우리를 잘못된 결론으로 오도하는지를 보여준다. 그러나 가용성 어림법이 항상 우리를 오도하는 것은 아니다. 왜냐하면 많은 경우 더 쉽게 떠오르는 사건들이 **실제로** 더 자주 발생하기 때문이다. 예를 들어, 여러분은 과거의 관찰을 통해 날씨가 흐리고 공기 중에서 어떤 냄새가 나면 나중에 비가 올 것이라는 것을 안다. 이러한 경우를 많이 경험했고, 그래서 가용성 어림법 덕분에 '비가 오겠네.'라는 결론을 내리고 우산을 챙겨 출근한다. 또 다른 예로, 상사가 기분이 좋을 때 여러분의 부탁을 더 잘 들어준다는 것을 눈치챘을 수 있다. 가용성 어림법이 합리적인 결론을 내리는 것을 도와주는 또 다른 예이다.

사건 간의 상관을 관찰하는 것은 유용할 수 있으나, 사람들은 때때로 착각적 상관을 창조하는 함정에 빠진다. **착각적 상관**(illusory correlation)은 두 사건 간에 상관이 있는 것처럼 보이

착각적 상관(illusory correlation) 두 사건 간에 상관이 있는 것처럼 보이지만 실제로는 상관이 전혀 없거나, 보이는 것보다 상관이 훨씬 낮은 것.

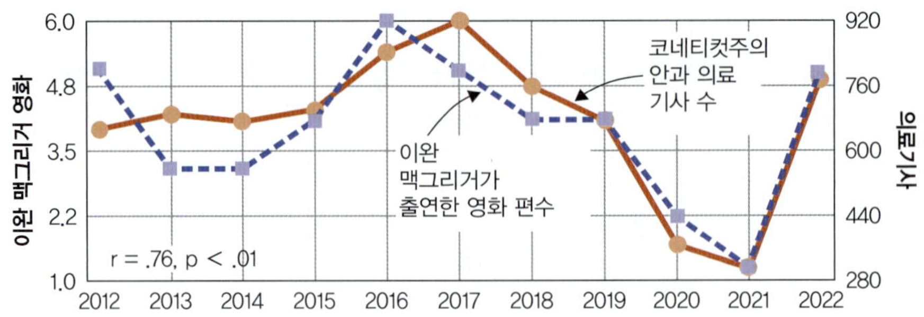

그림 13.2 2012~2022년 사이에 코네티컷주의 안과 의료기사 수와 이완 맥그리거가 출연한 영화 편수 간의 허구적 상관.

지만 실제로는 상관이 전혀 없거나, 보이는 것보다 상관이 훨씬 낮거나, 상관이 우발적일 때 발생한다. 착각적 상관은 우리가 두 사건이 관계가 있다고 생각할 때 발생할 수 있다. 예를 들어, 여러분은 여러분이 '행운을 주는' 옷을 입는 것과 여러분 팀이 이기는 것 사이에 상관이 있다는 착각적 상관을 가질 수 있다. 그래서 실제로는 이 둘 사이에 아무 관련이 없는데도 시합을 앞두고 그 옷을 입는 행동을 할 수 있다. 이 예는 어떻게 우리가 두 사건이 관련이 없는 경우에서도 관련이 있는 것으로 생각하게끔 자신을 속일 수 있는지를 보여준다.

허구적 상관 (spurious correlation)
착각적 상관 참조.

우발적인데 두 사건이 연관이 있는 것처럼 보이는 것을 허구적 상관(spurious correlation)이라고도 한다. 변인 간의 관계라는 점에서 보면 허구적 상관은 의미가 없는 것인데, 허구적 상관은 재미있고 흥미를 끈다. 인터넷에서 허구적 상관을 검색하면 밀접하게 연결된 것처럼 보이지만 실제로는 그냥 우발적인 사건 쌍들을 많이 볼 수 있다. 예를 들어, **그림** 13.2에 그려져 있듯이 2012~2022년 사이에 코네티컷주의 안과 의료기사 수와 이완 맥그리거가 출연한 영화 편수 간에 강한 상관이 있는 것처럼 보인다. 이 둘 사이에는 아무 연관이 없다. 그러나 두 사건의 연도별 변화의 유사성 때문에 이 연결이 의미 있는 것처럼 보인다.

인공지능과 ChatGPT와 GenAI와 같은 대규모 언어 모델(LLM)의 급상승은 허구적 상관의 우스꽝스러운 본질을 드러내 주는 기회를 제공한다. 예를 들어, GenAI에게 이완 맥그리거의 영화 편수와 안과 의료기사 숫자의 상관을 설명하라고 요청했더니 다음과 같은 답을 내놓았다.

> "이완 맥그리거의 출연 영화 목록이 길어지면서 그에 대한 눈이 확 뜨이는 감탄도 증가했다. 그래서 코네티컷주에서 자기 눈을 검진받으려는 사람들이 증가했다. 숨을 죽이게 하는 그의 연기는 단지 우리의 상상의 산물이 아니라 그 주에서 활동하는 안과 의료기사들의 미래에도 빛을 던져 주었다!"

GenAI는 이 설명을 시각적으로도 표현했다(**그림** 13.3). 단지 수학적으로 연합된 두 변인에 대해 임의적인 설명(그리고 시각적 묘사)을 할 수 있다는 것이 그 관계가 의미가 있다거나 우발적인 것이 아니라는 것을 의미하는 것은 아니라는 것이 이 예가 주는 메시지이다.

고정관념(stereotype)
특정 집단이나 특정 계층의 사람들에 대해 지나치게 단순화한 생각인데 종종 부정적인 측면에 집중한다.

착각적 상관은 고정관념(stereotype)으로 귀결될 수도 있다. 고정관념이란 특정 집단이나 특정 계층의 사람들에 대해 지나치게 단순화한 생각인데 종종 부정적인 측면에 집중한다. 특정 집단의 특징에 대한 고정관념은 사람들로 하여금 고정관념과 연합된 행동에 주의를 기울이게 하는데, 이것이 고정관념을 강화시키는 착각적 상관을 만들어낸다. 예를 들어, 시골에 사는 어떤 사람이 큰 도시에 사는 사람들은 무례하다는 고정관념을 가질 수 있다. 이 고정관념은 자기가 접해본 몇 사람과의 경험에서 나왔을 수도 있고, 언론에 보도된 것을 보고 생겼

그림 13.3 GenAI가 서술한 장면을 인공지능이 그린 그림. 이완 맥그리거가 나온 영화를 야외에서 많은 관중 앞에서 상영하는데, 관중에는 영화 관객과 안과 검진을 하는 안과 의료인들이 있다.

출처: https://www.tylervigen.com/spurious/correlation/ai-image/5869_the-number-of-movies-ewan-mcgregor-appeared-in_correlates-with_the-number-of-ophthalmic-medical-technicians-in-connecticut_ai-image_large_1705767560.jpg

을 수도 있다. 그렇지만 고정관념의 문제는 그 집단에 속한 모든 사람이 그 특징을 갖는다는 결론으로 이끌 수 있다는 것이다. 큰 도시에 사는 많은 사람이 사실은 우호적일 수 있다. 이 현상은 가용성 어림법과 관련이 있다. 왜냐하면 고정관념에 맞는 행동에 선택적 주의를 기울이면 그 행동을 더 '가용'하게 만들기 때문이다(Chapman & Chapman, 1969; Hamilton, 1981). 고정관념은 명시적일 수도 있고 암묵적일 수도 있다. 명시적이라는 것은 여러분이 자각한다는 것이고, 암묵적이라는 것은 그런 것이 있다는 것을 자각하지는 못하지만 여러분의 생각과 행동에 영향을 미친다는 것이다. 암묵적 고정관념은 어림법인데, 무해한 상황에서 작동할 수도 있다. 예를 들어, 응급실 접수 담당 직원이 응급실로 들어오는 사람을 환자라고 가정할 수 있다(방문객이나 다른 직원이 아니라). 그렇지만 암묵적 고정관념은 과잉일반화될 경우 문제가 될 수 있다. 만약 응급실 접수 담당 직원이 특정 계층의 사람들에게 주의를 더 기울여서 어떤 집단(예: 아동이나 백인 남성)에게 다른 집단(예: 여자나 유색인)보다 더 빠르고 좋은 관리를 제공한다면 이 고정관념은 아주 심각한 부정적인 결말을 초래할 수 있다. 의학(Zeidan et al., 2019), 교육(Staats, 2016), 경찰(Lai & Lisnek, 2023), 사법 시스템(Kang et al., 2011; Fix, 2020) 등을 포함한 많은 직종에서 암묵적 고정관념이 초래하는 부정적인 영향에 대해 학습하고 방지하기 위해 시간과 노력을 들이고 있다.

대표성 어림법

가용성 어림법이 얼마나 그 사건이 쉽게 마음에 떠오르는지에 기초해서 판단하는 것이라면, **대표성 어림법**은 얼마나 한 사건이 다른 사건과 유사한지에 기초해서 판단을 내리는 것을 의미한다.

유사성에 기초해서 판단하기 어떤 사건이나 사례에 대해 판단해야 할 때 그 사건이나 사례를 우리가 더 많이 알고 있는 그와 유사한 사례와 같은 범주에 위치시키려고 시도하는 것이 도움이 될 수 있다. 그렇게 하면 우리는 해당 사건에만 기초하는 것이 아니라, 보다 큰 집단의 속성에 기초해서 결론을 내릴 수 있다. 이 편법을 **대표성 어림법**(representativeness heuristic)이라 하는데, 이 어림법에서는 어떤 사례가 보다 큰 범주의 성원일 가능성은 그 사례가 우리가 그 범주와 전형적으로 연합하는 속성과 얼마나 유사한지에 달려 있다고 본다. 대표성 어림법을 잘 이해하기 위해 아래 '보여주기'를 보자.

대표성 어림법 (representativeness heuristic) A 사례가 B 범주에 속할 확률은 A가 B의 속성과 얼마나 유사한지에 달려 있다고 보는 어림법.

보여주기

직업 판단하기

미국인 중에서 남성 한 명 무작위로 골랐다. 이름이 데니스인 그 남성은 안경을 쓰고, 조용하게 말하며, 책을 많이 읽는다. 데니스는 사서일 가능성이 클까, 아니면 농부일 가능성이 클까?

Amos Tversky와 Daniel Kahneman(1974)이 실험에서 이 질문을 했을 때, 많은 사람들이 데니스는 사서라고 답했다. 확실히 안경을 쓰고, 조용하게 말하며, 책을 많이 읽는다는 기술문은 사람들이 가지는 전형적인 사서의 이미지와 잘 들어맞는다(위에 서술한 착각적 상관과 454쪽에 있는 이 장의 소개 그림 참조). 그러니까 사람들은 데니스에 대해 서술한 것이 그들이 사서에 대해 가지는 개념과 일치한다는 것의 영향을 받았다. 그러나 이때 사람들은 전체 국민 중에서 농부와 사서의 기저율이라는 또 다른 중요한 정보를 무시했다. **기저율**(base rate)이란 모집단에서 각기 다른 범주의 상대적 비율을 의미한다. 이 실험이 수행된 1972년에 미국에는 남성인 농부가 남성인 사서보다 많았다. 따라서 데니스가 미국 남성 중에서 무작위로 선정된 것이라면, 그가 농부일 가능성이 더 큰 것이다.

기저율(base rate) 모집단에서 각기 다른 범주의 상대적 비율. 기저율을 고려하지 못하면 추리 오류가 일어날 수 있다.

이 기저율 차이는 지금도 유효하다. 미국 노동 통계국에 따르면, 2023년 미국에는 약 987,000명의 농부가 있는데 이 중 73%가 남성이었다. 같은 해 사서는 약 146,000명이었는데, 이 중 남성은 겨우 18%였다. 2023년 미국에서 취업한 남성 8,600만 명에서 한 명을 선정한다면, 농부일 가능성이 0.8%이고 사서일 가능성은 겨우 0.003%이다. 그러니까 미국 남성으로 농부일 가능성은 사서일 가능성의 266배가 되는 셈이다. 우리가 여성에 대해 같은 계산을 한다면 통계치를 이해하는 데 전체 농부의 숫자(미국 노동 통계국에서 보고한 남성 농부와 여성 농부의 합)가 중요하다는 것에 주목해야 한다. 2023년 미국에서 취업한 여성 7,600만 명에서 한 명을 무작위로 선정할 때 농부일 가능성은 0.3%이다. 이것은 남성이 농부일 가능성 0.8%보다 훨씬 낮다. 여기에 일이 복잡해지게 하는 요인이 있다. 우리는 사서의 82%가 여성이라는 것을 안다. 하지만 전체 인구에서 사서는 농부보다 그 수가 적다. 취업한 여성에서 한 명을 무작위로 선정할 때 사서일 가능성은 0.1%이다. 이것은 취업한 여성은 취업한 남성보다 사서일 가능성이 훨씬 높다는 것을 의미한다(0.1%는 0.003%의 33배이다). 그렇지만 미국에 농부가 사서보다 훨씬 많기 때문에 이것은 무작위로 선정한 취업 여성이 농부일 가능성이 사서일 가능성의 세 배(0.3% 대 0.1%)라는 것을 의미하기도 한다. 이 사례는 기저율을 고려하는 것이 중요하다는 것을 극명하게 보여준다.

농부-사서 문제에 대한 하나의 반발은 참가자들이 농부와 사서의 기저율을 모르기 때문에 정확한 판단을 내리는 데 필요한 정보가 없었다는 것일 수 있다. 기저율을 아는 것의 효과는 참가자들에게 다음 문제를 풀게 한 것에서 잘 예시된다.

> 100명인 어느 집단에서 70명은 변호사이고, 30명은 엔지니어이다. 이 집단에서 한 명을 무작위로 골랐을 때 이 사람이 엔지니어일 가능성은 얼마인가?

이 문제를 받은 참가자들은 엔지니어를 고를 확률이 30%라고 정확하게 추정했다. 그러나 일부 참가자들에게는 기저율에 관한 앞의 서술에 이어서, 선정된 사람에 대한 다음의 서술을 추가로 제공했다.

> 잭은 45세의 남성이다. 그는 기혼자로 네 명의 자녀가 있다. 그는 일반적으로 보수적이고, 조심성이 많으며, 야망이 있다. 그는 정치나 사회적 이슈에는 관심이 없고, 여가 시간에는 다양한 취미 활동을 하는데, 그중에는 집안 목공일, 보트 타기, 수학 문제 풀기가 있다.

이 진술문을 추가하면 참가자들은 무작위로 뽑힌 사람(이 경우에는 잭)이 엔지니어일 가능성의 추정치를 훨씬 높여 답했다. 분명히 기저율 정보만 주어졌을 때는 확률을 추정할 때 그 정보를 사용하였다. 그러나 사람에 대한 서술이 제공되면 사람들은 기저율 정보를 무시하는데, 이는 추론에서 오류를 일으킬 수 있다. 그러나 적합한 서술 정보가 주어질 때는 판단의 정확도가 향상되기도 한다는 점도 유념하자. 예를 들어, 잭을 서술하는 글에 그의 가장 최근 작업은 다리의 구조적 특징을 결정하는 것이었다는 내용을 추가하면 그가 엔지니어일 확률이 크게 증가한다. 그러니까, 기저율 정보에 주의를 기울이는 것도 중요하지만, 서술문으로 제공된 정보도 그 정보가 관련된 정보라면 유용할 수 있다. 그러한 정보가 제공될 경우에는 대표성 어림법을 적용하는 것이 정확한 판단으로 이끌 수 있다.

연접 규칙을 고려하지 않고 판단하기

다음 '보여주기'는 대표성 어림법의 또 다른 특징을 보여준다.

보여주기

사람에 대한 기술

데버라는 31세로 독신이고, 미적 감각이 있고, 환경에 대해 관심이 많다. 원예와 경영학을 전공했다. 학생 때는 토양 보전에 관심이 아주 많았고, 농부와 원예 농가가 수확한 곡물과 꽃을 지역 사회에 파는 농부 시장과 원예 시장을 조직하는 데 참여했다. 다음 대안 중에서 어느 것이 더 가능성이 높을까?

1. 현재 데버라는 소기업을 소유한다.
2. 현재 데버라는 소기업을 소유하며, 열성적인 환경운동가이다.

이 문제의 정답은 '1번이 사실일 가능성이 더 높다'이다. 그러나 Tversky와 Kahneman(1983)이 참가자들에게 이 문제를 주었을 때 85%가 2번을 골랐다. 사람들이 왜 그렇게 했는지는 쉽게 이해할 수 있다. 그들은 대표성 어림법의 영향을 받은 것이다. 왜냐하면 데버라에 대

그림 13.4 환경 운동을 하는 소기업주가 소기업주의 부분집합이니까, 어떤 사람이 소기업주일 가능성은 환경 운동을 하는 소기업주일 가능성보다 높다.

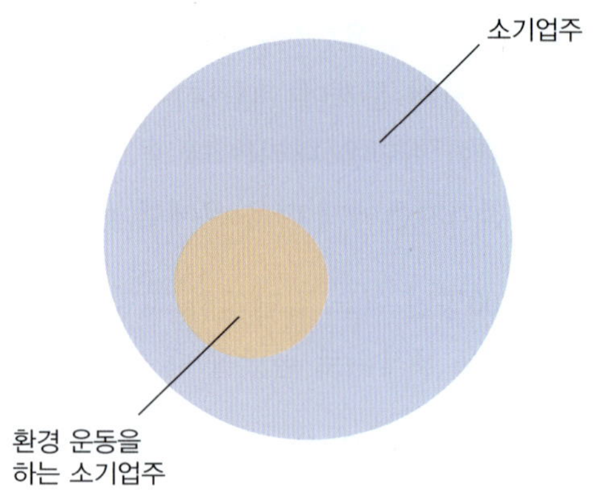

한 서술문은 사람들이 생각하는 전형적인 환경운동가에 부합하기 때문이다. 그러나 이러한 판단을 하는 동안 그들은 **연접 규칙**(conjunction rule)을 위반했다. 연접 규칙에서는 두 사건이 동시에 일어나는 경우(A와 B)의 확률은 각각 단일 사건(A만 혹은 B만 발생)의 확률보다 클 수 없다고 명시한다. 소기업주(A)가 환경 운동을 하는 소기업주(A와 B)보다 많으니까, 데버라가 소기업주라는 서술에는 데버라가 환경운동을 하는 소기업주인 경우도 **포함된다**(**그림** 13.4).

연접 규칙(conjunction rule)
두 사건이 동시에 일어나는 경우(A와 B)의 확률은 각각 단일 사건(A만 혹은 B만 발생)의 확률보다 클 수 없다.

사람들은 그들이 연접 규칙을 아는 것이 확실한 경우에서조차도 연접 규칙을 위반하는 경향이 있다. 대표성 어림법이 범인이다. 좀 전에 본 예에서, 참가자들은 데버라의 특성은 '소기업주'보다 '환경 운동에 적극적인 소기업주'를 더 잘 대표한다고 보았다.

작은 크기의 표본도 대표성이 있다고 부정확하게 가정하기 결론을 내리는 것을 도와주는 수단으로 대표성 어림법을 사용할 때, 사람들은 관찰한 표본 크기의 중요성을 무시하기 때문에 추리에서 오류를 범하기도 한다. 이어지는 '보여주기'는 표본 크기의 효과를 보여준다.

보여주기

남자아이와 여자아이의 출생률

어느 도시에 병원이 두 개 있다. 큰 병원에서는 매일 약 45명의 신생아가 태어나고, 작은 병원에서는 약 15명의 신생아가 매일 태어난다. 우리가 알듯이 신생아의 약 50%는 남자아이이다. 그러나 정확한 비율은 매일 매일 다르다. 어느 날은 50%를 넘고, 어느 날은 50%가 되지 않는다. 두 병원은 1년 동안 남자 신생아가 그날 태어난 신생아의 60%가 넘는 날을 기록했다. 여러분 생각에는 어떤 병원이 그런 날이 많았겠는가?

큰 병원
작은 병원
거의 같다.

한 실험에서 참가자들에게 이 문제를 주었는데(Tversky & Kahneman, 1974), 22%가 큰 병원을, 22%가 작은 병원을, 그리고 56%가 '차이가 없다'를 선택하였다. '차이가 없다'를 선택한 참가자들은 각 병원의 남자아이와 여자아이의 출생 비율은 전체 남자아이와 여자아이의 출생 비율을 대표한다고 가정한 것 같다. 그러나 '남자아이가 60%를 넘는 날은 작은 병원에서 더 많을 것이다'가 정답이다(만약 질문이 여자아이로 서술된다면, 여자아이가 60%를 넘는 날도 작은 병원에서 더 많을 것이다!).

큰 수의 법칙(law of large numbers)
모집단에서 무작위로 뽑힌 사례 수가 클수록 그 표본의 값이 모집단의 값을 더 잘 대표한다.

큰 수의 법칙(law of large numbers)이라 불리는 통계 규칙을 고려하면 어떻게 이러한 결과가 얻어지는지 이해할 수 있다. 큰 수의 법칙은 모집단에서 무작위로 뽑힌 사례 수가 클수록 그 표본의 값이 모집단의 값을 더 잘 대표한다고 진술한다. 반대로 사례 수가 작은 표본은 모집단을 대표성이 낮다. 그러니까 병원 문제에서 특정한 날에 태어난 남자아이와 여자아이의 비율은, 큰 병원에서 50%에 더 근접하고 작은 병원에서 더 멀 가능성이 높다는 것이다. 이 결론을 보다 확실하게 하기 위해, 신생아가 하루에 한 명만 태어나는 아주 작은 병원을 상상해 보자. 1년 동안 이 병원에서는 365명의 신생아가 태어나는데, 그중 약 50%는 남자아이이고, 약 50%는 여자아이일 것이다. 그러나 어느 특정일에는 100% 남자아이거나 100% 여자아이이다. 확실히 작은 집단의 비율은 전체 모집단의 비율을 대표하지 못한다. 사람들은 종종 작은 표본에서도 대표성이 유지된다고 가정하는데, 이것이 추리에서 오류를 범하게 만든다. 관찰 수가 적을 때는 그 관찰을 토대로 내려진 결론에 대해 회의적이어야 한다(통계적 사고와 어림법이 어떻게 추리에서 작동하는지에 대한 다른 관점을 알려면 Gigerenzer & Hoffrage, 1995; Gigerenzer & Todd, 1999를 보라).

태도와 판단

지금까지 우리는 귀납추리를 할 때 어림법이 우리가 특정한 관찰을 토대로 아주 빨리 그리고 쉽게 전체에 대한 판단을 하는 것을 도와준다는 것을 배웠다. 이러한 '편법'이 종종 유용하고 정확한 결론으로 이끌 수도 있지만, 어림법이 때로는 우리가 일부 증거를 무시하게 해서 잘못된 결론을 내리게 하는 오류를 범하게도 한다. 어림법 외에 그 상황에서 작동하는 우리의 태도도 판단에 영향을 미칠 수 있다.

우리편 편향 Charles Lord와 동료들(1979)은 어떻게 사람들이 증거를 자기의 의견이나 태도에 맞는 방향으로 편향되게 평가할 수 있는지를 보여주었다. 이러한 효과를 **우리 편 편향**(myside bias)이라 부른다(McKenzie, 2004; Stanovich et al., 2013; Taber & Lodge, 2006). Lord는 설문지를 이용해서 사형을 찬성하는 참가자 집단과 사형을 반대하는 참가자 집단으로 나누었다. 이어서 참가자들에게 사형에 대한 연구 결과를 서술한 것을 주었다. 어떤 연구에서는 사형이 살인을 억제하는 효과가 있다는 증거가 제공되었고, 또 어떤 연구에서는 사형이 아무런 억제 효과도 없었다는 증거가 제공되었다.

우리 편 편향(myside bias)
확증 편향의 한 유형으로, 자기의 의견이나 태도에 맞는 방향으로 편향되게 가설을 생성하고 평가하는 편향.

제공된 연구에 대한 참가자의 반응은 실험 전에 그들이 지녔던 태도를 반영하였다. 예를 들어, 사형이 억제 효과를 가졌다는 것을 지지하는 증거에 대해 사형을 찬성하는 참가자들은 '신뢰할 만하다'라고 평정했지만, 사형에 반대하는 참가자들은 '신뢰할 만하지 않다'라고 평정했다. 참가자들이 이전에 가졌던 신념이 신념에 일치하는 정보에는 주의를 기울이고 일치하지 않는 정보는 고려하지 않게 했을 수 있다.

확증 편향 우리 편 편향은 **확증 편향**(confirmation bias)의 한 유형이다. 사람들이 자기의 가설을 확증하는 증거는 찾고 반대되는 증거는 무시할 때 확증 편향이 발생한다. 확증 편향은 자기의 가설을 확증하는 증거를 선호하는 모든 상황(의견이나 태도에 국한되지 않고)에 적용되기 때문에 우리 편 편향보다 광범위하다. Peter C. Wason(1960)은 다음과 같은 지시를 참가자들에게 주어서 어떻게 확증 편향이 사람들이 문제해결에 접근하는지에 영향을 미치는지를 보여주었다.

확증 편향(confirmation bias)
자기의 가설을 확증하는 증거는 선별적으로 찾고, 반대되는 증거는 무시하는 경향.

> 당신은 숫자 세 개를 보게 되는데, 이 숫자는 내가 마음에 두고 있는 간단한 규칙을 따르는 것입니다. …… 그다음, 종이에 당신이 조합한 세 개 숫자와 왜 당신이 그 숫자를 골랐는지에 대한 이유를 적어서 나의 규칙을 알아내는 것이 당신의 목표입니다. 당신이 세 개의 숫자로 된 조합을 적을 때마다 나는 그 조합이 내 규칙을 따르는지 아닌지를 알려줄 것입니다. 당신이 규칙을 발견했다고 확신이 들 때에는 종이에 규칙을 적고 나에게 규칙을 말해 주십시오. (p.131)

Wason이 참가자에게 첫 번째 조합인 2, 4, 6을 알려 주면, 참가자들은 숫자 조합을 만들기 시작했고, 그 조합이 규칙을 따르는지에 대해 Wason에게서 피드백을 받았다. 이때 Wason이 참가자에게 그 숫자 조합이 Wason의 규칙을 따르는지만 말했다는 점에 주목하자. 참가자가 생각하는 규칙에 대해 확신이 들어서 실험자에게 자기 규칙을 말하기 전까지는 숫자열을 만드는 **자기** 논리가 정확한지 알 수 없었다. 가장 흔한 첫 번째 가설은 '2씩 증가하는 수열'이었다. 그러나 실제 규칙이 '크기가 증가하는 수열'이었기 때문에 '2씩 증가하는 수열' 규칙은 Wason의 규칙을 따르는 수열을 만들기는 하지만 부정확한 가설이었다.

많은 사람들이 부정확한 규칙에 매달리는 이유는 자기의 가설을 **반박하는** 증거를 찾지 않고 자기의 가설을 **지지하는** 증거만 찾기 때문이다. 그러니까 그들은 확증 편향에 빠진 것이다. 정확한 규칙을 찾아내는 비밀은 자신이 만든 현재의 가설은 **충족시키지 못하지만** Wason의 규칙은 **충족시키는** 수열을 만들려고 시도하는 것이다. 그러니까 수열 2, 4, 5가 규칙에 맞는 예라는 것을 알게 되면, '2씩 증가하는 수열'이라는 규칙을 기각하고 새 규칙을 만드는 것이 가능해진다. 극히 일부의 참가자가 첫 번째 시도에서 정확한 규칙을 찾아내었는데, 이들은 자기의 규칙을 말하기 전에 자기가 생각하는 규칙을 **반증하도록** 만들어진 수열을 만들어서 여러 개의 가설을 스스로 검증하는 전략을 사용했다. 그에 반해, 첫 번째 시도에서 정확한 규칙을 만들어내지 못했던 참가자는 자기 가설을 **확증하는** 수열을 창조하는 것을 지속하는 경향이 있었다.

확증 편향은 한 쌍의 눈가리개처럼 작동한다. 우리는 우리가 정답이라고 생각하는 규칙에 따라 세상을 보고, 우리의 규칙을 확증하는 증거만 찾기 때문에 이 규칙에서 벗어날 수가 없다. Lord의 실험에서 본 것처럼, 우리의 태도에서 만들어진 눈가리개는 문제해결이라는 영역을 넘어서 훨씬 더 광범위하게 우리의 판단에 영향을 미친다.

Wason의 연구 이후 수행된 연구들은 확증 편향이 다음 세 가지 특수한 인지 효과를 설명하는 것을 도와준다는 것을 시사한다.

1. **신념 지속** - 신념이 틀렸다는 것을 보여주는 증거를 보고도 신념을 고수하는 현상(Hudacheck & Quigley-McBride, 2022).
2. **태도 극화** - 신념이 다른 사람들이 똑같은 증거를 보고도 각자의 신념이 더 극단적이 되거나 '극화'되는 현상(Zhou & Shen, 2022).
3. **비합리적 초두 효과** - 신념이 처음 형성될 때와 시간상으로 가까운 정보에 더 큰 가중치를 두거나 더 의존하고, 보다 최근에 주어진 정보에 가중치를 적게 주는 현상(Baker, 2022).

눈치챘겠지만 지금까지 언급했던 어림법들은 서로 연관이 있다. 모든 편법이 목적을 위해 작동하고 유용할 수 있지만, 한계가 있으며 문제를 초래할 수도 있다. 우리가 이미 알고 있는 것을 확증하려고 시도하다 보면 위에 기술한 세 가지 함정에 빠질 수 있다. 마찬가지로 가용성 어림법이나 다른 어림법을 사용하다가 판단에 오류를 범할 수 있다. 이제 틀린 증거를 평가할 때 이러한 어림법과 편향이 어떻게 영향을 미치는지 알아보자.

틀린 증거 평가하기

> "진짜 의견은 그 의견이 근거하는 사실이 알려져 있을 때만 널리 받아들여질 수 있다. 사실이 알려져 있지 않으면 틀린 의견도 진짜 의견만큼 효과적이며, 때로는 오히려 더 효과적일 수 있다."
>
> – Walter Lippman, 『자유와 뉴스(*Liberty and the News*)』(1920)

> "당신은 가짜 뉴스다."
>
> – Donald Trump가 CNN 기자 Jim Acosta에게(2016)

추리하는 과정에 오류가 있으면 여러분이 부정확한 결론에 도달할 수 있는 다양한 방안에 대해 서술했다. 그러나 여러분의 추리 과정에 오류가 없어도 추리에서 사용한 사실이 틀렸을 경우 부정확한 결론에 이를 수 있다. 이러한 말을 하면 여러분은 '잠깐만, 왜 내가 사용한 사실이 틀릴 수 있지? **사실**은 본질적으로 참이 아닌가?'라고 생각할 수 있다. 최근 무엇이 '사실'이고 무엇이 사실이 아닌지에 대해 공개적인 논의가 많이 벌어지고 있다. 예를 들어, 여러분이 온라인에서 읽은 정보가 정확한지 어떻게 아는가? 이를 판단하는 것이 항상 쉽지는 않다. 이것이 우리가 우리에게 주어지는 증거와 정보에 대해 비판적으로 평가하는 것이 중요한 이유이다. 특히 이 증거에서 결론을 내릴 때 더 중요하다(우리가 종종 하듯이).

이탈리아는 청소년들에게 온라인에서 가짜 정보를 구분하는 것을 보다 잘 가르치는 방법을 탐색했다(Horowitz, 2017). 이러한 시도는 가짜 웹사이트인지 판단하는 법, 정보 출처를 확인하는 법, 해당 분야의 전문가를 접촉하는 법, 심지어 어떻게 가짜 뉴스인지 알아냈는지를 다른 사람에게 알리는 방법과 같은 미디어 문해력에 집중했다. 미디어 문해력에 관한 연구들이 사람들이 증거를 평가하는 것을 소홀히 하고 부정확한 정보에 의존하는 경향이 있다는 것을 보여 주기 때문에 이러한 조치는 아주 중요하다. 예를 들어, Sam Wineburg와 동료들(2016)은 고등학교 학생들이 온라인에서 입수한 정보를 비판적으로 평가하는 능력을 측정하였다. 학생들에게 사진 공유 웹사이트에 올라온 게시물을 보게 했다. 게시물에는 기형 데이지꽃 사진과 이 꽃들은 일본의 후쿠시마 원전 사고 때문에 기형이 되었다는 주장을 덧붙였다. 그러나 이 주장을 입증할 출처 등은 전혀 밝히지 않았다. 이 게시물이 원전 근처의 방사능 조건에 대해 강력한 증거가 되는지 물었을 때, 단지 20%의 학생만이 아니라고 답하고 그 게시물에 대해 비판적이었다. 나머지 80%의 학생들은 사진의 출처나 게시물을 올린 사람의 신빙성에 대한 증거가 없는데도 이 증거를 믿으려고 했다. 그 사진이 후쿠시마 근처에서 **찍은 것이라는** 것은 밝혀졌지만, 꽃의 외형이 방사능 때문이라는 **증거는 없었다**. 그러니까 이 게시물의 주장은 부정확한 것이었다.

이 문제는 나아지는 것이 아니라 더 악화되는 것으로 보인다. 우리는 인공지능과 전반적

딥페이크(deepfake)
인공지능을 이용해서 창조되는 합성 미디어. 실제처럼 보이고 설득력 있는 가짜 혹은 틀린 이미지, 음성, 영상을 생성한다.

인 컴퓨터 기술이 끊임없이 향상하는 시대에 사는데, 이 기술이 '딥페이크'를 가능하게 한다. **딥페이크**(deepfake)는 3장에서 논의한 심층기계학습인 딥러닝 알고리즘과 같은 인공지능을 이용해서 창조되는 합성 미디어인데, 이는 실제처럼 보이고 설득력 있는 가짜 혹은 틀린 이미지, 음성, 영상을 생성한다. 연구자 Hany Farid는 이러한 기술을 이해하고, 연구하고, 교육하고 일반 대중을 이 기술로부터 보호하는 데 헌신하고 있다(Farid, 2022). 사람들은 딥페이크를 이미지라고 생각한다. 유명한 희고 풍성한 상의를 입은 딥페이크 프랜시스 교황 사진이 예이다. 아직 못 보았다면 인터넷을 검색해 보라. 그뿐만 아니라 음성 딥페이크와 비디오 딥페이크도 아주 그럴싸하고, 그래서 문제가 될 수 있다. Farid와 연구자들은 딥페이크가 개인들에게 아주 심각한 위험을 야기한다고 적고 있다. 예를 들어, 누군가가 여러분에게 여러분의 상사나 가족의 말소리와 아주 유사하게 들리는 보이스 메일을 보내서 도움을 청할 수 있다.

소셜 미디어와 소통의 다른 형태를 포함하는 다양한 수단을 사용해서 정보를 공유하는 것이 간단하고 어디에서나 가능하기 때문에 부정확한 정보를 공유하는 것을 막을 수가 없다. 또 그럴싸한 틀린 정보를 만들어내는 것을 막을 수도 없다. 사실 기술이 점점 더 개선되기 때문에 상황은 더 나빠질 것으로 예상된다. 그렇지만 많은 분야에서 점점 더 증가하는 이 문제와 싸우는 작업을 계속하고 있다. Dell(2019)은 지금 시대에는 법학 전공 학생들에게 미디어 문해력을 가르치는 것이 법학 교육의 다른 측면 못지않게 중요하다고 주장하였다. 마찬가지로, Kaufman(2020)은 아동과 성인을 위한 시민 교육은 미디어 문해력 기술과 진짜 정보와 가짜 정보를 구분하는 법을 포함해야 한다고 주장하였다. 많은 사람들이 디지털 시대에 태어나서 컸고 디지털 활용 능력이 있지만, 이들도 진짜 정보와 가짜 정보를 구분하는 데 애를 먹고 있다(Reem, 2022). 이러한 현상은 다양한 기술과 우리가 논의해 온 사람들의 어림법 때문에 지속된다.

왜 Wineburg의 연구에서처럼 사람들이 온라인이나 뉴스를 통해 입수한 정보를 쉽게 믿는 것일까? 어쩌면 정보가 정확한지 판단할 수 있는 자원에 접근할 수 없어서(아니면 찾아보지 않아서) 정보를 더 이상 평가하지 않고 그냥 받아들일 수 있다. 이 설명에 따르면 사람들이 정보가 부정확하다는 것을 판단할 수 있는 자원이 있다면, 더 이상 부정확한 정보를 수용하거나 그 정보를 토대로 결론을 내리지 않을 것이다.

그러나 놀랍게도 이것이 항상 그렇지는 않다. 사람들이 정보가 부정확하다는 것을 듣고도 그 정보를 믿는다는 연구들이 있다. Nyhan과 Reifler(2010)는 2003년의 실제 뉴스 상황을 이용해서 이를 측정하였다. 이들이 사용한 뉴스는 이라크가 대량살상무기(WMD)를 숨기고 있다는 틀린 지각(WMD 오지각) 문제였다. 참가자들에게 이라크에 대량살상무기가 있는 것을 시사하는 실험용으로 만든 뉴스를 제공했다. 이어서 한 집단의 참가자들에게는 사실 그런 무기는 발견되지 않았다고 알려줘서 정보를 수정했다. 이어서 참가자 모두에게 다음 서술문에 대해 얼마나 동의하는지 물었다.

> "미국의 이라크 침공 직전에 이라크는 대량살상무기 프로그램을 진행하고 있었고, 이러한 무기를 생산할 능력이 있었고, 대량살상무기를 대량으로 비축하고 있었다. 그런데 사담 후세인이 미군 병력이 도착하기 직전에 이 무기들을 숨기거나 파괴할 수 있었다."

본인이 진보적이라고 기술한 참가자들의 경우, 정보 수정을 받은 사람들은 수정을 받지 않은 사람들에 비해 위 서술문에 대해 동의하지 않을 가능성이 더 높았는데, 이 결과는 정보 수정이 WMD 오지각을 효과적으로 감소시켰다는 것을 알려준다. 그러나 본인이 중도 혹은 온건파라고 기술한 사람들 경우에는 수정이 WMD 오지각에 영향을 주지 못했다. 정보 수정을 받은 이들은 수정을 받지 않은 이들과 마찬가지로 WMD 오지각을 유지했다. 흥미롭게도 보수적이라고 기술한 참가자들은 정보가 틀렸다는 것을 듣고 나서 오히려 이라크가 WMD를 가지고 있다는 오지각을 더 믿는 경향을 보였다.

자기의 생각과 반대되는 정보를 수정 정보로 받을 때 특정 관점에 대한 처음 생각에 대한 지지가 더 강해지는 것을 **역화 효과**(backfire effect)라고 부른다. 이것이 아마 정치에서처럼 강한 반대 의견을 가진 사람 간의 대화가 때로 역효과를 불러오는 이유일 수 있다. 한쪽에서 새로운 증거를 제시하면 반대쪽은 종종 자기들의 처음 생각에 더 집착한다. 이렇게 강력한 믿음과 선입견 때문에, 증거를 객관적으로 평가하는 것이 어려울 수 있다. 오히려 그 증거를 토대로 내리는 결론에 오류를 초래할 수 있다. 역화 효과는 이미 가지고 있는 믿음이 새로 주어지는 정보나 증거에 대한 해석에 영향을 미친다는 점에서 확증 편향과 관련이 있다.

역화 효과(backfire effect)
자기의 생각과 반대되는 정보를 수정 정보로 받을 때 특정 관점에 대한 처음 생각에 대한 지지가 더 강해지는 것.

많은 사람들이 자기의 믿음은 '상식적이다'라고 말한다. 그렇지만 이 생각 자체가 편향이다. 우리의 믿음을 지지하는 생각이나 사람과 연합하는 것을 선택하기 때문에 그 정보가 '상식적'이라고 보인다. 지금까지 논의했듯이, 틀린 정보를 진짜 정보와 구분하는 것이 어렵고, 우리는 믿음을 바꾸려고 강하게 동기화되지도 않았다. 우리가 강한 믿음을 가지고 있으면 그에 반대되는 증거는 오히려 우리가 기존 믿음에 더 집착하게 만들 수도 있다. 그러니까 우리의 믿음, 본능, 직관, '상식'은 편향되어 있고, 문제가 있다.

사람은 주위에서 일어나는 일을 이해하려고 최대한으로 노력하는 주관적인 창조물이다. 겉으로는 우리가 개방되어 있고 논리적이라고 믿을지도 모르지만, 암묵적으로 우리는 모두 어림법과 편향의 희생자이다. 편향에 대해 배웠고 그래서 편향에 빠지지 않게 할 수 있기 때문에 여러분은 더 이상 편향되지 않을 거라고 믿기 전에, **편향성 편향**(bias bias)에 대해 알아보자. 편향성 편향은 **편향 맹점**(bias blind spot)이라고도 불리는데, 자기의 편향보다 다른 사람의 편향을 더 잘 인지하는 경향성을 가리킨다. 우리가 편향에 대해 배우면 다른 사람에게서 이 편향을 쉽게 알아챈다. 또 우리가 편향에 빠지려는 것을 알아채고 심지어는 이러한 지식을 이용해서 우리의 생각과 행동을 수정할 수도 있다! 그러나 우리가 편향을 완전히 제거할 수 있다고 생각하는 함정에 빠져서는 안 된다. 어림법은 우리 본질의 한 부분이다. 우리가 할 수 있는 최선은, 편향에 대해 알고, 편향이 우리의 생각이나 행동에 부정적인 영향을 미치는 것을 막고, 이러한 편법은 인간 인지의 기본적인 측면이라는 것을 받아들이는 것이다. 우리가 지각, 주의, 기억에 대해 논의할 때와 마찬가지로, 우리의 인지 처리는 제약이 있다. 그러니 다음에 누가 '그건 상식이야.'라고 말하는 것을 듣게 되면 누구에게 상식인지 스스로에게 물어보라.

편향성 편향(bias bias)
자기의 편향보다 다른 사람의 편향을 더 잘 인지하는 경향.

편향 맹점(bias blind spot)
편향성 편향 참조.

추리 과정의 오류, 태도의 효과, 그리고 증거를 평가할 때의 문제점 때문에 어떻게 귀납추리가 부정확한 결론에 이르게 되는지에 대해 탐색했다. 판단에 오류를 초래하는 가능한 원인을 표 13.2에 요약하였다.

표 13.2 판단에 오류를 초래하는 가능한 원인

페이지	원인	기술	오류가 발생하는 경우
458	가용성 어림법	더 잘 기억되는 사건을 가능성이 높다고 판단한다.	잘 기억되는 사건의 발생 가능성이 낮을 때
459	착각적 상관	두 사건 간에 높은 상관이 있는 것 같으나 실제로는 없다.	상관이 없거나, 보기보다 상관이 낮을 때
462	대표성 어림법	A의 속성이 일상적으로 B 범주와 연합된 속성과 얼마나 유사한지에 기초해서 A가 B 범주의 사례일 가능성을 판단한다.	유사한 속성이 있는지가 B 범주의 사례일 가능성을 예측하지 못할 때.
462	기저율	모집단에서 각 범주들의 상대적 비율	기저율 정보를 고려하지 못할 때
464	연접 규칙	두 사건이 동시에 일어나는 경우(A와 B)의 확률은 각각 단일 사건(A만 혹은 B만 발생)의 확률보다 클 수 없다.	연접 사건에 더 높은 확률을 배정할 때
464	큰 수의 법칙	모집단에서 무작위로 뽑힌 사례 수가 클수록 그 표본의 값이 모집단의 값을 더 잘 대표한다.	작은 표본도 모집단을 정확하게 대표한다고 가정할 때
465	우리 편 편향	자기의 의견이나 태도에 유리한 방향으로 편향되게 증거를 생성하고 평가하며 가설을 검증하는 행동 경향성. 우리 편 편향은 확증 편향의 한 유형이다.	자기의 의견이나 태도가 결정하는 데 필요한 증거를 해석하는 것에 영향을 미치게 할 때
465	확증 편향	자기의 가설을 확증하는 증거를 선택적으로 탐색하고 가설에 반대되는 증거는 무시하는 행동 경향이다.	확증하는 정보에만 초점을 좁힐 때
467	딥페이크 미디어	인공지능을 이용해서 창조되는 합성 미디어이다.	딥페이크가 사실이고 진짜라고 믿어 오정보를 증거라고 주장할 때
469	역화 효과	자기의 생각과 반대되는 사실을 제공받을 때 처음 생각에 대한 지지가 더 강해진다.	자기 견해에 반대되는 증거에도 자기의 신념에 집착할 때
469	편향성 편향(편향 맹점)	자기의 편향보다 다른 사람의 편향을 더 잘 인지하는 경향이다.	편향에 대해 알기 때문에 자기는 편향에 빠지지 않는다고 착각하지만, 여전히 다른 사람은 편향이 있다고 생각할 때

이 목록을 보면 우리가 내리는 판단은 대부분 오류일 것이라는 인상을 받을 수 있지만, 사실은 그렇지 않다. 예를 들어, 가용성 어림법과 대표성 어림법은 유용하고 빠른 편법일 수 있다는 것을 배웠다. 그리고 기저율 원리, 연접 규칙, 큰 수의 법칙을 이해하면 정확한 결론에 이를 가능성이 향상된다. 마지막으로, 우리편 편향과 확증 편향과 같은 선입견과 믿음의 효과에 대해 알게 되어서, 이로부터 일어날 수 있는 오류를 피하려고 시도할 수 있다.

자가 테스트

1. 귀납추리는 무엇인가? 귀납 논증의 강도에 영향을 미치는 요인들은 어떤 것이 있는가? (학습목표 13-1)
2. 귀납추리는 일상생활에 얼마나 관련되어 있는가? (학습목표 13-1)
3. 다음 요인들은 어떻게 추리에 오류를 발생시키는지 서술하라. 가용성 어림법, 착각적 상관, 허구적 상관, 대표성 어림법. (학습목표 13-2)
4. 고정관념은 어떻게 귀납추리와 관련이 있는가? 암묵적 고정관념은 어떻게 추리와 의사결정에 영향을 미치는가? (학습목표 13-2)
5. 기저율을 고려하지 못하는 것은 추리에 어떻게 오류를 일으키는가? 직업을 판단하는 문제가 대표성 어림법과 기저율에 어떻게 연결되는지를 반드시 이해하도록 하라. (학습목표 13-2)
6. 연접 규칙은 무엇인가? 소기업주 데버라의 실험에 대해 서술하고, 이 실험이 대표성 어림법과 연접 규칙에 어떻게 관련되는지 말하라. (학습목표 13-2)
7. 남자아이와 여자아이 출생을 다룬 실험에 대해 서술하라. 이 실험의 결과는 어떻게 큰 수의 법칙과 연관되는가? (학습목표 13-2)
8. 우리 편 편향이란 무엇인가? 사형에 대한 태도를 다룬 Lord의 실험에 대해 서술하라. (학습목표 13-2)
9. 확증 편향이란 무엇인가? 수열을 이용한 Wason의 실험에 대해

서술하라. (학습목표 13-2)

10. 확증 편향에 의해 설명되는 세 가지 인지 효과는 무엇이며, 이것은 어림법과 어떻게 연결되는가? (학습목표 13-2)
11. '딥페이크'는 무엇이며, 어떻게 이것이 추리와 의사결정에 영향을 미치는지에 대해 서술하라. (학습목표 13-2)
12. 사람들이 어떻게 증거를 비판적으로 평가하는 것에 실패하는지에 대한 Wineburg의 실험에 대해 기술하라. 역화 효과란 무엇이며, 이것이 어떻게 부정확한 결론으로 이끌 수 있는지에 대해 서술하라. (학습목표 13-2)
13. '편향성 편향' 혹은 '편향 맹점'이란 무엇인가? 추리하거나 다른 사람의 추리를 고려할 때 왜 이 편향이 특별히 중요하고 또 다루기 어려운가? (학습목표 13-2)

13.2 연역추리: 삼단논법과 논리학

지금까지 우리는 관찰에 근거해서 결론을 내리는 귀납추리에 대해 알아보았다. **연역추리**(deductive reasoning)에서는 주어진 진술문에서 결론이 **논리적으로 도출되는지**를 판단한다. 처리되는 정보의 범위에 대해 살펴보는 것이 두 가지 추리 유형의 차이를 이해하는 것을 도와준다. 귀납추리는 **특수한** 사례로부터 출발해서 **광범위한** 원리로 일반화한다. 예를 들어, 이 장 첫머리에 서술했던 마르크 가솔의 경우, NBA 스카우터들은 농구 선수로 성공하지 못한 근육질이지 않은 특수한 사례로부터 근육질이지 않은 모든 선수는 성공하지 못할 것이라고 일반화했다. 반면에 연역추리는 **광범위한** 원리에서 출발해서 **특정** 사례에 대해 논리적으로 예측한다. 예를 들어, 우리는 '모든 NBA 선수들은 사람이다.'라는 넓은 원리에서 출발해서 '마르크 가솔은 NBA 선수이다.'라는 진술문을 고려해서, '마르크 가솔은 사람이다.'라고 논리적으로 결론을 내린다. 이제 연역추리에서 결론에 도달하기 위해 논리가 어떻게 사용되는지에 대해 알아보자.

연역추리(deductive reasoning)
삼단논법을 사용하는 추리로, 결론이 전제에서 논리적으로 도출되는 추리.

범주 삼단논법

연역추리의 아버지는 삼단논법이라 불리는 연역추리의 기본 형태를 소개한 아리스토텔레스다. **삼단논법**(syllogism)은 **전제**(premise)라 불리는 폭넓은 진술문 두 개와 결론이라 불리는 세 번째 진술문으로 구성되어 있다. **범주 삼단논법**(categorical syllogism)에 대해 알아보는 것으로 연역추리에 대한 논의를 시작하는데, 범주 삼단논법에서는 전제와 결론이 모두 '모든(all)', '어떤(some)', 혹은 '어느(no)'라는 수량 표현으로 시작하는 진술문이다. 범주 삼단논법의 예가 아래에 있다.

삼단논법(syllogism)
두 개의 전제와 그 뒤를 잇는 하나의 결론으로 이루어진 세 개의 진술문으로 구성된 추리형식. 결론은 논리의 규칙에 따라 전제로부터 도출된다.

전제(premise)
삼단논법에서 처음 두 개의 진술문. 세 번째 진술문은 결론이다.

범주 삼단논법(categorical syllogism)
전제와 결론이 모두 '모든(all)', '어떤(some)', 혹은 '어느(no)'라는 수량 표현으로 시작하는 진술문을 이용해서 두 범주 간의 관계를 서술하는 삼단논법.

삼단논법 1
전제 1: 모든 새는 동물이다. (모든 A는 B이다)
전제 2: 모든 동물은 먹이를 먹는다. (모든 B는 C이다)
결론: 모든 새는 먹이를 먹는다. (모든 A는 C이다)

삼단논법이 새, 동물, 먹이로도 서술되고, A, B, C로도 서술되어 있다는 것을 주목하라. 우리는 A, B, C 방식이 여러 유형의 삼단논법을 비교하는 데 유용하다는 것을 보게 된다. 책을 더 읽기 전에 이 삼단논법 문제를 읽고 결론이 두 개의 전제로부터 도출되는지 판단해 보라.

여러분의 답은 무엇인가? 만약 답이 '그렇다'이면 여러분은 옳게 답한 것이다. 그런데 결론이 전제로부터 도출되었다는 말은 무슨 의미인가? 이 질문에 대한 답은 삼단논법에서 **타당함과 사실**의 차이를 구분할 줄 알아야 이해할 수 있다.

타당하다는 말은 일상 대화에서도 종종 사용되는데, 이때는 어떤 것이 참이다 또는 참일 가능성이 있다는 의미로 사용된다. 예를 들어, '피아의 말은 타당한 부분이 있어.'라는 말은 피아가 말한 내용은 참이거나 피아가 말한 요점에 대해 더 생각해 보아야 한다는 것을 의미할 수 있다. 그러나 삼단논법에서 사용되는 **타당함**(validity)이라는 용어는 다른 의미이다. 삼단논법의 **형태**가 두 개의 전제로부터 결론이 **논리적으로** 출되었다는 것을 표시하면 그 삼단논법은 타당하다. 앞 문장의 어느 부분에서도 결론이 '사실'이라고 언급하지 않았다는 점에 주목하기 바란다. 이 점에 대해 다시 이야기하겠다.

타당함(validity)
결론이 전제로부터 논리적으로 도출된다는 삼단논법의 질.

처음 것과 똑같은 형태를 갖는 다른 삼단논법에 대해 생각해 보자.

삼단논법 2
모든 새는 동물이다. (모든 A는 B이다)
모든 동물은 다리가 네 개다. (모든 B는 C이다)
모든 새는 다리가 네 개다. (모든 A는 C이다)

A, B, C로 표기한 것을 보면 이 삼단논법은 삼단논법 1과 같은 형태라는 것을 알 수 있다. 삼단논법의 형태가 타당성을 결정하고, 삼단논법 1이 타당하다는 것을 알기 때문에, 우리는 삼단논법 2의 결론은 전제들에서 도출된 것이라고 결론 내릴 수 있다. 그래서 삼단논법 2도 타당하다.

이 지점에서 여러분은 무언가 이상하다고 느낄 수 있다. 새는 다리가 네 개가 아니기 때문에 삼단논법 2의 결론은 확실히 틀렸는데, 어떻게 삼단논법 2가 타당할 수 있다는 것인지 의아할 수 있다. 이것은 논리학에서 타당하다는 정의에는 어디에도 '사실이다'라는 표현이 없다는 사실을 다시 생각해 보게 한다. 타당함은 삼단논법의 형태나 구조를 기준으로 할 때 결론이 전제로부터 **논리적으로 도출되는지**의 문제이다. 만약 논리적으로 도출되고, **또** 삼단논법 1처럼 전제가 사실이라면, 결론은 타당할 뿐만 아니라 사실이기도 하다. 그러나 하나 혹은 두 개의 전제가 사실이 아니면, 삼단논법 추리는 타당하다 할지라도 결론은 사실이 아닐 수 있다. 삼단논법 2로 돌아가 보면 '모든 동물은 다리가 네 개다.'는 사실이 아니다. 그러니까 이것은 우리가 세상에 대해 아는 것과 일치하지 않는다. 그래서 삼단논법 2는 타당하지만, '모든 새는 다리가 네 개다.'라는 결론은 사실이 아니다.

타당함과 사실의 차이는 추리가 '논리적'인지 아닌지 판단하는 것을 어렵게 만든다. 왜냐하면 삼단논법 2처럼 타당한 삼단논법이 틀린 결론을 산출할 수도 있고, 전제와 결론이 다 사실일 수 있어도 삼단논법 추리가 타당하지 않을 수도 있기 때문이다. 다른 말로 하자면, 어떤 삼단논법은 타당하지만 사실이 아닐 수도 있고(삼단논법 2), 또 어떤 삼단논법은 다음에 나오는 삼단논법 3처럼 사실이지만 타당하지 않을 수도 있다. 삼단논법 3에서는 각 전제와 결론이 모두 사실일 수 있다.

삼단논법 3
모든 학생은 피곤하다. (모든 A는 B이다)

피곤한 어떤 사람은 쉽게 흥분한다. (어떤 C는 D이다)
어떤 학생은 쉽게 흥분한다. (어떤 A는 D이다)

여러분은 삼단논법 3이 삼단논법 1과 2보다 어렵다는 것을 알 수 있을 것이다. 왜냐하면 진술문 중 두 개가 어떤으로 시작하기 때문이다. 삼단논법 3은 두 개의 전제로부터 결론이 도출되지 않기 때문에 타당하지 않다. 학생들은 종종 이 진술문이 타당하지 않다는 것을 받아들이는 데 애를 먹는다. 피곤하고 쉽게 흥분하는 학생들도 알고 있고(자기 자신도 그중 하나일 수 있다. 특히 학기 말에.), 학생들은 사람이기 때문에, 이러한 것을 종합해 보면 어떤 학생들은 쉽게 흥분한다는 것은 사실일 수 있다. 이 삼단논법 3의 결론이 전제에서 논리적으로 도출된 것이 아니라는 것을 보는 한 가지 방법은, 형태는 같으나 어휘가 다른 삼단논법 4를 생각해 보는 것이다.

삼단논법 4
모든 학생은 밴쿠버에 산다. (모든 A는 B이다)
밴쿠버에 사는 어떤 사람은 백만장자이다. (어떤 C는 D이다)
어떤 학생은 백만장자이다. (어떤 A는 D이다)

형태는 유지하면서 어휘만 바꾸어 보면, 두 번째 전제에서 언급된 사람에 학생이 반드시 포함되어야 하는 것은 아니라는 것을 보기가 쉬워진다. 백만장자인 학생이 있을 수 있지만, 반드시 그렇다고 말할 수는 없다. 어느 학생도 백만장자가 아닌 것도 가능하다.

믿음 편향(belief bias) 삼단논법의 결론이 믿음직하면 삼단논법이 타당하다고 보고, 결론이 믿음직하지 않으면 삼단논법이 타당하지 않다고 생각하는 경향

사람들이 삼단논법 3을 타당하다고 생각하는 이유 중의 하나는 **믿음 편향**(belief bias)에서 그 연원을 찾을 수 있다. 믿음 편향이란 신뢰할 수 있는 결론이면 그 삼단논법이 타당하다고 보는 경향을 가리킨다. 삼단논법 3의 경우, '어떤 학생은 쉽게 흥분한다.'라는 생각은 신뢰할 수 있는 결론이다. 그러나 단어를 바꿔서 삼단논법 4를 만들면, '어떤 학생은 백만장자이다.'라는 새로운 결론은 신뢰할 수 없는 결론이 된다. 그래서 삼단논법 4에서는 믿음 편향이 작동할 것으로 기대하지 않게 된다. 믿음 편향은 타당한 논법인 삼단논법 2에서 볼 수 있듯이 반대 방향으로도 작동한다. 삼단논법 2에서는 신뢰할 수 없는 결론이기 때문에 타당한 삼단논법인데도 타당하지 않은 것으로 판단되기 쉽다.

그림 13.5는 사람들이 삼단논법 문제를 읽고 결론이 타당한지 판단한 실험 결과를 보여준

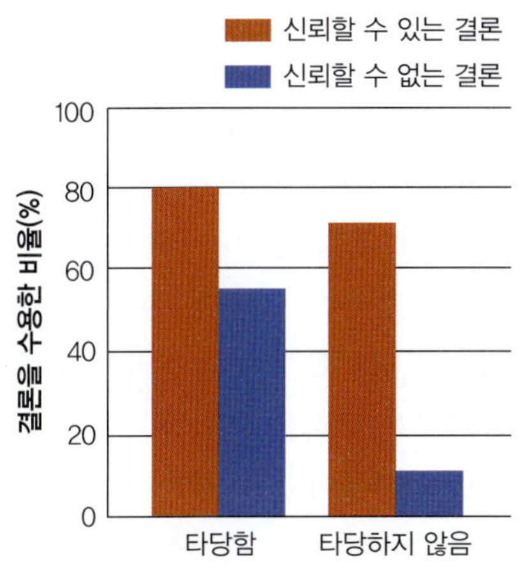

그림 13.5 삼단논법의 타당성을 판단할 때 믿음 편향의 효과를 보여주는 Evans와 동료들(1983)의 실험 결과. 왼쪽에 있는 막대 쌍은 신뢰할 수 없는 결론을 가진 타당한 삼단논법이, 신뢰할 수 있는 결론을 가진 타당한 삼단논법보다 타당하다고 판단될 가능성이 더 낮음을 보여준다. 오른쪽의 막대 쌍은 타당하지 않은 문제이지만 결론이 신뢰할 수 있는 경우 그 삼단논법을 타당하다고 판단하는 경향을 보여준다.

출처: Evans et al., 1983을 바탕으로 제작함.

다. 그 실험에서 참가자들은 (1) 타당한 삼단논법인데 신뢰할 수 있는 결론 문제와 (2) 타당한 삼단논법인데 신뢰할 수 없는 결론 문제, 그리고 (3) 타당하지 않은 삼단논법인데 신뢰할 수 있는 결론 문제와 (4) 타당하지 않은 삼단논법인데 신뢰할 수 없는 결론 문제를 읽었다 (Evans et al., 1983; Morley et al., 2004). 이 실험에서 참가자들은 결론이 타당한지 여부를 판단해야 했다. 왼쪽에 있는 한 쌍의 막대는 믿음 편향을 보여준다. 타당한 삼단논법에서 신뢰할 수 있는 결론이면 80%가 타당하다고 판단했는데, 신뢰할 수 없는 결론인 경우 단지 56%만이 타당하다고 판단했다. 어쩌면 가장 흥미로운 결과는 타당하지 않은 삼단논법이지만 신뢰할 수 있는 결론인 경우인데, 71%가 그 삼단논법을 타당하다고 판단한 결과이다. 그러니까 믿음 편향은 잘못된 추리를 타당하다고 판단하게 만드는데, 특히 타당하지 않은 추리의 결론이 신뢰할 수 있는 경우에 그랬다.

만약 이 시점에서 삼단논법이 타당한지 판단하는 것이 어렵다고 생각한다면 여러분의 생각은 맞다. 유감스럽게도 타당한지 타당하지 않은지를 손쉽게 판단하는 절차는 없다. 특히 복잡한 삼단논법 문제에서 그렇다. 이 논의에서 여러분에게 전달하려는 메시지는 '좋은 추리'와 '사실'은 같은 것이 아니라는 것인데, 이것은 여러분이 앞으로 마주칠 수도 있는 추리에 대해 아주 중요한 함의를 갖는다. 다음 서술문에 대해 생각해 보자.

> 제 말을 들어 보세요. 저는 모든 뉴욕 하원의원은 새 세법에 반대한다는 사실을 확실히 알아요. 그리고 저는 새 세법에 반대하는 하원의원 중 일부는 특수 이익집단으로부터 정치자금을 받은 것을 알아요. 이게 무슨 말이냐면, 제가 아는 한, 뉴욕 하원의원 중 일부는 특수 이익집단으로부터 정치자금을 받는다는 것이지요.

이 논증에서 어떤 부분이 잘못되었는가? 이 논증을 삼단논법 형태로 만든 다음 A, B, C, D 기호를 사용하면 스스로 판단할 수 있다. 이 기호를 사용하면 위의 진술문의 삼단논법은 삼단논법 3의 형태라는 것을 알게 될 것이고, 삼단논법 3이면 타당하지 않은 추리라는 것을 알 수 있다. 즉, 모든 뉴욕 하원의원이 세법을 반대하고, 세법을 반대하는 하원의원의 일부가 특수 이익집단으로부터 정치자금을 받았으니까, 뉴욕 하원의원 중 일부는 특수 이익집단으로부터 정치자금을 받는다는 결론은 논리적으로 도출되지 않는다. 그러니까 삼단논법은 '학술적'인 것처럼 보이지만, 사람들은 종종 자기주장을 '증명'하기 위해서 삼단논법을 사용한다. 때로는 자기의 추리가 타당하지 않다는 것을 알아차리지 못하면서 그렇게 한다. 그렇기 때문에 믿음 편향에 빠지기 쉽다는 것과, 사실처럼 들리는 결론도 반드시 좋은 추리의 결과일 필요는 없다는 것을 알아차리는 것이 아주 중요하다.

어떻게 연역추리를 통해 도달한 결론을 판단하는지에 대해 알아보았으니, 이 장의 첫 부분으로 돌아가서 이 내용을 귀납추리에서 이끌어낸 결론의 판단과 비교해 보자. 그때 우리는 귀납추리의 결론은 **참일 가능성**은 많으나, **반드시 참**은 아니라는 것을 배웠다. 왜냐하면 특수한 관찰들에서 일반화한 것에 기초한 결론은 넓은 원리나 모집단을 반드시 대표하는 것은 아니기 때문이다. 예를 들어, 이 장 첫 부분에서 내 고향과 워싱턴 D. C.에서의 관찰을 토대로 우리가 처음에 내렸던 '모든 까마귀는 검은색이다.'라는 결론은 관찰을 유럽과 아시아로 확장하면서 틀린 것으로 드러났다. 연역추리에서 전제가 반드시 사실이고 또 삼단논법의 형태가 타당한 **경우에만**, 결론이 **반드시** 참일 수 있다. 그래서 귀납추리에 의해 내려진 결론보다 연역추리에 의해 내려진 결론이 더 확실할 수 있다. 그렇지만 이 절에서 우리가 탐색한 것처럼, 삼단논법의 사실성과 타당성을 판단하는 것은 쉽지 않다. 다행히도 우리가 다음 절에서 논의하겠지만 삼단논법의 타당성을 판단하는 것을 돕기 위해 사용할 수 있는 방법이 있다.

연역추리에 대한 심성 모형

삼단논법이 타당한지 아닌지 판단하는 것을 도와주는 방법으로 Phillip Johnson-Laird(1999a, 1999b)는 **심성 모형 접근**(mental model approach)을 제안하였다. 어떻게 심성 모형을 사용하는지를 보여 주기 위해 Johnson-Laird(1995)는 다음과 유사한 문제를 하나 내었다. 직접 해 보라.

심성 모형 접근(mental model approach) 연역추리에서, 삼단논법의 전제에 기초해 상황에 대한 심성 모형을 만들고, 이 모형을 이용해서 삼단논법의 타당성을 판단하는 접근.

> 당구대에 검은 공 하나가 큐 볼 바로 위에 있다. 초록 공은 큐 볼 오른쪽에 있고, 빨간 공이 그 사이에 있다. 내가 빨간 공이 나와 검은 공 사이에 오도록 이동하면 큐 볼은 내 시선의 _______ 편에 있게 된다.

이 문제를 어떻게 풀까? Johnson-Laird는 이 문제는 논리 규칙을 이용해 풀 수 있지만 대부분 당구대에 공들이 어떻게 놓여 있는지를 상상하는 방법으로 이 문제를 푼다는 점을 지적하였다. 사람들이 상황을 상상할 수 있다는 아이디어가 사람들은 심성 모형을 이용해서 연역추리 문제를 푼다는 Johnson-Laird의 제안의 기초가 된다.

심성 모형(mental model)은 사람의 마음속에 표상된 특정 상황을 의미하는데, 이 심성 모형은 연역추리에서 삼단논법의 타당성을 판단하는 것을 도와주는 용도로 사용될 수 있다. 심성 모형의 밑에 깔린 기본 원리는 사람들은 추리 문제를 풀기 위해 모형(다른 말로 하면, 상황에 대해 상상한 표상)을 창조한다는 것이다. 사람들은 이 모형에 근거해서 잠정적인 결론을 내리고, 모형을 반증할 수 있는 예외가 있는지 찾아본다. 만약 예외가 찾아지면 모형을 수정한다. 마침내 더 이상 예외가 찾아지지 않고 현재 모형이 결론과 부합되면, 삼단논법이 타당하다고 결정한다. 이어지는 예를 이용해서 범주 삼단논법에서 이 과정이 어떻게 일어나는지 보도록 하자(Johnson-Laird, 1999b).

심성 모형(mental model) 사람의 마음속에 표상된 특정 상황.

> 어느 예술가도 양봉가가 아니다.
> 모든 양봉가는 화학자이다.
> 어떤 화학자는 예술가가 아니다.

이 삼단논법에 기초한 모형을 만드는 것을 도와주기 위해, 우리가 예술가, 양봉가, 화학자 연합회(줄여서 ABC 연합회라 하자) 회의에 방문자로 참석했다고 가정해 보자. 우리는 그 연합회의 회원이 되려면 예술가든, 양봉가든, 화학자든 적어도 셋 중 하나는 되어야 하고, 삼단논법의 두 개의 전제에 해당하는 아래 규칙을 따라야 한다는 것을 안다.

1. **규칙**: 예술가는 누구도 양봉가가 될 수 없다.
2. **규칙**: 모든 양봉가는 화학자여야 한다.

그 사람의 직업이 무엇인지는 그들이 쓴 모자를 보면 알 수 있기 때문에 우리 과제는 조금 쉬워졌다. **그림** 13.6에 있듯이 예술가는 베레모를 쓰고, 양봉가는 보호용 망을 쓰고, 화학자는 분자 모자를 쓴다. 예술가는 누구도 양봉가가 될 수 없다는 규칙에 따르면 베레모를 쓴

그림 13.6 ABC 연합회에 참석한 예술가, 양봉가, 화학자가 쓴 모자의 종류.

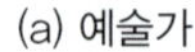
(a) 예술가

(b) 양봉가

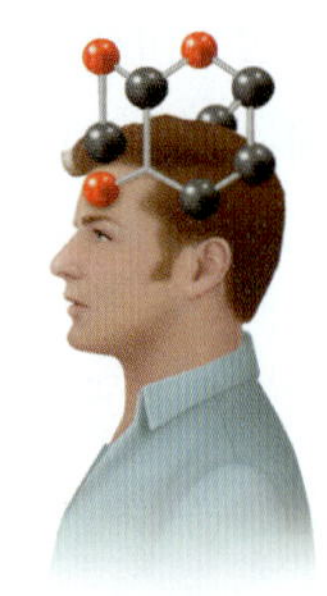
(c) 화학자

사람은 보호용 망을 쓸 수 없다. 또 모든 양봉가는 화학자여야 한다는 규정은 보호용 망을 쓰는 사람은 분자 모자도 써야 한다는 것을 가리킨다.

두 개의 규칙과 상상의 모자를 고려해서, 우리는 전제를 반영하는 심성 모형을 만들 수 있고, 화학자와 예술가 사이에 어떤 연관이 있는지 알아보기 위해 이 심성 모형에서 결론을 내리려고 시도할 수 있다. ABC 연합회 모임에서 알렉스를 만났을 때 그가 베레모를 썼기 때문에 예술가라는 것을 알며, 사람들이 예술가는 양봉가가 아니라는 1 규칙을 따른다는 것을 알 수 있다(**그림 13.7a**). 이어서 양봉가와 화학자의 복장을 다 하고 있는 비켐을 만났는데, 이는 모든 양봉가는 화학자여야 한다는 2 규칙을 따른 것이다(**그림 13.7b**). 위에 있는 예에서 제안된 '어떤 화학자는 예술가가 아니다.'라는 결론은 예술가와 화학자를 다루고 있다는 점을 기억하라. 이제까지 우리가 본 것, 즉 예술가 알렉스는 화학자가 아니라는 것과 화학자 비켐은 예술가가 아니라는 관찰을 토대로, 예술가와 화학자의 관계에 대해 **어느 예술가도 화학자가 아니다**라는 첫 번째 모형을 만들 수 있다. 이 첫 번째 모형에 따르면 알렉스처럼 베레모를 쓴 사람은 분자 모자를 쓸 수 없으며, 비켐처럼 분자 모자를 쓴 사람은 베레모를 쓸 수 없다.

아직 우리는 끝난 게 아니다. 왜냐하면 첫 번째 모형을 만들면 이 모형을 반증할 수 있는

그림 13.7 삼단논법의 규칙을 따르면서 '어떤 화학자는 예술가가 아니다.'라는 결론을 충족시키는 ABC 연합회에 참석한 여러 유형의 사람들이 쓴 모자. 추리에 대한 심성 모형 접근에 기초한 이 절차는, (c) 사례는 예술가인 화학자이고 (b) 사례와 (d) 사례는 예술가가 아닌 화학자이기 때문에 이 삼단논법이 타당하다는 것을 보여준다.

(a) 알렉스

(b) 비켐

(c) 사이아트

(d) 클라라

예외가 있는지 찾아볼 필요가 있기 때문이다. 그러니까 이 모형을 반증하려면 두 개의 규칙을 위반하지 않는 사례, 즉 예술가면서 화학자인 사람을 찾아야 한다. 이를 위해 우리는 베레모와 분자 모자를 같이 쓰고 있는 사이아트를 만날 때까지 군중 속을 돌아다녔다(**그림** 13.7c). 우리는 사이아트가 어떤 규칙도 위반하지 않았다는 것을 알기 때문에 '어느 예술가도 화학자가 아니다.'라는 첫 번째 모형은 사실일 수 없다는 것을 알게 되었고, 양봉가이며 동시에 화학자인 비켐을 떠올리며 우리의 모형을 '어떤 화학자는 예술가가 아니다.'로 수정하였다.

이 새 모형에 예외가 있는지 계속 찾아보다 화학자인 클라라를 겨우 찾았는데, 클라라는 분자 모자만 쓰고 있었고, 규칙에 따르면 이것은 아무 문제가 없다(**그림** 13.7d). 클라라 사례는 새 규칙을 반박하지 못한다. 예외가 되는 사례를 계속 찾아보았지만, 방안에서 이 결론을 반박할 수 있는 사람을 아무도 찾을 수가 없었다. 그래서 이 결론을 수용한다. 이 예는 심성 모형 이론의 밑에 깔린 기본 원리를 보여준다. 즉, '전제들로 구성된 어떤 모형에서도 부정될 수 없는 경우에만 결론은 타당하다.'라는 기본 원리를 보여준다.

심성 모형 이론은 논리학 규칙에 대해 훈련을 받지 않아도 적용할 수 있고, 또 검증할 수 있는 예측을 제공하기 때문에 매력적이다. 예를 들어, 심성 모형 이론은 복잡한 모형을 필요로 하는 삼단논법은 풀기 어렵다고 예측하는데, 이 예측은 실험을 통해 확인되었다(Buciarelli & Johnson-Laird, 1999).

사람들이 어떻게 삼단논법의 타당성을 검증할지에 관한 다른 제안들도 있지만(Rips, 1995, 2002), 연구자들 간에 어떤 접근이 정확한 접근인지에 대해 합의가 이루어지지 않았다. 그런데도 우리가 심성 모형 이론을 소개한 이유는 이 이론이 여러 실험의 결과에서 지지되었고, 또 이 이론이 가장 적용하고 설명하기 쉬운 모형 중의 하나이기 때문이다. 그러나 사람들이 어떻게 삼단논법을 평가하는지를 알아내려는 연구자들이 해결해야 할 문제는 많다. 사람들이 추리할 때 다양한 전략을 사용한다는 것과 어떤 사람들은 다른 사람들보다 삼단논법 추리를 잘 한다는 것이 그런 문제이다(Buciarelli & Johnson-Laird, 1999). 그러니까 '사람들이 어떻게 삼단논법 추리를 하는가?'라는 질문은 여전히 답이 구해지지 않은 문제이다. 그런데 작업기억 시스템이 더 나아지게 훈련하는 방안에 대한 연구들은 이 훈련이 연역추리 능력도 개선시키는 것 같다는 것을 발견하였다(Beatty & Vartanian, 2015).

'모든', '어떤', '어느'라는 수량 표현으로 시작하는 전제와 결론으로 구성된 범주 삼단논법 외에 조건 삼단논법이라는 또 다른 유형의 삼단논법이 있다. **조건 삼단논법**에서는 첫 번째 전제가 '만약…… 그러면……(If ... then)'이라는 형태를 띤다.

조건 삼단논법

조건 삼단논법(conditional syllogism)도 범주 삼단논법처럼 두 개의 전제와 결론으로 구성되어 있다. 그러나 첫 번째 전제가 '만약…… 그러면……'이라는 형태를 띤다. 이 유형의 연역추리는 일상생활에서 흔히 일어난다. 예를 들어, 여러분이 친구인 마테오에게 20달러를 빌려주었는데, 그 친구는 돈을 돌려준 적이 없었다고 해 보자. 마테오를 아니까 또 이러한 일이 일어날 거라고 속으로 말했을 수 있다. 이것을 삼단논법 형태로 풀어 보면, 여러분의 추리는 다음과 같을 것이다. '**만약** 마테오에게 20달러를 빌려준다면, **그러면** 나는 돌려받지 못할 거야. 나는 마테오에게 20달러를 빌려주었어. 그러니까 내 돈 20달러를 돌려받지 못할 거야.'

조건 삼단논법 (conditional syllogism)
범주 삼단논법처럼 두 개의 전제와 결론으로 구성되어 있지만, 첫 번째 전제가 '만약…… 그러면……'이라는 형태를 갖는다.

범주 삼단논법과 마찬가지로, 두 전제가 다 참이고 삼단논법이 타당하다면, 결론은 반드시 참이어야 한다. 그러나 범주 삼단논법과 마찬가지로, 조건 삼단논법의 타당성을 판단하는 것은 형태와 내용에 따라 달라질 수 있어서 까다로울 수 있다. 다음 예에서 이를 알아본다.

조건 삼단논법의 네 가지 유형이 *p*와 *q*를 이용한 추상적인 형태로 **표 13.3**에 실려 있다. A와 B를 사용하는 범주 삼단논법과는 달리 조건 삼단논법에서는 전형적으로 *p*와 *q* 표기법을 사용한다. **표 13.3**에 있는 네 유형의 조건 삼단논법들을 이해하기 쉽게, *p*와 *q* 대신에 실생활의 예를 사용하기로 하자..

조건 삼단논법 1
만약 내가 공부한다면, 좋은 학점을 받을 거야.
나는 공부를 했다.
따라서, 나는 좋은 학점을 받을 것이다.

이 형태의 삼단논법은 **긍정 논법**(modus ponens. 이 라틴어는 '긍정을 해서 긍정하는 방법'이라는 의미)이라 불리는데, 타당한 논법이다. 즉, 결론은 두 개의 전제에서 논리적으로 도출된다. 참가자들에게 이 논법의 문제를 *p*와 *q* 형태로 주고 타당한지 판단하게 했을 때 약 97%가 타당하다고 정확하게 판단했다(**표 13.3**).

표 13.3 같은 첫 번째 전제로 시작하는 네 가지 논법 문제
네 문제의 첫 번째 전제: *p*이면 *q*이다.

삼단논법	두 번째 전제	결론	타당한가?	정확한 판단
삼단논법 1: 긍정논법	*p*이다.	따라서, *q*이다.	타당함.	97%
삼단논법 2: 부정논법	*q*가 아니다.	따라서, *p*가 아니다.	타당함.	60%
삼단논법 3	*q*이다.	따라서, *p*이다.	타당하지 않음.	40%
삼단논법 4	*p*가 아니다.	따라서, *q*가 아니다.	타당하지 않음.	40%

조건 삼단논법 2
만약 내가 공부한다면, 좋은 학점을 받을 거야.
나는 좋은 학점을 받지 못했다.
따라서, 나는 공부하지 않았다.

이 논법은 타당한가? 이 유형의 삼단논법은 **부정 논법**(modus tollens. '부정을 해서 부정하는 방법'이라는 의미)라고 불리는데, 타당한 논법이다. 이 형태의 논법은 평가하는 것이 조금 어렵다. *p*와 *q* 형태의 부정논법으로 주었을 때 단지 60%가 올바르게 판단했다.

조건 삼단논법 3
만약 내가 공부한다면, 좋은 학점을 받을 거야.
나는 좋은 학점을 받았다.
따라서, 나는 공부했다.

이 삼단논법의 결론('나는 공부했다.')은 타당하지 않다. 왜냐하면 여러분이 공부하지 않았어도 좋은 학점을 받을 수 있기 때문이다. 시험이 쉬웠을 수도 있고, 이미 그 내용을 잘 알고 있었을 수도 있다. 겨우 참가자의 40%만이 이 삼단논법을 '타당하지 않다'라고 정확하게 판단했다. 이 유형의 삼단논법의 타당성을 판단하는 것은 내용에 따라 특히 어려울 수 있다. 이 점을 분명하게 보여 주기 위해, 같은 형태이지만 내용이 다른 다음 삼단논법 문제를 보자.

만약 내가 파리에 산다면, 나는 프랑스에 산다.
나는 프랑스에 산다.
따라서, 나는 파리에 산다.

이 경우에는 결론이 전제에서 도출되지 않는다는 것이 훨씬 더 명확하다. 왜냐하면 여러분이 프랑스에 산다면 파리 말고도 살 수 있는 곳이 많기 때문이다. 이것은 문제나 삼단논법이 서술된 방식이 얼마나 쉽게 그 문제를 풀 수 있는지에 영향을 준다는 것을 보여준다.

마지막으로, 삼단논법 4를 생각해 보자.

조건 삼단논법 4
만약 내가 공부한다면, 좋은 학점을 받을 거야.
나는 공부를 하지 않았다.
따라서, 나는 좋은 학점을 받지 않았다.

이 삼단논법의 결론('나는 좋은 학점을 받지 않았다.')은 타당하지 않다. 삼단논법 3과 마찬가지로 결론과 모순되는 상황을 생각할 수 있다. 그러니까 공부하지 않았는데도 좋은 학점을 받은 경우를 생각해 볼 수 있다. 여기서도 앞에서와 마찬가지로 파리와 프랑스로 문제를 대체하면 이 삼단논법이 타당하지 않다는 것이 분명해진다.

만약 내가 파리에 산다면, 나는 프랑스에 산다.
나는 파리에 살지 않는다.
따라서, 나는 프랑스에 살지 않는다.

삼단논법 3에서처럼 결론('나는 프랑스에 살지 않는다.')이 타당하지 않다는 것은 내용을 바꾸면 더 분명해진다. **표** 13.3에서 이 문제가 p와 q 양식으로 주어졌을 때는 이 삼단논법이 '타당하지 않다'라고 정확하게 판단한 것이 단지 40%였다는 것을 주목하라. 다음은 삼단논법이 서술된 방식이 삼단논법을 정확하게 평가하는 것을 쉽게 해줄 수 있다는 생각을 지지하는 추리 문제에 대해 서술한다.

조건추리: 웨이슨 카드 선택 과제

조건 삼단논법 추리가 형식적인 논리 규칙을 적용하는 것에만 달려 있다면, 삼단논법이 p와 q와 같은 추상적인 기호로 진술되든, 공부하기와 도시처럼 실제 세상의 용어로 서술되든 차이가 없어야 한다. 그러나 사람들은 추상적인 기호 대신 실세계의 예가 문제로 주어졌을 때 삼단논법의 타당성을 더 잘 평가한다는 것이 연구를 통해 드러났다. 이 연구를 보면서 우리는 삼단논법 예에서처럼 어떤 실세계 예는 다른 예들보다 더 좋다는 것을 보게 된다. 그러나 우리의 주된 목표는 단순히 문제를 실세계 용어로 서술하는 것이 추리를 쉽게 한다는 것을 보여주는 것이 아니다. 우리의 목표는 어떻게 연구자들이 문제를 서술하는 다양한 방식을 이용해서 왜 실세계 문제가 쉬운지를 설명하는 기제를 제안했는지를 생각해 보는 것이다. 이를 연구하기 위해 많은 연구자가 **웨이슨 카드 선택 과제**(Wason four-card problem)라 불리는 고전적인 추리 과제를 사용하였다.

웨이슨 카드 선택 과제(Wason four-card problem) Wason이 개발한 조건추리 과제로 네 장의 카드를 사용한다. 조건추리 과제의 결과를 설명하는 기제를 연구하기 위해 이 문제의 다양한 방식들이 사용되었다.

보여주기

웨이슨 카드 선택 과제

그림 13.8에 네 장의 카드가 제시되어 있다. 각 카드는 한 면에는 글자가, 그리고 다른 면에는 숫자가 적혀 있다. 여러분이 해야 할 과제는 아래 나오는 규칙을 검증하려면 뒤집어 볼 필요가 있는 카드를 고르는 것이다.

한 면에 모음이 있으면, 다른 면에는 짝수가 있다.

Wason(1966)이 이 문제(앞으로 추상 버전이라 부른다)를 제안했을 때, 참가자의 53%가 E는 반드시 뒤집어 보아야 한다고 답했다. 우리는 이 답이 옳다는 것을 **그림** 13.9a를 보면 알 수 있는데, E를 뒤집었을 때 나올 수 있는 두 가지 가능성, 즉 짝수가 있거나 홀수가 있다는 가능성을 보여준다. 그림에서 Wason의 규칙에 따르는 결과는 초록색 윤곽선을 둘렀고, 규칙을 따르지 않는 결과는 빨간색 윤곽선을 둘렀고, 규칙에서 설명이 안 되는 결과는 윤곽선에 색이 없다. 그러니까 E를 뒤집어서 짝수가 나오면 규칙에 따르는 것이고, 홀수가 나오면 규칙을 따르지 않는 것이다. E의 반대 면에서 홀수를 발견하면 규칙이 참이 아니라는 것이 되기 때문에 규칙을 검증하려면 E는 반드시 뒤집어 보아야 한다.

그러나 규칙을 완전하게 검증하려면 E 외의 다른 카드도 뒤집어 볼 필요가 있다. Wason의 실험에서 46%의 참가자들은 E 외에 4도 뒤집어 볼 필요가 있다고 응답하였다. 그러나 **그림** 13.9b를 보면 4는 규칙의 진위에 대해 특별히 알려주는 게 없다. 왜냐하면 규칙에서 자음에 대해서는 아무런 언급이 없었기 때문이다. 4의 반대 면에서 모음을 발견하는 것은 아무 문제가 없으나, 이 경우 규칙이 적용되었다는 것은 보여주지만 규칙이 참인지에 대해서는 정보를 제공하지 않는다. 우리가 규칙을 검증할 때 찾는 것은 규칙을 **따르지 않는** 예를 찾는 것이다. 우리가 그런 예를 찾으면 우리는 규칙이 거짓이라고 결론 내릴 수 있다. 이것이 **반증 원리**(falsification principle)이다. 즉, '규칙을 검증하려면 규칙을 반증하는 상황을 찾는 것이 필요하다'가 반증 원리이다.

반증 원리(falsification principle) 규칙을 검증하려면 규칙을 반증하는 상황을 찾는 것이 필요하다는 추리의 원리.

그림 13.9로 돌아가면, 우리는 K를 뒤집었을 때 무엇이 나오든 규칙에 대해 아무것도 알

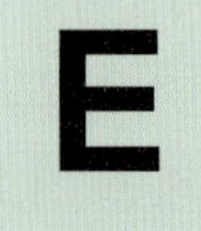

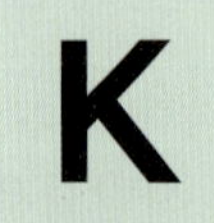

한 면에 모음이 있으면, 다른 면에는 짝수가 있다.

그림 13.8 웨이슨 카드 선택 과제(Wason, 1966). '보여주기: 웨이슨 카드 선택 과제'에 적힌 지시에 따라 이 문제를 풀어 보라.

Wason, 1966을 바탕으로 제작함.

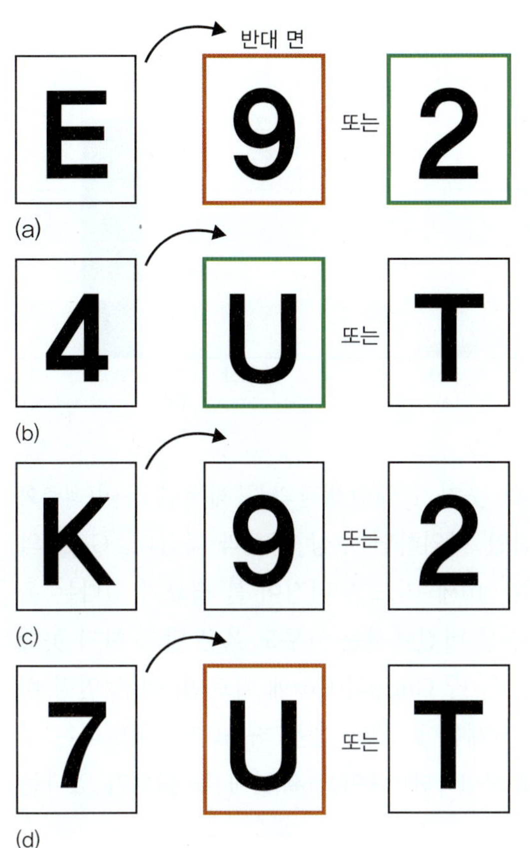

그림 13.9 그림 13.8의 웨이슨 카드 선택 과제에 있는 카드들을 넘겼을 때 가능한 결과. 빨간 테두리가 있는 카드는 카드를 넘겼을 때 '한 면에 모음이 있으면, 다른 면에는 짝수가 있다.'라는 규칙을 반증하는 카드이다. 초록 테두리가 있는 카드는 규칙을 확증하는 카드이다. 검은 테두리는 결과가 규칙과 무관하다는 것을 가리킨다. 반증 원리를 적용해서 이 규칙을 검증하려면 E 카드와 7 카드를 뒤집어 보는 것이 필요하다.

출처:Wason, 1966을 바탕으로 제작함.

려주지 않지만(규칙과 상관없는 자음이므로), 7의 반대 면에서 자음이 발견되면 규칙을 반증한다는 것을 알 수 있다. Wason의 실험에서 단지 4%의 참가자만이 뒤집어 볼 필요가 있는 두 번째 카드는 7이라는 정답을 택했다.

웨이슨 과제의 실세계 버전은 무엇을 알려주는가? 웨이슨 과제는 '만약…… 그러면……' 형태를 띤 조건 추리 과제이기 때문에 많은 연구를 생산해 냈다. 연구자들이 이 과제에 흥미를 느끼는 이유 중의 하나는 문제가 실세계 용어로 서술되면 수행이 향상되었기 때문이었다. 예를 들어, Richard Griggs와 James Cox(1982)는 다음과 같이 문제를 서술하였다.

> **그림** 13.10에 네 장의 카드가 제시되었다. 각 카드의 한 면에는 연령이 적혀 있고, 다른 면에는 음료의 이름이 적혀 있다. 이제 여러분이 '맥주를 마시려면 그 사람은 21세 이상이어야 한다.'는 규칙을 집행하는 경찰이라고 가정하자. 이 규칙이 지켜지고 있는지 알아보려면 **그림** 13.10에서 어떤 카드를 반드시 뒤집어 보아야 하는가?

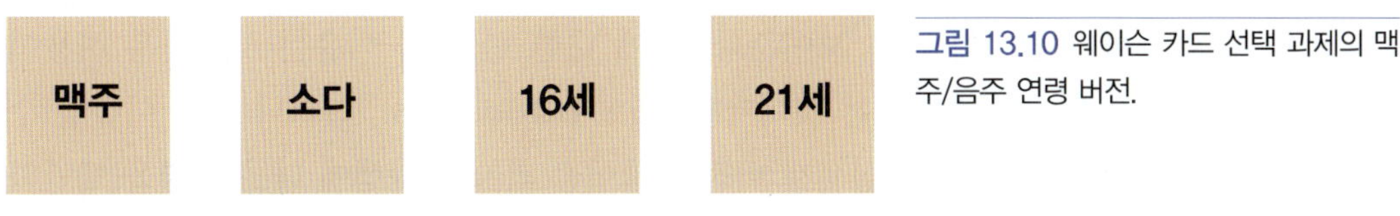

그림 13.10 웨이슨 카드 선택 과제의 맥주/음주 연령 버전.

출처:Griggs & Cox, 1982를 수정 인용함.

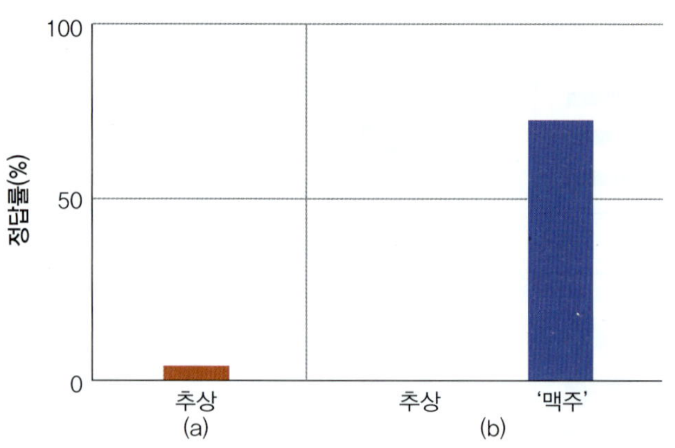

그림 13.11 웨이슨 카드 선택 과제의 다른 버전에서의 수행. (a) 그림 13.8에 있는 추상 버전(Wason, 1966). (b) 추상 버전과 그림 13.10에 있는 맥주/음주 연령 버전(Griggs & Cox, 1982).

출처: Wason, 1996; Griggs & Cox, 1982를 바탕으로 제작함.

웨이슨 과제의 맥주/음주 연령 버전은 글자와 숫자가 일상생활의 구체적인 용어(맥주와 소다; 어린 나이와 많은 나이)로 대체되었다는 점만 제외하면 추상 버전과 똑같다. Griggs와 Cox는 이 버전에서는 참가자들의 73%가 '맥주'와 '16세' 카드를 뒤집어 볼 필요가 있다는 옳은 선택을 했다는 것을 발견하였다. 그에 반해 추상 버전에서는 아무도 옳은 답을 하지 못했다(**그림** 13.11). 왜 구체 과제가 추상 과제보다 쉬운가? Griggs와 Cox에 따르면, 맥주/연령 버전에서는 사람들에게 친숙한 규제를 다루고 있기 때문에 쉽다. 음주 허용 연령이 있다는 것을 아는 사람은 누군가가 어려 보인다면(16세로 보인다면) 나이를 확인해 볼 필요가 있다는 것을 안다.

이와 유사한 접근을 Patricia Cheng과 Keith Holyoak(1985)이 하였는데, 이들은 사람들은 도식에 기반해서 사고한다는 생각에 근거하여 연구를 고안하였다. 여기서 도식은 사람들의 사고와 행동을 지배하는 규칙에 관한 지식을 말한다. 이러한 도식 중의 하나가 허용 도식인데, **허용 도식**(permission schema)은 어떤 사람이 특정 조건을 충족시키면(예: 음주 허용 연령이다) 그 사람은 해당 행동을 할 수 있다고(예: 알코올음료를 제공받는다) 진술한다. '여러분이 21세면 맥주를 마실 수 있다.'라는 허용 도식은 이 실험 참가자의 대부분이 학습한 것이기 때문에 카드 선택 과제에 그 도식을 적용할 수 있었다.

허용 도식(permission schema) 실용적 추론 도식의 하나로, '만약 어떤 사람이 A 조건을 충족하면, 그 사람은 B 행동을 수행할 수 있다.'라는 형태를 가진다. 허용 도식은 웨이슨 카드 선택 과제의 결과를 설명하는 데 사용되어왔다.

사람들이 허용 도식과 같은 실생활 도식을 카드 선택 과제에 적용한다는 생각은 카드 선택 과제의 추상 버전과 맥주/음주 연령 버전 간의 차이를 이해하는 것을 쉽게 해 준다. 추상 과제에서는 글자와 숫자에 관한 추상적인 진술문이 참인지 알려 주는 것이 목표였다. 그러나 맥주/음주 연령 과제에서는 그 사람이 술을 마시는 것이 허용된다는 것을 확인하는 것이 목표였다. 허용 도식이 활성화되면 사람들이 그 도식을 검증할 카드에 주의를 집중하는 것을 도와주는 것 같다. 사람들의 주의는 '16세' 카드에 집중되는 것 같다. 왜냐하면 반대 면에 '맥주'가 있다는 것은 술을 마시려면 21세 이상이어야 한다는 규칙을 위반하는 것이기 때문이다.

여기서 서술한 연구는 웨이슨 카드 선택 과제와 같은 삼단논법은 실세계의 상황으로 서술되었을 때 이해하기 쉽다는 것을 보여준다. 이에 대한 한 가지 이유는 사람들은 허용이나 규제와 관련된 상황에 민감하다는 것이다(Cheng & Holyoak, 1985). 그러나 다른 이유일 수도 있다. 실제로 다른 연구자들은 실세계 버전의 웨이슨 과제의 수행에 다른 설명을 제안하였다. 예를 들어, Leda Cosmides와 John Tooby(1992)는 사람들이 속임수를 쓰는 사람을 찾기 때문에 실세계 문제가 쉽다고 제안하였다. 이 설명의 논리는 진화의 관점에서 다른 사람의 속임수를 알아차리는 것이 생존에 중요하다는 생각에 기초한 것이다. Laurene Fiddick, Leda Cosmides, John Tooby(2000)는 **선제적 특수성 원리**를 제안했다. 이 원리는 특수한 추론 시스템이 일반적인 시스템보다 선제적으로 작동한다는 개념 속에서 사람의 인지 기제가 작동할 가능성이 있다는 것을 뜻한다. 이 틀에서 보면, 사람들이 일반적인 추론 시스템(예: 이 카드는 일반적인 규칙을 따르는가?)에서보다 특수화된 추론 시스템(예: 그 사람은 음주 허용 연령이 되었는가?)에서 추리를 더 잘할 수 있다는 것은 일리가 있다.

허용 설명과 속임수 설명이라는 설명을 지지하는 증거도 있고 반박하는 증거도 있다(Johnson-Laird, 1999b; Manktelow, 1999, 2012). 어떤 설명을 택하든 우리는 조건 추리가 일어나고 있는 맥락이 아주 큰 역할을 한다는 중요한 발견을 하였다. 카드 선택 과제를 친숙한 용어로 서술하면, 추상적인 서술문이나 우리가 연관을 짓기 어려운 서술문을 줄 때보다 수행이 더 좋다. 이것은 우리가 범주 삼단논법에서 논의했던 것, 즉 삼단논법이 서술된 방식(삼단논법이 p와 q로 서술되지 않고 실세계의 친숙한 용어로 서술되는 것)이 우리가 삼단논법을 평가하는 능력에 큰 영향을 미칠 수 있다는 것과 연결된다.

자가 테스트

1. 연역추리란 무엇인가? 삼단논법의 결론이 '타당하다'라고 말하는 것의 의미는 무엇인가? 어떻게 결론이 타당하지만 사실이 아닐 수 있는가? 사실이지만 타당하지 않은 것은? (학습목표 13-3)
2. 범주 삼단논법은 무엇인가? 범주 삼단논법에서 타당함과 사실의 차이는 무엇인가? (학습목표 13-3)
3. 믿음 편향은 무엇인가? 그림 13.2의 결과를 반드시 이해하라. (학습목표 13-3)
4. 추리의 타당성을 판단하는 심성 모형 접근이란 어떤 것인가? (학습목표 13-3)
5. 조건 삼단논법이란 무엇인가? 조건 삼단논법의 네 가지 유형 중에서 중 어느 것이 타당한가? 어느 것이 타당하지 않은가? 사람들은 각 유형의 타당성을 얼마나 잘 판단하는가? 형태는 유지한 채 단어만 바꾸는 것이 삼단논법이 타당한지 판단하는 능력에 어떻게 영향을 주는가? (학습목표 13-3)
6. 웨이슨 카드 선택 과제란 무엇인가? 문제를 풀려면 왜 7을 뒤집어야 하는지에 대해 서술하라. (학습목표 13-3)
7. 웨이슨 카드 선택 과제의 실생활 버전을 사용한 실험의 결과는 규제나 허용 도식에 관한 지식과 속임수를 알아차리는 것이 카드 선택 과제를 푸는 데 어떻게 영향을 미치는지에 대해 무엇을 알려 주는가? 웨이슨 카드 선택 과제에 대한 모든 실험에서 우리는 어떤 결론을 내릴 수 있는가? (학습목표 13-3)

13.3 결정: 대안 중에서 선택하기

이 장을 시작할 때 언급했듯이, 우리는 상대적으로 중요하지 않은 것(어떤 옷을 입을지, 어떤 영화를 볼지)에서부터 우리 삶에 아주 큰 영향을 미칠 수 있는 결정(어느 대학을 갈지, 누구와 결혼할지, 어떤 직업을 가질지)에 이르기까지 매일 많은 결정을 한다. 앞에서 가용성 어림법과 대표성 어림법에 대해 논의할 때, 우리는 사망 원인이나 어떤 사람의 직업에 대해 판단하게 한 예들을 다루었다. 결정에 대해 논의할 때는 어떻게 사람들이 **행동 경로**가 다른 대안 중에서 선택하는지에 강조점이 주어진다. 이 선택은 어느 학교를 갈지, 목적지에 도착하기 위해 비행기를 탈지 아니면 차를 운전해서 갈지와 같은 개인적인 결정일 수도 있고, '우리 회사가 어떤 광고 캠페인을 해야 할까?' 혹은 '어느 농구 선수를 선발해야 할까?'와 같이 직업과 관련된 결정일 수도 있다. 이제 결정의 기본 속성 중의 하나를 알아보는 것으로 이 절을 시작하자. 즉, 이득과 비용을 포함하는 결정에 대해 알아보는 것으로 시작하자.

효용 접근

기대 효용 이론 (expected utility theory)
사람들은 기본적으로 합리적이어서, 관련된 모든 정보를 가진다면 사람들은 기대 효용이 최대가 되는 결정을 내린다는 생각.

효용(utility)
그 사람의 목표를 달성하는 결과. 경제학 용어로 목표는 최대의 금전적 수익이다.

결정에 대한 초기 연구의 대부분은 **기대 효용 이론**(expected utility theory)의 영향을 받았는데, 이 이론은 사람들은 기본적으로 합리적이라고 가정한다. 기대 효용 이론에 따르면, 관련된 모든 정보를 가진다면 사람들은 기대 효용이 최대가 되는 결정을 내린다. 여기서 **효용**(utility)은 그 사람의 목표를 달성하는 결과를 말한다(Manktelow, 1999; Reber, 1995). 결정을 연구하는 경제학자들은 효용을 금전적인 가치로 표현하였다. 그러니까 좋은 결정의 목표는 최대의 금전적 수익을 내는 선택을 하는 것이다.

효용 접근의 장점 중의 하나는 어떤 선택이 가장 큰 금전적 가치를 이끌어 내는지 결정하는 것을 가능하게 해 주는 절차를 상세화한다는 것이다. 예를 들어, 카지노에서 슬롯머신을 할 때 이길 확률이 얼마나 되는지, 이 게임을 하려면 돈을 얼마나 내야 하는지, 그리고 이 게임에서 이기면 얼마를 받게 되는지를 안다면, 슬롯머신 게임을 하면 결국에는 돈을 잃을 것이라는 것을 알게 된다. 그렇지만 최적의 전략을 예측할 수 있다는 것이 사람들이 그 전략을 따른다는 것을 의미하는 것은 아니다. 사람들은 종종 확률에 기초한 최적의 반응 방식을 무시하는 것처럼 행동한다. 많은 사람들이 결국에는 카지노가 돈을 딴다는 것을 알면서도 도박이 인기가 있는 것을 보면 많은 사람들이 카지노를 후원하기로 작심한 것 같다. 이와 같은 관찰과 많은 실험 결과는, 사람들은 기대 효용 이론이 제안하는 결정 절차를 따르지 않는다고 심리학자들이 결론을 내리게 하였다.

사람들이 좋은 결과를 얻을 확률을 최대화하는 결정을 하지 않는다는 것을 보여 주는 예를 좀 더 살펴보자. Veronica Denes-Raj와 Seymour Epstein(1994)은 빨간 젤리와 흰 젤리가 들어 있는 그릇에서 빨간 젤리를 뽑을 때마다 1달러를 받아서 최대 7달러를 벌 기회를 참가자들에게 제공했다. 빨간 젤리가 한 개, 흰 젤리가 9개 든 작은 그릇(빨간 젤리를 고를 확률 = 10%)에서 고르는 것(**그림** 13.12a)과 빨간 젤리 7개와 흰 젤리 93개가 든 큰 그릇(빨간 젤리를 고를 확률 = 7%)에서 고르는 것(**그림** 13.12b) 중에서 선택하게 했을 때, 많은 참가자들이 확률이 낮은 큰 그릇을 골랐다. 왜 그렇게 했는지 설명해 달라고 했을 때, 사람들은 큰 그릇이 확률이 낮은 것은 알지만 그릇에 빨간 젤리가 많으면 빨간 젤리를 고를 확률이 높은 것처럼 느껴졌다고 대답했다. 빨간 젤리를 많이 보는 것이 확률이 낮다는 지식(시행마다 참가자들에게 빨간 젤리와 흰 젤리가 몇 개 있는지 알려 주었다)을 압도한 것 같다.

(a) 10개 중 빨간 젤리 1개.
확률 = 10 %

(b) 100개 중 빨간 젤리 7개.
확률 = 7 %

그림 13.12 Denes-Raj와 Seymour Epstein(1994)은 (a) 빨간 젤리가 1개, 흰 젤리가 9개 든 그릇과 (b) 빨간 젤리 7개와 흰 젤리 93개가 든 그릇(이 그림에 흰 젤리는 일부만 그렸음) 중에서 젤리를 하나만 고르게 하였다. 참가자들은 빨간 젤리를 뽑으면 돈을 받았다.

출처: Denes-Raj & Epstein, 1994를 바탕으로 제작함.

어느 그릇에서 젤리를 고를지 결정하는 것이 특별히 중요한 결정은 아니지만, 참가자들이 확률이 낮은 대안을 선호한다는 것은 확률에 대한 지식 이외의 다른 요인의 영향을 받는다는 것을 보여 준다. 이 문제보다 훨씬 더 결과가 심각할 수 있는 실생활에서의 결정이 자동차로 여행할지 비행기로 여행할지 결정하는 것이다. 자동차 사고로 사망할 확률이 비행기 사고로 사망할 확률보다 높다는 것이 잘 알려져 있지만, 9 · 11 테러 이후에 비행기 여행은 감소하고 자동차 여행은 증가했다. 어떤 추정치에 따르면, 비행기의 위험을 피하려고 자동차로 여행하다 목숨을 잃은 미국인의 수가 4개의 비행기 납치 사고에서 사망한 전체 여행자 수보다 많았다(Gigerenzer, 2004).

사람들이 결정을 내릴 때 종종 확률을 무시한다는 것이 2005년부터 2019년까지 미국에서 방영된 「딜 오어 노딜(Deal or No Deal)」이라는 게임 쇼에서 게임 참가자들이 어떻게 반응하는지를 분석한 것에서도 지지되었다. 이 쇼에서 참가자는 1센트에서 100만 달러에 이르는 26개의 금액 목록을 받는다. 이 금액들은 26개의 서류 가방에 들어 있는데, 이 서류 가방들이 무대에 진열되어 있다. 게임은 참가자가 이 서류 가방 중에서 하나를 자기 것으로 고르면서 시작된다. 참가자는 금액에 상관없이 자기 서류 가방에 있는 돈을 가질 자격이 있다. 그러나 문제는 자기가 고른 가방에 얼마가 들어 있는지 참가자는 모른다는 것이다. 그것을 알아내는 방법은 자기 가방만 남을 때까지 나머지 25개의 가방을 한 번에 하나씩 열어 보는 것이다(**그림** 13.13).

참가자는 남은 25개 가방 중에서 어느 가방을 열지 한 번에 하나씩 알려야 한다. 참가자가 가방을 정하면 가방 옆에 있는 모델이 가방을 열어서 안에 있는 액수를 공개한다. 그리고 그 액수는 26개의 금액 목록에서 제거된다. 그러니까 금액 목록을 보게 되면 참가자는 어떤 것들이 사라졌고(그때까지 열린 가방들에 들어있던 금액들) 어떤 금액이 아직 남아있는지 알 수 있다. 남아있는 금액 중 하나는 참가자의 가방에 들어 있지만, 참가자는 그게 어느 것인지는 알 수 없다.

6개의 가방을 열고 난 다음, 진행자는 남은 20개의 상금을 토대로 참가자에게 거래를 제안한다. 그러면 참가자는 진행자가 제안한 액수를 받을지(deal), 아니면 게임을 계속할지(no deal) 반드시 선택해야 한다. 참가자가 결정하는 것을 도와주는 정보는 진행자가 제안한 액수와 남아 있는 액수들뿐인데, 그중 하나는 자기 가방 안에 있는 액수이다. 참가자가 진행자의 제안을 거부하면, 참가자는 남은 가방 중에서 하나를 다시 열고, 진행자는 새로운 제안을 한다. 진행자가 제안할 때마다 참가자는 진행자의 제안과 아직 남아있는 액수를 고려해서

Trae Patton/NBC-TV/Kobal/REX/Shutterstock.com

그림 13.13 텔레비전 게임쇼 「딜 오어 노딜(Deal or No Deal)」의 게임 초반부 결정 순간. 오른쪽에 있는 진행자 하위 맨델(Howie Mandel)이 참가자에게 제안한 액수를 받을지(deal), 아니면 게임을 계속할지(no deal) 선택하라고 말하고 있다. 배경에 아직 열지 않은 번호가 붙은 가방 옆에 모델들이 서 있다. 각 가방에는 알려지지 않은 액수가 들어 있다. 이 사진에서 보이지 않지만, 참가자가 고른 가방에도 얼마인지는 모르지만 돈이 들어 있다.

제안을 받아들일지 아니면 게임을 계속할지 결정한다.

표 13.4에 있는 상황을 고려해 보자. 이것은 우리가 참가자 X라고 부르는 참가자의 실제 게임 현황이다. 왼쪽 열에 있는 액수들은 X가 이미 열어본 21개의 가방에 들어 있던 금액이다. 오른쪽 열에 있는 액수들은 아직 열어 보지 않은 5개 가방 속에 있는 액수들이다. 이들 중 네 개의 가방은 무대 위에 있고, 나머지 하나는 참가자 X가 가지고 있다. 5개의 액수를 고려해서 진행자는 8만 달러를 제안하였다. 다른 말로 하면 참가자는 확실하게 8만 달러를 받는 것과 오른쪽 열에 있는 더 큰 액수를 얻기 위해서 도박을 하는 것 중 하나를 선택해야 한다. 합리적인 선택은 8만 달러를 받는 것이다. 왜냐하면, 30만 달러를 받을 확률은 단지 1/5이고, 그 외의 다른 액수들은 8만 달러보다 작기 때문이다. 불행하게도 참가자 X는 제안을 거부했는데, 이어서 열어 본 가방에 30만 달러가 들어 있어서 목록에서 제거되었다. 참가자 X는 진행자가 새로 제안한 2만 1,000달러를 받아들여서 게임이 끝났다.

Thierry Post와 동료들(2008)은 수백 개의 게임에서 나온 참가자들의 반응을 분석해서, 참가자들의 선택은 남아 있는 가방에 있는 액수뿐만 아니라 그때까지 일어났던 것의 영향을 받는다고 결론을 내렸다. Post는 참가자에게 유리하게 상황이 전개되고(액수가 적은 가방들이 열렸고) 진행자가 점점 더 많은 액수를 제안하면, 참가자는 조심스러워져서 제안을 일찍 받아들이는 경향이 있다는 것을 발견하였다. 그에 반해, 참가자에게 상황이 안 좋고(액수가 큰 가방들이 열려서 목록에서 제외되면) 진행자가 제안하는 액수가 작아지면, 참가자들은 점점 더 모험을 추구해서 게임을 계속하는 경향을 보였다. Post는 상황이 안 좋은 참가자가 이러한 행동을 하는 이유는 '패자'가 되는 부정적인 감정을 피하고 싶기 때문이라고 제안하였다. 그래서 그들은 '확률상의 불리함을 딛고 일어나' 좋은 결말을 얻는다는 희망을 품고 모험을 택한다. 아마 이것이 참가자 X에게 일어난 일이었을 텐데, 불행히도 결과가 나빴다. 이 예에서는 참가자의 결정이 정서에 휘둘린 것처럼 보인다. 이제 결정이 어떻게 정서나 효용 이론에서 다루지 않았던 다른 요인의 영향을 받는 예들을 살펴본다.

표 13.4 『딜 오어 노딜』 현황

열어본 21개의 가방(더 이상 쓸모 없음)		남은 5개의 가방(아직 유효함)
0.01달러	5,000달러	100달러
1달러	10,000달러	
5달러	25,000달러	400달러
10달러	75,000달러	
25달러	100,000달러	1,000달러
50달러	200,000달러	
70달러	400,000달러	50,000달러
200달러	500,000달러	
300달러	750,000달러	300,000달러
500달러	1,000,000달러	
750달러		

정서의 영향

개인의 정서가 결정과 관련이 있다. 논리, 창의성, 정서의 상호작용에 대해 우리가 12장에서 논의했던 것을 기억해 보라. 특히 정서가 논리적인 결정을 방해하는 경향이 있다는 것을 언급했다. 예를 들어, 불안한 사람은 큰 부정적인 결과를 초래할 수도 있는 결정을 피하는 경향이 있다. 이를 **위험 회피**라 하는데, 곧 이에 대해 다룬다(Maner & Schmidt, 2006; Paulus & Yu, 2012). 다른 예는 낙관 정서이다. 낙관 정서는 종종 긍정적인 개인 특성으로 간주된다. 그렇지만 낙관적인 사람들은 부정적인 정보를 무시하고 긍정적인 정보에 집중하기 쉬운데, 이는 불완전한 정보에 기초한 결정을 하게 할 수 있다. 그러니까 낙관이 지나치면 좋지 않은 결정을 내리게 할 수 있다(Izuma & Adolphs, 2011; Sharot et al., 2011). 예를 들어, 소비자 연구는 낙관주의자는 자기 성공이 무작위적인 변화에 기초한다고 믿어서 위험한 투자를 하는 경향이 있고, 반면에 비관주의자는 자기 능력이 성공의 주요 요인이라고 생각할 때 투자를 더 많이 하는 경향이 있다는 것을 발견했다(Ho & Wyer, 2022).

이제 정서와 개인차가 결정에 영향을 미칠 수 있는 다른 방식에 대해 알아보자.

사람들은 자신의 정서를 부정확하게 예측한다 정서가 결정에 영향을 미치는 가장 강력한 효과 중의 하나는 **기대 정서**(expected emotion)와 관련이 있다. 기대 정서란 특정 결과에 대해서 자기가 느낄 거라고 **예상하는** 정서를 말한다. 예를 들어, 『딜 오어 노딜』 게임에서 참가자는 자기가 겪을 정서라는 관점에서 선택에 대해 생각할 수 있다. 즉, 진행자가 제안한 12만 5,000달러를 수용하면(수용하지 않고 게임을 계속하면 50만 달러를 딸 수도 있지만) 자기가 얼마나 기분이 좋을지, 자기가 50만 달러를 따면 얼마나 기분이 끝내줄지, 그러나 진행자의 제안을 거부하고 자기 가방에 단지 10달러가 있는 것을 보면 얼마나 기분이 참담할지와 같이 결과에 대해 예상되는 정서를 토대로 결정할 수 있다.

기대 정서(expected emotion) 특정 결과에 대해서 자기가 느낄 거라고 예상하는 정서.

기대 정서는 위험을 감수하는 것을 회피하는 **위험 혐오**(risk aversion)의 결정 인자의 하나이다. 위험 혐오의 가능성을 증가시키는 것의 하나는 손실이 같은 크기의 이득보다 더 큰 영향을 미친다고 예측하는 경향이다(Tversky & Kahneman, 1991). 예를 들어, 사람들이 100달러를 잃는 것은 아주 신경 쓰이는 일이지만 100달러를 따는 것은 조금 즐거운 일이라고 믿는다면, 이것은 사람들로 하여금 동전 던지기(앞이면 100달러 따고, 뒤면 100달러 잃기)처럼 승산이 반반인 내기에는 참여하지 않게 만든다. 사실 이 효과 때문에 어떤 사람들은 200달러를 딸 확률이 50%이고 100달러를 잃을 확률이 50%인 내기에 참여하는 것도 망설이게 만든다. 그런데 이 내기는 효용 이론에 따르면 좋은 내기이다(Kermer et al., 2006).

위험 혐오(risk aversion) 위험을 회피하는 결정을 하는 경향성.

Deborah Kermer와 동료들(2006)은 사람들의 기대 정서와 실제 정서를 비교하는 실험을 통해 이 효과를 연구했다. 그들은 참가자들에게 5달러를 주고, 동전 던지기 결과에 따라 5달러를 더 따거나 3달러를 잃을 수 있다고 알려 주었다. 참가자들은 실험을 시작하기 전에 자기들이 행복한 정도를 평정하였고, 또 자기들이 동전 던지기에서 이기거나(5달러를 따서 10달러를 갖는다) 질 경우(3달러를 잃어 2달러를 갖는다) 자기들이 행복한 정도가 어떨지 예측하게 하였다. 이 결과가 **그림** 13.14의 왼쪽에 한 쌍의 막대로 표시되었다. 실험 전에는 3달러를 잃는 것의 부정적인 효과가 5달러를 따는 것의 긍정적인 효과보다 클 것으로 예측한 점에 주목하라.

그림 13.14 Kermer와 동료들(2006)의 실험 결과는 사람들은 실제로 잃을 때 경험하는 부적 정서(오른쪽 빨간색 막대)보다 잃을 때 경험할 것으로 예상하는 부적 정서(왼쪽의 빨간색 막대)를 과잉 추정한다는 것을 보여준다. 파란색 막대는 사람들이 얻을 때 경험할 것으로 예상하는 정적 정서(왼쪽의 파란색 막대)는 실제로 얻을 때 경험하는 정적 정서(오른쪽 파란색 막대)보다 약간만 과잉 추정한다는 것을 보여준다.

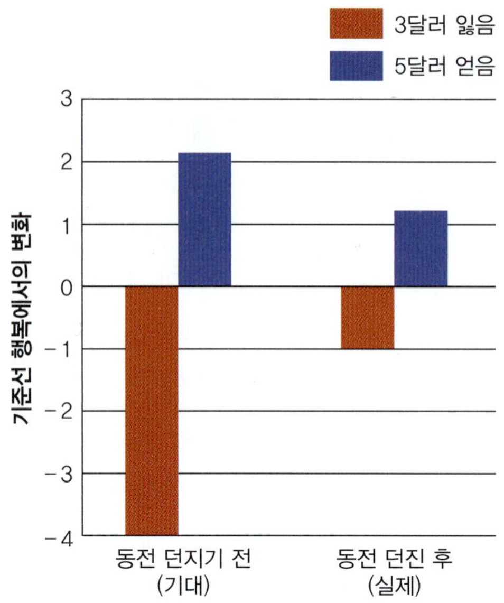

출처: Kermer et al., 2006을 바탕으로 제작함.

동전을 던지고 나서, 어떤 참가자는 따고 다른 참가자는 잃었는데, 관심을 다른 데 돌리게 하려는 목적으로 실시하는 과제를 10분 동안 하게 한 다음, 자신의 행복한 정도를 평정하게 하였다. 그림의 오른쪽에 있는 한 쌍의 막대그래프는 잃었을 때 실제 패배가 미치는 효과는 예상보다 훨씬 덜하지만, 땄을 때의 실제 효과는 예상보다 조금 덜하다는 것을 보여준다. 그래서 내기를 하고 나서, 땄을 때의 긍정적인 효과와 잃었을 때의 부정적인 효과의 크기는 거의 같았다.

왜 사람들은 자신의 부정적 감정을 과잉추정할까? 한 가지 이유는 감정을 예측할 때 부정적인 상태에 대처하기 위해 사용할 수 있는 다양한 대응 기제를 고려하지 않았다는 것이다. 예를 들어, 자기가 원하는 직장에 취업하지 못한 사람은 '보수가 내가 원하는 수준이 아니었어.'라든가 '나는 더 좋은 자리에 가게 될 거야.'와 같은 말로 실패를 합리화할 수 있다. Kermer의 실험에서, 참가자들에게 내기에서 잃으면 어떻게 느낄지 예측하게 했을 때는 5달러를 잃는다는 것에 집중했다. 그러나 결과가 정해져서 내기에서 돈을 잃은 참가자들은 자기들이 아직 2달러를 가지고 있다는 사실에 집중했다.

Kermer의 실험과 다른 실험의 결과는 결정의 정서적인 결과를 정확하게 예측하지 못하는 것은 비효율적인 결정으로 이끌 수도 있다는 것을 보여준다(Peters et al., 2006; Wilson & Gilbert, 2003). 이제 결정을 내리는 것과 전혀 관련이 없는 정서가 어떻게 결정에 영향을 미치는지를 알아본다.

우발적인 정서
(incidental emotion)
결정 상황에서, 결정과 직접적으로 관련되지 않은 정서.

우발적인 정서가 결정에 영향을 미친다 **우발적인 정서**(incidental emotion)는 결정해야 하는 것과 관련되지 않은 정서를 말한다. 우발적인 정서는 그 사람의 전반적인 성향(예: 그 사람은 천성이 행복해)이나 그날 일어났던 일, 또는 일반적인 환경(예: 게임 쇼의 배경 음악이나 게임 쇼 방청객의 환호)과 연관이 있을 수 있다.

여러분이 행복하게 느끼거나 슬프게 느낀다는 사실, 또는 여러분이 긍정적인 느낌이나 부정적인 느낌을 불러일으키는 주변 환경에 있다는 사실은 어떻게 결정에 영향을 미칠까? 이러한 우발적인 정서가 결정에 영향을 미친다는 증거가 있다. 이 정서가 결정과 아무 관련이 없는 정서인데도 말이다. 예를 들어, 대학교의 입학 결정을 분석한 연구에서는 맑은 날보다 흐린 날에 지원자들의 학업 성적이 더 비중이 크게 고려되었다는 것을 발견하였다(비학업 정보들은 맑은 날 더 비중이 크게 고려되었다)(Simonsohn, 2007). 또 다른 연구에서는 학문적으로 높이 평가받는 대학교에 지원한 학생들이 흐린 날에 학교를 방문했을 때 그 학교에 실제로 등록할 가능성이 높았다는 결과가 나왔다(Simonsohn, 2009).

맥락의 영향

결정이 맥락의 영향을 받을 수 있다는 증거는 가능한 선택으로 고려할 대안을 추가하면 결정이 영향을 받는다는 것을 보여준 실험들에서 나왔다. 예를 들어, 의사들에게 가상의 67세 환자에게 관절염약을 처방할지 물어본 실험에서, 선택지가 '특정 약을 처방한다.'와 '아무 약도 처방하지 않는다.'의 두 가지였을 때는 72%가 '처방한다'를 선택하였다. 그러나 또 다른 약이 선택지에 추가되어 대안이 '약품 1을 처방한다.', '약품 2를 처방한다.', '아무것도 처방하지 않는다.'의 3가지가 되었을 때는 단지 53%만이 '약을 처방한다'라는 선택을 하였다. 어려운 결정을 해야 하는 상황에 놓이면 '결정하지 않는' 선택이 증가하는 것 같다(Redelmeier & Shafir, 1995).

맥락이 의학적 결정에 영향을 미칠 수 있다는 다른 예는 의사들에게 제왕절개를 할 수도 있는 가상의 사례를 제시한 실험에서 확인되었다(Shen et al., 2010). 제왕절개 시술을 할 것인지를 결정하는 것은 세 가지 맥락에서 실시되었다. (1) 통제조건: 가상의 시험 사례가 제일 먼저 제시되었다. (2) 심각한 이전 사례: 가상의 시험 사례에 앞서 네 개의 사례가 제시되었는데, 이 사례에서는 일반적으로 제왕절개가 필요할 정도로 심각한 문제가 있었다. (3) 심각하지 않은 이전 사례: 가상의 시험 사례에 앞서 네 개의 사례가 제시되었는데, 이 사례는 아주 일상적이어서 일반적으로 제왕절개 시술을 요구하지 않는 경우였다. **그림** 13.15에 제시된 결과를 보면, 통제조건과 심각한 이전 사례 조건에서는 의사들의 절반 이상이 제왕절개를 이용한 분만을 추천하였다. 그러나 심각하지 않은 사례들이 먼저 제시되었던 경우에는 75%가 제왕절개를 추천하였다. 특별한 처치가 필요 없는 간단한 사례들이 선행했을 때는 가상의 시험 사례가 더 심각한 것처럼 지각된 것 같다. 실제 의료 장면에 이 결과를 적용한다면, 이것은 환자가 제왕절개를 받을지 말지는 의사가 직전에 경험한 사례의 영향을 받는다는 것을 의미한다.

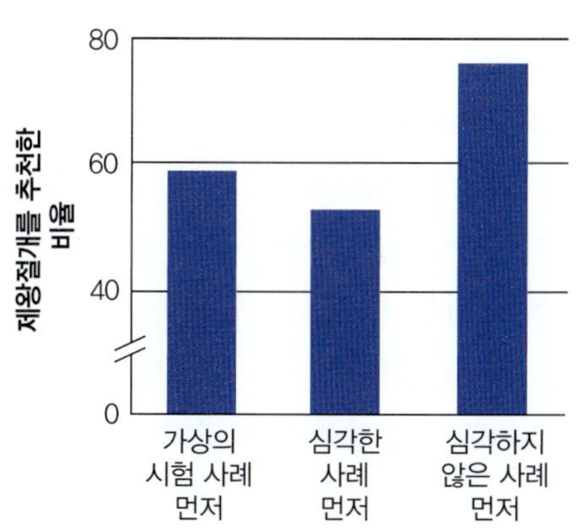

그림 13.15 맥락이 결정에 미치는 영향. 의사가 제왕절개를 추천한 비율은 가상의 시험 사례가 처음으로 제시되거나(통제 조건) 제왕절개가 필요한 심각한 사례 네 개가 먼저 제시된 경우 비슷하였다. 그러나 의사들이 제왕 절개를 추천할 가능성은 제왕절개가 필요 없는 심각하지 않은 사례 네 개가 먼저 제시되었던 경우에 더 높았다.

출처: Shen et al., 2010을 바탕으로 제작함.

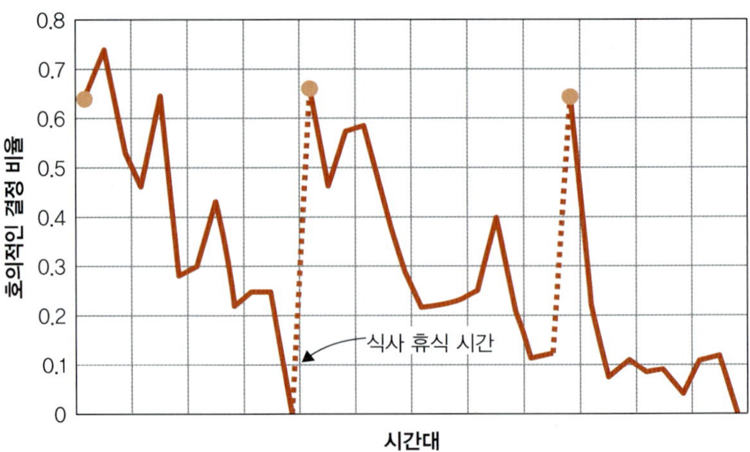

그림 13.16 Danziger와 동료들(2011)의 연구 결과. 판결이 시간대나 휴식 시간에 크게 영향을 받는다.

만약 의사의 직전 경험이 의료 결정에 영향을 미칠 수 있다는 발견이 좀 불편하게 느껴진다면, 이스라엘 가석방 위원회에 신청한 죄수들의 상황을 고려해 보자. Shai Danziger와 동료들(2011)은 1,000개 이상의 가석방 신청에 대한 판결을 연구해서, 유리한 반응(가석방 허가)을 얻은 확률이 식사 휴식을 취한 다음에 내린 판결에서는 65% 정도였지만, 식사 휴식 직전에 내린 판결에서는 거의 0%였다는 것을 발견하였다. **그림 13.16**에 제시된 것처럼, 과외변인(판사가 피곤하거나 배고프다)이 판결에 영향을 미칠 수 있다는 발견은 판사 Judge Jerome Frank(1930)가 말한 구절 "정의는 판사가 아침에 무엇을 먹었는지에 달려 있다(Justice is what the judge had for breakfast)."라는 말에 신빙성을 더해 준다.

여러분이 의학적 결정이나 사법적 결정을 내리지 않을 수 있지만, 이 예들은 맥락이 다양한 방식으로 결정에 영향을 미칠 수 있다는 것을 보여준다. 더 일상적일 수 있는 예로, 상점에서 어떤 카메라를 살지 결정하는 상황을 생각해 보자. 각기 사양이 다른 170달러 모델과 240달러 모델, 이렇게 두 모델이 전시되었을 수 있다. 어느 것을 사겠는가? 여러분의 구매 결정은 전시 맥락에 따라 달라질 수 있다. Simonson과 Tversky(1992)는 선택지가 단지 두 개면 결정은 170달러 모델과 240달러 모델이 거의 반으로 갈린다는 것을 보여주었다. 그러나, 더 비싼 470달러 모델이 전시에 추가되면, 참가자들은 170달러 모델보다 240달러 모델을 선택하는 경향을 보였다. 이것은 무엇을 살지와 같은 일상생활에서의 결정도 맥락의 영향을 받을 수 있다는 것을 보여 준다. 여러분이 다음에 상점에서 물건을 고를 때 유념해야 할 사항일 것이다.

대안 제시 방식의 효과

가입표시 절차(opt-in procedure) 특정 행동을 선택하기 위해 능동적인 단계를 밟아야 하는 절차(예: 장기 기증자가 되는 것 선택).

탈퇴표시 절차(opt-out procedure) 특정 행동을 회피하기 위해 능동적인 단계를 밟아야 하는 절차(예: 장기 기증자가 되지 않는 것 선택).

사람들의 판단은 선택지들이 서술된 방식의 영향을 받는다. 예를 들어, 장기 기증자가 되는 결정에 대해 생각해 보자. 2024년 3월 기준으로 성인의 90%가 장기 기증을 지지하지만, 단지 60%만이 기증 카드에 서명했다. 이것은 미국이 **가입표시 절차**(opt-in procedure)를 택한 것의 영향이 크다. 가입한다는 의사 표명을 하는 능동적인 단계를 밟아야 하는 절차가 가입표시 절차이다(Johnson & Goldstein, 2003). 스페인과 같은 나라는 동의율이 훨씬 높은데, 그것은 이 나라들에서는 **탈퇴표시 절차**(opt-out procedure)를 택했기 때문이다. 거절한다는 의사를 표시하지 않는 한 동의하는 것(이 경우 기증자가 되는 것)으로 간주하는 것이 탈퇴표시 절차이다.

현상유지 편향(status quo bias) 선택을 해야 할 때 아무것도 하지 않는 경향성.

선택을 표시해야 하는 상황에서 행동을 취하지 않는 사람들의 경향성과 관련된 것이 현상유지 편향이다. **현상유지 편향**(status quo bias)이란 선택을 해야 할 때 아무것도 하지 않는 경향성을 가리킨다. 예를 들어, 어떤 주에서는 운전자가 소송을 제기할 권리를 보호하는 비싼 자동차 보험을 사는 권리와 소송을 제기할 권리를 제한하는 싼 자동차 보험을 사는 권리 중에서 선택할 수 있다. 그러나 대부분의 운전자들은 선택하지 않아서 그 주의 기본 계약이 적용되었다. 현재 상태에 머무르는 경향은 자기에게 선택권이 있어도 현재의 전기 공급자나 은퇴연금이나 건강 보험을 계속 유지하는 결정을 내릴 때도 나타난다. 선택지 중에는 자기에게 더 좋은 것이 있을 때도 말이다(Suri et al., 2013).

장기 기증과 자동차 보험 예는 한 개인이 변경하겠다는 결정을 선택하는지의 문제이다. 선택이 서술된 방식은 한 사람이 반드시 둘 중 하나를 선택해야 하는 상황에서도 영향을 미친다. Paul Slovic과 동료들(2000)은 법정 심리학자와 정신과 의사에게 정신질환이 있는 존스 씨의 사례를 보여주고, 이 환자가 퇴원 후 6개월 이내에 다시 폭력 행동을 할 가능성을 판단하도록 요구했다. 이 실험에서 가장 중요한 변인은 이전 사례에 대한 정보를 제공하는 진술문의 성격이었다. "존스 씨와 비슷한 100명의 환자 중에 20명이 폭력 행동을 할 것으로 추정되었다."라는 진술문을 주었을 때는 41%가 퇴원 결정을 거부했다. 그러나 "존스 씨와 유사한 환자가 폭력 행동을 할 가능성은 20%로 추정된다."라는 진술문을 들었을 때는 단지 21%만이 퇴원에 반대했다. 왜 이러한 차이가 생겼을까? 한 가지 가능한 이유는 첫 번째 진술문은 공격받은 20명의 심상을 만들어내는 데 반해, 두 번째 진술문은 추상적인 확률로 서술된 진술문이어서 존스 씨와 같은 환자들이 폭력적일 가능성이 아주 작은 것으로 이해될 수 있었다는 것이다.

아래에도 두 개의 대안 중에서 고르는 문제인데, 한번 시도해 보기 바란다.

보여주기

여러분이라면 어떻게 하겠는가?

기온 상승과 많은 비 때문에 알레르기가 심할 것으로 예상되어 여러분이 속한 대학교가 이에 대한 대비를 하고 있다. 알레르기는 600명에게 영향을 줄 것으로 예상된다. 알레르기에 대항하는 두 가지 방안이 제안되었다. 각 방안의 결과에 대한 과학적인 추정치는 다음과 같다.

- A 방안이 채택되면, 200명이 도움을 받을 것이다.
- B 방안이 채택되면, 1/3의 확률로 600명이 도움을 받고, 2/3의 확률로 아무도 도움을 받지 못한다.

두 가지 방안 중 어느 것을 찬성하는가?

같은 알레르기에 대항할 다른 제안도 생각해 보자.

- C 방안이 채택되면, 400명이 심한 알레르기 반응을 겪을 것이다.
- D 방안이 채택되면, 1/3의 확률로 모두가 탈이 없고, 2/3의 확률로 600명이 심한 알레르기 반응을 겪을 것이다.

이 두 방안 중 어느 것을 고르겠는가?

위험 혐오 전략(risk aversion strategy) 위험 회피에 지배되는 결정 전략. 문제가 이득의 용어로 서술될 때 자주 사용된다.

Tversky와 Kahneman(1981)이 이와 유사한 문제를 주었을 때, 실험에 참가한 학생의 72%는 A 방안을 택했고, 나머지는 B 방안을 택했다(**그림 13.17**). A 방안을 택했다는 것은 참가자들이 **위험 혐오 전략**(risk aversion strategy)을 사용했다는 것을 시사한다. 확실하게 200명을 도와주는 것이 2/3의 확률로 한 명도 도움을 받지 못하는 것보다 매력적이다. 그러나 Tversky와 Kahneman이 C 방안과 D 방안을 다른 학생들에게 제시했을 때는 22%가 C 방안을 택했고,

그림 13.17 틀이 결정에 미치는 영향. 이 파이 그래프들은 교재에 서술된 A, B, C, D 방안을 도식한 것이다. A 방안과 B 방안의 사망자 수와 확률은 C 방안과 D 방안과 똑같다는 점에 주목하라. 괄호 안의 숫자는 A 방안과 B 방안, 그리고 C 방안과 D 방안 중에서 선택하게 했을 때 각 방안을 선택한 비율을 보여준다.

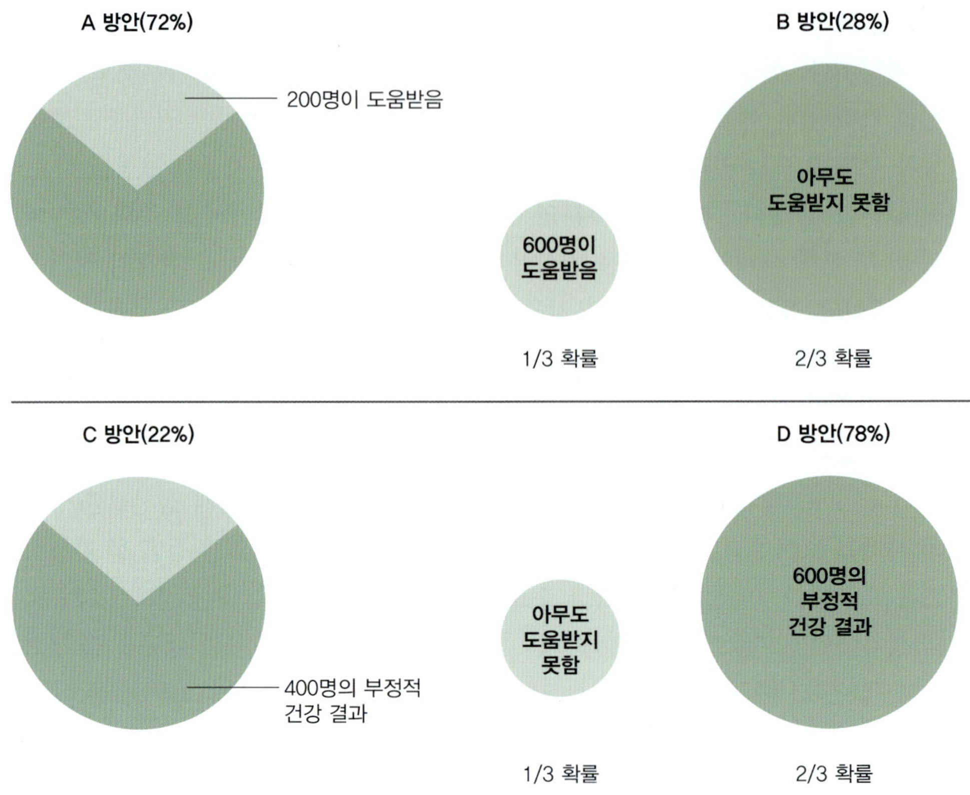

출처: Tversky & Kahneman, 1981을 바탕으로 제작함.

위험 감수 전략(risk seeking strategy) 위험 감수에 지배되는 결정 전략. 문제가 손실의 용어로 서술될 때 자주 사용된다.

78%가 D 방안을 택했다. 이것은 **위험 감수 전략**(risk seeking strategy)을 보여주는 것인데, 400명이 확실하게 알레르기 반응을 겪는 것은 2/3의 확률로 600명이 건강 문제를 겪는 것보다 받아들이기 어렵기 때문이다.

그러나 우리가 네 가지 방안을 자세히 들여다보면, 이들은 똑같은 쌍이라는 것을 알 수 있다(**그림** 13.17). A 방안과 C 방안은 200명이 이득을 보고 400명이 알레르기로 고생한다. 그런데 72%의 학생은 A 방안을 택했는데, 단지 22%만이 C 방안을 택했다. B 방안과 D 방안을 비교해도 유사한 상황이 벌어진다. 두 방안 다 같은 수가 건강으로 고생하지만, 하나는 28%가 채택했고 다른 방안은 78%가 채택했다. 이 결과는 **틀 효과**(framing effect)를 보여준다. 즉, 결정은 대안이 어떻게 진술되었는지 또는 어떤 틀이 만들어졌는지의 영향을 받는다. Tversky와 Kahneman은 일반적으로 선택이 이득으로 틀이 만들어지면(몇 명이 혜택을 얻는지로 서술된 첫 번째 문제에서처럼) 사람들은 위험 혐오 전략을 사용하고, 선택이 손실로 틀이 만들어지면(몇 명이 건강 문제로 방해받는지로 서술된 두 번째 문제에서처럼) 사람들은 위험 감수 전략을 사용한다고 결론을 내렸다.

틀 효과(framing effect) 결정은 대안이 어떻게 진술되는지에 따라 영향을 받는다.

사람들의 결정이 틀의 영향을 받는 한 가지 이유는 문제가 서술된 방식이 상황의 어떤 특징은 강조할 수 있고(예: 사람이 부정적인 건강 문제로 고생한다) 다른 특징은 약화시킬 수 있기 때문이다(Kahneman, 2003). 선택지가 서술된 방식이 인지 과정에 영향을 줄 수 있다는 것은 놀랄 일이 아니다. 왜냐하면 우리는 이미 연역추리에서 삼단논법을 논의할 때 이러한 증거를 살펴보았고, 12장에서 다양한 실험 결과가 문제의 서술 방식이 문제를 푸는 능력에 영향을 줄 수 있다는 것을 보여주었기 때문이다(424쪽).

신경경제학: 결정의 신경적 기초

결정을 연구하는 새로운 접근인 **신경경제학**(neuroeconomics)은 심리학, 신경과학, 경제학의 연구를 결합해서, 잠재적인 이익과 손실이 관련된 결정과 신경 활동이 어떻게 연관되는지를 연구한다(Lee, 2006; Lee & Seo, 2016; Lowenstein et al., 2008; Sanfey et al., 2006). 이 접근이 거둔 성과 중 하나는, 사람들이 경제 게임을 하면서 결정을 내릴 때 활성화되는 뇌의 부위를 밝혀낸 연구이다. 이 연구는 결정은 종종 정서의 영향을 받으며, 정서는 뇌의 특정 영역의 활동과 연합되어 있다는 것을 보여주었다.

신경경제학(neuroeconomics) 심리학, 신경과학, 경제학의 연구를 결합해서 결정을 연구하는 접근법.

신경경제학 접근을 보여 주기 위해 참가자들이 최후통첩 게임을 하는 동안 뇌의 활동을 측정한 Alan Sanfey와 동료들(2003)이 수행한 실험에 대해 알아보자. **최후통첩 게임**(ultimatum game)은 두 명이 참여하는 게임인데, 한 명은 **제안자**이고 다른 한 명은 **응답자**가 된다. 제안자에게 돈(예: 10달러)을 주면, 제안자는 그 돈을 자기와 응답자가 어떻게 나눌 것인지 응답자에게 제안한다. 응답자가 제안을 받아들이면, 제안한 대로 돈을 두 사람에게 분배한다. 응답자가 제안을 거부하면, 아무도 돈을 받지 못한다. 응답자가 어떤 선택을 하든 응답자가 제안에 대해 답을 하면 게임은 끝난다.

최후통첩 게임(ultimatum game) 제안자에게 돈을 주면, 제안자가 응답자에게 어떻게 나눌 것인지 제안한다. 응답자는 제안을 수용하든지 거절해야 한다. 이 게임은 결정 전략을 연구하기 위해 사용되었다.

효용이론에 따르면, 응답자는 제안 액수가 0보다 크면 액수에 상관없이 제안자의 제안을 수용해야 한다. 제안을 수용하면 무언가를 받지만, 제안을 거부하면 한 푼도 받지 못하기 때문에 이것이 합리적인 반응이다. 이 게임은 단 한 번만 하기 때문에 다음 기회는 없다는 점을 기억하라.

Sanfey의 실험에서 참가자들은 응답자로 20회 게임을 했다. 10회는 각기 다른 10명의 사람 상대와 하였고, 나머지 10회는 컴퓨터 상대와 했다. 사람 상대와 컴퓨터 상대가 제안한 내용은 실험자가 정했는데, 일부는 '공정'했고(똑같게 나누어 응답자가 $5를 받는다) 일부는 '불공정'했다(응답자는 1달러, 2달러, 혹은 3달러를 받는다). 사람 상대와의 상호작용 결과(**그림 13.18**의 주황색 막대)는 사람을 상대로 했던 다른 최후통첩 게임의 결과와 일치했다. 모든 응답자들이 5달러 제안을 받아들였고, 대부분은 3달러 제안을 받아들였고, 1달러나 2달러 제안에 대해서는 반 이상이 거부했다.

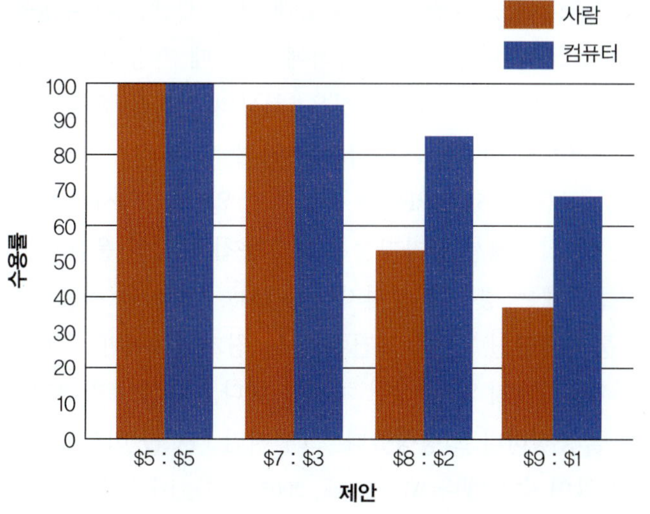

그림 13.18 Sanfey와 동료들(2003)이 수행한 실험의 행동적 결과. 사람과 컴퓨터가 제안한 다양한 제안을 수용한 비율을 보여준다.

출처: Sanfey et al., 2003을 바탕으로 제작함.

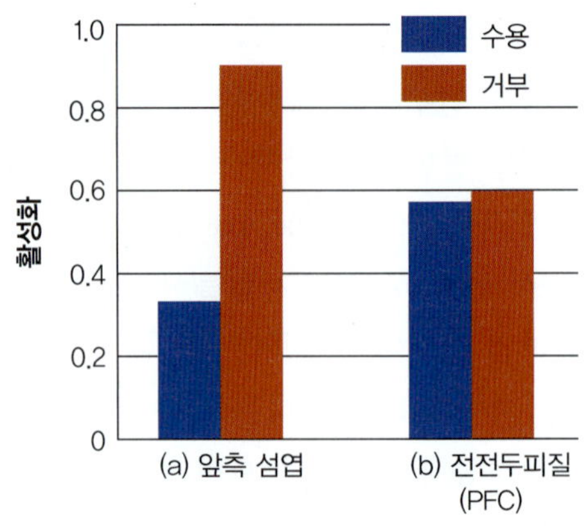

그림 13.19 '공정한' 제안과 '불공정한' 제안에 대한 앞측 섬엽과 전전두피질(PFC)의 반응.

출처: Sanfey et al., 2006을 바탕으로 제작함.

왜 사람들은 적은 액수의 제안을 거부했을까? Sanfey와 동료들이 참가자들에게 물었을 때 많은 사람들이 제안이 불공정하다고 느꼈기 때문에 화가 났다고 자기의 행동을 설명했다. 이 설명과 일관되게, 똑같은 제안을 컴퓨터에게 받았을 때는 더 많은 응답자들이 '불공정'한 제안을 받아들였다(**그림** 13.8의 파란색 막대). 사람들은 불공정한 사람보다 불공정한 컴퓨터에게 화가 덜 나는 것 같다.

Sanfey와 동료들은 사람들의 행동을 검사하는 것에서 더 나아가, 결정을 내릴 때 응답자의 뇌 활동을 측정했다. 응답자가 제안을 받아들일 때보다 거부할 때 두정엽과 측두엽 사이에 깊숙이 위치한 우뇌 앞측 섬엽(insular)이 약 세 배 정도 강하게 활성화되는 것을 보여주었다(**그림** 13.19a). 또 불공정한 제안에 대해 활성화가 강했던 참가자들이 불공정한 제안을 더 많이 거부했다. 제안을 거부할 때 때 섬엽이 반응했다는 사실은 뇌의 이 영역이 통증, 고민, 배고픔, 화, 역겨움 등을 포함하는 부정적인 정서 상태와 연결되었다는 점을 고려할 때 놀라운 것이 아니다.

그렇다면 복잡한 인지 행동에서 중요한 역할을 하는 전전두피질(PFC)은 어떤가? PFC는 결정 과제에서도 활성화된다. 그런데 제안을 수용할 때와 제안을 거부할 때 활성화 정도가 같았다(**그림** 13.19b). Sanfey는 PFC의 기능은 과제의 인지적 요구를 처리하는 것일 수 있다고 가정했는데, 인지적 요구는 어떤 결정이 가장 좋은지 결정하기 위해 대안들을 평가하는 것을 포함한다. 이 결정 과정은 어려울 수 있다. 왜냐하면 정서적인 본능은 불공정한 제안을 거부하라고 하는데, 합리적인 결정은 조금이라도 돈을 얻을 수 있게 모든 제안을 다 수용하라는 것이기 때문이다. PFC는 이 과정을 조절하고, 각자의 목적에서 볼 때 가장 좋은 결정을 실행하는 것을 도와주는 것일 수 있다. 불공정한 제안일 경우, 최상의 결정은 종종 불공정한 제안을 응징하는 정서적 목적에 근거해서 제안을 거절하는 것일 수 있다.

이 가설을 검증하기 위해 Knoch와 동료들(2006)은 PFC가 작동하지 않으면 의사결정 과정에 무슨 일이 일어나는지 조사했다. 이 실험에서 참가자들은 최후통첩 게임의 응답자 역할을 했다. 그런데 한 집단의 참가자들에게는 경두개 자기자극법(TMS, 327쪽)을 이용해서 PFC를 일시적으로 비활성화시켰고, 통제집단인 '가짜' 조건에 속한 참가자들에게는 TMS 처럼 보이고 느껴지지만 PFC 기능을 손상시키지 않는 실험 처치를 했다. 두 집단 참가자들은 액수가 적은 제안을 비슷한 정도로 불공정하다고 평정했다. 그렇지만 PFC를 비활성화시킨 참가자들은 이 불공정한 제안을 더 많이 수용했다(Wout et al., 2005 참고). 이 결과는 불공정한 제안을 거절한다는 인지적으로 어려운 결정을 실행하는 데서 PFC가 중요한 역할을 담당한다는 것을 알려준다. 그러니까 PFC가 작동하지 않으면 불공정한 제안을 수용하는 행동을 더 많이 한다. 이 연구는 결정에서 PFC의 역할에 대한 인과적 증거를 제공해서 Sanfey의 fMRI 연구를 보강하였다.

PFC와 섬엽은 최후통첩 게임처럼 다른 사람도 참여하는 **사회적** 결정뿐만 아니라 상점에서 특정 모델의 카메라를 구입하는 것과 같은 개인적 결정에도 관여한다. Brian Knutson과 동료들(2007)의 연구는 어떤 사람이 특정 상품을 볼 때 측정되는 뇌의 활동은 그 사람이 그 물건을 살 것인지 예측할 수 있다는 것을 발견했다. Knutson 연구의 참가자들은 fMRI를 이용해서 뇌 활동을 측정하는 동안 상품 사진과 가격을 보았다. 참가자들이 할 일은 그 상품을 살 것인지 결정하는 것이었다.

이 절에서 서술한 다른 연구들과 일관되게 PFC는 이 결정 과제에도 관여하는 것으로 드러났다. 상품을 보는 동안 PFC의 큰 활동은 그 물건을 구입하는 결정을 예측하게 했다. 흥미로운 것은 섬엽의 활동도 구매 결정을 예측하게 했는데, PFC와는 다른 방식이었다. 섬엽은 참가자들이 아주 비싼 상품을 볼 때 특히 활성화되었는데, 이는 구입하지 않는 결정을 예측하게 하였다. 이것은 여러분을 역겹거나 불편하게 하거나 기분 상하게 할 정도로 아주 비싼 상품을 보았을 때를 떠올려 보면 이해할 수 있을 것이다. Sanfey의 연구(**그림 13.19a**)에서 관찰한 것처럼, 이 정서들은 모두 섬엽이 관여하는 부정적인 정서이다. Knutson의 연구는 이러한 부정적인 감정에 기저하는 신경학적 상관물에 대한 우리의 이해와 부정적인 감정이 우리의 일상적인 결정에 어떻게 영향을 미칠 수 있는지에 대한 이해를 증진시킨다.

최근의 연구들은 결정의 신경학적 근거에 대한 우리의 이해를 강화하지만, 아직 우리가 모르는 부분이 아주 많다. 신경경제학은 비교적 새로운 분야이고, 연구자들은 뇌의 활성화, 결정의 가능한 이득이나 손실, 그리고 결정의 다른 여러 측면 간의 연관성을 찾아보고 있다 (Levy & Glimcher, 2013; Lowenstein et al., 2008; Sanfey et al., 2006). 또 신경 영상 기술도 계속 발전하고, 더 많은 사람에게 사용 가능해지고, 강력해지고 있는데, 이는 연구자들이 뇌에서 어떤 일이 일어날지에 대한 결론을 내리는 것을 도와준다.

사고의 이중시스템 접근

고려사항

이 장의 처음에 있는 두 장의 사진을 다시 보자. 하나는 길에서 자는 여성인데, 노숙자처럼 보인다. 다른 한 사람은 친구들과 식당에서 식사를 즐기고 있다. 이 두 사진의 극명한 차이에도 불구하고, 우리는 이미 두 사진의 여성은 같은 사람이라고 밝혔다. 왜 우리는 아래 사진에 웃고 있는 행복한 여성이 위 사진에 있는 노숙자와 같은 사람이라는 것을 상상하는 것이 어려울까? 이 장에서 우리는 사람의 추리와 결정 능력에서 드러난 많은 편향과 한계를 논의했다. 이제 우리의 목숨을 살리는 데 긴요할 수 있는 판단을 아주 빨리 하는 시스템이 어떻게 편향되고 부정확할 수 있는지 고려할 것이다. 다른 판단은 더 느리고 우리가 의식할 수 있는데, 빠른 시스템이 놓치거나 무시할 수도 있는 정보들을 고려한다.

판단, 추리, 결정을 내릴 때 사람들이 흔히 오류를 범한다는 것을 안다. 판단할 때 우리는 가용성 어림법이나 대표성 어림법과 같은 어림법에 오도되기도 한다. 삼단논법 추리의 경우 단순한 삼단논법의 타당성은 잘 평가하지만, 복잡한 삼단논법 문제에서는 쉽게 믿음 편향에 오도된다. 결정을 내릴 때 우리는 결정과 아무 관련이 없고, 이득을 최적화하지도 않는 정서, 맥락, 그리고 대안이 어떻게 제시되는지와 같은 것의 영향을 받는다. 이러한 오류들이 공통점을 가지고 있다는 것을 곧 보게 된다. 다음에 나오는 간단한 문제를 직관을 이용해서 머릿속으로 빨리 풀어 보라.

> 배트와 공은 1.10달러이다.
> 배트는 공보다 1달러 비싸다.
> 공 값은 얼마인가?

머릿속에 숫자가 떠올랐는가? 그렇다면, 아마도 그 숫자는 10센트일 것이다(Frederick, 2005; Kahneman, 2011). 머릿속에 금방 떠오른 이 답은 틀렸다. 그러나 여러분의 답이 이것이었다면 여러분은 혼자가 아니다. 이 문제를 풀어 보려고 시도한 수천 명 참가자의 절반 이상이 10센트가 답이라고 대답했다(Fredrick, 2005). 좀 더 찬찬히 생각해 보면 답은 5센트라는 것을 아는데(1.05달러 + 0.05달러 = 1.10달러), 왜 그 많은 사람들에게 10센트가 떠올랐을까?

이중시스템 접근 (dual systems approach)
하나는 빠르고 다른 하나는 느린 두 개의 심적 시스템이 있다는 생각. 이 둘은 능력도 다르고 가능도 다르다.

Daniel Kahneman(2011)은 그의 베스트셀러인 『사고를 위한 사고(Thinking Fast and Slow)』에서 배트와 공 문제를 이용해서 사고의 **이중시스템 접근**(dual systems approach)을 소개했다. 사고의 이중시스템 접근이란, 여러분에게 10센트가 답이라고 유혹한 빠르고 자동적이고 직관적인 시스템, 즉 Kahnema이 '시스템 1'이라 부른 시스템과, 여러분이 문제를 보다 차근차근히 생각할 때 사용했을 느리고 숙고하며 사려 깊은 '시스템 2'라 부르는 시스템, 이렇게 두 개의 심적 시스템이 있다는 생각이다. 이중시스템이라는 생각을 처음 제안한 Keith Stanovich와 Richard West(2000; Stanovich, 1999, 2011)를 비롯한 다른 심리학자들은 '유형 1 처리'와 '유형 2 처리'라는 표현을 선호한다. 우리는 보다 간단하다는 이유에서 '시스템 1'과 '시스템 2'라는 표현을 사용하는데, 이 논의의 마지막 부분에서 '유형 1 처리'와 '유형 2 처리'에 대해 생각해 본다.

두 시스템 혹은 두 가지 처리 유형이라는 구분은 두 개의 시스템이 다음과 같은 속성을 가지고 있다고 제안한다(Evans & Stanovich, 2013).

시스템 1	시스템 2
직관적이다	성찰적이다
빠르다	느리다
무의식	의식
자동	통제

시스템 1은 우리가 이 장에서 다룬 많은 오류와 연결되어 있다. 예를 들어, 믿음 편향은 삼단논법의 타당성을 판단할 때 우리가 삼단논법의 결론이 신뢰할 수 있는지 신뢰할 수 없는지를 고려해서 삼단논법의 타당성 판단을 오도한다. 신뢰 가능성이 영향을 미치는 것이

시스템 1의 작동이다. 믿음 편향에 시스템 1이 관여한다는 증거는 시간에 쫓겨 삼단논법을 평가할 때 믿음 편향 효과가 증가한다는 것이다(Evans & Curtis-Holmes, 2005). 참가자들은 빨리 답하도록 요구받았을 때 '소기업주 데버라' 문제(463쪽)에서 오류를 더 많이 범했다(De Neys, 2006).

시스템 1은 빨리 힘들이지 않고 결론에 도달하기 위해 가용성 어림법과 대표성 어림법을 사용할 수도 있으며, 큰 수의 법칙을 고려하지 않을 수도 있다. 웨이슨 카드 선택 과제에서 숫자와 글자로 서술된 추상 버전은 꼼꼼한 추리가 필요하기 때문에 시스템 1이 개입할 수 없다. 그러나 맥주와 음주 연령 문제와 같은 실제 세계 버전에서는 직관을 이용해서 시스템 1이 쉽게 해결할 수 있다(Evans & Stanovich, 2013). 시스템 1은 우리가 뉴스에서 보는 증거들을 빨리 평가할 때도 작동할 수 있다. 원전 사고로 기형 데이지가 나타났다는 예(Wineburg et al., 2016)처럼 '말이 될 것 같은' 뉴스를 보면 정보의 출처에 대해 비판적으로 따져보지 않고 곧바로 수용한다.

그러나 시스템 2가 개입할 수 있다. 한발 물러서서 상황에 대해 논리적으로 생각하게 되면 시스템 2가 작동할 시간이 생긴다. 참가자들에게 시간을 들여 삼단논법의 밑에 깔린 논리에 집중하는 것을 격려하는 지시를 주면, 시스템 2가 작동할 가능성이 증가하고 오류가 줄어든다(Evans & Stanovich, 2013).

시스템 1을 완전히 무능한 체계로 몰아대기 전에, 우리는 시스템 1이 우리의 일상생활에서 주로 작동하는 체계라는 점을 생각해 볼 필요가 있다. 우리가 하는 일의 많은 부분은 시스템 1에 의해 자동으로 처리된다. 주위 사물을 지각하고, 커다란 소음에 즉각적으로 반응하고, 다른 사람의 얼굴에서 정서를 읽어 내고, 운전할 때 커브를 돈다. 이 모든 것들이 시스템 1에 의해 처리된다. 우리가 지각과 주의를 다룰 때 본 것처럼, 어떤 것들을 의식적 노력 없이 자동으로 처리하는 것은 우리가 모든 생각과 행동을 모니터할 필요가 없다는 것을 의미하기 때문에 좋은 것이다. Kahneman은 시스템 1이 시스템 2에 정보를 제공하는데 대부분이 정확하기에 수용되고, 시스템 2는 이 정보를 모니터링하며 뒤에서 게으름을 부리고 있다고 생각했다.

그러나 상황이 안 좋게 되면 시스템 2가 주도할 수 있다. 시스템 1이 일상적인 운전을 담당할 수 있지만, 공사 구간을 지난다거나 약 시속 113km의 속도로 달려가는 커다란 트럭을 추월하는 경우처럼 주의가 필요한 상황에서는 시스템 2가 통제한다. 시스템 2는 시스템 1이 풀 수 없는 문제가 발생할 때도 작동한다. Kahneman이 말한 것처럼, 시스템 1은 자동적으로 2 + 2 = ?를 계산해 낸다(4라는 답이 저절로 나올 것이다). 그러나 시스템 1은 27 × 13은 처리할 수 없다. 이건 시스템 2가 풀어야 할 문제이다.

두 개의 심적 시스템이라는 생각은 우리가 범하는 많은 오류를 다른 심적 시스템이나 심적 기제라는 개념으로 설명하기 때문에 아주 중요한 생각이다. 그러나 세부 내용이 다른 다양한 이중 처리 이론이 제안되었다는 것을 아는 것도 중요하다. 또 어떤 연구자들은 두 가지 처리는 필요하지 않다고 주장하며 단일 시스템 접근을 제안하기도 하였다(Evans & Stanovich, 2013; Gigerenzer, 2011; Keren & Schul, 2009; Kruglanski & Gigerenzer, 2011; Osman, 2004).

사고에 대한 이중시스템 접근을 마무리하는 의미에서 용어에 대해 다시 생각해 보자. 비록 우리가 Kahneman의 '시스템 1'과 '시스템 2'라는 용어를 사용했지만, 많은 연구자가 시스템이라는 용어 대신 '유형 1 처리'와 '유형 2 처리'라는 용어를 선호하는 데는 이유가 있다. 우리가 두 개의 '시스템'이라는 표현을 쓰면, 마치 우리 마음속에 각기 다른 특성을 가진 두 명의 작은 사람이 있는 것처럼 들린다. 사실 Kahneman은 두 개의 처리 과정에 관한 그의 책에서 시스템 1과 시스템 2를 '주인공이 두 명인 사이코드라마처럼' 읽을 수도 있다고 말했다. 이렇게 하면 책을 읽는 게 더 흥미로울 수 있고, 어쩌면 그래서 이 책이 인기를 얻었을 수도 있지만(심리학 이론을 일상생활과 연결하는 Kahneman의 재능에 더해서), 이 두 시스템이 사실은 두 개의 다른 처리 방식이라는 것을 이해하는 것이 중요하다. 이 둘은 여러분의 머릿속에 있는 두 주인공[픽사에서 만든 영화 〈인사이드 아웃(Inside Out)〉(2015)에서 묘사된 정서]이 아니다. 이 둘은 복잡하고, 상호 연결되고, 분산된 처리의 결과인데, 이 처리들은 뇌의 여러 부위에서 일어나고 다양한 행동 결과들을 이끌어 낸다.

후기: Donders가 돌아온다면

이 책의 시작 부분에서 우리는 150년도 더 전에 네덜란드 생리학자 Franciscus Donders가 수행한 실험에 대해 서술했다. Donders가 실험을 했던 1868년 무렵에, 사람들은 마음의 속성을 측정할 수 없기 때문에 마음은 연구할 수 없다고 생각했다. 그렇지만 Donders는 (1) 하나의 불빛이 켜지고 반응 버튼을 누를 때까지 시간이 얼마나 걸리는지와 (2) 불빛이 왼쪽에서 켜지면 반응 버튼 1을 누르고 불빛이 오른쪽에서 켜지면 반응 버튼 2를 누르게 하면 시간이 얼마나 걸리는지를 측정해서 일반인들의 생각에 도전했다.

이 간단한 측정에 기초해서 Donders는 불빛이 오른쪽에 켜졌는지, 아니면 왼쪽에 켜졌는지 판단하는 데 1/10초가 걸린다고 결론지었다. 우리는 마음의 작동은 행동 관찰을 통해 추정되어야 한다는 기본 원리를 보여 주기 위해 이 실험을 기술했다. 그 이후 장에서는 Donders의 반응시간 실험보다 훨씬 더 복잡한 실험들과 Donders가 상상하지도 못했을 기술들에 대해 서술했다.

이 책의 끝에 도착한 이 시점에 Donders가 21세기 인지심리학 실험실을 방문한다는 마술 같은 상상을 한번 해 보자. Donders가 실험실에 들어서면 새로운 기술, 특히 컴퓨터와 뇌 스캐너를 보고 놀랄 것이다. 그렇지만 이러한 새로운 발전을 보고 나서 실험실 책임자를 향해 돌아서서 "대단한 기술이군요. 그런데 제가 정말 알고 싶은 것은 마음의 작동을 직접 측정하는 방법을 알아냈는지 여부예요."라고 말한다. 책임자가 "음, 아니요. 우리는 행동과 생리 지표를 측정해서 마음에서 무슨 일이 일어나는지를 추정하는데요."라고 답한다. 이에 Donders는 "아! 기술은 변했는데, 그 밖의 다른 것은 변하지 않았군요. 마음을 연구하는 것은 아직도 간접적인 측정, 가설 만들기, 그리고 추정하기이군요."라고 말한다. 책임자는 이렇게 답한다. "그렇습니다. 그렇지만 1868년 이래 우리가 발견한 것들을 말씀드리면……."

자가 테스트

1. 결정에 대한 기대 효용 접근의 기본 가정은 무엇인가? 효용 접근에서 제안하는 것과는 달리, 결과를 최대화하지 않고 다르게 행동하는 상황의 예는 어떤 것이 있는가? (학습목표 13-4)
2. 「딜 오어 노딜」 게임 참가자들의 행동은 결정에 영향을 미치는 요인에 대해 무엇을 알려주는지 서술하라. (학습목표 13-4)
3. 기대 정서는 무엇인가? 기대 정서가 위험 혐오와 어떻게 관련되는지 서술하라. 도박을 하기 전에 평정한 기대 정서와 결과를 알고 난 다음 실제로 경험한 행복함을 평정하게 한 Kermer의 실험에 대해 서술하라. (학습목표 13-5)
4. 우발적인 정서가 결정에 영향을 미친다는 것을 보여주는 예는 어떤 것이 있는가? 날씨와 대학 입학 결정의 관계에 대해 서술하라. (학습목표 13-5)
5. 어떻게 대안들이 제시되는 방식이 결정에 영향을 미치는가? 장기 기증, 자동차 보험, 정신 질환이 있는 환자의 폭력성에 관한 예에 대해 서술하라. (학습목표 13-4)
6. '보여주기: 여러분이라면 어떻게 하겠는가?'에 대해 서술하라. 무엇이 위험 혐오와 위험 감수를 결정하는지, 그리고 틀 효과에 대해 완전히 이해하라. (학습목표 13-4)
7. 신경경제학이란 무엇인가? Sanfey의 최후통첩 게임과 TMS의 효과에 대해 서술하라. PFC와 섬엽은 사회적 결정과 개인적 결정에 어떻게 관련되어 있는가? (학습목표 13-4)
8. 사고에 대한 이중시스템 이론은 무엇인가? 시스템 1과 시스템 2의 속성을 반드시 이해하라. 그리고 이 두 시스템의 작동이 우리가 교재에서 다룬 다양한 현상과 어떤 관련이 있는지 이해하라. (학습목표 13-6)
9. 만약 Donders가 현대 인지심리학 실험실을 방문한다면 무엇을 배우겠는가? (학습목표 13-1, 학습목표 13-3)

이 장의 요약

1. 귀납추리에서 결론은 논리적으로 구성된 삼단논법에서 나오는 것이 아니라 증거에서 나온다. 결론은 다양한 정도의 확실성으로 시사된다. 귀납 논증의 강도는 논증의 토대가 되는 관찰의 대표성, 관찰의 수, 관찰의 질에 달려 있다.
2. 귀납추리는 일상생활에서 중요한 역할을 담당한다. 왜냐하면 우리는 과거에 일어났던 것에 대한 우리의 관찰에 기초해서 무슨 일이 일어날지에 대해 예측하기 때문이다.
3. 가용성 어림법은 '더 쉽게 기억되는 사건은 덜 쉽게 기억되는 사건보다 가능성이 더 높게 판단된다.'라고 진술한다. 이 어림법은 어떤 때는 정확한 판단을 이끌어내지만 그렇지 않은 경우도 있다. 가용성 어림법에서 비롯된 오류는 다양한 사망 원인의 상대적 가능성을 추정하게 한 연구에서 잘 드러났다.
4. 사물 간의 관계에 대해 부정확한 결론을 이끌어낼 수 있는 착각적 상관, 허구적 상관, 고정관념은 가용성 어림법과 관련이 있다. 왜냐하면 이것들은 특정 관계에 주의를 기울이게 해서 그것이 더 '가용하게' 만들기 때문이다.
5. 대표성 어림법은 '한 사상이 다른 사상과 얼마나 비슷한지에 기초해서 사람들이 판단을 내린다.'는 생각에 기초한다. 대표성 어림법에서 비롯된 오류는 사람에 대해 서술한 것을 토대로 직업을 판단하게 한 연구에서 보고되었다. 대표성 어림법이 사람들로 하여금 기저율을 무시하게 할 때 오류가 발생한다. 사람들이 연접 규칙과 큰 수의 법칙을 무시할 때도 판단 오류가 발생한다.
6. 우리 편 편향은 자기의 태도나 의견 쪽으로 기울게 증거를 생성하고, 평가하며, 가설을 검증하는 경향성을 가리킨다.
7. 확증 편향은 가설을 지지하는 증거를 선별적으로 찾고, 가설을 반박하는 정보는 간과하는 경향성을 말한다. 이 경향성은 Wason의 수열 문제에서 드러났다.
8. 신념 지속, 태도 극화, 비합리적 초두 효과와 같은 인지 효과는 확증 편향과 관련되어 있다.
9. 사진, 음성, 영상과 같은 딥페이크 미디어는 틀린 정보를 주고 추리와 결정을 더 복잡하게 만든다.
10. 편향 맹점이라고도 불리는 편향성 편향은 추리 오류에 대한 지식이 증가한 것이 오히려 실제로 편향으로 이끌 수도 있는 현상을 가리킨다. 그러니까, 다른 사람은 편향을 갖고 있지만 우리는 그렇지 않다는 편향을 초래할 수 있다는 것을 가리킨다. 이 편향을 이해하는 것이 제대로 된 추리와 결정에서 아주 중요하다.
11. 추리는 사람들이 정보에서 출발해서 주어진 정보를 넘어서는 결론을 내리는 인지 처리이다. 연역추리에는 삼단논법도 있는데, 연역추리는 확실한 결론을 내린다.
12. 범주 삼단논법은 두 개의 전제와 하나의 결론으로 구성되는데, 전제와 결론 모두 두 개의 범주 간의 관계를 '모든', '어떤', '어느'와 같은 수량 표현을 이용해서 진술한다.
13. 결론이 전제로부터 논리적으로 도출되면 그 삼단논법은 타당하다. 삼단논법의 타당성은 형태에서 결정된다. 타당성은 사실과는 다르다. 사실인지 여부는 삼단논법에 서술된 서술

문의 내용에 의해 결정되는데, 이는 서술문이 알려진 사실들과 대응되는지의 문제이다.

14. 조건 삼단논법도 범주 삼단논법과 마찬가지로 두 개의 전제와 하나의 결론으로 구성되는데, 첫 번째 전제가 '만약……그러면……'이라는 형태를 띤다. 사람들은 **긍정논법**의 타당성은 잘 판단하지만, 조건 삼단논법의 다른 유형에서는 타당성을 잘 판단하지 못한다. 형태는 유지한 채 단어를 바꾸면 사람들이 타당성을 판단하는 것이 쉬워질 수 있다.
15. 웨이슨 카드 선택 과제는 사람들이 조건 삼단논법을 평가할 때 어떻게 생각하는지를 연구할 때 사용되었다. 사람들이 반증 원리를 적용하지 않기 때문에 추상 버전에서는 오류를 범한다.
16. 맥주/음주 연령 버전과 같은 실제 세계 버전을 사용한 웨이슨 카드 선택 과제 실험은 문제가 서술되는 방법이 사람들의 수행에 영향을 미칠 수 있다는 것을 보여준다.
17. 결정에 대한 효용성 접근은 사람들은 기본적으로 합리적이라는 생각에 기초한다. 그래서 관련된 모든 정보를 가지고 있으면, 자기에게 가장 이득이 되는 결과를 가져오는 결정을 한다고 가정한다. 사람들이 항상 이 접근에 따라 행동하는 것은 아니라는 증거는 도박 행동, 운전하는 것이 비행기를 타는 것보다 위험하다는 증거에도 불구하고 운전하는 것을 선택하는 행동, 그리고 「딜 오어 노딜」과 같은 퀴즈 쇼 참가자의 행동 등이 있다.
18. 정서는 결정에 영향을 미칠 수 있다. 기대 정서란 결정의 결과에 대한 반응으로 일어날 것으로 예상하는 정서를 말한다. 그러나 사람들이 항상 정서를 정확하게 예상하는 것은 아니라는 증거가 있다. Kermer의 실험은 기대한 정서와 결정을 내린 후에 실제 경험한 정서 간에 차이가 있다는 것을 보여주었다.
19. 우발적인 정서가 결정에 영향을 미칠 수 있다는 증거가 많다. 예를 들어, 흐린 날씨는 대학교 입학 결정에 영향을 미칠 수 있다.
20. 결정은 결정을 내리는 맥락에도 영향을 받을 수 있다. 가용한 대안의 수, 결정하기 직전에 했던 결정의 유형, 배고픔이나 피로도 결정에 영향을 미칠 수 있다.
21. 결정은 대안이 어떻게 제시되는지, 즉 어떤 틀이 만들어지는지에도 영향을 받을 수 있다. 증거로는 가입표시 절차와 탈퇴표시 절차 상황에서의 행동의 차이, 정신질환이 있는 환자에 대한 결정을 다룬 Slovic의 실험, Tversky와 Kahneman의 질병 실험에서 참가자들의 반응 등이 있다. 선택이 이득의 틀로 만들어지면 사람들은 위험 혐오 전략을 사용하고, 선택이 손실의 틀로 만들어지면 사람들은 위험 감수 전략을 사용하는 경향이 있다.
22. 신경경제학은 심리학, 신경과학, 경제학의 접근을 종합해서 결정에 대해 연구한다. 최후통첩 게임을 이용한 신경경제학 실험의 결과는 사람의 정서가 합리적 결정을 방해할 수 있다는 것을 보여주었다. 뇌 영상 연구는 앞측 섬엽이 최후통첩 게임을 하는 동안 일어나는 정서와 연합되어 있고, 전전두피질은 과제의 인지적 요구와 관련되어 있는 것 같다는 것을 알려준다. 경두개 자기자극법을 이용한 실험은 전전두피질이 결정에서 담당하는 인과적 역할을 보여준다.
23. 전전두피질과 섬엽은 구매 결정에도 관여한다. 전전두피질의 활성화는 상품을 구매하는 결정을 예측하고, 섬엽의 활성화는 구매하지 않는다는 결정을 예측한다.
24. 사고에 대한 이중시스템 접근에서는 두 가지 심적 시스템이 있다고 제안하였다. 시스템 1(혹은 유형 1 처리)은 직관적이고, 빠르고, 무의식적이며, 자동적이다. 시스템 2(혹은 유형 2 처리)는 성찰적이고, 느리고, 의식적이며, 통제처리이다. 이 장에서 다룬 추리 오류의 많은 부분은 시스템 1과 연관이 있다. 그러나 시스템 1은 오류를 일으키지 않는 많은 가치 있는 기능도 제공한다. 느리지만 사려 깊은 사고가 필요할 때 시스템 2가 이어받는다.
25. Donders가 오늘날 돌아온다면, 그는 기술의 진보에는 경탄하겠지만 인지심리학이 아직도 자기가 했던 것처럼 간접적으로 마음을 연구한다는 것을 보고는 놀라지 않을 것이다.

생각해 보기

1. 뉴스를 보거나 신문을 읽으면서 가용성 어림법이 다른 집단 사람들(예: 영화배우, 백만장자, 다른 인종이나 민족이나 문화 집단의 사람들)의 삶의 본질에 대한 우리의 개념에 어떤 영향을 미쳤는지 결론을 내려 보라. 그리고 그 개념은 얼마나 정확한가? (학습목표 13-2)
2. 점성술이 내놓은 예측과 자기에게 일어난 사건 간에 밀접한 관계가 있다고 사람들이 지각하기 때문에 점성술이 많은 사람들에게 인기가 있다. 사실은 점성술의 예언과 실제 사건 간에 밀접한 관계가 없는데도 이렇게 지각하게 만든 요인에 대해 설명해 보라. (학습목표 13-2)
3. 조한나는 종종 '합리화'라 불리는 과정을 이용해서 자기 행동을 정당화시키기로 유명하다. 예를 들어, 자기가 원하는 음식은 무엇이든 먹는 행동을 다음과 같이 말해서 정당화한다. '10년 전에는 이 음식이 몸에 안 좋다고들 했어. 그러더니 이제 와서는 좋은 효과도 있을 수 있다고 말하는 거야. 그러니 소위 건강 전문가들의 말을 들어야 할 이유가 뭐지?'라든가 '붉은 색 고기에 흠뻑 빠진 그 영화배우는 95세까지 살았어.' 등으로 합리화했다. 조한나의 논증을 귀납 논증인지 연역 논증인지 진술하고 분석해 보라. 여러분 자신의 합리화도 분석해 보라. (학습목표 13-2, 학습목표 13-3, 학습목표 13-4)
4. 여러분이 최근에 내린 결정에 대해 생각해 보라. 그 결정은 토요일 저녁에 어느 식당을 갈지와 같은 가벼운 것일 수도 있고, 아파트를 고르는 것이나 대학을 정하는 것과 같은 중요한 것일 수도 있다. 결정에 이를 때까지 여러분이 거친 과정들과 또 여러분이 마음속에서 그 결정이 좋은 결정이라고 어떻게 정당화했는지 등을 고려해서 그 결정에 대해 분석하라. (학습목표 13-2, 학습목표 13-4, 학습목표 13-5)
5. 4번 문제에서 여러분이 분석한 결정에 적용되는 연역 삼단논법과 귀납 논증을 만들어 보라. (학습목표 13-1, 학습목표 13-3)
6. 여러분이 정서나 다른 요인의 영향으로 판단이 흐려져서 잘못된 결정을 내린 상황을 기술해 보라. (학습목표 13-5)

참고문헌

Adamson, R. E. (1952). Functional fixedness as related to problem solving. *Journal of Experimental Psychology, 44,* 288–291.

Addis, D. R., Pan, L., Vu, M-A., Laiser, N., & Schacter, D. L. (2009). Constructive episodic simulation of the future and the past: Distinct subsystems of a core brain network mediate imagining and remembering. *Neuropsychologia, 47,* 2222–2238.

Addis, D. R., Wong, A. T., & Schacter, D. L. (2007). Remembering the past and imagining the future: Common and distinct neural substrates during event construction and elaboration. *Neuropsychologia, 45,* 1363–1377.

Addis, D. R., Wong, A. T., & Schacter, D. L. (2008). Age-related changes in the episodic simulation of future events. *Psychological Science, 19,* 33–41.

Adesope, O., Lavin, T., Thompson, T., & Ungerleider, C. (2010). A systematic review and meta-analysis of the cognitive correlates of bilingualism. *Review of Educational Research, 80,* 207–245.

Adrian, E. D. (1928). *The basis of sensation.* New York: Norton.

Adrian, E. D. (1932). *The mechanism of nervous action.* Philadelphia, PA: University of Pennsylvania Press.

Agranovskiy, Dmitriy, and Alina Avilova. (2021). Emojis as a Language of Their Own. *Technology and the Media Environment of the Information Society, 2021.*

Aguirre, G. K., Zarahn, E., & D'Esposito, M. (1998). An area within human ventral cortex sensitive to "building" stimuli: Evidence and implications. *Neuron, 21,* 373–383.

Akpan, B. (2020). Classical and Operant Conditioning—Ivan Pavlov; Burrhus Skinner. *Science education in theory and practice: an introductory guide to learning theory,* 71–84.

Albers, A. M., Kok, P., Toni, I, Dijkerman, H. C., & de Lange, F. P. (2013). Shared representations for working memory and mental imagery in early visual cortex. *Current Biology, 22,* 1427–1431.

Ally, B. A., Hussey, E. P., & Donahue, M. J. (2013). A case of hyperthymesia: Rethinking the role of the amygdala in autobiographical memory. *Neurocase, 19*(2), 166–181.

Almeida, J., Fintzi, A. R., & Mahon, B. Z. (2014). Tool manipulation knowledge is retrieved by way of the ventral visual object processing pathway. *Cortex, 49,* 2334–2344.

Altman, K. I., & Linton, T. E. (1971). Operant conditioning in the classroom setting: A review of the research. *The Journal of Educational Research, 64*(6), 277–286.

Altmann, G. T. M., Garnham, A., & Dennis, Y. (1992). Avoiding the garden path: Eye movements in context. *Journal of Memory and Language, 31,* 685–712.

Altmann, G. T. M., & Kamide, Y. (1999). Incremental interpretation at verbs: restricting the domain of subsequent reference. *Cognition, 73,* 247–264.

Alvarez, G. A., & Cavanagh, P. (2004). The capacity of visual short-term memory is set both by visual information load and by number of objects. *Psychological Science, 15,* 106–111.

Amedi, A., Malach, R., & Pascual-Leone, A. (2005). Negative BOLD differentiates visual imagery and perception. *Neuron, 48,* 859–872.

Anderson, J. R., & Schooler, L. J. (1991). Reflections of the environment in memory. *Psychological Science, 2,* 396–408.

Annese, J., Schenker-Ahmed, N. M., Bartsch, H., Maechler, P., Sheh, C., Thomas, N., ... & Corkin, S. (2014). Postmortem examination of patient HM's brain based on histological sectioning and digital 3D reconstruction. *Nature Communications, 5*(1), 3122.

Anton-Erxleben, K., Stephan, V. M, & Treue, S. (2009). Attention reshapes center-surround receptive field structure in Macaque cortical area MT. *Cerebral Cortex, 19,* 2466–2478.

Antoniou, M. (2019). The advantages of bilingualism debate. *Annual Review of Linguistics, 5,* 395–415.

Appelle, S. (1972). Perception and discrimination as a function of stimulus orientation: The "oblique effect" in man and animals. *Psychological Bulletin, 78,* 266–278.

Appelrouth, J. I., & Zabrucky, K. M. (2017). Preparing for the SAT: A review. *College and University, 92*(1), 2.

Arkes, H. R., & Freedman, M. R. (1984). A demonstration of the costs and benefits of expertise in recognition memory. *Memory & Cognition, 12,* 84–89.

Asano, R., Boeckx, C., & Seifert, U. (2021). Hierarchical control as a shared neurocognitive mechanism for language and music. *Cognition,* 216.

Atkinson, R. C., & Shiffrin, R. M. (1968). Human memory: A proposed system and its control processes. In K. W. Spence & J. T. Spence (Eds.), *The psychology of learning and motivation* (Vol. 2, pp. 89–195). New York: Academic Press.

Awh, E., Barton, B., & Vogel, E. K. (2007). Visual working memory represents a fixed number of items regardless of complexity. *Psychological Science, 18,* 622–628.

Baddeley, A. D. (1996). Exploring the central executive. *Quarterly Journal of Experimental Psychology, 49A,* 5–28.

Baddeley, A. D. (2000). Short-term and working memory. In E. Tulving & F. I. M. Craik (Eds.), *The Oxford handbook of memory* (pp. 77–92). New York: Oxford University Press.

Baddeley, A. D., & Hitch, G. J. (1974). Working memory. In G. A. Bower (Ed.), *The psychology of learning and motivation* (pp. 47–89). New York: Academic Press.

Baddeley, A. D., Lewis, V. F. J., & Vallar, G. (1984). Exploring the articulatory loop. *Quarterly Journal of Experimental Psychology, 36,* 233–252.

Baddeley, A. D., Thomson, N., & Buchanan, M. (1975). Word length and the structure of short-term memory. *Journal of Verbal Learning and Verbal Behavior, 14,* 575–589.

Bailey, M. R., & Balsam, P. D. (2013). Memory reconsolidation: Time to change your mind. *Current Biology, 23,* R243–R245.

Baird, B., Smallwood, J., Mrazek, M. D., Kam, J. W. Y., Franklin, M. S., & Schooler, J. W. (2012). Inspired by distraction Mind wandering facilitates creative incubation. *Psychological Science, 23,* 1117–1122.

Baird, B., Smallwood, J., & Schooler, J. W. (2011). Back to the future: Autobiographical planning and the functionality of mind wandering. *Consciousness and Cognition, 20,* 1604–1611.

Baker, R. D. (2022). Mathematical models of confirmation bias. *arXiv preprint arXiv: 2202.03072.*

Bannert, M. M., & Bartels, A. (2018). Human V4 activity patterns predict behavioral performance in imagery of object color. *Journal of Neuroscience, 38*(15), 3657–3668.

Banzi, A. (2022). Attention, Memory, and Learning in Museums. *In the brain-friendly museum* (pp. 37–57). Routledge.

Banziger, T., & Scherer, K. R. (2005). The role of intonation in emotional expressions. *Speech Communication, 46,* 252–267.

Barch, D. M. (2013). Brain network interactions in health and disease. *Trends in Cognitive Sciences, 17,* 603–605.

Barlow, H.B. (1972). Single units and sensation: A neuron doctrine for perceptual psychology. *Perception,* 1, 371–94.

Baronchelli, A., Ferrer-i-Cancho, R., Pastor-Satorras, R., Chater, N., & Christiansen, M. H. (2013). Networks in cognitive science. *Trends in Cognitive Sciences, 17,* 348–359.

Barrett, F. S., Grimm, K. J., Robins, R. W., Wildschut, T., Sedikides, C., & Janata, P. (2010). Music-evoked nostalgia: Affect, memory, and personality. *Emotion, 10*(3), 390–403.

Barsalou, L. W. (2005). Continuity of the conceptual system across species. *Trends in Cognitive Sciences, 9,* 309–311.

Barsalou, L. W. (2008). Grounded cognition. *Annual Review of Psychology, 59,* 617–645.

Barsalou, L. W. (2009). Simulation, situated conceptualization and prediction. *Philosophical Transactions of the Royal Society B, 364,* 1281–1289.

Bartlett, F. C. (1932). *Remembering: A study in experimental and social psychology.* Cambridge, UK: Cambridge University Press.

Barwich, A. S. (2019). The value of failure in science:

The story of grandmother cells in neuroscience. *Frontiers in Neuroscience, 13*, 1121.

Basadur, M., Runco, M., & Vega, L. A. (2000). Understanding how creative thinking skills, attitudes and behaviors work together: A causal process model. *Journal of Creative Behavior, 34*, 77–100.

Bassett, D. S., & Sporns, O. (2017). Network neuroscience. *Nature Neuroscience, 20*, 353–364.

Baylis, G. C., & Driver, J. (1993). Visual attention and objects: Evidence for hierarchical coding of location. *Journal of Experimental Psychology: Human Perception and Performance, 19*, 451–470.

Bays, P. M., & Husain, M. (2008). Dynamic shifts of limited working memory resources in human vision. *Science, 321*, 851–854.

Beatty, E. L., & Vartanian, O. (2015). The prospects of working memory training for improving deductive reasoning. *Frontiers in Human Neuroscience, 9*, 56.

Beaty, R. E., Benedek, M., Wilkins, R. W., Jauk, E., Fink, A., Silvia, P. J., . . . Neubauer, A. C. (2014). Creativity and the default network: A functional connectivity analysis of the creative brain at rest. *Neuropsychologia, 64*, 92–98.

Bechtel, W., Abrahamsen, A., & Graham, G. (1998). The life of cognitive science. In W. Bechtel & G. Graham (Eds.), *A companion to cognitive science* (pp. 2–104). Oxford, UK: Blackwell.

Beckman, S. L., & Barry, M. (2007). Innovation as a learning process: Embedding design thinking. *California Management Review, 50*(1), 25–56.

Bedard, J., & Chi, M. T. H. (1992). Expertise. *Current Directions in Psychological Science, 1*, 135–139.

Beecher, H. K. (1959) *Measurement of subjective responses*. New York: Oxford University Press.

Begg, I. M., Anas, A., & Farinacci, S. (1992). Dissociation of processes in belief: Source recollection, statement familiarity, and the illusion of truth. *Journal of Experimental Psychology: General, 121*, 446–458.

Behrmann, M., Moscovitch, M., & Winocur, G. (1994). Intact visual imagery and impaired visual perception in a patient with visual agnosia. *Journal of Experimental Psychology: Human Perception and Performance, 30*, 1068–1087.

Belfi, A. M., Karlan, B., & Tranel, D. (2016). Music evokes vivid autobiographical memories. *Memory, 24(7)*, 979–989.

Bell, K. E., & Limber, J. E. (2010). Reading skill, textbook marking, and course performance. *Literacy Research and Instruction, 49*, 56–67.

Bello, U. M., Winser, S. J., & Chan, C. C. (2020). Role of kinaesthetic motor imagery in mirror-induced visual illusion as intervention in post-stroke rehabilitation. *Reviews in the Neurosciences, 31*(6), 659–674.

Belz, A. (2010, July 16). Lifeguards, camp staff abound as 2 drown in Pella pool. *Des Moines Register*.

Bender, K. (2023). Shark Week started 35 years ago and the reason why may surprise animal lovers (exclusive). *People*.

Benton, T. R., Ross, D F, Bradshaw, E., Thomas, W. N., & Bradshaw, G. S. (2006). Eyewitness memory is still not common sense: Comparing jurors, judges and law enforcement to eyewitness experts. *Applied Cognitive Psychology, 20*, 115–129.

Berntsen, D., & Rubin, C. (2004). Cultural life scripts structure recall from autobiographical memory. *Memory & Cognition, 32*, 427–442.

Berwick, R. C., & Chomsky, N. (2016). Why only us: Language and evolution. *MIT Press*. https://doi.org/10.7551/mitpress/10684.001.0001.

Best, J. R., & Miller, P. H. (2010). A developmental perspective on executive function. *Child Development, 81*, 1641–1660.

Best, J. R., Miller, P. H., & Naglieri, J. A. (2011). Relations between executive function and academic achievement from ages 5 to 17 in a large, representative national sample. *Learning and Individual Differences, 21*, 327–336.

Bialystok, E., Craik, F., & Luk, G. (2012). Bilingualism: consequences for mind and brain. *Trends in Cognitive Sciences*, 16, 240–250.

Bialystok, E., Peets, K. F., & Moreno, S. (2014). Producing bilinguals through immersion education: Development of metalinguistic awareness. *Applied Psycholinguistics, 35*(1), 177–191.

Bisiach, E., & Luzzatti, G. (1978). Unilateral neglect of representational space. *Cortex, 14*, 129–133.

Biswal, B., Yetkin, F. Z., Haughton, V. M., & Hyde, J. S. (1995). Functional connectivity in the motor cortex of resting human brain using echo-planar MRI. *Magnetic Resonance Medicine, 34*, 537–541.

Blakemore, C. (1973). The language of vision. *New Scientist*, 58, 674–677.

Blakemore, C., & Cooper, G. G. (1970). Development of the brain depends on the visual environment. *Nature, 228*, 477–478.

Blank, I., Balewski, Z., Mahowald, K., & Fedorenko, E. (2016). Syntactic processing is distributed across the language system. *Neuroimage, 127*, 307–323.

Bliss, T. V. P., & Lomo, T. (1973). Long-lasting potentiation of synaptic transmission in the dentate area of the anaesthetized rabbit following stimulation of the perforant path. *Journal of Physiology (London), 232*, 331–336.

Bliss, T. V. P., Collingridge, G. L., & Morris, R. G. M. (2003). Introduction. *Philosophical Transactions of the Royal Society, Series B: Biological Sciences, 358*, 607–611.

Bock, K. (1990). Structure in language. *American Psychologist, 45*, 1221–1236.

Boden, M. A. (2006). *Mind as machine: A history of cognitive science*. New York: Oxford University Press.

Bolles, R. C., Baker, H., & Marimont, D. H. (1987). *International Journal of Computer Vision, 1*, 7–55.

Bolognani, S. A., Gouvia, P. A., Brucki, S. M., & Bueno, O. F. (2000). Implicit memory and its contribution to the rehabilitation of an amnesic patient: Case study. *Arquiuos de neuro-psiqustria, 58*, 924–930.

Boltz, M. G. (2004). The cognitive processing of film and music soundtracks. *Memory & Cognition, 32*, 1194–1205.

Bonini, L., Rotunno, C., Arcuri, E., & Gallese, V. (2022). Mirror neurons 30 years later: implications and applications. *Trends in Cognitive Sciences, 26*(9), 767–781.

Boring, E. G. (1942). *Sensation and perception in the history of experimental psychology*. New York: Appleton-Century-Crofts.

Bosman, C. A., Schoffelen, J-M., Brunet, N., Oostenveld, R., Bastos, A. M., Womelsdorf, T., et al. (2012). Attentional stimulus selection through selective synchronization between monkey visual areas. *Neuron, 75*, 875–888.

Bowden, E. M., Jung-Beeman, M., Fleck, J., & Kounios, J. (2005). New approaches to demystifying insight. *Trends in Cognitive Sciences, 9*, 322–328.

Bower, G. H., Black, J. B., & Turner, T. J. (1979). Scripts in memory for text. *Cognitive Psychology, 11*, 177–220.

Bower, G. H., Clark, M. C., Lesgold, A. M., & Winzenz, D. (1969). Hierarchical retrieval schemes in recall of categorized word lists. *Journal of Verbal Learning and Verbal Behavior, 8*, 323–343.

Bower, G. H., & Winzenz, D. (1970). Comparison of associative learning strategies. *Psychonomic Science, 20*, 119–120.

Brady, T. F., Konkie, T., & Alvarez, G. A. (2011). A review of visual memory capacity: Beyond individual items and toward structured representations. *Journal of Vision, 11(5)*, 1–34.

Branigan, H. P., Pickering, M. J., & Cleland, A. A. (2000). Syntactic co-ordination in dialogue. *Cognition, 75*, B13–B25.

Bransford, J. D., & Johnson, M. K. (1972). Contextual prerequisites for understanding: Some investigations of comprehension and recall. *Journal of Verbal Learning and Verbal Behavior, 11*, 717–726.

Bransford, J. D., & Johnson, M. K. (1973). Consideration of some problems of comprehension. In W. C. Chase (Ed.), *Visual Information Processing* (pp. 383–438). New York: Academic Press.

Bratsis, M. E. (2013). Can the Cramming. *The Science Teacher, 80*(9), 60.

Brennan, S. E., Galati, A., & Kuhlen, A. K. (2010). Two minds, one dialog: Coordinating speaking and understanding. *Psychology of Learning and Motivation, 53*, 301–344.

Brewer, J. A., Worhunsky, P. D., Gray, J. R., Tang, Y.-Y., Weber, J., & Kober, H. (2011). Meditation experience is associated with differences in default mode network activity and connectivity. *Proceedings of the National Academy of Sciences, 108*, 20254–20259.

Brewer, W. F. (1977). Memory for the pragmatic implication of sentences. *Memory & Cognition, 5*, 673–678.

Brewer, W. F., & Treyens, J. C. (1981). Role of schemata in memory for places. *Cognitive Psychology, 13*, 207–230.

Broadbent, D. E. (1958). *Perception and communication*. London: Pergamon Press.

Broca, P. (1861). Sur le volume et al forme du cerveau suivant les individus et suivant les races. *Bulletin Societé d'Anthropologie Paris, 2*, 139–207, 301–321, 441–446. (See psychclassics.yorku. ca for translations of portions of this paper.)

Brooks, L. (1968). Spatial and verbal components of the act of recall. *Canadian Journal of Psychology, 22*, 349–368.

Brown, J. (1958). Some tests of the decay theory

of immediate memory. *Quarterly Journal of Experimental Psychology, 10,* 12–21.

Brown, R., & Kulik, J. (1977). Flashbulb memories. *Cognition, 5,* 73–99.

Brown-Schmidt, S., & Hanna, J. E. (2011). Talking in another person's shoes: Incremental perspective-taking in language processing. *Dialogue and Discourse, 2,* 11–33.

Brunet, A., Orr, S. P., Tremblay, J. Robertson, K., Nader, K., & Pitman, R. K. (2008). Effect of post-retrieval propranolol on psychophysiologic responding during subsequent script-driven traumatic imagery in post-traumatic stress disorder. *Journal of Psychiatric Research, 42,* 503–506.

Buciarelli, M., & Johnson-Laird, P. N. (1999). Strategies in syllogistic reasoning. *Cognitive Science, 23,* 247–303.

Buckingham, G., Goodale, M. A., White, J. A., & Westwood, D. A. (2016). Equal-magnitude size-weight illusions experienced within and between object categories. *Journal of Vision, 16,* 1–9.

Buhle, J. T., Stevens, B. L., Friedman, J. J., & Wager, T. D. (2012). Distraction and placebo: Two separate routes to pain control. *Psychological Science, 23,* 246–253.

Bureau of Labor Statistics (2024). Labor force statistics from the current population survey.

Burgess, P. & Shallice, T. (1997). The relationship between prospective and retrospective memory: Neuropsychological evidence. *Cognitive Models of Memory,* 249–256.

Burton, A. M., Young, A. W., Bruce, V., Johnston, R. A., & Ellis, A. W. (1991). Understanding covert recognition. *Cognition, 39,* 129–166.

Buschman, T. J. and Kastner, S. (2015). From behavior to neural dynamics: An integrated theory of attention. *Neuron, 88,* 127–144.

Butterworth, B., Shallice, T., & Watson, F. L. (1990). Short-term retention without short-term memory. In G. Vallar & T. Shallice (Eds.), *Neuropsychological impairments of short-term memory* (pp. 187–213). Cambridge, UK: Cambridge University Press.

Cabeza, R., & Nyberg, L. (2000). Imaging cognition II: An empirical review of 275 PET and fMRI studies. *Journal of Cognitive Neuroscience, 12,* 1–47.

Cabeza, R., Prince, S. E., Daselaar, S. M., Greenberg, D. L., Budde, M., Dolcos, F., et al. (2004). Brain activity during episodic retrieval of autobiographical and laboratory events: An fMRI study using novel photo paradigm. *Journal of Cognitive Neuroscience, 16,* 1583–1594.

Cabeza, R., & St. Jacques, P. (2007). Functional neuroimaging of autobiographical memory. *Trends in Cognitive Sciences, 11,* 219–227.

Caggiano, V., Fogassi, L., Rizzolatti, G., Pomper, J. K., Their, P., Giese, M. A., et al. (2011). View-based encoding of actions in mirror neurons of area F5 in Macaque premotor cortex. *Current Biology, 21,* 144–148.

Cahill, L., Babinsky, R., Markowitsch, H. J., & McGaugh, J. L. (1995). The amygdala and emotional memory. *Nature, 377,* 295–296.

Cahill, L., Gorski, L., & Le, K. (2003). Enhanced human memory consolidation with post-learning stress: Interaction with the degree of arousal at encoding. *Learning & Memory, 10,* 270–274.

Calamante, F., Masterton, R. A. J., Tournier, J. D., Smith, R. E., Willats, L., Raffelt, D., & Connelly, A. (2013). Track- weighted functional connectivity (TW-FC): A tool for characterizing the structural-functional connections in the brain. *NeuroImage, 70,* 199–210.

Calder, A. J., Beaver, J. D., Winston, J. S., Dolan, R. J., Jenkins, R., Eger, E., et al. (2007). Separate coding of different gaze directions in the superior temporal sulcus and inferior parietal lobule. *Current Biology, 17,* 20–25.

Campbell, F. W., Kulikowski, J. J., & Levinson, J. (1966). The effect of orientation on the visual resolution of gratings. *Journal of Physiology (London), 187,* 427–436.

Cao, H., Lee, C. J., Iqbal, S., Czerwinski, M., Wong, P. N., Rintel, S., . . . & Yang, L. (2021). Large scale analysis of multitasking behavior during remote meetings. *In Proceedings of the 2021 CHI Conference on Human Factors in Computing Systems,* 1–13.

Cappa, S. F., Frugoni, M., Pasquali, P., Perani, D., & Zorat, F. (1998). Category specific naming impairment for artefacts: A new case. *Neurocase, 4,* 391–397.

Carballo, F., Freidin, E., Casanave, E., & Bentosela, M. (2016). Following human pointing: Where do dogs (Canis familiaris) look at to find food? *Behavioural Processes, 128,* 37–40.

Carmigniani, J., Furht, B., Anisetti, M., Ceravolo, P., Damiani, E., & Ivkovic, M. (2011). Augmented reality technologies, systems and applications. *Multimedia Tools and Applications, 51,* 341–377.

Carpenter, S. K., Pashler, H., & Cepeda, N. J. (2009). Using tests to enhance 8th grade students' retention of U.S. History facts. *Applied Cognitive Psychology, 23,* 760–771.

Carrasco, M., Ling, S., & Read, S. (2004). Attention alters appearance. *Nature Neuroscience, 7,* 308–313.

Carrier, L. M. (2003). College students' choices of study strategies. *Perceptual and Motor Skills, 96,* 54–56.

Carroll, D. W. (2004). *Psychology of language* (4th ed.). Belmont, CA: Wadsworth.

Cartwright-Finch, U., & Lavie, N. (2007). The role of perceptual load in inattentional blindness. *Cognition, 102,* 321–340.

Cashdollar, N., Malecki, J., Rugg-Gunn, F. J., Duncan, J. S., Lavie, N., & Duzel E. (2009). Hippocampus-dependent and –independent theta-networks of active maintenance. *Proceedings of the National Academy of Sciences, 106,* 20493–20498.

Caspers, S., Zilles, K., Laird, A. R., & Eickhoff, S. B. (2010). ALE meta-analysis of action observation and imitation in the human brain. *NeuroImage, 50,* 1148–1167.

Castelhano, M. S., & Henderson, J. M. (2008). Stable individual differences across images in human saccadic eye movements. *Canadian Journal of Experimental Psychology, 62,* 1–14.

Catrambone, R., & Holyoak, K. J. (1989). Overcoming contextual limitations on problem-solving transfer. *Journal of Experimental Psychology: Learning, Memory, and Cognition, 15,* 1147–1156.

Cattaneo, L., & Rizzolatti, G. (2009). The mirror neuron system. *Neurological Review, 66,* 557–560.

Celedón-Pattichis, S., López-Leiva, C., Pattichis, M., & Civil, M. (2022). Teaching and learning mathematics and computing in multilingual contexts. *Teachers College Record: The Voice of Scholarship in Education, 124,* 3–12.

Chalmers, D., & Reisberg, D. (1985). Can mental images be ambiguous? *Journal of Experimental Psychology: Human Perception and Performance, 11,* 317–328.

Chalupa, L. M. & Werner, J. S. (Eds.) (2003). *The visual neurosciences.* Cambridge, MA: MIT Press.

Chan, J. C. K., & McDermott, K. B. (2006). Remembering pragmatic inferences. *Applied Cognitive Psychology, 20,* 633–639.

Chapman, L. J., & Chapman, J. P. (1969). Genesis of popular but erroneous psychodiagnostic observations. *Journal of Abnormal Psychology, 74,* 272–280.

Charman, S. D., Wells, G. L., & Joy, S. W. (2011). The dud effect: Adding highly dissimilar fillers increases confidence in lineup identifications. *Law and Human Behavior, 35,* 479–500.

Chase, W. G., & Simon, H. A. (1973a). Perception in chess. *Cognitive Psychology, 4,* 55–81.

Chase, W. G., & Simon, H. A. (1973b). The mind's eye in chess. In W. G. Chase (Ed.), *Visual information processing.* New York: Academic Press.

Chatterjee, A. (2010). Disembodying cognition. *Language and Cognition, 2,* 79–116.

Cheng, P. W., & Holyoak, K. J. (1985). Pragmatic reasoning schemas. *Cognitive Psychology, 17,* 391–416.

Cheriet, N., Topçu, M., Hirst, W., Bastin, C., & Folville, A. (2023). A day that America will remember: Flashbulb memory, collective memory, and future thinking for the capitol riots. *Memory, 31*(5), 715–731.

Cherry, E. C. (1953). Some experiments on the recognition of speech, with one and with two ears. *Journal of the Acoustical Society of America, 25,* 975–979.

Chi, M. T. H., Feltovich, P. J., & Glaser, R. (1981). Categorization and representation of physics problems by experts and novices. *Cognitive Science, 5,* 121–152.

Chi, M. T. H., Glaser, R., & Rees, E. (1982). Expertise in problem solving. In R. J. Sternberg (Ed.), *Advances in the psychology of human intelligence.* Hillsdale, NJ: Erlbaum.

Chi, R. P., & Snyder, A. W., (2012). Brain stimulation enables the solution of an inherently difficult problem. *Neuroscience Letters, 515,* 121–124.

Chklovskii, D. B., Mel, B. W., & Svoboda, K. (2004). Cortical rewiring and information storage. *Nature, 431,* 782–788.

Chomsky, N. (1957). *Syntactic structures.* The Hague, the Netherlands: Mouton.

Chomsky, N. (1959). A review of Skinner's *Verbal Behavior. Language, 35,* 26–58.

Christensen, B. T., & Schunn, C. D. (2007). The relationship of analogical distance to analogical function and pre-inventive structure: The case of engineering design. *Memory and Cognition, 35,* 29–38.

Christoff, K., Gordon, A. M., Smallwood, J., Smith, R., & Schooler, J. W. (2009). Experience sampling during fMRI reveals default network and executive system contributions to mind wandering. *Proceedings of the National Academy of Sciences, 106,* 8719–8724.

Chrysikou, E. G., & Weisberg, R. W. (2005). Following the wrong footsteps: Fixation effects of pictorial examples in a design problem-solving task. *Journal of Experimental Psychology: Learning, Memory, and Cognition, 31,* 1134–1148.

Chu, S., & Downes, J. J. (2002). Proust nose best: Odors and better cues of autobiographical memory. *Memory & Cognition, 30*(4), 511–518.

Cichy, R. M., Heinzle, J., & Haynes, J.-D. (2012). Imagery and perception share cortical representations of content and location. *Cerebral Cortex, 22,* 372–380.

Clare, L., & Jones, R. S. P. (2008). Errorless learning in the rehabilitation of memory impairment: a critical review. *Neuropsychology Review, 18,* 1–23.

Clarey, C. (2014). Their minds have seen the glory. *New York Times,* February 23. Sports Sunday, page 1.

Clark, A. (2013). Whatever next? Predictive brains, situated agents, and the future of cognitive science. *Behavioral and Brain Sciences, 36,* 181–253.

Clark, H. H. (1996). *Using language.* Cambridge, MA: Cambridge University Press.

Clark, H. H., & Van der Wege, M. M. (2002). Psycholinguistics. In H. Pashler & S. Yantis (Eds.), *Stevens' handbook of experimental psychology* (3rd ed., pp. 209–259). New York: Wiley.

Clarke, J., & Draper, S. (2020). Intermittent mindfulness practice can be beneficial, and daily practice can be harmful. An in depth, mixed methods study of the "Calm" app's (mostly positive) effects. *Internet Interventions, 19,* 100293.

Clinton-Lisell, V. (2021). Stop multitasking and just read: Meta- analyses of multitasking's effects on reading performance and reading time. *Journal of Research in Reading, 44*(4), 787–816.

Cohen, M. (2015). The history of Shark Week: How the Discovery Channel both elevated and degraded sharks. *The Week.*

Coley, J. D., Medin, D. L., & Atran, S. (1997). Does rank have its privilege? Inductive inferences within folkbiological taxonomies. *Cognition, 64,* 73–112.

Collins, A. M., & Quillian, M. R. (1969). Retrieval time from semantic memory. *Journal of Verbal Learning and Verbal Behavior, 8,* 240–247.

Colloca, L., & Benedetti, F. (2005). Placebos and painkillers: Is mind as real as matter? *Nature Reviews Neuroscience, 6,* 545–552.

Colzato, L. S., Ozturk, A., & Hommel, B. (2012). Meditate to create: the impact of focused-attention and open-monitoring training on convergent and divergent thinking. *Frontiers in Psychology, 3,* Article 116.

Comfort, A. (1971). Likelihood of human pheromones. *Nature.* https://doi.org/10.1038/230432a0.

Conrad, R. (1964). Acoustic confusion in immediate memory. *British Journal of Psychology, 55,* 75–84.

Conway, M. A. (1996). Autobiographical memory. In E. L. Bjork & R. A. Bjork (Eds.), *Handbook of perception and cognition: Vol. 10. Memory* (2nd ed., pp. 165–194). New York: Academic Press.

Cook, R., Bird, G., Catmur, C., Press, C., Heyes, C. (2014). Mirror neurons: From origin to function. *Behavioral and Brain Sciences, 37,* 177–241.

Coons, P. M., & Milstein, V. (1992). Psychogenic amnesia: A clinical investigation of 25 cases. *Dissociation, 5,* 73–79.

Coppola, D. M., White, L. E., Fitzpatrick, D., & Purves, D. (1998). Unequal distribution of cardinal and oblique contours in ferret visual cortex. *Proceedings of the National Academy of Sciences, 95,* 2621–2623.

Corballis, M. C. (2017). Language evolution: A changing perspective. *Trends in Cognitive Sciences, 21,* 229–236.

Corkin, S. (2002). What's new with the amnesic patient H.M.? (2002). *Nature Reviews Neuroscience, 3,* 1–8.

Cosmides, L., & Tooby, J. (1992). Cognitive adaptations for social exchange. In J. H. Barkow, L. Cosmides, & J. Tooby (Eds.), *The adapted mind* (pp. 179–228). Oxford, UK: Oxford University Press.

Cousins, J. N., Wong, K. F., Raghunath, B. L., Look, C., & Chee, M. W. (2019). The long-term memory benefits of a daytime nap compared with cramming. *Sleep, 42*(1).

Cowan, N. (2001). The magical number 4 in short-term memory: A reconsideration of mental storage capacity. *Behavioral Brain Sciences, 24,* 87–185.

Craik, F. I. M. (2002). Levels of processing: Past, present... and future? *Memory, 10,* 5–6.

Craik, F. I. M., & Lockhart, R. S. (1972). Levels of processing: A framework for memory research. *Journal of Verbal Learning and Verbal Behavior, 11,* 671–684.

Craik, F. I. M., & Tulving, E. (1975). Depth of processing and retention of words in episodic memory. *Journal of Experimental Psychology: General, 104,* 268–294.

Craver-Lemley, C., & Reeves, A. (1992). How visual imagery interferes with vision. *Psychological Review, 99,* 633–649.

Cree, G. S., & McRae, K. (2003). Analyzing the factors underlying the structure and computation of the meaning of *chipmunk, cherry, cheese,* and *cello* (and many other such concrete nouns). *Journal of Experimental Psychology: General, 132,* 163–201.

Crick, F. (1995). The impact of Linus Pauling on molecular biology. *The Pauling Symposium,* Special Collections, The Valley Library, Oregon State University.

Cukur, T., Nishimoto, S, Huth, A. G., & Gallant, J. I. (2013). Attention during natural vision warps semantic representation across the human brain. *Nature Neuroscience, 16(6),* 763–770.

Cummins, J. (1978). Bilingualism and the development of metalinguistic awareness. *Journal of Cross-Cultural Psychology, 9*(2), 131–149.

Cunningham, M. R., Roberts, A. R., Barbee, A. P., Druen, P. B., & Wu, C. H. (1995). "Their ideas of beauty are, on the whole, the same as ours": Consistency and variability in the cross- cultural perception of female physical attractiveness. *Journal of Personality and Social Psychology, 68*(2), 261.

Currey, M. (2013). *Daily rituals: How artists work.* New York: Knopf.

Currier, J. (2021). Workplace wellness and vicarious trauma amongst the CSI community (Doctoral dissertation, Rutgers University-Camden Graduate School).

Curtis, C. E., & D'Esposito, M. (2003). Persistent activity in the prefrontal cortex during working memory. *Trends in Cognitive Sciences, 7,* 415–423.

Dance, C. J., Ipser, A., & Simner, J. (2022). The prevalence of aphantasia (imagery weakness) in the general population. Consciousness and Cognition, 97, 103243.

D'Argembeau, A., & Van der Linden, M. (2004). Phenomenal characteristics associated with projecting oneself back into the past and forward into the future: Influence of valence and temporal distance. *Consciousness and Cognition, 13,* 844–858.

Daneman, M., & Carpenter, P. A. (1980). Individual differences in working memory and reading. *Journal of Verbal Learning and Verbal Behavior, 19,* 450–466.

Danziger, S., Levav, J., & Avanim-Pesso, L. (2011). Extraneous factors in judicial decisions. *Proceedings of the National Academy of Sciences, 108,* 6889–6892.

Darwin, C. J., Turvey, M. T., & Crowder, R. G. (1972). An auditory analogue of the Sperling partial report procedure: Evidence for brief auditory storage. *Cognitive Psychology, 3,* 255–267.

Dawes, A. J., Keogh, R., Andrillon, T., & Pearson, J. (2020). A cognitive profile of multi-sensory imagery, memory and dreaming in aphantasia. *Scientific Reports, 10*(1), 10022.

De Dreu, C. K. W., Nijstad, B. A., Bass, M., Wolsink, I., & Roskes, M. (2012). Working memory benefits creative insight, musical improvisation, and original ideation through maintained task- focused attention. *Personality and Social Psychology Bulletin, 38*(5), 656–669.

Deese, J. (1959). On the prediction of occurrence of particular verbal intrusions in immediate recall. *Journal of Experimental Psychology, 58,* 17–22.

DeGroot, A. (1965). *Thought and choice in chess.* The Hague, the Netherlands: Mouton

Della Sala, S., Gray, C., Baddeley, A., Allamano, N., & Wilson, L. (1999). Attention span: A tool for unwelding visuo-spatial memory. *Neuropsychologia, 37,* 1189–1199.

Denes-Raj, V., & Epstein, S. (1994). Conflict between intuitive and rational processing: When people behave against their better judgment. *Journal of Personality and Social Psychology, 66,*

819–829.

Dening, T., & Sandilyan, M. B. (2015). Dementia: definitions and types. *Nursing Standard, 29*(37), 37.

De Neys, W. (2006). Automatic-heuristic and executive-analytic processing during reasoning: Chronometric and dual-task considerations. *Quarterly Journal of Experimental Psychology, 59*, 1070–1010.

de Rooij, A. (2023). Internal dialogue, creative potential, and creative achievement. *Imagination, Cognition and Personality*.

De Wit, L., Marsiske, M., O'Shea, D., Kessels, R. P., Kurasz, A. M., DeFeis, B., ... & Smith, G. E. (2021). Procedural learning in individuals with amnestic mild cognitive impairment and Alzheimer's dementia: a systematic review and meta- analysis. *Neuropsychology Review, 31*, 103–114.

DeRenzi, E., Liotti, M., & Nichelli, P. (1987). Semantic amnesia with preservation of autobiographic memory: A case report. *Cortex, 23*, 575–597.

DeRenzi, E., & Spinnler, H. (1967). Impaired performance on color tasks inpatients with hemispheric lesions. *Cortex, 3*, 194–217.

Derevianchenko, N., Lytovska, O., Diurba, D., & Leshchyna, I. (2018). Impact of Medical Terminology on Patients' Comprehension of Healthcare. *Georgian Medical News, 284*, 159–163.

Deutsch, D. (2010). Speaking in tones. *Scientific American Mind*, July–August, 2010, 36–43.

Deutsch, J. A., & Deutsch, D. (1963). Attention: Some theoretical considerations. *Psychological Review, 70*, 80–90.

DeValois, R. L., Yund, E. W., & Hepler, N. (1982). The orientation and direction selectivity of cells in macaque visual cortex. *Vision Research, 22*, 531–544.

DeVreese, L. P. (1991). Two systems for colour-naming defects: Verbal disconnection vs. colour imagery disorder. *Neuropsychologia, 29*, 1–18.

Dewar, M. T., Cowan, N., & Della Sala, S. (2007). Forgetting due to retroactive interference: A fusion of Muller and Pilecker's (1900) early insights into everyday forgetting and recent research on anterograde amnesia. *Cortex, 43*, 616–634.

Dingus, T. A., Klauer, S. G., Neale, V. L., Petersen, A., Lee, S. E., Sudweeks, J., et al. (2006). *The 100-Car Naturalistic Driving Study: Phase II. Results of the 100-car field experiment* (Interim Project Report for DTNH22-00-C-07007, Task Order 6; Report No. DOT HS 810 593). Washington, D.C.: National Highway Traffic Safety Administration.

Dittrich, L. (2017). Patient HM: A story of memory, madness, and family secrets. Random House Trade Paperbacks. https://doi.org/10.1097/wnn.0000000000000157

di Pelligrino, G., Fadiga, L., Fogassi, L., Gallese, V., & Rizzolatti, G. (1992). Understanding motor events: a neurophysiological study. *Experimental Brain Research, 91*, 176–180.

Dolcos, F., LaBar, K. S., & Cabeza, R. (2005). Remembering one year later: Role of the amygdala and the medial temporal lobe memory system in retrieving emotional memories. *Proceedings of the National Academy of Sciences, 102*, 2626–2631.

Donders, F. C. (1969). Over de snelheid van psychische processen [Speed of mental processes]. Onderzoekingen gedann in het Psyciologish Laboratorium der Utrechtsche Hoogeschool (W. G. Koster, Trans.). In W. G. Koster (Ed.), Attention and performance II. *Acta Psychologica, 30*, 412–431. (Original work published 1868.)

Dornfeld, M (2023). How Memory Politics Drives Conflict: A Case Study of the Russia-Ukraine Conflict.

Douglass, A. B., Neuschatz, J. S., Imrich, J., & Wilkinson, M. (2010). Does post-identification feedback affect evaluations of eyewitness testimony and identification procedures? *Law & Human Behavior, 34*, 282–294.

Dove, G. (2023). Concepts require flexible grounding. *Brain and Language, 245*.

Downing, P. E., Jiang, Y., Shuman, M., & Kanwisher, N. (2001). Cortical area selective for visual processing of the human body. *Science, 293*, 2470–2473.

Dravida, S., Saxe, R., & Bedny, M. (2013). People can understand descriptions of motion without activating visual motion brain regions. *Frontiers in Psychology, 4*, Article 537, 1–14.

Dreyer, A. M., Michalke, L., Perry, A., Chang, E. F., Lin, J. J., Knight, R. T., & Rieger, J. W. (2023). Grasp-specific high- frequency broadband mirror neuron activity during reach- and-grasp movements in humans. *Cerebral Cortex, 33*(10), 6291–6298.

Duffy, S. A., Morris, R. K., & Rayner, K. (1988). Lexical ambiguity and fixation times in reading. *Journal of Memory and Language, 27*, 429–446.

Dunbar, K. (1998). Problem solving. In W. Bechtel & G. Graham (Eds.), *A companion to cognitive science* (pp. 289–298). London: Blackwell.

Dunbar, K. (1999). How scientists build models: In vivo science as a window on the scientific mind. In L. Magnani, N. Nersessian, & P. Thagard (Eds.), *Model-based reasoning in scientific discovery* (pp. 89–98). New York: Plenum.

Dunbar, K. (2001). The analogical paradox: Why analogy is so easy in naturalistic settings yet so difficult in the psychological laboratory. In D. Gentner, K. J. Holyoak, & B. Kokinov (Eds.), *Analogy: Perspectives form cognitive science*. Cambridge, MA: MIT Press.

Dunbar, K. (2002). Science as a category: Implications of *in vivo* science for theories of cognitive development, scientific discovery, and the nature of science. In P. Caruthers, S. Stich, & M. Siegel (Eds.). *New directions in scientific and technical thinking*. Hillsdale, NJ: Lawrence Erlbaum.

Dunbar, K., & Blanchette, I. (2001). The *in vivo/in vitro* approach to cognition: The case of analogy. *Trends in Cognitive Sciences, 5*, 334–339.

Duncker, K. (1945). On problem solving. *Psychological Monographs 58*(270).

Dunlosky, J., Rawson, K. A., Marsh, E. J., Nathan, M. J., & Willingham, D. T. (2013). Improving students' learning and comprehension: Promising directions from cognitive and educational psychology. *Psychological Science in the Public Interest, 14*, 4–58.

Dürscheid, C., & Haralambous, Y. (2021). Emojis are everywhere. How emojis conquer new contexts. *Grapholinguistics and Its Applications*, 4, 501–512.

Duzel, E., Cabeza, R., Picton, T. W., Yonelinas, A. P., Scheich, H., Heinze, H.-J., et al. (1999). Task-related and item-related brain processes of memory retrieval. *Proceedings of the National Academy of Sciences, USA, 96*, 1794–1799.

Dvorak. Uncensored (2007). Removing a cork from inside a wine bottle trick. *YouTube*. https://www.youtube.com/watch?v=uL1ovAYtKuQ

Dym, C. L., Agogino, A. M., Eris, O., Frey, D. D., & Leifer, L. J. (2005). Engineering design thinking, teaching, and learning. *Journal of Engineering Education, 94*(1), 103–120.

Dyson, F. J. (2012). Is science mostly driven by ideas or by tools? *Science, 338*, 1426–1427.

Ebbinghaus, H. (1913). *Memory: A contribution to experimental psychology* (Henry A. Ruger & Clara E. Bussenius, Trans.). New York: Teachers College, Columbia University. (Original work, *Über das Gedächtnis*, published 1885.)

Egan, D. E., & Schwartz, B. J. (1979). Chunking in recall of symbolic drawings. *Memory and Cognition, 7*, 149–158.

Eich, E., & Metcalfe, J. (1989). Mood dependent memory for internal vs. external events. *Journal of Experimental Psychology: Learning, Memory and Cognition, 15*, 443–455.

El Haj, M., Clement, S., Fasotti, L., & Allain, P. (2013). Effects of music on autobiographical verbal narration in Alzheimer's disease. *Journal of Neurolinguistics, 26*, 691–700.

El Haj, M., Fasotti, L., & Allain, P. (2012). The involuntary nature of music-evoked autobiographical memories in Alzheimer's disease. *Consciousness and Cognition, 21*, 238–246.

Ellamil, M., Dobson, C., Beeman, M., & Christoff, K. (2012).

Evaluative and generative modes of thought during the creative process. *Neuroimage, 59*, 1783–1794.

Elsbach, K. D., & Stigliani, I. (2018). Design thinking and organizational culture: A review and framework for future research. *Journal of Management, 44*(6), 2274–2306.

Emberson, L. L., Lupyan, G., Goldstein, M. H., & Spivey, M. J. (2010). Overheard cell-phone conversations: When less speech is more distracting. *Psychological Science, 21*, 1383–1388.

Epstein, R., Harris, A., Stanley, D., & Kanwisher, N. (1999). The parahippocampal place area: Recognition, navigation, or encoding? *Neuron, 23*, 115–125.

Ericsson, J., Vogel, E. K., Lansner, A., Bergstrom, F., & Nyberg, L. (2015). Neurocognitive architecture of working memory. *Neuron, 88*, 33–46.

Ericsson, K. A., Chase, W. G., & Falloon, F. (1980). Acquisition of a memory skill. *Science, 208*, 1181–1182.

Ericsson, K. A., & Simon, H. A. (1993). *Protocol*

analysis. Cambridge, MA: MIT Press.

Erll, A., & Hirst, W. (2023). Flashbulb memories: An interdisciplinary research programme. *Narrative Inquiry, 33*(2), 398–420.

Evans, J. St. B. T., Barston, J., & Pollard, P. (1983). On the conflict between logic and belief in syllogistic reasoning. *Memory and Cognition, 11,* 295–306.

Evans, J. St. B. T., & Curtis-Holmes, J. (2005). Rapid responding increases belief bias: Evidence for the dual-process theory of reasoning *Thinking & Reasoning, 11,* 382–389.

Evans, J. St. B. T., & Stanovich, K. E. (2013). Dual-process theories of higher cognition: Advancing the debate. *Perspectives on Psychological Science, 8,* 223–241.

Evans, V. (2017) *The emoji code.* New York: Picador.

Farah, M. J. (1985). Psychophysical evidence for a shared representational medium for mental images and percepts. *Journal of Experimental Psychology: General, 114,* 91–103.

Farah, M. J. (1988). Is visual imagery really visual? Overlooked evidence from neuropsychology. *Psychological Review, 95,* 307–317.

Farah, M. J. (2000). The neural basis of mental imagery. In M. Gazzaniga (Ed.), *The cognitive neurosciences* (2nd ed., pp. 965–974). Cambridge, MA: MIT Press.

Farah, M. J., Levine, D. N., & Calvanio, R. (1988). A case study of mental imagery deficit. *Brain and Cognition, 8,* 147–164.

Farah, M. J., O'Reilly, R. C., & Vecera, S. P. (1993). Dissociated overt and covert recognition as an emergent property of a lesioned neural network. *Psychological Review, 100,* 571–588.

Farid, H. (2022). Creating, using, misusing, and detecting deep fakes. *Journal of Online Trust and Safety, 1*(4).

Fazio, L., Brashier, N. M., Payne, B. K., Marsh, E. J. (2015). Knowledge does not protect against illusory truth. *Journal of Experimental Psychology: General, 144*(5), 993–1002.

Fedorenko, E., Duncan, J., & Kanwisher, N. (2012). Language- selective and domain-general regions lie side by side within Broca's area. *Current Biology, 22,* 2059–2062.

Fedorenko, E., McDermott, J. J., Norman-Haignere, S., & Kanwisher, N. (2012). Sensitivity to musical structure in the human brain. *Journal of Neuropshysiology, 108,* 3289–3300.

Felleman, D. J., & Van Essen, D. C. (1991). Distributed hierarchical processing in the primate cerebral cortex. *Cerebral Cortes, 1,* 1–47.

Ferreira, F., & Qiu, Z. (2021). Predicting syntactic structure. *Brain Research, 1770.*

Finke, R. A. (1990). *Creative imagery: Discoveries and inventions in visualization.* Hillsdale, NJ: Erlbaum.

Finke, R. A. (1995). Creative insight and preinventive forms. In R. J. Sternberg & J. E. Davidson (Eds.), *The nature of insight* (pp. 255–280). Cambridge, MA: MIT Press.

Finke, R. A., Pinker, S., & Farah, M. J. (1989). Reinterpreting visual patterns in visual imagery. *Cognitive Science, 13,* 51–78.

Finn, E. S., Shin, X., Scheinost, D., Rosenberg, M. D., Huang, J., Chun, M. M., Papademetris, X., & Constable, R. T. (2015). Functional connectome fingerprinting: Identifying individuals using patterns of brain connectivity. *Nature Neuroscience, 18,* 1664–1671.

Finniss, D. G., & Benedetti, F. (2005). Mechanisms of the placebo response and their impact on clinical trials and clinical practice. *Pain, 114,* 3–6.

Fischer, M. H., & Zwaan, R. A. (2008). Embodied language: A review of the role of the motor system in language comprehension. *Quarterly Journal of Experimental Psychology, 61,* 825–850.

Fischer, S., & Born, J. (2009). Anticipated reward enhances offline learning during sleep. *Journal of Experimental Psychology: Learning, Memory & Cognition, 35,* 1586–1593.

Fischl, B., & Dale, A. M. (2000). Measuring the thickness of the human cerebral cortex from magnetic resonance images. *Proceedings of the National Academy of Sciences, 97,* 11050–11055.

Fitch, W. T., & Martins, M. D. (2014). Hierarchical processing in music, language, and action: Lashley revisited. *Annals of the New York Academy of Sciences, 1316,* 87–104.

Fitzpatrick, C., Archambault, I., Janosz, M., & Pagani, L. S. (2015). Early childhood working memory forecasts high school dropout risk. *Intelligence, 53,* 160–165.

Fix, R. L. (2020). Justice is not blind: A preliminary evaluation of an implicit bias training for justice professionals. *Race and Social Problems, 12*(4), 362–374.

Fleck, J. I., & Weisberg, R. W. (2013). Insight versus analysis: Evidence for diverse methods in problem solving. *Journal of Cognitive Psychology, 25,* 436–463.

Flege, J. E., Yeni-Komshian, G. H., & Liu, S. (1999). Age constraints on second-language acquisition. *Journal of Memory and Language, 41*(1), 78–104.

Flourens, M. J. P. (1824). Researches experimentales sur les proprieties et les fonctions du systeme nerveux, sans les animaux vertebres. Paris: *Chez Crevot, 26,* p. 20.

Forgassi, L., Ferri, P.F., Gesierih, B., Rozzi, S., Chersi, F., & Riizzolatti, G. (2005). Parietal lobe: From action organization to intention understanding. *Science, 308,* 662–667.

Fox, K. C. R., Nijeboer, S., Dixon, M. L., Floman, J. L., Ellamil, M., Rumak, S. P., Sedlmeier, P., & Christoff, K. (2014). Is meditation associated with altered brain structure? A systematic review and meta-analysis of morphometric neuroimaging in meditation practitioners. *Neuroscience and Biobehavioral Reviews, 43,* 48–73.

Fox, P. T. (1993). Human brain mapping: A convergence of disciplines. *Human Brain Mapping, 1,* 1–2.

Frank, J. (1930). *Law and the modern mind.* New York: Brentano's.

Frase, L. T. (1975). Prose processing. In G. H. Bower (Ed.), *The psychology of learning and motivation* (Vol. 9). New York: Academic Press.

Fraser, S. (2012). The problem with eyewitness testimony. TED talk video.

Frazier, L. (1979). *On Comprehending Sentences: Syntactic Parsing Strategies.* PhD Thesis. University of Massachusetts. Indiana University Linguistics Club.

Frazier, L. (1987). Sentence processing: A tutorial review. In M. Coltheart (Ed.), *Attention and performance: Vol. XII. The psychology of reading* (pp. 559–586). Hove, UK: Erlbaum.

Fredrick, S. (2005). Cognitive reflection and decision making. *Journal of Economic Perspectives, 19*(4), 25–42.

Frensch, P. A., & Sternberg, R. J. (1989). Expertise and intelligent thinking: When is it worse to know better? In R. J. Sternberg (Ed.), *Advances in the psychology of human intelligence, Vol. 5.* Hillsdale, NJ: Erlbaum.

Fried, C. B. (2008). In-class laptop use and its effects on student learning. *Computers & Education, 50,* 906–914.

Fried, T., Wilson, C., Maidment, N. T., Engel, J., Behnke, E., Fields, T. A., et al. (1999). Cerebral microdialysis combined with single- neuron and electroencephalographic recording in neurosurgical patients. *Journal of Neurosurgery, 91,* 697–705.

Friedman, N. P., Miyake, A., Robinson, J. L., & Hewitt, J. K. (2011). Developmental trajectories in toddlers' self-restraint predict individual differences in executive functions 14 years later: A behavioral genetic analysis. *Developmental Psychology, 47,* 1410–1430.

Friedman-Hill, S. R., Robertson, L. C., & Treisman, A. (1995). Parietal contributions to visual feature binding: Evidence from a patient with bilateral lesions. *Science, 269,* 853–855.

Fu, Y. (2023). Emotional arousing events as an integral part of understanding flashbulb memories mechanism. *Journal of Education, Humanities and Social Sciences, 18,* 77–83.

Fukuda, K., Awh, E., & Vogel, E. K. (2010). Discrete capacity limits in visual working memory. *Current Opinion in Neurobiology, 20,* 177–182.

Fuller, S., & Carrasco, M. (2006). Exogenous attention and color perception: Performance and appearance of saturation and hue. *Vision Research, 46,* 4032–4047.

Funahashi, S. (2006). Prefrontal cortex and working memory processes. *Neuroscience, 139,* 251–261.

Funahashi, S., Bruce, C. J., & Goldman-Rakic, P. S. (1989). Mnemonic coding of visual space in the primate dorsolateral prefrontal cortex. *Journal of Neurophysiology, 61,* 331–349.

Furmanski, C. S., & Engel, S. A. (2000). An oblique effect in human primary visual cortex. *Nature Neuroscience, 3,* 535–536.

Gaillard, C., & Ben Hamed, S. (2022). The neural bases of spatial attention and perceptual rhythms. European Journal of Neuroscience, 55(11–12), 3209–3223.

Gais, S., Lucas, B., & Born, J. (2006). Sleep after learning aids memory recall. *Learning and Memory, 13,* 259–262.

Galison, P. (1997). *Image and logic.* Chicago, IL: University of Chicago Press.

Gallese, V. (2007). Before and below "theory of mind": Embodied simulation and the neural correlates of social cognition. *Philosophical*

Transactions of the Royal Society B, 362, 659–669.

Gallese, V., Fadiga, L., Fogassi, L., & Rizzolatti, G. (1996). Action recognition in the premotor cortex. *Brain, 119,* 593–609.

Galton, F. (1880). Statistics of mental imagery. *Mind, 5,* 301–318.

Galton, F. (1883). *Inquiries into human faculty and its development.* London: Macmillan.

Ganis, G., Thompson, W. L., Kosslyn, S. M. (2004). Brain areas underlying visual mental imagery and visual perception: An fMRI study. *Cognitive Brain Research, 20,* 226–241.

Garcia-Amaya, L. (2021). Why do we, like, hesitate when we, um, speak? [Video]. TED-Ed.

Garcea, F. E., Dombovy, M., & Mahon, B. Z. (2013). Preserved tool knowledge in the context of impaired action knowledge: Implications for models of semantic memory. *Frontiers in Human Neuroscience, 7,* Article 120, 1–18.

Gardiner, J. M. (2001). Episodic memory and autonoetic consciousness: A first-person approach. *Philosophical Transactions of the Royal Society of London B, 356,* 1351–1361.

Garon, N., Bryson, S. E., & Smith, I. M. (2008). Executive function in preschoolers: A review using an integrative framework. *Psychological Bulletin, 134,* 31–60.

Garrod, S., & Pickering, M. J. (2015). The use of content and timing to predict turn transitions. *Frontiers in Psychology, 6,* Article 751.

Gaspar, J. M., Christie, G. J., Prime, D. J., Jolicoeur, P., & McDonald, J. J. (2016). Inability to suppress salient distractors predicts low visual working memory capacity. *Proceedings of the National Academy of Science, 113,* 3693–3698.

Gauthier, I., Skudlarski, P., Gore, J. C., & Anderson, A. W. (2000). Expertise for cars and birds recruits brain areas involved in face recognition. *Nature Neuroscience, 3,* 191–197.

Gauthier, I., Tarr, M. J., Anderson, A. W., Skudlarski, P., & Gore, J. C. (1999). Activation of the middle fusiform "face area" increases with expertise in recognizing novel objects. *Nature Neuroscience, 2,* 568–573.

Gazzola, V., van der Worp, H., Muder, T., Wicker, B., Rizzolatti, G., & Keysers, C. (2007). Aplasics born without hands mirror the goal of hand actions with their feet. *Current Biology, 17,* 1235–1240.

Geisler, W. S. (2008). Visual perception and statistical properties of natural scenes. *Annual Review of Psychology, 59,* 167–192.

Geisler, W. S. (2011). Contributions of ideal observer theory to vision research. *Vision Research, 51,* 771–781.

Gentner, D., & Colhoun, J. (2010). Analogical processes in human thinking and learning. In B. Glatzeder, V. Goel, & A. von Maller(Vol. Eds.), *On Thinking: Vol. 2. Towards a Theory of Thinking,* pp. 35–48. Berlin: Springer-Verlag.

Gentner, D., & Goldin-Meadow, S. (Eds.). (2003). *Language in mind.* Cambridge, MA: MIT Press.

Geshwind, N. (1964). Development of the brain and the evolution of language. *Monograph Series in Language and Linguistics, 17,* 155–169.

Gibson, J. J. (1979). *The ecological approach to visual perception.* Boston, MA: Houghton Mifflin.

Gick, M. L., & Holyoak, K. J. (1980). Analogical problem solving. *Cognitive Psychology, 12,* 306–355.

Gick, M. L., & Holyoak, K. J. (1983). Schema induction and analogical transfer. *Cognitive Psychology, 15,* 1–38.

Gierhan, S. M. E. (2013). Connections for auditory language in the human brain. *Brain & Language, 127,* 205–221.

Gigerenzer, G. (2004). Dread risk, September 11, and fatal traffic accidents. *Psychological Science, 15,* 286–287.

Gigerenzer, G. (2011). Personal reflections on theory and psychology. *Theory and Psychology, 20,* 733–743.

Gigerenzer, G., & Hoffrage, U. (1995). How to improve Bayesian reasoning without instruction: Frequency formats. *Psychological Review, 98,* 506–528.

Gigerenzer, G., & Todd, P. M. (1999). *Simple heuristics that make us smart.* Oxford, UK: Oxford University Press.

Gilboa, A., Winocur, G., Grady, C. L., Hevenor, S. J., & Moscovitch, M. (2004). Remembering our past: Functional neuroanatomy of recollection of recent and very remote personal events. *Cerebral Cortex, 14,* 1214–1225.

Glanzer, M., & Cunitz, A. R. (1966). Two storage mechanisms in free recall. *Journal of Verbal Learning and Verbal Behavior, 5,* 351–360.

Glass, A. L., & Holyoak, K. J. (1975). Alternative conceptions of semantic memory. *Cognition, 3,* 313–339.

Gleason, J. B., & Ratner, N. B. (1998). Language acquisition. In J. B. Gleason & N. B. Ratner (Eds.), *Psycholinguistics* (2nd ed., pp. 347–407). Fort Worth, TX: Harcourt.

Gleick, J. (1992). *Genius: The life and science of Richard Feynman.* New York: Pantheon.

Glickstein, M., & Whitteridge, D. (1987). Tatsuki Inouye and the mapping of the visual fields in the human cerebral cortex. *Trends in Neuroscience, 10,* 350–353.

Gobet, F., Land, P. C. R., Croker, S., Cheng, P. C.-H., Jones, G., Oliver, I., et al. (2001). Chunking mechanisms in human learning. *Trends in Cognitive Science, 5,* 236–243.

Gobbini, M. I., & Haxby, J. V. (2007). Neural systems for recognition of familiar faces. *Neuropsychologia, 45,* 32–41.

Godden, D. R., & Baddeley, A. D. (1975). Context-dependent memory in two natural environments: On land and underwater. *British Journal of Psychology, 66,* 325–331.

Goldenberg, G., Podreka, I., Steiner, M., Willmes, K., Suess, E., & Deecke, L. (1989). Regional cerebral blood flow patterns in visual imagery. *Neuropsychologia, 27,* 641–664.

Goldinger, S. D., Papesh, M. H., Barnhart, A. S., Hansen, W. A., & Hout, M. C. (2016). The poverty of embodied cognition. *Psychonomic Bulletin & Review, 23,* 959–978.

Goldin-Meadow, S. (1982). The resilience of recursion: A study of a communication system developed without a conventional language model. In E. Wanner & L. R. Gleitman (Eds.), *Language acquisition: The state of the art* (pp. 51–77). Cambridge, UK: Cambridge University Press.

Goldman, S. R., Graesser, A. C., & Van den Broek, P. (Eds.). (1999). *Narrative comprehension, causality, and coherence.* Mahwah, NJ: Erlbaum.

Goldman-Rakic, P. S. (1990). Cellular and circuit basis of working memory in prefrontal cortex of nonhuman primates. *Progress in Brain Research, 85,* 325–336.

Goldman-Rakic, P. S. (1992, September). Working memory and the mind. *Scientific American,* pp. 111–117.

Goldreich, D., & Tong, J. (2013). Prediction, postdiction, and perceptual length contraction: A Bayesian low-speed prior captures the cutaneous rabbit and related illusions. *Frontiers in Psychology, 4,* Article 221. 1–26.

Goldstone, R. L., Kersten, A., & Carvalho, P. F. (2012). Concepts and categorization. In I. B. Weiner (Ed.), *Handbook of psychology* (2nd ed., Vol. 4, pp. 607–630). Hoboken, NJ: Wiley.

Goodale, M. (2010). Action and vision. In E. B. Goldstein (Ed.), *Sage encyclopedia of perception.* Thousand Oaks, CA: Sage. Vol 1, pp. 6–11.

Gračanin, A., Bylsma, L. M., & Vingerhoets, A. J. (2018). Why only humans shed emotional tears: Evolutionary and cultural perspectives. *Human Nature, 29,* 104–133.

Graesser, A. C., & Wiemer-Hastings, K. (1999). Situation models and concepts in story comprehension. In S. R. Goldman, A. C. Graesser, & P. Van den Broek (Eds.), *Narrative comprehension, causality, and coherence* (pp. 77–92). Mahwah, NJ: Erlbaum.

Graesser, A. C., Singer, M., & Trabasso, T. (1994). Constructing inferences during narrative text comprehension. *Psychological Review, 101,* 371–395.

Graf, P., Mandler, G., & Haden, P. E. (1982). Simulating amnesic symptoms in normal subjects. *Science, 218,* 1243–1244.

Graf, P., Shimamura, A. P., & Squire, L. R. (1985). Priming across modalities and priming across category levels: Extending the domain of preserved function in amnesia. *Journal of Experimental Psychology: Learning, Memory, and Cognition, 11,* 386–396.

Graham, K. S., Simons, J. S., Pratt, K. H., Patterson, K., & Hodges, J. R. (2000). Insights from semantic dementia on the relationship between episodic and semantic memory. *Neuropsychologia, 38*(3), 313–324.

Grant, H., Bredahl, L. S., Clay, J., Ferrie, J., Goves, J. E., Mcdorman, T. A., et al. (1998). Context-dependent memory for meaningful material: Information for students. *Applied Cognitive Psychology, 12,* 617–623.

Greenberg, D. L., & Rubin, D. C. (2003). The neuropsychology of autobiographical memory. *Cortex, 39,* 687–728.

Gregory, E., McCloskey, M., & Landau, B. (2014). Profound loss of general knowledge in retrograde amnesia: evidence from an amnesic artist. *Frontiers in Human Neuroscience, 8,* Article 287.

Gregory, E., McCloskey, M., Ovans, Z., & Landau, B. (2016). Declarative memory and skill-related knowledge: Evidence from a case study of amnesia and implications for theories of memory. *Cognitive Neuropsychology*, http://dx.doi.org/10.1080/0 2643294.2016.1172478.

Greicius, M. D., Krasnow, B., Reiss, A. L., & Menon, V. (2003). Functional connectivity in the resting brain: A network analysis of the default mode hypothesis. *Proceedings of the National Academy of Sciences, 100*, 253–258.

Grier, David Alan (2005). When Computers Were Human. Princeton University Press. ISBN 978-0-691-09157-0.

Griggs, R. A., & Cox, J. R. (1982). The elusive thematic-materials effect in Wason's abstract selection task. *British Journal of Psychology, 73*, 407–420.

Grill-Spector, K., Knouf, N., & Kanwisher, N. (2004). The fusiform face area subserves face perception, not generic within-category identification. *Nature Neuroscience, 7*, 555–562.

Grimes, J. A. (1996). On the failure to detect changes in scenes across saccades. In K. Akins (Ed.) *Perception* (*Vancouver Studies in Cognitive Science*) (pp. 89–110). New York: Oxford University Press.

Gross, C. G. (2002). The genealogy of the "grandmother cell." *The Neuroscientist, 8*, 512–518.

Gross, C. G., Bender, D. B., & Rocha-Miranda, C. E. (1969). Visual receptive fields of neurons in inferotemporal cortex of the monkey. *Science, 166*, 1303–1306.

Gross, C. G., Rocha-Miranda, C. E., & Bender, D. B. (1972). Visual properties of neurons in inferotemporal cortex of the macaque. *Journal of Neurophysiology, 5*, 96–111.

Grosz, P. G. (2022). Emojis and conditionals: exploring the super linguistic interplay of pictorial modifiers and conditional meaning. *Linguistics Vanguard, 8*(4), 457–467.

Guariglia, C., Padovani, A., Pantano, P., & Pizzamiglio, L. (1993). Unilateral neglect restricted to visual imagery. *Nature, 364*, 235–237.

Guilford, J. (1956). The structure of intellect. *Psychological Bulletin, 53*, 267–293.

Gurung, R. A. R., Weidert, J., & Jeske, A. (2010). Focusing on how students study. *Journal of the Scholarship of Teaching and Learning, 10*, 28–35.

Haigney, D., & Westerman, S. J. (2001). Mobile (cellular) phone use and driving: A critical review of research methodology. *Ergonomics, 44*, 132–143.

Hall, M. L., Hall, W. C., & Caselli, N. K. (2019). Deaf children need language, not (just) speech. *First Language, 39*(4), 367–395.

Hamilton, D. L. (1981). Illusory correlation as a basis for stereotyping. In D. L. Hamilton (Ed.), *Cognitive processes in stereotyping and intergroup behavior.* Hillsdale, NJ: Erlbaum.

Hansma, B. J., Marulanda, S., Chen, H. Y. W., & Donmez, B. (2020). Role of habits in cell phone-related driver distractions. *Transportation Research Record, 2674*(12), 254–262.

Harmelech, T., & Malach, R. (2013). Neurocognitive biases and the patterns of spontaneous correlations in the human cortex. *Trends I Cognitive Sciences, 17*, 606–615.

Harikrishnan, J., Sudarsan, A., Sadashiv, A., & Ajai, R. A. (2019). Vision-face recognition attendance monitoring system for surveillance using deep learning technology and computer vision. *In 2019 International Conference on Vision Towards Emerging Trends in Communication And Networking (ViTECoN)*, 1–5.

Harris, J. L., Bargh, J. A., & Brownell, K. D. (2009). Priming effects of television food advertising on eating behavior. *Health Psychology, 28*(4), 404–413.

Harrison, S. A., & Tong, F. (2009). Decoding reveals the contents of visual working memory in early visual areas. *Nature, 458*, 632–635.

Hartline, H. K. (1940). The receptive fields of the optic nerve fibers. *American Journal of Physiology*, 130, 690–699.

Haselton, M. G., & Miller, G. F. (2006). Women's fertility across the cycle increases the short-term attractiveness of creative intelligence. *Human Nature*, 17, 50–73.

Hassabis, D., Kumaran, D., Vann, S. D., & Maguire, E. A. (2007). Patients with hippocampal amnesia cannot imagine new experiences. *Proceedings of the National Academy of Sciences, 104*, 1726–1731.

Hauk, O., Johnsrude, I., & Pulvermuller, F. (2004). Somatotopic representation of action words in human motor and premotor cortex. *Neuron, 41*, 301–307.

Huang, S., Deshpande, A., Yeo, S. C., Lo, J. C., Chee, M. W., & Gooley, J. J. (2016). Sleep restriction impairs vocabulary learning when adolescents cram for exams: the need for sleep study. *Sleep, 39*(9), 1681–1690.

Haviland, S. E., & Clark, H. H. (1974). What's new? Acquiring new information as a process in comprehension. *Journal of Verbal Learning and Verbal Behavior, 13*, 512–521.

Haxby, J. V., Hoffman, E. A., & Gobbini, M. I. (2000). The distributed human neural system for face perception. *Trends in Cognitive Science, 46*, 223–233.

Hayes, J. R. (1978). *Cognitive psychology.* Homewood, IL: Dorsey Press.

Hayes, T. R., & Henderson, J. M. (2017). Scan patterns during real- world scene viewing predict individual differences in cognitive capacity. *Journal of Vision, 17*(5), 23–23.

Hayhoe, M., & Ballard, C. (2005). Eye movements in natural behavior. *Trends in Cognitive Sciences, 9*, 188–194.

Hebb, D. O. (1948). *Organization of behavior.* New York: Wiley.

Hecaen, H., & Angelergues, R. (1962). Agnosia for faces (prosopagnosia). *Archives of Neurology, 7*, 92–100.

Heffner, C. C. & Slevc, R. (2015). Prosodic structure as a parallel to musical structure. *Frontiers in Psychology, 6*, Article 1962.

Hegarty, M. (2010). Visual imagery. In E. B. Goldstein (Ed.). *Sage Encyclopedia of Perception* (pp. 1081–1085). Thousand Oaks, CA: Sage Publishers.

Helmholtz, H. von. (1866/1911). *Treatise on physiological optics* (J. P. Southall, Ed. & Trans.; 3rd ed., Vols. 2 & 3). Rochester, NY: Optical Society of America. (Original work published 1866).

Helson, H. (1933). The fundamental propositions of Gestalt psychology. *Psychological Review, 40*, 13–32.

Henkel, L. A. (2004). Erroneous memories arising from repeated attempts to remember. *Journal of Memory and Language, 50*, 26–46.

Henrich, J., Heine, S. J., & Norenzayan, A. (2010). The weirdest people in the world? *Behavioral and Brain Sciences, 33*(2–3), 61–83.

Herz, R. S., & Schooler, J. W. (2002). A naturalistic study of autobiographical memories evoked by olfactory and visual cues: Testing the Proustian hypothesis. *American Journal of Psychology, 115*, 21–32.

Hickock, G. (2009). Eight problems for the mirror neuron theory of action understanding in monkeys and humans. *Journal of Cognitive Neuroscience, 21*, 1229–1243.

Hillis, A. E., Rapp, B., Romani, C., & Caramazza, A. (1990). Selective impairment of semantics in lexical processing. *Cognitive Neuropsychology, 7*, 191–243.

Hinton, G. E., & Shallice, T. (1991). Lesioning an attractor network: Investigations of acquired dyslexia. *Psychological Review, 98*, 74–95.

Hirst, W., & Phelps, E. A. (2016). Flashbulb memories. *Current Directions in Psychological Science, 25*(1), 36–41.

Ho, C. M., & Wyer Jr, R. S. (2023). It's ok to think in a bad way: How state optimism and pessimism influence risk-taking. *International Journal of Consumer Studies, 47*(2), 801–811.

Hoffman, E. J., Phelps, M. E., Mullani, N. A., Higgins, C. S., & Ter-Pogossian, M. M. (1976). Design and performance characteristics of a whole-body positron transaxial tomography. *Journal of Nuclear Medicine, 17*, 493–502.

Hoffman, H. G., Doctor, J. N., Patterson, D. R., Carrougher, G. J., & Furness, T. A., III. (2000). Virtual reality as an adjunctive pain control during burn wound care in adolescent patients. *Pain, 85*, 305–309.

Hoffman, H. G., Patterson, D. R., Seibel, E., Soltani, M., Jewett- Leahy, L., & Sharar, S. R. (2008). Virtual reality pain control during burn wound debridement in the hydrotank. *Clinical Journal of Pain, 24*, 299–304.

Hoffman, P., & Lambon Ralph, M. A. (2013). Shapes, scenes and sounds: Quantifying the full multisensory basis of conceptual knowledge. *Neuropsychologia, 51*, 14–25.

Hoffman, P., McClelland, J. L., & Lambon Ralph, M. A. (2018). Concepts, control, and context: A connectionist account of normal and disordered semantic cognition. *Psychological Review, 125*(3), 293.

Hofmann, W., Schmeichel, B. J., & Baddeley, A. D. (2012). Executive functions and self-regulation. *Trends in Cognitive Sciences, 16*, 174–180.

Holmes, G., & Lister, W. T. (1916). Disturbances of vision from cerebral lesions, with special reference to the cortical representation of the macula. *Brain, 39*, 34–73.

Holyoak, K. J., & Thagard, P. (1995). Analogical mapping by constraint satisfaction. *Cognitive Science, 13*, 295–355.

Horikawa, T., & Kamitani, Y. (2017). Generic decoding of seen and imagined objects using hierarchical visual features. *Nature Communications*. https://doi.org/10.1038/ncomms15037

Horowitz, J. (2017). In Italian schools, reading, writing and recognizing fake news. *The New York Times,* October 18, 2017.

Horton, W. S., & Brennan, S. E. (2016). The role of metarepresentation in the production and resolution of referring expressions. *Frontiers in Psychology, 7,* Article 1111.

Howe, M. L. (2013). Memory development: implications for adults recalling childhood experiences in the courtroom. *Nature Reviews Neuroscience, 14,* 869–876.

Hubel, D. H. (1982). Exploration of the primary visual cortex, 1955–1978. *Nature, 299,* 515–524.

Hubel, D. H., & Wiesel, T. N. (1959). Receptive fields of single neurons in the cat's striate cortex. *Journal of Physiology, 148,* 574–591.

Hubel, D. H., & Wiesel, T. N. (1961). Integrative action in the cat's lateral geniculate body. *Journal of Physiology, 155,* 385–398.

Hubel, D. H., & Wiesel, T. N. (1965). Receptive fields and functional architecture in two non-striate visual areas (18 and 19) of the cat. *Journal of Neurophysiology, 28,* 229–289.

Hudachek, L., & Quigley-McBride, A. (2022). Juror perceptions of opposing expert forensic psychologists: Preexisting attitudes, confirmation bias, and belief perseverance. *Psychology, Public Policy, and Law, 28*(2), 213.

Hupbach, A., Gomez, R., Hardt, O., & Nadel, L. (2007). Reconsolidation of episodic memories: A subtle reminder triggers integration of new information. *Learning and Memory, 14,* 47–53.

Huth, A. G., deHeer, W. A., Griffiths, T. L., Theunissen, F. E., & Gallant, J. L. (2016). Natural speech reveals the semantic maps that tile human cerebral cortex. *Nature, 532,* 453–460.

Huth, A. G., Nishimoto, S., Vo, A. T., & Gallant, J. L. (2012). A continuous semantic space describes the representation of thousands of object and action categories across the human brain. *Neuron, 76,* 1210–1224.

Hyman, I. E., Jr., Husband, T. H., & Billings, J. F. (1995). False memories of childhood experiences. *Applied Cognitive Psychology, 9,* 181–197.

Iacoboni, M., Molnar-Szakacs, I., Gallese, V., Buccino, G., Mazziotta, J. C., & Rizzolatti, G. (2005). Grasping the intentions of others with one's own mirror neuron system. *PLoS Biology, 3*(3), e79.

Iacono, A. D., Ashcroft, K., & Zubac, D. (2021). Ain't just imagination! Effects of motor imagery training on strength and power performance of athletes during detraining. *Medicine & Science in Sports & Exercise, 53*(11), 2324–2332.

Innocence Project (2023). *DNA and Wrongful Conviction.*

Intons-Peterson, M. J. (1993). Imagery's role in creativity and discovery. In B. Roskos-Ewoldson, M. J. Intons-Peterson & R. E. Anderson (Eds.), *Imagery, creativity, and discovery: A cognitive perspective* (pp. 1–37). New York: Elsevier.

Isaacs, E. A., & Clark, H. H. (1987). References in conversation between experts and novices. *Journal of Experimental Psychology: General, 116,* 26–37.

Ishai, A. (2008). Let's face it: It's a cortical network. *Neuroimage, 40,* 415–419.

Ishai, A., Pessoa, L., Bikle, P. C., & Ungerleider, L. G. (2004). Repetition suppression of faces is modulated by emotion. *Proceedings of the National Academy of Sciences, 101(26),* 9827–9832.

Ishai, A., Ungerleider, L. G., Martin, A. & Haxby, J. V. (2000). The representation of objects in the human occipital and temporal cortex. *Journal of Cognitive Neuroscience, 12, Supplement 2,* 35–51.

Itti, L., & Koch, C. (2000). A saliency-based search mechanism for overt and covert shifts of visual attention. *Vision Research, 40,* 1489–1506.

Ivanova, I., & Costa, A. (2008). Does bilingualism hamper lexical access in speech production? *Acta Psychologica, 127*(2), 277–288.

Izuma, K., & Adolphs, R. (2011). The brain's rose-colored glasses. *Nature Neuroscience, 14,* 1355–1356.

Jack, F., & Hayne, H. (2007). Eliciting adults' earliest memories: Does it matter how we ask the question? *Memory, 15(6),* 647–663.

Jacobs, C., Schwarzkopf, D. S., & Silvanto, J. (2018). Visual working memory performance in aphantasia. *Cortex, 105,* 61–73.

Jacoby, L. L., Kelley, C. M., Brown, J., & Jaseckko, J. (1989). Becoming famous overnight: Limits on the ability to avoid unconscious inferences of the past. *Journal of Personality and Social Psychology, 56,* 326–338.

James, W. (1890). *Principles of psychology.* New York: Holt.

Janata, P., Tomic, S. T., & Rakowski, S. K. (2007). Characterisation of music-evoked autobiographical memories. *Memory, 15(8),* 845–860.

Jansson, D. G., & Smith, S. M. (1991). Design fixation. *Design Studies, 12,* 3–11.

Jefferies, E. (2013). The neural basis of semantic cognition: Converging evidence from neuropsychology, neuroimaging and TMS. *Cortex, 49,* 611–645.

Jenkins, J. J., & Russell, W. A. (1952). Associative clustering during recall. *Journal of Abnormal and Social Psychology, 47,* 818–821.

Jobs, S. (2005). Stanford University commencement address. Johnson, E. J., & Goldstein, D. (2003). Do defaults save lives? *Science, 302,* 1338–1339.

Johnson, E. J., Hershey, J., Meszaros, J., & Kunreuther, H. (1993). Framing, probability distortions, and insurance decisions. *Journal of Risk and Uncertainty, 7,* 35–51.

Johnson, K. E., & Mervis, C. B. (1997). Effects of varying levels of expertise on the basic level of categorization. *Journal of Experimental Psychology: General, 126,* 248–277.

Johnson, M. K. (2006). Memory and reality. *American Psychologist, 61,* 760–771.

Johnson, M. K., Foley, M. A., Suengas, A. G., & Raye, C. L. (1988). Phenomenal characteristics of memories for perceived and imagined autobiographical events. *Journal of Experimental Psychology: General, 117,* 371–376.

Johnson, M. K., Hashtroudi, S., & Lindsay, D. S. (1993). Source monitoring. *Psychological Bulletin, 114,* 3–28.

Johnson, M. R., & Johnson, M. K. (2014). Decoding individual natural scene representations during perception and imagery. *Frontiers in Human Neuroscience, 8,* Article 59. 1–14.

Johnson, S., & Coxon, M. (2016). Sound can enhance the analgesic effect of virtual reality. R. Soc. open sci. 3: 150567. http:// dx.doi.org/10.1098/rsos.150567

Johnson-Laird, P. N. (1995). Inference and mental models. In S. E. Newstead & J. St. B. T. Evans (Eds.), *Perspectives on thinking and reasoning: Essays in honour of Peter Wason.* Hove, UK: Erlbaum.

Johnson-Laird, P. N. (1999a). Deductive reasoning. *Annual Review of Psychology, 50,* 109–135.

Johnson-Laird, P. N. (1999b). Formal rules versus mental models in reasoning. In R. Sternberg (Ed.), *The nature of cognition* (pp. 587–624). Cambridge, MA: MIT Press.

Jonides, J., Lewis, R. L., Nee, D. E., Lustig, C. A., Berman, M. G., & Moore, K. S. (2008). The mind and brain of short-term memory. *Annual Review of Psychology, 59,* 193–224.

Junco, R. (2012). In-class multitasking and academic performance. Computers in Human Behavior, 28(6), 2236–2243.

Kabat-Zinn, J. (2003). Mindfulness-based interventions in context: Past, present, and future. *Clinical Psychology: Science and Practice, 10,* 144–156.

Kahneman, D. (2003). A perspective on judgment and choice. *American Psychologist, 58,* 697–720.

Kahneman, D. (2011). *Thinking fast and slow.* New York: Farrar, Straus and Giroux.

Kaldy, Z., & Sigala, N. (2017). Editorial: The cognitive neuroscience of working memory. *Frontiers in Systems Neuroscience, 11, Article 1.*

Kaminske, A., Brown, A., Aylward, A., & Haller, M. (2022). Cell Phone Notifications Harm Attention: An Exploration of the Factors That Contribute to Distraction. *European Journal of Educational Research, 11*(3), 1487–1494.

Kandel, E. R. (2001). A molecular biology of memory storage: A dialogue between genes and synapses. *Science, 294,* 1030–1038.

Kandel, E. R. (2006). *In search of memory.* New York: Norton.

Kang, J., Bennett, M., Carbado, D., Casey, P., & Levinson, J. (2011). Implicit bias in the courtroom. *UCLA L. Rev., 59,* 1124.

Kanwisher, N. (2003). The ventral visual object pathway in humans: Evidence from fMRI. In L. M. Chalupa & J. S. Werner (Eds.), *The visual neurosciences* (pp. 1179–1190). Cambridge, MA: MIT Press.

Kanwisher, N., McDermott, J., & Chun, M. M. (1997). The fusiform face area: A module in human extrastriate cortex specialized for face perception. *Journal of Neuroscience, 17,* 4302–4311.

Kaplan, C. A., & Simon, H. A. (1990). In search of

insight. *Cognitive Psychology, 22*, 374–419.

Karl, K. A., Peluchette, J. V., & Aghakhani, N. (2022). Virtual work meetings during the COVID-19 pandemic: The good, bad, and ugly. *Small Group Research, 53*(3), 343–365.

Karpathy, A., & Fei-Fei, L. (2015). Deep visual-semantic alignments for generating image descriptions. *In Proceedings of The IEEE Conference on Computer Vision and Pattern Recognition,* 3128–3137.

Karpicke, J. D., & Roediger, H. L. (2008). The critical importance of retrieval for learning. *Science, 319*, 966–968.

Karpicke, J. D., Butler, A. C., & Roediger, H. L. (2009). Metacognitive strategies in student learning: Do students practise retrieval when they study on their own? *Memory, 17*, 471–479.

Kassin, S. M., & Kiechel, K. L. (1996). The social psychology of false confessions: Compliance, internalization, and confabulation. *Psychological Science, 7(3)*, 125–128.

Katzner, S., Busse, L., & Treue, S. (2009). Attention to the color of a moving stimulus modulates motion-signal processing in macaque area MT: Evidence for a unified attentional system. *Frontiers in Systems Neuroscience, 3*, 1–8.

Kaufman, C. (2021). Civic education in a fake news era: Lessons for the methods classroom. *Journal of Political Science Education, 17*(2), 326–331.

Kaufman, J. C. (2009). *Creativity 101.* New York: Springer Publishing Company. https://doi.org/10.1891/9780826129536

Kaufman, S. B., & Gregoire, C. (2015). *Wired to create: Unraveling the mysteries of the creative mind.* New York: Perigee.

Kay, R. H., & Lauricella, S. (2011). Exploring the benefits and challenges of using laptop computers in higher education classrooms: A formative analysis. *Canadian Journal of Learning and Technology, 37*(1), 1–18.

Keller, P. E. (2012). Mental imagery in music performance: underlying mechanisms and potential benefits. *Annals of the New York Academy of Sciences, 1252*(1), 206–213.

Keogh, R., & Pearson, J. (2011). Mental imagery and visual working memory. *PloS One, 6*(12).

Keogh, R., Wicken, M., & Pearson, J. (2021). Visual working memory in aphantasia: Retained accuracy and capacity with a different strategy. *Cortex, 143*, 237–253.

Keren, G., & Schul, Y. (2009). Two is not always better than one: A critical evaluation of two-system theories. *Perspectives on Psychological Science, 4*, 533–550.

Keri, S., Janka, Z., Benedek, G., Aszalos, P., Szatmary, B., Szirtes, G., et al. (2002). Categories, prototypes and memory systems in Alzheimer's disease. *Trends in Cognitive Sciences, 6*, 132–136.

Kermer, D. A., Driver-Linn, E., Wilson, T. D., & Gilbert, D. T. (2006). Loss aversion is an affective forecasting error. *Psychological Science, 17*, 649–653.

Kersten, D., Mamassian, P., & Yuille, A. (2004). Object perception as Bayesian inference. *Annual Review of Psychology, 55*, 271–304.

Kida, S., Josselyn, S. A., Peña de Oritz, S., Kogan, J. H., Chevere, I., Masushige, S., et al. (2002). CREB required for the stability of new and reactivated fear memories. *Nature Neuroscience, 5*, 348–355.

Kiefer, M., & Pulvermüller, F. (2012). Conceptual representation in mind and brain: Theoretical developments, current evidence and future directions. *Cortex, 48*, 805–825.

Killingsworth, M. A., & Gilbert, D. T. (2010). A wandering mind is an unhappy mind. *Science, 330*, 932.

Killingsworth, M.A. (2011). Want to be happier? Stay in the moment. TED Talk. https://ed.ted.com/lessons/want-to-be-happier-stay-in-the-moment-matt-killingsworth.

Kilner, J. M. (2011). More than one pathway to action understanding. *Trends in Cognitive Sciences, 15*, 352–357.

Kindt, M., Soeter, M., & Vervliet, B. (2009). Beyond extinction: Erasing human fear responses and preventing the return of fear. *Nature Neuroscience, 12*, 256–258.

Kirkpatrick, D. (2001). Harry Potter and the court battle over creativity. *The New York Times.* https://www.nytimes.com/2001/04/01/us/harry-potter-and-the-court-battle-over-creativity.html

Kleffner, D. A., & Ramachandran, V. S. (1992). On the perception of shape from shading. *Perception and Psychophysics, 52*, 18–36.

Klein, S. B., Loftus, J., & Kihlstrom, J. (2002). Memory and temporal experience: The effects of episodic memory loss on an amnesic patient's ability to remember the past and imagine the future. *Social Cognition, 20*, 353–379.

Klein, S. B., Robertson, T. E., & Delton, A. W. (2010). Facing the future: Memory as an evolved system for planning future acts. *Memory & Cognition, 38*(1), 13–22.

Klein, S. B., Robertson, T. E., & Delton, A. W. (2011). The future- orientation of memory: Planning as a key component mediating the high levels of recall found with survival processing. *Memory, 19*, 121–139.

Kneller, W., Memon, A., & Stevenage, S. (2001). Simultaneous and sequential lineups: Decision processes of accurate and inaccurate eye witnesses. *Applied Cognitive Psychology, 15*, 659–671.

Knoch, D., Pascual-Leone, A., Meyer, K., Treyer, V., & Fehr, E. (2006). Diminishing reciprocal fairness by disrupting the right prefrontal cortex. *Science, 314*(5800), 829–832.

Knutson, B., Rick, S., Wimmer, G. E., Prelec, D., & Loewenstein, G. (2007). Neural predictors of purchases. *Neuron, 53*(1), 147–156.

Koch-Weser, S., DeJong, W., & Rudd, R. (2009). Medical word use in clinical encounters. *Health Expectations, 12.*

Koelsch, S. (2011). Toward a neural basis of music perception—a review and updated model. *Frontiers in Psychology, 2*, Article 110.

Koelsch, S. (2005). Neural substrates of processing syntax and semantics in music. *Current Opinion in Neurobiology, 15*, 207–212.

Koelsch, S., Gunter, T., Friederici, A. D., & Schroger, E. (2000). Brain indices of music processing: "Nonmusicians" are musical. *Journal of Cognitive Neuroscience, 12*, 520–541.

Koffka, K. (1935). *Principles of Gestalt psychology.* New York: Harcourt Brace.

Kohler, W. (1929). *Gestalt psychology.* New York: Liveright.

Kohnert, K. (2008). Second language acquisition: Success factors in sequential bilingualism. *The ASHA Leader, 13*(2), 10–13.

Konnikova. M. (2013). *Mastermind: How to think like Sherlock Holmes.* New York: Penguin Books.

Koppel J., & Bernsten, D. (2014). Does everything happen when you are young? Introducing the youth bias. *Quarterly Journal of Experimental Psychology, 67*(3), 417–423.

Körding, K. P., & Wolpert, D. M. (2006). Bayesian decision theory in sensorimotor control. *Trends in Cognitive Sciences, 10*, 319–326.

Kornell, N., & Son, L. K. (2009). Learners' choices and beliefs about self-testing. *Memory, 17*, 493–501.

Kosslyn, S. M. (1973). Scanning visual images: Some structural implications. *Perception & Psychophysics, 14*, 90–94.

Kosslyn, S. M. (1978). Measuring the visual angle of the mind's eye. *Cognitive Psychology, 10*, 356–389.

Kosslyn, S. M. (1980). *Image and mind.* Cambridge, MA: Harvard University Press.

Kosslyn, S. M. (1994). *Image and brain: The resolution of the imagery debate.* Cambridge, MA: MIT Press

Kosslyn, S. M., Ball, T., & Reiser, B. J. (1978). Visual images preserve metric spatial information: Evidence from studies of image scanning. *Journal of Experimental Psychology: Human Perception and Performance, 4*, 47–60.

Kosslyn, S. M., Pascual-Leone, A., Felician, O., Camposano, S., Keenan, J. P., Thompson, W. L., et al. (1999). The role of area 17 in visual imagery: Convergent evidence form PET and rTMS. *Science, 284*, 167–170.

Kosslyn, S. M., & Thompson, W. L. (2000). Shared mechanisms in visual imagery and visual perception: Insights from cognitive neuroscience. In M. Gazzanaga (Ed.), *The cognitive neurosciences* (2nd ed., pp. 975–985). Cambridge, MA: MIT Press.

Kosslyn, S. M., Thompson, W. L., & Ganis, G. (2006). *The case for mental imagery.* Oxford, UK: Oxford University Press.

Kosslyn, S. M., Thompson, W. L., Kim, I., J., & Alpert, N. M. (1995). Topographical representations of mental images in primary visual cortex. *Nature, 378*, 496–498.

Kotabe, H. P., & Hofmann, W. (2015). On integrating the components of self-control. *Perspectives on Psychological Science, 10*(5), 618–638.

Kotovsky, K., Hayes, J. R., and Simon, H. A. (1985). Why are some problems hard? Evidence from Tower of Hanoi. *Cognitive Psychology, 17*, 248–294.

Kounios, J., & Beeman, M. (2014). The cognitive neuroscience of insight. *Annual Review of Psychology, 65*, 71–93.

Kounios, J., Fleck, J. I., Green, D. L., Payne, L., Stevenson, J. L., Bowden, E. M., & Jong-Beeman, M. (2008). The origins of insight in resting-state brain activity. *Neuropsychologia, 46*, 281–291.

Kounios, J., Frymiare, J. L., Bowden, E. M., Fleck,

J. I., Subramaniam, K., Parrish, T. B., & Jong-Beeman, M. (2006). The prepared mind: Neural activity prior to problem presentation predicts subsequent solution by sudden insight. *Psychological Science, 17,* 882–890.

Kozhevnikov, M., Kosslyn, S., & Shephard, J. (2005). Spatial versus object visualizers: A new characterization of visual cognitive style. *Memory & Cognition, 33,* 710–726.

Kozhevnikov, M., Motes, M.A., & Hegarty, M. (2007). Spatial visualization in physics problem solving. *Cognitive Science, 31,* 549–579.

Kraha, A., & Boals, A. (2014). Why so negative? Positive flashbulb memories for a personal event. *Memory, 22*(4), 442–449.

Kreiman, G., Koch, C., & Fried, I. (2000). Imagery neurons in the human brain. *Nature, 408,* 357–361.

Kruglanski, A. W., & Gigerenzer, G. (2011). Intuitive and deliberative judgments are based on common principles. *Psychological Review, 118,* 97–109.

Krumhansl, C. L. (1985). Perceiving tonal structure in music. *American Scientist, 73,* 371–378.

Kuffler, S. W. (1953). Discharge patterns and functional organization of mammalian retina. *Journal of Neurophysiology, 16,* 37–68.

Kuhn, T. (1962). *The structure of scientific revolutions.* Chicago, IL: University of Chicago Press.

Kuhn, T. (1970). *The structure of scientific revolution* (2nd ed.). Chicago, IL: University of Chicago Press.

Kuperberg, G. R. (2013). The proactive comprehender: What event-related potentials tell us about the dynamics of reading comprehension. In B. Miller, L. Cutting, & P. McCardle (Eds.), *Unraveling the behavioral, neurobiological, and genetic components of reading comprehension.* Baltimore: Paul Brookes.

Kuperberg, G. R., & Jaeger, T. F. (2015). What do we mean by prediction in language comprehension? *Language, cognition and neuroscience.* 10.1080/23273798.2015.110299.

LaBar, K. S., & Cabeza, R. (2006). Cognitive neuroscience of emotional memory. *Nature Reviews Neuroscience, 7,* 54–64.

LaBar, K. S., & Phelps, E. A. (1998). Arousal-mediated memory consolidation: Role of the medial temporal lobe in humans. *Psychological Science, 9,* 490–493.

Lai, C. K., & Lisnek, J. A. (2023). The impact of implicit- bias-oriented diversity training on police officers' beliefs, motivations, and actions. *Psychological Science, 34*(4), 424–434.

Lakoff, G., & Turner, M. (1989). *More than cool reason: The power of poetic metaphor.* Chicago: Chicago University Press.

Lamble, D., Kauranen, T., Laakso, M., & Summala, H. (1999). Cognitive load and detection thresholds in car following situations: Safety implications for using mobile (cellular) telephones while driving. *Accident Analysis and Prevention, 31,* 617–623.

Lambon Ralph, M. A., Howard, D., Nightingale, G., & Ellis, A. W. (1998). Are living and nonliving category-specific deficits causally linked to impaired perceptual or associative knowledge? Evidence from a category-specific double dissociation. *Neurocase, 4,* 311–338.

Lambon Ralph, M. A. Jefferies, E., Patterson, K., & Rogers, T. T. (2017). The neural and computational bases of semantic cognition. *Nature Reviews Neuroscience,* online.

Lambon Ralph, M. A., Lowe, C., & Rogers, T. T. (2007). Neural basis of category-specific deficits for living things: Evidence from semantic dementia, HSVE, and a neural network model. *Brain, 130,* 1127–1137.

Lanagan-Leitzel, L. K., Skow, E., & Moore, C. M. (2015). Great expectations: perceptual challenges of visual surveillance in lifeguarding. *Applied Cognitive Psychology, 29,* 425–435.

Langer, E. (2014). Personal communication, November 7, 2014, cited Kaufman, S. B., & Gregoire, C. (2015). *Wired to create: Unraveling the mysteries of the creative mind.* New York: Perigee.

Lanska, D. J. (2009). Historical perspective: Neurological advances from studies of war injuries and illnesses. *Annals of Neurology, 66,* 444–459.

Larkin, J. H., McDermott, J., Simon, D. P., & Simon, H. A. (1980). Expert and novice performance in solving physics problems. *Science, 208,* 1335–1342.

Larsson, M., & Willander, J. (2009). Autobiographical odor memory. *International Symposium on Olfaction and Taste. Annals New York Academy of Sciences, 1170,* 318–323.

Lavie, N. (2010). Attention, distraction, and cognitive control under load. *Current Directions in Psychological Science, 19,* 143–148.

Lavie, N., & Driver, J. (1996). On the spatial extent of attention in object-based visual selection. *Perception & Psychophysics, 58,* 1238–1251.

Lea, G. (1975). Chronometric analysis of the method of loci. *Journal of Experimental Psychology: Human Perception and Performance, 2,* 95–104.

Le Bihan, D., Turner, R., Zeffiro, T. A., Cuenod, A., Jezzard, P., & Bonnerdot, V. (1993). Activation of human primary visual cortex during visual recall: A magnetic resonance imaging study. *Proceedings of the National Academy of Sciences, USA, 90,* 11802–11805.

Lee, D. (2006). Neural basis of quasi-rational decision making. *Current Opinion in Neurobiology, 16,* 191–198.

Lee, D., & Seo, H. (2016). Neural basis of strategic decision making. *Trends in Neurosciences, 39*(1), 40–48.

Lee, S.-H., & Baker, C. I. (2016). Multi-voxel decoding and the topography of maintained information during visual working memory. *Frontiers in Systems Neuroscience, 10, Article 2.*

Lee, S-H., Kravitz, D. J., & Baker, C. I. (2012). Disentangling visual imagery and perception of real-world objects. *Neuroimage, 59,* 4064–4073.

LePort, A. K. R., Mattfeld, A. T., Dickinson-Anson, H., Fallon, J. H., Stark, C. E. L., Kruggel, F., et al. (2012). Behavioral and neuroanatomical investigation of Highly Superior Autobiographical Memory (HSAM). *Neurobiology of Learning and Memory, 98,* 78–92.

Lerner, N., Baldwin, C, Higgins, J. S., Lee, J., & Schooler, J. (2015). Mind wandering while driving: What does it mean and what do we do about it? *Proceedings of the Human Factors and Ergonomics Society, 59th Annual Meeting.* 1686–1690.

Lerner, R. M., Lerner, J. V., P. Bowers, E., & John Geldhof, G. (2015). Positive youth development and relational- developmental-systems. *Handbook of Child Psychology and Developmental Science,* 1–45.

Leshikar, E. D., Dulas, M. R., & Duarte, A. (2015). Self-referencing enhances recollection in both young and older adults. *Aging, Neuropsychology, and Cognition, 22*(4), 388–412.

Lesgold, A. M. (1988). Problem solving. In R. J. Sternberg & E. E. Smith (Eds.), *The psychology of human thoughts.* New York: Cambridge University Press.

Levelt, W. J. M. (2001). Spoken word production: A theory of lexical access. *Proceedings of the National Academy of Sciences, 98,* 13464–13471.

Levine, B., Turner, G. R., Tisserand, D., Hevenor, S. J., Graham, S. J., & McIntosh, A. R. (2004). The functional neuroanatomy of episodic and semantic autobiographical remembering: A prospective functional fMRI study. *Journal of Cognitive Neuroscience, 16,* 1633–1646.

Levinson, S. C. (2016). Turn-taking in human communication— origins and implications for language processing. *Trends in Cognitive Sciences, 20,* 6–14.

Levy, I., & Glimcher, P. W. (2013). Neuroeconomics. In H. Pashler (Ed.), *Encyclopedia of the mind* (vol. 14, pp. 565–569). Thousand Oaks, CA: SAGE Publications.

Lewis, M. (2016). *The Undoing Project: A Friendship that changed the world.* Penguin UK.

Li, B., Peterson, M. R., & Freeman, R. D. (2003). Oblique effect: a neural basis in the visual cortex. *Journal of Neurophysiology, 90*(1), 204–217.

Lichtenstein, S., Slovic, P., Fischoff, B., Layman, M., & Combs, B. (1978). Judged frequency of lethal events. *Journal of Experimental Psychology: Human Learning and Memory, 4,* 551–578.

Liedtka, J. (2015). Perspective: Linking design thinking with innovation outcomes through cognitive bias reduction. *Journal of Product Innovation Management, 32*(6), 925–938.

Lindsay, D. S. (1990). Misleading suggestions can impair eyewitnesses' ability to remember event details. *Journal of Experimental Psychology: Learning, Memory, and Cognition, 16,* 1077–1083.

Lindsay, D. S., & Hyman, I. E. (2017). Commentary on Brewin and Andrews. *Applied Cognitive Psychology, 31,* 37–39.

Lindsay, R. C. L., & Wells, G. L. (1980). What price justice? Exploring the relationship of lineup fairness to identification accuracy. *Law and Human Behavior, 4,* 303–313.

Lindsay, R. S., Larkin, P., Kittel, A., & Spittle, M. (2023). Mental imagery training programs for developing sport-specific motor skills: a systematic review and meta-analysis. *Physical Education and Sport Pedagogy, 28*(4), 444–465.

Lippmann, W. (1920). *Liberty and the news.* New York: Harcourt, Brace & Howe. Dover edition reprint (2010).

Liu, K., Chan, C., Lee, T., & Hui-Chan, C. (2004). Mental imagery for promoting relearning for people after stroke: a randomized controlled trial. *Archives of Physical Medicine and Rehabilitation,*

85(9), 1403–1408.

Loewenstein, R. J. (1991). Psychogenic amnesia and psychogenic fugue: A comprehensive review. In A. Tasman & S. M. Goldfinger, *American Psychiatric Press Review of Psychiatry* (Vol. 10, pp. 189–221). Washington, D.C.: American Psychiatric Press.

Loftus, E. F. (1979). *Eyewitness testimony.* Cambridge, MA: Harvard University Press.

Loftus, E. F. (1993a). Made in memory: Distortions in recollection after misleading information. In D. L. Medin (Ed.), *The psychology of learning and motivation: Advances in theory and research* (pp. 187–215). New York: Academic Press.

Loftus, E. F. (1993b). The reality of repressed memories. *American Psychologist, 38*, 518–537.

Loftus, E. F. (1998). Imaginary memories. In M. A. Conway, S. E. Gathercole, & C. Cornoldi (Eds.), *Theories of memory II* (pp. 135–145). Hove, UK: Psychology Press.

Loftus, E. (2013). How reliable is your memory? TED talk video.

Loftus, E. F., & Palmer, J. C. (1974). Reconstruction of an automobile destruction: An example of the interaction between language and memory. *Journal of Verbal Learning and Verbal Behavior, 13*, 585–589.

Loftus, E. F., Miller, D. G., & Burns, H. J. (1978). Semantic integration of verbal information into visual memory. *Journal of Experimental Psychology: Human Learning and Memory, 4*, 19–31.

Lomber, S. G., & Malhotra, S. (2008). Double dissociation of "what" and "where" processing in auditory cortex. *Nature Neuroscience, 11*, 609–616.

Lord, C. G., Ross, L., & Lepper, M. (1979). Biased assimilation and attitude polarization: The effects of prior theories on subsequently considered evidence. *Journal of Personality and Social Psychology, 46*, 1254–1266.

Lovett, M. C. (2002). Problem solving. In D. L. Medin (Ed.), *Stevens' Handbook of Experimental Psychology* (3rd ed., pp. 317–362). New York: Wiley.

Lowe, D. G. (1999). Object recognition from local scale-invariant features. I*n Proceedings of the Seventh IEEE International Conference on Computer Vision, 2*, 1150–1157.

Lowenstein, G., Rick, S., & Cohen, D. (2008). Neuroeconomics. *Annual Review of Psychology, 59*, 647–672.

Lubart, T. I., & Mouchiroud, C. (2003). Creativity: A source of difficulty in problem solving. In J. E. Davidson and R. J. Sternberg (Eds.), *The psychology of problem solving* (pp. 127–148). New York: Cambridge University Press.

Lucas, P. A. (1999). Context effects in lexical access: A meta- analysis. *Memory & Cognition, 27*, 385–398.

Luchins, A. S. (1942). Mechanization in problem solving—the effect of Einstellung. *Psychological Monographs, 54*(6), 195.

Luck, S. J., & Vogel, E. K. (1997). The capacity of visual working memory for features and conjunctions. *Nature, 390*, 279–281.

Lundquist, M., Rose, J., Herman, P., Brincat, S. L., Buschman, T. J., & Miller, E. K. (2016). Gamma and beta bursts underlie working memory. *Neuron, 90*, 152–164.

Luria, A. R. (1968). *The mind of a mnemonist* (L. Solotaroff, Trans.). New York: Basic Books.

Luus, C. A. E., & Wells, G. L. (1994). The malleability of eyewitness confidence: Co-witness and perseverance effects. *Journal of Applied Psychology, 79*, 714–724.

MacKay, D. G. (1973). Aspects of the theory of comprehension, memory and attention. *Quarterly Journal of Experimental Psychology, 25*, 22–40.

Macmillan, M. (2002). *An odd kind of fame: Stories of Phineas Gage.* Boston, MA: MIT Press.

Maess, B., Koelsch, S., Gunter, T. C., & Friederici, A. D. (2001). Musical syntax is processed in Broca's area: an MEG study. *Nature Neuroscience, 4*, 540–545.

Maguire, E. (2014). Memory consolidation in humans: new evidence and opportunities. *Experimental Physiology, 99 (3)*, 471–486.

Mahon, B. Z., & Caramazza, A. (2011). What drives the organization of object knowledge in the brain? *Trends in Cognitive Sciences, 15*, 97–103.

Mahon, B. Z., Milleville, S. C., Negri, G. A. L., Rumiati, R. I., Caramazza, A., & Martin, A. (2007). Action-related properties shape object representations in the ventral stream. *Neuron, 55*, 507–520.

Mahmud, N., Cohen, J., Tsourides, K., & Berzin, T. M. (2015). Computer vision and augmented reality in gastrointestinal endoscopy. *Gastroenterology Report, 3*(3), 179–184.

Maier, N. R. F. (1931). Reasoning in humans: II. The solution of a problem and its appearance in consciousness. *Journal of Comparative Psychology, 12*, 181–194.

Malcolm, G. L., & Shomstein, S. (2015). Object-based attention in real-world scenes. *Journal of Experimental Psychology: General, 144*, 257–263.

Malik, J. (1987). Interpreting line drawings of curved objects. *International Journal of Computer Vision, 1*, 73–103.

Malt, B. C. (1989). An on-line investigation of prototype and exemplar strategies in classification. *Journal of Experimental Psychology: Learning, Memory and Cognition, 4*, 539–555.

Maner, J. K., & Schmidt, N. B. (2006). The role of risk avoidance in anxiety. *Behavior Theory, 37*, 181–189.

Manktelow, K. I. (1999). *Reasoning and thinking.* Hove, UK: Psychology Press.

Manktelow, K. I. (2012). *Thinking and reasoning.* New York: Psychology Press.

Mantyla, T. (1986). Optimizing cue effectiveness: Recall of 500 and 600 incidentally learned words. *Journal of Experimental Psychology: Learning Memory, and Cognition, 12*, 66–71.

Marian, V., & Shook, A. (2012). The Cognitive Benefits of Being Bilingual. *Cerebrum: the Dana Forum on Brain Science*, 2012.

Marino, A. C., & Scholl, B. (2005). The role of closure in defining the "objects" of object-based attention. *Perception & Psychophysics, 67*, 1140–1149.

Marr, D. (1982). Vision: A computational investigation into the human representation and processing of visual information. San Francisco, CA: W.H. Freeman.

Marsh, R., Cook, G., & Hicks, J. (2006). Gender and orientation stereotypes bias source-monitoring attributions. *Memory, 14*, 148–160.

Mast, F. W., & Kosslyn, S. (2002). Visual mental images can be ambiguous: insights from individual differences in spatial transformation abilities. *Cognition, 86*, 57–70.

Mattar, M. G., Cole, M. W., Thompson-Schill, S. L., & Bassett, D. S. (2015). A functional cartography of cognitive systems. *PLOS Computational Biology, 11(12)*:e1004533. doi: 10.1371/journal. pcbi.1004533. doi:10.1016/j.neuroimage.2015.11.059, 2015

Mayseless, N., Eran, A., & Shamay-Tsoory, S. G. (2015). Generating original ideas: The neural underpinning of originality. *Neuroimage, 116*, 232–239.

McCarthy, J., Minsky, M. L., & Shannon, C. E. (1955). A proposal for the Dartmouth summer research project on artificial intelligence. Downloaded from http://www.formal.stanford.edu/ jmc/history/dartmouth/dartmouth.html

McClelland, J. L., & Rogers, T. T. (2003). The parallel distributed processing approach to semantic cognition. *Nature Reviews Neuroscience, 4*, 310–322.

McClelland, J. L., & Rumelhart, D. E. (1986). *Parallel distributed processing: Explorations in the microstructure of cognition.* Cambridge, MA: MIT Press.

McClelland, J. L., McNaughton, B. L., & O'Reilly, R. C. (1995). Why there are complementary learning systems in the hippocampus and neocortex: Insights from the successes and failures of connectionist models of learning and memory. *Psychological Review, 102*, 419–457.

McDaniel, M. A., Anderson, J. L., Derbish, M. H., & Morrisette, N. (2007). Testing the testing effect in the classroom. *European Journal of Cognitive Psychology, 19*, 494–513.

McDaniel, M.A. & Einstein, G.O. (2007). Prospective memory: An overview and synthesis of an emerging field. *Sage Publications Ltd.*

McDermott, K. B., & Chan, J. C. K. (2006). Effects of repetition on memory for pragmatic inferences. *Memory & Cognition, 34*, 1273–1284.

McDermott, K. B., Wooldridge, C. L., Rice, H. J., Berg, J., J., & Szpunar, K. K. (2016). Visual perspective in remembering and episodic future thought. *Quarterly Journal of Experimental Psychology, 69*, 243–253.

McGaugh, J. L. (1983). Hormonal influences on memory. *Annual Review of Psychology, 34*, 297–323.

McGuire, N. (2019, July 18). 'We were mesmerized': 10 women remember the moon landing. *The Washington Post.* https://www.washingtonpost.com/gender-identity/we-were-mesmerized-10-women-remember-the-moon-landing/

McKee, A. C., Stein, T. D., Kiernan, P. T., & Alvarez, V. E. (2015). The neuropathology of chronic traumatic encephalopathy. *Brain Pathology, 25*(3), 350–364.

McKenzie, C. R. M. (2004). Hypothesis testing and evaluation. In D. J. Koehler & N. Harvey (Eds.),

Blackwell handbook of judgment & decision making (pp. 200–219). Malden, MA: Blackwell.

McMillan, R. L., Kaufman, S. B., & Singer, J. L. (2013). Ode to positive constructive daydreaming. *Frontiers in Psychology, 4*, Article 626.

McNeil, D. G. (2013). Car mechanic dreams up tool to ease births. *The New York Times,* November 13, 2013.

McNeil, J. E., & Warrington, E. K. (1993). Prosopagnosia: A face- specific disorder. *Quarterly Journal of Experimental Psychology, 46A*, 1–10.

Melzack, R., & Wall, P. D. (1965). Pain mechanisms: A new theory. *Science, 150*, 971–979.

Memon, A., Meissner, C. A., & Fraser, J. (2010). The cognitive interview: A meta-analytic review and study space analysis of the past 25 years. *Psychology, Public Policy, and Law, 16*, 340–372.

Menon, V. (2023). 20 years of the default mode network: A review and synthesis. *Neuron*.

Mercimek, B., Akbulut, Y., Dönmez, O., & Sak, U. (2020). Multitasking impairs learning from multimedia across gifted and non-gifted students. *Educational Technology Research and Development, 68*, 995–1016.

Mervis, C. B., Catlin, J., & Rosch, E. (1976). Relationships among goodness-of-example, category norms and word frequency. *Bulletin of the Psychonomic Society, 7*, 268–284.

Messinis, A. (2023). Hamas attack evokes memories of the Holocaust for many Jews. NBC News.

Metcalfe, J., & Wiebe, D. (1987). Intuition in insight and noninsight problem solving. *Memory and Cognition, 15,* 238–246.

Metusalem, R., Kutas, M., Urbach, T. P., Hare, M., McRae, K., & Elman, J. (2012). Generalized event knowledge activation during online sentence comprehension. *Journal of Memory and Language, 66*, 545–567.

Meyer, D. E., & Schvaneveldt, R. W. (1971). Facilitation in recognizing pairs of words: Evidence of a dependence between retrieval operations. *Journal of Experimental Psychology, 90*, 227–234.

Mez, J., Daneshvar, D. H., Abdolmohammadi, B., Chua, A. S., Alosco, M. L., Kiernan, P. T., ... & McKee, A. C. (2020). Duration of American football play and chronic traumatic encephalopathy. Annals of Neurology, 87(1), 116–131.

Mi, J. X., Sun, Y., Lu, J., & Kong, H. (2020). Robust supervised sparse representation for face recognition. *Cognitive Systems Research, 62*, 10–22.

Midway, S. R., Wagner, T., & Burgess, G. H. (2019). Trends in global shark attacks. *PloS One, 14*(2), e0211049.

Miller, G. A. (1956). The magical number seven, plus or minus two: Some limits on our capacity for processing information. *Psychological Review, 63*, 81–97.

Miller, G. A. (1965). Some preliminaries to psycholinguistics. *American Psychologist, 20*, 15–20.

Miller, G. A. (2003). The cognitive revolution: A historical perspective. *Trends in Cognitive Sciences, 7*, 141–144.

Miller, G. F. (1999). Sexual selection for cultural displays. *The Evolution of Culture*, 71–91.

Milner, A. D., & Goodale, M. A. (1995). *The visual brain in action.* New York: Oxford University Press.

Milner, B. (1965). Physiologie de l'Hippocampe: Colloque International, No. 107, Editions du Centre National de la Recherche Scientifique, Paris, 1962. 512, pp. 58NF.

Minda, J. P., & Smith, J. D. (2001). Prototypes in category learning: The effect of category size, category structure, and stimulus complexity. *Journal of Experimental Psychology: Learning, Memory, and Cognition, 27*, 775–799.

Mishkin, M., Ungerleider, L. G., & Macko, K. A. (1983). Object vision and spatial vision: Two central pathways. *Trends in Neuroscience, 6*, 414–417.

Misiak, H., & Sexton, V. (1966). *History of psychology: An overview.* New York: Grune & Stratton.

Mitchell, K. J., & Johnson, M. K. (2000). Source monitoring. In E. Tulving & F. I. M. Craik (Eds.), *The Oxford handbook of memory* (pp. 179–195). New York: Oxford University Press.

Molenbergs, P., Hayward, L., Mattingley, J. B., & Cunnington, R. (2012). Activation patterns during action observation are modulated by context in mirror system areas. *NeuroImage, 59*, 608–615.

Monzel, M., Keidel, K., & Reuter, M. (2021). Imagine, and you will find–Lack of attentional guidance through visual imagery in aphantasics. *Attention, Perception, & Psychophysics, 83*, 2486–2497.

Monzel, M., & Reuter, M. (2024). Where's Wanda? The influence of visual imagery vividness on visual search speed measured by means of hidden object pictures. *Attention, Perception, & Psychophysics, 86*(1), 22–27.

Monzel, M., Vetterlein, A., & Reuter, M. (2022). Memory deficits in aphantasics are not restricted to autobiographical memory– Perspectives from the Dual Coding Approach. *Journal of Neuropsychology, 16*(2), 444–461.

Mooneyham, B. W., & Schooler, J. E. (2013). The costs and benefits of mind-wandering: A review. *Canadian Journal of Experimental Psychology, 67*, 11–18.

Moran, T. P. (2016). Anxiety and working memory capacity: A meta- analysis and narrative review. *Psychological Bulletin, 142*(8), 831.

Morley, N. J., Evans, J. St. B. T., & Handley, S. J. (2004). Belief bias and figural bias in syllogistic reasoning. *Quarterly Journal of Experimental Psychology A, 57*, 666–692.

Morris, C. D., Bransford, J. D., & Franks, J. J. (1977). Levels of processing versus transfer appropriate processing. *Journal of Verbal Learning and Verbal Behavior, 16*, 519–533.

Moscovitch, M., Winocur, G., & Behrmann, M. (1997). What is special about face recognition? Nineteen experiments on a person with visual object agnosia and dyslexia but normal face recognition. *Journal of Cognitive Neuroscience, 9*, 555–604.

Mountcastle, V. B. (1957). Modality and topographic properties of single neurons of cat's somatic sensory cortex. *Journal of Neurophysiology, 20*(4), 408–434.

Mueller, P. A., & Oppenheimer, D. M. (2014). The pen is mightier than the keyboard: Advantages of longhand over laptop note taking. *Psychological Science, 25*, 1159–1168.

Mukamel, R., Ekstrom, A. D., Kaplan, J., Iacoboni, M., & Fried, I. (2010). Single-neuron responses in humans during execution and observation of actions. *Current Biology, 20*, 750–756.

Mullen, B., Johnson, C., & Salas, E. (1991). Productivity loss in brainstorming groups: A meta-analytic integration. *Basic and Applied Social Psychology, 12*, 3–23.

Müller-Lyer, FC (1889). Optische Urteilstäuschungen. *Archiv für Physiologie Suppl. 1889,* 263–270.

Müller, G. E., & Pilzecker, A. (1900). Experimentelle Beitrage zur Lehr vom Gedachtniss *Zeitschrift fur Psychologie, 1*, 1–300.

Mutu, M. A., Nichita, C. E., & Zanfir, I. M. (2021). The impact of the "Zoom fatigue" phenomenon and ways of managing it. *LUMEN Proceedings, 15*, 189–198.

Mumford, M. D., Medeiros, K. E., & Partlow, P. J. (2012). Creative thinking: Processes, strategies, and knowledge. *Journal of Creative Behavior, 46*, 30–47.

Murdoch, B. B., Jr. (1962). The serial position effect in free recall. *Journal of Experimental Psychology, 64*, 482–488.

Murphy, G. L. (2016). Is there an exemplar theory of concepts? *Psychonomic Bulletin & Review, 23*, 1035–1042.

Murphy, G., L., Hampton, J. A., & Milovanovic, G. S. (2012). Semantic memory redux: An experimental test of hierarchical category representation. *Journal of Memory and Language, 67*, 521–539

Murphy, K. J., Racicot, C. I., & Goodale, M. A. (1996). The use of visuomotor cues as a strategy for making perceptual judgments in a patient with visual form agnosia. *Neuropsychology, 10*, 396–401.

Murray, D. J. (1968). Articulating and acoustic confusability in short- term memory. *Journal of Experimental Psychology, 78*, 679–684.

Murray, J. D., Bernacchia, A., Roy, N. A., Constantinidis, C., Romo, R., & Wang, X-J. (2017). Stable population coding for working memory coexists with heterogeneous neural dynamics in prefrontal cortex. *Proceedings of the National Academy of Sciences, 114*(2), 394–399.

Naci, L., Cusack, R., Anello, M., & Owen, A. M. (2014). A common neural code for similar conscious experiences in different individuals. *Proceedings of the National Academy of Sciences, 111*, 14277–14282.

Naci, L., Sinai, L., & Owen, A. M. (2015). Detecting and interpreting conscious experiences in behaviorally nonresponsive patients. *NeuroImage.* https://doi.org/10.1016/j.neuroimage.2015.11.059

Nadel, L., & Moscovitch, M. (1997). Memory consolidation, retrograde amnesia and the hippocampal complex. *Current Opinion in Neurobiology, 7*, 217–227.

Nader, K., & Einarsson, E. O. (2010). Memory reconsolidation: An update. *Annals of the New York Academy of Sciences, 1191*, 27–41.

Nader, K., Schafe, G. E., & Le Doux, J. E. (2000a).

Fear memories require protein synthesis in the amygdala for reconsolidation after retrieval. *Nature, 406,* 722–726.

Nader, K., Schafe, G. E., & Le Doux, J. E. (2000b). The labile nature of consolidation theory. *Nature, 1,* 216–219.

Nairne, J. S. (2010). Adaptive memory: Evolutionary constraints on remembering. *Psychology of Learning and Motivation, 53,* 1–32.

Nakahama, H., Suzuki, H., Yamamoto, M., Aikawa, S., & Nishioka, S. (1968). A statistical analysis of spontaneous activity of central single neurons. *Physiology and Behavior, 3*(5), 745–752.

Napoli, D. J., Mellon, N. K., Niparko, J. K., Rathmann, C., Mathur, G., Humphries, T., ... & Lantos, J. D. (2015). Should all deaf children learn sign language? *Pediatrics, 136*(1), 170–176.

Naselaris, T., Olman, C. A., Stansburh, D. E., Uurbil, K., & Gallant, J. (2015). A voxel-wise encoding model for early visual areas decodes mental images of remembered scenes. *Neuroimage, 105,* 215–228.

Nash, R. A., & Wade, K. A. (2009). Innocent but proven guilty: Eliciting internalized false confessions using doctored-video evidence. *Applied Cognitive Psychology, 23,* 624–637.

Nash, R. A., Wade, K. A., Garry, M., Loftus, E. F., & Ost, J. (2017). Misrepresentations and flawed logic about the prevalence of false memories. *Applied Cognitive Psychology, 31,* 31–33.

Nasr, S., & Tootell, R. B. (2012). A cardinal orientation bias in scene-selective visual cortex. *Journal of Neuroscience, 32*(43), 14921–14926.

National Academy of Sciences (2014). *Identifying the culprit: assessing eyewitness identification.* Washington, D.C.: National Academy of Sciences Press.

Neisser, U. (1967). *Cognitive psychology.* New York: Appleton-Century-Crofts.

Neisser, U. (1988). New vistas in the study of memory. In U. Neisser & E. Winograd (Eds.), *Remembering reconsidered: Ecological and traditional approaches to the study of memory* (pp. 1–10). Cambridge, UK: Cambridge University Press.

Neisser, U., & Becklen, R. (1975). Selective looking: Attending to visually specified events. *Cognitive Psychology, 7,* 480–494.

Neisser, U., & Harsch, N. (1992). Phantom flashbulbs: False recollections of hearing the news about *Challenger.* In E. Winograd & U. Neisser (Eds.), *Affect and accuracy in recall: Studies of "flashbulb" memories* (pp. 9–31). New York: Cambridge University Press.

Neisser, U., Winograd, E., Bergman, E. T., Schreiber, C. A., Palmer, S. E., & Weldon, M. S. (1996). Remembering the earthquake: Direct experience vs. hearing the news. *Memory, 4,* 337–357.

Nesterak, E. (2014). Coerced to confess: The psychology of false confessions. *Thepsychreport.com,* October 14, 2014, in Conversations, Society.

Nettle, D., & Clegg, H. (2006). Schizotypy, creativity and mating success in humans. *Proceedings of the Royal Society B: Biological Sciences,* 273(1586), 611–615.

Newell, A., & Simon, H. A. (1972). *Human problem solving.* Englewood Cliffs, NJ: Prentice-Hall.

Nichols, E. A., Kao, Y.-C., Verfaellie, M., & Gabrieli, J. D. E. (2006). Working memory and long-term memory for faces: Evidence from fMRI and global amnesia for involvement of the medial temporal lobes. *Hippocampus, 16,* 604–616.

Nietzsche, F. (1889). *Twilight of the idols.* See *Twilight of the idols and the anti-Christ.* (2003). Translated by R. J. Hollingsworth. New York: Penguin Books.

Noton, D., & Stark, L. W. (1971). Scanpaths in eye movements during pattern perception. *Science, 171,* 308–311.

Nyberg, L., McIntosh, A. R., Cabeaa, R., Habib, R., Houle, S., & Tulving, E. (1996). General and specific brain regions involved in encoding and retrieval of events: What, where and when. *Proceedings of the National Academy of Sciences, USA, 93,* 11280–11285.

Nyhan, B., & Reifler, J. (2010). When corrections fail: The persistence of political misperceptions. *Political Behavior, 32*(2), 303–330.

Ogawa, S., Lee, T. M., Kay, A. R., & Tank, D. W. (1990). Brain magnetic resonance imaging with contrast dependent on blood oxygenation. *Proceedings of the National Academy of Sciences, 87,* 9868–9872.

Oliva, A., & Torralba, A. (2007). The role of context in object recognition. *Trends in Cognitive Sciences, 11,* 521–527.

Olshausen, B. A., & Field, D. J. (2004). Sparse coding of sensory inputs. *Current Opinion in Neurobiology, 14,* 481–487.

Olson, A. C., & Humphreys, G. W. (1997). Connectionist models of neuropsychological disorders. *Trends in Cognitive Sciences, 1,* 222–228.

Oppezzo, M., & Schwartz, D. L. (2014). Give your ideas some legs: The positive effect of walking on creative thinking. *Journal of Experimental Psychology: Learning, Memory and Cognition, 40,* 1142–1152.

Orban, G. A., Vandenbussche, E., & Vogels, R. (1984). Human orientation discrimination tested with long stimuli. *Vision Research, 24,* 121–128.

Osborn, A. F. (1953). *Applied imagination.* New York: Scribner.

Osman, M. (2004). An evaluation of dual-process theories of reasoning. *Psychonomic Bulletin and Review, 108,* 291–310.

Ost, J., Vrij, A., Costall, A., & Bull, R. (2002). Crashing memories and reality monitoring: Distinguishing between perceptions, imaginations and "false memories." *Applied Cognitive Psychology, 16,* 125–134.

Osterhout, L., McLaughlin, J., & Bersick, M. (1997). Event-related brain potentials and human language. *Trends in Cognitive Sciences, 1,* 203–209.

Owens, M., Stevenson, J., Hadwin, J. A., & Norgate, R. (2012). Anxiety and depression in academic performance: An exploration of the mediating factors of worry and working memory. *School Psychology International, 33*(4), 433–449.

Paczynski, M., & Kuperberg, G. R. (2012). Multiple influences of semantic memory on sentence processing: Distinct effects of semantic relatedness on violations of real-world event/state knowledge and animacy selection restrictions. *Journal of Memory and Language, 67,* 426–448.

Paivio, A. (1963). Learning of adjective-noun paired associates as a function of adjective-noun word order and noun abstractness. *Canadian Journal of Psychology, 17,* 370–379.

Paivio, A. (1965). Abstractness, imagery, and meaningfulness in paired-associate learning. *Journal of Verbal Learning and Verbal Behavior, 4,* 32–38.

Palmer, S. E. (1975). The effects of contextual scenes on the identification of objects. *Memory and Cognition, 3,* 519–526.

Palmer, S. E. (1992). Common region: A new principle of perceptual grouping. *Cognitive Psychology, 24,* 436–447.

Palmer, S. E., & Rock, I. (1994). Rethinking perceptual organization: The role of uniform connectedness. *Psychonomic Bulletin and Review, 1,* 29–55.

Palombo, D. J., Alain, C., Soderlund, H., Khuu, W., & Levine, B. (2015). Severely deficient autobiographical memory (SDAM) in healthy adults: A new mnemonic syndrome. *Neuropsychologia, 72,* 105–118.

Paradis, C. M., Florer, F., Solomon, L. Z., & Thompson, T. (2004). Flashbulb memories of personal events of 9/11 and the day after for a sample of New York City residents. *Psychological Reports, 95*(1), 304–310.

Parker, E. S., Cahill, L., & McGaugh, J. L. (2006). A case of unusual autobiographical remembering. *Neurocase, 12,* 35–49.

Parkhurst, D., Law, K., & Niebur, E. (2002). Modeling the role of salience in the allocation of overt visual attention. *Vision Research, 42,* 107–123.

Parkin, A. J. (1996). *Explorations in cognitive neuropsychology.* Oxford, England: Blackwell.

Patel, A. D., Gibson, E., Ratner, J., Besson, M., & Holcomb, P. J. (1998). Processing syntactic relations in language and music: An event-related potential study. *Journal of Cognitive Neuroscience, 10,* 717–733.

Patel, A. D., Iversen, J. R., Wassenaar, M., & Hagoort, P. (2008). Musical syntactic processing in agrammatic Broca's aphasia. *Aphasiology, 22,* 776–779.

Patterson, K., Nestor, P. J., & Rogers, T. T. (2007). Where do you know what you know? The representation of semantic knowledge in the human brain. *Nature Reviews Neuroscience, 8,* 976–987.

Paulus, M. P., & Yu, A. J. (2012). Emotion and decision-making: Affect-driven belief systems in anxiety and depression. *Trends in Cognitive Sciences, 16,* 476–483.

Pavlov, I. (1927). *Conditioned reflexes.* New York: Oxford University Press.

Payne, J. D., Chambers, A. M., & Kensinger, E. A. (2012). Sleep promotes lasting changes in selective memory for emotional scenes. *Frontiers in Integrative Neuroscience, 6,* 1–11.

Payne, J. D., Stickgold, R., Swanberg, K., & Kensinger, E. A. (2008). Sleep preferentially enhances memory for emotional components of scenes. *Psychological Science, 19,* 781–788.

Pearce, J. M. S. (2009). Marie-Jean-Pierre Flourens (1794–1867) and cortical localization. *European Neurology, 61,* 311–314.

Pearson, J., & Kosslyn, S. M. (2015). The heterogeneity of mental representation: Ending the imagery debate. *Proceedings of the National Academy of Sciences, 112,* 10089–10092.

Pearson, J., Clifford, C. W. G., & Tong, F. (2008). The functional impact of mental imagery on conscious perception. *Current Biology, 18,* 982–986.

Peretz, I., & Zatorre, R. (2005). Brain organization for music processing. *Annual Review of Psychology, 56,* 89–114.

Perfect, T. J., & Askew, C. (1994). Print adverts: Not remembered but memorable. *Applied Cognitive Psychology, 8,* 693–703.

Perky, C.W. (1910). An experimental study of imagination. *American Journal of Psychology, 21,* 422–442

Perrett, D. I., Rolls, E. T., & Caan, W. (1982). Visual neurons responsive to faces in the monkey temporal cortex. *Experimental Brain Research, 7,* 329–342.

Pessoa, L. (2014). Understanding brain networks and brain organization. *Physics of Life Reviews, 11,* 400–435.

Peters, E., Vastfjall, D., Garling, T., & Slovic, P. (2006). Affect and decision making: A "hot" topic. *Journal of Behavioral Decision Making, 19,* 79–85.

Petersen, S. E. (1992). The cognitive functions of underlining as a study technique. *Reading Research and Instruction, 31,* 49–56.

Petersen, S. E., & Posner, M. I. (2012). The attention system of the human brain: 20 years after. *Annual Review of Neuroscience, 35,* 73–89.

Petersen, L. R., & Peterson, M. J. (1959). Short-term retention of individual verbal items. *Journal of Experimental Psychology, 58,* 193–198.

Petrican, R., Gopie, N., Leach, L., Chow, T. W., Richards, B., & Moscovitch, M. (2010). Recollection and familiarity for public events in neurologically intact older adults and two brain-damaged patients. *Neuropsychologia, 48,* 945–960.

Phelps, E. A., & Sharot, T. (2008). How (and why) emotion enhances the subjective sense of recollection. *Current Directions in Psychological Science, 17,* 147–152.

Philippi, C. L., Bruss, J., Boes, A. D., Albazron, F. M., Deifelt Streese, C., Ciaramelli, E., ... & Tranel, D. (2021). Lesion network mapping demonstrates that mind-wandering is associated with the default mode network. *Journal of Neuroscience Research, 99*(1), 361–373.

Philippi, C. L., Tranel, D., Duff, M., and Rudrauf, D. (2015). Damage to the default mode network disrupts autobiographical memory retrieval. *SCAN, 10,* 318–326.

Pillemer, D. B. (1998). *Momentous events, vivid memories.* Cambridge, MA: Harvard University Press.

Pillemer, D. B., Picariello, M. L., Law, A. B., & Reichman, J. S. (1996). Memories of college: The importance of specific educational episodes. In D. C. Rubin (Ed.), *Remembering our past: Studies in autobiographical memory* (pp. 318–337). Cambridge, UK: Cambridge University Press.

Plaisier, M. A., & Smeets, J. B. J. (2015). Object size can influence perceived weight independent of visual estimates of the volume of material. *Scientific Reports.* doi: 10.10.1038/srep17719

Plaut, D. C. (1996). Relearning after damage in connectionist networks: Toward a theory of rehabilitation. *Brain and Language, 52,* 25–82.

Pobric, G., Jefferies, E., & Lambon Ralph, M. A. (2010). Category- specific versus category-general semantic impairment induced by transcranial magnetic stimulation. *Current Biology, 20,* 964–968.

Poldrack, R. A., Laumann, T. O., et al. (2015). Long-term neural and physiological phenotyping of a single human. *Nature Communications,* DOI: 10.1038/ncomms9885.

Pollack, I., & Pickett, J. M. (1964). Intelligibility of excerpts from fluent speech: Auditory vs. structural context. *Journal of Verbal Learning and Verbal Behavior, 3,* 79–84.

Porter, S., & Birt, A. R. (2001). Is traumatic memory *special?* A comparison of traumatic memory characteristics with memory for other emotional life experiences. *Applied Cognitive Psychology, 15,* S101–S117.

Posner, M. I., Nissen, M. J., & Ogden, W. C. (1978). Attended and unattended processing modes: The role of set for spatial location. In H. L. Pick & I. J. Saltzman (Eds.), *Modes of perceiving and processing information* (pp. 137–157). Hillsdale, NJ: Erlbaum.

Post, T., van den Assem, M. J., Baltussen, G., & Thaler, R. H. (2008). Deal or no deal? Decision making under risk in a large- payoff game show. *American Economic Review, 98,* 38–71.

Pratomo, L. C., & Wardani, D. K. (2021). The Effectiveness of Design Thinking in Improving Student Creativity Skills and Entrepreneurial Alertness, *International Journal of Instruction, 14*(4), 695–712.

Proust, M. (1922/1960). *Remembrance of Things Past: Swann's way.* (C.K. Scott Moncrieff, Trans). London: Chatto & Windus.

Ptak, R. (2012). The Frontoparietal Attention Network of the Human Brain: Action, Saliency, and a Priority Map of the Environment. The *Neuroscientist, 18,* 502–515.

Pulvermüller, F. (2013). How neurons make meaning: Brain mechanisms for embodied and abstract-symbolic semantics. *Trends in Cognitive Sciences, 17,* 458–470.

Pureza, R., Soares, A. P., & Comesana, M. (2016). Cognate status, syllable position and word length on bilingual Tip-Of-the-Tongue states induction and resolution. *Bilingualism: Language and Cognition, 19*(3), 533–549.

Putnam, A. L., Sukngkhasettee, V. W., & Roediger, H. L. (2016). Optimizing learning in college: Tips from cognitive psychology. *Perspectives on Psychological Science, 11,* 652–660.

Pyers, J. E., Gollan, T. H., & Emmorey, K. (2009). Bimodal bilinguals reveal the source of tip-of-the-tongue states. *Cognition, 112*(2), 323–329.

Pylyshyn, Z. W. (1973). What the mind's eye tells the mind's brain: A critique of mental imagery. *Psychological Bulletin, 80,* 1–24.

Pylyshyn, Z. W. (2001). Is the imagery debate over? If so, what was it about? In E. Dupoux (Ed.), *Language, brain, and cognitive development* (pp. 59–83). Cambridge, MA: MIT Press.

Pylyshyn, Z. W. (2003). Return of the mental image: Are there really pictures in the brain? *Trends in Cognitive Sciences, 7,* 113–118.

Quillian, M. R. (1967). Word concepts: A theory and simulation of some basic semantic capabilities. *Behavioral Science, 12,* 410–430.

Quillian, M. R. (1969). The Teachable Language Comprehender: A simulation program and theory of language. *Communications of the ACM, 12,* 459–476.

Quinlivan, D. S., Wells, G. L., & Neuschatz, J. S. (2010). Is manipulative intent necessary to mitigate the eyewitness post-identification feedback effect? *Law and Human Behavior, 34,* 186–197.

Quiroga, R. Q., Fried, I., & Koch, C. (2013). Brain cells for grandmother. *Scientific American, 308*(2), 30–35.

Raichle, M. E. (2011). The restless brain. *Brain Connectivity, 1,* 3–12.

Raichle, M. E., MacLeod, A. M., Snyder, A. Z., Powers, W. J., Gusnard, D. A., & Shulman, G. L. (2001). A default mode of brain function. *Proceedings of the National Academy of Sciences, 98,* 676–682.

Ranganath, C., & Blumenfeld, R. S. (2005). Doubts about double dissociations between short- and long-term memory. *Trends in Cognitive Sciences, 9,* 374–380.

Ranganath, C., & D'Esposito, M. (2001). Medial temporal lobe activity associated with active maintenance of novel information. *Neuron, 31,* 865–873.

Raphael, B. (1976). *The thinking computer.* New York: Freeman.

Rathbone, C. J., Moulin, C. J. A., & Conway, M. A. (2008). Self-centered memories: The reminiscence bump and the self. *Memory & Cognition, 36,* 1403–1414.

Ratiu, P., Talos, I.F., Haker, S., Lieberman, D., Everett, P. (2004) The tale of Phineas Gage, digitally remastered. *Journal of Neurotrauma, 21,* 637–643.

Rauchs, G., Feyers, D., Landeau, B., Bastin, C., Luxen, A., Maquet, P., et al. (2011). Sleep contributes to the strengthening of some memories over others, depending on hippocampal activity at learning. *Journal of Neuroscience, 31,* 2563–2568.

Raveh, D., & Lavie, N. (2015). Load-induced inattentional deafness. *Attention, Perception, & Psychophysics 77,* 483–492.

Rayner, K., & Duffy, S. A. (1986). Lexical complexity and fixation times in reading: Effects of word frequency, verb complexity, and lexical ambiguity. *Memory and Cognition, 14,* 191–201.

Rayner, K., & Frazier, L. (1989). Selection mechanisms in reading lexically ambiguous words. *Journal of Experimental Psychology: Learning, Memory and Cognition, 15,* 779–790.

Razzouk, R., & Shute, V. (2012). What is design thinking and why is it important? *Review of Educational Research, 82*(3), 330–348.

Reali, F., & Christiansen, M. (2007). Processing of relative clauses is made easier by frequency of occurrence. *Journal of Memory and Language, 53,* 1–23.

Reber, A. S. (1995). *Penguin dictionary of psychology* (2nd ed.). New York: Penguin Books.

Redelmeier, D. A., & Shafir, E. (1995). Medical

decision making in situations that offer multiple alternatives. *Medical Decision Making, 273,* 302–305.

Reder, L. M., & Anderson, J. R. (1982). Effects of spacing and embellishment for the main points of a text. *Memory and Cognition, 10,* 97–102.

Reed, B. (2009). Stephanie Meyer faces plagiarism claim. The Guardian.

Reem, M. (2022). The impact of media and information literacy on students' acquisition of the skills needed to detect fake news. *Digital Commons,* University of Rhode Island.

Reid, C. A., Green, J. D., Wildschut, T., & Sedikides, C. (2015). Scent-evoked nostalgia. *Memory, 23(2),* 157–166.

Reitman, J. (1976). Skilled perception in Go: Deducing memory structures from inter-response times. *Cognitive Psychology, 8,* 336–356.

Renoult, L., Davidson, P. S. R., Palombo, D. J., Moscovitch, M., & Levine, B. (2012). Personal semantics: at the crossroads of semantic and episodic memory. *Trends in Cognitive Sciences, 16,* 550–558.

Rensink, R. A. (2002). Change detection. *Annual Review of Psychology, 53,* 245–277.

Rensink, R. A., O'Regan, J. K., & Clark, J. J. (1997). To see or not to see: The need for attention to perceive changes in scenes. *Psychological Science, 8,* 368–373.

Richardson, A. (1994). *Individual differences in imaging: Their measurement, origins, and consequences.* Amityville, NY: Baywood.

Riley, M. R., & Constantinidis, C. (2016). Role of prefrontal persistent activity in working memory. *Frontiers in Systems Neuroscience, 9, Article 181.*

Rhoads, B., Sprague, S., Nghe, A., Martin, G., Gibson, E., & Loeb, R. (2021). Focal Dystonia: The Root Causes Underpinning the Yips. *Undergraduate Works.*

Rips, L. J. (1995). Deduction and cognition. In E. Smith & D. N. Osherson (Eds.), *An invitation to cognitive science* (Vol. 2, pp. 297–343). Cambridge, MA: MIT Press.

Rips, L. J., Shoben, E. J., & Smith, E. E. (1973). Semantic distance and the verification of semantic relations. *Journal of Verbal Learning and Verbal Behavior, 12,* 1–20.

Rips, L. J. (2002). Reasoning. In D. L. Medin (Ed.), *Stevens' handbook of experimental psychology* (3rd ed., pp. 363–411). New York: Wiley.

Ritchey, M., Dolcos, F., & Cabeza, R. (2008). Role of amygdala connectivity in the persistence of emotional memories over time: An event-related fMRI investigation. *Cerebral Cortex, 18,* 2494–2504.

Rizer III, A. L. (2002). The race effect on wrongful convictions. *Wm. Mitchell L. Rev., 29,* 845.

Rizzi, L., Rosset, I., & Roriz-Cruz, M. (2014). Global epidemiology of dementia: Alzheimer's and vascular types. *BioMed Research International,* 2014.

Rizzolatti, G., & Sinigaglia, C. (2016). The mirror mechanism: A basic principle of brain function. *Nature Reviews Neuroscience, 17,* 757–765.

Rizzolatti, G., Forgassi, L., & Gallese, V. (2006, November). Mirrors in the mind. *Scientific American,* pp. 54–63.

Robbins, J. (2000, July 4). Virtual reality finds a real place. *New York Times.*

Robins, S. (2022). The Method of Loci and the Role of Constructive Imagination in Remembering. In *Philosophical Perspectives on Memory and Imagination* (pp. 230–247). Routledge.

Robertson, L., Treisman, A., Freidman-Hill, S., & Grabowecky, M. (1997). The interaction of spatial and object pathways: Evidence from Balint's syndrome. *Journal of Cognitive Neuroscience, 9,* 295–317.

Rocha-Miranda, C. (2011). Personal communication.

Rock, I. (1983). *The logic of perception.* Cambridge, MA: MIT Press.

Roediger, H. L. (1990). Implicit memory: Retention without remembering. *American Psychologist, 45,* 1043–1056.

Roediger, H. L., Guynn, M. J., & Jones, T. C. (1994). Implicit memory: A tutorial review. In G. d'Ydewalle, P. Eallen, & P. Bertelson (Eds.), *International perspectives on cognitive science* (Vol. 2, pp. 67–94). Hillsdale, NJ: Erlbaum.

Roediger, H. L., & McDermott, K. B. (1995). Creating false memories: Remembering words not presented in lists. *Journal of Experimental Psychology: Learning, Memory, and Cognition, 21,* 803–814.

Rogers, T. B., Kuiper, N. A., & Kirker, W. S. (1977). Self- reference and the encoding of personal information. *Journal of Personality and Social Psychology, 35,* 677–688.

Rogers, T. T., & Cox, C. (2015). The neural basis of conceptual knowledge: Revisiting a Golden-Age hypothesis in the era of cognitive neuroscience. In D. R. Addis, M. Barense, & A. Duarte (Eds.), *Wiley handbook on the cognitive neuroscience of memory.* New York: Wiley.

Rogers, T. T., & McClelland, J. L. (2004). *Semantic cognition: A parallel distributed processing approach.* Cambridge, MA: MIT Press.

Rogin, M. P. (1987). *Ronald Reagan, the movie and other episodes in political demonology.* Berkeley, CA: University of California Press.

Rolls, E. T. (1981). Responses of amygdaloid neurons in the primate. In Y. Ben-Ari (Ed.), *The amygdaloid complex* (pp. 383–393). Amsterdam: Elsevier.

Rolls, E. T., & Tovee, M. J. (1995). Sparseness of the neuronal representation of stimuli in the primate temporal visual cortex. *Journal of Neurophysiology, 73,* 713–726.

Roozendaal, B., & McGaugh, J. L. (2011). Memory modulation. *Behavioral Neuroscience, 125,* 797–824.

Rosch, E. H. (1973). On the internal structure of perceptual and semantic categories. In T. E. Moore (Ed.), *Cognitive development and the acquisition of language* (pp. 111–144). New York: Academic Press.

Rosch, E. H. (1975a). Cognitive representations of semantic categories. *Journal of Experimental Psychology: General, 104,* 192–233.

Rosch, E. H. (1975b). The nature of mental codes for color categories. *Journal of Experimental Psychology: Human Perception and Performance, 1,* 303–322.

Rosch, E. H., & Mervis, C. B. (1975). Family resemblances: Studies in the internal structures of categories. *Cognitive Psychology, 7,* 573–605.

Rosch, E. H., Mervis, C. B., Gray, W. D., Johnson, D. M., & Boyes- Braem, P. (1976). Basic objects in natural categories. *Cognitive Psychology, 8,* 382–439.

Rose, N. S., Olsen, R. K., Craik, F. I. M., & Rosenbaum, R. S. (2012). Working memory and amnesia: The role of stimulus novelty. *Neuropsychologia, 50,* 11–18.

Rosen, L. D., Carrier, L. M., & Cheever, N. A. (2013). Facebook and texting made me do it: Media-induced task-switching while studying. *Computers in Human Behavior, 29,* 948–958.

Rosenbaum, R. S., Köhler, S., Schacter, D. L., Moscovitch, M., Westmacott, R., Black, S. E., et al. (2005). The case of K.C.: Contributions of a memory-impaired person to memory theory. *Neuropsychologia, 43,* 989–1021.

Ross, D. F., Ceci, S. J., Dunning, D., & Toglia, M. P. (1994). Unconscious transference and mistaken identity: When a witness misidentifies a familiar but innocent person. *Journal of Applied Psychology, 79,* 918–930.

Ross, E. D. (2010). Cerebral localization of function and the neurology of language: Fact versus fiction or is it something else? *The Neuroscientist, 16,* 222–243.

Rossato-Bennet, M., director (2014). *Alive Inside: A Story of Music and Memory.* https://doi.org/10.1038/scientificamerican1014-96d

Rouhani, N., Stanley, D., COVID-Dynamic Team, & Adolphs, R. (2023). Collective events and individual affect shape autobiographical memory. *Proceedings of the National Academy of Sciences, 120*(29).

Rubin, D. C., Rahhal, T. A., & Poon, L. W. (1998). Things learned in early adulthood are remembered best. *Memory & Cognition, 26,* 3–19.

Rumelhart, D. E., & McClelland, J. L. (1986). *Parallel distributed processing: Explorations in the microstructure of cognition.* Cambridge, MA: MIT Press.

Rundus, D. (1971). Analysis of rehearsal processes in free recall. *Journal of Experimental Psychology, 89,* 63–77.

Sachs, J. (1967). Recognition memory for syntactic and semantic aspects of a connected discourse. *Perception & Psychophysics, 2,* 437–442.

Saffran, J. R., Aslin, R. N., & Newport, E. L. (1996). Statistical learning by 8-month old infants. *Science, 274,* 1926–1928.

Saffran, J., Hauser, M., Seibel, R., Kapfhamer, J., Tsao, F., & Cushman, F. (2008). Grammatical pattern learning by human infants and cotton-top tamarin monkeys. *Cognition, 107,* 479–500.

Saletin, J. M., Goldstein, A. N., & Walker, M. P. (2011). The role of sleep in directed forgetting and remembering of human memories. *Cerebral Cortex, 21,* 2534–2541.

Sanbonmatsu, D. M., Strayer, D. L., Behrends, A. A., Ward, N., & Watson, J. M. (2016). Why drivers use cell phones and support legislation to restrict this practice. *Accident Analysis & Prevention, 92,* 22–33.

Sanfey, A. G., Lowenstein, G., McClure, S. M., & Cohen, J. D. (2006). Neuroeconomics: Cross-currents in research on decision- making. *Trends in Cognitive Sciences, 10,* 106–116.

Sanfey, A. G., Rilling, J. K., Aronson, J. A., Nystrom, L. E., & Cohen, J. D. (2003). The neural basis of economic decision making in the Ultimatum Game. *Science, 300,* 1755–1758.

Sauseng, P., Klimesch, W., Heise, K., Gruber, W., Holz, E., Karim, A., Glennon, M., Gerloff, C., Birbaumer, N., & Hummel, F. (2009). Brain Oscillatory Substrates of Visual Short-Term Memory Capacity. *Current Biology, 19,* 1846–1852.

Schacter, D. L. (1987). Implicit memory: History and current status. *Journal of Experimental Psychology: Learning, Memory and Cognition, 13,* 501–518.

Schacter, D. L. (2012). Adaptive constructive processes and the future of memory. *American Psychologist, 67,* 603–613.

Schacter, D. L., & Addis, D. R. (2007). The cognitive neuroscience of constructive memory: Remembering the past and imagining the future. *Philosophical Transactions of the Royal Society of London B, 362,* 773–786.

Schacter, D. L., & Addis, D. R. (2009). On the nature of medial temporal lobe contributions to the constructive simulation of future events. *Philosophical Transactions of the Royal Society of London B, 364,* 1245–1253.

Scheck, B., Neufeld, P., & Dwyer, J. (2000). *Actual innocence.* New York: Random House.

Schenkein, J. (1980). A taxonomy for repeating action sequences in natural conversation. In B. Butterworth (Ed.), *Language production* (Vol. 1, pp. 21–47). San Diego, CA: Academic Press.

Scherf, K. S., Luna, B., Avidan, G., & Behrmann, M. (2011). "What" precedes "which": Developmental neural tuning in face- and place-related cortex. *Cerebral Cortex, 21*(9), 1963–1980.

Schiller, D., Monfils, M.-H., Raio, C. M., Johnson, D. C., LeDoux, J. E., & Phelps, E. A. (2010). Preventing the return of fear in humans using reconsolidation update mechanisms. *Nature, 463,* 49–54.

Schmeichel, B. J., Volokhov, R. N., & Demaree, H. A. (2008). Working memory capacity and the self-regulation of emotional expression and experience. *Journal of Personality and Social Psychology, 95,* 1526–1540.

Schmid, M. S., & Köpke, B. (2017). The relevance of first language attrition to theories of bilingual development. *Linguistic Approaches to Bilingualism, 7*(6), 637–667.

Schmolck, H., Buffalo, E. A., & Squire, L. R. (2000). Memory distortions develop over time: Recollections of the O. J. Simpson trial verdict after 15 and 32 months. *Psychological Science, 11,* 39–45.

Schneider, W., & Chein, J. (2003). Controlled and automatic processing: Behavioral and biological mechanisms. *Cognitive Science, 27,* 525–559.

Schrauf, R. W., & Rubin, D. C. (1998). Bilingual autobiographical memory in older adult immigrants: A test of cognitive explanations of the reminiscence bump and the linguistic encoding of memories. *Journal of Memory and Language, 39,* 437–457.

Schweickert, R., & Boruff, B. (1986). Short-term memory capacity: Magic number or magic spell? *Journal of Experimental Psychology: Learning, Memory, and Cognition, 12,* 419–425.

Scorbia, A., Wade, K. A., Lindsay, D.S., Azad, T., Strange, D., Ost, J., & Hyma, I. E. (2017). A mega-analysis of memory reports from eight peer-reviewed false memory implantation studies. *Memory, 25*(2), 146–163.

Scoville, W. B., & Milner, B. (1957). Loss of recent memory after bilateral hippocampal lesions. *Journal of Neurology, Neurosurgery, and Psychiatry, 20,* 11–21.

Sederberg, P. B., Gershman, S. J., Polyn, S. M., & Norman, K. A. (2011). Human memory reconsolidation can be explained using the temporal context model. *Psychonomic Bulletin & Review, 18,* 455–468.

Segal, S. J., & Fusella, V. (1970). Influence of imaged pictures and sounds on detection of visual and auditory signals. *Journal of Experimental Psychology, 83,* 458–464.

Seidenberg, M. S., & Zevin, J. D. (2006). Connectionist models in developmental cognitive neuroscience: Critical periods and the paradox of success. In Y. Munakata & M. Johnson (Eds.), *Processes of change in brain and cognitive development: Attention and performance XXI.* Oxford, UK: Oxford University Press.

Seiler, S. J. (2015). Hand on the wheel, mind on the mobile: an analysis of social factors contributing to texting while driving. *Cyberpsychology, Behavior, & Social Networking, 18,* 72–78.

Seung, S. (2012). *Connectome: How the brain's wiring makes us who we are.* New York: Houghton Mifflin Harcourt Publishing.

Sewell, D. K., Lilburn, S. D., & Smith, P. L. (2014). An information capacity limitation of visual short-term memory. *Journal of Experimental Psychology: Human Perception and Performance, 40*(6), 2214.

Shallice, T., & Warrington, E. K. (1970). Independent functioning of verbal memory stores: A neuropsychological study. *Quarterly Journal of Experimental Psychology, 22,* 261–273.

Shannon, B. J., Dosenbach, R. A., Su, Y., Vlassenko, A. G., Larson-Prior, L. J., Nolan, T. S., Snyder, A. Z., & Raichle, M. E. (2013). Morning-evening variation in human brain metabolism and memory circuits. *Journal of Neurophysiology, 109,* 1444–1456.

Shapiro, S., Siegel, R., & Neff, K. D. (2018). Paradoxes of mindfulness. *Mindfulness, 9,* 1693–1701.

Sharot, T., Korn, C. W., & Dolan, R. J. (2011). How unrealistic optimism is maintained in the face of reality. *Nature Neuroscience, 14,* 1475–1479.

Shaw, J., & Porter, S. (2015). Constructing rich false memories of committing crime. *Psychological Science, 26,* 291–301.

Sheldon, S., Amaral, R., & Levine, B. (2017). Individual differences in visual imagery determine how event information is remembered. *Memory, 25,* 360–369.

Shen, O., Rabinowitz, R., Geist, R. R., & Shafir, E. (2010). Effect of background case characteristics on decisions in the delivery room. *Medical Decision Making, 30,* 518–522.

Shepard, R. N., & Metzler, J. (1971). Mental rotation of three- dimensional objects. *Science, 171,* 701–703.

Shields, C., & Gredler, M. (2003). A problem-solving approach to teaching operant conditioning. *Teaching of Psychology, 30*(2), 114–116.

Shinoda, H., Hayhoe, M. M., & Shrivastava, A. (2001). What controls attention in natural environments? *Vision Research, 41,* 3535–3545.

Shulman, G. L., Fiez, J. A., Corbetta, M., Buckner, R. L., Miezin, F. M., Raichle, M. E., & Petersen, S. E. (1997). Common blood flow changes across visual tasks: II. Decreases in Cerebral Cortex. *Journal of Cognitive Neuroscience, 9,* 648–663.

Simons, D. J., & Chabris, C. F. (2011). What people believe about how memory works: A representative survey of the U.S. population. *PLoS ONE, 6*(8), e22757.

Simonsohn, U. (2007). Clouds make nerds look good. *Journal of Behavioral Decision Making, 20,* 143–152.

Simonsohn, U. (2009). Weather to go to college. *Economic Journal, 20,* 1–11.

Simonson, I., & Tversky, A. (1992). Choice in context: Tradeoff contrast and extremeness aversion. *Journal of Marketing Research, 29*(3), 281–295.

Simonton, D. K. (1984). Creative productivity and age: A mathematical model based on a two-step cognitive process. *Developmental Review, 4,* 77–111.

Simonton, D. K. (2012). Taking the U. S. Patent office criteria seriously: A quantitative three-criterion creativity definition and its implications. *Creativity Research Journal, 24,* 97–106.

Singer, J. L. (1975). Navigating the stream of consciousness. Research in daydreaming and related inner experience. *American Psychologist, 30,* 727–738.

Singer, M., Andrusiak, P., Reisdorf, P., & Black, N. L. (1992). Individual differences in bridging inference processes. *Memory and Cognition, 20,* 539–548.

Sinha, P. (2002). Recognizing complex patterns. *Nature Neuroscience 5,* 1093–1097.

Skinner, B. F. (1938). *The behavior of organisms.* New York: Appleton Century.

Skinner, B. F. (1957). *Verbal behavior.* New York: Appleton-Century Crofts.

Slameka, N. J., & Graf, P. (1978). The generation effect: Delineation of a phenomenon. *Journal of Experimental Psychology: Human Learning and Memory, 4,* 592–604.

Slater, A., Von der Schulenburg, C., Brown, E., Badenoch, M., Butterworth, G., Parsons, S., & Samuels, C. (1998). Newborn infants prefer attractive faces. *Infant Behavior and Development, 21*(2), 345–354.

Slevc, L. R., Faroqi-Shah, Y., Saxena, S., & Okada, B. M. (2016). Preserved processing of musical structure in a person with agrammatic aphasia. *Neurocase, 22,* 505–511.

Slovic, P., Monahan, J., & MacGregor, D. G. (2000). Violence risk assessment and risk communication: The effects of using actual cases, providing instructions, and employing probability versus frequency formats. *Law and Human Behavior, 24,* 271–296.

Smallwood, J. (2011). Mind-wandering while reading: Attentional decoupling, mindless reading and the cascade model of inattention. *Language and Linguistics Compass, 5,* 63–77.

Smallwood, J., Bernhardt, B. C., Leech, R., Bzdok, D., Jefferies, E., & Margulies, D. S. (2021). The default mode network in cognition: a topographical perspective. *Nature Reviews Neuroscience, 22*(8), 503–513.

Smallwood, J., & Schooler, J. W. (2006). The restless mind. *Psychological Bulletin, 132,* 946–958.

Smallwood, J., & Schooler, J. W. (2015). The science of mind wandering: Empirically navigating the stream of consciousness. *Annual Reviews of Psychology, 66,* 487–518.

Smith, C. N., Frascino, J. C., Kripke, D. L., McHugh, P. R., Tresiman, G. J., & Squire, L. R. (2010). Losing memories overnight: A unique form of human amnesia. *Neuropsychologia, 48,* 2833–2840.

Smith, E. E. (1989). Concepts and induction. In M. L. Posner (Ed.), *Foundations of cognitive science* (pp. 501–526). Cambridge, MA: MIT Press.

Smith, E. E., Rips, L. J., & Shoben, E. J. (1974). Semantic memory and psychological semantics. In G. H. Bower (Ed.), *The psychology of learning and motivation* (Vol. 8, pp. 1–45). New York: Academic Press.

Smith, J. D., & Minda, J. P. (2000). Thirty categorization results in search of a model. *Journal of Experimental Psychology: Learning, Memory, and Cognition, 26,* 3–27.

Smith, L., & Klein, R. (1990). Evidence for semantic satiation: Repeating a category slows subsequent semantic processing. *Journal of Experimental Psychology: Learning, Memory, and Cognition, 16*(5), 852.

Smith, S. M., Kerne, A., Koh, E., & Shah, J. (2009). The development and evaluation of tools for creativity. In A. B. Markman and K. L. Wood (Eds.), *Tools for innovation* (pp. 128–152). Oxford, UK: Oxford University Press.

Smith, S. M., & Rothkopf, E. Z. (1984). Contextual enhancement and distribution of practice in the classroom. *Cognition and Instruction, 1,* 341–358.

Smith, S. M., Ward, T. B., & Schumacher, J. S. (1993). Constraining effects of examples in a creative generation task. *Memory & Cognition, 21,* 837–845.

Smith, Z. (2010). Rules for writers. *Guardian.* The guardian.com/ books/2010/feb/22/Sadie-smith -rules-for-writers.

Soderstrom, N. C., & McCabe, D. P. (2011). Are survival processing memory advantages based on ancestral priorities? *Psychonomic Bulletin & Review, 18,* 564–569.

Solomon, K. O., Medin, D. L., & Lynch, E. (1999). Concepts do more than categorize. *Trends in Cognitive Science, 3,* 99–105.

Spence, C., & Read, L. (2003). Speech shadowing while driving: On the difficulty of splitting attention between eye and ear. *Psychological Science, 14,* 251–256.

Sperling, G. (1960). The information is available in brief visual presentations. *Psychological Monographs, 74*(11, Whole No. 498), 1–29.

Sporns, O., Tuoni, G., & Kotter, R. (2005). The human connectome: A structural description of the human brain. *PloS Computational Biology, 1*(4), e42.

Squire, L. R. (2009). The legacy of patient HM for neuroscience. *Neuron, 61*(1), 6–9.

Squire, L. R., & Zola-Morgan, S. (1998). Episodic memory, semantic memory, and amnesia. *Hippocampus, 8,* 205–211.

Stanfield, R. A., & Zwaan, R. A. (2001). The effect of implied orientation derived from verbal content on picture recognition. *Psychological Science, 12,* 153–156.

Stanny, C. J., & Johnson, T. C. (2000). Effects of stress induced by a simulated shooting on recall by police and citizen witnesses. *American Journal of Psychology, 113,* 359–386.

Stanovich, K. E. (1999). *What is rational? Studies of individual differences in reasoning.* Mahwah, NJ: Lawrence Erlbaum Associates Inc.

Stanovich, K. E. (2011). *Rationality and the reflective mind.* New York: Oxford University Press.

Stanovich, K. E., & West, R. F. (2000). Individual differences in reasoning: Implications for the rationality debate? *Behavioral and Brain Sciences, 23,* 645–726.

Stanovich, K. E., West, R. F., & Toplak, M. E. (2013). Myside bias, rational thinking, and intelligence. *Current Directions in Psychological Science, 22,* 259–264.

Staats, C. (2016). Understanding implicit bias: What educators should know. *American Educator, 39*(4), 29.

Stellmann, P., & Brennan, S. E. (1993). Flexible perspective-setting in conversation. In *Abstracts of the Psychonomic Society, 34, the Annual Meeting* (p. 20), Washington, D.C.

Stevens, K. (2002, May 7). Out of the kitchen, and other getaways. *New York Times.*

Stokes, M. G. (2015). "Activity-silent" working memory in prefrontal cortex: A dynamic coding framework. *Trends in Cognitive Sciences, 19*(7), 394–405.

Strayer, D. L., Cooper, J. M., Turrill, J., Coleman, J., Medeiros- Ward, N., & Biondi, F. (2013). *Measuring driver distraction in the automobile.* Washington, D.C.: AAA Foundation for Traffic Safety.

Strayer, D. L., & Johnston, W. A. (2001). Driven to distraction: Dual-task studies of simulated driving and conversing on a cellular telephone. *Psychological Science, 12,* 462–466.

Stroop, J. R. (1935). Studies of interference in serial verbal reactions. *Journal of Experimental Psychology, 18,* 643–662.

Strumwasser, F. (1958). Long-term recording from single neurons in brain of unrestrained mammals. *Science, 127*(3296), 469–470.

Sui, J., & Humphreys, G. W (2015). The integrative self: How self- reference integrates perception and memory. *Trends in Cognitive Sciences, 19,* 719–728.

Sumeracki, M., & Kaminske, A. N. (2024). *The Psychology of Memory.* Taylor & Francis. https://doi.org/10.4324/9781003391166

Suri, G., Sheppes, G., Schwartz, C., & Gross, J. J. (2013). Patient inertia and the status quo bias: When an inferior option is preferred. *Psychological Science, 24,* 1763–1769.

Swinney, D. A. (1979). Lexical access during sentence comprehension: (Re) consideration of context effects. *Journal of Verbal Learning and Verbal Behavior, 18,* 645–659.

Taber, C. S., & Lodge, M. (2006). Motivated skepticism in the evaluation of political beliefs. *American Journal of Political Science, 50,* 755–769.

Talarico, J. M. (2009). Freshman flashbulbs: Memories of unique and first-time events in starting college. *Memory, 17,* 256–265.

Talarico, J. M., & Rubin, D. C. (2003). Confidence, not consistency, characterizes flashbulb memories. *Psychological Science, 14,* 455–461.

Talarico, J. M., & Rubin, D. C. (2009). Flashbulb memories result from ordinary memory processes and extraordinary event characteristics. In O. Luminet & A. Curci (Eds.), *Flashbulb memories: New issues and new perspectives.* Philadelphia, PA: Psychology Press.

Talarico, J. M., & Rubin, D. C. (2017). Ordinary memory processes shape flashbulb memories of extraordinary events: A review of 40 years of research. *Flashbulb Memories,* 73–95.

Tambini, A., Rimmele, U., Phelps, E. A., & Davahi, L. (2017). Emotional brain states carry over and enhance future memory function. *Nature Neuroscience, 20*(2), 271–278.

Tanaka, J. W., & Taylor, M. (1991). Object categories and expertise: Is the basic level in the eye of the beholder? *Cognitive Psychology, 23,* 457–482.

Tarkan, L. (2003, April 29). Brain surgery, without knife or blood, gains favor. *New York Times,* p. F5.

Taruffi, L., & Küssner, M. B. (2019). A review of music-evoked visual mental imagery: Conceptual issues, relation to emotion, and functional outcome. *Psychomusicology: Music, Mind, and Brain, 29*(2–3), 62.

Tenenbaum, J.B., Kemp, C., Griffiths, T. L., & Goodman, N. D. (2011). How to grow a mind: Statistics, structure, and abstraction. *Science, 331,* 1279–1285.

Tanenhaus, M. K., & Trueswell, J. C. (1995). Sentence comprehension. J. L. Miller & P. Eimas (Eds.), *Speech, language, and communication* (2nd ed., Vol. 11, pp. 217–262). San Diego, CA: Academic Press.

Tanenhaus, M. K., Leiman, J. M., & Seidenberg, M. S. (1979). Evidence for multiple stages in the processing of ambiguous words in syntactic contexts. *Journal of Verbal Learning and Verbal Behavior, 18,* 427–440.

Tanenhaus, M. K., Spivey-Knowlton, M. J., Beerhard, K. M., & Sedivy, J. C. (1995). Integration of visual and linguistic information in spoken language comprehension. *Science, 268,* 1632–1634.

Taslitz, A. E. (2008). Wrongly accused redux: How race contributes to convicting the innocent: The informants example. *Sw. UL Rev., 37,* 1091.

Tatler, B. W., Hayhoe, M. M., Land, M. F., & Ballard, D. H. (2011). Eye guidance in natural vision: Reinterpreting salience. *Journal of Vision, 11*(5), 1–23.

Ter-Pogossian, M. M., Phelps, M. E., Hoffman, E. J., & Mullani, N. A. (1975). A positron-emission tomograph for nuclear imaging (PET). *Radiology, 114,* 89–98.

Time Special Edition (2017) Innocent: The fight against wrongful convictions. *New York: Time Magazine.*

Tindall, D. R. & Bohlander R. W. (2012). The use and abuse of cell phones and text messaging in the classroom: A survey of college students.

College Teaching, 60, 1–9.

Toffolo, M. B. J., Smeets, M. A. M., & van den Hout, M. A. (2012). Proust revisited: Odours as triggers of aversive memories. *Cognition and Emotion, 26*(1), 83–92.

Toga, A. W. (1992). Editorial. *Neuroimage, 1*, 1.

Tolman, E. C. (1938). The determinants of behavior at a choice point. *Psychological Review, 45*, 1–41.

Tolman, E. C. (1948). Cognitive maps in rats and men. *Psychological Review, 55*, 189–208.

Tooley, V., Bringham, J. C., Maass, A., & Bothwell, R. K. (1987). Facial recognition: Weapon effect and attentional focus. *Journal of Applied Social Psychology, 17*, 845–859.

Trapp, S., Parr, T., Friston, K., & Schröger, E. (2021). The predictive brain must have a limitation in short-term memory capacity. *Current Directions in Psychological Science, 30*(5), 384–390.

Traxler, M. J. (2012). *Introduction to psycholinguistics*. Malden, MA: Wiley-Blackwell.

Traxler, M. R., Morris, R., & Seely, R. (2002). Processing subject and object relative clause: Evidence from eye movements. *Journal of Memory and Language, 47*, 69–90.

Treisman, A. M. (1964). Selective attention in man. *British Medical Bulletin, 20*, 12–16.

Treisman, A. M. (1986). Features and objects in visual processing. *Scientific American. 225*, 114–125.

Treisman, A. (1988). Features and objects: The fourteenth Bartlett memorial lecture. *Quarterly Journal of Experimental Psychology, 40A*, 207–237.

Treisman, A. (1999). Solutions to the binding problem: Progress through controversy and convergence. *Neuron, 24*, 105–110.

Treisman, A. M., & Schmidt, H. (1982). Illusory conjunctions in the perception of objects. *Cognitive Psychology, 14*, 107–141.

Tsao, D. Y., Freiwald, W. A., Tootell, R. B., & Livingstone, M. S. (2006). A cortical region consisting entirely of face-selective cells. *Science, 311*, 670–674.

Tu, J. C., Liu, L. X., & Wu, K. Y. (2018). Study on the learning effectiveness of Stanford design thinking in integrated design education. *Sustainability, 10*(8), 2649.

Tugtekin, U., & Odabasi, H. F. (2023). Effect of multitasking and task characteristics interaction on cognitive load and learning outcomes in virtual reality learning environments. *Education and Information Technologies*, 1–28.

Tulving, E. (1972). Episodic and semantic memory. In E. Tulving & W. Donaldson (Eds.), *Organization of memory* (pp. 381–403). New York: Academic Press.

Tulving, E. (1985). How many memory systems are there? *American Psychologist, 40*, 385–398.

Tulving, E., & Markowitsch, H. J. (1998). Episodic and declarative memory: Role of the hippocampus. *Hippocampus, 8*, 198–204.

Tulving, E., & Pearlstone, Z. (1966). Availability versus accessibility of information in memory for words. *Journal of Verbal Learning and Verbal Behavior, 5*, 381–391.

Turatto, M., Vescovi, M., & Valsecchi, M. (2007). Attention makes moving objects be perceived to move faster. *Vision Research, 47*, 166–178.

Tustin, K., & Hayne, H. (2010). Defining the boundary: age-related changes in childhood amnesia. *Developmental Psychology, 46*(5), 1049.

Tversky, A., & Kahneman, D. (1973). Availability: A heuristic for judging frequency and probability. *Cognitive Psychology, 5*, 207–232.

Tversky, A., & Kahneman, D. (1974). Judgment under uncertainty: Heuristics and biases. *Science, 185*, 1124–1131.

Tversky, A., & Kahneman, D. (1981). The framing of decisions and the psychology of choice. *Science, 211*, 453–458.

Tversky, A., & Kahneman, D. (1983). Extensional versus intuitive reasoning: The conjunction fallacy in probability judgment. *Psychological Review, 90*, 293–315.

Tversky, A., & Kahneman, D. (1991). Loss aversion in riskless choice. *Quarterly Journal of Economics, 106*, 1039–1061.

Tyler, L. K., & Moss, H. E. (2001). Towards a distributed account of conceptual knowledge. *Trends in Cognitive Sciences, 5*, 244–253.

Ungerleider, L. G., & Mishkin, M. (1982). Two cortical visual systems. In D. J. Ingle, M. A. Goodale, & R. J. Mansfield (Eds.), *Analysis of visual behavior* (pp. 549–580). Cambridge, MA: MIT Press.

Unlu, E., Zenou, E., Riviere, N., & Dupouy, P. E. (2019). An autonomous drone surveillance and tracking architecture. In 2019 Autonomous Vehicles and Machines Conference, 2019, 35–41. Valtonen, J., Gregory, E., Landau, B., & McCloskey, M. (2014). New learning of music after bilateral medial temporal lobe damage: Evidence from an amnesic patient. *Frontiers in Human Neuroscience, 8*, Article 694.

Van den Broek, P. (1994). Comprehension and memory of narrative texts. In M. A. Gernsbacher (Ed.), *Handbook of psycholinguistics* (pp. 539–588). San Diego, CA: Academic Press.

Van den Heuvel, M.P., & Pol, H. E. H. (2010). Exploring the brain network: A review on resting-state fMRI functional connectivity. *European Neuropsychopharmacology, 20*, 519–534.

van Dongen, E. V., Thielen, J.-W., Takashima, A., Barth, M., & Fernandez, G. (2012). Sleep supports selective retention of associative memories based on relevance for future utilization. *PLoS ONE, 7, e43426*.

Van Essen, D. C. (2004). Organization of visual areas in Macaque and human cerebral cortex. In L. Chalupa and J. Werner (Eds.), *The visual neurosciences*. Cambridge, MA: MIT Press.

van't Wout, M., Kahn, R. S., Sanfey, A. G., & Aleman, A. (2005). Repetitive transcranial magnetic stimulation over the right dorsolateral prefrontal cortex affects strategic decision-making. *Neuroreport, 16*(16), 1849–1852.

Vedaldi, A., Ling, H., & Soatto, S. (2010). Knowing a good feature when you see it: Ground truth and methodology to evaluate local features for recognition. In R. Cipolla, S. Battiato, & G. M. Farinella (Eds.) *Computer vision* (pp. 27–49). Berlin: Springer-Verlag.

Venema, V. (2013). Odon childbirth device: Car mechanic uncorks a revolution. *BBC News Magazine*, December 3, 2013.

Viaro, R., Maggiolini, E., Farina, E., Canto, R., Iriki, A., D'Ausilio, A., & Fadiga, L. (2021). Neurons of rat motor cortex become active during both grasping execution and grasping observation. *Current Biology, 31*(19), 4405–4412.

Villalobos, J. G., & Davis, D. (2016). Interrogation and the minority suspect: Pathways to true and false confession. *Advances in Psychology and Law, 1*, 1–41.

Villameriel, S., Costello, B., Giezen, M., & Carreiras, M. (2022). Cross-modal and cross-language activation in bilinguals reveals lexical competition even when words or signs are unheard or unseen. *Proceedings of the National Academy of Sciences, 119*(36).

Violanti, J. M. (1998). Cellular phones and fatal traffic collisions. *Accident Analysis and Prevention, 28*, 265–270.

Viskontas, I. V., Carr, V. A., Engel, S. A., & Knowlton, B. J. (2009). The neural correlates of recollection: Hippocampal activation declines as episodic memory fades. *Hippocampus, 19*, 265–272.

Vogel, E. K., McCollough, A. W., & Machizawa, M. G. (2005). Neural measures reveal individual differences in controlling access to working memory. *Nature, 438*, 500–503.

Voss, J. F., Greene, T. R., Post, T., & Penner, B. C. (1983). Problem- solving skill in the social sciences. In G. Bower (Ed.), *The psychology of learning and motivation*. New York: Academic Press.

Vossel, S., Geng, J. J. & Fink, G. R. (2014). Dorsal and ventral attention systems: Distinct neural circuits but collaborative roles. *The Neuroscientist, 20*, 150–159.

Vuust, P. Ostergaard, L., Pallesen, K. J., Bailey, C., & Roepstorff, A. (2009). Predictive coding of music—Brain responses to rhythmic incongruity. *Cortex, 45*, 80–92.

Wade, K. A., Garry, M., Read, J. D., & Lindsay, S. D. (2002). A picture is worth a thousand lies: Using false photographs to create false childhood memories. *Psychonomic Bulletin & Review, 9*, 597–603.

Wagenaar, W. A. (1986). My memory: A study of autobiographical memory over six years. *Cognitive Psychology, 18*, 225–252.

Waldrop, M. M. (1988). A landmark in speech recognition. *Science, 240*, 1615.

Ward, T. B., Smith, S. M., & Vaid, J. (Eds.). (1997). *Creative thought: An investigation of conceptual structures and processes*. Washington, D.C.: American Psychological Association.

Warrington, E. K., & McCarthy, R. A. (1987). Categories of knowledge. *Brain, 110*, 1273–1296.

Warrington, E. K., & Shallice, T. (1984). Category specific semantic impairments. *Brain, 107*, 829–854.

Wason, P. C. (1960). On the failure to eliminate hypotheses in a conceptual task. *Quarterly Journal of Experimental Psychology, 12*, 129–140.

Wason, P. C. (1966). Reasoning. In B. Foss (Ed.), *New horizons in psychology* (pp. 135–151). Harmondsworth, UK: Penguin Books.

Watson, J. B. (1913). Psychology as the behaviorist views it. *Psychological Review, 20*, 158–177.

Watson, J. B. (1928). *The ways of behaviorism*. New York: Harper and Brothers.

Watson, J. B., & Rayner, R. (1920). Conditioned

emotional reactions. *Journal of Experimental Psychology, 3,* 1–14.

Watson, J. M., Memmott, M. G., Moffitt, C. C., Coleman, J., Turrill, J., Fernández, Á., & Strayer, D. L. (2016). On working memory and a productivity illusion in distracted driving. *Journal of Applied Research in Memory and Cognition, 5*(4), 445–453.

Weisberg, R. W. (2015). Toward an integrated theory of insight in problem solving. *Thinking & Reasoning, 21,* 5–39.

Weisberg, R. W., & Alba, J. W. (1981). Gestalt theory, insight, and past experience: Reply to Dominowski. *Journal of Experimental Psychology: General, 110,* 193–198.

Weisenberg, M. (1977). Pain and pain control. *Psychological Bulletin, 84,* 1008–1044.

Weisenberg, M. (1999). Cognitive aspects of pain. In P. D. Wall & R. Melzak (Eds.), *Textbook of pain* (4th ed., pp. 345–358). New York: Churchill Livingstone.

Wells, G. L., & Bradfield, A. L. (1998). "Good, you identified the suspect": Feedback to eyewitnesses distorts their reports of the witnessing experience. *Journal of Applied Psychology, 83,* 360–376.

Wells, G. L., Steblay, N. K., & Dysart, J. E. (2015). Double-blind photo lineups using actual eyewitnesses: An experimental test of a sequential versus simultaneous lineup procedure. *Law and Human Behavior, 39,* 1–14.

Wells, G. L., & Quinlivan, D. S. (2009). Suggestive eyewitness identification procedures and the Supreme Court's reliability test in light of eyewitness science: 30 years later. *Law and Human Behavior, 33,* 1–24.

Wernicke, C. (1874) Der aphasische Symptomenkomplex. Breslau: Cohn.

Wertheimer, M. (1912). Experimentelle Studien über das Sehen von Beuegung. *Zeitchrift für Psychologie, 61,* 161–265.

Westmacott, R., & Moscovitch, M. (2003). The contribution of autobiographical significance to semantic memory. *Memory and Cognition, 31,* 761–774.

Westmacott, R., Black, S. E., Freedman, M., & Moscovitch, M. (2003). The contribution of autobiographical significance to semantic memory: evidence from Alzheimer's disease, semantic dementia, and amnesia. *Neuropsychologia, 42,* 25–48.

Wheeler, M. E., Stuss, D. T., & Tulving, E. (1997). Toward a theory of episodic memory: The frontal lobes and autonoetic consciousness. *Psychological Bulletin, 121,* 331–354.

Wickelgren, W. A. (1965). Acoustic similarity and retroactive interference in short-term memory. *Journal of Verbal Learning and Verbal Behavior, 4,* 53–61.

Wickens, D. D., Dalezman, R. E., & Eggemeier, F. T. (1976). Multiple encoding of word attributes in memory. *Memory & Cognition, 4,* 307–310.

Wiech, K., Ploner, M., & Tracey, I. (2008). Neurocognitive aspects of pain perception. *Trends in Cognitive Sciences, 12,* 306–313.

Wiechmann, W., Edwards, R., Low, C., Wray, A., Boysen- Osborn, M., & Toohey, S. (2022). No difference in factual or conceptual recall comprehension for tablet, laptop, and handwritten note-taking by medical students in the United States: a survey-based observational study. *Journal of Educational Evaluation for Health Professions, 19.*

Wiederhold, B. K. (2016). Why do people still text while driving? *Cyberpsychology, Behavior, and Social Networking, 19,* 473–474.

Wiernicke, C. (1874). Der aphasische Symptomenkomplex. Breslau: Cohn.

Wilding, J., & Valentine, E. R. (1997). *Superior memory.* Hove, UK: Psychology Press.

Wilhelm, I., Diekelmann, S., Molzow, I., Ayoub, A., Molle, M., & Born, J. (2011). Sleep selectively enhances memory expected to be of future relevance. *Journal of Neuroscience, 31,* 1563–1569.

Wilson, T. D., & Gilbert, D. T. (2003). Affective forecasting. In L. Berkowitz (Ed.), *Advances in experimental social psychology* (Vol. 35, pp. 345–411). San Diego, CA: Academic Press.

Wineburg, S., McGrew, S., Breakstone, J., & Ortega, T. (2016). Evaluating Information: The Cornerstone of Civic Online Reasoning. Retrieved from https://purl.stanford.edu/fv751yt5934.

Wiseman, S., & Neisser, U. (1974). Perceptual organization as a determinant of visual recognition memory. *American Journal of Psychology, 87,* 675–681.

Wissman, K. T., Rawson, K. A., & Pyc, M. A. (2012). How and when do students use flashcards? *Memory, 20,* 568–579.

Wittgenstein, L. (1953). *Philosophical investigations* (G. E. M. Amnscombe, Trans.). Oxford, UK: Blackwell.

Wixted, J. T., Mickes, L., Clark, S. E., Gronlund, S. D., & Roediger, H. L. III (2015). Initial eyewitness confidence reliably predicts eyewitness identification accuracy. *American Psychologist, 70,* 515–526.

Wolfe, J. M. (2012). The binding problem lives on: Comment on Di Lollo. Trends in *Cognitive Sciences, 16,* 307–308.

Wood, K., Hoef, L., & Knight, D. (2014). The amygdala mediates the emotional modulation of threat-elicited skin conductance response. *Emotion, 14*(4), 693–700.

Woodward, A. (2020) 'Fake news': A guide to Trump's favourite phrase—and the dangers it obscures. *Independent.*

Wozniak, S., & Smith, G. (2007). *iWoz: Computer geek to cult icon.* New York: Norton.

Wyatt, T. D. (2015). The search for human pheromones: the lost decades and the necessity of returning to first principles. Proceedings of the Royal Society: Biological Sciences, 282(1804).

Wyatt, T. D. (2020). Reproducible research into human chemical communication by cues and pheromones: learning from psychology's renaissance. Philosophical Transactions of the Royal Society, 375(1800).

Xie, S., Kaiser, D., & Cichy, R. M. (2020). Visual imagery and perception share neural representations in the alpha frequency band. Current Biology, 30(13), 2621–2627. Xu, J., Vik, A., Groote, I. R., Lagopoulos, J., Holen, A., Ellingsen, O., Haberg, A. K., & Davanger, S. (2014). Nondirective meditation activates default mode network and areas associated with memory retrieval and emotional processing. *Frontiers in Human Neuroscience, 8,* Article 86.

Xu, Y. (2005). Revisiting the role of the fusiform face area in visual expertise. Cerebral Cortex, 15(8), 1234–1242.

Yan, W., Xiang, W., Wong, S. C., Yan, X., Li, Y. C., & Hao, W. (2018). Effects of hands-free cellular phone conversational cognitive tasks on driving stability based on driving simulation experiment. *Transportation Research Part F: Traffic Psychology and Behaviour, 58,* 264–281.

Ye, R., & Liu, X. (2020). How the known reference weakens the visual oblique effect: a Bayesian account of cognitive improvement by cue influence. *Scientific Reports,* 10(1), 20269.

Yeh, F.-C., Vettel, J. M., Singh, A., Poczos, B., Grafton, S. T., Erickson, K. I., et al. (2016). Quantifying differences and similarities in whole-brain white matter architecture using local connectome fingerprints. *PLoS Computational Biology.* doi:10.1371/journal.pcbi.1005203

Yoshihara, S., Fukiage, T., & Nishida, S. Y. (2023). Does training with blurred images bring convolutional neural networks closer to humans with respect to robust object recognition and internal representations. *Frontiers in Psychology, 14.*

Yuille, A., & Kersten, D. (2006). Vision as Bayesian inference: Analysis by synthesis. *Trends in Cognitive Sciences, 10,* 301–308.

Yule, G. (1997). *Referential communication tasks.* New York: Routledge. https://doi.org/10.1017/s0272263198223060

Zabelina, D. L., & Andrews-Hanna, J. R. (2016). Dynamic network interactions supporting internally-oriented cognition. *Current Opinion in Neurobiology, 40,* 86–93.

Zeidan, A. J., Khatri, U. G., Aysola, J., Shofer, F. S., Mamtani, M., Scott, K. R., ... & Lopez, B. L. (2019). Implicit bias education and emergency medicine training: Step one? Awareness. *AEM Education and Training, 3*(1), 81–85.

Zeman, A., Dewar, M., & Della Sala, S. (2015). Lives without imagery–Congenital aphantasia. *Cortex, 73,* 378–380.

Zhang, M., Bernhardt, B. C., Wang, X., Varga, D., Krieger- Redwood, K., Royer, J., ... & Jefferies, E. (2022). Perceptual coupling and decoupling of the default mode network during mind-wandering and reading. *Elife, 11.*

Zhang, W., & Luck, S. J. (2009). Sudden death and gradual decay in visual working memory. *Psychological Science, 20,* 423–428.

Zhou, X., & Lei, X. (2018). Wandering minds with wandering brain networks. *Neuroscience Bulletin, 34,* 1017–1028.

Zhou, Y., & Shen, L. (2022). Confirmation bias and the persistence of misinformation on climate change. *Communication Research, 49*(4), 500–523.

Zwaan, R. A. (1999). Situation models: The mental leap into imagined worlds. *Current Directions in Psychological Science, 8,* 15–18.

Zwaan, R. A., Stanfield, R. A., & Yaxley, R. H. (2002). Language comprehenders mentally represent the shapes of objects. *Psychological Science, 13,* 168–171.

찾아보기

X

Y

Z